A História da Arquitetura Mundial

Michael Fazio
Mississippi State University

Marian Moffett
The University of Tennessee

Lawrence Wodehouse
The University of Tennessee

A História da Arquitetura Mundial

Terceira Edição

Tradução técnica:
Alexandre Salvaterra
Arquiteto e Urbanista pela Universidade Federal do Rio Grande do Sul
CREA nº 97.874

Reimpressão 2015

AMGH Editora Ltda.

2011

Obra originalmente publicada sob o título *Buildings Across Time, 3rd Edition*
ISBN 007305304X / 9780073053042

Copyright ©2009, The McGraw-Hill Companies,Inc. All rights reserved.
Portuguese-language translation copyright ©2011 AMGH Editora Ltda.
All rights reserved.

Capa: *Rogério Grilho* (arte sobre capa original)

Preparação de original: *Patrícia Costa Coelho de Souza*

Editora Sênior: *Denise Weber Nowaczyk*

Projeto e editoração: *Techbooks*

```
F287h   Fazio, Michael.
            A história da arquitetura mundial / Michael Fazio, Marian
        Moffett, Lawrence Wodehouse ; tradução técnica: Alexandre
        Salvaterra. – 3. ed. – Porto Alegre : AMGH, 2011.
            616 p. : il. color. ; 28 cm.

            ISBN 978-85-8055-002-3

            1. Arquitetura – História. I. Título.
                                                        CDU 72
```

Catalogação na publicação: Ana Paula M. Magnus – CRB 10/2052

Reservados todos os direitos de publicação, em língua portuguesa, à
AMGH Editora Ltda (AMGH Editora é uma parceria entre Artmed® Editora S.A. e McGraw-Hill Education)
Av. Jerônimo de Ornelas, 670 – Santana
90040-340 Porto Alegre RS
Fone (51) 3027-7000   Fax (51) 3027-7070

É proibida a duplicação ou reprodução deste volume, no todo ou em parte, sob quaisquer
formas ou por quaisquer meios (eletrônico, mecânico, gravação, fotocópia, distribuição na Web
e outros), sem permissão expressa da Editora.

SÃO PAULO
Av. Embaixador Macedo Soares, 10.735 - Pavilhão 5 - Cond. Espace Center
Vila Anastácio 05095-035 São Paulo SP
Fone (11) 3665-1100   Fax (11) 3667-1333

SAC 0800 703-3444

IMPRESSO NO BRASIL
PRINTED IN BRAZIL

SOBRE OS AUTORES

MICHAEL FAZIO é professor emérito de arquitetura da Mississippi State University e Doutor em História da Arquitetura e Evolução Urbana pela Cornell University. Seu livro mais recente é *The Domestic Architecture of Benjamin Henry Latrobe* (2006).

MARIAN MOFFETT obteve seu título de Doutor no M.I.T. e ensinou história da arquitetura na University of Tennessee. Suas publicações incluem *A History of Western Architecture* (1989) e *East Tennessee Cantilever Barns* (1995), ambas em co-autoria com Lawrence Wodehouse.

LAWRENCE WODEHOUSE lecionou história da arquitetura na University of Dundee, na Escócia, e em várias universidades norte-americanas. Entre suas obras estão *British Architects, 1840 to 1976* (1978), *White of McKim, Mead, and White* (1988) e *A History of Western Architecture* (1989).

A professora Moffett faleceu em 2004, e o professor Wodehouse, em 2002. A equipe editorial da McGraw-Hill agradece ao professor Fazio por continuar a obra que ele e seus colegas iniciaram há seis anos com a primeira edição de *Buildings across Time*.

PREFÁCIO

Marian Moffett, Lawrence Wodehouse e eu elaboramos este levantamento da arquitetura mundial não apenas para os alunos que estão cursando disciplinas introdutórias, mas também para leitores em geral interessados em edificações – e, mais especificamente, nas histórias que elas têm para contar, nas pessoas que as construíram e naquelas que as utilizaram. Começamos com a pré-história e encerramos com o fim do século XX, cobrindo tanto a tradição ocidental como as obras do mundo islâmico, da América Pré-Colombiana, da África, da Índia, da China e sudeste da Ásia, da Rússia e do Japão.

Nossa meta é apresentar esta amostra diversificada do ambiente construído em um estilo de escrita objetivo mas interessante, que seja rico em detalhes de modo a criar um livro útil para os não especialistas apaixonados pela história da arquitetura. Este livro-texto contém uma extensa narrativa descritiva enriquecida pela análise crítica, resultando em uma estrutura que permite à obra ser lida independentemente; ele também convida os professores universitários a imporem suas interpretações eruditas sobre o material sem correr o risco de gerar ambiguidades ou conflitos indesejáveis. Em um mundo que fica menor a cada dia, este livro apresenta uma perspectiva global e uma disciplina que trata de objetos construídos que, com frequência, são igualmente belos e funcionais; por isso, é copiosamente ilustrado, bem concebido e fácil de consultar.

Como a arquitetura é uma arte ao mesmo tempo utilitária e visual, o texto e suas ilustrações são inseparáveis. Este livro contém mais de 800 fotografias e desenhos a traço – em sua maioria, com legendas explicativas que podem ser lidas junto com o texto ou apreciadas independentemente. Breves ensaios ilustrados acompanham cada capítulo (com exceção do Capítulo 7). No final do livro, uma bibliografia comentada oferece sugestões para leituras adicionais.

Novidades desta edição

- Com as cronologias, os leitores podem situar os indivíduos, as edificações e os eventos citados em cada capítulo em um contexto histórico mais amplo.
- As introduções e conclusões mais longas dos capítulos evidenciam ainda mais a arquitetura de cada período ou cultura.
- Esta edição foi expandida para incluir a arquitetura africana autóctone, a arquitetura andina e a arquitetura contemporânea, além do planejamento urbano e de habitação.
- Melhoramos a contextualização social, histórica e política de cada capítulo.
- Os Capítulos 15 e 16, sobre a arquitetura moderna, foram revisados profundamente, examinando mais obras de profissionais do sexo feminino e não ocidentais.
- Nas plantas baixas e plantas de situação, setas de localização identificam a posição da câmera fotográfica nas imagens relacionadas.

Agradecimentos

Ao escrever este livro, recebemos o auxílio de inúmeras fontes. Nossos colegas Lynn Barker, Robert Craig, Jack Elliott, Jay Henry, David Lewis, Daniel MacGilvray, Charles Mack, Mark Reinberger, C. Murray Smart Jr. e Julia Smyth-Pinney contribuíram com ensaios. Os revisores a seguir leram trechos do manuscrito em diferentes momentos e fizeram comentários que nos ajudaram a esclarecer e melhorar o texto: Martha Bradley, da University of Utah; Roger T. Dunn, da Bridgewater State College; Fil Hearn, da University of Pittsburgh; Lisa Reilly, da University of Virginia; Mark Reingerger, da University of Georgia; Pamela H. Simpson, da Washington and Lee University; Murray Smart Jr., da University of Arkansas; Robert L. Vann, da University of Maryland; Craig Zabel, da Penn State University. Pela ajuda com as revisões desta edição em particular, agradecemos a Michael Charney, da Kansas State University; Sabrina Johnson, da Johnson County Community College; Joanne Mannell Noel, da Montana State University; David A. Nurnberger, da Wilbur Wright College; Shelley E. Roff, da The University of Texas at San Antonio; Peter J. Wood, da Prairie View A & M University; Robert Yoskowitz, da Union County College; Brian C. R. Zugay, da Clemson University. Outros fizeram sugestões para a revisão de capítulos específicos desta edição: Yusheng Huang e Ming Zhang, no Capítulo 4; Susan R. Henderson, no Capítulo 7; John O'Brien, nos Capítulos 9, 11 e 12; Michael Berk, Kimberly Brown, Leah Faulk, Robert Ivy, Chris Monson e Mark Reinberger, no Capítulo 16. Três alunos de graduação da Escola de Arquitetura da Mississippi State University – Yan Huang, Kai Pan e Charlie Holmes – usaram seus talentos excepcionais com *software* gráficos para produzir os desenhos a traço. Nosso muito obrigado também à bibliotecária Susan Hall, por sua assistência bibliográfica.

Agradeço em especial a Adam Beroud, pela orientação editorial. Na McGraw-Hill, Lisa Pinto, Betty Chen e Meredith Grant deram importante apoio. Na Laurence King Publishing, todas as questões editoriais, de concepção, de ilustração e de prazos foram gerenciadas com maestria por Susie May e Kara Hattersley-Smith. Andrew Lindesay editorou esta nova edição com muita habilidade; Jenny Faithful obteve a maioria das belas fotografias. Para essas pessoas e suas famílias, nosso muito obrigado.

As fotografias estão creditadas em seção específica, denominada Crédito das Ilustrações, no final deste livro. Além das fotografias que nós mesmos tiramos, gostaríamos de agradecer aos seguintes colegas que forneceram imagens adicionais: Gerald Anderson, Robert Craig, Mark DeKay, Jeff Elder, Jason Labutka, David Lewis, Dan MacGilvray, Rachel McCann, Alison Moffett, Kenneth Moffett, R. Bruce Moffett, Max Robinson, J. William Rudd, Brenda Sartoris, Pamela Scott, Raiford Scott, Ronald Scott, Murray Smart Jr. e Patrick Snadon.

Michael Fazio
Maio de 2006

Mapa 1: Centro da Europa, Leste da Europa e Oriente Médio

Mapa 2: Europa e Norte da África

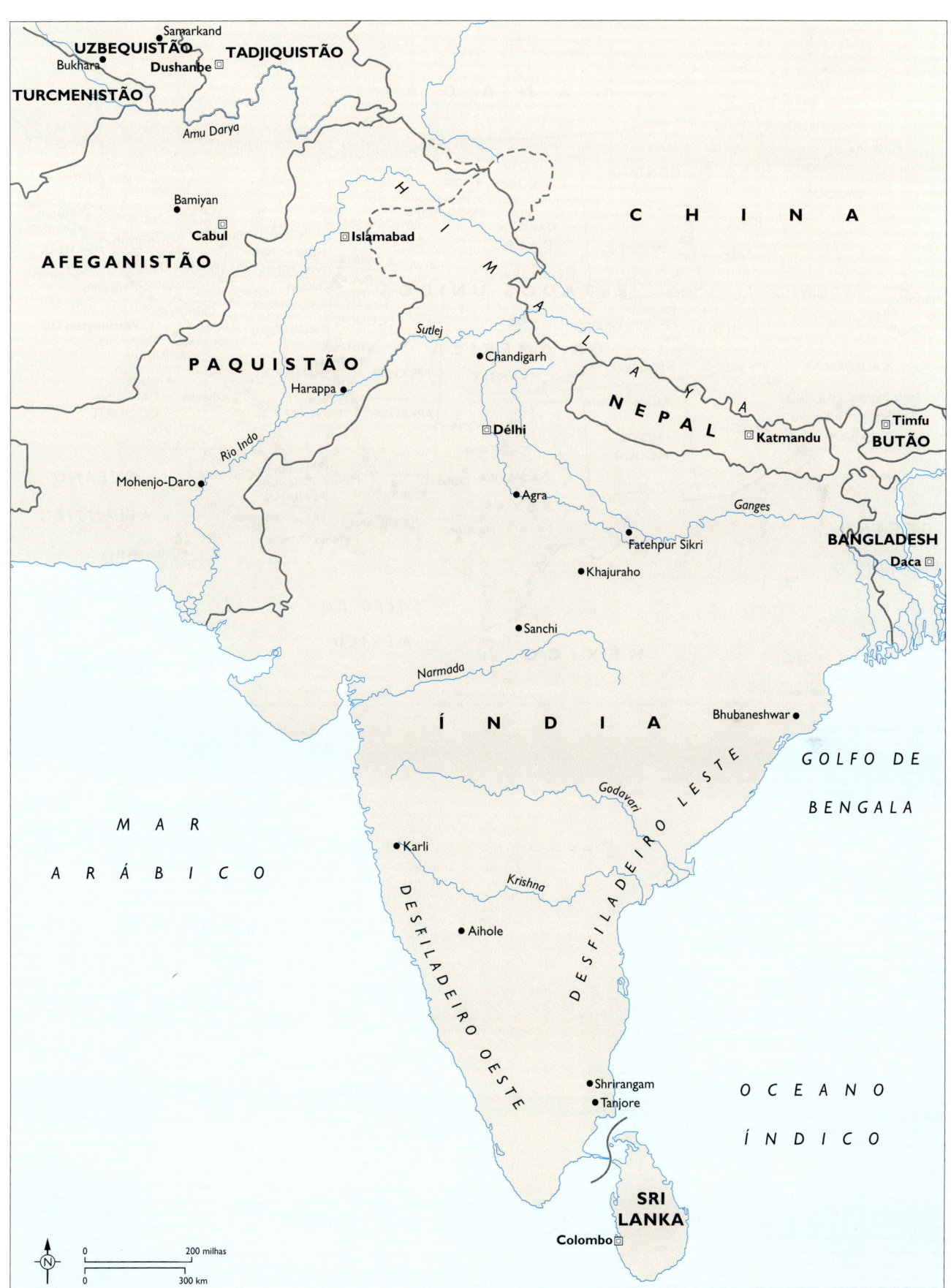

Mapa 3: Oeste da Ásia e Índia

Mapa 4: América do Norte

Mapa 5: Américas do Sul e Central

Mapa 6: Leste da Ásia e Austrália

SUMÁRIO

INTRODUÇÃO 21

CAPÍTULO 1
OS PRIMÓRDIOS DA ARQUITETURA 29

Os assentamentos pré-históricos e as construções megalíticas 30
    O leste europeu 30
    O oeste europeu 30
A antiga Mesopotâmia 34
    Os sumérios, arcadianos e neossumérios 34
    Ensaio: A visão de mundo dos sumérios 35
    Os babilônios, hititas e assírios 38
    Os persas 39
O Egito Antigo 40
    O Período Dinástico Primitivo e o Reino Antigo (1ª a 8ª dinastias, cerca de 2920–2134 a.C.) 41
    Ensaio: As civilizações "hidráulicas" 42
    As primeiras pirâmides 43
    As pirâmides da quarta dinastia em Gisé 45
    O Reino Médio (11ª a 13ª dinastias, cerca de 2040–1640 a.C.) 48
    O Novo Reino (18ª a 20ª dinastias, cerca de 1550–1070 a.C.) 49
Conclusões sobre as ideias de arquitetura 53

CAPÍTULO 2
O MUNDO GREGO 55

As culturas egeias 55
Os minóicos 56
Os micênicos 59
Grécia: o Período Arcaico 64
Grécia: o Período Clássico 67
    O Partenon de Atenas 67
    As outras edificações da Acrópole de Atenas 70
    Ensaio: A celebração do aniversário de Atena 71
Grécia: o Período Helenístico 74
O planejamento urbano grego 78
    A ágora ateniense 78
    As cidades helenísticas 79
Conclusões sobre as ideias de arquitetura 81

CAPÍTULO 3
A ARQUITETURA DA ÍNDIA ANTIGA E DO SUDESTE DA ÁSIA 83

Religiões da Índia 85
Os santuários budistas primitivos 86
    Ensaio: Bamiyan e o Buda colossal 90
Os templos hindus 91
    As primeiras edificações 91
    Os templos posteriores 92
    Angkor Wat 97
Conclusões sobre as ideias de arquitetura 98

CAPÍTULO 4
A ARQUITETURA TRADICIONAL DA CHINA E DO JAPÃO 101

Os princípios da arquitetura chinesa 104
Os princípios de planejamento urbano 107
As casas e os jardins 110
    Ensaio: Rocha irmão mais velho 111
A arquitetura dos templos japoneses 114
    Os templos budistas 114
    Os santuários xintoístas 117
As casas e os castelos japoneses 118
A arquitetura zen-budista e suas derivadas 121
Conclusões sobre as ideias de arquitetura 123

CAPÍTULO 5
O MUNDO ROMANO 125

Os vestígios etruscos 125
Os romanos 127
As técnicas e os materiais de construção 128
O planejamento urbano 131
    Ensaio: A excelência da engenharia romana 137
Os templos 138
Os edifícios públicos 140
    As basílicas 140

As termas　141
　　　Os teatros e anfiteatros　143
As moradias　145
　　　A habitação urbana　145
　　　As casas de campo e os palácios urbanos　148
Conclusões sobre as ideias de arquitetura　150

CAPÍTULO 6
A ARQUITETURA PALEOCRISTÃ E A ARQUITETURA BIZANTINA　153

As basílicas paleocristãs　154
Martyria, batistérios e mausoléus　155
　　　Ensaio: Eusébio e Constantino　158
As basílicas bizantinas e as basílicas com cúpula　159
As igrejas bizantinas com planta baixa centralizada　163
As igrejas na Rússia　166
Conclusões sobre as ideias de arquitetura　171

CAPÍTULO 7
A ARQUITETURA ISLÂMICA　173

Os primeiros templos e palácios islâmicos　174
A concepção da mesquita　176
As variações regionais dos projetos de mesquita　177
　　　As mesquitas colunadas ou com salões hipostilos　178
　　　As mesquitas com *iwan*　180
　　　As mesquitas com cúpulas múltiplas　183
Túmulos　188
Casas e padrões urbanos　190
O palácio e o jardim　192
Conclusões sobre as ideias de arquitetura　195

CAPÍTULO 8
A ARQUITETURA MEDIEVAL PRIMITIVA E A ARQUITETURA ROMÂNICA　197

A arquitetura carolíngia　198
　　　O ressurgimento da construção em alvenaria　198
　　　Os monastérios　202
A arquitetura dos vikings　204
A arquitetura pré-românica　208
A arquitetura românica do sacro império romano　210
As igrejas das rotas de peregrinação　214
A Ordem de Cluny　218
　　　Ensaio: O moinho místico de Vézelay　220
Aquitânia e Provença　222
Os monastérios cistercienses　225
A arquitetura normanda　228
Conclusões sobre as ideias de arquitetura　230

CAPÍTULO 9
A ARQUITETURA GÓTICA　233

O gótico primitivo　234
　　　A igreja da abadia de Saint Denis　234
　　　As catedrais do gótico primitivo　236
O gótico pleno　240
　　　Chartres e Bourges　240
　　　A Sainte-Chapelle　244
O gótico inglês　246
　　　O gótico inglês primitivo　246
　　　Ensaio: Uma "igreja de lã" inglesa　249
　　　O gótico decorado e o gótico perpendicular　252
O gótico alemão, tcheco e italiano　255
　　　As igrejas-salão　255
　　　As variantes do gótico italiano　257
A construção medieval　259
Os castelos e as casas medievais　260
　　　As habitações　260
　　　Os castelos　262
As cidades medievais　264
Conclusões sobre as ideias de arquitetura　268

CAPÍTULO 10
A ARQUITETURA NATIVA DAS AMÉRICAS E DA ÁFRICA　271

A América do Norte　271
　　　As tribos das Grandes Planícies e dos Grandes Lagos　271
　　　As tribos do nordeste　273
　　　As tribos da bacia do rio Mississippi　273
　　　Ensaio: O berço dos Choctaws　274
　　　As tribos do Ártico e do Subártico　275
　　　As tribos do noroeste e do norte da Califórnia　276
　　　As tribos do sudoeste　277
O México e a América Central　279
　　　Os olmecas da costa leste do México　279
　　　Teotihuacán, no Vale do México　279
　　　Os zapotecas e mixtecas de Monte Albán, Oaxaca　281
　　　Os maias　282
　　　Tikal　283
　　　Copán e Palenque　284
　　　Uxmal e Chichén-itzá　286
　　　Os toltecas no Vale do México　287
　　　Os astecas em Tenochtitlán　288
A América do Sul: o mundo andino　289
　　　As primeiras cidades do litoral norte do Peru　290
　　　Os primeiros assentamentos urbanos andinos no norte do Peru　290
　　　Os nazcas, no litoral sul do Peru　292
　　　Um império nos planaltos do oeste da Bolívia　292
　　　O reino de Chimor　292

Os incas 292
A África 294
    As estruturas portáteis de tecido 294
    As habitações permanentes 294
    A urbanização e a fortificação 296
    Os palácios 300
    As igrejas e mesquitas 301
Conclusões sobre as ideias de arquitetura 302

CAPÍTULO 11
A ARQUITETURA RENASCENTISTA 305

Filippo Brunelleschi 306
    A Catedral de Florença 307
    Outras edificações de Florença 308
Michelozzo Bartolomeo e o Palácio Medici 311
Leon Battista Alberti 312
    Os escritos 312
    O Palácio Rucellai, Florença 313
    As igrejas de Rimini, Florença e Mântua 313
    A cidade ideal 315
    Ensaio: As resoluções de Pio 316
A difusão do renascimento 317
    Urbino 317
    Milão 318
Leonardo da Vinci 318
Donato Bramante 319
    O Tempietto, Roma 321
    A Basílica de São Pedro, Roma 322
    O Pátio do Belvedere e a Casa de Rafael, Roma 323
O renascimento tardio ou maneirismo 324
    A Vila Madama, Roma 325
    O Palazzo degli Uffizi, Florença 327
    O Palazzo del Te, Mântua 327
Michelangelo 328
    São Lourenço, Florença 328
    O Campidoglio ou Monte Capitólio, Roma 330
    O Palácio Farnese, Roma 332
    A Basílica de São Pedro, Roma 332
    A Porta Pia, Roma 335
    A Capela Sforza, Roma 335
Andrea Palladio 335
    As edificações em Vicenza 336
    Os projetos de vilas no Vêneto 337
    As igrejas em Veneza 340
    O Teatro Olímpico 341
A Veneza de Palladio 341
O paisagismo no Renascimento 344
O Renascimento na França 346
    Os *châteaux* no Vale do Luar 346
    Sebastiano Serlio e Philibert de l'Orme 348
    O Louvre e a Place Royale 349
O Renascimento na Inglaterra 350
    As casas de campo elisabetanas 351
    Inigo Jones 353
Conclusões sobre as ideias de arquitetura 356

CAPÍTULO 12
A ARQUITETURA BARROCA 359

A Reforma e a Contrarreforma 359
    A Igreja de Jesus em Roma 359
O Papa Sixto V e o replanejamento de Roma 361
    A Basílica de São Pedro 362
Gianlorenzo Bernini 363
    O término da Basílica de São Pedro 363
    Sant'andrea al Quirinale, Roma 366
Francesco Borromini 366
    San Carlo alle Quattro Fontane, Roma 367
    Sant'ivo della Sapienza 368
Espaços urbanos na Roma barroca 370
    A Piazza Navona 370
    A Piazza del Popolo e a escada da Piazza di Spagna 372
    Ensaio: Piazza Navona – um local para espetáculos 374
A difusão da arquitetura barroca para o norte da Itália 375
    Guarino Guarini 375
O barroco na Europa Central 377
    Igreja de Die Wies, Bavária 379
O barroco na França 383
    O Louvre, Paris 383
    François Mansart 384
    O Castelo de Versalhes 386
    Jules-Hardouin Mansart 388
Christopher Wren e o barroco na Inglaterra 389
    As igrejas da cidade 390
    A Catedral de São Paulo, Londres 390
    As habitações à maneira de Wren 392
Nicholas Hawksmoor, Sir John Vanbrugh e James Gibbs 394
Conclusões sobre as ideias de arquitetura 396

CAPÍTULO 13
O SÉCULO DEZOITO 399

Os neopalladianos ingleses 400
O retorno à antiguidade 402
    Ensaio: Roma vista por Piranesi 403
Robert Adam e William Chambers 404
Etienne-Louis Boullée e Claude-Nicolas Ledoux 407
Os arquitetos franceses e a apologia do Estado 410
Os projetos dos *pensionnaires* 412

O ensino de arquitetura na França e a École des Beaux-Arts   415
Os desafios da Revolução Industrial   415
Os Movimentos Romântico e Pitoresco   417
As paisagens românticas   417
As edificações pitorescas   418
Conclusões sobre as ideias de arquitetura   419

CAPÍTULO 14
O PROGRESSO NO SÉCULO XIX   421

O Neoclassicismo   421
    Karl Friedrich Schinkel   422
    Sir John Soane   425
    Benjamin Henry Latrobe e Thomas Jefferson   426
O Historicismo Gótico   430
    A.W.N. Pugin   430
    O Movimento Eclesiológico na Inglaterra e nos Estados Unidos   431
    Eugène-Emmanuel Viollet-le-Duc   432
A École des Beaux-Arts   433
    Richard Morris Hunt e a Feira Mundial de Chicago   433
    McKim, Mead e White   434
O progresso do aço   436
    Ensaio: A chegada da ferrovia   438
As aplicações da construção com ferro e aço na arquitetura   439
    Joseph Paxton   439
    Henri Labrouste   440
    Gustave Eiffel   442
    Os primeiros arranha-céus   442
As construções com estrutura independente de concreto e madeira   444
O Movimento Artes e Ofícios   445
    John Ruskin   445
    William Morris   446
    Richard Norman Shaw, C.F.A. Voysey e Herman Muthesius   447
A Art Nouveau   449
    Victor Horta e Hector Guimard   450
    Antonio Gaudí   453
    Charles Rennie Mackintosh   454
A Sezession de Viena   457
Em busca de um estilo norte-americano   459
    Henry Hobson Richardson   459
    Louis Henri Sullivan e o edifício alto   462
Conclusões sobre as ideias de arquitetura   468

CAPÍTULO 15
O SÉCULO XX E O MODERNISMO   471

A noção de uma arquitetura moderna   471
    A guerra das palavras   472
Adolf Loos   473
    Ornamento e Crime   473
    O Raumplan e as edificações de Loos   473

Os mestres modernos   475
Frank Lloyd Wright   475
    O desenvolvimento da Casa dos Prados   476
    Os primeiros edifícios públicos   480
    A fuga dos Estados Unidos   482
Peter Behrens e a Deutscher Werkbund   482
O Futurismo e o Construtivismo   483
O Expressionismo holandês e alemão   486
A Art Déco   492
O De Stijl   497
Explorando o potencial do concreto   499
Le Corbusier   500
    As Casas Dom-Ino e Citrohan   500
    A Vila Stein e a Vila Savoye   501
    Os "Cinco Pontos" de Le Corbusier   503
Walter Gropius   504
    Os projetos de edificações   504
    A Bauhaus em Weimar e Dessau   504
    Ensaio: Um pintor russo na Bauhaus   505
Ludwig Mies van der Rohe   508
    O Pavilhão de Barcelona e a Casa Tugendhat   508
O Weissenhof Siedlung e o estilo internacional   511
A obra tardia de Mies van der Rohe   513
    O planejamento e a construção no I.I.T.   513
A obra tardia de Frank Lloyd Wright   515
    Broadacre City   515
    A Casa da Cascata   516
    O Guggenheim Museum e Taliesin West   516
    Os protegidos de Wright   519
A obra tardia de Le Corbusier   520
    Ronchamp e Sainte-Marie-de-la-Tourette   521
    Chandigarh   522
A continuação da arquitetura tradicional   523
Conclusões sobre as ideias de arquitetura   525

CAPÍTULO 16
OS MODERNISMOS DE MEADOS E DO FIM DO SÉCULO XX E ALÉM   527

Alvar Aalto   527
Eero Saarinen e seu escritório   532
Louis I. Kahn   533
A contraproposta radical de Robert Venturi ao modernismo   537
As inspirações intelectuais do Pós-Modernismo   538
Philip Johnson   539
Charles Moore   541
Michael Graves   542
Robert A. M. Stern   544
A desconstrução   544
    Peter Eisenman   545
    Coop Himmelblau   546

- Zaha Hadid 546
- Frank Gehry 548
- Rem Koolhaas 552

A permanência da tradição clássica 553
- Allan Greenberg 553
- Andres Duany e Elizabeth Plater-Zyberk 553
- Celebration, Flórida 554
- Aldo Rossi 554
- Léon Krier 554

O Regionalismo Moderno 555
- Luís Barragán 555
- Mario Botta 556
- Álvaro Siza 556
- Samuel Mockbee e o Rural Studio 557

O Modernismo no Japão 558
- Kenzo Tange 558
- Fumihiko Maki 558
- Arata Isozaki 559
- Tadao Ando 559

O Formalismo nos Estados Unidos 560
- A Prefeitura de Boston 560
- O Memorial aos Veteranos do Vietnã 560
- O United States Holocaust Memorial Museum 561
- Os edifícios altos da cidade de Nova York 562
- Richard Meier 563
- Antoine Predock 564
- Steven Holl 564
- Morphosis 565
- Tod Williams e Billie Tsien 565
- Mack Scogin e Merrill Elam 566
- Daniel Libeskind 567
- O DIA Center 568
- O Museum of Modern Art 568
- Elizabeth Diller e Ricardo Scofidio 568

O Formalismo em outros locais 569
- Jørn Utzon 569
- Arthur Erickson 569
- Hans Hollein 569
- Cesar Pelli 570
- Justus Dahinden 570
- Herman Hertzberger 570
- Christian de Portzamparc 570
- Herzog e de Meuron 571
- Raphael Moneo 571
- O Foreign Office Architects 572

Os arquitetos europeus e a tecnologia 572
- Carlo Scarpa 572
- James Stirling 573
- Renzo Piano 575
- Santiago Calatrava 577
- Jean Nouvel 577
- Norman Foster 577
- Nicholas Grimshaw 579

O projeto sustentável 580
- R. Buckminster Fuller 580
- MVRDV 580
- Glenn Murcutt 580
- The Center for Maximum Potential Building Systems 584

Os arquitetos que trabalham na China 584
Conclusões sobre as ideias de arquitetura 584

GLOSSÁRIO 587

BIBLIOGRAFIA 593

CRÉDITO DAS ILUSTRAÇÕES 599

ÍNDICE 601

INTRODUÇÃO

Você, leitor, é a razão deste livro. Nós, os autores, reunimos a experiência que acumulamos ao ensinar a história da arquitetura e escrever sobre ela para transmitir, em palavras e imagens, informações sobre algumas das edificações mais interessantes e importantes do mundo. Este livro investiga a arquitetura ocidental em profundidade e inclui uma introdução à arquitetura não ocidental na África, Índia, China, no Sudeste da Ásia e Japão, nas Américas Pré-Colombianas e em muitos contextos islâmicos. Juntos, o texto e as ilustrações estimulam a discussão, reflexão e análise. Nesta introdução, oferecemos um manual para o uso eficaz deste livro.

A história da arquitetura começa com as edificações. Para que possamos enxergar essas edificações de verdade, precisamos usar uma linguagem descritiva e exata. Assim, tentamos utilizar nesta obra um discurso claro e compreensível, porém provocador, e definir uma terminologia básica desde o início. Contudo, se não forem além da mera descrição, essas palavras terão pouco significado. Escrevemos este livro, portanto, de maneira a estimular você a observar e, mais que isso, *enxergar*; a diferença entre ambas as ações é considerável. Enxergar exige ir além da imagem projetada na retina até chegar a um processo de análise e julgamento crítico. Isso, por sua vez, requer a inserção das edificações em seus diferentes contextos – social, político, econômico, artístico, tecnológico e ambiental – para determinar se cumprem as obrigações para com seus clientes, outros usuários e a sociedade em geral. Para tanto, é necessário entrar na mente do arquiteto e abrir mão de preconceitos atuais para que possamos avaliar a obra como produto de uma época e local específicos.

O que é arquitetura? É abrigo, evidentemente, mas pode ser muito mais. A expressão "música congelada" é usada com frequência, embora pareça sugerir que a arquitetura possui somente um componente estético. A expressão "configuração de espaço para uso humano" parece ser muito mais útil, mas dificilmente conseguirá explicar o fascínio exercido pelas pirâmides egípcias ou o simbolismo de um edifício de capitólio. O arquiteto e engenheiro romano Vitrúvio, que trabalhou por volta de 40 a.C., afirmava que a essência da arquitetura consistia em *firmitas*, *utilitas* e *venustas* – palavras geralmente traduzidas como solidez, utilidade e beleza. Neste caso, a solidez é a estabilidade estrutural, a utilidade é o cumprimento dos requisitos funcionais e a beleza é a fruição estética. Dificilmente alguém discordará da necessidade de solidez e utilidade: qualquer edificação que entrar em colapso ou não oferecer o tipo certo de espaço para o cliente será considerada um fracasso. A palavra beleza, no entanto, é mais elusiva, com padrões que mudam com o passar do tempo. Há quem diga que a beleza surge naturalmente ao se atender às exigências funcionais. Outros a consideram o resultado inevitável do uso lógico dos materiais de construção e sistemas estruturais. Outros, ainda, a encontram na ornamentação.

Consideremos os primeiros dois termos da tríade de Vitrúvio de maneira um pouco diferente, perguntando por que e como a arquitetura é produzida. Para construir edificações, as pessoas precisam de um motivo – o desejo de edificar; materiais e o conhecimento de como usá-los – os meios para edificar; e sistemas de construção – a capacidade de edificar. O desejo de edificar inclui, evidentemente, respostas a requisitos funcionais, mas, com frequência, vai muito além deles e acaba por abordar necessidades espirituais, psicológicas e emocionais. Em alguns tipos de edificações, como as industriais, as questões práticas predominam naturalmente. Em outras, como as cívicas e religiosas, certos significados podem ser revelados de modo espetacular por meio de formas simbólicas. Para a maioria das pessoas, por exemplo, o interior de uma edificação religiosa deve elevar o espírito humano, ao passo que um armazém precisa apenas proteger bens materiais. No entanto, edifícios de escritórios altos e utilitários geralmente são projetados para refletir a imagem corporativa que o diretor-executivo e o conselho diretor desejam projetar, enquanto os proprietários costumam modificar suas casas tanto interna como externamente não apenas para acomodar as demandas funcionais que mudaram, mas também para expressar sua própria personalidade e valores. Toda arquitetura reflete tais valores – e a melhor arquitetura expressa os gostos e as aspirações da sociedade como um todo. Mais dinheiro, maior qualidade de mão de obra e materiais e (com frequência) melhores projetos costumam ser dedicados a edificações que abrigam atividades importantes para grandes segmentos da sociedade. Assim, durante muitos períodos, as edificações religiosas foram os principais laboratórios de experimentação na área da arquitetura, tendo sido construídas para perdurar, enquanto a arquitetura habitacional e mesmo comercial era transitória, o que explica a abundância de prédios religiosos em textos como este.

No início de um projeto de arquitetura, o cliente e o arquiteto elaboram um programa de necessidades que inclui usos, tamanhos, qualidades e relações dos espaços a projetar. O programa de necessidades de um edifício de apartamentos, por exemplo, indicaria o número de apartamentos

0.1 Biblioteca de Celso, Éfeso, Ásia Menor, 114–17.
Construída pelos romanos, é um exemplo de construção arquitravada (com colunas ou pilares e vigas).

e suas dimensões, os espaços de uso comum (como os saguões), os espaços de serviço (como as casas de máquinas e depósitos) e também um percentual para circulação horizontal e vertical (corredores, escadas, rampas e elevadores). Como muitas soluções de projeto podem responder a tal programa, o arquiteto é responsável por desenvolver alternativas, selecionar as melhores ideias entre elas e apresentar os resultados na forma de desenhos e maquetes a partir dos quais a edificação possa ser construída.

Não importa quão forte seja o desejo de edificar: as pessoas também precisam ter os recursos com os quais edificar, o que significa, historicamente, usar materiais de construção locais. Por sua vez, os materiais têm influenciado bastante o caráter da arquitetura. Ao estudar as edificações de uso cotidiano do passado, um dos aspectos mais fascinantes é perceber como os materiais mais simples – como madeira, argila, sapé e pedra – são usados para criar a arquitetura. Quando havia apenas argila disponível em abundância, as pessoas utilizavam taipa de pilão ou faziam tijolos. Quem vivia em áreas com grandes florestas construía com madeira. Os antigos gregos eram escultores de pedra extremamente habilidosos, mas dificilmente ocupariam este posto se não fosse pelo mármore abundante no local, que podia ser talhado com detalhes muito elegantes.

As pessoas também carecem da habilidade de edificar, isto é, precisam ser capazes de unir materiais em sistemas de construção estáveis. Os materiais estruturais podem ser classificados de acordo com a maneira pela qual aceitam o carregamento: sob tração, compressão ou uma combinação de ambas. Sob compressão, as fibras dos materiais se unem; sob tração, se afastam. A pedra, o tijolo e o concreto são resistentes à compressão, mas não à tração. A madeira é resistente tanto sob tração como compressão, assim como o ferro; porém, o ferro também é quebradiço. Nos séculos XIX e XX, metalúrgicos refinaram o ferro em aço – um material ao qual são acrescentadas pequenas quantidades de outros componentes para formar ligas altamente maleáveis. Como combina a resistência à compressão do **concreto** com a resistência à tração de sua armadura interna de aço, o concreto armado é igualmente resistente à tração ou à compressão.

Todas as estruturas respondem ao empuxo vertical da gravidade na forma de cargas acidentais e cargas mortas, bem como aos esforços ou às forças laterais criados pelo vento ou por terremotos. As cargas acidentais são as pessoas (e/ou animais) que habitam uma estrutura. As cargas mortas são o peso da edificação propriamente dita e de seu conteúdo inanimado, como os móveis. As cargas de vento são transmitidas principalmente pelo contraventamento diagonal e as cargas sísmicas, pelas conexões flexíveis.

Somente nos últimos 150 anos se tornou possível quantificar a direção e a magnitude das cargas e determinar a capacidade que materiais de construção específicos têm de resistir às forças externas, o que forneceu aos projetistas a base para a produção de modelos matemáticos que preveem o comportamento da estrutura. No entanto, no caso da grande maioria das edificações citadas neste livro, a estrutura estável era obtida por meio de tentativa e erro, com base em modificações do que havia sido feito no passado.

Os sistemas estruturais podem ser classificados em cinco categorias, de acordo com a configuração geométrica de seus elementos e a maneira pela qual resistem às cargas: (1) estruturas arquitravadas (ou pilares e vigas); (2) falsos arcos e balanços; (3) arcos e abóbadas; (4) treliças planas e espaciais; e (5) estruturas tracionadas. Os sistemas de estruturas arquitravadas, formados por elementos verticais e horizontais, talvez sejam os mais comuns (Figura 0.1).

0.2 Falso arco, Kabah, México, 850–900.
Construído pelos maias da América Central, este é um exemplo de construção com falso arco. Observe que as pedras que formam o arco triangular foram assentadas em fiadas e formam pequenos balanços à medida que sobem.

0.3 Celeiro, Cades Cove, Great Smoky Mountains National Park, Tennessee, Estados Unidos, século XIX.

Este é um exemplo de construção em balanço. O sótão do segundo pavimento se projeta sobre a base de toras de madeira, apoiando-se em longas vigas em balanço que se estendem até as laterais e de trás para frente em toda a largura do celeiro.

0.4 Rua em Rodes, 1100–1300 d.C.

Aqui, as edificações foram travadas com arcos para resistir aos terremotos. Podem ser vistos vários arcos com perfis diferentes, todos construídos com aduelas (pedras talhadas em forma de cunha).

A distância possível entre os **pilares** é determinada principalmente pela capacidade de vencimento de vão das **vigas**. Uma vez submetidas a carregamento, as vigas fletem (se curvam para baixo), esticando (ou submetendo à tração) as fibras da metade inferior e pressionando as fibras da metade superior umas contra as outras (ou submetendo-as à compressão). Materiais como a pedra costumam entrar em colapso rapidamente quando submetidos à tração; logo, seria difícil imaginar um arame feito de pedra. Posto que os materiais usados em **lintéis** (vigas) devem ser igualmente resistentes à tração e à compressão, a madeira, o aço e o concreto armado são amplamente utilizados.

A pedra era o material de construção mais durável ao alcance das sociedades primitivas. Essas civilizações encontraram maneiras de superar a fragilidade natural da pedra submetida à tração e, ao mesmo tempo, usaram-na para cobrir distâncias superiores às cobertas pela construção arquitravada. O primeiro método utilizado foi o dos **falsos arcos** (Figura 0.2). As pedras eram assentadas em fiadas, com a última pedra de cada fiada se projetando levemente acima da pedra abaixo, para formar um falso arco. A **cúpula** de alvenaria é feita de anéis de pedra (ou mesmo madeira) progressivamente menores e que, portanto, se projetam sobre a fiada inferior. Esse mesmo princípio tem sido usado na construção **em balanço**, na qual uma ou mais vigas se projetam em relação aos seus apoios para formar uma projeção, como um **beiral** sob um telhado ou um segundo pavimento projetado (Figura 0.3).

Os arcos e as **abóbadas** de alvenaria são compostos por pedras em forma de cunha conhecidas como **aduelas**, que devem ser sustentadas por uma estrutura temporária, chamada **cimbre**, até que o arco ou a abóbada seja concluído; neste momento, as pedras são comprimidas entre si e se tornam autoportantes (Figura 0.4). Tais construções requerem contraventamento lateral firme, visto que o arco ou a abóbada exercem, além do esforço vertical, um empuxo lateral, ou seja, um esforço para fora ou de tombamento que precisa encontrar resistência para que o arco ou a abóbada permaneça em equilíbrio. Embora todos os arcos se comportem de maneira semelhante estruturalmente, seus perfis variam muito. Arcos plenos (ou de meio ponto), **arcos apontados**, arcos em ferradura e arcos abaulados estão entre os mais importantes historicamente (para um desenho dos tipos de arcos e abóbadas, veja a Figura 9.44). Os domos ou as cúpulas também podem variar em perfil, de formas baixas como um pires invertido a coberturas extremamente pontiagudas, passando pelas semicirculares ou hemisféricas; quanto mais alto o perfil do arco ou da cúpula, menor o empuxo lateral (Figura 0.5).

0.5 Mesquita de Goharshad, Mashhad, Irã, 1419.
O projeto desta mesquita apresenta arcos islâmicos típicos e uma bela cúpula bulbosa revestida de azulejos azuis.

0.6 Ponte de ferro, rio Tennessee, Knoxville, Tennessee, Estados Unidos, cerca de 1906.
A ponte que cruza o rio Tennessee é composta por treliças Warren.

O uso de treliças para cobrir espaços exige que elementos curtos de madeira ou de metal sejam conectados em configurações triangulares (Figura 0.6). Os antigos romanos desenvolveram esta técnica para pontes de madeira, mas as sociedades subsequentes não deram continuidade ao experimento. No período medieval, as **tesouras** (treliças planas) usadas nos telhados de igrejas dependiam da presença de um elemento – o banzo inferior – com comprimento equivalente ao do vão coberto. No início do século XIX, os construtores de pontes reinventaram a arte de construir tesouras usando barras curtas, empregando primeiramente madeira e, a seguir, ferro e aço em várias configurações trianguladas – muitas delas patenteadas. A treliça Warren, composta por triângulos equiláteros e assim batizada em homenagem ao seu projetista, é provavelmente a mais usada hoje em dia. As treliças que se repetem em três dimensões são conhecidas como treliças espaciais – uma conquista estrutural do século XX especialmente útil para coberturas com grandes vãos.

Algumas estruturas se baseiam principalmente na tração. As barracas de lona com postes ou varas verticais são exemplos de estruturas tensionadas ou tracionadas, assim como as pontes suspensas (Figura 0.7). Nos dois casos, a carga é transferida parcialmente por fibras ou cabos trançados ou torcidos juntos. Construtores da China e dos Andes, no Peru, usavam fibras animais ou vegetais, como pelos, trepadeiras e sisal, para construir estruturas tracionadas, mas sua durabilidade era limitada pela fragilidade das fibras naturais e sua tendência à decomposição. O desenvolvimento da construção tracionada progrediu muito nos séculos XIX e XX, visto que os engenheiros utilizaram barras de ferro ou finos fios de aço trançados nos cabos para dar suporte às pontes mais longas do mundo. Os cabos também foram usados nos pisos suspensos de edifícios de pavimentos múltiplos. Estruturas pneumáticas, como os

0.7 Ponte da Seventh Street, Pittsburgh, Pensilvânia, Estados Unidos, 1925–28.

Este é um exemplo de ponte suspensa na qual as cargas verticais são transferidas principalmente sob tração.

balões, têm membranas leves sustentadas pelo ar pressurizado e, consequentemente, também se baseiam na tração.

As possibilidades desses sistemas estruturais são enormes. Além disso, existem sistemas híbridos, como aqueles com balanços e arcos treliçados. A escolha de qualquer um deles para uma edificação específica depende dos materiais disponíveis, do orçamento, das exigências espaciais e das sensibilidades estéticas do arquiteto e do cliente.

Finalmente, uma palavra sobre estilos e precedentes. Durante os séculos XVIII e XIX, historiadores elaboraram taxonomias para a classificação das obras de arquiteturas de diferentes períodos, de acordo com as características em comum percebidas. Atualmente, sabemos que a história costuma ser muito mais complexa e que os limites entre as classificações cronológicas não são nítidos. O leitor deve levar isso em consideração ao estudar um capítulo sobre o Renascimento ou o Barroco, por exemplo. Esses termos são convenientes, mas não passam disso – conveniências – e não devem ocultar a diversidade e a complexidade do ambiente histórico construído. Da mesma forma, as edificações descritas aqui foram escolhidas com cuidado. Na maioria dos casos, são chamados edifícios "ícones", ou seja, considerados por muito estudiosos como os melhores representantes de uma época e lugar ou da obra de um indivíduo. Os cânones mudaram e continuarão a mudar, principalmente no caso de edificações não europeias ou construídas em um passado mais recente. Além disso, não foram apenas os historiadores que contribuíram para o estabelecimento dos cânones, mas os arquitetos propriamente ditos. Ao longo da história, os arquitetos aprenderam com aqueles que os precederam. As edificações que admiraram, estudaram e imitaram se tornaram precedentes de projeto. Por exemplo: o exterior da Biblioteca Pública de Boston (1887–93) (veja a Figura 14.25), projetada por McKim, Mead e White, deve muito à fachada principal da Bibliothèque Ste. Geneviève (1844–50) (veja a Figura 14.31), de Henri Labrouste, em Paris, que, por sua vez, se baseou na elevação lateral da igreja de São Francisco, em Rimini, de Leon Battista Alberti (iniciado por volta de 1450) (veja a Figura 11.14). Para a igreja de S. Francesco, Alberti se inspirou nos arcos do Túmulo de Teodorico, na vizinha Ravena (aproximadamente 526). Uma linhagem similar de precedentes pode ser estabelecida para a cúpula do Capitólio dos Estados Unidos (1851–67), projetada por Thomas U. Walter, que se inspirou no projeto de Sir Christopher Wren para a Catedral de São Paulo (1675–1710) (veja a Figura 12.47), em Londres. É provável que o precedente de Wren tenha sido a cúpula concebida por François Mansart para Val-de-Grâce, em Paris (veja a Figura 12.37), que, por sua vez, foi inspirada na cúpula criada por Michelangelo para a Basílica de São Pedro, em Roma (veja a Figura 11.42), cujo projeto se baseou na cúpula concebida por Brunelleschi para a Catedral de Florença (veja a Figura 11.3). Brunelleschi havia buscado inspiração no Panteon de Roma (veja a Figura 5.19), construído por volta de 125 d.C. pelo Imperador Adriano. Onde os arquitetos de Adriano foram buscar inspiração, cabe a você descobrir. Ao longo da história, portanto, os arquitetos foram influenciados pelas obras de seus predecessores. Esperamos que vocês, nossos leitores, independentemente de estarem interessados em história, projetos ou ambos, aprendam com o que será apresentado nas páginas a seguir e encontrem fontes de inspiração.

UMA OBSERVAÇÃO SOBRE OS DESENHOS E AS IMAGENS

Neste livro, há muitos desenhos e também fotografias de vistas internas e externas. Os arquitetos há muito se baseiam nas convenções das projeções ortográficas – plantas baixas, elevações e cortes – para descrever as edificações. A planta baixa representa a edificação vista de cima quando um plano de corte horizontal passa por ela – em geral, logo acima dos peitoris de janela, com a remoção de tudo o que fica acima deste plano de corte e as linhas da planta registradas nele (Figura 0.8). Os elementos que foram cortados geralmente são representados pelas linhas mais escuras do desenho ou totalmente pintados de preto. Os elementos abaixo do plano de corte (elementos em vista) são traçados com linhas mais finas, enquanto as portas podem aparecer como arcos, mostrando a direção de sua abertura. As linhas tracejadas da planta baixa costumam indicar os elementos do teto acima do plano de corte, como abóbadas e **caixo-**

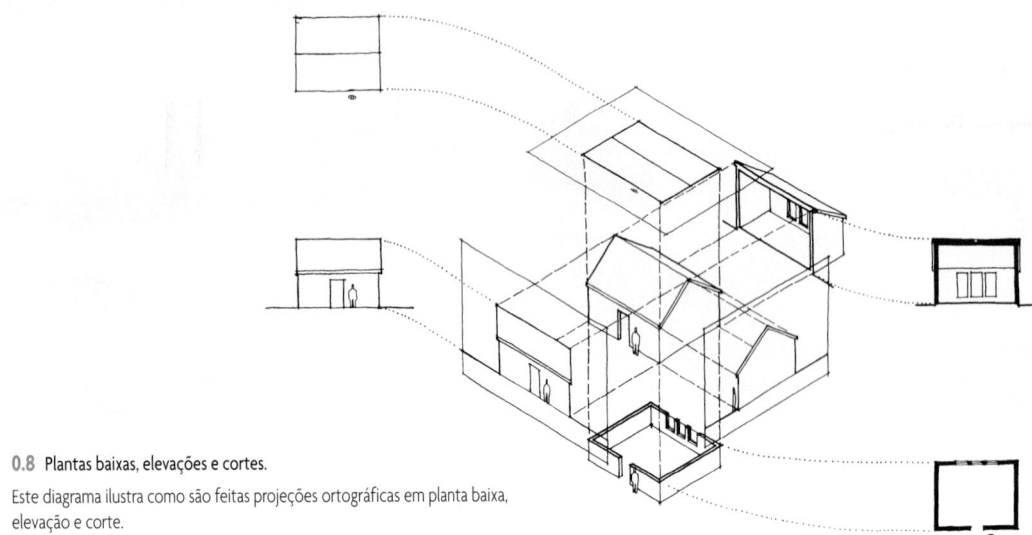

0.8 Plantas baixas, elevações e cortes.
Este diagrama ilustra como são feitas projeções ortográficas em planta baixa, elevação e corte.

tões de forro ou nervuras de laje (elementos projetados). Assim, em um único desenho econômico, a planta baixa indica a distribuição espacial e as dimensões de um pavimento específico, dando alguma ideia da estrutura acima.

As elevações são obtidas passando um plano de corte vertical até o solo a cerca de um metro em frente à face externa da edificação, com sua imagem sendo projetada no plano de corte. Os cortes também resultam de uma seção vertical, mas, neste caso, um corte desce pela edificação e também mostra a vista externa. Por convenção, os planos de corte das elevações e dos cortes são feitos paralelamente às paredes principais da edificação. Na elevação, a única linha intersecionada pelo plano de corte é a linha do solo; logo, ela é representada como a mais grossa do desenho. No corte, como na planta baixa, todos os elementos da edificação que foram cortados geralmente são definidos pelas linhas mais grossas do desenho ou estão pintados completamente de preto, enquanto os elementos além do plano de corte são vistos em elevação e, portanto, são desenhados com linhas mais finas. Embora sua "leitura" exija um pouco de experiência, os desenhos ortográficos costumam ser muito úteis durante a construção, já que as dimensões podem ser medidas diretamente a partir deles.

Para entender o funcionamento dos desenhos, vamos analisar as duas casas de dois pavimentos mostradas nas Figuras 0.9 e 0.10. Elas representam um tipo comum construído pelos primeiros colonizadores do Estado de Connecticut, nos Estados Unidos, e foram ampliadas pelo anexo de um pavimento nos fundos, coberto pela extensão de uma das águas do telhado preexistente. A forma resultante foi apelidada de "saleiro" porque lembrava os grandes saleiros encontrados nos armazéns do século XIX. Na Figura 0.11, vemos a planta baixa e duas elevações de outra casa do tipo "saleiro", segundo documentos do Historic American Building Survey, registro nacional de edificações iniciado na década de 1930, arquivado na biblioteca do Congresso dos Estados Unidos. Na planta baixa, fica mais fácil visualizar a ampliação dos fundos e compreender como o interior da casa foi organizado. A perspectiva (Figura 0.12a) lembra mais as fotografias das Figuras 0.9 e 0.10 porque os desenhos em perspectiva mostram as três dimensões com o escorço – assim como a fotografia –, o que faz com que

0.9, 0.10 (esquerda) Casa John Graves, Madison, Connecticut, Estados Unidos, 1675; (direita) Casa Samuel Daggett, 1750, Connecticut, Estados Unidos.
Embora não sejam idênticas, estas casas coloniais compartilham uma forma e uma volumetria semelhantes que se desenvolvem em torno de uma lareira central.

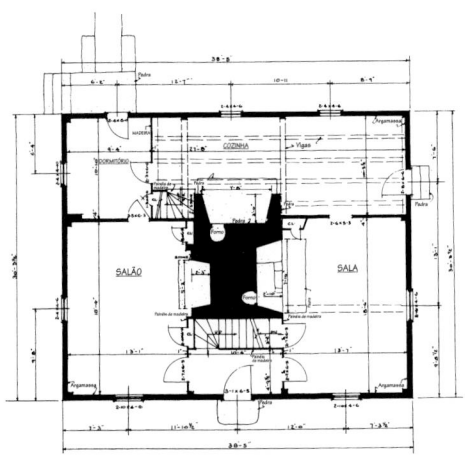

0.11 Planta baixa e elevações frontal e lateral direita da Casa Ogden, Fairfield, Connecticut, Estados Unidos, cerca de 1700.

As linhas finas do desenho indicam as dimensões tiradas da edificação quando ela foi medida pelo Historic American Buildings Survey.

os elementos mais distantes (as quinas frontal esquerda e traseira direita da casa, neste caso) diminuem em tamanho. Sabemos que ambas as quinas têm a mesma altura, mas, em perspectiva, a que está mais próxima do observador fica mais alta. Como a maioria das pessoas compreende imediatamente os desenhos em perspectiva, eles oferecem aos arquitetos uma ótima ferramenta para comunicar a aparência de edificações ainda não construídas, de maneira que leigos possam entendê-la. A perspectiva axonométrica, como a da Figura 0.12b, também representa as três dimensões, mas sem distorcê-las ao medi-las ao longo dos eixos da altura, largura e profundidade. No entanto, é necessário distorcer alguma coisa para capturar um objeto tridimensional em duas dimensões; neste caso, alguns ângulos nos quais os eixos se interseccionam. Nas elevações frontal e lateral direita, alguns ângulos de 90° – como os da quina frontal direita – se tornaram ângulos agudos, enquanto outros se tornaram ângulos obtusos.

Uma das principais funções dos desenhos é mostrar condições que talvez não fiquem visíveis na edificação acabada. A Figura 0.12c mostra a perspectiva da estrutura de uma casa do tipo "saleiro", nos permitindo visualizar a estrutura pesada de madeira que é coberta pela vedação externa, além de nos ajudar a entender como a enorme lareira de pedra se encaixa no núcleo. As imagens de edificações – não importa quão detalhadas – são inevitavelmente abstrações da realidade. Nem as fotografias mostram as coisas "como elas realmente são". Portanto, o uso de múltiplas imagens, tanto desenhos como fotografias, ajuda a entender a estrutura e a distribuição espacial de uma edificação.

0.12a Desenho em perspectiva da Casa Ogden.

Esta vista se baseia nas dimensões da casa medida pelo Historic American Buildings Survey.

0.12b Perspectiva axonométrica da Casa Ogden.

Esta vista se baseia nas dimensões da casa medida pelo Historic American Buildings Survey. Compare-a com o desenho em perspectiva (Figura 0.12a), para ver como diferem um do outro.

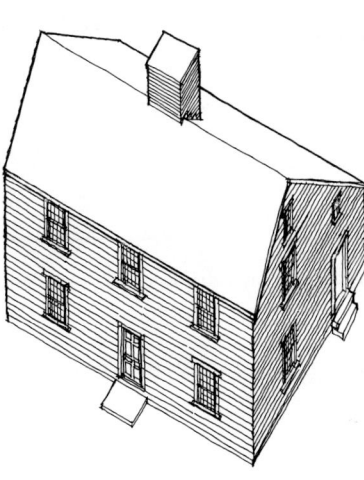

0.12c Perspectiva da estrutura de uma casa "saleiro".

Removendo a vedação externa, portas e janelas, podemos ver a pesada estrutura de madeira e a lareira de alvenaria que sustentam esta edificação.

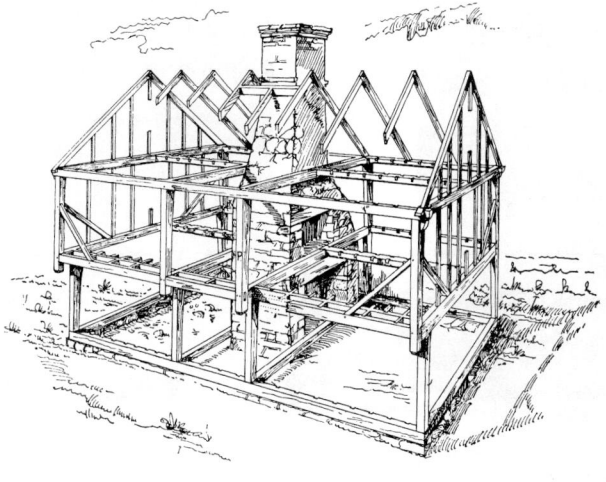

CAPÍTULO 1

OS PRIMÓRDIOS DA ARQUITETURA

Alguns leitores talvez fiquem desanimados com a perspectiva de um capítulo inteiro sobre os "primórdios" ou a "pré-história" da arquitetura, acreditando que as construções realmente interessantes e as ideias verdadeiramente provocadoras se encontram muitas páginas à frente; felizmente, este não é o caso. As estruturas que apresentamos neste capítulo inicial são ricas e variadas e, com frequência, sofisticadas. Além disso, por serem "antigas" e sempre locais, estão de certa forma mais expostas à revelação do que as estruturas posteriores. Ou seja, elas expõem certos princípios fundamentais da arquitetura, assim como – quem sabe – alguns aspectos fundamentais da condição humana, para que os consideremos.

Em 1964, o polímato, arquiteto, engenheiro e historiador Bernard Rudofsky organizou a exposição *Architecture Without Architects* (Arquitetura Sem Arquitetos) no Museu de Arte Moderna da Cidade de Nova York, e, embora surpreendente para a época, acabou se tornando extremamente influente. A exposição causou certo *frisson* ao surgir em um período de questionamento cultural generalizado nos Estados Unidos; o subtítulo do livro que a acompanhava – *A Short Introduction to Non-Pedigreed Architecture* (Uma Breve Introdução à Arquitetura Sem Pedigree) – indica porque ela era tão fantástica ou, melhor dizendo, iconoclástica. Ilustrando, com uma admiração pessoal evidente, aquilo que chamava de arquitetura "vernacular, anônima, espontânea, autóctone, rural", Rudofsky defendia um estudo muito mais completo – cronológica e geograficamente – do ambiente construído, que não tratasse exclusivamente de construções feitas para os ricos e poderosos e não resultasse exclusivamente das iniciativas daqueles que poderíamos chamar de projetistas com formação acadêmica. As imagens dos exemplos de arquitetura que ele exibiu e analisou incluíam morros artificiais da China, casas escavadas na rocha da Turquia, coletores de vento do Paquistão e muito mais.

Ao ler o livro de Rudofsky e, especialmente, as páginas iniciais deste capítulo, você tende a deixar de lado as questões de moda e até mesmo de estilo, favorecendo formas anônimas ou mesmo "arquétipas", embora distintas, para compreender melhor as respostas humanas a ambientes particulares; materiais de construção locais específicos; sistemas estruturais elementares, porém expressivos em termos de lógica; e condições sociais primitivas, porém sutis. Você poderá assimilar a essência da função, do espaço e do significado ao "começar" com a arquitetura da pré-história, isto é, a era anterior ao surgimento da linguagem escrita.

A pré-história começa por volta de 35000 a.C. e se encerra, aproximadamente, em 3000 a.C. nas terras do leste do Mediterrâneo, e bem depois de 2000 a.C. em partes da Europa ocidental. Na escala temporal da humanidade, essas datas correspondem aos primeiros anos da evolução humana "moderna", desde as sociedades cooperativas de caçadores e coletores até as civilizações agrícolas com uma área de assentamento fixa e classe dirigente. Na ausência de registros escritos, os arqueólogos e historiadores precisam interpretar as evidências fragmentadas dos povos antigos – cerâmicas, utensílios domésticos – encontradas em locais espalhados por toda a Europa, África e Ásia. Novas tecnologias, incluindo o uso do carbono 14 radioativo, da termoluminescência e da análise dendrocronológica (o estudo dos anéis de crescimento das árvores), têm ajudado na datação dos artefatos; contudo, tanto os métodos como as hipóteses derivadas deles estão sujeitos a revisões contínuas à medida que os pesquisadores encontram novas evidências e reexaminam ideias antigas. As reconstruções baseadas em buracos de estacas ou fundações de alvenaria nos ajudam a visualizar as edificações simples construídas pelas primeiras sociedades e nos oferecem pistas relativas às estruturas mais elaboradas que vieram depois.

Salão Hipostilo, Grande Templo de Amon, Carnac, Egito, cerca de 1390–1224 a.C.

Este enorme saguão composto por colunas de grande diâmetro e distribuídas muito próximas entre si era iluminado pela luz do sol filtrada pelos clerestórios, um dos quais é apresentado aqui. A aura misteriosa do salão hipostilo contrastava com a luz solar que incidia nos pátios internos do templo.

Cronologia

início da pré-história	cerca de 35000 a.C.
os sumérios desenvolvem uma linguagem escrita	3500 a.C.
construção de Stonehenge	cerca de 2900–1400 a.C.
antigo Reino Egípcio	2649–2134 a.C.
construção das pirâmides de Gisé	2550–2460 a.C.
construção do Zigurate de Ur	2100 a.C.
Reino Médio Egípcio	2040–1640 a.C.
Novo Reino Egípcio	1550–1070 a.C.

OS ASSENTAMENTOS PRÉ-HISTÓRICOS E AS CONSTRUÇÕES MEGALÍTICAS

O leste europeu

Os assentamentos humanos parecem ter se originado com o pequeno clã ou núcleo familiar, com um número suficiente de pessoas vivendo juntas para oferecer assistência mútua na caça e coleta de alimentos e proteção conjunta contra inimigos. Dentre as mais antigas cabanas que foram descobertas estão aquelas em sítios arqueológicos no planalto central da Rússia (atual Ucrânia), por volta de 14000 a.C. A maior casa foi construída de ossadas de mamutes e toras de pinheiro, com revestimento de peles de animais e uma fogueira central, tinha forma de cúpula e incluía partes de esqueletos de quase 100 mamutes em sua estrutura. Arqueólogos também descobriram agrupamentos de cabanas revestidas de pele de cerca de 12000 a.C. entre as cidades de Moscou e Novgorod. A maior delas, medindo cerca de 12,0 × 4,0 metros em planta baixa, tinha um formato irregular formado por três cones de galhos de árvores inclinados e intertravados e era aberta no topo, para que a fumaça de três fogueiras pudesse escapar.

As escavações de sítios urbanos sugerem que as comunidades maiores surgiram muito depois. A existência de assentamentos urbanos dependia de excedentes agrícolas que permitissem a algumas pessoas terem funções especializadas (sacerdote, comerciante, mercador, artesão) não diretamente vinculadas à produção de alimentos. Duas das mais antigas comunidades urbanas que se tem conhecimento foram Jericó, Israel (cerca de 8000 a.C.), e a cidade mercantil de Çatal Hüyük (6500–5700 a.C.), na Anatólia, parte da atual Turquia. Jericó era um assentamento fortificado, com uma muralha de pedra de até 8,0 metros de espessura, compreendendo uma área de cerca de quatro hectares. Suas primeiras habitações consistiam de cabanas circulares de barro que talvez tivessem coberturas cônicas. Os habitantes eram agricultores e caçadores que enterravam os mortos no chão de suas cabanas. Apesar de sua importância, Çatal Hüyük parecia ser desprotegida; a cidade era um denso aglomerado de moradias sem ruas (Figuras 1.1a, b). Os habitantes acessavam as moradias pelas coberturas, enquanto aberturas altas nas paredes serviam para a ventilação. As paredes de tijolo de barro e a estrutura arquitravada de madeira definiam espaços retangulares que tocavam as casas contíguas, de modo que juntas, elas configuravam a muralha da cidade. Entre as casas havia santuários sem janelas contendo motivos decorativos de búfalos e estatuetas de deidades. Essas representações pareciam indicar que os temas da arte rupestre pré-histórica – caçadas e fecundidade – não haviam sido descartados por esta sociedade urbana primitiva. O assentamento em Çatal Hüyük é o precursor das comunidades mais sofisticadas que se desenvolveram nos vales férteis dos rios Tigre e Eufrates no início do quarto milênio antes de Cristo.

O oeste europeu

A transição para comunidades urbanas se deu de maneira mais lenta no oeste da Europa, embora a passagem de socie-

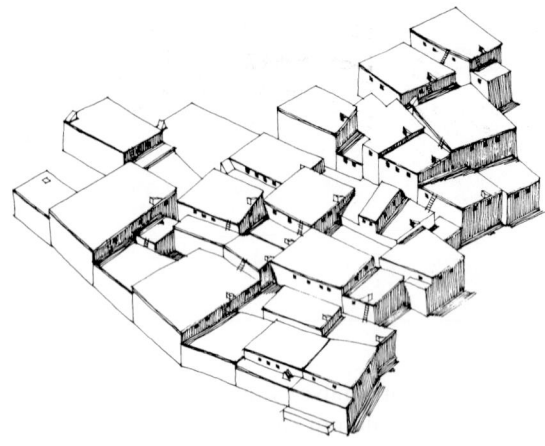

1.1a Perspectiva artística das edificações, Çatal Hüyük, Anatólia, cerca de 6500–5700 a.C.

Observe como as edificações tocam umas nas outras, formando grupos contínuos ocasionalmente separados por pátios fechados. As construções são uma mistura de moradias, oficinas e santuários, todos acessados pelas coberturas.

1.1b Perspectiva artística da sala do altar, Çatal Hüyük, Turquia, cerca de 6500–5700 a.C.

A figura central no lado esquerdo da parede representa uma mulher dando a luz, enquanto os crânios de touros com chifres sugerem elementos masculinos. Sem documentação escrita, é difícil entender completamente o significado de outras características da arquitetura, como, por exemplo, os desníveis no piso.

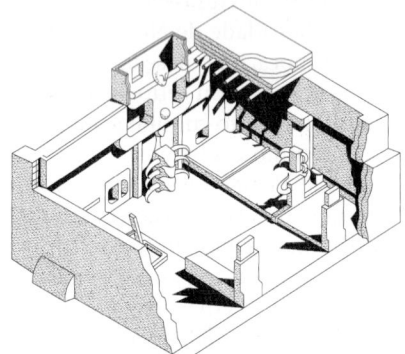

1.2 Túmulo megalítico, Er-Mané, Carnac, Bretanha, França, cerca de 4200 a.C.

Esta edificação apresenta um exemplo primitivo de uma construção com cúpula, na qual as pedras são assentadas em fiadas de alvenaria seca (sem argamassa), com cada fiada projetada ligeiramente além da anterior, para definir espaço. O mesmo sítio arqueológico contém outras câmaras mortuárias pré-históricas e quase 300 megálitos de pé e tombados dispostos em fileiras e alinhados para indicar a direção do nascer do sol no verão e os solstícios de inverno e outono e equinócios de primavera.

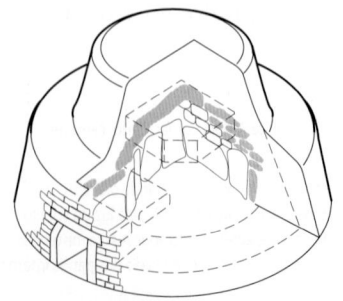

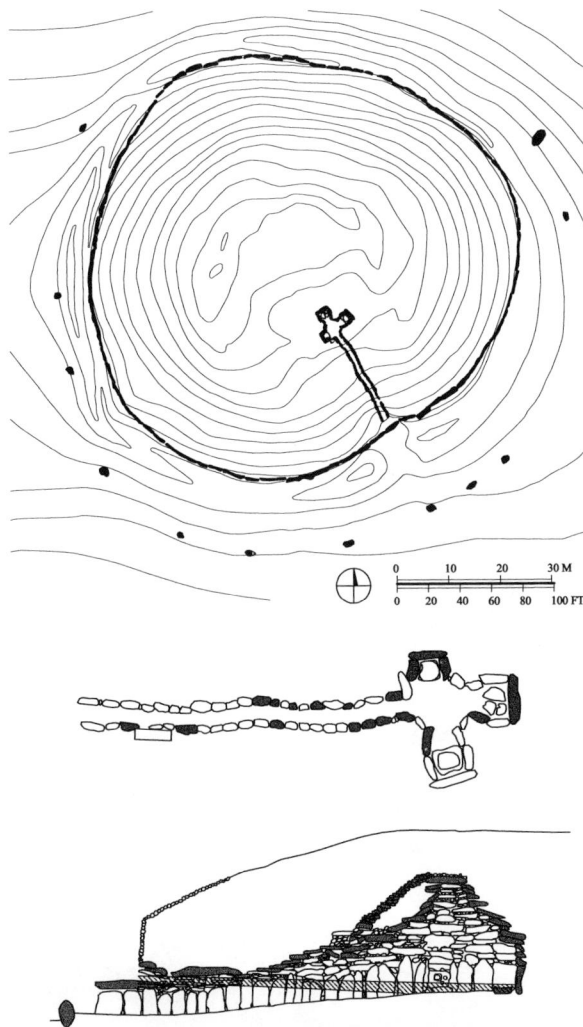

A Irlanda é particularmente rica em túmulos megalíticos, contando com mais de 500 sítios arqueológicos documentados. Construir esses túmulos comunitários – para restos mortais cremados ou não – parece ter sido não só uma manifestação de reverência pelos ancestrais, mas também um meio de demarcar territórios – tais monumentos são frequentemente encontrados em terrenos proeminentes. Entre os mais impressionantes está o túmulo com galeria funerária de Newgrange, no Condado de Meath, construído por volta de 3100 a.C., no topo de uma colina junto ao rio Boyne. Uma colina de terra de aproximadamente 90 metros de diâmetro e 11 metros de altura cobre a câmara mortuária, enquanto o peso do solo fornece estabilidade para os megálitos sobre ela. Grandes rochas decoradas cercam o perímetro da colina. (O revestimento de quartzo branco é uma reconstrução moderna baseada em escavações, proporcionando visibilidade à distância.) A entrada sul leva a uma passagem ascendente de 10 metros de comprimento coberta por lintéis de pedra que terminam em uma câmara cruciforme, encimada, por sua vez, por uma abóbada em colmeia com seis metros de altura. Partes da alvenaria de pedra da passagem e da câmara foram decoradas com padrões talhados, incluindo formas em diamante e espiral, cujos significados são desconhecidos (Figuras 1.3–1.4). A construção

1.3 Plantas baixas e corte, túmulo com galeria funerária de Newgrange, Condado de Meath, Irlanda, cerca de 3100 a.C.

A câmara cruciforme deste túmulo comunitário é acessada por uma longa passagem criada por pedras verticais. A área hachurada quase horizontal representa o percurso da luz solar do início da manhã durante o solstício de inverno, que ilumina o chão da passagem e da câmara, estabelecendo uma conexão entre os mundos humano e celestial.

1.4 Entrada do túmulo com galeria funerária de Newgrange, Condado de Meath, Irlanda, cerca de 3100 a.C.

Esta fotografia mostra a fachada de pedra reconstruída pelos arqueólogos. Observe a abertura retangular que serve como "bandeira" sobre a porta, abrindo caminho para a luz do sol durante o solstício de inverno. As formas em espiral na pedra que bloqueia a passagem direta talvez representem o sol. A antiga porta de pedra está visível à direita da abertura.

dades caçadoras e coletoras para grupos agrícolas maiores, sob o comando de um rei-sacerdote, tenha sido semelhante à experiência das sociedades da orla leste do Mar Mediterrâneo. No oeste europeu, as mais significativas conquistas da arquitetura pré-histórica foram as construções megalíticas, compostas por grandes pedras ou matacões (**megálito** significa, literalmente, "pedra grande"), muitas das quais edificadas como observatórios astronômicos ou túmulos comunitários para as classes privilegiadas. Antes de 4000 a.C., câmaras mortuárias de alvenaria de pedra seca (pedras assentadas sem argamassa) com coberturas abobadadas rudimentares já eram construídas na Espanha e na França. Um dos primeiros túmulos megalíticos, datado de 4200 a.C., fica em Er-Mané, Carnac, na Bretanha (Figura 1.2), França. Assim como muitos outros monumentos funerários, este foi estabilizado por uma camada de cobertura de terra.

1.5 Stonehenge, Planície de Salisbury, Inglaterra, cerca de 2900–1400 a.C.

Stonehenge – talvez o monumento mais famoso do período pré-histórico – exemplifica a capacidade que algumas civilizações primitivas tinham de organizar trabalhadores e materiais para criar locais cerimoniais evocativos. A *heel stone* fica na parte superior esquerda, além do círculo.

como um todo apresenta uma orientação bastante cuidadosa para que, nos cinco dias junto ao solstício de inverno, a luz do sol nascente entre pela porta e por uma **abertura retangular** em forma de bandeira, se arraste pela passagem e ilumine a câmara por cerca de 15 minutos (Figura 1.4). Para aqueles que têm a sorte de testemunhar este evento anual (a única ocasião em que há luz no interior), o efeito é mágico e muito comovente. A construção de um túmulo tão grande (há outros dois na mesma escala nas proximidades) provavelmente exigiu esforços contínuos ao longo de muitos

CAPÍTULO 1   OS PRIMÓRDIOS DA ARQUITETURA   33

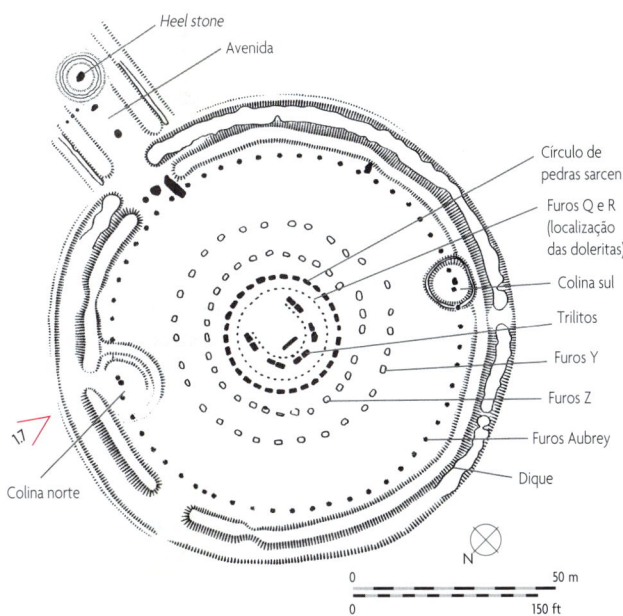

1.6 Planta baixa, Stonehenge, Planície de Salisbury, Inglaterra, cerca de 2900–1400 a.C.

Esta planta baixa inclui a terraplanagem original. Os trilitos em forma de U estabelecem o eixo da avenida, que passa entre as pedras periféricas para se alinhar com a *heel stone* colocada fora do círculo. No solstício de verão, o sol nasce exatamente acima da *heel stone* se visto a partir do centro dos círculos concêntricos.

calizada na Planície de Salisbury, no sudoeste da Inglaterra (Figuras 1.5–1.7). É possível observar pelo menos três fases de construção distintas. A primeira começou por volta de 2900 a.C., com a escavação de dois diques circulares concêntricos. Dentro do perímetro, 56 furos distribuídos igualmente (os furos Aubrey) foram cavados e preenchidos com gesso, enquanto uma linha de visualização do horizonte, a nordeste, foi demarcada a partir do centro até chegar a uma pedra vertical pontiaguda (a *heel stone*), fora dos diques. Em 2400 a.C., aproximadamente, 82 pedras de dolerita do tamanho de ataúdes – pesando cerca de duas toneladas cada – foram trazidas de pedreiras das montanhas de Pressely, no País de Gales, e erguidas em um anel duplo de 38 pares, com seis pedras adicionais definindo o eixo de chegada a nordeste. Em algum momento, talvez antes da conclusão desta segunda fase, as pedras de dolerita foram removidas (suas cavidades de base são chamadas de furos Q e R). A terceira e última fase envolveu o transporte de 35 lintéis e 40 pedras sarcen (um tipo de arenito), que chegam a pesar 20 toneladas cada. Elas foram erguidas formando um círculo de 30 pedras verticais pontiagudas que fecham cinco **trilitos** (duas pedras verticais encimadas por um lintel) distribuídos em formato de U e focados na Avenida – o eixo que leva à parte nordeste, em direção à *heel stone*. As protuberâncias (**bossas**) deixadas nos topos das pedras verticais se encaixam nos furos (**encaixes**) escavados nas faces inferiores dos lintéis, de modo que as pedras se travavam com uma sambladura de encaixe quando posicionadas corretamente.

Para muitos visitantes modernos, o projeto sofisticado e a escala gigantesca do conjunto parecem ir além das capacidade dos povos pré-históricos. Assim, o sítio já foi interpretado como obra de gigantes, mágicos, pessoas vindas do Mar Egeu e até de extraterrestres. A verdade é mais prosaica e, em última análise, mais significativa: o arqueoastrônomo

anos. A tecnologia disponível não oferecia nada mais resistente que ferramentas de cobre ou bronze para trabalhar as pedras, e não havia veículos com rodas ou animais de carga para auxiliar no transporte. Ainda assim, seus construtores antigos fizeram as observações astronômicas necessárias e organizaram uma força de trabalho suficiente para manobrar pedras que chegam a pesar cinco toneladas.

A capacidade de trabalhar com pedras grandes e observar fenômenos astronômicos fundamentais foram usadas na mais famosa das construções megalíticas – Stonehenge, lo-

1.7 Stonehenge, Planície de Salisbury, Inglaterra, cerca de 2900–1400 a.C.

Esta vista do norte mostra a configuração atual das pedras. Nos locais onde ficavam os lintéis, as protuberâncias (bossas) que mantinham as pedras horizontais no lugar podem ser vistas no topo dos elementos verticais. A *heel stone* é a pedra mais alta à esquerda.

Gerald Hawkins demonstrou que Stonehenge era um grande observatório para se determinar os solstícios (estabelecendo, assim, o calendário anual) e prever eclipses lunares e solares – um conhecimento provavelmente muito útil para uma sociedade que não dispunha de almanaques. Seu leiaute circular pode muito bem refletir uma relação simbólica com o firmamento, um vínculo entre os reinos humano e celestial.

A experiência acumulada com a construção e a orientação dos túmulos megalíticos permitiu que os primeiros habitantes das Ilhas Britânicas erguessem uma das obras de arquitetura mais assombrosas de todos os tempos. Stonehenge representa o auge da capacidade de construção e observação científica do período pré-histórico. Seus construtores venceram o desafio de transportar e trabalhar pedras colossais. Doleritas do País de Gales foram transportadas por mais de 300 km até o terreno, principalmente pela água, e arrastadas por terra na última etapa da jornada. As maiores pedras sarcen verticais vieram de Marlborough Downs, que fica a aproximadamente 24 km do local, e é provável que tenham sido arrastadas desde lá. Experimentos modernos com o transporte e a montagem de um trilito na escala dos de Stonehenge indicam que seria possível usar máquinas simples (alavancas e planos inclinados), um trenó com base engordurada, plataformas de madeira, cordas resistentes e cerca de 130 pessoas trabalhando juntas.

A ANTIGA MESOPOTÂMIA

A distinção entre o mundo pré-histórico e as eras históricas se baseia no surgimento da linguagem escrita, desenvolvida por volta de 3500 a.C. pelos sumérios, no Oriente Médio – em terras hoje ocupadas pelo Iraque e Irã. Lá, nas terras férteis entre os rios Tigre e Eufrates (chamada de Mesopotâmia, ou "entre os rios", pelos gregos antigos), surgiram as primeiras civilizações com escrita, organizadas em comunidades urbanas independentes, conhecidas como cidades-estado. A escrita foi elaborada primeiramente como um meio de documentar transações governamentais e somente mais tarde foi usada para o que poderíamos chamar de fins literários, narrando as lendas, conquistas gloriosas, esperanças e os temores das pessoas. Por volta de 3000 a.C., talvez em decorrência do contato com a Mesopotâmia, outro centro de civilização surgiu no nordeste da África, ao longo das margens do rio Nilo, no Egito. Estas duas regiões – o Egito e a Mesopotâmia – são consideradas os berços da história e da arquitetura ocidentais.

Apesar dos conflitos atuais no Oriente Médio, é provável que nenhuma cultura pareça mais distante para o estudante atual de história da arquitetura do que a da antiga Mesopotâmia. Existem imagens religiosas fortes provenientes de escrituras judaico-cristãs, como as histórias de dilúvios e da Torre de Babel, ambas relacionadas à Mesopotâmia; contudo, as imagens textuais não são suficientes – e Hollywood ainda não conseguiu representar este local e seus habitantes como fez com o Egito e os egípcios antigos. O ideal talvez seja começar com a leitura do ensaio ao lado para entender um pouco da cultura da Mesopotâmia e, então, chegar a um panorama – e este panorama começa com seus rios.

A Mesopotâmia abarca uma área com aproximadamente 800 km de extensão e apenas 480 km de largura. Ao sul, faz fronteira com o Golfo Pérsico, cujo litoral norte, no terceiro milênio antes de Cristo, se encontrava aproximadamente 210 km mais longe do que hoje está. Além disso, fatores como alterações nos canais dos rios, mudanças climáticas e a maior salinidade das terras anteriormente irrigadas têm provocado mudanças profundas no meio ambiente desde a antiguidade. Os rios Tigre e Eufrates correm para o golfo separadamente. O Eufrates nasce nas montanhas do leste da Turquia e serpenteia pelas planícies em suas partes mais baixas. O Tigre, ainda mais a leste, nasce nas mesmas montanhas, mas percorre um curso d'água mais rapidamente em função dos seus muitos tributários nas montanhas de Zagros. Por essa razão, o Tigre era menos navegável e não tinha um efeito unificador tão grande quanto o Eufrates no que se refere aos assentamentos junto às suas margens.

As culturas mesopotâmicas progrediram muito explorando seus rios. Além de controlá-los ao máximo, se basearam neles para construir elaborados canais de irrigação que resultaram numa paisagem fértil, quase paradisíaca. Ali, cultivaram plantações suficientemente abundantes para permitir o armazenamento de grãos excedentes em grande escala. Por sua vez, este suprimento de comida relativamente estável e abundante permitiu o surgimento de grandes populações urbanas e o corolário da urbanização – a especialização. Os especialistas mesopotâmicos incluíam, além de sacerdotes e mercadores, artesãos, artistas e arquitetos capazes de produzir belos objetos, expressar a visão de mundo de sua cultura e tentar conectar a humanidade com o cosmos.

Os sumérios, arcadianos e neossumérios

Em geral, os sumérios são descritos como os responsáveis por criar a primeira civilização do planeta, que começou a tomar forma por volta de 4000 a.C. Naquela época, os habitantes das terras férteis do sul da Mesopotâmia já dominavam as artes da agricultura e haviam criado sistemas de irrigação para controlar as águas do Rio Eufrates. Esta civilização – que durou até 2350 a.C. aproximadamente – é conhecida como Suméria; sua forma típica de assentamento era a cidade-estado, um centro político e religioso dedicado a servir aos deuses inspirados em elementos naturais. Essas divindades incluíam a trindade divina de Anu, deus do céu; Enlil, deus da terra; e Ea, deus da água; acompanhados de Nannar, deus da lua; Utu, deus-sol; e Inanna, deusa da fertilidade. Os sumérios acreditavam que o céu e a terra eram dois discos que haviam sido separados por uma explosão e que toda a existência era governada pelos deuses, representantes das condições climáticas imprevisíveis que afetam a vida humana. Também acreditavam que os seres humanos tivessem sido criados a partir de depósitos de silte aluvial nos vales dos rios com a finalidade de atender aos deuses e liberá-los do trabalho. Como se beneficiavam da adoração humana, os deuses precisavam da nossa fidelidade. Logo, havia um equilíbrio nas forças criadoras e destruidoras dos deuses e uma interdependência mútua entre eles e as pessoas.

ENSAIO

A VISÃO DE MUNDO DOS SUMÉRIOS

Michael Fazio

Os sumérios veneravam vários deuses de diferentes tipos e níveis de importância, e os representavam em sua arte. Este pequeno objeto (Figura 1.8) é a cabeça de uma ovelha talhada por um escultor sumério, talvez em Uruk, há mais de cinco mil anos. Atualmente, ele está no Museu de Arte Kimbell, de Louis Kahn, em Fort Worth, no Texas (veja as Figuras 16.15–16.17). Esta bela obra de arte consegue nos aproximar dos sumérios anônimos que criaram uma arquitetura monumental quase que exclusivamente a partir do barro.

É preciso imaginar a figura inteira, seu corpo intacto, com 60 ou 90 cm de altura e aproximadamente o mesmo comprimento. Os curadores do museu interpretam-na como um símbolo da deusa Dittur, cujo filho Dumuzi era um deus importante, do pastoreio e do leite (daí a imagem da ovelha), bem como do reino dos mortos.

A cabeça da ovelha está bastante desgastada, mas precisamos imaginá-la como era no passado – imaculada, realista e animada – e considerar sua representação numa sociedade em que tais animais eram essenciais para a sobrevivência humana. Com sua boca ampla, narinas abertas e orelhas alertas – que parecem ter acabado de ouvir a voz do pastor ou do deus do pastoreio – ela nos convida ao toque respeitoso (talvez até uns tapinhas, se não fosse tão sagrada). Novamente, podemos imaginar o calor rústico de sua lanugem e sua respiração silenciosa. Podemos imaginar o artista tentando comunicar sua "textura de ovelha" e transmitir seu significado enquanto trabalhava a pedra macia da qual a escultura foi feita.

Seu lar provavelmente era um local como o Templo Branco (veja a Figura 1.11). Ali, ela era tratada pelos sacerdotes e venerada diariamente. O Museu Nacional do Iraque, em Bagdá – tragicamente saqueado durante a guerra em 2003 – continha imagens esculpidas de tais sacerdotes e outros sumérios em posição de adoração (Figura 1.9). A forma dessas estátuas é mais abstrata que a da ovelha, com torsos superior e inferior em forma de cunha, como os caracteres da escrita cuneiforme suméria; seus traços mais marcantes são os olhos extremamente proeminentes, em posição ritual, e mãos quase contorcidas, aparentemente expressando certa ansiedade. Os sumérios lutavam contra inúmeras incertezas em uma terra onde a natureza – e, principalmente, o clima – oscilava incrivelmente entre a benevolência e a malevolência. Eles faziam as mesmas perguntas que nos fazemos até hoje. De onde teriam vindo? Como podiam ter algum controle sobre o meio ambiente? O que encontrariam após a morte?

1.9 Estatueta suméria, Tell Asmar, cerca de 2900–2600 a.C., gesso revestido com conchas e calcário preto, aproximadamente 45 cm.

Compare esta estatueta com a cabeça da ovelha na Figura 1.8. Enquanto a ovelha foi representada de maneira realista, o devoto sumério é estilizado. O mesmo fenômeno ocorre na arte egípcia, na qual as figuras menos sagradas eram frequentemente representadas com um alto grau de realismo, ao passo que as imagens de faraós ou deuses eram abstratas – como se a abstração pudesse oferecer uma ideia melhor dos aspectos mais imponderáveis da condição humana.

1.8 Cabeça de ovelha em arenito, cerca de 3200 a.C., 14,6 cm x 14,0 cm x 15,9 cm.

O criador deste pequeno animal de pedra capturou tanto suas "características de ovelha" como o aspecto enigmático da eternidade, ao qual aspiram as grandes obras de arte religiosas.

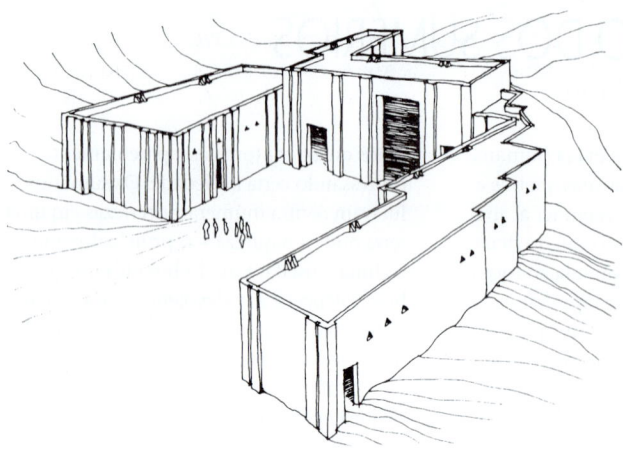

1.10 Reconstrução da Acrópole, Tepe Gawra, Suméria (Iraque), cerca de 3800 a.C.

Este edifício religioso estava associado a uma sociedade urbana mais complexa que as da pré-história. A escala da edificação construída na parte alta da cidade (acrópole) reflete a importância da religião e da classe de líderes religiosos para seus habitantes. As pilastras reforçavam as paredes de adobe. O templo norte fica na extremidade esquerda, no alto do desenho, e mede aproximadamente 7,5 x 12,0 metros.

As comunidades urbanas surgiram ao redor de santuários, isto é, as moradias dos deuses e os depósitos de alimentos excedentes, o que resultou na criação de conjuntos de templos monumentais nos núcleos das cidades sumérias. O primeiro nível de Eridu, a cidade mais antiga, tinha um pequeno santuário com altar de tijolo em frente a um **nicho** na muralha, construído provavelmente para receber uma estátua a ser venerada; altares e nichos foram encontrados em todos os templos sumérios posteriores. As reconstruções do templo de Eridu aumentaram sucessivamente o santuário original, que era relativamente modesto, e, por volta de 3800 a.C., ele já se encontrava sobre uma plataforma. Seus muros estabilizados pela **forma trapezoidal** configuravam uma sala de altar retangular com câmaras laterais menores. Mais ou menos na mesma época, a cidade de Tepe Gawra, quase 800 km ao norte, abrigava uma **acrópole** com dois templos, um santuário e habitações. Suas edificações principais compunham um pátio interno em forma de U. Suas **fachadas** eram articuladas por **pilastras** (Figura 1.10), um tema que seria retomado no início da arquitetura egípcia.

A maioria das edificações sumérias foi construída com tijolos secos ao sol (adobe), um material obtido facilmente colocando-se lama em moldes e deixando secar ao sol por várias semanas; porém, os tijolos resultantes não resistem bem ao intemperismo. O resultado é que grande parte da arquitetura suméria que conhecemos se resume a fundações e partes inferiores de paredes. As coberturas eram feitas com elementos leves de madeira ou junco, incapazes de vencer grandes vãos; por isso, os espaços internos eram pequenos. Na arquitetura suméria e posteriormente na mesopotâmica, as edificações importantes tinham mais durabilidade, uma vez que seus tijolos recebiam revestimentos resistentes a intempéries, e maior formalidade, sendo elevadas sobre plataformas artificiais.

Isso aconteceu em Uruk, onde o chamado Templo Branco foi construído (cerca de 3500–3000 a.C.) sobre uma base de caliça com 12 metros de altura; esse material foi obtido de edificações anteriores e recebeu uma camada de caiação protetora sobre muros de terra inclinados cobertos por tijolos secos ao sol (Figura 1.11). O acesso ao templo se dava por uma câmara na lateral mais longa, de maneira que um "eixo quebrado" levava do exterior ao saguão e ao santuário.

As estruturas contemporâneas escavadas no conjunto de Eanna (dedicado à deusa Inanna), que fica nas proximidades, incluem dois grupos de templos nos lados de um pátio ornamentado com um **mosaico** composto por milhares de pequenos cones de **terracota**. A base de cada cone foi mergulhada em esmalte preto, branco ou vermelho, e sua ponta foi inserida no muro de argila para formar um zigue-zague policromático com elementos circulares.

Em 2350 a.C., povos de linguagem semita instalados principalmente nas cidades de Sipar e Akkad – de onde veio o nome "acadiano" – depuseram a civilização suméria. As evidências sugerem que os acadianos eram um povo violento, governado por um rei militar e não apenas por uma classe de sacerdotes. Eles assimilaram muitos aspectos da cultura suméria, e sua forma de governo centralizada é a origem da hegemonia da Babilônia, que ocorreria cerca de 500 anos mais tarde.

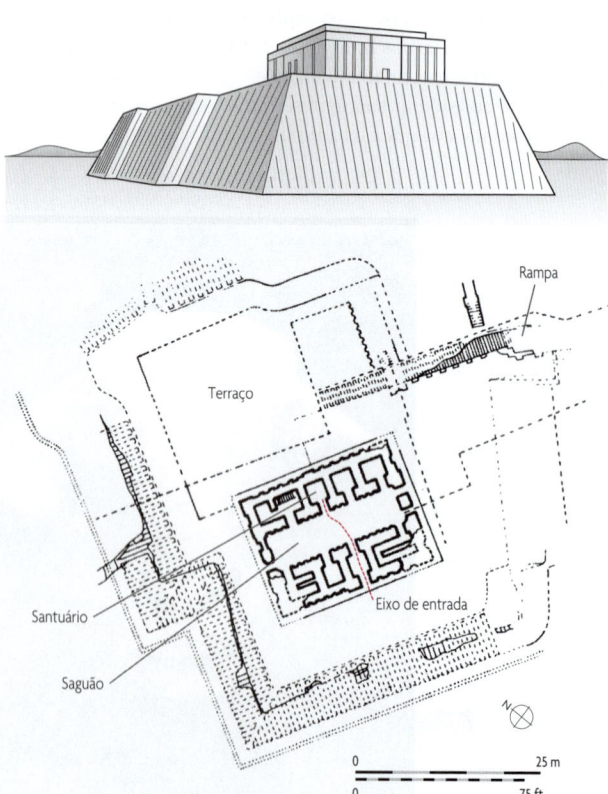

1.11 Vista e planta baixa do Tempo Branco, Uruk, Mesopotâmia (Iraque), cerca de 3500–3000 a.C.

Muitos templos da Mesopotâmia foram construídos sobre plataformas elevadas. A base deste templo foi feita, em parte, com a caliça de edificações que ocupavam o terreno anteriormente, e conta com muros inclinados num padrão regular e protegidos por camadas de caiação, o que acabou dando nome ao templo.

O império acadiano, por sua vez, foi dominado por volta de 2150 a.C. pelos gutis, um grupo de tribos oriundas das regiões montanhosas do Irã. A influência militar dos gutis diminuiu em um século, permitindo que alianças políticas semelhantes às existentes entre as primeiras cidades-estado sumérias renascessem no período chamado neossumério (cerca de 2150–2000 a.C.). Este período testemunhou o desenvolvimento das formas dos templos urbanos, especialmente do templo elevado sobre uma colina artificial escalonada, o **zigurate**. Construídos geralmente com tijolos secos ao sol e solidarizados com betume, feixes de junco ou corda, os zigurates eram revestidos por um pano externo de tijolos cozidos, resistentes a intempéries. Sobre sua base retangular, o zigurate subia com muros inclinados para dentro numa série de plataformas sucessivas, terminando num templo alto, no topo. Uma escadaria central dava acesso ao templo. (Os elementos assim distribuídos no centro de uma forma simétrica e alinhados na direção de um mesmo ponto são conhecidos como axiais.) Os zigurates eram projetados para elevar os templos até os deuses, permitindo que esses descessem dos céus e garantissem a prosperidade da comunidade. Simbolicamente, o zigurate também pode ter representado as montanhas de onde os sumérios vieram. Para que os deuses se sentissem em casa nas planícies do vale aluvial, os sumérios e seus sucessores na Mesopotâmia talvez tenham buscado recriar seus antigos lares nas montanhas. A elevação do templo bem acima do vale também podia refletir o desejo de proteger o conjunto sagrado das enchentes; o certo é que dava a ele destaque visual em relação à cidade.

Pouco resta dos zigurates construídos durante o breve interlúdio neossumério. Depois que o revestimento externo foi removido pelos saqueadores, o núcleo de terra dos zigurates sofreu uma erosão considerável. Das majestosas montanhas artificiais que se elevavam sobre as cidades mesopotâmicas, somente o zigurate de Ur (cerca de 2100 a.C.) ainda conserva parte de seus detalhes de arquitetura (Figuras 1.12–1.13). Ainda hoje é possível identificar as três longas escadarias que convergiam numa torre de entrada na altura da primeira plataforma. Lanços mais curtos levavam ao segundo e terceiro terraços, aos quais apenas os sacerdotes tinham acesso. Esses níveis superiores e o templo no cume hoje não passam de pilhas de destroços; contudo, arqueólogos calculam que a altura original do zigurate era de mais ou menos 21 metros, com uma base de aproximadamente 60 × 45 metros. Contrastando com os complexos de templos grandiosos, as habitações das pessoas comuns ficavam em bairros extremamente densos. As plantas baixas eram quase ortogonais, com habitações construídas em volta de pátios internos que forneciam luz e ar fresco a todos os cômodos (Figuras 1.14 a, b). As habitações apresentavam um muro cego para a rua, o que garantia a privacidade dos moradores. Até hoje, casas com pátio são comuns em comunidades do Mediterrâneo e do Oriente Médio.

1.12 Zigurate de Ur, Mesopotâmia (Iraque), cerca de 2100 a.C.

A mais bem conservada dentre as gigantescas colinas artificiais sagradas que se elevavam sobre todas as cidades grandes da Mesopotâmia, este zigurate foi construído para aproximar o templo aos deuses. Seu núcleo é de tijolo seco ao sol (adobe), revestido por uma camada externa de tijolos cozidos e betume, que servia como proteção contra a ação do clima.

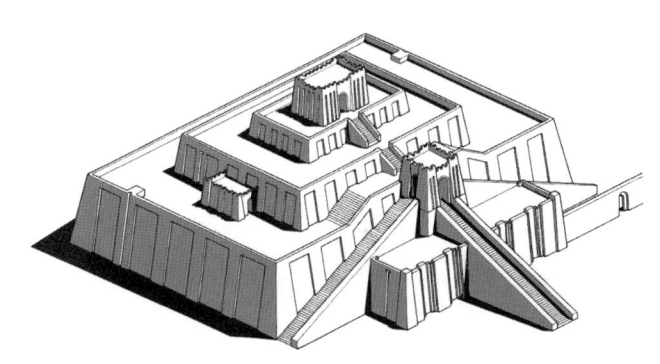

1.13 Reconstrução do zigurate de Ur, Mesopotâmia (Iraque), cerca de 2100 a.C.

Este desenho mostra os detalhes originais que foram perdidos, incluindo painéis recuados definidos por faixas de pilastras e parapeitos. A população abaixo podia observar as procissões de sacerdotes passando por sucessivos lanços de escada até chegaram ao templo, sobre a plataforma no ápice do zigurate.

1.14a Cidade de Ur, Mesopotâmia (Iraque), cerca de 2100 a. C.

Esta planta mostra o conjunto murado com o zigurate e a muralha que demarcava os limites da cidade. Parte da área residencial que foi escavada pode ser vista a sudeste do centro da cidade. Observe o arranjo labiríntico das habitações, em grande contraste com os espaços abertos maiores dos centros administrativo e cerimonial.

1.14b Planta da área residencial, Ur, Mesopotâmia (Iraque), cerca de 2100 a.C.

As fundações remanescentes indicam habitações organizadas em plantas ortogonais e espaços de estar distribuídos em torno de pátios centrais (hachurados), configuração que promovia a densidade urbana e ao mesmo tempo dava privacidade e ar fresco a cada lar. Versões posteriores deste tipo de habitação podem ser encontradas em Mohenjo-Daro (no Vale do Indo), Priene (na Ionia ocidental, atual Turquia) e em cidades islâmicas no Oriente Médio e no norte e leste da África.

Os babilônios, hititas e assírios

Em 1800 a.C., a Mesopotâmia foi dominada pela dinastia Amorita, da cidade-estado da Babilônia, cujo rei mais célebre foi Hamurabi (1728–1686 a.C.). Em 1830 a.C., os vigorosos hititas indo-europeus subjugaram a Babilônia e conquistaram o norte da Mesopotâmia. Mais ao sul, os assírios – falantes de uma língua semita – assumiram o controle e estabeleceram capitais sequencialmente em Calah (atual Nimrud), Dur-Sharrukin (Khorsabad) e Nínive (Kuyunjik). As cidadelas extremamente fortificadas construídas para cada capital refletem as guerras incessantes lutadas pelos assírios, bem como o caráter implacável de seus reis.

Khorsabad, a cidade real construída por Sargão II cerca de 720 a.C., apresenta as principais características da arquitetura e do planejamento urbano assírios (Figuras 1.15 a, b). Projetando-se em relação a uma das muralhas fortificadas da cidade, o palácio de 100 mil m² ocupava um platô que ficava 15 metros acima do nível do solo. A geometria ortogonal organizava as edificações da área ao redor do palácio, articulado por meio de uma série de pátios. Um zigurate de base quadrada com 43,6 metros de lado se elevava sobre um eixo com baluartes; seus sete níveis representavam a ordem cósmica dos sete planetas. Os pátios do palácio eram cercados por cômodos retangulares – incluindo a sala do trono, acessada por uma rota tortuosa e criada, provavelmente, para confundir ou assustar os visitantes e intensificar a aura de poder e grandeza. Touros alados com cabeças humanas em alto relevo, talhados em blocos de pedra com quatro metros de altura, guardavam as entradas do palácio. Ossos e músculos foram representados de maneira realista, enquanto penas, cabelo e barba foram estilizados, transmitindo com vigor o poder do monarca: como homem, o senhor da criação; como águia, o rei dos céus; e como touro, o fecundador do rebanho. Dentro do palácio, outras imagens em alto relevo representavam exércitos em marcha, queimando, matando e saqueando, o que enfatizava a tolice de se resistir ao poder assírio. Sem qualquer sutileza, Sargão II usou a arte e a arquitetura de seu palácio para comunicar o poder irresistível representado pela sua pessoa.

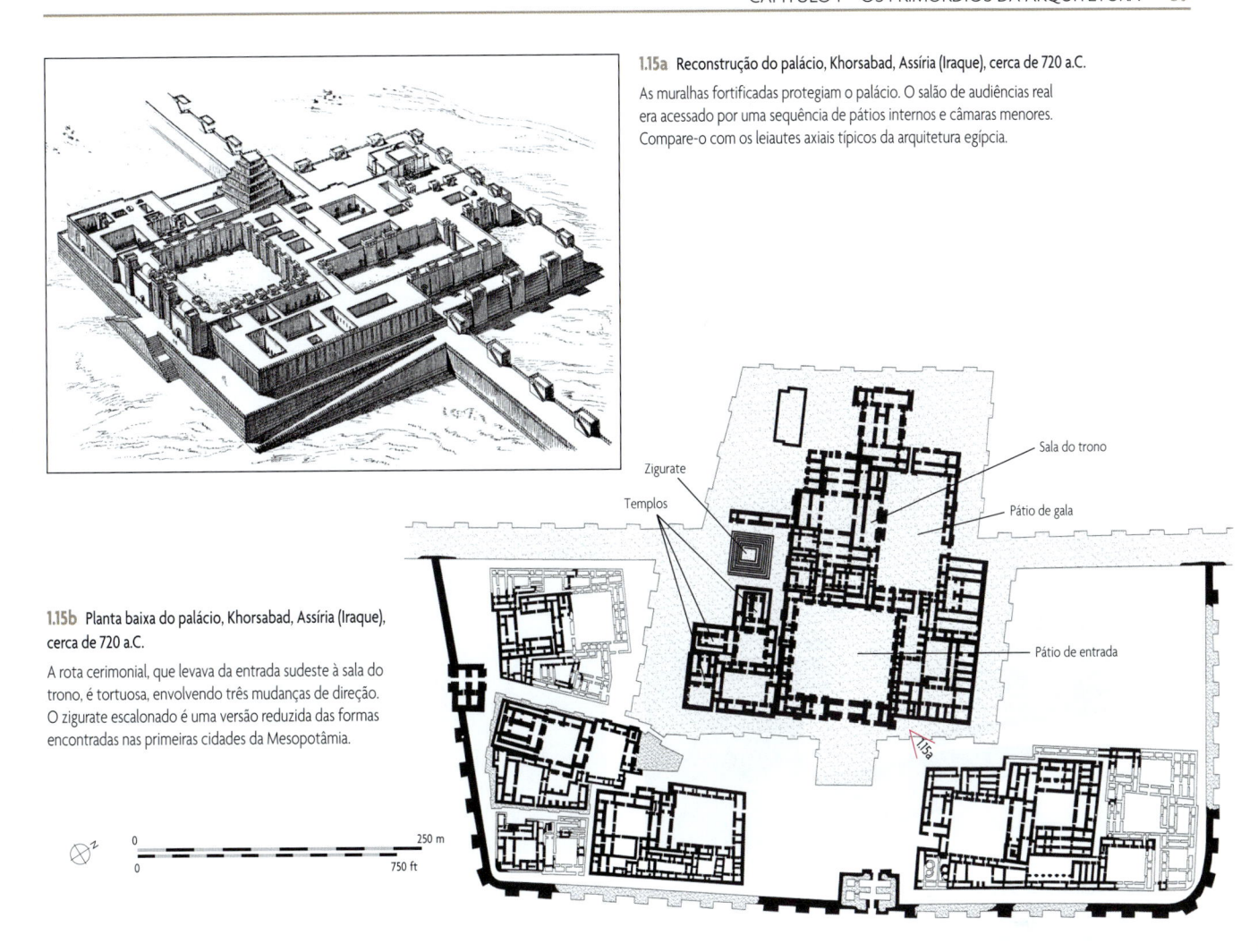

1.15a Reconstrução do palácio, Khorsabad, Assíria (Iraque), cerca de 720 a.C.

As muralhas fortificadas protegiam o palácio. O salão de audiências real era acessado por uma sequência de pátios internos e câmaras menores. Compare-o com os leiautes axiais típicos da arquitetura egípcia.

1.15b Planta baixa do palácio, Khorsabad, Assíria (Iraque), cerca de 720 a.C.

A rota cerimonial, que levava da entrada sudeste à sala do trono, é tortuosa, envolvendo três mudanças de direção. O zigurate escalonado é uma versão reduzida das formas encontradas nas primeiras cidades da Mesopotâmia.

Os persas

Em 539 a.C., o Império Persa era governado por Ciro II. Antes, os persas haviam deposto os Medes e expandido os limites de sua capital, em Susa (atual Irã), e conquistado toda a Mesopotâmia, Ásia Menor e até o Egito, por volta de 525 a.C. Em um século, passaram a dominar territórios do Danúbio ao Indo, e de Jaxartes ao Nilo, não conseguindo subjugar apenas a península grega. A maior contribuição à arquitetura remanescente dos persas é a ruína impressionante de Persépolis (Figura 1.16), cidade fundada por Dário em 518 a.C. como capital cerimonial para suplementar Susa, a capital administrativa, e Pasárgada, o centro da corte. Carentes de tradições artísticas próprias, os persas se inspiraram à vontade nas culturas que conquistaram. Em Persépolis, são evidentes os reflexos de portões de templos e **salões hipostilos** egípcios, salões de audiência hititas e esculturas da temática animal mesopotâmica. O grande palácio, usado principalmente para cerimônias de Ano Novo e início da primavera, ocupava

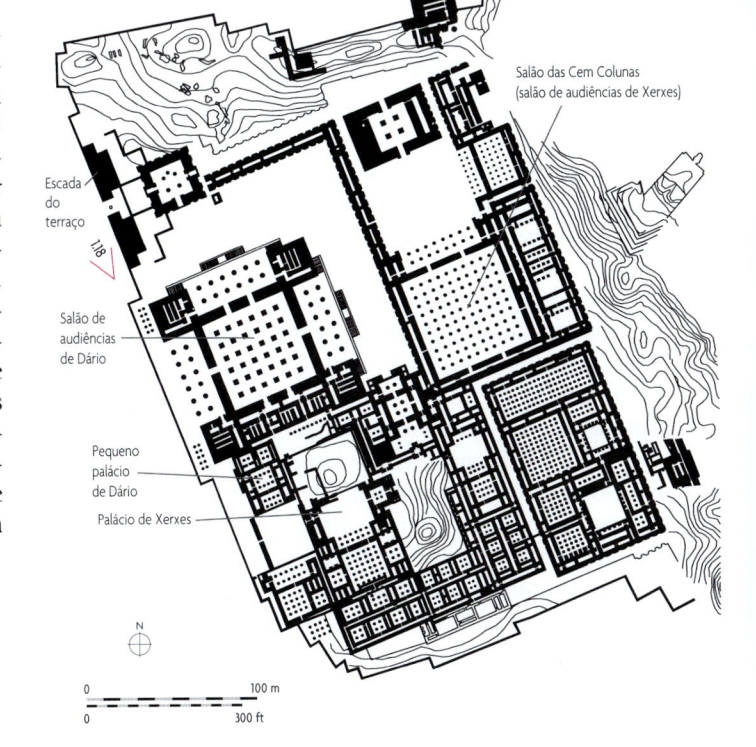

1.16 Planta baixa do palácio, Persépolis, Pérsia (Irã), cerca de 518 a.C.

Este grande complexo foi edificado por pelo menos três monarcas persas para ser uma das capitais do império. Suas ruínas revelam influências da arquitetura de outras culturas da Mesopotâmia, especialmente dos hititas e assírios, bem como dos egípcios.

1.17 Vista das ruínas do palácio, Persépolis, Pérsia (Irã), cerca de 518 a.C.
Estas são duas colunas remanescentes do salão de audiências de Dário, com capitéis bem preservados. Os exércitos de Alexandre, o Grande, saquearam e incendiaram Persépolis.

1.18 Escadaria do terraço superior, Persépolis, Pérsia (Irã), cerca de 518 a.C.
Aqui, podem ser vistas colunas isoladas do salão de audiências de Dário, com as portas do palácio de Dário ao fundo e o palácio de Xerxes mais além.

um terraço de 450 × 270 metros; continha pátios de recepção, salões para banquetes e salões de audiência, distribuídos em um leiaute quase ortogonal. A sala do trono do rei Xerxes, conhecida como Salão das Cem Colunas e concluída por Artaxerxes, era o maior espaço coberto do palácio, com capacidade para abrigar 10 mil pessoas dentro de sua planta quadrada com cerca de 80 metros de lado. A maioria da construção foi feita em pedra. **Colunas** de pedra sustentavam as vigas de madeira da cobertura em seus peculiares **capitéis** duplos esculpidos na forma de touros e leões (Figura 1.17). O terraço era acessado por lanços de escada ladeados por esculturas em relevo, que representavam delegações de 23 nações prestando homenagem ao soberano (Figura 1.18). Essas esculturas de pedra – envolvidas em atividades semelhantes às dos visitantes reais – eram um tira-gosto da pompa e dos banquetes que aguardavam no palácio acima.

As conquistas de Alexandre, o Grande, encerraram o domínio persa em 331 a.C. Os exércitos de Alexandre acabaram chegando à Índia, até onde os artesãos persas parecem tê-los acompanhado e então permanecido. Eles ajudaram a construir a capital em Pataliputra (atual Patna) para Chandragupta, onde os salões hipostilos e capitéis com formas animais lembram o palácio de Persépolis. A arquitetura persa se tornou uma das principais influências da arquitetura de pedra primitiva da Índia.

O EGITO ANTIGO

A cultura popular é rica em imagens do Egito Antigo, seja em filmes épicos representando Moisés e os faraós, seja em filmes de terror clássicos nos quais Boris Karloff, interpretando a múmia, perambula ameaçadoramente, impondo a justiça antiga a arqueólogos ingênuos e saqueadores de tumbas gananciosos. Tudo isso é muito divertido – assim como as fantasiosas especulações sobre as pirâmides egípcias terem sido construídas por visitantes do espaço sideral usando raios antigravidade – mas em nada ajuda a esclarecer os feitos reais de homens e mulheres comuns do Vale do Nilo, mesmo aqueles de cinco mil anos atrás. Como os mesopotâmicos, os egípcios antigos produziram uma arquitetura espetacular ao reunir as forças de toda a sua civilização e colocá-las a serviço de valores culturais muito difundidos. Esta arquitetura é muito mais diversificada do que se pode imaginar e, além de ser facilmente entendida pelo intelecto moderno, é extremamente esclarecedora em termos de ideias de projeto aplicáveis a qualquer época.

A geografia do Egito é dominada por um grande rio, o Nilo, que nasce nos planaltos de Uganda e passa pelo Sudão e pela Etiópia, atravessando mais de 3.200 km antes de desembocar no Mar Mediterrâneo, ao norte. Nos 960 km do vale do rio, a agricultura é favorecida pelo clima quente e pelos depósitos anuais de silte orgânico oriundo das enchentes, que renovam a fertilidade dos campos. Na época das dinastias, as margens do vale tinham pântanos e campinas ricas em animais de caça. (Hoje, o deserto toma conta do local.) Fora da estreita faixa fértil que margeia o Nilo, grandes áreas inóspitas de deserto protegiam o local contra invasores, assim como o Mediterrâneo servia de barreira para os assentamentos no delta do rio. Logo, a cultura que surgiu naquelas margens era predominantemente agrícola, contrastando com os assentamentos urbanos da turbulenta Mesopotâmia. A vida egípcia se organizava em torno da inundação anual, e o ritmo cíclico das estações gerou uma civilização que permaneceu incrivelmente estável por mais de dois mil anos. Dois centros de civilização egípcia, com práticas culturais diferentes, surgiram nos tempos pré-históricos: o Baixo Egito, no amplo Delta do Nilo, e o Alto Egito, no vale mais estreito, ao sul. Muito cedo, os egípcios também desenvolveram uma escrita na forma de hieróglifos, sistema que usava símbolos pictóricos e fonéticos para registrar informações.

A história do Egito começa por volta de 3000 a.C., quando Menes, faraó do Alto Egito, uniu o Alto e o Baixo Egito e estabeleceu sua capital em Mênfis, perto da junção dos dois territórios. (Observe que as datas relativas à história egípcia, especialmente no caso de faraós específicos das primeiras dinastias, ainda são debatidas por especialistas. Portanto, todas as datas fornecidas aqui devem ser entendidas como aproximadas.) Como todos os seus sucessores, Menes era ao mesmo tempo o soberano secular e a manifestação de Hórus – deus com cabeça de falcão que era a divindade dos faraós. Quando morria, o faraó passava a ser identificado com Osíris, pai de Hórus e senhor do submundo, enquanto seu sucessor assumia o papel de Hórus. A teologia egípcia associava tanto Osíris como Hórus a Rá, o deus-sol, cujo símbolo – no antigo templo de Heliópolis – era a pedra cônica benben de forma fálica, posteriormente estilizada como uma pirâmide. Portanto, o uso de formas piramidais no topo dos fustes de pedra (**obeliscos**) ou na edificação propriamente dita (como nas pirâmides) era um símbolo visual da conexão entre o soberano e o deus-sol.

O Período Dinástico Primitivo e o Reino Antigo (1ª a 8ª dinastias, cerca de 2920–2134 a.C.)

A história do Egito se divide em 30 dinastias, englobando o período da ascensão do faraó Narmer ao trono (cerca de 3000 a.C.) à conquista do Egito por Alexandre, o Grande, em 332 a.C. Quase tudo o que sabemos deste período inicial vem de monumentos funerários e inscrições, cujo foco é a transição do mundo dos vivos para o mundo dos mortos. Os egípcios acreditavam piamente em uma pós-vida, na qual *ka*, a força vital, se reunia com *ba*, a manifestação física, para se tornar um *akh*, ou espírito. Rituais elaborados eram feitos dentro de câmaras mortuárias para garantir o sucesso da transformação da vida em morte. A preservação do corpo físico (ou, pelo menos, o impedimento temporário de sua putrefação) após a morte era de grande importância e os defuntos deviam ter à disposição objetos cotidianos, servos pessoais, comida, bebida e uma câmara permanente adequada. Quando preparada de maneira inadequada para a pós-vida, a *ka* de uma pessoa importante – especialmente o faraó – podia vagar pelo mundo insatisfeita, fazendo maldades para os vivos. Portanto, era do interesse da sociedade oferecer um bom tratamento ao corpo e espírito do faraó, o que levou à construção de túmulos duradouros para a realeza e ao desenvolvimento da mumificação para preservar o corpo. Os túmulos – e não os templos ou palácios – se tornaram as edificações religiosas mais duradouras.

As **mastabas**, túmulos primitivos, foram construídas como moradas eternas para os mortos e, muito provavelmente, baseavam-se no projeto das habitações dos vivos. As habitações comuns eram feitas de junco, sapé e madeira – materiais totalmente inadequados para uma residência permanente; por isso, os construtores das mastabas usaram tijolos para obter uma durabilidade maior e, ao mesmo tempo, preservaram os detalhes característicos dos feixes de junco e suportes de madeira convencionais. A mastaba básica (Figura 1.19) era uma edificação em forma de bloco apoiada no solo, contendo uma sala pequena para oferendas e outra câmara para o corpo e a estátua do falecido. Os bens mundanos guardados com o morto logo atraíram os ladrões, fazendo com que uma das primeiras revisões do projeto da mastaba acrescentasse um túnel profundo sob a edificação. O corpo era colocado na base, e o túnel preenchido com pedra e caliça para deter possíveis intrusos. Na câmara acima do solo, ou *serdab*, uma estátua do falecido recebia oferendas. Posteriormente, em busca de maior permanência, começaram a ser usadas pedras na construção das mastabas.

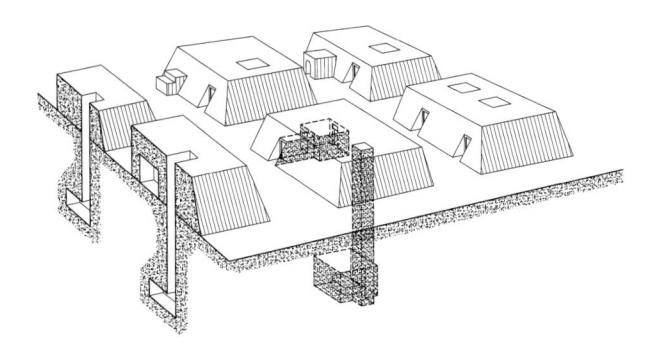

1.19 Desenho de mastabas.

Esta perspectiva aérea mostra as câmaras mortuárias sob as estruturas e suas pequenas câmaras, ou *serdabs*, colocadas no nível do solo, para receber oferendas ao espírito do defunto. Acredita-se que esses túmulos, construídos com adobe ou pedra, eram baseados no projeto de habitações reais feitas com materiais menos duradouros.

ENSAIO

AS CIVILIZAÇÕES "HIDRÁULICAS"
Dan MacGilvray

Praticamente não chove na Assíria. Essa pouca água nutre as raízes dos cereais, mas é a irrigação do rio que desenvolve a plantação e faz com que os grãos realmente cresçam. Não é como no Egito, onde o rio propriamente dito sobe e alaga os campos: na Assíria, eles são irrigados manualmente e por máquinas de irrigação com braços oscilantes. Pois todo o território da Babilônia, como o do Egito, é cortado por canais. O maior deles é navegável: ele corre... do Eufrates até o Tigre...

...toda a terra... regada pelo Nilo em sua passagem era o Egito, e todos os que moravam abaixo da cidade de Elefantine (Aswan) e bebiam da água deste rio eram considerados egípcios.

...não há homens no resto do Egito ou em qualquer parte do mundo que se beneficiem tanto do solo com tão pouco esforço; eles não têm o encargo de trabalhar a terra com o arado, nem com a enxada... o rio sobe por conta própria, molha os campos, e então volta para o seu lugar; assim, cada homem semeia seu campo e solta seus porcos para enterrar as sementes e espera pela colheita...

O historiador grego Heródoto (484–425 a.C.) viajou por todo o mundo antigo e escreveu a primeira história em forma de narrativa. Ele era um observador apaixonado da cultura, e suas citações definem uma das características essenciais das civilizações mesopotâmica e egípcia: sua dependência dos rios. Evidentemente, a água é um ingrediente essencial para qualquer forma de vida, mas a água corrente é necessária para o desenvolvimento da civilização, pois, além de ser bebida e irrigar, também serve para remover os dejetos humanos que se acumulam em áreas densas. Portanto, todas as civilizações primitivas – do Vale do Indo aos Maias – se basearam em rios. Nós as chamamos de civilizações "hidráulicas".

Por necessidade, a civilização hidráulica é uma federação corporativa, contrastando, por exemplo, com um grupo de cidades-estado beligerantes. Em uma bacia hidrográfica determinada, é necessário um forte controle centralizado para se construir um sistema de canais interdependente, que desvie água para a irrigação e faça a drenagem dos pântanos para o cultivo, ou barragens e diques para controlar as enchentes e conter a água. Os primeiros engenheiros hidráulicos aprenderam as técnicas da topografia e desenvolveram as habilidades necessárias para administrar projetos de construção em grande escala, buscando controlar as águas que traziam tanto abundância quanto destruição. Como Heródoto observou, a nação egípcia era definida pelo Nilo, e não resta dúvida de que os engenheiros responsáveis pelas pirâmides aprenderam a fazer levantamentos topográficos e obras de terraplanagem, além de organizar grandes contingentes de mão de obra nas margens do rio. Também se acredita que, como ficavam ociosos durante as inundações, os agricultores eram recrutados para as equipes de construção de projetos gigantescos, como as pirâmides.

Os rios Tigre, Eufrates e Nilo também serviam como artérias de transporte principais para a troca de bens entre as muitas cidades que os margeavam. Ainda hoje, na era dos aviões a jato, o meio mais barato de transporte de cargas por quilômetro-tonelada é a barca fluvial. No período medieval, era dez vezes mais barato transportar cargas em barcos do que em carroças puxadas por bois. Além disso, por causa do Nilo, os egípcios antigos não precisavam de veículos com rodas ou estradas pavimentadas; a biga foi uma invenção importada que chegou tarde para os egípcios, que preferiam se deslocar pelo rio; não é surpresa que tenham desenvolvido técnicas de construção sofisticadas para barcos de todos os tamanhos. Nas pinturas dos túmulos, as maiores embarcações são representadas carregadas com grandes obeliscos, como o da Figura 1.20, uma carga que chegava a pesar mil toneladas.

1.20 Obelisco em uma pedreira, Aswan, Egito.

1.21 A pirâmide escalonada de Saqqara, Egito, cerca de 2630 a.C.

Por ser a primeira construção de pedra em escala monumental no Egito, este túmulo criou um precedente para as pirâmides posteriores, dos faraós. Seu arquiteto, Imhotep, seria lembrado por sua genialidade e, mais tarde, cultuado como um deus.

1.22a Planta baixa do complexo funerário de Djoser, Saqqara, Egito, cerca de 2630 a.C.

A pirâmide escalonada é o elemento retangular no centro, dominando o Grande Pátio, que é acessado pelo Salão Processional estreito, no canto esquerdo inferior. Os egípcios colocaram os dois blocos de pedra em forma de B no pátio para que a *ka* de Djoser continuasse a corrida cerimonial entre eles, simbolizando, para toda a eternidade, a unidade do Alto e Baixo Egito.

1.22b Corte e planta baixa da pirâmide escalonada, Saqqara, Egito, cerca de 2630 a.C.

O corte mostra as sucessivas etapas da construção, durante a qual a forma original da mastaba foi ampliada até se tornar uma pirâmide, com a câmara mortuária sob o centro. A planta baixa mostra a astúcia dos ladrões de túmulos posteriores, que criaram um túnel para resgatar o tesouro enterrado com Djoser.

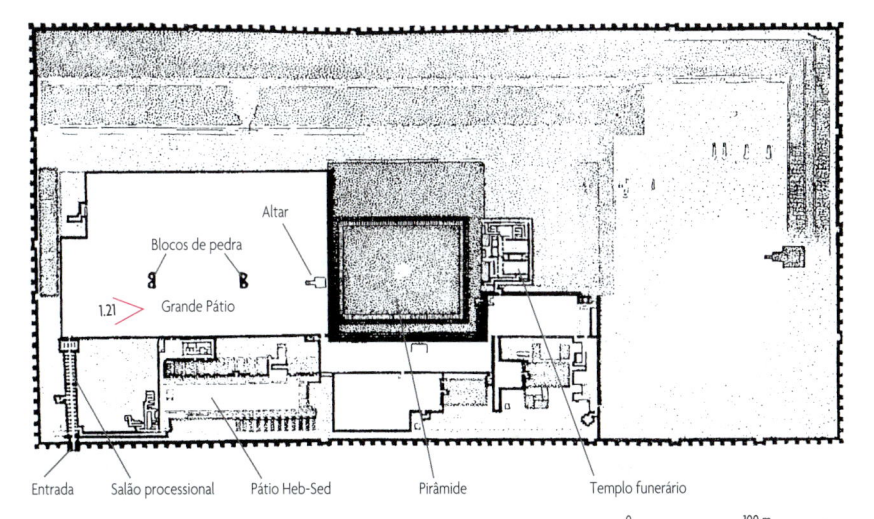

As primeiras pirâmides

À medida que o ritual religioso prescrito pelos sacerdotes evoluiu e começou a dar mais importância ao faraó, a mastaba foi ampliada proporcionalmente, resultando na produção da pirâmide. Após a morte, o faraó acompanhava o deus-sol em sua jornada diária pelo céu; por isso, precisava ser impulsionado para cima. A pirâmide – inicialmente uma forma escalonada e verticalizada como o zigurate, cujo pico recebia os primeiros raios de luz da manhã – era o emblema do deus-sol adorado em Heliópolis. Sua forma também faz referência simbólica ao renascimento anual da natureza, uma vez que, quando as águas baixam, os primeiros sinais de vegetação aparecem em pequenos outeiros. Assim, a forma escalonada da pirâmide e, a partir de certo momento, a pirâmide propriamente dita, representava o renascimento tanto diário como anual ao longo de toda a eternidade.

Atribui-se a Imhotep, arquiteto da Terceira Dinastia, o projeto da primeira pirâmide para o complexo funerário do faraó Djoser (2630–2611 a.C.), em Saqqara, nos subúrbios de Mênfis (Figura 1.21). Esta também foi a primeira construção monumental em pedra no Egito – o que não é pouco

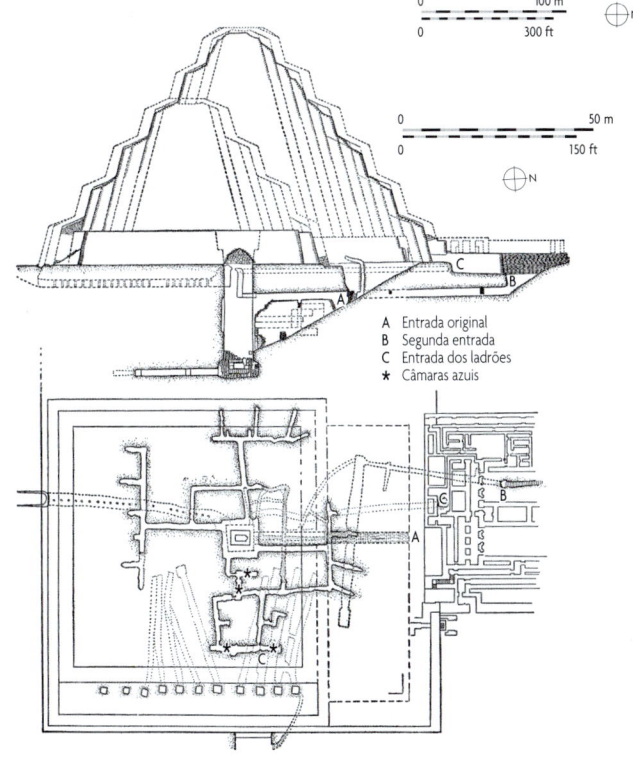

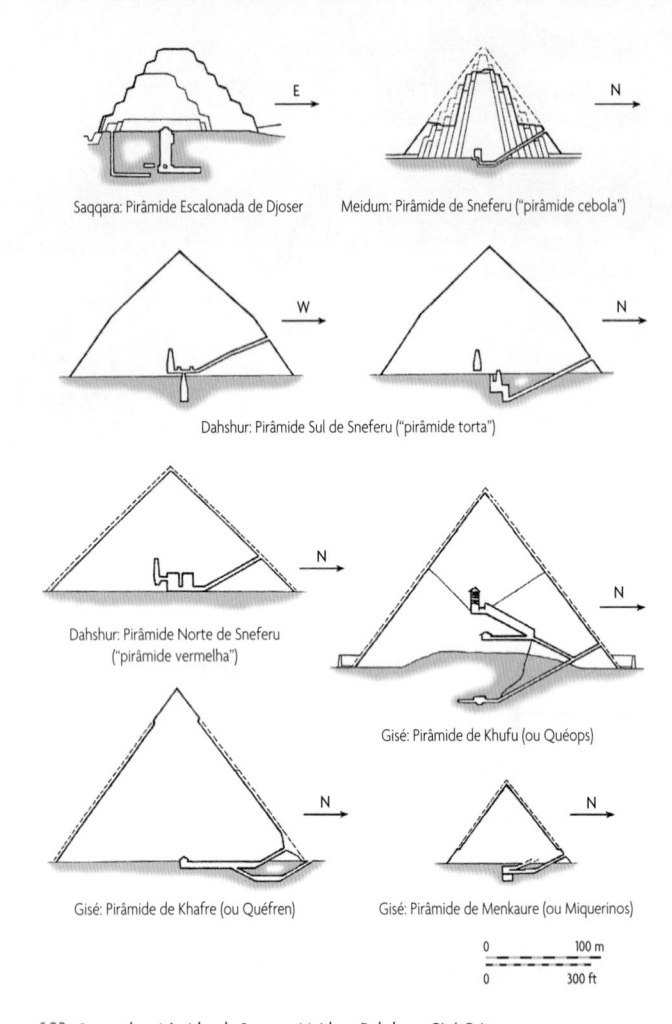

1.23 Cortes das pirâmides de Saqqara, Meidum, Dahshur e Gisé, Egito, cerca de 2550–2460 a.C.

Estes desenhos indicam os tamanhos relativos das maiores pirâmides das Terceira e Quarta Dinastias. A de Quéops permanece como a maior pilha de pedras da história, e, entre as pirâmides, também possui o arranjo mais complexo de passagens e câmaras internas.

para uma tradição que perdurou por 4.600 anos. A planta baixa do complexo tem a forma de um grande retângulo, cobre 14 hectares e é cercada por uma muralha com 10 metros de altura e 1.600 metros de extensão (Figuras 1.22 a, b). Há apenas uma entrada, uma pequena porta na quina sudeste que leva a um estreito salão processional com colunatas. No final do salão fica o acesso ao pátio principal, dominado pela pirâmide escalonada de Djoser, que se eleva 60 metros acima de sua base de 121 × 109 metros. Inicialmente uma mastaba, a pirâmide foi construída em várias etapas até chegar à sua forma atual – um volume que sobe em seis níveis. O exterior da pirâmide foi revestido com blocos de arenito desbastados, enquanto os pátios e edificações adjacentes parecem ser representações do palácio terrestre de Djoser em Mênfis, reconstruído ali para durar pela eternidade. A aparência e os detalhes típicos dos materiais originais foram reproduzidos na pedra: pilares em forma de feixe de junco ou caule de papiro, tetos de toras de madeira e até uma dobradiça de pedra para uma porta, também de pedra, completamente imóvel. Ao norte da pirâmide fica o templo funerário onde foi realizado o ritual anterior ao enterro. Uma estátua de Djoser olhando para fora repousa em uma câmara pequena; uma pequena abertura na parede, em frente aos olhos de pedra da estátua, é o único acesso ao mundo exterior.

O complexo de Djoser inclui áreas para a prática de rituais que hoje não são bem entendidos, mas que, aparentemente, eram símbolos importantes do vínculo entre o Alto e o Baixo Egito. O grande pátio era o cenário da corrida Heb-Sed, da qual o faraó participava anualmente para garantir a fertilidade dos campos. O percurso consistia de quatro circuitos do pátio em cada direção – no sentido horário para uma metade do reino, e no sentido anti-horário para a outra. Djoser tinha duas câmaras mortuárias que representavam seu poder e sua paternidade em relação ao Alto e ao Baixo Egito. Uma câmara, localizada abaixo da pirâmide, continha sua múmia em um ataúde de alabastro. O acesso era bloqueado por um tampão de pedra com 1,8 metro de diâmetro e pesava seis toneladas; essa proteção se mostrou inadequada, pois os ladrões encontraram uma maneira de entrar no túmulo ainda na antiguidade. Em 1928, escavadores descobriram a segunda câmara, no lado sul da muralha. Embora também tivesse sido saqueada, ela continha, originalmente, os órgãos internos do faraó embalsamados, simbolizando sua fertilidade e a proteção do Baixo Egito. Os ladrões de túmulo não roubaram a bela **faiança** azul que decorava as paredes – e que hoje são tudo o que resta do interior. Esses azulejos estão assentados em faixas de pedra horizontais e verticais, representando uma trama de junco entre as peças de madeira anexadas a suportes maiores, também de madeira. Uma parede traz um baixo relevo representando Djoser enquanto corria a Heb-Sed. Usando a coroa branca do Alto Egito, o faraó foi retratado na maneira típica da arte egípcia, com cabeça, pernas e pés em perfil, e o torso virado para frente. Nesta obra em particular, os artistas egípcios capturaram as características essenciais do corpo humano com bastante exatidão, ainda que a pose não seja "realista" ou natural.

Desde seu surgimento em Saqqara, a evolução daquilo que hoje consideramos a "verdadeira" pirâmide passou por pelo menos três grandes projetos antes de chegar ao auge nos túmulos da Quarta Dinastia, em Gisé, nos subúrbios de Cairo (Figura 1.23). Essas três pirâmides foram construídas ou modificadas por Sneferu (2575–2551 a.C.), um dos primeiros faraós da Quarta Dinastia, que continuou a ser cultuado por mais de dois mil anos após sua morte. Em Meidum, dez quilômetros ao sul de Saqqara, Sneferu acrescentou uma camada externa à pirâmide que talvez tenha sido iniciada por Huni, o último faraó da Terceira Dinastia. Ela começou com um núcleo escalonado de sete patamares, transformando-se em uma pirâmide verdadeira após a adição de duas edificações sobrepostas. Há evidências de que as partes superiores da obra entraram em colapso durante a instalação do terceiro e último revestimento de calcário, já que a alvenaria de pedra não tinha suporte suficiente, considerando o ângulo relativamente íngreme da inclinação (51° 50′ 35″). Se tivesse sido concluída como planejado, a pirâmide chegaria a quase 92 metros de altura. O resultado, com o núcleo escalonado se elevando acima do pedregulho, recebeu o apelido de pirâmide "cebola". O acesso se dava por um corredor descendente que abria no lado norte, indo para baixo do solo e, então, se elevando por uma pequena distância até a câmara mortuária no centro da base da pirâmide. A construção com fiadas de pedras em balanço na abóbada da câmara marca o início do uso, pelos egípcios, dessa técnica em pedra, embora já a tivessem feito em tijolo.

O colapso da pirâmide de Meidum afetou outra pirâmide, de Sneferu, que estava sendo construída na mesma época em Dahshur, aproximadamente 45 km ao sul. Ali, a estrutura parcialmente acabada foi transformada para criar a chamada pirâmide "torta", que começou com uma base quadrada com 187,7 metros de lado e laterais inclinadas em 54° 27′ 44″. Ao observar o colapso em Meidum, os construtores de Dahshur decidiram mudar para um ângulo de inclinação menor (41° 22′) quando a pirâmide já estava pela metade. Alcançando uma altura total de 104,85 metros, a pirâmide torta ganhou mais estabilidade devido às suas resistentes fundações e núcleo de calcário, grandes blocos de revestimento de pedra levemente inclinados para o centro e ângulo de inclinação reduzido. Essas características de projeto para estabilização foram incorporadas desde o início na terceira pirâmide de Sneferu, a pirâmide norte ou "vermelha", também em Dahshur. (O nome deriva da oxidação do calcário usado em seu núcleo, que ficou exposto depois que ladrões de pedra removeram o revestimento de calcário branco.) Com uma base quadrada com 220 metros de lado, a pirâmide norte se eleva a um ângulo constante de 43° 22′, chegando a 104,8 metros acima do solo. Seu perfil, portanto, é relativamente baixo – um testemunho da postura conservadora de seus projetistas.

1.24 Pirâmides, Gisé, Egito, cerca de 2550–2460 a.C.

A pirâmide de Quéops é a que fica mais ao fundo, à direita da pirâmide de Quéfren (distinta pelos vestígios de pedras de revestimento externo no topo). Em frente à pirâmide de Quéfren fica a de Miquerinos; as três pirâmides muito menores do primeiro plano pertenciam às rainhas de Miquerinos.

As pirâmides da quarta dinastia em Gisé

As três grandes pirâmides de Gisé (2550–2460 a.C.) são obra dos descendentes de Sneferu, os faraós da Quarta Dinastia conhecidos como Khufu, Khafre e Menkauré (ou Quéops, Quéfren e Miquerinos, na transliteração para o grego) (Figuras 1.24–1.25). A maior pirâmide, a de Quéops, que reinou em 2551–2528 a.C., foi construída primeiro e planejada desde o início para ser uma pirâmide verdadeira, com proporções sem precedentes. A base de 230,1 × 230,1 metros ocupa 52.600 m²; e suas laterais se elevam a um ângulo de 51° 50′ 40″ até chegar a uma altura de 146,6 metros. A maior parte da construção é de calcário, embora a grande câmara do faraó, no centro, seja de granito. Em termos de dimensões, nada construído em pedra, seja antes ou depois, se iguala à Grande Pirâmide de Quéops.

No entanto, a pirâmide de Quéops não é completamente maciça. Três câmaras mortuárias foram construídas em seu interior – uma escavada diretamente no leito de pedra das fundações e as outras duas construídas à medida que a montanha de pedra foi edificada. Antes se pensava que essas duas câmaras mortuárias representavam mudanças feitas no projeto enquanto a obra progredia, mas hoje elas são interpretadas como acomodações propositais. Acredita-se que a câmara inferior, com acabamento mais rústico, representa o além. A câmara do meio – chamada de Câmara da Rainha – provavelmente continha uma estátua colossal de Quéops e servia como sua câmara do espírito, ou *serdab*. A do topo – a Câmara do Faraó – construída com um belo granito vermelho, contém um sarcófago de granito dentro do qual Quéops foi efetivamente enterrado. Para transferir o peso tremendo da pirâmide sobre o teto da Câmara do Faraó, 11 pares de vigas de granito foram assentados formando um teto com duas faces (ou em sela), elevando-se para dentro do volume da pirâmide, acima da câmara. Cinco conjuntos gigantescos de lajes de granito horizontais formam câmaras de alívio sobrepostas entre a

1.25 Implantação das pirâmides, Gisé, Egito, cerca de 2550–2460 a.C.

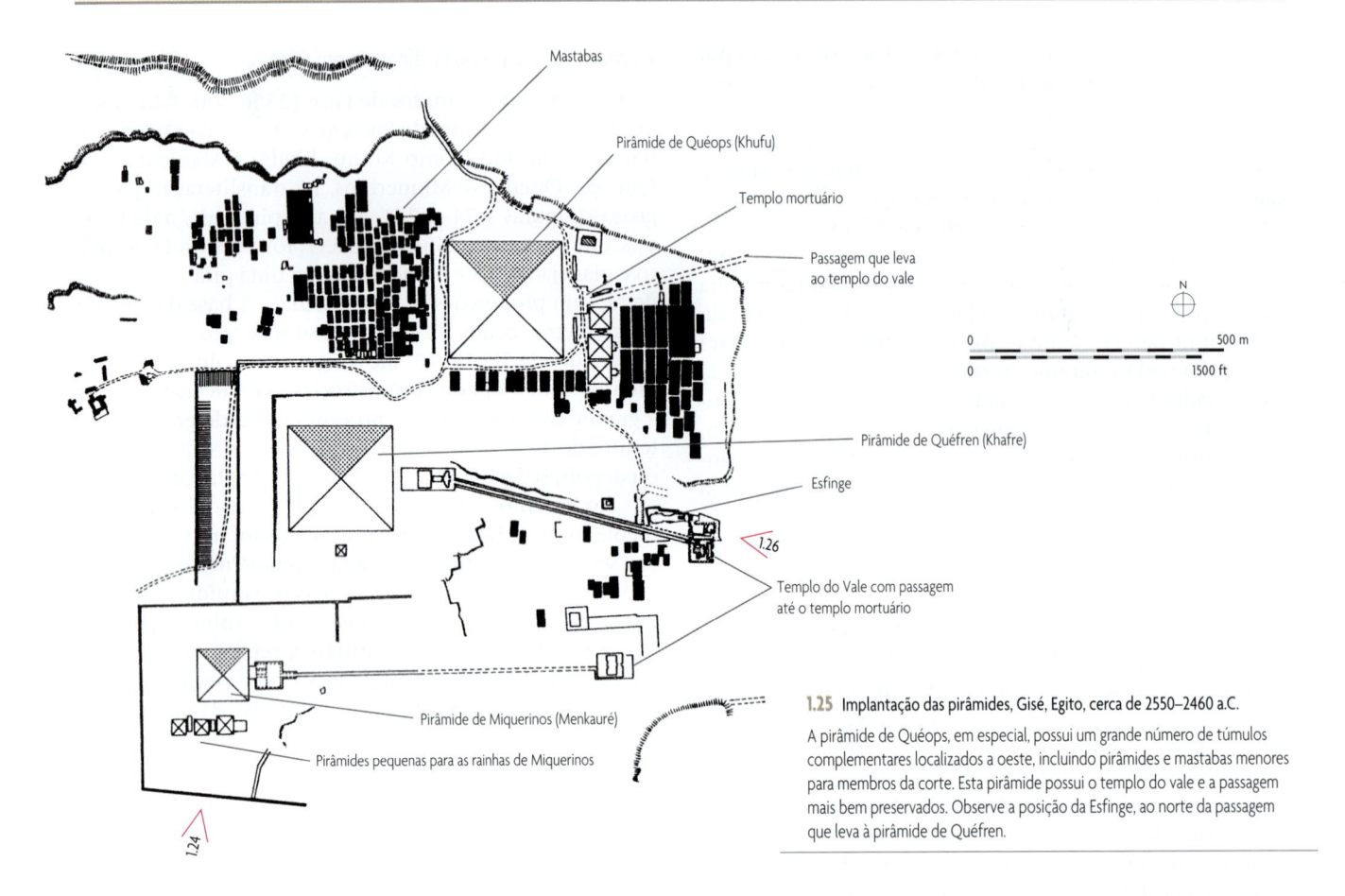

A pirâmide de Quéops, em especial, possui um grande número de túmulos complementares localizados a oeste, incluindo pirâmides e mastabas menores para membros da corte. Esta pirâmide possui o templo do vale e a passagem mais bem preservados. Observe a posição da Esfinge, ao norte da passagem que leva à pirâmide de Quéfren.

cobertura em sela e o teto plano da cripta, o que reduz o peso e a pressão verticais. A galeria com pedras em balanços sucessivos que leva a essa câmara é outra maravilha da construção, pois, ao se elevar a quase oito metros de altura, cria um contraste esplêndido com a passagem ascendente de 1,20 metro de altura conectada a ela.

As Câmaras do Faraó e da Rainha contêm pares de pequenas aberturas viradas para cima, atravessando o volume da pirâmide, que podem ter sido criadas para permitir a ventilação. Sua orientação específica sugere uma conexão com a estrela polar (ao norte) e Órion (ao sul), embora a função e o significado simbólico exatos dessas aberturas de ventilação permaneçam um mistério.

A próxima na sequência de construção (e apenas levemente menor no tamanho) é a pirâmide de Quéfren, o filho de Quéops que reinou entre 2520 e 2494 a.C. Esta pirâmide tem base quadrada com 215 metros de largura e se eleva a um ângulo de 53° 20′, chegando a uma altura total de 143,5 metros. Em muitas fotografias das pirâmides de Gisé, ela parece ser a mais alta das três, mas somente porque foi construída em uma parte mais elevada do terreno, em comparação com a de Quéops. O monumento de Quéfren é facilmente identificado pelo fragmento substancial de revestimento original de calcário que ainda existe em seu cume. No interior, há apenas uma câmara mortuária no centro da pirâmide, na altura da base. Uma passagem no lado norte leva ao recinto, que – como as câmaras mortuárias de todas as pirâmides – foi saqueado há muito tempo.

A menor das três grandes pirâmides de Gisé pertenceu a Miquerinos, filho de Quéfren, que reinou entre 2490 e 2472 a.C. Contendo menos de um décimo da quantidade de pedra usada na pirâmide de Quéops, o túmulo de Miquerinos parece ter sido construído às pressas e com menos cuidado que os de seus antecessores. Sabe-se que não foi concluído antes da morte do faraó. Suas dimensões – 102 × 104 metros de base, inclinação de 51° 20′ 25″ e 65 metros de altura – seguem as proporções estabelecidas pelos túmulos vizinhos. O sucessor de Miquerinos, Shepseskaf, último faraó da Quarta Dinastia, optou por não ser enterrado em uma pirâmide e, embora elas continuassem a ser construídas pelos governantes seguintes, nenhuma conseguiu superar o trio de Gisé em termos de qualidade e escala.

Associados a cada pirâmide estavam templos de apoio, que hoje são apenas ruínas. Ao longo do Nilo havia o chamado Templo do Vale ou Templo Inferior, onde o barco que trazia o corpo do faraó atracava para desembarcar sua carga real. É possível que o processo de mumificação fosse realizado ali, ainda que as evidências não sejam claras a esse respeito. Uma passagem conectava o templo do vale ao templo superior, ou templo mortuário, na base da pirâmide propriamente dita. Ali, o cadáver passava pelo ritual final de purificação antes do sepultamento.

Dentre os templos do vale em Gisé, o de Quéfren permanece no melhor estado de conservação. Com uma base praticamente quadrada e paredes grossas de calcário revestidas em granito vermelho, seu salão central tem a forma de um T invertido. **Pilares** de granito vermelho sustentavam uma cobertura com **clerestório**; as janelas foram distribuídas para que a luz do sol iluminasse as 23 estátuas do faraó dispostas ao longo das paredes. Depósitos pequenos, em dois níveis, estendiam-se para dentro das paredes maciças. Atualmente, o templo se encontra sem cobertura e sem seu revestimento externo de pedra ao lado da Esfinge, um leão com cabeça de homem com 57 metros de comprimento e 20 metros de altura, talhado *in loco* em uma saliência rochosa natural (Figura 1.26). (Por muito tempo se acreditou que a cabeça da Esfinge seria um retrato de Quéfren, mas isso nunca foi comprovado. Especulações recentes de que a Esfinge seria significativamente mais antiga que as pirâmides não são aceitas pela maioria dos egiptólogos.) O templo mortuário de Quéfren, na base da pirâmide, está conectado ao templo do vale por uma passagem construída em um ângulo oblíquo ao rio. A planta baixa da pirâmide é retangular, com uma série de espaços internos distribuídos axialmente. É provável que a estrutura de calcário tenha sido revestida de um material mais fino, e que o piso fosse de alabastro. No centro do templo fica um grande pátio interno cercado por enormes pilares; em frente a ele, havia 12 estátuas grandes do faraó.

Há muito tempo, as pirâmides – especialmente os exemplares impressionantes de Gisé – têm levado a duas perguntas: como foi possível que povos antigos, trabalhando com tecnologias simples, construíssem estruturas tão grandes? E por que as teriam construído? A resposta à primeira pergunta pode ser presumida razoavelmente, embora continue sendo uma área de estudo. Ainda que não tivessem materiais mais resistentes que o cobre e não usassem a roda no transporte, os egípcios não eram primitivos. Seu conhecimento de topografia – necessário para a remarcação dos limites das plantações após a inundação anual – ajudou-os a traçar a base das pirâmides com exatidão, e também a orientar a planta baixa quadrada de acordo com os pontos cardeais. A pirâmide de Quéops tem um desvio de apenas 5 1/2 minutos de arco em relação ao norte; seu ápice está apenas 30 cm deslocado em relação ao centro da base; e há somente um erro de 20 cm na extensão de um dos lados da base. A ausência de veículos com rodas não era um problema sério, pois grande parte do transporte provavelmente era feita pela água ou pela areia, onde as rodas não teriam vantagens reais sobre os barcos e trenós que de fato foram usados. A extração das pedras era feita com serras de metal, no caso dos calcários e arenitos, mais macios, ou com esferas de rocha muito duras (doleritas), golpeadas repetidamente ao longo de linhas nas pedras mais resistentes, como o granito. O acabamento de pedras afeiçoadas podia ser feito com martelos, cinzéis e machados de pedra, bem como lixas ou mós. Independentemente do método, o trabalho nas pedreiras era tedioso, e, provavelmente, ficava a cargo de prisioneiros ou trabalhadores recrutados à força. As pedras mais refinadas e o granito eram trazidos de locais mais distantes.

As pirâmides eram construídas, provavelmente, por grandes equipes de trabalhadores durante a época das inundações, quando era impossível trabalhar nos campos. Os músculos humanos forneciam a força necessária para transportar os blocos até o local. O estudo de pirâmides em ruínas ou

1.26 Pirâmide de Quéfren e Esfinge, Gisé, Egito, cerca de 2550–2460 a.C.
Os resquícios da entrada do vale do tempo de Quéfren podem ser vistos à esquerda.

inacabadas revelou que não havia apenas um método de construção; ainda menos se sabe sobre os monumentos mais completos – o trio de Gisé – porque seus interiores não podem ser investigados em detalhes. Em alguns casos, rampas eram montadas paralelamente à crescente montanha de alvenaria para criar um plano inclinado que permitisse arrastar as pedras em trenós. Também é possível que o núcleo escalonado ascendente das pirâmides de Gisé tenha servido como escada para os trabalhadores que puxavam e usavam alavancas para elevar os blocos até os níveis superiores, uma vez que a quantidade de material necessária para a construção de rampas adicionais nessas edificações enormes, bem como a dificuldade de se deslocar os blocos de pedra pelas quinas, teria impossibilitado o uso de planos inclinados. Embora o número de homens e o tempo necessário para se concluir uma das grandes pirâmides ainda sejam assunto para discussão, a capacidade egípcia de organizar trabalhadores e pedreiros em campanhas sazonais de construção é um fato – e também um testemunho da habilidade de seus engenheiros.

O motivo por trás da construção das pirâmides tem inspirado tanto pesquisas sérias como bobagens especulativas. Já surgiram teorias que vão desde a definição de medidas-padrão a partir do corpo humano (como ocorreu com as unidades inglesas) até previsões apocalípticas do fim do mundo, para explicar a configuração dimensional da pirâmide de Quéops; os egiptólogos, porém, estão convencidos de que as pirâmides eram, acima de tudo, tumbas para os faraós. O motivo que levaria as pessoas a dedicar tanto esforço a projetos que poderiam ser considerados praticamente inúteis só pode ser compreendido dentro do contexto da visão de mundo egípcia. Talvez nenhuma sociedade, antes ou depois da egípcia, tenha investido tanto tempo e energia para garantir a vida após a morte de seus personagens mais ilustres. Praticamente toda a arte e a arquitetura egípcias eram muito práticas, buscando auxiliar na passagem deste mundo para o próximo e garantir o conforto e uma vida agradável após a chegada. Ainda que os maiores esforços tenham sido despendidos para preparar a pós-vida do faraó, todos os egípcios tinham sua visão pessoal da vida eterna; por isso, estavam interessados na criação de uma arquitetura voltada à morte e ao renascimento, desde os modestos túmulos dos pobres até as edificações monumentais de seus soberanos.

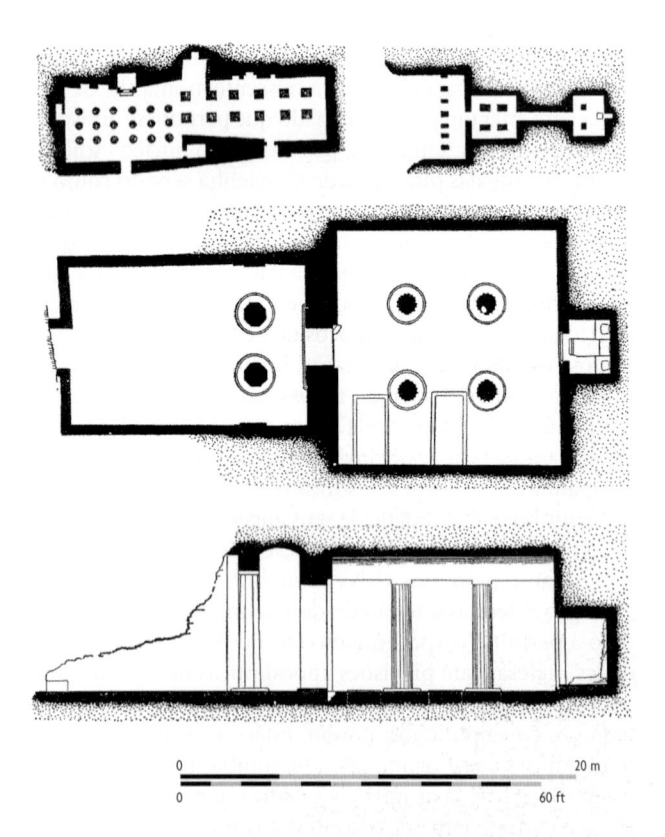

1.28 Planta baixa e corte de túmulos talhados na rocha, Beni-Hasan, Egito, cerca de 2000–1900 a.C.

Mesmo ao trabalhar com rochas amorfas, os construtores optaram por replicar geometrias retangulares e escavar detalhes que refletissem a construção de madeira e junco preenchida de barro (pau a pique) que, sem dúvida, caracterizava as casas da época. O desenho inferior corresponde ao corte.

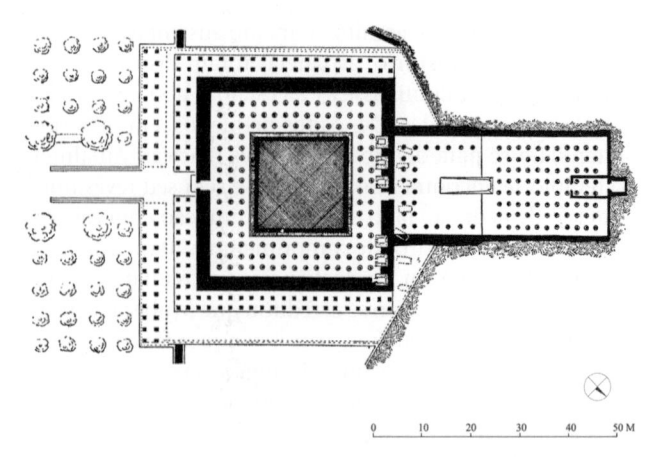

1.27 Reconstrução e planta baixa do templo mortuário de Mentuhotep, Deir-el-Bahari, Egito, cerca de 2061–2010 a.C.

Este templo do Reino Médio representa uma síntese interessante de templo axial, salão hipostilo e câmara mortuária. Suas rampas e terraços escalonados seriam refletidos no templo de Hatshepsut, no Novo Reino, construído cerca de 400 anos depois em um terreno contíguo.

O Reino Médio (11ª a 13ª dinastias, cerca de 2040–1640 a.C.)

As primeiras oito dinastias egípcias deram lugar a um período de grande instabilidade social, quando senhores feudais começaram a ameaçar a unidade obtida por Menes. Esta era de discórdia inter-regional foi chamada de Primeiro Período Intermediário, seguida por uma segunda fase de governo centralizado, conhecida como Reino Médio. Durante este período, a capital do reino foi transferida de Mênfis para Tebas, ao passo que o faraó deixou de ser um soberano absoluto e divino, como na tradição do Reino Antigo, para ocupar o lugar de senhor feudal com vassalos locais. As tumbas reais ainda tinham grande importância para a arquitetura, mas, em geral, não duraram nem intimidaram os ladrões de túmulos.

O túmulo de Mentuhotep II, em Deir-el-Bahari (cerca de 2061–2010 a.C.) é uma obra excepcional em termos de inovação de arquitetura, unindo o templo e a câmara mortuária em uma única composição. O complexo, ao qual se chegava por uma rota axial que vinha do Nilo, tinha dois níveis de terraços com colunatas cercando uma massa de alvenaria que, por muito tempo, acreditou-se ter sido uma pirâmide, mas, atualmente, é interpretada como um salão com cobertura plana. (Hoje a edificação está em ruínas, então não se pode ter certeza em relação ao projeto original. A probabilidade de um salão com cobertura plana se baseia no fato de que as fundações não são suficientes para sustentar uma pirâmide, ainda que pequena.) O **eixo** central passa por camadas de pilares de seção quadrada, o salão com cobertura plana, um pátio interno e uma floresta de colunas, chegando, enfim, à câmara mortuária propriamente dita, que foi escavada no rochedo. Os dois níveis de pilares vistos logo na chegada são ressaltados pelo contraste de seus fustes iluminados pela luz do sol com os espaços sombreados atrás, sendo precursores dos templos gregos cercados por **colunatas**. O túmulo de Mentuhotep serviria como protótipo para o complexo funerário contíguo, mais elaborado, que foi construído por Hatshepsut, rainha-faraó do Novo Reino.

Os túmulos mais característicos do Reino Médio são os de Beni Hasan, que foram escavados no rochedo e dotados de **pórticos** de entrada (Figura 1.28). Refletindo a importância política de seus construtores, esses túmulos foram construídos para nobres menos importantes e oficiais da corte, que, evidentemente, gozavam de influência e riqueza consideráveis. Os elementos de arquitetura, em sua maioria, foram criados pela escavação no rochedo maciço, e os construtores replicaram espaços e detalhes associados às casas comuns, isto é, estruturas de trama de madeira e junco com barro (pau a pique) e coberturas levemente arqueadas compostas por uma trama de galhos.

O Novo Reino (18ª a 20ª dinastias, cerca de 1550–1070 a.C.)

O Reino Médio terminou com a chegada dos hyksos, reis-pastores que talvez tenham vindo da Ásia. Sejam quais forem suas origens, eles foram os primeiros a invadir com sucesso o Egito após séculos e governaram por aproximadamente 100 anos, durante o chamado Segundo Período Intermediário. Introduziram a metalurgia, a biga para duas pessoas, novas divindades e outras armas na cultura egípcia, mas seu domínio não resultou em inovações artísticas duradouras. Com a expulsão dos hyksos teve início o Novo Reino, caracterizado por uma linha dinástica de faraós mais forte e um clero hereditário cada vez mais poderoso, responsáveis por levar o Egito a grandes avanços nas arenas política e cultural.

A Décima Oitava Dinastia, a primeira do Novo Reino, deu continuidade à tradição do Reino Médio de escavar túmulos na rocha, mas foi mais longe ao eliminar todas as sugestões de monumentalismo. Não escapara à atenção de ninguém o fato de que todas as tumbas dinásticas tinham sido violadas por ladrões de túmulos. É provável que as pirâmides de Gisé tenham sido saqueadas já durante o Primeiro Período Intermediário. Para preservar os restos mortais do faraó e desencorajar os saques, os construtores da Décima Oitava Dinastia apostaram na discrição e no melhor policiamento da necrópole real. Os faraós do Novo Reino foram sepultados secretamente no inóspito deserto além de Dier-el-Bahari, em uma região conhecida como Vale dos Reis, onde câmaras muito modestas foram talhadas contra os penhascos e suas entradas ocultadas pela poeira e pela areia. A atenção espiritual

1.29 Templo mortuário da Rainha-Faraó Hatshepsut, Deir-el-Bahari, Egito, cerca de 1473–1458 a.C.

Na época, este grande templo – com terraços cobertos com vegetação e elegantes colunatas talhadas diretamente na rocha e emolduradas pela face do penhasco – deve ter sido um oásis de paz na paisagem seca, uma homenagem adequada ao reinado pacífico de Hatshepsut, uma das raras mulheres a governar na antiguidade.

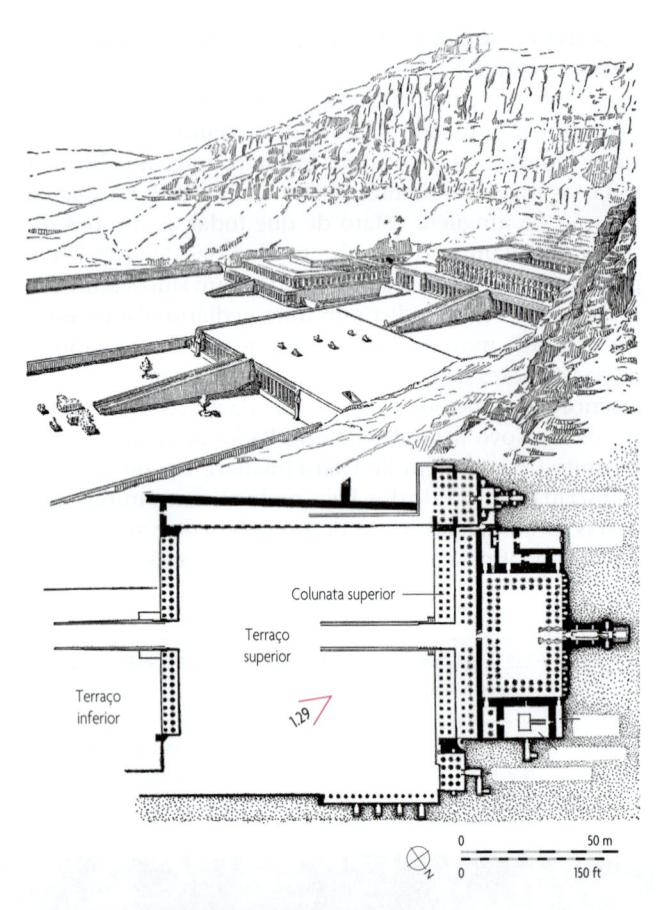

com os falecidos era dada em templos cada vez mais elaborados, edificados separadamente.

Entre os templos mais esplêndidos da Décima Oitava Dinastia destaca-se o complexo funerário da Rainha-Faraó Hatshepsut (1473–1458 a.C.), em Deir-el-Bahari (Figura 1.29), famoso tanto pela arquitetura como pelo fato de ser dedicado a uma mulher. A sucessão ao trono passava pela linha feminina, mas o faraó era quase sempre um homem. Hatshepsut era filha de Thutmose I e se casou com seu meio-irmão, que veio a ser o Faraó Thutmose II. Ela o relegou a um papel secundário durante seu reinado e, após sua morte, governou independentemente – embora se proclamasse regente do filho de Thutmose II com uma concubina, Thutmose III. Seu favorito na corte era um plebeu, Senmut, que também foi responsável (talvez como arquiteto) por seu templo funerário. Hatshepsut foi enterrada do outro lado da cadeia de montanhas do Vale dos Faraós; por isso, o complexo de templos era uma capela mortuária dedicada a Amon, o deus-sol associado aos faraós. Rampas levavam do vale a três grandes terraços definidos por colunatas, que também serviam como muros de arrimo para o nível seguinte (Figura 1.30). Não resta dúvida de que o projeto como um todo foi inspirado no templo vizinho de Mentuhotep, embora o de Hatshepsut seja consideravelmente maior e mais grandioso. Os pilares da colunata ao norte do segundo terraço têm facetas que remetem às **caneluras** das colunas **dóricas** posteriores (Figura 1.31). Os relevos e as pinturas murais no interior do santuário e no salão principal retratam o nascimento divino de Hatshepsut como filha de Amon, bem como as atividades de seu reinado pacífico, incluindo expedições comerciais a Punt (possivelmente na costa da Somália) para buscar ouro, marfim, babuínos e espécimes botânicos. A própria Hatshepsut é geralmente representada como um homem e, por vezes, como o deus Osíris, usando o avental e a coroa de um faraó.

Embora hoje sejam inférteis e cobertos de areia, os terraços do templo de Hatshepsut apresentavam, durante a Décima Oitava Dinastia, árvores de incenso plantadas em covas cheias de terra, criando um jardim para as esplanadas de Amon. Tubos de irrigação subterrâneos forneciam água para a sobrevivência das plantas, enquanto sacerdotes reverenciavam o deus à sombra das árvores. Todo o templo – desde o acesso pela rampa axial até o fim da rota processional em uma porta falsa pintada na parede do último santuário escavado no rochedo – é uma espetacular obra híbrida de arquitetura, inserida em uma paisagem espetacular que inclui as faces escarpadas do penhasco. Ainda que Hatshepsut tenha reinado e morrido em paz, seus sucessores fizeram o possível para erradicar sua memória, apagando seu nome das inscrições, quebrando quase todas as esculturas que a representavam e profanando o túmulo de Senmut.

1.30 Vista e planta baixa do templo mortuário de Hatshepsut, Deir-el-Bahari, Egito, cerca de 1473–1458 a.C.

Para desmotivar os ladrões, os faraós do Novo Reino decidiram que seus corpos seriam enterrados em túmulos disfarçados no Vale dos Reis (atrás destes penhascos), onde os sacerdotes os protegeriam dos invasores. O túmulo de Mentuhotep, mais antigo, pode ser visto logo além do monumento a Hatshepsut.

1.31 Colunata superior (detalhe), templo mortuário de Hatshepsut, Deir-el-Bahari, Egito, cerca de 1473–1458 a.C.

Por trás dos pilares encontram-se colunas com caneluras, razão pela qual já foram chamadas protodóricas. Trata-se, com certeza, de evidências do precedente egípcio que, nas mãos dos gregos, viria a se tornar parte das ordens da arquitetura.

CAPÍTULO 1 OS PRIMÓRDIOS DA ARQUITETURA   51

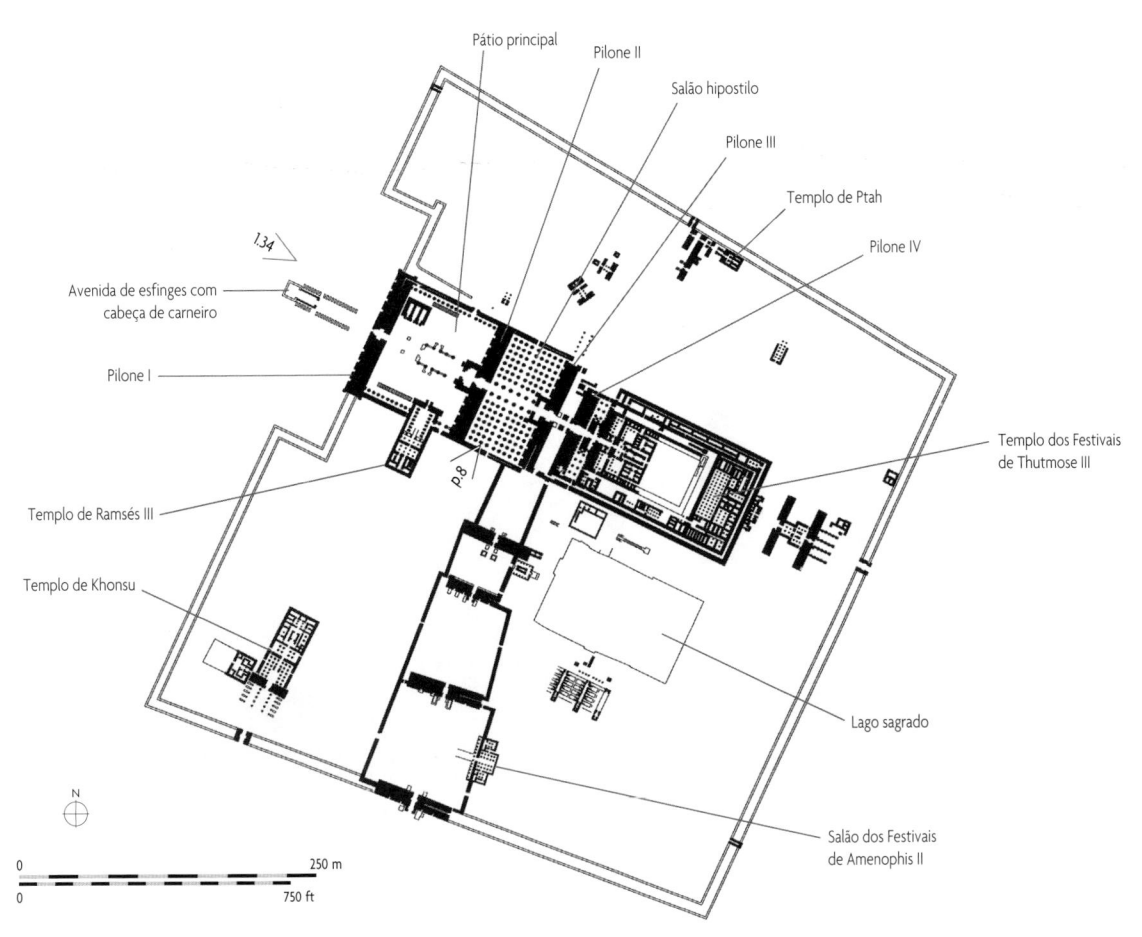

1.32 Planta baixa do Grande Templo de Amon, Carnac, Egito, iniciado em cerca de 1550 a.C.

Este templo é mais notável por seu tamanho enorme do que por sua coerência de arquitetura. Dedicado ao deus-sol Amon, cujo clero era muito poderoso durante o Novo Reino, o templo manteve uma forte noção de eixos e processões monumentais mesmo depois de todos os acréscimos.

Ao longo da Décima Oitava Dinastia, os complexos de templos construídos para homenagear deuses e faraós se tornaram mais amplos e elaborados, em parte pelo fato de Amon ter se transformado no principal deus "oficial" e pelo aumento do poder e da influência de seu clero. Soberanos sucessivos agregaram novas partes ou reformaram templos mais antigos, criando projetos cuja principal característica era a extrema opulência e não a coerência ou a perfeição estética. O templo de Carnac, do outro lado do Nilo em relação a Deir-el-Bahari, é um exemplo desse processo (Figura 1.32). Iniciado por volta de 1550 a.C., ele foi ampliado por Thutmose I, enfeitado com obeliscos doados por sua filha, Hatshepsut, e ampliado novamente com o acréscimo de um salão hipostilo para o festival do jubileu, construído por Thutmose III para sua própria glorificação. Mais um salão hipostilo – o maior de todos – foi construído por Ramsés II.

Os salões hipostilos são recintos de tamanho considerável caracterizados por fileiras de grandes colunas distribuídas muito perto umas das outras. O pequeno intercolúnio era necessário para sustentar os lintéis de pedra da cobertura, enquanto o grande diâmetro das colunas refletia a altura substancial dos cilindros de pedra. O efeito final era um interior pouco iluminado e que não parecia amplo. A luz do sol que entrava por pequenas aberturas verticais no clerestório com grelha de pedra era filtrada pela fumaça do incenso e pelo volume superior das colunas hipostilas, criando um ar de mistério, o efeito desejado para os rituais religiosos (veja a página 28). O templo era a morada do deus, o qual os sacerdotes – então um grupo poderoso e majoritariamente hereditário – abrigavam, vestiam e alimentavam. Diariamente, eles realizavam ritos de purificação no lago sagrado que ficava no interior do templo, vestiam a estátua da divindade com belos trajes e faziam oferendas no ritual noturno. Também carregavam pequenas estátuas em processões e expunham outras ao sol, para que rejuvenescessem em festivais específicos, como os que marcavam o início do Ano Novo. Portões de entrada de alvenaria monumentais, ou **pilones** (Figura 1.33), demarcavam as rotas processionais que representavam as montanhas do leste do Egito, através das quais emanava a luz divina do sol no início da manhã. Apesar de suas plantas baixas tortuosas e inúmeros acréscimos, os templos do Novo Reino mantinham espaços de circulação axiais para a passagem dos raios solares e o deslocamento das processões de sacerdotes (Figura 1.34). Além de representar a entrada na qual o sol

1.33 Portão do tipo pilone, Templo de Eduf, Egito, 237–57 a.C.

Embora seja do período ptolomaico, depois da conquista do Egito por Alexandre, o Grande, este pilone é semelhante ao de Carnac em termos de forma e finalidade. Esses portais monumentais marcavam o maior significado sagrado do espaço no qual se ingressaria. Originalmente, as quatro fendas verticais possuíam obeliscos.

1.34 Pátio principal, Grande Templo de Amon, Carnac, Egito, iniciado em cerca de 1550 a.C.

Os pilares gigantescos e as estátuas colossais de Ramsés II definem o percurso axial que leva ao segundo pilone, construído por Sethos (1306–1290 a.C.). Mais além fica o salão hipostilo ilustrado na página 28.

nascia diariamente, os pilones remetiam aos portões do além, por onde o espírito eterno deveria passar.

Cinco gerações depois de Hatshepsut, o faraó Amenophis IV (1353–1335 a.C.) provocou uma grande ruptura com a tradição religiosa do Egito ao rejeitar as várias divindades e instituir uma religião monoteísta devotada ao disco solar Aton. Mudando seu nome para Akhenaton, que significa "tudo vai bem com Aton", Amenophis abandonou a antiga capital em Tebas por volta de 1350 a.C. e estabeleceu uma capital 480 km ao norte, em Akhetaton (atual Tell-el-Amarna). Com base nas escavações incompletas de suas ruínas, acredita-se que Akhetaton era uma cidade linear com quase 11 km de extensão, limitada a oeste pelo Nilo e a leste pelas montanhas, sem um planejamento urbano geral consistente. O transporte era facilitado pelo curso d'água, enquanto um rio conectava as diferentes áreas

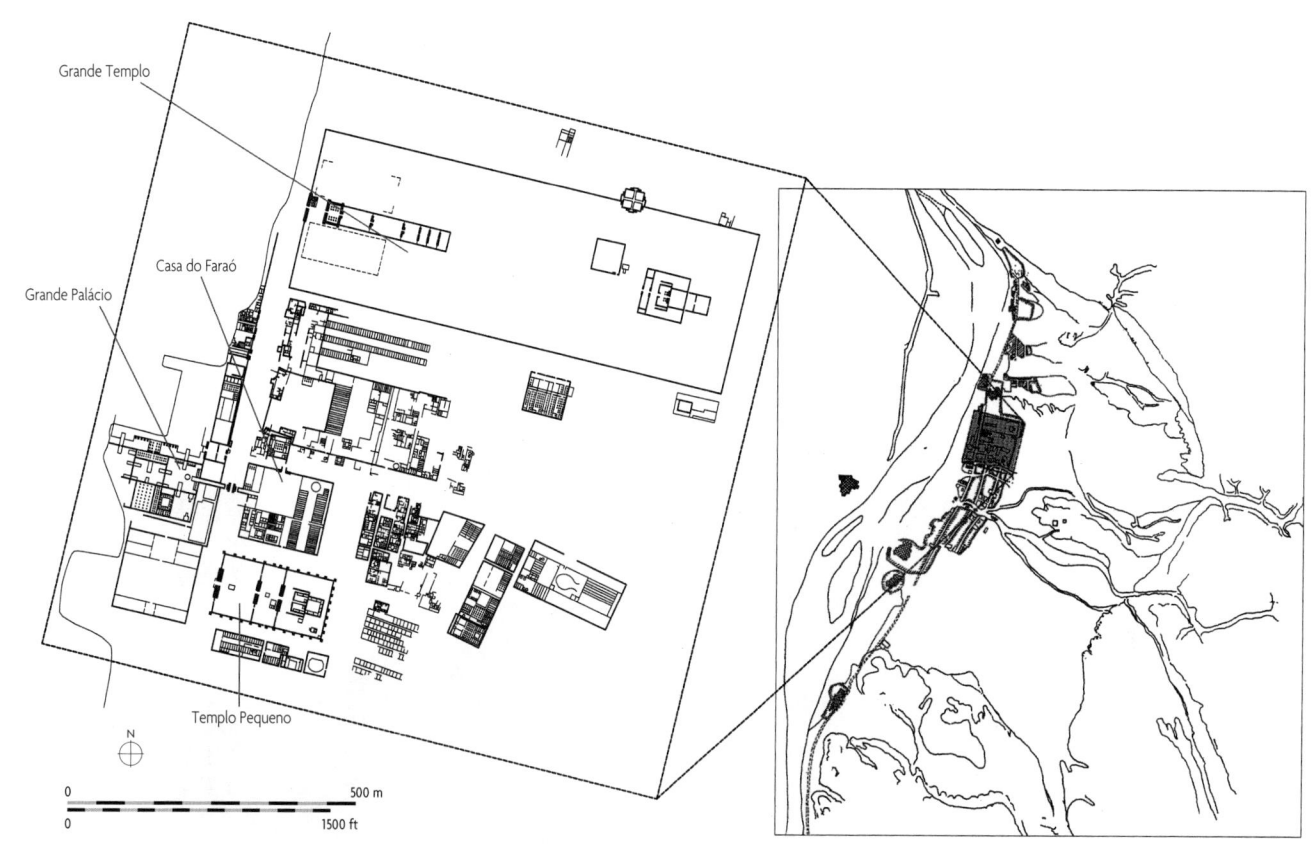

1.35 Planta baixa da seção central, Akhetaton (Tell-el-Amarna), Egito, cerca de 1350 a.C.

Esta foi a nova capital do faraó Akhenaton, localizada longe dos centros religiosos tradicionais, em uma tentativa de pôr um fim ao longo poder do clero egípcio. Ritos para o disco solar Aton eram celebrados nos templos, que continham grandes pátios abertos iluminados diretamente pelos benéficos raios do sol.

residenciais (Figura 1.35). Os templos tinham altares nos pátios, sem áreas separadas para a classe de sacerdotes. As casas dos ricos eram confortáveis, protegidas do exterior por muros e tinham cômodos agrupados ao redor de pátios internos, onde floresciam jardins com árvores. Espessas paredes de adobe amenizavam os extremos de calor e frio. A cidade não era cercada por muralhas, mas postos de guarda independentes forneciam proteção.

CONCLUSÕES SOBRE AS IDEIAS DE ARQUITETURA

No decorrer deste capítulo, você acompanhou o surgimento de ideias de arquitetura fundamentais que serão retomadas durante todas as épocas e locais descritos neste livro. Essas ideias se relacionam com questões como demarcação do espaço, orientação, movimento sequencial e articulação de superfícies. Um sítio como Newgrange, por exemplo, engloba todas elas, pois marca um ponto significativo, está alinhado com os eventos cósmicos, envolve um percurso (neste caso, do espaço profano ao sagrado) e inclui a ornamentação. Os zigurates e complexos de pirâmides exploravam áreas abertas onde o horizonte era inevitável. Primeiro as pirâmides escalonadas e, depois, as ditas pirâmides verdadeiras, se tornaram marcos verticais artificiais no horizonte natural; no Egito, as pirâmides acabaram sendo suplantadas pelos obeliscos, na função de marcos verticais. Nos ambientes tanto de zigurates como de pirâmides, os participantes se moviam ao longo de um eixo e rumo a um marco, enquanto elementos de arquitetura como portais geravam um ritmo e marcavam mudanças na significação espacial. Os princípios permaneceram os mesmos nos complexos funerários do Reino Médio e do Novo Reino, nos quais pilares gigantescos surgiram como componentes de arquitetura de interiores. Enquanto as pirâmides apresentavam um revestimento externo monolítico, as superfícies dos zigurates eram articuladas por faixas de tijolo e esmaltes policromáticos. Nos complexos funerários de Mentuhotep e Hatshepsut, a articulação das paredes chegou ao nível de protocolunas; as colunas, por sua vez, serão os principais elementos da linguagem da arquitetura clássica dos antigos gregos e romanos, discutidos nos próximos capítulos.

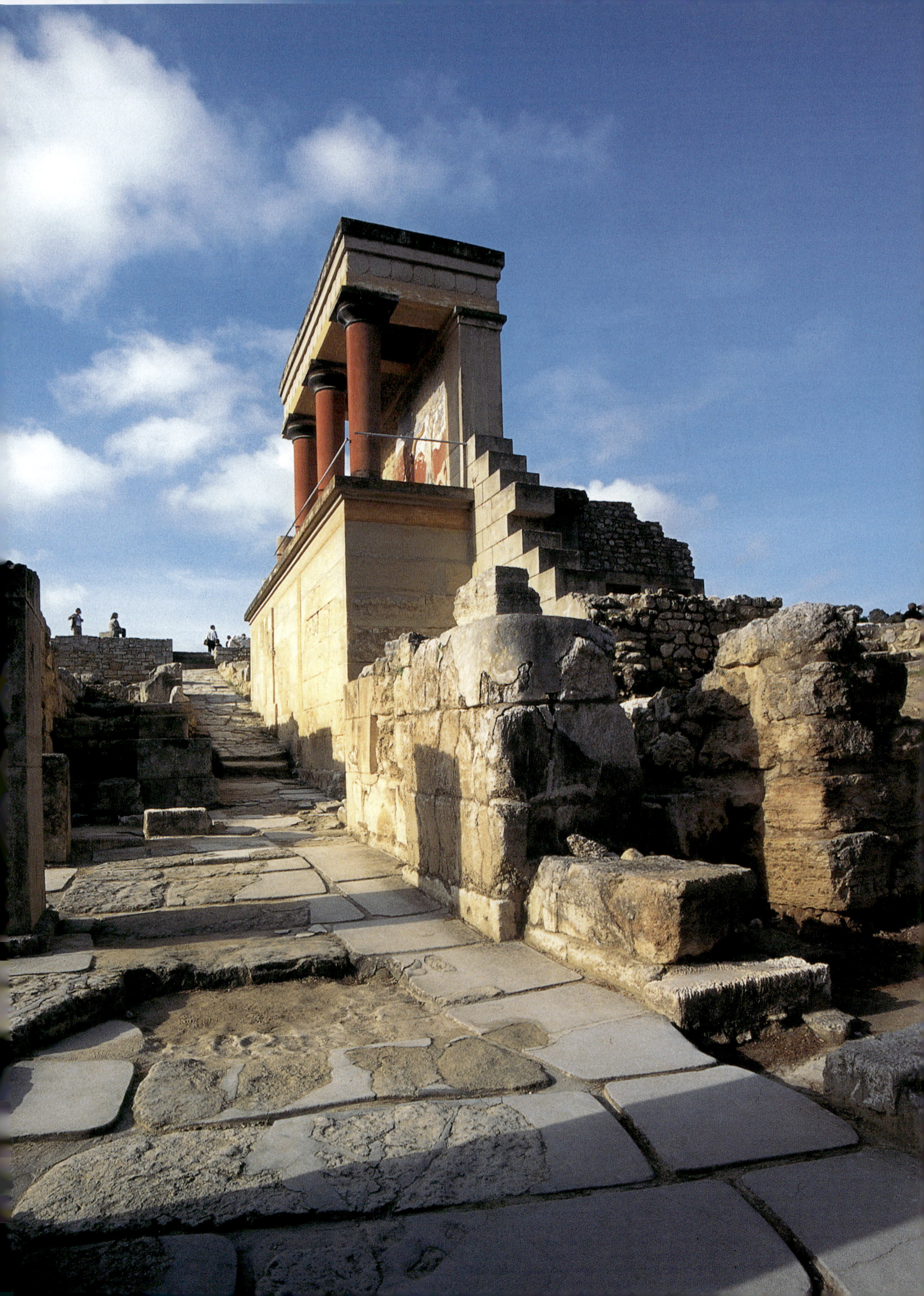

CAPÍTULO 2

O MUNDO GREGO

"Então não resta dúvida", escreveu o filósofo grego Platão em *A República* (360 a.C.), "de que, para aquele que consegue enxergar, não pode haver espetáculo mais belo do que o de um homem que combina a posse de beleza moral em sua alma com a beleza externa da forma, correspondendo e harmonizando com a primeira, pois o mesmo padrão magnífico se insere em ambas". Platão registrava um ponto de vista comum na Grécia Antiga: as condições internas podiam ser expressas pelas aparências externas, e as questões morais e éticas estavam intrinsecamente relacionadas à arte.

As relações entre proporções eram um dos meios fundamentais usados pelos gregos para tentar comunicar esta visão unificada do mundo. Esse esforço é ilustrado por uma história, provavelmente apócrifa, que envolve o matemático grego Pitágoras. Conta a lenda que ele passava por uma ferraria de onde vinha o som de um martelo golpeando o metal. Escutando as tonalidades e atonalidades, ele formulou uma pergunta: as harmonias musicais poderiam ter uma base matemática? Para encontrar uma resposta, Pitágoras fez uma experiência com os fios de uma lira e descobriu que as combinações agradáveis resultavam do manejo simultâneo de dois fios cujas extensões estavam relacionadas por razões simples, isto é, 1:1, 1:2, 2:3, 3:4 e 4:5. Ali, na mente do matemático, deu-se um vislumbre do ordenamento do próprio cosmos – e não demorou muito para que ele passasse das harmonias musicais audíveis para as dimensões e suas razões, ou proporções, no mundo visual.

Embora essa condição hoje talvez não seja aceita sem reservas, primeiramente podemos afirmar, sem sombra de dúvida, que a beleza era importante para os antigos gregos e que sua cultura chegou a um consenso nesse ponto; observe, por exemplo, a "similitude familiar" de tantas esculturas gregas. Em segundo lugar, ao ampliar essa visão para incluir a arquitetura, podemos concluir que a beleza externa de uma edificação grega deriva, em grande parte, das dimensões e inter-relações de suas partes. Em terceiro lugar, podemos notar que, quando alcançada, a beleza proporcional gerava – para os gregos – um tipo de visão microscópica do funcionamento interno do cosmos. Como eram inteligentes! Em quarto e último lugar, também podemos observar que os gregos aplicavam esse pensamento filosófico ao funcionamento da sociedade. Se as proporções adequadas se aplicavam à beleza física exterior e também à beleza moral interior, naturalmente o comportamento adequado de um cidadão grego (um homem nascido livre) exigia uma proporção correta (talvez "equilíbrio" seja uma palavra melhor) em suas ações. Isto é, o bom cidadão certamente não se tornaria um dos especialistas resultantes do processo de urbanização (como pedreiros ou até arquitetos), mas deveria participar ampla e proporcionalmente da vida da **pólis**, ou cidade-estado.

Partindo daí, é possível generalizar. A saúde da pólis exigia que os cidadãos vivessem em equilíbrio; essa vida equilibrada estava codificada no próprio projeto dos antigos templos gregos, pelas proporções matemáticas adequadas; essas edificações, por sua vez, lembravam os cidadãos de manter um comportamento moral e ético adequado. Os templos gregos eram como grandes *outdoors*, que divulgavam e reforçavam valores comuns, refletindo as maiores conquistas e as mais altas inspirações da cultura. Com isso em mente, podemos começar a estudar a arquitetura grega, analisando primeiramente as civilizações egeias que antecederam a Grécia Clássica.

AS CULTURAS EGEIAS

O Mar Egeu – configurado pela península da Grécia a oeste, pelas montanhas da Macedônia ao norte e pela costa da Anatólia a leste – é cravejado por inúmeras ilhas. Ao sul, fica a ilha de Creta. Aproximadamente no início do segundo milênio a.C. (mais ou menos na mesma época do Reino Médio, no Egito), o povo de navegadores da região já aprendera

Entrada norte do palácio, Cnossos, Creta, cerca de 1700–1380 a.C.

Esta seção foi parcialmente restaurada, incluindo as incomuns colunas minóicas com capitéis bulbosos e fustes que se alargavam em direção à base.

Cronologia

civilização minóica	cerca de 3000–1380 a.C.
Idade do Bronze no Mar Egeu	cerca de 2000–750 a.C.
civilização micênica	1600–1100 a.C.
Guerra de Troia	cerca de 1250 a.C.
Ilíada e *Odisseia* ganham sua forma final	século VIII a.C.
Período Arcaico Grego	700–500 a.C.
Período Clássico Grego	479–323 a.C.
Péricles assume o poder em Atenas	458 a.C.
construção do Partenon	448–432 a.C.
vida de Platão	cerca de 427–347 a.C.
conquistas de Alexandre, o Grande	333–323 a.C.

a explorar recursos naturais – madeira, pedra, minérios e argila para a cerâmica – para produzir artefatos variados. Com esses bens e os produtos agrícolas, eles passaram a comerciar com o Egito e as cidades do leste do Mediterrâneo, onde construíram pequenos povoados fortificados e vilas agrícolas, tanto nas ilhas como ao longo do litoral.

O exame dos artefatos egeus sugere uma forte influência da Mesopotâmia, além de contato com o Egito. Os primeiros habitantes de Creta cultuavam divindades naturais associadas às montanhas, árvores e animais (com destaque para as cobras), além de flores, incluindo lírios e papoulas. Como não há cobras em Creta, esse culto parece ser uma prática importada, provavelmente derivada da deusa suméria da água, Ea, cujas características incluíam criatividade, sabedoria, mágica e astúcia. A corrida de touros era um esporte sumério; em Creta, as acrobacias sobre touros parecem ter se tornado um jogo ritual. Leões eram associados ao simbolismo real tanto no Egito como na Mesopotâmia – e imagens desse animal foram usadas nos povoados reais fortificados construídos na Grécia continental. Artefatos egípcios da Décima Oitava Dinastia já foram recuperados no porto de Kairatos, em Creta, enquanto 1.300 peças de cerâmica egeia datadas de 1370–1350 a.C. foram encontradas nos montes de lixo de Akhetaton.

Os historiadores reconhecem duas civilizações egeias durante o segundo milênio: a dos minóicos, baseados em Creta, e a dos micênicos, distribuídos em diferentes pontos na Grécia continental. Elas compartilham alguns traços artísticos e culturais, incluindo a importância do comércio com outras comunidades no Egito, na Mesopotâmia, na Ásia Menor e em Chipre. Ambas produziam artigos de luxo que eram comerciados extensivamente em todo o leste do Mediterrâneo – emissários minóicos carregando cerâmicas características de Creta foram retratados nos murais egípcios da Rainha-Faraó Hatshepsut – e sítios micênicos se envolveram na Guerra de Troia (cerca de 1250 a.C.), descrita por Homero na *Ilíada*. Essas duas civilizações foram muito importantes para o patrimônio cultural da Grécia Clássica.

OS MINÓICOS

Quase tudo o que sabemos sobre a civilização minóica vem dos arqueólogos, que ainda hoje fazem descobertas e reinterpretam achados mais antigos por meio da análise com ferramentas científicas cada dia mais sofisticadas. Não é de surpreender que haja mais de uma teoria relacionada ao desenvolvimento e desaparecimento dos minóicos.

A civilização recebeu seu nome de Minos, que pode ter sido o nome de um antigo rei ou simplesmente o título usado para um soberano (como faraó, no Egito). Os gregos posteriores criaram lendas associadas ao Rei Minos, seu palácio e o **labirinto** de Cnossos, onde vivia o temido Minotauro – metade homem e metade touro – que devorava rapazes e donzelas. Embora muitos sítios minóicos tenham sido escavados em Creta, Cnossos é o maior e mais conhecido. Quatro mil anos de povoados neolíticos se encontram sob esse sítio, que surgiu em 1900 a.C., aproximadamente, como uma série de edificações independentes construídas em torno de um grande pátio retangular. Depois de ser destruído por um forte terremoto em torno de 1700 a.C., o complexo foi reconstruído em um esquema unificado com múltiplos pavimentos, que incluíam salões rituais ou cerimoniais, depósitos e aposentos conectados por longos corredores e escadarias construídas ao redor de poços de luz – áreas internas descobertas que permitiam que a luz do sol incidisse nos níveis inferiores. O pátio continuou sendo o elemento principal da composição. Tabuletas inscritas em Linear A – uma escrita ainda não decifrada – aparecem no registro arqueológico como originárias em 1600 a.C. Por volta de 1450 a.C., Cnossos e os demais palácios minóicos foram destruídos e apenas o primeiro, reconstruído. Traços de influências culturais minóicas, incluindo escritos na chamada Linear B, uma forma primitiva do grego, foram encontrados no palácio reconstruído, sugerindo uma fraude arqueológica ou uma aliança forçada entre os micênicos, do continente, e os cretenses de Cnossos. A destruição final do sítio – por causa de um incêndio – aconteceu em 1380 a.C., aproximadamente.

Não é fácil compreender as extensas ruínas encontradas em Cnossos (Figura 2.1). Sir Arthur Evans deu início às escavações no centro cerimonial em 1900 d.C. A investigação arqueológica no local continua até hoje; a pequena cidade associada permanece soterrada. Evans acreditava ter encontrado o palácio do lendário Rei Minos, mas sua cronologia e suas tentativas de reconstrução hoje são consideradas equivocadas; uma avaliação recente sugere que Evans encontrou, na verdade, um centro sagrado. A função da edificação pode ter passado de templo para palácio nos anos finais, mas os **afrescos**, representando sacerdotisas e celebrantes, sugerem que se tratava de um local de prática religiosa contínua. Os vestígios carbonizados das edificações tardias nos fornecem, na melhor das hipóteses, evidências ambíguas. Ainda que áreas dos níveis inferiores da edificação tenham sido construídas em **cantaria**, a maioria dos pavimentos superiores se apoiava em uma estrutura de paredes feitas de pedregulho colocado no interior de tábuas, colunas e grandes vigas de madeira, cujas partes combustíveis foram consumidas no grande incêndio. Evans se baseou em impressões das **bases** e dos pontos onde os capitéis tocavam na pedra, para reconstruir a coluna minóica típica, a qual apresentava um fuste que afinava em direção à base com **toro** bulboso e capitel com **ábaco** (veja a página 54). (As colunas encontradas atualmente no sítio são reconstruções, de concreto.) Com base em suas descobertas, Evans também reconstruiu os principais salões cerimoniais e vários poços de luz (Figuras 2.2–2.3).

No entanto, mesmo após estudos consideráveis, a função do complexo como um todo ainda é tema de especulações entre os especialistas. Os depósitos contendo jarras de cerâmica para vinho, óleo, azeitonas e grãos são inconfundíveis, mas as funções das outras seções da edificação, onde é possível detectar várias etapas de construção, ainda são discutidas. Não temos como conhecer a aparência e os usos dos pavimentos superiores; por isso, fotografias atualmente tiradas no local conseguem apenas sugerir como o conjunto era espetacular. É possível que os gregos conti-

CAPÍTULO 2 O MUNDO GREGO 57

2.1 Planta baixa do "palácio", Cnossos, Creta, cerca de 1700–1380 a.C.

A planta baixa é organizada em torno de um pátio interno retangular aberto, para o qual abrem as principais salas de recepção. Como apenas o pavimento térreo desta edificação de três ou quatro pavimentos sobreviveu à destruição, muitos aspectos de seu projeto são meras suposições. A escadaria monumental e a sequência axial associada a ela foram criações infelizes de Sir Arthur Evans. Atualmente, esta parte do palácio ou templo está sendo restaurada conforme as condições anteriores à chegada do arqueólogo.

2.2 Poço de luz reconstruído, Cnossos, Creta, cerca de 1700–1380 a.C.

Localizado no pavimento superior, este poço de luz fica logo acima da Sala do Trono (veja a Figura 2.3). O afresco mostrado aqui é uma restauração.

nentais do período, que viviam em edificações muito mais simples, tenham preservado lembranças do sítio nas lendas do Rei Minos, usando o termo "labirinto" para descrever a planta baixa grande, tortuosa e complicada do complexo de Cnossos. (Embora a etimologia da palavra "labirinto" seja incerta, termo egípcio equivalente foi aplicado a um enorme templo funerário construído durante o Reino Médio para Amenemhat III [1844–1797 a.C.], em Hawara.)

Até onde se sabe, Cnossos não era fortificada. O complexo desse palácio ou templo ficava sobre uma colina voltada

2.3 Sala do Trono, Cnossos, Creta, cerca de 1700–1380 a.C.

Nomeada de acordo com o "trono" elaborado, esta sala apresenta bancos ao longo das paredes adjacentes. Afrescos mostram grifos na vegetação exuberante. Como uma fonte lustral fica contígua a esta sala, é possível que o espaço fosse usado para rituais religiosos, e não para audiências reais.

2.4 Escadaria com poço de luz reconstruída, Cnossos, Creta, cerca de 1700–1380 a.C.

Como as principais salas cerimoniais eram parcialmente subterrâneas, as escadas que levavam a elas eram construídas em volta de poços de luz, que forneciam luz e ar fresco para os pavimentos inferiores. As colunas e vigas de apoio de madeira originais foram destruídas no incêndio que consumiu o complexo por volta de 1380 a.C.

para o porto. O pátio central, que mede 53,0 × 26,5 metros, é cercado por aproximadamente 16 mil m² de edificações. Na ala oeste de três pavimentos, que continha espaços cerimoniais, não há traços da axialidade típica da arquitetura egípcia. Em vez disso, nos últimos anos do palácio, os visitantes entravam pelo propileu (portal) oeste, seguiam por um corredor decorado com afrescos que representavam sacerdotisas e celebrantes com oferendas, e viravam à esquerda duas vezes para acessar o pátio pelo sul. Na parede esquerda (oeste), perto da extremidade norte do pátio, ficava a entrada para a antecâmara de um santuário com **fonte lustral** (uma fonte cerimonial no nível do piso) – chamado de sala do trono devido ao requintado assento de alabastro encontrado ali. Em um nível mais baixo, ao longo da extremidade sul da sala do trono, encontrava-se outra fonte lustral – uma das várias encontradas no complexo, usadas, acredita-se, em rituais de iniciação. Essa fonte, que tem apenas 55 centímetros de profundidade, fica escondida por uma parede baixa e uma fileira de colunas minóicas. As estátuas para culto e oferendas votivas indicam que o local homenageava uma divindade feminina relacionada com a terra e a fertilidade. Longas fileiras de depósitos subterrâneos ocupam o lado oeste desta ala, escavada na própria colina; os altos vasilhames de cerâmica para azeite de oliva, grãos e vinho permanecem no local.

As edificações situadas no lado leste do pátio são consideradas habitacionais, embora alguns conjuntos de cômodos possam ter sido usados como tecelagens e outros, sem dúvida, como depósitos. Alguns desses cômodos têm vistas para o vale abaixo. A principal entrada dessa seção tinha uma escadaria monumental acessada pelo meio do pátio central e iluminada por um poço de luz aberto. A escadaria descia até o Salão dos Machados Duplos, de onde saía o corredor conectado ao cômodo que Evans denominou de **Mégaron** da Rainha, um espaço agradável decorado com afrescos que incluem rosetas e golfinhos saltando. Os cômodos menores, atrás do mégaron, continham uma banheira e uma bacia sanitária conectadas ao sistema de drenagem do palácio. Os padrões de abastecimento de água e esgoto do complexo eram excepcionais para a época. Tubos de água de terracota transportavam água limpa por uma série de tanques de decantação e sifões para então abastecer as banheiras; esgotos sanitários levavam as águas residuais dos lavatórios e bacias sanitárias – embora a banheira dos chamados "aposentos da Rainha" tivesse de ser esvaziada com baldes.

Na quina noroeste do complexo ficava a mais antiga e profunda fonte lustral (1,8 metro de profundidade), acessada por uma escadaria com poço de luz (Figura 2.4); depois dela havia uma série de degraus amplos, inseridos em uma elevação mínima do terreno e conectados ao "palácio" propriamente dito por uma estrada cerimonial. Essa área foi denominada de teatro; seu uso exato, porém, permanece incerto – assim como muita coisa em Cnossos. Aparentemente, o grande pátio central servia de ambiente para rituais teatrais, incluindo jogos cerimoniais que envolviam as façanhas acrobáticas de homens e mulheres jovens sobre touros correndo. Os afrescos preservados em algumas paredes do palácio ilustram esses espetáculos de lazer ou rituais.

A representação naturalista dos jovens nos afrescos dá a impressão de que os minóicos eram alegres e cheios de energia, e que apreciavam profundamente sua própria beleza e a do mundo natural. Contrastando com a rigidez e a formalidade da arte egípcia, os afrescos e entalhes dos sítios minóicos parecem informais e expansivos, enfatizando o movimento. As mulheres ocupavam posições importantes – algo sem precedentes entre as civilizações contemporâneas. Contudo, há muito que ainda não foi entendido com clareza. A língua (ou as línguas) da escrita pictográfica minóica e das tabuletas em Linear A ainda não foram decifradas; o significado do machado duplo, muito presente na arte minóica, permanece um enigma; e ainda não se sabe se o aparecimento da cultura micênica na fase final de Cnossos resultou de uma invasão ou da assimilação pacífica.

OS MICÊNICOS

A civilização micênica deve seu nome a Micenas, a maior – mas não a única – cidadela de uma sociedade mercantil, que parece ter sido governada por reis-guerreiros. Os povoados micênicos situados na Grécia continental datam de aproximadamente 1600 a.C. Os túmulos desse período apresentam um grande número de objetos de ouro, além de vários tipos de armas. Heinrich Schliemann, responsável por escavar Micenas no século XIX, encontrou máscaras de ouro, taças e outros tesouros que o convenceram de ter encontrado materiais relacionados à Guerra de Troia. Seus achados antecedem a era das lendas homéricas em quatro séculos.

Micenas alcançou seu apogeu depois de 1450 a.C., aproximadamente, talvez fortalecida pelo contato com a cultura minóica, mais sofisticada. Ao contrário do complexo aparentemente sem defesas de Cnossos, a cidadela de Micenas foi construída com ênfase na proteção. A cidade fica em um terreno alto, protegida por montanhas ao norte e ao sul, e é flanqueada por duas ravinas que permitem vigiar uma longa área até a costa (Figuras 2.5–2.7). As fortificações edificadas no século XIV a.C. foram ampliadas (aproximadamente em 1300 a.C.) para cercar o complexo de palácios e um primeiro círculo de túmulos. Essas muralhas, que têm de 5,5 a 7,3 metros de espessura e chegam a 12,2 metros de altura, foram construídas com grandes pedras assentadas com o mínimo de talha e sem argamassa – com exceção das seções imediatamente adjacentes aos portões, onde a pedra foi cortada em blocos maiores. Os gregos posteriores acreditavam que essa alvenaria impressionante era obra de gigantes, os Cíclopes; daí o adjetivo **ciclópica** para descrever sua construção.

A entrada principal de Micenas era o Portal dos Leões, que foi acrescentado quando da ampliação da cidadela (Figura 2.8). O portal foi posicionado para que o visitante tivesse de caminhar por uma passagem cada vez mais estreita paralela à muralha, dando aos defensores de dentro da cidade oportunidades para atacar forças hostis. O portal é de considerável interesse artístico. Pedras verticais sustentam um lintel de 14 toneladas, sobre o qual há um falso arco. O espaço do arco foi preenchido por uma pedra triangular na

2.5 Ruínas de Micenas, cerca de 1600–1250 a.C.

Esta lendária cidade foi implantada estrategicamente para controlar as principais rotas de transporte da região. A muralha protetora é composta de alvenaria ciclópica pouco talhada. As ruínas do palácio podem ser vistas na parte alta do complexo.

2.6 Planta baixa de Micenas, cerca de 1600–1250 a.C.

Esta planta baixa incompleta mostra as áreas que foram escavadas. Observe como as muralhas se estendem para oferecer proteção adicional até o Portal dos Leões e o portal secundário, no lado norte. O mégaron do palácio, um dos maiores cômodos da cidade, está localizado no centro.

2.7 Planta baixa de Tirinto, cerca de 1300 a.C.

O palácio está localizado na extremidade sul, onde podem ser vistos dois mégarons; sua ampliação norte cercava a parte baixa da cidadela. A rampa de entrada ao longo do lado leste passava por dois portais fortificados e entre muros altos que serviam como plataformas de defesa.

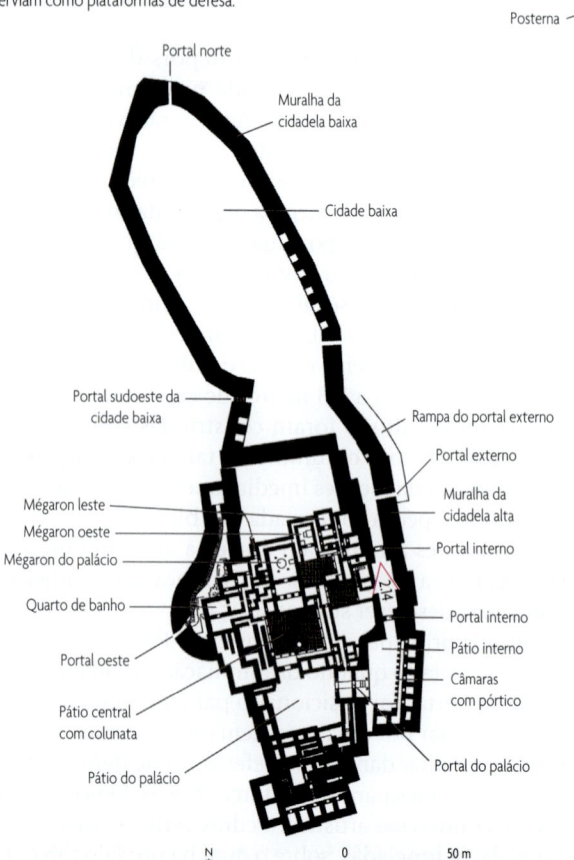

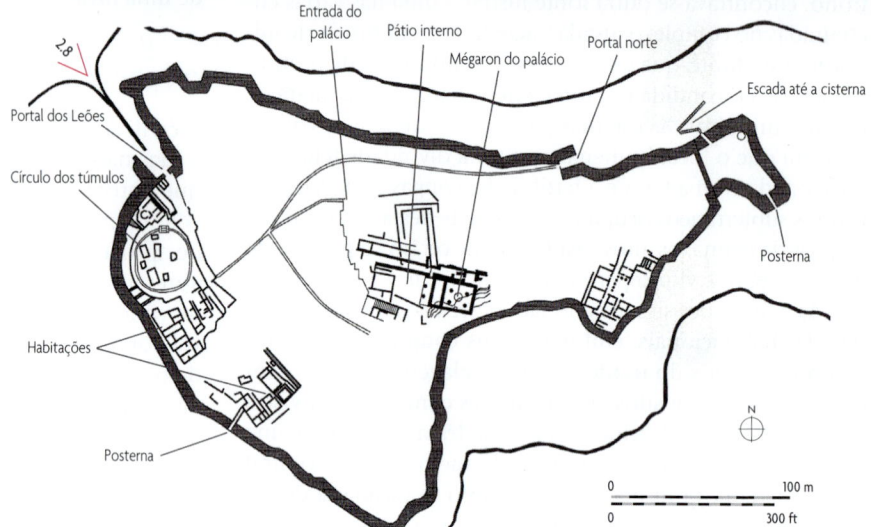

qual foram esculpidos dois leões com as patas dianteiras sobre um altar, no qual há uma coluna do culto à árvore. (A Mesopotâmia já tinha a tradição de venerar árvores.) As cabeças dos leões desapareceram; elas foram talhadas à parte e fixadas com tarugos, cujos furos permanecem visíveis. Mesmo danificado, o Portal dos Leões comprova o contato de seus criadores com o mundo minóico, pois a coluna do culto à árvore é igual às usadas em Cnossos. Ao norte há um portal menor, construído na mesma época do Portal dos Leões, mas sem esculturas. Também existem discretas entradas posteriores (posternas), construídas para oferecer acesso a uma cisterna, além de saída em caso de emergência.

Além do Portal dos Leões encontram-se os vestígios dos poços funerários, onde Schliemann encontrou tantos tesouros enterrados. Originalmente, os poços ficavam fora das muralhas da cidadela, mas, com a ampliação da fortaleza, o círculo de túmulos foi cuidadosamente incorporado à área fortificada. Os espaços administrativos e cerimoniais que se encontram além não passam de ruínas; no entanto, as fundações remanescentes sugerem que o palácio localizado no ponto mais alto da colina tinha muitas características derivadas de Creta, incluindo um mégaron, que era o principal espaço cerimonial. Homero usou esse ter-

2.8 Portal dos Leões, Micenas, cerca de 1300 a.C.

Observe que os leões esculpidos ladeiam uma coluna igual às com fuste de seção variável encontradas em Cnossos. O uso de bestas guardiãs associadas à realeza relaciona Micenas com as tradições hititas e egípcias.

mo para descrever um grande salão palaciano (e, por isso, Evans usou o termo em Cnossos, no Mégaron da Rainha). Na arquitetura, a palavra "mégaron" geralmente é usada para descrever um espaço retangular simples (*domos*) com longas paredes espessas sem aberturas e uma entrada no centro de uma das laterais menores e, em geral, com uma antessala (*prodomos*) precedida por um pátio (veja a Figura 2.12). Trata-se de uma forma de habitação elementar ainda utilizada em países mediterrâneos; precursora do templo clássico, ela chegou a ser usada por arquitetos do século XX, incluindo Le Corbusier nas casas Citrohan (veja a Figura 15.50). Em Micenas, o mégaron é o maior cômodo do palácio, formando um quadrado com aproximadamente 12 metros de lado. As bases das quatro colunas que sustentavam a cobertura permanecem visíveis, assim como a lareira central. Essa zona do palácio foi construída, em parte, com aterros, é sustentada por um muro de arrimo e ainda oferece uma vista magnífica do vale a partir do pátio que fica em frente ao mégaron. Ao norte, uma câmara menor, com uma piscina rebocada, foi identificada como um quarto de banho; as lendas a associam ao assassinato de Agamenon após seu retorno triunfante de Troia.

A cidadela de Micenas era cercada por assentamentos menores, possivelmente compostos por clãs que viviam em moradias próximas aos túmulos de seus ancestrais. Nove túmulos com forma circular (*tholoi*) foram encontrados nos arredores de Micenas; o maior e mais bem preservado é o *tholos*, ou túmulo em forma de colmeia, comumente chamado de Tesouro de Atreu (cerca de 1330 a.C.) (Figuras 2.9–2.11). Trata-se de uma câmara de alvenaria de pedra em forma de abóbada pontiaguda que se eleva por 13,4 metros em 33 fiadas de pedra, a partir de uma planta baixa circular com 14,6 metros de diâmetro; há uma pequena câmara à direita da

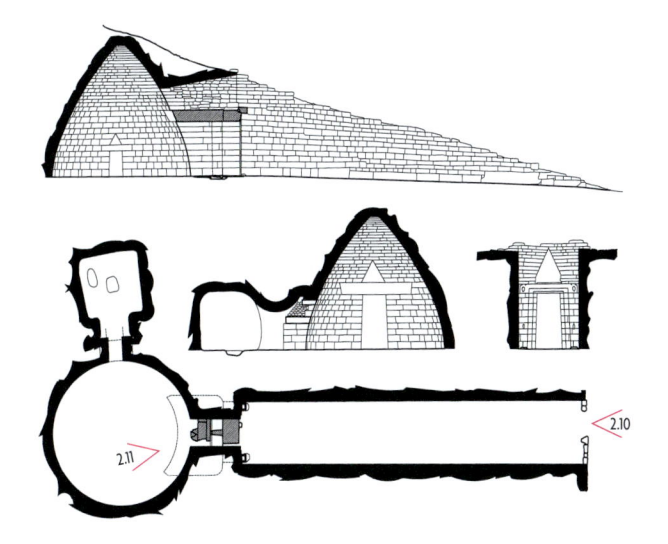

2.9 Planta baixa e cortes do Tesouro de Atreu, Micenas, cerca de 1330 a.C.

Este túmulo dômico de alvenaria de pedra tem a forma de uma colmeia. Sua construção pode ser comparada a da tumba de Er-Mané e do túmulo com galeria funerária de Newgrange (veja as Figuras 1.2–1.3). A função da câmara lateral é desconhecida, mas pode ter sido usada para enterros.

2.10 Fachada e *dromos* do Tesouro de Atreu, Micenas, cerca de 1330 a.C.

Esta perspectiva axial mostra o *dromos* de pedra e o falso arco de descarga triangular que transfere o peso da enorme pedra do lintel. A ornamentação e a pintura que originalmente decoravam o interior desapareceram.

2.11 Interior do Tesouro de Atreu, Micenas, cerca de 1330 a.C.

Embora seja relativamente amplo, o espaço interno também é escuro, recebendo luz apenas pela porta e pela bandeira triangular (abertura) do falso arco acima. As fiadas uniformes de cantaria (pedras talhadas) são bastante distintas da alvenaria ciclópica irregular usada em outros pontos de Micenas.

entrada. Toda a alvenaria de pedra – com exceção do *dromos* (caminho de entrada) de pedra – foi coberta por um monte de terra cujo peso aumenta a estabilidade da alvenaria de pedra seca. O método de construção em alvenaria de pedra com falsos arcos ou cúpulas com fiadas em balanços sucessivos usado aqui é o mesmo utilizado pelos construtores de megálitos pré-históricos no norte da Europa, bem como pelos pedreiros egípcios até a Quarta Dinastia. A porta de entrada original era extremamente decorada; há evidências de que seu interior fora adornado com placas de bronze. Seja lá o que o *tholos* contivesse em termos de bens para serem usados na pós-vida, tudo desapareceu há muito tempo.

Algumas habitações situadas fora da cidadela foram escavadas e suas ruínas indicam como eram as moradias do

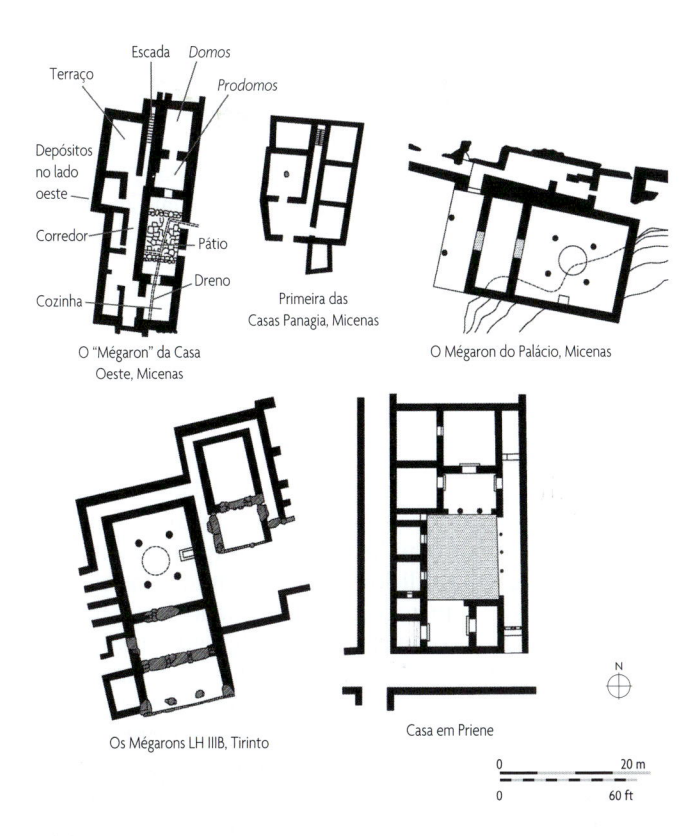

CAPÍTULO 2 O MUNDO GREGO

pessoas abastadas envolvidas na produção de óleos aromáticos, pelos quais Micenas era famosa. Embora nem todas as moradias micênicas tivessem leiautes em mégaron, esta forma é frequente o bastante para que o projeto da Casa Oeste seja considerado típico.

Um leiaute em mégaron em escala monumental pode ser encontrado no Palácio de Tirinto, cidadela que fica no alto de um afloramento de calcário protegido por uma grande muralha de alvenaria ciclópica que remonta ao século XIV a.C. (veja a Figura 2.7). Depois que um incêndio destruiu a cidadela, em aproximadamente 1300 a.C., o conjunto foi reconstruído até chegar à forma atual, incluindo a proteção da cidadela baixa com um muro com 7,6 metros de espessura. Um terremoto e um incêndio ocorridos em meados do século XIII a.C. danificaram o complexo, levando à construção das edificações cujos vestígios são visíveis ainda hoje. A espessura dos muros preservados ao redor da cidadela superior varia de 4,9 a 17,4 metros. Como Micenas, a cidadela de Tirinto tinha várias posternas pelas quais as pessoas podiam sair discretamente. No lado oeste, as galerias com falsos arcos construídas através das muralhas são belos exemplos desse tipo de construção em alvenaria (Figura 2.13). O acesso a Tirinto era muito mais protegido do que a entrada

2.12 Plantas baixas dos mégarons de Micenas e outros locais.

A Casa Oeste, situada junto à face externa das muralhas de Micenas, combina pátio interno, antecâmara e mégaron. Os mégarons palacianos de Micenas e Tirinto são consideravelmente maiores, ambos com vestígios das quatro bases de colunas que sustentavam a cobertura em volta de uma lareira central.

2.13 Galeria com falsos arcos, Tirinto, cerca de 1300 a.C.

Estas passagens, construídas dentro das espessas muralhas externas, oferecem acesso às saídas secundárias para casos de emergência (posternas).

período. Perto do Tesouro de Atreu ficam as fundações de quatro habitações muito próximas umas das outras; delas, a Casa Oeste tem a planta baixa mais fácil de interpretar, pois seu pavimento principal (e não o subsolo) foi preservado (Figura 2.12). A entrada era por um pátio central, provavelmente a céu aberto, do qual sai uma sequência de três mégarons – o pórtico, o **vestíbulo** e o *domos* – que são os maiores espaços da edificação. Um corredor que se desenvolve a oeste leva a uma série de pequenos cômodos e a um terraço maior, que, provavelmente, fora deixado descoberto. A escada no final do corredor levava a um pavimento superior cujo leiaute não pôde ser determinado, uma vez que a habitação foi destruída pelo fogo há muito tempo. A cobertura era provavelmente plana e, como o pavimento superior, tinha estrutura de madeira, o que explica a permanência apenas das fundações de pedra. Com exceção da área do pátio interno, que foi pavimentada com pedras, os demais pisos eram de barro. Um grande dreno atravessa o pátio e termina sob as fundações da parede leste; também há um dreno menor sob o *domos* do mégaron. O uso de cômodos pequenos conectados ao corredor foi determinado pelas tabuletas de cerâmica e vasilhames de argila encontradas neles: todos eram depósitos, exceto pela câmara diretamente ligada ao pátio, que possuía uma lareira e um dreno e, provavelmente, era usada como cozinha. Concluiu-se que a moradia pertencia a

2.14 Portal interno de Tirinto, cerca de 1300 a.C.

Esta imagem mostra as impostas de um portal. Embora os portões tenham desaparecido há muito tempo, suas posições permanecem visíveis na alvenaria ciclópica. Os invasores que chegavam até ali ficavam à mercê dos soldados micênicos, distribuídos no alto dos dois muros.

dos povos nômades do leste – os dóricos e jônicos – que os forçaram a se deslocar para o sul da península grega. Os invasores usavam montarias e armas de ferro que podem tê-los ajudado a derrotar os micênicos, que só dispunham de armas de bronze. As invasões foram seguidas por muitos séculos de declínio cultural, durante os quais as tribos invasoras se acomodaram, dominaram a arte da escrita e assimilaram certos aspectos da cultura e da mitologia micênicas como se fossem seus. Desta confusa "idade das trevas" surgiu o brilhantismo da Grécia Clássica.

GRÉCIA: O PERÍODO ARCAICO

Durante a "idade das trevas", a população da península grega começou a exceder as limitadas possibilidades agrícolas de suas terras, cujas áreas férteis se restringiam a trechos relativamente estreitos ao longo da costa e nos vales. Buscando terras agrícolas adicionais, além de minérios e novas oportunidades de comércio, as cidades-estado deram início a um programa de colonização, estabelecendo novos povoados na Ásia Menor (leste do Mediterrâneo), na Sicília (sul da Itália) e no norte da África. Essas colônias foram implantadas de maneira ordenada, geralmente em longas quadras retangulares agrupadas em torno do mercado e dos templos localizados no centro da cidade. Havia equipamentos públicos para recreação e entretenimento, além de uma muralha protetora cercando toda a colônia.

Além dos traçados urbanos em grelha, a maior contribuição que os arquitetos e construtores gregos deram para a história da arquitetura durante o período arcaico (cerca de 700–500 a.C.) foi o templo, que surgiu como um lar para os deuses e se baseava no projeto do mégaron micênico; assim, sua planta baixa consistia de uma câmara traseira, ou **opistódomo**, seguida por um *naos* (**cela**) e, a seguir, um pórtico frontal, ou *pronaos*. Julgando pelas pequenas maquetes de argila remanescentes, os primeiros templos eram edificações simples de apenas um cômodo, construídos para receber uma estátua da divindade. Eles tinham um pórtico na entrada; suas paredes eram feitas de adobe, e a cobertura em vertente, de sapé. No século VIII a.C., o pequeno Templo de Ártemis, em Éfeso, foi edificado com colunas de madeira cercando a câmara (**colunas perípteras**), o que conferiu a ele mais distinção e uma forte característica escultórica. O Templo de Hera, em Olímpia, (cerca de 600–590 a.C.) dá continuidade a essa ideia, mas em escala maior (Figura 2.15). Nele, as colunas originais de madeira foram substituídas por pedra, talvez para oferecer um suporte melhor às telhas de argila cozida, que eram consideravelmente mais pesadas que o sapé. A transição para a construção em pedra parece ter sido um processo gradual – sem dúvida influenciado pelos precedentes e pela tecnologia egípcia. Na arquitetura grega, os **fustes** das colunas de pedra apresentam caneluras típicas (eram talhados verticalmente com sulcos côncavos) semelhantes às do templo mortuário da Rainha-Faraó Hatshepsut em Deir-el-Bahari. O leiaute do Templo de Hera inclui duas **colunas *in antis***, ou colunas nos planos das paredes fronteira e traseira, e entre as **antas** (pilastras) na frente e atrás,

de Micenas. Uma passagem quase que em fila indiana ao lado das muralhas fazia os possíveis agressores se sentirem vulneráveis antes mesmo de chegar ao primeiro dos dois portais internos (por isso, os portais foram posteriormente destruídos) (Figura 2.14). Depois do segundo portal ficava um pátio ladeado por câmaras com pórtico feitas com falsos arcos diretamente no volume do muro. Essas câmaras estão voltadas para o portal relativamente estreito do palácio, que abre para um pátio palaciano conectado a outro pátio com colunatas, ao norte, e para o mégaron palaciano composto por pórtico, antecâmara e *domos* (veja a Figura 2.12). Como em Micenas, quatro bases de colunas cercam a grande lareira centralizada, indicando a localização da cobertura e a abertura que deixava passar a fumaça. Foram encontrados nas escavações fragmentos de murais retratando procissões de mulheres e a caça de javalis. Um mégaron menor, localizado a leste, apresenta um *domos* precedido por um pátio externo e um pátio interno. Tirinto foi novamente devastada por um terremoto em torno de 1200 a.C.

Entre 1200 e 1100 a.C., os assentamentos micênicos entraram em declínio, talvez em decorrência das invasões

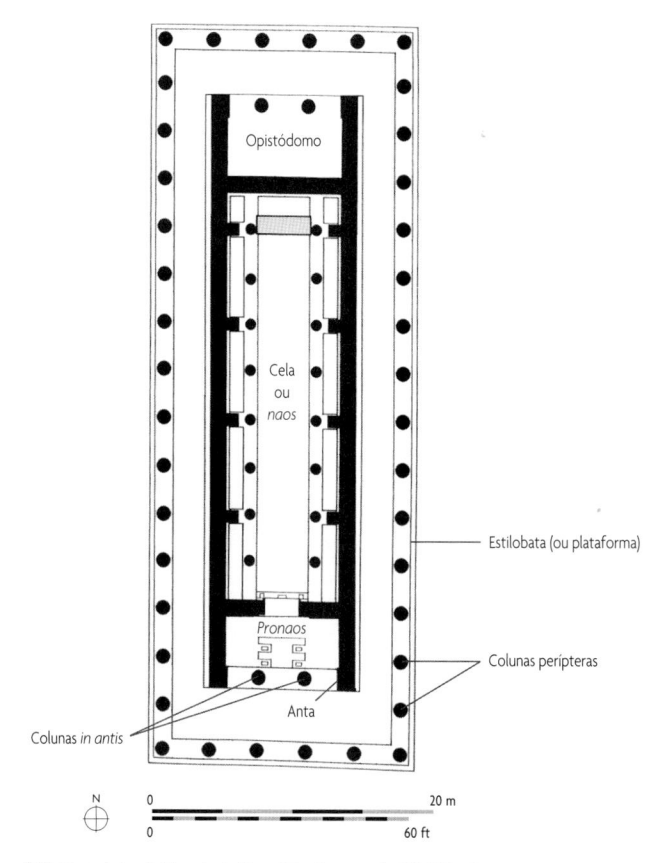

2.15 Planta baixa do Templo de Hera, Olímpia, cerca de 600–590 a.C.

As colunas originais de madeira deste templo grego primitivo foram reconstruídas em pedra, talvez para oferecer um suporte melhor às telhas de barro que substituíram o sapé.

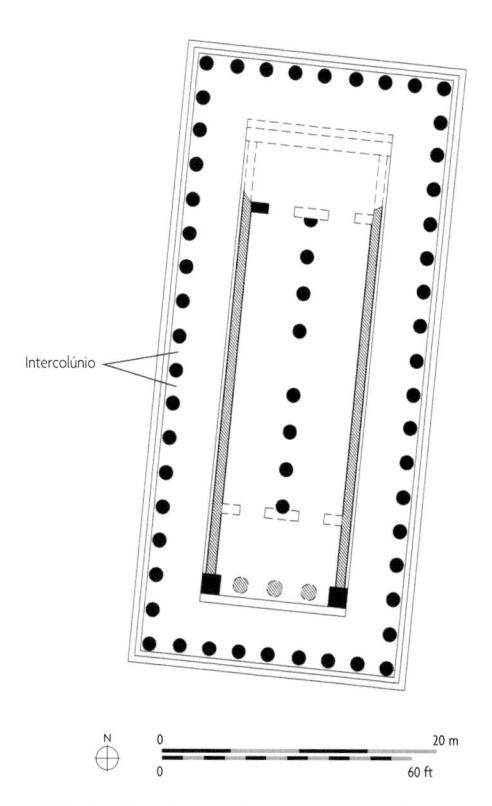

2.16 Planta baixa do Templo de Hera, Paestum, cerca de 550 a.C.

Este templo apresenta um dos mais antigos exemplos da ordem dórica. Curiosamente, contém um número ímpar de colunas nas elevações menores, colocando uma coluna no centro, onde o esperado seria um intercolúnio para a entrada axial central.

2.17 Planta baixa do Templo de Apolo Epicuro, Bassae, cerca de 430 a.C.

Todas as três ordens gregas foram usadas aqui. Colunas dóricas formavam a colunata externa; colunas jônicas tocavam a parede da cela; e uma única coluna coríntia foi colocada no eixo longitudinal central. A luz incidia sobre a estátua da deidade através de uma abertura na parede leste.

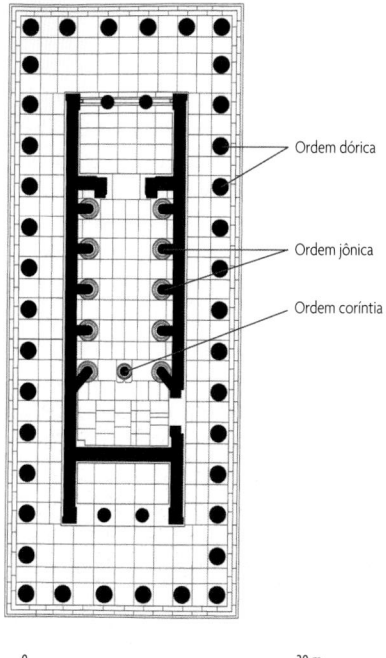

além de colunas perípteras. Os gregos também desenvolveram um tratamento extremamente estilizado para **bases**, capitéis e elementos apoiados – o **entablamento**. No século XVI d.C., esses sistemas deram nome às **ordens** da arquitetura, com os termos que conhecemos hoje, e se tornaram a base da **linguagem clássica da arquitetura**. O arquiteto romano Vitrúvio, cujo tratado elaborado no século V a.C. baseou-se em parte em antigos textos gregos já perdidos, identifica essas três ordens: dórica, a mais pesada, baseada nas proporções de um homem (Figura 2.16); **jônica**, mais leve em caráter, para refletir as proporções de uma mulher; e **coríntia**, a mais esbelta, cujo capitel extremamente decorado sugeria a forma e as proporções de uma jovem virgem. A ordem dórica surgiu na Grécia continental, enquanto a jônica apareceu nas ilhas do Egeu e na costa da Ásia Menor. A coríntia surgiu posteriormente (Figura 2.17).

Cada ordem apresenta uma combinação particular de elementos. A coluna dórica não tem base e possui capitéis mais simples sobre o fuste com caneluras; seu entablamento consiste de uma **arquitrave** simples, além de **métopas** e **tríglifos** alternados no friso, que é coroado com uma **cornija** (Figura 2.18). A jônica tem uma base que sustenta o fuste da coluna com caneluras, além de um capitel com **volutas** (pergaminhos). Seu entablamento também é composto de arquitrave e friso. A ordem jônica apresenta varia-

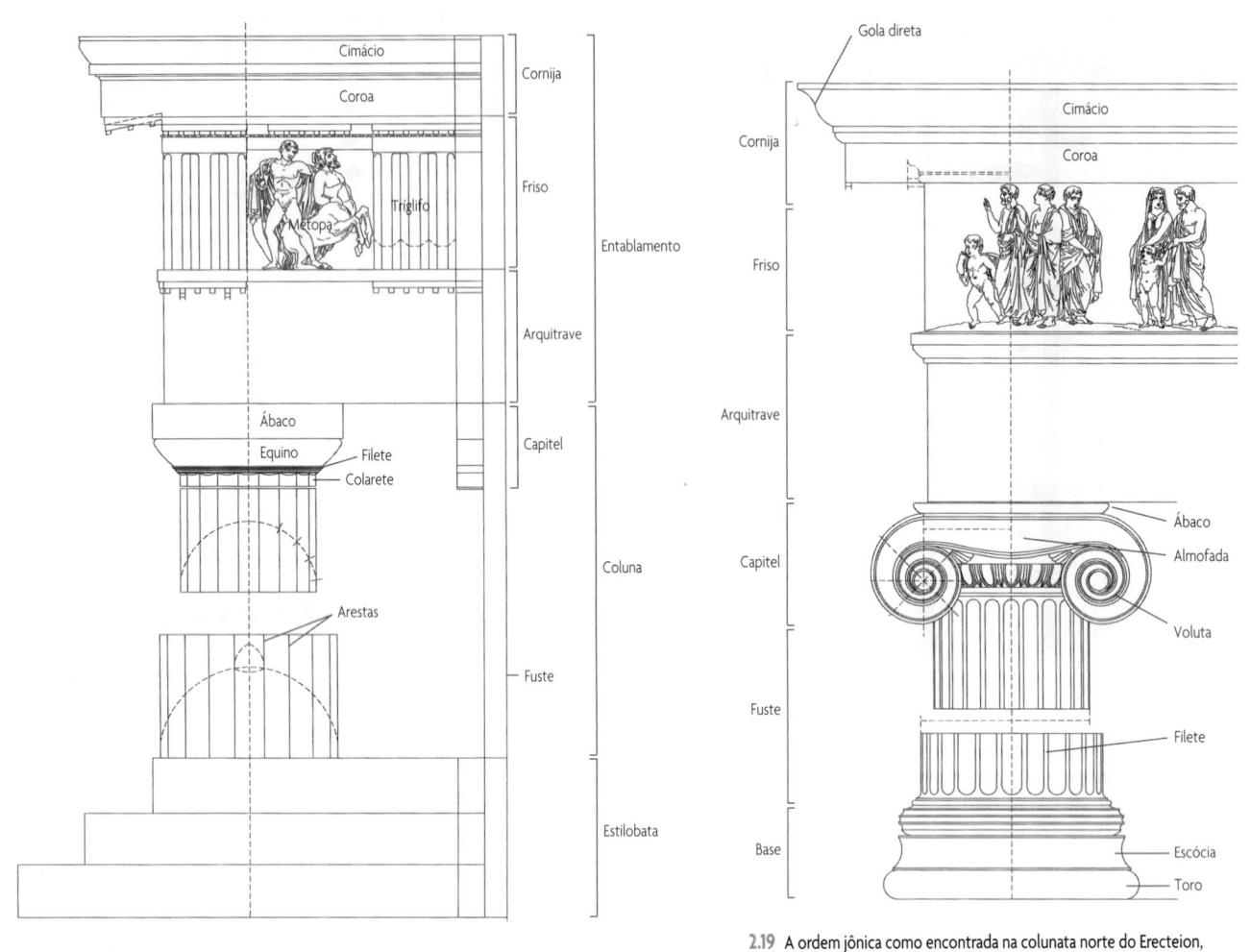

2.18 A ordem dórica como encontrada no Partenon, Atenas.

A clara articulação dórica dos elementos recebe a luz solar em um jogo dinâmico de sombras nas superfícies talhadas. Talvez por isso tal ordem tenha chegado ao presente como um elemento tão importante para a arquitetura ocidental.

2.19 A ordem jônica como encontrada na colunata norte do Erecteion, Atenas.

É possível que os floreios decorativos da ordem jônica reflitam influências de origens orientais. Embora o entablamento seja mais simples do que na ordem dórica, os capitéis e bases de coluna permitem bastante criatividade artística.

ções regionais: na costa da Ásia Menor, o friso geralmente é tratado como três faixas escalonadas de alvenaria, enquanto que na Grécia continental costuma apresentar esculturas contínuas em relevo (Figura 2.19). Uma cornija, frequentemente com **dentículos**, coroa a ordem. Também existiam convenções gerais que regulavam as proporções das partes, a altura total e o intercolúnio, que os antigos gregos ajustavam de acordo com as circunstâncias específicas. Dois mil anos depois, arquitetos italianos renascentistas codificaram a prática em um conjunto de relações matemáticas baseadas no diâmetro da coluna na base; porém, as medições dos templos remanescentes não comprovam se os gregos chegaram a reduzir o projeto dessas edificações a uma única fórmula. Dessa forma, as ordens da arquitetura eram ao mesmo tempo específicas e flexíveis – não uma restrição para os projetistas, mas uma linguagem expressiva que podia ser adaptada a circunstâncias específicas.

As origens das ordens da arquitetura clássica permanecem obscuras. Vitrúvio sustentava que todas derivavam da arquitetura primitiva em madeira, material que, sabemos, era usado nos templos. Nos templos dóricos, por exemplo, os tríglifos já foram vistos como um reflexo dos painéis de proteção aplicados às extremidades das vigas de cobertura de madeira e as métopas, como os painéis de vedação entre elas. Na versão em pedra, as fibras expostas da madeira foram estilizadas em sulcos verticais, enquanto os painéis cegos das métopas se tornaram um local para esculturas. Estudos recentes questionam essa derivação, sugerindo, em vez disso, que as ordens resultam de um estilo decorativo monumental que usava detalhes moldados em terracota, sem nenhuma referência aos elementos estruturais da madeira. Mesmo com paredes e colunas feitas de pedra, vigas de madeira continuaram a ser usadas para estruturar a cobertura, mas não chegaram até nós.

Os construtores dos templos dóricos primitivos utilizavam os materiais disponíveis no local, com mais frequência o calcário. Isso impunha limitações estruturais ao tamanho dos vãos vencidos pelos lintéis e ao diâmetro das colunas necessárias para sustentar a pesada cobertura de telhas de barro. Os templos jônicos usavam mármore, uma pedra superior, e,

2.20 Templo de Hera em Paestum, cerca de 550 a.C.

A elevação final consiste de nove colunas pesadas com êntase, capitéis com equinos achatados e pesados ábacos, todos sustentando um entablamento. Observe como as sombras projetadas pelas caneluras nos fustes das colunas aprimoram a percepção dos volumes.

consequentemente, tinham um perfil mais esbelto. Em Paestum, no sul da Itália, o Templo de Hera, construído na antiga cidade colonial de Poseidônia, é um dos mais importantes templos arcaicos remanescentes (Figura 2.20). Construído em aproximadamente 550 a.C., possui pesadas colunas dóricas. Os fustes das colunas alargam-se e então diminuem à medida que se elevam até os pesados **equinos** que formam os capitéis. Essa mudança no diâmetro da coluna é chamada de **êntase** e era costume compará-la à força muscular de um braço ou uma perna, expressando visualmente a carga física sustentada pelo fuste. Cada canelura da coluna tem bordas precisas, isto é, **arestas**, onde as seções curvas das caneluras adjacentes se interseccionam; as arestas sobem perfeitamente retas ao longo do fuste de cada coluna. Acima do equino fica um bloco quadrado e achatado – o ábaco – que promove a transição da forma cilíndrica da coluna para a arquitrave retangular acima. A lógica da ordem dórica é a colocação de tríglifos alternados sobre as colunas. Isso funciona muito bem, exceto nas quinas, onde o ritmo estabelecido resultaria no choque de duas meias-métopas. Para evitar esse problema, a última métopa completa antes da quina geralmente é alongada, para permitir que os tríglifos das extremidades de ambos os lados se encontrem ali. Também é possível diminuir o intercolúnio perto das quinas – observe o ritmo do friso para descobrir se isso aconteceu. As juntas entre os blocos de calcário utilizados nos tambores que compõem as colunas estão evidentes em Paestum; além disso, a capacidade limitada da pedra para o vencimento de vãos se reflete no pequeno intercolúnio. No interior, o vão central do santuá-rio exigiu suporte adicional, fazendo com que uma linha de colunas passe pelo meio da cela. Isso explica, no exterior, as nove colunas na lateral menor deste templo, um dos poucos templos gregos com número ímpar de colunas na elevação da entrada. Um número par de colunas colocaria o intercolúnio central no eixo de entrada longitudinal central.

GRÉCIA: O PERÍODO CLÁSSICO

O Império Persa floresceu na Mesopotâmia durante o período arcaico e, comandadas por Dário e Xerxes, suas forças atacaram cidades gregas tanto na península como ao redor do Mediterrâneo. As cidades jônicas da Ásia Menor já estavam sob domínio persa desde meados do século VI a. C. Elas se revoltaram, mas foram reconquistadas, e Dário tentou invadir o continente, onde seu exército foi derrotado, em 490 a.C. por legiões combinadas de cidades-estado gregas na batalha de Maratona. Em 480 a.C., os persas atacaram novamente, devastando a região em volta de Atenas e saqueando a cidade; porém, a marinha grega conquistou uma vitória decisiva sobre a frota persa perto de Salamina. Em 479 a.C., os persas foram derrotados na terra e no mar, encerrando efetivamente a ameaça de invasão da península.

O período seguinte foi relativamente pacífico e, nele, Atenas emergiu como principal cidade do continente. Para impedir outras incursões persas, ela se uniu às cidades jônicas para formar a Liga Delia. Em 454 a.C., o tesouro da Liga fora transferido de Delos para Atenas e uma parte considerável do dinheiro foi controversamente gasta na reconstrução da devastada Acrópole ateniense, que funcionava como santuário militar, político e religioso desde o período micênico (Figuras 2.21–2.23). As quatro edificações construídas ali depois de 479 a.C. caracterizam a fase madura da arquitetura grega, conhecida como Período Clássico (479–323 a.C.).

O Partenon de Atenas

O maior e mais famoso desses templos é o Partenon (448–432 a.C.), dedicado à Atena Polias, deusa protetora da cidade (Figura 2.24). Um templo anterior, conhecido como Antigo Partenon, fora iniciado na euforia que sucedeu a vitória em Maratona em 490 a.C., mas permanecia incompleto quando os persas o destruíram, em 480 a.C. O novo templo períptero – projetado pelos arquitetos Ictino e Calícrates e construído com o mais belo mármore vindo do Monte Pentelikos (mármore pentélico) – foi edificado no mesmo lugar, com ampliações, e provavelmente usando **tambores** de colunas e métopas talhadas para o templo anterior. É um templo dórico, com oito colunas de largura por 17 de profundidade, mas incorpora atributos jônicos, incluindo colunas esbeltas, um friso contínuo no exterior da parede da cela e o uso da ordem jônica no opistódomo (sala posterior) oeste que abrigava o tesouro da Liga Delia, onde quatro colunas jônicas sustentavam a cobertura. A utilização de oito colunas na elevação da **empena**, incomum na ordem dórica, se baseia em templos jônicos anteriores (Figura 2.25). Atrás delas, em cada extremidade,

2.21 A Acrópole, Atenas, cerca de 479 a.C., vista pelo lado de entrada.

As ruínas do Propileu, à esquerda, e do minúsculo templo de Atenas Niké, no centro, se sobressaem no primeiro plano, com a elevação da empena do Partenon à direita.

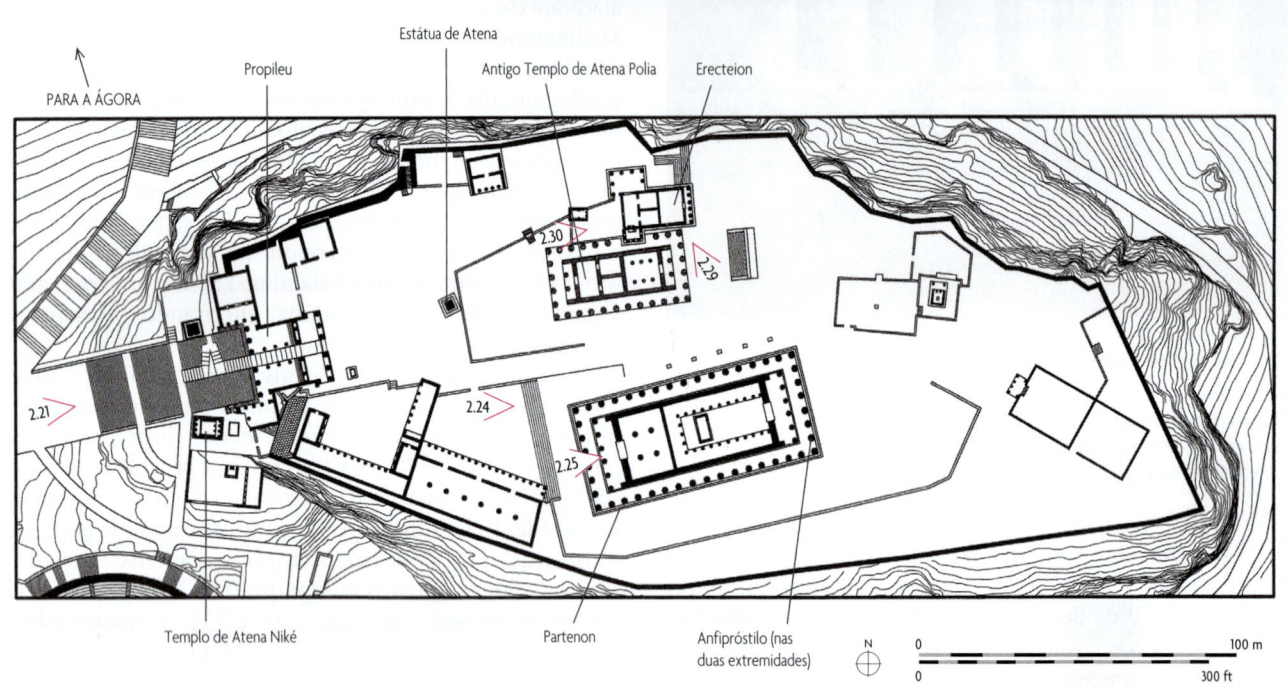

2.22 (acima) Planta de situação da Acrópole, Atenas, cerca de 479 a.C.

A planta baixa hachurada, no centro, representa as fundações de um templo anterior dedicado à Atenas Polia, que foi destruído pelos persas. O Erecteion, com suas cariátides, se apoia nessas fundações, lembrando perpetuamente a destruição causada pela Guerra Persa.

2.23 Vista ascendente da Acrópole, Atenas, cerca de 479 a.C.

O templo Partenon fica na parte mais alta do terreno e ainda domina a cidade moderna. Parte do Erecteion é visível na extremidade esquerda, enquanto o Templo de Atena Niké fica na extremidade direita. No primeiro plano, à direita, encontram-se as ruínas das rampas e escada que levavam ao Propileu. Observe, na Figura 2.22, como o visitante que percorre o eixo longitudinal do Propileu finalmente vê o Partenon de um ângulo e através de uma colunata.

ficam seis colunas **próstilas**, isto é, colunas em frente às paredes leste e oeste. A êntase, que era um pouco grosseira no Templo de Hera em Paestum, foi usada sutilmente para transmitir a sensação de equilíbrio perfeito. Ajustes minuciosos nas linhas horizontais e verticais da estrutura aumentam a percepção da geometria ortogonal: a **estilobata** (plataforma de onde sobem as colunas) na verdade converge para cima (sua parte intermediária é mais elevada); as colunas se inclinam levemente para trás; e os eixos centrais das colunas não são verticais, mas traçados por raios que emanam de um ponto a mais de 2.070 metros acima do solo. As colunas não têm o mesmo diâmetro – as das extremidades são mais grossas – nem o mesmo espaçamento: as das quinas estão mais próximas umas das outras. Os arquitetos fizeram essas pequenas variações no intercolúnio e em outros detalhes para evitar uma rígida perfeição geométrica e, consequentemente, animar sua composição de pedra.

Esculturas ornamentavam o Partenon tanto por dentro como por fora. Os dois **frontões** continham estátuas colossais representando, no leste, o nascimento de Atena testemunhado pelos deuses e, no oeste, a disputa entre Atena e Posêidon pelo controle da cidade de Atenas. As métopas abrigavam esculturas em alto relevo, representando lutas entre gregos e amazonas, gregos e troianos, deuses e gigantes, e lápitas (o povo da Tessalônica) contra centauros (criaturas com torso de homem e corpo de cavalo) – todas comemorando o triunfo da civilização grega sobre a barbá-

2.24 O Partenon, Atenas, cerca de 448–432 a.C.

Este é o Partenon visto por quem está deixando o Propileu e olhando para o sudeste. Como acontece com muitos templos gregos, a edificação foi implantada de modo que o observador se aproxime por baixo e veja duas elevações ao mesmo tempo.

2.25 O Partenon, Atenas, cerca de 448–432 a.C., visto do oeste.

A ordem dórica usada aqui foi alongada até atingir uma esbelteza quase jônica. Nem todos os refinamentos óticos são percebidos imediatamente, mas observe o maior intercolúnio central em relação ao espaçamento levemente menor das colunas das quinas.

rie. Um friso contínuo percorria a parte externa das paredes da cela, atrás da colunata, retratando uma procissão sagrada de atenienses trazendo oferendas para Atena, possivelmente como um agradecimento pela vitória contra os persas ou como uma representação do Festival Panateniense, realizado a cada quatro anos. A procissão retratada no friso começa na quina sudoeste e avança em ambas as direções até se encontrar no centro do lado leste, onde Atena e outros deuses sentados em tronos recebem as oferendas.

O escultor Fídias atuou como coordenador artístico na reconstrução de todos os monumentos da Acrópole, tendo sido responsável pelos detalhes escultóricos do Partenon, incluindo a grande estátua de Atena existente na cela. Ela foi retratada de pé, com uma Niké (a coroa de folhas de louro que simbolizava a deusa da vitória) na mão direita e um escudo repousando à sua esquerda. A estátua foi construída com uma estrutura interna de madeira revestida de materiais extremamente valiosos. Marfim foi usado em todas as partes expostas do corpo de Atena; manto, armadura e elmo foram feitos de ouro; pedras preciosas foram usadas em seus olhos e para enfeitar sua túnica e armadura.

A cela do Partenon estava entre os maiores interiores construídos na Grécia Clássica. Foi concebida para criar um ambiente adequado para a enorme estátua, que era a mais magnífica da época. Os estudos diferem quanto à cela ser completamente coberta, uma vez que vencer o vão de 12 metros entre as colunatas internas representaria um desafio para a construção. Há quem diga que a cela ficava a céu aberto. Um interior em geral bastante escuro seria o local ideal para receber a bela imagem de Atena, pois o Partenon foi orientado de modo que o sol penetrasse no interior da cela na manhã do aniversário de Atena, incidindo na enorme estátua criselefantina (de ouro e marfim).

O tempo e as circunstâncias não pouparam o Partenon. A estátua de Atena foi desmantelada no século II d.C., provavelmente por causa do valor de seus materiais, e as várias reciclagens de uso do templo não contribuíram para preservar sua enorme beleza. Ele se tornou uma igreja cristã e, após a ocupação da Grécia pelos turcos, uma **mesquita**. Em 1687, época em que foi bombardeado pelos venezianos, estava sendo usado como arsenal. Um tiro certeiro provocou uma explosão que arrancou a parede da cela e derrubou muitas esculturas. Vitoriosos, os venezianos levaram algumas delas como troféus. Lorde Elgin, embaixador britânico do Império Turco-Otomano entre 1799 e 1803, negociou as esculturas remanescentes, que removeu do templo e enviou à Inglaterra; posteriormente, seu filho as vendeu para o governo britânico. Conhecidas como Mármores de Elgin, elas agora fazem parte do acervo do Museu Britânico de Londres, mas o governo grego busca reavê-las para instalá-las em uma nova edificação que está sendo construída para esse fim em Atenas. Atualmente, a poluição industrial do ar na capital grega é a maior ameaça ao pouco que restou do Partenon. Um grande projeto de recuperação da Acrópole foi iniciado como parte dos preparativos para os Jogos Olímpicos de 2004, realizados em Atenas.

As outras edificações da Acrópole de Atenas

As edificações que restaram na acrópole ateniense foram distribuídas de maneira que, à primeira vista, parece aleatória, embora, na verdade, o conjunto tenha sido planejado com cuidado, para responder às características específicas do terreno. A Acrópole é um platô que se eleva abruptamente acima da planície onde fica a cidade. Desde a antiguidade, a rota da Procissão Panateniense, que ia do centro cívico e comercial (**ágora**) à Acrópole, atravessava um percurso tortuoso e escalonado até a escarpa. (Como a maioria dos templos gregos está voltada para leste, isso significa que a vista inicial é da parte de trás das edificações.) Em aproxi-

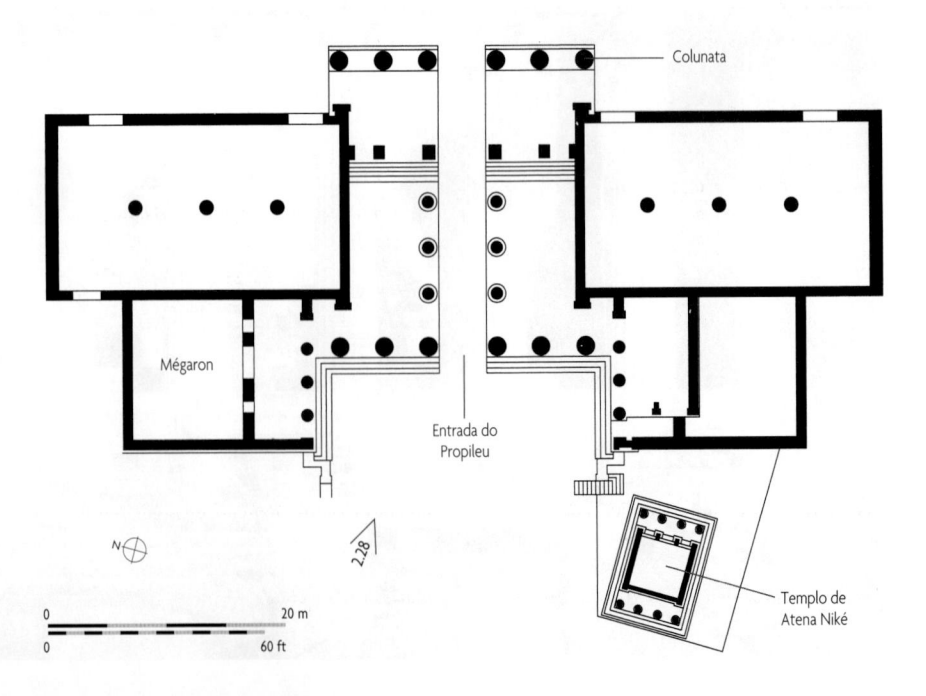

2.26 Planta baixa do Propileu (437 a.C.) e do Templo de Atena Niké (cerca de 425 a.C.), Atenas.

O Propileu definia o acesso à Acrópole, enquanto o pequeno templo de Atena Niké situava-se logo em frente, visível de um ângulo para quem chegava. Para uma imagem reconstruída do conjunto, veja a Figura 2.22. Uma evolução dos antigos portais fortificados, o Propileu foi o recurso de arquitetura empregado para fazer a transição do espaço profano ao sagrado, bem como para controlar a visão do Erécteion e do Partenon.

ENSAIO

A CELEBRAÇÃO DO ANIVERSÁRIO DE ATENA
David Lewis

Este relato da Grande Procissão Panateniense (Figura 2.27) é um extrato de um periódico fictício escrito por uma mulher da aristocracia ateniense. Trata-se de uma descrição do oitavo e último dia do Grande Festival Panateniense de 424 a.C., que celebrava o aniversário de Atena.

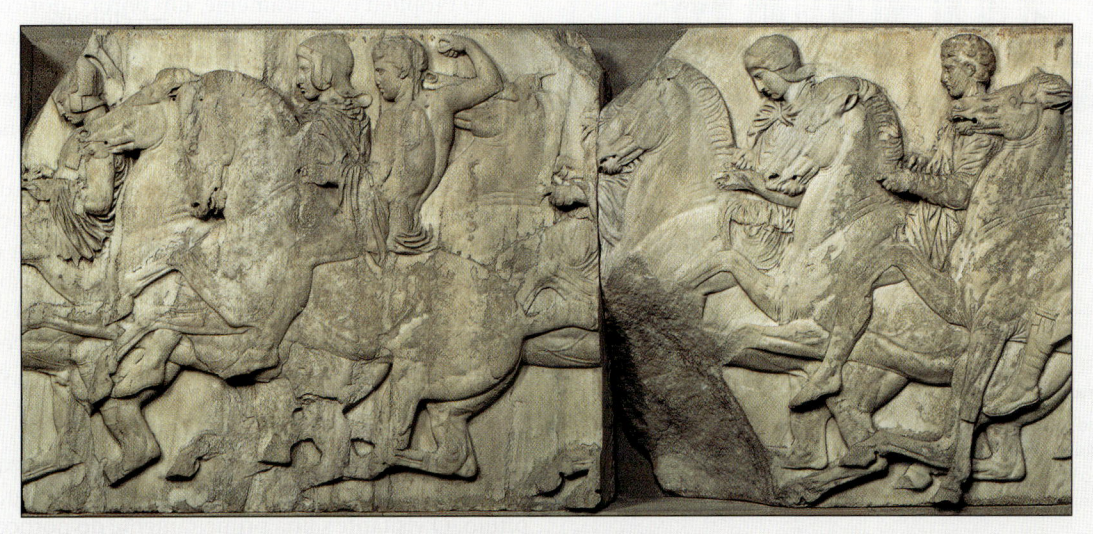

2.27 Cavaleiros, Festival Panateniense, friso norte do Partenon, Atenas, 424 a.C., Museu Britânico, Londres.

28 de Hekatombaion – o primeiro mês e dia do aniversário de nossa deusa Atena. O vento marinho soprava quente mesmo antes de nascer o sol deste solstício de verão. Milhares se reuniam fora das muralhas da cidade. Nós, esposas e virgens, vestimo-nos com mantos de cor púrpura e carregávamos cânforas, bandejas de bronze e prata repletas de bolos, favos de mel e ramos de carvalho. A infantaria armada, os atletas vitoriosos e os quatro homens que carregavam as ânforas-troféu estavam dentro do Pompeion, enquanto os jovens que escoltavam as 100 vacas sacrificiais, os cavaleiros (Figura 2.27) e os guerreiros em suas bigas encontravam-se ao lado do Portal de Dipylon.

Puxando nossa procissão, havia duas virgens carregando orgulhosamente o peplo de Atena, sua largura ocupando toda a Via Sagrada, e estando voltada para o cortejo, além do atleta campeão com a rocha cerimonial. Os fios de linho púrpura e açafrão do peplo brilhavam sob o sol da manhã e a luz das tochas, enquanto as silhuetas das esculturas de Atena, Zeus e outros deuses batalhavam com os gigantes. [O peplo era encomendado a cada quatro anos para o Grande Festival Panateniense e produzido por tecelões profissionais do sexo masculino. Nos outros três anos, as jovens filhas, arrephoroi (servas da deusa Atena) e esposas de cidadãos da aristocracia passavam meses no ateliê da Acrópole, ou arrephorion, para produzir um manto de tamanho padrão.]

Enquanto percorríamos, em uma fileira de 15 lado a lado, a Via Sagrada até o Kerameikos lotado, os ceramistas, que lá viviam, aplaudiam orgulhosamente a passagem da ânfora-troféu, cheia de óleos sagrados. Esses homens passaram o último ano esculpindo 1.400 troféus e pintando neles cenas elaboradas. Mesmo na área externa, podíamos distinguir o Partenon no alto da Acrópole.

Prosseguindo colina abaixo, entramos na Ágora pela ponte do rio Eridanos, junto à Stoa Poikile, com seus malabaristas e músicos de rua, e à Stoa Real. Continuamos diagonalmente através da Ágora, passando pela Orquestra, onde esta semana foram realizadas competições de atletismo. À medida que nos aproximamos da Stoa Sul, começamos a ascender até a Acrópole, circundando sua fachada oeste, no rochedo.

Na base da rampa, viramo-nos para encarar a Acrópole. Resplandecendo, ela recebeu nossa procissão. A delicada Atena Niké, ao sul, estava no topo de seu próprio temenos [recinto sagrado] no promontório oblíquo, enquanto o Propileu nos aguardava, acima de nossas cabeças. Subimos a rampa em marcha, sob o olhar de toda a pólis. Paramos no degrau azul do Propileu, que nos permitia ver, ao norte, a Ágora abaixo de nós, sobre nosso ombro direito a mesma batalha entre os deuses e os gigantes no frontão leste de Atena Niké, e, mais além, vislumbrar a magnífica estátua de Atena Promacos depois das portas do Propileu. Examinamos minuciosamente o portal, os animais e as bigas que seguiam o peplo no caminho central, enquanto nós, a pé, caminhamos até as colunas jônicas e passamos pelas portas menores.

Passando pela entrada leste e pelas monumentais colunas dóricas, entramos no temenos na mesma hora em que o sol apareceu sobre as montanhas; os gloriosos templos de mármore pentélico de Atena e Péricles tremeluziam. Enquanto marchávamos para leste na Via Sagrada, ao longo da face norte do Partenon, o sol da manhã iluminou o friso da cela. À medida que seguíamos na direção leste, éramos acompanhados pelas luminosas esculturas coloridas que nos diziam como e onde prosseguir. Como no friso, nossa procissão se dividiu em dois grupos: os homens acompanhando as vacas e as virgens carregando as cânforas, seguiram para o Grande Altar, enquanto os demais passavam para a área aberta no lado leste do Partenon.

Enquanto as duas virgens, guiadas pela alta sacerdotisa, levavam o peplo para a cela, ouvimos os gritos de "IOIOIOIOIO", que indicavam o sacrifício da primeira vaca.

2.28 Reconstrução hipotética da entrada da Acrópole, Atenas.

Observe o grande intercolúnio no centro do Propileu. Uma grande estátua externa de Atena Promacos (já desaparecida) dominava a vista, dando equilíbrio para o Partenon à direita (leia mais sobre a função da estátua durante a Procissão Panateniense no ensaio da página anterior).

2.29 O Erecteion, Atenas, cerca de 421–407 a.C.

Esta imagem do lado sudeste mostra as colunas jônicas da entrada do santuário de Atena (à direita) e o pórtico exibindo as cariátides (à esquerda). No primeiro plano, à esquerda, estão os vestígios do antigo templo de Atena Polias, destruído pelos persas, para os quais as cariátides fitam eternamente.

madamente 437 a.C., começou a construção de um portal de entrada com escala adequada, o Propileu, projetado pelo arquiteto Mnesicles. Com um projeto extremamente original, Mnesicles criou uma nobre entrada simétrica entre as assimetrias, acomodando um fragmento da muralha da fortificação original micênica e uma mudança de inclinação dentro da edificação. Essa edificação marca a transição do mundo secular, ou profano, ao sagrado.

O Propileu é, basicamente, um pórtico dórico ladeado por alas projetadas (Figuras 2.26, 2.28). O **intercolúnio** central é mais largo que os demais, acomodando o percurso processional que passava pela colunata axial para chegar ao recinto sagrado da Acrópole. Isso exigiu dois tríglifos sem suporte (em vez de um usado normalmente) sobre o espaço central, visto que o arquiteto teve de flexibilizar o estilo dórico rigoroso. Três pares de colunas jônicas acompanham a passagem, pois o aclive do terreno e a escala do espaço levaram à escolha de uma ordem mais esbelta. Um segundo pórtico dórico encerrava a seção central do Propileu. Sua ala norte era um mégaron, possivelmente usado como galeria de imagens ou salão de banquetes, enquanto que, no lado sul, havia um pórtico que precedia o Templo de Atena Niké, que era independente.

O leiaute geral da Acrópole buscava enfatizar a ideia de procissão, como descreve o ensaio que integra este capítulo. O visitante sairia primeiramente do pórtico leste do Propileu para ver a grande estátua de Atena Promacos nas proximidades, logo à esquerda do centro, equilibrando o majestoso Partenon, que se elevava mais ao fundo no lado direito. Embora a entrada dos templos gregos fique no eixo, os arquitetos da Acrópole queriam que os visitantes vissem primeiramente o Partenon por baixo, de um ângulo

2.30 Elevação sul do Erecteion, Atenas, cerca de 421–407 a.C.
A entrada do templo de Posêidon é por um pórtico à esquerda. A altura de sua ordem jônica (veja o desenho na Figura 2.19) resulta de mudanças feitas para se adaptar ao terreno. A variação da ordem jônica seria muito admirada pelos arquitetos neoclássicos do século XVIII.

no qual o frontão oeste e a longa colunata norte transmitissem uma ideia do volume do templo em um único vislumbre. A entrada do santuário era acessada atravessando-se um percurso ascendente que acompanhava o lado norte do Partenon, passando pelas fundações expostas do antigo Templo de Atena Polias (destruído pelos persas), à esquerda, e dobrando-se na direção sul na quina, de maneira a subir os degraus que levavam ao pórtico leste. Somente depois de vivenciar a totalidade do exterior do templo, a beleza interna seria revelada (Figura 2.28).

Há dois outros templos importantes na Acrópole. O pequeno Templo de Atena Niké (Atena Vitoriosa) se ergue sobre rochas que já abrigaram um antigo bastião (fortificação projetada) no topo da colina em frente ao Propileu. Possivelmente projetado ainda em 448 a.C. por Calícrates, mas construído apenas na década de 420 a.C., é um santuário simples que continha uma imagem de madeira de Atena segurando seu elmo e uma romã, símbolo de fertilidade. Quatro colunas jônicas criam um pórtico em frente à entrada leste; um conjunto idêntico se encontra na lateral oeste (dos fundos), que é a elevação vista com clareza por quem está abaixo da Acrópole. Seus detalhes refinados e o tamanho reduzido fizeram dele o modelo seguido pelos templos de jardim do século XVIII.

Em frente ao lado norte do Partenon se encontra a forma mais complexa do Erecteion, iniciado aproximadamente em 421 a.C. e concluído em 407, de acordo com os projetos de um arquiteto desconhecido, no terreno do palácio micênico que também era considerado o local da disputa entre Atena e Posêidon (Figuras 2.29–2.30). Conta a lenda que, em uma disputa para decidir quem seria escolhido como patrono da cidade, Posêidon bateu com seu tridente – ou lança de três pontas – em uma rocha e criou uma fonte, enquanto Atena fez brotar uma oliveira. A disputa foi decidida em favor de Atena por Cécrope, o primeiro lendário rei de Atenas, cujo túmulo também é homenageado ali. Sob o templo corre o Mar de Erecteu, uma fonte de água salgada que produzia o barulho do mar e onde havia uma rocha com a marca do tridente de Posêidon. O Erecteion amarra essas obras díspares com histórias relacionadas ao sítio e, ao mesmo tempo, se submete ao domínio do Partenon.

A ordem jônica foi escolhida como a mais adequada para um templo construído em dois níveis diferentes, de modo a acomodar o terreno acidentado. O pórtico leste, caracterizado pelas colunas jônicas mais esbeltas, levava ao santuário de Atena, onde ficava uma antiga imagem de madeira da deusa, enquanto o pórtico norte – com uma estilobata três metros abaixo – dava acesso ao santuário de Posêidon através de um pórtico jônico ainda mais alongado. Quatro colunas jônicas, parcialmente engastadas na parede, acompanhavam a fachada oeste até o sul, onde a cobertura do magnífico pórtico voltado para o Partenon é sustentada por seis **cariátides**. Sua postura é graciosa, com um joelho levemente curvado e o manto revelando as formas encobertas de seus corpos. A base do pórtico de cariátides é o muro de arrimo norte do antigo Templo de Atena Polias, já destruído; as cariátides olham para o Partenon por cima das ruínas do antigo templo, que foram deixadas expostas propositadamente para lembrar para sempre a devastação impingida pelos persas. Ainda que figuras femininas já tivessem sido usadas como colunas (cariátides) antes, o arquiteto romano Vitrúvio explica suas origens da seguinte maneira:

> *Cária, um povo do Peloponeso, se aliou com os inimigos persas contra a Grécia [Atenas]; mais tarde, os gregos, tendo conquistado gloriosamente sua liberdade ao vencer a guerra, se uniram e declararam guerra contra o povo de Cária. Eles invadiram a cidade, mataram os homens, abandonaram o Estado à própria sorte e submeteram as esposas à escravidão, sem permitir, no entanto, que elas abandonassem as longas vestes e outros símbolos de sua estirpe enquanto mulheres casadas, para que fossem forçadas não apenas a acompanhar a marcha triunfal ateniense, mas para representarem para sempre um tipo de escravidão, carregando o peso de sua vergonha e pagando por seu Estado. Assim, os arquitetos da época projetaram estátuas dessas mulheres para os edifícios públicos, distribuídas de modo a suportar as cargas, para que o pecado e a punição do povo de Cária fossem conhecidos e levados até a posteridade.*

Podemos considerar tal punição injusta, visto que foram os homens de Cária – e não as mulheres – que cometeram a traição, mas ela nos lembra que, mesmo na democracia ateniense, as mulheres não passavam de escravas quando se tratava de direitos sociais e políticos.

Como exemplo da ordem jônica, os elaborados detalhes do Erecteion não encontram equivalentes em obras gregas posteriores; além disso, as múltiplas complexidades e escalas reunidas ali, em um único templo, também são excepcionais em termos de arquitetura clássica. Os refinados detalhes decorativos provavelmente influenciaram também a ordem coríntia posterior.

Em todos os quatro templos da Acrópole, podemos ver que os arquitetos fundiram novas construções com elementos associados à história do sítio, sejam as Guerras Persas ou o período micênico. Os vestígios da destruição persa foram deliberadamente preservados nas ruínas do antigo Templo de Atena Polias, enquanto referências históricas às origens da cidade constituem a própria essência do projeto do Erecteion. As fortificações micênicas foram incorporadas a uma parede do Propileu; a base e os elementos de arquitetura do antigo Partenon foram reaproveitados na edificação existente. Os arquitetos também buscaram integrar algumas características da arquitetura dórica da Ática (a região ao redor de Atenas) aos elementos jônicos (da Ásia Menor), em uma tentativa de expressar a unidade da Liga Delia e a liderança de Atenas entre as cidades-estado da Grécia.

Ao discutir as edificações da Grécia Antiga, é importante imaginá-las por completo e também recordar que os gregos nunca as viram como as estruturas de pedra dilapidadas que vemos hoje. Em geral, os detalhes da arquitetura e das esculturas eram pintados em cores vibrantes, talvez folheados a ouro; as paredes lisas provavelmente tinham murais. Traços da pintura original foram preservados em fendas protegidas, confirmando os relatos escritos referentes à aparência original das edificações. Se hoje fossem restaurados e repintados em seus tons originais, os templos gregos provavelmente nos espantariam muito.

GRÉCIA: O PERÍODO HELENÍSTICO

O período de glória da arquitetura de Atenas, que chegou ao auge nas edificações da Acrópole, terminou em 431–404 a.C. com a postergada e, em última análise, desastrosa Guerra do Peloponeso. Cidades-estado rivais brigavam entre si, enfraquecendo-se no processo e expondo toda a península a potências oportunistas externas. O conquistador, Filipe da Macedônia, veio do norte e se apoderou efetivamente de toda a Grécia em 338 a.C. Em geral, o final do período clássico na Grécia é associado ao reinado de seu filho, conhecido como Alexandre, o Grande; porém, a influência da cultura grega continuou a se espalhar pelo leste graças às conquistas de Alexandre. Entre 336 e 323 a.C., seus exércitos varreram grande parte do mundo civilizado, incluindo Ásia Menor, Egito, Mesopotâmia, Pérsia e partes do que hoje conhecemos como Afeganistão, Paquistão e norte da Índia. Alexandre morreu aos 33 anos sem ter conseguido consolidar seus vastos territórios, mas sua paixão pela herança grega e a adoção de aspectos orientais da corte persa aceleraram a assimilação e a adaptação da cultura grega muito além do Egeu. O termo "helenístico" se refere à arte e à arquitetura associadas ao vasto império de Alexandre e seus sucessores, incluindo os selêucidas, que governaram a área que vai da Anatólia até o rio Indo, além dos Ptolomeus, que governaram o Egito.

A arquitetura helenística difere daquela do período clássico ao se afastar das tradições sóbrias claramente associadas à região ao redor de Atenas e favorecer interpretações mais livres e exuberantes, como as encontradas ao longo da costa oeste da Ásia Menor. Como a ordem dórica estava intimamente vinculada à Grécia continental, seu uso foi substituído pelo da ordem jônica, mais ornamentada, que refletia a exuberância oriental típica das colônias jônicas. A ornamentação escultórica meticulosa e a coordenação do intercolúnio exigidas pelo estilo dórico não foram integradas às or-

2.31 Templo de Apolo Epicuro, Bassae, cerca de 450–425 a.C.

Este é um dos poucos templos gregos que podem ser vistos por cima – talvez em razão das condições do terreno, ou, quem sabe, em decorrência da maior liberdade artística do Período Helenístico.

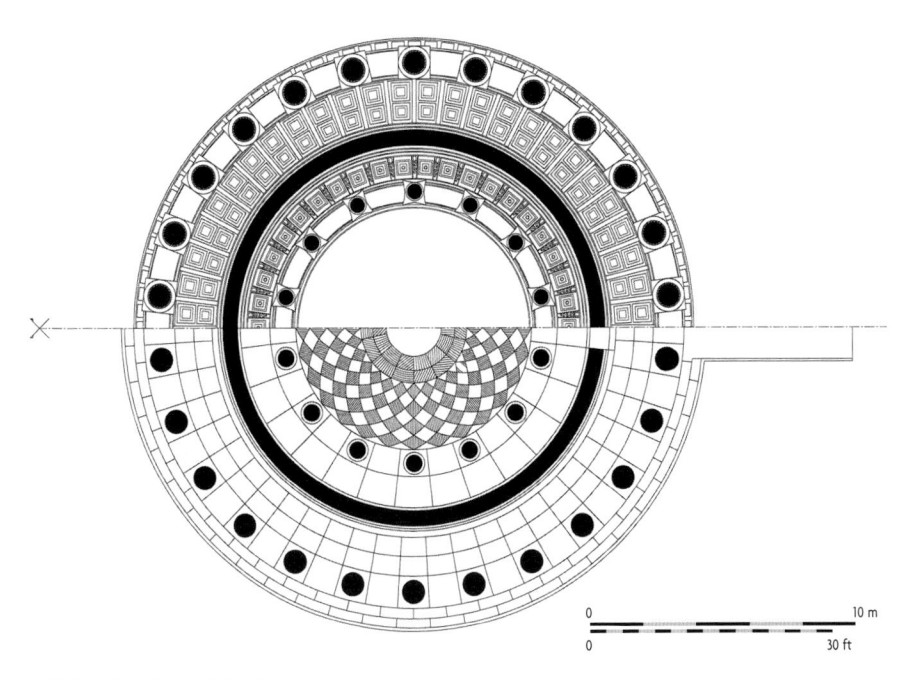

2.32 Planta baixa (metade inferior) e planta de teto projetado (metade superior), *tholos*, Epidauro, cerca de 360–330 a.C.

Partes dos belos caixotões do teto perduraram, revelando os refinados detalhes helenísticos.

2.33 Capitel coríntio, *tholos*, Epidauro, cerca de 360–330 a.C.

Requintados capitéis coríntios, como este, combinavam volutas jônicas com as folhas do acanto, uma planta que ainda é encontrada com frequência na região do Mediterrâneo. Somente o mármore pentélico ou outra pedra com grão tão fino permitiria a escultura de detalhes tão delicados.

dens jônica ou coríntia, que superaram as limitações dóricas ao eliminar suas características problemáticas. As caneluras das colunas recebem **filetes** achatados para simplificar o entalhe; o friso corre continuamente, sem métopas ou tríglifos.

Mesmo no Período Clássico, o uso de uma ordem específica no exterior de determinada edificação não impedia a utilização de outras em seu interior, como pode ser visto no Partenon e no Propileu. O Templo de Apolo Epicuro, em Bassae (cerca de 450–425 a.C.) (Figura 2.31), projetado por Ictinos, apresenta as três ordens: a dórica na colunata externa, a jônica nas colunas laterais da cela (que foram conectadas à parede da cela por pilastras ampliadas em forma de contrafortes), e a coríntia, na única coluna axial que fica na extremidade da cela. Uma estátua de Apolo foi colocada ao lado dessa coluna, de modo a ficar voltada para o leste por meio de uma abertura na parede da cela. Dentre os templos gregos, esse se destaca pela orientação: a entrada principal dá para o norte, e não para o leste. O templo de Bassae marca o primeiro uso conhecido da ordem coríntia, além da primeira vez em que a ordem jônica foi utilizada no interior da cela. Há um equilíbrio entre essas características progressistas e outras aparentemente antiquadas, que devem ter sido incluídas propositadamente; afinal, o arquiteto estava muito familiarizado com aquilo que, na época, estava sendo construído na Acrópole ateniense. A planta baixa alongada e a cela estreita do templo são vistas como referências deliberadas à história (o culto a Apolo existia há tempos no local, onde já houvera três templos anteriores); é possível que os templos anteriores tenham resultado nos contrafortes internos conectados às colunas jônicas. Já se sugeriu que a única coluna coríntia também seja uma referência ao passado distante, quando colunas de madeira eram símbolos sagrados dos deuses. Logo, o templo pode ser interpretado como uma fusão de referências históricas a um projeto inovador.

A ordem coríntia foi usada em escala substancial no *tholos* do Santuário de Asclépio, em Epidauro (cerca de 360–330 a.C.), uma edificação circular com aproximadamente 22 metros de diâmetro, hoje conhecida pelas suas fundações e fragmentos remontados que foram preservados no terreno (Figura 2.32). A cidade de Epidauro era dedicada ao deus Asclépio, filho de Apolo, e ambos eram venerados ali em um grande complexo voltado para a cura por meio de exercícios, dietas e tratamento médico. O *tholos* ocupava uma pequena parte da área, que incluía estádio, ginásios, teatro, altares, fontes, banheiras, templos e acomodações para os pacientes. Sua colunata externa era composta por 26 colunas dóricas, mas havia 14 colunas coríntias soltas na colunata circular interna, distribuída em um desenho de piso romboide em preto e branco. O teto possuía caixotões ornamentados com motivos florais. Um capitel coríntio não utilizado, que foi encontrado enterrado no terreno, revela a delicadeza e a graça alcançadas por Policleto, arquiteto do *tholos* (Figura 2.33). As volutas das quinas, derivadas do modelo jônico, são pequenas; sua forma em espiral é complementada pelas curvas estilizadas das folhas de **acanto** que enriquecem a campânula do capitel. Não se sabe exatamente qual era a função dessa edificação. Já se sugeriu que a forma do pavimento superior é semelhante à cobertura de túmulos (um **baldaquim**) e que os corredores circulares, evidenciados pelas fundações, faziam referência às passagens para o mundo inferior, até o túmulo de Asclépio.

O Monumento Corágico de Lisícrates (cerca de 335 a.C.), em Atenas (Figura 2.34), se encontra em melhor estado de conservação. Essa pequena estrutura cilíndrica foi

2.34 Elevação do Monumento Corágico de Lisícrates, Atenas, cerca de 335 a.C.

Colunas coríntias adossadas ornamentam esta pequena estrutura. William Strickland, um arquiteto americano do século XIX, admirador da arquitetura grega, se inspirou neste monumento para projetar o Capitólio do Estado do Tennessee.

2.35 Reconstrução do Santuário de Asclépio, Cós, cerca de 300–150 a.C.

Compare a organização hierárquica axial deste templo helenístico com a distribuição helênica não hierárquica e angular das edificações que compunham a Acrópole de Atenas, como mostra a Figura 2.22. Embora os resultados sejam extremamente diferentes, os elementos compositivos eram muito similares: colunatas, paredes nas celas e variações topográficas em locais estratégicos.

construída para exibir o prêmio conferido a Lisícrates pela proposta que patrocinou em uma competição da cidade de Téspia, em honra ao deus Dionísio. Ali, a ordem coríntia foi usada no exterior da edificação, com seis meias-colunas conectadas ao cilindro. (Lembre-se de que o Erecteion também tinha meias-colunas na elevação oeste. As possibilidades decorativas das ordens enquanto articulações de paredes foram exploradas em obras helenísticas e, posteriormente, romanas.) Essas meias-colunas sustentam o friso que ilustra o mito de Dionísio e os piratas do Mar Tirreno. Não existe espaço acessível no interior. Arquitetos americanos do século XIX adaptaram a forma do Monumento Corágico para finalidades bastante distintas. Ele inspirou a forma da Bolsa de Valores da Filadélfia e a **cúpula** do Capitólio do Estado do Tennessee, ambas projetadas por William Strickland.

A introdução de conjuntos com múltiplas edificações, como é o caso do Santuário de Asclépio (cerca de 300–150 a.C.), implantado no terreno em aclive da Ilha de Cós, no Egeu (Figura 2.35), ilustra a mudança nas estratégias de projeto dos arquitetos helenísticos. Com seus terraços sucessivos e fileiras de colunas, o leiaute de Cós nos remete aos complexos funerários egípcios da Rainha-Faraó Hatshepsut (veja a Figura 1.29) e do Faraó Mentuhotep (veja a Figura 1.27). No entanto, há algo de novo em Cós: uma definição consciente do espaço externo usando *stoas* com alas laterais ortogonais, criando edificações em U. Dentro desses prédios delimitadores, as edificações que compõem o templo foram sobrepostas (como se observa no acesso ao nível inferior), distribuídas axialmente entre si (no nível intermediário) e tratadas como objetos soltos dentro de um conjunto de arquitetura (no nível superior). Um único eixo de deslocamento central atravessa o pórtico sobreposto e sobe as escadarias propositalmente alinhadas até culminar no Templo de Asclépio, que fica solto no nível mais alto. Alguns estudiosos associam a rigidez hierárquica desse tipo de planejamento com a transição da democracia clássica para a autocracia do império de Alexandre.

Durante o Período Helenístico, foram construídas edificações permanentes para apresentações teatrais em

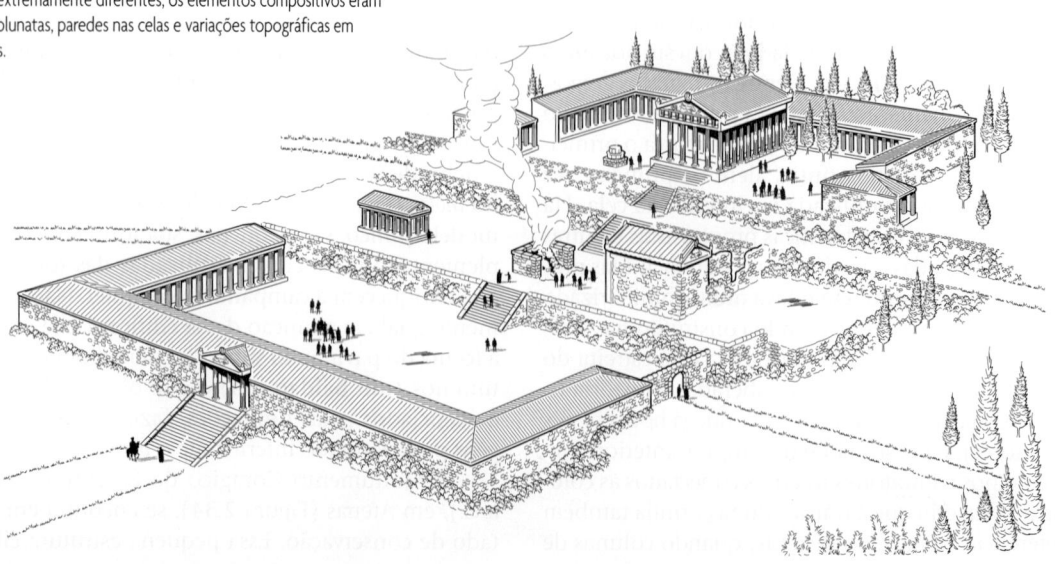

2.36 Teatro, Epidauro, 350–Século II a.C.

Esta imagem mostra as fileiras de assentos. O *skene* (edifício de fundo) original mostrado na planta baixa já não existe.

muitas cidades da periferia. Grande parte desses projetos elegantes é posterior às peças de Eurípides, Sófocles e Aristófanes, que foram apresentadas originalmente em carroças para plateias sentadas em bancos de madeira em áreas abertas ao público. No século V a.C., os atenienses construíram o Teatro de Dionísio, no lado sul da colina da Acrópole, usando o talude da própria colina para oferecer suporte aos assentos concêntricos voltados para a **orquestra** circular, uma área plana para apresentações de danças. Atrás da orquestra ficava um edifício de fundo, o *skene*; a área diretamente em frente, o **proscênio**, era uma plataforma elevada de onde os atores declamavam. (Observe como essa terminologia ainda é usada: o arco sobre o palco dos teatros atuais é conhecido como proscênio, enquanto os assentos da orquestra são aqueles colocados diretamente em frente ao palco.) As várias portas inseridas no *skene* eram utilizadas como entradas e saídas, conforme as necessidades da peça; os atores declamavam as falas vindas dos deuses na cobertura da edificação.

Embora o teatro de Atenas tenha sido alterado, auditórios remanescentes em Delfos, Dodona, Éfeso, Epidauro, Megalópolo, Pérgamo e Priene transmitem uma imagem clara da aparência original dos teatros gregos. O teatro de Epidauro está excepcionalmente bem conservado e tem uma bela implantação na paisagem, voltado para as colinas distantes (Figuras 2.36–2.37). A tradição atribui seu projeto a Policleto, arquiteto do *tholos*, mas nem todos os estudiosos concordam com essa autoria. O teatro foi construído em dois estágios – o inferior com cinco mil assentos em 34 fileiras, datado de 350 a.C., com o acréscimo das 21

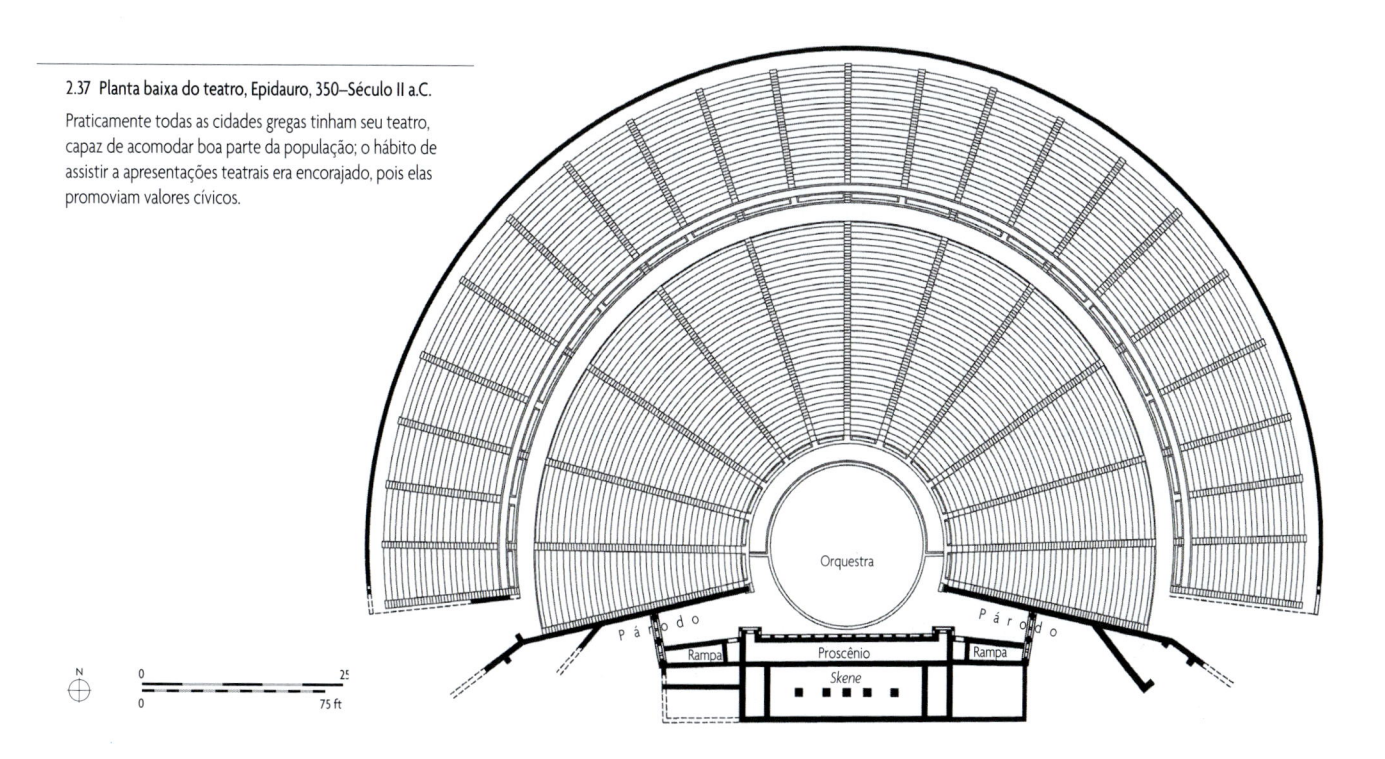

2.37 Planta baixa do teatro, Epidauro, 350–Século II a.C.

Praticamente todas as cidades gregas tinham seu teatro, capaz de acomodar boa parte da população; o hábito de assistir a apresentações teatrais era encorajado, pois elas promoviam valores cívicos.

fileiras superiores no século II a.C., ampliando a capacidade total para aproximadamente 14 mil lugares. O anel de assentos mais próximo à orquestra oferecia encostos e era usado por dignitários, enquanto os demais espectadores se sentavam em bancos contínuos levemente elevados em relação à fileira da frente. Um sistema eficiente de corredores radiais e transversais promovia a circulação desde as entradas até os múltiplos níveis. O mais extraordinário era o projeto de acústica, que, por funcionar tão bem, permitia que palavras pronunciadas em um tom de voz normal se projetassem inteligivelmente para todos os lugares. Ainda hoje, o teatro é usado em apresentações.

O PLANEJAMENTO URBANO GREGO
A ágora ateniense

Já vimos como a experiência espacial das edificações da Acrópole de Atenas afetava a distribuição dos templos no terreno e seu projeto, fazendo com que o leiaute que parece aleatório na planta baixa se desenvolva para o visitante como uma sequência lógica em um universo ordenado e equilibrado. A harmonia estática de um templo com colunata é aprimorada pelas artes sutis do planejador do terreno, que lança mão da surpresa e de perspectivas dinâmicas para revelar todo o esplendor das formas de arquitetura. Uma abordagem espacial semelhante foi aplicada ao leiaute da ágora ateniense, ou seja, o centro cívico e comercial de Atenas, estabelecido ao redor da antiga trilha da Via Panateniense, que entrava na cidade pelo norte e chegava até a Acrópole (Figura 2.38). A construção das edificações públicas que compunham a Ágora começou em 600 a.C., aproximadamente, e seus limites foram definidos antes do fim do Período Arcaico. Um grupo de prédios cívicos – incluindo templos, um santuário dedicado a Zeus e um senado (**bouleterion**) – havia sido edificado no lado oeste, na base da Colina da Ágora (Kolonos Agoraios). Com um projeto ambicioso, o *bouleterion* foi construído sobre uma planta baixa praticamente quadrada para acomodar 500 senadores, que compunham o governo eleito de Atenas. Um pórtico levava diretamente à câmara do senado, que tinha fileiras de assentos distribuídas em três laterais do espaço retangular. A cobertura se apoiava nas paredes externas e em quatro colunas intermediárias. Outro edifício do governo foi construído na quina noroeste, ao lado da Via Panateniense. Tratava-se da Stoa Real, ocupada pelo principal magistrado religioso da cidade, responsável pelos sacrifícios oficiais, pela administração dos festivais locais e pelo julgamento de litígios entre sacerdotes. A Stoa Real era uma pequena edificação retangular com colunata e degraus acompanhando a longa lateral voltada para a Ágora – o primeiro exemplar de um tipo que seria construído em escala maior para diferentes fins na era clássica e posteriores.

Depois das Guerras Persas, paralelamente à reconstrução da Acrópole e seus famosos templos, também foram executados novos trabalhos na Ágora. O Hephaisteion, templo dedicado a Hefesto (deus das forjas) e Atena (deusa das artes), foi construído no topo da colina oeste em 449–444 a.C., aproximadamente. Este templo dórico, ainda incrivelmente bem conservado, foi ornamentado com esculturas em relevo e um teto elaborado com caixotões de pedra. Um espaço entre as edificações, na base da colina, permitiu estender o eixo leste desde a Ágora até a Stoa de Átalo. Dentro da Ágora, os danos sofridos pela Stoa Real durante a guerra foram reparados e a edificação, levemente ampliada; além disso, novas *stoas* foram construídas. A Stoa Pintada (assim chamada por exibir pinturas de triunfos militares – míticos e reais – dos atenienses) tinha uma colunata dórica no exterior e colunas jônicas no interior. Era usada para reuniões informais (os filósofos estóicos gostavam de se reunir ali e acabaram recebendo seu nome por causa disso), bem como em julgamentos com júri. A Stoa de Zeus substituiu o antigo santuário e também passou a ser usada como local para reuniões informais. A primeira Stoa Sul, cujos cômodos pequenos atrás de uma colunata dupla eram usados para atividades comerciais e, possivelmente, também para refeições, foi construída ao lado da Heliaia, a qual, provavelmente, era o fórum principal. Um novo *bouleterion* foi construído em 415–406 a.C., aproximadamente, logo atrás da edificação existente (que foi rebatizada como Metroon para homenagear Reia, mãe dos deuses do Olimpo, e passou a ser usada como arquivo da cidade). As escavações não conseguiram esclarecer seu leiaute interno, mas os arqueólogos acreditam que os assentos eram distribuídos em círculo, como no teatro. Ao lado havia uma edificação circular, o *tholos*, que era usada para servir refeições aos 50 senadores que estivessem a serviço. Os espaços abertos da Ágora serviam como pista de corrida e arena para apresentações teatrais e danças.

Depois das conquistas de Alexandre, o Grande, as obras na Ágora de Atenas continuaram. Algumas edificações clássicas foram modificadas no período helenístico, enquanto prédios novos foram construídos buscando transmitir uma sensação mais completa de ordem espacial e fechamento. O dominante Templo de Hefesto e sua chegada axial perduraram. O antigo Metroon foi substituído por uma edificação mais elaborada que atendia às mesmas funções e ganhou uma colunata externa de frente para o espaço cívico aberto. A Stoa Sul foi reconstruída com outra orientação e recebeu uma Stoa Intermediária adicional paralela, que passou a ocupar um terreno até então desocupado. Do outro lado da Via Panateniense, que não sofreu modificações, foi edificada a Stoa de Átalo (Figura 2.39) em um ângulo reto à Stoa Intermediária; sua extremidade sul se articulava com a extremidade leste dessa, estabelecendo um ponto de entrada estreito que contrastava com a amplitude da Ágora. Na galeria das colunatas das *stoas*, tinha-se uma sensação de proteção e, ao mesmo tempo, de estar em um espaço aberto maior. As *stoas* eram edificações tipicamente urbanas, que ofereciam espaço para o comércio e convidavam os cidadãos a participar da vida pública da cidade – um aspecto importante da sociedade grega. O conceito de espaço com colunata ou arcada contendo lojas e voltado para espaços abertos maiores de uso público reaparecerá em projetos urbanos posteriores.

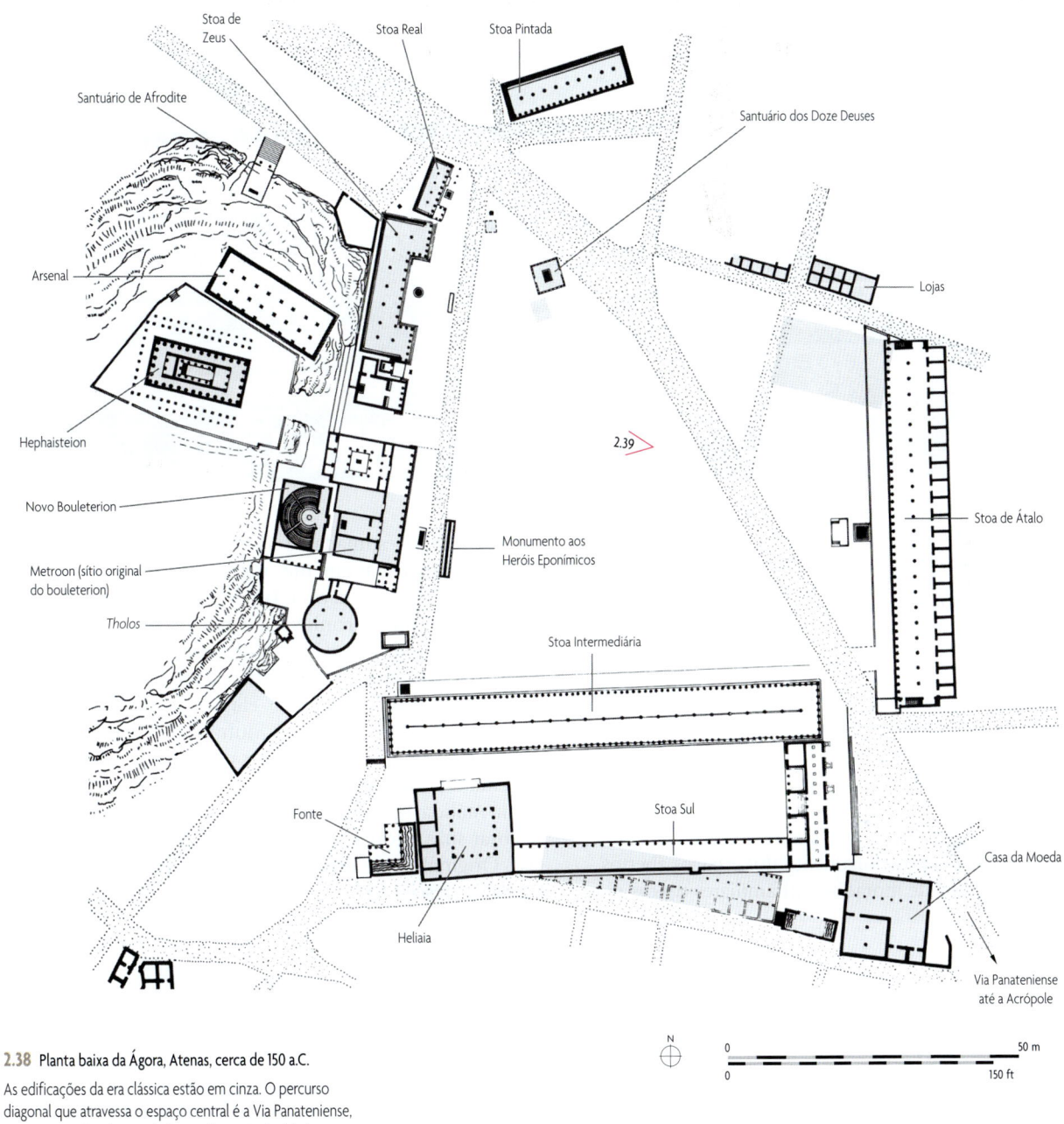

2.38 Planta baixa da Ágora, Atenas, cerca de 150 a.C.
As edificações da era clássica estão em cinza. O percurso diagonal que atravessa o espaço central é a Via Panateniense, a rota processional que saía do portão norte da cidade e seguia na direção sudeste até a Acrópole.

As cidades helenísticas

O planejamento urbano grego nem sempre era assimétrico e evolutivo como sugere a forma da Ágora de Atenas. Os gregos eram perfeitamente capazes de produzir plantas urbanas ortogonais regulares e, frequentemente, as aplicavam às colônias, como pode ser visto em Paestum (Poseidônia), que apresentava um padrão viário típico de meados do século VII a.C., com enormes quadras retangulares alongadas (Figura 2.40). Enquanto muitas cidades cresciam de modo orgânico com o passar do tempo, outras eram reconstruídas – geralmente após a destruição causada por guerras – de acordo com novos princípios de planejamento urbano, mais regulares. Isso aconteceu nos séculos V e IV a.C., quando várias cidades foram planejadas com grelhas e espaços abertos escolhidos com cuidado segundo as teorias de Hipódamo de Mileto, um discípulo de Pitágoras, do século V, considerado por muitos como o pai do planejamento urbano. Esse rótulo estará equivocado caso se busque sugerir que ele "inventou" a planta em grelha, uma vez que plantas ortogonais já eram usadas muito antes de seu tempo. Na verdade, sua contribuição parece consistir na consolidação e articulação dos elementos religiosos, sociais e comerciais do centro urbano com quadras habitacionais regulares, ajustadas conforme as circunstâncias específicas da topografia. Hipódamo nasceu

2.39 Stoa de Átalo, Atenas, 159–132 a.C. (reconstruída em 1952–56).

Esta edificação foi oferecida à cidade por Átalo de Pérgamo. Depois de reconstruída, ela e o Hephaisteion são as únicas estruturas da antiguidade remanescentes na Ágora de Atenas. Sua organização com colunata remonta aos complexos egípcios, como os templos da Rainha-Faraó Hatshepsut e do Faraó Mentuhotep.

em Mileto, cidade portuária do litoral da Ásia Menor, na época a principal cidade da Jônia. Depois de destruída pelos persas em 494 a.C., ela foi reconstruída no período posterior a 479 a.C. com uma planta de quadras habitacionais retangulares e uma ágora ortogonal. Em seu projeto, Hipódamo fez mais do que especificar a localização dos prédios cívicos, o leiaute das ruas e o posicionamento dos espaços abertos – ele incluiu o projeto de moradias unifamiliares típicas para uma população estimada de 15 mil a 20 mil pessoas. As casas foram consistentemente orientadas com os principais cômodos voltados para o sul (no hemisfério norte); a forma do mégaron, muito conhecida desde o período micênico, voltou a ser usada como espaço de estar básico.

Durante o período helenístico, a arquitetura e o planejamento urbano ficaram mais elaborados e teatrais, como mostra o projeto de Pérgamo, outra cidade da Ásia Menor que, entre 282 e 133 a.C., buscou imitar a glória que um dia emanara de Atenas. Ela veio a se tornar capital da Dinastia Atálida, cujos líderes se intitularam reis em parte para celebrar suas vitórias militares sobre os gálatas (tribos celtas). Originalmente uma fortaleza no topo de uma colina, Pérgamo cresceu na forma de patamares, com terrenos nive-

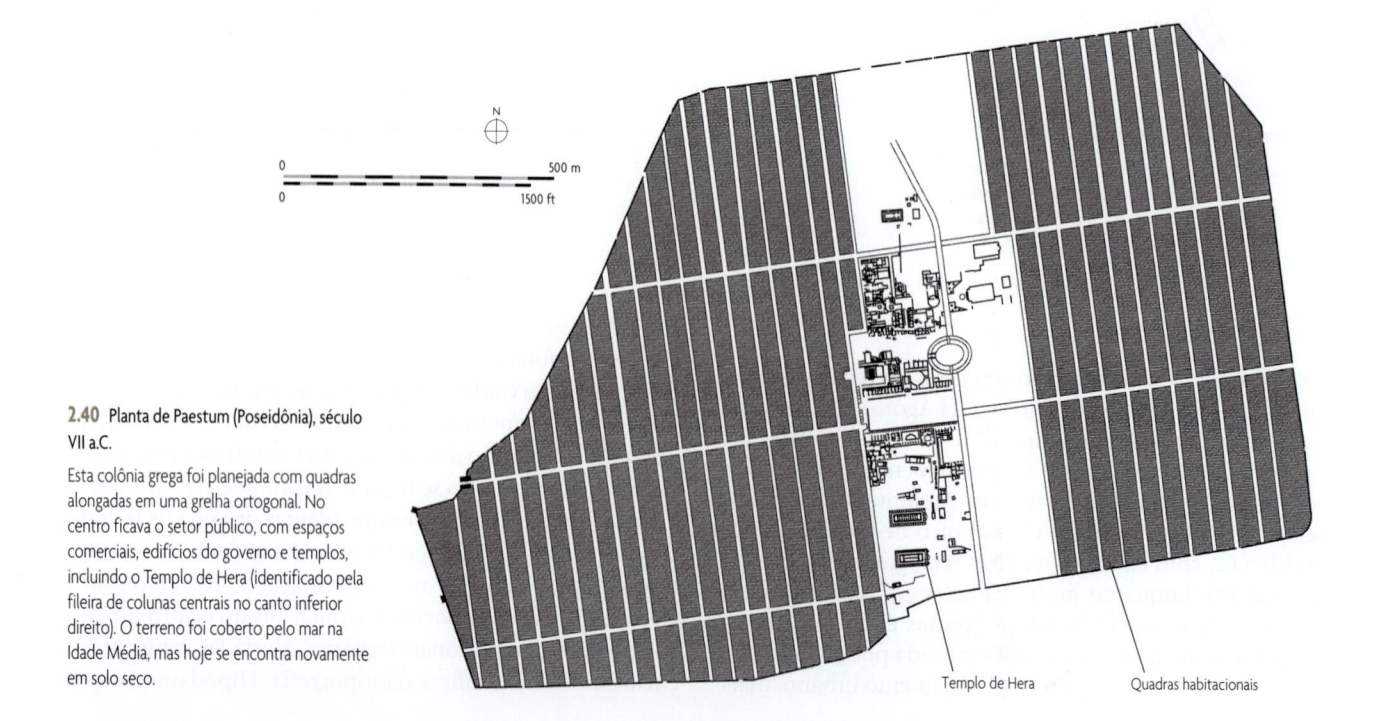

2.40 Planta de Paestum (Poseidônia), século VII a.C.

Esta colônia grega foi planejada com quadras alongadas em uma grelha ortogonal. No centro ficava o setor público, com espaços comerciais, edifícios do governo e templos, incluindo o Templo de Hera (identificado pela fileira de colunas centrais no canto inferior direito). O terreno foi coberto pelo mar na Idade Média, mas hoje se encontra novamente em solo seco.

2.41 Grande Altar de Zeus, Pérgamo, cerca de 181–159 a.C.

O Grande Altar foi reconstruído no Museu de Pérgamo, em Berlim. Este magnífico santuário, originalmente implantando em uma colina sobre a cidade, inclui um belo friso com grandes imagens esculpidas, que contrasta com a serenidade da colunata acima.

lados para as edificações, que eram sustentadas por muros de arrimo bem construídos e conectadas por escadarias monumentais. Era impossível usar uma planta em grelha em um terreno tão acidentado; a estrada tem giros que buscam minimizar a inclinação. A acrópole possuía templos, uma famosa biblioteca, o Santuário de Atena e palácios – tudo isso sobre um teatro com arquibancadas cavado na própria colina, com capacidade para 10 mil pessoas. Entre as edificações mais famosas de Pérgamo destaca-se o Grande Altar (cerca de 181–159 a.C.), dedicado a Zeus e Atena. O alto plinto sobre o qual ele se erguia abrigava um friso com mais de 90 metros de comprimento, onde foram esculpidas cenas de batalhas entre deuses e gigantes – em uma alusão clara às batalhas recentes com os celtas (Figura 2.41). Asas entrelaçadas, braços e corpos contorcidos criam uma composição dinâmica: até os cabelos e barbas dos deuses caem em cachos ondulantes. Há um forte contraste entre o belíssimo friso e a elegante edificação com colunata acima, complementando o terreno igualmente exuberante. O resultado é uma extravagância da arquitetura com poucos traços da contenção e do idealismo que guiaram o projeto da acrópole ateniense.

CONCLUSÕES SOBRE AS IDEIAS DE ARQUITETURA

Embora as escavações nos sítios de Creta ainda não tenham nos oferecido uma imagem satisfatória das ideias de projeto minóico, as evidências sugerem um tipo de planejamento experimental, ou pensamento sensorial, opondo-se à abstração, ao ordenamento geométrico e ao pensamento conceitual. Os micênicos do continente inventaram o mégaron e sua planta baixa com duas unidades espaciais – o prodomos e o *domos*. O mégaron foi um precursor da planta baixa dos templos clássicos da Grécia, que tinham três unidades espaciais: o *pronaos*, o *naos* ou a cela e o opistódomo. A esses espaços, os gregos posteriores acrescentaram várias configurações com colunas: distilo in *antis*, próstilo, anfipróstilo e períptero, usando-as separadamente ou, com mais frequência, juntas.

A magnífica alvenaria dos micênicos foi sucedida pelo refinado trabalho em pedra dos antigos gregos; o mármore pentélico permitiu talhar os elegantes detalhes exigidos pelas ordens (dórica, jônica e coríntia) que compõem a base da linguagem clássica da arquitetura. No centro dessa linguagem encontra-se o antigo sistema grego de proporções aritméticas. Carregados de valores sociais, templos como o Partenon eram para ser "lidos", e não apenas vistos, pois seus programas escultóricos explicavam a posição de Atenas no mundo.

O acesso ao Partenon ficava, evidentemente, em uma rota com constantes mudanças na orientação, culminando na visão oblíqua do templo solto através da fileira de colunas do Propileu. Esse sistema fluido de movimento, semelhante aos projetos minóicos, deu lugar, no período helenístico, à regularidade geométrica, à axialidade e aos conjuntos de edificações e espaços organizados com rigor – um novo tipo de planejamento que seria apropriado pela República de Roma. No século XIX, a linguagem clássica da arquitetura da Grécia Antiga reapareceria na Europa na forma do Revivescimento Grego, discutido no Capítulo 14.

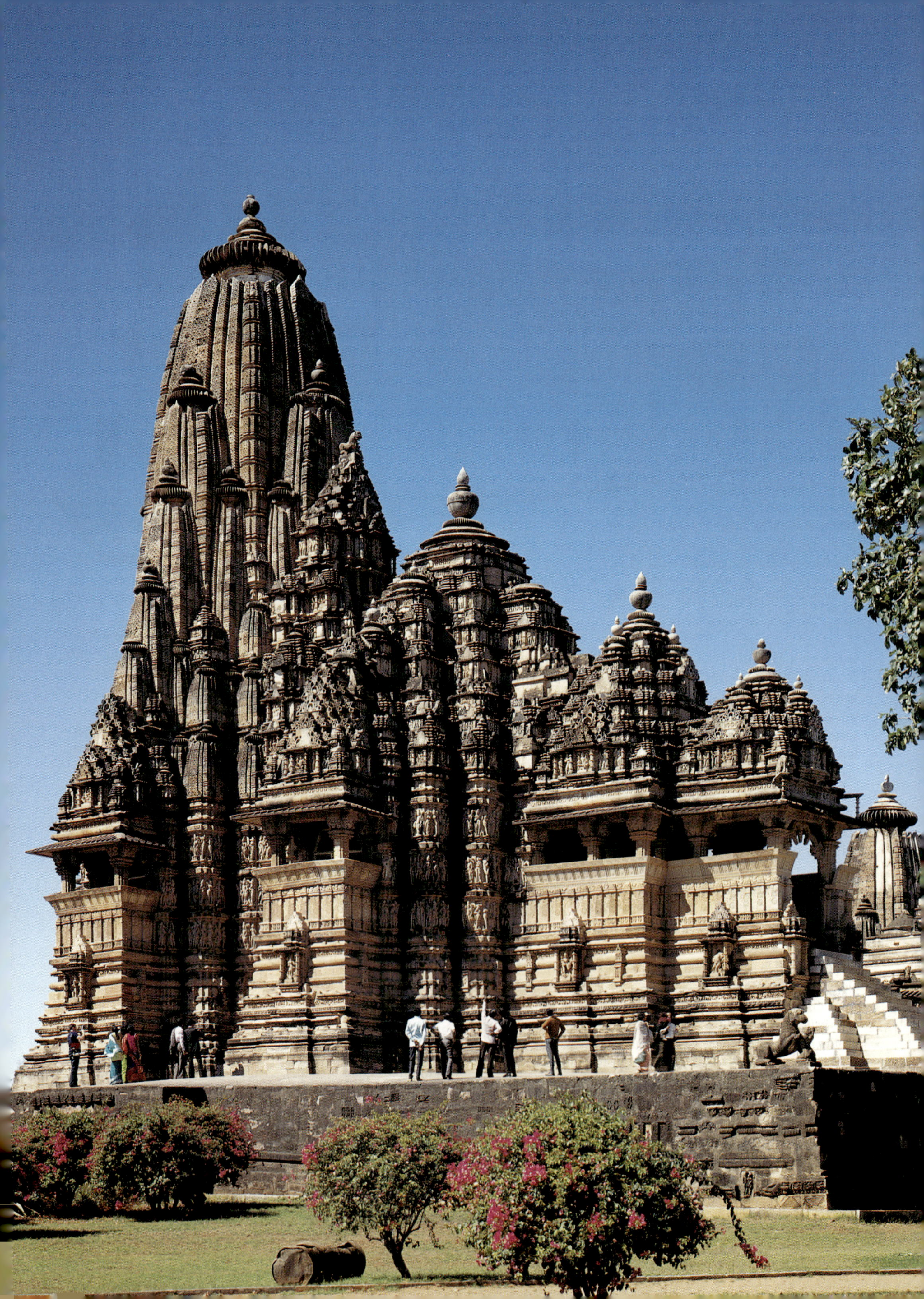

CAPÍTULO 3

A ARQUITETURA DA ÍNDIA ANTIGA E DO SUDESTE DA ÁSIA

A pré-história da Índia é, em grande parte, um relato dos assentamentos ao longo do vale do Indo e suas planícies fluviais – atualmente parte do Paquistão e Afeganistão –, onde diversas culturas regionais prosperaram a partir de cerca de 3000 a.C. Essa fase madura durou cerca de mil anos, iniciando em meados de 2700 a.C., quando Harappa (na porção nordeste do vale) e Mohenjo-Daro (no Indo, quase 640 quilômetros a sudoeste) aparentemente eram as principais cidades de uma extensa área. Muitos detalhes sobre a cultura dessa região ainda são bastante obscuros, pois não há unanimidade entre os estudiosos quanto ao alfabeto de Harappa, que possui mais de 400 caracteres. Em todo caso, muitos dos escritos que restaram são encontrados em timbres pessoais, os quais dificilmente revelarão muito sobre essa civilização. A base da economia era a agricultura, facilitada pela irrigação e a inundação periódica provocada pelos rios. Havia também o comércio, não somente interno, mas também com assentamentos do sul da Arábia e da Mesopotâmia. Como resultado, houve algumas influências culturais externas. A civilização com escrita no vale do Indo foi de desenvolvimento posterior e de curta duração, se comparada a da Mesopotâmia ou do Egito, porém, a região sobre a qual o vale do Indo exercia controle era maior. Mais de 1.000 sítios arqueológicos de Harappa foram identificados ao longo de uma área de quase 1,3 milhão de km².

A arqueologia revela que os assentamentos de Harappa eram planejados de acordo com uma grelha ordenada orientada pelos pontos cardeais. As plantas ortogonais de cidades geralmente são uma indicação de um alto nível de controle governamental centralizado, e esse parece ter sido o caso na cultura de Harappa. As edificações eram resistentes, sendo construídas de tijolos cozidos de tamanho uniforme por toda a região, e as casas eram dotadas de drenagem subterrânea conectada a um sistema de esgoto bem planejado. Como as cidades foram construídas sobre planícies junto ao rio, as inundações parecem ter sido uma ameaça constante. Mohenjo-Daro (Figuras 3.2–3.2) foi reparada pelo menos nove vezes devido a inundações. Por conseguinte, as cidades apresentavam uma cidadela escalonada e fortificada em uma área elevada e dispunham de edificações cerimoniais, grandes silos e moinhos públicos, os quais podiam ser usados em situações críticas para abrigar e alimentar a população. Elevando-se 12 metros acima da planície, a cidadela de Mohenjo-Daro também tinha uma grande fonte lustral com degraus medindo 9 × 12 metros, a qual provavelmente era usada em rituais. Entretanto, não foram claramente identificados grandes santuários ou templos como aqueles encontrados no Egito ou na Mesopotâmia. Pequenas esculturas sugerem a veneração de árvores e animais, um culto à deusa mãe e a um deus que pode ter sido o precursor da divindade hindu Shiva. A água e o fogo podem estar associados a rituais ainda não compreendidos.

Ao contrário da Mesopotâmia e do Egito, no vale do Indo os assentamentos parecem ter sido sociedades relativamente igualitárias. Não há palácios ou túmulos reais e nenhum grande complexo de templos que indique uma concentração de poder e riqueza. As áreas residenciais escavadas de Mohenjo-Daro, a maior e mais bem preservada cidade, com uma população estimada em 40 mil habitantes, revelam casas muito próximas entre si e organizadas ao redor de pátios internos usados para iluminação e ventilação. As plantas baixas variavam, mas todas as casas apresentavam fachadas praticamente cegas voltadas para a rua, enquanto as aberturas externas eram distribuídas no alto das paredes. Os cômodos eram pequenos, talvez pela escassez de madeira para sustentar as vigas necessárias a um segundo pavimento ou estrutura de cobertura. Embora as edificações não pareçam elegantes em termos de requinte de arquitetura, o leiaute urbano bastante claro, o planejamento cuidadoso do fornecimento de água de poços e os sistemas de esgoto a drenagem são ímpares para sua época e marcam uma sociedade extremamente organizada e eficiente.

Templo de Kandariya Mahadeva, Khajuraho, 1025–50.
Esta vista mostra o plinto e o pátio de entrada no primeiro plano. Desse ângulo, a progressão ordenada dos volumes das coberturas simula uma cadeia de montanhas.

Cronologia

surgimento das culturas no vale do Indo	3000 a.C.
ocupação de Mohenjo-Daro	2400–2000 a.C.
composição dos vedas	1500–900 a.C.
vida de Sidarta Gautama (Buda)	563–483 a.C.
Alexandre, o Grande, no vale do Indo	326 a.C.
construção da Grande Estupa, Sandhi	início em 250 a.C.
escultura do Grande Buda, Bamiyan	século VII d.C.
construção de Ankhor Wat	início em cerca de 1120 d.C.

84 A HISTÓRIA DA ARQUITETURA MUNDIAL

3.1 Planta de Mohenjo-Daro, Vale do Indo, cerca de 2400–2000 a.C.

A cidade era localizada em uma planície junto ao rio, com a área elevada da cidadela (à esquerda) que abrigava celeiros e um grande fonte. As áreas hachuradas representam áreas residenciais que foram escavadas, com uma seção (parte superior central da figura), mostrando o perímetro ortogonal das fundações. Como o vale era sujeito a enchentes, o armazenamento de alimentos em um local alto era uma preocupação sensata.

3.2 Vista das ruínas de Mohenjo-Daro, Vale do Indo, cerca de 2400–2000 a.C.

As escavações de Mohenjo-Daro começaram em 1920, quando arqueólogos desenterraram restos da cidadela e partes da área residencial mais baixa. Tijolos de dimensões uniformes são o principal material de construção empregado.

As razões para o rápido declínio da cultura de Harappa, por volta de 1700 a.C., são controversas, mas fatores naturais (mudanças no curso dos rios, colapso dos sistemas de irrigação, terremotos) e as invasões pelos grupos étnicos do norte parecem ter contribuído. As cidades de Harappa deixaram de ser habitadas, e ao longo dos dois séculos seguintes a zona rural foi invadida pelos nômades vindos do norte. Por volta de 1500 a.C. começaram as migrações de tribos arianas vindas do leste do Irã e, em determinado momento, os arianos se espalharam pelo subcontinente indiano, desalojando os assentamentos nativos. Por volta de 500 a.C., sua linguagem indo-européia, a origem de muitos idiomas da Europa e do sânscrito, na Índia, já havia suplantado as línguas nativas, mostrando um sinal de domínio cultural. Também havia um fator étnico: os arianos invasores eram de pele clara em comparação a das populações indianas nativas, de pele mais escura. A distinção entre conquistador e conquistado tornou-se a primeira base do sistema de castas que ainda hoje existe na sociedade indiana.

A confusão provocada pelas migrações resultou no surgimento de numerosos pequenos principados. Por volta da época em que Alexandre, o Grande, levava seu exército para o Indo (326 a.C.), Chandragupta, um jovem membro da tribo maurya, conseguiu reunir grande parte do norte da Índia sob seu comando, chegando, em determinado momento, a controlar boa parte do que hoje é o Paquistão e algumas regiões do leste do Afeganistão. O império continuou a se expandir em direção ao sul da Índia sob o comando de seu filho e, depois, seu neto, Asoka (o qual reinou entre 272–232 a.C.), provavelmente o maior príncipe da linhagem dos mauryas e, em termos de arquitetura, o primeiro soberano relevante. Asoka desenvolveu a arte da edificação em pedra, trazendo pedreiros e canteiros da Pérsia para construir menires monumentais, escavar cavernas para eremitas religiosos e aperfeiçoar santuários budistas. Suas obras ainda existem e serão consideradas durante a discussão da arquitetura budista.

Um estudo da arquitetura antiga da Índia e do sudeste da Ásia é, em grande parte, uma análise do desenvolvimento da arquitetura dos templos, pois há poucas edificações além das construídas por razões religiosas que resistiram à passagem do tempo. Os templos foram as principais edificações construídas com materiais duradouros – pedra e tijolo – enquanto as casas e até mesmo os palácios foram construídos com materiais menos permanentes, como madeira, sapé ou pedregulho rebocado e, por isso, são preservadas apenas por sorte, como nas cenas de pano de fundo talhadas nos templos. Príncipes, reis e, ocasionalmente, mercadores abastados eram os principais patronos dos templos de alvenaria e, portanto, o desenvolvimento da arquitetura e as preferências religiosas estão intimamente relacionados às dinastias políticas. No período sob consideração (até 1000 d.C.), o subcontinente indiano não era um país unificado, embora certo nível de continuidade cultural tenha sido possível graças aos vínculos religiosos. Uma análise mais cuidadosa da arquitetura indiana reconheceria o desenvolvimento dos estilos regionais e das influências das dinastias poderosas, mas aqui daremos menos ênfase a esses fatos em favor de um panorama mais amplo.

RELIGIÕES DA ÍNDIA

Já que as edificações religiosas assumem uma posição tão proeminente na arquitetura indiana, faz-se necessário entender os fundamentos dos credos que inspiraram suas construções. Durante o século VI a.C., o subcontinente indiano testemunhou o desenvolvimento de três grandes religiões que compartilhavam uma crença geral na transmigração das almas. Essa doutrina – a qual foi tão difundida na Índia quanto a crença na vida após a morte existente no Egito – sustentava que as almas dos vivos passavam por um ciclo sem fim de renascimento e sofrimento. De maneiras um pouco diferentes, o hinduísmo, o budismo e o jainismo propuseram meios para que as pessoas pudessem acabar com o sofrimento da existência temporal.

> *Never the spirit was born; the spirit shall cease to be never;*
> *Never was time it was not; End and Beginning are*
>   *dreams!*
> *Birthless and deathless and changeless remaineth the*
>   *spirit for ever;*
> *Death hath not touched it at all, dead though the house*
>   *of it seems!*
> *Who knoweth it exhaustless, self-sustained,*
> *Immortal, indestructible,—shall such say, "I have killed a*
>   *man, or caused to kill?"*
> *Nay, but as when one layeth his worn-out robes away,*
> *And, taking new ones, sayeth, "These will I wear to-day!"*
> *So putteth by the spirit lightly its garb of flesh,*
> *And passeth to inherit a residence afresh.*
>   Bhagavad Gita (traduzido por Sir Edwin Arnold)

A base comum para todas as três religiões foi a síntese das crenças tradicionais autóctones da península indiana e cultos com sacrifícios trazidos pelos arianos do norte. Datando de 1500 a 900 a. C, os vedas são considerados as mais antigas escrituras sagradas. Eles contêm cânticos e prescrevem rituais para adoração a uma diversidade de deuses identificados com os elementos naturais. Há muito tempo também já havia uma cosmologia que invocava a união de homens e mulheres como uma metáfora para a união do individual com o universal. Os santuários simples davam expressão física a essa ideia por meio de uma *linga* (pedra vertical simbolizando o elemento masculino), cercada na base por círculos concêntricos representando o princípio feminino, o *yoni*. A realização dos ritos e sacrifícios religiosos necessários para manter as relações entre as pessoas e os deuses era tarefa de um grupo de sacerdotes ou brâmanes, que passaram a ter considerável poder dentro da sociedade. Os cultos ascéticos que se desenvolveram durante esse período promoveram a visão de que o mundo físico é apenas uma pequena parte de um ciclo muito maior de nascimento, morte e renascimento, e ofereciam a seus seguidores orientação para fugir de reencarnações repetidas.

Em parte como resultado do domínio de sacerdotes brâmanes e seus rituais complexos, um número de indivíduos reagiu buscando meios mais simples para a compreensão da religião e de uma vida ética. Dois movimentos religiosos duradouros – o jainismo, que é ainda praticado por cerca de dois milhões de indianos, e o budismo, uma das principais religiões do mundo, hoje em dia está praticamente extinta na Índia, mas que continua a crescer em outros lugares – foram fundados por figuras históricas conhecidas. O jainismo foi inspirado na vida de Vardhamana, também conhecido como Mahavira (o grande herói) ou Jina (o vitorioso). Em 546 a.C., Vardhamana encontrou sua versão do caminho para a salvação numa completa rejeição às formulações complexas dos brâmanes. Ele ensinou que escapar das infelicidades do mundo era possível apenas por meio do ascetismo rigoroso, para purificar a alma, e da veneração de todas as criaturas vivas. Seus seguidores, na maioria mercadores e banqueiros, cujos meios de vida os permitiam evitar toda forma de violência contra os animais, fundaram o jainismo (literalmente, a religião de Jina), no qual os participantes procuram se elevar espiritualmente com caridade, boas ações e, sempre que possível, retiros espirituais. Em termos de arquitetura, os templos jainistas adotaram elementos de outros grupos religiosos, de modo que nunca desenvolveram um estilo particular.

Já a religião fundada por Sidarta Gautama (cerca de 563–cerca de 483 a.C.) estava destinada a ter grande influência na arquitetura, não somente na Índia, mas também no Sri Lanka, na China, no Tibet e no sudeste asiático. Nascido em uma família rica, Gautama abandonou sua esposa e fortuna para viajar como um mendigo e tentar compreender as causas do sofrimento. Depois de seis anos de contemplação e mortificação ascética, Gautama alcançou a iluminação enquanto sentava-se sob a árvore bodhi. As Quatro Nobres Verdades de Gautama afirmavam que o sofrimento é evitável, que a ignorância precisava ser superada, que os desejos desnecessários podiam ser renunciados com a prática do ioga e que o verdadeiro caminho para a salvação está no caminho do meio entre a satisfação excessiva dos próprios desejos e a autoflagelação. Essas verdades, somadas ao Nobre Caminho Óctuplo (entendimento correto, pensamento correto, linguagem correta, ação correta, modo de vida correto, esforço correto, atenção plena correta e meditação) formam a base de seus ensinamentos, os quais buscavam fazer com que seus discípulos superassem o sofrimento terrestre causado pelos desejos humanos e, portando, alcançassem o *nirvana* ou a libertação do ciclo eterno de nascimento e renascimento. O budismo, religião inspirada por Gautama, recebeu esse nome da palavra "Buda", o Iluminado, nome que ele recebeu após sua conversão. Como exposto inicialmente, a religião não exigia nenhum ritual complexo de adoração, nem um contexto de arquitetura específico.

A religião dos brâmanes, que se originou do hinduísmo, respondeu ao jainismo e ao budismo incorporando imagens religiosas populares de deuses e espíritos nos rituais de adoração e aproximando esses rituais da vida cotidiana das pessoas. O hinduísmo, que ainda é a principal religião na Índia, não teve um fundador único e mesmo hoje não possui uma hierarquia religiosa claramente definida. A aceitação dos vedas como textos sagrados foi essencial para essas crenças e para a manutenção da estrutura de castas pela qual a sociedade é imutavelmente organizada em quatro classes: sacerdotes, guerreiros, mercadores/artesãos e trabalhadores braçais. Os hindus creem que cada indivíduo acumula as consequências das boas e más ações ao longo de suas diversas vidas e buscam a libertação do ciclo do renascimento venerando os deuses e eliminando suas paixões. Entre as inúmeras divindades hindus, muitas das quais com características extremamente distintas, há três deuses supremos: Shiva, Vishnu e Brahma. Shiva, o grande senhor cuja característica essencial é a energia pró-criativa – mas que também pode ser o grande destruidor – tem como sua consorte Devi, a deusa mãe, cuja forma alternada é Kali, a destruidora. A montaria de Shiva é o touro Nandi. Vishnu é o criador que corporifica a misericórdia e a bondade, e, às vezes, o romance juvenil, mas também tem poderes de destruição. Sua consorte, Lakshmi, é a deusa da riqueza e sua montaria é a águia Garuda. Brahma, o criador que renasce periodicamente de uma flor de lótus que cresce no umbigo do Vishnu adormecido, tem como consorte Saravasti, patrona do aprendizado e da música.

OS SANTUÁRIOS BUDISTAS PRIMITIVOS

Buda não prescreveu nenhum espaço de arquitetura em particular para orações, mas seus discípulos construíram santuários para dar forma permanente à sua religião. Os primeiros santuários foram criados após a morte de Buda. Depois de cremado, seus restos mortais foram divididos entre seus seguidores e guardados em dez lugares associados à sua vida e ensinamentos. Para marcar esses lugares, um simples morro de pedra e terra, conhecido como **estupa**, foi erguido sobre as relíquias, de maneira comparável às tradicionais *chaityas*, ou memoriais de vila, onde as cinzas dos líderes que faleciam eram depositadas em um morro normalmente localizado nos arredores de suas cidades ou vilas. Foi essa forma tradicional que serviu como modelo para a arquitetura budista. Posteriormente, os monges budistas se reuniam nos arredores das estupas para formar *viharas*, ou pequenos **monastérios** com celas individuais organizadas ao redor de pátios centrais. Seus rituais incluíam caminhadas ao redor da estupa (circungiros) enquanto recitavam os versos das escrituras. O percurso processional, geralmente em sentido horário, ainda hoje é um elemento fundamental para o projeto de um templo budista.

As estupas budistas mais antigas que ainda restam foram ampliadas com sucessivos revestimentos ou reconstruídas durante o reinado de Asoka, o antigo imperador

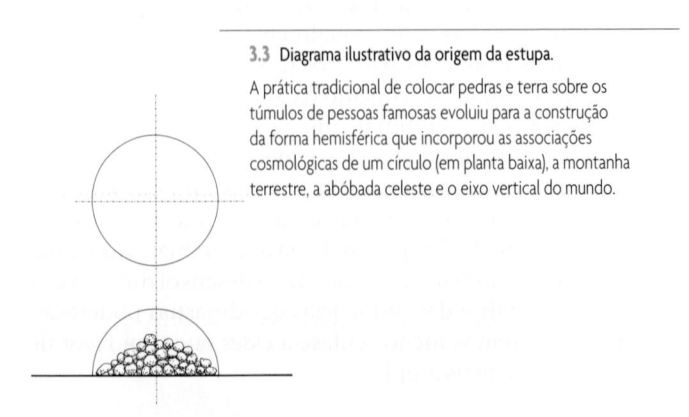

3.3 Diagrama ilustrativo da origem da estupa.

A prática tradicional de colocar pedras e terra sobre os túmulos de pessoas famosas evoluiu para a construção da forma hemisférica que incorporou as associações cosmológicas de um círculo (em planta baixa), a montanha terrestre, a abóbada celeste e o eixo vertical do mundo.

3.4 A Grande Estupa, Sanchi, cerca de 250 a.C.–250 d.C.

Esta vista, que parece uma elevação, mostra um *torana* (o portal), uma parte do *verdica* (o muro vazado) e, no topo do monte, a *chatra* (a árvore bodhi estilizada), que simboliza a árvore sob a qual Buda alcançou a iluminação.

3.5 Planta baixa da Grande Estupa, Sanchi, cerca de 250 a.C.–250 d.C.

A planta mostra os quatro portais e suas entradas em ziguezague que formam uma suástica, provavelmente ligada aos antigos símbolos solares. As aberturas correspondem aos pontos cardeais. A escada do lado sul leva ao caminho de circungiros elevado para uso dos sacerdotes.

indiano que se converteu ao budismo. Graças a seus contatos com a arquitetura persa e o mundo helenístico, Asoka trouxe para a Índia construtores proficientes na arte da alvenaria de pedra, que até então não havia sido utilizada. Ele também fez com que as estradas que levam até os santuários budistas fossem marcadas com colunas altas inscritas com ensinamentos budistas, conhecidas como colunas de Asoka. Essas colunas apresentavam entalhes claramente inspirados nos originais persas (veja a Figura 1.17). Na arquitetura persa, as colunas serviam de suporte para a cobertura; na Índia, elas eram elementos independentes, usados como marcos na paisagem.

Com o mecenato de Asoka, a simples estupa original foi ampliada e novos santuários foram criados. Todos passaram a ter a forma hemisférica, refletindo a simplicidade do círculo em planta baixa, corte e elevação, criando uma relação simbólica com natureza cíclica da existência (Figura 3.3). Visando a uma maior durabilidade, as estupas passaram a ser revestidas de tijolos e pedras. Para indicar seu caráter sagrado, elas eram protegidas por um *verdica*, ou muro protetor vazado, que delimitava o caminho de circungiro. Além disso, para marcar sua relação especial com Buda, elas eram coroadas com um *harmica*, ou muro vazado com planta quadrada, um *chatra*, uma forma de um guarda-sol com três níveis e algumas versões de pedra estilizada do muro protetor vazado sagrado e da famosa árvore bodhi sob a qual Buda chegou à iluminação. O guarda-sol triplo era um símbolo da realeza e seu fuste de suporte simbolizava o eixo do mundo passando pelo centro exato da forma hemisférica da estupa, símbolo da abóbada celeste.

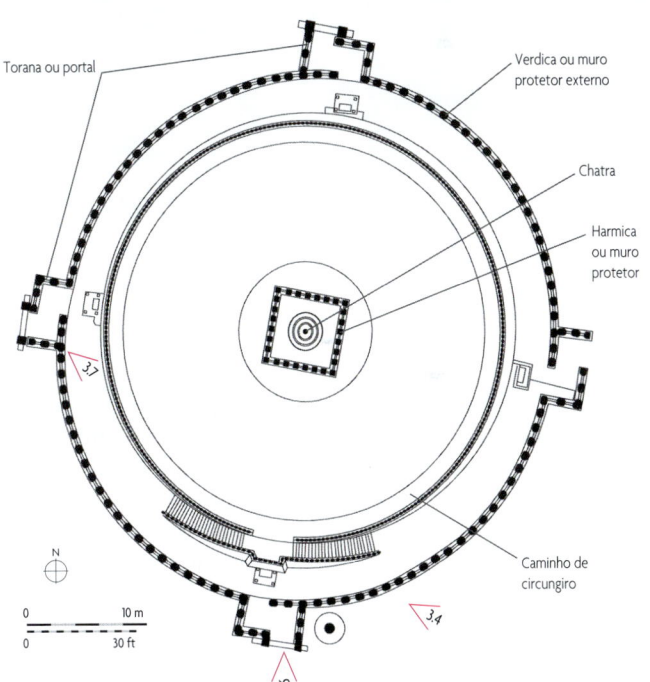

O monastério de Sanchi, fundado por Asoka e ampliado ao longo dos 500 anos seguintes, ilustra os elementos fundamentais dos santuários budistas na Índia. A Grande Estupa, originalmente construída como um morro de aproximadamente 21 metros de diâmetro, foi ampliada até se tornar uma cúpula de quase 37 metros de diâmetro e 16,5 metros de altura (Figuras 3.4–3.5). A estupa foi coroada com um conjunto de *chatra* dentro de um *harmica*. Sua base é cercada por um deambulatório de dois pavimentos: o nível superior é reservado para os sacerdotes, enquanto o térreo é usado pelos peregrinos. Fechando a estupa, há um pesado *verdica* de pedra (Figura 3.6), de 2,7 metros de al-

muitos aspectos são uma ampliação da tipologia das casas com pátio comuns nas construções primitivas do vale do Indo e em todas as civilizações mediterrâneas. Os monges budistas viviam em celas simples que eram agrupadas ao redor de um pátio quadrado ou retangular que continha os equipamentos comunitários, incluindo o abastecimento de água. Sanchi também apresentava diversos salões *chaitya* fechados e edificações que permitiam devoções durante todo o ano, ao proteger uma estupa pequena no fim de um salão retangular. A extremidade do salão que abrangia a estupa era curvada para refletir o volume fechado por ela; assim, criava uma forma de arquitetura que podia ser erguida como se fosse uma estrutura independente elevada sobre uma base, ou plinto, como no chamado Templo 18 de Sanchi, ou escavada na rocha maciça, como nos templos talhados em penhascos de Ajanta, Ellora e Karli.

A construção desses templos-caverna coincide com o período em que os governantes dos principados da Índia favoreciam as práticas dos brâmanes e o budismo era a principal religião dos mercadores ricos. Embora os santuários budistas fossem financiados por doações substanciais no período, os

3.7 O *verdica* e o *torana*, Sanchi, cerca de 250 a.C.–250 d.C.
Quando visto de dentro, o espaço de circungiro é efetivamente protegido do mundo exterior pelas travessas de pedras do muro vazado.

3.6 O *torana* (portal) e o *verdica* (muro vazado), Sanchi, cerca de 250 a.C.–250 d.C.
O *verdica* é composto de enormes pedras, trabalhado de uma maneira semelhante às construções de madeira, enquanto o *torana* é ricamente talhado.

tura, com quatro portais esculpidos nos pontos cardeais. A construção desse muro mostra como os primeiros pedreiros foram influenciados pela construção em madeira. Pilares octogonais e travessas de seção redonda replicam formas já comuns em madeira, reinterpretados aqui em uma escala muito maior. Os elaborados ***toranas***, ou portais (Figura 3.7), foram introduzidos por volta de 25 a.C. e seguem protótipos de bambu. Quando construídos de pedra, porém, seus tamanhos aumentaram e tornou-se possível ornamentar a obra com imagens talhadas representando lendas budistas, simbolismo que pode ter sido inspirado pelo trabalho similar nas colunas de Asoka. A relativa falta de modelos para as imagens faz esses portais parecerem mais um trabalho de entalhadores de madeira do que de escultores de pedra. Todos os quatro portais estão distribuídos em frente ao muro vazado, fazendo parte de uma chegada com eixo quebrado ou deslocado planejada para reduzir as distrações do lado de fora do conjunto, evitando perturbar as meditações de peregrinos que estão circungirando a estupa.

O santuário de Sanchi é um conglomerado de edificações construídas ao longo do tempo, incluindo três estupas e *viharas* para os monges (Figura 3.8). Em contraste com os materiais resistentes atribuídos aos santuários, as *viharas* eram construídas de madeira e apenas suas fundações de alvenaria restaram, indicando seus leiautes, que em

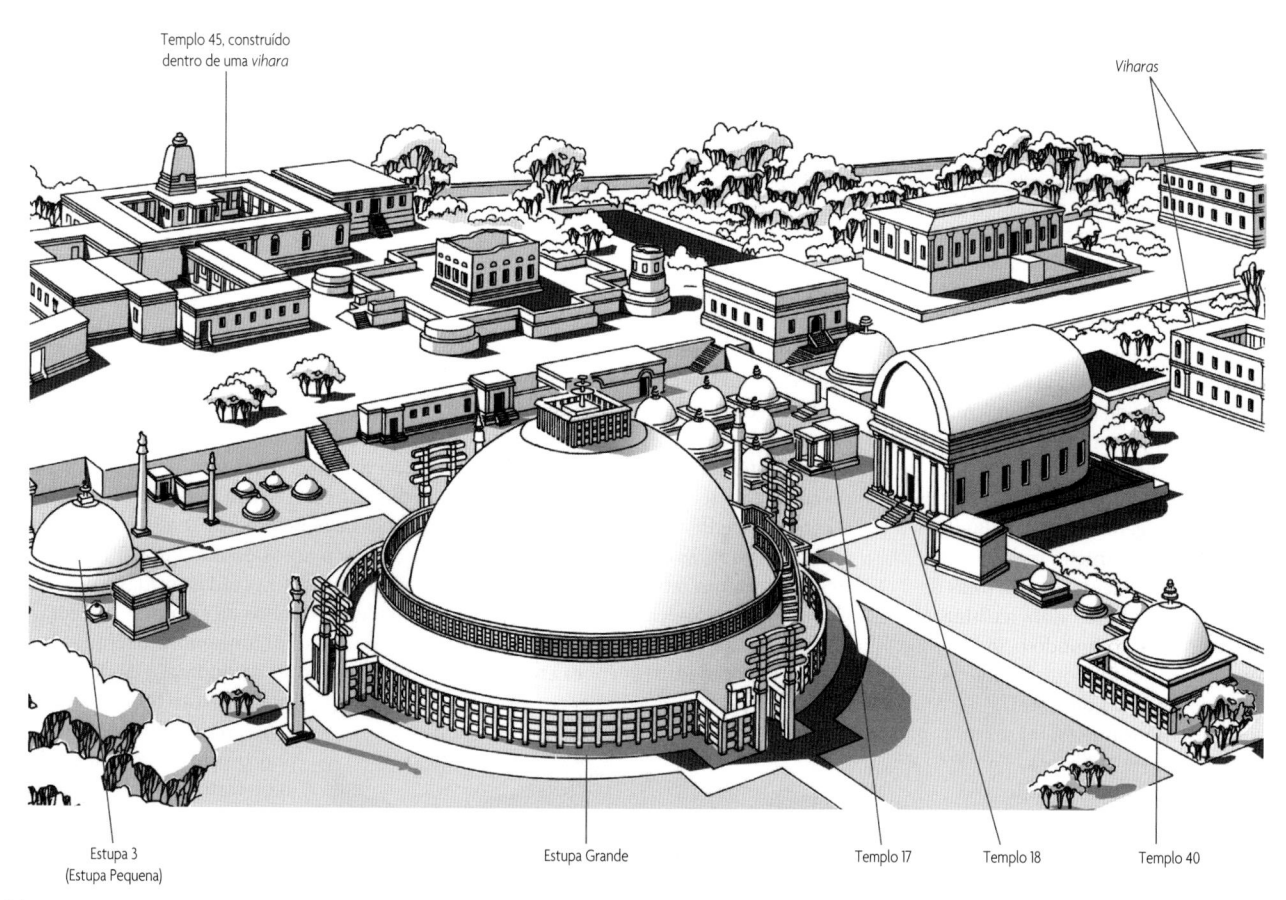

CAPÍTULO 3 A ARQUITETURA DA ÍNDIA ANTIGA E DO SUDESTE DA ÁSIA 89

3.8 Reconstrução do complexo do templo, Sanchi.

No centro está a Grande Estupa e, à direita, o chamado Templo 40, um salão *chaitya* primitivo. A edificação com planta baixa retangular no alto, à esquerda, é uma *vihara*, uma moradia para monges, da qual restaram apenas as fundações.

monges buscavam cada vez mais terrenos remotos para suas construções, visando evitar conflitos com os brâmanes. Alguns lugares eram isolados por penhascos e desfiladeiros rochosos, e a rocha viva oferecia material resistente para que os pedreiros esculpissem sem que fosse necessário o uso de vigas de pedra. No grande templo-caverna de Karli (Figura 3.9), que data do século I a.C., o salão *chaitya* replica fielmente as formas e os detalhes da arquitetura em madeira que serviu como seu protótipo, incluindo o teto abobadado semicircular com um padrão inspirado nas estruturas de bambu flexíveis. As dimensões do Templo de Karli, porém, excediam aquelas edificações de madeira do período: o salão tinha 13,7 metros de comprimento, um vão difícil de vencer com madeira, mas que não apresentava problemas para os escavadores. Começando pela face do penhasco, a qual foi lixada e trabalhada para lembrar a fachada de um salão *chaitya*, trabalhadores escavaram dois túneis de 45 metros de profundidade penhasco adentro para estabelecer o comprimento do templo, então ampliaram a escavação para criar um teto em abóbada de berço com "nervuras" arqueadas. A rocha do piso da câmara foi removida e as colunas foram esculpidas enquanto os trabalhadores completavam a escavação de todo o espaço interior. O pedregulho extraído do penhasco tornou-se o material de construção para uma plataforma que

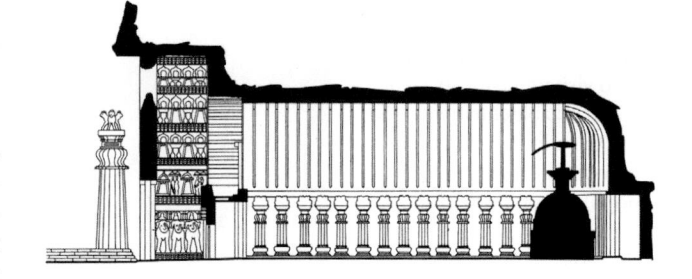

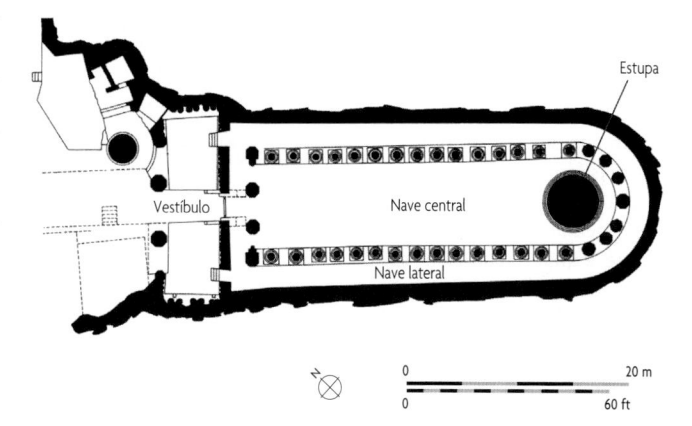

3.9 Planta baixa e corte do templo-caverna, Karli, cerca de 100 a.C..

Escavado em um penhasco rochoso, este templo consiste em um salão *chaitya* com deambulatório ao redor do santuário da estupa aos fundos. Duas colunas independentes (uma se perdeu) ladeavam a entrada, enquanto esculturas em pedra e madeira de teca vedavam a abertura da caverna.

BAMIYAN E O BUDA COLOSSAL
C. Murray Smart

Os mercadores levaram o projeto e a iconografia indianos para o leste, pelo mar, chegando ao sudeste da Ásia e à Indonésia, e, ao oeste, pelos desfiladeiros, até a Ásia Central, com as caravanas da Rota da Seda. Este texto trata dos exemplos mais espetaculares da arquitetura indiana no sudeste da Ásia – as grandes obras de Borobudur e Angkor. Igualmente importante, porém, é o grande complexo budista para peregrinos de Bamiyan, onde hoje é o Afeganistão; foi aqui que a imagem colossal do Buda foi empregada pela primeira vez. Bamiyan era o término ocidental de três rotas de mercadores que conectavam a China, a Índia, os Balcãs e o mundo ocidental. Em Bamiyan, um grande complexo de monastérios, com mais de 1.600 metros de comprimento, foi esculpido em um penhasco de arenito voltado para o vale fértil entre o **Kush** hindu a leste e a cadeia de montanhas Koh-i-Baba a noroeste. O terreno foi visitado no século VII pelo peregrino chinês Xuanzang, que descreveu o lugar de maneira apaixonada. Outro visitante famoso, Genghis Khan, aparentemente não ficou tão admirado: conta a lenda que ele massacrou toda a população, transformando Bamiyan na cidade-fantasma que é hoje.

Em cada extremidade do monastério encontra-se uma estátua colossal do Buda (Figura 3.10). A imagem na extremidade leste, que foi chamada de "Sakyamuni" por Hsüan-tsang, tem 36 metros de altura; a figura mais espetacular, na extremidade oeste, a qual Hsüan-tsang simplesmente chamou de "O Buda", tem 52 metros de altura. A figura maior é a mais importante, não somente pelo tamanho, mas também em função da iconografia e do estilo, que foram transformados em pequenas lembranças de viagem e levados para os países de origem dos peregrinos visitantes. Uma comparação das imagens de Bamiyan com as das cavernas de Dun Huang, na China, revela que a iconografia budista da China foi diretamente influenciada pelas imagens de Bamiyan.

As duas imagens de Buda ilustram a natureza cosmopolita da arte budista em Bamiyan. Entretanto, elas são muito diferentes em estilo. Em todos os aspectos, exceto no tamanho, a figura menor é uma imagem do Buda de Gandhara típica do século I ou III d.C. Sua construção é interessante: somente a estrutura básica do corpo foi esculpida; sobre a cabeça e o corpo de pedra rústica, as feições e as volumosas dobras dos mantos foram modeladas com um reboco de barro e palha. O acabamento foi feito com uma camada de argamassa de cal que em seguida foi pintada de dourado. Na época em que

3.10 O Grande Buda, Bamiyan, Afeganistão, escola tardia de Gandhara, século VII d.C. Altura: 52 metros.

Hsüan-tsang visitou o local, a estátua estava completamente coberta com folhado de ouro e ornamentos de metal, levando-o à conclusão equivocada de que a imagem era feita de metal.

Tão interessante quanto a estátua são os fragmentos de afresco que restaram. Originalmente, o nicho onde a imagem se encontra era completamente coberto com pinturas simbolizando a abóbada celeste. A imagem central do afresco acima da cabeça de Buda é um deus-sol guiando uma biga puxada por cavalos e acompanhado por anjos alados. Este deus pode ser Apolo ou Surya, o deus-sol dos hindus, ou talvez Mithra, o deus-sol dos persas. Dois dos quatro anjos laterais têm forma humana e são inspirados nos protótipos persas e mediterrâneos; os demais derivam de harpas gregas e possuem pés de pássaro.

Os mantos do Buda maior foram modelados com cordas fixadas a pinos de madeira cravados na estrutura de pedra. O resultado foi uma enorme réplica de um tipo tardio do Buda de Gandhara no qual o manto foi reduzido a uma série de linhas com pouco volume, revelando, sob ele, a forma do corpo. Essa estátua tem aproximadamente dois séculos a mais do que a estátua menor, datando, provavelmente, do século V d.C. A estátua encontra-se em um nicho em trifólio que cria um halo duplo sobre o corpo e a cabeça, bastante imitado tanto na China quanto no Japão.

Essas duas imagens são as primeiras de muitas imagens do Buda colossal que surgiriam por todo o mundo budista. Tanto Grécia como Roma haviam produzido imagens gigantescas que serviram de protótipos. E assim como as esculturas de retratos colossais dos imperadores romanos eram feitas para representá-los como soberanos divinos do mundo, as imagens de Buda como um homem cósmico encontrados em Bamiyan representam-no como a fonte e a substância do universo.

Infelizmente, após a redação deste texto, a seita muçulmana fundamentalista que havia tomado o poder no Afeganistão, o Talibã, destruiu, em 2001, as duas imagens do Buda colossal. Após a deposição de Talibã, a restauração das estátuas tem sido internacionalmente discutida, mas até agora nenhum projeto foi anunciado.

ia até a entrada da caverna, um pórtico recuado coroado por arcos e marcado por um par de colunas livres que sustentavam esculturas de leões. Este pórtico foi adornado por relevos e, originalmente, por pinturas que representavam momentos da vida de Buda. Dentro do salão *chaitya*, a luz relativamente fraca penetrava através de um clerestório com grelha de pedra que permita aos peregrinos perceber aos poucos a imensidão do espaço, medido por um ritmo imponente de colunatas e dominado bem ao fundo por uma estupa esculpida com a imagem de Buda. Os arquitetos do templo de Karli conseguiram aquela síntese indefinida de espaço, luz e detalhes que caracterizam as melhores edificações de qualquer época.

OS TEMPLOS HINDUS

As primeiras edificações

As tradições budistas e hindus têm uma longa história de coexistência no subcontinente indiano e entre os seguidores de várias seitas têm se estabelecido certa mescla nos credos, assim como na forma dos templos. Embora o hinduísmo se baseie bastante em algumas das crenças locais mais antigas, ele apenas desenvolveu uma expressão de arquitetura particular mais tarde. Os budistas construíram os santuários mais antigos ainda hoje remanescentes e, assim, estabeleceram o modelo na qual a arquitetura hindu primitiva se baseou. Mas, a partir do século V d.C., o hinduísmo tornou-se a religião dominante na Índia. Atualmente, restam poucas seitas budistas no país.

Como na prática budista, o templo hindu cria um canal de comunicação entre deuses e fiéis. Entretanto, ao contrário dos budistas, que focam na vida e nos ensinamentos de um único líder, os hindus veneram uma diversidade de deidades, incluindo Vishnu, uma divindade do sol. Seus templos são ao mesmo tempo moradias para os deuses, locais de culto e objetos de adoração. Aspectos do cosmos (e, portanto, dos deuses) são incorporados ao templo com o uso de formas específicas, geometria sagrada, orientação cuidadosa e alinhamentos axiais. A maioria dos projetos de templos hindus inclui formas que simbolizam a montanha santa, a caverna sagrada e o eixo cósmico (Figura 3.11). A geometria derivada de um quadrado subdividido, ou **mandala**, é geralmente usada com um módulo individual que determina todas as proporções. Os números associados aos deuses são importantes para a construção e interpretação da mandala, a qual estabelece relações com as proporções divinas e, portanto, a harmonia com o cosmos. Normalmente, os templos são alinhados com os pontos cardeais, representando os quatro cantos da terra, com as principais entradas voltadas para o leste. Os sacerdotes seguem os ritos sagrados em horários regulares para o benefício de toda a comunidade e oferendas privadas podem ser feitas a qualquer momento. Como não há cultos com a congregação, não há necessidade de um grande espaço fechado. Em vez disso, o templo como uma forma tridimensional na paisagem torna-se um ponto central para a vida da comunidade, muito parecido com os propósitos artísticos e sociais da Igreja Católica, assim como com suas funções religiosas.

Alguns dos santuários hindus mais antigos que ainda restam são encontrados nos templos escavados na rocha de Udaigiri, perto de Sanchi, mostram claramente a influência das obras budistas. Em Sanchi, o Templo 17, datado do início do século V d.C., se baseou nos templos escavados de Udaigiri, elevados por um plinto e apresentando um santuário quadrado precedido por um pórtico.

Essa forma de templo de duas câmaras foi amplificada e mais ornamentada em praticamente todos os conjuntos posteriores. Geralmente, o santuário é bastante pequeno. Conhecido como **garbhagriha** (câmara-útero), ele contém uma imagem ou elemento sagrado como um símbolo da presença de Deus. Se os rituais adequados não forem observados, o Deus pode decidir se mudar para outro lugar; por isso, o culto envolve cerimônias em que os sacerdotes dão boas-vindas, entretêm e homenageiam a deidade com músicas, alimentos, danças, leituras de textos religiosos e recitações de cânticos. O pórtico oferece uma transição entre o mundo externo e o santuário, e sobre os pilares e as paredes externas do templo o visitante geralmente pode encontrar painéis e figuras esculpidas que complementam a imagem da deidade que está dentro do santuário.

Os deuses hindus têm uma afinidade particular com montanhas e cavernas. À medida que os construtores tornaram-se mais habilidosos na construção com pedra (ou ocasionalmente tijolo), eles estabeleceram uma expressão formal cada vez mais elaborada para o monte vertical (ou montanha) que se ergue sobre o santuário (ou caverna). Como um exemplo deste processo, considere o Templo Ladkhan (Figura 3.12), construído no século VII d. C em Aihole, o qual preserva em sua cantaria os resquícios de um salão comunitário de vila em madeira que serviu como modelo. Os canteiros resolveram as questões da forma geral e dos detalhes de construção como um carpinteiro o faria. Quando construída com pedra, porém, a estrutura leve e flexível da madeira tornou-se excessivamente grande e pesada.

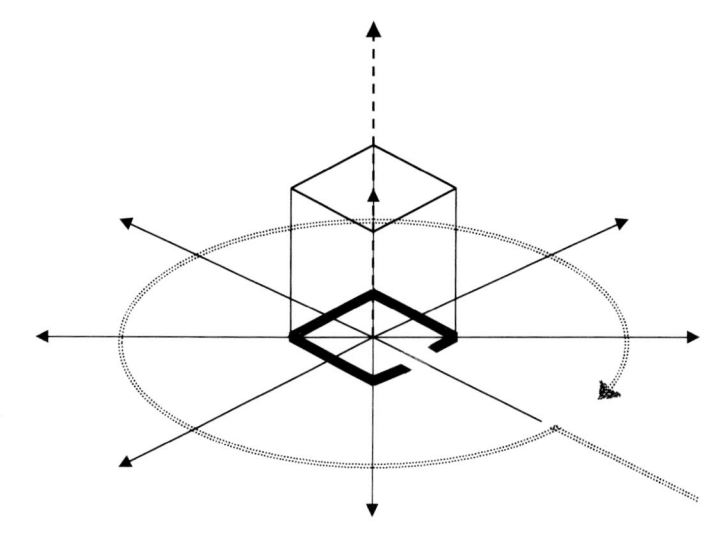

3.11 Diagrama ilustrando a origem da maioria dos templos hindus.

Esta perspectiva axonométrica mostra uma câmara-útero (*garbhagriha*) que irradia energia para as direções cardeais e ordinais; uma passagem para o espaço de circungiro na direção horária; e a montanha sagrada que define o eixo vertical central cônico sobre a garbhagriha.

3.12 Templo Ladkhan, Aihole, século VII d.C.
Observe como o pórtico com pilares precede o principal salão do templo, com pilastras, traduzindo para a pedra as formas de arquitetura prévias dos salões comunitários de vilas, feitos de madeira.

Os templos posteriores

Os templos hindus posteriores aumentaram muito em altura. À medida que os construtores exploraram a forma arquitetônica como base para a ornamentação escultórica, as massas que se elevam imitam cadeias de montanhas inteiras. Em Bhitargaon, o Templo Vishnu, feito de tijolo, provavelmente na primeira metade do século V, apresenta um exemplo primitivo de uma superestrutura mais proeminente erguida sobre o santuário (Figura 3.13). Mesmo em seu estado bastante dilapidado, o templo mostra em seu perfil uma inequívoca alusão às formas montanhosas. A passagem que liga o santuário ao pórtico é incomum por incorporar uma construção com **arcos verdadeiros**. A maioria dos templos indianos é feita com técnicas de construção arquitravada ou com balanços ou falsos arcos, mas este templo demonstra que os construtores conheciam o arco, embora ele fosse raramente utilizado. A fonte da *shikhara* característica – ou cobertura em pico de montanha – dos templos indianos maduros já foi relacionada a estruturas leves de bambu cobertas com sapé e com laterais curvas elevando-se sobre uma base quadrada. Apesar do nível de requinte que as formas dos templos de alvenaria alcançaram com suas coberturas externas com ornamentos esculpidos e paredes adornadas com escultura, a essência do santuário quadrado protegido sob a cobertura curvilínea em *shikhara*, precedida por um ou mais salões com pilares ou pórticos em um alinhamento axial, continuou sen-

3.13 Templo Vishnu, Bhitargaon, século V d.C.
Construído de tijolo, este é um dos primeiros templos hindus a ter um volume cônico construído sobre a *garbhagriha*.

3.14 Templo, Khajuraho, século X.

O que domina este templo é a cobertura *shikhara* geralmente encontrada sobre a *garbhagriha* de muitos templos hindus. Sua forma em torre cria uma montanha sagrada simbólica sobre a caverna sagrada.

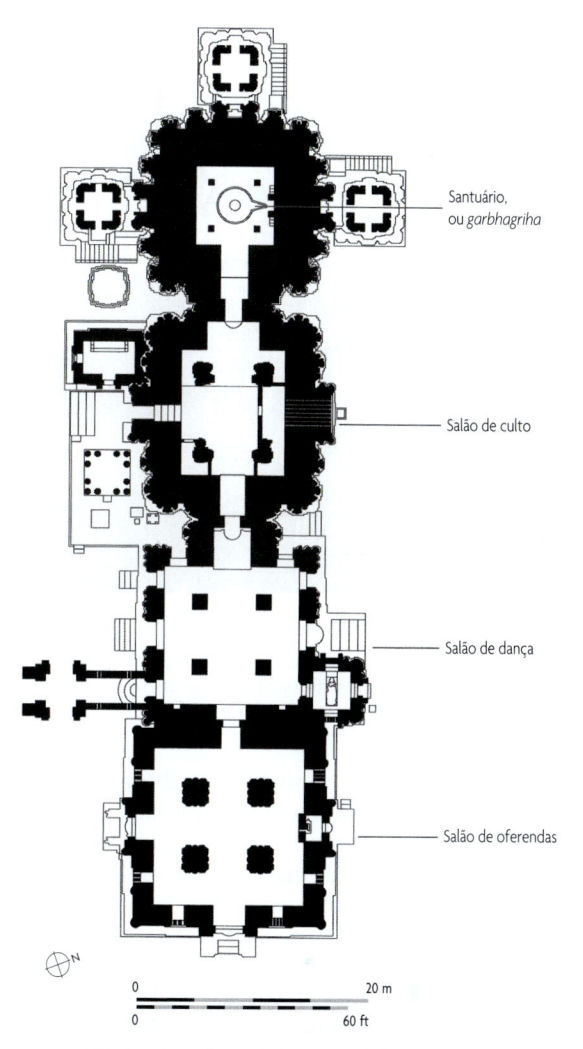

3.15 Planta baixa do Templo de Lingaraja, Bhubaneshwar, cerca de 1050–1150.

Mais elaborada que outras, a planta baixa deste templo tem três salões separados, precedendo a *garbhagriha* na extremidade do eixo processional. Cada salão tem sua própria cobertura com perfil distinto, de modo que a composição se eleva em direção ao *shikhara*, mais alto.

do o paradigma de projeto distintivo para o templo hindu (Figura 3.14). As paredes de alvenaria incrivelmente espessas, necessárias para suportar a cobertura muito alta, reforçam a reclusão do santuário central em forma de útero, envolvendo a câmara dentro da montanha sagrada.

Dois grupos de templos, datando do século VIII até o século XIII, ilustram a fantástica abundância da arquitetura hindu do norte. Bhubaneshwar, no estado de Orissa, tem mais de 100 templos construídos ao longo de cinco séculos. A planta baixa do famoso Templo de Lingaraja (da metade do século XII até metade do século XX) é um desenvolvimento da forma de duas células, com três salões com pilares no eixo que leva ao santuário. De leste a oeste, esses salões compreendem um salão de oferendas, um salão de dança, um salão de culto e, finalmente, o santuário propriamente dito (Figura 3.15). As coberturas em forma de pirâmide sobre os salões lembram os pés das colinas, contrastando com a enorme *shikhara* central sobre o santuário, cuja forma aparece novamente em uma escala menor nos santuários complementares erguidos dentro do conjunto ortogonal murado do templo. Dentro do campo de visão dos fiéis, há imagens esculpidas extremamente detalhadas, bem como uma beleza sensual que enriquece as superfícies das paredes. Ao contrário de vários outros templos históricos, este gigantesco santuário ainda está em uso.

Em Khajuraho, cidade real da dinastia Chandella, há pelo menos 25 templos construídos em um período de 200 anos, com temas da escultura refletindo um riquíssimo mecenato artístico, bem como a devoção aos rituais místicos tântricos. Dentre os mais preservados templos está o de Lakshmana (cerca de 950) (Figura 3.16), construído sobre uma plataforma retangular ancorada por quatro pequenos santuários nos cantos. A chegada axial pelo leste leva o visitante por vários lanços de escada, cuja elevação é repetida nas formas ascendentes da cobertura sobre um pórtico aberto inicial, um segundo pórtico, um grande salão com pilares, e finalmente, o santuário interno. O devoto pode circungirar pelo santuário seguindo uma passagem fechada em volta da sala do santuário. A luz para o deambulatório é fornecida pelas aberturas que estão acima do nível

3.16 Templo de Lakshmana, Khajuraho, cerca de 950.

O templo fica sobre uma plataforma, ou plinto, a estilabata da arquitetura da antiga Grécia. Os santuários nos cantos refletem o principal santuário em uma escala reduzida.

dos olhos, para que as elaboradas esculturas nas paredes internas possam ser observadas sem que haja distrações do mundo externo. As imagens representadas aqui incluem muitas cenas animadas de casais fazendo sexo, geralmente interpretadas como uma representação literal das práticas tântricas (as quais incluem a relação sexual) e um símbolo da união elevada entre o homem e o divino, que era o objetivo da teologia hindu (Figuras 3.17–3.18).

Todos os templos hindus considerados até agora são produtos de dinastias que governaram, principalmente, nas regiões norte e central da Índia. Ao sul, se desenvolveu um estilo regional peculiar, caracterizado por coberturas com florões circulares, paredes com pilastras ou colunas adossadas e complexos de templos que tinham conjuntos de paredes concêntricas com portais gigantescos. Como na arquitetura do norte da Índia, a origem deste estilo pode ser associada aos templos primitivos, do século VII, escavados diretamente na rocha, os quais geralmente apresentavam um salão de pilares como um prelúdio para um conjunto de santuários bastante internalizado. Na arquitetura de cavernas, o salão de pilares funcionava como um pórtico, uma transição entre o mundo externo e o santuário. (É muito provável que o templo de Ladkhan, em Aihole, mais antigo, tenha servido como modelo para o projeto.) As mesmas habilidades de cantaria que foram usadas para escavar templos-caverna

3.17 Templo de Kandariya Mahadeva, Khajuraho, cerca de 1025–50.

Os níveis superiores da cobertura são esculpidos com ornamentos geométricos, os quais têm o efeito de tornar a forma pesada parecer mais leve e, ao mesmo tempo, acentuar seus contornos. Imagens esculpidas abundam nas faixas inferiores, formando frisos.

3.18 Templo de Kandariya Mahadeva, Khajuraho, cerca de 1025–50.

Em suas faixas inferiores, onde as imagens estão perto o bastante para serem vistas pelos visitantes, as esculturas de imagens ficam muito proeminentes. Observe as imagens ondulantes, em formato de S.

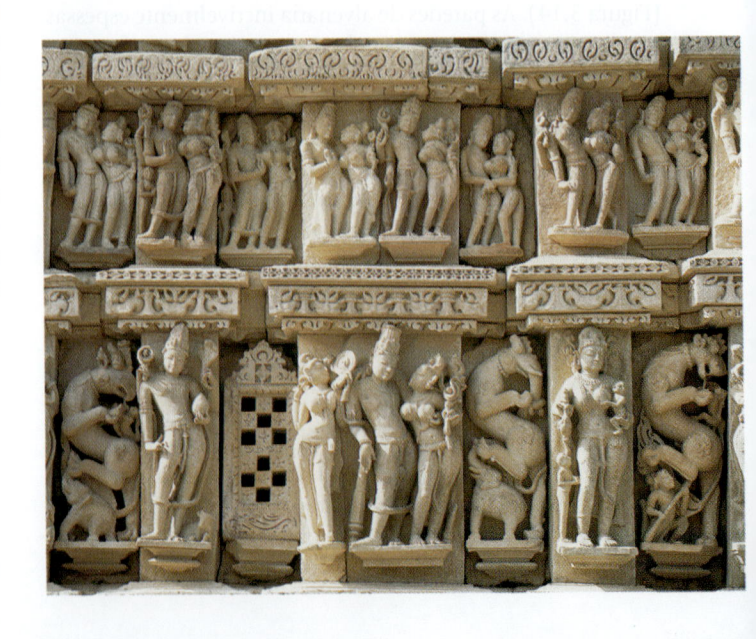

3.19 Ratha Dharmaraja, Ratha Bhima e Ratha Arjuna, Mahabalipuram, século VII.

Estes três templos monolíticos, esculpidos em rochedos de granito, replicam em pedra um templo anterior, em madeira. Note a cobertura similar a de um *chaitya* na Ratha Bhima, a qual lembra sapé. A repetição de formas selecionadas unifica os três templos.

assumiram uma função mais escultórica por volta de 650, quando, em Mahabalipuram, um conjunto notável de minúsculos templos foi esculpido em um afloramento de granito. Os templos de Dharmaraja, Bhima e Arjuna, ilustrados na Figura 3.19, conhecidos como **rathas** (carroças ou bigas), parecem grandes maquetes, e cada um deles é diferente. Alguns são obviamente derivados das coberturas em abóbada de berço dos salões *chaitya*, enquanto outros são baseados em simples santuários de madeira ou refinamentos de projetos centralizados. Todos foram construídos sobre uma base espessa e fazem uso de colunas ou pilastras adossadas para articular as paredes. Imagens de deidades, de seres mitológicos e da família real que encomendou as obras (os Pallavas), são baixos relevos emoldurados pelas pilastras. Coberturas múltiplas em camadas aumentam a verticalidade das formas. Quando se percebe a quantidade do duro granito que foi usado para criar essas minúsculas obras-primas, fica evidente que a arte do trabalho com pedra alcançara um alto nível de sofisticação e bom gosto.

O Templo de Brihadeshvara, em Tanjore, começou em pequena escala e seguiu ao longo do século XI em tamanho muito maior (Figuras 3.20–3.21). Aqui os construtores conseguiram erguer uma torre sobre o *garbhagriha*, que era três vezes o tamanho (60 metros) de tudo que já havia sido tentado até então. A base é substancial, uma planta baixa quadrada com 25 metros de lado, mas há um espaço processional ao redor do santuário central incluído no pavimento inferior, logo, não se trata de um volume maciço. Meias-colunas e nichos definem uma elevação de dois pavimentos que se apoia diretamente sobre a base, enquanto inúmeros níveis de cobertura recuam e viram uma pirâmide, a qual é coroada por um monólito pesando mais de oito toneladas que forma um florão em forma de cúpula. Como seria de se esperar, o complexo do templo tem organização axial, com um pórtico e dois salões com pilares múltiplos precedendo o salão do santuário. Um santuário de pilares separado, homenageando Nandi, o touro sagrado, está localizado no eixo entre o templo e o grande portal de entrada. O muro externo é composto por uma colunata dupla contínua, e diversos templos menos importantes ocupam as quinas do pátio.

Santuário de Srisubramanya

Santuário de Chandeshvara

Salão de reuniões

Portal de entrada ou *gopura*

Santuário principal ou *garbhagriha*

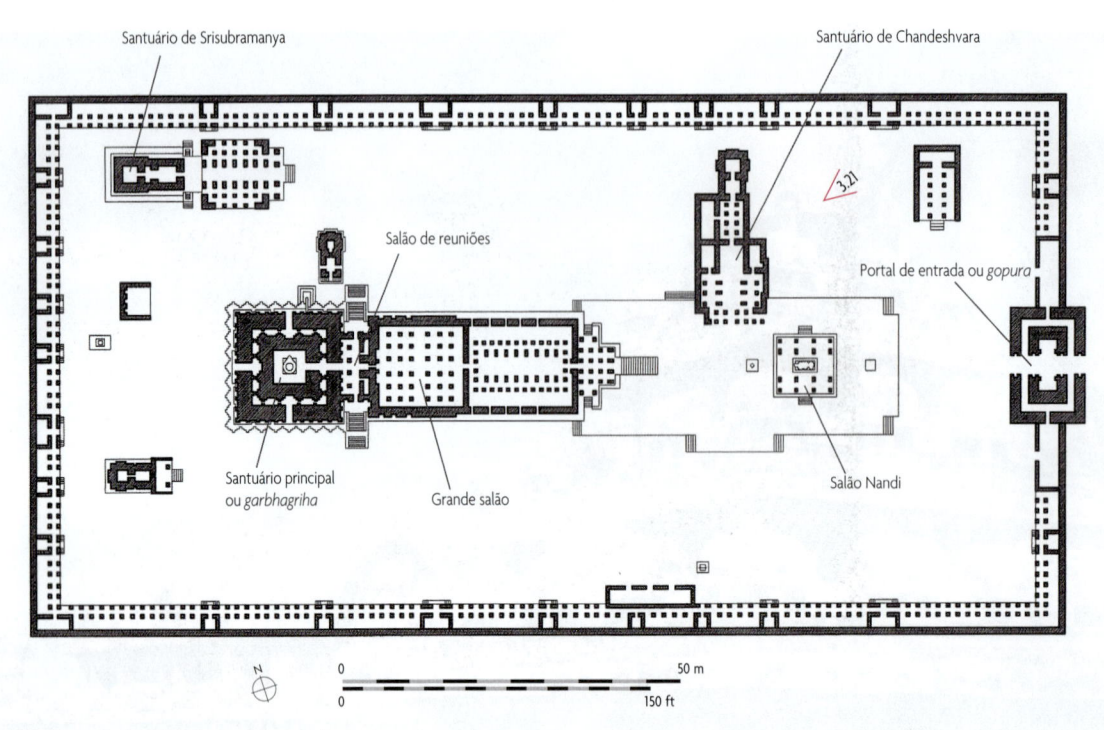

Grande salão

Salão Nandi

3.20 (acima) Planta baixa do Templo de Brihadeshvara, Tanjore, século XI.

Comparando esta planta baixa com as dos Templos de Lakshmana e Khajuraho, é possível observar que os elementos aumentaram muito em tamanho. O eixo central é definido por um *gopura* ou portal de entrada em forma de torre no lado leste.

3.21 (abaixo) Templo de Brihadeshvara, Tanjore, século XI.

Visto por trás do Santuário de Chandeshvara, a cobertura *shikhara* piramidal sobre o santuário principal se eleva sobre uma base quadrada, alcançando mais de 60 metros, e domina o enorme templo. Seu florão em forma de cúpula foi esculpido em uma rocha maciça de granito e lembra uma estupa budista.

Angkor Wat

O hinduísmo se difundiu por outras regiões do sudoeste da Ásia com a atividade de mercadores indianos, da mesma maneira como se deu com o budismo, o qual ainda é uma religião poderosa naquela região. Dentre os inúmeros monumentos da arte hindu fora do subcontinente indiano, um dos mais impressionantes é o gigantesco templo de Angkor Wat, no Camboja, o qual representa a fusão da religião indiana com a tradição do Khmer (Figura 3.22). A escala do projeto faz dele uma das maiores estruturas religiosas já construídas, com um muro externo retangular medindo 1.300 por 1.500 metros. Os visitantes que pretendem fazer uma peregrinação completa, de acordo com a prática hindu, devem caminhar aproximadamente 21 quilômetros para visitar todas as galerias presentes no complexo. Iniciando em aproximadamente 1120 como um templo para Vishnu, Angkor Wat foi finalizado como o santuário real da dinastia Khmer, que governou o Camboja antes de ela se converter à religião budista.

Os templos anteriores do Khmer consistiam em um santuário com torre fechado por uma muralha. A torre novamente representava a montanha sagrada, enquanto o *garbhagriha*, dentro do santuário, evocava a caverna sagrada no centro do cosmos. Esse tema foi elaborado em templos posteriores que apresentavam santuários com múltiplas torres sobre um terraço. Mais tarde, as formas assemelhando-se a pirâmides escalonadas deram uma expressão mais forte para a concepção da montanha cósmica. Até a construção de Angkor Wat, a interpretação mais extensiva desses temas na arquitetura do Khmer se encontrava em templos cujo santuário com torre ficava no ápice de uma pirâmide escalonada, com galerias abertas para circungiro se desenvolvendo nos quatro lados. Angkor adotou esta organização como ponto de partida para uma articulação ainda mais magnífica, acrescentando inúmeras torres, galerias cruciformes ampliadas, **pavilhões** nas quinas e portais de entrada elaborados para a torre central e para a plataforma elevada (Figura 3.23). Ao centro da composição está uma torre central de 65 metros de altura sobre o santuário principal (Figura 3.24), construída com uma base piramidal cujas quinas são marcadas por quatro torres escalonadas, as quais, em conjunto, simbolizam o Monte Mehru, o lar dos deuses. Dois conjuntos de pátio adicionais com galerias concêntricas cercam esse centro, marcado por portais de entrada nos centros dos quatro lados, para reforçar os pontos cardeais. O acesso ao eixo principal se dá cruzando uma praça com lagos artificiais que precede a entrada da segunda galeria e segue por uma escada íngreme que leva ao santuário da plataforma bem ao centro. Um fosso de quase quatro quilômetros de comprimento cerca o terreno inteiro, simbolizando os oceanos dos quais a montanha eleva.

Angkor Wat é totalmente construído de pedra, e como não apresenta arcos verdadeiros, somente balanços e falsos arcos, não há grandes espaços interiores. Após assentada, a pedra passava às mãos dos escultores que adornavam as paredes e até mesmo coberturas com ornamentos e baixos-relevos. Alguns dos temas são desenhos de epopeias familiares pertencentes à tradição hindu, mas estão misturados com referências à cosmologia de Khmer, e o conjunto serve como um complexo funerário para Suryavarman II, o rei que encomendou a obra. Na Índia, o hinduísmo nunca envolveu a concepção de um rei-deus ou a adoração dos ancestrais, mas esses aspectos fazem parte da tradição cambojana e influenciam o projeto de Angkor Wat. Como um todo, sua composição formal reúne elementos tanto horizontais como verticais. A arquitetura é simétrica, equilibrada e imponente, o auge de conceitos religiosos iniciados séculos antes na Índia.

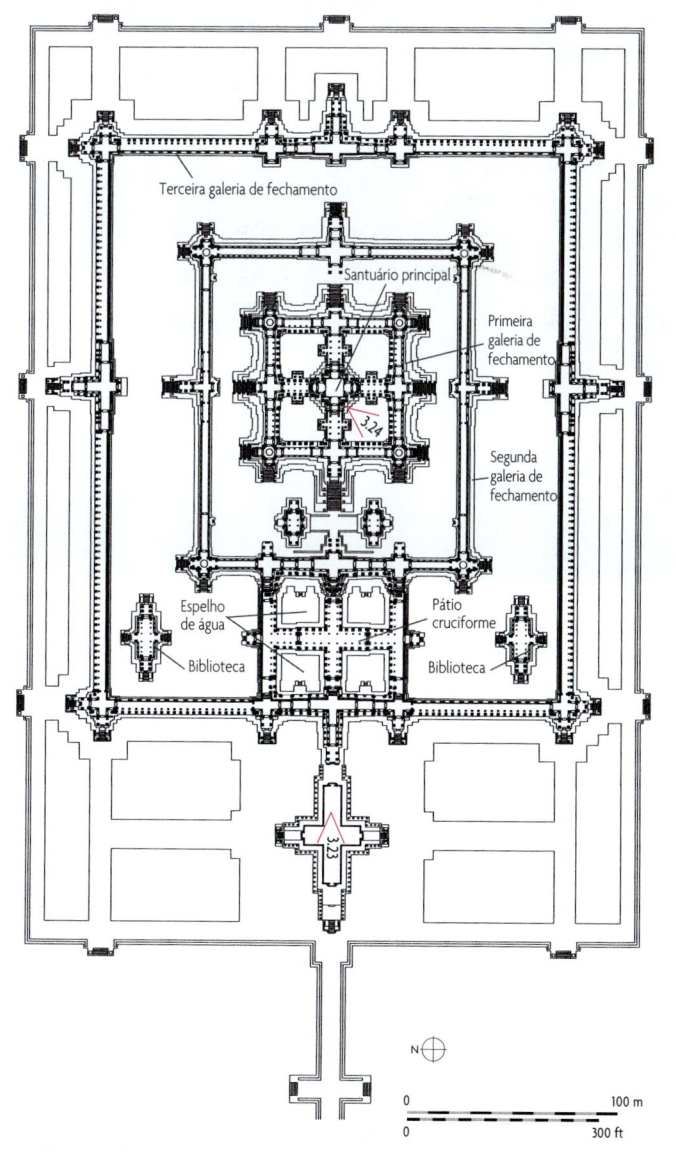

3.22 Planta baixa de Angkor Wat, iniciado em cerca de 1120.
A clareza deste projeto é notável. Os agrupamentos de galerias focam no santuário principal, a simbólica representação do Monte Mehru, o lar dos deuses.

3.23 Angkor Wat, originado em cerca de 1120.
Esta vista do leste mostra como a planta baixa corresponde a uma volumetria impressionante através do jogo de elementos horizontais e verticais.

CONCLUSÕES SOBRE AS IDEIAS DE ARQUITETURA

Os Capítulos 1 e 2 trataram dos chamados fatos geradores, ou seja, fatos que parecem ter relevância em múltiplas eras e para múltiplos projetistas. Neste capítulo, vale a pena fazer uma consideração de alguns fatos constituintes do ordenamento da arquitetura. Por exemplo, assim como na arquitetura do Egito e da Mesopotâmia, a arquitetura da Índia e do sudeste da Ásia há muito usava de maneira espetacular o vertical (Khajuraho), o horizontal e as linhas de referência horizontais múltiplas (templos de Ladkhan e Kandariya Mahadeva), a riqueza da silhueta de uma edificação quando vista contra o céu (Templo de Lakshmana), as plantas baixas centralizadas (Sanchi), as plantas baixas ortogonais (Templo de Brihadeshvara e Angkor Wat) e as sequências espaciais (Templo de Lingaraja). Sem dúvida, todas essas obras exibem uma preocupação universal com proporções no equilíbrio cuidadoso entre horizontais e verticais.

Ainda assim, devemos admitir que, ao menos superficialmente, os resultados indianos, cambojanos e javaneses parecem ser bastante diferentes. No intuito de direcionar as energias humanas para a libertação do ciclo da morte e do renascimento, os projetistas hindus de edificações religiosas decidiram enfatizar e, até mesmo, exagerar certas características e intensificar a aplicação de certos princípios de projeto. O contraste mais visível entre o que se viu anteriormente e o que aparece neste capítulo é a profusão que agora veremos de um conjunto sensual de ornamentos usados dentro de conjuntos com frisos partidos (um tanto similares ao que veremos na apresentação das catedrais góticas da França no Capítulo 9, e nos templos da América Central Pré-Colombiana, no Capítulo 10). Se usarmos uma metáfora, podemos dizer que a aplicação sistemática das obras ornamentais na Índia e no sudeste da Ásia por vezes alcança tal nível de riqueza, como no Templo de Lakshmana, que a edificação evoca a imagem de uma fruta exótica ou de um fruto com sementes que está maduro e se abriu, revelando a profundidade de seu conteúdo orgânico interno.

As metáforas também são úteis quando analisamos mais a fundo, sob a ornamentação superficial dos princípios ordenadores fundamentais. Considere a estupa gigante de Borobudur e o palácio de Angkor Wat. Ambos têm plantas baixas que são ampliações geométricas em grelha

3.24 Torre central do santuário principal, Angkor Wat, iniciado em cerca de 1120.

Esta torre foi construída sobre uma garbhagriha ou câmara-útero, o núcleo de todo templo hindu.

até se tornarem tramas que parecem tapeçarias, de modo que o emprego maior de uma trama sistemática é comparável à aplicação detalhada de ornamentos, como se houvesse uma única diretriz orgânica.

Por fim, podemos aprender muito sobre intenções de projeto e seus princípios observando essas obras orientais, seja como uma parte intrínseca da cultura que as produziu ou como resultado universal dos desejos humanos e das aspirações e percepções do mundo físico e esforços feitos para organizá-lo. Essa dualidade de ponto de vista será igualmente importante para a compreensão do capítulo que segue, sobre a arquitetura da China e do Japão.

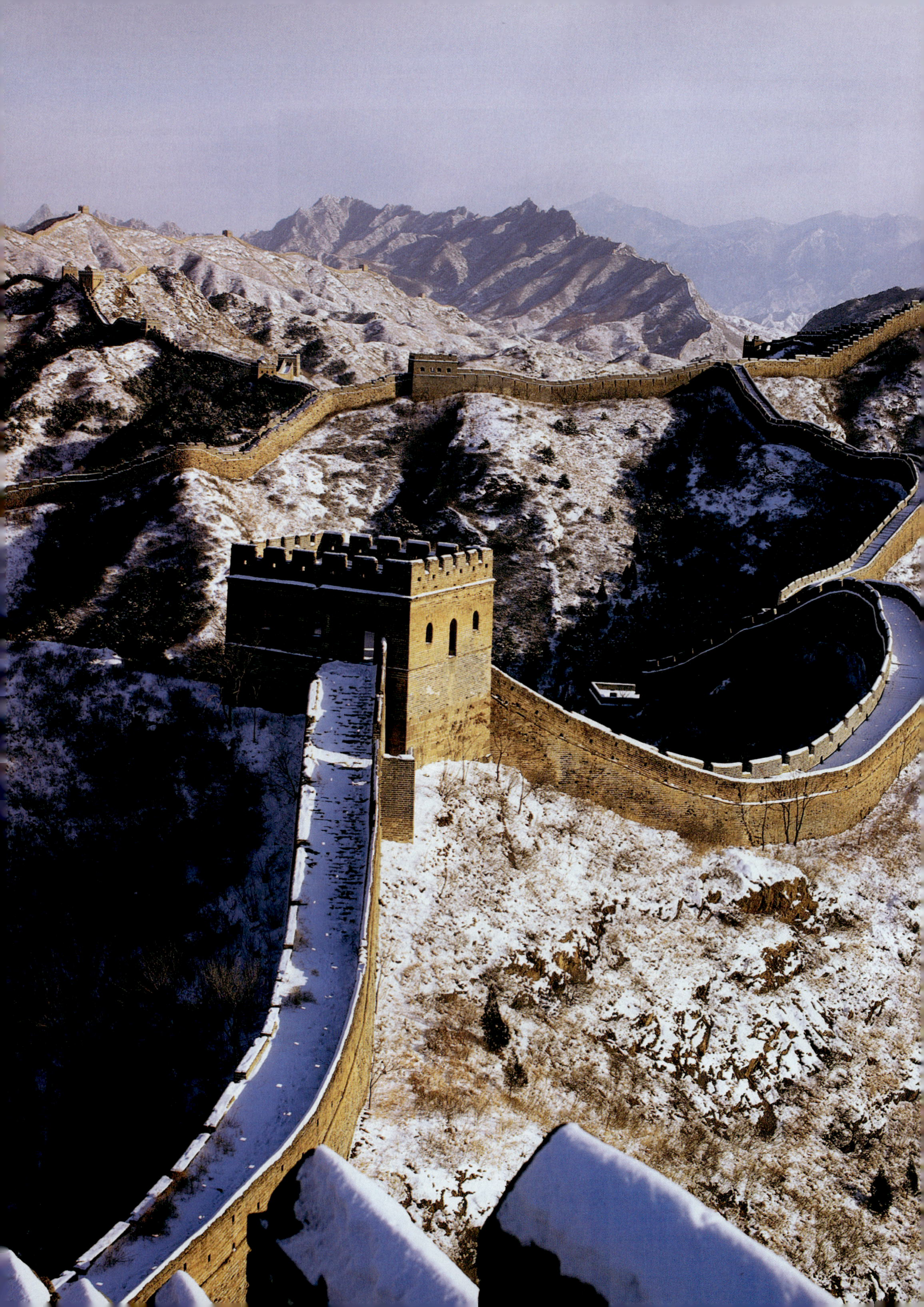

CAPÍTULO 4

A ARQUITETURA TRADICIONAL DA CHINA E DO JAPÃO

A China tem um vasto território e a maior população entre todos os países da Terra. Costumamos considerá-la uma cultura antiga porque, embora sua civilização histórica tenha se desenvolvido um pouco mais tarde do que na Mesopotâmia ou no Egito, a China se distingue das demais civilizações por ter mantido o mais alto grau de continuidade cultural ao longo de seus quatro mil anos de existência. Os quase 26 milhões de metros quadrados do país abrigam condições geográficas distintas e mais de 50 grupos étnicos, mas a sociedade, em geral, é definida pelos chineses *han*, representantes do maior grupo étnico. Nas mãos de imperadores poderosos, o governo unificado promoveu a uniformidade em muitas estruturas sociais, incluindo o planejamento urbano e as práticas de construção; assim, as tradições da arquitetura chinesa se mantiveram incrivelmente estáveis ao longo dos séculos até a intrusão forçada da cultura ocidental, no século XIX, e a deposição do último imperador, em 1911.

Pouco se sabe sobre as edificações do período anterior a 2000 a.C., visto que muitos dos sítios permanecem ocupados e ainda não foram feitas as escavações necessárias para se compreender a arquitetura chinesa primitiva. Arqueólogos encontraram vestígios de vilas de artesãos e agricultores no Vale do Rio Amarelo, mais especialmente em Banpo, onde pequenas casas com plantas baixas circulares e retangulares foram reconstruídas com base em resquícios de fundações (Figura 4.1). As casas retangulares tinham o primeiro pavimento parcialmente subterrâneo e coberturas piramidais truncadas (sem paredes), feitas de varas de madeira amarradas no topo. A geotermia ajudava a estabilizar a temperatura interna tanto no verão como no inverno. A fumaça da fogueira central era exaurida por uma abertura no ápice da cobertura contínua de duas águas feita com sapé, enquanto outra cobertura, também com duas águas, protegia a entrada longa e inclinada. As casas circulares tinham paredes externas de pau a pique revestidas, tanto por dentro como por fora, por uma espessa camada de argila que garantia o isolamento térmico; o mesmo tratamento era aplicado à cobertura cônica truncada, que, como a das casas retangulares, apresentava uma abertura no ápice para ventilação e era coberta por um telhado de duas águas feito com sapé. A porta de entrada ficava recuada; aparentemente, algumas casas tinham paredes ou divisórias internas. Resquícios de artefatos de cerâmica pintados sugerem que ceramistas habilidosos já trabalhavam nestas vilas; também temos vestígios de tecelagem, embora os tecidos propriamente ditos tenham desaparecido há muito tempo. O milênio seguinte presenciou a construção de casas maiores, que ainda se encaixam no mesmo vocabulário de arquitetura – ou seja, estrutura de madeira, reboco de barro e cobertura de sapé.

Essas origens pré-históricas modestas deram lugar ao lendário início da história chinesa com a Dinastia Shang, que, por volta de 1766 a.C., veio a dominar o Vale do Rio Amarelo e exercer controle até o sul, em Yangtze Kiang. A tecnologia Shang incluía a capacidade de fundir o bronze, além da escrita pictográfica, preservada nos ossos de oráculos (em omoplatas de carneiros). A Dinastia Shang deu início a uma série de sucessões dinásticas – Zhou, Han, Tang, Song, Yuan, Ming e Qing, entre outras – que dominaram a história chinesa até o início do século XX.

Na China, o principal incentivo à construção veio do governo (a corte e o Estado imperiais) e não de organizações religiosas ou patrocinadores particulares. A manifestação mais evidente deste padrão de investimento é a Grande Muralha, iniciada em trechos isolados por senhores feudais, unificada pelo primeiro imperador Qin em 221 a.C. e, na maior parte, reconstruída e ampliada durante a Dinastia Ming (1368–1644 d.C.) (veja a página 100). É uma obra inacreditável, com quase 6.500 km de extensão, que começa no

Grande Muralha da China, 221 a.C.–1368 d.C.

Torres de vigia e muros com ameias serpenteiam pelo terreno acidentado. O ameado oferece proteção no lado norte; no lado sul (voltado para a China), o parapeito é baixo e desprotegido.

Cronologia

início das culturas no Vale do Indo	3000 a.C.
Dinastia Shang	1766 a.C.–1123 a.C.
Dinastia Han	202 a.C.–221 d.C.
construção da Grande Muralha	221 a.C.–1368 d.C.
vida de Confúcio	551–479 d.C.
composição do Kao Gong Ji	século V d.C.
Dinastia Tang	618–906 d.C.
construção do Santuário Ise	iniciada em 690
Dinastia Song	960–1279
composição do Yingzao-fashi	1103
Dinastia Yuan	1280–1368
Dinastia Ming	1368–1644
construção das Cidades Imperial e Proibida em Pequim	século XV

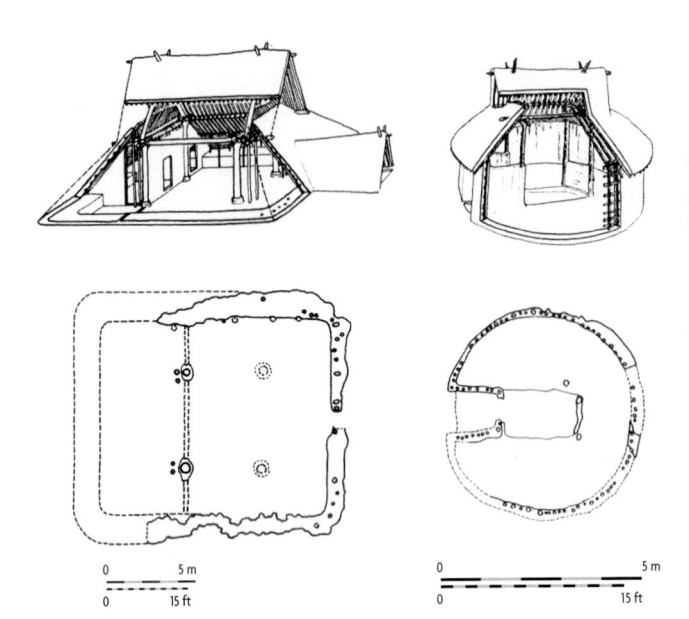

4.1 Reconstrução de casas neolíticas, Banpo, cerca de 2000 a.C.

Estas reconstruções mostram projetos retangulares e circulares. Como era o caso das habitações pré-históricas na Europa Ocidental, essas moradias usavam materiais fáceis de conseguir – madeira, sapé e terra – para criar abrigos. Fogueiras centrais também fazem parte das casas de Banpo.

4.2 Pagode, Dazu, província de Sichuan, século XII.

A organização escalonada do pagode se baseia, em última análise, na *chatra*, ou árvore bodhi estilizada, que fica no topo das estupas indianas. Seu perfil parabólico talvez também seja inspirado nas coberturas *shikhara* dos templos hindus.

litoral, passa por diferentes terrenos e termina no Deserto de Gobi. Originalmente, quase toda ela foi feita de taipa de pilão; durante a Dinastia Ming, porém, a altura da maior parte da muralha foi aumentada e recebeu o revestimento atual de tijolo ou pedra. Em seu formato atual, a Grande Muralha varia de 5,80 a 11,90 metros de altura, com uma largura média, no topo, de 4,9 metros. O lado voltado para o norte é coroado por ameias, com torres de vigia distribuídas em intervalos e conectadas por uma estrada que percorre o topo. Em caso de ataque, faróis podiam ser usados para convocar reforços das guarnições que se situavam estrategicamente do lado sul. Somente um estado extremamente organizado e poderoso poderia comandar os recursos necessários para construir e manter uma obra de engenharia desta escala. Não é de surpreender que os chineses tenham alcançado padrões de construção similares em projetos mais modestos.

As tradições religiosas nativas da China se baseavam na crença na vida após a morte, na veneração pelos ancestrais e no animismo (a reverência por elementos naturais, como árvores, rochas e colinas, bem como elementos cósmicos, incluindo o céu, o sol e a lua). Desde os primórdios, as religiões locais incluíram o conceito da dualidade complementar do masculino e do feminino, ou, para os chineses, *yin* e *yang*, que é transposta como um princípio artístico na arquitetura e no paisagismo, tema já mencionado no capítulo que trata da arquitetura indiana. A filosofia chinesa assumiu uma configuração mais clara no século V a.C. com a vida e a obra de dois sábios, Lao Tsé e Confúcio. O taoísmo, filosofia de Lao Tsé, tinha uma abordagem mística, buscando harmonizar as ações humanas e o mundo por meio do estudo da natureza. A filosofia taoísta é fundamentalmente antirracional e antiautoritária, como pode ser visto no *I Ching*, ou *O Livro das Mutações*, oráculo em forma de texto que é consultado jogando-se moedas para determinar qual parte deve ser lida por quem busca orientação para encontrar respostas a perguntas desconcertantes. Aspectos do taoísmo são encontrados principalmente na abordagem chinesa ao projeto de paisagismo, no qual vistas e experiências cuidadosamente planejadas se baseiam no modelo dado pela própria natureza. Por outro lado, a filosofia apresentada por Confúcio se baseava no respeito pela autoridade estabelecida pelo Estado. Seus princípios evidentemente conservadores têm dominado as estruturas sociais e políticas chinesas ao longo da história. Aqueles que estão no poder devem tratar seus súditos com benevolência, enquanto as pessoas comuns devem demonstrar a deferência adequada à sabedoria e à compreensão superior de seus estimados líderes. A veneração pelos ancestrais e o respeito pelos anciões da família – marcas registradas de uma boa família confucionista – tinham paralelos exatos na

4.3 Pagode, Monastério de Fogong, província de Shanxi, 1056.
Como o pagode de Dazu, a organização deste pagode se baseia na sobreposição de elementos menores, frequentemente repetidos.

4.4 Pagode, Monastério de Fogong, província de Shanxi, 1056.
Esta imagem do enorme pagode evidencia a construção das camadas alternadas de estrutura de madeira e toras horizontais com balanços, criando cinco níveis de galerias externas e coberturas.

veneração que a sociedade em geral demonstrava ao imperador em exercício, considerado quase uma divindade, cujo bem-estar era crucial para a estabilidade do estado. O planejamento urbano chinês e o projeto de habitações tradicionais incorporavam os princípios de Confúcio em seus leiautes e no alinhamento dos eixos das edificações.

Ainda que não sejam religiões no sentido ocidental da palavra, o confucionismo e o taoísmo são filosofias que têm influenciado o modo de pensar de muitas pessoas. O budismo viria a se tornar a religião organizada mais difundida da China, espalhada pelo país durante o século I ou II d.C. por caravanas de mercadores que se moviam pelas Rotas da Seda até chegar à Ásia Central, conectando a China, a Pérsia e a Índia. As ideias de arquitetura acompanharam os ensinamentos budistas, o que resultou em edificações chinesas com raízes indianas. Por exemplo: os templos escavados nas montanhas do norte da Índia, nos arredores de Gandhara, ornamentados com imagens colossais de Buda, inspiraram templos semelhantes, com estátuas igualmente gigantescas, construídas na China já no século IV d.C. Em Yungang (perto de Datong), mais de 20 cavernas grandes foram escavadas em penhascos de arenito íngremes durante os séculos V e VI. Nas imagens e detalhes esculpidos, elas exibem influências artísticas da Índia – elefantes, lótus e trepadeiras – bem como resquícios da arte helenística, como folhas de acanto. As fotografias modernas não conseguem fazer justiça à concepção original das fachadas dessas cavernas, pois sua aparência foi danificada pela erosão com o passar dos séculos.

Mais difundida do que a criação de templos em cavernas foi a prática de se construir complexos de templos budistas com um salão para adorar imagens de Buda e um **pagode**, ou torre, separado e edificado sobre relíquias que simbolizavam sua presença. O pagode foi inspirado nos florões em forma de sombrinha do topo das estupas do norte da Índia, assim como nas torres de vigia de pavimentos múltiplos típicas da construção militar chinesa. Como estrutura religiosa, o pagode se tornou uma graciosa edificação de pavimentos múltiplos com telhados em camadas. Versões anteriores podem ser encontradas em pilares talhados no interior dos templos das cavernas. A finalidade original do pagode – abrigar relíquias e escrituras sagradas – foi ampliada, transformando a estrutura no marco vertical de uma paisagem (Figura 4.2). Entre os exemplos independentes mais antigos está o pagode Songyue, em Dengfeng, que tem 40 metros de altura e foi construído em 523 d.C. – é o edifício de tijolo remanescente mais antigo do país. Trata-se de um cilindro parabólico afunilado com 12 lados e oco no centro, com 15 faixas de telhados, mas sem acesso ao topo. A forma parabólica talvez tenha sido inspirada nas coberturas *shikhara* dos templos hindus; o florão arredondado é muito semelhante ao projeto das estupas indianas. O pagode Longhua, em Xangai (977), tem núcleo de tijolo e galerias de madeira no perímetro que permitem admirar a paisagem. As extremidades das camadas de telhados se projetam para fora e para cima em um gesto gracioso que veio a caracterizar o perfil das coberturas chinesas. O pagode do Monastério de Fogong, na província de Shanxi (1056), é o pagode remanescente mais antigo construído apenas em madeira – e uma das edificações de madeira mais altas do mundo (Figuras 4.3-4.4). A edificação octogonal de 67 metros de altura se eleva cinco níveis em dez camadas estruturais, alternando paredes de montantes com telhados amplos e balcões contínuos. No exterior, esses níveis são expressos como beirais com mísulas e galerias extremamente elaboradas, que contrastam com as paredes arquitravadas. A edificação diminui gradualmente em diâmetro à medida que sobe, o que contribui para a estabilidade e dá a impressão de mais altura.

OS PRINCÍPIOS DA ARQUITETURA CHINESA

Embora as edificações chinesas remanescentes mais antigas datem somente do século VI d.C., há evidências arqueológicas e escritas de práticas anteriores. Objetos de cerâmica encontrados em túmulos da Dinastia Han foram moldados na forma de casas ou torres de vigia, preservando alguns indícios de estruturas de madeira que há muito desapareceram. A madeira era o principal material da arquitetura chinesa primitiva, tendo sido usada principalmente em construções arquitravadas. As estruturas das coberturas se baseavam em uma série de vigas distribuídas em fileiras paralelas, que foram ampliadas, com o tempo, por meio de complexas mísulas nas junções de viga com coluna e sob os beirais. Uma unidade modular chamada *jian* (com dimensões variáveis) foi definida como medida básica de construção (Figura 4.5). Edificações mais elaboradas continham *jians* adicionais, geralmente em números ímpares, para que o vão central ficasse bem marcado – de maneira muito similar ao modo como

4.5 Diagrama de uma casa chinesa típica.

O *jian* funciona como unidade básica para as construções de madeira. As casas geralmente são construídas com pavilhões separados para funções diferentes. Este diagrama mostra a base modular da casa apresentada na Figura 4.17.

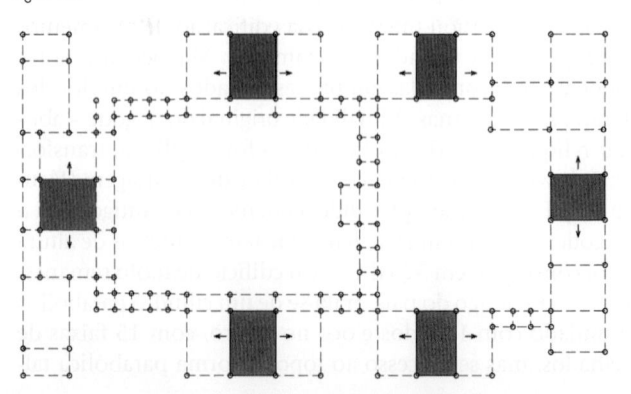

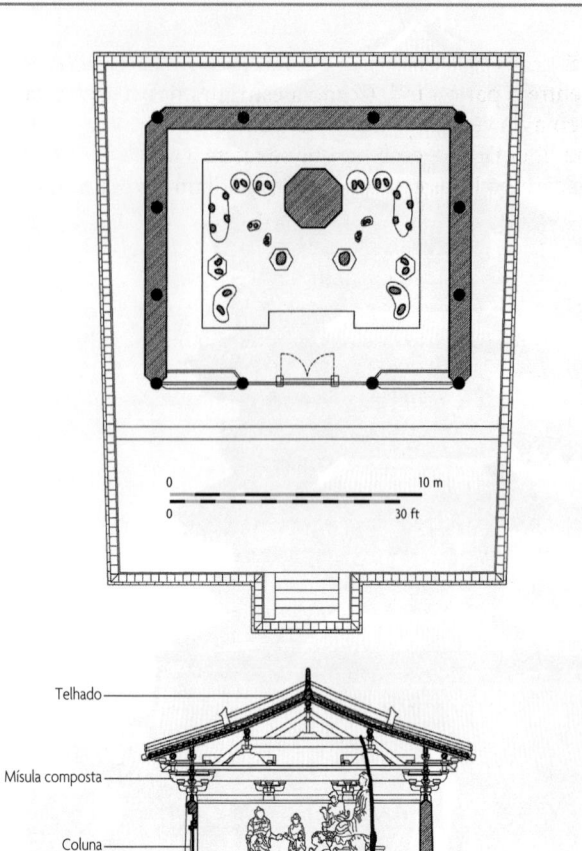

4.6a Corte longitudinal e planta baixa do pavilhão principal, Monastério de Nanchan, província de Shanxi, 782.

Entre as edificações remanescentes mais antigas da China, o salão principal do templo fica sobre um eixo na posição de maior importância, sendo precedido por dois pátios e mudanças de nível.

4.6b Elevação e corte transversal do pavilhão principal, Monastério de Nanchan, província de Shanxi, 782.

Estes desenhos ortográficos mostram detalhes do sistema de mísulas compostas do telhado. Observe também a leve curvatura conferida à cumeeira do telhado e o maior intercolúnio central, dois fatores que conferem graça e movimento à estrutura.

o número de colunas nos templos gregos enfatizava o espaço entre o par central. Como a estrutura ficava separada do sistema de vedação externa, as edificações chinesas tinham certa liberdade interna no que se refere à planta baixa, visto que paredes leves e não portantes podiam ser distribuídas à vontade, para melhor atender às necessidades internas.

Com exceção das casas mais simples, que têm apenas um *jian*, as edificações chinesas costumam fazer parte de conjuntos organizados ao redor de pátios. Em geral, funções diferentes se localizam em pavilhões separados conectados por corredores ou cuidadosamente distribuídos em volta de espaços abertos de uso comum, em vez de ficarem concentrados sob uma mesma cobertura. A aparência externa não ajuda a distinguir as edificações com funções diferentes. A arquitetura chinesa se baseia em leiautes axiais, elementos formais e no sequenciamento para estabelecer hierarquias, uma vez que poucas edificações (além de torres de vigia e pagodes) têm mais de um pavimento.

Os construtores chineses desenvolveram sistemas sofisticados de construção em madeira já nas Dinastias Sui e Tang, e, durante a Dinastia Song, funcionários codificaram as práticas relacionadas no *Yingzao-fashi*, um livro de padrões de edificação. Como descrito neste texto, um pavilhão de madeira como o do Monastério de Nanchan (veja as Figuras 4.6 a, b) deveria ter quatro partes, começando por uma plataforma elevada, como a antiga estilobata grega, que anunciava a importância da edificação. Colunas subiam desta plataforma até as **mísulas compostas**, apoios interconectados que permitiam a construção de beirais para proteger a construção de madeira das intempéries e exibiam a sofisticada samblagem chinesa, que transcendeu a construção e até mesmo a decoração e acabou se tornando uma arte. As mísulas compostas partiam de um *dou*, ou bloco de madeira, que era colocado no topo das colunas, de modo similar a um capitel na arquitetura clássica europeia. O *dou* sustentava pares de *gong*, ou mísulas, com o primeiro projetando-se paralelamente ao eixo longitudinal do pavilhão, e o segundo, balançando paralelamente ao eixo transversal. Essa sequência podia ser repetida, partindo-se de um segundo *dou* com as mísulas compostas se projetando cada vez mais. Em alguns casos, o *ang*, ou braço curvo voltado para baixo, animavam ainda mais as mísulas.

As mísulas compostas completas sustentavam vigas e caibros, que, por sua vez, apoiavam a quarta parte da edificação: o telhado e sua cobertura de telhas vitrificadas de várias cores. A cumeeira e, com frequência, os espigões curvos onde ocorria a interseção dos planos do telhado, eram cobertos com telhas especiais e ornamentados com esculturas de animais e florões curvos, semelhantes ao **acrotério** dos antigos templos gregos. A ornamentação também estava presente nos tetos e

4.7 Pavilhão Leste, Monastério de Foguang, Província de Shanxi, 857.

Aqui a paisagem foi trabalhada em terraços para criar uma plataforma mais alta para o pavilhão principal, o qual, como era de se esperar, foi construído sobre o eixo na posição de maior importância.

ao redor das janelas e portas, como painéis ou treliças na forma de quadrados, diamantes e paralelogramos.

O *Yingzao-fashi* também prescrevia esquemas de cor e os temas da pintura ornamental, sendo que a maioria dos exemplos remanescentes data da Dinastia Qing. Os três estilos de pintura Qing são *hexi*, *xuanzi* e *suzhou*. No estilo *hexi*, dragões dourados em diferentes posturas estilizadas representam o mais alto nível de nobreza. Os demais motivos incluem contraventamentos em W, fênixes, grama e elevações pintadas de mísulas compostas. Os artistas usavam "filetes de pó" para criar as linhas elevadas que recebiam o folhado de ouro. As cores usadas se tornaram vívidas e passaram a incluir o famoso vermelho chinês, o azul escuro e o verde-folha. A pintura *xuanzi* inclui as chamadas "flores em redemoinho", além de dragões, brocados e um ordenamento hierárquico de cores, indo do dourado e do azul-esverdeado tipo jade até o azul, o verde, o preto e o branco. A pintura *suzhou* é menos estilizada, representando imagens de casas, pavilhões, construções em jardins e espaços lineares, bem como frutas, flores, animais, insetos e seres celestiais. Novamente, as cores diminuem em importância a partir do dourado, a cor de mais prestígio.

Os princípios de Confúcio e de Lao Tsé ficam evidentes na atenção dedicada pelos chineses à implantação da edificação. É comum a orientação de acordo com os pontos cardeais, sendo que as edificações principais tendem a ficar voltadas para o sul, para tirar o máximo de proveito do sol do hemisfério norte e dos ventos dominantes. As edificações de importância secundária ficam voltadas para leste ou oeste, protegidas, sempre que possível, por beirais ou vegetação generosos. O eixo de chegada se estende do sul para o norte, enquanto um pátio interno ao sul faz com que os cômodos mais importantes tenham uma ampla exposição ao sol e ao ar. Esse leiaute razoavelmente previsível expressa fisicamente os ideais de hierarquia de Confúcio, e, ao mesmo tempo, incorpora os ensinamentos taoístas referentes ao viver harmoniosamente, respeitando as forças naturais. O **feng shui**, a arte chinesa de ajustar a edificação conforme características particulares do terreno e de seu microclima, não passa de uma manifestação do princípio taoísta, que afirma que as ações humanas devem estar de acordo com o cosmos.

Os exemplos mais antigos de edificações de madeira que chegaram até nós são os pavilhões dos templos budistas na montanha Wutai, na província de Shanxi. O salão principal do Monastério de Nanchan, construído em 782, é uma estrutura relativamente modesta de três vãos, que mede aproximadamente 11,5 × 9,7 metros e foi implantada em um pátio voltado para o sul com edificações em todos os lados (Figuras 4.6 a, b). Quando as portas do salão estão abertas, o pátio oferece aos fiéis uma oportunidade de ver as estátuas que ficam em seu interior. Monges circungiram o altar e colocam as oferendas na plataforma. O vão central do salão possui uma largura maior, que enfatiza sua implantação axial; o telhado tem amplos beirais curvos e é coroado por uma cumeeira com extremidades curvas pontiagudas. As linhas essencialmente horizontais dos beirais e da cumeeira foram transformadas em uma curva ascendente sutil pela adição de caibros extras nos beirais e de mísulas com camadas múltiplas, o que dá à estrutura um ar de delicadeza e leveza. As colunas finais são levemente inclinadas para o centro do sa-

4.8 Pavilhão Leste, Monastério de Foguang, Província de Shanxi, 857.
Os amplos beirais permitem exibir as enormes mísulas que sustentam a estrutura do telhado.

lão. A tendência de construir elementos curvos, e não perfeitamente retos, faz parte do refinamento ótico encontrado em todas as edificações chinesas. Talvez seja possível compará-la com o uso da êntase e das correções óticas dos templos gregos. Refinamentos semelhantes podem ser vistos no salão leste do Monastério de Foguang, construído em 857 (Figuras 4.7–4.8). O sítio ao pé de uma colina exigiu que o complexo tivesse terraços, fazendo com que o pavilhão principal ficasse elevado acima dos pátios de acesso. A elevação frontal tem sete intercolúnios na sua largura, com beirais excepcionalmente profundos que se projetam em mais de 4,0 metros em relação à face da coluna de apoio.

O complexo de templos de Jinci, em Taiyuan, que inclui o Pavilhão da Sagrada Mãe, foi edificado entre 1023 e 1032 para homenagear os ancestrais, segundo a tradição de Confúcio (Figura 4.9). O terreno é acidentado e cruzado por um córrego, o que motivou os projetistas a incorporar elementos com água, com vários pavilhões cercando o salão principal. Contudo, mesmo em um terreno irregular, a noção do eixo processional é cuidadosamente mantida como a ideia unificadora. O visitante passa primeiramente por um palco para apresentações, cruza uma ponte de pedra e um terraço, entra em um salão de oferendas e, finalmente, atravessa uma ponte quádrupla que fica sobre um corpo d'água quadrado, para então chegar ao Pavilhão da Sagrada Mãe (Figura 4.10). Ali, os arquitetos usaram um sistema complexo de **vigas de transição** para sustentar o telhado do templo, evitando que colunas internas interrompam o espaço reservado para as grandes estátuas da Sagrada Mãe, ladeadas por seus serviçais da corte.

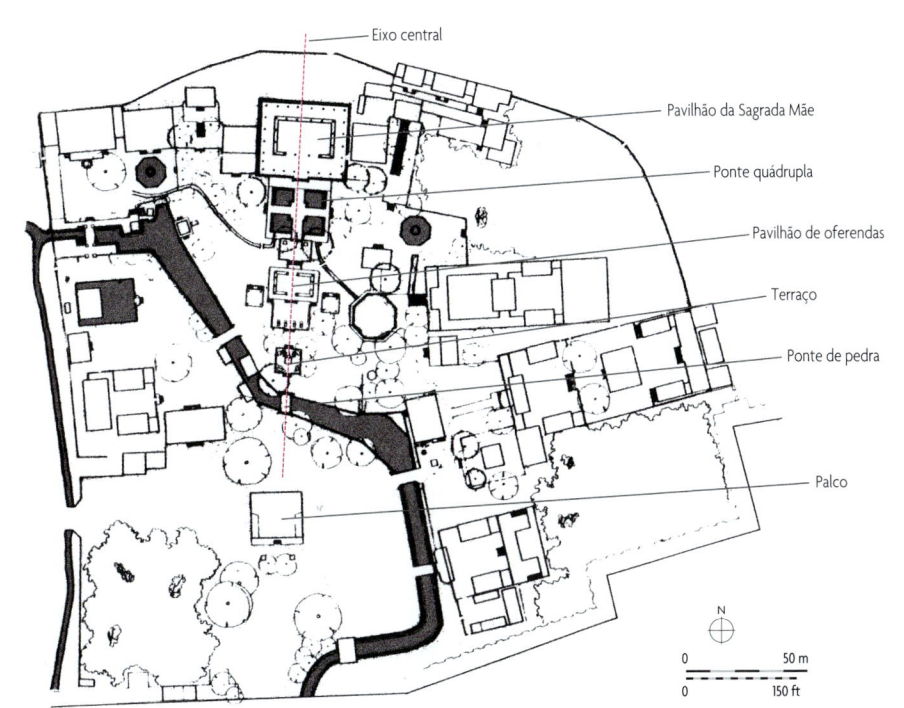

CAPÍTULO 4 A ARQUITETURA TRADICIONAL DA CHINA E DO JAPÃO 107

4.9 Planta baixa do complexo de templos de Jinci, Taiyuan, província de Shanxi, 1023–32.

O eixo central da planta baixa organiza os pavilhões e a ponte que precedem o Pavilhão da Sagrada Mãe (no centro, em cima). Os corpos de água estão em cinza na planta baixa.

4.10 Pavilhão da Sagrada Mãe, complexo de templos de Jinci, Taiyuan, província de Shanxi, 1023–32.

Dragões esculpidos se enroscam nas colunas de madeira. A estrutura dupla do telhado indica a importância do pavilhão.

OS PRINCÍPIOS DE PLANEJAMENTO URBANO

Entre os manuscritos mais antigos preservados na China encontra-se um tratado sobre planejamento urbano. Conhecido como *Kao Gong Ji* ou "O Registro do Artífice", ele foi elaborado no século V d.C. como um manual para se implantar uma cidade segundo os ensinamentos de Confúcio. De acordo com o livro, as capitais devem ser implantadas conforme os pontos cardeais e apresentar uma planta quadrada com aproximadamente 1.200 metros de lado. A muralha que cerca a cidade deve ter três portões em cada lado, enquanto as avenidas que neles iniciam estabelecem a trama do planejamento urbano (Figura 4.11). A estrada avenida no sul é a entrada da artéria principal, com nove faixas para carroças e seguindo em direção norte, até chegar ao complexo de palácios. O palácio propriamente dito é separado do restante da cidade por muros, precedido por um pátio magnífico e ladeado por locais de culto – o templo ancestral (no leste) e o altar da terra (no oeste). O mercado da cidade fica ao norte do conjunto de palácios. Além desses, não há espaços abertos para uso público. As muralhas e um fosso ao redor da cidade protegem contra os inimigos externos, enquanto os muros em volta do palácio e das quadras residenciais criam barreiras que explicitam a hierarquia social. (Não é de surpreender que os chineses usem a mesma palavra para "cidade" e "muro".)

Para visualizar a aplicação desses princípios, basta examinar as plantas de Chang'an (atual Xian), construída no século VI para ser a capital da poderosa Dinastia Tang (Figura 4.12). Na época, ela estava entre as cidades mais ricas e magníficas do mundo, com uma área urbana que cobria aproximadamente 78 km². Em quase todos os aspectos, sua planta está de acordo com os princípios articulados no *Kao Gong Ji*: leiaute quadrado, padrão viário em trama, três entradas em cada lado e uma artéria central arborizada com 45 metros de

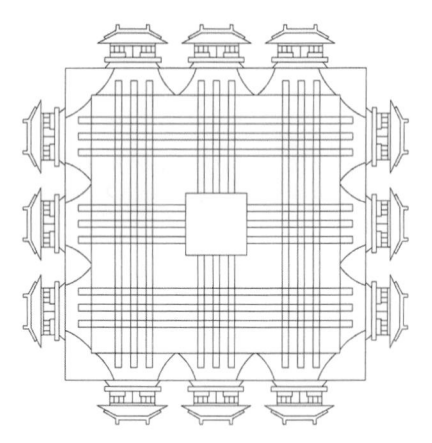

4.11 Diagrama de uma antiga cidade chinesa.

Esta planta esquemática idealizada tem três portais em cada lado do quadrado que define as muralhas da cidade. Ruas retas que partem dos portões criam uma grelha regular que divide a cidade em quadras.

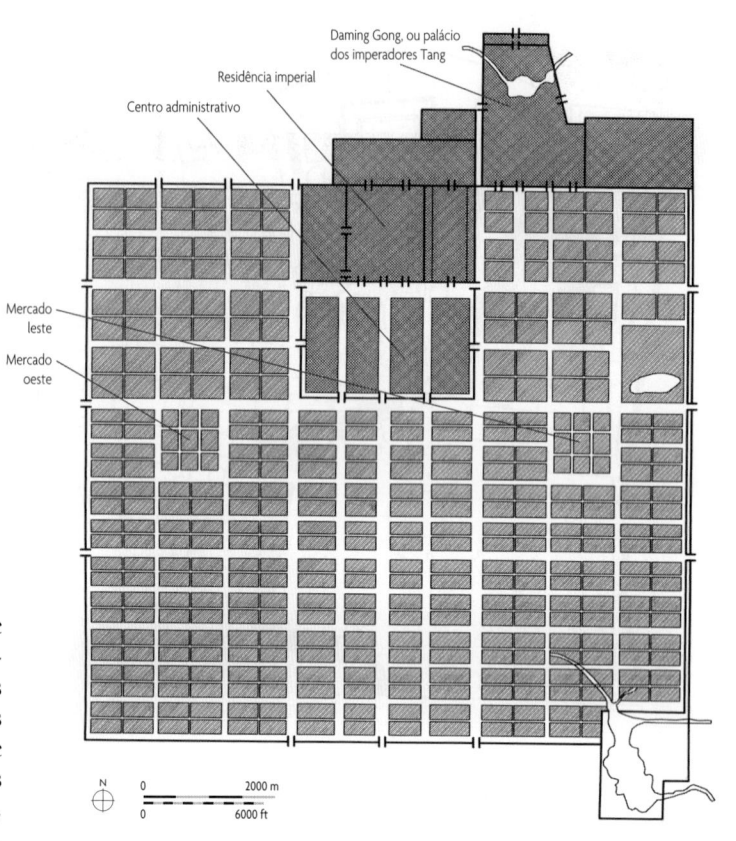

largura, levando do centro da muralha sul ao palácio, que fica no lado norte da cidade. O centro administrativo abrigava escritórios do governo e reforçava o eixo norte-sul. Atrás dele, ao norte, ficavam a residência imperial do príncipe e os espaços de apoio. Uma extensão no lado nordeste da cidade continha o Daming Gong, isto é, o palácio dos imperadores Tang. Além do palácio, ao norte, ficava o Parque Imperial, que ocupava uma área maior que a da cidade murada. Dentro dos muros da cidade, a planta baixa incluía 108 quadras residenciais, cada uma delimitada pelas paredes externas das edificações limítrofes. Áreas de comércio foram previstas nos lados leste e oeste da cidade.

Enquanto grande parte de Tang Chang'an é conhecida apenas por causa da arqueologia, Pequim ainda preserva em sua planta características que derivam do projeto da capital da Dinastia Tang (Figura 4.13). O sítio que abriga Pequim vem sendo continuamente ocupado desde 2400 a.C., servindo intermitentemente como capital do norte desde os séculos III e IV a.C. De 1153 a 1215 d.C., foi a capital da Horda Dourada, ou seja, os mongóis que invadiram a Grande Muralha depuseram a Dinastia Song e governaram como Dinastia Yuan. Em 1368, os imperadores Ming expulsaram os mongóis e restabeleceram Pequim como sua capital em 1403. Eles reduziram a fronteira norte, ampliaram levemente a área ao sul e construíram um novo conjunto de muralhas externas, com 20 km de extensão. Um novo eixo cerimonial foi criado focando a Colina do Carvão (Colina Feng Shui), um morro artificial que se eleva sobre a paisagem adjacente e abriga cinco pavilhões que permitem observar a cidade. Em 1552, para lidar com o aumento da população, foi concluída a construção de uma nova muralha com 15 km de extensão para cercar os subúrbios ao sul (a chamada cidade externa). Embora

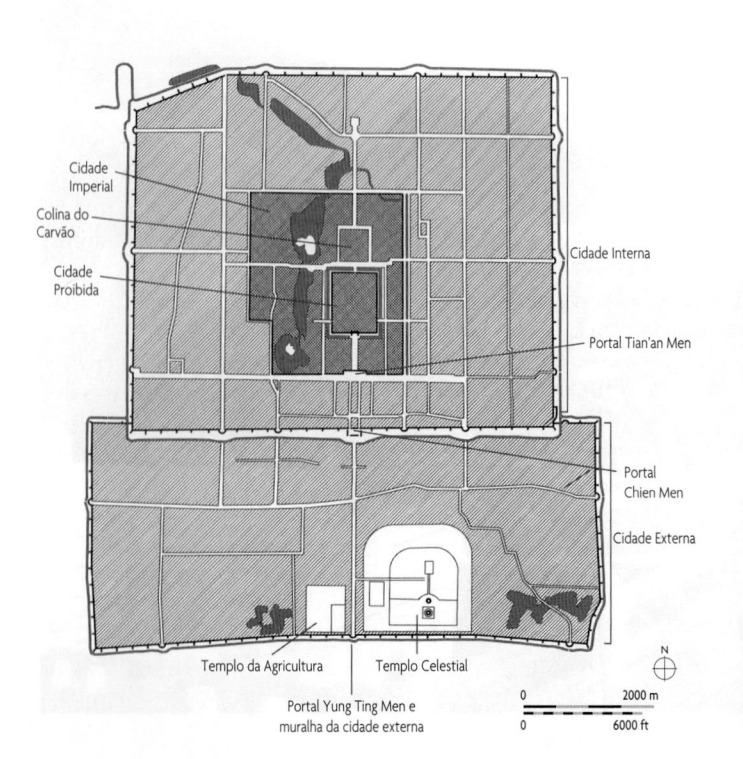

4.12 (acima, à direita) Planta baixa de Chang'an, século VI.

As características básicas da antiga capital chinesa estão de acordo com o diagrama na Figura 4.11, sendo a principal exceção o complexo de palácios inserido no meio do lado norte, finalizando o eixo norte-sul. O ideal de hierarquia de Confúcio foi claramente incorporado nesta planta baixa.

4.13 Planta baixa de Pequim, século XV.

O eixo processional começa no lado sul, no Portal Yung Ting Men, e percorre quase cinco quilômetros até o salão imperial de audiências no centro do palácio, ou Cidade Proibida. Embora ninguém fora da corte pudesse percorrer a rota restante até o norte, o eixo prossegue através dos palácios particulares do imperador e da imperatriz, passando pela Colina do Carvão e chegando, finalmente, à Torre do Tambor, fora da Cidade Imperial.

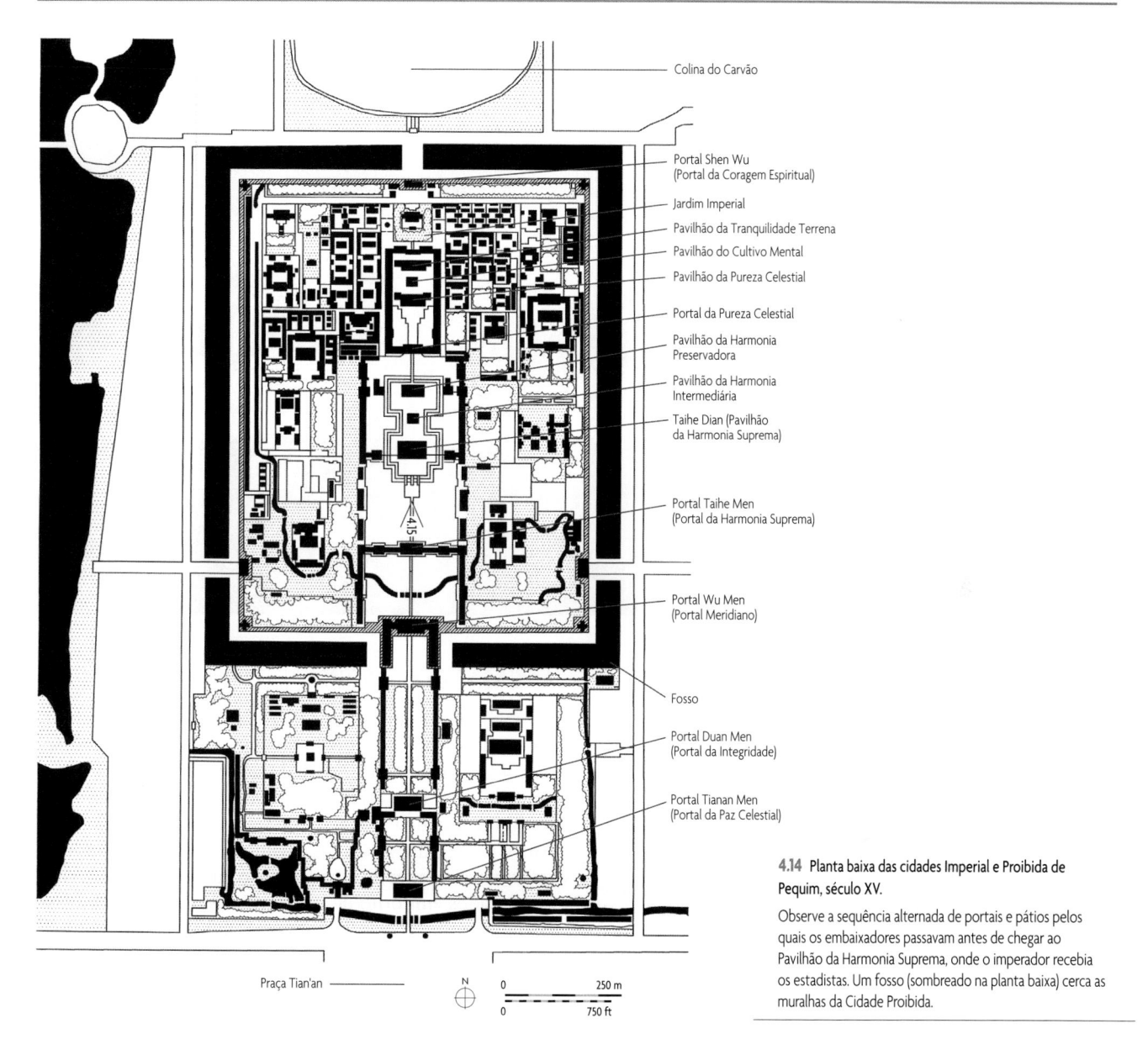

4.14 Planta baixa das cidades Imperial e Proibida de Pequim, século XV.

Observe a sequência alternada de portais e pátios pelos quais os embaixadores passavam antes de chegar ao Pavilhão da Harmonia Suprema, onde o imperador recebia os estadistas. Um fosso (sombreado na planta baixa) cerca as muralhas da Cidade Proibida.

Legendas da planta:
- Colina do Carvão
- Portal Shen Wu (Portal da Coragem Espiritual)
- Jardim Imperial
- Pavilhão da Tranquilidade Terrena
- Pavilhão do Cultivo Mental
- Pavilhão da Pureza Celestial
- Portal da Pureza Celestial
- Pavilhão da Harmonia Preservadora
- Pavilhão da Harmonia Intermediária
- Taihe Dian (Pavilhão da Harmonia Suprema)
- Portal Taihe Men (Portal da Harmonia Suprema)
- Portal Wu Men (Portal Meridiano)
- Fosso
- Portal Duan Men (Portal da Integridade)
- Portal Tianan Men (Portal da Paz Celestial)
- Praça Tian'an

grande parte da Pequim atual não seja particularmente antiga para os padrões chineses, quase toda ela foi executada respeitando as antigas tradições, transformando a cidade em uma excelente materialização tridimensional dos princípios chineses clássicos de planejamento urbano.

Os visitantes que chegavam a Pequim para uma audiência com a corte imperial passavam por quatro áreas muradas separadas ao atravessar a estrada de eixo cerimonial. Primeiro vinham os muros da Cidade Externa, depois os portões da Cidade Interna e da Cidade Imperial (Figura 4.14) e, finalmente, o palácio, ou Cidade Proibida. (O palácio era descrito como "proibido" porque ficava fechado para as pessoas comuns.) Os fossos aumentavam ainda mais a sensação de separação e proteção transmitida pela sequência de muros da Cidade Externa, da Cidade Interna, da Cidade Imperial e, por fim, da Cidade Proibida.

O portal da Cidade Imperial é conhecido como Tianan Men; a praça diretamente em frente a ele foi ampliada consideravelmente desde os tempos do império, de modo a criar um espaço para espetáculos voltados para as massas. Além dela há um pátio fechado por árvores, que os visitantes atravessam para chegar ao Portal Duan Men; este, por sua vez, leva a um pátio retangular alongado. No esquema original, havia templos nas grandes áreas à esquerda e à direita: a oeste ficavam os Altares da Agricultura e, a leste, o templo dedicado aos ancestrais imperiais. (O último acabou sendo substituído pelo Palácio Popular da Cultura.) No final do pátio encontra-se o imponente Portal Wu Men, protegido por torres e muros laterais construídos sobre o fosso que cerca a Cidade Proibida. Após cruzar os portais, o visitante atravessa um pátio pavimentado, onde há um córrego curvo coberto por cinco pontes, e chega ao Portal Taihe Men, que é a antecâmara do salão imperial de audiências – ou Pavilhão da Harmonia Suprema (Taihe Dian) (Figura 4.15). Fazendo jus ao *status* do imperador, este pavilhão é grande e ricamente adornado, ladeado por edificações menos importantes que criam um eixo transversal e acessado por um pódio triplo com escada e uma rampa talhada, através da qual o impe-

4.15 Pavilhão da Harmonia Suprema, Cidade Proibida, Pequim, século XV.
A escadaria axial com seção central talhada era para uso exclusivo do imperador, cujo trono elevado sobre um tablado ficava no centro do pavilhão.

rador era carregado por seu séquito. Embora todas as edificações ao norte do Pavilhão da Harmonia Suprema fossem particulares, para serem usadas pela família imperial e pelos cortesãos, o eixo segue por dois prédios menores utilizados para preparar o imperador para as audiências, atravessa os portais para chegar a um conjunto murado com três salões que continham os palácios particulares do imperador e da imperatriz e termina no fosso e na muralha norte da Cidade Proibida. Precisamente atrás dela fica a Colina do Carvão.

Existem, evidentemente, muitos outros prédios dentro da Cidade Proibida – mais de nove mil, transformando-a no maior conjunto de edificações históricas do país. Os artesãos mais talentosos e os materiais mais ricos foram empregados em sua construção – um fato que o governo socialista da China encara com uma mescla de orgulho e lástima, ciente de que todos que trabalharam ali "serviram ao estilo de vida decadente das classes opressoras". Ainda assim, a Cidade Proibida foi preservada com cuidado e se tornou um museu.

Para finalmente chegar à presença imperial, no Taihe Dian, os visitantes têm de percorrer uma distância de quase cinco quilômetros desde o portal da Cidade Externa. Essa aproximação axial foi projetada com a intenção de criar um ambiente grandioso e adequado aos imperadores que se consideravam os mais poderosos soberanos do planeta. Em nenhum ponto é possível enxergar a rota inteira ou o destino final. Em vez disso, o eixo se desdobra como uma série de espaços cênicos que se sucedem de maneira lógica; a experiência cumulativa e sequencial confere a ela dignidade e poder bem calibrados. O percurso também pode ser interpretado como uma expressão suprema dos ensinamentos de Confúcio sobre a hierarquia e o respeito às autoridades.

AS CASAS E OS JARDINS

Os pavilhões do imperador na Cidade Proibida têm muito em comum com as casas habitadas por seus súditos mais humildes, uma vez que as habitações simples de Pequim também eram construídas com madeira e acessadas por um conjunto murado no qual se entrava por um portão que abria para a rua (Figura 4.17). Os pavilhões que atendiam às diferentes necessidades de uma família com várias gerações eram organizados em torno de um ou vários pátios internos. No eixo e no salão maior ficavam os aposentos ocupados pelo patriarca, ladeados pelos pavilhões laterais, onde residiam os filhos e suas famílias. (As filhas casadas se uniam às famílias dos maridos.) Os pátios ofereciam áreas de estar contíguas; quando o tempo estava bom, eram usados para refeições ou outras atividades coletivas. Se possível, o conjunto inteiro ficava voltado para o sul, assim como a Cidade Proibida (hemisfério norte). As casas dos plebeus eram, evidentemente, muito menores, construídas com materiais mais simples e apresentavam uma decoração muito mais modesta; no entanto, os princípios de arquitetura que ditavam o projeto da habitação também se aplicavam ao palácio.

O projeto das casas chinesas tradicionais dava muita importância à privacidade da família. As ruas residenciais eram geralmente configuradas pelas paredes externas altas que fechavam cada casa, abertas apenas por portões de entrada, frequentemente identificados pelos brasões das famílias e, às vezes, com um toque de decoração colorida. A entrada raramente ficava no eixo, pois isso acabaria expondo toda a área frontal do pátio à visão do público quando o portão estivesse aberto. Em geral, o acesso era lateral, dando para um anteparo. Em habitações maiores, um criado controlava a entrada de visitantes no portão; às vezes, os dormitórios dos criados eram construídos contra a parede voltada para a rua. O uso

ROCHA IRMÃO MAIS VELHO

Robert M. Craig

No início do século XII d.C. (Dinastia Song do Sul), o poeta erudito Mi Fu (1051-1107) foi nomeado magistrado do distrito de Wu Wei, na China, e chamado para cumprimentar seus colegas oficiais e convidados antes de tomar posse. Ao entrar nos salões oficiais, distraiu-se imediatamente com uma rocha magnífica que ornamentava o jardim. Ignorando todos ao seu redor, Mi Fu fez uma profunda reverência em frente à grande pedra, homenageando a natureza, em vez do homem, e dirigindo-se à pedra respeitosamente como "Shixiong" ou "Rocha Irmão Mais Velho" (Figura 4.16).

A história de Mi Fu (talvez apócrifa) inspirou literatos, pintores, poetas e arquitetos paisagistas chineses, cujos temas e projetos universalizaram o papel central da natureza na mentalidade chinesa. Os jardins chineses e japoneses, bem como as estruturas que eles abrigam, são caracterizados pela continuidade e pelo compromisso com a tradição, e não pelos diferentes estilos históricos típicos do Ocidente. *Shan shui*, o termo chinês para paisagismo, significa "montanhas e água", e os jardins chineses tradicionais – cujos melhores exemplares se encontram em Suzhou – são essencialmente "jardins de colinas e água". No nível mais simples, eles são criados escavando-se um lago artificial e empilhando a terra escavada para formar uma colina artificial adjacente. Nas palavras de Ji Cheng, autor do tratado *Yuan Ye*, ou "A Arte da Jardinagem", datado do século XVII: "ter montanhas ao lado de um corpo de água é a mais bela vista em um jardim... Nunca diga que não há Imortais sobre a terra". Com frequência, essas montanhas e jardins assumiam a forma de jardins de pedra (composições elaboradas com pedras empilhadas que criavam uma pequena colina escarpada artificial). O mais renomado jardim de pedras é o chamado Arvoredo do Leão, o jardim de Suzhou que já pertenceu à família do famoso arquiteto sino-americano I. M. Pei. Quando construiu o Fragrant Hills Hotel, em Pequim (1979-80), Pei incorporou elementos de paisagismo como o *lou chuang*, janelas decorativas tradicionais caracterizadas por grelhas. Mas não era o *lou chuang* que ornamentava o jardim da família de Pei, o Arvoredo do Leão em Suzhou, e sim o Rocha

4.16 Jardim chinês com pavilhão e rocha *taihu*, Suzhou, 1522-1666.

Irmão Mais Velho. Muitos veem nas pedras *taihu* (escavadas pela água) formas leoninas, como filhotes de leão saltitando e jubas de leão em perfil. O Arvoredo do Leão foi concebido pelo pintor Ni Tsan (Zan), do século XIV, e desenvolvido e reconstruído repetidamente ao longo dos séculos das Dinastias Ming e Qing. Mantendo suas características tradicionais, ele se mantém até hoje como o jardim por excelência para as obras de pedra *taihu*.

Em seu tratado sobre paisagismo, Ji Cheng observou que os chineses vinham coletando rochas desde a antiguidade e apreciavam especialmente as pedras grotescas e erodidas do Lago Tai. Pessoas comuns colocavam pedras *taihu* em seus jardins em Suzhou e Wuxi, enquanto emissários imperiais às vezes transportavam rochas enormes pelo Grande Canal do sudeste até o norte da China, chegando a Pequim, onde ainda podem ser vistas no jardim imperial da Cidade Proibida, no parque Baihai, que fica nas proximidades, e até mesmo no Palácio de Verão da imperatriz viúva da Dinastia Qing, construído no século XIX.

As rochas *taihu* podem ser inseridas em lagos de jardim não apenas como ornamentos, mas representações simbólicas das ilhas do Mar Leste, onde habitavam os imortais. Segundo a mitologia chinesa, foi nessas ilhas que os deuses destilaram o *elixir vitae*, ou "força vital", aquilo que os chineses chamam de *Qi*. Tão natural quanto a própria respiração, a *Qi* está presente em todo o universo: no céu, na terra, nas montanhas e na água. O jardim se torna tanto uma representação do cosmos como uma materialização metafórica e requintada dos conceitos taoístas de ordem natural. As rochas *taihu* foram escavadas pela água e pelo vento durante séculos; contorcidas e grotescas, eram admiradas por suas perfurações e furos, assim como texturas e marcas que evidenciavam as eras geológicas. As formas amorfas, tanto animadas como inanimadas, transformam a rocha inerte em natureza orgânica. A Rocha Irmão Mais Velho era uma materialização da *Qi*. O mundo criado pelos paisagistas chineses era um microcosmo do universo cósmico de matéria e espírito, céu e terra, masculino e feminino, *yin* e *yang* – um se transformando no outro em uma oscilação eterna tão natural como as marés ou o movimento diário do dia que vira noite.

Inspirando-se nos conceitos taoístas, Frank Lloyd Wright via as edificações de pedra como algo orgânico, uma arquitetura em sintonia com a natureza. Como Mi Fu antes dele, Wright se curvou em homenagem à Rocha Irmão Mais Velho.

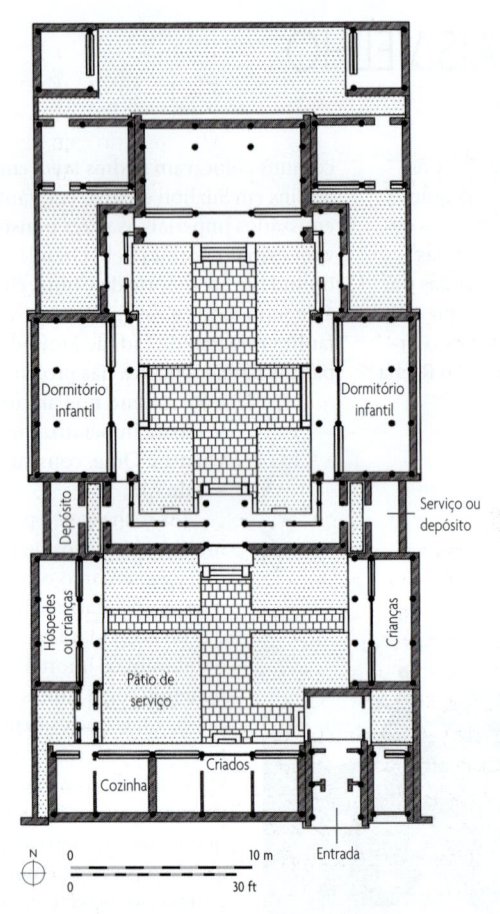

4.17 Planta baixa de uma casa típica, Pequim, século XV.

Esta longa planta baixa mostra o modo como os pavilhões independentes são organizados em torno dos pátios. Observe que a entrada da rua é descentralizada, impedindo que aqueles que chegassem pudessem interferir na privacidade da família.

podia fazer um jardim dentro de sua área murada. No paisagismo, os preceitos de hierarquia e dominância de Confúcio deram lugar aos princípios taoístas, visto que itens irregulares e pitorescos eram cultivados deliberadamente na busca por um ambiente relaxante capaz de promover o livre surgimento de pensamentos e sentimentos por meio da meditação na natureza (Figuras 4.18–4.19). A formalidade que governava praticamente todo o projeto de edificação nunca chegou ao paisagismo, área em que os princípios de *yin* e *yang* são levados a todos os elementos. *Yin* incluía não apenas o feminino, mas itens como lua, noite, terra, água, umidade, escuridão, sombras e vegetação, que refletiam essas características. *Yang*, por outro lado, representava os itens considerados como tendo traços masculinos: luz do sol, fogo, calor, brilho, solidez e elementos de paisagismo com tais atributos. Ainda que alguns jardins, como os famosos exemplares de Suzhou, cobrissem grandes áreas, até os espaços mais reduzidos podiam ser tratados paisagisticamente pelo posicionamento de pedras com formas incomuns, de uma árvore, um pouco de

4.18 Planta baixa do jardim do Mestre das Redes de Pesca, Suzhou, século XVIII.

As edificações são elementos retangulares simples, enquanto outros componentes foram distribuídos de modo a sugerir um naturalismo absoluto, como se estivessem negando o enorme cuidado que foi tomado em seu projeto e posicionamento.

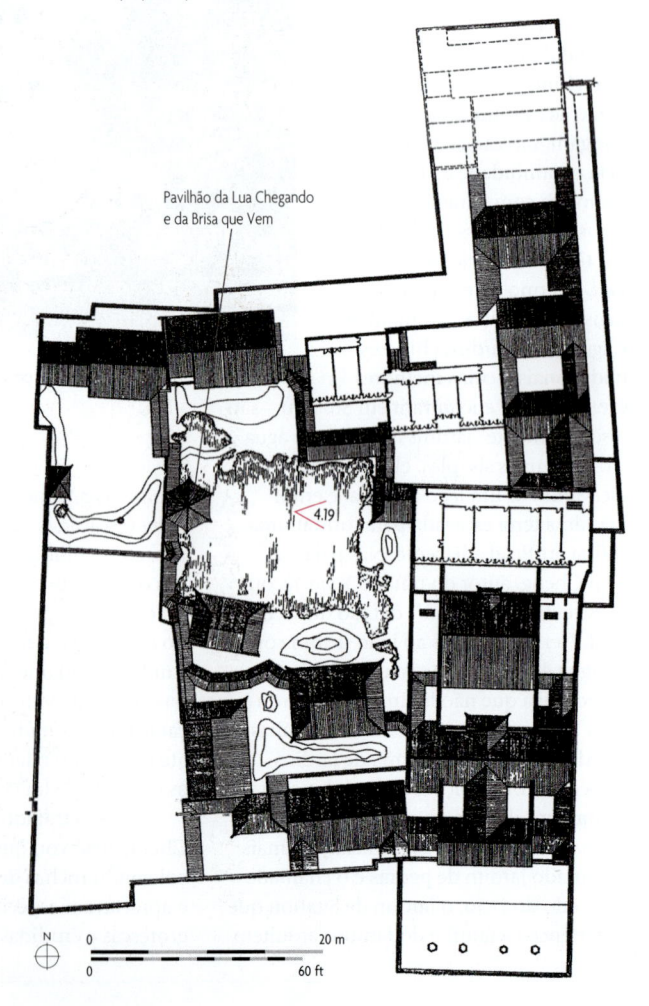

exato dos diversos pavilhões que compunham a casa variava de acordo com o número de usuários e suas atividades. O módulo regular da construção com estrutura de madeira permitia a subdivisão imediata dos espaços internos, uma vez que as paredes – mesmo as externas – eram feitas de finos painéis de madeira com seções maciças ou abertas. As janelas eram feitas de papel grosso que podia ser retirado e guardado durante os meses de verão, para permitir a livre circulação do ar. Amplos beirais protegiam as varandas, as quais serviam de elemento de transição entre os espaços internos e externos. No inverno, porém, as casas provavelmente eram frias e mal vedadas, pois poucas pessoas dispunham de recursos eficientes para mantê-las aquecidas. Em vez disso, os chineses usavam camadas de vestimentas acolchoadas e forradas com pele para se manterem aquecidos tanto dentro como fora de casa. Nas áreas rurais, onde as construções eram de tijolo ou **adobe**, as casas costumavam ter pisos radiantes que forneciam calor durante os meses frios; no entanto, esse leiaute não era indicado para edificações com estrutura de madeira.

As casas das famílias mais abastadas ou com várias gerações eram ampliadas com a adição de pátios de diferentes tamanhos. Alguns talvez tivessem pisos secos e outros recebiam árvores escolhidas com cuidado. Quem tinha dinheiro

4.19 Pavilhão da Lua Chegando e da Brisa Que Vem, jardim do Mestre das Redes de Pesca, Suzhou, século XVIII.

O irregular e o pitoresco foram cultivados cuidadosamente para contrastar com as rochas, a água e as plantas escolhidas de acordo com os princípios taoístas.

areia e talvez um corpo de água, além de algumas plantas selecionadas. O paisagismo se tornou uma manifestação artística enraizada na imitação dos valores cênicos das formas naturais, explorando propriedades naturais do terreno. Nos jardins maiores, a experiência do visitante é sequenciada e controlada cuidadosamente pela atenção dedicada, entre outros recursos, às texturas de piso, pontos de observação e recursos de enquadramento (portões) para controlar a vista. Embora o jardim inteiro fosse projetado de maneira consciente, o objetivo era que parecesse ter surgido naturalmente. O projeto de paisagismo era considerado um exercício muito mais intelectual do que o projeto de arquitetura; por isso, se tornou uma ocupação adequada para poetas, filósofos e homens que haviam conquistado cargos elevados no serviço público. Esses indivíduos ricos e cultos foram responsáveis pela obra-prima que é Suzhou.

No século XVIII, na paisagem da província rural de Fujian, localizada na região montanhosa no sudeste da China, a população campesina construiu casas *tulou*, ou seja, casas com pátio feitas de terra apiloada. Essas edificações peculiares foram construídas para abrigar diversas famílias que se uniram por questões de proteção. Algumas têm plantas baixas quadradas, outras circulares, e paredes com até 2,4 metros de espessura. Os exemplos remanescentes do tipo circular (Figura 4.20) variam em tamanho e número de pavimentos, sendo que as maiores têm mais de 60 metros de diâmetro e são subdivididas em mais de 70 cômodos. Varandas contínuas estão voltadas para o pátio interno, que, ainda hoje, é usado para atividades comunitárias de cozimento, lavagem e processamento da colheita.

4.20 Casas *tulou*, condado de Hajing, província de Fujian.

Casas como estas nos fazem lembrar que existem certas constantes na arquitetura, como o pátio interno que aparece repetidamente em diferentes culturas e épocas. Elas também demonstram a infinita criatividade da mente humana ao organizar as atividades do dia a dia.

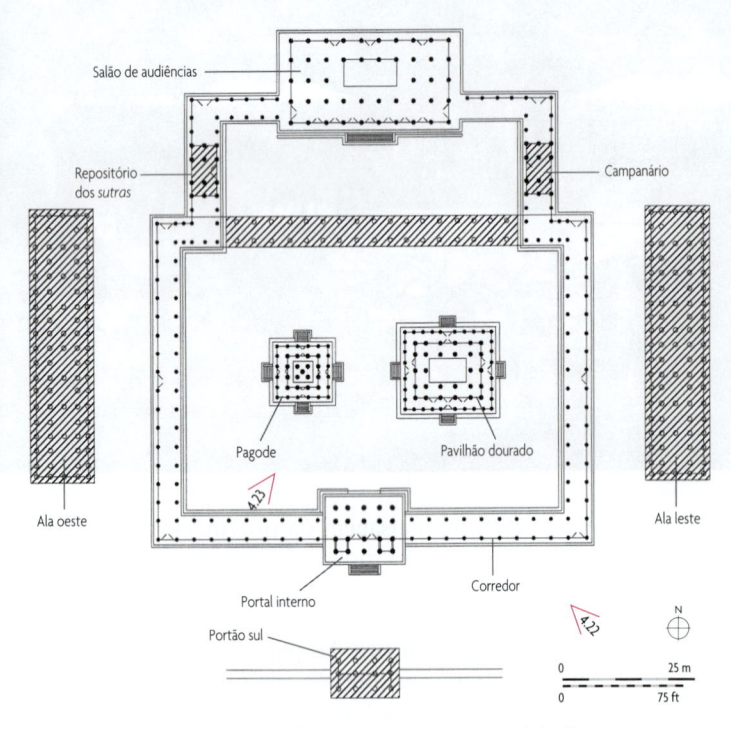

4.21 Planta baixa do complexo de templos de Horyuji, nas proximidades de Nara, 670–714.

Observe que a composição não apresenta uma simetria rígida, optando por uma assimetria equilibrada na qual a verticalidade do pagode se opõe ao volume do Pavilhão Dourado, mais baixo e mais pesado. As colunatas que definem o muro externo foram acrescentadas posteriormente, incorporando os pavilhões que eram soltos e abrigavam sinos e textos sagrados.

4.22 Complexo de templos de Horyuji, nas proximidades de Nara, 670–714.

Esta perspectiva a voo de pássaro mostra a estrutura complexa do telhado e os suportes de beiral inspirados nos projetos de templos chineses.

A ARQUITETURA DOS TEMPLOS JAPONESES

O Japão ocupa um arquipélago junto à costa da Coreia e da China. O arquipélago inclui quatro ilhas principais e milhares de ilhas menores espalhadas ao longo de quase 1.300 km. Nos tempos pré-históricos, as ilhas estavam unidas ao continente por estreitas faixas de terra em vários locais. Erupções vulcânicas criaram uma cadeia de montanhas – das quais o Monte Fuji é a mais famosa – que forma a espinha da maioria das ilhas; na verdade, os vulcões e terremotos associados às placas tectônicas subterrâneas foram, e ainda são, fontes de preocupação e, às vezes, de desastres. Os quatro grupos étnicos identificados pelos arqueólogos como os primeiros habitantes do arquipélago se misturaram há muito tempo e formaram uma população relativamente homogênea, que, como na China, se caracterizava por uma longa autonomia governamental e pelo mínimo de contato com outras culturas até meados do século XIX. Em termos de arquitetura, a influência da China se fez sentir desde cedo, associada principalmente à importação do budismo; também há elementos em comum com a Coreia, que agiu como intermediária entre a China e o Japão durante os primeiros séculos da era cristã.

A religião nativa do Japão é o xintoísmo (ou "caminho dos deuses"), que cultua as forças naturais essenciais para a agricultura por meio de rituais e celebrações em templos. Embora a religião já estivesse consolidada quando suas tradições orais foram registradas pela primeira vez, no início do século VIII d.C., há evidências de que seus mitos e práticas foram usados para ajudar a transformar assentamentos de agricultura e pesca anteriormente díspares em um povo unificado; com a ascensão de um poderoso governo central semelhante ao da Dinastia Tang, na China, o monarca-sacerdote se autodeclarou imperador e descendente linear direto da deusa do sol, Amaterasu. (Esta declaração foi renunciada pelo imperador do Japão em 1945, como parte do acordo que pôs fim à Segunda Guerra Mundial.) Contudo, embora fosse a religião oficial do estado, o xintoísmo começou a sofrer influência do budismo no século VI d.C. Na prática, as duas religiões vieram a se sobrepor consideravelmente nos séculos seguintes.

Os templos budistas

A dispersão geográfica das ilhas do Japão contribui para a considerável diversidade dos climas – desde Hokkaido, ao norte, onde a neve e o frio são frequentes, por causa dos longos invernos, até as condições subtropicais úmidas das ilhas do sul. Dois fatores fizeram da madeira o principal material de construção: em primeiro lugar, ela é fácil de obter e de trabalhar; em segundo, as estruturas de madeira flexíveis construídas no Japão não têm contraventamento diagonal significativo e são mais estáveis que as de alvenaria em caso de terremoto. Incêndios e deterioração natural pouparam poucas edificações anteriores ao século VIII d.C., época em que a influência da arquitetura da China era a principal. Sistemas de construção arquitravados, inspirados nas elaboradas construções com mísulas, foram usados no mais antigo complexo de templos budistas – o de Horyuji, perto de Nara (670–714) (Figuras 4.21–4.22). Os edifícios do templo fo-

4.23 Pagode, templo de Horyuji, nas proximidades de Nara, 670–714.
As suaves curvas ascendentes dos beirais acentuam a graciosidade dos telhados que parecem flutuar. Um único elemento vertical de madeira sobe da base até o florão da edificação.

ram distribuídos dentro de um grande pátio definido por um corredor externo coberto e acessado por um portal interno (*chumon*). Ainda que a axialidade esperada e típica da influência chinesa esteja presente, a simetria dá lugar a uma assimetria equilibrada: um pagode de cinco pavimentos à esquerda se opõe ao chamado Pavilhão Dourado (*kondo*), que é maior na planta baixa, mas não na altura. Além dessas estruturas soltas fica o pavilhão ou salão de audiências centralizado (***kodo***), usado para a educação de monges vinculados ao templo. Assim como o salão de audiências, os pavilhões pequenos que abrigavam os *sutras*, ou textos sagrados, e um sino – atualmente incorporado à galeria – eram soltos inicialmente, fazendo com que o monastério original apresentasse um muro externo retangular simples. Seguindo a prática chinesa, o pagode continha relíquias de Buda, enquanto o Pavilhão Dourado servia de repositório de imagens religiosas. O pagode de Horyuji foi construído ao redor de um único montante de madeira que se eleva por toda a altura interna da edificação (Figura 4.23); seus beirais graciosamente curvados são sustentados por mísulas com braços em forma de nuvens. Não há acesso aos níveis superiores, o que confere ao pagode basicamente a função de elemento vertical na composição geral.

Uma elaboração em escala maior deste mesmo esquema pode ser vista no monastério de Todaiji, iniciado em 760, em Nara, como parte de um programa incentivado pelo Estado que promovia a construção de monastérios budistas em todas as províncias do país, sendo este o maior templo na capital. O monastério incluía dois pagodes de sete pavimentos dispostos simetricamente em frente ao pátio interno que cercava o Pavilhão Dourado ou do Grande Buda (*Daibutsuden*) e o *kodo* – todos construídos sobre o eixo. Estruturas menores usadas como aposentos e refeitório dos monges fechavam o *kodo* em três lados. O enorme Pavilhão do Grande Buda abrigava uma estátua monumental de liga de cobre e zinco, com 16 metros de altura, representando Vairocana, o Buda do Mundo Ideal. O pavilhão que existe hoje é uma reconstrução datada de 1700, aproximadamente, com apenas dois terços do tamanho original; ainda assim, é apontado como uma das maiores edificações de madeira do mundo. Tanto no projeto geral como nos detalhes, a influência dos projetos de templos chineses fica evidente. O monastério de Todaiji foi destruído em 1180 e reconstruído de maneira similar ao da Dinastia Song, da China, que, no Japão, ficou conhecido como estilo do Grande Buda e cujo melhor exemplo é o Grande Portal do Sul,

4.24 Grande Portal do Sul, Monastério de Todaiji, Nara, cerca de 1200.

A estrutura do telhado desta edificação evidencia a influência de obras contemporâneas na China da Dinastia Song. Oito camadas de mísulas em balanço sustentam os enormes beirais da cobertura inferior, enquanto outras sete camadas sustentam os beirais superiores. As extremidades das mísulas têm um perfil curvo peculiar, típico do estilo do Grande Buda.

4.25 Interior do Pavilhão da Fênix, Uji, 1053.

Esta vista de baixo mostra o Buda sentado sobre uma flor de lótus no lago do paraíso. Os materiais suntuosos e detalhes intricados das figuras talhadas e douradas foram usados por devoção à esperança de um mundo melhor ainda por vir.

concluído em 1199 (Figura 4.24). Nele, as mísulas dos beirais estão apoiadas diretamente nas colunas, que, por sua vez, foram intertravadas por uma sucessão de tensores que saem das bossas nos centros dos pilares. Não há forro no interior, o que permite visualizar toda a estrutura do telhado, incluindo caibros curtos que irradiam nas quinas para criar grandes beirais. Os pilares principais têm a mesma altura da edificação, em cujo ápice ocorre a sobreposição de uma série das chamadas "vigas em arco-íris" e de montantes em forma de perna de rã, oferecendo suporte à cumeeira.

O Budismo da Terra Pura surgiu durante o século X a partir de uma seita esotérica que buscava o mundo ideal (a Terra Pura) pela devoção ao Buda Amida, o Senhor do Paraíso Ocidental. O movimento atraiu devotos e nobres abastados que construíram pavilhões em suas propriedades para abrigar uma imagem de Amida, sendo que, cada vez mais, os projetistas de tais edificações tentaram capturar a magnificência do paraíso por meio de uma arquitetura elaborada e com acabamentos riquíssimos. Esse foi o caso do Pavilhão da Fênix (Hoodo) de Byodoin, localizado em Uji (ao sul de Quioto), que foi construído em 1053 pela família Fujiwara como parte da reciclagem de uma antiga casa de campo em templo familiar. A planta baixa e a volumetria da edificação foram inspiradas na fênix, um pássaro mitológico que nasce das cinzas da destruição. Essa imagem era bastante adequada, pois muitos acreditavam que o ano de 1052 marcara o início de uma era de declínio espiritual, durante a qual se perdeu a esperança de escapar do ciclo de nascimento e renascimento. Acreditava-se que somente Amida tinha poderes suficientes para salvar a humanidade; por isso, esse período foi bastante frutífero para a construção de pavilhões em sua homenagem.

A planta baixa do Pavilhão da Fênix é simétrica, consistindo de um salão central com alas abertas em formato de L que se estendem em cada lado e um corredor coberto conectado pelos fundos, semelhante a uma cauda. Na elevação, os planos da cobertura e o sistema de mísulas sugerem um movimento ascendente, como se tentassem capturar a sensação de voar. O salão central aparenta ter dois pavimentos, por causa da camada dupla de telhado; no entanto, tem um pavimento com grande pé-direito concebido para criar um magnífico ambiente para uma estátua de Amida de madeira dourada, que, com seus quase três metros de altura, senta-se sobre um trono de lótus em frente a uma moldura dourada, em forma de amêndoa e sob um baldaquim de madeira talhado com muito capricho (Figura 4.25). A estrutura de madeira foi pintada de vermelho com detalhes em dourado, ressaltados por painéis de vedação brancos – um esquema de cores que se assemelha à prática chinesa. As alas laterais se elevam em dois pavimentos, terminando em pavilhões com coberturas de duas águas coroadas por pequenas torres nas quinas do L. Quando vista do outro lado do espelho d'água que fica em frente ao pavilhão, a estátua dourada inserida nesta arquitetura graciosa e delicada transmite a sensação de alcançar o paraíso perfeito que seus patronos almejaram.

Os santuários xintoístas

Contrastando com os elaborados templos budistas inspirados em projetos chineses, os santuários xintoístas são geralmente pequenos em escala e modestos em termos de arquitetura. O mais famoso é o Santuário de Ise, em Uji-Yamada, que tem sido reconstruído exatamente a cada 20 anos desde sua fundação, em 690 d.C., o que preservou sua forma original com uma precisão razoável, embora estudiosos concordem que possam ter ocorrido pequenas mudanças com o passar do tempo. Ise, na verdade, é composto por dois santuários que ficam a 6,5 km um do outro: o Santuário Externo (Geku), dedicado à Toyouke, deusa da agricultura e da terra, e o Santuário Interno (Naiku), dedicado à Amaterasu, deusa do sol (Figuras 4.26–4.28). Uma vez que o sol e a terra eram igualmente necessários para a prosperidade agrícola, essa união de opostos estava em sintonia com os conceitos de harmonia e equilíbrio. Os leiautes dos santuários são similares, cercados por quatro conjuntos de cercas concêntricas, cada um acessado por um portal (*torii*), e edificações distribuídas simetricamente de cada lado de um eixo central. No centro fica o santuário principal, ladeado por casas do tesouro a leste e a oeste. Edifícios de apoio acomodam a cozinha e o salão de oferendas, usados pelos sacerdotes para preparar a oferenda diária de alimentos à divindade. Pedras brancas cobrem o pátio onde se encontram as edificações; a tranquilidade e o vazio do terreno não são perturbados pelos visitantes, que devem permanecer fora da área cercada. Na adjacência imediata do santuário fica uma área vazia, idêntica em tamanho, que servirá de terreno para a próxima reconstrução.

Muitos historiadores enxergam nas edificações do santuário de Ise a verdadeira essência da arquitetura japonesa. Ali, além da preservação das tradições de edificação, germinaram ideias que seriam exploradas posteriormente em outras situações. A arquitetura provavelmente evoluiu de projetos vernaculares para celeiros, isto é, edificações utilitárias que eram elevadas sobre pilares para proteger o conteúdo da umidade e das pragas. Nas culturas agrícolas, é

4.26 Santuário Interior, Santuário de Ise, Uji-Yamada, 690 d.C.–presente.

Nesta imagem da cerca e das coberturas das casas do tesouro podem ser vistas formas arcaicas de construção em madeira em todas as edificações. O santuário faz parte de um grande complexo ao lado do rio Isuzu, contendo acomodações para peregrinos e sacerdotes. Ele é reconstruído a cada 20 anos em terrenos retangulares adjacentes, onde é reutilizado o pilar central da edificação principal da reconstrução anterior.

4.27 (abaixo, à esquerda) Elevações e plantas baixas do Santuário Principal, Santuário de Ise, Uji-Yamada, 690 d.C.–presente.

A elegância simples das proporções e materiais usados nessas edificações se tornou a quintessência da arquitetura japonesa.

4.28 Santuário Principal, Santuário de Ise, Uji-Yamada, 690 d.C.–presente.

Aqui são visíveis os *chigi*, ou caibros que se cruzam no alto das empenas, e os *katsuogi*, curtas toras horizontais de madeira com seção variável dispostas sobre a cumeeira.

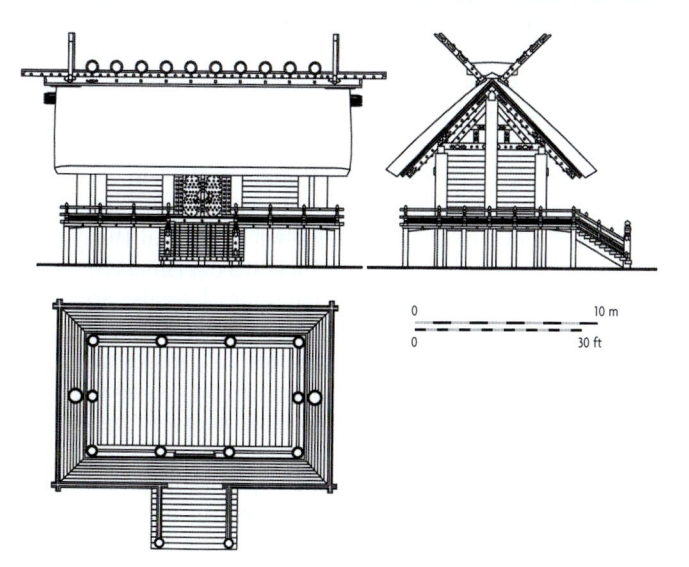

comum encontrar celeiros edificados com mais cuidado do que as casas, uma vez que a sobrevivência da comunidade dependia dos grãos armazenados e de sementes suficientes para cultivar os campos no ano seguinte. Edificações com piso elevado também eram típicas dos primeiros palácios imperiais – outra associação bastante adequada para os santuários que homenageavam os ancestrais do império. Em Ise, esse tipo de edificação se transforma em uma manifestação artística, criando estruturas serenas com telhados de duas águas e detalhes simples, porém elegantes.

No Santuário Interior, o templo principal (*shoden*) é elevado a partir de uma coluna central que sustenta o núcleo da edificação: um baú em forma de barco contendo um espelho que simboliza a deusa do sol e a família imperial, que alegava descender dela. (Essa coluna central é a única coisa que permanece no terreno depois da reconstrução do santuário no lote contíguo. Coberta e protegida por uma cobertura mínima, ela espera pelo próximo ciclo de construção, quando voltará a ser o centro do santuário.) Somente o imperador pode entrar no templo mais interno. A madeira de cipreste usada na construção do santuário é deixada sem pintura, embora todas as superfícies expostas sejam acabadas com muito primor. Os ornamentos de metal presentes no exterior refletem a influência da Dinastia Tang, da China. O peso do telhado repousa sobre as paredes externas de tábuas do santuário, que, com o passar dos anos, recalcam e se contraem, promovendo o contato das vigas e colunas, que passam a receber parte da carga estrutural. As extensões dos caibros (*chigi*) nas empenas lembram a forma das primeiras estruturas de bambu, nas quais as extremidades dos caibros se cruzavam depois de amarradas originalmente. As toras horizontais de seção adelgaçada (*katsuogi*) – originalmente dispostas na cumeeira como pesos para impedir que a cobertura de sapé fosse arrancada pelas tempestades – acabaram virando elementos de decoração, cujo número ressaltava a importância da edificação. Assim, elementos que surgiram como reflexos práticos das necessidades de construção se tornaram expressões de simplicidade altamente refinadas, exigindo o máximo de cuidado até nos mínimos detalhes. Essa característica ainda se faz presente na maior parte da arquitetura japonesa tradicional. Por meio do ritual de desmontagem e recriação, Ise representa a continuidade e, ainda assim, se mantém sempre novo.

AS CASAS E OS CASTELOS JAPONESES

Na capital e em outras cidades do Japão, as casas eram construídas com materiais não duráveis. Por causa dos frequentes incêndios e da decomposição natural, nenhuma delas chegou aos dias de hoje. Pinturas em pergaminhos da época retratam imagens da vida urbana, mostrando ruas configuradas por casas em fita de um pavimento e geralmente com lojas nos cômodos voltados para a rua, pois o comércio era um complemento importante para as atividades governamentais. A construção é simples, com pilares de madeira apoiados em fundações de pedra sustentando uma cobertura de tábuas com duas águas. Os pisos eram de terra, embora a maioria das casas costumasse ter um tabuado elevado de madeira em pelo menos um cômodo. As paredes externas

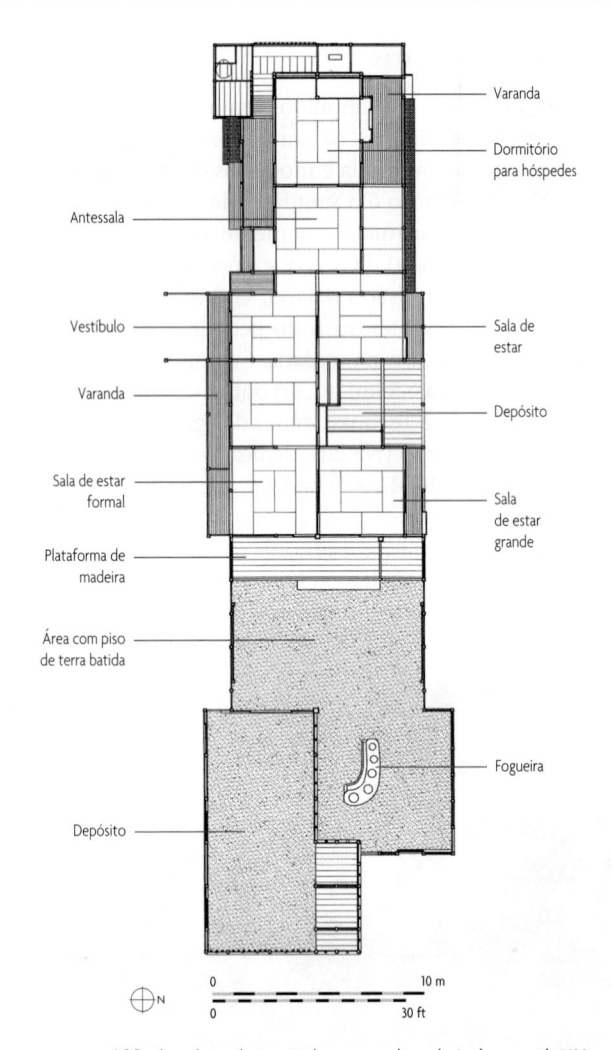

4.29 Planta baixa da Casa Yoshimura, arredores de Osaka, cerca de 1620.

A *minka* (casa popular de madeira) era dividida em duas partes – uma seção com piso de terra batida (em cinza claro neste desenho), onde ficavam os animais e se cozinhava, e a área de estar com piso elevado, coberto com um tatame modular.

eram de pau a pique ou outra vedação leve, com cortinas penduradas nas portas de entrada para se ter um mínimo de privacidade. As janelas voltadas para a rua ficavam acima da altura dos olhos para permitir a entrada de luz e, ao mesmo tempo, impedir as pessoas de olharem para dentro. Às vezes havia um pequeno jardim atrás da casa.

As mansões dos japoneses ricos tinham muito em comum com as casas chinesas. Geralmente ocupando toda uma quadra urbana, elas eram orientadas para o sul (hemisfério norte), com um pavilhão principal axial (*shinden*) aberto para o pátio e ladeado por pavilhões laterais; no entanto, as condições específicas do terreno às vezes impediam a simetria absoluta de todas as partes. As paredes externas garantiam privacidade em relação à rua e, em geral, as edificações eram complementadas por um pequeno lago artificial e um primoroso tratamento paisagístico.

As técnicas e os materiais de construção tradicionais, que há muito tempo desapareceram dos centros urbanos, ainda são encontrados em casas nas regiões rurais. O Japão

4.30 Interior de uma casa tradicional, Japão, século XIX.

Esta imagem mostra as paredes corrediças e as zonas da casa com pisos elevados, cobertos por *tatame*. Estantes e armários guardam os utensílios domésticos; a quantidade de móveis é mínima, para padrões ocidentais.

4.31 Casa tradicional de madeira (*minka*), Japão, provavelmente século XIX.

Esta *minka* possui uma cobertura de sapé de duas águas com um grande lanternim sobre a cumeeira, para permitir a entrada de mais luz e ar. Essas coberturas são típicas das *minka* encontradas no Município de Yamanashi, a oeste de Tóquio.

possui uma riquíssima variedade de **minka** (casas populares de madeira) que, coletivamente, ilustram a diversidade regional e também as condições de vida pré-modernas das pessoas comuns (Figuras 4.29–4.31). Em muitos casos, as minka abrigavam tanto animais como pessoas, com celeiros ou estábulos conectados aos dormitórios. Na forma mais simples, o espaço de estar consistia de duas áreas: uma zona com piso de terra batida ao redor de uma fogueira central – a principal fonte de calor e centro para o preparo de alimentos – e uma zona de estar com piso elevado de madeira, para proteger da umidade do solo. Coberturas com grande caimento feitas de sapé, casca de árvore, bambu rachado ou telhas chatas de madeira eram adequadas para proteger da chuva e sustentar a neve acumulada (no norte), enquanto aberturas no alto das empenas permitiam a saída da fumaça da fogueira. As *minka* são geralmente modulares, e as dimensões do **tatame** (esteiras de piso de palha de arroz trançada com cerca de 90 × 180 cm) determinavam as proporções e o tamanho dos cômodos. As versões mais elaboradas dos esquemas básicos incluíam áreas de estar e jantar secundárias, dormitórios para hóspedes e dormitórios que podiam ser compartimentados por divisórias leves. Embora raramente apresentem a simetria formal que caracteriza as casas chinesas, as *minka* possuem uma planta baixa igualmente flexível. As casas japonesas típicas tinham poucos móveis. Almofadas de piso eram usadas como assento e

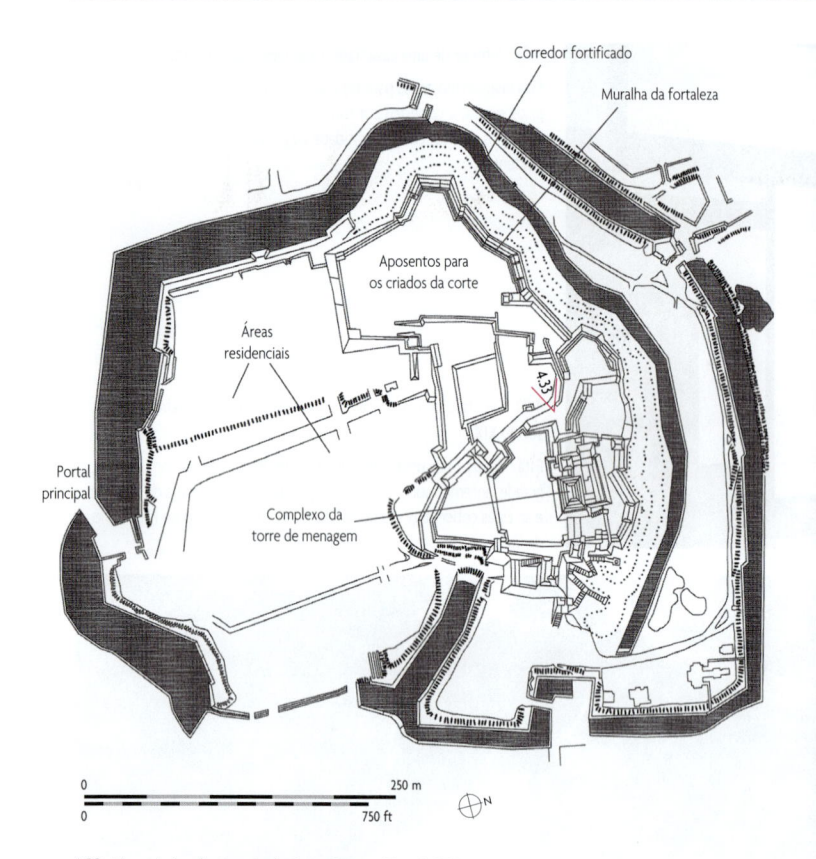

4.32 Planta baixa do Castelo da Garça Branca, Himeji, 1609.
Este é um dos grandes castelos medievais preservados. Suas defesas incluem um fosso (hachurado) e pesadas fundações de pedra, mas a superestrutura é de madeira coberta com espessas camadas de reboco.

4.33 Vista do complexo do Castelo da Garça Branca, Himeji, 1609.
Fundações de pedra sustentam os pavimentos superiores de madeira do castelo, construído na parte alta do terreno. A rota de chegada é protegida por muralhas de pedra inclinadas e posições de defesa com aberturas quadradas para os canhões.

os colchões nos quais se dormia eram removidos durante o dia, permitindo que os cômodos fossem facilmente adaptados para receber diversas funções. A beleza dessas casas está na simplicidade, na atenção extrema aos detalhes e no trabalho artístico que resulta de aproveitar as irregularidades naturais dos materiais de construção. Não é de surpreender que arquitetos ocidentais tão diferentes como Frank Lloyd Wright e Mies van der Rohe tenham buscado inspiração nas formas e nos detalhes da arquitetura japonesa tradicional.

A arquitetura e a arte japonesas costumam refletir qualidades como serenidade e paz, termos que, na verdade, não podem ser usados para descrever a história do Japão medieval. Com a relativa debilidade da família imperial entre os séculos XIII e XVII, senhores feudais disputaram o poder em todo o país e as guerras incessantes contribuíram para a construção de uma notável série de castelos – 12 dos quais, edificados no fim do século XVI e durante o século XVII, ainda estão de pé. Inspirados em fortificações anteriores que já não existem, esses castelos são incomuns pelo fato de terem sido construídos para acomodar e resistir a armas de fogo que foram introduzidas por comerciantes portugueses durante o século XVI. O mais espetacular deles é o castelo de Himeji (1609) (Figuras 4.32–4.33). Apelidado de Castelo da Garça Branca, ele tem várias características de defesa comuns aos castelos de alvenaria da Europa medieval: localização estratégica sobre um promontório, fundações colossais para a torre de menagem central, portais extremamente fortificados e muralhas protegidas por fossos. O que diferencia os castelos japoneses das demais fortificações é o uso da madeira como principal material estrutural. As fundações e as fiadas inferiores das paredes eram de pedra, mas a maior parte da superestrutura era feita de madeira. Ainda assim, areia e cascalho eram aplicados à madeira antes de uma grossa camada de argamassa, deixando a estrutura mais resistente às chamas.

O castelo de Himeji é composto por camadas concêntricas de muralhas e fossos que cercam áreas residenciais na camada externa, aposentos para os criados da corte no segundo anel e a torre de menagem composta de quatro torres menores, no centro. Na área central, um labirinto de passagens conecta os baluartes para confundir os intrusos. A intervalos, existem galerias em balanço das quais era possível atirar pedras ou outros materiais nos invasores que estivessem embaixo. As muralhas contavam com ameias para arqueiros e seteiras para as armas de fogo; pequenas torres projetadas eram usadas para vigilância. A torre de menagem própriamente dita é estruturada por dois tabuados colossais que vão do subsolo à cobertura, seis pavimentos acima. Um pátio interno fornece luz e ar para os cômodos que, do contrário, seriam sombrios, pois as aberturas voltadas para o exterior são mínimas. As aberturas ficam maiores nos pavimentos superiores e o interior da fortaleza possui um aspecto residencial um tanto inesperado em uma edificação criada para resistir a um cerco. O exterior do castelo possui uma aparência impressionante, com vários níveis de telhado, inúmeras trapeiras e empenas sobrepostas. Como seus pares europeus, o Castelo da Garça Branca foi construído para dominar o entorno e servir como centro administrativo.

A ARQUITETURA ZEN-BUDISTA E SUAS DERIVADAS

O *zen*-budismo, que surgiu na China e se difundiu no Japão no século XII, deu nome a um estilo de arquitetura japonesa baseado em exemplos da Dinastia Song chinesa. A essência do *zen* é a iluminação pela meditação, estado ao qual se chega descartando os modos convencionais de pensar com o uso de métodos que podem até parecer irracionais. No Japão medieval, o *zen* se popularizou e passou a ser a forma de budismo mais praticada pelas classes dominantes; por isso, veio a influenciar todos os aspectos da vida cultural, incluindo a arquitetura. O Jizodo de Shofukuji (1404) é o templo *zen* mais antigo do Japão e pode ser usado para ilustrar a linguagem de arquitetura típica do estilo. Como no estilo Grande Buda, as colunas de madeira são perfuradas por tensores horizontais, mas a construção da cobertura difere consideravelmente por usar uma estrutura dupla, ou "oculta", que contém caimento e perfil no interior, além de beirais, e um exterior diferente, mais inclinado, nos quais ficam ocultos os apoios do telhado externo. O caimento mais suave dos beirais confere uma sensação de horizontalidade à edificação. Essa forma de construção de telhado é tipicamente japonesa, sem paralelos na China. O leiaute dos monastérios *zen* também veio a adquirir características próprias: sua simetria bilateral e a distribuição previsível das estruturas com diferentes funções refletiam fisicamente a disciplina mental que se espera dos monges.

Em muitas edificações budistas posteriores, há pouca distinção entre a arquitetura sagrada e a secular. A Vila Imperial Katsura, em Quioto, é um magnífico exemplo de refúgio no campo construído no estilo *shoin*, que se inspirava em elementos das mansões mais antigas da nobreza e também incorpora conceitos da tradição *zen* (Figura 4.34). Construída em etapas entre 1616 e 1660 por três gerações da família de nobres Hachijonomiya, a vila foi concebida para ser usada ocasionalmente como um local para reflexão, relaxamento, trabalhos criativos e contemplação da natureza. A planta baixa de Katsura é irregular, até dispersa, mas todos os espaços internos são ditados pelo módulo do *tatame* (Figura 4.35). A madeira de cedro japonês (*hinoki*) foi usada na estrutura, enquanto portas de outros tipos de madeira ou divisórias revestidas de papel formam as paredes externas. Como no Santuário de Ise, a madeira não recebeu acabamento, mas adquiriu uma pátina cuja cor varia entre o castanho escuro e o cinza, dependendo da ex-

4.34 Vila Imperial Katsura, Quioto, cerca de 1616–1660.
Construída como um refúgio para contemplação, e não como uma habitação permanente, esta casa de campo contém uma série de espaços que podem mudar à medida que as paredes externas são abertas ou fechadas, fundindo frequentemente o interior com o exterior.

posição à luz e do clima. A arquitetura um tanto austera da casa propriamente dita é complementada pelo leiaute artístico dos amplos jardins que cercam um lago sinuoso. Divisórias e portas corrediças permitem mudar as dimensões dos cômodos e abri-los para o mundo natural de diferentes maneiras (Figura 4.36). Os tabuados externos se tornam extensões do interior e enquadram vistas da paisagem; um deles serve como plataforma para se ver a lua sobre o lago.

Distribuídas pelos jardins estão cinco casas de chá – pavilhões separados para se praticar a arte japonesa da cerimônia do chá. Embora seja uma bebida importada da China, uma sucessão de mestres japoneses, incluindo Sen-no-Rikyu (1521–91), transformou o consumo informal do chá em um ritual espiritual que simboliza a perfeição desapegada da tradição *zen*. A cerimônia que envolvia o preparo e o consumo do chá, simples e complexa ao mesmo tempo, era realizada em pequenas edificações raramente simétricas ou regulares, mas construídas de maneira expressiva para incorporar qualidades como harmonia, reverência, pureza e silêncio – a mais pura essência do ritual. Como pode ser visto em Katsura, as casas de chá geralmente ficam afastadas das outras edificações e são acessadas por uma rota que faz com que o visitante veja o pavilhão no último momento possível (Figura 4.37). Elementos rústicos, como montantes de madeira ainda com casca ou peças de madeira de forma irregular, podem ser incorporados à casa de chá como uma extensão do mundo natural, uma vez que a cerimônia do chá almeja a fusão do espiritual com o natural. Adjetivos como reticentes, eloquentes e contidas já foram usados para descrever essas edificações. A casa de chá pode ser acessada por uma porta extremamente baixa, projetada deliberadamente para que os usuários tenham quase que se acocorar na hora de entrar. Os sapatos ficam do lado de fora; os participantes sentam em *tatames* grossos

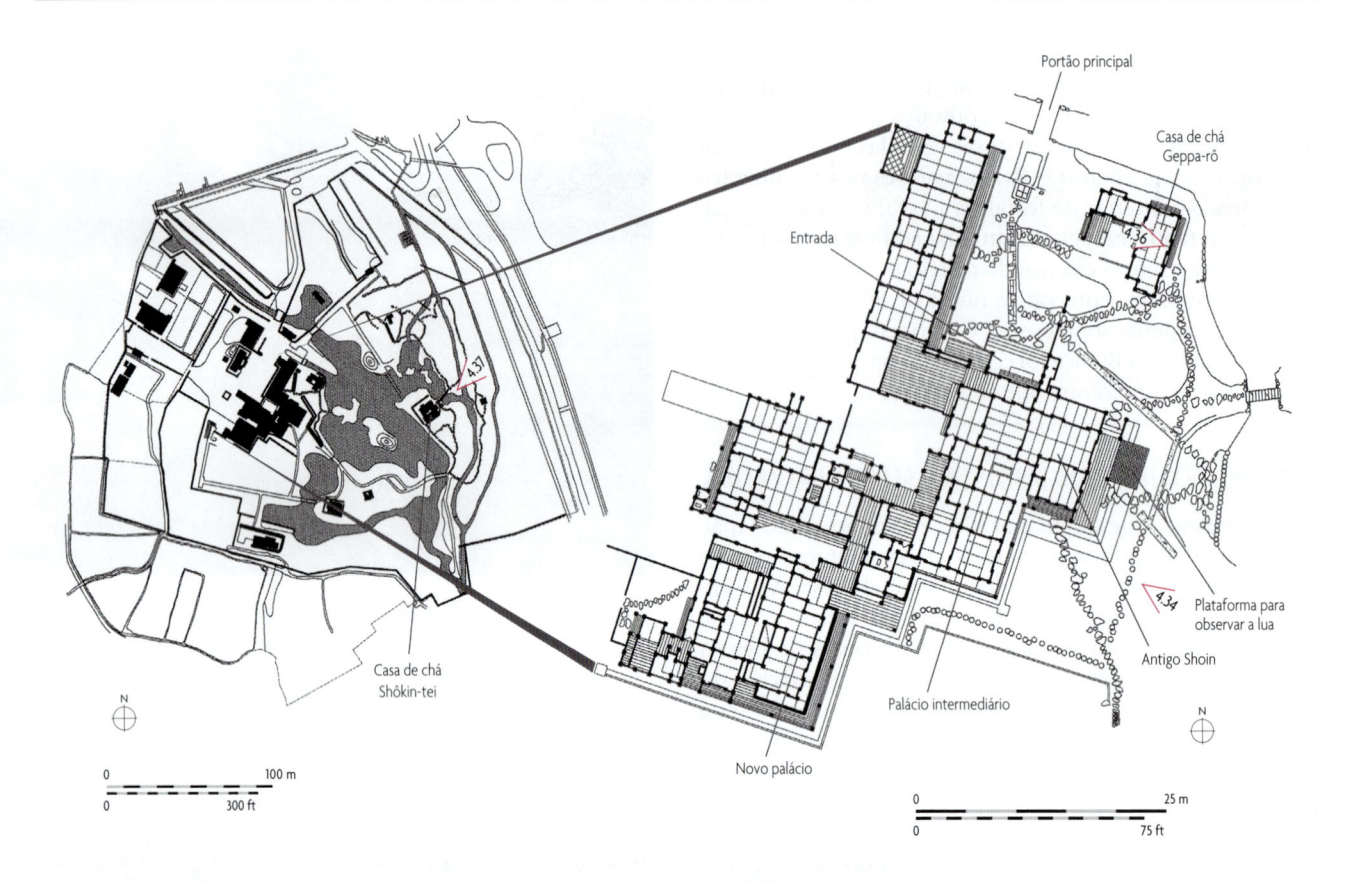

4.35 Planta baixa da Vila Imperial Katsura, Quioto, cerca de 1616–1660.

A organização da planta baixa em cata-vento é determinada pelas dimensões do *tatame*. Terraços e varandas permitem visualizar a paisagem e ligam os espaços internos ao mundo externo.

4.36 Interior da casa de chá Geppa-rô, Vila Imperial Katsura, Quioto, cerca de 1616–1660.

Paredes corrediças e painéis de palha de arroz foram abertos para revelar a vista do jardim.

4.37 Casa de chá Shôkin-tei, Vila Imperial Katsura, Quioto, cerca de 1616–1660.

A casa de chá está implantada em uma paisagem com motivos *zen*, visualmente isolada da casa de campo principal. O projeto da casa de chá enfatiza os materiais naturais e as vistas controladas dentro e fora da edificação.

e bebem em louça de formas refinadas, evidentemente feitas à mão. As vistas são selecionadas com cuidado. As janelas ficam na altura dos olhos de uma pessoa sentada, e tesouros criteriosamente selecionados são exibidos em uma alcova (**tokonoma**) com piso elevado. Enquanto o mestre do chá serve os convidados, pode-se contemplar a justaposição sutil de texturas, materiais e superfícies que compõem o interior do cômodo, pois os projetistas incluíram sua reverência pelos materiais e pela harmonia espacial, que buscam promover a reflexão que resultará na simplicidade interna e na tranquilidade mental. O refinamento da arquitetura da casa de chá reúne a essência do projeto japonês tradicional, no qual princípios de arquitetura presentes nos antigos santuários xintoístas se fundem com a estética e a filosofia do zen budismo.

Os jardins da Vila Imperial Katsura também incluem um jardim de pedras *zen* que é, ao mesmo tempo, uma obra de arte religiosa e um contexto para contemplação. No famoso jardim Kyoan-ji, também em Quioto e ao norte de Katsura, rochas isoladas com formas instigantes, distribuídas sobre um tapete de areia manipulado com cuidado, representam um mundo sereno com montanhas e mares que evocam o universo budista.

CONCLUSÕES SOBRE AS IDEIAS DE ARQUITETURA

Na China, um país dominado há milênios por sistemas sociais e governamentais hierárquicos e onde o governo executava a maioria das construções em grande escala, os princípios de ordenamento de arquitetura foram codificados e aplicados rigidamente em todas as escalas, desde as plantas de cidades até as edificações e seus componentes. Na escala urbana, Pequim e seu complexo de palácios internos, chamado de Cidade Proibida, é o melhor exemplo. O complexo foi planejado de acordo com os princípios de Confúcio adotados pelo tratado de planejamento urbano denominado *Kao Gong Ji*, que pregava uma geometria estritamente ortogonal e um eixo norte-sul central principal, ao longo do qual as edificações do palácio foram distribuídas em uma rigorosa ordem hierárquica, culminando no pavilhão de audiências imperial. A mesma fórmula ordenadora foi aplicada às habitações de Pequim fora da Cidade Proibida, que se baseavam em um módulo variável, porém repetitivo, e foram organizadas para ter um eixo central que levasse dos pátios aos aposentos do patriarca da família, ladeados pelos aposentos subordinados de seus filhos e suas famílias.

Os padrões chineses para a edificação de templos também foram codificados no *Yingzao-fashi*, que estabelecia composições quádruplas com plataformas, colunas, mísulas compostas e telhados; a composição das mísulas compostas repetitivas foi especificada em detalhes. Essas especificações também se aplicam aos esquemas de cores formuláicos. Os jardins chineses, com sua irregularidade cuidadosamente controlada, estabeleciam um contraste com a rigidez geométrica da arquitetura de suas edificações.

Quando o budismo se difundiu da China para o Japão, a arquitetura budista japonesa seguiu o mesmo caminho. No entanto, conjuntos de edificações, como o do complexo de templos de Horyuji, exibem a estase (o equilíbrio) que substitui a tensão hierárquica chinesa pela serenidade e pela paz. O epítome desta conquista da arquitetura japonesa é o Santuário Xiontoísta de Ise, onde edificações de camponeses foram transformadas e se tornaram um conjunto cercado literalmente inviolável, adequado para os deuses.

Ao planejar novas cidades, como Quioto, os japoneses, assim como os chineses, empregavam tramas e avenidas axiais repetitivas; a casa tradicional japonesa também era modular, baseada em *tatame* de palha de arroz. Esse planejamento habitacional chegou ao seu apogeu na Vila Imperial Katsura, em Quioto, onde paredes corrediças translúcidas permitem que o visitante visualize as edificações com os jardins, em uma experiência orgânica unificada.

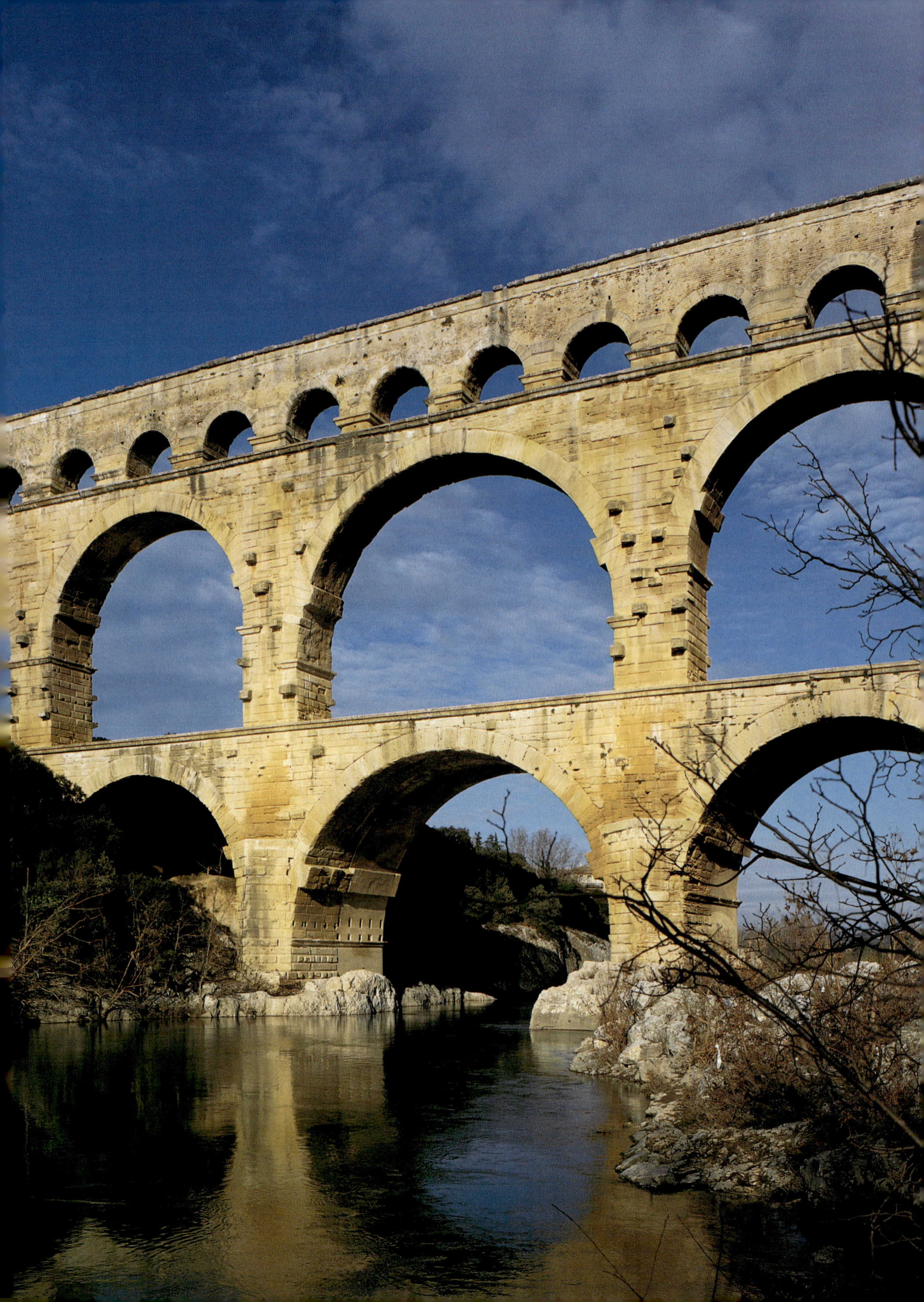

CAPÍTULO 5

O MUNDO ROMANO

Durante o primeiro milênio antes de Cristo, enquanto a civilização grega surgia e florescia no continente e no leste do Mediterrâneo, um povo enigmático – os etruscos – estava se assentando e desenvolvendo sua própria cultura no centro-norte da Itália, na atual Toscana. Suas origens não são bem definidas; acredita-se que tenham migrado para a península italiana vindos da Ásia Menor por volta de 1200 a.C., depois do colapso do Império Hitita. Com base nas inscrições, nas obras de arte, nos artefatos e na arquitetura que chegaram até nós, parece que os etruscos tiveram diversas raízes. A Grécia, durante os Períodos Primitivo e Clássico, exerceu uma influência muito forte, mas também havia outras relações culturais. A língua etrusca continha elementos indo-europeus e não indo-europeus e era escrita em um alfabeto derivado diretamente do grego; sua religião, que dava muita importância a enterrar os mortos com objetos de uso diário necessários no além, tinha muito em comum com a egípcia. Tal qual a arte hitita, a arte etrusca também apresentava relevos de feras protetoras nas entradas dos túmulos e, assim como a arte dos minóicos e micênicos, decorações naturalistas representavam pássaros e golfinhos. A prática etrusca de ler presságios nas vísceras dos animais se assemelha à tradição babilônica e assíria; o uso de arcos e abóbadas em portais monumentais indica conexões com a arquitetura da Ásia Menor. Embora tenham assimilado muito de seus vizinhos, os etruscos eram um povo original, cujos feitos deixaram uma forte impressão na civilização romana.

OS VESTÍGIOS ETRUSCOS

Nossa compreensão dos etruscos é limitada pela escassez de registros escritos. As inscrições funerárias correspondem à maior parte da documentação escrita remanescente e, embora possam ser decifradas com uma precisão razoável, dizem pouco sobre a língua ou a sociedade etrusca e seu funcionamento. Os assentamentos etruscos aparentemente tinham uma organização dispersa em cidades-estado autônomas, bastante similares àquelas da Mesopotâmia e da Grécia, e a economia se baseava na agricultura e no comércio internacional, especialmente de metais: o estanho era importado da Grã-Bretanha e a prata da Espanha; já o ferro e o bronze eram facilmente encontrados na região. A cultura etrusca já estava bem estabelecida no século VIII a.C.; sua influência aumentou nos 200 anos seguintes e passou a abarcar a área desde o rio Po, no norte da Itália, até a região ao redor de Pompeia, ao sul de Roma. A cidade de Marzabotto, perto de Bolonha, tinha uma planta em grelha; suas ruas principais eram perpendiculares umas às outras e se cruzavam na região central (Figura 5.1). Os romanos, que usariam plantas semelhantes em seus campos militares (*castra*), batizaram a principal rua norte-sul desses assentamentos de *cardo*, e a rota leste-oeste, de *decumanus*. A planta ortogonal talvez derive das colônias gregas, conhecidas em decorrência do comércio.

Parece-nos evidente que os etruscos tomaram emprestadas as ordens de arquitetura e a forma dos templos da Grécia, adequando-as de acordo com seus próprios objetivos. Os templos gregos geralmente tinham uma colunata contínua em torno do santuário central, com entradas nas duas fachadas das empenas. Os templos etruscos, por sua vez, costumavam apresentar uma cela tripartite ou tríplice orientada em apenas uma direção – em geral, o sul (Figura 5.2). O templo

---

Pont du Gard, Nîmes, 20–16 a.C.

O canal (aqueduto) acompanha o nível superior, que mantém uma inclinação constante para transportar a água, pela força da gravidade, desde as montanhas próximas até a cidade de Nîmes. Os aquedutos desciam pelas montanhas e colinas sempre que possível, mas, quando um vale precisava ser atravessado, como aqui, os engenheiros romanos usavam arcos para vencer o vão. Pedras projetadas e furos eram usados para fixar o cimbre – a estrutura temporária de madeira – necessário para construir os arcos e permaneciam na obra acabada caso consertos fossem necessários. Este aqueduto foi danificado há muito tempo, por isso, a Pont du Gard já não transporta água.

Cronologia

surgimento das culturas no Vale do Indo	3000 a.C.
apogeu da civilização etrusca	550 a.C.
República Romana	509–27 a.C.
ditadura de Júlio César	46–44 a.C.
reinado de César Augusto e início do Império Romano	27 a.C.–14 d.C.
Vitrúvio escreve *De architectura*	cerca de 27 a.C.
reinado de Nero	54–68 d.C.
reinado de Vespasiano	69–79
construção do Coliseu	concluído em 80
reinado de Domiciano	81–96
reinado de Trajano	98–117
reinado de Adriano	117–138
construção do Panteon	cerca de 125
reinado de Sétimo Severo	193–211
reinado de Diocleciano	284–305
reinado de Constantino	310–337

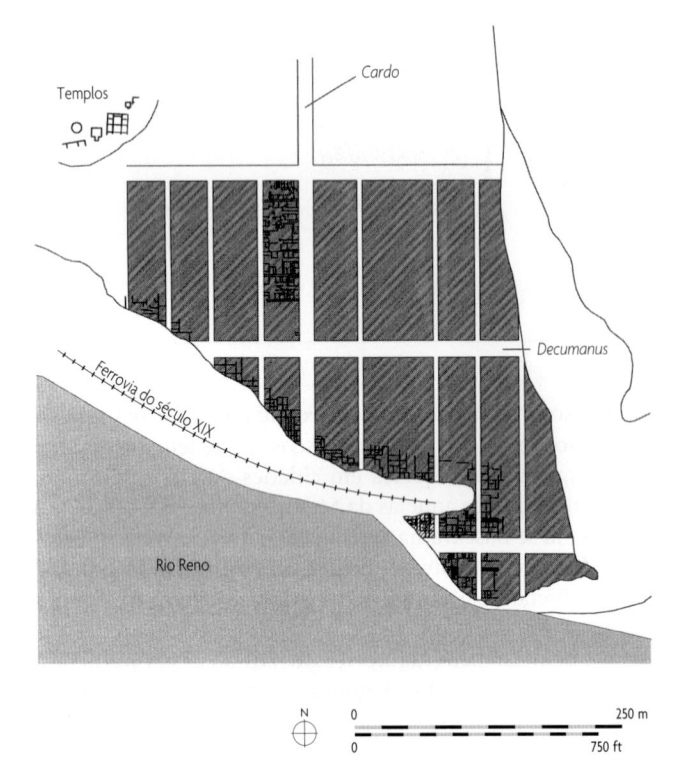

5.1 Planta de Marzabotto, aproximadamente século II a.C.

Esta planta mostra uma grelha urbana ortogonal. As escavações das fundações da edificação são mostradas na mesma área. A acrópole se encontra na quina noroeste do terreno, enquanto o rio Reno atravessa o lado sul. *Cardo* é o nome romano para a principal rua norte-sul; *decumanus* é o nome da principal rua leste-oeste.

5.2 Desenho de um templo etrusco baseado nas descrições de Vitrúvio.

Compare esta planta baixa com as dos templos gregos (veja as Figuras 2.15–2.17). Observe que as colunatas acompanham apenas a fachada principal para criar um pórtico, enquanto a cela foi ampliada para acomodar várias câmaras que vão até os fundos do templo. As edificações extremamente escultóricas dos gregos, que, no período clássico, deviam ser vistas de um ângulo, foram transformadas em edifícios dominados por um eixo central, que deviam ser vistos de frente.

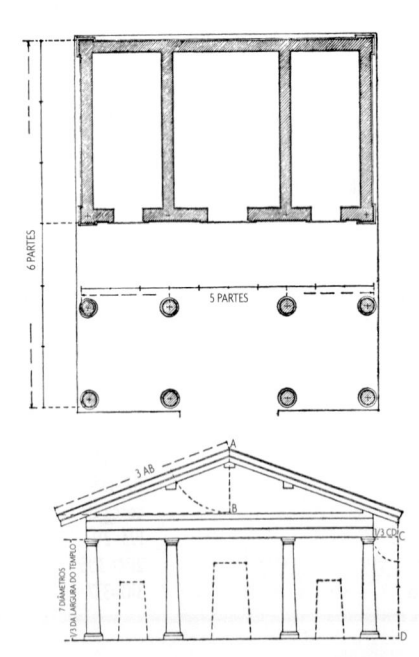

era construído sobre um pódio alto, coberto com um telhado de duas águas; a entrada era através de uma colunata dupla no topo de um único lanço de escada. A elegância complexa das ordens dórica e jônica foi abandonada em favor de uma ordem original bastante simplificada, a ordem **toscana**, que apresentava as características básicas da ordem dórica, mas sem caneluras nos fustes das colunas ou esculturas nos frisos. O entrecolúnio dos templos etruscos era nitidamente mais amplo, o caimento do telhado consideravelmente mais baixo e os beirais, maiores que os dos templos gregos, criando uma grande ênfase horizontal. As colunas e a estrutura do telhado eram de madeira, enquanto as paredes eram erguidas com adobe. Uma terracota mais durável era usada nas telhas, na ornamentação do frontão e nas esculturas.

Nenhum templo etrusco chegou até nós, devido à pouca durabilidade de seus materiais. No entanto, fontes literárias e arqueológicas oferecem evidências adequadas quanto à sua forma; além disso, os elementos de terracota preservaram as decorações. Os vestígios de arquitetura são escassos; muito do que se sabe sobre os projetos habitacionais foi deduzido com base na arquitetura dos túmulos e urnas funerárias feitas na forma de casas em miniatura. Os túmulos escavados em Cerveteri oferecem pistas sobre as moradias da classe alta. Os cômodos cavados em rocha vulcânica macia (tufo) eram acessados por um vestíbulo e ficaram distribuídos ao redor de um pátio central, que sugere um **átrio**. Em alguns túmulos, foram reproduzidos elementos de arquitetura, como portas, vigas de cobertura e molduras; acessórios, como cadeiras, utensílios de cozinha e outros utensílios domésticos, também foram talhados em pedra.

Na cidade de Perugia, que os etruscos chamavam de Perusia, ainda existe um portal monumental com influência etrusca (o chamado Arco de Augusto), embora date de depois da perda da cidade para os romanos em 310 a.C. (Figura 5.3). Sobre a dupla fiada de aduelas, ou pedras em forma de cunha que compõem o arco do portal, há uma decoração que inclui métopas e tríglifos, semelhante a um friso dórico. Escudos circulares preenchem os espaços das métopas, e os tríglifos, na verdade, são curtas pilastras com caneluras e volutas no topo. Um arco de descarga ladeado por pilastras jônicas foi colocado acima do friso de inspiração dórica. Ao se basearem nos gregos, os etruscos usaram os elementos das ordens com originalidade, mesmo que não os tenham compreendido. Posteriormente, os romanos criariam um estilo de arquitetura próprio, ao mesmo tempo coerente e forte, utilizando arcos e abóbadas como estruturas e as ordens, principalmente, como decoração.

Os etruscos, junto com os latinos e os sabinos, povos nativos da Itália, habitaram as colinas que se elevavam sobre o solo pantanoso nos dois lados do rio Tibre. Construtores etruscos começaram a drenar os pântanos escavando a vala que veio a se tornar a Cloaca Máxima, o maior esgoto da Roma Antiga. Conta a lenda que a cidade de Roma foi fundada por Rômulo e Remo nestas colinas em 753 a.C. e governada entre 616 e 510 a.C. por membros da família real etrusca, os tarquínios. Em 500 a.C., aproximadamente, os latinos depuseram os tarquínios e estabeleceram a República Romana. No entanto, a expulsão dos governantes etruscos de Roma não significou seu desaparecimento completo

5.3 "Arco de Augusto", um arco pleno, Perúgia, depois de 310 a.C.

As partes inferiores foram construídas pelos etruscos. Posteriormente, os romanos exploraram as possibilidades do arco pleno em suas edificações.

da Itália; outras cidades-estado etruscas ao norte continuaram prosperando, independentemente do aumento da autoridade romana. Entre 396 e 88 a.C., as forças romanas incorporaram gradualmente os assentamentos do norte. Antes disso, porém, muitos aspectos de sua cultura já haviam sido incorporados à vida romana. A arte e a arquitetura etruscas influenciaram as obras romanas, enquanto seus costumes – como as corridas de biga e as sangrentas disputas de gladiadores – se tornaram muito populares na sociedade romana.

OS ROMANOS

O surgimento da civilização romana foi contemporâneo ao das civilizações gregas e etruscas e das dinastias egípcias tardias. Porém, ao contrário de todas essas culturas, Roma continuou a crescer em importância no final do primeiro milênio antes de Cristo, chegando ao apogeu nos séculos I e II d.C. Com o passar do tempo, Roma absorveu os etruscos, gregos, egípcios e muitos outros povos menos importantes, formando um império com um estilo de arquitetura extremamente homogêneo. Assim como a cultura, as práticas de construção romanas derivam de várias fontes – especialmente etruscas e gregas – mas as formas de arquitetura são, em muitos aspectos, consideradas originais.

Os antigos romanos eram, sem dúvida, materialistas, mas também muito práticos. Com frequência, a cultura popular retrata a sociedade romana como sendo excessivamente brutal, principalmente no que se refere à paixão pelo massacre de animais e pessoas no Coliseu e em anfiteatros menos inportantes e ao uso da crucificação como pena de morte. Os romanos, porém, devem ser julgados dentro do contexto de sua época e local, nos quais a escravidão, o aniquilamento de civis por exércitos invasores e as punições cruéis, incluindo a crucificação, faziam parte dos sistemas judiciais dominantes e também eram comuns em culturas próximas. Em contrapartida, os romanos davam muito valor à vida familiar e eram juristas astutos, administradores talentosos e – o mais importante para nós – construtores extremamente competentes e inovadores.

Todavia, a arquitetura romana mudava significativamente à medida que o sistema político sofria alterações. Fundada, segundo a lenda, no século VIII a.C. pelos irmãos Rômulo e Remo, a cidade de Roma se tornou a capital de uma república governada por um senado composto por membros oriundos de famílias de prestígio e por magistrados ou cônsules eleitos. À medida que os exércitos romanos conquistaram mais áreas da Itália e demais regiões, o povo passou a ter dificuldades para manter um sistema governamental capaz de administrar com eficiência e que conseguisse satisfazer tanto a aristocracia rural (os patrícios) como a classe geral de cidadãos livres (plebeus). No século I a.C., começou uma crise que resultou na tomada do poder pelo líder militar Júlio César. Embora ele tenha sido assassinado, seu governo acelerou a ascensão do Império Romano e deu início a uma sucessão de imperadores, começando com Augusto César em 27 a.C. O tamanho e a complexidade do império exigiram novas práticas de construção, capazes de produzir edificações muito grandes de maneira relativamente rápida e econômica. É a arquitetura do império que este capítulo descreverá.

Para entender a construção romana durante o período republicano, contamos com o auxílio de uma obra contemporânea (que às vezes nos faz rir ou nos deixa um pouco confusos) chamada *Os Dez Livros da Arquitetura*, escrita no final do século I a.C. por Marcus Vitruvius Pollio, comumente conhecido como Vitrúvio, que dedicou a obra ao Imperador Augusto. Em termos de literatura, o livro não é uma obra-prima. Como muitos arquitetos desde então, Vitrúvio não era um escritor particularmente talentoso, fazendo com que fique difícil deduzir o significado exato de trechos da obra. Esse texto, que se baseou principalmente em seus precursores gregos, é, sem dúvida, o único do gênero – além de ser o único tratado de arquitetura intacto escrito na antiguidade e, por essa razão, tem sido consultado cuidadosamente, desde o Renascimento até o presente, por arquitetos que desejam entender os princípios da arquitetura romana. Os tópicos cobertos por Vitrúvio incluem o projeto de edificações, o planejamento urbano, a engenharia militar e o projeto de máquinas, o que indica que os arquitetos de então lidavam com uma variedade muito mais ampla de problemas de projeto e construção do que os atuais. Seu prefácio sobre a formação do arquiteto é esclarecedor:

> *O arquiteto deve contar com o conhecimento de muitas áreas de estudo e variados tipos de aprendizado, pois por meio de seu julgamento são testados os projetos das demais artes. Este conhecimento nasce da prática e da teoria. A prática é o exercício contínuo e regular da profissão na qual o trabalho manual é feito com todos os materiais necessários e de acordo com o desenho de um projeto. A teoria, por sua vez, é a capacidade de demonstrar e explicar os produtos da destreza nos princípios da proporção. Segue, portanto, que os arquitetos que buscaram adquirir habilidades manuais sem estudo nunca conseguiram chegar a uma posição de autoridade adequada aos seus esforços, enquanto aqueles que se basearam apenas em teorias*

> *e na erudição perseguiam evidentemente a sombra, e não a substância. Mas aqueles que possuem um profundo conhecimento de ambos, como homens armados em todos os pontos, alcançaram mais rapidamente seus objetivos e se tornaram autoridades.*

AS TÉCNICAS E OS MATERIAIS DE CONSTRUÇÃO

Os romanos compartimentaram suas atividades e conseguiram construir grandes interiores, bem como espaços exteriores para contê-los. A imponência e o tamanho das obras resultam da aplicação de conhecimentos de engenharia aos problemas encontrados no dia a dia. A construção romana explorava elementos estruturais que trabalhavam à compressão, como o arco, a abóbada e a cúpula – componentes desenvolvidos por civilizações anteriores, mas usados de modo muito limitado (veja a Figura 9.44). Nas mãos dos romanos, esses elementos se tornaram as bases de sistemas estruturais com dimensões inimagináveis para a construção arquitravada.

Um arco verdadeiro é composto por aduelas assentadas em uma curva, geralmente um semicírculo. Sua construção requer uma fôrma de madeira temporária (ou cimbre) para sustentar as aduelas à medida que são distribuídas, uma vez que o arco não consegue se sustentar sozinho até o assentamento de todas as aduelas, incluindo **chave** central. (Compare a construção do arco verdadeiro com a técnica de falsos arcos, na qual cada fiada se apoia e faz um pequeno balanço sobre a precedente [veja a Figura 2.9]. Não é necessário cimbre porque a construção fica sempre estável; contudo, a forma final não é a de um arco verdadeiro.) Quando acompanha um eixo longitudinal, o arco produz uma abóbada; quando rota em torno de seu centro, produz uma cúpula. Ao utilizar arcos, abóbadas e cúpulas, os romanos conseguiram fechar grandes áreas com pedras de tamanho modesto talhadas cuidadosamente em determinadas formas. O espaço entre os apoios – necessariamente bastante limitado quando são usados lintéis de pedra, visto que as pedras sob tração costumam fissurar quando utilizadas em grandes vãos – podia então ser ampliado, já que a construção com abóbadas transfere as cargas estruturais quase que completamente sob compressão; o ideal para pedras. Mas essa estabilidade custa caro. Na construção com abóbadas, a alvenaria exerce pressão para baixo e para os lados sobre os apoios nos quais repousa – e é preciso compensar esse empuxo para os lados usando cargas mortas. Por essa razão, a construção abobadada exige o uso de paredes ou pilastras que são muito mais espessas do que as usadas nas edificações arquitravadas.

As primeiras abóbadas romanas eram estruturas utilitárias. Já mencionamos a Cloaca Máxima, a vala iniciada pelos etruscos para drenar os pântanos romanos. Em meados do século I a.C., ela recebeu abóbadas de pedra – e ainda hoje ela funciona como uma das principais redes de esgoto de Roma. Contudo, a descarga de águas servidas no Tibre tornou a água do rio imprópria para consumo humano; por isso, água limpa era trazida dos rios e fontes das colinas Sabinas, acima de Roma, conduzida para os reservatórios da cidade por um sistema de **aquedutos** abastecido por gravidade e,

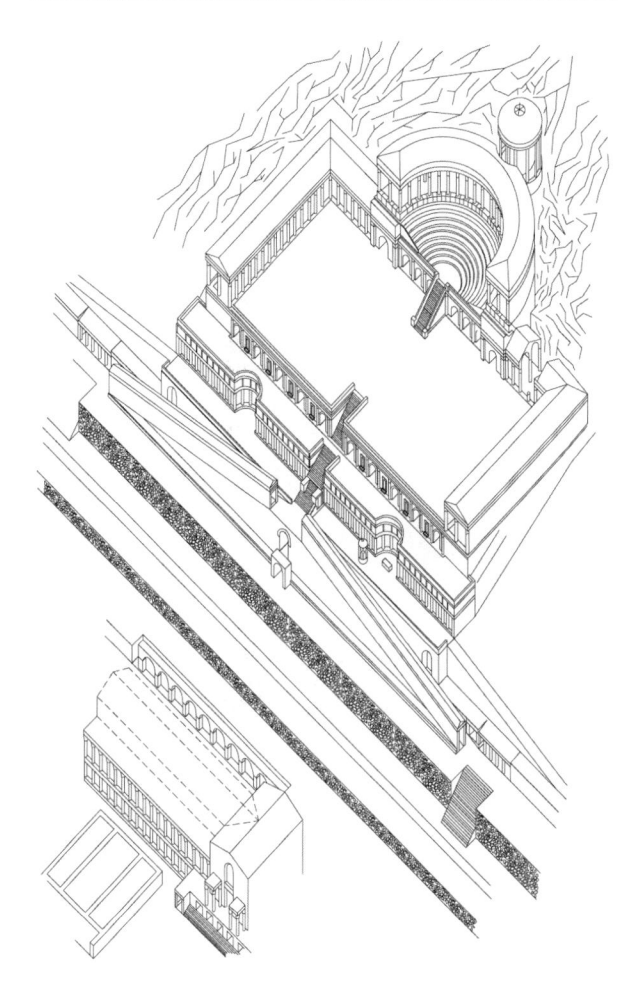

5.4 Perspectiva axonométrica do Santuário de Fortuna Primigenia, Palestrina, cerca de 80 a.C.

Compare este conjunto de arquitetura com múltiplos níveis com o Santuário de Asclépio, construído na Ilha de Cós durante o Período Helenístico na Grécia (veja a Figura 2.35). Os antigos gregos, por sua vez, foram influenciados pelo paisagismo do Reino Médio egípcio, como o Templo da Rainha-Faraó Hatshepsut, mostrado nas Figuras 1.29 e 1.30.

a seguir, distribuída para fontes ou outros usos municipais. Sempre que possível, os canais de água ou aquedutos acompanhavam os desníveis do terreno, mas, para cruzar os vales, era necessário elevar os condutos de modo a preservar a inclinação constante da rede de abastecimento. Os romanos edificaram belas estruturas arqueadas para esse fim. Eles concluíram a Aqua Appia em 312 a.C. e construíram mais três aquedutos na segunda metade do século II a.C. para fornecer água para a crescente população de Roma. Acrescentaram a magnífica Aqua Claudia em 38 a.C. para trazer água de Tivoli, a 70 km de distância, aproximadamente. Os grandes arcos de alvenaria deste aqueduto – alguns com mais de 30 metros de altura – podiam ser vistos em grande parte desse percurso.

Talvez o trecho remanescente mais espetacular de um aqueduto seja a Pont du Gard (20–16 a.C.), nas proximidades de Nîmes, no sul da França (página 124). Feito de alvenaria de pedra seca (*opus quadratum*), o aqueduto cobre 268,8 metros sobre o vale do rio Gard com três camadas de arcos, levando o canal de água a 50 metros acima do nível do rio. Seu projeto é excepcionalmente simples: as duas camadas inferiores são fileiras idênticas de arcos plenos com 18 metros de diâmetro, exceto no vão sobre o rio, onde têm 24 metros. A arcada superior tem arcos distribuídos a cada seis metros, criando um ritmo uniforme que amarra as três camadas. As pedras projetadas usadas para sustentar a cambota e os andaimes agregam textura à superfície – e foram mantidas caso houvesse a necessidade de fazer algum conserto. Fechado acima dos arcos mais altos fica o canal de água, com seção tubular quadrada de aproximadamente 1,8 metro de largura, o qual foi revestido de argamassa para evitar vazamentos. Há uma estrada sobre a camada inferior de arcos.

O Santuário de Fortuna Primigenia (cerca de 80 a.C.), em Praeneste (atual Palestrina), perto de Roma (Figura 5.4), cuja parte superior foi fortemente influenciada por práticas da Grécia Helenística, é um belo exemplo de construção romana típica da época em que Vitrúvio era criança. Para que possamos apreciar sua organização, é necessário lembrar que os gregos helenísticos usavam *stoas* retas, em U e curvas, portais, terraços e escadas (veja Cós, Figura 2.35) para criar complexos de edificações nos quais inseriam edifícios soltos. Os romanos adotaram essa estratégia de projeto em Praeneste e outros locais durante a República.

O complexo foi construído contra uma colina íngreme e culmina no topo com um pequeno templo coríntio circular que abriga a estátua de Fortuna Primigenia. Vindos da cidade abaixo, os antigos romanos que desejavam visitar o santuário subiam por uma das escadarias longitudinais localizadas de cada lado, cruzando, na verdade, um muro de arrimo de *opus incertum* e indo na direção de colunatas que cobriam poços. No topo das escadarias, viravam 90° para a esquerda ou direita e seguiam em direção ao centro por meio de longas rampas cobertas. No topo das rampas, agora no eixo do complexo, os visitantes subiam longitudinalmente por uma escadaria ladeada por fileiras de colunas jônicas adossadas, parecidas com *stoas*, e dois **hemiciclos** jônicos que fechavam compartimentos com **abóbadas de berço**; esses abrigavam lojas e, juntos, funcionavam como um muro de arrimo. Sobre a cobertura dessas lojas com arcos e arquitraves, eles subiam novamente uma escadaria central longitudinal ladeada por outras arquitraves que, por sua vez, ocultavam mais lojas abobadadas com função de muro de arrimo; chegavam, então, a um **fórum** retangular cercado em três laterais por uma *stoa* coríntia em U. Ali, viam arcos com traveamento depois de passar por mais uma escadaria central – essa, levando a um teatro cercado por mais uma *stoa*, que tinha forma semicircular e configurava o último espaço de transição antes de se chegar ao templo circular. O santuário é, em todos os aspectos, uma criação unificada, seja visto de baixo ao longo do eixo central longitudinal ou vivenciado temporalmente como uma série de eventos de arquitetura separados, mas relacionados. Embora grande parte do traveamento original tenha desaparecido e o nível do teatro tenha sido fechado para incluir mais edifícios laterais, quem visita Palestrina ainda consegue ter uma boa noção dos efeitos buscados por este conjunto de edificações romano-helenísticas.

Dentro da cidade de Nîmes, o chamado Templo de Diana (cerca de 80 a.C.) usa uma abóbada de berço peculiar, feita de cantaria (alvenaria de pedra talhada), para criar o espaço interno principal (Figura 5.5). No entanto, esse tipo de alvenaria é bastante incomum devido à técnica ser dispendiosa e exigir o trabalho de canteiros extremamente habilidosos. Os eficientes romanos desenvolveram um método de construção mais rápido utilizando um novo material – o **cimento** hidráulico, derivado de depósitos vulcânicos encontrados originalmente nos arredores de Puteoli (atual Pozzuoli) e denominados de **pozolana**. Vitrúvio descrevia-o como "um tipo de pó natural que, por razões naturais, produz resultados incríveis". Os romanos descobriram que, ao misturar a pozolana com cal, pedregulho e água, obtinham uma mistura que sofria reações químicas e enrijecia até chegar a uma consistência semelhante à da pedra, inclusive sob a água. As argamassas de cal comuns, conhecidas desde a antiguidade, tinham certo grau de coesão, mas eram ineficazes nas fundações de pontes e portos, nas quais os construtores romanos começaram a aproveitar a resistência superior da pozolana.

Os romanos também utilizaram essa pedra artificial longe da água e, durante o século III a.C., adquiriram experiência em construir com ela. Eles colocavam uma massa líquida composta de pozolana, areia, água e cal em fiadas horizontais de pedregulho, que servia como agregado na parede e também como fechamento ou fôrma para o concreto. Depois da solidificação, a mistura virava um material monolítico que se comportava como alvenaria maciça. As formas curvas e irregulares eram, evidentemente, muito mais fáceis de obter como concreto do que com a alvenaria de pedra afeiçoada, mas as paredes resultantes em geral não tinham uma boa aparência; por isso, os romanos aderiram a acabamentos não estruturais, como rebocos, mosaicos e revestimentos de mármore.

Como muitas edificações romanas já perderam seus revestimentos, atualmente podemos ver a técnica de construção das paredes de maneira nunca imaginada por seus construtores. As primeiras paredes de concreto eram compostas de pedregulho ao redor de um núcleo de concreto (*opus incertum*) (veja a Figura 5.31), uma técnica que foi refinada até chegar às pedras piramidais (*opus reticulatum*) (Figuras 5.6 e 5.8) com faces quadradas e pontas inseridas na parede, resultando em uma aparência externa mais ordenada. Durante o império (depois de 37 a.C.), os romanos começaram a usar cada vez mais os tijolos triangulares como revestimento de concreto (*opus testaceum*) (veja as Figuras 5.33 e 5.34), assentando esses finos blocos de modo a apresentar um exterior liso e uma face interna irregular para, mesmo com uma graute bastante plástica, obter uma superfície de fixação máxima. (Baseando-

5.5 Templo de Diana, Nîmes, cerca de 80 a.C.

Este é um belo exemplo de construção com abóbada de berço de alvenaria usada para cobrir o espaço. Observe as nervuras da abóbada e o uso alternado de frontões arqueados e triangulares sobre as janelas falsas, para articular a parede.

5.6 Construção de paredes de concreto na Roma Antiga.

Quando o Imperador Adriano construiu sua vasta mansão no campo, a *Domus Aurea*, os engenheiros romanos já haviam aperfeiçoado o processo de construção de paredes de alvenaria usando "fôrmas" feitas com duas faces de pedra ou tijolo, cuja cavidade era preenchida com concreto. Da esquerda para a direita, o revestimento passa da alvenaria de pedregulho para a de pedras piramidais e, a seguir, de plaquetas triangulares que se assemelham aos tijolos das paredes assentados mostrados na Figura 5.8.

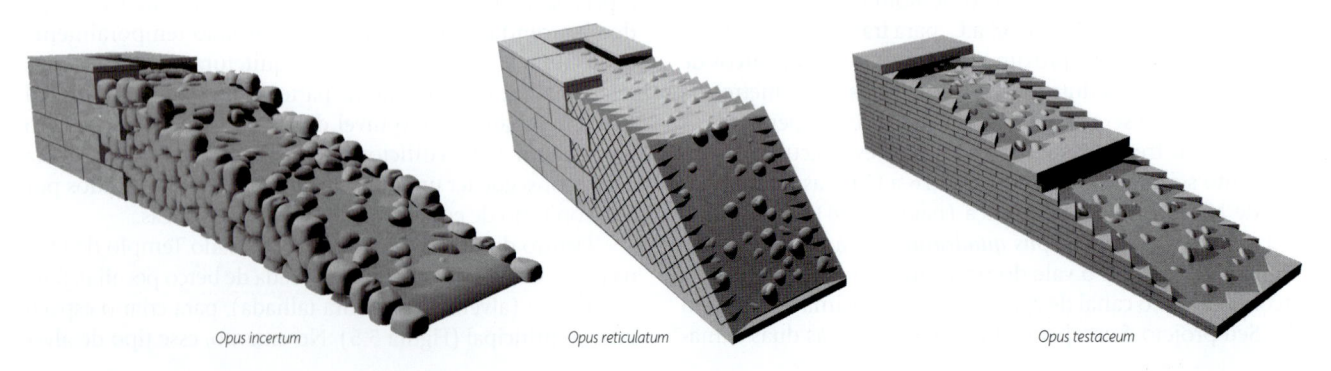

Opus incertum   *Opus reticulatum*   *Opus testaceum*

5.7a Planta baixa do fórum, Pompeia, fundada no século VI a.C.

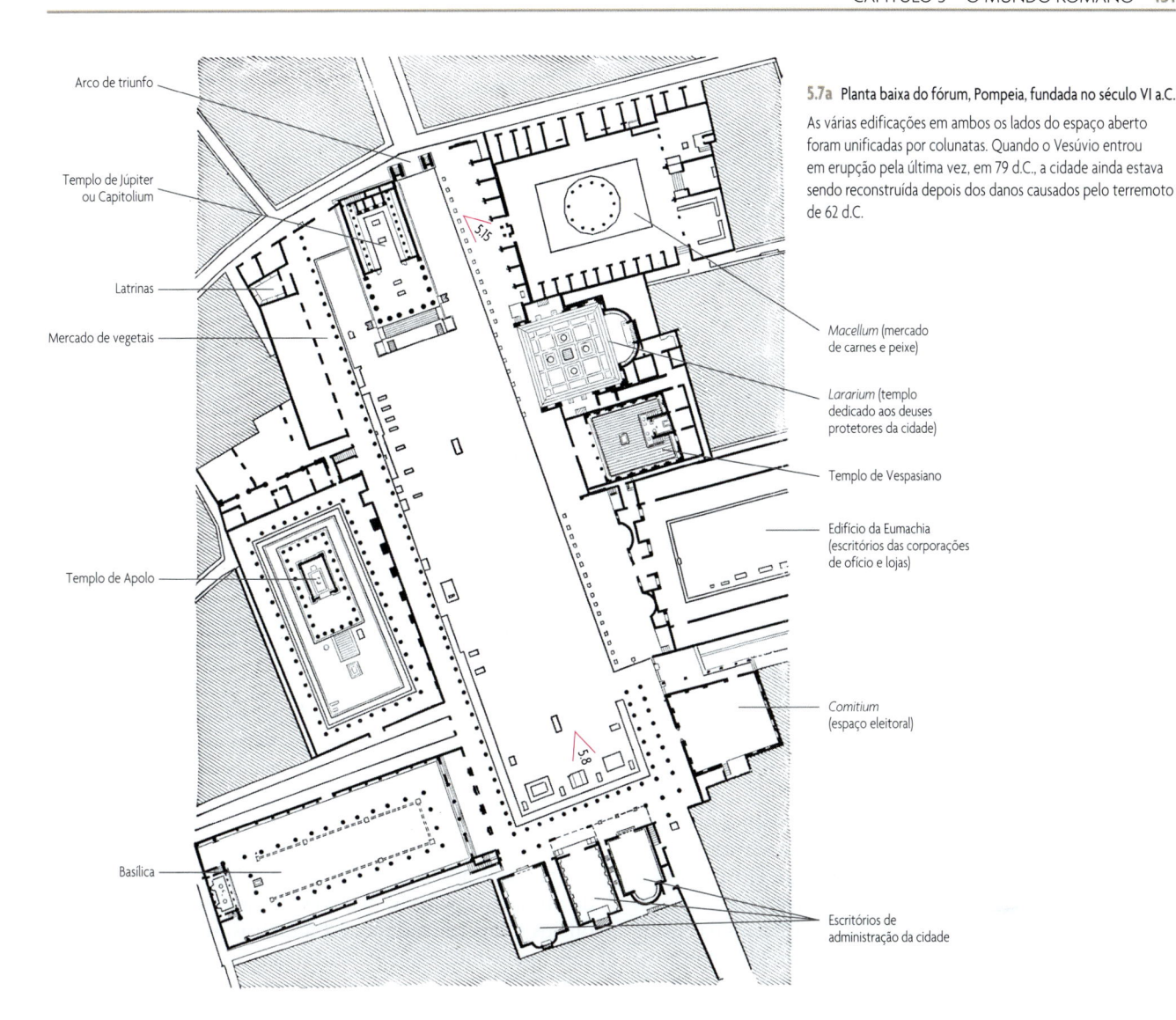

As várias edificações em ambos os lados do espaço aberto foram unificadas por colunatas. Quando o Vesúvio entrou em erupção pela última vez, em 79 d.C., a cidade ainda estava sendo reconstruída depois dos danos causados pelo terremoto de 62 d.C.

Legendas: Arco de triunfo; Templo de Júpiter ou Capitolium; Latrinas; Mercado de vegetais; Templo de Apolo; Basílica; Macellum (mercado de carnes e peixe); Lararium (templo dedicado aos deuses protetores da cidade); Templo de Vespasiano; Edifício da Eumachia (escritórios das corporações de ofício e lojas); Comitium (espaço eleitoral); Escritórios de administração da cidade.

-se nos carimbos impressos nos tijolos ainda úmidos, durante a fabricação, os arqueólogos conseguiram datar muitas edificações romanas com bastante precisão.) Depois do século II d.C., as paredes de concreto com pedregulho entre fiadas de tijolo assentadas a cada 90 ou 120 cm (**opus listatum**) se tornaram comuns; as fiadas de tijolo também serviam para manter as paredes niveladas e arrumadas. Por sua resistência, durabilidade e economia, o concreto se mostrou um material versátil para edificação em larga escala e, em meados do século I d.C., já era usado pelos romanos com uma sofisticação de arquitetura cada vez maior.

O PLANEJAMENTO URBANO

As práticas de planejamento urbano usadas na Grécia Antiga e na Roma Antiga são muito parecidas. Atenas e Roma, os centros culturais, cresceram sem um planejamento urbano, enquanto as colônias fundadas por cada civilização geralmente apresentavam plantas ortogonais. Algumas fundações gregas foram posteriormente transformadas em povoados romanos, como é o caso de Pompeia, um dos mais bem preservados exemplos de cidades provinciais romanas em decorrência do seu enterro, com a erupção do Monte Vesúvio, em 79 d.C. Toda a cidade – já atingida por um terremoto em 62 d.C. – foi soterrada por cinzas, lava e lama, que a preservaram até que o início das escavações, em 1748, expusesse os vestígios.

Pompeia foi fundada pelos gregos no século VI a.C. e brevemente habitada por etruscos e samnitas antes de se tornar uma cidade romana. Na época em que foi destruída, tinha uma população de aproximadamente 20 mil pessoas, incluindo importantes famílias de patrícios, comerciantes de classe média, aposentados e escravos. Sua planta com grelha irregular cobria mais ou menos 65 hectares no interior de uma muralha ovalada (Figura 5.7 b). O centro cívico romano (fórum) ficava no quadrante sudoeste, perto da entrada do Portão da Marina (Figura 5.7 b). O antigo centro grego se situava duas quadras a leste, em uma acrópole com um templo dórico e um pórtico colunado datados do século II ou III a.C. As ruas eram praticamente paralelas e perpendiculares ao fórum; o padrão fora ajustado conforme a topografia.

Equipamentos de uso público foram distribuídos por toda a cidade. Dentro de suas muralhas, havia três termas,

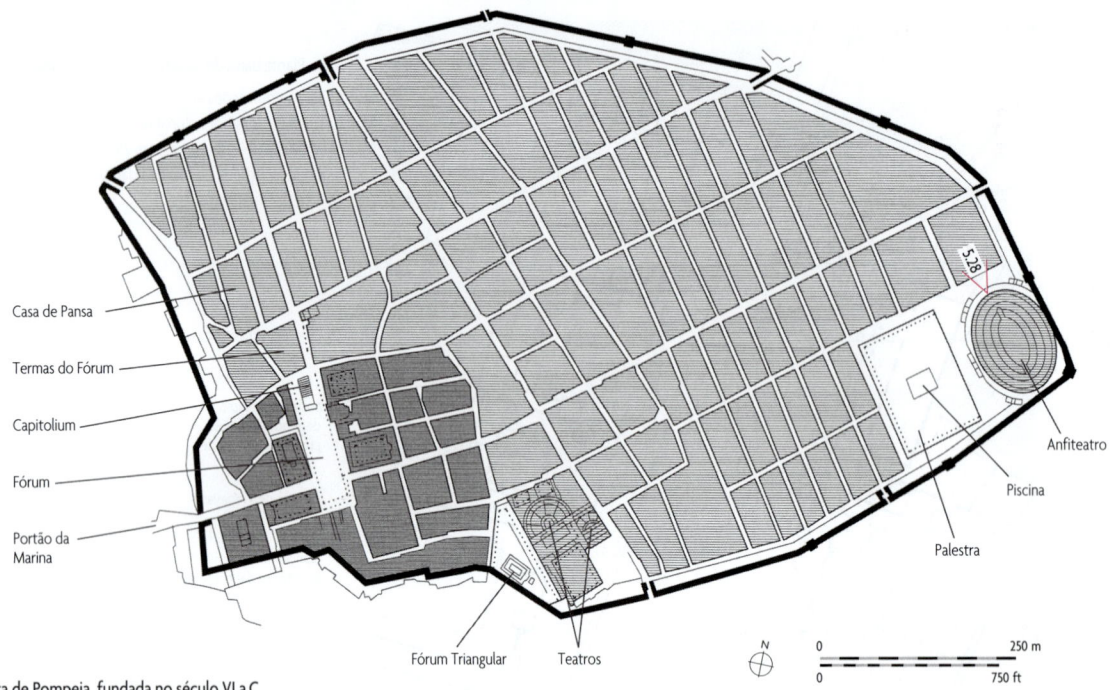

5.7b Planta de Pompeia, fundada no século VI a.C.

Esta cidade foi fundada como uma colônia grega e, posteriormente, ocupada por etruscos e samnitas. Durante o Império Romano, Pompeia foi bastante ampliada até alcançar os limites mostrados aqui. O fórum é o principal espaço cívico do assentamento original; os equipamentos recreativos, por sua vez, ficam no quadrante sudeste.

um grande complexo de exercícios com piscina (a **palestra**), teatros cobertos e a céu aberto, e um **anfiteatro** com capacidade para receber toda a população. Nove templos dedicados a vários deuses – divindades gregas, deidades romanas, imperadores romanos falecidos, patronos da cidade e os misteriosos cultos orientais de Ísis e Baco – indicam a diversidade de crenças religiosas presentes em Pompeia. Os cemitérios ficavam fora dos portões da cidade.

O fórum era o centro da vida pública em Pompeia (Figura 5.8). Uma colunata com dois pavimentos configurava sua forma retangular, de 155 × 38 metros, em três laterais; a lateral aberta (norte) era ocupada pelo Capitolium, o centro dos eventos religiosos oficiais. Um **arco de triunfo** marcava a entrada norte e impedia que veículos com rodas interferissem na área de pedestres. Edificações com diferentes projetos e funções ladeavam o fórum. Na lateral leste ficava o *macellum*, isto é, o mercado de carnes e peixe; o *lararium*, um templo dedicado aos deuses patronos da cidade; o edifício da *eumachia*, que continha os escritórios das corporações de ofícios e lojas de tecelões e tintureiros; e o *comitium*, uma área aberta onde eram realizadas as eleições. A lateral ao sul, mais curta, continha três pavilhões usados pelo governo: os escritórios dos juízes, os escritórios de obras públicas e a câmara de vereadores. No lado oeste, limitado pela estrada que vinha do Portão da Marina, encontrava-se a grande **basílica**, onde eram realizadas as reuniões públicas que tratavam de

5.8 O fórum, olhando-se para o norte, Pompeia, fundada no século VI a.C.

As ruínas reconstruídas das colunatas estão visíveis em ambas as laterais. Na extremidade do fórum, vemos os resquícios das colunas do Capitolium; à sua direita situa-se o arco de triunfo da cidade. As extremidades da praça, feitas de blocos do tipo usado na *opus reticulatum*, aparecem na face do volume de alvenaria em primeiro plano.

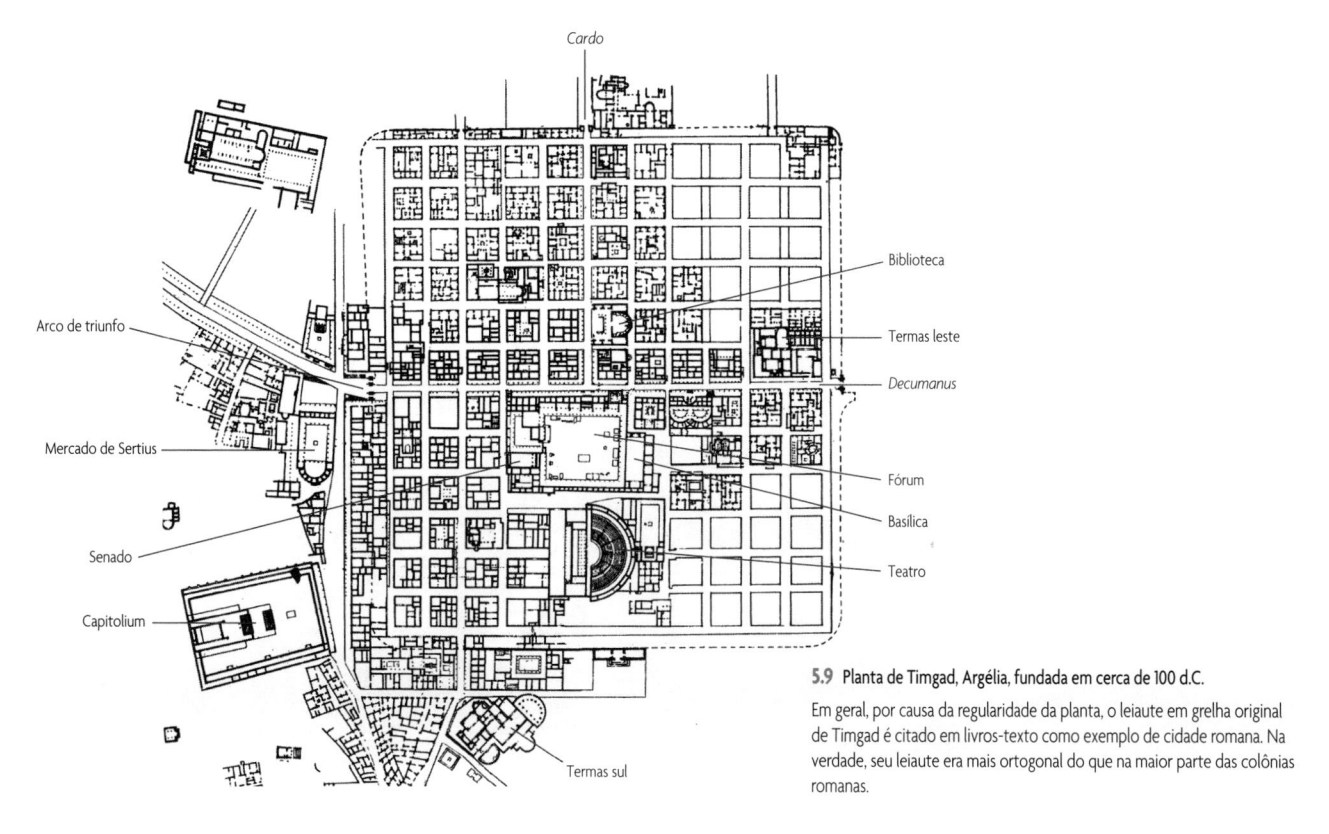

5.9 Planta de Timgad, Argélia, fundada em cerca de 100 d.C.

Em geral, por causa da regularidade da planta, o leiaute em grelha original de Timgad é citado em livros-texto como exemplo de cidade romana. Na verdade, seu leiaute era mais ortogonal do que na maior parte das colônias romanas.

questões judiciais, comerciais e sociais. Sua função era bastante similar a da *stoa* da Ágora de Atenas, embora, em Pompeia, o espaço fosse fechado e introvertido. Depois da basílica ficavam o Templo de Apolo, que data dos primórdios da cidade; o mercado de vegetais, uma das últimas edificações construídas no fórum; e as latrinas públicas. As colunatas que conectavam a maioria das edificações davam consistência de arquitetura ao conjunto (veja as Figuras 5.7 a e 5.15). Conseguir dar unidade a um grupo tão heterogêneo de edificações construídas no decorrer de três séculos ou mais não é uma tarefa fácil e indica a alta qualidade dos projetos de edificações públicas romanas mesmo em centros provinciais.

Algumas cidades romanas surgiram como guarnições militares (*castra*) construídas em áreas conflituosas como meio de defesa e para levar a civilização a novos territórios. Nessas cidades e em muitas colônias, os romanos usavam uma planta padronizada possivelmente derivada das etruscas e aplicada com muita consistência por todo o império, desde a Bretanha até o norte da África, Itália e leste do Mediterrâneo. A planta era retangular ou quadrada, com duas vias principais – o *cardo* e o *decumanos* – cruzando-se em ângulos retos na área central. Uma muralha circundava a cidade e os espaços públicos – o fórum e os quartéis – geralmente eram implantados junto ao principal cruzamento viário do centro. Os setores habitacionais eram distribuídos em blocos quadrados ou retangulares, com espaços reservados para mercados de bairro e equipamentos recreativos, à medida que a cidade crescia. As ruas costumavam ser numeradas em sequência, para que forasteiros pudessem encontrar qualquer endereço com facilidade. As grandes edificações públicas, como as termas e os teatros, atendiam a toda a comunidade e eram implantadas conforme a topografia.

A planta padronizada romana é base de muitas cidades europeias atuais, incluindo Florença e Bolonha, na Itália, Cirencester, na Inglaterra, e Trier, na Alemanha. Timgad, na Argélia, é um exemplo original que não foi encoberto por uma cidade moderna; por isso, suas características mais marcantes ainda podem ser vistas, embora o todo não passe de ruínas (Figura 5.9). A cidade de Timgad foi fundada pelo Imperador Trajano em 100 d.C. para os veteranos das legiões romanas e se tornou um próspero centro regional até ser destruída por tribos nativas, no século VII. A muralha da cidade cercava uma praça, com o *cardo* e o *decumanus* se cruzando na área central. O fórum ficava no sul da cidade, com um grande teatro implantado ao sul do fórum. (Devido à localização do teatro, o *cardo* não pôde seguir até o sul.) As entradas da cidade eram demarcadas por arcos de triunfo, enquanto colunatas contínuas acompanhavam as ruas principais para conferir dignidade e proteção aos passeios. A população possivelmente chegou a 15 mil pessoas um século após a fundação da cidade. No século III d.C., Timgad começou a apresentar bairros suburbanos ao longo das estradas de acesso ao norte, oeste e sul. Grandes termas foram construídas ao norte e ao sul das muralhas, enquanto mercados e templos adicionais atendiam à crescente população suburbana. Nenhum crescimento externo seguiu a planta em grelha da cidade intramuros.

Trajano também é lembrado por suas contribuições substanciais à malha urbana da cidade de Roma. A vida cívica romana se concentrava no Forum Romanum, situado no pé do Monte Capitólio, em uma área drenada pela Cloaca Máxima (Figura 5.10). Ali, as funções comerciais, governamentais, judiciais e religiosas se misturavam, mas, com o crescimento da cidade, o espaço ficou cada vez mais exíguo. De meados do século I a.C. em diante, o desenvolvimento

5.10 Vista do Forum Romanum, Roma.

Este fórum foi bastante transformado durante o reinado de Augusto (37 a.C.–14 d.C.), transformando-se no esplêndido centro cívico de Roma. Visíveis nesta imagem (da esquerda para a direita) estão três colunas do Templo de Vespasiano, o Arco de Sétimo Severo (203 d.C.), colunas do Templo de Saturno e fileiras de tocos de colunas da Basílica Julia.

5.11 Planta baixa dos fóruns imperiais, Roma, incluindo o grande Fórum de Trajano, século I d.C.

Deste enorme projeto, restam apenas os mercados e a Coluna de Trajano (localizada entre as duas bibliotecas).

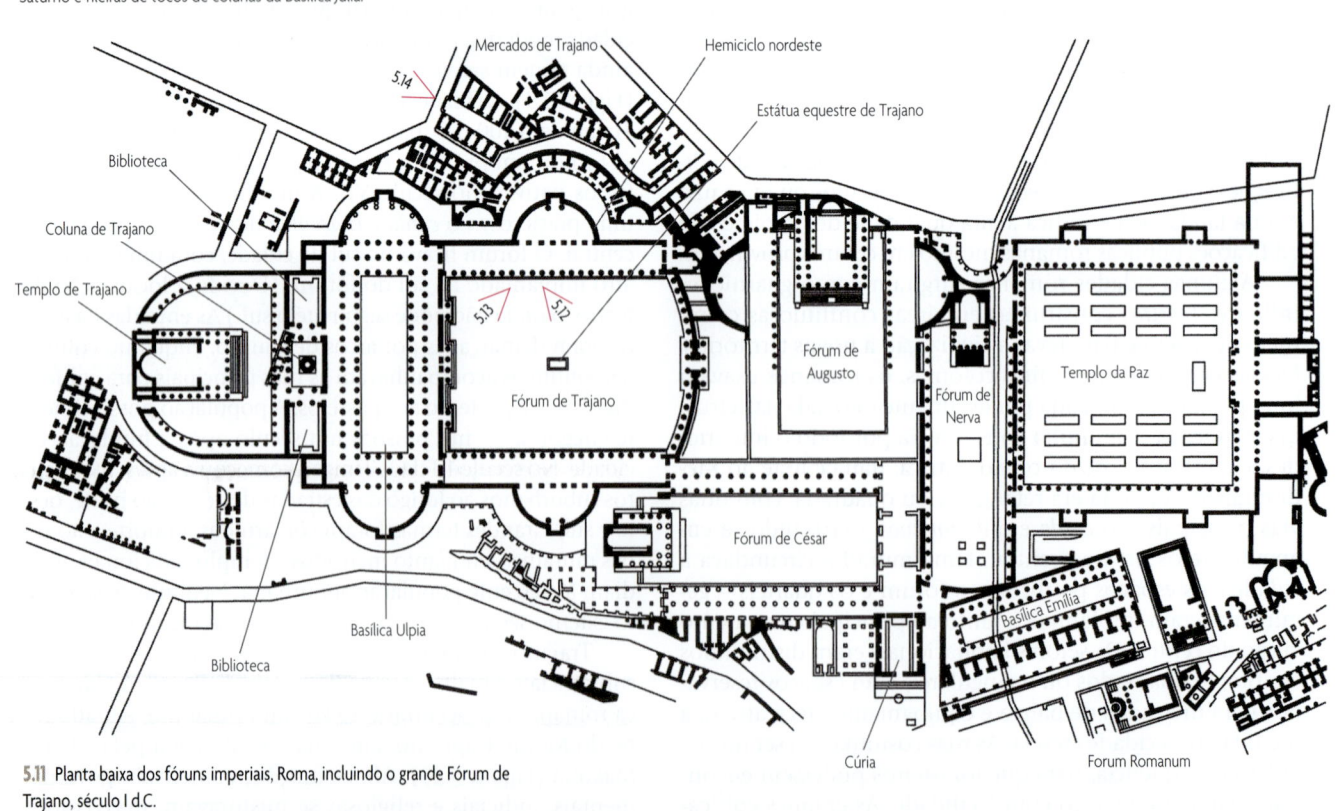

foi se expandindo à medida que novos fóruns com colunatas eram construídos contíguos ao Forum Romanum original (Figura 5.11). Júlio César criou um fórum que continha um templo e escritórios administrativos; Augusto construiu um fórum em ângulos retos ao Fórum de César para circundar o templo de Mars Ultor; e Vespasiano edificou um fórum ao redor de uma biblioteca. O ápice dessas construções foi o Fórum de Trajano (cerca de 100–14 d.C.), cujo tamanho era equivalente a todos os outros somados, construído de acordo com o projeto de Apolodoro de Damasco, que servira com distinção como engenheiro militar. O terreno se situava ao norte do Fórum de Augusto, no ponto onde o cume que conectava os montes Capitólio e Quirino foi limpo para criar uma área livre e melhorar o acesso a todos os fóruns para quem vinha do norte. O fórum de Trajano foi planejado simetricamente para que a entrada monumental do Fórum de Augusto levasse à edificação propriamente dita – um pátio de 100 × 114 metros definido por colunatas duplas e elementos semicirculares (hemiciclos) dispostos transversalmente. Dominando o centro do pátio encontrava-se uma estátua equestre de Trajano. Do outro lado, mas de frente para a entrada, ficava a Basílica Ulpia, um magnífico edifício judiciário com entradas distribuídas na lateral mais longa. Depois da basílica foi implantada a Coluna de Trajano, um fuste de mármore com quase 30 metros de altura, construído sobre uma base com altura de 4,5 metros, para narrar em relevo as vitórias de Trajano nas Guerras Dácias. A pilhagem da campanha da Dácia (na região atualmente ocupada pela Romênia) foi usada para financiar a construção do fórum. A Coluna de Trajano, única edificação restante desta parte do conjunto, era ladeada por duas bibliotecas – uma para textos gregos e outra para textos latinos; é provável que os frisos contínuos da coluna pudessem ser lidos por quem estivesse nessas edificações contíguas. No término do eixo, no centro de um pátio com colunata curva, Adriano, o imperador seguinte, mandou edificar um templo dedicado a Trajano e sua esposa. Como os templos de Júlio César e Augusto (sem falar nos templos etruscos), essa edificação possui um pórtico profundo com colunas marcando a entrada.

O espaço comercial necessário foi escavado contíguo ao fórum no Monte Quirino, atrás do hemiciclo nordeste. Os mercados de Trajano – dos quais muitos permanecem de pé – foram distribuídos em um semicírculo de pavimentos múltiplos com edificações escalonadas adjacentes, refletindo o hemiciclo do fórum abaixo e complementando-o com suas arcadas (Figuras 5.12–5.13). Os mercados abrigavam mais de 150 lojas, escritórios e um mercado público coberto com **abóbadas de arestas** (Figura 5.14). Essas áreas, que podiam ser acessadas pelo fórum e pelas ruas nos dois níveis superiores, foram construídas com concreto revestido de tijolo, contrastando com o mármore e os elegantes ornamentos do fórum. As duráveis abóbadas de berço serviam como módulo estrutural básico para as lojas individuais e as galerias que passavam entre elas. No salão de dois pavimentos do mercado (Figura 5.13), pilastras que se elevam das paredes entre as lojas em cada lado do espaço central oferecem suporte às seis abóbadas de arestas; o suporte lateral é fornecido por **arcobotantes**.

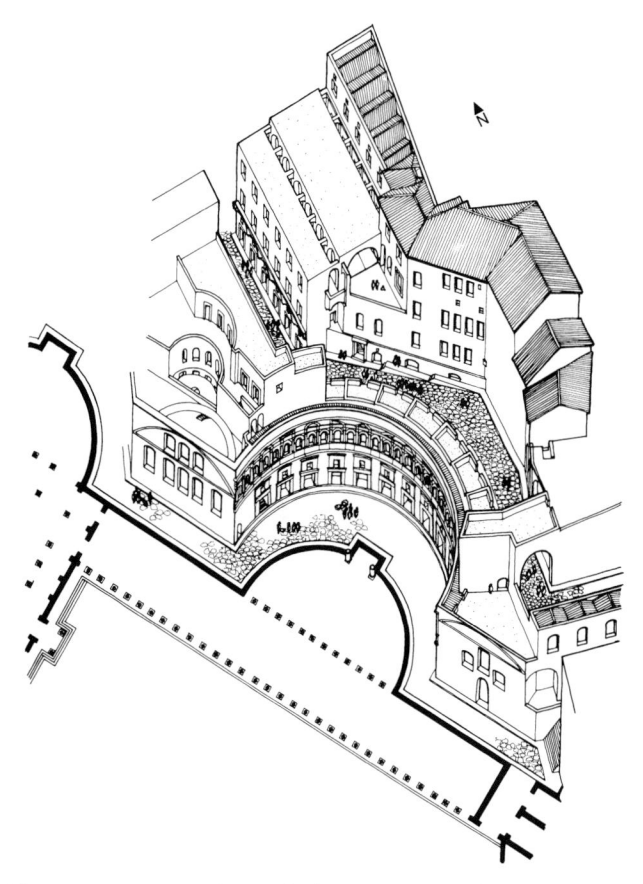

5.12 Perspectiva axonométrica dos mercados de Trajano, Roma, 110–114 d.C.

Os mercados foram construídos contra a colina, como uma série de lojas formando um semicírculo, e agem como um muro de arrimo para sustentar o talude no qual foram encravados. No topo, à esquerda, o mercado público abobadado sobe junto com a colina.

5.13 Mercados de Trajano, Roma, 110–114 d.C.

Esta vista das lojas mostra o grande semicírculo que fechava um dos lados do eixo transversal principal do fórum.

5.14 Salão do mercado coberto construído por Trajano, Roma, em cerca de 100 d.C.

Construído em concreto, este é um exemplo primitivo de espaço com abóbada de arestas com clerestório e arcobotantes (um dos quais pode ser visto no alto, à esquerda). Ele mostra o cuidado extremo que os construtores romanos também tinham com equipamentos urbanos que atendiam atividades mundanas, como os mercados de frutas e vegetais.

5.15 Arco de triunfo, Pompeia, antes de 79 d.C.

Monumentos como este eram o orgulho das cidades, pois refletiam virtudes cívicas e marcavam com vigor as entradas de sítios importantes. Neste caso, o arco também impedia o acesso de veículos com rodas ao fórum.

Já comentamos a presença de arcos de triunfo tanto em Pompeia (Figura 5.15) como em Timgad. Em geral, esses monumentos soltos eram construídos para celebrar uma vitória militar e, lembrando a grandiosidade do Estado, conferiam imponência aos espaços públicos. (O Arc du Triomphe, em Paris, datado do século XIX, foi construído seguindo esta mesma tradição, mas em escala superior a das obras romanas semelhantes.) Dos arcos que ainda restam, os de Roma são os mais elaborados. O Arco de Sétimo Severo (203 d.C.) permanece de pé no Forum Romanum, enquanto o Arco de Constantino, ainda maior, (concluído em 315 d.C.) (Figura 5.16), fica perto do Coliseu. Os dois são estruturas com arcos triplos – o arco central maior que os laterais; já o **ático** (acima do arco) foi ornamentado com painéis em relevo que retratam a vitória militar específica para a qual foi construído. O Arco de Constantino incorpora painéis de monumentos anteriores. Como elemento de arquitetura, o arco de triunfo terá uma longa pós-vida, marcando presença em obras **carolíngias**, românicas, renascentistas e posteriores.

5.16 O Arco de Constantino, Roma, 315 d.C.

Esta forma com três arcos se tornou um elemento de arquitetura adaptado para edificações posteriores. Observe o portal da abadia de Lorsch (veja a Figura 8.4) e a elevação oeste de Santo André em Mântua (veja a Figura 11.16) para outros exemplos de obras posteriores inspiradas neste projeto.

ENSAIO

A EXCELÊNCIA DA ENGENHARIA ROMANA

Dan MacGilvray

Só nos resta falar de pedras, ou, em outras palavras, da maior extravagância de nossa época... quanto às montanhas, a natureza as fez para si, como um tipo de baluarte para manter unidas as entranhas da terra; também com a finalidade de controlar a violência dos rios, de quebrar as ondas do mar, e, deste modo, opor a eles o mais duro de seus materiais, desafiando aquelas forças do clima que nunca descansam. Ainda assim, optamos por desbastar essas montanhas e levá-las para longe com o único objetivo de satisfazer nossa ânsia por luxo...

Essas mesmas montanhas são fatiadas para nos fornecer milhares de mármores diferentes; promontórios são atirados ao mar, e a face da natureza é reduzida em todos os locais... agora, levamos embora as barreiras destinadas a separar uma nação de outra; construímos navios para transportar nossos mármores; e, entre as ondas... transportamos os cumes das montanhas para um lado e para o outro: uma coisa, porém, muito menos imperdoável do que... buscar entre as nuvens recipientes com os quais saciar nossa sede, e escavar rochas, chegando até o céu, para que possamos ter o prazer de beber em taças de gelo![1]

Nestes dois parágrafos de sua *História Natural*, Plínio deixa patente tanto a arrogância como a capacidade da civilização romana. Ao contrário dos gregos, esteticamente sensíveis, os romanos foram os mais ousados engenheiros da antiguidade e, além de conquistar todos os povos e nações do Mediterrâneo, subjugaram o próprio mar e as montanhas que o cercavam.

Com exceção dos egípcios, os demais arquitetos e construtores não tiveram o privilégio de escolher para seus projetos materiais de construção que viessem de longe. As edificações antigas sempre refletiam a geologia local: as paredes e abóbadas de adobe da Babilônia eram feitas com o barro retirado da planície aluvial do Eufrates, enquanto o branquíssimo Partenon foi construído com o mármore oriundo do Monte Pentélico, situado nas imediações. Até mesmos os orgulhosos egípcios limitavam-se a materiais encontrados em um raio de cerca de mil quilômetros da bacia hidrográfica do Nilo abaixo da primeira catarata – o calcário das pirâmides veio do platô de Gisé ou de Tura, do outro lado do rio; o arenito dos templos de Luxor e Carnac foi retirado de Silsileh, localizada, convenientemente, alguns quilômetros rio acima. Somente quando precisaram da mais resistente de todas as pedras – o granito – para um obelisco de 30 metros, ou para revestir a câmara mortuária do faraó na Grande Pirâmide, os egípcios transportaram as pedras por distâncias maiores.

Por outro lado, os arquitetos romanos construíam rotineiramente muros e abóbadas de concreto usando pozolana, um cimento natural extraído perto de Nápoles; seus imperadores adornavam templos, palácios e termas com uma profusão policromática de finas placas de mármore e colunas graciosas: o branco puro de Carrara, perto do Mar da Ligúria, acima de Pisa, ou a ilha de Proconeseus, no Mar de Marmara; o *giallo antico* (amarelo antigo), da Tunísia; o *verde antico*, da Grécia; o *cipolino* (com aspecto de cebola), das ilhas do Mar Egeu; e os granitos pórfiro púrpura, rosa e cinza, do Egito. Os romanos superaram os egípcios ao tirar os enormes obeliscos das fachadas de seus templos, cruzar os mais de 2.400 km do Mediterrâneo em navios feitos especialmente para esse fim e remontá-los em circos, casas de campo e jardins de Roma (Figura 5.17). No processo, além de ofenderem os deuses egípcios, parecem ter ofendido também a Plínio, que fala da "extravagância" e da arrogância ambiental dos romanos.

Assim como os antigos romanos escalavraram as montanhas de maneira indelével com suas pedreiras, Roma ainda hoje exibe um pouco de sua antiga arrogância (e capacidade) nos obeliscos de granito, placas de mármore e colunas esbeltas que foram transferidos para adornar os templos da Igreja Católica.

5.17 Altar do período claudiano, século I d.C., Villa Medici, Roma.

---

[1] Plinius Secundus C. (the Elder Pliny), *The Natural History of Pliny, Vol. VI*, traduzido para o inglês por John Bostock e H.T. Riley (Londres: Henry G.Bohn, 1862), p. 305. Plínio se refere ao quartzo quando fala do material que dá o "prazer de beber em taças de gelo".

OS TEMPLOS

Quando falávamos dos fóruns romanos, indicamos a localização dos templos, que os romanos construíram principalmente a partir de precedentes gregos e etruscos. Em geral, os romanos não construíam templos como estruturas isoladas, como se fazia na Grécia Clássica, mas como edificações com rota de chegada axial em um contexto urbano, semelhantes aos templos etruscos e do período helenístico. A implantação do Capitolium (Capitólio), no fórum de Pompeia, e do Templo de Mars Ultor, no Fórum de Augusto, em Roma, foi praticamente igual; o projeto dos templos propriamente ditos também era semelhante. Os dois foram edificados sobre pódios, de modo que um lanço de escada levasse ao pórtico com colunata da cela.

Como o Capitólio e o Templo de Mars Ultor estão praticamente destruídos, cabe aos templos romanos remanescentes nos fornecer uma imagem melhor e mais completa de sua arquitetura. O Templo de Fortuna Virilis, construído em Roma no século II a.C. (Figura 5.18), lembra superficialmente um templo jônico grego. No entanto, olhando de perto as elevações laterais e posterior, é possível constatar que as colunas, em vez de estarem soltas, adossam a parede da cela. A expansão da cela até os limites da colunata envolvente aumenta o espaço interno e enfatiza a axialidade do conjunto.

Nem todos os templos romanos eram retangulares. Os gregos já haviam construído *tholoi* circulares, cuja planta baixa circular foi aplicada aos templos romanos. Um dos mais impressionantes é o Templo da Sibila (cerca de 25 a.C.), em Tivoli. Construído sobre um promontório, parece refletir seus precedentes gregos tanto no projeto como na implantação. Todavia, é indiscutivelmente romano. A chegada é axial, por um lanço de escada; a parede da cela foi construída de concreto, em vez de blocos de mármore; e os frisos ornamentais da ordem coríntia têm drapeados romanos e crânios de boi. Também em Roma, perto do Templo de Fortuna Virilis, fica o chamado Templo de Vesta (um templo dedicado a Hércules), edificação com planta baixa circular datada do século I a.C. semelhante ao exemplo de Tivoli, mas um pouco maior. Modificações posteriores alteraram o telhado e destruíram o entablamento original.

O mais espetacular templo romano com planta baixa circular é o Panteon de Roma (118–128 d.C.), considerado por muitos como a edificação mais influente da história da arquitetura ocidental (Figura 5.19). O tamanho, a singeleza do projeto e a excelência técnica da construção contribuíram para transformá-la em uma obra memorável. Dedicado às sete deidades planetárias, o Panteon foi construído durante o reinado do Imperador Adriano, que dizem ter sido o arquiteto responsável. A entrada é por um enorme pórtico com 20 colunas coríntias que, originalmente, sustentavam as tesouras do telhado (cujo revestimento de bronze foi removido há muito tempo). Este pórtico se conecta de modo esdrúxulo à cela circular, um espaço com 43,4 metros de diâmetro e 43 metros de altura. A metade inferior da cela é um cilindro sobre o qual se apoia uma cúpula hemisférica; no topo, uma abertura circular (**óculo**) de 8,2 metros de diâmetro permite a passagem de luz e ar (Figura 5.20).

5.18 Templo de Fortuna Virilis, Roma, século II a.C.
Exemplo de templo romano primitivo, este prédio usa as ordens (no caso, a jônica) como seria de se esperar de uma edificação grega; contudo, foi orientado pelo eixo seguindo os costumes dos etruscos.

O contraste entre o interior e o exterior é surpreendente, inclusive para o homem moderno, e tem inspirado visitantes desde que foi concluído. Ao contrário de outros templos pagãos localizados em Roma, o Panteon foi reciclado para uso como igreja cristã e nunca teve seus revestimentos de mármore saqueados; por isso, é considerado o edifício romano mais próximo de seu estado original.

A parede da cela cilíndrica é dividida visualmente em dois níveis: uma ordem coríntia térrea de colunas e pilastras com caneluras sustentando o ático com aberturas retangulares, que lembram janelas inseridas em uma parede de mármore formando desenhos. O nível inferior é marcado por nichos – alternadamente circulares e retangulares – distribuídos nos quartos e oitavos da circunferência. Na cúpula, a articulação se dá por cinco níveis de caixotões quadrados que diminuem em direção ao topo, desenhados com uma perspectiva exagerada para aumentar a sensação de profundidade. A luz que banha o interior, vinda do óculo, enfatiza a tridimensionalidade dos caixotões do teto e dos oito nichos abaixo. Quando se está no centro do Panteon, a edificação transmite a sensação de que o espaço vai além do tambor cilíndrico e de que a cúpula é muito mais alta do que suas dimensões reais.

Não confunda a simplicidade conceitual do projeto de cúpula e tambor do Panteon com uma simplicidade construtiva (Figura 5.21). A construção aparentemente arquitravada é, na verdade, uma estrutura baseada em arcos e abóbadas. Por trás das colunas, revestimentos e caixotões bem ordenados, encontra-se uma obra-prima da engenharia, evidenciando a capacidade romana de construir usando concreto. A imensa carga estrutural da cúpula é transferida para as fundações de concreto de 4,5 metros de espessura e 10,4 metros de largura através das paredes do tambor, que

5.19 Panteon, Roma, cerca de 125 d.C.

O maior projeto de arquitetura de Adriano se tornou uma das obras mais influentes na história da arquitetura ocidental, inspirando praticamente todas as edificações com cúpula subsequentes. Enquanto o exterior é imponente, o interior tem uma grandiosidade quase opressiva.

5.20 Giovani Paolo Panini, *O Interior do Panteon*, cerca de 1740. Óleo sobre tela, 1,28 x 0,99 metro. National Gallery of Art, Washington, DC, Estados Unidos.

Uma esfera com 43,4 metros de diâmetro determina conceitualmente o volume interno da grande cúpula, que constitui metade da esfera. As colunas e pilastras das paredes não correspondem à estrutura principal de arcos e abóbadas que sustenta a grande cúpula. O concreto é o principal material estrutural e foi revestido com placas de mármore na parte de baixo e deixado à vista nos caixotões do teto.

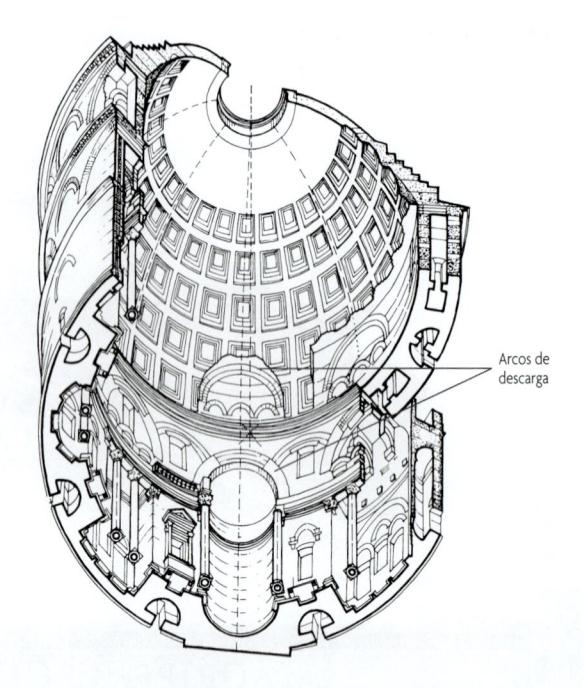

5.21 Corte perspectivado do Panteon, Roma, 118–128 d.C.

Esta vista axonométrica de baixo para cima mostra parte da planta baixa e a construção com arcos por trás dos revestimentos internos de mármore e no interior da cúpula. Embora nenhuma construção arqueada possa ser vista no interior, os arcos de descarga ficam evidentes na parte de fora, como mostra a Figura 5.19.

chegam a ter 6,1 metros de profundidade. A maior parte da complexidade construtiva não pode ser vista no interior. Os dois primeiros anéis de caixotões escondem oito grandes arcos de descarga que trabalham com um segundo conjunto, também escondido, de modo a concentrar as cargas nas seções de parede entre os nichos do pavimento térreo. Essas seções, por sua vez, não são maciças, mas apresentam câmaras ocas acessadas apenas pelo exterior; sua função é equalizar a contração do concreto durante sua cura e reduzir a carga morta transferida para as fundações – tudo isso sem comprometer a estabilidade do todo. O agregado usado na mistura de concreto fica mais leve progressivamente, indo do basalto pesado das fundações até a rocha vulcânica esponjosa (tufa) empregada no anel do óculo.

Praticamente todas as edificações com cúpula construídas desde a época romana fazem referência ao Panteon. Algumas vezes a influência é bastante óbvia, como no projeto de Jefferson para a Biblioteca da University of Virginia, nos Estados Unidos (veja a Figura 14.16); em outras, a relação é menos aparente, como na cúpula criada por Brunelleschi para a Catedral de Florença (veja a Figura 11.13). Literalmente centenas de museus, universidades, bancos, igrejas e estações ferroviárias com cúpula – para mencionar apenas alguns tipos de edificações – estão, de certa maneira, relacionadas a esta obra-prima do Império de Adriano.

OS EDIFÍCIOS PÚBLICOS

Os romanos criaram diversos tipos de edifícios públicos para funções especializadas: a basílica; os grandes auditórios usados para administrar a justiça; as termas, isto é, edificações com muitos compartimentos contendo recursos de banho e recreativos; e o teatro, que foi baseado no protótipo grego, mas transformado em uma estrutura independente e, às vezes, ampliado para se tornar um anfiteatro capaz de receber eventos de grande porte. Cada tipo de edifício trouxe desafios espaciais e construtivos, e todos contribuíram para o desenvolvimento da arquitetura.

As basílicas

A basílica que ocupava a quina sudoeste do fórum de Pompeia já foi comentada. Datada de 100 a.C., aproximadamente, é a basílica romana mais antiga de que se tem conhecimento, embora, provavelmente, não tenha sido a primeira. Ainda que abrigasse principalmente atividades judiciais, sem dúvida também era usada como local de reuniões sociais e comerciais – assim como as colunatas das *stoas* gregas. Em grego, a palavra *basilica* significa, literalmente, "salão do rei". Em vez de circundar o exterior, como na *stoa*, as colunatas das basílicas definem o espaço central longitudinal. A basílica

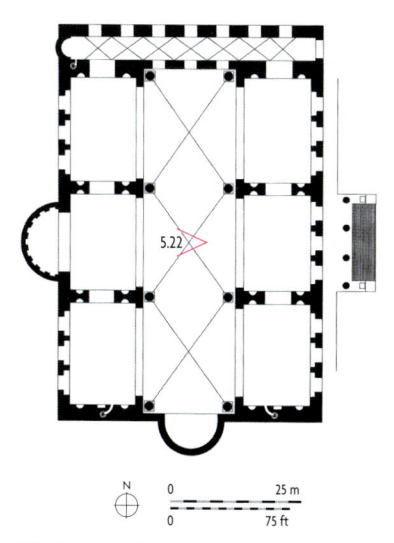

5.22 Planta baixa da Basílica Nova (Basílica de Magêncio e Constantino), Roma, 307–315 d.C.

Esta grande edificação tinha abóbadas de arestas ao lado de abóbadas de berço. A luz entrava pelos grandes clerestórios.

5.23 Basílica Nova, Roma, 307–315 d.C.

Embora as abóbadas de arestas tenham ruído, sobrou um conjunto de abóbadas de berço. Entre os vãos, ainda podemos ver os consolos das abóbadas, que se elevam no alto das paredes. As colunas que ficavam abaixo deles eram apenas ornamentais.

de Pompeia era acessada principalmente pela elevação lateral adjacente aos escritórios administrativos da cidade; porém, havia entradas menos importantes na frente e atrás. Em uma área retangular em frente à parede externa oposta à entrada principal ficava o assento de honra do tribunal, encerrando o eixo longitudinal criado pelas colunatas. O edifício foi coberto com um telhado de duas águas com estrutura de madeira.

O Fórum de Trajano, em Roma, continha a Basílica Ulpia, maior do que a de Pompeia, que media 60 × 120 metros, excetuando-se as extremidades curvas (**absides**). Suas entradas foram colocadas nas fachadas da frente e de trás porque a edificação constitui uma das laterais do fórum. No interior, colunatas duplas definem o espaço central longo e estreito; também havia colunatas triplas nas laterais em frente às absides semicirculares. Desenhos de como o fórum provavelmente seria mostram o interior com as galerias do segundo pavimento acima das colunas das duas fachadas maiores, além dos clerestórios que iluminam o espaço central. Como em Pompeia, um telhado de duas águas com estrutura de madeira cobria o edifício. Materiais luxuosos, financiados com o dinheiro arrecadado na Dácia, foram usados na construção: mármore nos pisos e paredes, folhas de bronze suspensas nas tesouras do teto com caixotões e granito egípcio nas colunas. Juntos, o tamanho impressionante, os ricos acabamentos e a bela iluminação criaram um ambiente adequado para a execução da justiça imperial. De todo esse esplendor sobraram apenas fragmentos grosseiros, mas a forma da basílica se tornou a base para o projeto das primeiras igrejas cristãs.

Nem todas as basílicas tinham colunatas ou cobertura de madeira. A Basílica Nova (também conhecida como Basílica de Magêncio e Constantino), em Roma, datada de 307–315 d.C., tinha três grandes abóbadas de arestas sobre o espaço central, além de **vãos** com abóbadas de berço em todos os lados (Figuras 5.22–5.23). Em termos de estrutura, essa organização permitia que as abóbadas de berço e suas paredes de apoio – todas em ângulos retos em relação ao eixo principal do espaço central – fornecessem estabilidade lateral para as abóbadas de arestas. Por fim, as duas absides encerravam os eixos longitudinais e transversais.

As termas

O interior da Basílica Nova deve muito às termas, ou banhos públicos, os maiores edifícios romanos com abóbadas. Como sugere o nome, os banhos ou **termas** romanos eram equipamentos principalmente para higiene, mas também permitiam a prática de exercícios, o relaxamento e uma socialização informal – atividades mais comumente associadas aos spas e clubes de esportes atuais do que aos banheiros. Os romanos, na verdade, limpavam seus corpos sem usar sabão, besuntando-se com óleos e, em seguida, raspando a pele com instrumentos semelhantes a colheres. Os banhistas induziam a transpiração em saunas úmidas com vapor de água (muito parecidas com as saunas finlandesas) para então se refrescar e relaxar em uma sucessão de banhos de imersão quentes e frios. Além desses banhos, os romanos às vezes passavam mais tempo nas termas para nadar, caminhar, conversar ou ler nas bibliotecas.

Tal variedade de atividades exigia uma diversidade de espaços: vestiários, latrinas, salas para banhos quentes, mornos e frios; equipamentos para a prática de exercícios, áreas de relaxamento e, se possível, jardins. O abastecimento adequado de água era essencial. Os romanos usavam fontes de água

142 A HISTÓRIA DA ARQUITETURA MUNDIAL

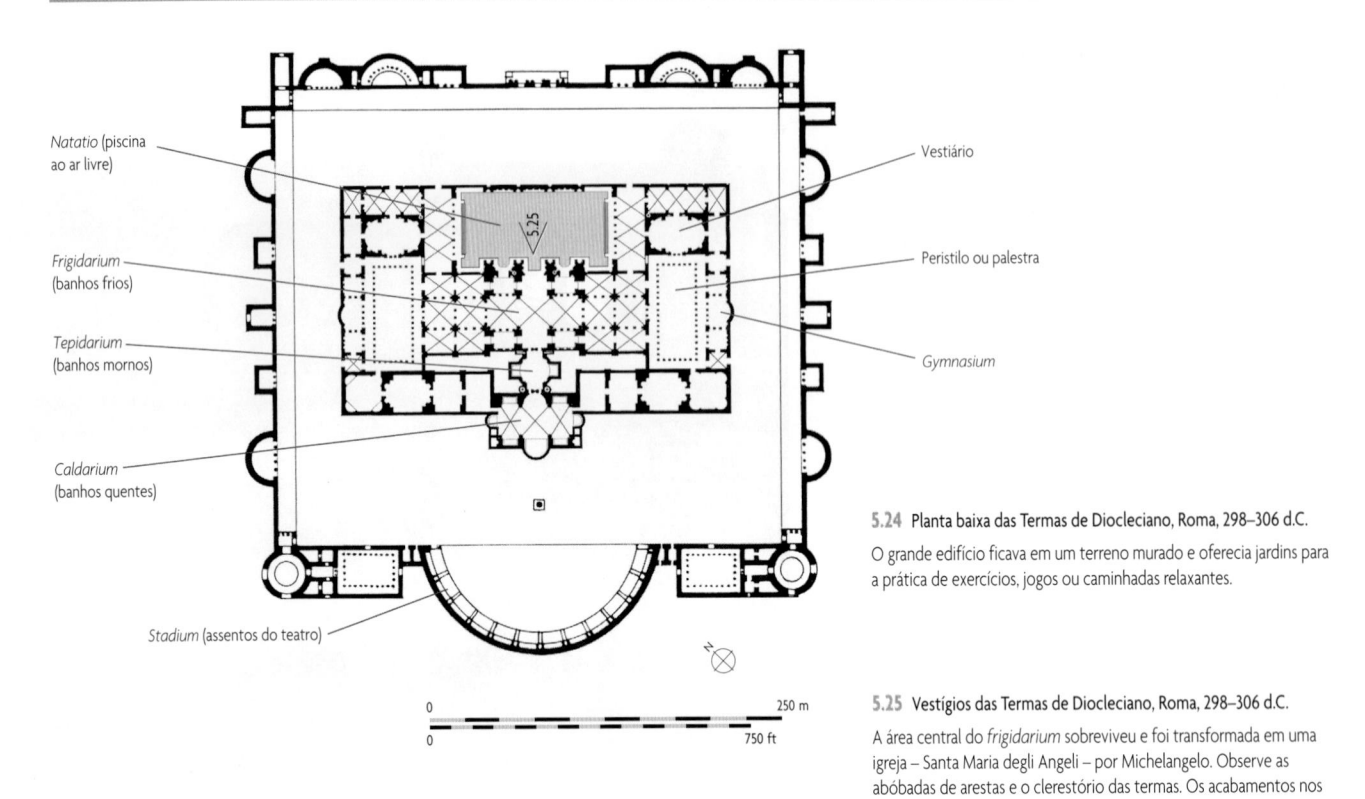

Natatio (piscina ao ar livre)

Frigidarium (banhos frios)

Tepidarium (banhos mornos)

Caldarium (banhos quentes)

Stadium (assentos do teatro)

Vestiário

Peristilo ou palestra

Gymnasium

5.24 Planta baixa das Termas de Diocleciano, Roma, 298–306 d.C.
O grande edifício ficava em um terreno murado e oferecia jardins para a prática de exercícios, jogos ou caminhadas relaxantes.

5.25 Vestígios das Termas de Diocleciano, Roma, 298–306 d.C.
A área central do *frigidarium* sobreviveu e foi transformada em uma igreja – Santa Maria degli Angeli – por Michelangelo. Observe as abóbadas de arestas e o clerestório das termas. Os acabamentos nos lembram de como eram magníficos esses espaços quando intactos e bem cuidados.

5.26 Termas do Fórum, Pompeia, cerca de 80 a.C.

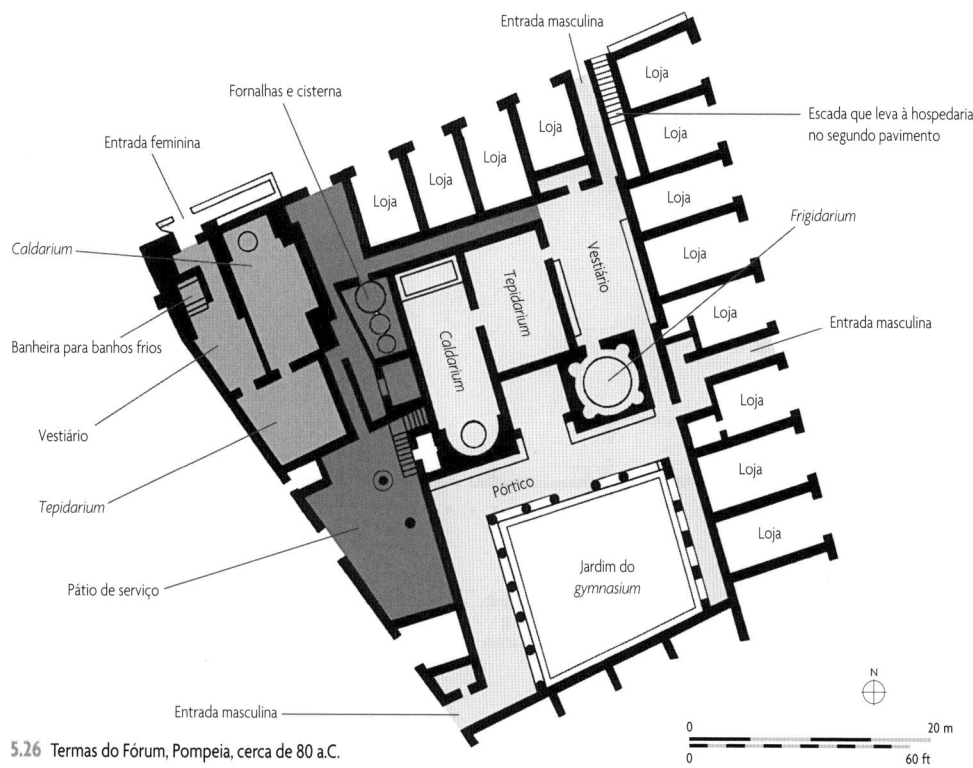

Este é um pequeno equipamento público com áreas separadas, embora desiguais, para homens e mulheres. Uma área de serviço comum (sombreado mais escuro) era usada para aquecer a água. Lojas ocupam a maior parte da fachada para a rua, pois não se buscava uma presença externa grandiosa. Veja a Figura 5.7 b para saber onde as termas se localizavam dentro da cidade.

mineral, quando disponíveis (a cidade de Bath, na Inglaterra, era uma terma romana), e aqueciam a água caso o abastecimento não fosse naturalmente quente. Como os banhos públicos eram considerados uma diversão saudável para as grandes populações urbanas, os imperadores posteriores competiram entre si para ver construir complexos cada vez mais elaborados em Roma.

As Termas de Diocleciano (298–306 d.C.) constituíam o maior complexo de banhos públicos da Roma Antiga, ocupando um terreno de aproximadamente 20 hectares e, dizem, com capacidade para três mil pessoas (Figura 5.24). O projeto do complexo era simétrico, com a principal sequência de cômodos no interior do edifício disposta sobre o eixo central. Partindo do centro da fachada sudoeste, esses espaços incluíam os banhos quentes cobertos com abóbadas de arestas (*caldarium*), os banhos mornos cobertos com uma cúpula (*tepidarium*), os banhos frios com planta cruciforme (*frigidarium*) e a piscina ao ar livre (*natatio*). Em ambos os lados do conjunto central de espaços havia vestiários com planta baixa oval e um peristilo (palestra) retangular e descoberto, para a prática de exercícios; esses, por sua vez, eram cercados por salas de apoio, cujas funções não puderam ser identificadas. Os compartimentos adjacentes no lado sul talvez tenham fossem saunas úmidas que levavam ao *caldarium*. Os acabamentos internos incluíam materiais suntuosos, revestimentos de mármore e mosaicos; havia estátuas tanto dentro como fora do edifício; e as áreas externas foram receberam árvores e jardins de modo a criar um ambiente agradável para se exercitar, conversar e relaxar. Na parede externa, a sudoeste, uma grande **êxedra** foi dotada de arquibancadas para servir de teatro ou estádio. Os cômodos retangulares construídos de cada lado talvez tenham abrigado bibliotecas. Sobraram apenas partes desta vasta estrutura. Em 1561, Michelangelo transformou o *frigidarium* na Igreja de Santa Maria degli Angeli (Figura 5.25), cujo interior reflete a escala e parte do esplendor do edifício original. Uma rotunda de quina foi reciclada para se tornar a igreja de São Bernardo; resquícios da grande êxedra sul foram preservados na Piazza dell'Esedra, datada do século XIX, que fica perto da atual estação ferroviária.

As Termas de Diocleciano eram excepcionalmente grandes, mesmo para os padrões imperiais. Das mais de 950 termas da Roma Antiga listadas em um inventário feito em meados do século IV, poucas eram tão grandiosas. Para apreciar os projetos dos banhos públicos mais comuns, observe os edifícios que restaram nas províncias, como as Termas do Fórum de Pompeia (Figura 5.26), de Paris (onde o Museu Cluny incorporou parte de um banho público do século III d.C.) e de Leptis Magna, no litoral norte da África, cujas chamadas Termas de Caça (final do século II ou início do século III d.C.) estão excepcionalmente bem preservadas.

Os teatros e anfiteatros

Os torneios esportivos e as apresentações teatrais faziam parte da cultura da Grécia Antiga. Os romanos – que herdaram essas tradições e acrescentaram a elas as disputas de gladiadores dos etruscos – precisavam de teatros e arenas nos quais promover tais eventos. Os gregos costumavam escavar

5.27a Corte perspectivado do Teatro de Marcelo, Roma, 13–11 a.C.

Esta imagem mostra as rampas e escadas usadas pelos espectadores para chegarem aos seus lugares. Os dois pavimentos inferiores foram poupados, mas o nível superior foi removido durante a Idade Média e o século XVI. Como recomendava Vitrúvio, o nível inferior foi revestido com a ordem dórica, o intermediário, com a ordem jônica e o superior, provavelmente, com a ordem coríntia.

5.27b Planta baixa do Teatro de Marcelo, Roma, 13–11 a.C.

Os teatros romanos baseavam-se em projetos já avançados feitos pelos gregos. A diferença é que as arquibancadas não dependem da presença conveniente de colinas, mas de uma estrutura abobadada feita de pedra afeiçoada e concreto.

5.28 O anfiteatro, Pompeia, cerca de 80 a.C.

Esta arena oval era usada para lutas de gladiadores, pelas quais os romanos eram apaixonados. Parte da arquibancada é sustentada pela construção arqueada; outra parte foi construída contra a encosta da colina.

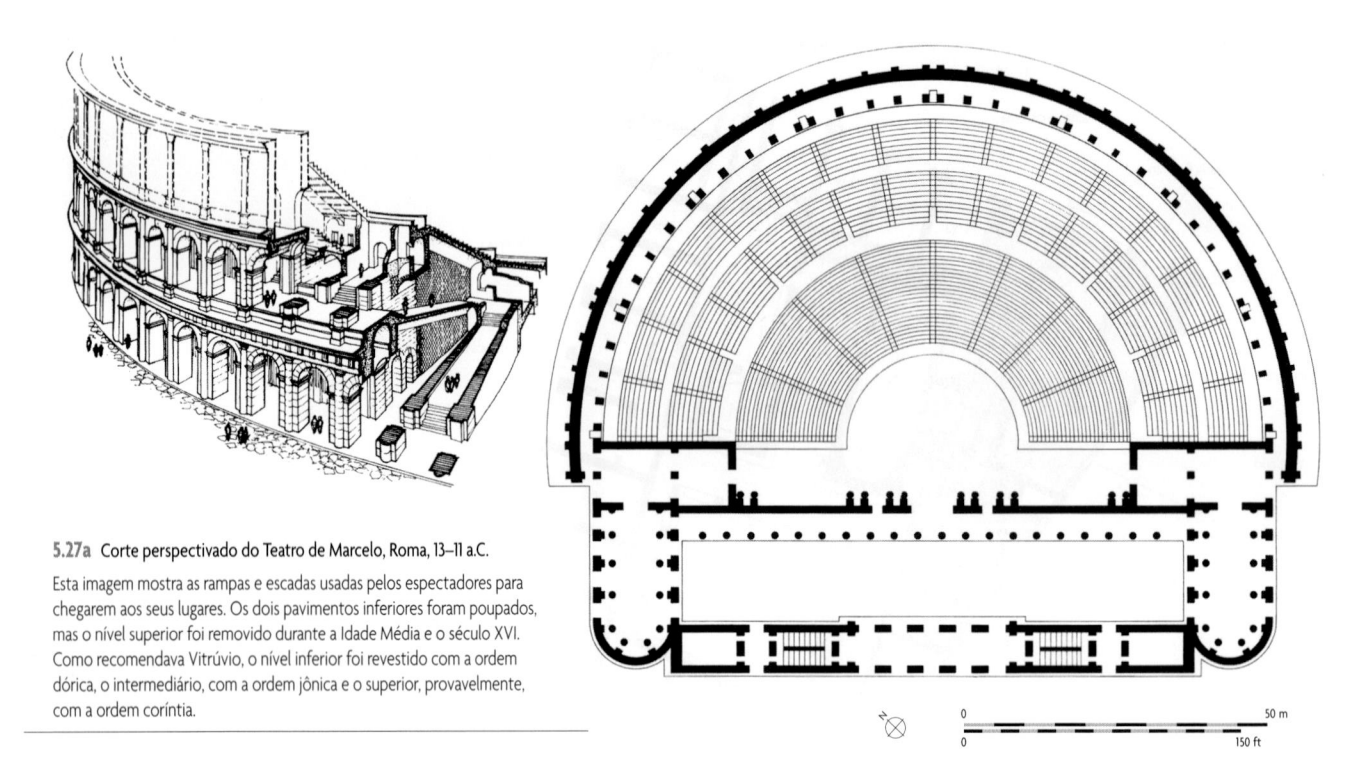

o volume côncavo dos teatros ou das arenas na face de uma colina, transformando, assim, a declividade natural do terreno em arquibancadas. Os romanos, porém, decidiram construir esses equipamentos independentemente das condições do terreno; por isso, conceberam grandes estruturas abobadadas para criar a inclinação necessária para que todos os espectadores conseguissem enxergar. Um exemplo primitivo desta tipologia é o Teatro de Marcelo (concluído em 13–11 a.C.), localizado em Roma (Figuras 5.27 a, b), onde um grande semicírculo com 11 mil assentos distribuídos em três níveis está voltado para uma edificação retangular com palco, que servia como pano de fundo para as apresentações. (Este teatro tinha a mesma capacidade do teatro grego de Epidauro.) Grande parte da construção original foi reaproveitada – primeiramente como fortaleza medieval e, a seguir, como palácio renascentista – o que permite compreender razoavelmente bem a criatividade estrutural por trás da planta baixa. Abóbadas de berço sobrepostas serviam de entrada e saída, enquanto rampas e escadas, feitas de pedra afeiçoada e de concreto, eram cruzadas pelos anéis concêntricos das abóbadas de berço que organizavam a circulação interna. Vestígios do revestimento externo emolduram as terminações arqueadas das abóbadas de berço, na forma de meias-colunas adossadas e entablamentos das ordens dórica e jônica, encontrados, respectivamente, no pavimento térreo e no segundo pavimento.

Não há dúvida de que o projeto dos teatros inspirou o dos anfiteatros ("amphi" significa "dois", logo, um teatro nos dois lados), que tinham plantas baixas circulares ou ovais e arquibancadas em todos os lados. O anfiteatro de Pompeia – datado de 80 a.C., aproximadamente, exemplo remanescente mais antigo – foi implantado de modo que os assentos de um dos lados da arena oval fossem susten-

5.29 O Coliseu (Anfiteatro Flaviano), Roma, concluído em 80 d.C.

A mais grandiosa de todas as arenas romanas, o Coliseu tinha paredes externas revestidas de travertino. Esta imagem mostra áreas de onde o revestimento foi removido, revelando os arcos da estrutura.

tados pelo terreno em aclive (Figura 5.28). Anfiteatros posteriores construídos em Arles e Nîmes, no sul da França, foram edificados quase que inteiramente no nível do solo.

O maior de todos foi o Anfiteatro Flaviano, em Roma, conhecido como Coliseu, concluído em 80 d.C. (Figura 5.29). Embora sua planta baixa apresente a familiar forma oval e sua estrutura tenha se inspirado no Teatro de Marcelo, o elemento inovador, neste caso, é o tamanho. A dimensão externa da arena mede 155 × 187 metros, criando assentos para aproximadamente 50 mil pessoas em uma arquibancada contínua, com uma faixa de assentos adicional no topo. Com exceção dessa faixa superior, que era sustentada por apoios de madeira, toda a edificação foi feita de alvenaria, em uma combinação de pedra afeiçoada e de concreto assentados cuidadosamente sobre as fundações. Sob os assentos havia uma complexa rede de apoios estruturais, passagens horizontais, rampas e escadas para acomodar a multidão de espectadores. As paredes externas foram revestidas de travertino, um mármore geralmente de cor creme. Os pilares sobrepostos, nas ordens romanas dórica, jônica e coríntia, uniram-se aos arcos das abóbadas de berço de sustentação para criar três níveis na fachada. Um quarto nível de pilastras coríntias sem arcos completava a elevação em torno das duas galerias superiores (reservadas para mulheres e escravos). Neste nível foram encontradas perfurações para mastros, que, na opinião de alguns historiadores, serviam de suportes para uma cobertura de lona (*velarium*) que oferecia sombra para os espectadores. A área sob o piso da arena – um espaço oval de 53 × 85 metros –

consistia em um labirinto de passagens e câmaras para gladiadores, feras e elevadores, que atendiam aos espetáculos realizados acima. O Coliseu está indissociavelmente ligado a uma forma selvagem e cruel de entretenimento, incluindo as lutas até a morte entre os gladiadores e a perseguição de cristãos. Em eras posteriores, o belo revestimento de mármore foi removido para que a edificação se tornasse uma fornecedora de pedra já cortada. Hoje é, em parte, uma ruína, mas, mesmo nessas condições, é testemunho da excelência da construção romana.

AS MORADIAS

Para estudar a habitação romana, precisamos mais uma vez retornar à Pompeia, pois a coleção de lares comuns, casas urbanas sofisticadas, mansões no campo e casas de fazenda lá preservada resultou no registro mais completo que temos dos tipos de edificações nas quais as pessoas viviam. As casas mais antigas tinham plantas com átrio, um modelo italiano autóctone em que os principais cômodos da casa ficavam diretamente voltados para um pátio central, que permitia o acesso, a iluminação e a circulação de ar. Essas moradias apresentam uma parede cega na fachada principal, sem recuos em relação à calçada.

A habitação urbana

A Casa do Cirurgião é a moradia mais antiga encontrada em Pompeia e o exame de sua planta baixa revela as características típicas das casas com átrio (Figura 5.30 a). É um quadrilátero irregular, uma vez que ocupa totalmente o lote no qual foi construída. No lado voltado para a rua encontram-se três portas; duas delas servem de acesso às lojas, sendo que uma está conectada à moradia e a outra faz parte de um ambiente introvertido que inclui os dormitórios do andar superior. O acesso centralizado, enobrecido por dois degraus, era a principal entrada da casa e sua localização definia o eixo de simetria da edificação propriamente dita. Após cruzar um vestíbulo, o visitante chegava ao átrio, onde uma cobertura fornecia proteção e sombra, com exceção de uma área central relativamente pequena que foi deixada aberta. A água que escorria do telhado caía em um tanque (*impluvium*) localizado no centro deste pátio. Em ambos os lados do átrio havia cômodos, geralmente usados como dormitórios; em frente ao eixo localizava-se a principal sala de recepção (*tablinum*), ao lado de uma sala de jantar (*triclinium*). Mais adiante foi construído o pórtico que abria para o jardim dos fundos. Os espaços de serviço, incluindo os aposentos para os criados e a cozinha, ocupavam a zona ao lado da sala de jantar. Todos os espaços internos dependiam do átrio descoberto ou do jardim para receber luz, pois as paredes externas eram desprovidas de aberturas. Somente o *tablinum*, que era o cômodo mais importante da casa, tinha acesso direto às duas fontes (e, consequentemente, às brisas refrescantes que passavam sobre elas); os cômodos restantes, em sua maioria, eram provavelmente bastante escuros, inclusive durante o dia.

A planta baixa do átrio possuía dignidade formal e também praticidade. O proprietário podia alugar a loja junto à calçada, incluindo os aposentos do segundo pavimento, para um comerciante ou artesão, usando a loja ou oficina conectada ao interior da moradia como local de trabalho próprio. O funcionamento das lojas ou oficinas não dependia das atividades domésticas, que, por sua vez, ficavam isoladas em relação aos ruídos vindos da rua. A escala era ampla. A área residencial da Casa do Cirurgião tinha aproximadamente 510 m², incluindo o jardim. Contudo, no século II a.C., cidadãos mais ricos começaram a construir casas com átrios maiores. Algumas casas novas tinham até dois átrios, além de um jardim muito maior circundado por uma colunata, que se tornava um peristilo (Figuras 5.31–5.32).

A Casa de Pansa, em Pompeia, é um exemplo de moradia com átrio e peristilo datada de meados do século II a.C. (Figura 5.30b). Ocupa praticamente uma quadra urbana inteira (aproximadamente 2.500 m²) e, assim, poderia ter janelas em qualquer um de seus lados – mas não tem nenhuma –, dependendo do átrio, do pátio com peristilo e de um grande jardim murado para sua iluminação e ventilação. A entrada define a distribuição axial dos espaços, que é similar à da Casa do Cirurgião. Os pequenos cômodos ao redor do átrio serviam de dormitórios; as salas de jantar eram adjacentes ao peristilo. Depois do peristilo, o eixo passava por outra sala de recepção e por um pórtico antes de chegar ao jardim murado, que ocupava cerca de um terço do terreno. Casas tão grandes não eram comuns em Pompeia. Exemplos de três casas menores podem ser vistos na rua lateral da Casa de Pansa, onde foram criadas separadas da casa principal em uma reforma posterior. Sem átrio e pátio interno, elas usavam janelas para obter luz e ar, mas abriam para a rua, recebendo, assim, a poeira, os ruídos e os odores da via pública. Os dois lados restantes da Casa de Pansa continham lojas. Na planta baixa, ainda é visível o volume de alvenaria que cobria o forno de uma padaria.

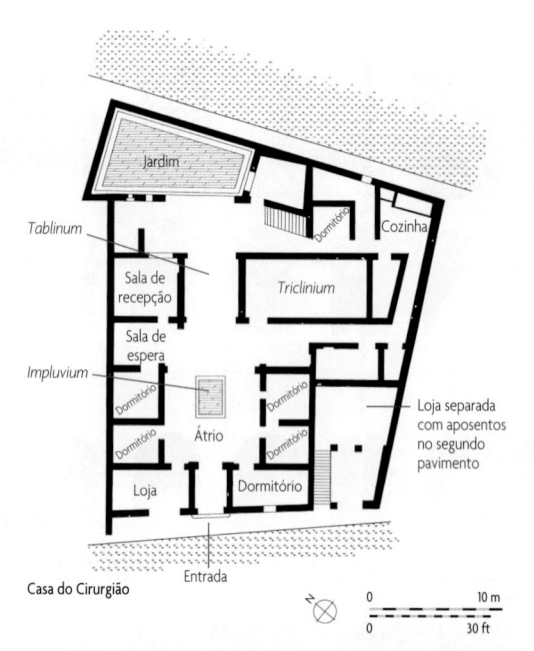

5.30a Planta baixa da Casa do Cirurgião, Pompeia, século II a.C.

Esta planta baixa foi organizada ao redor de um espaço central aberto, ou átrio, que permitia a entrada de ar fresco e luz nos cômodos adjacentes. Um pórtico nos fundos abria para um pequeno jardim. Entre esses dois elementos ficava o *tablinum*, isto é, a sala de recepção principal.

5.30b Planta baixa da Casa de Pansa, Pompeia, século II a.C.

Esta casa é tão ampla que ocupa praticamente toda uma quadra urbana, e inclui um grande jardim murado nos fundos. Afrescos decoravam suas paredes e grande parte dos pisos apresentava mosaicos.

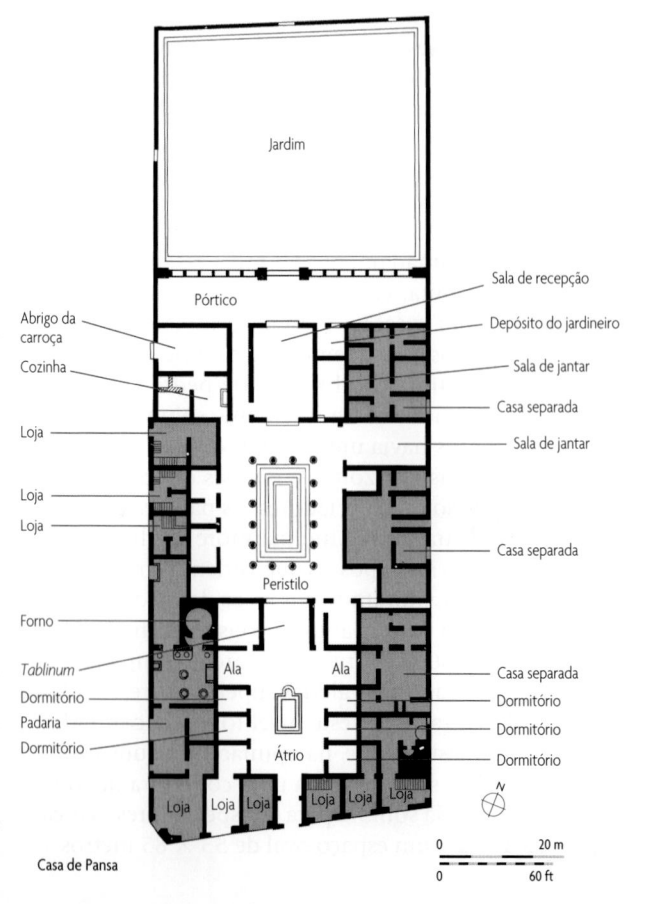

5.31 Átrio da Casa de Vênus na Concha, Pompeia, século II a.C.

O telhado foi restaurado para dar uma ideia do espaço original e do nível de iluminação. A água que escorria do telhado era coletada no *impluvium*, no centro do átrio. Um afresco pode ser visto à esquerda. A abertura no centro levava ao peristilo do jardim. Observe a alvenaria de *opus incertum* revestindo as paredes.

5.32 Peristilo da Casa de Vênus na Concha, Pompeia, século II a.C.

A casa recebeu este nome por causa do afresco encontrado na parede do peristilo (à esquerda, não é visível na fotografia). Fragmentos de outros afrescos são visíveis nos fundos. A sala de jantar abria para o jardim.

As casas voltadas para pátios internos, como as de Pompeia, configuravam uma muralha virtual para a rua, resultando em um efeito completamente distinto do que vemos nos bairros suburbanos das cidades norte-americanas da atualidade, mas não tão diferente daquele das cidades modernas dos países mediterrâneos. As ruas de Pompeia eram geralmente estreitas, variando de menos de 2,4 metros a pouco mais de 6,7 metros. As ruas principais tinham passeios elevados nos dois lados; pedras nas interseções permitiam que os pedestres atravessassem a rua sem afundar no lodo que frequentemente tomava conta do local (Figura 5.33). Tais pedras também permitiam a passagem cuidadosa de carroças e, assim, controlavam a velocidade do trânsito. Na maior parte da cidade, os muros estavam cobertos por pichações.

5.33 Rua de Pompeia, século II a.C.

Fachadas de lojas predominavam na rua, enquanto as entradas das casas eram aberturas bastante modestas. As carroças podiam passar entre as pedras elevadas para a travessia de pedestres. Observe o revestimento de alvenaria de pedra em *opus testaceum* das paredes, tanto aqui como na Figura 5.34.

5.34 Ínsula (edifício de apartamentos), Ostia, século II.
Em Roma, grande parte da população vivia em acomodações semelhantes a esta edificação. As cozinhas de todos os apartamentos ficavam na cobertura, de modo a minimizar os odores e os riscos de incêndio; a água era trazida manualmente de fontes públicas.

Slogans eleitorais, avisos de ordem pública, anúncios de estabelecimentos comerciais e espetáculos públicos, além de escritos obscenos, foram encontrados nas escavações da cidade. Nas ruas onde havia lojas ou oficinas, os muros às vezes continham murais ilustrando os serviços ou produtos disponíveis nos interiores. As fachadas das lojas abriam diretamente para a rua de modo a exibir as mercadorias; à noite, eram protegidas por cortinas de madeira de enrolar.

Os acabamentos de interiores encontrados nas casas de Pompeia se mostraram quase tão interessantes quanto sua arquitetura, e os historiadores da arte identificaram quatro estilos de pinturas murais. Um deles, no qual cenas fantasiosas eram representadas em perspectiva aérea ou vistas por baixo, pode ser considerado precursor das elaboradas composições barrocas que seriam utilizadas no século XVII para expandir oticamente os limites físicos das paredes e dos tetos.

Pedra e tijolo eram os principais materiais usados na construção de moradias, embora também fosse utilizada uma quantidade surpreendente de madeira, principalmente nas vigas de cobertura. Em edificações mais modestas, as paredes costumavam ter estrutura de madeira preenchida com pedregulho ou tijolo, assemelhando-se à construção em **enxaimel** típica da Europa medieval. As moradias tinham originalmente um pavimento, mas, à medida que a cidade crescia e o solo urbano se tornava mais valioso, as edificações acabavam adquirindo pavimentos múltiplos e casas mais antigas eram transformadas em apartamentos. Na época em que Pompeia foi destruída, muitas das casas com átrio e peristilo já tinham sido divididas em habitações multifamiliares, pois os cidadãos mais ricos mudaram-se para moradias mais espaçosas em propriedades rurais.

No caso dos moradores urbanos, o tipo de habitação dominante após o incêndio que destruiu grande parte de Roma, em 64 d.C., passou a ser o edifício de apartamentos (**ínsula**). Um inventário de edificações feito em Roma no século IV listou 46 mil ínsulas e menos de 1.800 moradias unifamiliares. As ínsulas mais bem conservadas são as da cidade portuária de Ostia (Figura 5.34). Esses edifícios de apartamentos, que chegavam a seis pavimentos de altura, ocupavam lotes bastante grandes e eram construídos em torno de um pátio central. Lojas ou estabelecimentos comerciais ocupavam os cômodos voltados para a rua no pavimento térreo. Ao contrário das casas com átrio, porém, as paredes dos pavimentos superiores das ínsulas tinham janelas que davam para a rua; dessa forma, os cômodos podiam contar com o pátio interno e a rua para obter luz e ar.

As casas de campo e os palácios urbanos

As moradias situadas fora das cidades eram chamadas de **vilas**; em Pompeia, um belo exemplo foi preservado logo após a muralha da cidade. Conhecida como Vila dos Mistérios (Figura 5.35) por causa das pinturas murais de um cômodo, que retratam o culto místico de Baco, ela cresceu gradualmente ao longo de um período de 300 anos, passando de uma casa simples para um conjunto de 60 cômodos. A planta baixa manteve elementos das casas com átrio, incluindo a preferência pela simetria axial, mas a distribuição dos cômodos é diferente. A entrada levava ao peristilo, seguida pelo átrio e, finalmente, pelo *tablinum*, enquanto amplos jardins em patamares circundavam a vila nos outros três lados. Baseados na casa original voltada para dentro, as novidades de arquitetura da Vila dos Mistérios parecem

5.35 Planta baixa da Vila dos Mistérios, Pompeia, cerca de 120–80 a.C.
Esta planta baixa é o resultado de aproximadamente 300 anos de transformações e ampliações. O núcleo ainda é a combinação de átrio e peristilo vista nas habitações urbanas, mas a casa também se abre para a paisagem por meio de inúmeros pórticos.

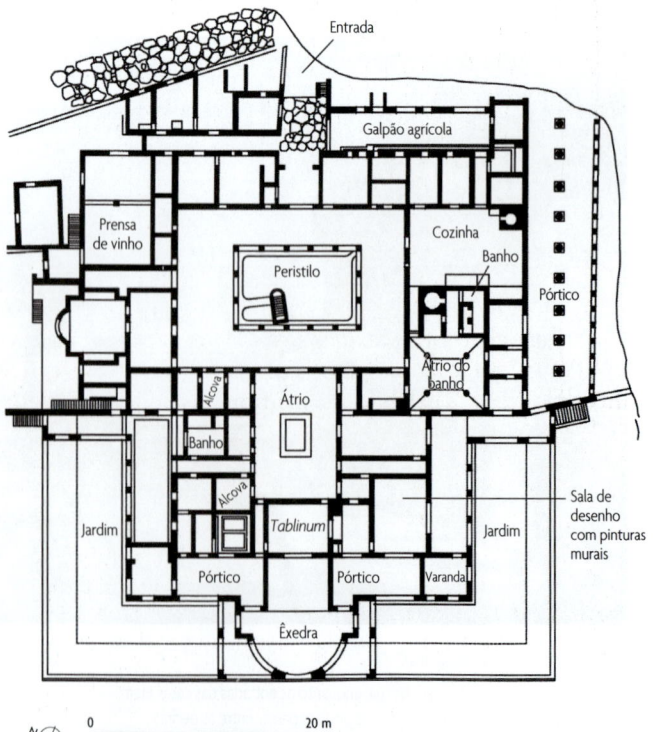

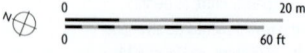

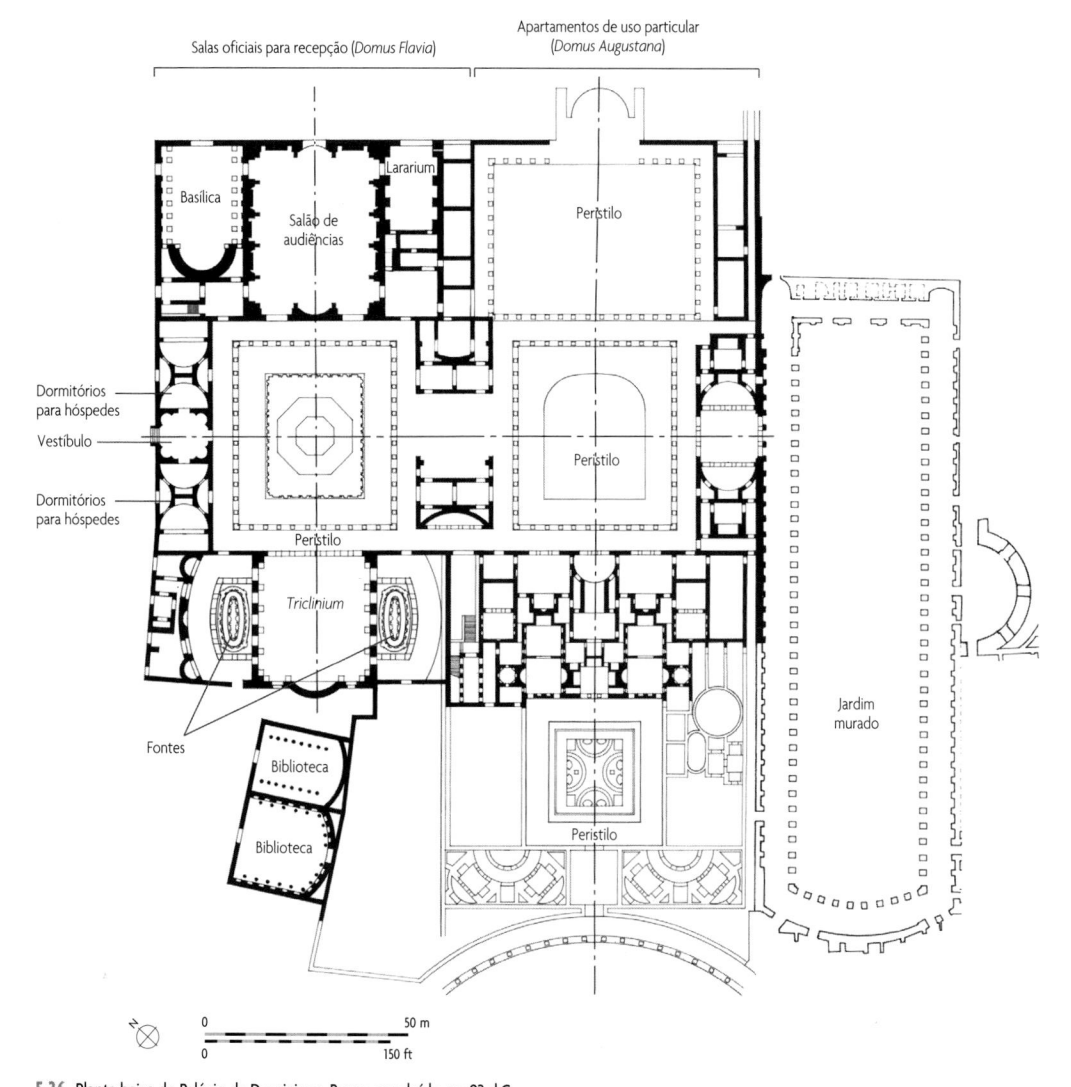

5.36 Planta baixa do Palácio de Domiciano, Roma, concluído em 92 d.C.

A enorme habitação do imperador tem um conjunto de salas oficiais para recepção (esquerda) e um grupo de apartamentos de uso particular, em escala mais íntima (direita). Na extremidade direita há um jardim murado em forma de estádio.

sugerir uma edificação onde as elevações externas e suas conexões com a paisagem assumiram maior importância.

As ruínas do Palácio de Domiciano (concluído em 92 d.C.), construído no Monte Palatino seguindo o projeto criado pelo arquiteto Rabirius para o imperador (Figura 5.36), sugerem a complexidade dos elementos incorporados a uma habitação imperial. A seção noroeste contina um conjunto de salas oficiais, distribuídas ao longo de eixos transversais, e um magnífico salão de audiências, um peristilo com fonte e um grande *triclinium* abobadado com êxedra na extremidade, que colocava em destaque o trono do imperador. A zona íntima sudeste também foi distribuída transversalmente; seus cômodos mais intimistas, divididos em dois pavimentos, apresentam uma exibição virtuosa de soluções originais de arquitetura, incorporando cômodos com formas variadas, jardins com colunatas e fontes, e esculturas ornamentais.

O interesse por leiautes complexos também se fez presente na vila imperial construída pelo Imperador Adriano nos arredores de Tivoli (Figura 5.37). Edificada entre 177 e 138 d.C., é um enorme complexo disperso de conjuntos de edificações com geometria controlada, implantados de acordo com a topografia e conectados entre si por uma série de eixos longitudinais e transversais. Apaixonado por arquitetura e muito viajado, Adriano talvez tenha desejado que sua mansão evocasse formas de arquitetura de todos os cantos do mundo. Todavia, não há cópias de edifícios estrangeiros, como se vê na Disneylândia, mas uma enorme variedade de espaços internos e de vistas para o exterior – como se os projetistas estivessem brincando com formas criativas e ainda inéditas. Por isso, o palácio é rico em experiências espaciais sequenciais sem precedentes.

Os estudos mais recentes sobre a vila têm abandonado os nomes excêntricos tradicionalmente associados aos elementos encontrados ali, dando preferência a termos descritivos, uma vez que os nomes antigos (os quais citaremos entre parênteses) foram atribuídos por amadores com inclinações românticas e não pelo próprio Adriano. O jardim murado em volta de um tanque de peixes retangular forma o Terraço Leste-Oeste (o Poikele), o maior elemento inde-

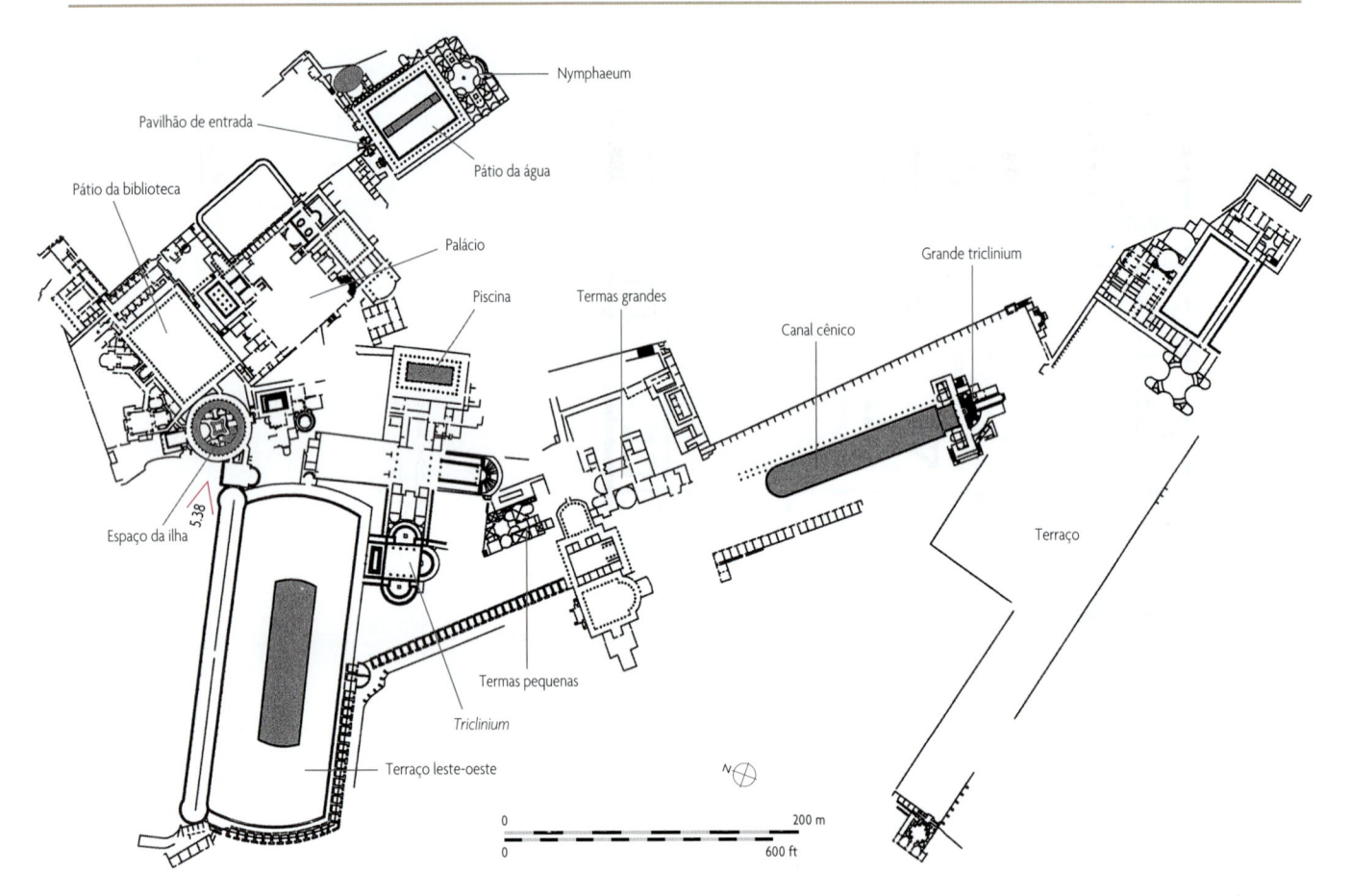

5.37 Planta baixa da Vila de Adriano, Tivoli, 117–138 d.C.
É difícil representar em um único desenho a complexidade deste conjunto disperso de edificações, que cobre uma área duas vezes maior que a da cidade de Pompeia. Os arquitetos de Adriano exploraram as possibilidades estruturais do concreto para construir formas e composições sem precedentes ao redor de elementos com água.

pendente da vila. Abaixo da extremidade oeste do terraço ficam fileiras de cômodos onde os quase 700 empregados e criados eram acomodados – fora do campo de visão, mas próximos.

No leste, ficava o Espaço da Ilha (Teatro Marítimo), uma área circular fechada por colunatas e cercada por um fosso, que servia de retiro para meditação ou reuniões mais íntimas (Figura 5.38). A água também é a principal característica do Canal Cênico (Canopus), uma longa piscina com colunatas acompanhada por estátuas; na extremidade sul havia um grande *triclinium* (o Serapeum), ou salão de banquete, que acabou se tornando uma gruta.

Ao norte do Espaço da Ilha encontrava-se a área residencial, que incluía partes de uma vila familiar outrora existente no local, distribuída ao redor de um pátio retangular. Mais interessante – do ponto de vista da sofisticação de projeto – é o Pátio de Água (Piazza d'Oro ou Praça de Ouro), construído na extremidade nordeste da vila. O eixo central do conjunto era definido por um pavilhão de entrada octogonal com cúpula que se encontrava no lado oposto ao famoso *Nynphaeum*, ou pavilhão de água, com curva reversa.

CONCLUSÕES SOBRE AS IDEIAS DE ARQUITETURA

O povo romano foi o primeiro da antiguidade a construir grandes espaços internos. Para isso, dominou a arte da construção de abóbadas de alvenaria, usando tijolo e pedra por todo o império, além de concreto na península italiana, onde estava disponível a pozolana, uma importante matéria-prima. No final, se tornou impossível entender o arranjo espacial de espaços como os do Palácio de Domiciano ou da Vila de Adriano sem antes compreender os princípios estruturais utilizados. Na verdade, desde o período romano até a segunda metade do século XX, é a sustentação do plano de cobertura – em geral com abóbadas de alvenaria – que despenderia o máximo de tempo dos arquitetos e recursos financeiros.

Enquanto as obras republicanas foram, em grande parte, construídas com arquitraves e se beneficiaram das experiências de planejamento espacial realizadas pelos gregos helenísticos, as obras de arquitetura do império utilizaram elementos da linguagem clássica – em especial as ordens – principalmente como revestimentos ou anteparos externos e internos; isso dava elegância e proporção às enormes massas de alvenaria sob compressão que eram as principais responsáveis pela vedação do espaço. O Coliseu, com suas fileiras cruzadas de abóbadas de berço radiais e concêntricas que servem de túneis de acesso e sustentam as arquibancadas, além da sobreposição das ordens dórica, jônica e coríntia em volta da parede externa voltada para a rua, é um exemplo tão famoso quanto o Panteon, com seu siste-

5.38 Espaço da Ilha (Teatro Marítimo), Vila de Adriano, Tivoli, 117–138 d.C.
Dentro de uma galeria circular com colunatas, o fosso cercava uma edificação também circular que continha uma biblioteca, sala de jantar e termas. Em termos de escala, o diâmetro deste complexo é quase igual ao do Panteon.

ma de arcos de descarga e cúpula com teto de caixotões – o qual ainda é padrão de referência para todos os espaços com cúpulas.

Complexos como o Fórum de Trajano ilustram a continuidade do planejamento helenístico para espaços oficiais ou de trabalho e a introdução de abóbadas em espaços utilitários. Dentro do fórum, colunatas similares a *stoas* se dobram e curvam para fechar os espaços externos – uma área ocupada por um templo, uma coluna de triunfo e uma estátua equestre; a basílica presente também é completamente arquitravada. Os Mercados de Trajano, que retêm o talude a nordeste, utilizam abóbadas de berço em todos os lugares e abóbadas de arestas com arcobotantes no grande salão; ali, a linguagem clássica foi praticamente esquecida. O mesmo pode ser dito das termas públicas e da Basílica de Constantino, cujas ruínas nos permitem apreciar a construção arqueada e abobadada sem seus revestimentos de afrescos, mosaicos e ordens ornamentais, que praticamente desapareceram.

Como os construtores do Egito, da Mesopotâmia e da Grécia, os romanos edificaram casas ao redor de pátios internos, sejam átrios com piso seco ou peristilos com jardins. No entanto, a edificação mais característica era o edifício de apartamentos (ínsula) com lojas térreas voltadas para a rua. Embora a cidade de Roma tenha crescido, com o passar do tempo, de modo muitas vezes caótico, esse processo não era considerado o ideal. Quando tinham a oportunidade de planejar novas cidades, os romanos utilizam leiautes em grelha nos quais inseriam espaços de uso público, templos, termas, teatros e anfiteatros, como em Timgad (veja a Figura 5.9).

Na Europa Ocidental, toda essa arquitetura romana ficaria abandonada por séculos após a queda do império, renascendo no século XV, em decorrência das investigações e dos experimentos feitos primeiramente pelos italianos, e, logo depois, por outros arquitetos na Europa e na Inglaterra, como veremos no Capítulo 11.

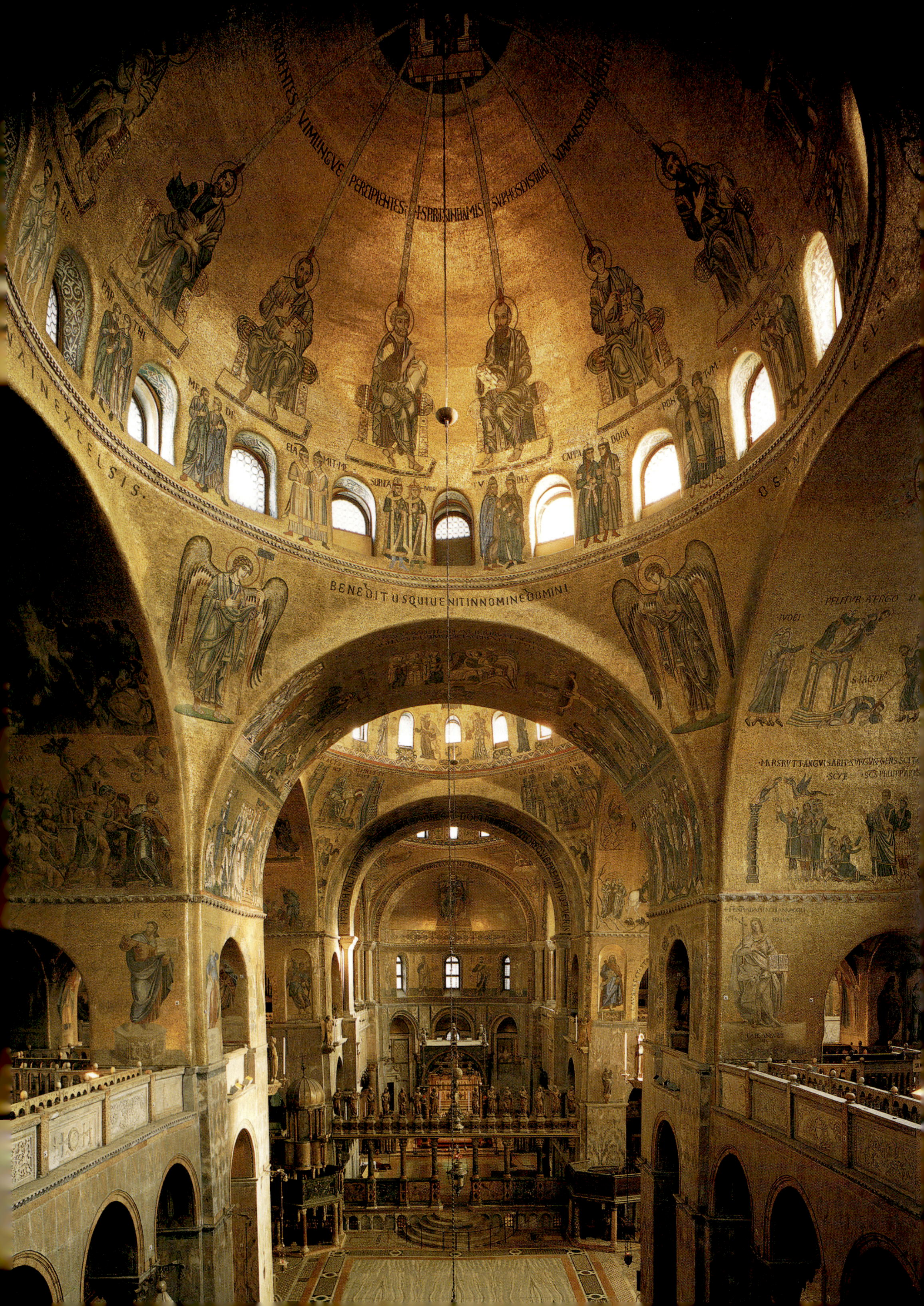
BENEDITUSQUIVENITINNOMINEDOMINI

CAPÍTULO 6

A ARQUITETURA PALEOCRISTÃ E A ARQUITETURA BIZANTINA

O cristianismo, religião desenvolvida pelos seguidores de Jesus de Nazaré, surgiu como uma seita reformista do judaísmo, cujos membros acreditavam que Jesus era o messias prometido. Durante os três séculos seguintes à morte de Jesus, a religião desenvolveu-se em uma igreja organizada por uma hierarquia de bispos e clero. A primeira manifestação de suas crenças é encontrada no Concílio de Niceia (325 d.C., com revisões posteriores), ainda utilizado pela Igreja Ortodoxa do Oriente, pela Igreja Católica Romana e por algumas denominações protestantes:

Creio em um só Deus, Pai todo-poderoso; Criador do céu e da terra, de todas as coisas visíveis e invisíveis; e em um só Senhor, Jesus Cristo, Filho Unigênito de Deus, gerado do Pai antes de todos os mundos; Deus de Deus, Luz da Luz, verdadeiro Deus do verdadeiro Deus; Gerado, não feito; Tendo a mesma substância do Pai, por quem todas as coisas foram feitas; Ele, por nós, homens, e para a nossa salvação, desceu dos céus; Se encarnou pelo Espírito Santo, no seio da Virgem Maria, e se fez homem. Também por nós foi crucificado sob Pôncio Pilatos. Ele faleceu e foi sepultado; E no terceiro dia Ele ressuscitou dos mortos, conforme as Escrituras; E subiu aos céus, onde está sentado à direita de Deus Pai. E Ele há de voltar, em glória, para julgar os vivos e os mortos; e Seu reino não terá fim. Creio no Espírito Santo; Senhor e Fonte da Vida; o Qual procede do Pai e do Filho; e com o Pai e o Filho é adorado e glorificado; Ele falou pelos profetas. Creio em apenas uma Santa Igreja Católica e Apostólica. Confesso um só batismo para remissão dos pecados. E espero a ressurreição dos mortos; E a vida do mundo vindouro.

Amém.

No contexto do Império Romano tardio, o cristianismo foi uma entre várias religiões a causar problemas para as autoridades governamentais devido à recusa por parte de seus seguidores a reconhecer as divindades sancionadas pelo Estado; por isso, a história do cristianismo iniciou-se com reuniões subterrâneas e perseguições oficiais. Somente após a proclamação de tolerância para todas as religiões do Império Romano, por parte do imperador Constantino, no Édito de Milão, em 313, os cristãos adquiriram o direito de construir edificações para a realização de cultos públicos. Antes disso, as missas eram realizadas em moradias privadas, onde cômodos domésticos comuns – normalmente o *triclinium* (sala de jantar) – bastavam para rezar. Os cristãos desenvolveram ritos com uma liturgia que focava na celebração da eucaristia (também conhecida como comunhão), símbolo da Última Ceia de Jesus com seus discípulos e da importância de seu sacrifício pela humanidade. Uma mesa era usada para a eucaristia e outra para as oferendas, e os participantes da missa sentavam-se nos móveis restantes ou permaneciam em pé.

À medida que a liturgia tornou-se mais bem elaborada e a congregação cresceu, mais cômodos se tornaram necessários e estes precisavam ser mais espaçosos. Em muitas cidades, os cristãos estabeleceram casas comunitárias com um salão de culto, um **batistério** e cômodos para ajudar os necessitados. Eles também organizaram cemitérios separados para afastar seus funerais dos de outras religiões. Os cristãos desaprovavam a cremação; quando um terreno adequado para o cemitério não estava disponível, a comunidade criava cemitérios subterrâneos, geralmente iniciados em pedreiras abandonadas, hoje conhecidos como catacumbas. Parte das catacumbas de Roma está entre os espaços cristãos mais antigos que sobreviveram ao tempo, nos oferecendo uma amostra da arte decorativa das religiões primitivas.

Após 313, a arquitetura cristã derivou, em grande parte, dos precedentes romanos, e as edificações paleocristãs e bizantinas seguem certos aspectos da antiguidade clássica. No momento em que, por motivos de segurança, Constantino transferiu sua capital de Roma para a cidade de Bizâncio (na costa ocidental do Estreito de Bósforo) e

Interior da Basílica de São Marcos, Veneza, reconstruída entre 1063 e 1089.

Esta igreja bizantina tardia, seguindo o modelo da Igreja dos Santos Apóstolos, de Justiniano, em Constantinopla, é revestida internamente com figuras elaboradas em mosaicos sobre um fundo dourado.

Cronologia

reinado de César Augusto	27 a.C.–14 d.C.
vida de Jesus	cerca de 8–4 a.C.–29 a.C.
reinado de Constantino	310–337
Constantino legaliza o cristianismo	313
construção da Antiga Basílica de São Pedro	318–22
fundação de Constantinopla	324
fim do Império Romano no Ocidente	476
reinado do imperador Justiniano	527–65
construção de Santa Sofia	532–37
conquista de Constantinopla pelos otomanos	1453

rebatizou-a Constantinopla (atual Istambul), ele iniciou a cisma do império, com a Grécia atual e a Turquia no centro da parte oriental e a Itália na parte ocidental. Ao mesmo tempo, as mudanças de estilo desse período contribuíram para as edificações posteriores do período medieval, criando, então, uma transição do passado clássico para a era medieval na Europa Ocidental.

AS BASÍLICAS PALEOCRISTÃS

Ao sancionar oficialmente o cristianismo, Constantino tornou-se o responsável por alguns dos primeiros esforços para a construção de igrejas, em sua maioria baseadas na basílica romana. As associações com pagãos faziam dos templos romanos modelos inadequados para os cultos cristãos, mas as conotações de salão de reuniões e fórum associadas às basílicas eram adequadas à nova religião. As basílicas podiam acomodar grandes multidões, uma importante consideração para uma religião que atraía números cada vez maiores de convertidos, e seu leiaute criava espaços processionais necessários para as missas. Com modificações relativamente pequenas, a forma da basílica romana foi adaptada para o ritual cristão. O altar era colocado na abside onde anteriormente ficava o assento do magistrado, as entradas ficavam na elevação menor oposta, e um átrio criado em frente às entradas acomodava grupos de fiéis antes dos cultos e permitia que as pessoas não batizadas, as quais não podiam participar da missa, escutassem a celebração. O arranjo longitudinal de átrio, **nave central** e abside formava um eixo bem marcado para as processões que terminavam no altar (veja as Figuras 6.3a,b).

6.1 Igreja de San Apollinare Nuovo, Ravena, cerca de 490.

A grande nave central desta basílica primitiva mudou relativamente pouco desde sua construção, preservando o exterior de tijolo extremamente simples comum a muitas igrejas paleocristãs. A arcada com abóbadas ao longo da fachada foi construída no século XVI.

6.2 Interior da Igreja de San Apollinare Nuovo, Ravena, cerca de 490.

Colunas de mármore com belo grão definem as naves laterais e a nave central. As paredes da nave central são revestidas com mosaicos e no alto delas a luz penetra através do clerestório.

Constantino doou o Palácio de Latrão, em Roma, para a nova igreja, para servir como uma residência para o bispo, e, por volta de 313, uma das primeiras basílicas foi construída adjacente ao palácio. Após sofrer várias reformas e ampliações, hoje a basílica é conhecida como Santo João Latrão e ainda é a catedral de Roma. (**Catedral** é a designação dada a uma igreja que contém o assento ou a cátedra de um bispo. Embora as catedrais sejam normalmente maiores ou mais elaboradas do que as igrejas comuns, nem toda igreja grande é uma catedral.) A edificação original tinha **naves laterais** duplas em ambos os lados da nave central bastante elevada, a qual era finalizada por uma abside contendo a cátedra e os assentos para os sacerdotes. O clerestório sobre a parede da nave central iluminava o espaço central, enquanto pequenas janelas na nave lateral externa e acima de sua primeira colunata forneciam luz para os espaços de apoio. A nave central e as naves laterais eram cobertas por tesouras de madeira apoiadas em paredes de concreto revestido de tijolo e colunas de mármore reaproveitadas de antigas edificações romanas.

Um exemplo mais formulaico de uma basílica paleocristã é encontrado em Ravena, na Igreja de San Apollinare Nuovo, construída por volta de 500 como a igreja do palácio do rei ostrogado Teodorico, que recebeu seu nome atual séculos mais tarde (Figuras 6.1–6.3a). Construído em tijolo e com naves laterais simples em cada lado da nave central, o interior da igreja foca a abside semicircular (não a original). As paredes acima da **arcada** da nave central são revestidas de mosaicos distribuídos em três faixas horizontais. A faixa mais baixa retrata procissões formais de santas (lado norte) e de homens mártires (lado sul) avançando em direção ao altar. (Essa faixa de mosaico foi introduzida no século IX, substituindo uma obra original cujo tema desconhecemos.) Entre cada janela do clerestório, há uma figura que representa os profetas do Antigo Testamento ou os evangelistas e apóstolos do Novo Testamento. Nas partes mais altas da parede da nave central há cenas que representam o drama da Paixão (lado sul) e os milagres de Cristo (lado norte). Essa complexa decoração interior não só transmitia os ensinamentos cristãos para um público na maior parte analfabeto, mas também simbolizava a riqueza do reinado de Deus à qual a alma poderia almejar. A austera alvenaria de tijolo do exterior contrasta com os mosaicos dourados e tremeluzentes contidos no interior.

MARTYRIA, BATISTÉRIOS E MAUSOLÉUS

As basílicas não são as únicas edificações religiosas erguidas pelos primeiros cristãos. Entre as edificações construídas para servir aos propósitos cristãos estão as *martyria* – capelas construídas como memoriais para comemorar santos ou locais de importância especial para a fé cristã. As *martyria* de pessoas famosas podiam atrair grandes multidões para as missas e, portanto, também funcionavam como igrejas, mas a sua função principal estava sempre relacionada com os túmulos ou santuários ao redor de onde eram construídos. A Antiga Basílica de São Pedro, em Roma (318–22), antecessora da atual Basílica de São Pedro, surgiu como uma *martyrium*, marcando o túmulo de São Pedro e, ao que parece, ao longo de muitos séculos, também foi usada como local para se enterrar outros cristãos. (Figuras 6.3a, 6.4). A planta baixa da basílica tem naves laterais duplas ao longo da nave central e um elemento transversal, ou **transepto**, projetando-se além das paredes laterais e cruzando a nave central, de frente para a abside. O túmulo de São Pedro foi colocado na junção do transepto com a abside, sendo cercado por um gradeado e marcado por um baldaquim com colunas trançadas, as quais provavelmente vieram do Templo de Salomão, em Jerusalém. Os espaços do transepto acomodavam aqueles que vinham venerar o santuário, enquanto a enorme nave central (91,4 × 19,5 metros) e as naves laterais funcionavam como um cemitério coberto onde havia espaço para os enterros e para as refeições em homenagem aos falecidos. Durante as missas com procissões, a nave central acomodava apenas o clero, enquanto os leigos ficavam relegados às naves laterais. Um átrio espaçoso precedia a *martyrium* e este conjunto serviu como modelo para inúmeras igrejas construídas posteriormente em Roma e em outras partes do mundo.

Um programa de necessidades semelhante influenciou o projeto da Igreja da Natividade, em Belém, construída por Constantino por volta de 333 sobre a gruta na qual, segundo a tradição, Jesus nasceu (Figura 6.3b). Assim como a Basílica de São Pedro, essa edificação era uma basílica precedida por um átrio, mas em vez de transeptos e uma abside, havia um octógono ao término da nave central da Igreja da Natividade. Uma passagem em volta do octógono permitia aos peregrinos circular e ver a gruta através de uma abertura no chão. Talvez também houvesse uma escada que descia ao nível original do santuário. A junção da basílica com um octógono mostra o desejo dos antigos cristãos de explorar novas formas na busca de edificações religiosas apropriadas e funcionais.

O batismo é um importante ritual cristão e, durante o período paleocristão, edificações especiais eram frequentemente erguidas especialmente para esse sacramento. A maioria dessas edificações tinha planta baixa centralizada ao redor da fonte batismal, porque na época o batismo era feito com a imersão completa, e as plantas baixas de batistérios eram normalmente octogonais para que fosse incluído o número oito, que simboliza a regeneração ou a ressurreição, uma vez que Jesus afirmou ter ressuscitado no oitavo dia após sua entrada em Jerusalém. O Batistério dos Ortodoxos ou Neoniano, em Ravena (cerca de 458), é um volume octogonal com cúpula que circunda a fonte octogonal de mármore (Figura 6.5). A cena central no mosaico do teto representa o batismo de Cristo no Rio Jordão, cercado pelos 12 apóstolos, e um anel externo ilustrando altares em nichos semicirculares e tronos vazios (Figura 6.6). Assim como foi o caso da Igreja de San Apollinare Nuovo, ao observar o exterior despojado, de tijolo, articulado principalmente por oito janelas arqueadas e falsos arcos com pilastras, não se pode imaginar os suntuosos revestimentos contidos no interior.

Os **mausoléus**, edificações construídas para guardar os túmulos de pessoas importantes, também fazem parte do repertório da arquitetura paleocristã. Seguindo a prática romana, esses mausoléus geralmente apresentavam plantas baixas centralizadas e serviam de modelo para igrejas posteriores com cúpula. Em Roma, o Mausoléu de Constança, filha de Constantino, foi construído por volta de 350 como um monumento circular com seção transversal paralela a da basílica,

6.3a Plantas baixas da Antiga Basílica de São Pedro, Roma, 318–22; San Apollinare in Classe, Ravena, 532–49; e Igreja de San Apollinare Nuovo, Ravena, cerca de 490.

Os elementos fundamentais das plantas baixas da igreja em forma de basílica ficam evidentes aqui: um eixo longitudinal vai desde a entrada (passando por um átrio e/ou nártex), passa pela nave central e chega até a extremidade da abside, onde está localizado o altar. Janelas altas (o clerestório) iluminam a nave central. Há elementos similares a arcos de triunfo tanto na entrada do átrio como no caminho da nave central até a área onde está localizado o altar, marcando a entrada como um território mais sagrado.

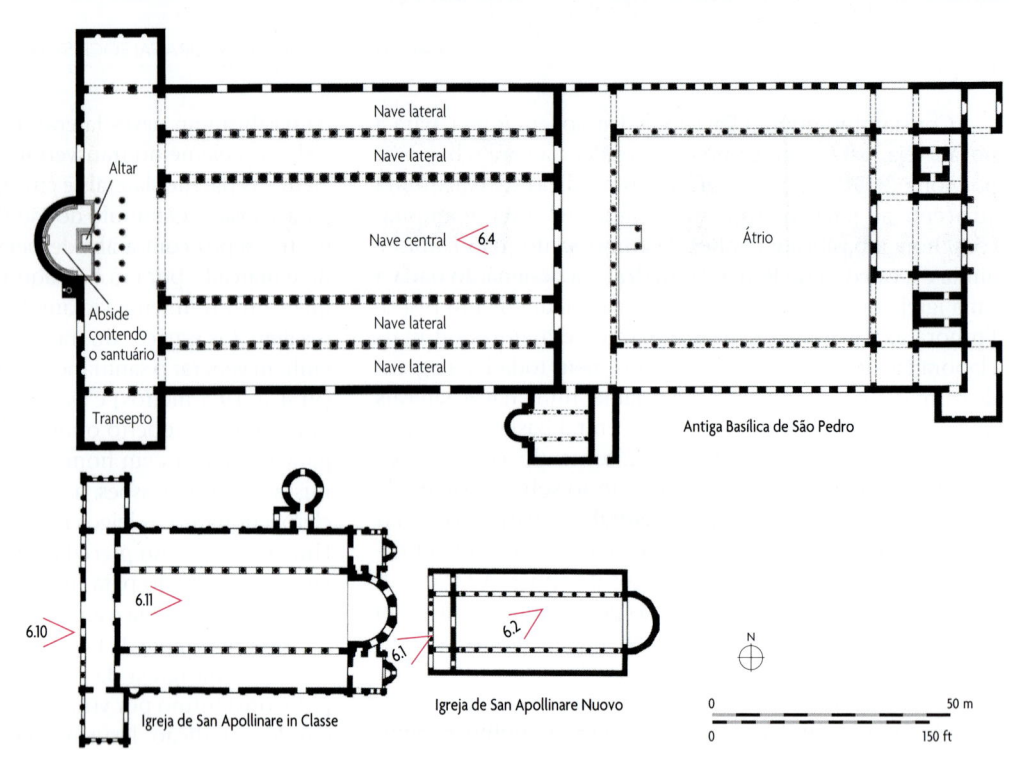

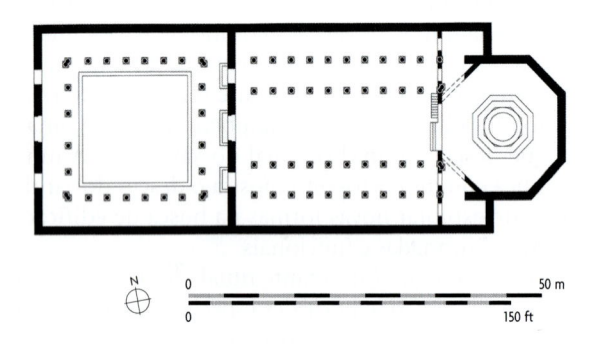

6.3b Planta baixa da Igreja da Natividade, Belém, cerca de 333.

Esta edificação inovadora combina a forma de uma basílica com naves laterais duplas com um átrio e uma rotunda octogonal sobre o local do nascimento de Jesus. O projeto, portanto, funciona como local de culto e, ao mesmo tempo, espaço de circulação necessário para os peregrinos que visitam o local sagrado.

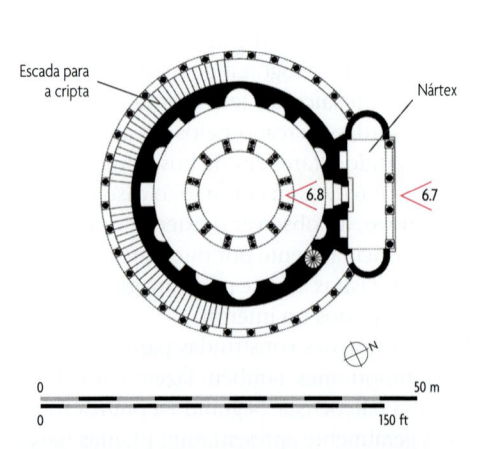

6.3c Planta baixa da Igreja de Santa Constança, Roma, cerca de 350.

Esta planta baixa mostra o nártex original e a escada que leva até a cripta. Colunas geminadas sustentam o tambor e a cúpula.

possuindo naves laterais mais baixas ladeando a nave central mais alta iluminada pelas janelas do clerestório (Figuras 6.3c, 6.7–6.8). No Mausoléu de Constança, atualmente conhecido como Igreja de Santa Constança, a seção transversal típica de uma basílica foi girada em relação ao eixo central, criando uma edificação circular, em vez de estendê-la longitudinalmente, para formar uma basílica convencional. Originalmente, a cúpula resultante com o **deambulatório** do entorno focava a atenção dos visitantes no sarcófago colocado ao centro. A parede do tambor sob o qual se ergue a cúpula é sus-

6.4 Corte perspectivado da Antiga Basílica de São Pedro, Roma, cerca de 318–22.

Esta edificação surgiu como uma *martyrium*, uma capela desenvolvida ao redor do túmulo do apóstolo Pedro. Observe como as coberturas mais baixas da nave lateral permitem que a luz direta entre na nave central através das altas janelas do clerestório.

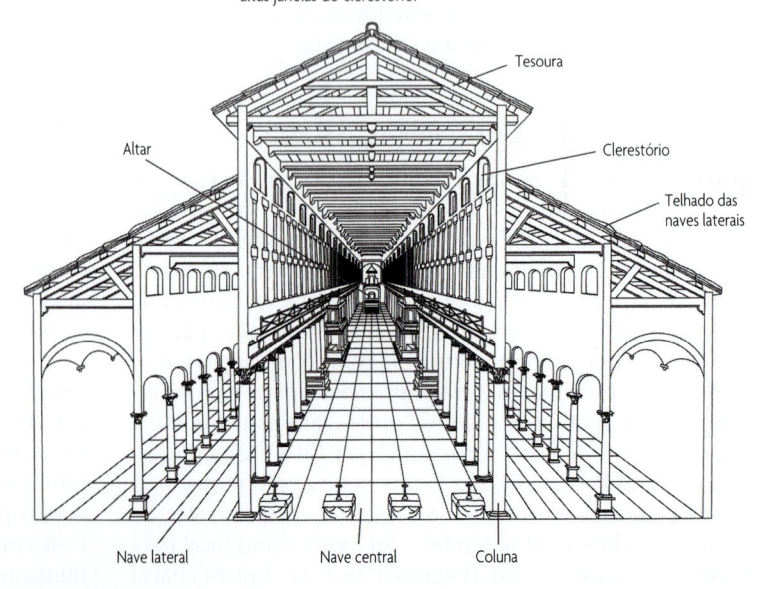

6.5 (acima) Batistério dos Ortodoxos, Ravena, cerca de 458.

Esta vista mostra a alvenaria de tijolo ornamentada principalmente por pilastras e arcos abaulados próximos aos beirais. Esses elementos decorativos são conhecidos como bandas lombardas, por terem sido desenvolvidos pelos famosos pedreiros da Lombardia.

6.6 (direita) Batistérios dos Ortodoxos, mosaico do teto, Ravena, cerca de 458.

Diretamente sobre a fonte batismal no centro da edificação há uma imagem do batismo de Jesus sendo feito por João Baptista. A pomba do Espírito Santo paira sobre Jesus, enquanto um homem velho, uma personificação do Rio Jordão, encontra-se de pé na água, ao lado direito.

6.7 (abaixo) Santa Constança, Roma, cerca de 350.

Erguida como um mausoléu para a filha do imperador Constantino, esta edificação de planta centralizada foi convertida em uma igreja. Observe a alvenaria de tijolo despojada do exterior, com duas fiadas de aduelas colocadas sobre as janelas do clerestório.

6.8 (abaixo, à direita) Interior da Igreja de Santa Constança, Roma, cerca de 350.

Um corte através da edificação faz com que ela lembre uma basílica, mas em vez de ser longitudinalmente estendida, a seção é girada em relação ao eixo vertical central, criando uma edificação de planta baixa centralizada.

ENSAIO

EUSÉBIO E CONSTANTINO

Lynn K. Barker

6.9 Eusébio de Cesareia. Litogravura de Anon.

Por volta de 315, um bispo visitante ergueu-se para falar à congregação reunida para a reconsagração da nova catedral na cidade de Tiro, no Levantino. Virou-se e, ao mesmo tempo, dedicou e dirigiu sua "oração festiva à construção de igrejas" a seu amigo, inspiração por trás da construção da catedral e também bispo dela, Paulino. O orador era Eusébio (Figura 6.9), o bispo da sede episcopal de Cesareia, no litoral vizinho. Ele ficou conhecido como o "pai da história da Igreja" e como o biógrafo e elogiador de Constantino.

O adágio "a história é escrita pelos vencedores", fica bem ilustrado na geração de Eusébio e seu contemporâneo, Lantâncio, cuja obra *A Morte dos Perseguidores* relata as mortes pavorosas dos inimigos da igreja na virada do século IV, sancionadas por Deus como um castigo. Na obra *Historia Ecclesiastica*, Eusébio descreve, com a autoridade de uma testemunha, os sofrimentos de mártires palestinos vitimados por Galério e Maximiliano.

Quando Eusébio passou a descrever o mundo que, segundo ele, havia sido transformado por Constantino ao tolerar todas as religiões, ele resolveu simplesmente registrar a nova ordem inserindo no começo do Livro X de sua *Historia Ecclesiastica* uma transcrição completa de seu discurso naquele dia em Tiro.

Logo após a paz, iniciaram-se as edificações: "A próxima etapa foi o espetáculo pelo qual todos nós rezamos e desejamos muito – festivais de consagração nas cidades e consagrações dos locais de culto recém-construídos, convocações de bispos, unificação... harmonia... Ossos se uniram com ossos e juntas com juntas."

Depois de Cristo, a bela nova basílica, em Tiro, foi a grande inspiração do bispo. Eusébio elogiou seu amigo Constantino chamando-o de "o novo Bazalel" (Êxodo 35:30); o "Salomão... de uma Jerusalém nova e muito mais nobre;" "um novo Zerubbabel," devolvendo o Templo à uma "glória muito maior do que a do antigo templo".

Apesar de todo o seu esplendor, porém, essa edificação terrena não se compara às verdades mais sublimes por trás de seus arquétipos. A alma também deve ser construída e sua queda em tentação Eusébio associa à destruição das características da igreja pelas mãos pagãs. O "edifício divino e espiritual em nossas almas" (o qual chamamos de imagem de Deus) caiu com o aríete do pecado, "até que nenhuma pedra de virtude restasse." A obra de Cristo buscava reconstruir a alma humana. Mas ainda que o bispo reconstrua sua igreja de material mais esplêndida do que antes, o verdadeiro projeto de edificação é a obra de Deus na história: erigindo o edifício da Igreja universal, na qual Deus coloca as próprias pessoas como "pedras vivas, bem assentadas e inabaláveis." Até mesmo aquilo que Augustino de Hippo um dia chamaria de cidade do homem, é uma edificação composta da maioria dos homens do mundo – "maus construtores de más edificações".

Os historiadores atuais desmascararam Eusébio por promover sua visão da unidade com harmonia à custa de uma realidade mais complexa, chamada de verdade histórica; a Igreja de Constantino não era unificada nem harmoniosa. Pouco nos surpreende, então, que a visão de Eusébio da obra de Deus alimentaria os arquitetos – de maneira literal e metafórica – de um império cristão por todo o próximo milênio.

tentada por 12 conjuntos de colunas geminadas iluminadas pelas 12 janelas do clerestório. As abóbadas das naves laterais são revestidas de mosaicos, e as colunas, de mármore polido.

AS BASÍLICAS BIZANTINAS E AS BASÍLICAS COM CÚPULA

A divisão entre os períodos Paleocristão e Bizantino geralmente é feita no reinado de Justiniano (527–65) que, como imperador instalado em Constantinopla, pôs fim às disputas entre facções, reforçou a influência imperial em partes do norte da África e da Itália – que haviam sucumbido nas mãos de governantes hereges – e iniciou um programa vigoroso de edificação de igrejas. As pessoas que viveram naquela época provavelmente não perceberam a mudança. Quando os historiadores se debruçam sobre o período, porém, o reinado de Justiniano serve como um marco conveniente para as diferenças cada vez mais claras nas seções ocidental e oriental do que fora o Império Romano. As obras efetivamente construídas ou tradicionalmente atribuídas à Constantinopla são chamadas de bizantinas. Uma característica de grande parte da arquitetura bizantina é a preferência evidente por cúpulas tanto em igrejas em forma de basílica como em igrejas com planta baixa centralizada. Assim como os romanos, os bizantinos viam a cúpula como um símbolo da abóbada celeste, complementando o mundo terrestre abaixo, representado pelo piso e pelas paredes.

Entretanto, as tradições paleocristãs não foram totalmente descartadas. As basílicas foram o tipo de planta mais comum para igrejas construídas no século VI, embora não reste nenhum dos exemplos construídos em Constantinopla. Assim, para exemplificar uma basílica com telhado de madeira sem transeptos, nos voltamos para a Igreja de San Apollinare in Classe, próxima de Ravena, construída por Justiniano de 532 a 549 (Figuras 6.3a, 6.10–6.11). Os mosaicos esplêndidos da sua abside são a glória do interior, onde Santo Apolinário, o primeiro bispo de Ravena, cuida de um rebanho de 12 ovelhas (representando os discípulos, em número, e a população de Ravena, em extensão) pastando em uma campina verdejante. No alto, há uma cruz dourada com a imagem de Cristo ao centro, contra um céu azul estrelado, e entre as janelas estão as imagens de quatro bispos anteriores de Ravena. Ricas colunas de mármore formam a arcada da nave central, com retratos de santos colocados em **medalhões** sobre os arcos. Em caráter e projeto, a igreja é semelhante à Igreja de San Apollinare Nuovo anterior, mas sua escala é consideravelmente maior. No século posterior à sua construção, o chão da abside foi elevado para permitir acesso ao túmulo de Apolinário, na cripta.

As cúpulas inovadoras vistas nas igrejas de Justiniano são importantes contribuições para a história da arquitetura. Em Constantinopla, duas basílicas com cúpula foram construídas simultaneamente e ainda restam como modelos para este tipo. A menor, Santa Irene (iniciada em 532 e reformada em 564), tem uma planta baixa retangular dividida em nave central e naves laterais com uma abside semicircular projetada

6.10 Igreja de San Apollinare in Classe, Ravena, cerca de 532–49.

Muitas edificações bizantinas continuaram a tradição de exteriores austeros e interiores ricos, já vista no Período Paleocristão. O volume alto da basílica e seu nártex mais baixo são bem marcados. O campanário se eleva ao fundo.

6.11 Interior da Igreja de San Apollinare in Classe, Ravena, 532–49.

As janelas envidraçadas com finas lâminas de alabastro reduzem o forte sol italiano e fornecem uma luz difusa suficiente para apreciar os mosaicos e as colunas de mármore. Observe a falta de assentos: as congregações ficavam de pé ou se ajoelhavam durante as missas.

6.12 Interior da Igreja de Santa Irene, Constantinopla, 532–64.

Aqui podemos ver as seções mais baixas de um dos pendentes que sustentam a cúpula. As galerias (vistas à esquerda) erguidas sobre as naves laterais contraventam a estrutura e eram usadas pelas mulheres durante as missas. Devemos imaginar os mosaicos que foram previstos para este interior hoje quase nu.

(Figura 6.12). (A igreja atualmente existente foi, em grande parte, reconstruída após um terremoto, em 740.) Duas cúpulas cobrem a nave central, e seu empuxo é contrabalançado por pilastras retangulares gigantescas, vazadas por aberturas, e efetivamente reforçadas por **galerias** com abóbada de berço sobre as naves laterais. As linhas externas das abóbadas das naves laterais articulam o lado externo das paredes laterais, onde fileiras de janelas com arcos garantem luz para as naves laterais e para as galerias. Há mais janelas distribuídas na base da cúpula e ao redor da abside. Assim, Santa Irene representa uma nova interpretação de basílica, combinando a lógica litúrgica da planta baixa longitudinal com as características centralizadoras ou celestiais da construção com cúpula. Esta mesma ideia, em uma escala muito maior, foi executada em uma igreja contemporânea em Constantinopla, Hagia Sophia, ou Santa Sofia, a Igreja da Santa Sabedoria.

Santa Sofia (532–37) é uma das mais magníficas edificações do mundo e é, sem dúvida, a obra-prima da arquitetura bizantina (Figuras 6.13a, 6.14–6.16). Nós sabemos os nomes e a origem de seus arquitetos: Antêmio, de Trales e Isidoro, de Mileto. Ambos eram matemáticos e cientistas com grandes conhecimentos em mecânica, geometria e engenharia. Todos esses talentos foram necessários para projetar e supervisionar a construção de Santa Sofia, uma igreja excepcionalmente grande. Em planta baixa, é uma basílica com uma cúpula central, complementada por pares de semicúpulas na frente e nos fundos. Essa configuração é ao mesmo tempo linear – com um eixo longitudinal dominante – e centralizada, com uma cúpula apoiada em pilares, ao centro. Sua cúpula central de 32,6 metros de diâmetro, apoiada em pendentes, eleva-se 54,9 metros acima do chão e é ladeada

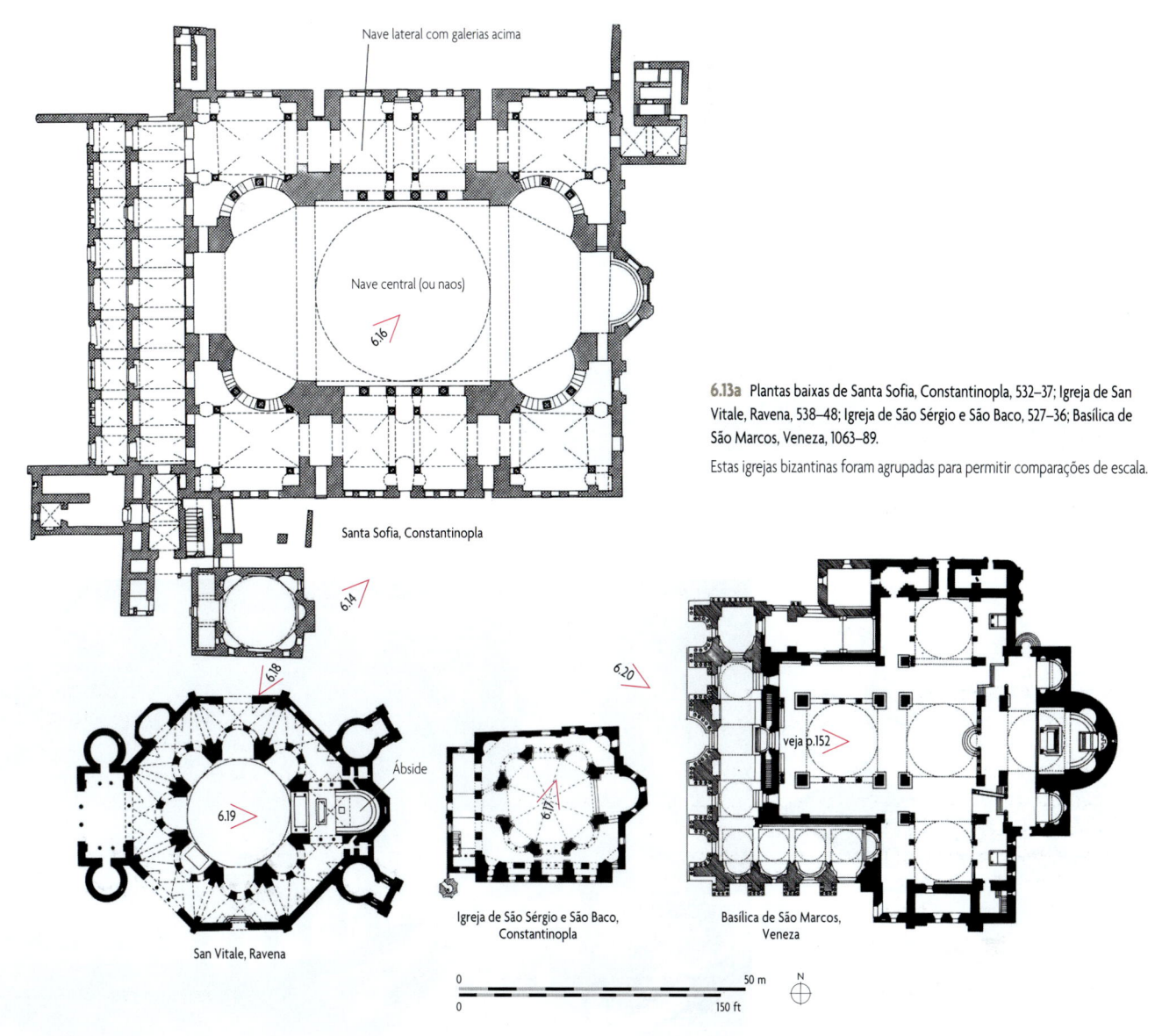

6.13a Plantas baixas de Santa Sofia, Constantinopla, 532–37; Igreja de San Vitale, Ravena, 538–48; Igreja de São Sérgio e São Baco, 527–36; Basílica de São Marcos, Veneza, 1063–89.

Estas igrejas bizantinas foram agrupadas para permitir comparações de escala.

6.13b Planta baixa das igrejas do monastério, Hosios Lukas, cerca de 980–1025.

Há duas igrejas apresentadas aqui, a Igreja de Theotokos (acima) e a Igreja de Katholikon (abaixo). A Igreja de Theotokos é um projeto em *quincunx*, ao passo que a Igreja de Katholikon tem uma enorme cúpula contraventada por galerias.

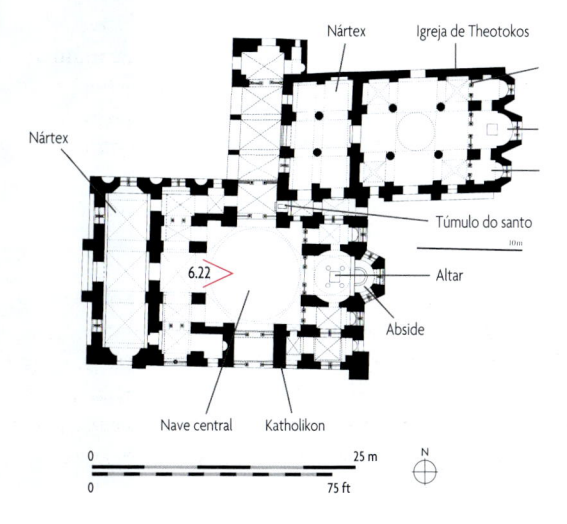

por duas **semicúpulas** menores e iguais entre si, um vão sem apoios intermediários de quase 76,2 metros. Na descrição da igreja feita pelo historiador da corte de Justiniano, Procópio de Cesarea, a cúpula parecia flutuar sobre o interior.

> [Ela] parece não se apoiar em alvenaria sólida, mas cobrir o espaço com sua cúpula dourada suspendida pelo Paraíso. Todos esses detalhes, conectados com uma habilidade incrível e em pleno ar, flutuando sem se tocar e apoiando-se somente nas partes próximas a eles, produzem na obra uma harmonia geral e absolutamente extraordinária e, ao mesmo tempo, não permitem ao observador se demorar na análise de nenhuma de suas partes, pois cada detalhe atrai os nossos olhos e os chama de maneira irresistível.

As naves laterais cobertas por galerias se distribuem em ambos os lados, enquanto um átrio com colunata (que já não existe) e um **nártex** duplo com abóbadas de arestas precedem a igreja propriamente dita.

Foram muitos os problemas estruturais impostos por um projeto tão audacioso e, ainda assim, os suportes necessários não interferem no espaço interno, criando a sensação de que a cúpula flutua sem esforço sobre os volumes inter-

6.14 Santa Sofia, Constantinopla, 532–37, com modificações posteriores.

Esta audaciosa edificação contém a maior cúpula de sua época, sendo ligeiramente menor apenas do que a cúpula do Panteon. Esta vista externa mostra os contrafortes em volta da base da cúpula, que foram adicionados após os danos causados por um terremoto. Quatro minaretes foram agregados quando a igreja foi convertida em uma mesquita.

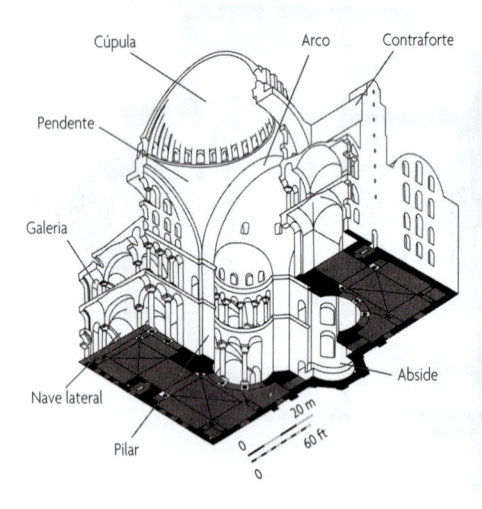

6.15 Corte perspectivado de baixo para cima de Santa Sofia, Constantinopla, 532–37, com modificações posteriores.

Esta vista de baixo mostra os arcos gigantescos que sustentam a cúpula principal. A cúpula é feita de tijolo, o que explica sua espessura relativamente pequena, e os pendentes transformam o vão quadrado definido pelos pilares em um círculo de onde nasce a cúpula.

6.16 Interior de Santa Sofia, Constantinopla, 532–37, com modificações posteriores.

Esta vista do espaço central mostra os múltiplos níveis de janelas que iluminam o interior. As janelas colocadas entre as nervuras da cúpula criam a ilusão de que a cúpula flutua, sem apoios. Os arquitetos de Santa Sofia pretendiam criar uma edificação que rivalizaria com o Panteon e sua obra inspirou e desafiou construtores posteriores que buscaram imitar seu espaço e sua audácia estrutural.

nos ondulados. Nada poderia estar tão longe da verdade. Ainda que o tijolo usado realmente constitua um material de construção relativamente leve e as abóbadas sejam incrivelmente finas para minimizar tanto o empuxo como o peso, o tamanho da edificação mostra que as forças de gravidade são consideráveis. As 40 janelas na base da cúpula estão distribuídas entre contrafortes que estabilizam a junção da cúpula com os **pendentes**. Deste ponto, a carga é transferida para quatro grandes pilares de pedra, os quais, por sua vez, são travados pelas abóbadas das galerias que se unem às grandes abóbadas de berço ao longo das laterais da igreja (Figura 6.14). As semicúpulas que parecem contraventar as extremidades do nártex e da abside provavelmente contribuem pouco para a integridade da estrutura, apesar de serem muito interessantes visualmente. O volume de alvenaria dos quatro pilares é mais evidente do lado de fora do que internamente. A ousadia estrutural de Antêmio e Isidoro ultrapassou os limites físicos dos materiais empregados, e a primeira grande cúpula ruiu em 558. Em 563, ela foi reconstruída com uma inclinação maior e usando nervuras, mas a metade do lado oeste da cúpula reconstruída desmoronou em 989. Após reparos, a metade do lado leste ruiu em 1346 e sua substituição é o que hoje vemos na edificação.

Deixando de lado os problemas estruturais, o efeito dos arcos, das abóbadas, das êxedras, das semicúpulas e das cúpulas é etéreo. A luz desce pelas janelas em muitos níveis, animando as superfícies enriquecidas pelos mármores polidos e pelos mosaicos. Se nos posicionarmos no centro da nave central, a repetição de formas curvas reflete a grande cúpula no alto e cria uma harmonia onipresente que varia constantemente. Vista das naves laterais e das galerias, a nave central é impressionante, oferecendo uma perspectiva parcial dos espaços sobrepostos e interconectados que fecham o volume interior. No ritual litúrgico para o qual Santa Sofia foi construída, o principal espaço era reservado para dois grupos: os eclesiásticos e o séquito do imperador. O clero ocupava o espaço do santuário na frente da abside, enquanto que a corte imperial ficava na extremidade do nártex, ou entrada principal. O encontro do patriarca com o imperador e a celebração da eucaristia sob a grande cúpula marcava o clímax do ritual religioso. As pessoas comuns eram relegadas às naves laterais e às galerias, as mulheres de um lado e os homens de outro, de onde podiam observar as impressionantes processões cerimoniais e a união simbólica entre a Igreja e o Estado nesse ambiente magnífico.

AS IGREJAS BIZANTINAS COM PLANTA BAIXA CENTRALIZADA

Templos romanos como o Panteon, batistérios e mausoléus paleocristãos já haviam apresentado plantas centralizadas. Não surpreende que esses precedentes combinassem muito bem com o apreço bizantino pelas edificações com cúpula e tenham contribuído para o desenvolvimento das igrejas bizantinas mais características, que tinham **planta baixa em cruz grega** ou circular. As igrejas de Justiniano mais uma vez ofereceriam os modelos dominantes para os séculos posteriores.

6.17 Interior da Igreja de São Sérgio e São Baco, Constantinopla, 527–36.
Esta igreja de planta baixa centralizada apresenta uma "cúpula em abóbora", uma forma que fora usada na Antiga Roma e que também reapareceria no Barroco.

A Igreja de São Sérgio e São Baco (527–36), em Constantinopla, e a Igreja de San Vitale (538–48), em Ravena, ilustram duas variantes do tema de plantas centralizadas. A Igreja de São Sérgio e São Baco (Figuras 6.13a, 6.17) é, em suma, um octógono com cúpula circundado por naves laterais e galerias contidas em um quadrado, enquanto a cúpula octogonal da Igreja de San Vitale é refletida nas galerias octogonais e naves laterais. As fortes tendências de centralização de ambas as igrejas são, de certo modo, contrabalançadas pelas projeções de absides opostas ao lado do nártex, e o espaço interior é mais fluido do que aquele visto na igreja paleocristã de Santa Constança, onde uma organização semelhante é executada na forma circular. Na Igreja de São Sérgio e São Baco, os oito pilares que sustentam a cúpula são intercalados por pares de colunas dispostos alternadamente sob arcos curvos e retos, de modo que a área da cúpula penetra nos espaços circundantes das quinas. A "cúpula em forma de abóbora" com dezesseis lados reflete a configuração alternada em seções retas abaixo e seções curvas sobre seu tambor bastante baixo.

Embora a cúpula da Igreja de San Vitale (Figuras 6.13a, 6.18–6.19) seja menor, seu projeto é mais sofisticado, com um tambor mais alto e uma coerência interna superior a da Igreja de São Sérgio e São Baco. O clerestório ilumina diretamente a nave central e entre os pilares do octógono, todos os nichos são semicirculares, se abrindo em naves laterais e

6.18 Igreja de San Vitale, Ravena, 538–48.
Outra igreja excepcional construída pela coroa, a Igreja de San Vitale é baseada na planta baixa octogonal. Usando a tecnologia ostrogada local, sua cúpula foi feita com ânforas de argila, para ter resistência e, ao mesmo tempo, baixo peso.

6.19 Interior da Igreja de San Vitale, Ravena, 538–48.
Esta vista em direção à abside mostra a rica variedade de mosaicos e mármores com emparelhamento tipo livro.

galerias para aproveitar a luz adicional das janelas na parede externa. As semicúpulas que estão sobre cada nicho complementam a cúpula que se eleva sobre a nave central. As proporções do exterior são igualmente belas. Os telhados de cerâmica avermelhada, em relação volumétrica direta com o espaço interno, coroam janelas com arco pleno nas paredes de tijolo articuladas por pilastras. A Igreja de São Sérgio e São Baco perdeu a maior parte de seu interior original de mosaico, mas a Igreja de San Vitale exibe os lindos produtos das oficinas imperiais tanto em mármore quanto em mosaico. Capitéis esculpidos completam os fustes das colunas de mármore com belos veios, mármores com **emparelhamento tipo livro** revestem as superfícies das paredes mais baixas e mosaicos tanto geométricos como figurativos completam os sófitos dos arcos, as paredes superiores, a abside e os pisos. Painéis de mosaico doados colocados nas laterais da abside retratam Justiniano e toda a sua corte em frente à imperatriz Teodora e seu séquito. A semicúpula da abside mostra Cristo ao lado de anjos, com São Vidal à sua direita e Bispo Eclésio à sua esquerda. O bispo segura uma maquete da igreja, e Cristo passa uma coroa para São Vidal. O esplendor de Bizâncio brilha por toda essa belíssima igreja.

Do protótipo de Justiniano de igrejas centralizadas com planta baixa em cruz grega, podemos contar apenas com evidências esparsas fornecidas pela Igreja dos Santos Apóstolos, em Constantinopla, que desapareceu. Erguida por Constantino para ser seu próprio mausoléu e reconstruída por Justiniano de 536 a 550, ela foi demolida em 1469, para dar lugar a uma mesquita. Uma igreja ainda existente construída a partir do modelo da Igreja dos Santos Apóstolos, de Justiniano, é a Basílica de São Marcos, em Veneza, iniciada em 830 e reconstruída entre 1063–89 (página 152 e Figuras 6.20–6.21). Cúpulas internas hemisféricas cobrem cada braço da planta em cruz grega, e uma cúpula central coroa o **cruzeiro**. Todas estão apoiadas sobre pendentes, com abóbadas de berço conectando os grandes pilares que contrabalançam o empuxo para fora das cúpulas. Janelas na base de algumas cúpulas iluminam as partes altas da igreja e salpicam com luz os mosaicos com pontos dourados do interior. Embora o projeto básico feito para a Basílica de São Marcos origine-se de Bizâncio, grande parte da igreja reflete outras tradições de arquitetura. Por exemplo, os atuais tímpanos externos dos portais são do século XV e os revestimentos externos das cúpulas, que se apoiam em uma estrutura de madeira sobre a alvenaria, refletem o formato das cúpulas orientais. Apesar de tudo, a Basílica de São Marcos é essencialmente bizantina. Logo após a sua conclusão, seu modelo passou a servir de base para as igrejas românicas no sul da França.

Além da planta em cruz grega com cúpula usada na Basílica de São Marcos, as igrejas bizantinas construídas nos séculos posteriores a Justiniano também seguiram dois outros tipos de plantas baixas, o da **cruz no quadrado** e o de uma cúpula simples posta sobre uma base longitudinal. A cruz no quadrado ou planta baixa em *quincunx* tem nove vãos, com o vão central coberto por uma cúpula e com cúpulas menores sobre os vãos das quinas. Todas as outras seções são cobertas com abóbadas de berço. Nas plantas baixas em cruz com cúpula, os braços da cruz grega são reduzidos e cobertos com

6.20 Basílica de São Marcos, Veneza, reconstruída entre 1063-1089.

Com uma planta em cruz grega baseada na Igreja dos Santos Apóstolos, de Justiniano, em Constantinopla, São Marcos tem cinco cúpulas, sendo a central a mais alta. A fachada ocidental e as cúpulas externas elevadas foram adicionadas posteriormente.

6.21 Corte longitudinal da Basílica de São Marcos, Veneza, reconstruída entre 1063 e 89.

Esta vista mostra o perfil da cúpula original e as cascas mais altas erguidas no século XV para aumentar sua presença urbana. Observe, particularmente, os torreões no topo das cúpulas, os quais lembram as cúpulas bulbosas características das igrejas russas.

abóbadas de berço que circundam a cúpula do transepto. As naves laterais e as galerias fecham a igreja em três lados, e três absides completam o quarto lado. Muitas dessas igrejas foram erguidas em uma escala bastante modesta, de modo que a construção das abóbadas não representou grande desafio.

Podemos ver esses dois tipos de plantas baixas no monastério de Hosios Lukas, localizado em Phocis, a noroeste de Atenas, onde duas igrejas foram construídas adjacentes ao santuário erguido sobre o túmulo de São Lucas, um eremita local que faleceu em 953 (não confundir com o evangelista de mesmo nome). A menor das igrejas, projetada como planta em cruz no quadrado com três absides, foi consagrada, por volta de 1000, a Theotokos, o termo grego para a Mãe de Deus (Figura 6.13b). Construída de pedras afeiçoadas revestidas de tijolo, a Igreja de Theotokos tem uma cúpula central apoiada em um tambor. Abóbadas de arestas, em vez de cúpulas, foram construídas sobre os vãos das quinas, talvez pela pequena escala: a cúpula central mede 3,35 metros em diâmetro. Embora hoje o interior seja destituído de afrescos, mosaicos, ou revestimentos de mármore, é provável que no passado tenha sido ricamente ornamentado, de acordo com o painel esculpido que separa a nave central do coro ainda existente.

Já a igreja maior, Katholikon, foi construída nos vinte anos seguintes imediatamente ao sul da Igreja de Theotokos, estando bastante próxima da capela do santo e permitindo que peregrinos circulem ao redor do túmulo. Sua planta baixa é, em alguns aspectos, semelhante à Igreja de Santa Irene, em Constantinopla, com uma enorme cúpula apoiada sobre a nave central, travada em três lados por uma galeria no segundo nível. **Trompas** transformam o vão central quadrado em um octógono que sustenta um tambor e uma cúpula de 9,15 metros de diâmetro (Figura 6.22). O interior tinha acabamentos suntuosos, com revestimentos de mármore nas paredes e mosaicos nas abóbadas e na cúpula. Os mosaicos da cúpula, destruídos em um terremoto em 1593, foram substituídos por afrescos dos temas originais. Na semicúpula da abside, em um mosaico dourado, está a majestosa Maria, segurando o menino Jesus.

AS IGREJAS NA RÚSSIA

Muitas das características da arquitetura bizantina tardia se refletem nos projetos das igrejas russas, pois a arquitetura deste país está intimamente relacionada com o legado de Bizâncio. No período sob consideração, aproximadamente de 990 a 1725, a Rússia incluía o que hoje compreende os estados independentes da Bielorrússia, Geórgia e Ucrânia. Grande parte do território ocidental dos montes Urais são colinas com grandes campinas, florestas, lagos e pântanos. Seus rios foram os primeiros caminhos para os campos selvagens e, por volta do século IX, exploradores vikings já haviam se assentado ao longo dos cursos de água, os quais exigiam deslocamentos mínimos para viajar do Mar Báltico ao Mar Negro, onde comerciavam com os bizantinos. Deixando de lado os rios, os montes Urais e as montanhas de Cárpatos, há poucos limites naturais, portanto, a área sofreu muitas invasões dos nômades. A história da Rússia começa com o lendário Rurik, um viking que foi chamado a Novgorod por volta de 856 para pôr em ordem as cidades mercantis dispersas ao longo da rota comercial até Constantinopla. Embora os descendentes de Rurik tenham comandado o país até o século XVI, a história da Rússia foi seriamente interrompida de 1239 até o século XV, período em que a região se tornou efetivamente um Estado servo dos cãs mongóis da Ásia Central. Por uma série de razões históricas, a Rússia permaneceu isolada da Europa Ocidental, portanto, os períodos cronológicos e estilísticos da França, da Itália, da Inglaterra ou da Alemanha não se aplicam a ela. A obra bizantina influenciou a arquitetura de igrejas na Rússia durante séculos após a queda de Constantinopla, em 1453. As dificuldades em manter contato com as autoridades religiosas de Constantinopla e as crescentes diferenças dentro da Igreja Russa levaram à proclamação, em 1443, de uma Igreja Ortodoxa Russa, com seu próprio arcebispado, independente do patriarca, em Constantinopla.

As construções em alvenaria registram apenas parte da história da arquitetura russa. Até o século XX, a madeira era

6.22 Interior da Igreja de Katholikon, Monastério de Hosios Lukas, 1020.
Este espaço interno repete em escala muito reduzida parte da impressionante iluminação e do rico interior de Santa Sofia (veja a Figura 6.16). Os afrescos da cúpula substituem o mosaico original que ruiu durante um terremoto, em 1593.

6.23 Igreja da Ressurreição de Lázaro, monastério de Muromansky, atualmente em Kizhi, cerca de 1391.

Considerada a mais antiga igreja de madeira existente na Rússia, esta igreja possui três caimentos de telhado e é construída com dois tipos de parede. A minúscula cúpula sobre um fuste a caracteriza como uma igreja, em vez de uma simples cabana de toras. (Ao fundo, a Igreja da Transfiguração; veja a figura 6.28.)

o principal material de construção na Rússia. Ela era amplamente disponível, fácil de trabalhar e suas características como isolante térmico são superiores às da alvenaria para se suportar os longos invernos. A construção com toras horizontais, empregando sambladuras de quina recortadas semelhantes àquelas encontradas nas cabanas norte-americanas de toras de madeira, era usada em casas, fortificações e igrejas. (A principal diferença entre a construção com toras na Rússia e na Europa e aquelas geralmente encontradas nos Estados Unidos é a durabilidade das primeiras e a relativa impermanência das últimas. As edificações europeias com toras eram construídas para perdurarem durante séculos, ao passo que a maioria dos exemplos norte-americanos era erguida apressadamente e abandonada assim que algo melhor pudesse ser construído.) Visitantes estrangeiros mencionaram repetidamente o fato das cidades russas parecerem ser inteiramente compostas de edificações de madeira. A madeira é, como se sabe, sujeita ao apodrecimento e ao fogo; essas forças destrutivas reduziram em grande escala o número de edificações antigas disponíveis para estudo.

Tanto as lendas como as evidências físicas sugerem que a mais antiga edificação de madeira que ainda resta na Rússia é a pequena Igreja da Ressurreição de Lázaro (cerca de 1391), do monastério de Muromansky, atualmente transferida para o museu ao ar livre de Kizhi (Figuras 6.23–6.24). É uma edificação simples com três ambientes, composta de um vestíbulo, uma nave central e um santuário, cada um deles coberto com o seu próprio telhado de duas águas com caimentos ligeiramente diferentes. Os ambientes mais antigos são a nave central e o santuário, construídos com toras horizontais, enquanto o vestíbulo tem tábuas horizontais de madeira inseridas em montantes de madeira. Uma pequena cúpula, sobre um tambor alto, coberta com telhas chatas, se eleva sobre a nave central. Deixando de lado a cúpula e a leve inclinação para fora das seções da parede superior, há pouco nessa edificação que a diferencie de uma casa, mas a partir desse início modesto se desenvolveriam projetos mais elaborados. Igrejas maiores, com telhados de duas águas mais altos, foram construídas para ficarem mais proeminentes nos campos, e seus pisos eram elevados em um pavimento em relação ao solo para manter a entrada acima dos níveis de neve durante o inverno. Escadas de acesso cobertas e galerias externas eram adicionadas para criar um local protegido para aqueles que vinham de longas distâncias para participar das missas.

Esses elementos podem ser encontrados na Igreja da Natividade da Virgem (1593), originalmente construída na vila de Peredki, e atualmente preservada em Novgorod (Figura

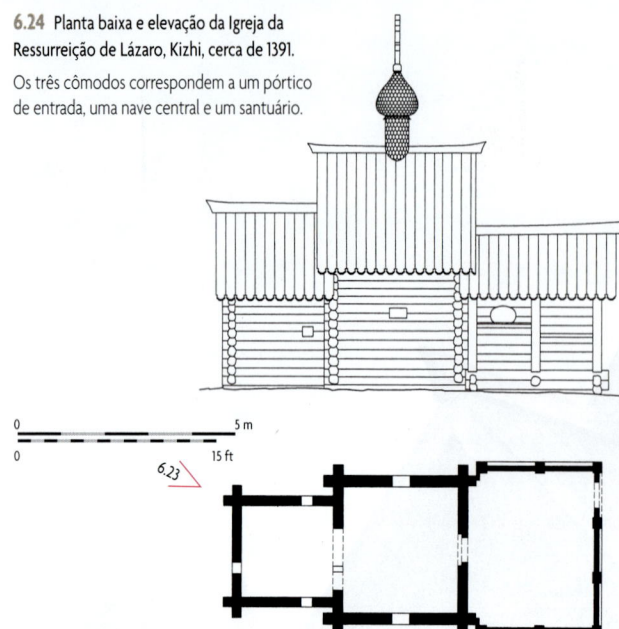

6.24 Planta baixa e elevação da Igreja da Ressurreição de Lázaro, Kizhi, cerca de 1391.

Os três cômodos correspondem a um pórtico de entrada, uma nave central e um santuário.

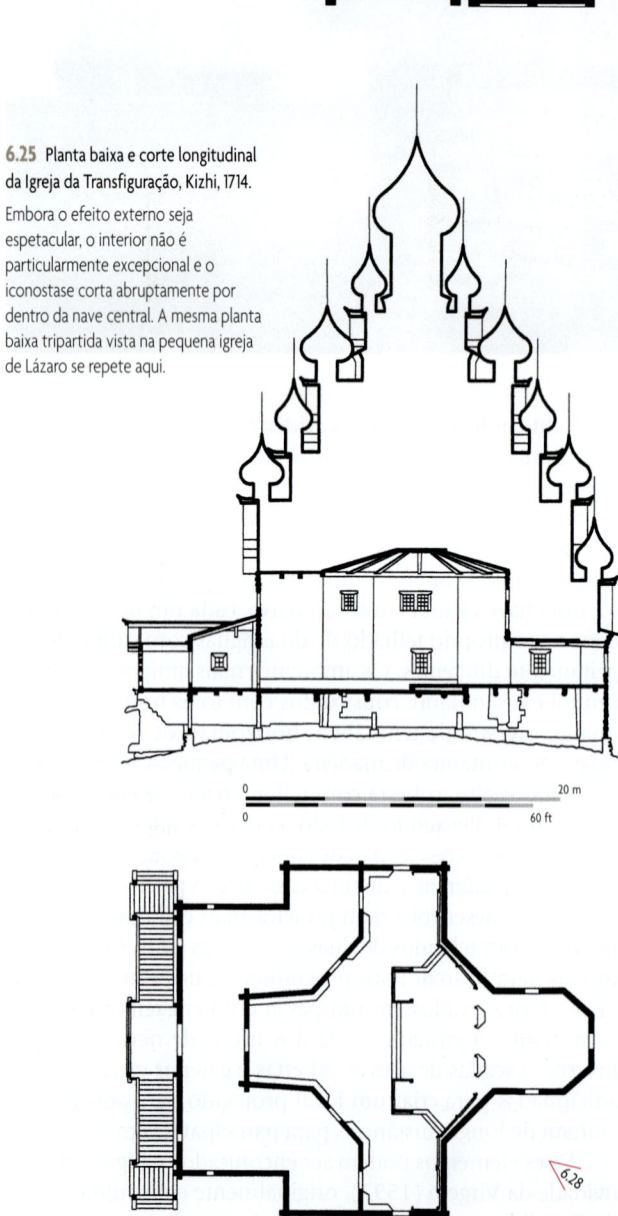

6.25 Planta baixa e corte longitudinal da Igreja da Transfiguração, Kizhi, 1714.

Embora o efeito externo seja espetacular, o interior não é particularmente excepcional e o iconostase corta abruptamente por dentro da nave central. A mesma planta baixa tripartida vista na pequena igreja de Lázaro se repete aqui.

6.26 Igreja da Natividade da Virgem, Peredki, atualmente em Novgorod, 1593.

Esta edificação é claramente mais elaborada do que a igreja de Lázaro, possuindo uma planta em cruz grega e um telhado *shatyor* sobre o transepto, para acentuar sua verticalidade.

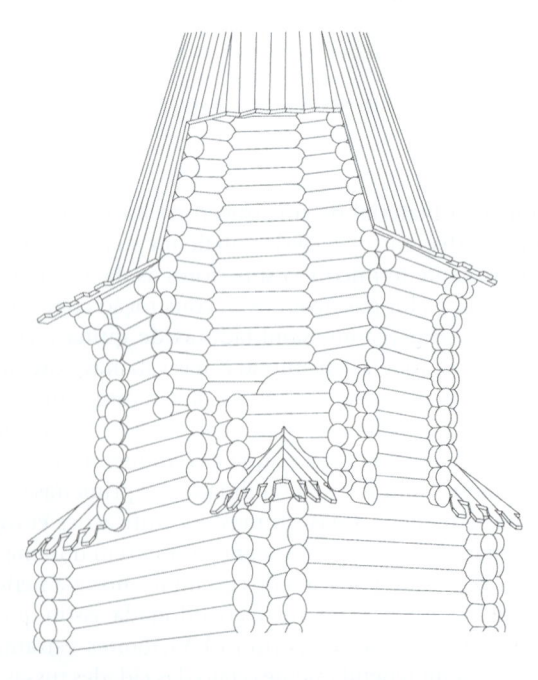

6.27 Diagrama da construção de um telhado shatyor.

Toras de comprimento cada vez menor são sobrepostas em uma planta octogonal para criar um telhado *shatyor* em forma de tenda. O telhado impermeável é feito de longas tábuas de madeira com terminações em ângulo, para escoar a água para longe da edificação.

6.28 Igreja da Transfiguração, Kizhi, 1714.

Esta obra-prima com 22 cúpulas se eleva a partir de uma planta em cruz grega. A madeira de álamo usada nas telhas chatas sobre as cúpulas e os *bochki* (empenas com curvas invertidas) adquiriu uma pátina com um tom acinzentado que brilha como metal polido. À esquerda está a Igreja da Intercessão, que a acompanha, a qual tem uma estufa e foi construída para ser usada no inverno.

6.26). A igreja tem planta baixa em cruz grega, com uma torre octogonal sobre o cruzeiro que é coroada por um telhado em forma de tenda (*shatyor*), criando um forte marco vertical. Toras de comprimento cada vez menores são bastante adequadas para sustentar esse tipo de telhado; por isso, os telhados *shatyor* tornaram-se comuns não apenas em igrejas, mas também em torres de fortalezas (Figura 6.27). A igreja também tem uma grande galeria externa que circunda três lados da edificação, sustentada sobre balanços sucessivos (*pomochi*) que se estendem da parede abaixo. Pode-se ter uma boa ideia da profundidade da neve de inverno com a altura desta galeria! Os construtores russos conheciam as características dos diferentes tipos de madeira e sabiam usá-los de forma eficaz. As toras de madeira de lariço, que resistem bem ao apodrecimento, foram utilizadas nas seções mais baixas, enquanto o pinho foi o material mais usado para as seções mais altas.

As toras das paredes são recortadas na face interior para encaixar na forma arredondada da tora abaixo, garantindo uma junta estanque e não permitindo o acúmulo de água. A casca de bétula foi usada nos rufos onde a cobertura intercepta as paredes. A madeira de álamo foi empregada nas telhas chatas devido à pátina de cor prateada suave que ela adquire. As telhas chatas foram rachadas ou serradas no sentido das fibras e, então, cortadas para criar um padrão e uma textura interessantes quando instaladas. As tábuas utilizadas na cobertura têm extremidades pontiagudas para o escoamento rápido da água nos beirais. Os caimentos da cobertura das torres mudam ao se aproximarem da base, para que a água verta longe das paredes que as sustentam. Entretanto, nem tudo é estritamente funcional, há também poesia: símbolos populares de épocas pré-cristãs são encontrados nos signos solares das tábuas verticais das empenas (ou seja, nos remates decorativos nas extremidades das empenas) e um ou outro pássaro entalhado decora a cumeeira, para trazer boa sorte.

Tanto as preocupações práticas como os elementos simbólicos são aproveitados de modo magistral na obra-prima que é a Igreja da Transfiguração (1714), em Kizhi (Figura 6.28), a única restante de, pelo menos, três igrejas com cúpulas múltiplas construídas por Pedro, o Grande. Sua planta

6.29 Detalhes da Igreja da Transfiguração, Kizhi.
Esta vista mostra as elaboradas telhas chatas e a estrutura da *bochki*. Observe a forma das telhas, recortadas não apenas para decoração, mas também para facilitar o escoamento da água da chuva e minimizar a capilaridade.

baixa é baseada na cruz grega com o cruzeiro transformado em um octógono (Figura 6.25). O que em Peredki foi tratado como um telhado em tenda, aqui se torna toda a composição externa, uma torre central que recua em dois níveis com empenas com curvas invertidas (*bochki*) e cúpulas (Figura 6.29). A igreja possui, de fato, 22 cúpulas sobre longos tambores, criando uma composição piramidal. Contando a partir do topo, há uma única cúpula grande no ápice, quatro cúpulas no nível intermediário do octógono e oito no nível mais baixo do octógono. Há dois outros conjuntos de quatro cúpulas sobrepostas nas empenas *bochki* sobre os braços da cruz grega e a cúpula mais baixa está localizada sobre o santuário. Esta igreja segue a tradição iniciada quase 700 anos antes, na Santa Sofia de Kiev: um exterior elaborado e com cúpula e um interior de pequenos compartimentos, que não reflete o volume total. Em Kizhi, há um teto suspenso cruzando a torre octogonal, então o interior não compartilha o altíssimo volume sugerido pela torre das cúpulas. Além disso, a divisão em planta baixa do espaço interno não é o que se esperaria quando a observamos do lado de fora. O vestíbulo se desenvolve em torno da cruz grega, disfarçando o formato real da nave central e dos projetos do **iconostase** no centro do octógono, resultando em um formato irregular para a congregação. Kizhi é impressionante na desértica paisagem do norte. Por dentro, são os ícones que chamam a nossa atenção, mais do que o volume do espaço.

A destruição generalizada e a instabilidade econômica trazidas com a invasão dos mongóis ou tártaros em 1238–40 puseram fim ao predomínio de Kiev como um centro governamental russo. As cidades russas pagavam tributo anual para os cãs da Horda Dourada, deixando pouco para investimentos em suas próprias grandes edificações, assim, houve um declínio correspondente na qualificação dos construtores russos. Ao longo dos séculos XIV e XV, Moscou gradualmente estabeleceu-se como a principal cidade russa e tornou-se a sede do arcebispado da Igreja Ortodoxa Russa. Igreja e Estado uniram forças para acabar com a dominação por parte dos cãs. A fortaleza central de Moscou, o Kremlin, foi gradualmente reconstruída em pedra a partir do prédio original de madeira, e novas igrejas foram erguidas sob o patrocínio dos príncipes de Moscou, que então passaram a se autodenominar *czares* (do latim *caesar*).

Os motivos da arquitetura de madeira passaram a ser empregados em edificações de alvenaria, particularmente o telhado em tenda, já visto na igreja de Peredki, o qual passou a ser usado em igrejas votivas (igrejas que não precisam acomodar uma congregação) construídas em Moscou durante o século XVI. A mais famosa dessas igrejas é a Catedral da Intercessão no Fosso, mais conhecida como a Catedral de São Basílio, o Abençoado (1555–60) (Figura 6.30), erguida na Praça Vermelha no lado de fora dos muros do Kremlin para comemorar a vitória de Ivã IV sobre a Horda Dourada na batalha de Kazan, em 1552. Os arquitetos foram Barma e Posnik, que vieram de Pskov. O projeto é basicamente um santuário central cercado por quatro grandes capelas octogonais e quatro pequenas capelas de planta quadrada. As oito capelas são dedicadas a santos cujos dias coincidem com as datas-chave do sítio de Kazan e o santuário é dedicado à Entrada em Jerusalém, portanto, de certa maneira, essa edificação é de fato formada por nove capelas que compartilham uma fundação comum. O santuário central é coberto por um telhado *shatyor*, enquanto que as oito capelas auxiliares assumem expressão vertical individual como torres com cúpula. Temos que reconhecer a capacidade de seus arquitetos, pois essa diversidade de elementos, incluindo também as galerias de entrada cobertas e a escada, é lida não como uma coletânea aleatória das partes, mas como um todo complexo e instigante, interessante sob qualquer ângulo de observação. Uma análise cuidadosa do exterior revela elementos decorativos que incluem camadas de empenas semicirculares e triangulares, pilastras, motivos em forma de diamante juntos, é claro, com as cúpulas em forma de cebola, que são, na verdade, substitutas do projeto original (cúpulas em forma de capacete) introduzidas no século XVII. Essas coberturas substitutas são um projeto feito de diversos tipos de telhas vitrificadas com formas geométricas em zigue-zague, em espiral e em tiras, que colorem ainda mais os exteriores com tijolos vermelhos e remates de pedra branca. O espaço interior é extremamente compartimentado. Uma vez que o volume de baixo de cada torre é aberto para a capela de baixo, circungirar pela igreja é como percorrer um caminho que une uma série de câmaras independentes, cada uma do tamanho da planta baixa de um cômodo doméstico, mas contendo um teto incrivelmente alto.

6.30 Catedral de São Basílio, o Abençoado, Moscou, 1555–60.
Barma e Posnik utilizaram as formas das igrejas de madeira para criar um extraordinário projeto em alvenaria. A diversidade das formas e das cores do exterior é mais memorável do que o interior, o qual é extremamente compartimentado.

A Catedral de São Basílio é um ótimo local para concluir essa análise da arquitetura bizantina na Rússia. Embora sua construção coincida cronologicamente com as edificações do Renascimento Tardio, na Itália, a Catedral de São Basílio é ainda arraigada em tradições iniciadas um milênio antes, no império oriental cuja capital foi Constantinopla. O impacto duradouro de Bizâncio perdurou na Rússia mesmo quando arquitetos estrangeiros construíram igrejas barrocas, durante os séculos XVII e XVIII. Sob o reinado de Pedro, o Grande, que buscou avidamente acabar com o isolamento cultural da Rússia e superar hábitos considerados retrógrados, a arquitetura secular do país passou a assemelhar-se aos movimentos de arquitetura da Europa Contemporânea, em vez de honrar tanto seu passado histórico.

CONCLUSÕES SOBRE AS IDEIAS DE ARQUITETURA

As arquiteturas paleocristã e bizantina nos oferecem uma oportunidade para a comparação didática entre a planta baixa longitudinal e a planta baixa centralizada. Impelidos pela importância litúrgica da procissão, os projetistas das igrejas ocidentais (que mais tarde se tornaram as igrejas católicas romanas) na maioria das vezes basearam seus leiautes na antiga basílica romana, com seu espaço central longo e alto iluminado por um clerestório ladeado por naves laterais mais baixas e mais estreitas e com uma abside na extremidade. Algumas vezes eles projetaram alas gêmeas, ou transeptos, junto ao coro ou santuário, produzindo uma planta em cruz latina: três braços curtos e um braço longo com nave central e naves laterais. Era comum, também, que esses projetistas paleocristãos usassem plantas baixas centralizadas e, frequentemente, plantas baixas circulares para *martyria*, batistérios e mausoléus de tamanho menor.

No leste bizantino, onde hoje se encontra o que denominamos igrejas ortodoxas gregas, foram projetadas plantas baixas centralizadas que não enfatizavam a procissão e sim a missa. O mais simples desses tipos de plantas baixas era a *quincunx* ou grelha de nove partes, com paredes externas portantes e um núcleo com colunas. E a mais complexa era a fantástica e única Santa Sofia, com seu sistema interconectado de pilares, paredes, abóbadas, cúpulas e contrafortes.

Tanto o esquema longitudinal quanto o centralizado resolveram uma miríade de problemas litúrgicos, estéticos e de construção. As plantas baixas das basílicas paleocristãs permitiam uma separação entre batizados, não batizados e o clero, e geralmente permitiam a visualização das relíquias. As plantas baixas centralizadas bizantinas assumiram formas numerosas, de octógonos às cruzes gregas (com quatro braços iguais) até a fusão complexa de um eixo longitudinal poderoso com uma nave central, ou naos, em Santa Sofia. No lado oeste, mas particularmente no leste, a iluminação natural que interagia com as superfícies de mosaicos facetados gerou ambientes extremamente espiritualizados, cujo auge foi Santa Sofia, da qual a luminosidade quase palpável, que comove os visitantes até os dias de hoje, deve ter deixado assombrados aqueles que viveram a experiência no século VI.

Como um conjunto exótico, as igrejas da Rússia se apresentam como expressões regionais de modelos bizantinos. Muitas foram construídas em alvenaria, mas algumas são de madeira, material facilmente disponível no local. Elas são tão peculiares que a imagem de uma edificação como a Catedral de São Basílio, em Moscou, permaneceu como imagem popular consistente mesmo durante o período antirreligioso da União Soviética.

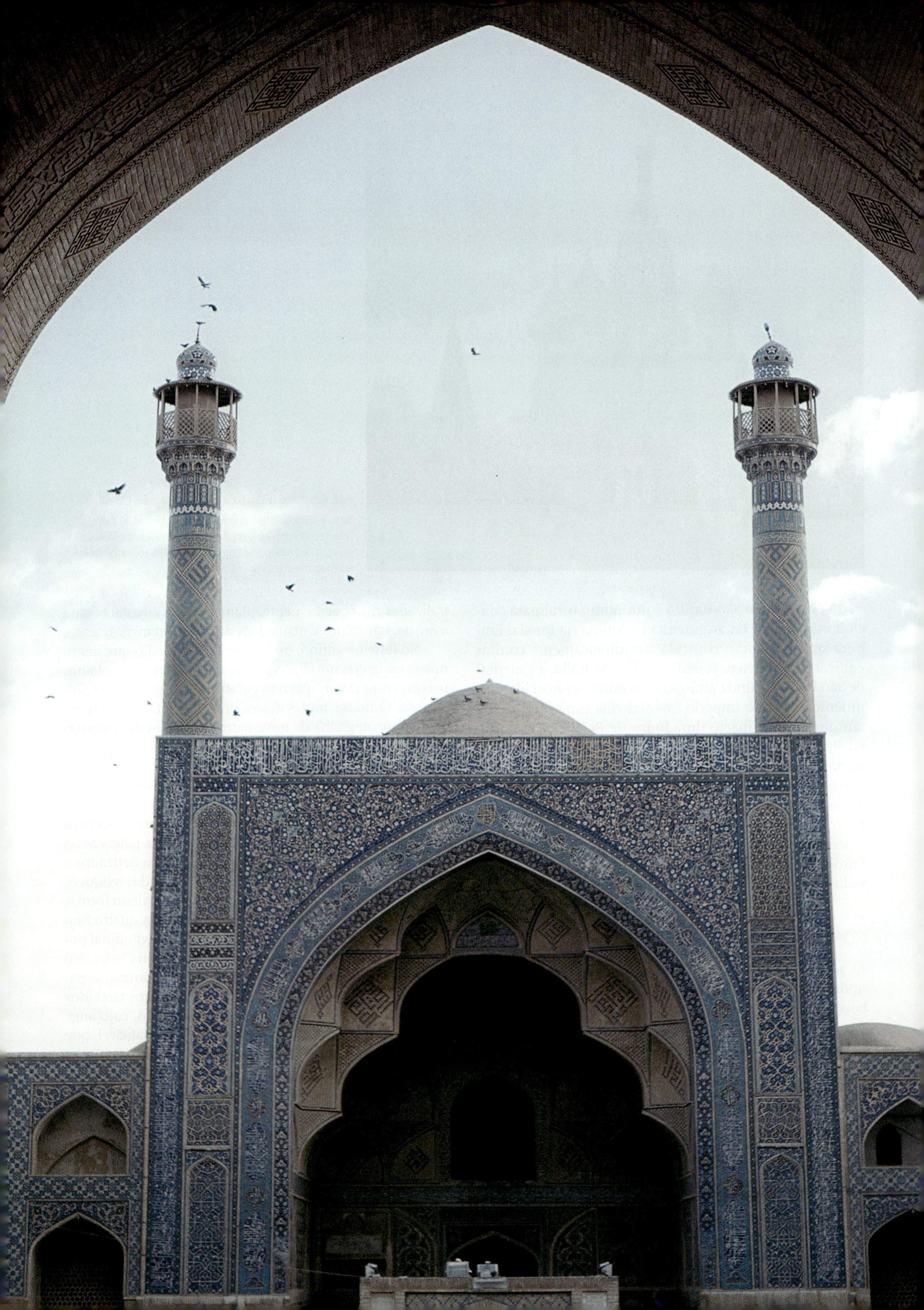

CAPÍTULO 7

A ARQUITETURA ISLÂMICA

Como vimos anteriormente, os primeiros cristãos passaram por um longo processo até desenvolver formas de arquitetura que fossem adequadas à sua religião e a expressassem bem. Os seguidores da religião fundada pelo profeta Maomé passaram por um processo evolutivo similar, mas que levou a resultados bastante diferentes à medida que construíam prédios que servissem ao Islamismo e o simbolizassem.

O Islamismo surgiu na Arábia. Conforme acreditam os muçulmanos, em 610 d.C., o anjo Gabriel apareceu para Maomé, em Meca, e, aos poucos, lhe revelou Deus, ou Alá (em árabe, "Al-lah" significa "o Deus"). Essas revelações foram reunidas em um livro sagrado, o Alcorão (ou Corão), que expressava na língua árabe a mensagem do Islã, palavra que significa a submissão ao desejo de Alá. Todos os muçulmanos aceitam cinco verdades ou deveres fundamentais: crer em apenas um deus e que Maomé foi seu mensageiro; rezar cinco vezes ao dia; jejuar do amanhecer ao anoitecer durante o mês de Ramadã; dar esmolas aos pobres; e, desde que tenham saúde e dinheiro para tal, fazer ao menos uma peregrinação à cidade sagrada de Meca.

A conversão das tribos ao Islamismo foi seguida de um intenso despertar do fervor árabe, e a coragem e capacidade bélica das tribos árabes, no passado aproveitadas pelos impérios Sassânida e Bizantino, se voltou contra seus antigos déspotas em uma rápida sucessão de conquistas, muitas vezes auxiliadas pelo desprezo que os povos dominados tinham pela corrupção dos governantes bizantinos. Em 661, os exércitos islâmicos já haviam varrido as regiões que hoje chamamos de Irã, Iraque, Israel, Síria e Egito, cruzando as fronteiras do norte da África e chegando à Espanha em 711. Da Espanha, eles seguiram para o norte, em direção à França, onde as forças lideradas por Carlos Martel impediram sua expansão europeia na Batalha de Tours, em 732. Todavia, os imigrantes islâmicos permaneceram no sul e no centro da Espanha até 1492 e seus exércitos continuaram a assolar as fronteiras bizantinas até finalmente conquistarem Bizâncio, com o auxílio dos turcos otomanos, em 1453. Graças ao comércio, as dinastias islâmicas fizeram contato com a China e a Índia, onde sua religião posteriormente se firmaria, e a forte influência islâmica chegou a alcançar os territórios que hoje conhecemos como Malásia e Indonésia. As conquistas militares foram acompanhadas da dominação econômica, social e cultural à medida que os costumes islâmicos e a língua árabe substituíram as práticas ainda remanescentes do antigo Império Romano. Os muçulmanos geralmente tentavam a conciliação com os povos conquistados, os quais muitas vezes os preferiam aos severos governantes bizantinos, e as sociedades multiculturais que os invasores promoviam poderiam servir de modelo para o mundo atual. A prolífica mescla de sábios das tradições islâmica e judaica – às vezes até com a colaboração de teólogos cristãos – contribuiu para um período extremamente produtivo nas artes e nas ciências que perdurou entre os séculos IX e XVI.

Hoje em dia, os muçulmanos representam a maior parte da população do Oriente Médio, do norte da África, de algumas regiões do centro e do sul da Ásia, da península malásia e do arquipélago indonésio, além de constituírem minorias consideráveis na Europa e nos Estados Unidos. A religião islâmica exige a reza cinco vezes ao dia, a qual é praticada em quatro níveis: 1) o nível individual ou do pequeno grupo; 2) a congregação do bairro; 3) a população inteira de uma cidade pequena; e 4) todo o mundo muçulmano. Edificações distintas são construídas para os primeiros três níveis de oração. Para os cultos diários (exceto nas sextas-feiras), pequenos grupos de fiéis utilizam a *masjid*, uma edificação de tamanho modesto que contém um nicho para orações, mas não tem um salão específico para culto. Para a reza universal, uma cidade muçulmana deve ter um *idgab*, um espaço ao ar livre muito grande, com um grande muro para orações em um de seus lados. Os moradores de um bairro frequen-

Iwan Qibla da mesquita da sexta-feira, Isfahan, século XII.

O salão hipostilo que surgiu no século IX com o passar do tempo se transformou em um projeto mais elaborado, culminando no edifício com um grande pátio interno e quatro *iwans*. Observe as abóbadas de mucarna do *iwan*.

Cronologia

aparição do anjo Gabriel para Maomé	610
revelação do Corão a Maomé	610–633
difusão do Islamismo por todo o Oriente Médio	século VII
construção da Cúpula da Rocha	687–91
difusão do Islamismo no norte da África	início do século VIII
derrota das forças islâmicas em Tours, por Carlos Martel	732
construção da Grande Mesquita de Córdoba	833–988
difusão do Islamismo à Índia, Malásia e Indonésia	séculos XII e XIII
conquista de Bizâncio pelos otomanos	1453
construção da mesquita de Solimão, o Magnífico	1550–57
construção do Taj Mahal	1631–4

7.1 Muçulmanos orando na Mesquita do Profeta, Meca.

Esta fotografia impressionante ilustra bem o padrão universal de fiéis extremamente organizados durante o culto muçulmano, os vãos estruturais ortogonais da mesquita e sua alvenaria policromática. Todos os fiéis estão voltados para a parede de oração.

tam a edificação islâmica mais conhecida: a mesquita da congregação, também chamada de mesquita da sexta-feira, onde o culto principal ou semanal é realizado nesse dia. É no salão para culto interno da mesquita da sexta-feira que se dá a cerimônia religiosa com toda a congregação. Os fiéis se reúnem em fileiras muito próximas entre si, se colocando o mais próximo possível do muro de orações, o que explica sua forma de quadrado ou retângulo largo bastante diferente da que encontramos nas plantas baixas longas e estreitas das igrejas cristãs ou das plantas baixas centralizadas das igrejas bizantinas. As orações são direcionadas, ou seja, voltadas para Meca, e exigem que os fiéis, após a purificação ritual em uma fonte, realizem uma série de reverências, prostrações e recitações do Corão (Figura 7.1).

O Islamismo exige que a ornamentação seja **anicônica**, isto é, simbólica ou sugestiva, sem representações literais. Tais ornamentos às vezes são executados em pedra, porém é mais comum o uso de tijolo ou cerâmica vitrificados, reboco de gesso, vidro e mesmo madeira. As vedações externas dos prédios religiosos dos muçulmanos são tratadas como uma pele que pode receber decorações de uso universal. O ordenamento dessa decoração, embora seja aparentemente complexo, costuma ser controlado por uma grelha principal e outra secundária e usa muito repetições, simetrias e padrões. Esse ordenamento pode ser subdividido de acordo com quatro estratégias de projeto: 1) a repetição de um elemento de arquitetura, como um arco; 2) manipulações geométricas como polígonos rotados e interconectados; 3) desenhos orgânicos com a forma de folhas de plantas; e 4) caligrafia. Os elementos decorativos na arquitetura podem ser bi ou tridimensionais e, na maior parte das vezes, aparecem nas aberturas de portas e janelas. Os motivos geométricos permitem uma criatividade quase infinita e incluem o uso de nervuras nas abóbadas. As composições orgânicas bi e tridimensionais podem ser extremamente estilizadas ou se aproximar do naturalismo e, quando se tornam lineares e aparentemente infinitas, produzem os chamados arabescos, padrões intricados de linhas entrelaçadas. A caligrafia é a estratégia mais importante das quatro, uma vez que registra a palavra de Alá. Ela pode ser com letra cursiva ou letra bastão, ou mesmo angular. Algumas formas de ornamento exploram o uso da luz, como ocorre nas gelosias e vidraças que filtram a iluminação ou nas **abóbadas de mucarna** que refletem e refratam a luz.

OS PRIMEIROS TEMPLOS E PALÁCIOS ISLÂMICOS

Em suas primeiras edificações, os árabes islâmicos que, na maioria, eram nômades, assimilaram as técnicas e formas das diversas civilizações que encontraram em suas viagens. As influências síria e cristã são evidentes em um dos mais proe-

7.2 Cúpula da Rocha, Jerusalém, 687–91.

Um dos templos islâmicos mais antigos, esta edificação com cúpula octogonal possui um deambulatório duplo, cercando a rocha de onde Maomé iniciou sua jornada ao paraíso.

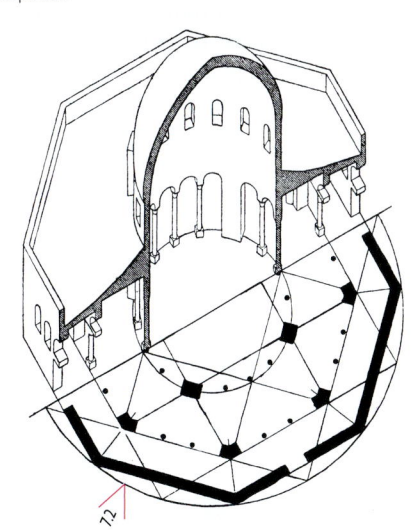

7.3 Corte axonométrico da Cúpula da Rocha, Jerusalém, 687–89.

Este corte mostra a geometria sofisticada envolvida no projeto da Cúpula da Rocha, uma característica compartilhada com várias igrejas sírias dos séculos IV e V.

7.4 Interior da Cúpula da Rocha, Jerusalém, 687–91.

Este local sagrado para judeus e muçulmanos, celebrado com a construção de uma cúpula, neste caso sobre uma rocha acima de uma caverna em Jerusalém, pode ser comparado à construção da cúpula da Basílica de São Pedro, pelos cristãos, em Roma (veja o Capítulo 11), no local exato onde se acredita que o apóstolo Pedro foi enterrado.

7.5 Muçulmanos circungirando o *Ka'ba* durante o *Haj*, Meca.

A ideia de peregrinação é compartilhada por cristãos e muçulmanos. Nesta cena em Meca, uma multidão de peregrinos circunda o *Ka'ba*. No Capítulo 8 você encontrará igrejas românicas ao longo das rotas de peregrinação da França e da Espanha que levavam à cidade de Compostela e ao túmulo muito venerado do apóstolo Tiago, filho de Zebedeu.

minentes templos antigos, a Cúpula da Rocha (687–91), em Jerusalém (Figuras 7.2–7.4). Sua localização no Monte Moriá era sagrada para os judeus, por ser o sítio onde Abraão havia oferecido para o Senhor o sacrifício de seu filho Isaac, bem como o terreno onde existira o Templo de Salomão. Os muçulmanos respeitavam-no por sua relação com Abraão, mas também veneravam o local por ser onde Maomé ascendeu em sua jornada noturna para o Paraíso. No centro da Cúpula da Rocha há um afloramento rochoso sob o qual se encontra uma pequena caverna com apenas uma abertura. O templo foi construído cuidadosamente em torno dessa rocha e sua porção central a cobre com uma cúpula e uma nave concêntrica que permite o circungiro dos fiéis. A forma da edificação provavelmente deriva de precedentes cristãos. A Igreja do Santo Sepulcro, construída por Constantino também em Jerusalém, já apresentava uma rotunda similar e havia muitas outras igrejas com planta baixa centralizada por todo o mundo bizantino. No entanto, diferentemente da maior parte das cúpulas bizantinas, essa edificação é de madeira. (Há evidências de que os templos paleocristãos também tinham domos de madeira, embora nenhum deles tenha chegado até nossa época.) A cúpula do principal templo islâmico de Jerusalém tem 20 metros de diâmetro e é uma casca dupla, com cada lâmina dividida em 32 **nervuras** de madeira convergentes, enquanto o conjunto se apoia em uma cornija sobre o tambor de alvenaria. As nervuras internas foram rebocadas e adornadas com desenhos pintados e douração (reconstruções do século XIV), enquanto o exterior foi revestido de tábuas e acabado com chumbo e folhas de ouro.

O esquema geral empregado na Cúpula da Rocha – um santuário centralizado em torno do qual os fiéis podem circular – já fora usado em Meca, na reconstrução do *Ka'ba*, o destino dos peregrinos islâmicos (Figura 7.5). Esse templo cúbico revestido de panos contém a Pedra Preta, que, segundo a tradição, Abraão recebeu do anjo Gabriel. A pedra já era venerada antes dos muçulmanos. Maomé destruiu os ícones que ficavam ao redor da Pedra Preta, e seus sucessores removeram as edificações contíguas, criando um espaço livre para circungiro em sua volta. Na *Haj*, ou peregrinação anual, os devotos dão sete voltas em torno do *Ka'ba*, seguindo os conjuntos de anéis concêntricos demarcados no chão, em volta do templo.

A CONCEPÇÃO DA MESQUITA

O tipo de edifício mais associado ao Islamismo é a mesquita, principal local para culto, que derivou de diversas fontes. Entre suas origens se encontram a Casa do Profeta, em Medina (cerca de 622), igrejas cristãs e talvez até mesmo os salões de audiência dos reis persas.

Junto à casa de Maomé havia uma área murada quadrada com pequenos cômodos ao longo da lateral sudeste, para moradia (Figura 7.6). O restante do espaço era ocupado por um pátio interno parcialmente aberto. Embora tenha sido construída para fins residenciais, a edificação

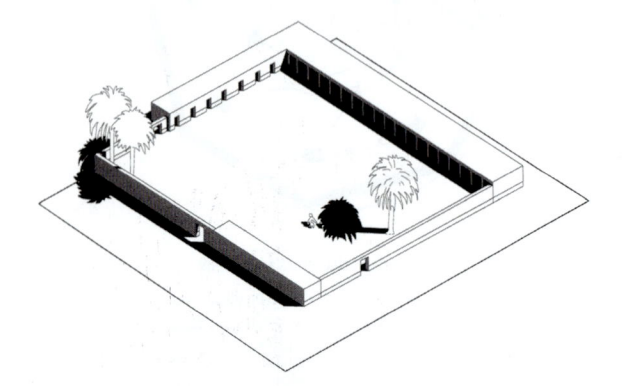

7.6 Reconstrução da Casa do Profeta, Medina, cerca de 622.

Esta edificação se tornou o protótipo da mesquita. Os seguidores do profeta Maomé se reuniam em um pátio interno para ouvir os sermões e participar das orações coletivas, atividades que tiveram de ser acomodadas no projeto das mesquitas.

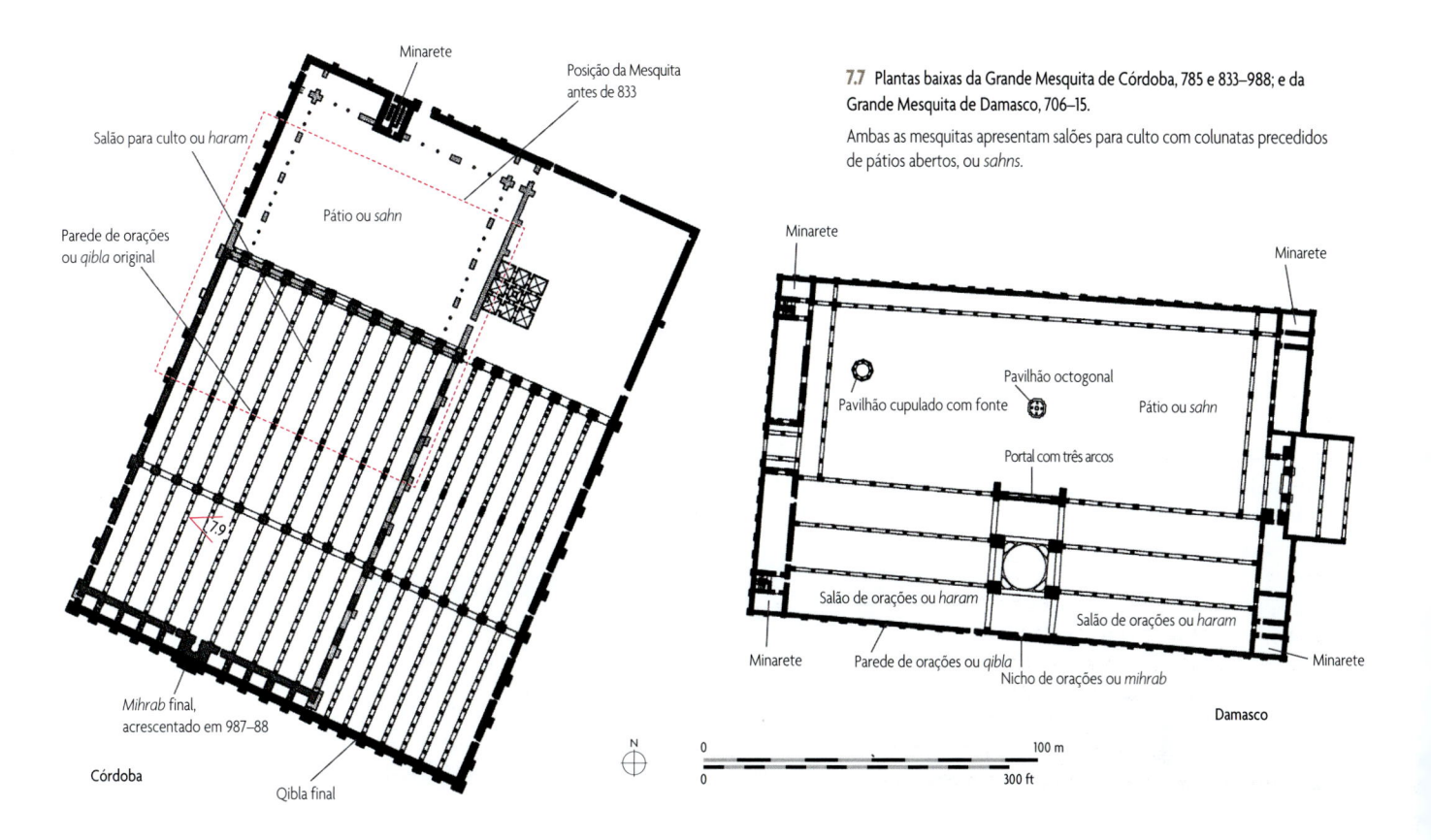

7.7 Plantas baixas da Grande Mesquita de Córdoba, 785 e 833–988; e da Grande Mesquita de Damasco, 706–15.

Ambas as mesquitas apresentam salões para culto com colunatas precedidos de pátios abertos, ou *sahns*.

também servia como local de reunião, onde seus seguidores podiam ouvir sermões e orar em conjunto; após a morte do profeta, sua forma foi copiada em locais para culto simples construídos em outras cidades.

A Grande Mesquita de Damasco (706–15, com reconstruções posteriores) é a mais antiga mesquita remanescente e ilustra o processo ao longo do qual a tipologia se desenvolveu (Figura 7.7). O terreno é ocupado há muito tempo, pois anteriormente lá havia um templo romano dedicado a Júpiter e uma igreja paleocristã do século IV dedicada a São João Batista. Durante certo tempo após a conquista islâmica da cidade, em 635, tanto cristãos como muçulmanos oravam no local, mas em 706 a igreja existente foi derrubada e o califado de al-Walid I construiu uma mesquita impressionante, baseada em parte nas igrejas com planta baixa em forma de basílica tripartida com nave central e duas naves laterais. As paredes externas da mesquita foram determinadas pelo formato do templo cristão preexistente e o acesso era por meio de um portal no centro de um dos lados menores, voltado para o leste. Quatro torres – ou **minaretes** – oferecem plataformas elevadas nas quinas do prédio, a partir das quais o muezim podia convocar os fiéis para rezar. O projeto genérico dessas torres talvez tenha se baseado em torres de fortificação ou faróis anteriores, mas, quando foram usados em Damasco, os minaretes se tornaram elementos-padrão das mesquitas da sexta-feira subsequentes. Assim como os campanários (torres de sino) ou as cúpulas altas das igrejas cristãs, os minaretes servem para destacar a mesquita na paisagem. Muito tempo depois, algumas mesquitas especialmente importantes passaram a ter minaretes múltiplos, mas, em geral, um minarete bastava.

Mais da metade do espaço interno é ocupado por um pátio com arcadas – ou *sahn* – que contém um pavilhão cupulado com fonte, para as lavagens rituais, e um pavilhão octogonal originariamente empregado para a guarda do tesouro público. O salão para culto coberto – ou *haram* – se estende ao longo de toda a parede sul. Duas colunatas paralelas dividem longitudinalmente esse salão em três partes e perto de seu centro as arcadas são interrompidas por um largo elemento transversal similar a uma nave central, com uma cúpula de madeira sobre seu vão central. Em projetos posteriores, esse elemento se transformou na **maqsura**, uma área especial para procissões reservada para o séquito do califa, o que justifica sua cúpula como elemento especial de arquitetura. Como a parede sul é a parede para culto – a *qibla* – ela possui três nichos – **mihrabs** –, os quais indicam a direção de Meca. Um púlpito elevado – o **minbar** – (não indicado no desenho) fica à direita do *mihrab* central e dele são feitos os sermões, as leituras do Corão e as proclamações ou os chamados públicos.

AS VARIAÇÕES REGIONAIS DOS PROJETOS DE MESQUITA

Uma vez que as mesquitas têm sido construídas em grande parte do mundo, não seria possível representar toda sua diversidade neste breve capítulo. A discussão a seguir concentra-se nas 1) mesquitas colunadas ou com salões hipostilos, preferidas na Arábia, no norte da África e na Espanha; 2) mesquitas com **iwan**, populares no Irã e na Ásia Central, as quais consistem de um pátio interno retangular ladeado por grandes espaços – os *iwans* – muitas vezes abobadados; e 3) nas grandes mesquitas cupuladas e de organização central encontradas na Turquia.

7.8 A Grande Mesquita de al-Mutawakkil, Samarra, 848/849–852.

Este minarete proeminente, na forma de uma fita em espiral, tem uma longa linhagem de precedentes que remonta aos zigurates da Mesopotâmia. Observe a longa muralha externa horizontal que serve como contraponto para a bela e marcante silhueta do minarete.

As mesquitas colunadas ou com salões hipostilos

A Grande Mesquita de al-Mutawakkil, de Samarra, no Iraque (848/49-52), tem um salão hipostilo e um único minarete extraordinário. Essa mesquita, de dimensões gigantescas, consiste de uma área retangular murada de alvenaria de tijolo cozido de mais de 240 metros de comprimento por mais de 150 metros de largura, com torres semicirculares contíguas. Ao norte, junto ao eixo longitudinal central do conjunto murado, se eleva um minarete de tijolo (Figura 7.8) em espiral, cuja forma algumas pessoas associam aos zigurates da antiga Mesopotâmia. Dentro dos muros da mesquita, havia no passado uma verdadeira floresta de pilares de seção quadrada circundando um *sahn* retangular, com a *qibla* adjacente à maior concentração de pilares, formando uma composição extremamente ordenada e muito impressionante.

A Grande Mesquita de Córdoba, na Espanha, foi iniciada por volta de 785 (Figura 7.7) e mostra uma enorme evolução da tipologia de mesquita com salão hipostilo de Samarra. Durante o primeiro período de construção, a mesquita apresentava planta baixa quase quadrada, cuja metade era ocupada pelo *sahn* e a outra metade pelo *haram*, que tinha 10 fileiras com 11 colunas, compondo um santuário com 11 naves. No *haram*, arcos sobrepostos conectam as colunas: o arco inferior é em forma de ferradura e o superior é quase pleno (Figura 7.9). O efeito dessa obra é leve e delicado, e, embora tanto os arcos sobrepostos da Grande Mesquita de Damasco quanto os arcos sucessivos dos aquedutos romanos já tenham sido sugeridos como fonte de inspiração, seu tratamento é totalmente original. Ambos os níveis de arcos são policromáticos, compostos de aduelas de pedra branca intercaladas com aduelas de tijolos vermelhos.

Após seu início, em 833, essa mesquita foi ampliada três vezes. Na primeira campanha de reforma (833-48), o salão para culto foi ampliado em direção a sudoeste, com o acréscimo de oito novos vãos que mantiveram o alinhamento e o ritmo da mesquita original, mas exigiram a reconstrução da *qibla* e do *mihrab*. Em 951, o *sahn* foi ampliado para o nordeste e um novo minarete foi erguido. O *haram* foi novamente ampliado para o sudoeste a partir de 962, quando mais 12 vãos foram acrescentados, com uma nova *qibla* e um novo *mihrab*. O novo *mihrab* era um nicho ricamente ornamentado, ganhando proeminência em um interior que apresenta uma verdadeira floresta de arcos mouriscos e ogivais e sendo coberto por uma cúpula formada por arcos impressionantes, que se cruzam (Figuras 7.10-7.11); nas suas duas laterais há cúpulas menores também compostas de arcos entrelaçados. De acordo com o que se sabe, essas cúpulas excepcionais foram usadas pela primeira vez nessa mesquita, e talvez elas tenham servido de inspiração para os domos similares construídos durante o Período Barroco por Guarini (veja a Figura 12.25). A última ampliação da mesquita ocorreu entre 987 e 988 para o lado sudeste, quando foram construídas mais oito naves ao longo de toda a extensão do *haram* preexistente e se aumentou o *sahn*, resultando na maior mesquita de toda a Espanha. No século XVI, após a expulsão dos mouros da Espanha, a catedral de Córdoba (Figura 7.12) foi construída dentro da mesquita, prejudicando a grande colunata do *haram*, o que, ironicamente, talvez tenha ajudado a preservar uma boa parte do conjunto islâmico, pela conversão da mesquita em um local de culto cristão.

7.9 Interior da Grande Mesquita de Córdoba, 833–988.
Esta vista do salão para culto mostra os arcos mouriscos (em forma de ferradura) policromáticos que foram sobrepostos e que dominam o interior. Um total de 610 colunas define o imenso espaço.

7.10 A cúpula sobre a *maqsura* da Grande Mesquita de Córdoba, 833–988.
Observe o uso de arcos mouriscos, a policromia e a estrutura de tramos entrelaçados da cúpula.

7.11 A cúpula sobre o *mihrab* da Grande Mesquita de Córdoba, 833–988.
Esta cúpula também emprega arcos entrelaçados em sua construção.

7.12 A Grande Mesquita de Córdoba vista do minarete, 833–988.
Telhados com duas águas, paralelos, cobrem o salão de orações e, no primeiro plano, podemos ver as árvores que cresceram no *sahn*. É lamentável a inserção posterior de uma igreja cristã nesta esplêndida edificação islâmica.

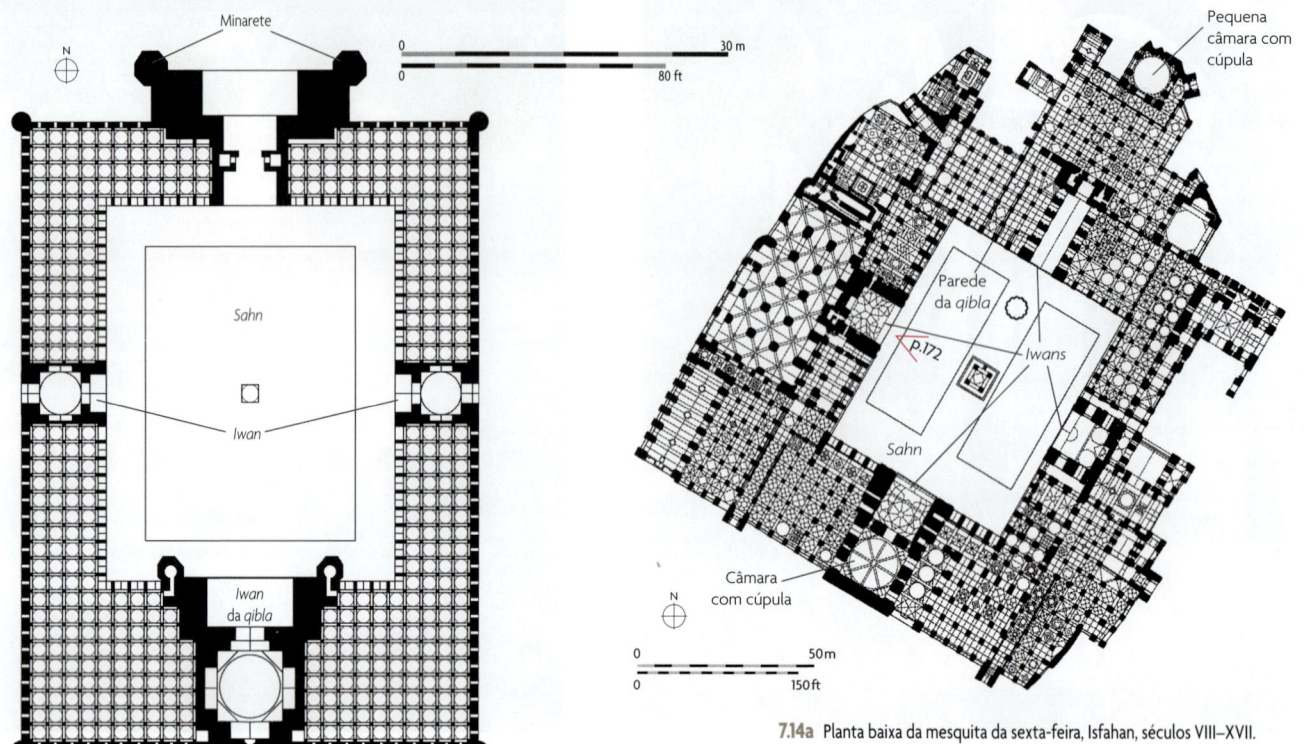

7.13 Planta baixa da Mesquita de Bibi Kanum, Samarkand, iniciada em 1399.

Compare esta mesquita com planta baixa modulada com a extrema organização dos fiéis em colunas e fileiras da Figura 7.1 e lembre-se que os muçulmanos são chamados para rezar cinco vezes por dia. O sistema de culto rigoroso dos muçulmanos se reflete no planejamento rígido de suas mesquitas.

7.14b Planta baixa e corte para o sudeste da Mesquita Masjid-i-Shah, Isfahan, 1611–aproximadamente 1630.

A mesquita está implantada na parte mais alta da praça. A entrada fica centralizada em relação às arcadas que definem a praça, mas o eixo gira, para alinhar o templo com Meca. *Madrasas*, ou escolas de teologia e direito, ficam ao lado da mesquita.

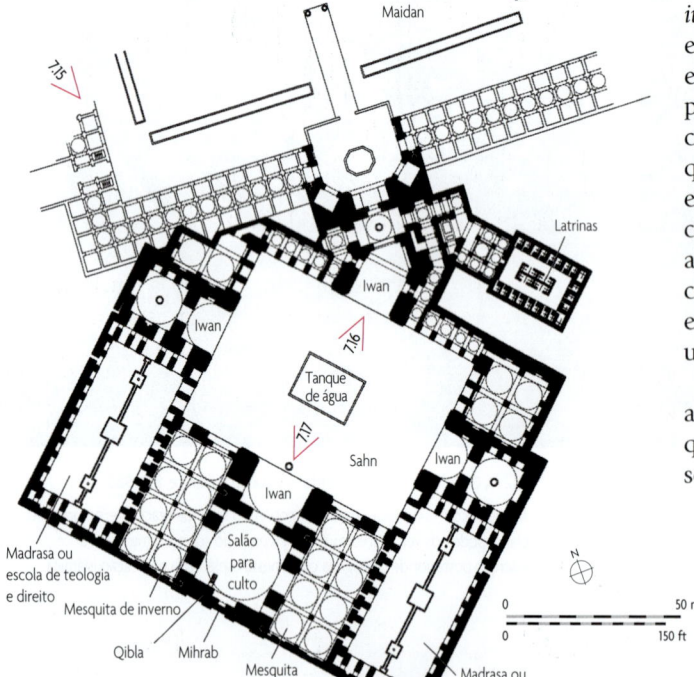

7.14a Planta baixa da mesquita da sexta-feira, Isfahan, séculos VIII–XVII.

Esta mesquita é interessante por seu uso bastante antigo de grandes cúpulas em um salão hipostilo para culto. Em sua forma final, a mesquita assumiu a tipologia com quatro *iwans*, com um grande pátio central bipartido por eixos transversais bem marcados.

As mesquitas com *iwan*

A leste, nos territórios do centro da Ásia que hoje pertencem ao Irã, ao Uzbequistão, à Turcomênia e ao Afeganistão, os projetos de mesquita se desenvolveram a partir de salões hipostilos. A Mesquita de Bibi Khanum, em Samarkand, no Uzbequistão, iniciada em 1399 pelo líder político e militar Timur, que fundou uma dinastia no final do século XIV, apresenta as características básicas da tipologia de mesquita com *iwan* e salões hipostilos. Seu elemento típico – o *iwan* – é um espaço coberto por cúpula ou abóbada, fechado por muros em três de seus lados e aberto no quarto. Em Samarkand, a planta baixa (Figura 7.13) pode ser comparada à de Samarra, com um *sahn* dentro de fileiras de colunas que configuram quatro salões em forma de L, todos fechados por uma parede externa retangular. Aqui, no entanto, um pórtico de entrada, com as bases dos minaretes laterais que desapareceram, se abre para um dos lados menores do *sahn* e os *iwans* aparecem no centro dos outros três espaços. O *iwan* voltado para a entrada e que termina seu eixo é o *iwan* da *qibla*, o qual tem uma cúpula e minaretes extras em seus lados.

A mesquita com *iwan* (pátio central) mais antiga sobre a qual temos informações arqueológicas confiáveis é a mesquita da sexta-feira de Isfahan (Figura 7.14a), iniciada no século VIII e que no fim assumiu uma forma similar àquela

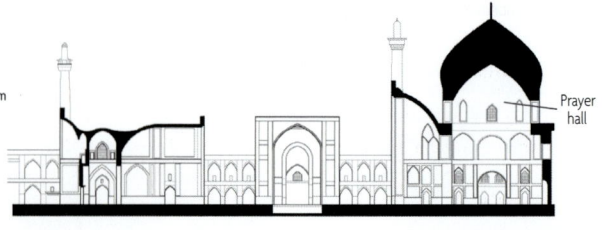

7.15 Mesquita Masjid-i-Shah, Isfahan, 1611–cerca de 1630.

Para estar voltada para Meca, a mesquita gira 45° em relação ao eixo da praça pública (no lado esquerdo da fotografia) criada pelo Xá Abbas.

7.16 *Iwan* da Mesquita Masjid-i-Shah, Isfahan, 1611–cerca de 1630.

As arcadas sobrepostas se desenvolvem em ambos os lados do arco central, que é revestido de azulejos requintados e apresenta uma abóbada de mucarna. No pano de fundo, se vê o *iwan* de entrada que vem da praça pública.

de Samarkand, após ser alterada diversas vezes, até o século XVII. Sua forma original parece ter sido a de um salão hipostilo retangular com cobertura de madeira e um grande *sahn* em seu centro. Em 1086–87, uma câmara com cúpula foi introduzida na extremidade sudoeste da edificação existente, provavelmente para servir como *maqsura*. Sua escala é bastante diferente daquela das cúpulas já vistas nas *maqsuras* das Grandes Mesquitas de Damasco e Córdoba: em vez de cobrir um vão do salão hipostilo, a cúpula sul cobria 30 vãos. Em 1088, uma cúpula levemente menor foi adicionada ao norte, no mesmo eixo. Não sabemos ao certo qual era a função inicial, pois na época de sua construção, ela ficava fora da edificação preexistente, mas ela logo foi incorporada às arcadas.

Posteriormente, a mesquita da sexta-feira de Isfahan foi mais uma vez reformada, para incluir quatro *iwans* implantados no centro de cada lateral do *sahn*. As aberturas com grandes arcos desses *iwans* ofereceram a seus construtores uma oportunidade de treinar suas habilidades com a ornamentação geométrica – incluindo a aplicação de azulejos com tons de azul, turquesa, branco e amarelo – e com a construção de abóbadas de mucarna em forma de estalactites, cujo tratamento ornamental de suas superfícies de paredes curvas, com elementos côncavos com recuos sucessivos, tem o efeito total de imaterializar as paredes, formando facetas que parecem flutuar no espaço. A mesquita também é muito famosa pelos intricados padrões da alvenaria de suas cúpulas.

Durante o reino do Xá Abbas I, o núcleo da Mesquita de Isfahan passou por grandes ampliações, pois um mercado totalmente novo estava sendo construído a uma certa distância da cidade antiga, em volta da mesquita da sexta-feira. A nova construção incluiu uma mesquita para toda a congregação, a Masjid-i-Shah (1611–cerca de 1630), construída de acordo com o projeto de Badi' al-Zaman Tuni e Ali Akbr al-Isfahani (Figuras 7.14b, 7.15–7.17). Sua entrada se dá pas-

vitrificados do pano de fundo, os quais revestem os quatro *iwans* e a grande cúpula do *haram*. Entre os elementos decorativos representados nos azulejos, encontram-se pavões, que refletem o desejo dos construtores de fazer representações artísticas de animais, em vez de restringir os ornamentos a elementos geométricos ou à caligrafia. O salão para culto, que é coroado por uma cúpula, foi ampliado por cômodos em ambos os lados, também cobertos por uma sucessão de pequenos domos, servia como mesquita de inverno e é complementado por duas **madrasas** (escolas de teologia e direito), continuando a longa tradição de incorporar centros de ensino aos locais culto. (O estudo do Direito e da religião são aspectos inseparáveis do ensino superior islâmico.)

O Islamismo chegou à Índia em sucessivas ondas de invasões militares entre os séculos XI e XIII, desafiando as religiões preestabelecidas do Hinduísmo e Budismo com seus credos completamente diferentes. Os templos indianos em forma de caverna, cujos interiores eram utilizados apenas pelos sacerdotes e que eram revestidos por dentro e por fora com intricadas figuras esculpidas, eram totalmente estranhos à ideia islâmica da mesquita com pátios internos acessíveis a todas as pessoas, salões para culto muito espaçosos e proibição estrita da figura humana na representação artística. Assim, os templos hindus e budistas foram substituídos por mesquitas que inicialmente se baseavam em projetos com salões hipostilos. Todavia, a partir da ascensão da Dinastia Mogol (meados do século XVI ao século XVIII), podemos observar o surgimento de um estilo indo-islâmico, em grande parte impulsionado pela chegada de artesãos estrangeiros oriundos da Ásia Central. Alguns desses indivíduos eram descendentes dos trabalhadores indianos que haviam sido escravizados pelo conquistador mongol Timur em 1398. Seu retorno, no século XVI, trouxe para a Índia construtores muito habilidosos já familiarizados com a ar-

7.17 Mesquita Masjid-i-Shah, Entrada do salão para culto, Isfahan, 1611–cerca de 1630.

Esta vista mostra os refinados azulejos azuis e a abóbada de mucarna. Às vezes comparadas a uma colmeia, essas abóbadas celulares são formadas pelo avanço sucessivo das fiadas dos elementos da alvenaria.

sando pelo centro do lado sul do mercado, de modo a configurar um portal monumental para a área pública e se alinhar com o pórtico do **bazaar** (o mercado público) que fica na extremidade oposta da praça, mas a mesquita propriamente dita gira 45° para se alinhar corretamente com a cidade de Meca. A habilidade com a qual os projetistas acomodaram a flexão do eixo é um dos aspectos mais admirados do projeto. Da entrada, podemos ver o *iwan* construído em frente à *qibla*, mas o caminho primeiramente leva a ambas as laterais do *iwan* inicial e depois ao *sahn*, acompanhando com muita elegância a mudança de eixo. Com exceção dos elementos de transição da entrada, a simetria rege todo o projeto. No centro do *sahn*, há um espelho de água que reflete os azulejos

7.18 Planta baixa da mesquita da sexta-feira de Fatehpur Sikri, cerca de 1568–71.

O portal monumental fica no lado sul da mesquita, precedido de uma grande escadaria, enquanto o *haram* localiza-se a oeste.

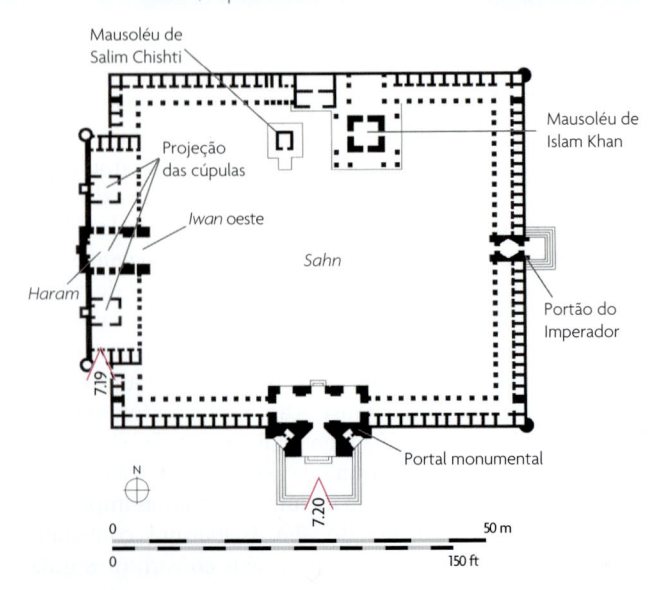

7.19 Mesquita da sexta-feira de Fatehpur Sikri, cerca de 1568–71.
Esta vista mostra os detalhes característicos desenvolvidos pelos arquitetos de Akbar, que fundiram formas típicas do Islamismo (como o arco ogival) com elementos das tradições hindu e budista, já bem consolidados na Índia.

7.20 Mesquita da sexta-feira de Fatehpur Sikri, cerca de 1568–71.
Como a cidade de Akbar foi construída em um platô elevado em relação ao entorno, foi necessário o uso de uma escadaria monumental para a entrada da mesquita pelo lado sul. A escadaria serve como plinto para um impressionante portal com arcos.

quitetura islâmica da Pérsia, e as obras de arte resultantes feitas para os soberanos mogóis estão entre as criações mais espetaculares que podem ser encontradas no mundo islâmico.

Jalil al-Din Akbar, o terceiro imperador mogol, que governou entre 1556 e 1605, foi responsável pela construção de uma capital totalmente nova em Fatehpur Sikri (1569–cerca de 1580), um local abandonado após sua morte e hoje preservado como monumento nacional da Índia. Tudo o que resta são os edifícios monumentais do palácio, mas relatos do século XVI descrevem a cidade como sendo maior do que Londres na mesma época, o que explica, ao menos em parte, a escala monumental empregada em sua mesquita da sexta-feira (cerca de 1568–71) (Figuras 7.18–7.20). Construída com arenito de cor vermelha, a mesquita apresenta um *sahn* imenso, de 95 por 118 metros, acessado pelo sul através de um portal monumental que foi ampliado em 1596. Do palácio, a entrada era pelo Portão do Imperador, colocado em eixo com o *haram* no lado oeste. Por trás do *iwan* oeste, fica a principal cúpula do *haram*, em cujos lados há outras duas cúpulas menores, definindo um padrão que seria frequentemente repetido nas mesquitas indianas. A arquitetura das edificações reflete as formas com arcos e cúpulas usuais no Irã, mas alguns dos detalhes também foram tomados emprestados da arquitetura hindu e budista da própria Índia, uma mescla que confere um caráter muito peculiar às edificações islâmicas do subcontinente. O *sahn* da mesquita apresenta o túmulo de mármore com detalhes refinados de Salim Chishti (falecido em 1572), figura sagrada que havia previsto que Akbar, que ainda não tinha sucessores, teria três filhos. Fatehpur Sikri foi construída para celebrar o nascimento, em 1569, de Jahangir, filho de Akbar, e o eixo leste-oeste que cruza a mesquita da sexta-feira se alinha com a capela de Chishti, já existente no local.

As mesquitas com cúpulas múltiplas

Na região asiática da Turquia, Anatólia, a difusão do Islamismo se deu à custa do Império Bizantino, que foi perdendo tamanho aos poucos até a queda de Bizâncio em 1453, fato que assinalou o término de uma civilização de mais de mil anos. Os vencedores foram os turcos otomanos, liderados pelo Sultão Mehmet II, que então completou a conquista islâmica dos Bálcãs. Santa Sofia, a igreja mais impressionante a leste do Mar Mediterrâneo, foi convertida na mesquita da congregação da cidade e posteriormente foram adicionados seus minaretes. Os arquitetos otomanos, que já tinham experiência com a construção de cúpulas apoiadas em volumes cúbicos, receberam uma nova fonte de inspiração com as fantásticas igrejas bizantinas da cidade, que passaram a lhes servir de modelos e,

7.21 Mesquita de Shezade, Istambul, 1545–48.

Esta edificação, a primeira grande mesquita de Sinan, é notável por sua geometria de quadrados claramente articulados. Um dos quadrados compreende o *sahn*, enquanto o segundo define o *haram* coberto por cúpula. Os minaretes se erguem nas quinas onde os quadrados se tocam.

7.22 Corte longitudinal e planta baixa da Mesquita de Shezade, Istambul, 1545–48.

Estes desenhos mostram como Sinan tomou emprestado o tema da cúpula central com semicúpulas de Santa Sofia e o adaptou a um projeto completamente centralizado. A planta baixa do *sahn* corresponde ao quadrado murado do *haram*.

nos séculos seguintes, construíram uma série de mesquitas com estruturas e detalhes de arquitetura que estão entre as melhores edificações produzidas pelos otomanos.

Entre essas edificações magníficas, estão as obras de Koca Sinan (cerca de 1490–1588), um engenheiro e arquiteto extraordinário que já foi comparado a um de seus contemporâneos, o italiano Michelangelo. Sinan nasceu em uma família de agricultores que não eram muçulmanos e ainda jovem foi recrutado para servir ao governo, sendo treinado no corpo dos Janissários, uma infantaria de elite do exército otomano composta de não muçulmanos raptados quando crianças e forçados a se converterem ao Islamismo. Após participar de campanhas militares na Áustria, Grécia e Mesopotâmia, ele serviu como arquiteto da corte de Istambul por 50 anos, período no qual projetou e supervisionou a execução de um grande número de construções, incluindo sistemas hidráulicos, pontes, fortificações e edifícios. A carreira de Sinan coincidiu com o reinado de sultões generosos e, sem dúvida, ele teve a sorte de ter o enorme exército otomano de artesãos e trabalhadores qualificados a seu dispor. Sem patronos liberais que pudessem financiar suas obras e assistentes capazes para executá-las, seus grandes projetos jamais teriam sido construídos, não importa o quanto magníficos fossem.

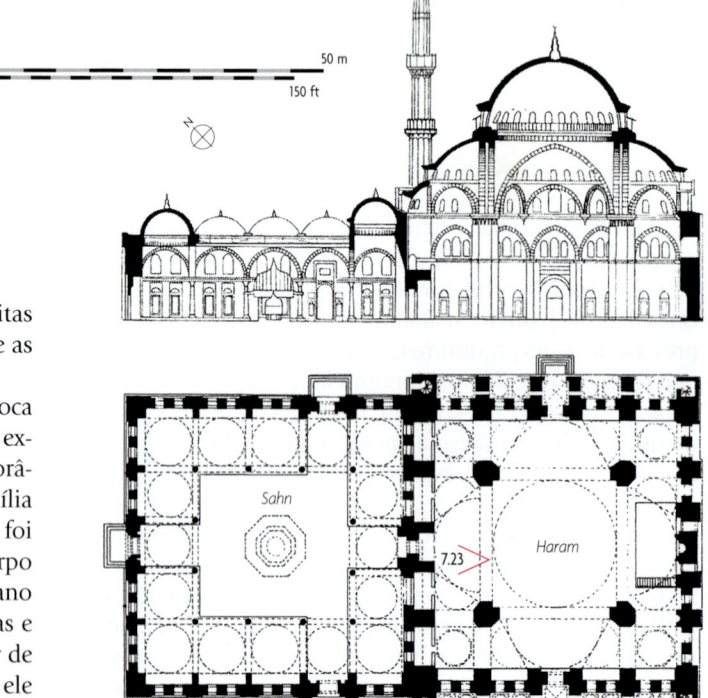

O primeiro grande encargo de Sinan como arquiteto em Istambul foi o complexo da mesquita de Shezade (1545–48),

7.23 Interior da Mesquita de Shezade, Istambul, 1545–48.
Esta vista mostra os pilares que sustentam a grande cúpula e as semicúpulas laterais.

encomendado pelo Sultão Solimão em memória de seu filho, falecido ainda jovem. Construída no local da Igreja dos Santos Apóstolos, de Justiniano, a mesquita é composta de dois quadrados conectados (Figuras 7.21–7.23). Um dos quadrados contém o *sahn*, que tem uma fonte central e é circundado por vãos cobertos com cúpulas, as quais estão por trás das arcadas. O segundo quadrado é o *haram* fechado, onde a cúpula central é complementada por quatro semicúpulas, uma em cada lado, e pequenas cúpulas e semicúpulas preenchem os espaços remanescentes. A elegante simetria da planta baixa é acompanhada pelos volumes equilibrados do espaço interno e da volumetria do prédio, a qual é pontuada por um par de minaretes nas quinas onde os dois quadrados se tocam. Sinan trabalhou os grandes pilares e os contrafortes necessários de modo a minimizar o volume aparente das alvenarias. Como resultado, as aberturas de janela são maiores e a volumetria do conjunto forma uma composição harmônica com camadas sucessivas de cúpulas e semicúpulas. Associados à mesquita, há o túmulo de Shezade Mehmet, uma *madrasa*, um lar para enfermos, uma escola e um **caravançará** (acomodação e mercado para mercadores estrangeiros que vendiam a preço de atacado), nos lembrando que mesmo em uma ci-

dade já bastante consolidada, as mesquitas ofereciam espaços para funções tanto civis quanto religiosas. A prática otomana era construir edifícios separados para cada fim particular.

A mesma qualidade encontramos na famosa mesquita de Solimão, o Magnífico (1550–57), que apresenta um vasto conjunto, ou **Külliye**, contendo a mesquita e o cemitério ao centro, quatro *madrasas*, uma escola de ensino fundamental, uma escola de medicina, um caravançará, um hospital, um refeitório comunitário para os pobres, um albergue, banhos públicos e até mesmo uma casa para Sinan (Figuras 7.24–7.25). O complexo foi construído no terreno íngreme de uma colina, voltado para o Corno de Ouro (o porto de Istambul), e Sinan o implantou de modo a tirar partido das vistas espetaculares do local, o que exigiu um leiaute assimétrico. A mesquita domina o conjunto de prédios e é marcada por quatro minaretes esbeltos. Sua planta é familiar: um *sahn* com arcadas, um *haram* com cúpula e um cemitério murado organizado a partir de um eixo linear. O *haram* é uma variante daquele de Santa Sofia e tem uma cúpula central com duas semicúpulas, mas aqui as naves laterais, também cobertas por cúpulas, são configuradas de modo a permitir que a edificação inteira se insira em um

7.24 Mesquita de Solimão, o Magnífico, Istambul, 1550–57.

Construída como o centro de um grande complexo de escolas, lojas e equipamentos comunitários, esta mesquita gigantesca tem seu volume equilibrado pelo contraponto vertical de quatro minaretes esbeltos.

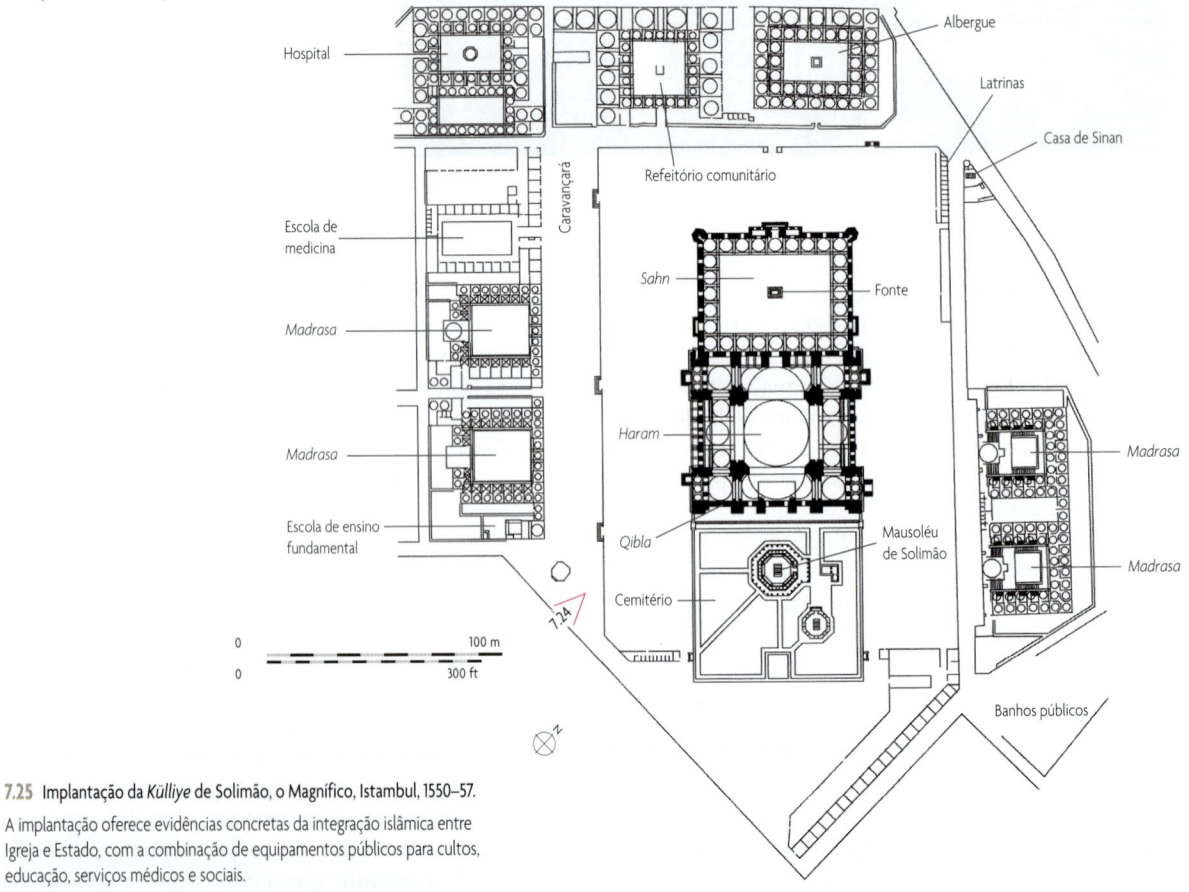

7.25 Implantação da *Külliye* de Solimão, o Magnífico, Istambul, 1550–57.

A implantação oferece evidências concretas da integração islâmica entre Igreja e Estado, com a combinação de equipamentos públicos para cultos, educação, serviços médicos e sociais.

7.26 Mesquita de Selimiye, Erdine, 1568–75.

Geralmente considerada a obra-prima de Sinan, esta mesquita é, em essência, formada por uma enorme cúpula sustentada por oito grandes pilares e contraventada por contrafortes externos. Os minaretes são excepcionalmente altos e contêm escadas de caracol internas de considerável complexidade geométrica.

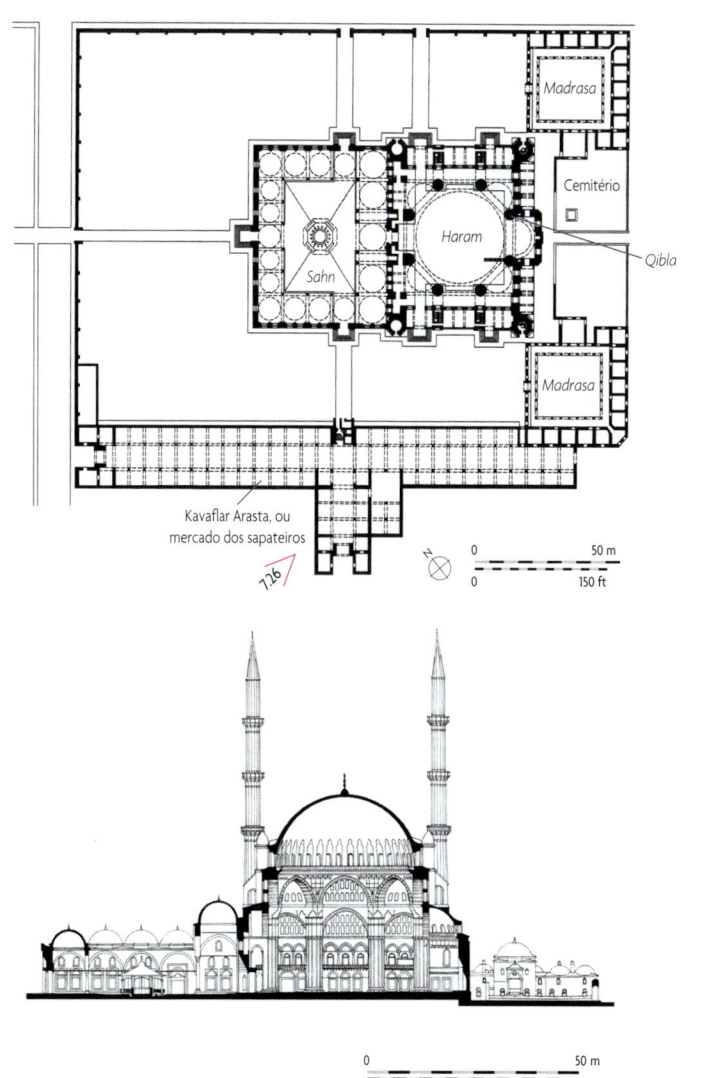

7.27 Planta baixa e corte da Mesquita de Selimiye, Erdine, 1568–75.

Nesta mesquita, Sinan tentou igualar a cúpula de Santa Sofia e superou-a em termos de integração do espaço interno.

quadrado. O interior funciona como um único espaço, com naves laterais e central disponíveis para orações. (Não há galeria no segundo nível, como aquela existente em Santa Sofia.) O conjunto apresenta uma articulação mais consistente tanto no interior quanto no exterior daquela que vemos na famosa igreja bizantina. Contrafortes, arcos, abóbadas e cúpulas trabalham juntos estrutural e visualmente para criar uma composição de arquitetura muito satisfatória. O mausoléu octogonal de Solimão (que faleceu em 1566), colocado no centro do cemitério, atrás da parede *qibla*, tem planta baixa inspirada na Cúpula da Rocha, embora isso não fique evidente no tratamento externo.

A última grande obra de Sinan foi a Mesquita de Selimiye, em Edirne, construída em 1568–75 para Selim II, sucessor de Solimão (Figuras 7.26–7.27). O complexo contém as *madrasas* usuais e prédios comerciais (cujas receitas ajudavam a pagar os custos correntes da mesquita e seus equipamentos associados de ensino e caridade), mas é o *haram* cupulado que merece atenção particular. Sinan se orgulhava de ter construído uma cúpula mais larga e mais alta do que a de Santa Sofia, o que não é verdade, mas seu método de conceber o espaço é superior àquele da igreja bizantina. Não há semicúpulas. A cúpula se apoia diretamente em oito pilares, dos quais seis são soltos e dois estão adossados à parede *qibla*. Os arcos que conectam esses pilares sustentam a cúpula, a qual se eleva sobre fileiras de janelas criadas na parede externa. Os contrafortes necessários para travar o empuxo lateral da cúpula estão conectados às paredes e são mais visíveis do exterior. Além da ousadia da cúpula, também são de admirar os quatro finos minaretes que marcam as quinas do *haram*. Com nada menos de 70 metros de altura, esses minaretes são estriados, o que acentua ainda mais sua verticalidade. Dentro de dois minaretes há escadas independentes que levam a cada uma de suas três sacadas, um exercício complexo de geometria em espiral e um desafio estrutural que enchiam Sinan de orgulho.

7.29 Corte e planta baixa do Mausoléu de Ismail, o Samânida, Bukhara, cerca de 900.

Observe como as quinas reentrantes são preenchidas por colunas que decoram as fachadas do prédio. As aberturas com arco nas fachadas são chanfradas, alargando os arcos à medida que eles se projetam para fora. Este recurso foi frequentemente empregado nas igrejas medievais da Europa.

Projeção das trompas da abóbada

7.28 Mausoléu de Ismail, o Samânida, Bukhara, cerca de 900.

Em locais onde predomina o sol forte e constante, arquitetos de várias culturas tiram partido das sombras projetadas. Aqui as superfícies de parede lisas desapareceram em favor de elementos de alvenaria que se projetam ou recuam, criando um rico padrão de luz e sombra.

TÚMULOS

Uma mesquita muitas vezes incluía o túmulo de seu fundador ou de um santo. Sepulcros monumentais independentes (mausoléus), geralmente cupulados, também se tornaram populares no século X. O Mausoléu de Ismail, o Samânida, em Bukhara, no Uzbequistão, remonta a aproximadamente 900, embora talvez seja mais antigo. Um volume quase cúbico com colunas adossadas nas suas quatro quinas configura um único recinto com cúpula apoiado em quatro trompas, em torno do qual há um deambulatório elevado (Figuras 7.28–7.29). O que mais chama a atenção é sua alvenaria de tijolo extremamente texturizada, que cria fortes padrões geométricos nos quais contrastam cheios e vazios.

Retornando a Samarkand, o local da Mesquita de Bibi Khanum discutida anteriormente, encontramos o Gur-i-Amir, construído para ser o local de repouso eterno do neto de Timur, que morreu em batalha. Ele consiste de um espaço interno com planta baixa em cruz grega; seus quatro braços são coroados por **abóbadas de mucarna** dentro de um volume octogonal sobre o qual há um tambor cilíndrico apoiado em trompas e uma alta cúpula bulbosa (Figura 7.30). A ornamentação do interior é luxuosíssima, incluindo painéis de alabastro, jaspe e até papel dobrado e pintado.

A ideia do mausoléu com câmara cupulada chegou na Índia com a construção do túmulo de Jalil al-Din Akbar, em Delhi. O mais famoso desse tipo de sepultura é o Taj Mahal, em Agra (1631–47) (Figuras 7.31–7.32). Seu construtor foi o filho de Jahangir, Xá Jahan, que reinou entre 1628 e 1658 e é recordado como um prolífico patrono das construções mogóis. Assistido por uma equipe de arquitetos muito bem preparada e vinculada à sua corte, o Xá Jahan promoveu um

7.30 Gur-i-Amir, Samarkand, início do século XV.

A cúpula bulbosa, uma cúpula que se alarga sobre o tambor antes de reduzir em diâmetro, é um elemento muçulmano típico e tem perfil similar ao arco mourisco mostrado na figura 7.9.

7.31 Taj Mahal, Agra, 1631–47.

Este mausoléu é uma das edificações mais famosas do mundo. Sua serenidade deriva em parte da extrema elegância e da implantação em uma paisagem totalmente projetada, com plantas, espelhos de água e pisos secos.

estilo que incluía a ênfase na simetria bilateral e o uso de arcos mouriscos e mármore branco ou estuque em vez de arenito vermelho nos revestimentos externos.

Devido ao seu enorme tamanho, sua elegante volumetria, o refinamento de seus detalhes e ornamentos e sua serenidade geral, o Taj Mahal é, sem dúvida, uma das edificações mais famosas do Islamismo e mesmo do mundo. Construído para ser um mausoléu para a amada esposa do Xá Jahan, Mumtaz Mahal, ele foi projetado por três arquitetos – Ahmad Lahawri, com o auxílio de 'Abd al-Karim Ma'mur Khan e Makramat Khan – todos assistidos por artesões da Pérsia, Ásia Central e Índia. O terreno fica junto ao rio Jumna, que está a norte, e o túmulo está ao seu lado, em vez de estar no centro do leiaute, como ocorre com o túmulo de Humayun. A entrada é pelo sul, através de um portal principal no eixo do túmulo. Entre os dois se encontra um jardim quadrado com canais que o subdividem em quadrantes. Originariamente havia árvores floridas, ciprestes e plantas com flores, como símbolos de renascimento e imortalidade. O mausoléu em si é simétrico e coroado com uma grande cúpula bulbosa apoiada sobre um tambor e ornamentado, nas quinas, por pequenos pavilhões octogonais com abóbadas em arco de claustro. O exterior é revestido de placas de mármore extremamente polido, fazendo com que o prédio pareça cintilar sob o sol. O prédio total se eleva sobre uma plataforma quadrada, cujas quinas são marcadas por minaretes. Ao lado do mausoléu, há blocos simétricos de arenito vermelho; a oeste, uma mesquita; e, a leste, uma casa para hóspedes, cujas cores contrastam propositalmente com o brilhante mármore de cor branca. Ressaltado pelo primeiro plano de seus jardins exuberantes e espelhos de água, o Taj Mahal parece etéreo; suas proporções e seus detalhes são extremamente graciosos, tornando eterna a bela lembrança da mulher cuja morte repentina motivou sua construção.

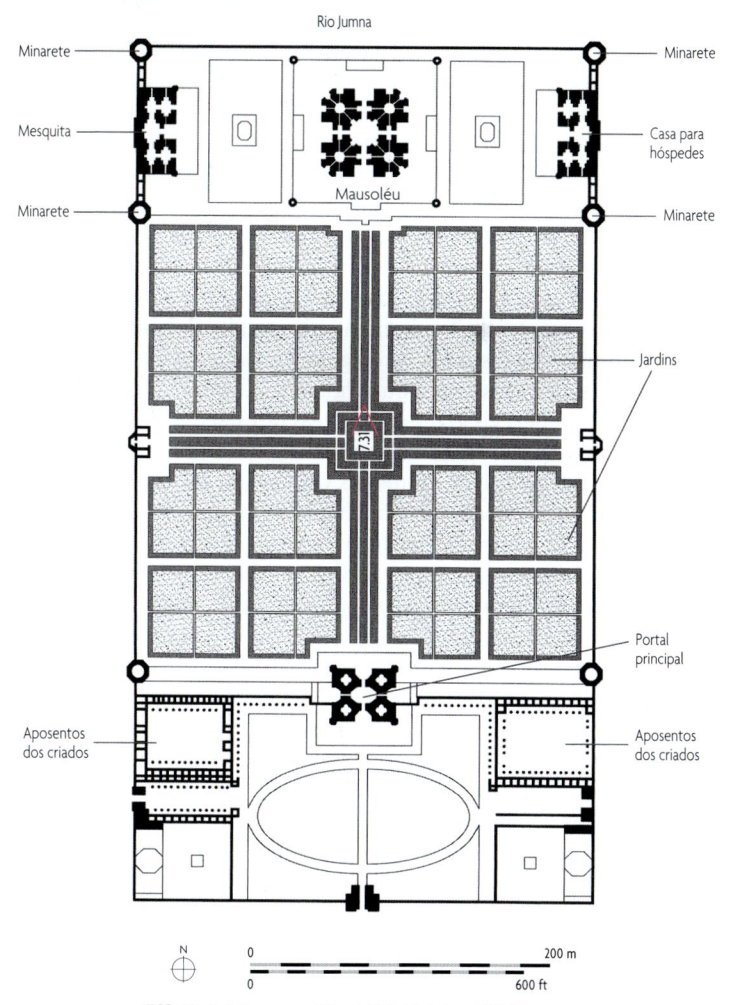

7.32 Planta baixa esquemática do Taj Mahal, Agra, 1631–47.

Neste esquema ortogonal, o mausoléu (no alto) está implantado em uma grande paisagem de jardins quadrados divididos em quadrantes por cursos de água, criando uma hierarquia de eixos que fazem uma alusão ao jardim do paraíso.

CASAS E PADRÕES URBANOS

Em uma área geográfica tão ampla como a do mundo islâmico, é evidente que há uma diversidade considerável nos climas, nas tipologias tradicionais de moradias e nos materiais de construção, o que torna impossível propor uma única definição da casa islâmica. Contudo, com base no Corão e em seus textos relacionados que registram as tradições e leis islâmicas, desenvolveram-se certos princípios organizadores da vida privada e pública que também regularam as formas de moradia e o planejamento urbano. O Islã reconhece o direito fundamental à privacidade de uma família em seu próprio lar, assim, em muitos locais as casas não apresentam adornos nas paredes externas voltadas para a rua. Em climas quentes e secos, as casas geralmente são projetadas em torno de pátios internos, os quais, além de preservar a privacidade, criam microclimas mais agradáveis para seus usuários (Figura 3.33). As portas das casas nos lados opostos de uma rua devem ser localizadas de modo que, quando abertas, não se possa olhar de uma habitação para dentro da outra, e as janelas do pavimento térreo são posicionadas suficientemente altas para que os transeuntes também não interfiram na privacidade dos moradores. As janelas dos pavimentos superiores às vezes são maiores, mas também não podem ser distribuídas de modo a permitir a visão de pátios internos ou de terraços de outras casas. Essas janelas de pavimentos superiores às vezes se projetam bastante em relação ao plano da parede e muitas vezes são dotadas de intrincados elementos vazados – as gelosias –, para restringir a visão dos que estão na rua. Dentro do lar, mulheres e crianças ficam segregadas de homens e visitantes, assim, a área de estar da família – o *haram* – (observe que a mesma palavra descreve um salão para culto de uma mesquita; ambos são espaços "protegidos") fica separada das áreas criadas para a visita de outros homens. A entrada da casa também impede a visão direta das áreas de estar. Em vários locais das casas, a segregação e a privacidade são preservadas com o uso desses típicos elementos vazados ou gelosias, os quais admitem luz e ar, mas também permitem que os moradores possam observar sem serem vistos.

O Islã tem uma longa tradição urbana, e alguns aspectos dos ensinamentos do Profeta foram aplicados aos problemas impostos pela proteção dos direitos necessária à vida em comunidades maiores. A sociedade islâmica pré-moderna não fazia distinções entre as esferas sagrada e secular. Em muitos assentamentos urbanos tradicionais do norte da África ao Oriente Médio, os equipamentos urbanos mais importantes eram uma mesquita da sexta-feira suficientemente grande para atender a comunidade principal e as vilas dos subúrbios, o palácio do governador do território e um *bazaar* ou mercado público com bancas cobertas, que atendia tanto a cidade quanto o campo do entorno. A mesquita da sexta-

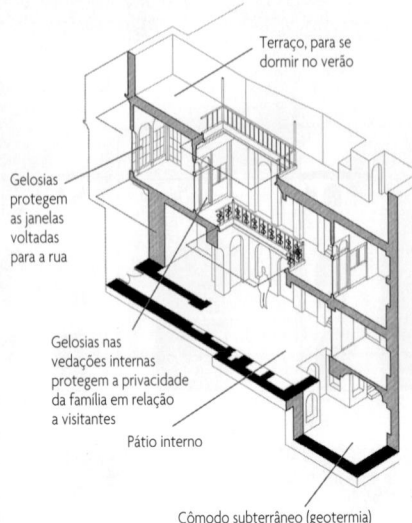

7.33 Corte perspectivado de uma casa tradicional, Bagdá.

Esta casa apresenta muitas características das moradias urbanas islâmicas de locais com clima seco e quente. Abaixo do nível do pátio interno, há um cômodo subterrâneo que usa a geotermia para refrescar a casa com ar frio, durante o dia. O terraço protegido por muros altos é usado para se dormir nas noites muito quentes. As janelas com gelosia dos pavimentos superiores podem ser abertas para a circulação do ar, sem pôr em risco a privacidade dos moradores.

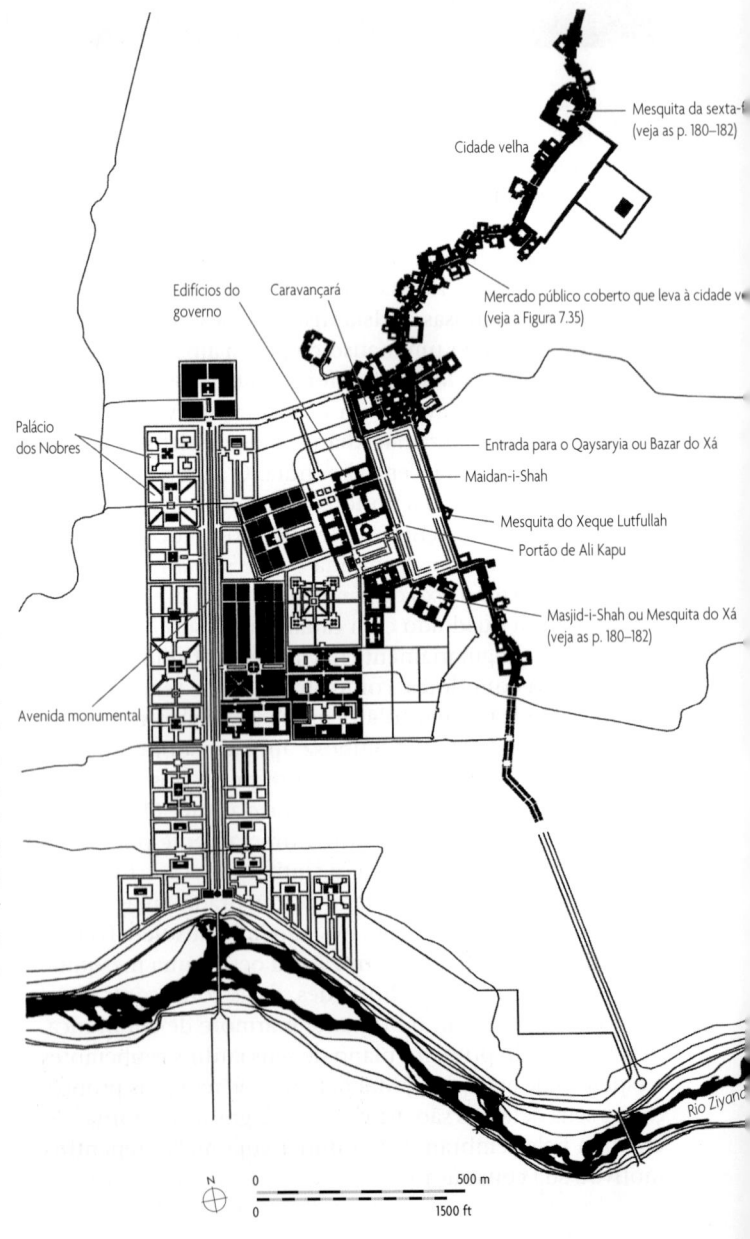

7.34 Planta da Maidan-i-Shah (praça pública) e áreas contíguas, Isfahan, 1590–1602.

O Xá Abbas criou um ambicioso centro para a cidade em torno da Maidan-i-Shah, uma praça com 80 hectares. A Masjid-i-Shah (a Mesquita do Xá) foi construída na extremidade sul, para atrair os fiéis que usavam a mesquita da sexta-feira, mais antiga.

7.35 Vista do mercado público de Isfahan.

O *bazaar* – mercado público árabe – é composto por uma rua que conecta as grandes bancas dos mercadores e as pequenas lojas, as quais são intercaladas por banhos públicos, oficinas e escolas de teologia e direito. As abóbadas oferecem proteção contra o sol intenso, enquanto as claraboias admitem a luz do sol e o ar fresco necessários.

-feira e o mercado eram inseparáveis. As bancas do mercado eram agrupadas segundo a profissão de seu dono ou o tipo de mercadoria oferecida e aquelas bancas com *status* superior (perfumes ou livros, por exemplo) ficavam mais próximas da entrada da mesquita, enquanto os ofícios que causavam ruído ou odores nocivos (trabalho em couro ou em cobre, por exemplo) eram implantados o mais longe possível. Espalhados nas áreas públicas, havia fontes, cafés, caravançarás (atacados), banhos públicos e *madrasas* (escolas de teologia e direito). Toda essa área pública era de domínio masculino e sua planta costumava ser irregular, pois era construída com o passar dos anos. Os bairros ou as zonas residenciais da cidade surgiam como agrupamentos homogêneos de famílias unidas pela mesma profissão, religião ou etnia. Em certos períodos históricos, muitas áreas residenciais tiveram um portal ou portão que podia ser usado para o isolamento da área, quando desejado. Dentro de um bairro, as famílias compartilhavam uma mesquita, fontes, banhos públicos, fornos comunitários e lojas. Essa organização peculiar das zonas residenciais ajuda a entender por que a malha urbana de cidades como Túnis e Isfahan apresenta poucas grandes avenidas, nas quais se localizam os principais espaços públicos e mercados, um número também limitado de ruas secundárias e centenas de *cul-de-sacs*, nos quais se encontra a maioria das casas. Quando comparado com um leiaute em grelha, mais comum nas cidades europeias, esse padrão viário parece um labirinto com muitos becos.

A cidade iraniana de Isfahan talvez seja o melhor exemplo da aplicação dos princípios islâmicos de planejamento urbano, embora devamos antes de tudo admitir que seu bairro real e o setor implantado pelo Xá Abbas I (1587–1629) não são bons exemplos do crescimento por adição típico do urbanismo islâmico tradicional (Figura 7.34). Na parte antiga da cidade, que fica em volta da mesquita da sexta-feira, podemos observar a rede tradicional de ruas e *cul-de-sacs*. A rota de comércio histórica que se estende para o sul em direção ao rio Ziyanda se transformou em um mercado coberto linear (Figura 7.35) com pequenas lojas e bancas que serpenteiam em frente às inúmeras entradas e aos demais equipamentos urbanos: caravançarás, *madrasas*, mesquitas, banhos públicos, fontes e oficinas de artesões. O Xá Abbas, decidido à glória máxima de sua nova capital, reconfigurou a praça pública existente logo após a parte antiga da cidade e a definiu como uma praça formal retangular, a Maidan-i-Shah, a qual é ladeada por lojas e pontuada por grandes monumentos: duas mesquitas, o Portão de Ali Kapu (o pórtico imperial, que servia como púlpito real) e a entrada para o Qaysariya, o mercado do xá. O centro do espaço público geralmente ficava disponível para pequenos vendedores ambulantes, mas também podia ser desocupado e usado para eventos militares ou de atletismo; as arcadas com dois pavimentos que o circundam oferecem bons locais para observação.

As contribuições do xá a este grande projeto urbano incluíram a construção de um conjunto de edifícios governamentais no lado oeste da praça, depois do portão de Kapu. Bem em frente ao portão ficava a imponente entrada da pequena mesquita do Xeque Lutfullah (1602), cujo eixo foi deslocado em relação ao *haram* da praça, para que os fiéis pudessem estar voltados para Meca. A Masjid-i-Shan, ou Mesquita do Xá (veja as páginas 180–182), ocupa a extremidade menor da praça, ao sul, em frente à imponente entrada do Mercado do Xá, no lado norte. Esse espaço de concepção formal surpreende, quando saímos do centro da cidade, mais orgânico, mas seu leiaute não descaracteriza a cidade, pois apresenta em grande escala elementos que surgiram com o passar do tempo em muitas das edificações mais antigas, inclusive na mesquita da sexta-feira: espaços com simetria biaxial e articulação uniforme no perímetro, seja com arcadas ou colunatas. A ambição do Xá Abba era conectar a Maidan-i-Shah, por meio de uma imponente nova avenida de palácios da nobreza, ao rio e a uma nova ponte, dando acesso aos jardins e ao importante assentamento comercial armênio que ficava mais além, mas nem todo seu programa se consolidou.

O PALÁCIO E O JARDIM

Alguns dos conceitos formais que caracterizaram o planejamento de Isfahan também são encontrados no palácio-fortaleza da Alhambra, uma cidadela real construída na parte alta da cidade de Granada, na Espanha (Figura 7.36). Construída nos séculos XIII e XIV, a Alhambra foi obra da Dinastia Nasrid, que governou os territórios islâmicos enfraquecidos do sul da Espanha até a expulsão dos mouros, em 1492, por Fernando e Isabela, os monarcas que financiaram a expedição de Colombo às Índias, no mesmo ano. Algumas partes da Alhambra hoje se encontram em ruínas; o centro de seu terreno, no cume do morro do qual se descortina a cidade, foi invadido pelo palácio posterior de Carlos V. Sua muralha de tijolo vermelho é ornada por torres coroadas com ameias. O conjunto originariamente incluía toda uma cidadela vinculada à corte, incluindo habitações comuns, oficinas de artesãos, a casa da moeda real, diversas mesquitas, banhos públicos e uma guarnição militar, além de sete palácios. Os estudos arqueológicos nas edificações remanescentes continuam, e os historiadores tentam entender a história da construção do local.

Entre as edificações palacianas ainda existentes, as duas mais impressionantes são agrupadas em torno de pátios internos retangulares: um deles é conhecido como Patio de los Arrayanes (Pátio dos Mirtos), que dava acesso ao Salão dos Embaixadores; e o outro é o Patio de los Leones (Pátio dos Leões), assim chamado em função de sua fonte central. O Pátio dos Mirtos tem um espelho de água retangular no centro que é alimentado por fontes com bacias que jorram suavemente em extremidades opostas (Figura 7.37). Nos lados menores há galerias com arcada, e as fileiras de mirtos ficam ao longo dos lados maiores do pátio, paralelas ao espelho de água, que as reflete suavemente. Na extremidade norte fica a Torre de Comares, que contém o Salão dos Embaixadores, de planta baixa quadrada, com 11 metros de lado e 18,3 metros de pé-direito (Figura 7.38). Este recinto era a sala do trono do sultão, e seu teto em cúpula, composto de mais de oito mil peças de madeira, replica o efeito de milhares de estrelas nos sete níveis do paraíso descritos pela teologia islâmica.

O Pátio dos Leões (Figura 7.39) inclui arcadas que se apoiam em colunas esbeltas e é dividido em quatro partes por espelhos de água rasos alimentados pela Fonte dos Leões, que fica no centro. Assim como no túmulo de Humayun e no Taj Mahal, acredita-se que esse leiaute simbolize a visão do paraíso dada pelo Corão – um jardim regado por quatro rios dos quais jorram água, vinho, mel e leite – e que o pátio originalmente fosse ajardinado. Os pavilhões quadrados dos lados menores do pátio se projetam em relação a ele e têm colunas agrupadas formando arcadas com intricados entalhes. A idade e a origem dos 12 leões da fonte são temas de muita controvérsia entre os estudiosos, uma vez que representações figurativas de animais não costumam ser aceitas na arte islâmica. A bacia é, sem dúvida, islâmica, como comprova sua inscrição do século XIV, mas seu estilo não combina com o dos leões. Especula-se que os leões sejam oriundos de um palácio judeu que havia no topo da coluna, onde réplicas dos animais sustentassem

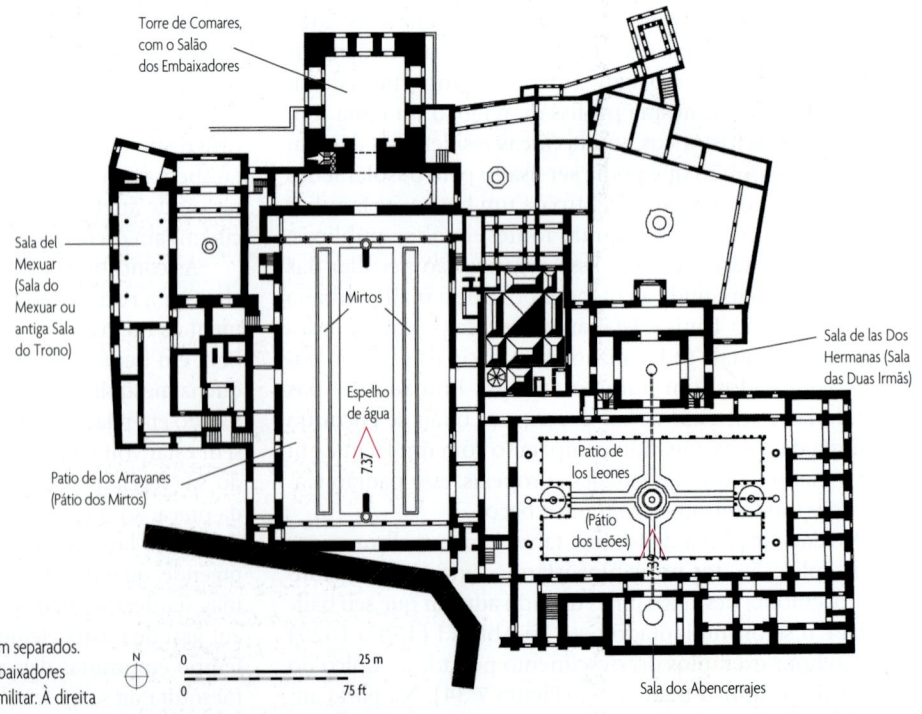

7.36 Planta da Alhambra, Granada, séculos XIII e XIV.
Esta planta mostra dois palácios que originariamente eram separados. No centro vemos o Pátio dos Mirtos e seu Salão dos Embaixadores associado, construído sobre as fundações de uma torre militar. À direita está o Pátio dos Leões.

7.37 Pátio dos Mirtos, Alhambra, Granada, séculos XIII e XIV.

Esta vista mostra o espelho de água e a Torre de Comares ao fundo. A delicadeza e a graça da arquitetura islâmica tardia na Espanha ficam evidentes na arcada.

7.38 Teto e parte superior da parede, Salão dos Embaixadores, Alhambra, Granada, séculos XIII e XIV.

Milhares de pequenos pedaços de madeira estão suspensos nos caibros do telhado, transformando este teto nos sete níveis do paraíso descrito no Corão, em torno da pequena cúpula ao centro que representa o trono celestial. As gelosias das janelas filtram a luz do sol.

7.39 Pátio dos Leões, Alhambra, Granada, séculos XIII e XIV.

Esta vista mostra a fonte central e os canais de água que dividem o pátio em quatro quadrantes. Ao fundo está a cobertura da Sala das Duas Irmãs.

7.40 Sala das Duas Irmãs, Alhambra, Granada, séculos XIII e XIV.

A fascinação muçulmana por rendilhados assume sua forma tridimensional em abóbadas de mucarna como esta. Embora muito mais elaborada do que os produtos de civilizações como a Micênica (veja as Figuras 2.8 e 2.9), a abóbada na Sala das Duas Irmãs ainda se baseia no sistema estrutural bastante primitivo dos falsos arcos e das falsas cúpulas.

a grande bacia de bronze encontrada no pátio interno do Templo de Salomão. Abrindo-se para as laterais maiores do pátio, há duas câmaras que são verdadeiras joias das abóbadas ornamentais. Ao sul, a Sala dos Abencerrajes é coberta por uma abóbada de mucarna espetacular, com a forma de uma estrela de oito pontas. A sala norte, Sala de las Dos Hermanas (Sala das Duas Irmãs), tem um tambor octogonal sustentando o que parece ser uma abóbada de mucarna mas que, na verdade, é uma cobertura com tesouras de madeira (Figura 7.40).

Em contraste com seus exteriores simples, os interiores da Alhambra são enriquecidos por uma profusão de detalhes de decoração que cobrem todas as superfícies, conferindo-lhes o esplendor, a extrema leveza e o aspecto etéreo de um mundo de sonhos. Mármores, azulejos cerâmicos coloridos e gelosias de estuque ou madeira esculpidas e douradas criam padrões dinâmicos de luz e sombra com as luzes refletidas pela água, pelas superfícies polidas e pelas paredes e tetos perfurados. Padrões e texturas abundam tanto em arabescos geométricos como em formas orgânicas estilizadas e são decorados com inscrições em árabe; os arcos são ogivais e mouriscos; as janelas têm refinadas gelosias; os tetos apresentam estalactites de madeira ou estuque talhado. Por trás dos ornamentos espetaculares, a construção à base de alvenaria de pedregulho não é da melhor qualidade – o que se buscava era o esplendor, não uma obra de grande solidez. Não obstante, e mesmo sem o mobiliário interno e os jardins originais dos pátios, a suntuosidade da Alhambra ainda hoje pode ser apreciada.

Em 1492, quando os mouros foram expulsos da Espanha, muitos aspectos da arquitetura islâmica já haviam sido totalmente incorporados a outras edificações da Europa Ocidental. Durante o Período Medieval, a relação entre os eruditos das tradições islâmica, hebraica e cristã em geral era bastante pacífica, prejudicada principalmente pela intolerância da Igreja Católica contra religiões não cristãs. Esses elementos de arquitetura que haviam se tornado características importantes na Europa Ocidental – a policromia, o arco ogival ou apontado, as cúpulas com nervuras entrelaçadas (originárias dos projetos de mesquitas) e a extrema elegância dos palácios que integravam arquitetura com paisagismo, como a Alhambra – não encontravam equivalentes no norte da Europa.

CONCLUSÕES SOBRE AS IDEIAS DE ARQUITETURA

Ainda que as formas básicas da arquitetura islâmica, incluindo as das mesquitas – a tipologia de edificação enfatizada neste capítulo –, possam parecer incrivelmente exóticas para um leitor ocidental, na verdade, elas são ao mesmo tempo limitadas e extremamente versáteis. Como evidência dessa afirmação, considere os *abambars*, ou cisternas urbanas, encontradas no Irã. Sua função é, evidentemente, apenas armazenar água fresca sob baixa temperatura, embora seu acesso também deva ser fácil, para limpeza regular. No centro do *abambar* fica o reservatório de água, que é coberto por uma cúpula, um elemento típico das mesquitas iranianas. A ventilação desse reservatório é feita por um coletor de vento que lembra um minarete, o qual força a descida do ar para o nível do depósito. A entrada é por meio de uma escada que desce e cruza um pórtico do tipo *iwan*, às vezes dotada de abóbadas de mucarna. Como um todo, o *abambar* pode ser interpretado como uma mesquita com *iwan* que foi desmontada e posteriormente remontada como uma estrutura utilitária. Na verdade, esse uso repetitivo de um repertório de elementos de arquitetura e ornamentação foi um dos temas principais deste capítulo.

Quando os projetistas islâmicos se depararam pela primeira vez com a necessidade de construir edificações religiosas, eles assimilaram e reinterpretaram as edificações de seu entorno, deixadas pelos antigos romanos, sassânidas e outros. A concepção da mesquita derivou da forma da própria casa do profeta Maomé, em Medina. Baseados em seus ensinamentos, eles rapidamente estabeleceram o *sahn* (pátio interno), o *haram* (salão para culto), a *qibla* (parede de orações) e o *mihrab* (nicho de orações) como elementos essenciais. Após um período inicial de experimentação e conforme o local, eles criaram diversas variantes regionais para o projeto de mesquitas. A mesquita com colunas ou salão hipostilo, mais popular na Arábia e no norte da África, inclui numerosas fileiras subsequentes de colunas em torno de um pátio interno, com um salão para culto em uma das extremidades. A mesquita com *iwan*, preferida no Irã e no Extremo Oriente, inclui um pátio interno, que às vezes era fechado em três lados por pórticos colunados com abóbadas ou cúpulas, e um desses pórticos ficava de frente para a entrada. Já as mesquitas cupuladas e com planta baixa centralizada da Turquia começavam com um pátio circundado por vãos com cúpulas e terminavam com um grande espaço para orações, centralizado, coberto por uma cúpula e ladeado por cúpulas menores. Os grandes mausoléus islâmicos também costumavam ter planta baixa centralizada e, às vezes, apresentavam alas com pórticos.

Jardins de lazer, que também serviam para evocar o paraíso descrito pelo Corão, às vezes eram integrados a prédios funerários e a palácios. O exemplo mais magnífico é o da Alhambra, onde os pátios internos ajardinados e com espelhos de água refletem as superfícies de parede extremamente ornamentadas. A ornamentação islâmica em geral é abundante, não apenas nas paredes externas, mas também nas internas e mesmo nos tetos, onde era integrada aos elementos estruturais aparentes. Variando de complexos arranjos de figuras geométricas a arabescos inspirados em plantas à caligrafia angular ou orgânica, esses ornamentos abstratos alcançaram um nível de criatividade e sofisticação que talvez jamais tenha sido superado pelos projetistas ou artesãos de qualquer outro período ou lugar.

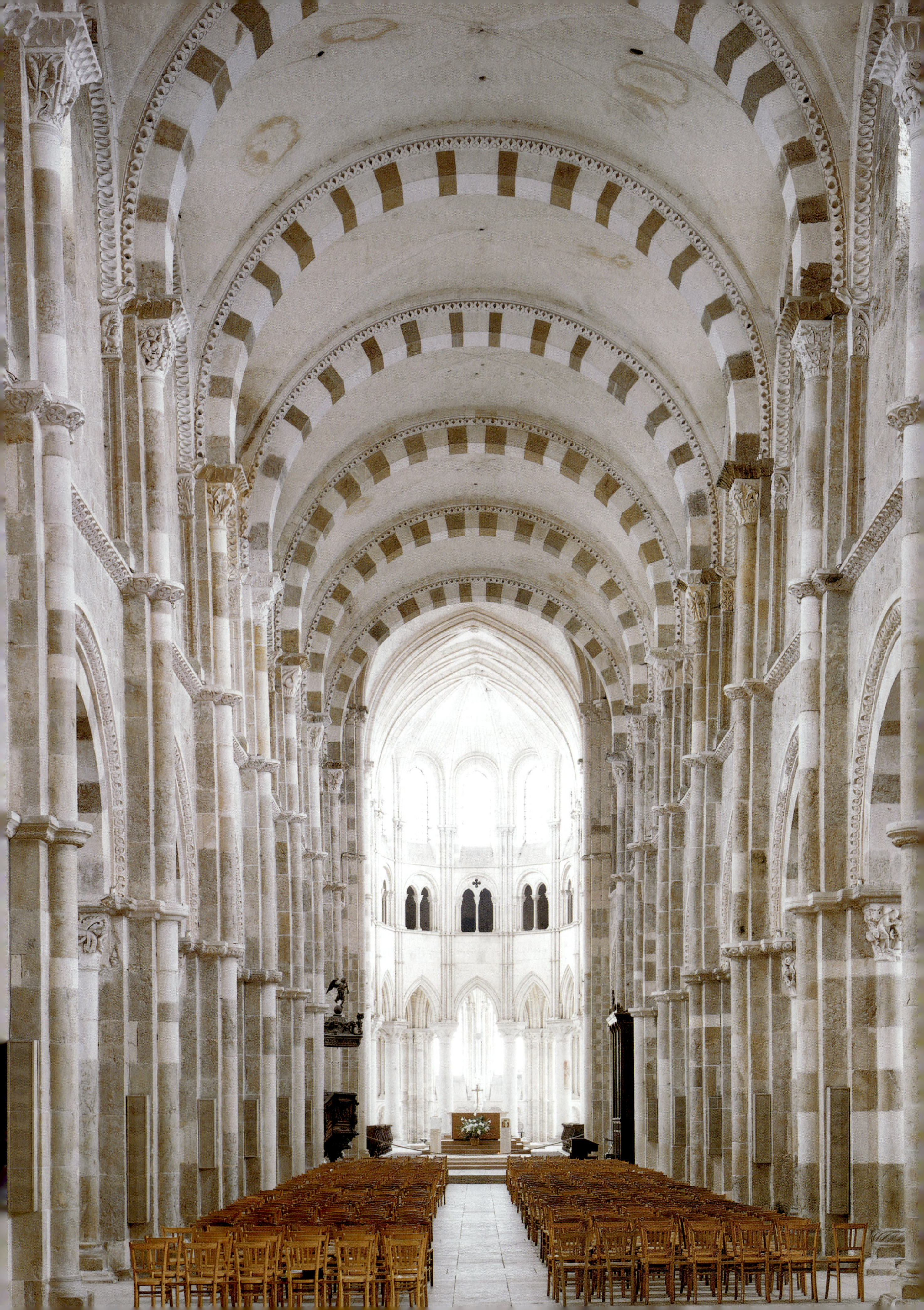

CAPÍTULO 8

A ARQUITETURA MEDIEVAL PRIMITIVA E A ARQUITETURA ROMÂNICA

Enquanto as culturas bizantina e islâmica floresciam no leste europeu e na orla sul do Mediterrâneo, as regiões da Europa Ocidental que no passado constituíram o Império Romano entraram em um período contínuo de declínio. Já nos primeiros séculos da era cristã, os postos avançados do Império vinham sendo repetidamente atacados pelas ondas de povos nômades oriundos da Ásia Central. Estas tribos, chamadas de bárbaros pelos romanos civilizados, finalmente cruzaram as fronteiras estabelecidas por Roma e ocuparam a Cidade Eterna em 476. Muitos topônimos de toda a Europa ainda hoje preservam a memória dessas tribos nômades: os francos se assentaram na futura França; os borgonheses, no centro-leste da França, e os lombardos no norte da Itália, dando seus nomes para a Borgonha e a Lombardia, respectivamente. Os godos e os visigodos se tornaram inesquecíveis no estilo de arquitetura que hoje chamamos de gótico; o comportamento dos vândalos, que assolavam todas as partes e frequentemente levavam à devastação absoluta das áreas invadidas, é lembrado na palavra "vandalismo". No entanto, os nômades gradualmente se assentaram, se converteram ao cristianismo e tentaram dar continuidade às tradições de governo romanas, as quais admiravam profundamente, ainda que carecessem da mesma capacidade como administradores. O período na história da Europa Ocidental que se estende do declínio da autoridade romana até o início do Renascimento (aproximadamente entre 400 e 1400) é conhecido como o Período Medieval ou a Idade Média, pois os historiadores posteriores o viram como uma era intermediária entre a Antiguidade e a Idade Moderna.

A cultura romana se baseava na vida urbana e dependia de um governo centralizado e forte. No caos que se seguiu às invasões bárbaras, a educação básica necessária para se manter tal autoridade governamental, como a alfabetização, praticamente desapareceu. Os assentamentos urbanos e a economia monetária que sustentava o governo de Roma foram substituídos por pequenas unidades agrícolas organizadas por líderes locais, que moravam em habitações fortificadas e controlavam à força as terras do entorno. Os camponeses cultivavam o solo em troca de uma subsistência miserável e da proteção militar oferecidas pelos líderes. Com o passar dos séculos, este arranjo de serviços e proteção mútua formou o sistema feudal, abarcando todos os níveis sociais, do vassalo ao rei, em uma complexa ordem social, política e econômica.

Uma vez que o feudalismo significou a fragmentação geopolítica da Europa, os estilos de arquitetura tinham caráter obrigatoriamente regional ou mesmo local. Essa desunião não correspondeu, no entanto, a um provincianismo da arquitetura em todos os lugares, em parte porque os papas ainda residiam em Roma (exceto em um período do século XIV, quando se transferiram para Avignon, na França) e o papado controlava, ou ao menos influenciava bastante, uma boa parte da Itália central. As comunidades monásticas prosperaram em todas as regiões e muitas vezes se tornaram centros de inovação em arquitetura, assim como em agricultura, educação e religião. De sua capital, Bizâncio – antiga Constantinopla –, a corte bizantina governava um império inconstante que, no oeste, chegava até Ravena, além de exercer uma influência ainda mais ampla mediante alianças políticas e casamentos reais. Para o Islamismo, este foi um período de grande expansão geográfica e suas influências culturais e seus exércitos varreram a África e subiram pela Espanha, além de frequentemente ameaçar Bizâncio. Como reação, os cruzados europeus conseguiram encravar seus reinados cristãos na Terra Santa e, assim, estabelecer e manter rotas de comércio entre o Oriente e o Ocidente. Na Itália e no sul da França, o classicismo romano permaneceu muito visível

Interior da nave central da Igreja da Abadia ou Igreja de Santa Madalena, Vézelay, França.

Esta nave central com abóbada de berço é dividida em vãos por arcos transversais construídos com alvenaria policromada. Cada arco nasce a partir de duas meias-colunas ligadas à parede da nave central. Entre as meias-colunas há arcos que conectam a nave central às naves laterais.

Cronologia

reinado de César Augusto	27 a.C.–14 d.C.
fim do Império Romano no Ocidente	476
derrota das forças islâmicas, em Tours, por Carlos Martel	732
reinado de Carlos Magno	768–814
construção da Capela Palatina, em Aachen	792–805
Carlos Magno é coroado Sacro Imperador Romano	800
projeto da Planta Baixa do Monastério de Saint Gall	817
surgimento de Santiago de Compostela como um local de peregrinações	cerca de 900
fundação do monastério de Cluny	910
Batalha de Hastings	1066
construção da Catedral de Durham	1093–1113

nas edificações e nos sítios abandonados e periodicamente reocupados. Em termos de desenvolvimento da arquitetura, foi mais significativo o esforço que surgiu por toda a Europa, de modo tímido até um tanto grosseiro, de construção de igrejas e monastérios de alvenaria e com abóbadas que resistissem a incêndios. Aos poucos, os pedreiros e canteiros medievais, um dos poucos grupos de indivíduos dentro do sistema feudal que tinha o direito de ir e vir com bastante liberdade, passaram a migrar, fazendo da Idade Média um período de construção de muitas edificações extraordinárias.

A ARQUITETURA CAROLÍNGIA

Hoje restam muitos poucos exemplares de arquitetura da Europa Ocidental do período entre 400 e 800, exceto na península italiana e na costa do Mediterrâneo, onde as tradições paleocristãs foram preservadas em várias basílicas e batistérios de alvenaria. A maior parte do norte da Europa se encontrava imersa em um caos de invasões bárbaras e incertezas que não permitia o projeto e a execução de edificações duradouras. No entanto, entre os muitos líderes do sistema feudal em evolução, se destacou um guerreiro com força e poder militar suficientes para dominar seus rivais: Carlos, o Grande, também conhecido como Carlos Magno. Carlos Magno era neto de Carlos Martel, o líder franco que havia levado os exércitos conjuntos à vitória sobre os islâmicos na Batalha de Tours, na futura França, em 732. Durante seu reinado (768–814), Carlos Magno unificou grande parte dos territórios que hoje chamamos de França, Países Baixos e Alemanha por meio de uma série de campanhas militares bem-sucedidas e sua influência se estendeu até Roma, onde, no Dia de Natal de 800, o Papa Leão III coroou-o Sacro Imperador Romano. Este descendente analfabeto de chefes de tribos bárbaras se tornara o herdeiro espiritual do Império Romano, o equivalente laico do Papa.

O ressurgimento da construção em alvenaria

Carlos Magno sonhava com o renascimento da civilização romana, incluindo a excelência que Roma alcançara na administração do Estado, na literatura e nas artes. Assim, trouxe para sua corte os maiores intelectuais do Ocidente, fundou escolas para a educação de administradores governamentais, fez com que seus escribas reunissem e copiassem antigos manuscritos e encorajou a arquitetura doando terras e dinheiro para a construção de igrejas e monastérios. As edificações resultantes, chamadas de Carolíngias (de *Carolus*, o nome latino de Carlos Magno), em muitos casos se baseiam nos antigos prédios paleocristãos e bizantinos que Carlos Magno havia visitado durante suas incursões à Itália. Um exemplo é o complexo palaciano construído em Aachen (Figura 8.1). A planta do conjunto se baseia no Palácio de Latrão, em Roma, cuja capela fora inspirada na de San Vitale, em Ravena, e o salão de audiências segue o esquema de uma basílica romana. Também mantendo a tradição romana, o conjunto foi lançado sobre uma grelha quadrada. Embora sem dúvida houvesse outras edificações de madeira, como os aposentos reais, hoje só restam os prédios construídos de pedra ou suas fundações. Apesar de Carlos Magno e seus arquitetos admirarem as edificações romanas, eles não dispunham dos conhecimentos de construção necessários para replicá-las, assim, quando comparadas a seus protótipos antigos, as obras carolíngias talvez pareçam um tanto grosseiras. Contudo, não devemos julgar esses esforços com tanto rigor, pois Carlos Magno estava efetivamente resgatando a edificação monumental em alvenaria em uma região que não construía com tal técnica há cerca de 500 anos.

A Capela Palatina de Aachen (792-805) foi projetada por Odo de Mentz e provavelmente construída por pedreiros lombardos que utilizaram pedras retiradas de edificações romanas vizinhas (Figuras 8.2–8.3). Essa edificação com planta baixa centralizada tinha uma nave lateral com 16 lados e galeria no segundo piso, o qual era coberto por uma cúpula octogonal. A construção, com suas abóbadas de berço e arestas, além da **abóbada de claustro** central, reflete as práticas romanas tardias, em vez das técnicas de constru-

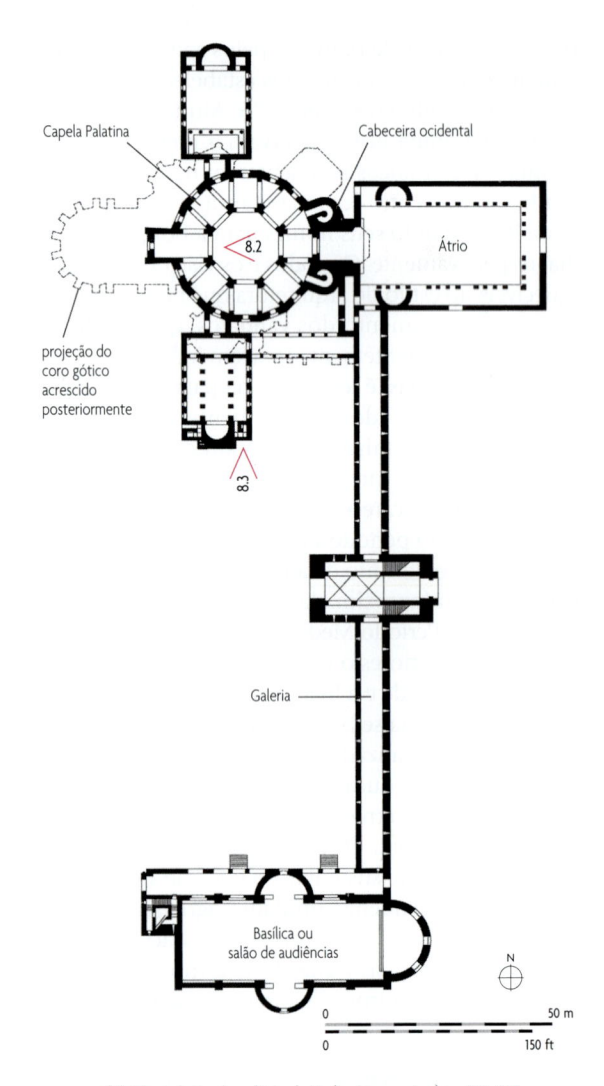

8.1 Planta baixa do palácio de Carlos Magno, Aachen, 792–814.

A edificação de 16 lados é a Capela Palatina, conectada por uma passagem ao salão de audiências em forma de basílica. Observe que a capela era antecedida por um pátio murado ou átrio. Da galeria do segundo nível da capela, Carlos Magno podia se dirigir à audiência presente. A capela é a única parte ainda existente deste complexo ambicioso.

8.2 Interior da Capela Palatina, Aachen, 792–805.

San Vitale, em Ravena, serviu de modelo para esta edificação, mas a capela também possui características originais. O segundo nível era usado por Carlos Magno e sua corte para observar as missas sem interferir na celebração dos ritos sagrados. Esta vista inclui o coro acrescido durante o período gótico.

8.3 Capela Palatina, Aachen, 792–805.

A edificação carolíngia, ao centro, foi modificada pela adição de uma cobertura mais alta sobre a cúpula e, no Período Gótico, pelo coro e capela, à esquerda e, no primeiro plano, a torre da cabeceira ocidental, à direita. Apenas parte das paredes mais baixas, ao centro, são construções autênticas, da época de Carlos Magno.

8.4 Portal da Abadia, Lorsch, cerca de 800.

As influências da arquitetura romana podem ser identificadas na forma geral, derivada do arco de triunfo, e nos motivos de colunas com arcos usados no pavimento térreo.

ção bizantinas empregadas em San Vitale, e sua planta baixa também é uma simplificação da geometria complexa da igreja de Ravena. A entrada principal da capela é dominada por uma **cabeceira ocidental**, ou seja, uma fachada oeste com vestíbulo de entrada, pelos cômodos em um ou mais níveis acima, e por uma ou mais torres. O acréscimo da cabeceira ocidental às igrejas é uma das contribuições carolíngias à arquitetura ocidental. Enquanto as igrejas paleocristãs apresentavam **campanários** ou **torres de sino** independentes – quando as tinham – no período carolíngio, as torres passaram a ser geralmente incorporadas à própria igreja.

O interior da Capela Palatina é bastante pesado, especialmente devido aos oito enormes pilares que sustentam a cúpula, mas as proporções entre as aberturas com arco no pavimento térreo e as galerias acima foram bem calibradas. Os arcos plenos do térreo apresentam alvenaria policromá-tica, enquanto 16 colunas de mármore polido do Palácio dos Exarcas, de Ravena, foram trazidas do outro lado dos Alpes, para serem reutilizadas na arcada da galeria. As balaustradas de bronze da galeria foram fundidas *in loco* e, com os mosaicos da cúpula, contribuem para a opulência do interior. O trono de Carlos Magno foi colocado no nível da galeria, no eixo do altar. Como primeira edificação ao norte dos Alpes a ser coberta por uma cúpula após a queda do Império Romano, a Capela Palatina pode ser comparada em tamanho, mas não em elegância, a San Vitale e ela reflete o grande desejo do imperador de fazer renascer os ideais clássicos da arquitetura.

Em Lorsch, Carlos Magno doou uma abadia, da qual resta apenas um pequeno portal independente (Figura 8.4). Seus precedentes podem ser encontrados nos arcos de triunfo romanos, como o Arco de Constantino (veja a Figura 5.16), e, também em Roma, na antiga Basílica de São Pedro, onde um pavilhão com arco tríplice marcava a entrada do átrio. O portal da Abadia de Lorsch é articulado por arcos sustentados por colunas coríntias, e padrões decorativos geométricos derivados de sarcófagos do Período Romano Tardio cobrem os tímpanos dos dois pavimentos. Contudo, o portal jamais poderia ser confundido com uma verdadeira edificação romana, pois ele apresenta elementos nada clássicos, como o telhado com duas águas muito íngreme e os azulejos decorativos vermelhos e brancos. O caimento do telhado foi ditado pelas possíveis cargas de neve do clima do norte europeu, enquanto os padrões de azulejos parecem ter sido invenção dos pedreiros locais, talvez influenciados pela policromia islâmica ou pela *opus reticulatum* romana.

Outro pequeno prédio que ainda resta do Período Carolíngio é o Oratório de Germigny-des-Prés (806–10), construído por Teodolfo, Bispo de Orleans, Abade de Fleury e conselheiro íntimo de Carlos Magno (Figuras 8.5–8.7).

CAPÍTULO 8 A ARQUITETURA MEDIEVAL PRIMITIVA E A ARQUITETURA ROMÂNICA   201

8.5 Oratório, Germigny-des-Prés, 806–10.

Esta pequena edificação com planta centralizada combina elementos de Bizâncio (a planta baixa centralizada e o mosaico da abside) com os arcos em ferradura encontrados nas obras islâmicas da Espanha e os arcos plenos romanos.

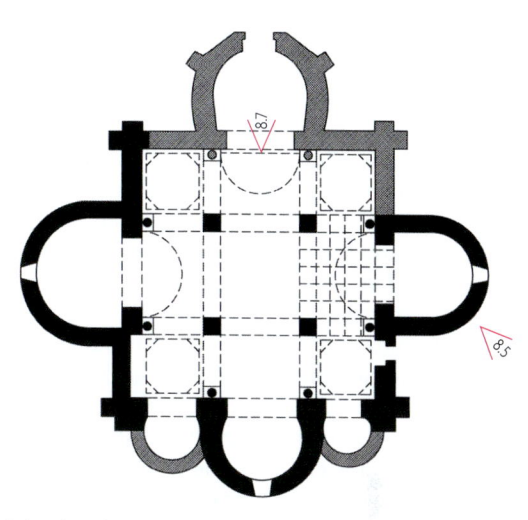

8.6 (à direita) Planta baixa do Oratório, Germigny-des-Prés, 806–10.

Esta planta baixa, comparável à *quincunx* bizantina, reflete as conexões entre a corte carolíngia e Constantinopla.

8.7 (abaixo) Interior do Oratório, Germigny-des-Prés, 806–10.

Esta vista do transepto e da abside mostra que arcos em ferradura foram usados tanto nas elevações quanto na planta baixa.

Concebido como uma pequena capela privativa para isolamento e reza, o oratório foi projetado com uma planta baixa em cruz grega e uma torre central de base quadrada. (Compare a planta baixa da Figura 8.6 com o esquema russo de cruz dentro de quadrado mostrado na Figura 6.13b.) Arcos em ferradura estão presentes tanto na planta baixa como nas elevações e, com o esquema de planta centralizada, sugerem a influência de igrejas moçárabes (aquelas igrejas cuja arte e arquitetura foi produzida por cristãos submetidos ao domínio islâmico) da Espanha, na época dominada pelos muçulmanos. Essa suposição é reforçada pelo fato de Teodolfo ser de Septimania, área entre a atual França e a Espanha, junto à costa do Mediterrâneo. É bastante surpreendente que o oratório também tenha um mosaico magnífico representando a Arca da Aliança na abside leste, cuja técnica e estilo indicam contribuições artísticas de Bizâncio. Nessas poucas edificações carolíngias que chegaram até nós, podemos identificar elementos das civilizações romana, paleocristã, bizantina, islâmica e do norte da Europa fundidos em algo que deve ser considerado a aurora de uma arquitetura típica da Europa Ocidental.

Os monastérios

A obra unificadora de Carlos Magno não durou muito após sua morte. Em 843, com a morte de seu filho e herdeiro, Luís, o Pio, o Império Carolíngio foi dividido entre os três netos do grande imperador, e o poder estatal na Europa Ocidental gradualmente retornou às mãos dos lordes locais e regionais. A única instituição socialmente coesa que transcendia os grupos regionais era a Igreja, que organizou a Europa medieval em dioceses eclesiásticas, cada qual administrada por um bispo. A sede da autoridade episcopal frequentemente era uma cidade que havia sido o centro de uma província romana, e grande parte da estrutura governamental da Roma Antiga foi preservada na organização da Igreja.

Além dessa divisão de dioceses baseada nas cidades, havia os monastérios, na maioria rurais, que cresceram e prosperaram como nunca durante o período medieval. Carlos Magno havia encorajado a fundação dessas entidades como meio prático de controlar os territórios conquistados, além, é claro, de suas contribuições espirituais e educacionais. Poucas instituições tiveram impacto tão amplo na arquitetura do período medieval como o monasticismo. Na verdade, seria muito difícil discutir praticamente qualquer aspecto da história e cultura medievais sem considerar o papel desempenhado pelos monges das diversas ordens religiosas. A sociedade da Idade Média se dividia, grosso modo, em três classes: aqueles que lutavam (os senhores feudais, proprietários da terra, e seus cavaleiros); a classe trabalhadora (os camponeses, também chamados de vassalos); e aqueles que oravam (os sacerdotes e monges). O trabalho de cada um era considerado essencial ao bem-estar de todos, mas as orações dos monges eram particularmente importantes, pois agradavam e apaziguavam um Deus que, com razão, estava furioso com a perdição da humanidade. Os cristãos medievais consideravam seu senhor celeste tão suscetível à bajulação como seus contrapartes terrenos.

O conceito de monasticismo, ou seja, o afastamento da corrupção da vida diária para a contemplação das coisas espirituais, surgiu no século IV, no Egito, onde eremitas cristãos viviam totalmente isolados na imensidão do deserto. Mais ou menos na mesma época, desenvolveu-se a ideia de que grupos de monges poderiam viver juntos, formando comunidades e o monasticismo, tanto de eremitas como de imandades monásticaos, se difundiu rapidamente do Egito para as fronteiras do mundo cristão. Na Irlanda, houve monges entre 432 e 793, quando saqueadores vikings destruíram seus assentamentos. As formas comunitárias de monasticismo se tornaram os modelos dominantes no Ocidente, enquanto os eremitas continuaram a ser muito comuns na Igreja Ortodoxa. Na maioria dos casos, bastavam 12 monges e um abade para fundar um monastério e se costumava selecionar terrenos remotos. A principal exigência para a construção de um monastério era a disponibilidade de uma fonte de água segura. Durante a Idade Média, os monastérios chegaram a ser construídos aos milhares. Suas escolas promoveram a educação em todas as partes da Europa, e os edifícios monásticos e suas fazendas preservaram e aperfeiçoaram o que havia de melhor na arquitetura, nas artes e na agricultura. A civilização medieval por toda a Europa foi desenvolvida em grande parte por meio da obra de seus monges.

O interesse de Carlos Magno pela centralização e padronização da administração pública incluía as instituições religiosas. Após examinar diversos modelos de organizações monásticas, ele exigiu que todos os monastérios dentro de seu reino seguissem a Regra de São Benedito, um conjunto flexível, porém bastante minucioso, de regulamentos formulados por Benedito de Núrsia por volta de 535 para monges que vivessem em comunidades sujeitas à direção de um abade. (Os preceitos de São Benedito relativos à organização e administração de um monastério eram chamados de "Regra" por regularem a vida de todos os que as seguiam.) A vida monástica de reza, contemplação e trabalho mental e manual era marcada pela pobreza, castidade e obediência e buscava seguir o exemplo de Cristo. Em 817, os abades dos principais monastérios carolíngios fizeram uma conferência para resolver as diferenças na interpretação da Regra Beneditina e dela surgiu um documento detalhando o leiaute básico de uma **abadia** beneditina. Conhecemos este desenho graças a uma cópia enviada ao abade do monastério de Saint Gall. A planta baixa permaneceu na biblioteca da abadia até ser redescoberta, no século XVIII (Figura 8.8). Conhecida como a Planta Baixa da Abadia de Saint Gall, este manuscrito é o desenho de arquitetura mais antigo do período medieval que ainda resta; dele, estudiosos modernos, como Walter Horn e Ernest Born, conseguiram deduzir muitos aspectos da vida monástica e das práticas de edificação durante o período carolíngio.

A Planta Baixa da Abadia de Saint Gall estabelece claramente os componentes necessários para uma comunidade religiosa autossuficiente. A maior edificação era a igreja, uma basílica com duas extremidades com hemiciclo oeste ladeado por torres cilíndricas gêmeas. Dentro dessa igreja com paredes de alvenaria e telhado com tesouras de ma-

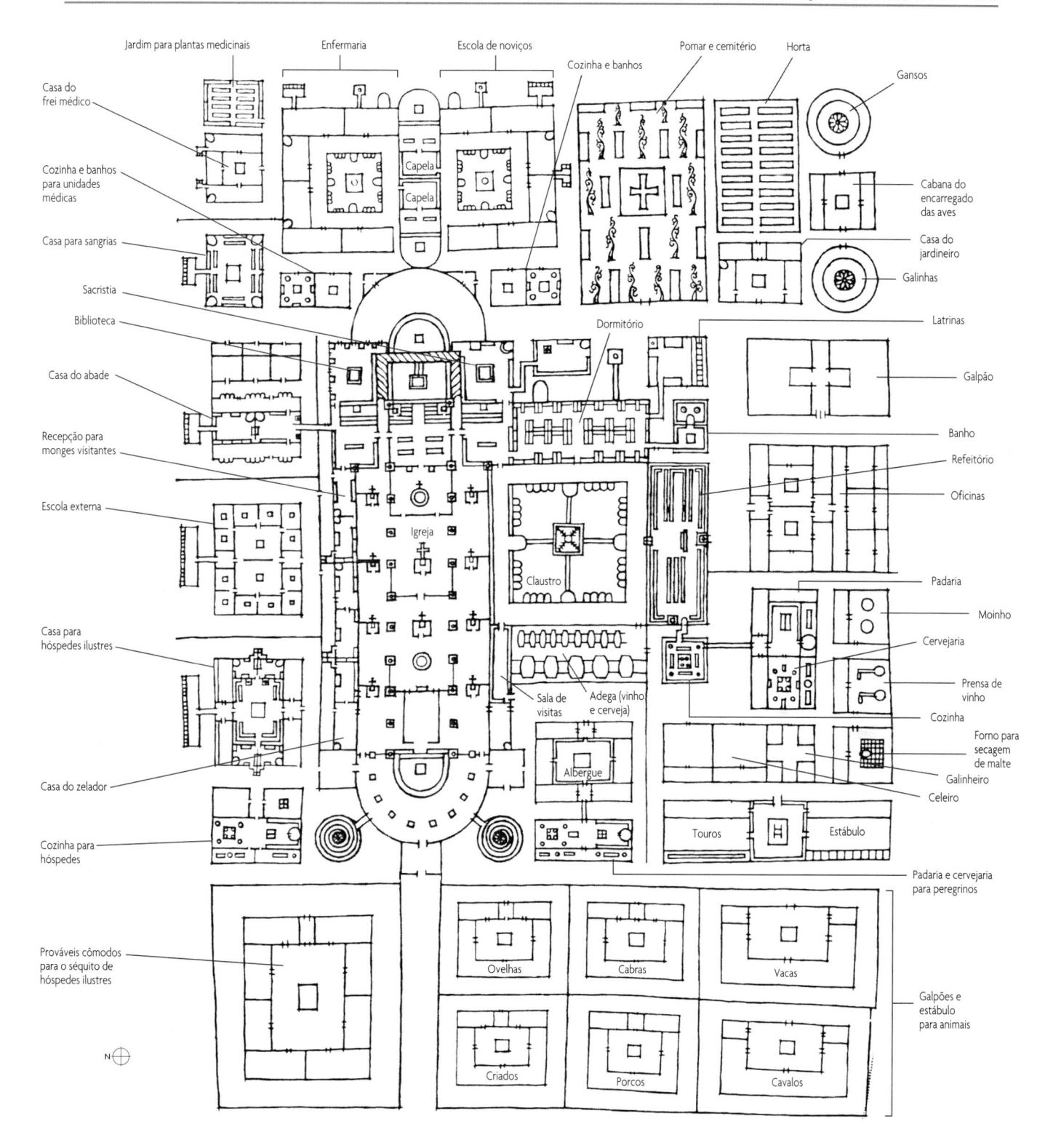

8.8 Planta Baixa da Abadia de Saint Gall, cerca de 817.

Este desenho determina os principais elementos de um monastério beneditino, criando um modelo que seria usado como base dos projetos monásticos pelos próximos 400 anos ou mais.

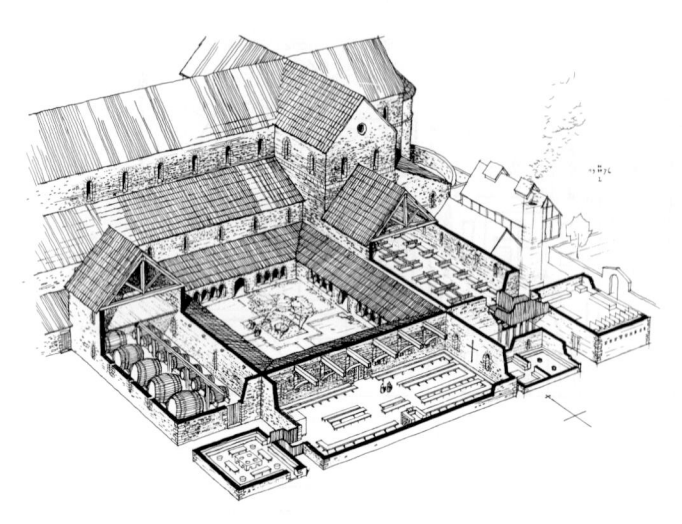

8.9 Corte axométrico mostrando o claustro, Saint Gall, cerca de 817.

Ao redor do claustro, a leste (à direita), estão as camas dos monges no dormitório; ao sul (na parte inferior do desenho), as mesas do refeitório; no recinto a oeste (à esquerda), com o lado sul da igreja ao fundo, os barris de vinho ou cerveja.

deira, havia o espaço de culto reservado para os monges. Os altares ficavam por toda a nave central, nos transeptos e na abside, uma vez que a liturgia medieval, que cada vez dava maior importância para a adoração de relíquias, exigia altares múltiplos para se homenagear individualmente os santos. No lado sul da igreja ficava o **claustro**, um pátio central com planta quadrada de 30 metros de lado fechado por uma passarela coberta e com uma arcada que conectava os principais prédios de cada lado: a **casa do Capítulo**, a sala de trabalho e a sala para os monges se aquecerem, sob o dormitório, a leste; o refeitório, a sul; e a adega ou despensa a oeste (Figura 8.9). Uma escada conectava o dormitório ao transepto sul, pois os monges se levantavam às 2 horas da manhã para o primeiro culto, Matinas, voltando a dormir até Laudes, ao amanhecer. Seis outros ofícios – Prima, Terça, Sexta, Nona, Vésperas e Completas – completavam o ciclo diário de orações comunitárias.

Ao contar o número de leitos representado na planta baixa, Horn e Born concluíram que o monastério foi projetado para aproximadamente 110 monges. As edificações de serviço ficavam agrupadas fora do claustro e contavam com a ajuda de outros 130 a 150 trabalhadores e criados necessários ao sustento do monastério. Uma padaria, uma cervejaria, oficinas para artesões e uma fazenda completa, com viveiros e galpões para cabras, gansos, porcos, cavalos e vacas são indicados na planta baixa, ao sul e oeste do claustro, embora sua implantação real certamente seria ajustada às condições locais dos campos e pastos. Devemos considerar que este é um desenho esquemático; todas as edificações foram agrupadas para que coubessem em um único pergaminho. A leste da igreja, a planta indica um segundo claustro, em miniatura, para a escola de noviços, e a enfermaria, juntos a uma casa para dois médicos, uma horta de plantas medicinais e o cemitério. Ao norte ficava a casa do abade, conectada ao transepto por uma passagem. Como administrador e guia espiritual do monastério,

o abade era responsável pela organização da vida de sua comunidade e, como seu representante para o mundo exterior, também era encarregado das relações públicas e da hospitalidade oferecida para hóspedes distintos. Adjacente à casa do abade ficava a escola externa, exigida pelo decreto de Carlos Magno para oferecer educação aos jovens que não buscavam a vida monástica, e a casa e os estábulos para hóspedes que fossem altos dignatários. Os viajantes comuns eram atendidos pelo esmoler, no portão do claustro, ao sul da entrada da igreja.

A Planta Baixa da Abadia de Saint Gall, com sua organização clara das necessidades de uma comunidade monástica, é um bom exemplo da alta qualidade do planejamento funcional obtido pelos arquitetos carolíngios. Embora nenhum monastério tenha sido construído seguindo à risca este modelo de leiaute, suas disposições foram empregadas nas abadias beneditinas ao longo de todo o período medieval.

A ARQUITETURA DOS VIKINGS

Os vikings – também conhecidos como dinamarqueses ou escandinavos – não apenas aterrorizaram o oeste europeu, mas foram intrépidos exploradores e comerciantes, mantendo contato com locais tão remotos como Constantinopla. (Basta lembrar que um de seus membros, Rurik, foi convidado em 856 para se tornar o fundador da família real da Rússia e que Leif Ericsson liderou uma expedição que chegou à América do Norte por volta de 1003.) Na Grã-Bretanha, eles pilharam os reinos anglo-saxões, ocupando toda a área hoje conhecida como East Anglia e os territórios ao norte, até York, que se tornou uma cidade viking. Os vikings cobravam um tributo anual (o *danegeld*) dos territórios conquistados, e também lucravam com a pirataria organizada contra as cidades da Europa. De quebra, velejavam ou remavam suas embarcações de calado raso pelos rios navegáveis, ao longo dos quais havia assentamentos urbanos medievais, queimando, saqueando e massacrando tais comunidades, uma prática que não contribuía para a frágil estabilidade da época.

O legado artístico dos vikings fica mais claro nos pequenos artefatos, incluindo joias, objetos cerimoniais e domésticos e insígnias militares, os quais eram adornados com intricados padrões entrelaçados baseados em formas animais e vegetais estilizadas (de onde vem o nome Estilo Animal), uma tradição artística relacionada aos ferozes citas, povo das estepes da Ásia Central. Seus ornamentos entrelaçados foram adotados pela Arquitetura Românica.

A Escandinávia permaneceu fora da esfera cristã até meados do século XI, quando missionários anglo-saxões que retornaram com saqueadores vikings conseguiram converter alguns dos vigorosos pagãos da Noruega. Os missionários levaram consigo conhecimentos da arquitetura religiosa anglo-saxã, assim as modestas plantas baixas de igrejas paroquiais da Grã-Bretanha, por sua vez baseadas em precedentes paleocristãos, se tornaram modelos para as também diminutas igrejas norueguesas. A combinação dessas plantas baixas simples com as tradições de edifica-

8.10 Igreja de tabuado de madeira, Urnes, Noruega, cerca de 1125–40.

A volumetria da edificação é simples e reflete os espaços internos: a alta nave central com naves laterais mais baixas, o coro ao fundo e a expressão individual de cada abside.

ção autóctones resultou em uma tipologia de arquitetura peculiar e única, a **igreja de tabuado de madeira**.

A igreja de Urnes, na Noruega, o mais antigo exemplar remanescente de igreja nórdica de tabuado de madeira, data de cerca de 1125–40 e seu projeto ilustra bem o tipo (Figuras 8.10–8.14). A estrutura básica é constituída de toras verticais, geralmente de pinheiros cuja casca foi removida. Elas se apoiam em quatro travessas de soleira cruzadas, formando uma espécie de "chassi". O chassi é afastado do solo por grandes pedras planas nas interseções das travessas, pois se fossem usadas fundações escavadas, elas estariam sujeitas ao soerguimento provocado pelo congelamento e degelo do solo. Estas pedras fundamentais, nas quinas, também protegem a estrutura de madeira da igreja da umidade do solo. As paredes externas baixas, compostas de tabuados verticais ancorados nas colunas das quinas, se apoiam em outro chassi externo de travessas de soleira, enquanto as paredes acima, contraventadas na altura do que seria o piso de um segundo pavimento por uma ou mais cintas que unem os montantes de toras, seguem a linha vertical da estrutura até os caibros. Uma cúpula coroa a edificação em termos visuais, embora não reflita o espaço interno. Os principais elementos estruturais, os montantes de toras, são mantidos secos por tábuas externas mais curtas que são substituídas periodicamente, conforme a necessidade. A igreja de Urnes e outras igrejas de tabuado de madeira têm interiores muito escuros, pois o projeto original não previa janelas e a luz e a ventilação só entra-

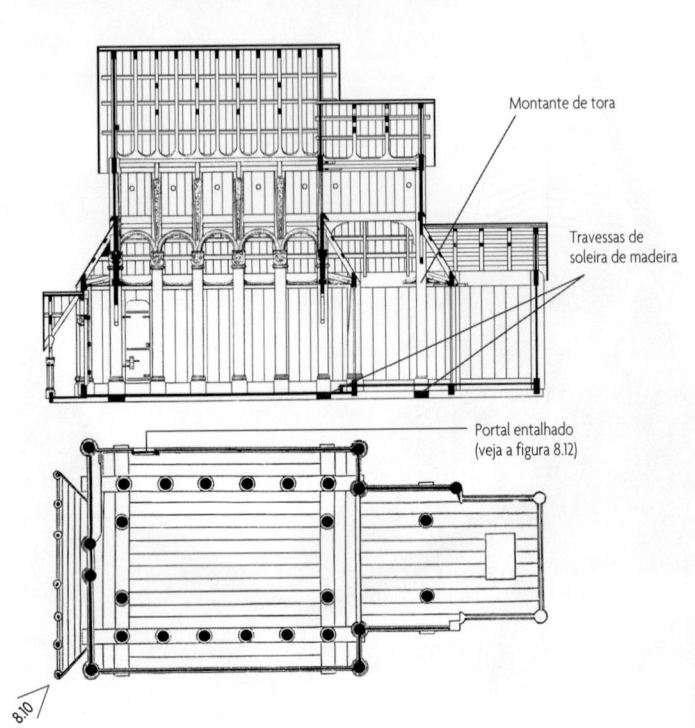

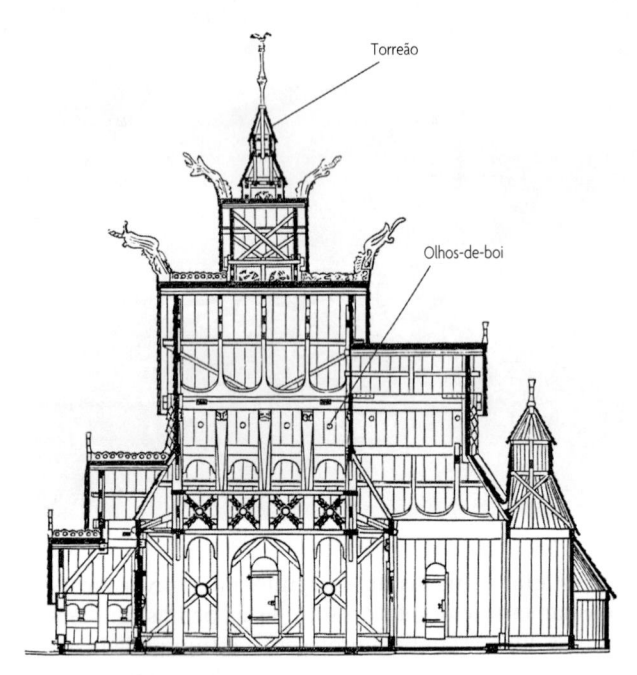

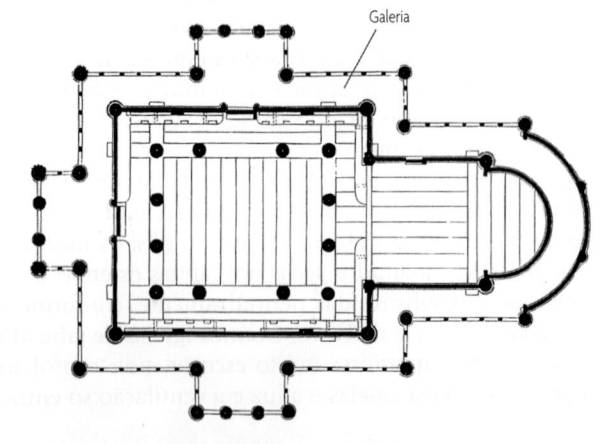

8.11a (à esquerda) Planta baixa (do norte para cima) da seção através da igreja de tabuado de madeira de Urnes, Noruega, cerca de 1125–40.

A fundação da edificação é uma grelha retangular de travessas de soleira de madeira assentada sobre pedras de fundação apoiadas no solo. Neste "chassi" se apoiam os pilares de tora de madeira que formam a estrutura vertical da igreja. A torre mostrada na figura 8.10 não está incluída na seção.

8.11b (desenho inferior esquerdo) Planta baixa e corte através da igreja de tabuado de madeira de Borgund, Noruega, cerca de 1125–40.

Como em Urnes, a Igreja de Borgund depende de pequenas aberturas, ou olhos-de-boi, colocadas no alto das paredes para receber um pouco de luz e ar e aliviar a pressão do vento contra os lados da estrutura.

8.12 (abaixo) Portal entalhado de uma igreja anterior de Urnes, cerca de 1015.

Este portal está atualmente preservado na parede norte da igreja atual. As cobras e os dragões entrelaçados representam o fim do mundo, de acordo com a lenda nórdica de Ragnarok. Os missionários cristãos aceitaram este imaginário local para transmitir a ideia do Juízo Final, na tentativa de tornar mais acessíveis os ensinamentos cristãos.

8.13 Igreja de tabuado de madeira, Borgund, Noruega, cerca de 1125–40.

Embora esta igreja pareça consideravelmente mais elaborada do que aquela de Urnes, elas têm basicamente a mesma estrutura, exceto pelas pequenas torres e a galeria externa da base que aqui foram adicionadas posteriormente.

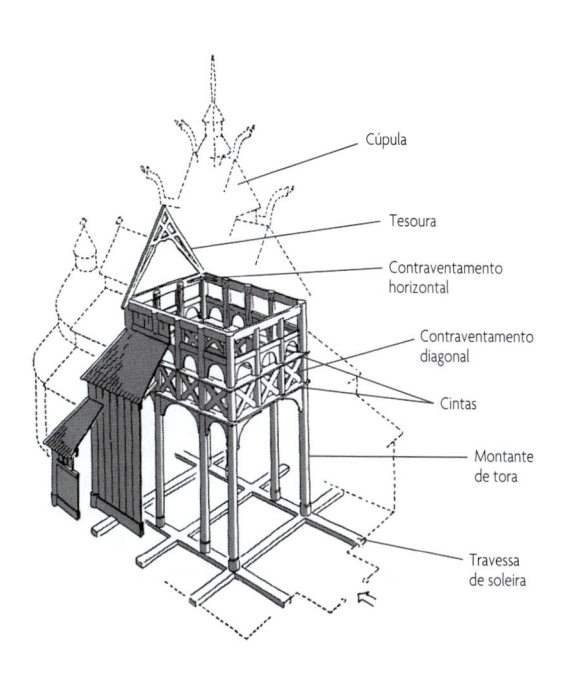

8.14 Diagrama mostrando a construção de uma igreja de tabuado de madeira.

A edificação aqui ilustrada é a de Gol, uma das inúmeras igrejas de tabuado de madeira que foram restauradas no século XX de acordo com as características encontradas na igreja de Borgund.

vam por pequenas aberturas circulares (olhos-de-boi) no alto das paredes. A Escandinávia e as regiões anglo-saxãs da Grã-Bretanha são os locais onde geralmente se podem encontrar tais edificações de madeira construídas com toras e tabuados verticais, em vez de toras horizontais. É interessante observar que a igreja de Greensted, na Grã-Bretanha, fazia parte de um assentamento viking.

Urnes também possui um belíssimo portal entalhado, hoje colocado na parede norte da igreja, o qual provavelmente pertenceu a uma igreja anterior construída por volta de 1015 no mesmo terreno (8.12). Faixas de figuras talhadas em baixo relevo em tábuas rústicas de madeira representam feras com quatro pernas e animais similares a serpentes entrelaçados com uma trepadeira ondulada de padrões complexos. A similaridade desta obra com o Estilo Animal é muito evidente. O que não fica tão claro, à primeira vista, é por que este tipo de talha de madeira foi usado para ornamentar uma porta de igreja. Embora não haja documentos que comprovem a teoria, alguns estudiosos acreditam que essas figuras representam um legado pagão aplicado à fé cristã ainda muito nova no local. Na mitologia norueguesa, o fim do mundo viria quando cobras e dragões, representando as forças do mal, se enfrentassem em um combate mortal. Conhecida como Ragnarok, esta batalha era o equivalente local do Juízo Final cristão, que se tornou um tema favorito para escultura de portas de igreja em outras partes da Europa. A melhor explicação para as cobras e dragões nas igrejas de tabuado de madeira parece ser que, na Noruega, como em outros locais, os primeiros missionários acharam conveniente adaptar as tradições arraigadas às causas da Igreja Cristã.

As igrejas de tabuado de madeira foram muito construídas nas comunidades pequenas e isoladas dos vales ao longo dos fiordes da Noruega. Ainda no século XIX, 322 dessas edificações puderam ser documentadas por seus vestígios ou referências textuais, mas hoje só há 32 exemplares. A igreja de Borgund, de aproximadamente 1150, provavelmente seja a mais autêntica de tabuado de madeira do período maduro; alguns aspectos de sua forma e seus detalhes têm servido como modelos para a restauração de exemplares similares que não tiveram tanta sorte em preservar seu caráter original ao longo dos séculos (Figuras 8.11b, 8.13–8.14). Borgund surgiu de maneira bastante similar a Urnes, mas, no século XIII, recebeu uma galeria externa (no térreo) e um torreão elaborado, que lhe conferem um perfil mais complexo. Cruzes e dragões foram colocados nas extremidades das empenas para proteger a igreja das forças do mal e das forças pagãs, as quais, apesar de banidas pela cristandade para áreas remotas, ainda eram vistas como uma ameaça potencial a ser combatida com esses símbolos muito proeminentes.

A ARQUITETURA PRÉ-ROMÂNICA

O monastério de Saint Martin de Canigou (1001–26), no sudeste da França, resiste ao tempo como um exemplo do processo de difusão do monasticismo e suas edificações ilustram o progresso da arquitetura no Período Pré-Românico (Figuras 8.15–8.16). Seu mecenas, o Conde de Cerdagne, senhor feudal deste território montanhoso nos Pirineus, doou as verbas para a construção do monastério em um afloramento rochoso para pagar seus pecados. Ainda que o monastério de Saint Martin nunca tenha abrigado mais do que 30 monges, seu lugar na história da arquitetura como uma das primeiras igrejas românicas totalmente abobadadas foi garantido graças à sua durabilidade e à ajuda de uma restauração muito cuidadosa feita no século XX. Em planta baixa, a igreja é uma basílica sem transeptos, mas com absides finalizando as naves laterais e a nave central. As abóbadas de berço de todas as naves se apoiam em 10 suportes – oito colunas atarracadas e dois pilares – e nas pesadas paredes externas (Figura 8.17). A única fonte de luz natural são as pequenas janelas nas extremidades leste e oeste, resultando em um interior muito escuro. No exterior, o conjunto do monastério forma uma composição muito harmoniosa. Uma torre de planta baixa quadrada se eleva contígua à igreja, protegendo a entrada da abadia, enquanto o claustro e suas edificações associadas formam um quadrângulo irregular no terreno muito exíguo, ao contrário do quadrado bem definido pela Planta Baixa da Abadia de Saint Gall. A construção de pedra é simples, articulada principalmente pelos arcos plenos usados sobre as janelas e pelos relevos superficiais em bandas horizontais. As ameias escalonadas no alto da torre lembram as fortificações islâmicas encontradas na vizinha Espanha.

Saint Martin de Canigou é um exemplo típico do estilo pré-românico. Como o nome sugere, as edificações românicas guardam algumas afinidades com a arquitetura da Roma Antiga, principalmente pelo emprego usual do chamado arco pleno ou arco de meio ponto. Deixando de lado esta generalização (que nem sempre é verdadeira), é difícil se caracterizar perfeitamente o que seria uma edificação românica, mas seus prédios costumam ser volumosos e pesados. O estilo floresceu entre aproximadamente 1000 e 1250. O problema de construção que os construtores românicos se empenharam para resolver – como suportar de maneira eficiente uma cobertura inteiramente feita de pequenas pedras – era um verdadeiro desafio e encorajou diversas abordagens, conforme os materiais disponíveis, a experiência do construtor e as ambições dos mecenas. Talvez fique mais fácil conceber o Românico como uma série de experimentos voltados para a vedação externa das edificações e iluminação dos espaços internos por meio do uso de alvenarias incombustíveis que pudessem proteger as valiosas relíquias depositadas nas igrejas.

A maior parte das edificações românicas se baseia nas massas de paredes contínuas que sustentavam o peso das abóbadas das coberturas. Os construtores medievais não sabiam fazer os cálculos de estruturas que hoje empregamos. (Na verdade, o estudo sistemático dos materiais e da teoria das estruturas não era suficientemente avançado para ser aplicado a edificações simples até cerca de 1850.) As tentativas e os erros de projetos anteriores formavam a base da prática de edificar. Não obstante, ao longo de 150 anos, as experiências estruturais feitas por centenas de construtores românicos levaram às técnicas de alvenaria refinada que possibilitaram a Arquitetura Gótica. Mas estamos falando de um processo longo e difícil, afinal o arco pleno não é um elemento estrutural particularmente eficiente. Os romanos o haviam empregado muito em função de suas qualidades estéticas e da sua facilidade de execução (o cimbre ou a cambota do arco é relativamente fácil de construir), características que, sem dúvida, também interessavam aos mestres de obra românicos, embora o empuxo lateral ou esforço de tombamento gerado por tais arcos geralmente causassem problemas. Para o contraventamento, a solução

8.15 Saint Martin, Canigou, monastério, 1001–26.
Fundado graças a um ato de piedade do Conde de Cerdagne, este monastério foi implantado em um terreno que mesmo hoje é difícil de acessar. A presença de uma fonte de água corrente sobre o terreno possibilitou sua ocupação; uma pequena comunidade monástica ainda mora lá.

CAPÍTULO 8 A ARQUITETURA MEDIEVAL PRIMITIVA E A ARQUITETURA ROMÂNICA 209

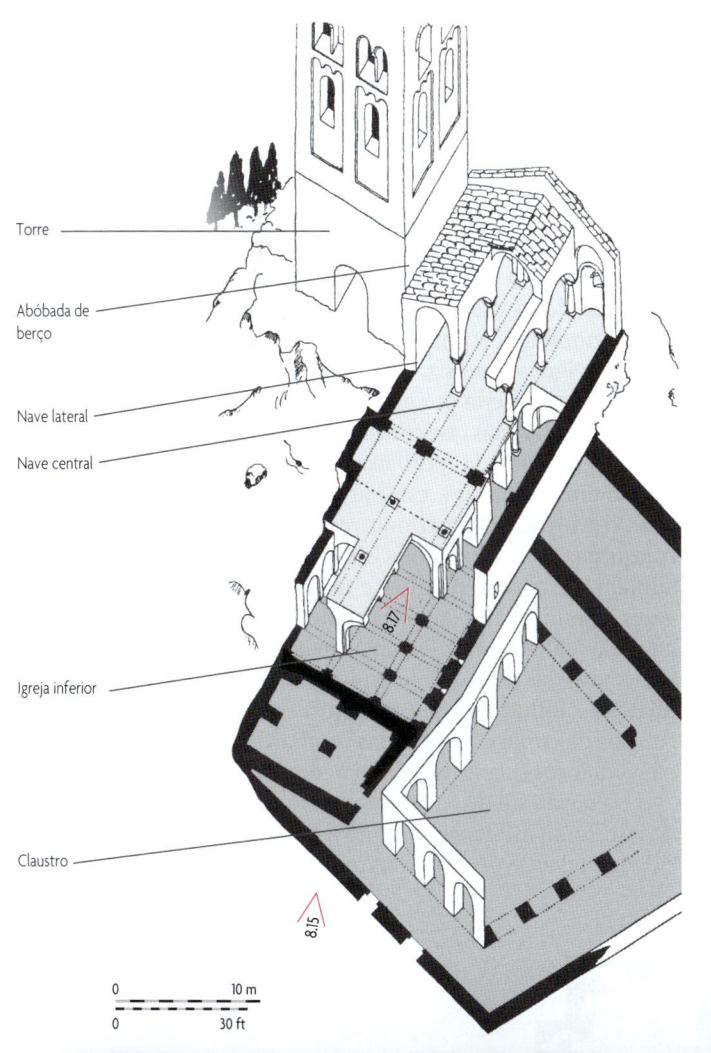

usual era a construção de pesadas paredes portantes. Já que as aberturas poderiam enfraquecer as paredes e pôr em risco toda a integridade da edificação, as janelas eram muito limitadas. O arco pleno, a abóbada de berço e a abóbada de arestas (duas abóbadas de berço que se interceptam em ângulos retos – veja a Figura 9.44) também impunham alguns condicionantes geométricos. Vãos quadrados ou retangulares podiam ser resolvidos com facilidade, enquanto seções irregulares ou circulares traziam dificuldades estéticas e estruturais.

8.16 Corte axonométrico da igreja e do claustro, Saint Martin de Canigou, 1001–26.

A igreja possui dois níveis, ambos com abóbadas. Os arquitetos românicos tinham redescoberto as técnicas de edificação empregadas pelos romanos. Aqui podemos ver como se esforçaram para construir construções duráveis e à prova de fogo.

8.17 Interior de Saint Martin de Canigou, 1001–26.

As janelas são mínimas, pois qualquer abertura feita nas paredes enfraqueceria a estrutura. Uma vez que os monges conheciam as liturgias como a palma de suas mãos, os níveis muito baixos de luz dentro da igreja não eram um problema.

A ARQUITETURA ROMÂNICA DO SACRO IMPÉRIO ROMANO

A região central do império de Carlos Magno, que corresponde mais ou menos à atual Alemanha e ao norte da Itália, passou então para o controle da vigorosa Casa da Saxônia, cujos três líderes sucessivos – todos chamados de Oto – receberam o título de Sacro Imperador Romano durante suas eficientes administrações. Estes reinados, chamados de otonianos, duraram de 936 a 1002, mas seus efeitos foram sentidos por quase outro século.

A arquitetura otoniana é, por várias características, uma extensão das tradições carolíngias – ela é a expressão germânica do Românico. Um exemplo extraordinário é a igreja otoniana de São Miguel de Hildesheim (1010–33), que é uma basílica com absides nas duas extremidades e entradas pelas naves laterais, como ocorria em muitas basílicas romanas originais (Figura 8.18). Suas duas absides também lembram o leiaute de igreja genérico indicado na Planta Baixa da Abadia de Saint Gall. No interior (Figura 8.19), a abside leste contém o altar, enquanto a oeste apresenta uma plataforma elevada para o imperador e sua corte se sentarem. A iluminação é fornecida por clerestórios, simples aberturas perfuradas na parede da nave central pouco articulada, enquanto as arcadas que separam a nave central das laterais têm um sutil ritmo A-B-B-A estabelecido por pilares alternados por duas colunas. Seus arcos policromáticos e capitéis com entalhes refinados sugerem exemplos italianos e o forro de madeira, muito bem pintado enriquece o interior.

Um pouco mais recente do que a igreja de São Miguel de Hildesheim é a espaçosa catedral imperial de Speyer, construída por volta de 1030 e reformada em três campanhas sucessivas até 1082 (Figuras 8.18, 8.20–8.21). Trata-se de uma construção gigantesca e majestosa, estendendo-se por mais de 130 metros, das grossas paredes de sua imponente cabeceira ocidental à abside semicircular ladeada por um par de torres de planta quadrada. A nave central é larga, comprida e alta, emoldurada por arcos plenos que unem as colunas. Já com a igreja em uso, entre 1082 e 1137, a nave central, inicialmente coberta por um teto de madeira plano, recebeu abóbadas de arestas que conectaram os intercolúnios aos pares e foram separadas por faixas de **arcos transversais**. Com 32,6 metros de altura, estas abóbadas estão entre as mais altas construídas no período românico e se equiparam às conquistas da própria Roma Clássica. Nessa igreja, os pilares adotam a forma de pilastras e meias-colunas agrupadas, às vezes inseridos entre arcos recuados. A decoração interna é contida – talvez severa – com as matizes variegadas de amarelo a rosa das pedras animando as superfícies de paredes e pilares. As influências da Lombardia são visíveis nos capitéis cúbicos da cripta e nas **bandas lombardas** (arcos e pilastras com balanços sucessivos) das paredes externas.

Na região sul do Sacro Império Romano, a herança clássica de Roma influenciou muito a Arquitetura Românica. As cidades italianas desenvolveram suas próprias versões do Es-

8.18 Plantas baixas da Catedral de Speyer, 1030–82; Saint Philibert de Tournus, cerca de 950–1120; e São Miguel de Hildesheim, 1010–33.

A Catedral de Speyer foi uma das mais ambiciosas edificações românicas de sua época, com abóbadas de arestas na escala das maiores termas romanas. Saint Philibert é notável por suas capelas em torno de um deambulatório e pelas abóbadas de berço transversais na nave central. São Miguel é um exemplo interessante de uma basílica com abside em duas extremidades opostas e cobertura de madeira.

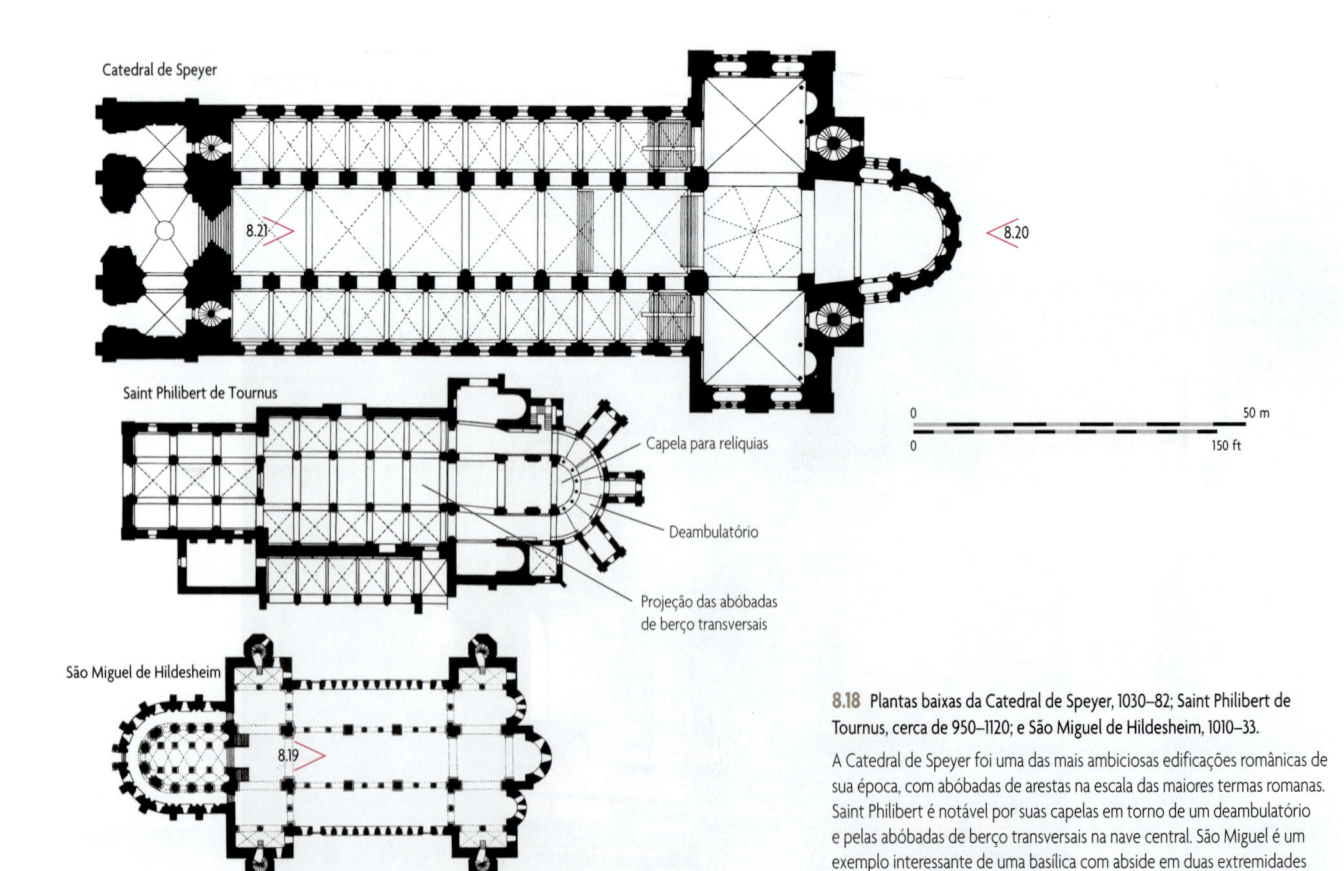

8.19 (ao lado) Interior de São Miguel de Hildesheim, 1010–33.

O módulo quadrado que gera boa parte da planta baixa é definido pelos pilares e pelo vão estrutural sob a torre oriental, marcado por arcos com forte policromia.

8.20 (abaixo, à esquerda) Extremidade leste da Catedral de Speyer, cerca de 1030–82.

Speyer é única por seu grande tamanho e suas torres múltiplas. As duas torres vistas aqui estão na junção do coro com o transepto e são mais altas do que a cúpula sobre o cruzeiro. Observe o uso de bandas lombardas.

8.21 (abaixo, à direita) Nave central da Catedral de Speyer, vista interior para o leste, cerca de 1030–82.

As abóbadas de arestas foram erguidas entre 1082 e 1137, fazendo desta uma das mais altas igrejas abobadadas de seu tempo.

8.22 Fachada ocidental de San Miniato al Monte, Florença 1062–90.

Os romanos antigos não teriam estranhado esta fachada, pois resgata os revestimentos de mármore em padrões geométricos combinados com os conhecidos motivos de colunas com arcos plenos do passado clássico.

8.23 (abaixo) Plantas baixas de San Ambrogio, Milão, 1080–1140; San Miniato al Monte, Florença, 1062–90; e Catedral de Pisa, 1063.

San Miniato preserva a planta baixa simples das basílicas paleocristãs. San Ambrogio inclui um átrio e dois campanários separados, enquanto a Catedral de Pisa tem uma planta baixa cruciforme e os braços de seu transepto são tratados como basílicas menores. A cúpula oval sobre o cruzeiro da Catedral de Pisa motivou Florença a tentar um domo ainda mais ambicioso para sua catedral.

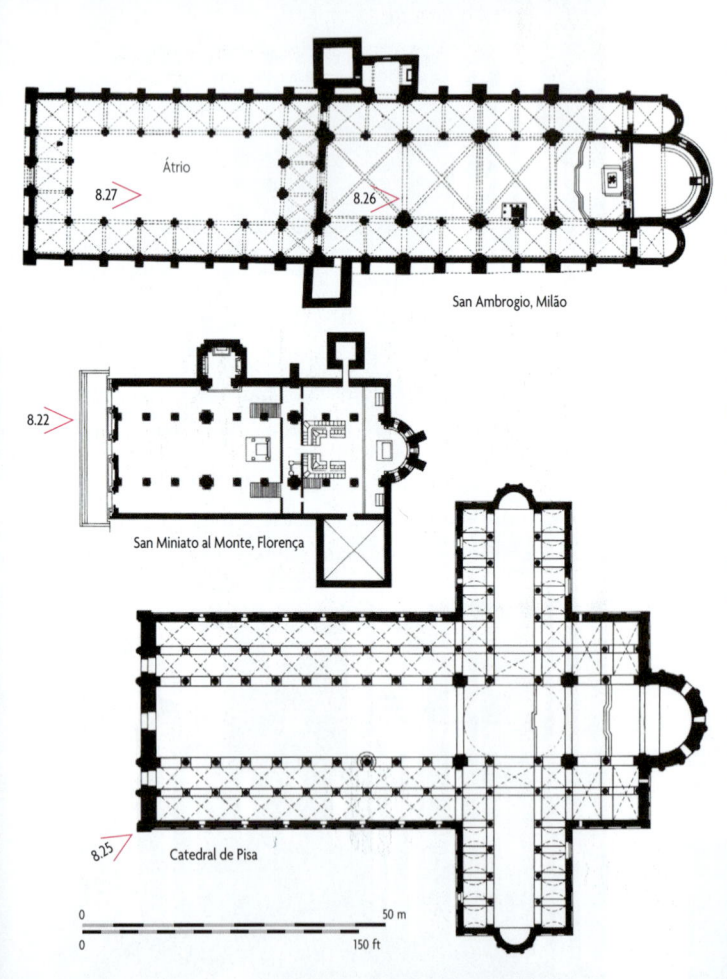

tilo Românico, mantendo uma forte relação com o passado clássico e praticamente não sofrendo influências do norte da Europa. Em geral, a basílica paleocristã continuou servindo como modelo para a maioria das igrejas, que raramente tinham cabeceira horizontal ou torres laterais, como se via na arquitetura otoniana ou carolíngia. A igreja de San Miniato al Monte, em Florença (1062–90 e posteriormente) é típica (Figuras 8.22–8.24). Há apenas uma nave lateral em cada lado da nave central sem transepto, a qual é finalizada por uma simples abside semicircular. Vãos alternados da nave central são agrupados por arcos de diafragma (ou seja, quando uma parede é construída para criar uma barreira horizontal no mesmo nível), sobre os quais as tesouras de madeira sustentam o telhado. Sua fachada é articulada no nível térreo por cinco arcos sustentados por meias-colunas coríntias, com pilastras também coríntias e um frontão que corresponde ao telhado da nave central. Os padrões geométricos criados pelos revestimentos de mármore animam a fachada praticamente plana, e toda a elevação segue o perfil do espaço basilical que está por trás.

A catedral de Pisa (iniciada em 1063 e terminada entre 1089 e 1272) foi implantada solta no terreno e é uma edificação mais elaborada, embora ainda se aproxime das tradições paleocristãs (Figuras 8.23, 8.25). Sua planta baixa em basílica cruciforme tem naves laterais duplas e galerias dos dois lados da nave central e também do transepto. Sobre o cruzeiro, uma cúpula oval se apoia em trompas e pendentes baixos, lembrando as igrejas com planta baixa centralizada de Bizâncio, enquanto tesouras de madeira cobrem o restante da igreja. O exterior é articulado por arcadas de mármore sobre colunatas sobrepostas na fachada principal (oeste), as quais continuam em volta da igreja. O interior é marcado pela policromia, neste caso de fiadas alternadas de mármore escuro e claro, e há

8.24 Interior de San Miniato al Monte, Florença, 1062–90 e posteriormente.

Durante o Período Românico, as igrejas italianas geralmente possuíam telhados de madeira como este. Assim como a fachada, as paredes internas dependiam de seus revestimentos de mármore policromático para a criação de padrões geométricos complexos.

8.25 Fachada ocidental da Catedral de Pisa, 1063; 1089–1272.

Arcos e colunas de mármore marcham em torno da edificação, que também é enriquecida com faixas alternadas de mármore claro e escuro. O campanário é mais conhecido como a Torre Pendente de Pisa, uma edificação que nunca foi vertical, por causa das fundações problemáticas.

8.26 (à esquerda) Interior de San Ambrogio, Milão, cerca de 1080–1140.

Os vãos amplos desta igreja possuem abóbadas de arestas às quais foram adicionadas nervuras de tijolo. Observe o uso de bandas lombardas também no interior.

8.27 (abaixo, à esquerda) Fachada oeste de San Ambrogio, Milão, cerca de 1080–1140.

A fachada e o átrio são ornamentados com arcos com recuos sucessivos conhecidos como bandas lombardas. A obra dos pedreiros lombardos pode ser vista em edificações românicas encontradas em muitas partes da Europa, pois estes artífices viajavam e construíam bastante. Observe também os pequenos colunelos.

mosaicos bizantinos na abside. A catedral é completada por duas edificações adjacentes, um batistério de planta circular e um campanário cilíndrico, a famosa Torre Pendente de Pisa, atualmente mais de 4,0 metros fora do prumo.

Na Lombardia, região noroeste da Itália, a edificação românica mais extraordinária é a igreja da abadia de San Ambrogio, em Milão (Figuras 8.23, 8.26–8.27). As datas deste importante monumento ainda são motivo de discussão entre os especialistas, mas as pesquisas indicam que as obras do atual prédio de tijolo começaram em torno de 1080, embora a nave central só tenha sido construída após 1128. As **abóbadas nervuradas** da nave central provavelmente foram construídas por volta de 1140. Em planta baixa, San Ambrogio segue a tradição paleocristã. Um átrio com arcada precede o espaço principal da igreja, e a abside semicircular e as absidíolas das extremidades das naves laterais com abóbadas de arestas finalizam esta basílica sem transepto. As galerias sobre as naves laterais ajudam a sustentar o empuxo causado pelas abóbadas da nave central, mas elas impedem a possibilidade de iluminação por um clerestório.

AS IGREJAS DAS ROTAS DE PEREGRINAÇÃO

Além do monasticismo, o período medieval foi marcado por outra importante instituição religiosa: a peregrinação. Para expiar pecados, buscar curas ou garantir a salvação, homens e mulheres medievais viajavam como peregrinos aos santuários que continham as relíquias dos santos. Todas as igrejas fundadas desde o Período Carolíngio precisavam ter relíquias em seus altares que atraíssem peregrinos locais, nacionais e internacionais. Jerusalém e Roma eram os centros de peregrinação mais famosos, mas eles também correspondiam às viagens mais caras e perigosas para os europeus do norte.

Por volta de 900, um novo centro de peregrinação passou a rivalizar em popularidade Roma e Jerusalém: o santuário do apóstolo Jacob (ou Tiago, mas chamado Sant'Iago, em espanhol, ou Santiago, em português), localizado na cidade de Compostela, no noroeste da Espanha. Com um apoio considerável da Igreja, Compostela se tornou a meta de milhares de peregrinos à medida que os relatos de milagres realizados por São Tiago motivaram pessoas de todos os confins da Europa a visitar seu túmulo e orar por sua intervenção. Aos poucos se desenvolveu uma rede completa de estradas e estalagens para atender a onda crescente de peregrinos rumo a Compostela. Os monastérios, centros tradicionais de hospedagem de viajantes, passaram a ter problemas com o número cada vez maior de visitantes, que per-

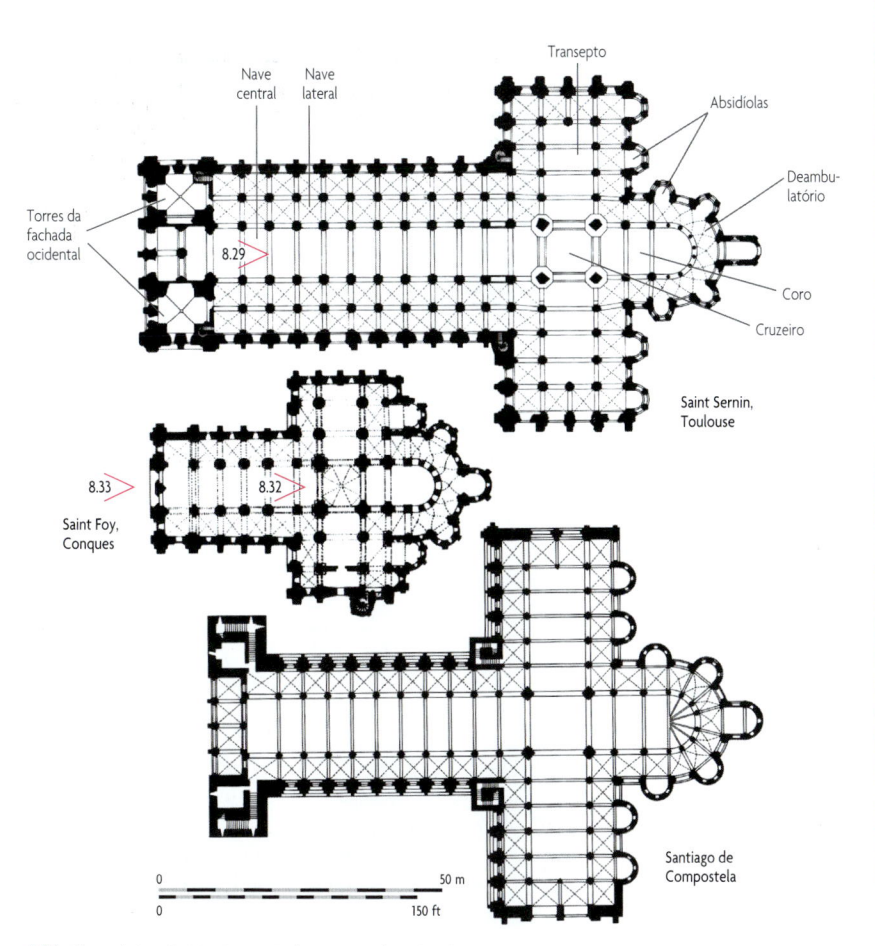

8.28 Plantas baixas de Saint Sernin, Toulouse, cerca de 1077-1119; Saint Foy, Conques, cerca de 1050-1130; e Santiago de Compostela, cerca de 1075-1211.

As três igrejas estão localizadas ao longo das rotas de peregrinação para a catedral de Santiago de Compostela e compartilham várias características, como naves laterais conectadas a um deambulatório, permitindo um percurso contínuo para peregrinos visitarem as relíquias nas absidíolas (capelas).

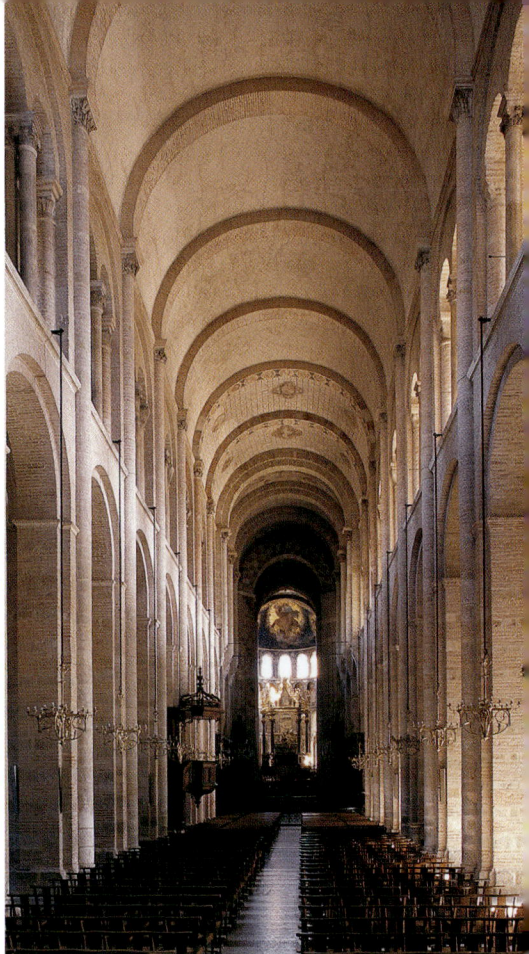

8.29 Interior de Saint Sernin, Toulouse, cerca de 1077-1119.

As meias-colunas, ou colunas conectadas aos pilares da nave central, chegam às nervuras que, na forma de arcos transversais, sustentam a abóbada de berço. O conjunto resultante é deslumbrante, quando visto em perspectiva.

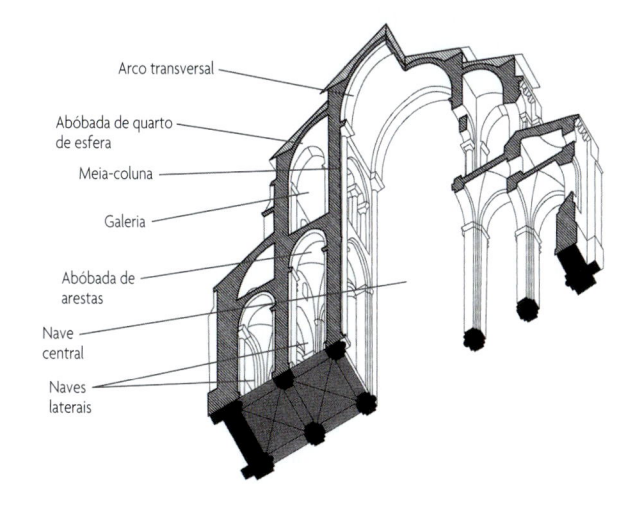

8.30 Vista axonométrica de baixo para cima de Saint Sernin, Toulouse.

Os pares de abóbadas das naves laterais trabalham com as abóbadas das galerias sobre a nave lateral interna para resistir ao empuxo das altas abóbadas de berço com arcos transversais da nave central e no coro.

turbavam seu ciclo diurno com vários cultos. Para acomodar melhor tanta gente, os monges modificaram a planta baixa em basílica, passando a incluir um deambulatório, como o visto em Saint Philibert de Tournus, que servia como uma extensão das abóbadas laterais e oferecia uma passagem contínua em torno de toda a igreja. Na extremidade leste, capelas radiais (absidíolas) foram agregadas ao deambulatório e às vezes havia outras capelas no lado leste dos transeptos, que eram usadas pelos monges que também haviam sido ordenados. Assim, essas pequenas capelas com altares podiam ser visitadas pelos peregrinos sem que houvesse a interrupção das atividades litúrgicas realizadas no **coro**.

As igrejas construídas em resposta às peregrinações são comuns nas principais estradas que levam a Compostela. Cinco destas maiores igrejas são tão similares em planta baixa, tamanho e detalhes de arquitetura que nos mostram claramente que as ideias artísticas eram levadas ao longo das estradas. A mais velha das cinco era Saint Martin, em Tours (já destruída), onde uma reconstrução da abside já em 918 introduziu o esquema de absidíolas (capelas radiais) e deambulatório conectado a uma grande nave central, com um transepto espaçoso. Em meados do século XI, o tema foi seguido pelas igrejas de Saint Martial, em Limoges (também destruída), Saint Foy, em Conques, Saint Sernin, em Toulouse, e Santiago de Compostela, produzindo uma série de edificações com muitos traços em comum (Figura 8.28).

8.31 Saint Foy, Conques, cerca de 1050–1130.
Localizada em um vale remoto, esta é a menor das grandes igrejas das rotas de peregrinações. Os condicionantes do terreno limitaram o tamanho da edificação.

8.32 Cruzeiro de Saint Foy, Conques, cerca de 1050–1130.
Esta vista mostra a galeria sobre a nave lateral e as trompas que sustentam a lanterna do cruzeiro. A localização do altar no cruzeiro é nova; o altar medieval ficava no coro.

A igreja de Saint Sernin, em Toulose, ilustra claramente o grupo (Figura 8.29). Saint Sernin, sem dúvida, é um dos maiores monumentos da Arquitetura Românica, ainda que sua elevação oeste nunca tenha sido finalizada e sua torre do cruzeiro tenha sido muito ampliada durante o período gótico. Iniciado por volta de 1077, o coro foi consagrado em 1096, e o transepto e a nave central foram provavelmente finalizados em 1119, com exceção das abóbadas. Em planta baixa, a igreja tem naves laterais duplas, quatro capelas a leste do grande transepto e cinco absidíolas em torno da abside. É uma edificação bastante longa, com quase 110 metros de comprimento, e a largura total de suas naves central e laterais chega a 30 metros; talvez sua amplidão tenha sido inspirada pela Antiga Basílica de São Pedro, em Roma. As abóbadas de berço, com arcos transversais sustentados por meias-colunas – colunas adossadas – se elevam a quase 20 metros de altura e são contraventadas pelas galerias do segundo piso sobre o par de naves laterais internas (Figura 8.30). Esta organização confere à igreja uma seção transversal triangular, mas impede a inserção de um clerestório que poderia iluminar a nave central diretamente. A luz oriunda das janelas na extremidade leste e da torre do cruzeiro dá algum brilho ao altar, contrastando com a pouca iluminação da nave central. O arranjo externo de absidíolas, deambulatório e coro, todos da altura da grande torre do cruzeiro, tem composição harmoniosa, e o conjunto é realçado por seus materiais de construção, tijolos vermelhos rematados com pedra.

Saint Foy, em Conques, uma região remota do centro da França, é a menor das igrejas nas rotas de peregrinos (Figuras 8.31–8.32). Em planta baixa, ela apresenta apenas um par de naves laterais e galerias ao lado da nave central, mas seu sistema estrutural é idêntico ao de Saint Sernin. Sobre o cruzeiro há uma **lanterna** octogonal construída sobre trompas, uma série de arcos com balanços sucessivos que faz a transição de um vão de planta quadrada para um octágono. (Os pendentes, como vimos em Santa Sofia, têm a mesma função para uma configuração geométrica diferente, mas trompas são mais comuns em edificações ocidentais.) Saint Foy preserva

8.33 Fachada oeste de Saint Foy, Conques, cerca de 1050–1130.

Esta vista mostra o grande tímpano que retrata o Julgamento Final, colocado sobre as portas. As autoridades eclesiásticas usavam esculturas como esta para transmitir os ensinamentos cristãos para um público em sua maioria analfabeto.

8.34 Tímpano de Saint Foy, Conques, cerca de 1140.

Aqui vemos Cristo como uma figura maior, ao centro. O paraíso é retratado no canto inferior esquerdo, enquanto os diversos tormentos do inferno ocupam a posição correspondente no lado direito. As pessoas aguardando julgamento foram representadas ao lado da mão direita de Cristo (lado esquerdo da imagem).

em seu **tímpano** (o painel semicircular criado sobre o arco de um portal) uma escultura magnífica (cerca de 1140) do Juízo Final (Figuras 8.33–8.34), a qual inclui representações do paraíso e do inferno. Cristo, o juiz, senta-se ao centro, sendo a figura de maior tamanho, por ser a mais importante. À sua direita (nossa esquerda), há uma fila de pessoas aguardando sua sentença, lideradas por Maria, São Pedro (carregando a chave) e personagens eclesiásticos que acompanham Carlos Magno e sua família, que estão representados por terem doado o dinheiro para a construção de igrejas anteriores que havia no terreno. Sob os pés de Cristo, é feita a pesagem das almas e na faixa inferior esquerda, temos a serenidade do paraíso, sendo a arquitetura, naturalmente, Românica. Na faixa inferior direita temos uma cena mais dinâmica, representando o inferno, cuja entrada é a boca de Leviatã. Responsável pelas várias punições, vemos o diabo, identificável por seu cabelo arrepiado e auxiliado por assistentes que lembram répteis. Se examinarmos cuidadosamente o tímpano, encontraremos representações dos Sete Pecados Capitais, entre outras transgressões, que recebem punições adequadas, ilustrando o conceito que Dante usaria séculos mais tarde na *Divina Comédia*. Todos que entravam na igreja sem dúvida conseguiam entender a relação entre suas ações e o destino que lhes aguardava no além. Este tímpano, como a maioria das esculturas românicas, tinha um propósito extremamente didático, além de sua função decorativa.

Em Compostela, a igreja de São Tiago (ou Santiago) ainda hoje é um importante santuário de peregrinação. Ela foi planejada com um conjunto de nove torres: uma sobre o cruzeiro, duas sobre cada uma das três entradas (elevação oeste e transeptos sul e norte) e outras duas ao lado da interseção da nave central com o transepto (Figura 8.28). Na extremidade leste há uma capela axial – abside – com uma porta para a praça que é aberta nos anos do jubileu (os anos nos quais o dia de São Tiago, 25 de julho, cai em um domingo ou outros anos escolhidos pela Igreja) para que os fiéis possam entrar diretamente pelo leste. Todas as três igrejas – Saint Sernin, Saint Foy e Santiago – refletem a devoção religiosa que há séculos tem motivado os peregrinos a viajar longas distâncias para visitar relíquias sagradas.

A ORDEM DE CLUNY

Em 910, o Duque Guilherme da Aquitaine, desejando compensar uma vida não tão santa e cair nas graças divinas, doou um monastério nas suas terras em Cluny, onde havia uma *villa* ou fazenda galo-romana. Por uma cláusula incomum de sua carta real, o novo monastério ficaria fora da jurisdição do bispo local e deveria se reportar diretamente ao papa. Doze monges, liderados pelo abade Berno, foram para Cluny, buscando uma obediência mais rigorosa da Regra Beneditina, e o monastério prosperou. A vida exemplar de seus monges atraiu mais convertidos e doações testamentárias; a localização na Borgonha, no caminho entre Paris e Roma, e a virtual independência das autoridades religiosas locais permitiram que o monastério se tornasse uma organização influente, com 1.450 abadias e priorados por toda a Europa. A liderança e a longevidade excepcionais de seus primeiros abades também tornaram famosas a Congregação e a Ordem de Cluny. Em 1088, o complexo da igreja e do monastério (conhecido como Cluny II), construído depois que a vila original havia crescido demais, também já estava muito apertado, e uma nova igreja (chamada pelos historiadores de Cluny III) foi iniciada, para acomodar o número cada vez maior de monges.

A igreja de Cluny III (Figuras 8.35–8.37) tinha as características da Arquitetura Românica madura, pois a importância do monastério pedia que sua igreja principal fosse a maior e mais espetacular de toda a cristandade. Baseada na planta baixa da basílica romana, a igreja foi enriquecida com dois transeptos e estendida por uma série de absidíolas em torno da abside e das paredes leste dos transeptos. A nave central, com 30 metros de altura e 151 metros de comprimento, tinha tamanho suficiente para acomodar procissões impressionantes. Suas naves laterais eram duplas, e o par interno continuava em torno do coro, formando um deambulatório que unia as cinco absidíolas da extremidade leste. No exterior, cada um dos elementos da planta baixa era claramente expresso como um volume individual, mas todos estavam perfeitamente integrados, formando um conjunto coerente. As várias torres davam ênfase vertical: duas na entrada oeste, uma sobre o braço da transepto principal, a torre mais alta no cruzeiro principal e uma torre baixa no cruzeiro do transepto secundário. Vista do leste, a igreja parecia ter um volume triangular, com telhados elevando-se sobre as capelas do deambulatório, a semicúpula da abside, a torre do cruzeiro secundário e, por fim, a torre do cruzeiro principal. Dentro, o efeito era ainda mais impressionante, pois o santuário era banhado com a luz oriunda das muitas janelas das absidíolas e dos clerestórios. As imagens que temos dessa basílica advêm principalmente das pesquisas de Kenneth John Conant, pois a igreja de Cluny III foi desmanchada após a Revolução Francesa, para se reaproveitar suas pedras. Hoje só resta o braço sul de seu transepto principal (Figura 8.38).

Do ponto de vista da estrutura, Cluny III mostra os grandes progressos obtidos na arte de edificar, após a finalização de Saint Martin de Canigou. Os pares de naves laterais, com duas alturas diferentes, contraventavam as altas abóbadas da nave central. A abóbada, por sua vez, não era uma abóbada de berço única, como a de Saint Sernin, mas uma abóbada de berço descontínua, com arcos transversais em cada vão, para maior articulação visual e reforço estrutural. Seja obra do acaso ou da dedução empírica, os monges que trabalharam como arquitetos em Cluny III – o músico Gunzo e o matemático Hézelon –, descobriram que as abóbadas construídas com a forma de um arco apontado exercem um empuxo para fora menor do que se tivessem a forma de um arco pleno e essa descoberta foi empregada na cobertura das naves central e laterais. Ainda assim, parte da abóbada da nave

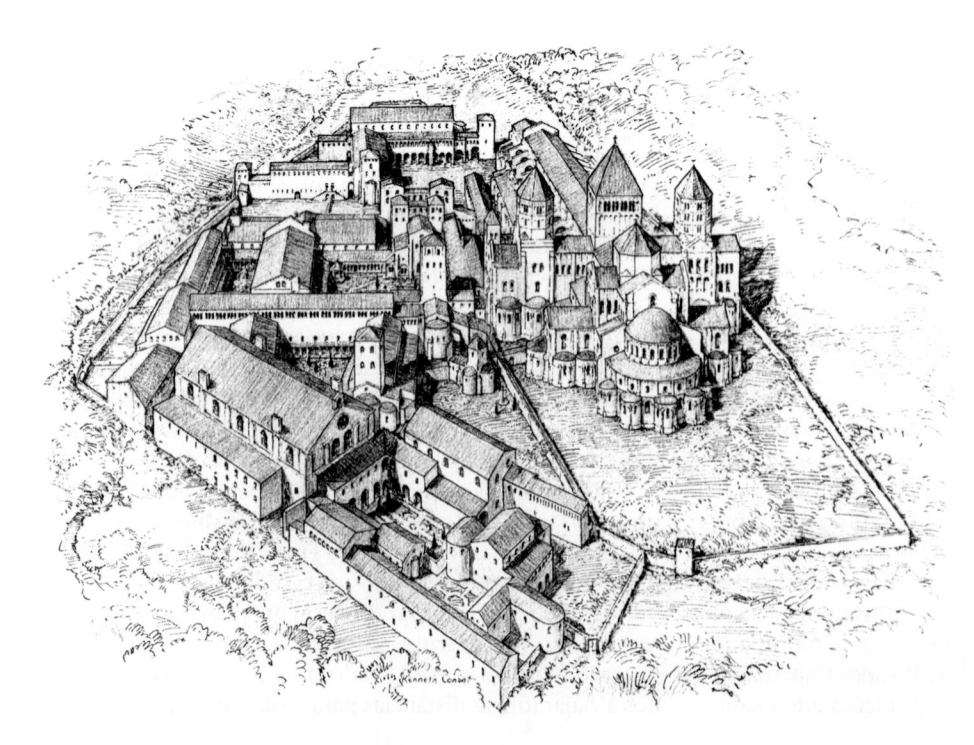

8.35 Perspectiva aérea de uma reconstrução do monastério de Cluny III visto pelo leste, século XI.

Esta foi a maior igreja da cristandade ocidental em sua época. Em primeiro plano, à esquerda, pode-se ver a enfermaria e o palácio do abade.

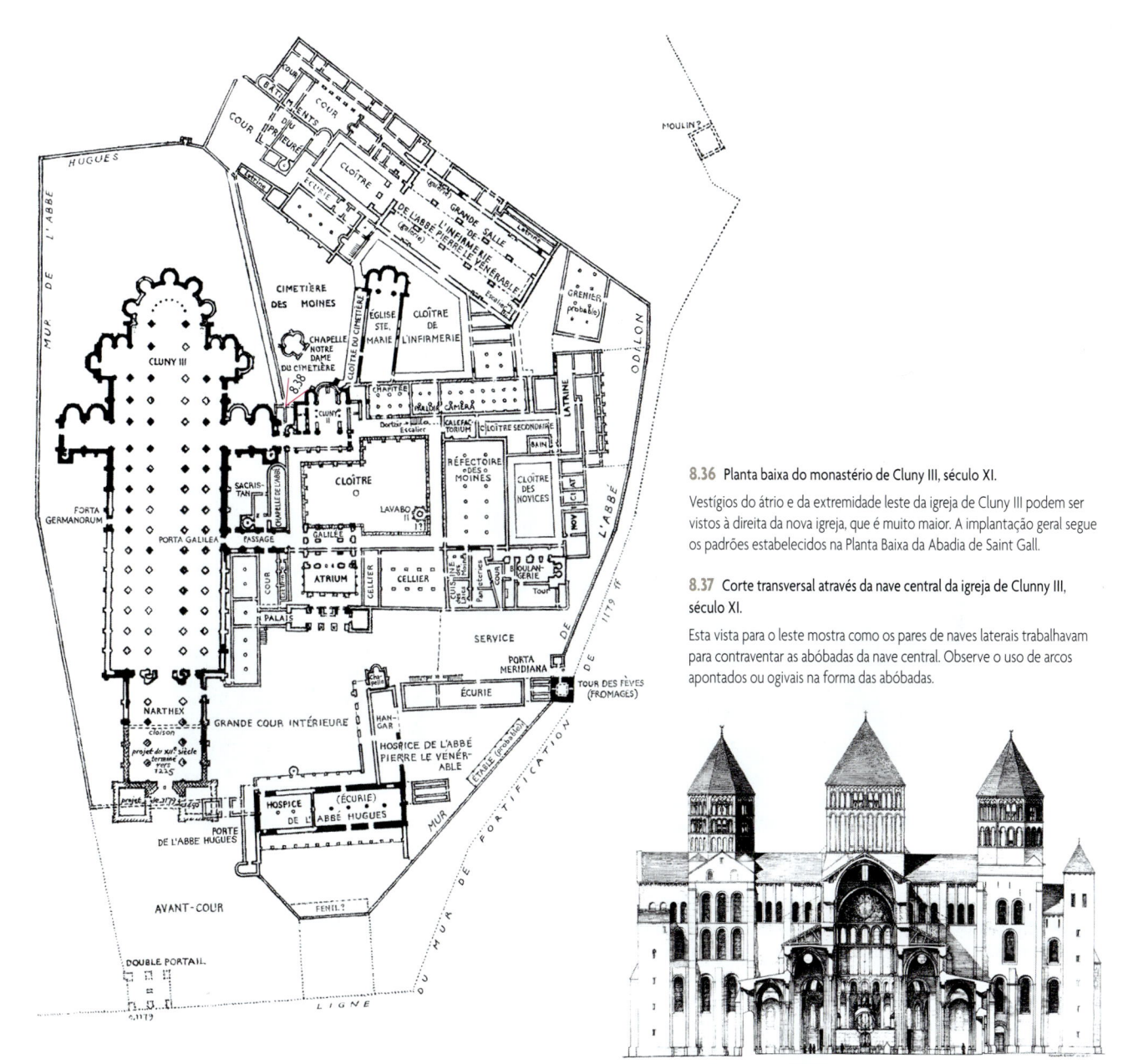

8.36 Planta baixa do monastério de Cluny III, século XI.

Vestígios do átrio e da extremidade leste da igreja de Cluny III podem ser vistos à direita da nova igreja, que é muito maior. A implantação geral segue os padrões estabelecidos na Planta Baixa da Abadia de Saint Gall.

8.37 Corte transversal através da nave central da igreja de Clunny III, século XI.

Esta vista para o leste mostra como os pares de naves laterais trabalhavam para contraventar as abóbadas da nave central. Observe o uso de arcos apontados ou ogivais na forma das abóbadas.

8.39 Capitel do coro de Cluny III, século XI.

Este detalhe na coluna representa um dos tons das escalas musicais, mostrado por meio de uma figura tocando um instrumento semelhante a um alaúde. Os monges de Cluny III eram grandes patronos das artes, pois acreditavam que ambientes agradáveis, com músicas adoráveis, ajudavam a mente a desenvolver os valores espirituais.

8.38 (à esquerda) Transepto sul de Cluny III, século XI.

Isto é tudo o que resta da outrora magnífica igreja monástica.

ENSAIO

O MOINHO MÍSTICO DE VÉZELAY

Marian Moffett

8.40 Capitel da nave lateral sul da Igreja de Santa Madalena, o "Moinho Místico", Vézelay, França, 1120–38.

Os artistas românicos se esforçavam muito para adaptar suas obras aos elementos de arquitetura. Portas e colunas passaram para o domínio de escultores e as superfícies das paredes ficaram por responsabilidade de pintores murais. Os artistas trabalhavam não apenas para ornamentar as obras de arquitetura, mas também para fazer das igrejas uma ferramenta visual para os ensinamentos cristãos, usando imagens que pudessem ser compreendidas pela população, em grande parte analfabeta. Dentro das limitações impostas pelas questões funcionais das edificações, estes artistas criaram cenas memoráveis que ilustram os princípios da teologia medieval.

Um exemplo particularmente belo desses esforços é o capitel Moinho Místico, da nave central da Igreja da Abadia de Vézelay ou Igreja de Santa Madalena (Figura 8.40). Seu tema, a moagem de grãos para produção de farinha, retrata uma atividade cotidiana na Idade Média, o primeiro passo indispensável para a produção do pão. O grão diretamente colhido dos campos não pode ser consumido pelas pessoas até que sua casca externa (o farelo) seja rompida e o cerne nutritivo nela contido seja pulverizado, o que pode ser feito com um moinho de mão ou com as grandes mós de um moinho de água.

Para os peregrinos medievais, esta cena é uma alegoria teológica, pois este não é um moinho qualquer e as figuras que o utilizam também não são pessoas comuns. O homem que está derramando os grãos, à esquerda, é Moisés; a figura ensacando a farinha é o apóstolo Paulo, enquanto o moinho representa o próprio Cristo. Observe o eixo em cruz da roda dentada do moinho. As duas figuras, uma do Velho Testamento e a outra do Novo, são unidas por Cristo. Assim, a cena representa a transformação das promessas e profecias do Velho Testamento (o grão) nos ensinamentos e nas bênçãos do Novo Testamento (a farinha) com a ação de Jesus Cristo (o moinho). A reconciliação do Velho com o Novo Testamento era uma preocupação frequente dos teólogos medievais e, nesta bela imagem, o artista conseguiu capturar este conceito obscuro por meio da analogia de um processo familiar a todos que viam o capitel. Por extensão, a farinha do moinho representa o pão da Comunhão, o corpo de Cristo. A transformação do grão em farinha também sugeria a conversão dos judeus ao cristianismo, evento que as pessoas da Idade Média acreditavam estar prevista para o Retorno do Salvador.

Esta cena também inclui um segundo significado, ainda mais profundo, que seria entendido pelos monges mais cultos: assim como o farelo protege os nutrientes do cerne do grão de trigo, o verdadeiro significado das escrituras não é visível para os infiéis. Estudando os textos bíblicos e recebendo a orientação dos comentários sagrados, simbolizados pelas figuras de Moisés e Paulo, as pessoas que buscavam uma melhor compreensão das verdades religiosas um dia também conseguiriam romper a casca das aparências e se nutrir espiritualmente das verdades reveladas apenas àqueles que alcançassem os níveis mais elevados de instrução religiosa. Ainda que nem todos os capitéis de Vézelay sejam tão ricos em simbolismo, eles nos fazem lembrar que a arte medieval existia por outras razões além de encher os olhos. A arte andava de mãos dadas com a arquitetura para divulgar os ensinamentos cristãos.

central ruiu em 1125, mas foi reparada antes da grande consagração da igreja, em 25 de outubro de 1130. A iluminação da nave central era fornecida diretamente por um clerestório com aberturas bastante pequenas imediatamente abaixo da abóbada, pois as grandes cargas transferidas às paredes restringiam bastante a possibilidade de janelas maiores.

Os grandes espaços abobadados da igreja criam uma acústica excelente para os cânticos belíssimos e extremamente requintados dos monges. O rico esplendor do reino celestial era refletido ainda mais nos ornamentos artísticos, especialmente nas esculturas, que abundam na edificação. Algumas dessas obras resistiram ao vandalismo pós-Revolução Francesa, ainda que tenham ficado muito danificadas (Figura 8.39). Para avaliar o impacto artístico de Cluny, portanto, é necessário ver as obras mais bem preservadas de suas instituições-irmãs, pois onde a influência religiosa de Cluny alcançou, também chegou seu mecenato artístico. Na Igreja de Santa Madalena, em Vézelay, a abadia foi ampliada durante o período das reformas cluníacas, e a nave central da igreja ainda preserva seu esplendor românico (Figura 8.41). (O coro foi reconstruído durante o período Gótico). Arcos plenos policromáticos atravessam a nave central e dividem o teto em vários vãos, cada um formando uma abóbada de arestas. Os capitéis magnificamente esculpidos representam uma variedade de temas, desde eventos do Velho Testamento até a vida dos santos e alegorias que ilustram os ensinamentos de Cristo. O tímpano sobre a porta do nártex que dá para a nave central (datado de 1120–32) representa a descida do Espírito Santo em Pentecostes, quando Cristo envia os apóstolos para todos os cantos da Terra com a missão de pregar, ensinar e curar os enfermos (Figura 8.42). Aqui o escultor emoldurou a imagem central com signos do zodíaco, ilustrações dos meses do ano retratadas por meio de tarefas agrícolas e representações criativas de diversos povos do mundo, incluindo citas, com orelhas elefantinas dobradas, etíopes, com focinhos de porco, e pigmeus, carregando escadas de mão. Como um todo, o tímpano expressa a assertiva de que Cristo e seus ensinamentos são eternos, onipresentes e para todas as pessoas.

Há um tímpano mais austero na igreja cluníaca vizinha de São Lázaro, em Autun (Figura 8.43.). Aqui o tema é

8.41 Nave central da Igreja de Santa Madalena, Vézelay, 1120–38.

A nave central foi construída quando a abadia fazia parte da Ordem Cluníaca. Embora a edificação não lembre Cluny em termos de arquitetura, a tradição de criar um ambiente ricamente ornamentado para o culto foi mantida.

8.42 Portal do nártex da Igreja de Santa Madalena, Vézelay, 1120–38.

O portal mostra o Espírito Santo descendo à Terra, em Pentecoste. Os apóstolos parecem espantados, refletindo a surpresa de encontrar o Cristo ressuscitado. O rosto de muitos deles foi destruído durante os tumultos da Revolução Francesa.

8.43 (acima) São Lázaro, Julgamento Final, tímpano da fachada ocidental, Autun, 1120–32.

O tema é o mesmo encontrado em Conques, embora a distribuição de algumas cenas seja diferente. Esta obra foi assinada por seu escultor, Gislebertus, na faixa sob os pés de Cristo.

8.44 Capitel de São Lázaro (originalmente no coro), Autun, 1120–32.

Esta obra mostra a fuga para o Egito, com Maria e Jesus montados em um burro guiado por José. Observe o halo atrás das cabeças de Maria e de Jesus. A escultura românica geralmente exagera nos tamanhos das cabeças e das mãos, pois essas são as partes mais expressivas do corpo.

o Juízo Final, repleto de demônios pavorosos e almas convocadas para o julgamento definitivo. Uma figura enorme e impassível de Cristo ocupa o centro do painel, com o paraíso à sua direita e a pesagem das almas à sua esquerda, ao lado das misérias do inferno. (Observe que, como ocorre em Conques, o representante do diabo que pesa as almas trapaceia, puxando a balança com sua mão!) O interior da igreja repete muitas das características de Cluny III em uma escala reduzida, enquanto os belos capitéis talhados da nave central e do coro narram várias passagens bíblicas, incluindo a da Natividade (Figura 8.44), e mostram plantas e feras fantásticas.

AQUITÂNIA E PROVENÇA

Como seria de se esperar em um período no qual os meios de comunicação eram limitados e o controle político estava descentralizado, inúmeras variantes do Estilo Românico se desenvolveram na França. Ainda que todas compartilhem a herança das influências de Roma, elas diferem em termos de materiais, cultura e interesses artísticos de cada local. A principal parte da França, ao sul do Vale do Luar, compreendia a Aquitânia, uma importante região que durante certo tempo foi sucessivamente independente, aliada do rei da França e dominada pelo rei da Inglaterra. Centro de uma próspera cultura, a Aquitânia apresentava uma arquitetura que talvez fosse a mais aberta a várias influências de outras partes da Europa, especialmente da cristandade oriental. Lá encontramos uma série de aproximadamente 70 igrejas com cúpulas, elemento pouco presente na arquitetura medieval da Europa Ocidental. A influência bizantina também fica evidenciada pelo uso de pendentes, outro elemento típico da Europa Oriental.

A Igreja de Saint Front, em Périgueux, construída principalmente após 1120, nos oferece a oportunidade de uma comparação interessante com a Basílica de São Marcos, em Veneza (Figura 8.45). São Marcos, baseada na planta baixa em cruz grega da Igreja dos Santos Apóstolos, de Constantinopla (já desaparecida), foi reconstruída após um incêndio e o término das obras se deu por volta de 1089. Quase 30 anos depois, a igreja de Saint Front, em Périgueux, preexistente, recebeu uma grande ampliação, adotando uma planta em cruz grega incrivelmente similar à da Basílica de São Marcos. Cinco cúpulas sobre pendentes se elevam sobre pilares colossais, cobrindo o transepto e o cruzeiro da igreja. O corte das pedras – ou **estereotomia** – é muito refinado. Em Périgueux, a obra não apresenta em seu interior a decoração com mosaicos típica das obras bizantinas, nem a forma externa das cúpulas bizantinas posteriores (Figura 8.46). Em vez disso, o detalhamento se baseia na arquitetura clássica, incluindo colunas muito próximas entre si nos torreões da lanterna sobre as coberturas cônicas de cada cúpula.

Périgueux é realmente única entre as curiosas igrejas da Aquitânia. As demais igrejas cupuladas da região, como a

Basílica de São Marcos, Veneza

Saint Front, Périgueux

Saint Pierre, Angoulême

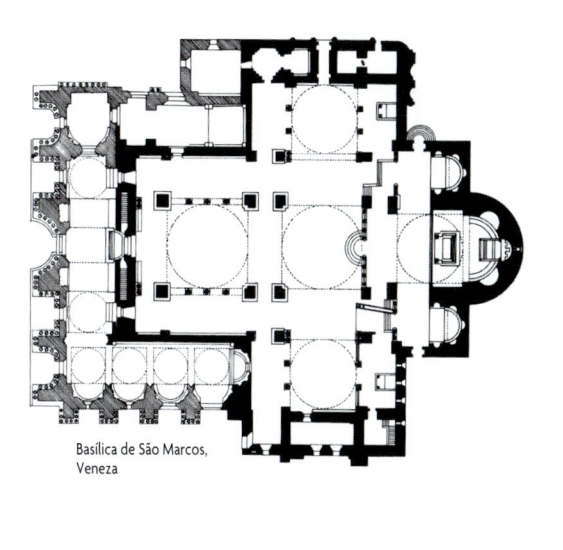

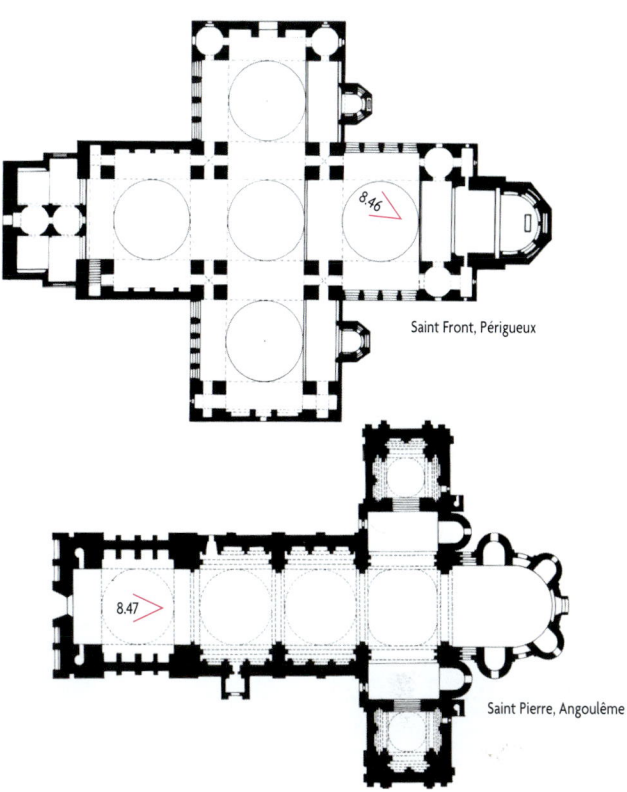

8.45 (acima) Planta baixa da Basílica de São Marcos, Veneza, 1063–89; Saint Front, Périgueux, cerca de 1120; e Saint Pierre, Augoulême, 1105–28.

O projeto de Saint Front parece ter derivado da Basílica de São Marcos, em Veneza, enquanto que a catedral de Angoulême apresenta cúpulas semelhantes às de Périgueux.

8.46 Interior de Saint Front, Périgueux, cerca de 1120.

No sul da França, é surpreendente encontrar uma igreja como esta, com planta baixa centralizada e cúpulas sobre pendentes. (Compare o interior desta igreja com o da Basílica de São Marcos, na página 152).

Catedral de Saint Pierre de Angoulême (1105–28 e posteriormente), são basílicas sem naves laterais, cujos domos substituem as costumeiras abóbadas da nave central (Figuras 8.45, 8.47). A maior parte do carregamento de cada vão é concentrada em pendentes sobre quatro pilares, permitindo uma área razoável para as janelas, que oferecem iluminação direta para a nave central. A sequência de arcos ogivais em cada vão cria um majestoso espaço processional. Na fachada oeste, há uma escultura mal restaurada que representa o Retorno de Cristo.

A região da Provença, junto à costa do Mediterrâneo e perto da Itália, manteve-se extremamente fiel à tradição da arquitetura clássica da Roma Antiga. Provença fora uma importante colônia romana e ainda hoje encontramos edificações romanas bem preservadas em Nîmes e em outras cidades da região. Assim, não é de surpreender que seus exemplares de Arquitetura Românica apresentem uma forte influência clássica na composição, nas proporções e nos detalhes. A igreja do mosteiro cluníaco de Saint Gilles-du-Gard (cerca de 1140–70) (Figura 8.48) apresenta uma fachada oeste com três arcos baseada no modelo romano de arco de triunfo. Também foram incorporadas colunas coríntias bem proporcionadas – algumas retiradas dos próprios edi-

8.47 Interior da Catedral de Saint Pierre, Angoulême, 1105–28.

Esta vista mostra a nave central com cúpulas sobre pendentes. Observe o arco levemente apontado utilizado para definir cada vão. As cúpulas possibilitam a iluminação natural da igreja, que não tem naves laterais.

8.48 Portais da fachada oeste de Saint Gille-du-Gard, cerca de 1140–70.

As esculturas possuem caráter clássico e o projeto geral lembra um arco de triunfo romano triplo.

8.49 Fachada oeste de Saint Trophîme, Arles, cerca de 1140–70.

Assim como Saint Gilles, a fachada desta igreja é baseada em um arco de triunfo e as esculturas nos remetem aos modelos romanos. A Provença situava-se relativamente perto da Itália e tinha um patrimônio significativo de obras romanas autênticas.

fícios romanos. Exceto pela fachada, pouco resta da igreja original, que já foi um importante centro regional para peregrinações. A fachada da antiga catedral de Saint Trophîme de Arles, da mesma época, também lembra as construções de Roma, por seu conjunto majestoso de esculturas em um contexto de arquitetura clássica (Figura 8.49).

OS MONASTÉRIOS CISTERCIENSES

O século XI testemunhou a fundação de diversos novos grupos monásticos, incluindo a Ordem de Cîteaux, conhecida como Ordem Cisterciense. Assim como os cluníacos, os cistercienses se originaram na Borgonha, mas, em termos de desenvolvimento artístico e religioso, podemos dizer que eram a antítese de Cluny em muitos aspectos. A Ordem Cisterciense foi fundada em 1098 por um grupo de 22 monges de Molesme, que buscavam uma observação mais rígida da Regra Beneditina; o nome veio de seu primeiro monastério, em Cîteaux, construído em um bosque pantanoso doado pelo Visconde de Beaune. Os primeiros anos foram de privações, mas o monastério ganhou um convertido importante quando um jovem nobre, chamado Bernardo, ingressou na ordem em 1112. Seu zelo religioso e sua capacidade como administrador fizeram dos cistercienses uma comunidade ascética extremamente bem organizada. (Outros membros da família de Bernardo posteriormente se uniram à ordem, e suas contribuições financeiras sem dúvida também ajudaram bastante.) Em 115, Bernardo fundou a terceira casa-irmã da ordem, em Clairvaux, onde ele continuou a trabalhar como guia espiritual de todas as casas cistercienses até sua morte, em 1153.

Com o passar do tempo, os cistercienses igualaram os cluníacos em termos de influência. Embora seus monastérios associados equivalessem apenas à metade do número das casas cluníacas, eles estavam por todas as partes da Europa cristã ocidental. A Ordem Cisterciense exigia que seus monastérios afiliados seguissem rigidamente suas orientações, e essa obediência se estendia à arquitetura. Como era apropriado para a vida austera imposta a seus monges, as abadias cistercienses eram construções o mais simples possível, mas de alvenaria resistente. Contrastando bastante com os cluníacos, os cistercienses inicialmente não se permitiram elementos de luxo como torres, janelas com vitrais ou pisos revestidos. Eles desprezavam materiais caros e desencorajavam esculturas ornamentais. Os monastérios cistercienses tinham plantas baixas simples e bem ordenadas, baseadas em um módulo quadrado, desprovidas da articulação elaborada de muitos projetos cluníacos. Assim, os cistercienses produziram um conjunto internacional de edificações com características comuns inconfundíveis.

As comunidades cistercienses eram fundadas a pelo menos 32 quilômetros de qualquer assentamento urbano, de

8.50 Planta baixa da abadia, Fontenay, 1139–47.

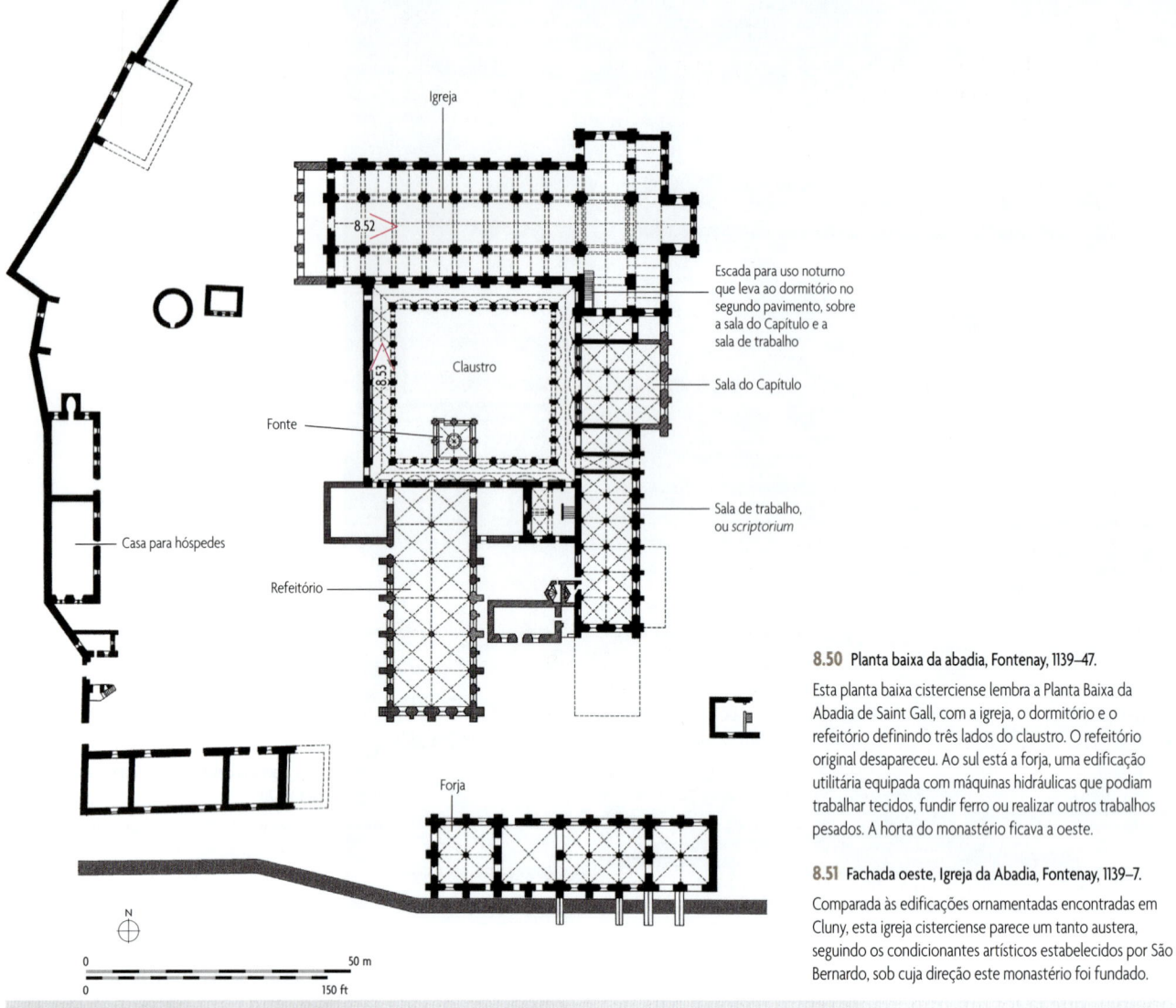

Esta planta baixa cisterciense lembra a Planta Baixa da Abadia de Saint Gall, com a igreja, o dormitório e o refeitório definindo três lados do claustro. O refeitório original desapareceu. Ao sul está a forja, uma edificação utilitária equipada com máquinas hidráulicas que podiam trabalhar tecidos, fundir ferro ou realizar outros trabalhos pesados. A horta do monastério ficava a oeste.

8.51 Fachada oeste, Igreja da Abadia, Fontenay, 1139–7.

Comparada às edificações ornamentadas encontradas em Cluny, esta igreja cisterciense parece um tanto austera, seguindo os condicionantes artísticos estabelecidos por São Bernardo, sob cuja direção este monastério foi fundado.

preferência no fim de um vale estreito que tivesse uma fonte segura de água. Ainda que os monges não fugissem de sua obrigação de hospedar visitantes, eles não tentavam implantar suas edificações de modo a favorecer a passagem de peregrinos. As pessoas que doavam terras para seus monastérios rapidamente observavam que até mesmo os terrenos mais medíocres se tornavam produtivos nas mãos dos cistercienses, e o exemplo dado por sua capacidade superior como administradores rurais também influenciava os territórios vizinhos. Aos benefícios espirituais obtidos com as doações geralmente seguiam-se aumentos muito palpáveis em arrendamentos e rendas. Nos primeiros anos, os monges eram totalmente autossuficientes, obtendo sua dieta vegetariana das hortas adjacentes ao monastério, mas, logo, cuidar das plantações e dos animais passou a exigir mais tempo do que os monges dispunham em função de seus deveres religiosos. Assim, irmãos leigos passaram a realizar a maior parte dos trabalhos manuais, liberando os religiosos para as orações e cópia dos manuscritos. Da mesma forma como em muitos movimentos monásticos medievais, o sucesso acabou corrompendo os cistercienses. Eles se tornaram ricos e passaram a relativizar os rigores de suas obrigações religiosas, se comportando cada vez mais como os demais grupos monásticos e, quando as instituições religiosas foram atacadas, no período pós-medieval, as abadias cistercienses foram alvos favoritos, por seu luxo. Contudo, durante o tempo em que seus ideais originários se mantiveram intactos, eles tiveram uma presença marcante na religião e na arquitetura, contribuindo muito para a difusão do conhecimento, para a adoção de práticas agrícolas progressistas e para o uso de boas práticas de edificação por toda a Europa Ocidental.

A Abadia de Fontenay, na Borgonha, hoje é um dos mais bem preservados exemplos dos primeiros monastérios cistercienses. Construída entre 1139 e 1147, com algumas partes refeitas nos séculos XIII e XVI, ela é um belo exemplo dos ideais de arquitetura de Bernardo de Clairvaux. O monastério se baseia muito no leiaute da Abadia de Saint Gall, usando um módulo estabelecido pelo vão estrutural da nave lateral da igreja (Figura 8.50). Duas unidades desse módulo determinam a largura da nave; quatro, a área do cruzeiro; e uma corresponde a cada uma das quatro capelas da parede leste do transepto. O módulo continua como unidade padrão na galeria do claustro e se repete mais uma vez na casa do Capítulo, na sala de trabalho e na forja. (O refeitório não modulado é um acréscimo feito no século XVI.)

A mesma simplicidade distingue a realidade tridimensional das edificações (Figura 8.51). A nave central, de altura modesta, é coberta por abóbadas de berço divididas por faixas, enquanto as naves laterais têm abóbadas de berço também divididas com faixas, mas sobre cada um de seus vãos (Figura 8.52), fazendo-nos lembrar as abóbadas da nave central de Saint Philibert, em Tournus. A iluminação natural da igreja é fornecida pelas janelas das naves laterais e das paredes extremas leste e oeste, uma vez que não há clerestório. O piso da igreja é de terra compactada; apenas a área do coro tem um piso elevado e revestido de pedra. As proporções harmoniosas amenizam a extrema simplicidade da construção. A galeria do claustro, com seus su-

8.52 Interior da Igreja de Fontenay olhando-se para oeste, 1139–47.
Observe os arcos transversais apontados e a ausência do clerestório. A igreja não é alta e seus detalhes de arquitetura são muito austeros.

8.53 Galeria do claustro, Fontenay, 1139–47.
O claustro unia as principais edificações monásticas e servia como uma passagem coberta para meditação ou prática de exercícios. Quando o tempo estava bom, os monges sentavam sobre as muretas entre os arcos para ler. As proporções modulares e os detalhes de arquitetura controlados criavam uma sensação de tranquilidade.

cessivos arcos plenos, reflete uma suave luz natural e lhe confere uma escala humana apropriada (Figura 8.53).

Os cistercienses sabiam construir. Seus projetos padronizados contribuíram bastante para difundir, em boa parte da Europa, as boas práticas de construção e o estilo românico preferido por Bernardo. Após a morte de Bernardo, muitos conventos cistercienses foram ampliados e passaram a construir edificações mais elaboradas do que as de Fontenay. Os coros, em particular, foram aumentados, como na planta de Cîteaux, na qual as absides quadradas originais foram substituídas por um leiaute radial, gerando um projeto que seria copiado por muitas de suas comunidades-irmãs. Embora pequenas variantes regionais sejam vistas nas obras cistercienses, monastérios tão distantes entre si, como Fossanova, na Itália, Sénanque, na Provença, Poblet, na Espanha, Maulbronn, na Alemanha, e Fountains, na Inglaterra, compartilhavam o caráter bastante objetivo e despojado da arquitetura cisterciense, o primeiro estilo internacional do período medieval.

A ARQUITETURA NORMANDA

Já observamos como os vikings, na Noruega, se converteram ao cristianismo e construíram suas igrejas de tabuado de madeira. Outros vikings se tornaram residentes permanentes fora da Escandinávia: em 911, um grupo liderado por Rollo ganhou um território no oeste da França, em troca do fim de seus ataques às cidades e vilas do reino frâncico. Esses novos moradores passaram a ser conhecidos como normandos, suas terras formaram a Normandia e seu soberano, o duque da Normandia. Dentro de um século, eles se transformaram em habilidosos construtores no uso da pedra e, como Carlos Magno, promoveram a construção de monastérios.

Em 1068, começaram as obras da igreja da abadia de Saint Etienne, em Caen, também conhecida como a Abbaye-aux-Hommes (1068–1120), fundada por Guilherme, Duque da Normandia, para pagar pelo pecado de seu casamento consanguíneo (Figura 8.54). No início, a igreja tinha uma longa nave central com duas torres ocidentais. Havia naves laterais ao lado da nave central com cobertura de madeira e abóbadas de nervuras sustentavam as galerias acima. Entre 1115 e 1120, o telhado de madeira foi removido e o pano superior da parede da nave central foi reconstruído, incorporando nervuras que dividiram em seis partes as abóbadas que cruzavam a nave. Essas abóbadas, cada uma correspondendo a dois vãos da nave central, conectam os apoios principais e secundários existentes em colunas simples ou com fustes fasciculados alternadas, de modo a continuar a linha das nervuras das abóbadas até o piso.

O Duque Guilherme ficou conhecido na história por outro fato mais importante do que a doação de Saint Etienne. Em 1066, ele liderou um exército de normandos que cruzou o Canal da Mancha, derrotou as forças conjuntas dos anglo-saxões e estendeu o reinado normando à Inglaterra. A partir de então, passou a ser conhecido como Guilherme, o Conquistador, e seu triunfo militar teria longas consequências para a história e a arquitetura da Inglaterra. Comparadas com as obras normandas da mesma época, as edificações an-

8.54 Fachada oeste de Saint Etienne, Caen, 1068–1120.
Sua fachada é austera, com um ordenamento simples de portais, janelas e contrafortes. Os níveis superiores das torres, mais ornamentados, são acréscimos posteriores.

glo-saxãs da Grã-Bretanha eram pequenas e mal construídas. Guilherme reorganizou a Igreja Católica inglesa e iniciou uma grande campanha de construção de igrejas e castelos. Ele promoveu a fundação de monastérios e grandes catedrais surgiram em Canterbury, Durham, Lincoln, Winchester, Glouscester, Norwich, Ely e outras cidades.

Em Durham, a Catedral de Saint Cuthbert (Figura 8.55) foi construída entre 1093 e 1133, sob a liderança de bispos normandos e como substituição para uma igreja monástica anterior, que continha as relíquias de Saint Cuthbert. Ainda hoje, ela é uma das mais bem preservadas grandes igrejas

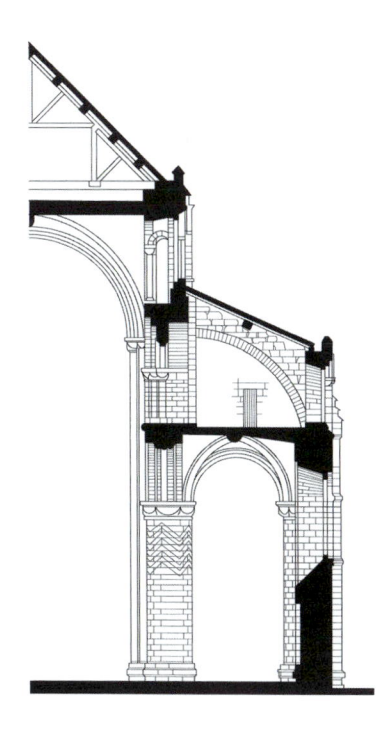

8.55 Planta baixa e corte da Catedral de Saint Cuthbert, Durham, 1093–1133.

A abside semicircular original foi reconstruída no século XIII como um transepto com nove altares para abrigar a capela de Saint Curthbert. Os construtores reduziram a altura da galeria sobre a nave lateral, para dar espaço a um clerestório encaixado nas abóbadas nervuradas. Compare este corte com o de Saint Sernin, que utiliza uma técnica semelhante.

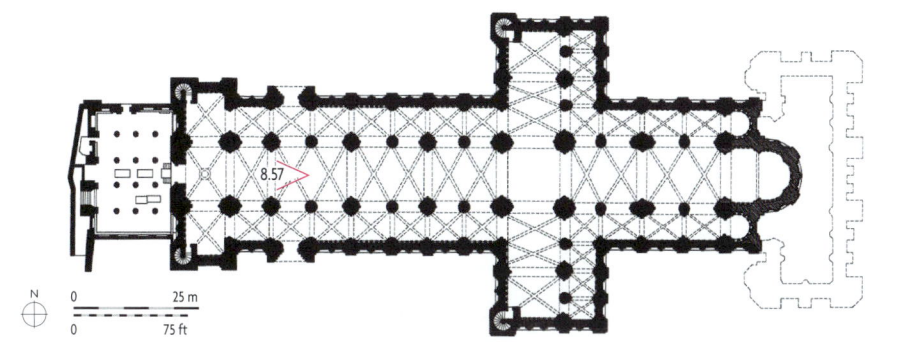

normandas da Inglaterra, chamando a atenção por sua volumetria impressionante e seu uso inovador e extensivo de abóbadas nervuradas, que formam belíssimos padrões geométricos em seus pilares, seus arcos e suas nervuras. Duas torres na fachada oeste e uma torre de cruzeiro anunciam a presença da catedral no alto da colina sobre o rio Wear. A planta baixa original era uma basílica com transeptos, com o coro finalizando uma abside semicircular e as naves laterais sendo acabadas pelas capelas. (A abside foi posteriormente reconstruída, adotando o projeto atual com transepto no Período Gótico.) Há evidências de que somente o coro seria coberto por abóbadas, mas, em determinado momento, foram construídas abóbadas por toda a igreja. Nas abóbadas das naves laterais do coro, construídas por volta de 1096, as nervuras foram construídas antes das cascas. Quando as abóbadas nervuradas foram começadas em aproximadamente 1028–33, os pedreiros usaram suas nervuras como estrutura para levantar as vedações da abóbada, cuja casca era significativamente mais fina do que aquela do coro, indicando que eles compreendiam as vantagens construtivas das abóbadas de nervuras (Figura 8.56).

8.56 Abóbadas da nave central, Saint Curthbert, Durham, 1093–1133.

Aqui, os construtores normandos utilizaram abóbadas com sete partes entre os arcos ogivais transversais. Observe como as nervuras nascem de mísulas no alto da parede do trifório.

8.57 Vista para o leste da nave central, Saint Curthbert, Durham, 1093–1133.
A nave central apresenta pilares compostos alternados com colunas cilíndricas extraordinariamente simples, cada uma com um desenho talhado. As linhas contínuas em zigue-zague produzem uma unidade espacial com os vãos das abóbadas.

As altas abóbadas de Durham carecem de continuidade vertical entre suas **nervuras diagonais** e as colunas fasciculadas que caracterizam o interior de Saint Etienne, em Caen. Embora a nave central e o coro tenham vãos estruturais duplos feitos com pilares compostos alternados por colunas bastante peculiares (Figura 8.57), as abóbadas são divididas em sete partes e suas nervuras diagonais nascem de mísulas nos tímpanos da parede da galeria, em vez de se conectar a colunelos ou colunas fasciculadas. Arcos ogivais transversais definem os vãos duplos, conectando as colunas fasciculadas da nave central. O aspecto pesado da construção é enfatizado pela relativa ausência de ornamentos figurativos. Desenhos geométricos formando padrões em V, em espiral e xadrez foram talhados nas colunas, de maneira um tanto similar aos entrelaçados abstratos dos vikings, enquanto as molduras dos arcos na Capela da **Galilé** conectados à extremidade oeste da catedral por volta de 1170–75 têm padrões em zigue-zague.

Os tipos de abóbadas que os construtores normandos exploraram em Caen e Durham levaram a progressos nas estruturas que são associados ao Estilo Gótico. Ao descobrir meios de aproveitar as vantagens construtivas das abóbadas nervuradas e a eficiência estrutural do arco ogival, os pedreiros reduziram a quantidade de material (e consequentemente o peso e custo da estrutura) necessária para cobrir uma edificação com abóbadas. Os vãos quadrados e as abóbadas de arestas diagonais da época romana foram transformados em vãos retangulares com linhas contínuas entre as colunas fasciculadas ou os colunelos e as nervuras das abóbadas. As paredes ininterruptas, tão importantes para a estabilidade estrutural das primeiras edificações românicas, foram abandonadas em favor de um sistema de estrutura independente em forma de esqueleto com cargas concentradas em pontos particulares, e uma nova estética baseada na amplidão e iluminação natural se transformou no estilo que hoje conhecemos como Gótico.

CONCLUSÕES SOBRE AS IDEIAS DE ARQUITETURA

A tentativa feita por Carlos Magno, no século IX, para associar seu nome ao antigo Império Romano produziu um falso renascimento da tradição clássica. Embora seus escribas tenham reunido e copiado manuscritos antigos de maneira impressionante, garantindo sua preservação até os nossos dias, Carlos Magno não conseguiu retomar a maneira clássica de se pensar, e os construtores carolíngios também não tiveram a capacidade de resgatar a essência da arquitetura clássica. Carlos Magno se baseou no que havia visto na Itália, especialmente na igreja de San Vitale, em Ravena, e nos conhecimentos dos construtores lombardos que levou para o norte, mesclando modelos e tecnologias diversos com as tradições de construção germânicas. Essa fusão produziu sua Capela Palatina em Aachen e, usando uma linguagem de arquitetura similar, o Oratório de Germigny-des-Prés, que se desenvolve sobre uma planta baixa com nove partes – ou *quincunx* – tomada emprestada de Bizâncio, na Anatólia. Esse rei franco também usou os monastérios como instrumentos de ocupação de novos territórios e controle do interior. O documento conhecido como Planta Baixa da Abadia de Saint Gall ilustra que seus projetistas conceberam um ideal monástico universal que poderia ser adaptado às condições locais, como foi o caso de Cluny.

Os construtores anglo-saxões e vikings exploraram o uso da madeira na forma de toras e tabuados. Sua criatividade foi longe na ornamentação e na forte verticalidade das igrejas norueguesas, com suas riquíssimas talhas de madeira e volumes altíssimos cobertos por sucessivos telhados de duas águas, extremamente íngremes. Mas foram as pesadas alvenarias de pedra, resistentes a incêndios, que realmente agradaram aos construtores românicos, os quais gradualmente exploraram a capacidade estrutural e os efeitos estéticos facilmente obtidos com paredes de pedra geralmente portantes e perfuradas por arcos plenos e às vezes cobertas por abóbadas de arestas ou mesmo cúpulas.

Os projetistas dos reis otonianos que sucederam Carlos Magno nos confins do norte do Sacro Império Romano adoravam torres múltiplas, incluindo as torres das cabeceiras ocidentais carolíngias, e construíram com pedras locais, muitas vezes policromáticas. Já os pedreiros da Lombardia contribuíram com elementos como as chamadas bandas lombardas, molduras de alvenaria criadas por balanços sucessivos. As paredes das naves centrais das igrejas então se tornaram tridimensionais, com camadas projetadas de pilastras e colunelos ou meias-colunas (colunas adossadas às paredes) e, às vezes, múltiplos arcos plenos recuados. A grande nave central de Cluny, na Borgonha, totalmente abobadada, usou uma linguagem bastante similar, assim como fizeram as demais igrejas associadas às rotas de peregrinação que levavam a Santiago de Compostela. Saint Sernin e Saint Foy foram edificações com planejamento rigoroso em função de suas repetitivas abóbadas de berço e de arestas sobre a nave central, as naves laterais e as várias capelas ou absidíolas (assim como Cluny). Essas igrejas também incluíam arcos transversais na nave central, com continuidade visual até o piso propiciada por seus colunelos entre os arcos sobrepostos e recuados da nave central e da galeria. Na Aquitânia, no sul da França, as abóbadas deram lugar a repetitivos vãos cupulados, produzindo interiores nos quais a habilidade francesa em cantaria ou estereotomia produziu obras-primas da clareza espacial.

Na Normandia, na costa norte da França, os construtores exportaram seu estilo regional para o outro lado do Canal da Mancha, ao seguir os exércitos de Guilherme, o Conquistador. Embora a Catedral de Durham, na Inglaterra, tenha posteriormente sido toda coberta por abóbadas, talvez sua característica mais distintiva seja a quantidade de texturas talhadas nas suas pedras, seja em suas colunas com padrões em V ou zigue-zague, seja nas nervuras de suas abóbadas. As nervuras também apareceram cedo na Lombardia, no norte da Itália. Na igreja de tijolo de San Ambrogio, aparecem as especialidades técnicas da construção lombarda, como os arcos sobrepostos com recuos sucessivos que levam seu nome – as bandas lombardas –, além de variantes das ordens clássicas e meias-colunas extremamente rasas.

No centro da Itália, o Estilo Românico pesado e característico do norte europeu nunca sobrepujou totalmente a tradição clássica; assim, as plantas baixas em basílica foram mantidas com o acréscimo de algumas torres. A disponibilidade de mármore em várias cores encorajou a subdivisão das fachadas com o uso de padrões geométricos, o emprego de faixas horizontais repetitivas e policromáticas, e o uso de motivos semiclássicos cuidadosamente entalhados, mas também repetitivos. As interpretações clássicas continuaram fortes também ao longo do litoral francês, na Provença, onde muitos antigos monumentos permaneciam intactos e serviam como modelos.

O Estilo Gótico surgiu na Ile de France, perto de Paris, e será o assunto do próximo capítulo. Embora a Arquitetura Gótica, com suas verticais mais acentuadas e sua iluminação espetacular, tenha emergido da tradição românica, esta mudança extraordinária de modo algum significa que as obras românicas, mais pesadas e mais escuras, fossem inferiores ou imaturas. Na verdade, o Estilo Românico do norte da Itália e do sul da França explorou corajosamente o grande peso e os fortes sombreados das alvenarias de pedra.

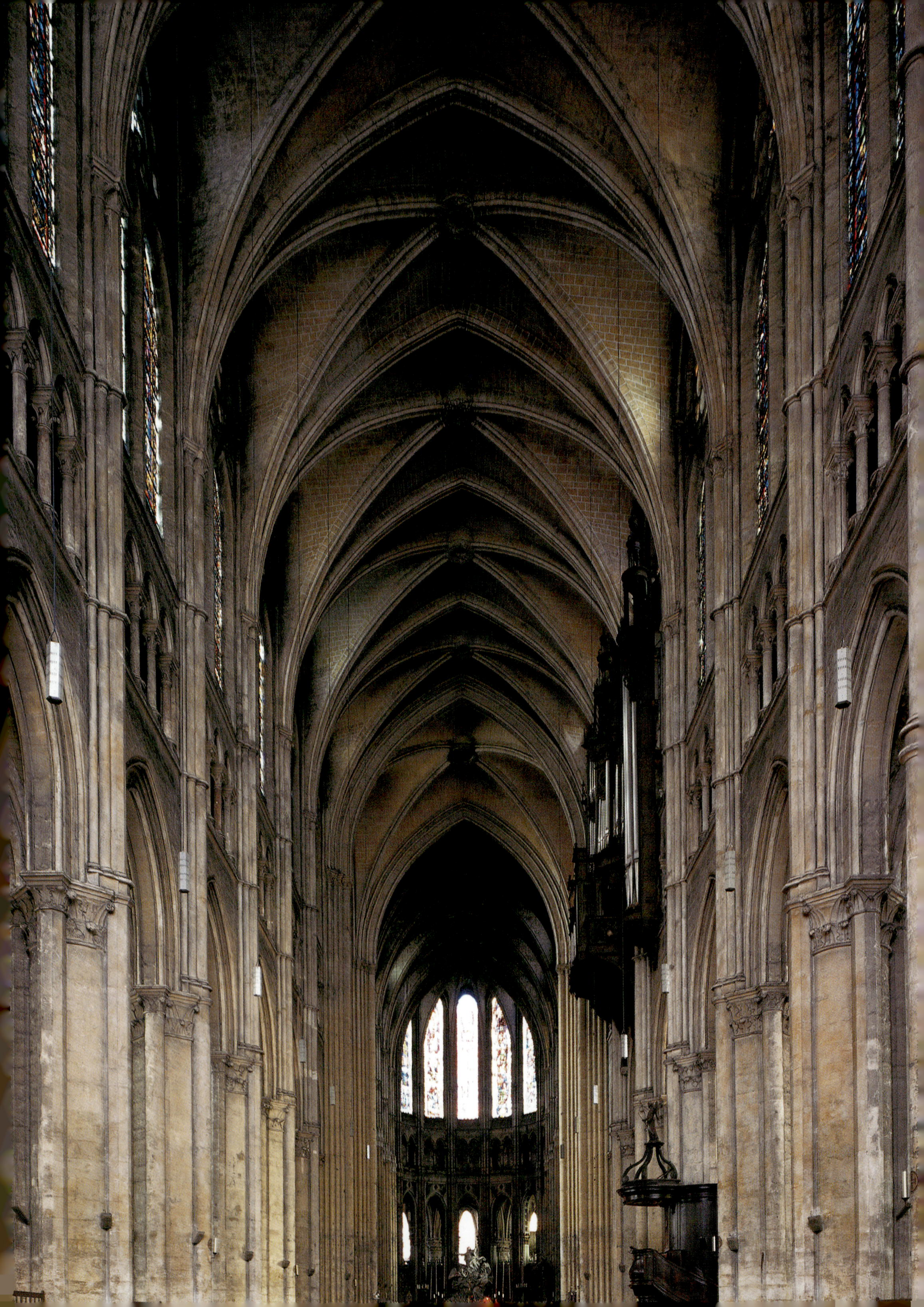

CAPÍTULO 9

A ARQUITETURA GÓTICA

Ao considerar o Gótico a fase final da arquitetura medieval, nos deparamos com a questão da definição do estilo. O termo "gótico" foi aplicado pela primeira vez no século XVII para se referir a projetos que não se baseavam na antiguidade clássica e o rótulo era aplicado com desprezo. No século XIX, essas conotações pejorativas já haviam sido praticamente superadas, mas desde então os historiadores têm tido dificuldade para esclarecer exatamente o que caracteriza o Estilo Gótico. A definição mais óbvia envolve os elementos-chave empregados em muitas edificações góticas – o arco ogival e a abóbada nervurada – ainda que, como já vimos, ambos também estivessem presentes em muitas obras românicas. Há, contudo, outros elementos típicos exclusivos das edificações góticas, como os arcobotantes, as janelas com rendilhado e pilares ou colunas fasciculados, que servem como marcas registradas do estilo (Figura 9.1).

Outra definição comum se baseia na maneira como esses elementos foram reunidos na estrutura de igrejas e catedrais de grande porte, particularmente aquelas construídas na região em torno de Paris entre 1140 e 1220. Ao contrário das edificações românicas, nas quais uma massa ou parede contínua era necessária para resistir às cargas, nas edificações góticas a estrutura é um sistema em forma de esqueleto que transfere as cargas da cobertura ao solo por elementos discretizados, o que libera grandes áreas de parede para a fenestração. Contudo, os prédios seculares da época raramente têm essa seção de parede, então um conceito estritamente estrutural não basta para definir o Gótico. Podemos definir as edificações góticas com base em suas características espaciais, as quais tendem a enfatizar as verticais, consistir de células espaciais articuladas, mas unificadas, e gerar a sensação de amplidão típica de tal sistema de construção. Por fim, o estilo pode ser visto como um reflexo da era histórica e do imaginário religioso do período no qual se inseriu, relacionado tanto com o crescimento das sociedades urbanas quanto com as analogias teológicas dos tabernáculos do Velho Testamento e templos e conceitos da Nova Jerusalém. Em suma, para tentarmos entender a Arquitetura Gótica, devemos ter em mente todas essas possibilidades de definição.

Debrucemo-nos sobre os elementos-chave associados à estrutura gótica – os arcos ogivais, as abóbadas nervuradas e os arcobotantes. Os arcos ogivais ou apontados são boas aproximações das curvas em catenária que representam a linha das forças de compressão que agem sobre qualquer arco, portanto, eles exercem menor empuxo para fora ou esforço de tombamento sobre a estrutura. Eles também apresentam uma considerável flexibilidade de projeto, uma vez que permitem certa variação do ângulo do arco. Em contraste, as dimensões de um arco pleno são estabelecidas diretamente pela largura do vão. Os arcos ogivais provavelmente são uma contribuição da arquitetura islâmica e já eram empregados na Síria e no norte da África antes de qualquer exemplo encontrado no norte da Europa. Eles foram utilizados em diversas edificações românicas, inclusive na magnífica Igreja de Cluny III e na Catedral de Saint Pierre de Angoulême. As abóbadas nervuradas também podem ser encontradas na arquitetura Românica tardia, sendo os exemplos construídos em Saint Etienne de Caen e na Catedral de Durham considerados os mais antigos. Usar nervuras em uma abóbada de arestas conferia-lhes a virtude de "organizar" visualmente as quinas por vezes estranhas criadas nas dobras das abóbadas, mas seus construtores logo descobriram que também havia vantagens construtivas em se executar as nervuras em primeiro lugar e depois usar andaimes feitos *in loco* para construir os painéis mais finos, mais leves e com menos consumo de material que tais abóbadas propiciavam. Uma vez que a carga morta da abóbada era uma função direta do peso das pedras, reduzir tal peso não somente economizava materiais como poderia levar ao aumento da altura das edificações. O terceiro elemento, o arcobotante, provavelmente foi usado pela primeira vez na Catedral de Sens, por volta de 1160, mas ele já podia ser visto na forma embrionária nas abóbadas de quarto de esfera das galerias das igrejas das rotas de pe-

Cronologia

Batalha de Hastings	1066
início das Cruzadas	1096
construção do coro de Saint Denis	1140–44
construção da Catedral de Notre-Dame de Paris	1163– cerca de 1250
construção da Catedral de Saint Etienne de Bourges	1195–1250
construção da Catedral de Salisbury	1220–58
caderno de esboços de Villard de Honnecourt	cerca de 1225–50
colapso das abóbadas do coro na Catedral de Beauvais	1284
término da construção da Catedral de Milão	1572

Interior da Catedral de Notre-Dame, Chartres, 1194–1230.

Chartres possui uma nave central excepcionalmente larga, em virtude das dimensões da basílica românica que a antecedeu.

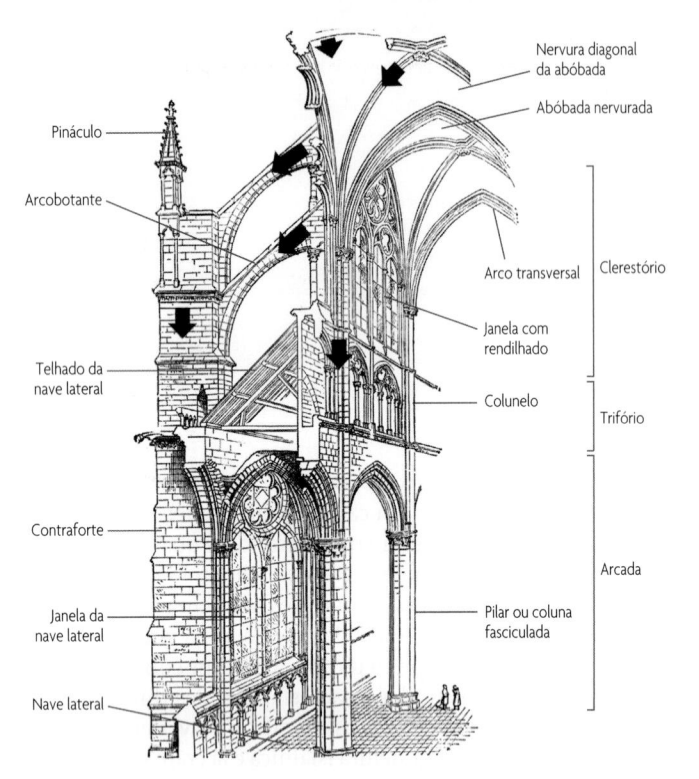

9.1 Corte perspectivado mostrando a estrutura gótica de uma grande igreja.

As flechas indicam como as cargas mortas das abóbadas são transferidas para as colunas da arcada e, através dos arcobotantes inferiores, para os contrafortes externos à edificação. Os arcobotantes mais altos ajudam a resistir às cargas laterais induzidas pela ação do vento contra a edificação.

regrinação. Uma vez que as construções góticas concentram as cargas nos pilares em vez de distribuí-las uniformemente pelas paredes, a necessidade de reforços em pontos específicos é fundamental. Os arquitetos góticos logo desenvolveram contrafortes externos colocados em ângulo reto à parede e conectados a ela em junções estratégicas por meio de arcos, que parecem "voar" ou saltar para se afastar e reforçar as seções superiores da estrutura independente. (A leveza das edificações góticas pode ser conseguida sem arcobotantes, especialmente em prédios menores, nos quais bastam contrafortes para suportar as cargas. Na Itália, os construtores desenvolveram soluções estruturais alternativas para diminuir a necessidade de arcobotantes, como veremos.)

Não obstante, a Arquitetura Gótica é mais do que uma coletânea de técnicas estruturais, pois ela inclui um sistema estético integrado. A flexibilidade do arco ogival ou apontado permitia que áreas irregulares pudessem ser cobertas por abóbadas e manter um pé-direito comum. Elementos das plantas baixas de igrejas, que no Estilo Românico eram expressados como volumes separados (nave central, nave lateral, abside), agora podiam ser reunidos em uma composição ordenada e unificada, graças à liberdade geométrica oferecida pela combinação de abóbadas nervuradas e arcos ogivais. Os construtores góticos aprenderam a integrar as nervuras das abóbadas a colunelos e colunas fasciculadas, ancorando visualmente o plano de cobertura ao piso. Com o reforço oferecido pelos contrafortes externos, grandes áreas de parede agora podiam ser liberadas para a fenestração, especialmente no clerestório, onde janelas mais largas e mais altas contribuíram para criar ambientes

com uma magnífica iluminação difusa. Os **rendilhados**, ou seja, as alvenarias de pedra decorativa muito bem trabalhadas na parte superior das janelas, foram introduzidos e se tornaram cada vez mais esguios, se desenvolvendo dos rendilhados em placa (aberturas perfuradas em um pano de alvenaria maciço) aos rendilhados em barra (linhas finas de pedras afeiçoadas assentadas em padrões geométricos). À medida que o Gótico se desenvolveu, podemos perceber o desejo de redução da grande massa das edificações e de aprimoramento das características do espaço e da iluminação, por motivos tanto metafísicos como práticos, estimulando inovações técnicas e artísticas.

O GÓTICO PRIMITIVO

A igreja da abadia de Saint Denis

O Estilo Gótico originou-se no norte da França, na região em torno de Paris conhecida como Ile-de-France. Esta área possui relativamente poucas edificações românicas, então talvez por isso fosse mais propícia a inovações do que outros locais. Lá também morava um dos patronos das artes mais energéticos, bem informados e inovadores de então, o Abade Suger, que, vindo de uma família humilde, se tornou uma das figuras religiosas mais poderosas de sua época. Com apenas três anos de idade, seus pais o entregaram à Abadia de Saint Denis e ele foi criado na escola do monastério para se tornar um monge. Entre seus colegas de escola estava o futuro rei da França, Luís VII. A capacidade diplomática e administrativa de Suger foram logo reconhecidas e ele subiu rapidamente na hierarquia da igreja. Em 1122, com a idade de 33 anos, foi eleito Abade de Saint Denis.

Saint Denis era o monastério da família real francesa e ficava a aproximadamente 10 km ao norte de Paris. A abadia continha o túmulo de Denis, o primeiro bispo de Paris, que havia sido martirizado pelos romanos no século III e posteriormente escolhido como o santo padroeiro da França. Os reis da França eram sepultados na abadia e o estandarte real, o Oriflamme, lá era depositado durante as campanhas militares. Apesar de todo seu prestígio, a Abadia de Saint Denis era superpopulosa e um tanto decadente quando Suger se tornou seu abade. A edificação existente, consagrada em 775, era uma basílica carolíngia que havia sido ampliada com uma capela leste em 832. Suger queria reconstruir a igreja para maior glória de Deus e da França, mas primeiro ele precisava pôr em ordem as finanças da abadia e, respondendo às críticas feitas por Bernard de Clairvaux, reformar as práticas religiosas de seus monges. Enquanto trabalhava para isso, Suger desenvolveu as imagens do que esperava da nova igreja. Ele estudou as descrições bíblicas do Templo de Salomão, um projeto detalhado por Deus; examinou os escritos (incorretamente) atribuídos a São Dênis, nos quais se discutiam muito as características físicas e metafísicas das imagens manifestadas espiritualmente, especialmente os fenômenos associados com a luz; e questionou os viajantes que haviam ido a Constantinopla sobre Santa Sofia (veja a Figura 6.16), considerada a igreja mais esplêndida de toda a cristandade e que o Abade Suger estava decidido a superar.

9.2 Saint Denis, fachada oeste, 1137–40.

Geralmente reconhecida como a primeira edificação gótica, esta igreja perdeu sua torre norte.

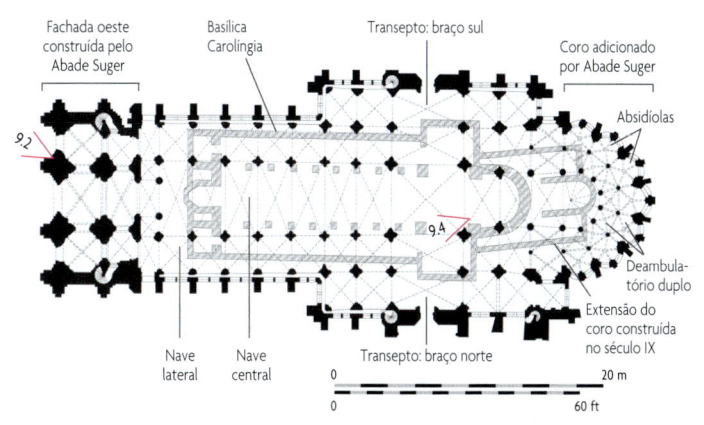

9.3a Planta baixa de Saint Denis, 1137–40.

Esta planta baixa mostra em hachurado a basílica de 775, ampliada em 832. Suger construiu sua nova fachada oeste bem projetada em relação àquela da edificação existente e manteve o coro na mesma posição, para aproveitar as fundações da edificação anterior.

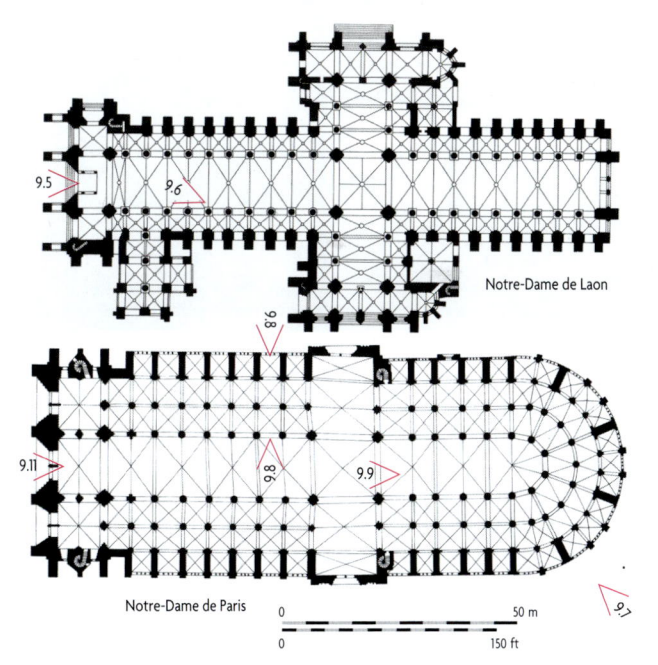

9.3b Planta baixa da Catedral de Notre-Dame de Laon, 1155–cerca de 1205, e da Catedral de Notre-Dame de Paris, 1163–cerca de 1250.

Observe que a catedral de Laon possui uma planta baixa cruciforme bem marcada, enquanto que a de Paris possui um transepto que mal se projeta sobre a linha dos contrafortes. O projeto inicial da catedral de Paris não possuía capelas radiais (absidíolas) em seu deambulatório duplo, mas posteriormente foram inseridas capelas (mostradas na figura) entre todos os contrafortes.

Em 1137, Suger já estava pronto para construir. Para aumentar a igreja, construiu uma nova fachada oeste e um nártex projetados em relação à edificação preexistente, provavelmente seguindo o projeto de um arquiteto normando capaz de interpretar e pôr em prática as ideias do abade (Figura 9.2). Essa obra, consagrada em 1140, incorporou tanto a fachada oeste com torres gêmeas típica das igrejas normandas como a tradição de portais esculpidos, desenvolvida no sul da França. Os três portais possuíam tímpanos entalhados e estátuas nas ombreiras, enquanto a articulação das janelas, incluindo uma roscácea (janela circular) diferia das composições lineares das fachadas da Normandia. No interior, abóbadas nervuradas no nártex nasciam de colunas fasciculadas, explorando o potencial da continuidade das linhas.

A recepção dessa nova obra foi tão espetacular que quase imediatamente começou a ampliação da extremidade leste (Figura 9.3a). Menos de quatro anos depois (1144), o novo coro foi dedicado em cerimônias especiais que envolveram clérigos distintos e membros da realeza. A preocupação de Suger com o uso de luzes coloridas fica claramente manifesta nas sete pequenas absidíolas – capelas na abside – que irradiam do coro, cada uma com duas grandes janelas com vitrais (Figura 9.4). Os vãos irregulares de sua planta baixa complexa são cobertos de maneira apropriada por abóbadas nervuradas que formam uma coroa uniforme, enquanto contrafortes esbeltos, colocados em ângulo entre as absidíolas, reforçam a parte superior da parede. O conjunto cria um interior arejado, luminoso e rico que brilha como uma coleção de joias, exatamente o efeito desejado por Suger: "um cordão circular de capelas, em virtude do qual toda a igreja brilharia com a luz maravilhosa e ininterrupta das janelas mais sagradas, a qual está por trás de toda a beleza do interior".

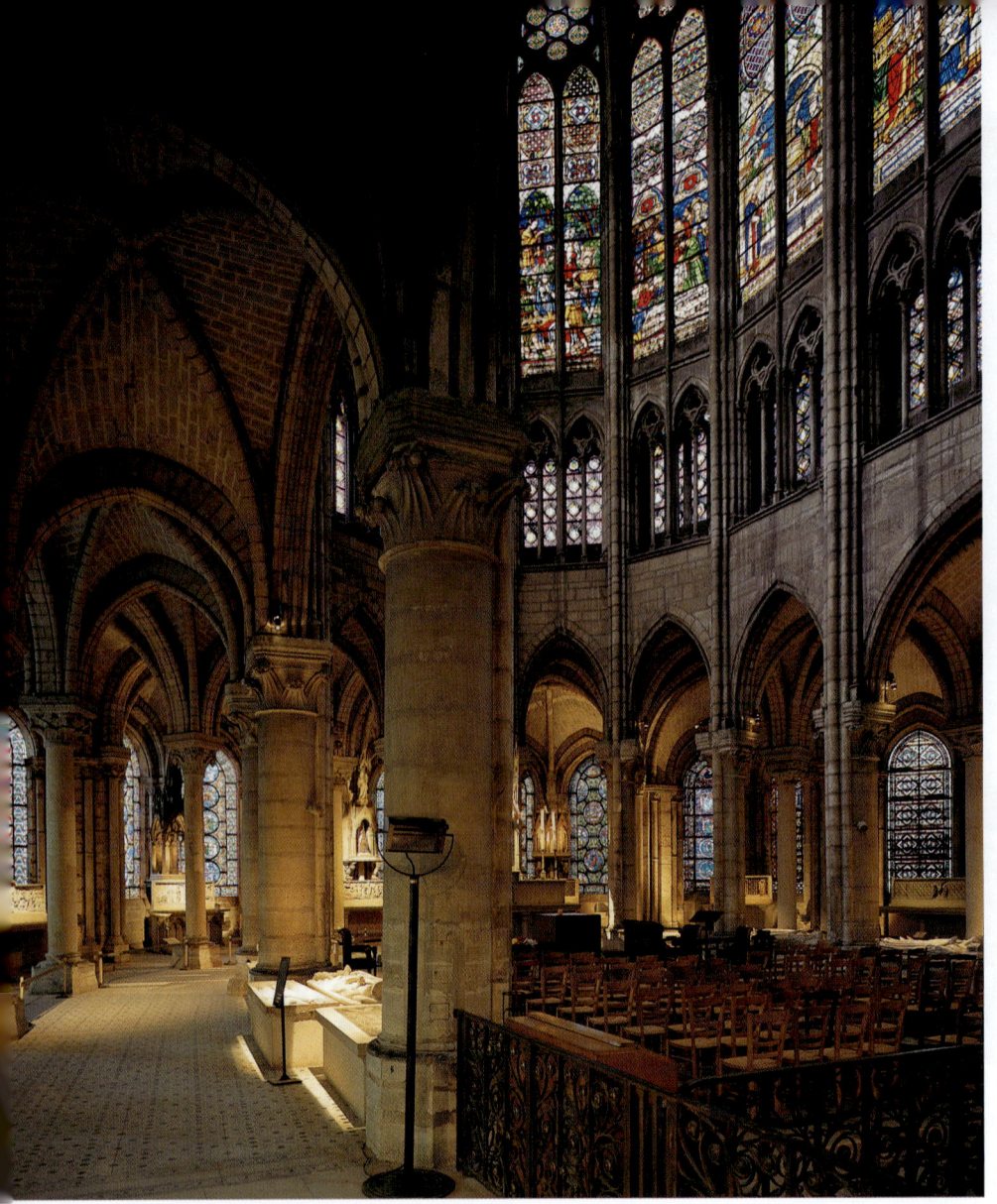

9.4 Coro e deambulatório da Igreja da Abadia de Saint Denis, 1140–44 e posteriormente.

O deambulatório (à esquerda) data do abadiado de Suger, enquanto o trifório e o clerestório são do século seguinte, totalmente construídos quando a nave central da igreja já estava completa. A estrutura independente em esqueleto da construção gótica facilitou a instalação de grandes janelas nas pequenas capelas ou absidíolas que cercam a abside, criando a luminosidade extraordinária desejada por Suger.

A próxima etapa de construção prevista era criar a nave central que conectaria o novo nártex ao coro, mas Suger não viveu para ver a concretização de seu grande sonho. Luís VII partiu para a Segunda Cruzada em 1147, deixando Suger como regente da França, sem tempo ou dinheiro para construir, e o abade faleceu logo após o retorno do rei da Terra Santa, em 1151. A nave central atual de Saint Denis foi completada quase um século depois, quando os pavimentos superiores do coro de Suger foram reconstruídos para se equiparar em altura às abóbadas da nova nave central.

A extraordinária qualidade da luz e do espaço criado pelo novo coro de Saint Denis não passou despercebido pelas autoridades eclesiásticas e pelos leigos que visitavam a abadia. Duas décadas após sua consagração, havia igrejas góticas em construção em vários locais da Ile-de-France, tanto para monastérios como, cada vez mais, para catedrais das cidades que cresciam. Aparentemente, o estilo floresceu especialmente dentro da órbita da influência política do rei da França. Em regiões como o sul da França, onde o controle real era fraco e o interesse religioso na teologia das manifestações divinas não era tão forte, o Estilo Românico Tardio continuou a ser usado por pelo menos um século após o desenvolvimento do Estilo Gótico.

As catedrais do gótico primitivo

A arquitetura gótica também coincidiu com um aumento da veneração a Nossa Senhora. Como uma mãe que havia sofrido muito, ela tinha enorme apelo popular e se tornou uma importante figura intercessora, servindo como mediadora das súplicas feitas a Cristo pela humanidade pecadora. Muitas da grandes catedrais passaram a ser dedicadas a ela – a "Notre Dame", em francês, ou "Our Lady", em inglês – e as esculturas e vitrais a representaram com muito mais frequência do que nas obras românicas. Um indicador dessa mudança é o modo no qual o Juízo Final era representado nos portais das fachadas oeste das igrejas. Nas obras góticas, as cenas são muito mais realistas, apelando para a empatia dos observadores por meio das verdades teológicas, em vez de tentar impressionar com representações conceituais abstratas das mesmas questões espirituais.

Duas catedrais do Gótico Primitivo no norte da França são especialmente interessantes. A Catedral de Notre-Dame de Laon foi iniciada por volta de 1155 para substituir uma edificação mais antiga que havia se tornado muito pequena para as necessidades de uma cidade tão próspera e da crescente escola da catedral (Figuras 9.3b, 9.5–9.6). O

9.5 Fachada oeste da Catedral de Notre-Dame de Laon, 1155–cerca de 1205.
A fachada lembra a profundidade e grandiosidade vistas em Saint Denis. Recuos profundos protegem os portais de entrada e as altas torres gêmeas possuem plantas octogonais.

9.6 Nave central da Catedral de Notre-Dame de Laon, 1155–cerca de 1205.
A nave central tem uma elevação com quatro níveis: a arcada da nave lateral, a galeria, o trifório (correspondendo à seção onde o telhado da nave lateral se apoia na parede externa) e o clerestório. Os conjuntos de colunelos correspondem às nervuras das abóbadas divididas em seis partes.

coro e o transepto foram terminados em 20 anos e a nave central, a fachada oeste e a torre do cruzeiro foram completadas por volta de 1205. Para criar mais espaço para os cânones da catedral, a abside gótica semicircular original foi substituída no início do século XIII pelo coro alongado ainda hoje existente, com sua extremidade leste retangular. Os arcobotantes talvez não sejam originais, pois as galerias e seus telhados sobre as naves laterais bastam para estabilizar as abóbadas. Alguns estudiosos acreditam que eles tenham sido acrescentados no século XIII, para oferecer contraventamento adicional contra as forças laterais do vento.

Em Laon podemos observar como os arquitetos e construtores foram cautelosos ao experimentar as novas técnicas góticas. Em seu estado anterior a 1205, Laon preservava elementos das obras românicas, incluindo a longa nave central, as **abóbadas nervuradas divididas em seis partes**, a torre do cruzeiro com lanterna, galerias, uma abside semicircular e torres na fachada oeste que também podem ser encontradas em igrejas normandas. A principal diferença no interior é a incorporação do arco ogival no perfil das nervuras diagonais das abóbadas com seis divisões. As nervuras das abóbadas e as molduras em torno do clerestório continuam na forma de colunelos até os capitéis das colunas da arcada da nave central, enfatizando a verticalidade. O aspecto escultórico tridimensional da fachada oeste, construída entre 1190 e 1205, também difere dos precedentes românicos,

pois nem Caen ou as igrejas cluníacas mais ambiciosas foram concebidas de maneira tão ousada. Os enormes recuos dos três portais se destacam no plano da fachada principal, criando uma sensação de profundidade que se repete nas janelas com arcos ao lado da rosácea, no pavimento acima. As torres gêmeas começam com plantas baixas quadradas e se transformam em octágonos nos níveis superiores. Bois de pedra observam os transeuntes lá do alto, um tributo silencioso aos pacientes animais que transportaram os materiais de construção até o cume da colina na qual foi implantada a catedral. No início do século XIII, Villard de Honnecourt, cujos blocos de anotações chegaram até nós, desenhou as torres da Catedral de Laon e observou: "viajei por muitas terras, mas em nenhum lugar vi uma torre como aquela de Laon". Mesmo com suas modificações posteriores, Laon se destaca como o exemplo mais puro de Gótico Primitivo.

Por volta de 1150-55, o bispo de Paris começou a construir a nova Catedral de Notre-Dame, para substituir uma basílica do século VI, limpando um terreno na Ile de la Cité e lançando as colossais fundações da nova igreja (Figura 9.3b). As obras começaram pelo coro, passando para a nave central entre 1178 e 1200. A fachada oeste foi finalizada entre 1200 e 1250. Durante a construção, no entanto, foram feitas alterações nas vedações externas da igreja, então, a catedral que hoje vemos é uma versão modificada do projeto original, do

9.7 Lado sul da Catedral de Notre-Dame de Paris, 1163–cerca de 1250.

Observe a grande rosácea do transepto. Graças à obra *O Corcunda de Notre-Dame* (1831), de Victor Hugo, esta edificação foi restaurada depois de décadas de abandono, sendo importante não apenas como monumento do Gótico Primitivo, mas também como exemplo de restauração de edificações históricas levada ao cabo no século XIX.

século XII. A Notre-Dame de Paris é uma igreja com 33,5 metros de pé-direito sob suas abóbadas, e a luz direta admitida na nave central através do clerestório original se mostrou insuficiente para tamanho pé-direito. Para melhorar a iluminação, por volta de 1225 foi ampliado o clerestório que circunda toda a catedral, arcobotantes foram acrescentados ao coro, para estabilizar o grande semicírculo e os contrafortes originais da nave central foram reconstruídos (Figura 9.7). O transepto, com suas enormes rosáceas, também foi construído. A parte norte do transepto foi construída entre 1246 e 1257, de acordo com o projeto de Jean de Chelles, e a parte sul, entre 1258 e 1261, por Jean de Chelles e Pierre de Montreuil. No final do século XIII, foram inseridas capelas entre todos os arcobotantes em volta do coro e da nave central. Por fim, no século XIX, Eugene Emmanuel Viollet-le-Duc restaurou a catedral, reconstruindo todos seus arcobotantes, retornando os vãos do cruzeiro a seu projeto original e restaurando as esculturas do exterior (Figura 9.8).

Apesar de todas essas modificações, as características protogóticas da Notre-Dame de Paris são incrivelmente bem preservadas em seu interior (Figuras 9.9–9.10). Ainda que menos pura do que Laon, a catedral ainda é um importante monumento do período. Sua planta baixa originária era inovadora e ambiciosa, e esta igreja, muito longa e totalmente circundada por um deambulatório duplo, foi a primeira edificação gótica a exceder a altura (mas não o comprimento) de Cluny III.

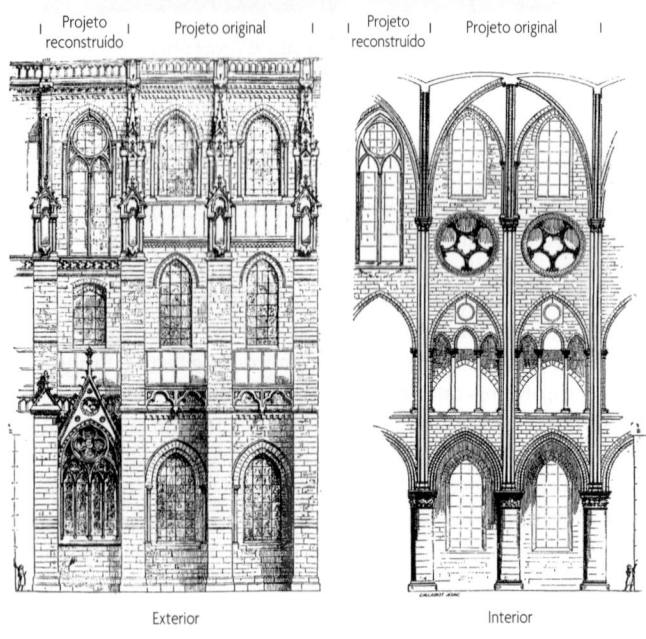

9.8 Elevações externa e interna da nave central da Catedral de Notre-Dame de Paris, 1150–55–cerca de 1250.

Esta vista mostra a forma original (à direita de cada desenho), que incluía uma abertura em medalhão no trifório. Quando os arcobotantes foram acrescidos, por volta de 1175–80, o clerestório foi ampliado.

A fachada oeste, um estudo espetacular de proporções, tem um aspecto pesado, quase militar, contrastando com o caráter mais aberto de Laon (Figura 9.11). Em Paris, é a força da parede que chama a atenção. Os pórticos triplos, cada um levemente diferente em tamanho e formato, são encimados pela Galeria dos Reis, a qual representa 28 soberanos do Velho Testamento. Uma rosácea bem iluminada, ladeada por duas janelas lanceoladas, forma um pano de fundo de luz para uma escultura de Nossa Senhora com o Menino Jesus e dois anjos. Sob as torres gêmeas, há uma segunda galeria com arcos que torna a parte superior da parede mais leve, ao mesmo tempo que completa a configuração praticamente quadrada da parte inferior da fachada. Essa elevação merece um estudo mais atento, pois quanto mais a observamos, mais detalhes maravilhosos encontramos. À distância, a disposição dos elementos da composição geral é praticamente simétrica, mas quando prestamos atenção, as pequenas irregularidades dos elementos individuais se tornam evidentes e cativantes. Os três portais são diferentes em tamanho e formato. O programa das esculturas levava os ensinamentos cristãos àqueles que não sabiam ler, assim como se dava nas obras românicas. Se subirmos a escada que leva aos pavimentos superiores, podemos observar de perto os **modilhões** individuais que se projetam das pedras de quina das torres e as fantásticas esculturas (a maioria do século XIX) empoleiradas no alto das platibandas.

9.11 Fachada oeste da Catedral de Notre-Dame de Paris, cerca de 1250.

O que parece ser, à primeira vista, uma composição obviamente simétrica, se mostra muito mais do que isso quando examinado mais atentamente. Esses pequenos detalhes e variações fazem desta edificação uma construção extremamente singular.

9.9 Coro e nave central da Catedral de Notre-Dame de Paris, 1163–cerca de 1250.

Compare esta fotografia com os desenhos da figura 9.8 para ver a elevação interior revisada e construída quando o clerestório foi ampliado. As catedrais góticas posteriores apresentavam janelas muito maiores.

9.10 Abóbadas da nave central da Catedral de Notre-Dame de Paris, 1163–cerca de 1250.

Estas são as abóbadas divididas em seis partes construídas sobre dois vãos. Observe como há uma continuidade das linhas das nervuras das abóbadas até os colunelos, conferindo continuidade vertical ao interior.

9.12 Fachada oeste da Catedral de Notre-Dame de Chartres, 1194–1230.

As três portas triplas, as janelas lanceoladas e as bases das torres foram construídas em cerca de 1150, como uma nova fachada para uma igreja predecessora. A cornija logo abaixo da rosácea marca a junção entre a obra românica e a obra gótica. A torre norte foi finalizada em 1513.

O GÓTICO PLENO

A incorporação dos arcobotantes à Notre-Dame de Paris marcou a integração dos três principais componentes estruturais do Estilo Gótico, e os elementos redundantes do Românico puderam ser deletados nas edificações góticas posteriores. O período de exploração por tentativa e erro estava terminado; o Gótico Pleno ou Gótico Maduro que seguiu testemunhou a construção de igrejas com características artísticas e estruturais cada vez mais refinadas.

Chartres e Bourges

O primeiro monumento do Gótico Pleno foi a Catedral de Notre-Dame de Chartres, cujos arcobotantes foram planejados desde o início, de modo que as galerias se tornaram desnecessárias (Figuras 9.12, 9.13 e 9.15). Isso simplificou as elevações internas em três divisões: a arcada da nave central, o **trifório** e o clerestório. No processo, as janelas do clerestório foram aumentadas sensivelmente em tamanho e as abóbadas deixaram de ser divididas em seis (em dois vãos) para ser **divididas em quatro** (em um vão).

A Catedral de Chartres tem uma cronologia ainda mais complexa do que a Catedral de Paris. O terreno já havia sido consagrado há muito tempo à Virgem Maria e o tesouro da catedral contínua, entre outras relíquias preciosas, uma túnica atribuída a Nossa Senhora. Chartres se tornou um centro de peregrinação e, de 1020 a 1037, foi construída uma basílica românica com três profundas absidíolas, para substituir uma igreja anterior destruída por um incêndio. No século XII, esta igreja também já havia sido ampliada, mas um novo incêndio, em 1134, danificou a cabeceira ocidental. No mesmo ano começaram as obras para a construção de uma nova fachada oeste e um nártex bastante similares aos que seriam empregados pelo Abade Suger em Saint Denis. Escultores das oficinas de Saint Denis vieram para Chartres e, entre 1145 e 1150, talharam os três pórticos da nova fachada oeste e as três janelas com arcos ogivais acima foram fechadas com vitrais representando temas originais da igreja de Surger: a infância de Cristo, a Paixão e a Árvore de Jessé (ou genealogia de Cristo).

Na noite de 10 de junho de 1194, outro incêndio assolou o local, destruindo a basílica com telhado de madeira e 80% da cidade. Embora a nova cabeceira ocidental tenha resistido sem grandes danos, o povo de Chartres interpretou o incêndio como um sinal de descontentamento de Deus. Sentindo o sentimento geral de impotência, o Bispo de Pisa, que visitava a cidade, convocou uma reunião geral, na qual exibiu a túnica sagrada de Maria que, milagrosamente, havia ficado intocada sob as ruínas da cripta. O espírito geral mudou rapidamente de pesar para júbilo, pois os moradores interpretaram o incêndio como um sinal de Maria, que desejava uma igreja maior. Fundos para a construção da igreja foram angariados com uma rapidez impressionante, e as obras começaram. A catedral gótica de Chartres foi construída em apenas 26 anos, entre 1194 e 1220, e os pórticos dos braços norte e sul do transepto foram finalizados entre 1224 e 1250. No entanto, a torre norte na cabeceira ocidental foi completada apenas em 1513, conferindo a esta fachada uma assimetria equilibrada de forma e estilo.

Ao reconstruir a catedral, os mestres-pedreiros reaproveitaram as fundações e a cripta, além de incorporar a cabeceira ocidental que havia sido poupada pelo incêndio. No exterior, ainda pode-se ver a junta onde a nova obra foi feita sobre o prédio antigo, uma cornija imediatamente abaixo da rosácea ocidental (que está levemente descentralizada). A abside românica foi transformada em um coro gótico pela inserção de quatro pequenas absidíolas entre as três grandes capelas preexistentes da cripta, resultando em um total de sete pequenas capelas com um deambulatório no nível principal. Os construtores também acrescentaram um transepto à planta baixa em basílica românica e, após iniciar a construção, decidiram incluir três pórticos esculpidos em cada braço do transepto, conferindo a Chartres um total de nove entradas.

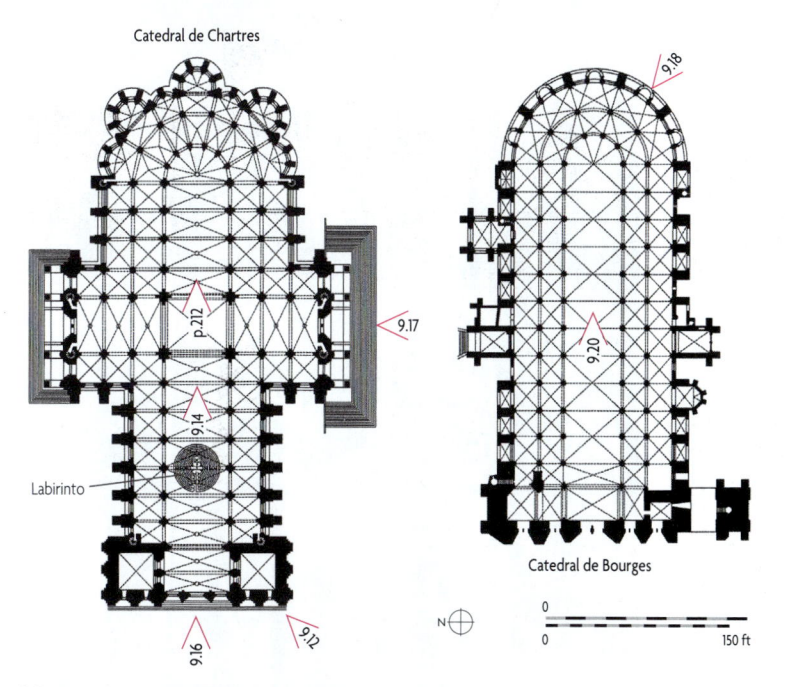

9.13 Plantas baixas da Catedral de Chartres, 1194–1230, e da Catedral de Bourges, 1195–1250.

Estas edificações começaram a ser construídas com apenas dois anos de diferença de uma para a outra, porém, mostram diferentes abordagens de projeto gótico. Chartres segue a tradição do transepto bem marcado encontrado em Laon, enquanto Bourges possui um deambulatório duplo, bastante similar ao de Paris.

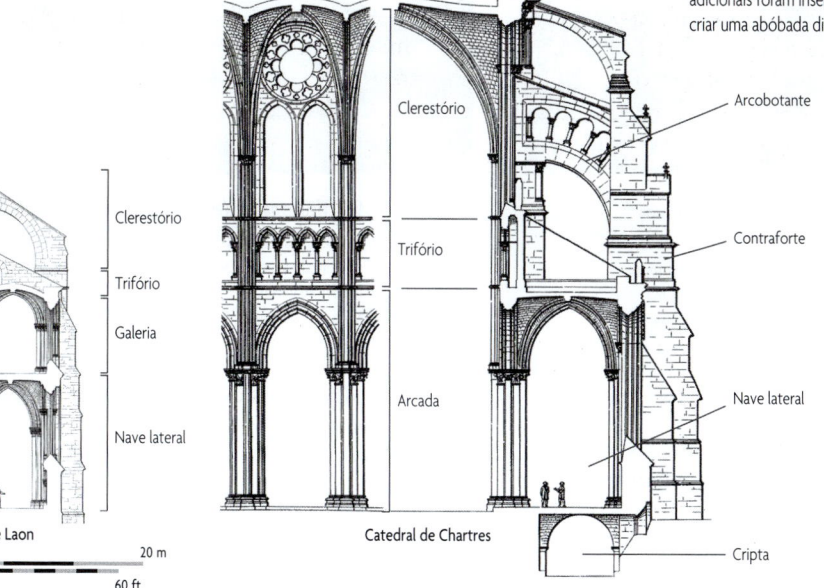

9.14 Planta baixa projetada da Catedral de Beauvais, cerca de 1225–1573.

Construídos em campanhas descontínuas, o coro, o transepto e o vão da nave lateral (em negrito) foi tudo o que foi finalizado. Depois que as abóbadas da nave central ruíram em 1284, pares de pilares adicionais foram inseridos em cada um dos três vãos do coro, para criar uma abóbada dividida em seis partes.

9.15 Elevações e cortes da nave central da Catedral de Laon e da nave central da Catedral de Chartres.

Estas ilustrações foram feitas na mesma escala. Observe as mudanças do Gótico Primitivo para o Gótico Pleno, assim como o grande aumento na largura e na altura da arcada e do clerestório de Chartres. Nenhum dos desenhos inclui as tesouras de madeira do telhado.

A catedral completa apresenta um interior que reluz com uma luminosidade espetacular, em parte porque o clerestório teve sua altura aumentada para igualar a altura da arcada, além de ser alargado para ocupar praticamente toda a área de parede entre os colunelos. Compare a elevação interna da nave central de Laon com a de Chartres (Figura 9.15) para sentir como as proporções entre janelas e parede mudaram na passagem do Gótico Primitivo para o Gótico Pleno. Observe também o desenvolvimento do rendilhado em placa de Chartres nas rosáceas sobre as janelas com arcos ogivais ao pares do clerestório. Em Chartres, os elementos estruturais visíveis, especialmente as nervuras das abóbadas e os colunelos, são esbeltos e profundamente marcados, parecendo flutuar sobre as superfícies às quais se conectam. As colunas alternadas da nave central têm seção cilíndrica e octogonal, com colunelos facetados ou cilíndricos, respectivamente. Até mesmo os contrafortes, especialmente os arcobotantes em torno do coro, transmitem uma sensação de leveza. De todas as catedrais góticas, Chartres é a única que conseguiu preservar dois terços de seus vitrais originais. Imagens marcantes da sagrada família e dos santos dominam o grande clerestório, enquanto ilustrações mais detalhadas de histórias e santos da bíblia predominam nas janelas das naves laterais e do deambulatório. Temas do Velho Testamen-

9.16 Figuras na ombreira do portal central da Catedral de Chartres, fachada oeste, cerca de 1150.

Estas esbeltas figuras coroadas, representando reis e rainhas judeus do Antigo Testamento, têm rostos impassíveis e drapeados estilizados, sugerindo uma influência bizantina. Provavelmente são obra dos escultores de Saint Denis, que foram trabalhar em Chartres quando a fachada oeste de Suger estava completa.

9.17 Figuras na ombreira do portal sul da Catedral de Chartres, cerca de 1250.

As esculturas do transepto demonstram o naturalismo cada vez mais presente na obra do Gótico Tardio. Estes apóstolos possuem corpos com proporções mais humanas e suas poses são mais animadas. Da esquerda para a direita: São Mateus, São Tomás, São Felipe, Santo André e São Pedro.

to são mostrados nos vitrais do braço norte do transepto, contrabalançados por temas do Novo Testamento existentes na rosácea e nas janelas com arcos ogivais do braço sul do transepto. Na fachada oeste, arcos ogivais do século XII, relacionados à genealogia e vida de Cristo, foram preservados da igreja pré-gótica. A Catedral de Chartres é o exemplo máximo do ideal de Surger de beleza interior onipresente.

Os portais da fachada oeste, conhecidos como Portais Reais por causa das figuras com coroa de suas ombreiras, nos fornecem uma imagem esplêndida de como a teologia da salvação era visualizada em 1150 (Figura 9.16). A influência da fachada de Surger, de Saint Denis, pode ser observada nas majestosas figuras alongadas dessas ombreiras, enquanto os temas dos tímpanos refletem os ensinamentos da Escola de Chartres, um proeminente centro de aprendizado na Idade Média, associado à Catedral. Os portais esculpidos um século mais tarde nos braços norte e sul do transepto nos dão uma boa ideia do desenvolvimento do naturalismo nas esculturas góticas (Figura 9.17). Alguns dos temas apresentados são os mesmos dos Portais Reais, mas o tratamento é muito mais realista.

A Catedral de Saint Etienne de Bourges (1195–1250) apresenta um contraste conceitual em relação a Chartres (Figuras 9.13, 9.18–9.20). Sua planta baixa apresenta características comuns a da Notre-Dame de Paris. Naves laterais se desenvolvem ao longo da nave central e continuam em arcos ininterruptos em volta do coro e abóbadas de arestas com seis painéis são utilizadas na nave central e no coro. No entanto, o interior revela imediatamente que Bourges não é uma cópia de Paris, mas uma adaptação original do vocabulário do Gótico Pleno. Os pares de naves laterais têm pé-direito mais elevado, ajudando a contraventar as altas abóbadas da nave central e do coro, o que nos lembra a seção transversal triangular de Cluny III, embora nesta haja os arcobotantes que acompanham o caimento dos telhados. Em Bourges, as abóbadas do coro e da nave central nascem de pilares grandes e pequenos alternados e distribuídos em uma planta baixa com módulo quadrado. O efeito espacial é de expansibilidade e amplitude, mas as abóbadas e os telhados em camadas das naves laterais impedem clerestórios tão

9.18 Catedral de Saint Etienne vista do leste, Bourges, 1195–1250.

Esta vista mostra os arcobotantes e os contrafortes que oferecem contraventamento para as altas abóbadas. Observe como as janelas do clerestório são bem menores do que as presentes em Chartres.

altos quanto os de Chartres, embora aqui eles também ocupem praticamente toda a área de parede entre os colunelos. Na elevação oeste, os cinco volumes internos principais são refletidos em cinco portais completados por volta de 1285.

Robert Mark, um engenheiro que pesquisou o comportamento estrutural de edificações históricas, documentou a lógica estrutural de Bourges, que apresenta um pé-direito comparável ao de Chartres, mas exigiu uma quantidade significativamente menor de pedra. Apesar de seu relativo baixo custo (pois a pedra era uma das maiores despesas na construção de edificações na época), o projeto com naves laterais duplas empregado em Bourges foi raramente utilizado posteriormente, enquanto o esquema mais caro e estruturalmente menos estável de Chartres foi adotado para as catedrais mais altas – Reims, Amiens e Beauvais (Figura 9.14) – do Período Gótico. Suspeita-se que os mecenas das edificações, pelo menos no norte da França, preferiam a luminosidade espetacu-

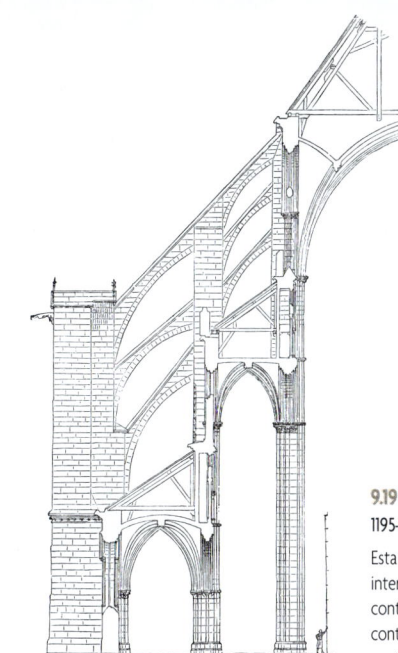

9.19 Corte através da Catedral de Bourges, 1195–1250.

Esta vista mostra como as naves laterais interna e externa trabalham com os contrafortes e arcobotantes para contraventar as altas abóbadas da nave central e do coro.

9.20 Nave central da Catedral de Bourges, 1195–1250.

Por causa do corte transversal distinto (veja a figura 9.19), a Catedral de Bourges não tem apenas um clerestório relativamente pequeno na nave central, mas também colunas excepcionalmente altas. Observe também as abóbadas de arestas com seis divisões, que substituíram as abóbadas originais com quatro divisões.

lar oferecida pelos altos clerestórios dos projetos com naves laterais simples a estruturas mais eficientes, pois o Gótico, antes de ser uma expressão do virtuosismo técnico, era uma materialização na arquitetura de ideias religiosas e culturais. Catedrais que seguem o modelo de Bourges são encontradas na Espanha e na Itália, onde céus claros prevalecem. A Catedral de Milão, uma edificação gótica tardia, usa uma seção transversal similar a da Catedral de Bourges para alcançar um pé-direito de nave central similar ao de Beauvais.

A Sainte-Chapelle

Mesmo enquanto eram construídas as grandes catedrais francesas, havia projetos góticos menores sendo realizados. Um exemplo particularmente belo é a Sainte-Chapelle (1243–48), acrescentada por Luís IX ao palácio real de Paris como repositório para as relíquias que ele havia adquirido em Constantinopla, incluindo a Coroa de Espinhos e um pedaço da Cruz de Cristo (Figuras 9.21–9.23). As relíquias custaram o dobro do preço da edificação. A Sainte-Chapelle tem dois níveis: o pavimento térreo da capela, usada para os criados domésticos, e o segundo pavimento, da capela da família real, com rendilhados em barra no novo estilo **Gótico Irradiante**. A capela superior é banhada pela luz colorida das grandes áreas de vitrais (ainda hoje

9.21 Interior da capela superior, Sainte-Chapelle, Paris, 1243–48.

Com suas grandes áreas de vitrais, a maioria ainda original, estas janelas narram histórias tanto do Antigo como do Novo Testamento, em sequência cronológica a partir da porta de entrada até a abside.

9.22 Saint-Chapelle, Paris, 1243–48.

Construída como uma capela palatina pelo rei Luis IX para abrigar as relíquias que adquirira em Constantinopla, esta pequena joia do Gótico Pleno é uma edificação com paredes praticamente de vidro e montantes de pedra reduzidos ao máximo. A escala relativamente pequena e os tirantes de metal internos tornam desnecessário o uso de arcobotantes.

9.23 Corte transversal através de Saint-Chapelle, Paris, 1243–48.

A sala inferior, com pé-direito baixo, é a capela para os criados domésticos, enquanto que a espaçosa capela superior é o domínio da família real.

na maioria originais) divididos por esbeltas colunas. Os contrafortes das paredes são conectados horizontalmente por tirantes de ferro que circundam a edificação e que estão escondidos na alvenaria, passando pelas janelas por dentro da estrutura de apoio dos vidros. A Sainte-Chapelle é uma obra única como pequeno exemplo de desmaterialização de paredes de alvenaria e das características extraordinárias da luz colorida desejadas pelo Abade Suger.

O GÓTICO INGLÊS

Embora o Estilo Gótico tenha-se originado na França, ele foi difundido para outras partes da Europa, especialmente para a Inglaterra, a Alemanha e a Itália, e se tornou o estilo dominante no norte europeu até o século XV. Os construtores ingleses logo desenvolveram sua própria estética gótica e dentro de um século haviam construído igrejas góticas que difeririam consideravelmente das francesas.

Os historiadores do século XIX que estudaram a Arquitetura Gótica pela primeira vez na Inglaterra categorizaram a obra em três fases que se sobrepõem e que ainda hoje são úteis para descrever o desenvolvimento progressivo da arquitetura medieval inglesa (Figura 9.24). O **Gótico Inglês Primitivo**, construído entre 1175 e 1265, corresponde, grosso modo, ao Gótico Pleno francês. As abóbadas eram simples, usando divisões quadripartidas, e as janelas tinham formas ogivais. O **Estilo Decorado**, que se estende de 1250 até aproximadamente 1370, usa abóbadas elaboradas com nervuras extras ou decorativas chamadas **tiercerões** e **liernes** (nervuras que não se elevavam de colunas fasciculadas ou colunelos nem faziam parte das arestas das abóbadas), e rendilhado de janelas ogivais com **trifólios** (formas tripartidas) ou **quadrifólios** (com quatro partes), linhas que se interceptavam ou formas orgânicas. A fase final, o **Gótico Perpendicular**, é a mais característica da Inglaterra. Ela vigorou entre cerca de 1330 e 1540 e se distingue pelos rendilhados em painel e abóbadas com formas elaboradas, em leques cônicos. Apesar de sua exuberância, as **abóbadas em leque** (Figura 9.36) não representam um avanço estrutural; na verdade elas eram mais adequadas para igrejas pequenas, nas quais grandes pés-direitos e grandes vãos não são necessários. Na verdade, não há como examinar as catedrais inglesas em uma ordem estritamente cronológica, pois são encontrados elementos dos três períodos medievais na vedação externa de muitas igrejas. As discussões a seguir apresentarão cada edificação como um todo.

O gótico inglês primitivo

A Catedral de Cantuária foi reconstruída no Estilo Gótico após a igreja normanda, iniciada em 1070, ter sido devastada por um incêndio, em 1174 (Figuras 9.26a–9.27). Os maiores mestres-pedreiros da Inglaterra e da França foram

Gótico Inglês Primitivo    Gótico Decorado 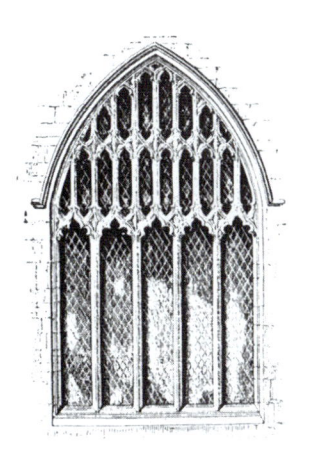   Gótico Perpendicular

9.24 Exemplos de rendilhado de janelas do Gótico Inglês.

Como muitas igrejas inglesas foram construídas durante longos períodos, as variações nos rendilhados das janelas nos mostram a evolução das construções.

9.25 Coro da Catedral de Sens, cerca de 1135–1180.

Sens foi a catedral do Gótico Primitivo Francês que serviu como modelo para a Catedral de Cantuária. Compare esta imagem com a do coro de Cantuária (veja a Figura 9.27).

convidados a dar seus conselhos sobre como reconstruir a igreja arruinada e Guilherme de Sens foi selecionado para dirigir as obras. Ele convenceu os monges a demolir as partes remanescentes do coro, pois o calor do incêndio havia danificado as alvenarias de tal forma que não havia como repará-las, mas não hesitou em manter a bela cripta normanda e as paredes das naves laterais. Entre 1175 e 1184, o coro foi reconstruído de acordo com um projeto gótico inspirado na catedral francesa de Sens (Figura 9.25). Durante este período, Guilherme feriu-se gravemente em uma queda de andaime e retornou à França em 1179, deixando seu assistente Guilherme, o Inglês, para completar a obra.

O coro da Catedral de Cantuária foi projetado para abrigar o santuário mais popular da Inglaterra, de São Tomás Becket, o Arcebispo de Cantuária e conselheiro do Rei Henrique II que fora assassinado em 1170 no transepto noroeste da catedral por quatro cavaleiros do rei. Peregrinos de todas as partes da Europa logo correram para Cantuária em busca dos milagres realizados pelo túmulo de São Tomás e os monges, enriquecidos com as ofertas feitas pelos peregrinos, precisavam de acomodações adequadas tanto para esse fluxo constante de visitantes como para seus próprios cultos. (Lembre-se que Cantuária era o destino dos peregrinos narrados naquela que é considerada a primeira obra da literatura inglesa, *Os Contos de Cantuária*, escrita por Geoffrey Chaucer, o chamado "pai da literatura inglesa".) Como típico das primeiras igrejas para peregrinos, um esquema satisfatório envolvia uma nave lateral e um deambulatório, conectando o local do martírio de São Tomás ao seu santuário na Capela da Santíssima Trindade.

A planta baixa um tanto tortuosa da Catedral de Cantuária pode ser explicada pelo reaproveitamento da cripta normanda e pela grande visitação ao santuário de São Tomás. A igreja normanda possuía um transepto de leste a oeste e duas absidíolas em ângulo reto em relação ao eixo principal, em vez de irradiando dele. Além desses espaços, a leste, Guilherme, o Inglês, construiu a Capela da Santíssima Trindade com sua única absidíola, a Corona, que dá acabamento para a igreja ao leste. Um segundo transepto, menor, foi construído a oeste do coro e a majestosa nave central, mais larga, foi construída no início do Período Perpendicular, entre 1377 e 1405, provavelmente de acordo com o projeto de Tomás de Hoo. O coroamento da catedral é a torre do cruzeiro, com 71,6 metros, chamada de Bell Harry (Sino Harry), em função de seu sino, a qual foi construída no Período Perpendicular Maduro (1491–98), conforme o projeto de John Wastell. As abóbadas em leque da torre são precursoras daquelas que Wastell construiria posteriormente na Capela do King's College, em Cambridge.

A Catedral de Salisbury é um exemplo raro de igreja no estilo Gótico Inglês construída quase totalmente no mesmo estilo, o Gótico Inglês Primitivo (Figuras 9.26,

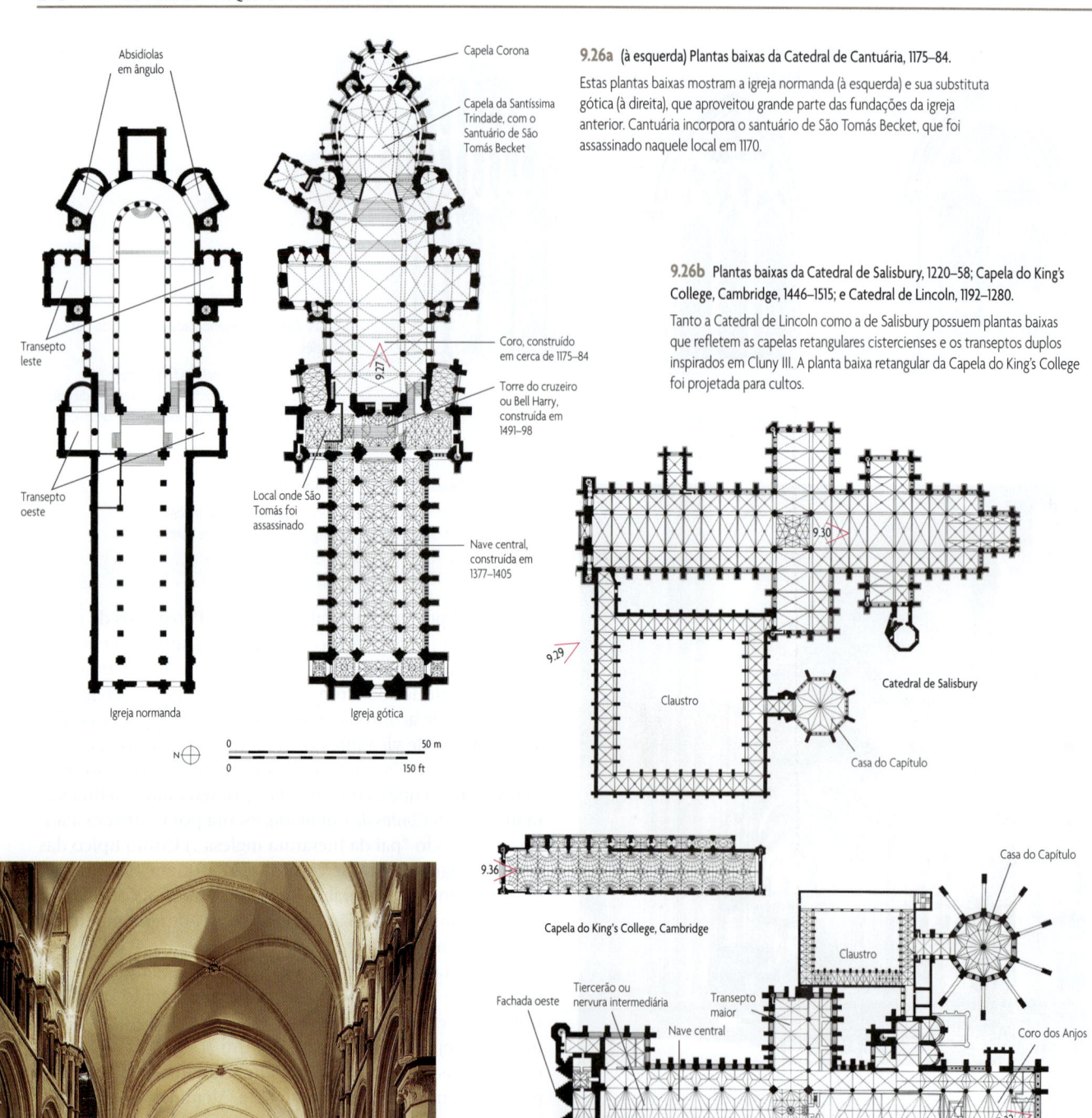

9.26a (à esquerda) Plantas baixas da Catedral de Cantuária, 1175–84.

Estas plantas baixas mostram a igreja normanda (à esquerda) e sua substituta gótica (à direita), que aproveitou grande parte das fundações da igreja anterior. Cantuária incorpora o santuário de São Tomás Becket, que foi assassinado naquele local em 1170.

9.26b Plantas baixas da Catedral de Salisbury, 1220–58; Capela do King's College, Cambridge, 1446–1515; e Catedral de Lincoln, 1192–1280.

Tanto a Catedral de Lincoln como a de Salisbury possuem plantas baixas que refletem as capelas retangulares cistercienses e os transeptos duplos inspirados em Cluny III. A planta baixa retangular da Capela do King's College foi projetada para cultos.

9.27 Coro da Catedral de Cantuária, 1175–84.

O coro foi construído conforme o projeto de Guilherme de Sens e Guilherme, o Inglês. Embora muitas características lembrem um pouco a Catedral de Sens, aqui há elementos tipicamente ingleses, especialmente o remate de mármore Purbeck, mais escuro, utilizado para enfatizar as linhas horizontais.

ENSAIO

UMA "IGREJA DE LÃ" INGLESA
Marian Moffett

Por toda a Europa podemos encontrar uma quantidade enorme de igrejas paroquiais que surgiram no período medieval – só a Inglaterra ainda possui cerca de oito mil igrejas, formando um tesouro nacional. Mais típicas do que as grandes abadias e catedrais que atraem a atenção dos estudiosos (e turistas), essas igrejas modestas nos dão uma indicação de como a arquitetura medieval era vivenciada pelas pessoas comuns da época.

As igrejas de paróquia foram construídas em um período anterior à fundação da Igreja Anglicana, quando todos os cristãos ingleses rezavam juntos e a frequência regular ao templo (sem falar no apoio compulsório dado na forma do dízimo) era a norma. Quando a economia de um local era forte, os indivíduos mais abastados costumavam investir na construção de igrejas, tanto como meio de garantir os favores divinos como de exibir sua riqueza, que, no período medieval tardio da Inglaterra, devia-se principalmente ao comércio de lã bruta e de tecidos de lã. A Igreja de Saint Agnes de Cawston, em Norfolk (Figura 9.28), é conhecida como uma "igreja de lã", pois sua nave central, do século XV, e sua torre oeste foram financiadas principalmente por Michael de la Pole, Conde de Suffolk, cuja fortuna advinha do comércio da lã. (O coro da igreja, do século XIV, preexistente, foi mantido). O tamanho de Saint Agnes é nitidamente exagerado para a população medieval da pequena cidade de Cawston, então devemos ver a igreja como uma demonstração da devoção e do orgulho do conde. O brasão de sua família foi esculpido sobre a porta de entrada. A torre e a arcada da nave central foram feitas com pedras importadas da França, em vez do sílex quebrado local, mais barato. Como é típico das igrejas paroquiais inglesas, a nave central e as naves laterais foram cobertas por telhados de madeira e não por abóbadas. Porém, mesmo nesses elementos a generosidade do conde fica evidente: a nave da Igreja de Cawston tem um telhado espetacular com mísulas de madeira adornado com anjos de pé nas extremidades das vigas e três outros anjos pairando com suas asas abertas sobre cada uma das janelas do clerestório.

Nem todas as obras medievais do interior da Inglaterra foram preservadas. Quando Henrique VIII rompeu relações com a Igreja Católica de Roma, ele iniciou um período de mais de um século de tumultos religiosos, durante o qual foram arrancadas as imagens das igrejas inglesas – altares, esculturas, pinturas, vitrais – que eram consideradas "papistas". Os vestígios de um mural sobre o coro nos lembram que as paredes já foram coloridas e resquícios de vitrais hoje nas janelas da nave lateral sul também nos proporcionam um vislumbre do colorido espetacular das antigas janelas. O anteparo de madeira que separa a nave central do coro originariamente sustentava uma galeria, sobre a qual havia um cruzeiro e esculturas de Cristo na cruz com Maria e São João ao lado. Sua faixa inferior ainda mantém 16 painéis pintados com as figuras dos santos, inclusive de São Simão, que curiosamente usa óculos. É um detalhe ingênuo, porém tocante, assim como os dragões e homens selvagens que podemos encontrar em lugares inesperados da igreja, comprovando a extrema sensibilidade dos artistas que criaram tais igrejas.

9.28 Interior da Igreja de Saint Agnes de Cawston, Norfolk, séculos XIV e XV.

9.29–9.30). O prédio foi iniciado em 1220 em um terreno totalmente desocupado, levando a catedral e a igreja da Velha Sarum – nome antigo da cidade – para um local com maior disponibilidade da água. A construção da maior parte da igreja se deu com rapidez extraordinária e ela estava pronta em 1258, deixando apenas sua altíssima torre do cruzeiro e flecha para serem construídas entre 1334 e 1380. Salisbury apresenta características das plantas baixas de monastérios, incluindo os transeptos duplos de Cluny III e a extremidade leste quadrada dos monastérios cistercienses, em uma edificação ortogonal e muito longa, tipicamente inglesa. No interior, as abóbadas quadripartidas cobrem a nave central com três níveis, mas a linha vertical contínua explorada pelos franceses foi substituída pela ênfase nas horizontais criada por uma cornija sob o trifório e outra sob o clerestório. As nervuras das abóbadas não chegam até o chão, mas nascem de mísulas nas paredes sob o clerestório. As superfícies são articuladas por colunelos e remates de mármore preto Purbeck, pedra inglesa que não é mármore, mas aceita alto polimento. Os arcobotantes não são muito verticais, e as paredes têm faixas horizontais que se estendem até a fachada oeste. Com toda essa horizontalidade, a torre principal, com sua flecha, alcança 123 metros de altura, oferece o contraponto vertical necessário e seu enorme peso deformou visivelmente os pilares do cruzeiro. O claustro, completado em 1284, é um belo exemplo do rendilhado do Período Decorado Primitivo, e, a leste, podemos encontrar uma bela casa do Capítulo octogonal (iniciada em 1263). Salisbury, como muitas outras catedrais inglesas,

9.29 Catedral de Salisbury, 1220–58; torre, 1334–80.
Uma catedral construída quase inteiramente no Gótico Primitivo Inglês. Observe as janelas ogivais da fachada oeste e do clerestório, bem como as linhas horizontais que também aparecem no exterior.

9.30 Nave central da Catedral de Salisbury, 1220–58.

Esta vista mostra como as horizontais predominam tanto no interior como no exterior. Observe como as nervuras das abóbadas não são extensões das colunas fasciculadas, mas nascem de mísulas distribuídas entre as janelas do clerestório. As cornijas ao longo do trifório direcionam o olho ao longo do comprimento da nave central.

também era uma abadia, e eram necessárias acomodações para que os irmãos pudessem se encontrar diariamente para ouvir a leitura comentada de um capítulo da Regra de São Benedito, razão pela qual foi construída a casa do Capítulo poligonal. Nos monastérios românicos, esse recinto costumava ter a forma quadrada ou retangular e estar junto ao claustro, mas nas catedrais inglesas ele oferecia a oportunidade de cobrir com elegantes abóbadas um espaço octogonal de tamanho considerável.

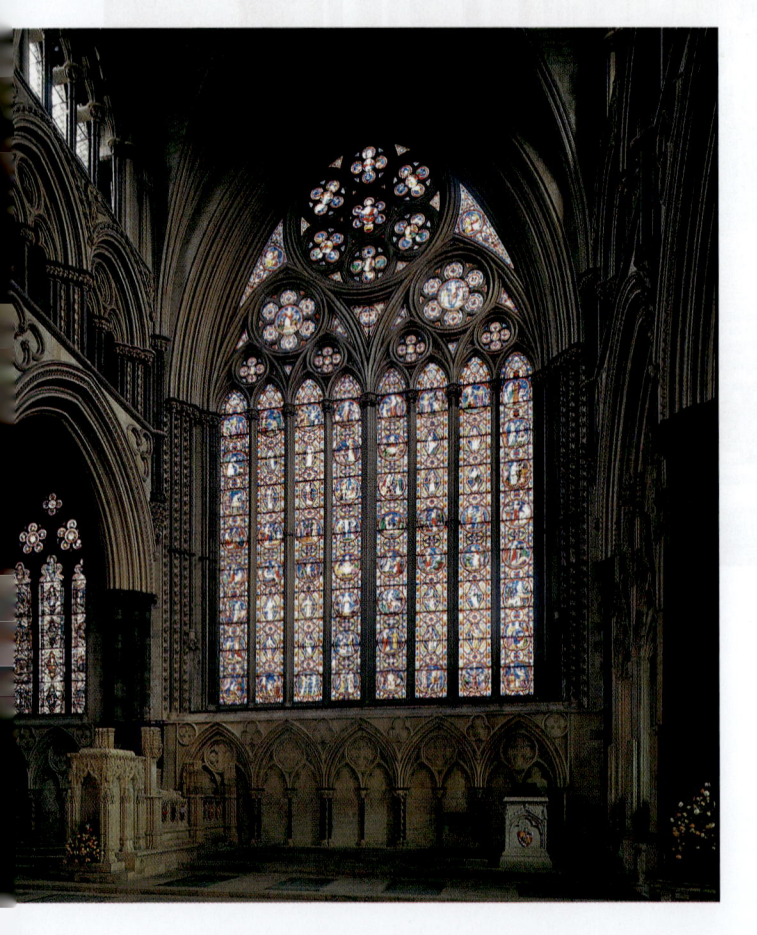

9.31 Abóbadas do coro da Catedral de Lincoln, 1192–1280.

Lincoln apresenta exemplos maravilhosos de abóbadas. Os transeptos são divididos em seis partes, enquanto a nave central se caracteriza por abóbadas com liernes e tiercerões do Período Decorado. As mais incomuns entre suas abóbadas são as do coro, conhecidas como "abóbadas loucas" pela assimetria do padrão de nervuras.

9.32 Catedral de Lincoln, Coro dos Anjos, 1192–1280.

O Coro dos Anjos é a extensão mais a leste da igreja, fechada por uma enorme parede de vitrais.

O gótico decorado e o gótico perpendicular

Na Catedral de Lincoln, uma história de construção mais complexa resultou em uma combinação esplêndida dos períodos do Gótico Inglês (Figuras 9.26b, 9.31–9.32). A igreja normanda preexistente fora danificada por um terremoto em 1185 e apenas as partes inferiores de sua fachada oeste ainda restam. As obras de reconstrução, iniciadas em 1192, continuaram sem problemas até 1280. A construção começou com o coro e o transepto leste (secundário), seguido do transepto oeste (principal), da casa do Capítulo, da nave central e das partes superiores da elevação oeste. O coro posterior (chamado de Coro dos Anjos) foi iniciado em 1256 e terminado em 1280, com a construção de uma enorme janela leste.

Lincoln apresenta diversos elementos originais em sua arquitetura. No interior, o que chama mais nossa atenção são os vários tipos de abóbadas, incluindo aquelas com tiercerões da nave central, que se conectam entre si com nervuras de cumeeira ornamentais. As chamadas "abóba-

9.33 Fachada oeste da Catedral de Ely, iniciada em 1080; lanterna construída entre 1322 e 1336.

A maior parte da fachada data do Período Normando. A fachada oeste era originalmente simétrica: a torre que contrabalançava aquela do lado direito já não existe.

das loucas" do coro são um experimento assimétrico que mostra uma interpretação livre das convenções góticas estabelecidas. Por toda a catedral, mas especialmente no teto do Coro dos Anjos, há uma riqueza de remates elaborados na forma de colunelos de mármore Purbeck, capitéis com folhas estilizadas e anjos esculpidos, que dão nome ao coro posterior. O clerestório do Coro dos Anjos e a janela da extremidade leste apresentam rendilhados no estilo Gótico Decorado. A oeste, a larga elevação ampliou a obra normanda preexistente, aumentando a largura aparente da fachada e impedindo a visualização da base das torres oeste, as quais definem a largura real da igreja. Por fim, a casa do Capítulo, com dez lados e seus enormes arcobotantes, foge da forma octogonal mais comum na Inglaterra.

A Catedral de Ely ilustra outro aspecto da arquitetura medieval inglesa, a construção em madeira em larga escala (Figuras 9.33–9.34). A obra normanda predomina na nave central, que foi coberta por um telhado de madeira; na elevação oeste, com seu projeto no estilo normando tardio; e nos transeptos a leste da nave central. O coro normando original foi ampliado (1230–50) por seis vãos adicionais baseados

9.34 Lanterna da Catedral de Ely, 1322–36.
Observe como o octógono está deslocado 22,5° em relação ao eixo da nave central. Os tetos de madeira são tratados no interior como se fossem abóbadas de pedra. O teto de madeira pintado da nave central normanda se estende até o lado esquerdo.

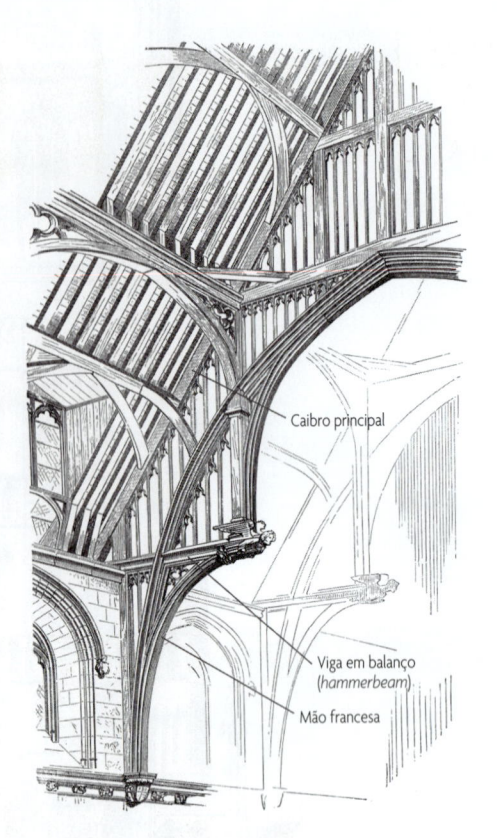

9.35 Tesoura de madeira com mísula, Salão Westminster, Londres, 1394–1402.
Uma *hammerbeam* é uma viga em balanço horizontal e curta fixada à base de um caibro principal. Observe como o conjunto de elementos de madeira se apoia na parede de alvenaria, com a viga em balanço parcialmente sustentada pela mão francesa.

(Legendas na figura: Caibro principal; Viga em balanço (*hammerbeam*); Mão francesa)

no estilo Gótico Primitivo da nave central de Lincoln. O colapso da torre do cruzeiro normanda da Catedral de Ely, em 1322, provocou uma obra extraordinária. As fundações da igreja foram consideradas insuficientes para sustentar uma reconstrução em alvenaria, assim, a torre foi substituída por uma lanterna de madeira, cujo projeto também melhorou a iluminação e a área útil do cruzeiro. O projetista desta obra-prima da engenharia medieval foi William Hurley, Carpinteiro do Rei. Ele usou oito pilares colossais de carvalho – cada um com 19 metros de comprimento e seção transversal de 0,80 por 1,00 metro – para os elementos verticais da torre octogonal, que, por sua vez, tem 21 metros de diâmetro. Esses pilares se apoiam nas **hammerbeams** – vigas em balanço das mísulas de madeira – (Figura 9.35) amarradas aos pilares de alvenaria do cruzeiro. O octágono fica 22,5 graus deslocado em relação ao eixo da nave central, criando um contraste espacial no cruzeiro. A maior parte da abóbada do octógono é de madeira imitando uma obra em pedra; os elementos estruturais reais somente são visíveis para uma pessoa que suba até a lanterna por meio da escada de acesso.

A extraordinária torre do cruzeiro da Catedral de Ely não é o único exemplo de construção em madeira monumental na Inglaterra. Há inúmeros outros telhados do final do período medieval com o sistema de *hammerbeams* ainda preservados; o mais espetacular é o do Salão Westminster, em Londres (atualmente incorporado ao Parlamento do Reino Unido, um edifício do século XIX). O salão data do início do século XII, quando foi construído como um espaço para banquetes reais com várias naves. No final da Idade Média, desejou-se uma cobertura que não exigisse apoios intermediários, então entre 1394 e 1402 o salão recebeu seu telhado com *hammerbeams*, que se apoia nas paredes mais antigas (Figura 9.34). O sistema de construção com *hammerbeams*, na verdade, é uma série de pequenos balanços sucessivos que permitem aos construtores vencer um vão maior do que o comprimento das peças de madeira disponíveis. O trabalho artesanal exigido por essas coberturas, com suas juntas intertravadas com cavilhas e elegantes flores e anjos esculpidos, é um testemunho da extrema capacidade técnica e artística dos carpinteiros medievais.

Um exemplo de construção em alvenaria do Gótico Tardio inglês é dado pela capela do King's College, em Cambridge, com suas excepcionais abóbadas em leque projetadas por John Wastell (Figuras 9.26b, 9.36). Iniciada em 1446 com uma doação feita por Henrique VI e completada em 1515 com a contribuição de Henrique VIII, a capela foi

9.36 Interior da Capela do King's College, Cambridge, 1446–1515.

As abóbadas em leque fazem desta caixa de vidro uma obra-prima do período Gótico Tardio. Assim como em Sainte-Chapelle, as paredes foram reduzidas a peles de vidro inseridas em um esqueleto de pedra.

9.37 Nave central e lateral da Igreja de São Jorge, Nördlingen, 1427–cerca de 1500.

Esta é uma igreja-salão, onde as abóbadas da nave central e laterais têm praticamente a mesma altura. As nervuras de pedra cinza formam padrões geométricos intricados na superfície rebocada das abóbadas.

projetada para ser utilizada em uma época na qual o sermão havia se tornado um aspecto importante dos cultos, assim, sua planta baixa mais singela e sua pequena área reduzem a reverberação, facilitando a audição. Os cânticos monásticos medievais são melhorados por períodos de reverberação mais longos, mas discursos ficam praticamente incompreensíveis em espaços projetados para o canto. As igrejas medievais ainda em uso para missas empregam sistemas de amplificação eletrônica que ajudam a anular a reverberação. A Capela do King's College tem planta baixa praticamente retangular, com rendilhado no estilo Gótico Perpendicular em suas grandes janelas e majestosas abóbadas em leque. O órgão ornamentado sobre a parede de divisão do coro separa o espaço em dois setores, um para os cidadãos e o outro para os alunos. A capela é contemporânea ao Alto Renascimento italiano e a talha de madeira da divisão do coro contém detalhes clássicos em uma edificação, de resto, do período Medieval Tardio.

O GÓTICO ALEMÃO, TCHECO E ITALIANO

As igrejas-salão

Assim como o Românico apresentou variantes regionais que se desenvolveram em resposta a tradições e preferências locais, o mesmo ocorreu com o Gótico. Os construtores alemães inicialmente utilizaram as catedrais francesas como modelos e ocasionalmente também trouxeram mestres-pedreiros do exterior, mas rapidamente passaram a criar suas próprias versões do Estilo Gótico. Especialmente típicas do Gótico Alemão foram as **igrejas-salão**, um tipo de igreja na qual as abóbadas da nave central e das naves laterais tinham praticamente o mesmo pé-direito. (Lembre-se que Saint Savin-Gartempe foi apresentada anteriormente neste livro como uma igreja-salão românica.) Este foi o projeto empregado na Igreja de São Jorge de Nördlingen (1427–cerca de 1500), uma igreja sem transepto, mas que tem naves laterais em ambos os lados dos seis vãos da nave central que se desenvolvem em cinco vãos do coro a uma capela na extremidade leste poligonal (Figuras 9.37–9.38). Uma torre colossal no eixo ancora a fachada oeste. No interior, a estrutura fica claramente expressa: colunas de pedra cinza com colunelos sustentam abóbadas cujas nervuras descrevem padrões intrincados. As janelas das naves laterais, dispostas entre contrafortes, são tratadas como aberturas perfuradas, mas são altas e sem vitrais, fornecendo muita iluminação para o interior. Mies van der Rohe, o arquiteto alemão que migrou para os Estados Unidos e que defendia edificações de "pele e ossos" feitas de vidro e aço, tinha muitos motivos para admirar as igrejas-salão do Gótico Alemão.

9.38 Abóbadas da Igreja de São Jorge, Nördlingen, 1427–cerca de 1500.

Esta vista mostra o padrão criado pelas nervuras.

A Igreja de Santa Bárbara, em Kutná Hora, na República Tcheca, é um exemplo extraordinário de Gótico Tardio, com história e configuração complexas. A economia da cidade era abastecida pelas minas de prata e a casa da moeda do rei da Boêmia. A construção iniciou-se em 1388, usando o modelo de uma catedral do gótico francês com oito absidíolas, talvez projetada por Johann Parler, mas as obras foram interrompidas em 1400 e não foram retomadas até 1481, quando cessaram os tumultos das Guerras Hussitas. Em 1489, Matej Rejsek completou o coro de maneira mais ou menos fiel ao projeto original. Um novo encarregado, o arquiteto real Benedikt Ried, assumiu a direção das obras em 1512 e, ao construir a nave central, deixou de lado o modelo de basílica e construiu pilares livres que sustentam a abóbada desta igreja-salão, com galerias bem iluminadas sobre as naves laterais. As abóbadas com nervuras muito intricadas do coro foram conectadas às da nave central por nervuras orgânicas que nascem das colunas e criam figuras com seis pétalas (Figura 9.39). Enquanto as nervuras das abóbadas de Nördlingen foram definidas dentro de cada vão, o padrão da fina casca em abóbada de Kutná Hora existe quase que independente de sua estrutura de suportes verticais e cria uma sensação extraordinária de leveza. A parede externa, com seus arcobotantes, nos dá uma pista das surpresas espaciais encontradas no interior, embora os três tetraedros que compõem a cobertura sejam inesperados. Ried provavelmente usou-os mais para reduzir as cargas de vento e economizar em materiais de construção e não tanto por seu efeito exótico, mas seu perfil contra o céu é inesquecível. As verbas para a construção da igreja se esgotaram assim que as abóbadas da nave central foram completadas em 1557, deixando a elevação oeste para ser terminada no século XIX.

9.39 Abóbadas da nave central da Igreja de Santa Barbara, Kutná Hora, 1388–1512.

As colunas fasciculadas de apoio se elevam sem contraventamento sobre as naves laterais internas até as abóbadas, para igualar a altura da nave central. As grandes janelas da galeria inundam o interior com luz, iluminando as nervuras em formato de flor que fluem graciosamente na abóbada em casca da cobertura.

As variantes do gótico italiano

Os projetistas italianos modificaram o Estilo Gótico para adaptá-lo às condições locais e as diferenças encontradas em relação às versões do gótico do norte da Europa devem ser entendidas como adaptações que demonstram a flexibilidade do Gótico para assumir várias interpretações. Por causa dos céus ensolarados da Itália, grandes aberturas não eram necessárias para uma boa iluminação dos interiores. Os construtores românicos italianos já eram muito habilidosos na construção de **abóbadas em arco de claustro**, as quais reduziam o empuxo lateral e, portanto, exigiam menos em termos de contrafortes. Além disso, questões estéticas e culturais predispunham os italianos a dar preferência a tirantes internos em vez de contrafortes externos, assim, os arcobotantes eram raros. (Os tirantes também são úteis em áreas sujeitas a terremotos.) Muitas das ordens religiosas desejavam igrejas que mantivessem a sensação de amplitude e visibilidade, qualidades que podiam ser alcançadas usando-se o gótico.

A arquitetura gótica chegou à Itália com os monges cistercienses, que haviam rapidamente adotado o estilo após se acostumarem com as preferências de arquitetura de Bernardo de Clairvaux. Outras ordens monásticas, especialmente as ordens mendicantes dos dominicanos e franciscanos, que vieram ministrar nas populações urbanas crescentes, também tendiam a utilizar o Estilo Gótico. Entre um de seus primeiros templos estava a espetacular igreja dominicana de Santa Maria Novella, em Florença (1279–cerca de 1310), construída com uma planta baixa que seria muito familiar para os cistercienses (Figura 9.40). A nave central consiste de vãos praticamente quadrados, assim como cruzeiro e coro quadrados. Quatro capelas no transepto dão simplicidade estrutural à igreja. Suas superfícies desadornadas contrastam com as alvenarias de pedras policromáticas nas arcadas da nave central, nos arcos transversais da nave lateral e nas nervuras das abóbadas de todas as naves (Figura 9.41). Ao construir abóbadas em arco de claustro na nave central, os

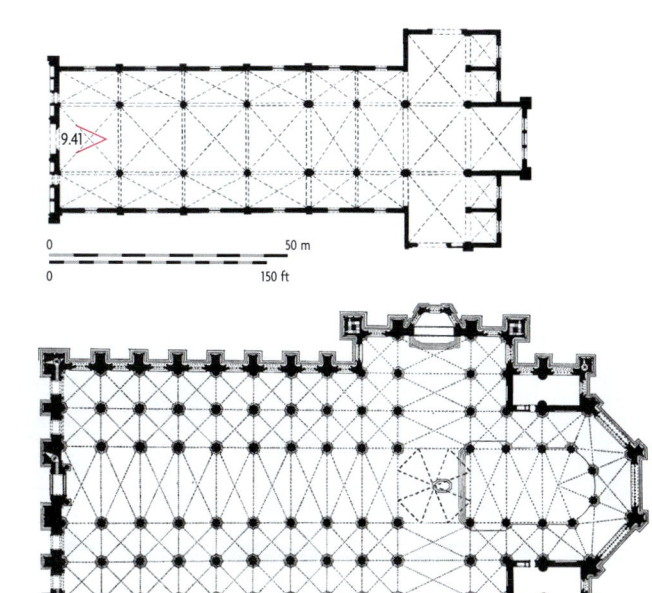

9.40a Planta baixa de Santa Maria Novella, Florença, 1279–cerca de 1310.

Há uma simplicidade quase cisterciense nesta planta baixa de igreja construída para a Ordem Dominicana. Suas abóbadas em arco de claustro são travadas por contrafortes escondidos sob as coberturas das naves laterais, evitando a necessidade de arcobotantes.

9.40b Planta baixa da Catedral de Milão, 1387–cerca de 1572.

Esta é a maior igreja gótica da Itália. Sua estrutura é baseada no corte transversal da Catedral de Bourges, onde os pares de naves laterais ajudam a apoiar as altas abóbadas na nave central. Mestres-de-obras da França, Alemanha e Itália foram consultados para seu projeto e construção.

9.41 Interior de Santa Maria Novella, Florença, 1579–cerca de 1310.

Esta vista mostra as nervuras policromáticas das abóbadas. Observe os pequenos olhos-de-boi do clerestório.

9.42 Contrafortes e pináculos da Catedral de Milão, 1387–1572; século XIX.

A fachada oeste mescla motivos clássicos e góticos. Os arcobotantes foram acrescidos no século XIX, quando o exterior foi finalizado.

construtores conseguiram minimizar o empuxo lateral de tal maneira que o apoio das altas abóbadas das naves laterais e os contrafortes escondidos pelas coberturas destas naves foram suficientes para contraventar a estrutura. Uma conexão com as ordens clássica é evidente nas meias-colunas conectadas aos esbeltos pilares da arcada. As janelas das naves laterais são pequenas, e o clerestório consiste de pequenas aberturas circulares – olhos-de-boi – no alto de cada vão. Uma grande janela tripla no coro oferece luz direta mais forte. O efeito interno é de amplidão e clareza, bastante adequado para uma igreja de congregação. Falaremos novamente de Santa Maria Novella no capítulo do Renascimento, quando sua fachada foi completada.

Em Todi, na Itália, os franciscanos construíram San Fortunato (1292–início do século XIV) seguindo um projeto de igreja-salão. Neste caso, o ponto mais alto – a coroa – das abóbadas é uniforme em toda a igreja, ao contrário das divisões de teto onduladas criadas pelas abóbadas em arco de claustro e os arcos transversais de Santa Maria Novella. Sem as naves laterais mais baixas para resistir ao empuxo lateral causado pelas abóbadas, os construtores usaram tirantes das paredes externas aos pilares da nave central para estabilizar a edificação. Assim como em Santa Maria Novella, os vãos da nave central são praticamente quadrados. Meias-colunas esbeltas sobre os pilares se alinham às graciosas nervuras das abóbadas, dando uma sensação considerável de amplitude para o interior. Em ambos os lados da nave central, as capelas a serem utilizadas pelos irmãos são dispostas entre contrafortes transversais. As janelas altas sobre as capelas iluminam o interior, para o que também contribuem as cinco janelas do coro poligonal.

A maior e mais ambiciosa igreja gótica da Itália é a Catedral de Milão, iniciada em 1387 e não terminada antes de 1858, ainda que estivesse praticamente acabada já em 1572. Sua planta baixa apresenta uma nave central larga com naves laterais duplas, um transepto também com naves laterais e uma abside poligonal com deambulatório (Figura 9.40b). Os vãos das naves laterais são de planta quadrada, enquanto os da nave central são retangulares. A estrutura segue o modelo da Catedral de Bourges, onde as naves laterais se elevam formando uma seção praticamente triangular que contraventa a abóbada da nave central, e o pé-direito da nave central – 47,8 metros – é quase o mesmo da Catedral de Beauvais. Chama a atenção o fato de que essa catedral tenha sido construída sem arcobotantes – os arcobotantes hoje existentes são um acréscimo do século XIX.

Menos de dois anos após o início das obras, as decisões do mestre de obras Simone da Orsenigo já estavam sendo preteridas em favor das opiniões de vários consultores contratados pelos clientes. Mestres de obras, artistas e matemáticos da Itália deram suas opiniões sobre a teoria, o projeto e a tecnologia a ser utilizada na catedral, e construtores da França e da Alemanha também foram convidados a participar. Uma vez que parte dos debates foi transcrita (ainda que por pessoas que não entendiam o que estava sendo discutido) e esses registros ainda existam, os documentos da Catedral de Milão nos oferecem exemplos extraordinários das várias teorias e práticas do Gótico Tardio, bem como das divergentes abordagens de arte e ciências da época. As opiniões dadas por esses construtores e teóricos experientes refletem as diferenças regionais de tradição e estética: os italianos preferiam espaços amplos, os franceses defendiam tipos de abóbadas especiais que utilizavam, e os alemães propunham uma forte verticalidade. As consultorias continuaram por mais de uma década, com as obras sendo passadas de um mestre para outro. No fim, foram empregadas as proporções defendidas pelo matemático italiano Gabrielle Stornoloco: a seção da catedral, baseada em um triângulo equilátero, define o pé-direito da nave central como em três vezes o pé-direito das naves laterais externas e em uma vez e meia o da nave lateral interna. Os pedreiros italianos, acostumados a construir com as exigências de carregamento das abóbadas em arco de claustro, usaram-nas nas naves laterais e, de maneira modificada, na nave central, reforçando as abóbadas com fortes tirantes de ferro. Esta abordagem era nova para os mestres franceses e alemães, mas funcionou.

A edificação resultante não encontra similar entre outras igrejas góticas italianas, carecendo de amplitude espacial devido ao peso e pouco espaçamento de seus pilares. O volume total é gigantesco e, como as pequenas janelas do clerestório são vedadas com vitrais, mesmo com o céu ensolarado da Itália, pouca luz chega à nave central. Contudo, as janelas do coro o iluminam bastante, fazendo com que os visitantes tenham sua atenção atraída para o centro litúrgico da igreja. Grande parte do exterior é pós-medieval, mas até o fim as obras seguiram a estética gótica (Figura 9.42). Quando observado do nível da cobertura, que é acessível, o exterior da Catedral de Milão é uma verdadeira floresta de mármore esculpido e pináculos pontiagudos.

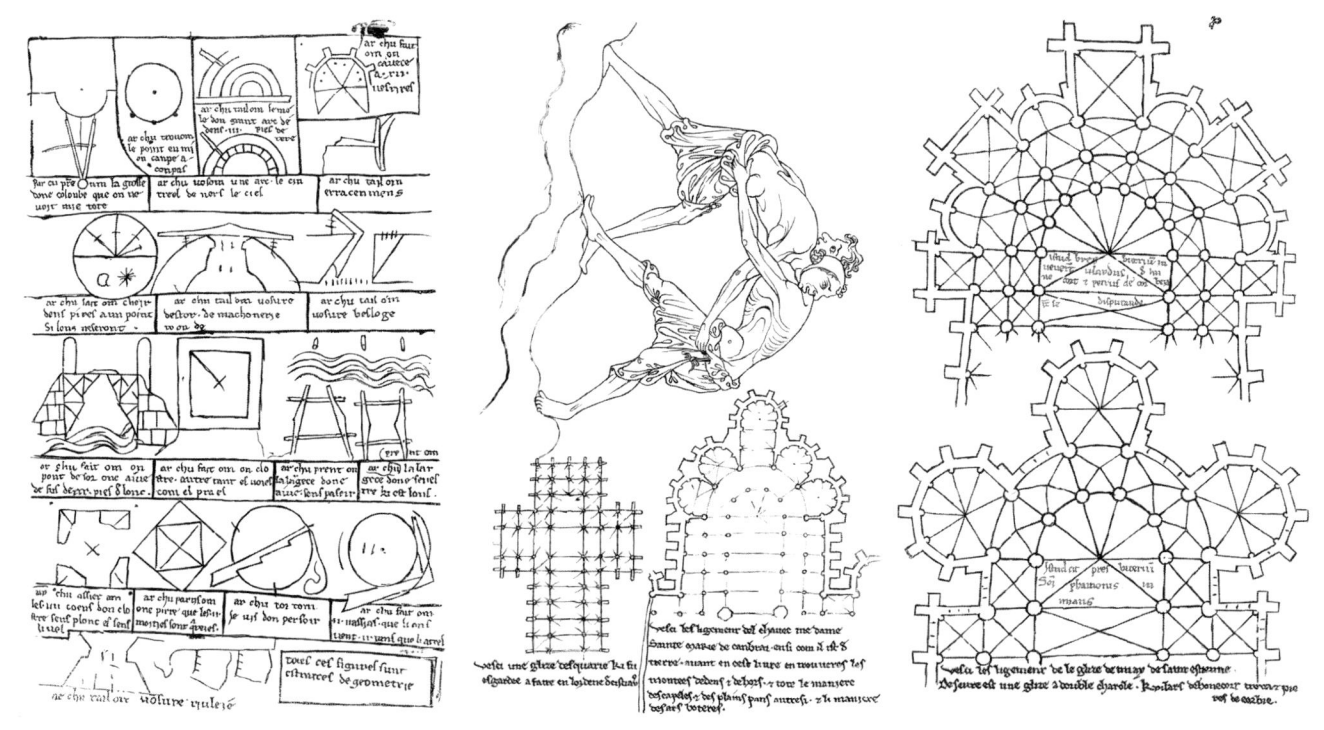

A CONSTRUÇÃO MEDIEVAL

A Catedral de Milão é excepcional por ter preservado documentos de seu projeto e construção. Na maioria das campanhas de edificação medieval, a ausência de desenhos ou registros escritos limita nossa capacidade de fazer afirmativas com convicção sobre a natureza da prática de arquitetura ou das técnicas de construção empregadas na Idade Média. Ainda assim, historiadores têm analisado os materiais disponíveis – alguns cadernos de esboços, desenhos isolados e pisos com desenhos que foram preservados, relatórios de obras, crônicas de monastérios e evidências fornecidas pelas próprias edificações – para tentar entender como era a edificação no mundo medieval.

Um projetista de edificações na Idade Média geralmente era chamado de mestre de obras, pois o título de arquiteto não foi utilizado até quase o início da Idade Moderna. A formação de um mestre de obras incluía o estudo da linguagem e do raciocínio matemático em uma escola de ensino primário dirigida pelo sacerdote ou monastério da localidade, a qual era seguida de um aprendizado prático em um dos ofícios da construção (carpintaria ou cantaria) que começava por volta dos 13 anos de idade. O aprendizado envolvia todos os aspectos do ofício, incluindo questões teóricas e aplicações práticas, especialmente sobre a construção de arcos e abóbadas usando cimbramentos (Figura 9.44). Após um período de três a sete anos sob a orientação de um mestre de ofício, o aprendiz recebia o título de artífice assalariado, um artesão com o direito de oferecer seus serviços mediante o pagamento diário. Este jovem viajaria vários anos, oferecendo suas habilidades em diferentes obras e mantendo um caderno de esboços ou notas enquanto acumulava experiência prática. Para passar ao nível de mestre, ele precisava apresentar sua "obra-prima" – fosse uma edificação real ou apenas uma maquete de alto padrão – para os demais mestres de sua corporação de ofício, que avaliavam a capacidade do artífice assalariado para orientar outros artífices assalariados ou ensinar aprendizes. Somente os artífices mais capacitados e experientes conseguiam o título de mestre de obras.

Os mais antigos documentos existentes sobre a construção no período medieval são uma coletânea de desenhos feitos por Villard de Honnecourt, que trabalhou mais ou me-

9.43a O caderno de esboços de Villard de Honnecourt (à esquerda), cerca de 1225–50.

Villard colecionava desenhos de vários lugares, com o intuito de passar sua obra para os outros. Esta página mostra alguns métodos para se resolver problemas geométricos, habilidades importantes para construtores medievais.

9.43b O caderno de esboços de Villard de Honnecourt (ao centro), cerca de 1225–50.

O conjunto de esboços combina homens praticando a luta livre com o esquema de uma igreja cisterciense e as plantas baixas do coro na Catedral de Reims. Os desenhos de Villard são o exemplo mais antigo que temos de representação gráfica de edificações feita por construtores medievais.

9.43c O caderno de esboço de Villard de Honnecourt (à direita), cerca de 1225–50.

Aqui, Villard desenhou dois coros de igrejas cistercienses. Alguns estudiosos acham que ele estava envolvido na reconstrução de coros de igrejas cistercienses em projetos mais elaborados. Observe que estas plantas baixas mostram a espessura das paredes e as nervuras das abóbadas.

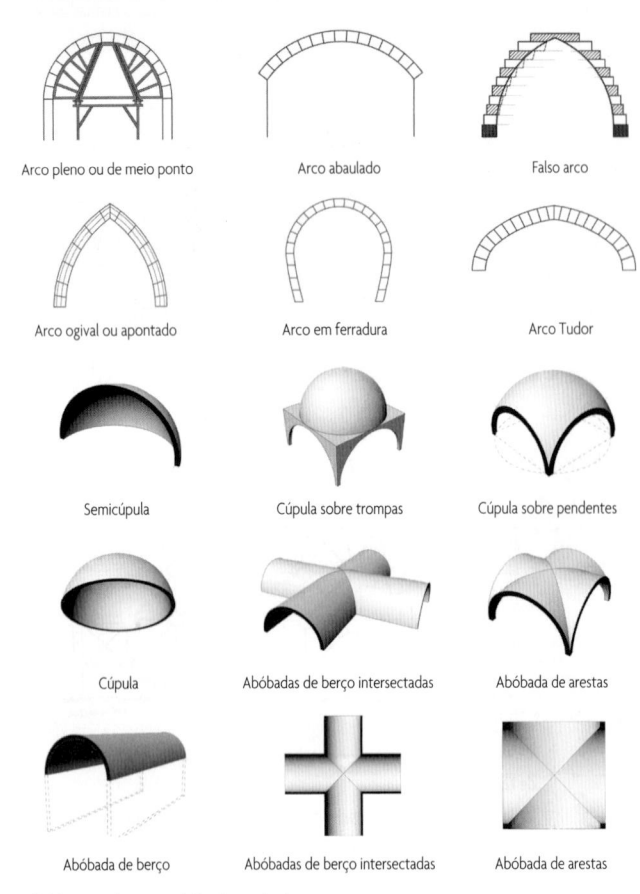

Arco pleno ou de meio ponto   Arco abaulado   Falso arco

Arco ogival ou apontado   Arco em ferradura   Arco Tudor

Semicúpula   Cúpula sobre trompas   Cúpula sobre pendentes

Cúpula   Abóbadas de berço intersectadas   Abóbada de arestas

Abóbada de berço   Abóbadas de berço intersectadas   Abóbada de arestas

9.44 Tipos de arcos, abóbadas e cúpulas.
O conhecimento de abóbadas de alvenaria é crucial para entender a maioria das construções permanentes, da Roma Antiga até o desenvolvimento do ferro, aço e concreto armado, no século XIX.

nos entre 1225 e 1250 (Figuras 9.43a,b,c). Seu caderno de esboços inclui uma grande variedade de observações e croquis: problemas geométricos e suas soluções; tesouras de madeira; esculturas e ornamentos talhados; croquis da natureza; plantas baixas de igrejas; croquis de detalhes das Catedrais de Laon, Chartres e Reims; máquinas e aparelhos diversos, além de informações tão esotéricas quanto domar um leão. Fora o que vemos em seu caderno, pouco sabemos sobre Villard ou sobre suas obras. Ele afirma ter viajado dos Países Baixos à Hungria e retornado; alguns historiadores supõem que ele tenha sido empregado pelos cistercienses, talvez para reconstruir **coros** no estilo gótico mais elaborado, empregado após a morte de Bernardo de Chairvaux. Outros acreditam que ele foi apenas um desenhista com interesse especial em detalhes de arquitetura. Lendo uma anotação feita no prefácio de seu livro ou caderno, fica óbvio que Villard desejava que sua coleção de desenhos fosse usada por outras pessoas. Ele identifica a geometria como a base do desenho, se oferece para aconselhar sobre alvenaria e carpintaria e pede aos leitores que se lembrem dele e orem por sua alma. Seus desenhos são as representações gráficas mais antigas de elevações internas e externas (da Catedral de Reims) e também contêm plantas baixas com a espessura das paredes especificadas, ao contrário das paredes representadas com linhas simples na Planta Baixa da Abadia de Saint Gall. Seja lá qual tenha sido o papel deste homem na construção, os esboços de Villard nos mostram que as ideias de arquitetura naquela época já

viajavam bastante com os trabalhadores assalariados que iam de uma obra para outra e também por meio do intercâmbio de esboços e anotações.

Não há dúvida de que a geometria era a base teórica da arquitetura medieval. Seguindo a prática da Roma Antiga, o mestre de obras estabelecia as dimensões básicas da edificação de acordo com um módulo e derivava todas as demais medidas deste padrão pelo uso do compasso e dos esquadros. (As pessoas da Idade Média usavam números romanos que serviam apenas para cálculos aritméticos muito elementares.) Os "segredos" dos pedreiros e canteiros eram basicamente princípios de geometria plana e geometria espacial e conhecimento de como usar triângulos, quadrados, pentágonos e outras figuras geométricas para gerar linhas proporcionais, na maior parte com dimensões representadas por números irracionais. Assim como a beleza dos cânticos medievais era definida pelas relações adequadas nos intervalos entre os tons musicais, a beleza na arquitetura era garantida se as proporções dos elementos principais e dos detalhes secundários estivessem em harmonia geométrica.

A construção de uma igreja de qualquer tamanho exigia dinheiro para se pagar artesãos qualificados. Os mestres e suas oficinas se deslocavam conforme a disponibilidade de fundos para construção; assim, às vezes, podemos acompanhar equipes de obras que passaram de um projeto para outro. A ideia de que as igrejas eram construídas por monges ou leigos voluntários é um equívoco. O tamanho total de uma igreja e de seus elementos principais era determinado pelo mestre de obras, que consultava os oficiais do clero e, então, canteiros, pedreiros, carpinteiros, escultores, vidraceiros e azulejistas profissionais eram contratados para executar as obras. Dependendo da riqueza do cliente, uma grande catedral podia ser construída em apenas 30 anos, como foi o caso de Chartres, ou então a obra podia se arrastar por séculos, em campanhas muitas vezes interrompidas.

OS CASTELOS E AS CASAS MEDIEVAIS

Nossas considerações sobre a Arquitetura Românica e Gótica obrigatoriamente se concentraram no projeto de edificações religiosas, especialmente porque a Igreja dispunha dos maiores talentos e de grande parte dos recursos financeiros. As edificações medievais que ainda hoje podemos visitar têm entre 400 e 1.100 anos de idade, e somente as obras de arquitetura mais bem construídas conseguem durar tanto. Na Idade Média, as igrejas compunham o principal grupo de edifícios bem construídos, então é inevitável que elas correspondam à maior parte dos exemplos da arquitetura do período.

As habitações

Dispomos de um número suficiente de estruturas seculares construídas no período medieval para que tenhamos uma ideia geral das casas habitadas pelo povo, e as pesquisas arqueológicas estão sempre oferecendo novas informações. As casas rurais das famílias de camponeses eram simples, não passavam de meros abrigos para se cozinhar e dormir. Esses prédios usavam materiais locais – especialmente barro, ma-

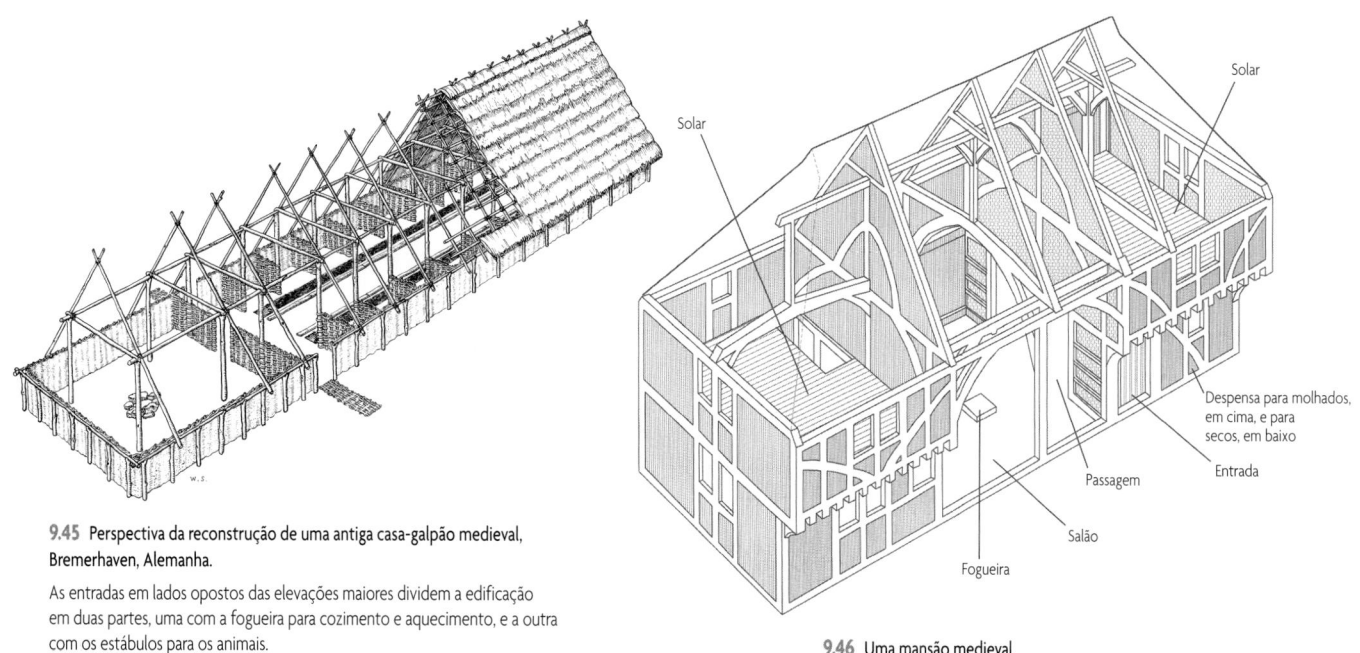

9.45 Perspectiva da reconstrução de uma antiga casa-galpão medieval, Bremerhaven, Alemanha.

As entradas em lados opostos das elevações maiores dividem a edificação em duas partes, uma com a fogueira para cozimento e aquecimento, e a outra com os estábulos para os animais.

9.46 Uma mansão medieval.

O salão (*hall*) era o espaço principal, dotado de uma fogueira central para calefação. As refeições eram feitas com os criados domésticos e demais agregados.

deira e sapé – e as técnicas de construção eram rudimentares, pois eram provavelmente feitos pelos próprios moradores. A casa-galpão é um tipo de moradia amplamente utilizado ao longo de todo o período medieval (9.45). Ela era construída com uma planta baixa retangular e as portas de entrada ficavam nas laterais maiores, frente a frente, fornecendo ventilação cruzada e dividindo a casa em duas seções. Um lado da casa continha uma fogueira no chão, em torno da qual a família se reunia; e, às vezes, havia uma segunda câmara que servia de dormitório ou depósito. O resto do prédio abrigava o gado, cujo calor corporal ajudava a aquecer todo o interior. Como não havia chaminé, a fumaça era filtrada pela cobertura, bastante alta, saindo por pequenas aberturas nas empenas, sem que o sapé pegasse fogo. Peter Brueghel, o Velho, pintou em 1568 um ótimo exemplo dessas casas no pano de fundo de seu quadro *Paisagem de Inverno com Armadilha para Pássaros*, o que indica que essas edificações rurais ainda naquela época eram muito comuns no campo.

Já as famílias proprietárias de terras que haviam subido bem mais na escala social podiam morar em uma casa propriamente dita (sem animais) dividida em um salão e um solar, o cômodo privativo do segundo pavimento. O salão era o espaço principal de reunião e entretenimento (Figura 9.46), aquecido por uma fogueira centralizada, e o solar era um espaço mais privativo, reservado para a família. No final da Idade Média, esses cômodos básicos passaram a ser melhorados com a inclusão de uma despensa para molhados (onde se armazenava bebidas e outros víveres que deveriam ficar resfriados), uma despensa para secos e um espaço intermediário entre esses depósitos e a cozinha, a qual passou a ser uma edificação à parte. Às vezes o solar ia para o terceiro pavimento e tinha sua própria escada, para garantir maior privacidade. Já que o nobre alimentava seus hóspedes e servos no salão, as refeições eram ocasiões importantes para oferecer hospitalidade e exibir riqueza. (É irônico que *hall*, o termo em inglês para tais salões, tenha perdido valor e sido transformado em sinônimo de vestíbulo nas casas atuais, pois ele já foi o principal espaço de estar de uma casa.)

9.47 Estrutura independente de madeira pesada (enxaimel) utilizada na construção medieval.

Observe os pequenos balanços que aumentam a área de piso nos níveis superiores. Nas estreitas ruas medievais, esses balanços reduziam a luz disponível no térreo

As casas urbanas eram mais compactas e muitas vezes tinham vários pavimentos, para poupar solo. A estrutura dessas edificações também era de madeira, e a cobertura, de sapé, razão pela qual eram tão combustíveis. Incêndios que arrasaram cidades inteiras são eventos corriqueiros na história medieval. Assim, a partir de determinado momento, as ci-

9.48 Casa medieval, Cluny, século XII.
Esta casa urbana é típica de muitas residências medievais urbanas, combinando espaços para oficina ou comércio (no primeiro pavimento) com a residência propriamente dita (no segundo pavimento).

9.49 Casa com torres, San Gimignano, séculos XIII e XIV.
Em muitas cidades medievais do norte da Itália, as famílias construíam torres em casas de alvenaria para competir por prestígio ou, talvez, para se defender. Em San Gimignano, elas também eram utilizadas, aparentemente, para se pendurar tecidos tingidos.

dades maiores passaram a regulamentar a edificação e a exigir a construção em alvenaria com telhados de argila ou ardósia, para reduzir o risco da propagação de incêndios. Mesmo assim, algumas moradias de madeira na Inglaterra e no resto da Europa foram preservadas e ilustram bem o sistema de construção em enxaimel (Figura 8.47). As edificações em enxaimel possuem uma estrutura de madeira pesada aparente nos interiores que era fechada por vedações não estruturais, como pau a pique, argamassa, tijolo ou outro material. Sejam de alvenaria ou madeira, as casas urbanas geralmente tinham uma loja no pavimento térreo e uma residência nos pavimentos superiores (Figura 9.48). A cozinha ficava no térreo, nos fundos, e era separada da loja por um pequeno pátio ou poço de luz, mantendo os odores e o risco de incêndio longe da parte principal da casa. As cidades italianas costumavam ter casas de alvenaria de tijolo ou pedra com telhas cerâmicas e muitas dessas localidades ainda preservam inúmeros exemplares de suas casas medievais. San Gimignano é especialmente famosa pelas torres preservadas de algumas casas (Figura 4.49). Embora em outros locais as casas com torre fossem provavelmente construídas para a defesa, a provável função dessas torres era pendurar tecidos tingidos durante o processo de secagem ao abrigo da luz do sol, um processo necessário para a fixação do corante amarelo utilizado na cidade.

Os castelos

As casas fortificadas ou castelos eram as moradias da nobreza, embora provavelmente não fossem muito mais confortáveis do que os lares das pessoas humildes. Os castelos eram construídos para defesa, protegendo estradas ou rios estratégicos, além de servir como centros administrativos para o território do entorno. As primeiras dessas fortificações eram de madeira, e apenas os furos de fundação de suas colunas ainda permanecem para que os arqueólogos possam fazer suas especulações. No entanto, os trabalhos em terra que acompanharam esses castelos primitivos são mais visíveis e, na Inglaterra, o **motte and bailey** (morro com pátio circular) é o tipo mais comum (Figura 9.50). Para um bom controle do entorno, os castelos eram, sempre que possível, construí-

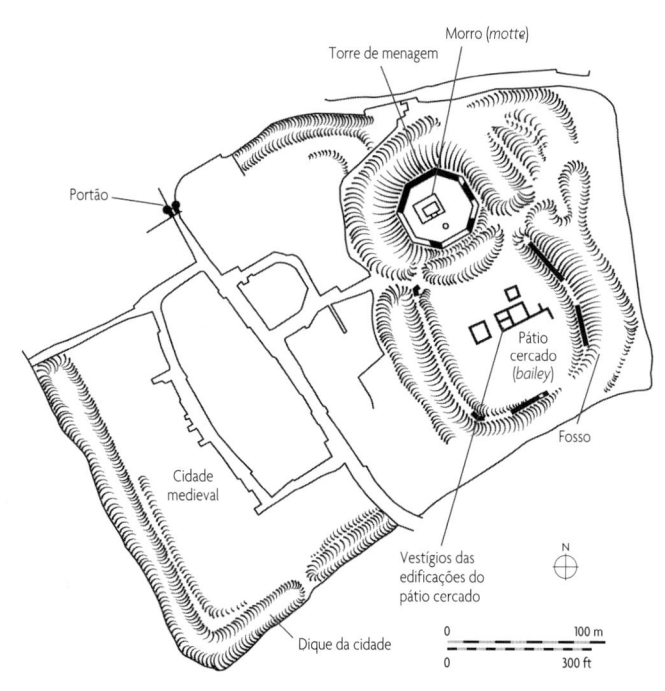

9.50 Planta baixa e corte de um castelo inglês do tipo *motte and bailey*, Castelo Acre, Norfolk, século XII.

As edificações do castelo se extinguiram há muito tempo, mas as obras de terra sobreviveram para mostrar o *motte*, ou morro, e o fosso que circundavam o *bailey*, ou pátio cercado.

9.51 A Torre Branca (Torre de Londres), Londres, 1078–80.

Seus três andares cobertos por abóbadas a tornam à prova de fogo e sua cobertura servia como plataforma de combate. Uma capela normanda ocupa a área circular do terceiro piso.

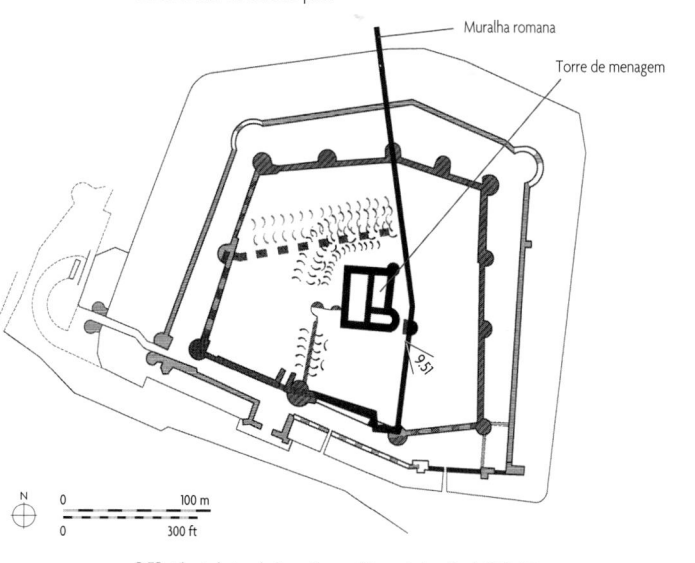

9.52 Planta baixa da Torre Branca (Torre de Londres), 1078–80.

Esta planta mostra as muralhas de apoio e o fosso construídos após a época de Guilherme, o Conquistador. A Torre Branca foi construída junto à muralha romana que circundava Londres.

dos no topo de um morro (o *motte*) que se elevava sobre uma colina preexistente ampliada pela terra removida de um dique ou **fosso** que circundava a base. Entre o fosso e o *motte* havia uma área aberta (o *bailey*) que criava um espaço para acomodação temporária dos súditos do castelo – servos, artesãos, soldados – seus cavalos e outros bens. Pátios fechados com cercas de madeira, similares a paliçadas erguidas pelos fortes de fronteira dos Estados Unidos nos séculos XVIII e XIX, eram construídos em torno dessa área cercada e uma torre de vigia às vezes era utilizada para proteger o único portão. Centenas de *motte and bailey* ainda são encontrados na Inglaterra, e o perfil desses morros e fossos artificiais que os circundavam são visíveis em fotografias aéreas.

O ritmo de construção de castelos na Inglaterra aumentou consideravelmente com a invasão normanda de 1066. Guilherme, o Conquistador, talvez tenha inclusive trazido peças de madeira pré-cortadas em seus navios para construir um castelo na costa de Hastings, pois sua fortificação foi completada no tempo ímpar de duas semanas. A Tapeçaria de Bayeaux representa camponeses escavando o fosso e empilhando lixo para a construção do *motte*. (O Castelo de Hastings já não existe, pois a área foi tomada pelo mar.) Quando Guilherme foi para Londres, no entanto, ele desejou algo mais permanente para marcar seu domínio na cidade mais importante do país. Ele recebeu um terreno na face leste da muralha romana que circundava o centro da cidade, onde construiu a Torre Branca (Figuras 9.51–9.52), hoje mais conhecida como a Torre de Londres (1078–80). Este castelo é uma **torre de menagem**, ou torreão, com três níveis e planta baixa quase retangular, com projeção semicircular em uma das quinas que reflete uma abside ou capela existente no terceiro nível. Nos anos seguintes à construção do castelo, as coberturas de suas pequenas torres foram modificadas e outras muralhas de

9.53 Carcassonne, construída entre 800 e 1300.

Carcassonne é uma cidade francesa medieval com muralhas do século VII. Esta antiga fortificação foi bastante reparada e reforçada com um segundo conjunto de muralha, entre 1248 e 1290.

9.54 Planta baixa de Carcassonne, construída entre 800 e 1300.

Esta planta mostra a *cité* fortificada, ou cidade velha (abaixo, à direita), e a cidade nova com traçado em grelha que foi criada em 1248 do outro lado do rio Aude. Quando o segundo conjunto de muralhas foi planejado para a *cité*, o topo da colina tornou-se praticamente um acampamento militar.

proteção e edifícios de apoio foram agregados em torno do castelo de Guilherme, mas a grande resistência da torre de menagem normanda original se manteve intacta.

AS CIDADES MEDIEVAIS

Há uma conexão óbvia entre os castelos e as cidades medievais, pois ambos dependiam de muralhas bem construídas para resistir a ataques, assim, muitas vezes, estavam juntos. A maior parte das cidades medievais contava com uma muralha bastante resistente, com portões que podiam ser trancados e que, em tempos de paz, permitia à municipalidade coletar tributos dos mercadores que desejassem entrar na cidade. Como os inúmeros conflitos militares que caracterizaram a Idade Média geralmente visavam à captura das cidades, seus muros também tinham funções de defesa. Felizmente, as guerras medievais raramente envolviam grandes exércitos, e os armamentos antes da introdução da pólvora e das balas de canhão de metal, por volta de 1400, eram bastante primitivos: aríetes, catapultas, escadas e torres de sítio, arcos e flechas. Incêndios provocados e o arremesso de cadáveres com doenças altamente contagiosas também eram estratégias empregadas. Uma fortificação bem construída e pontuada por várias torres oferecia uma plataforma para que os defensores da cidade pudessem devolver os tiros de catapulta e as flechas incendiárias, além de lançar pedras ou líquidos ferventes sobre aqueles que estivessem tentando abalar ou escalar a muralha. A forma mais comum de ataque era o sítio, ou seja, os agressores simplesmente cortavam todos os fornecimentos da cidade e obrigavam seus habitantes a se render, com o passar do tempo.

A experiência ganha, com o tempo, mostrou que as muralhas mais fáceis de defender eram protegidas por torres cilíndricas e não aquelas com formas retangulares, além de serem dotadas de fendas para arqueiros que permitiam aos defensores alvejar posições quase paralelas aos muros entre as torres. **Fossos** ou diques artificiais também foram considerados úteis para a proteção das cidades, e uma segunda muralha tornava os ataques muito mais difíceis. A maioria dessas inovações pode ser vista em Carcassonne, uma área estratégica que havia sido fortificada sucessivamente por galo-romanos, visigodos e condes locais antes de Luís IX tomar o controle da cidade em 1248 (Figura 9.53–9.54). A intenção do rei era tornar a cidade um baluarte impenetrável, uma vez que desejava submeter todo o sul da França ao seu domínio. Além de restaurar e reforçar a antiga cidade fortificada (a *cité*), ele construiu um segundo anel de torres e muralhas (Figura 9.55). As fortificações resultantes ficaram tão espetacu-

9.55 Muralha de Carcassonne, 1248–90.
Observe os buracos quadrados próximos ao topo das torres para a construção de *hourds* de madeira, galerias em balanço que podiam ser erguidas rapidamente para defesa da cidade.

9.56 Plantas baixas de quatro cidades novas fortificadas (*bastides*), sul da França, 1220–1375.
Observe a tendência à criação de um mercado público em uma praça com arcadas no centro da cidade. Na maioria dos casos, a igreja era implantada afastada da praça, que devia privilegiar o comércio.

lares que a cidade jamais sofreu qualquer ataque sério após esse período. A importância estratégica de Carcassonne esmaeceu com o ocaso do período medieval, mas quando foi feita uma proposta para se derrubar as muralhas em ruínas no século XIX, conservacionistas intervieram e restauraram os ameiados e os telhados das torres, deixando-os na condição atual. Carcassonne é uma das poucas cidades medievais que manteve suas defesas medievais intactas.

Para encorajar o comércio e a manufatura sem aumentar excessivamente a *cité*, que havia se tornado antes de tudo uma guarnição militar, Luís IX planejou uma cidade nova no vale junto a Carcassonne. Seu traçado em grelha, organizado em torno de um mercado central, contrasta com o leiaute irregular da cidade antiga, no alto da colina, que, assim como muitas cidades medievais, havia crescido organicamente e sem planejamento. Esta cidade baixa foi, na verdade, apenas uma entre as 500 cidades novas fortificadas conhecidas como **bastides** construídas no sul da França de 1220 a 1370. O motivo por trás da fundação destas cidades era principalmente econômico: a cruel campanha contra os hereges albigenses havia devastado o campo e como diversos envolvidos – os reis da França e da Inglaterra, além dos condes locais – reivindicavam o território, eles tentaram encorajar assentamentos urbanos conferindo novas liberdades e privilégios econômicos associados com a residência em uma cidade. Nem todas as cidades novas tinham o mesmo tipo de planta, mas muitas compartilhavam determinadas características: o traçado viário ortogonal, uma praça central com o mercado público (geralmente circundada por edifícios com arcadas) e a prefeitura e lotes uniformes para a construção de casas. A igreja costumava ficar em uma localização lateral. Monpazier, fundada por Eduardo I em 1284, é frequentemente citada como a *bastide* "típica", mas seu leiaute na verdade não é tão regular quanto uma planta ideal poderia sugerir. As plantas de Revel, Mirande e Villefranche-de-Rouergue ilustram algumas das variações encontradas nos leiautes de *bastides* (Figura 9.56). Ainda que a arquitetura das *bastides* em geral não seja extraordinária, a clareza conferida por suas plantas cria uma harmonia unificadora que faz com que muitas delas sejam pequenas joias do projeto urbano (Figura 9.57).

Um esforço colonizador similar no centro da Europa resultou na fundação de centenas de cidades planejadas

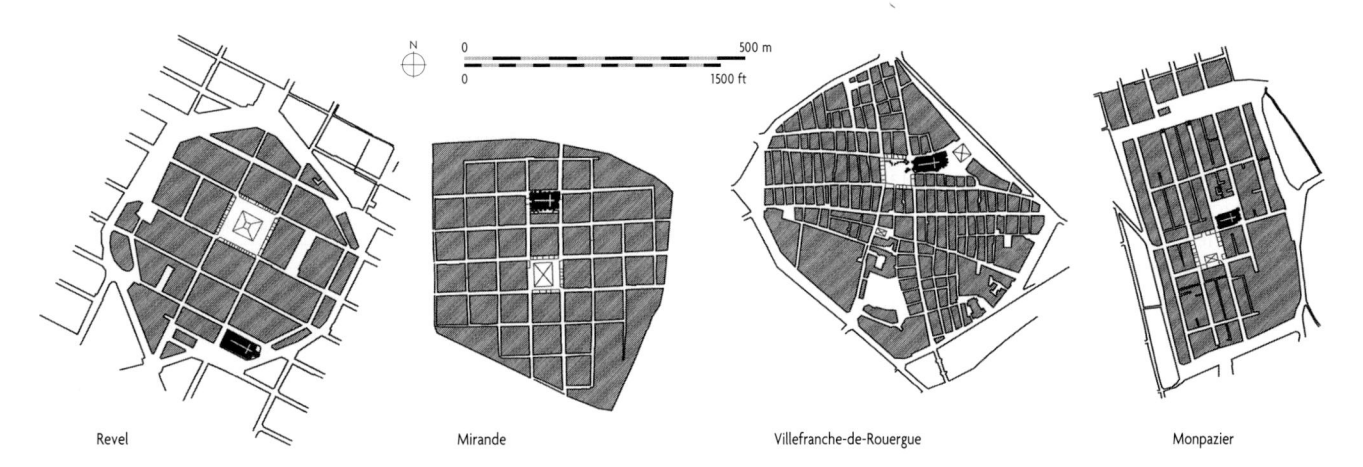

Revel   Mirande   Villefranche-de-Rouergue   Monpazier

9.57 Praça do mercado público de Monpazier, cerca de 1300.

Esta arquitetura, como em muitas *bastides*, não é excepcional, mas o claro padrão urbano e o uso de arcadas ao redor da praça dão a essas cidades um forte caráter urbano.

sob influência germânica na Polônia, Eslováquia e Hungria. O principal objetivo era fomentar o comércio, uma vez que o fundador coletava impostos sobre ele. Assim foi encorajada a fundação de cidades com cartas régias baseadas na Lei de Magdeburg, que garantia aos cidadãos a liberdade de comércio. Um exemplo particularmente belo de fundação de cidade sob tal lei pode ser visto em Cracóvia, a capital histórica da Polônia, onde um velho castelo com assentamento urbano associado já existia antes da cidade receber sua Grande Carta, em 1257 (Figuras 9.58–9.59). Uma área contígua, ao norte do assentamento existente, foi planejada em torno de uma grande praça de mercado com 180 metros de lado circundada por lotes uniformes e em quadras quadradas. As únicas exceções ao traçado em grelha foram duas igrejas já existentes, que permaneceram intocadas. Com o passar do tempo foram construídos um grande pavilhão para a venda de tecidos, postos oficiais grandes e pequenos para a pesagem de mercadorias, bancas de comércio e uma prefeitura na praça da cidade. As fortificações agregadas no século XIV conectaram a cidade ao castelo. Embora hoje restem poucas casas medievais, o leiaute original das ruas e seus lotes ainda determinam o tecido do centro histórico da cidade de Cracóvia.

As cidades grandes e pequenas da Itália passaram por uma situação levemente diferente durante o período medieval. Naquele país, a atividade comercial em torno da qual a vida urbana sempre orbita não acabou completamente no período que seguiu o declínio de Roma, embora os serviços urbanos, especialmente o abastecimento público de água, tivessem decaído muito se comparados aos padrões antigos. As *comuni* – grupos de cidades – italianas participaram vigorosamente do renascimento do comércio de longa distância

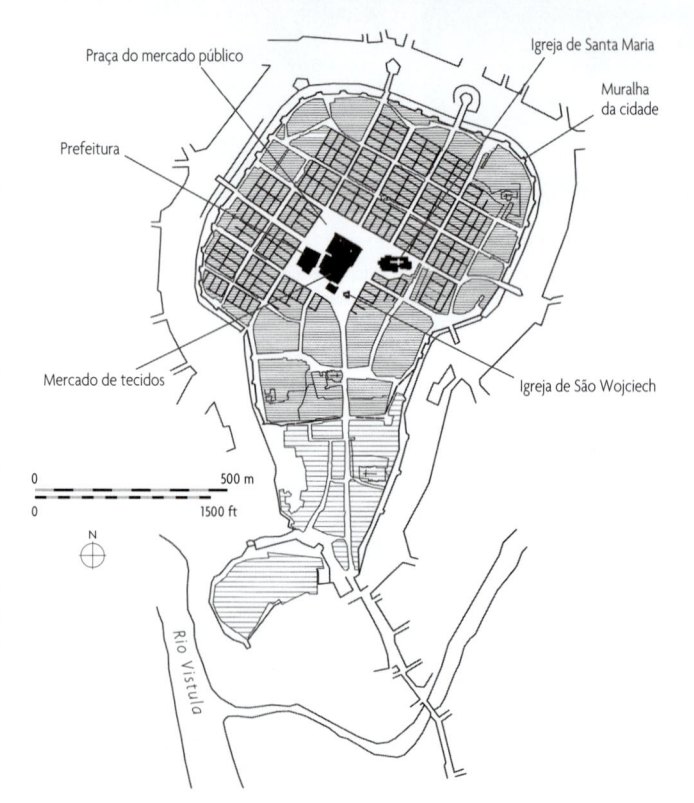

9.58 Planta baixa de Cracóvia, Polônia, gerada pela Grande Carta de 1257.

A planta baixa bem ordenada da cidade (hachurado) inclui uma grande praça para o mercado público. Os lotes foram demarcados de modo a maximizar o número de fachadas nas ruas importantes e ao redor da praça.

que caracterizou o período final da Idade Média. As cidades-estado maiores funcionavam como repúblicas independentes, controlando as comunidades menores de seu entorno e competindo com outras cidades importantes por seus supostos direitos a áreas limítrofes. Em Siena, uma cidade

9.59 Praça do mercado público de Cracóvia, mostrando a Igreja de Santa Maria (à esquerda) e o Mercado de Tecidos.

Os mercadores de tecidos eram muito importantes. Seu pavilhão comercial tinha bancas no primeiro andar e salas no andar de cima, para a corporação dos tecelões.

9.60 Palazzo Pubblico, Siena, 1298.

Esta esbelta torre de sinos de tijolo, uma das mais altas da Itália, serve como um marco vertical para a prefeitura da cidade.

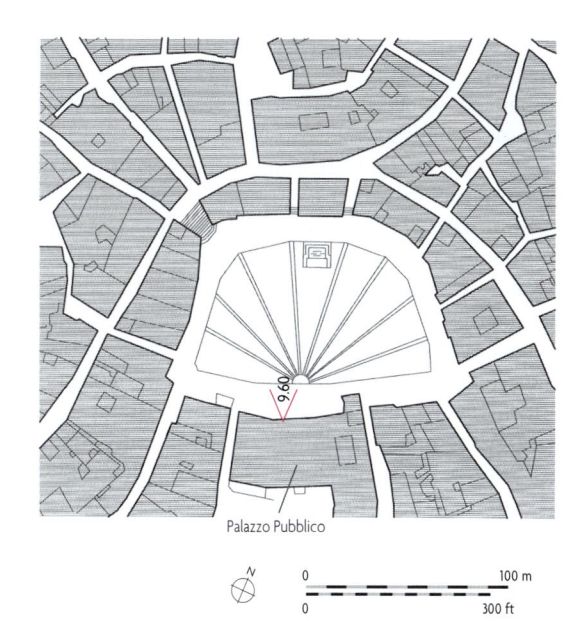

Palazzo Pubblico

9.61 Planta baixa do Campo, Siena, 1298.

A praça em forma de leque desce até o Palazzo Pubblico, implantado na parte mais baixa da cidade. Embora esta não costume ser a localização ideal para uma edificação proeminente, os cidadãos de Siena se esforçaram para que as fachadas das edificações do Campo fossem compatíveis com as da prefeitura.

9.62 Palácio do Dodge, Veneza, 1309-1424.
Este é um exemplo esplêndido do Estilo Gótico adaptado a Veneza. Mesclado com influências exóticas do leste, o gótico em mãos venezianas torna-se um rendilhado para ornamentar as edificações junto à água.

9.63 Ca' D'Oro, Veneza, iniciado em 1421.
Esta é uma belíssima casa de mercador de frente para o Grande Canal. Seu nome, Casa de Ouro, se deve à douração outrora aplicada aos detalhes exteriores. Mesmo sem o ouro, o rendilhado de seus arcos e suas paredes de mármore ainda brilham com a luz refletida pelo Grande Canal.

medieval composta de três assentamentos separados no alto de colinas, os cidadãos comemoraram a fusão urbana com a construção de um novo centro em uma área pantanosa (*il campo*) entre o cume de suas colinas (Figura 9.60-9.61). A prefeitura da cidade (Palazzo Pubblico, 1298) domina esta *piazza* ou **praça** semicircular ou em forma de leque. Apesar de sua geometria irregular, o Campo foi deliberadamente configurado e organizado por regulamentos municipais, que exigiram que as fachadas de suas edificações harmonizassem com as da prefeitura. O Palazzo Pubblico tem um estilo que poderia ser chamado de gótico, mas os elementos deste estilo foram empregados mais na articulação das superfícies do que na estrutura do prédio. Os ameados e **balestreiros** que coroam a prefeitura e sua esbelta torre dos sinos também são mais ornamentos no estilo então em voga do que uma tentativa séria de fortificação.

Em Veneza, república marítima que dominava o comércio entre a Europa e o Império Bizantino, desenvolveu-se uma variante decorada do Estilo Gótico do norte europeu mesclado com influências exóticas do Oriente. O resultado é uma arquitetura leve e delicada animada pelos reflexos tremeluzentes dos canais da cidade. O Palácio do Dodge talvez seja o exemplo mais famoso do Gótico Veneziano (Figura 9.62). Trata-se de um prédio volumoso com pátio interno e uma pesada parede externa apoiada sobre dois pavimentos de arcadas. O revestimento quadriculado em rosa e branco anima as fachadas e reduz o peso visual das paredes superiores com pouca fenestração, de modo que elas não parecem pesar sobre a delicada filigrana das arcadas que as sustentam. Já a Ca' d'Oro (Casa de Ouro) ilustra o Gótico Veneziano aplicado a uma casa tradicional de mercador, com sua seção central de grandes balcões com arcadas que dão para o **grande salão**, o principal espaço de estar que cruza a casa de lado a lado (Figura 9.63).

Em geral, contudo, o Estilo Gótico era muito identificado com o norte da Europa e jamais foi muito bem aceito na Itália. No século XV, um novo movimento artístico baseado nos ideais da antiguidade clássica estava em desenvolvimento nos centros urbanos do norte do país. Nos séculos que se seguiram, este novo estilo, o Renascimento, seria difundido para o resto da Europa. Em comunidades isoladas, no entanto, as tradições de edificação medievais perduraram com poucas modificações até o século XIX e as tipologias de casas medievais foram refletidas nas primeiras manifestações da arquitetura dos colonos norte-americanos, especialmente na Nova Inglaterra e na Virgínia. Há, inclusive, uma igreja construída em 1682 na Virgínia, nos Estados Unidos, Saint Luke's Church, no Condado de Isle of Wight, que é considerada como pertencente ao Gótico Tardio. No século XIX, surgiu o Historicismo Gótico como obra de vitorianos reformistas que buscavam um novo florescimento da arte e da arquitetura medievais.

CONCLUSÕES SOBRE AS IDEIAS DE ARQUITETURA

É conveniente falar da Arquitetura Gótica gerada na Ile-de-France como um "sistema" no qual arcos ogivais, abóbadas nervuradas e arcobotantes realçados por vitrais buscavam interagir na estrutura e na estética. Obcecado com o que considerava ser a qualidade mística da luz, o Abade Suger, de Saint Denis, próximo a Paris, pediu aos construtores que erguessem um espaço de alvenaria banhado de luz do sol para o novo coro de sua igreja. Seus experimentos provocaram uma série de indagações e pesquisas sobre a natureza da pedra como meio de construção de uma estrutura independente com suportes verticais bastante esbeltos, contrafortes na forma de arco (arcobotantes) e coberturas finas e nervuradas como alternativa às paredes pesadas e com poucas aberturas e às abóbadas de berço ou de arestas do Estilo Românico. Esta foi a transformação mais radical em termos de concepção de formas e espaços no desenvolvimento da arquitetura ocidental.

Os experimentos seguiram diferentes vertentes. Na Notre-Dame de Paris, os pedreiros ergueram abóbadas com seis divisões na nave central, cujas paredes tinham quatro níveis: arcada da nave central, galeria, trifório e clerestório. Na Catedral de Notre-Dame de Chartres, não tão distante, os construtores adotaram abóbadas de quatro partes na nave central e uma elevação com três níveis nas paredes: arcada, trifório e um clerestório muito mais alto. Foi este sistema com janelas maiores que encantou e foi adotado pelo norte da França. Uma vez que as decisões eram feitas com base tanto na aparência como na lógica estrutural, e, às vezes, essa era até secundária, a Catedral de Saint Etienne, em Bourges, recebeu uma seção transversal triangular mais eficiente e, portanto, de construção mais econômica do que a catedral de Paris ou Chartres, mas seu modelo foi praticamente ignorado. Os clérigos franceses continuaram a pressionar seus construtores para a edificação de abóbadas cada vez mais largas e mais altas, até que o colapso do coro de Beauvais definiu os limites da tecnologia em alvenaria do século XIII. A Sainte-Chapelle de Paris – muito menor e com um pavimento superior similar ao de uma catedral destituída de tudo, exceto sua nave central – se tornou uma caixa de joias colorida pela luz dos vitrais de suas janelas com rendilhado flamejante que cobriam praticamente todas as paredes.

Já na brumosa Inglaterra, os construtores nunca consideram a luz como a essência de sua interpretação local do Gótico. Lá, as igrejas geralmente são categorizadas como no estilo Gótico Inglês Primitivo, Gótico Decorado ou Gótico Perpendicular. Ainda que a maioria das igrejas inglesas seja o resultado de mais de um período estilístico, Salisbury se apresenta como um exemplar puro do Gótico Inglês Primitivo. Sua planta baixa é ortogonal – inclusive no coro –, como era a preferência inglesa influenciada pelos cistercienses, e suas abóbadas nervuradas são quadripartidas, embora suas nervuras não desçam até o piso na forma de colunelos, como no sistema francês, o que resultou em uma verticalidade muito menos acentuada. Assim, em seu interior, predominam as camadas recuadas e baixas das arcadas da nave central, do trifório e do clerestório, este com um rico padrão de arcos bem marcados que nascem de seus próprios colunelos. O fascínio inglês por superfícies texturizadas, que já era visível na nave central de Durham, também ficou bastante evidente na fachada oeste de Salisbury.

Nenhuma catedral do Gótico Decorado é tão pura quanto a de Salisbury. Este estilo representou uma extensão do Gótico Flamejante francês e é caracterizado pela riqueza ornamental e pelo surgimento de novos tipos de nervuras. A Catedral de Lincoln inclui o rendilhado no estilo Gótico Decorado em sua Capela dos Anjos e nos seus tiercerões – ou nervuras secundárias – da nave central, que produzem suas "abóbadas loucas", assim chamadas por sua assimetria. A Capela do King's College, em Cambridge, é um bom exemplo do estilo Gótico Perpendicular, um nome um tanto confuso, uma vez que esta vertente era caracterizada por suas fortes verticais, como vemos nos mainéis das janelas laterais da capela. No teto, as nervuras das abóbadas em leque se transformam em uma filigrana tão texturizada quanto a das paredes.

Embora o Gótico alemão tenha produzido alguns monumentos baseados em modelos franceses, os pedreiros germânicos, especialmente os da Boêmia, se emanciparam das influências estrangeiras e levaram as nervuras das abóbadas a extremos em termos de ornamentação. Suas nervuras fluíam e se retorciam em composições orgânicas e mesmo florais, resultando em abóbadas nervuradas que parecem um glacê de pedra feito com uma bisnaga de confeiteiro gigante. Nos exemplos mais radicais, as nervuras se destacavam totalmente da trama e "voavam", em um aparente desafio à lógica estrutural.

O Gótico sempre foi uma espécie de intruso na Itália, tão banhada pelo sol e com suas permanentes inclinações clássicas. Os cistercienses levaram o estilo para o sul, mas isso não resultou em inovações estruturais. Para se conseguir os exteriores tão pontiagudos da Catedral de Milão, foram necessárias consultorias e discussões quase infinitas sobre sistemas de proporções, em vez de se atentar para a estética da luz ou as técnicas do uso da pedra, uma ideia muito distante das intenções iniciais do Abade Suger.

Durante a Idade Média, os peritos em edificação eram os pedreiros; os mais talentosos desses homens se tornaram mestres capazes de supervisionar e coordenar a construção de catedrais inteiras. Além de seus conhecimentos especializados sobre a construção de alvenarias de pedra e de seu saber empírico obtido com tentativas e erros, eles guardavam certos "segredos", que na verdade não passavam das manipulações geométricas necessárias para se determinar dimensões e formas adequadas a uma edificação.

As edificações medievais menores, incluindo as casas, eram frequentemente construídas usando-se a técnica do enxaimel, ou seja, uma estrutura de madeira pesada vedada com alvenaria. Os resultados eram impressionantes e exigiam grande habilidade em carpintaria, mas essa técnica de construção não era muito eficiente. Algumas casas, especialmente as urbanas, eram construídas de pedra e adotavam características românicas e góticas. No caso de San Gimignano, na Itália, algumas casas apresentavam altas torres que podiam ser usadas como fortes, para denotar o prestígio da família ou, ainda, ser usadas para a secagem de grandes peças de tecido.

Os castelos medievais construídos antes da invenção de canhões carregados com pólvora eram de alvenaria pesada. As versões britânicas incluíam uma torre de menagem central e uma praça que a envolvia, muralhas muitas vezes com suas próprias torres de defesa e um fosso circundante. Esses castelos surgiram isolados ou junto a assentamentos urbanos, protegendo-os e promovendo-os. As cidades medievais apresentavam modulação ou grelhas ortogonais como as vistas na *bastide* – cidade nova planejada – de Carcassonne ou crescimento orgânico como o da cidade velha, também de Carcassonne, com sua camada dupla de muralhas com torres. Nessas cidades, os espaços abertos costumavam ficar junto a castelos, igrejas e prefeituras, sendo que a área pública mais ativa era a praça central do mercado, onde uma fonte municipal oferecia água para o povo.

Veneza nos oferece uma conclusão adequada para este panorama da Arquitetura Gótica, ainda que seja atípica por ter canais em vez de ruas e edificações extremamente ecléticas como resultado de seu comércio com países muito distantes. As edificações góticas de Veneza apresentam elementos exóticos e o estilo renascentista local, que será discutido no Capítulo 11, exibe sensualidade e flexibilidade únicas do Vêneto.

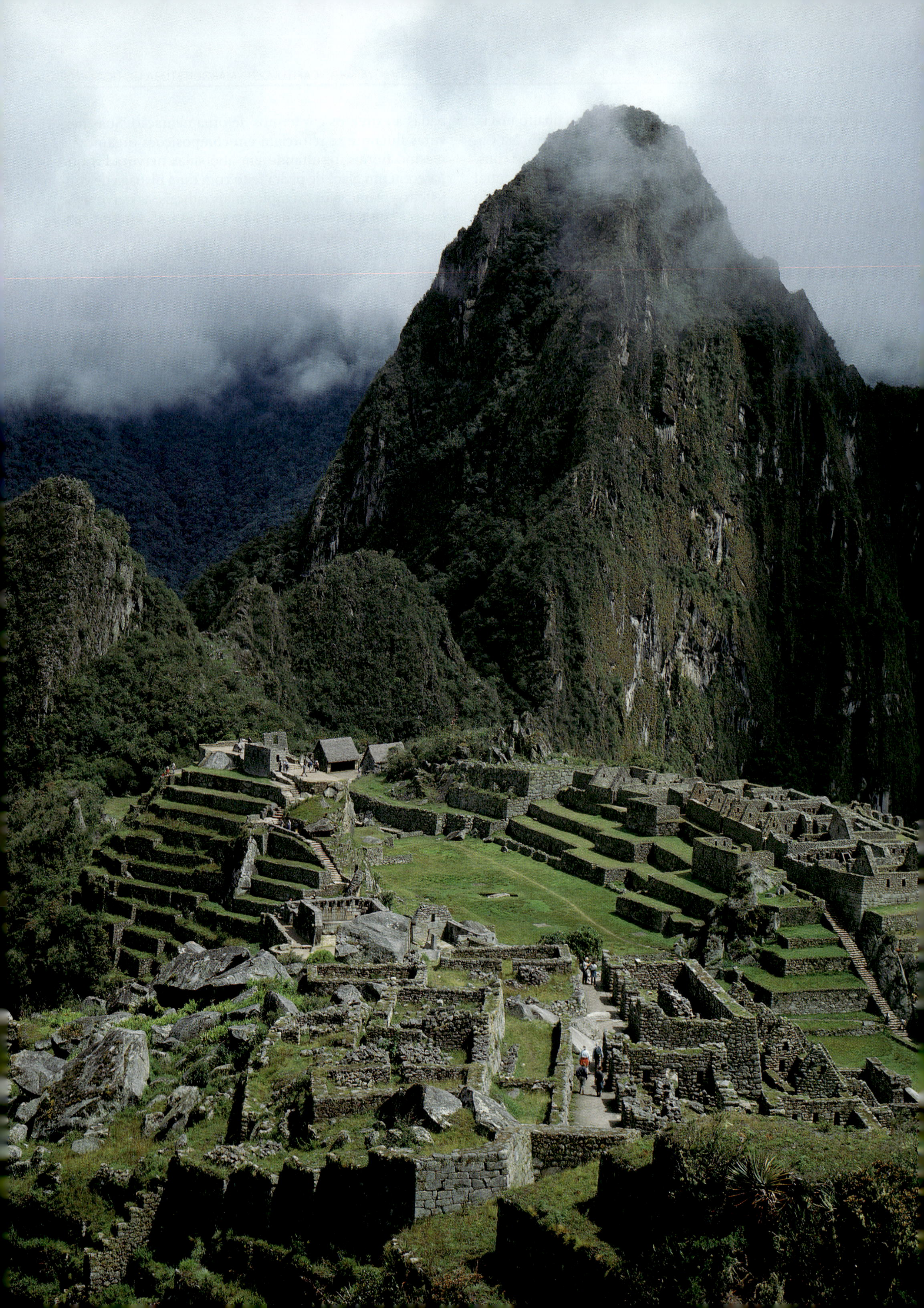

CAPÍTULO 10

A ARQUITETURA NATIVA DAS AMÉRICAS E DA ÁFRICA

Em 1964, o polímato, arquiteto, engenheiro e historiador Bernard Rudofsky organizou a exposição *Architecture Without Architects* (Arquitetura sem Arquitetos), acompanhada por um livro de mesmo nome, no Museu de Arte Moderna da Cidade de Nova York, a qual, embora surpreendente para a época, acabou se tornando extremamente influente. A exposição causou certo "frisson" ao surgir em um período de questionamento cultural generalizado nos Estados Unidos; seu subtítulo – *A Short Introduction to Non-Pedigreed Architecture* (Uma Breve Introdução à Arquitetura sem Pedigree) – indica por que ela se tornou tão fantástica, ou, melhor dizendo, tão iconoclástica. Ilustrando com uma admiração pessoal evidente aquilo que chamava de arquitetura "vernacular, anônima, espontânea, autóctone, rural", Rudofsky defendia um estudo muito mais inclusivo – cronológica e geograficamente – do ambiente construído, que não tratasse exclusivamente de construções feitas para os ricos e poderosos e que não resultasse exclusivamente das iniciativas daqueles que poderíamos chamar de projetistas com formação acadêmica.

Assim como o livro de Rudofsy, este capítulo sobre a arquitetura nativa das Américas e da África deixa de lado as questões de moda e estilo para favorecer formas "anônimas", porém distintas e até arquetípicas. O objetivo é que o leitor adquira uma maior compreensão das respostas humanas a ambientes particulares, a materiais de construção locais específicos, a sistemas estruturais elementares – porém expressivamente lógicos – e a condições sociais delicadas.

A AMÉRICA DO NORTE

Assim como na Europa e na Ásia, a arquitetura nativa da América do Norte respondeu a complexas forças sociais, econômicas, políticas e ambientais. No entanto, suas principais características foram a praticidade da construção e o uso honesto dos materiais. Até certo ponto, a praticidade e a honestidade eram inevitáveis, uma vez que a maioria das culturas nativas não construiu sistemas de estradas ou grandes navios e, embora houvesse bastante comércio entre os povos, os objetos envolvidos eram predominantemente pequenos. Isso significa que – com algumas exceções dignas de nota – os materiais de construção eram obtidos de fontes locais. Mesmo assim, muitos afirmam que as culturas nativas das Américas mantiveram uma ligação com o local, uma reverência pela natureza e uma nobre honestidade na edificação – valores que praticamente inexistem na sociedade moderna. A Figura 10.1 mostra a distribuição geográfica das tribos da América do Norte.

As tribos das Grandes Planícies e dos Grandes Lagos

Tribos como os Lakota Sioux – que caçavam bisões a cavalo e eram lideradas pelo famoso cacique Touro Sentado com seu cocar de penas de águia – passaram a representar os ameríndios na imaginação moderna. Em seu auge, cerca de 60 milhões de bisões vagavam pelas Grandes Planícies, e as tribos da região baseavam suas culturas nesses animais enormes, mas ariscos, usando a carne como alimento, o couro curtido como roupas e habitação, e os ossos como ferramentas. No século XVII, os espanhóis introduziram cavalos no Novo México. Os nativos rapidamente perceberam o valor dos animais, que logo passaram a ser encontrados nas Grandes Planícies, onde permitiram que os povos nômades acumulassem riquezas, transportando consigo

Cronologia

pirâmides de terra construídas no Peru	cerca de 3000 a.C.
ascensão dos olmecas	1300 a.C.
construção do castelo de Chavin de Huántar	900 a.C.
ocupação de Teotihuacan e período clássico do México Pré-Colombiano	200–1000 d.C.
cultura maia na América Central	cerca de 300–1450
início do Império Chimor em Chan Chan	cerca de 1000
ocupação de Mesa Verde	1100–1275
início da ocupação na área do Poverty Point, em Louisiana, Estados Unidos	1200
construção do complexo de fortalezas do Grande Zimbábue	1200–1300
construção da Grande Mesquita de Djenne	1200–1300
construção da Igreja de São Jorge em Lalibela	1200–1300
fundação de Tenochtitlán	1325
construção do palácio de Gedi	a partir do século XIV
fundação do Império Inca	1438
primeira viagem de Cristóvão Colombo	1492
conquista dos astecas pela Espanha	1519
conquista dos incas pela Espanha	1532
construção da Mesquita de Bobo-Dioulasso	final do século XIX

Machu Picchu, Peru, cerca de 1450.

É difícil imaginar um terreno mais exuberante. Todavia, sua função exata – centro de rituais, posto militar ou outra – permanece indefinida.

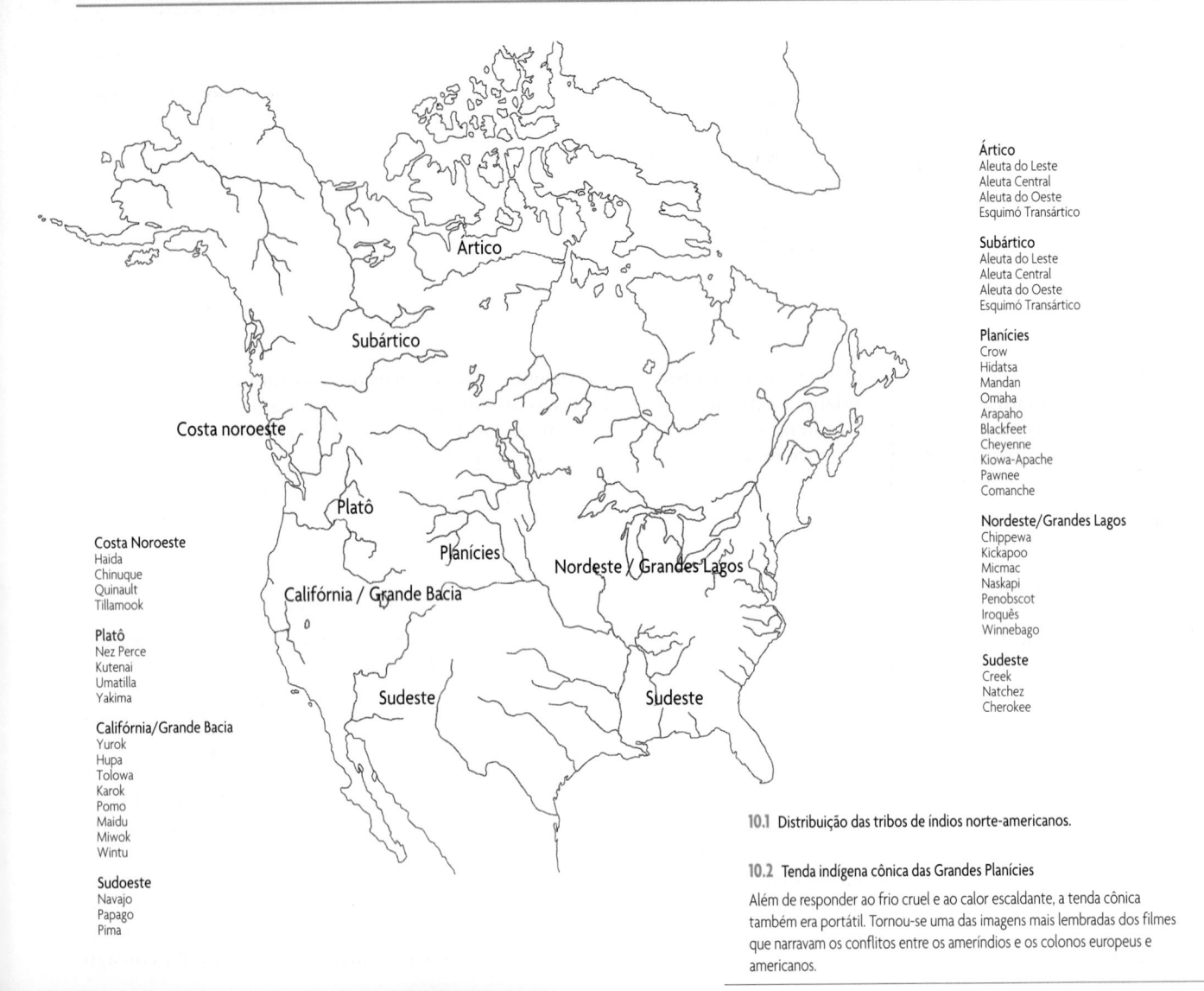

Ártico
Aleuta do Leste
Aleuta Central
Aleuta do Oeste
Esquimó Transártico

Subártico
Aleuta do Leste
Aleuta Central
Aleuta do Oeste
Esquimó Transártico

Planícies
Crow
Hidatsa
Mandan
Omaha
Arapaho
Blackfeet
Cheyenne
Kiowa-Apache
Pawnee
Comanche

Nordeste/Grandes Lagos
Chippewa
Kickapoo
Micmac
Naskapi
Penobscot
Iroquês
Winnebago

Sudeste
Creek
Natchez
Cherokee

Costa Noroeste
Haida
Chinuque
Quinault
Tillamook

Platô
Nez Perce
Kutenai
Umatilla
Yakima

Califórnia/Grande Bacia
Yurok
Hupa
Tolowa
Karok
Pomo
Maidu
Miwok
Wintu

Sudoeste
Navajo
Papago
Pima

10.1 Distribuição das tribos de índios norte-americanos.

10.2 Tenda indígena cônica das Grandes Planícies

Além de responder ao frio cruel e ao calor escaldante, a tenda cônica também era portátil. Tornou-se uma das imagens mais lembradas dos filmes que narravam os conflitos entre os ameríndios e os colonos europeus e americanos.

grandes quantidades de bens de valor, como comida, habitações, roupas e outras comodidades. Com essa elevação nos padrões de vida veio o aumento significativo da população. Essas condições, por sua vez, intensificaram os conflitos entre as tribos por melhores pastagens.

Como as tribos se deslocavam com frequência, ou pelo menos tinham locais de moradia distintos para o verão e o inverno, sua arquitetura era necessariamente temporária, de rápida construção, móvel e reaproveitável. A mais conhecida dessas estruturas nômades é a tenda cônica dos índios norte-americanos (*teepee*), uma estrutura cônica de varas de madeira coberta com couro de bisão (Figura 10.2). Essa era a preferida de tribos como os Arapaho, Blackfeet, Cheyenne, Comanche e Crow – nomes que ficaram conhecidos pelos cinéfilos no auge dos chamados "faroestes". Frequentemente representados no cinema como selvagens determinados a repelir os assentamentos dos homens brancos, os habitantes nativos das planícies eram, na verdade, projetistas hábeis que criaram a tenda cônica como uma solução flexível para problemas contraditórios, como ventos devastadores, frio congelante, fogueiras internas, fu-

10.3 Um *wigwam* do meio-oeste.
Esta estrutura cônica é coberta com pedaços de tecido. As faixas de tecido se sobrepõem como telhas, para impedir a entrada de umidade.

maça e calor escaldante. Por isso, a tenda cônica tinha um eixo vertical inclinado e planta baixa distorcida, na forma de um ovo, para resistir aos ventos de inverno dominantes; por outro lado, a cobertura podia ser aberta para ventilar nos dias de calor. A cobertura também servia de mural para a pintura de imagens, que geralmente representavam símbolos sagrados e eventos significativos de guerras entre tribos. A tenda cônica chegou ao seu tamanho máximo – exigindo uma cobertura feita do couro de 30 bisões ou mais – depois da chegada do cavalo, que podia arrastá-la sobre uma plataforma de duas varas conectadas por uma trama.

Outras tribos produziam edificações temporárias em formas distintas e usando materiais diferentes. A tribo Kiowa-Apache, das planícies noroeste, construía choupanas ovais de palha (*wikiups*) além das tendas. Para isso, curvavam galhos em arcos para formar um esqueleto cônico que era coberto com ramos e, finalmente, sapé. As tribos do sul das planícies uniam suas casas de gramíneas similares curvando os galhos para formar nervuras sobre um anel de varas de madeira; a seguir, cobriam os galhos com feixes sobrepostos de sapé.

Muitas tribos das planícies, incluindo os Mandan e os Hidatsa, construíam pequenas casas de terra. Começavam fazendo um losango arquitravado de toras de madeira; em seguida, colocavam varas contra o losango em uma configuração cônica; finalmente, cobriam as varas com terra para fazer uma cobertura cônica ou com cúpula. Essas duas tribos fundaram as cidades agrícolas nas margens dos rios do Estado do Missouri, transformando algumas delas em centros comerciais. Grupos nômades do norte e do oeste traziam itens exóticos e preciosos, como os dentálios (um tipo de concha de molusco), para trocar pelos excedentes locais de milho.

As tribos do nordeste

No nordeste, tribos caçadoras como os Penobscot, Micmac e Naskapi fizeram suas próprias versões da tenda cônica e as cobriram com casca de árvore. Muitas outras, incluindo os Chippewa dos Grandes Lagos, deslocaram a tenda cônica por um eixo horizontal para criar uma versão ampliada, que passou a ser usada como habitação multifamiliar.

Semelhante à tenda cônica (*teepee*) e à choupana oval de palha (*wikiup*) havia a *wigwam* (Figura 10.3), que era feita curvando-se uma quantidade suficiente de galhos em arcos com seções transversais para formar um volume cupular ou abobadado, posteriormente coberto com faixas de tecido ou casca de árvore. No nordeste, várias tribos Algonquin, incluindo os Chippewa, os Kickapoo e os Winnebago, preferiam a *wigwam*. Quando os primeiros colonos ingleses chegaram à Colônia da Baía de Massachusetts, também moraram em *wigwams* até construir edificações maiores, como as que usavam na Inglaterra.

Naquela que é hoje a parte setentrional de Nova York, as tribos da Confederação Iroquesa edificaram casas-galpão, ou seja, *wigwams* abobadados estendidos nos eixos principais, às vezes com comprimento superior a 90 metros. Os iroqueses usavam essas grandes edificações como salões comunitários para a realização de rituais religiosos. As tribos praticavam a agricultura, plantando milho, feijão e abóbora, e caçavam animais para aproveitar as peles. No início do século XVII estabeleceram um comércio de peles com os europeus, competindo e, finalmente, dominando os vizinhos da tribo Algonquin. No final do século XVIII, os ingleses e os franceses começaram a disputar as peles e os iroqueses se associaram aos primeiros. Embora tenham tentado se manter neutros durante a Guerra Revolucionária, os iroqueses se envolveram em uma guerra perdida com os colonos e se retiraram para as reservas; o mesmo aconteceu com muitos outros ameríndios à medida que mais europeus recém-chegados se espalharam pelo continente.

As tribos da bacia do rio Mississippi

As tribos do Vale do Rio Ohio e do sudeste se distinguiam pela construção com morros de terra. A cultura Adena (cerca de 800 a.C.–400 d.C.), na região do atual Estado de Ohio,

ENSAIO

O BERÇO DOS CHOCTAWS
Jack D. Elliot

Aparentemente, a realidade das coisas não pode ser completamente entendida em termos de mundo e tempo; afinal, as coisas são banhadas por uma aura de mistério que somente pode ser entendida como um mito. Eric Voegelin

10.4 Monte Nanih Waiya, zona rural do Mississippi, cerca de 100 d.C.

A paisagem está banhada de simbolismo. Até para os modernistas obcecados por informações, que se julgam observadores imparciais e objetivos, ela ainda gera associações evocativas. Como a maioria dos povos, os primeiros habitantes da América do Norte viviam em paisagens repletas de símbolos mitológicos. Frequentemente, os montes de terra – antigas obras de paisagismo construídas pelos primeiros ocupantes que foram esquecidos por seus sucessores – tinham associações míticas.

O Nanih Waiya (expressão Choctaw para "colina curva") é um morro artificial que fica na área rural central do Mississippi (Figura 10.4). Hoje, ele tem aproximadamente 7,6 metros de altura e ocupa quase 2.800 m² na base. Registros antigos indicam que o terreno abrigava um morro funerário menor e uma barreira de terra circundante. Esses elementos foram destruídos pelas práticas agrícolas durante os séculos XIX e XX. Pesquisas recentes realizadas por Ken Carleton, arqueólogo responsável pela tribo Choctaw, no Mississippi, sugerem que o monte data do período do Bosque Médio, isto é, a cerca de dois mil anos atrás – séculos antes do surgimento dos Choctaws.

O misterioso monte passou a ser considerado sagrado pela histórica tribo Choctaw a partir da associação aos seus mitos de origem; era a *ishki chito*, ou "a grande mãe". São encontrados dois temas fundamentais. Segundo a história dominante, o Grande Espírito criou os primeiros Choctaws no interior do monte, de onde rastejaram para fora, todos molhados, através de uma caverna ou buraco; como era dia, se deitaram ao sol para secar. No início do século XIX havia um poço "grande e profundo" no topo do morro. O respeito da tribo pelo monte era tal que, se estivessem caçando na área, traziam parte da caça e a atiravam no buraco para alimentar a mãe, como diziam.

A segunda história era a lenda da migração, na qual os ancestrais dos Choctaws vieram do oeste, liderados por profetas, que tiveram a visão de uma terra com solo fértil e caça abundante, carregando uma vara de madeira. Viajaram para o leste e, no final de cada dia, acampavam e enfiavam a ponta da vara no chão para deixá-la em posição vertical. De manhã, notavam que a vara tinha inclinado e prosseguiam na direção para a qual ela havia inclinado. A jornada durou meses, até que uma noite chegaram a Nanih Waiya e fincaram a vara; no dia seguinte, a encontraram ainda perfeitamente ereta. Isso foi interpretado como um oráculo indicando que haviam chegado ao seu novo lar.

Hoje geralmente achamos graça dos mitos do passado; os detalhes, em sua maioria, realmente não são verdadeiros. Ainda assim, há mais a ser apreciado nessas histórias do que a presença de fatos históricos ou não. O vínculo entre o mito e os locais nos faz ver os locais de maneira diferente. Eles nos evocam um senso mítico frente às coisas que praticamente perdemos em um mundo no qual o mistério da Vida é constantemente ignorado.

é admirada por suas representações de animais em obras de terraplenagem. A mais conhecida delas, o chamado Monte da Serpente, se desenvolve por cerca de 180 metros em uma curva oscilante. Os Adena também construíram montes cônicos – alguns com mais de 18 metros de altura – que cobriam estruturas de toras de madeira usadas em enterros ou como urnas funerárias. Ainda não se chegou a uma explicação satisfatória dos motivos por trás dessas construções antigas. Alguns montes de terra eram evidentemente efígies e outros, funerários; outros aparentemente definiam espaços de rituais, enquanto outros, ainda, podem ter sido construídos para servir de proteção contra inundações periódicas.

Tribos por toda a Bacia do Mississippi dispunham de animais selvagens abundantes para caçar e outros recursos naturais; também cultivavam milho, feijão e abóbora, como seus vizinhos do nordeste. Além disso, criaram rotas de comércio de longa distância. Escavações na região de Cahokia, Illinois, encontraram objetos de cobre dos Grandes Lagos, mica dos Appalachians do sul e ornamentos com conchas de moluscos marítimos do litoral atlântico. Por volta de 1000 d.C., Cahokia era a maior cidade ao norte do México, ocupando uma área superior a 13 km² e população de aproximadamente 30 mil habitantes. Entre os morros artificiais de Cahokia encontra-se o Monte do Monge, construído inteiramente de terra, cujo tamanho equivale à metade do enorme Templo do Sol (veja a Figura 10.15) de Teotihuacán, perto da atual Cidade do México. Essa estrutura piramidal está situada no topo de uma grande praça; os grandes mastros encontrados no solo, ao redor, provavelmente eram usados para facilitar as observações astronômicas.

Acredita-se que a ocupação do vasto sítio de Poverty Point, atual nordeste do Estado da Louisiana, tenha começado em 1200 a.C. aproximadamente. Há quem diga que se tratava de um centro comercial regional estabelecido pelos olmecas, povo do leste do México. Poverty Point consiste de montes íngremes semicirculares concêntrico, configurando uma praça com 550 metros de lado. Para configurar a paisagem desta forma, a quantidade de terra removida foi prodigiosa. Casas leves de madeira, desaparecidas há muito tempo, ocupavam as cristas dos morros. A construção de montes ainda era praticada pela tribo Natchez em regiões vizinhas no início do século XVIII, quando o fenômeno foi observado e comentado por exploradores franceses.

Os ameríndios também construíam montes no leste, como os da região de Moundville, Alabama (Figura 10.5), situados em um penhasco acima do rio Black Warrior. O terreno de 120 hectares contém 20 montes, a maioria com as rampas ainda visíveis, cercando uma grande praça. Originalmente havia casas na periferia do complexo de montes – todas protegidas por uma paliçada de madeira. Em cima dos montes encontravam-se edificações de madeira com paredes de pau a pique, formadas de galhos e ramos menores e coberturas de casca de árvore.

Um museu foi inaugurado na cidade de Moundville na década de 1930; nele, os visitantes podiam ver vestígios de esqueletos em um sítio funerário escavado. Embora esse tipo de exibição fosse comum na época, atualmente acredita-se que, sem autorização das partes envolvidas, ele represente intrusões inadequadas nos assentamentos humanos mais sagrados. Consequentemente, a escavação foi fechada para visitação pública. Pela mesma razão, museus de todos os Estados Unidos têm restituído aos locais de origem os restos mortais de ameríndios removidos unilateralmente por arqueólogos anos atrás.

10.5 Monte de terra, Moundville, Alabama, 1200–1500.
Este monte de terra localizado em Moundville, no centro-oeste do Alabama, foi construído como base para um templo ou habitação de alguém importante. Ao contrário das pirâmides do México, nunca foi revestido de pedra.

Embora os morros artificiais tenham recebido a maior parte da atenção, as construções ameríndias mais discretas do sudeste são igualmente interessantes. Os Creeks do Alabama e do Mississippi construíam edificações com paredes de pau a pique, que distribuíam em volta de pátios internos quadrados, além de casas coletivas octogonais; seus centros comunitários eram edificações com plantas baixas arredondadas ou poligonais e coberturas cônicas. Eles vedavam as paredes usando uma argamassa feita de cascas de ostras moídas e cobriam os telhados com uma grande variedade de materiais, incluindo sapé e casca de árvore. Mais ao sul, a tribo Creek de baixo criou o *chikee*, uma plataforma elevada protegida por uma trama aberta de madeira que sustentava uma **cobertura esconsa com sapé**.

As tribos do Ártico e do Subártico

Ainda que preferissem a carne de baleia como alimento, os aleutas, das Ilhas Aleutas, no Alasca, aproveitavam o animal inteiro, incluindo intestinos, bexiga e língua. Eles caçavam os cetáceos em barcos chamados *baidarkas*, construídos – apropriadamente – com estruturas de ossos de baleia. Esses barcos acomodavam até 40 homens, embora os grupos de caçadores típicos costumassem ter apenas 10 integrantes. Os aleutas também cruzavam as águas em caiaques atrás de presas menores, como leões marinhos, focas e botos. Em terra firme usavam trenós, mas, antes de 1000 d.C., não tinham cães. Os aleutas chamavam de *barabara* suas casas semissubterrâneas cobertas com sapé, nas quais entravam por alçapões nos telhados. As edificações subterrâneas tiravam partido da geotermia para moderar a temperatura. No Ártico, a tribo canadense Inuit (os esquimós) também vivia em casas subterrâneas que construíam usando pedras, madeira e praticamente qualquer material

10.6 Iglu da tribo esquimó.

Embora tenha a forma de uma cúpula, o iglu, na verdade, é feito com espirais ascendentes, com a base de cada bloco se inclinando para dentro da habitação. Os blocos são feitos de neve socada, consistindo de cristais de gelo em vez de gelo maciço, de modo que o ar preso promova o isolamento térmico.

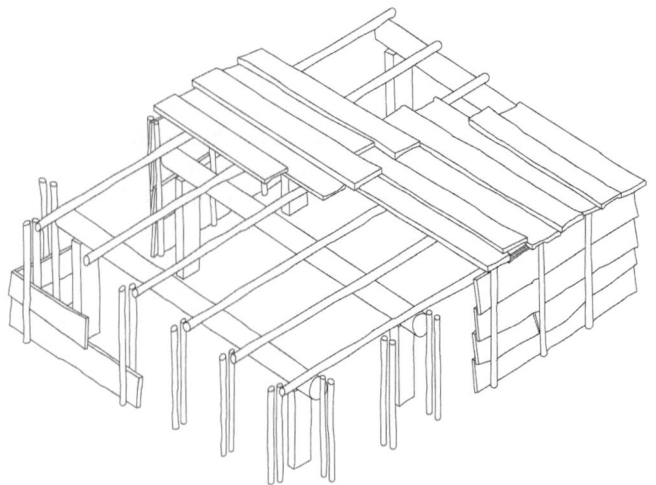

10.7 Perspectiva aérea de um barracão indígena do noroeste.

Alguns barracões eram bem grandes, com tetos chegando a seis metros de altura, e os cômodos principais, a 30 metros de comprimento. A produção de tábuas individuais, que eram rachadas e acabadas com um enxó, representava um desafio tecnológico para uma cultura que não dispunha de serras elétricas.

disponível. Tradicionalmente, os esquimós caçavam mamíferos marinhos e caribus, moravam em vilas no inverno e depois se separavam, voltando para o continente no verão. Até hoje, continuam construindo seus famosos iglus (Figura 10.6), estruturas feitas de blocos de neve. Eles inclinam os blocos para dentro para criar um perfil cônico estável, mas, em vez de assentá-los em fiadas, fazem espirais ascendentes. Depois de prontos, os iglus são acessados por um pequeno túnel em forma de abóbada de berço.

A forma da tenda cônica (*teepee*) foi aproveitada inclusive na região subártica. Ali as tribos construíram o *tupik*, uma estrutura similar ao *teepee*, que cobriam com peles de animais. Durante os meses de verão, os esquimós do Ártico construíam um *tupik* que, à primeira vista, parecia ser um tipo de *teepee* ampliado, mas, na verdade, era uma tenda feita de varas coberta com peles que imitava a forma do iglu de inverno, incluindo a entrada em túnel.

As tribos do noroeste e do norte da Califórnia

Os padrões culturais dos índios da América do Norte eram semelhantes ao longo da costa do Pacífico, desde o Alasca até a Baixa Califórnia. A dieta era variada, incluindo uma abundância de peixes e mamíferos aquáticos, além de inúmeras plantas nativas. A tribo Quinault, do Estado de Washington, é famosa por suas festanças, isto é, enormes festas que celebravam a maioridade de um membro, uma morte ou sua recordação ou a corrida anual do salmão.

Ao longo da costa noroeste do Pacífico, as tribos Quinault, Chinook e Tillamook construíam **barracões** (Figura 10.7), estruturas de toras e varas de madeira cobertas por telhados com uma ou duas águas. Essas construções usavam materiais de construção abundantes no local, mas eram de baixa tecnologia, pois usavam seções transversais estruturalmente ineficientes, como vigas e caibros circulares, e conexões simples, como tiras de casca de cedro. Mais ao norte, tribos como a Haida faziam **casas de tábuas** e também edificavam **totens**, talhando-os com imagens estilizadas de animais. Alguns estudiosos afirmam que as esculturas foram feitas com ferramentas produzidas a partir de ossos e conchas; outros dizem se tratar de um avanço posterior ao surgimento do metal. As tribos do noroeste também pintavam gravuras similares nas paredes externas das casas dos caciques.

A tribo Nez Perce, famosa pela hospitalidade com que recebeu a expedição de Lewis e Clark em 1805, passava o inverno em aldeias pequenas nas margens do rio Colúmbia, em localidades protegidas e escolhidas com cuidado. Eles se alimentavam de salmão, raízes e outros vegetais, que preservavam secando em suportes ou fornos de barro. Em seguida, armazenavam os produtos processados em cestas revestidas de pele de salmão e, finalmente, os colocavam em depósitos especialmente projetados ou poços revestidos de pedra ou casca de árvore. Também caçavam animais selvagens e, como dispunham de cavalos, bisões. As tribos Nez Perce e Yakima ocupavam **casas semissubterrâneas** (Figura 10.8), estruturas de madeira cujos pisos ficavam cerca de um metro abaixo do nível do solo e eram cobertas com esteiras de folhas de pinheiro, palha ou gramínea e terra. Eles erguiam tais estruturas em configurações similares a das estruturas arquitravadas com coberturas em vertente.

O norte da Califórnia é uma região com topografia acidentada e densas florestas. Ali, o carboidrato preservável preferido dos ameríndios era uma farinha feita de nozes de carvalho e castanhas; seus artefatos mais notáveis eram as cestas. As tribos Yurok, Karok, Hupa e Tolowa construíam casas semissubterrâneas com telhados de duas águas, mas

buíram para isso: a Mogollan – assim denominada por causa das montanhas Mogollan, no sudoeste do Novo México; a Hohokam – nome originado da palavra Pima, que significa "aqueles que desapareceram"; e o Pueblo Ancestral, antigamente conhecido como Anasazi, geralmente traduzido por "os Antigos". Antes de 300 a.C. a cultura Mogollan, que ocupava a região central do Arizona e o sudoeste do Novo México, criou aldeias no topo de mesas, ou seja, platôs com faces íngremes. Os indígenas construíam casas semissubterrâneas com estruturas de madeira cobertas com a folhagem de moitas e terra, as quais eram acessadas por rampas ou escadas de mão. Já nas margens dos rios Gila e Salt, o povo Hohokam desenvolveu sofisticados sistemas de irrigação e construiu edificações similares a castelos usando paredes de adobe com até 1,5 metro de espessura.

A cultura do Pueblo Ancestral surgiu no atual Estado de Utah e, gradualmente, migrou para o sudoeste do Colorado, o leste do Arizona e o oeste do Novo México. Esse povo desenvolveu uma forma distinta de cerâmica preta e branca, além de métodos para conservar e administrar a água usada na irrigação. A construção de seus assentamentos compactos e permanentes chegou ao apogeu em 1100-1300 em Mesa Verde e no Cânion Chaco, perto da região de Four Corners, os quais consistiam, respectivamente, de um grande número de pequenas habitações sob mesas protetoras (Figura 10.9), além de vilarejos agrícolas e comerciais.

A arquitetura do Pueblo Ancestral teve início com casas semissubterrâneas cujas entradas eram por cima; seus pisos escavados eram cobertos com madeira e terra. Por volta do ano 700, o Pueblo Ancestral modificou suas práticas de construção e passou a edificar casas de verão no nível térreo, usando alvenaria de arenito nas paredes e adobe sobre peças de madeira de seção pequena para as coberturas. Eles uniam essas casas com paredes-meias e as distribuíam ao redor de

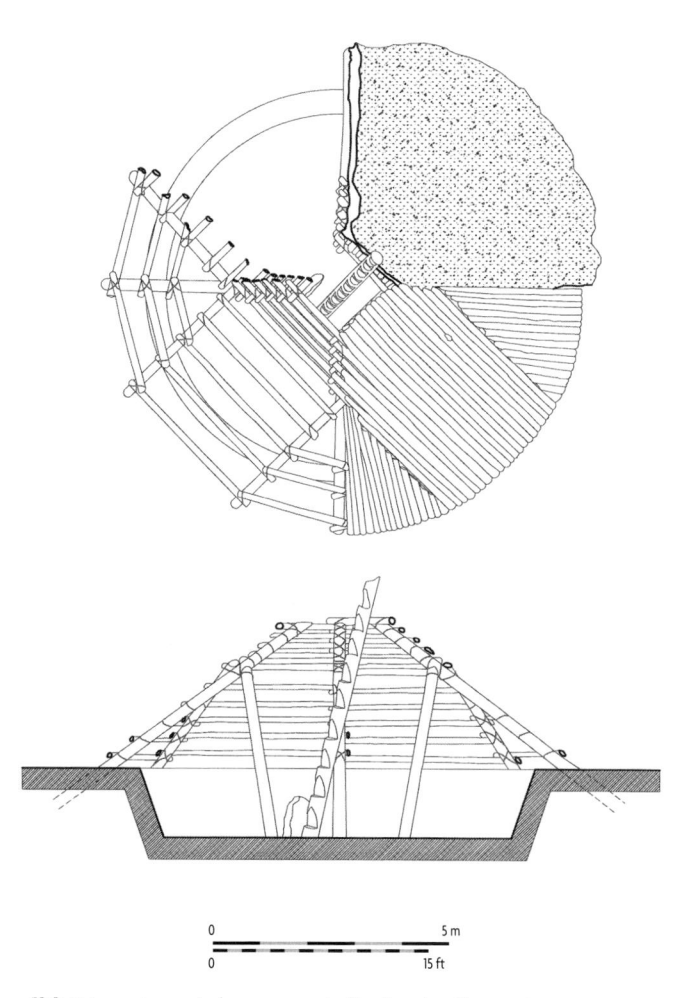

10.8 Vista superior e corte de uma casa semissubterrânea da região noroeste.

Estes ambientes domésticos tiravam proveito das qualidades isolantes da geotermia, em vez de usar paredes ou coberturas de barro. Embora rara na Europa, a entrada por cima era comum na América do Norte.

as cobriam com tábuas das sequoias disponíveis no local. Na região central da Califórnia, as tribos Maidu e Miwok construíam casas semissubterrâneas ovais e octogonais usando varas radiais para fechar estruturas poligonais. Acima das varas, distribuíam galhos, depois esteiras de gramíneas ou bunho e, finalmente, uma camada de terra.

As tribos do sudoeste

No sudoeste, membros das tribos Pima e Papago moravam em *kis* ou *ramadas* dependendo da estação. O *ki* começava como uma vala rasa cercada por um muro baixo de solo removido. A seguir, a vala murada era coberta por uma estrutura cônica feita de estruturas de galhos coberta com moitas e, então, barro. Juntos, os dois sistemas amenizavam os efeitos tanto do calor como do frio. Para os climas quentes, as duas tribos faziam *ramadas* cravando varas verticais no solo para sustentar uma cobertura de moitas. Os grupos familiares vivam em *rancherías*, isto é, comunidades de granjas localizadas perto de fontes de água.

As condições únicas do sudoeste também resultaram em uma arquitetura nativa permanente. Três culturas contri-

10.9 Mesa Verde, sudoeste do Colorado, 1100-1275.

O terreno onde fica Mesa Verde foi escolhido para fins habitacionais por razões práticas, e não pela paisagem deslumbrante: oferecia proteção contra os ventos de inverno vindos do norte e contra invasores em potencial.

10.10 Pueblo Bonito, Cânion Chaco, Novo México, 900–1120.

Esta imagem dá uma ideia das grandes dimensões do assentamento. O arranjo semicircular de terraços, agora em ruínas, respondia à trajetória e à inclinação do sol. Uma das desvantagens do arranjo em camadas era a criação de uma grande porcentagem de espaços internos escuros.

praças irregulares; contudo, o acesso continuava sendo pelo topo. No ano 1000, aproximadamente, começaram a transformar as casas semissubterrâneas em *kivas* subterrâneas circulares – espaços sagrados e sociais que celebravam a sociedade organizada em clãs. Cada *kiva* continha um *sipapu*, ou abertura cerimonial, que levava ao mundo subterrâneo. Em volta da *kiva*, o Pueblo Ancestral distribuía vários grupos de espaços de estar. Com o aumento da população, foram acrescentados segundos e terceiros pavimentos aos complexos habitacionais já bastante densos, os chamados **pueblos**; os cômodos térreos predominantemente mal iluminados provavelmente se tornaram depósitos para fins de armazenagem de alimentos. O Palácio do Rochedo, situado em Mesa Verde, a enorme moradia em alcovas do Pueblo Ancestral contém cerca de 200 cômodos e 23 *kivas*. Embora seja muito admirada atualmente pela mão de obra refinada, a alvenaria de pedra de Mesa Verde foi originalmente coberta com argamassa de barro para resistir às intempéries.

O Pueblo Ancestral desenvolveu vários assentamentos, geralmente em localidades compactas e naturalmente protegidas como Mesa Verde, o que os permitia combater invasores, atenuar os efeitos do clima inóspito e orientar as estruturas de acordo com os eventos celestiais mais importantes. Durante os solstícios e equinócios, por exemplo, em Fajda Butte, no Cânion Chaco, pedras verticais ainda permitem a passagem de estreitas faixas de luz que enquadram gravuras rupestres espirais. Sobre as mesas de Mesa Verde, criaram jardins escalonados como os dos incas e construíram depósitos para reservar água potável e armazenar excedentes agrícolas.

Em Pueblo Bonito, no Cânion Chaco, o Pueblo Ancestral construiu um complexo sistema de irrigação que incluía barragens, diques e comportas. Também edificaram uma enorme estrutura semicircular escalonada de cinco pavimentos com cerca de 800 cômodos e pelo menos 37 kivas voltadas para o sol durante sua trajetória pelo céu ao sul (hemisfério norte); hoje restam apenas ruínas (Figura 10.10). Os nativos construíram paredes de alvenaria de pedra intertravadas, assentadas com argamassa de barro e revestidas de pedras de cantaria em fiadas, com reboco também de barro. Como nos outros sítios, os cômodos eram acessados apenas pelas coberturas, por escadas de mão. Além disso, desenvolveram um longo sistema de estradas – muitas delas, ainda aparentes em fotografias aéreas. Com base nos artefatos exóticos encontrados ali, como conchas e penas de papagaio, parece que o Pueblo Bonito era o principal centro comercial do Pueblo Ancestral na região sudoeste.

A cultura do Pueblo Ancestral sofreu um rápido declínio depois do ano 1300, por razões que ainda não foram bem entendidas. A hipótese mais provável é uma longa estiagem causada pela mudança dos padrões climáticos. Seus descendentes, incluindo as tribos Zuni, Hopi e Navajo, ainda dominam a região. A nação Navajo, no atual nordeste do Arizona e no noroeste do Novo México, representa a maior tribo dos Estados Unidos: é composta por aproximadamente 250 mil pessoas e ocupa uma reserva de aproximadamente 3,6 milhões de hectares. Tradicionalmente, os índios Navajo viviam em *hogans* (Figura 10.11), que consistiam de várias configurações de tramas de varas cobertas com terra. Algumas tramas eram cônicas; outras começavam como quadrados arquitravados contra os quais eram apoiadas varas menores; outras ainda tinham paredes de varas encaixadas com entalhes e coberturas de toras com balanços sucessivos. Os Navajo são conhecidos principalmente pelo trabalho em prata e por seus cobertores. Também faziam murais espalhando areia colorida e farinha de milho sobre superfícies planas.

10.11 Um *hogan* do sudoeste.

Para construir um *hogan*, uma trama de varas era coberta com terra, produzindo uma moradia compatível com extremos climáticos. A madeira dava integridade à estrutura, enquanto a cobertura de terra servia de isolamento térmico.

O MÉXICO E A AMÉRICA CENTRAL

O texto abaixo, que trata do México e da América Central Pré-Colombianos, contempla múltiplas culturas e sítios, desde os Olmecas de La Venta até os Astecas de Tenochtitlán.

Os olmecas da costa leste do México

Há mais de 30 mil anos, homens e mulheres migraram para o leste cruzando o Estreito de Bering e fundaram assentamentos ao passarem pelas Américas do Norte, Central e do Sul. As evidências mais antigas (cerca de 1500 a.C.) da presença de uma cultura sofisticada no México foram encontradas na Costa do Golfo, na região norte do Estado de Tabasco e na região sul do Estado de Vera Cruz. Esta era a terra dos olmecas, mais conhecidos pelas representações de jaguares e pelas grandes cabeças de pedra sem corpo (Figura 10.12) com traços aparentemente orientais. Os escultores olmecas esculpiram essas cabeças em blocos de basalto com altura de 1,8 a 2,4 metros, que pesavam até 30 toneladas e eram importados de pedreiras localizadas nas montanhas Tuxtla, que ficavam um pouco afastadas do local. É provável que sejam representações de soberanos, mas isso nunca foi comprovado.

Embora saibamos pouco sobre os olmecas, sua condição de progenitores da cultura mesoamericana no México e na América Central é indiscutível. Eles inventaram um calendário, um sistema numérico e uma escrita com hieróglifos; também fizeram observações astronômicas. Deram início ao culto aos principais deuses da região. Além disso, inventaram a quadra para jogos com bola, que se tornou um espaço muito difundido para rituais públicos. Os olmecas viviam em uma sociedade hierárquica com nobreza e, possivelmente, reis. Finalmente, criaram o primeiro estilo artístico mesoamericano a unir um grupo étnico; é possível que tenham criado um império composto por cidades-estado.

O centro cerimonial mais impressionante da cultura olmeca fica em La Venta (Figura 10.13), onde a mais antiga pirâmide de terra do México, com quase 30 metros de altura, servia de extremidade para um eixo definido por um arranjo ortogonal de plataformas de terra que circundavam uma praça cerimonial ladeada de colunas de basalto. Os elementos básicos dessa composição seriam encontrados repetidamente em toda a região.

Teotihuacán, no Vale do México

Durante o período clássico da cultura mexicana pré-colombiana (cerca de 200 a.C–900 d.C.), um povo cujo nome não sabemos construiu um amplo conjunto urbano planejado em Teotihuacán (Figura 10.14) – que significa "lar dos deuses" – no Vale do México. Ele surgiu a noroeste dos sítios olmecas em um período subsequente ao declínio desse império, cobre aproximadamente 3.700 hectares e já abrigou uma população de 200 mil pessoas. No centro de rituais da cidade, os projetistas fizeram uma grande avenida norte-sul encerrada no norte por uma estrutura escalonada – a Pirâmide da Lua. Ao longo da avenida, distribuíram uma série de terraços de terra com paredes inclinadas revestidas de pedra, uma grande pirâmide escalonada – a Pirâmide do Sol (Figura 10.15) – e conjuntos murados, alguns parcialmente subterrâneos e outros definidos pela construção arquitravada coberta por baixos relevos.

O plano horizontal é dominante, talvez inspirado na imensidão do vale. A horizontalidade se deve a dois recursos ordenadores distintos. As paredes inclinadas dos terraços e as pirâmides apresentam os **taludes** e **tabuleiros** que seriam encontrados – com muitas variações – por toda a Mesoamérica. O talude é um plano inclinado e o tabuleiro, um friso de pedregulho enquadrado por molduras simples. (Veja a Figura 10.15.)

As colunas com talhas sofisticadas do chamado Palácio da Borboleta Quetzal, situado no lado oeste da praça e em frente ao Templo da Lua, documentam o valor que os habitantes de Teotihuacán davam à dureza e à precisão da pe-

10.12 Cabeça de pedra olmeca, antes de 900 a.C.

Este artefato, removido de seu sítio original, apresenta os traços faciais característicos dos olmecas e a coroa cerimonial.

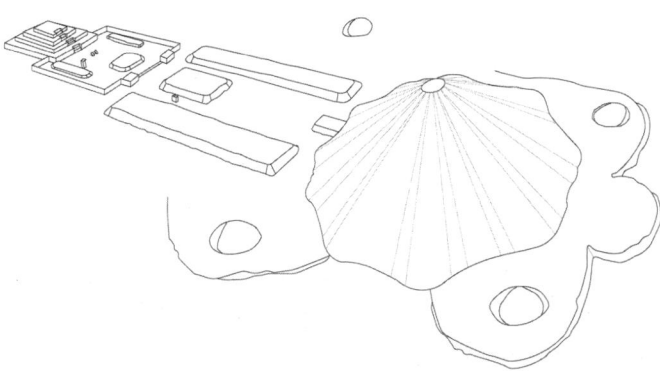

10.13 Diagrama de La Venta, Tabasco, México, 1100–400 a.C.

O morro de terra cônico e a pirâmide escalonada ficam nas extremidades opostas de um eixo definido por plataformas de terra e conjuntos murados. Essa organização sequencial de espaço e volume é semelhante aos complexos de pirâmides egípcios e aos zigurates mesopotâmicos com seus conjuntos de edificações.

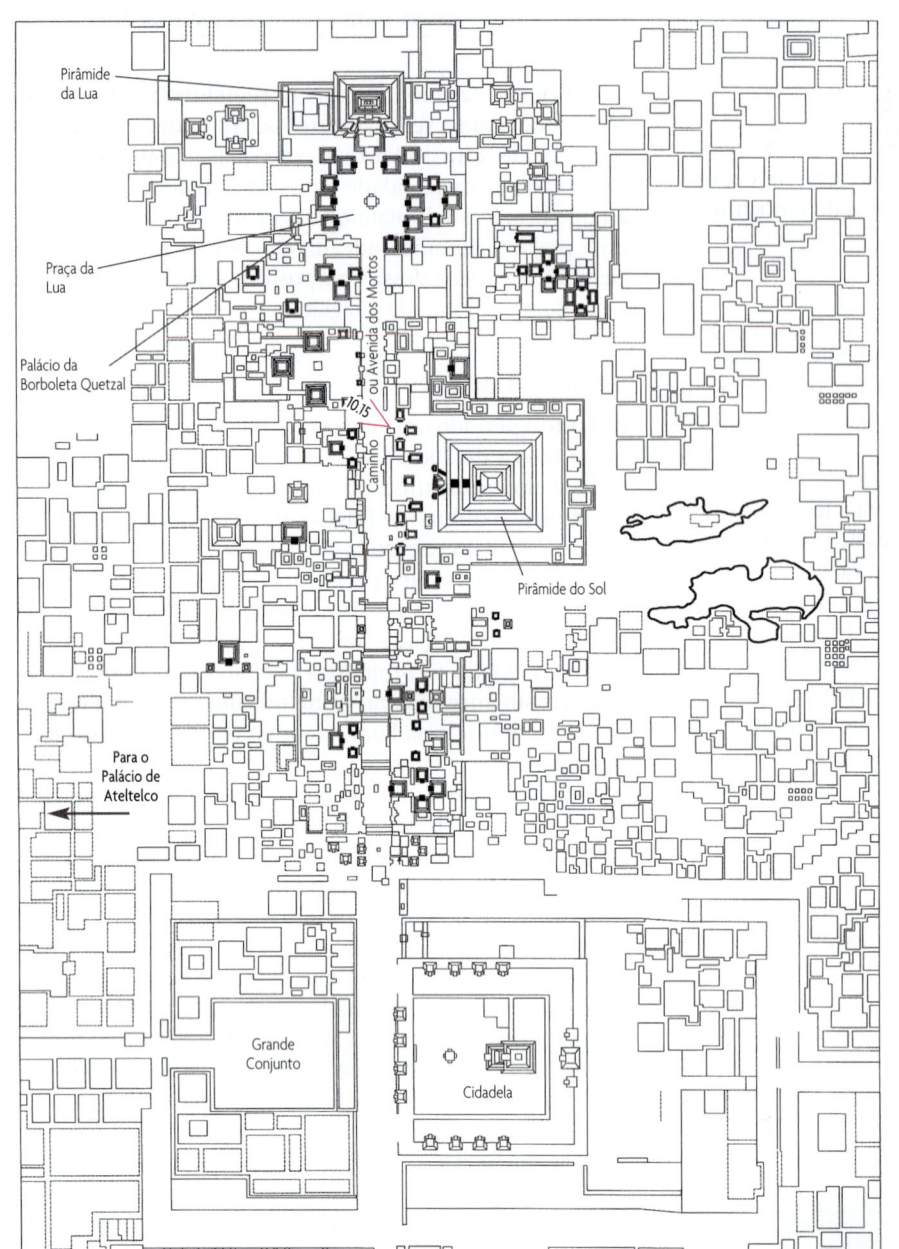

Labels on plan (figure 10.14):
- Pirâmide da Lua
- Praça da Lua
- Palácio da Borboleta Quetzal
- Avenida dos Mortos
- Caminho
- Pirâmide do Sol
- Para o Palácio de Ateltelco
- Grande Conjunto
- Cidadela

10.14 Planta baixa de Teotihuacán, Vale do México, México, cerca de 200 a.C.–900 d.C.

Como em La Venta, as formas principais são pirâmides e plataformas – aqui, distribuídas nos lados de uma longa avenida.

10.15 Pirâmide do Sol, Teotihuacán, iniciada em cerca de 100 a.C.

Feita de terra com cobertura revestida de pedra, a Pirâmide do Sol apresenta taludes sucessivos. As plataformas no primeiro plano, que sustentavam templos, têm arranjos mais complexos, com taludes e tabuleiros. As variações sobre um tema básico oferecidas por esses motivos combinados conferiram unidade à diversidade de sítios pré-colombianos no México e na América Central. Várias combinações de taludes e tabuleiros aparecem em patamares de pirâmides, paredes de edificações e até em coberturas.

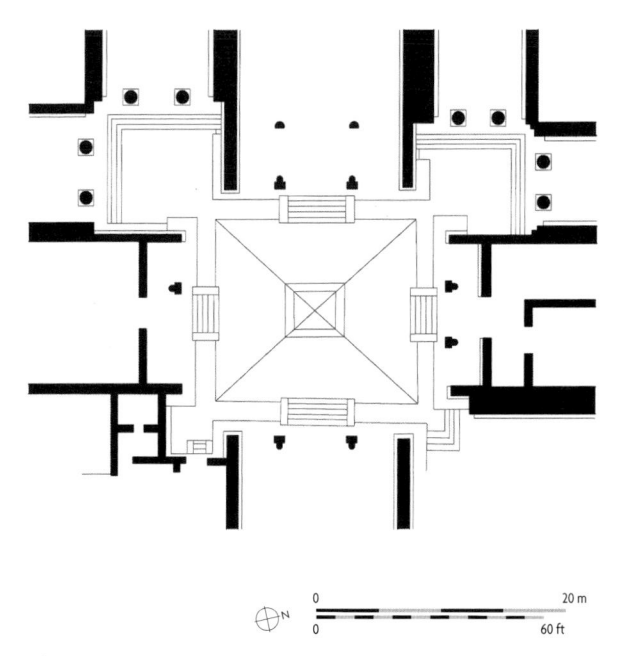

dra. A planta baixa do Palácio de Ateltelco (Figura 10.16), localizado a oeste da avenida e ao norte da chamada Cidadela, demonstra – em sua complexa geometria de quadrados sobrepostos, muitas mudanças de nível, sistemas de proporções e distribuição em camadas de colunas, pilares e paredes – uma sofisticada compreensão do ordenamento geométrico e da sequência espacial.

Os zapotecas e mixtecas de Monte Albán, Oaxaca

Em Oaxaca, ao sul do Platô Central do México, os zapotecas também se tornaram mais proeminentes depois do declínio dos olmecas. Eles transformaram a cultura local em uma cultura territorial, com a população espalhada por todo o Vale Oaxaca. Em Monte Albán (600 a.C.–1000 d.C.), organizaram um grande centro de rituais muito diferente do encontrado em Teotihuacán. Ao nivelar o topo de uma montanha em cerca de 460 metros acima do nível do mar, criaram uma plataforma de terra sobre a qual construíram uma série de pirâmides escalonadas que serviram de bases para templos (Figura 10.17).

Os zapotecas distribuíram essas pirâmides no perímetro do terreno criando uma grande praça, com 300 metros de comprimento e quase 150 metros de largura; no interior desta praça, colocaram duas pirâmides adicionais, que se tornaram objetos construídos dentro de um ambiente também construído ainda maior. Tais ideias são conceitualmente semelhantes às da Grécia Helenística nos séculos IV a II a.C. A quadra de bola que ocupa a quina sudoeste do terreno é igualmente espacial. Esse tipo de forma foi encontrado em toda a Mesoamérica, onde a composição serena, mas enganadora, de taludes, tabuleiros e plataformas recebia jogos rituais com uma pequena bola flexível; nesses jogos, a derrota levava à morte (Figura 10.18).

Os zapotecas construíam suas pirâmides usando o sistema de taludes e tabuleiros, mas enfatizavam escadarias largas, geralmente emolduradas por patamares inclinados. Sua interpretação dos taludes e tabuleiros era extremamente linear, com camadas escalonadas configuradas como se estivessem sobrepostas e viradas em suas extremidades. No topo das pirâmides, os zapotecas colocaram templos cujas plantas baixas tinham configurações notáveis. Cada tem-

10.16 Planta baixa do Palácio de Ateltelco, Teotihuacán, cerca de 200 a.C.–900 d.C.

Este padrão de geometrias ortogonais sobrepostas é um exemplo das sofisticadas ideias de projeto do povo de Teotihuacán. Chamam nossa atenção a organização com eixos cruzados, as fileiras de pilares e a rica sequência resultante de espaços.

10.17 (acima) Monte Albán, Oaxaca, México, 600 a.C.–1000 d.C.

Ao contrário da organização axial de Teotihuacán, Monte Albán possui um planejamento espacial e centralizado. As plataformas que no passado apresentavam templos definem uma praça na qual os zapotecas colocaram duas estruturas – uma delas certamente era um observatório que tinha seu piso inclinado para ficar alinhado com estrelas ou planetas significativos.

10.18 (direita) Quadra de bola, Copán, Honduras, antes de 800.

Esta quadra de bola, como a do Monte Albán, tem plataformas inclinadas (taludes) que lembram as arquibancadas de estádios modernos. No entanto, essas plataformas faziam parte do campo de jogos; os espectadores ficavam nas plataformas acima.

plo tinha um ou dois espaços de profundidade (como uma antiga cela com pórtico grega) com colunas frontais *in antis* ou prostilo. Especialmente interessante é a quadra rebaixada que fica na extremidade sul do terreno; sua planta baixa é semelhante a do Palácio de Ateltelco: um quadrado com quatro quadrados sobrepostos nas quinas; sua chegada se dá por uma larga escada e, a seguir, um pórtico com fileira dupla de pilares. Esse uso de grupos e hierarquias de pilares era raro na América Pré-Colombiana, mas reapareceria entre os toltecas no norte do México e na América Central. As escavações no Monte Albán desenterraram as tumbas de nobres zapotecas e o maior depósito de joias já encontrado na América do Norte.

Os mixtecas sucederam os zapotecas em Oaxaca (cerca de 800) e sua cidade sagrada de Mitla inclui o Palácio das Colunas. Nela, o tabuleiro adquiriu um caráter mais complexo em relação aos anteriores. Um talude sem adorno é a base de onde se elevam os elementos do tabuleiro, emoldurados por barras com balanços sucessivos. O tabuleiro é composto de painéis incrustados de ornamentação geométrica em padrões ortogonais e diagonais (Figura 10.19).

Os maias

A leste de Oaxaca, na atual Guatemala, Honduras, no estado mexicano de Chiapas e na Península de Yucatán, surgiram os maias, outra das grandes culturas pré-colombianas. Em seu auge, a civilização maia incluía cerca de 50 estados independentes e mais cidades do que qualquer outro império da América Pré-Colombiana. Os maias desenvolveram sistemas de irrigação e cultivavam uma ampla variedade de vegetais, com destaque para o milho, que transformavam em panquecas semelhantes a tortilhas. A sociedade maia possuía uma estratificação rígida, com agricultores na base e, acima, uma classe de sacerdotes, comerciantes e guerreiros. No topo da pirâmide social ficava o rei hereditário, que era, ao mesmo tempo, um soberano civil e um sacerdote.

Os maias foram únicos nas Américas, por terem criado um sistema de escrita que os permitiu registrar sua história e práticas rituais em papel. Ainda que suas bibliotecas tenham sido destruídas pelos espanhóis, restaram muitos textos escritos com hieróglifos, sejam talhados em pedra, incisos em rebocos ou pintados em cerâmica ou em pinturas murais. As inscrições em pedra – por muito tempo objeto de estudos – só foram decifradas recentemente. Elas incluem símbolos que representam tanto sons específicos como palavras inteiras. Infelizmente, por estarem presentes em obras de arquitetura públicas, os únicos textos remanescentes representam a interpretação oficial dos eventos e não permitem pontos de vista alternativos. Ainda assim, dão uma boa ideia de temas como o conceito maia de tempo e sua visão de mundo.

Os maias acreditavam que o mundo se dividia em três regiões distintas: a esfera celeste das estrelas, no alto; o reino intermediário da terra; e o escuro reino dos mortos, abaixo. Baseados em conceitos desenvolvidos pelos olmecas e, possivelmente, pelos teotihuacános, os maias criaram uma visão de mundo na qual rituais religiosos co-

10.19 Muro com taludes e tabuleiros, Mitla, Oaxaca, México, cerca de 800.
O contraste entre os ornamentos geométricos de Mitla e os ornamentos orgânicos maias mais ao sul (veja a Figura 10.26) é impressionante. Talvez esteja relacionado aos diferentes contextos de Oaxaca e Yucatán.

dificavam uma realidade comum. Alguns rituais envolviam a introdução do estado de transe, incluindo, como recurso principal, o ato da sangria – principalmente na língua e do pênis; os maias acreditavam que, na forma mais exaltada, os reis conseguiam, com tais recursos, fazer contato com as outras regiões. Seus mitos de criação incluíam os gêmeos sagrados que jogaram um jogo de bola sagrado, morreram decapitados, ressuscitaram e, finalmente, levaram a melhor sobre os deuses. Dentro dessa estrutura de mitos, a quadra de jogos maia era um local de confronto e comunicação. Embora os jogos fossem disputados entre amigos em ambientes informais, na forma mais elevada simbolizavam a batalha de vida e morte dos gêmeos. A partir desse mito, os maias desenvolveram crenças no triunfo sobre a morte por meio de rituais, na vitória sobre os inimigos, sendo mais espertos do que eles, e na ressurreição e no renascimento por meio do sacrifício.

Os maias desenvolveram um conjunto complexo de calendários que se sobrepunham parcialmente e eram extremamente importantes para eles, pois acreditavam que a história era cíclica. O calendário solar – o mais preciso da antiguidade – incluía 365 dias divididos em 18 meses de 20 dias cada, além de cinco dias residuais. Um calendário religioso separado tinha 260 dias e os dois coincidiam a cada cinco anos. Esse intervalo era considerado um ciclo de nascimento, morte e renascimento, celebrado com rituais exuberantes. O renascimento era acompanhado pelo acendimento de uma chama ritualística e pela reconstrução de templos e pirâmides importantes.

Os astrônomos maias registravam meticulosamente os movimentos dos corpos celestes, incluindo os do planeta Vênus, e previam eventos como os eclipses lunares. Desenvolveram um sistema de barras e pontos que permitia fazer cálculos matemáticos; também inventaram o zero ou herdaram seu uso dos olmecas – somente os sumérios e os hindus fizeram o mesmo em outras partes. Depois de 800 d.C., um evento catastrófico ou uma combinação deles levou ao colapso total da civilização maia. Os estudiosos

10.20 Planta de Tikal, Guatemala, 600 a.C.–cerca de 900 d.C.

Este sítio contém milhares de edificações e monumentos de pedra, sendo que as áreas mais exploradas ficam ao redor da Acrópole do Norte, na junção das três avenidas. Os arqueólogos têm de descobrir essas ruínas com cuidado, pois elas se tornam vulneráveis aos efeitos do vento, do sol e da chuva; além disso, precisam ser protegidas da vegetação que as envolve.

não chegaram a conclusões definitivas sobre como se deu o declínio dessa cultura, mas teorias recentes sugerem que uma mudança nos padrões climáticos, resultando em estiagem prolongada e na fome subsequente, pode ter sido determinante para o desastre.

Tikal

Tikal é provavelmente a mais impressionante cidade maia, implantada nas selvas da planície da província de El Petén, na Guatemala. Além de um sítio cerimonial, a cidade era um legítimo centro urbano, com uma população permanente de aproximadamente 45 mil pessoas. A planta da cidade (Figura 10.20) é organizada por avenidas distribuídas em um padrão quase triangular que conectava os principais complexos de edificações. Na quina sudeste do triângulo fica a chamada Acrópole Norte, um conjunto bastante denso de pirâmides voltadas para uma grande praça no sul. A praça é definida por grandes pirâmides nas extremidades leste e oeste e apresenta inúmeras **estelas**, isto é, lajes verticais com inscrições. Mais uma vez, a pirâmide é composta por taludes e tabuleiros. Os taludes, na forma de muros inclinados, definem plataformas. No topo das plataformas há pirâmides escalonadas formadas por taludes pouco articulados e tabuleiros verticais igualmente simples, interrompidos apenas por faixas horizontais e painéis recuados, que projetam sombras bem definidas (Figura 10.21). As pirâmides de Tikal – com tabuleiros e taludes simples, mas inclinados, e templos nos topos – são as formas construídas mais notáveis da cidade (Figura 10.22). No topo das coberturas em taludes há tetos com caixotões vistosos e ricamente esculpidos, isto é, elementos repetitivos em formas de taludes que se apoiam nas falsas abóbadas dos templos. Há uma escada íngreme em

10.21 Acrópole Norte, Tikal, cerca de 700.
A parte da cidade mostrada aqui inclui a grande praça no primeiro plano, com estelas e as bases piramidais da Acrópole Norte mais além. Os maias usavam os templos e suas bases para configurar os espaços externos destinados a grandes rituais.

10.22 (abaixo) Pirâmide, Tikal, cerca de 650.
O aspecto mais marcante das pirâmides de Tikal é a verticalidade. No entanto, elas faziam parte de um tecido urbano muito denso – não eram torres isoladas despontando sobre a copa da densa floresta tropical como vemos hoje.

um dos lados de cada pirâmide, a qual leva à entrada dos templos. Os relevos dos rebocos originais praticamente desapareceram. No interior, espaços pequenos foram criados pela falsa abóbada usada pelos maias, um recurso estrutural não encontrado em Teotihuacán nem em Oaxaca. O conjunto completo de pirâmides é extraordinário devido à sua verticalidade, especialmente quando as múltiplas edificações são vistas como uma unidade urbana; hoje, estão tomadas pela selva e se elevam como grandes estalagmites de maneira tão exuberante que levaram George Lucas a usar uma vista aérea delas para representar a lua de um planeta rebelde no primeiro filme da série *Guerra nas Estrelas*. Com as quadras de bola, um reservatório de água da chuva e os prédios baixos do mercado – também feitos com elementos de taludes e tabuleiros – as pirâmides rituais de Tikal definem uma série de acrópoles, mercados ao ar livre e praças conectadas.

Foram encontrados em Tikal pinturas murais nas quais os artistas traçaram linhas pretas sobre um pano de fundo vermelho. Os mais famosos murais maias são os do discreto sítio do Rio Usamacinta, chamado de Bonampak (palavra maia para "paredes pintadas") pelos arqueólogos. Essas imagens são consideradas incomuns pela representação realista de cenas da vida cotidiana.

Copán e Palenque

Copán fica a sudeste de Tikal e era famosa pelas reuniões periódicas de peritos em astronomia. O centro cerimonial é praticamente retangular, com uma grande praça ao norte e uma acrópole ao sul; entre elas encontra-se a quadra de bola mostrada na Figura 10.18. Sua característica mais notável é, provavelmente, o grande número de estelas: nesse caso, monólitos verticais esculpidos, con-

10.23 Estela, Copán, Honduras, 600–800.

Marcos verticais de pedra apareceram em culturas de todo o mundo; no ocidente, o tipo mais evidente é a lápide. Os maias os construíam para vários fins, incluindo a comemoração de eventos significativos.

10.24 Templo das Inscrições, Palenque, Chiapas, México, concluído aproximadamente em 683.

Esta pirâmide escalonada fica cravada na montanha atrás dela. Uma imensa escadaria leva do templo à câmara mortuária, no primeiro patamar da pirâmide.

10.25 Câmara mortuária, Templo das Inscrições, Palenque, concluído aproximadamente em 683.

Neste espaço, lintéis de pedra complementam a falsa abóbada. As imagens entalhadas na tampa do sarcófago representam o Rei Pacal descendo ao além pelo tronco da árvore do mundo; lá ele renasceria como os gêmeos heróis.

ceitualmente semelhantes aos totens dos aluítes (Figura 10.23). O estilo escultórico foi descrito como "barroco" e "oriental" em virtude da complexidade orgânica, embora possivelmente tenha buscado inspiração na exuberante floresta na qual foi criado. Os maias chamavam as estelas de "pedras-árvores" e esculpiam nelas imagens de reis; assim, as praças que as recebiam representavam a sequência de governantes e, ao mesmo tempo, simbolizavam a floresta tropical.

Em Palenque, Chiapas, foram encontrados elementos similares com adaptações distintas, incluindo plataformas de terra; pirâmides escalonadas, às vezes com largas escadas; e templos, geralmente com plantas baixas alongadas. O Templo das Inscrições é incomum por ter em seu interior uma tumba construída com a pirâmide, que é acessada por uma série de passagens subterrâneas que foram fechadas há muito tempo. A câmara funerária tem sete metros de comprimento, sete metros de altura e aproximadamente 3,7 metros de largura. Dentro dela se encontra um enorme sarcófago esculpido em um monólito de pedra, coberto por uma laje ricamente ornamentada. Um esqueleto com joias de jade foi encontrado no interior (Figuras 10.24–10.25). Muitas fachadas e algumas paredes internas dos templos de Palenque foram originalmente cobertas de reboco ornamentado com baixos relevos e pinturas; seus tetos são ornamentados com caixotões.

Uxmal e Chichén-Itzá

Em Uxmal, na região de Puuc, os maias organizaram seu centro cerimonial como objetos em plataformas elevadas; vários deles assumiram a forma de quadriláteros, distribuídos de forma livre no espaço. A ornamentação geométrica lembra a obra mixteca, enquanto a ornamentação orgânica contrastante chega ao mais alto nível de elaboração nas máscaras interconectadas do deus da chuva Chac (Figura 10.26).

Duas das edificações mais famosas de Uxmal são os chamados Palácio do Governador e Convento (Figuras 10.27–10.28). O Palácio do Governador é um retângulo com planta baixa alongada, com aproximadamente 100 metros de comprimento, enquanto o Convento consiste de quatro retângulos menores que formam um quadrilátero. O Palácio do Governador é dividido em três partes por faixas recuadas com falsas abóbadas, resultando em uma composição quíntupla. No interior, falsas abóbadas cobrem cerca de 20 cômodos de diferentes tamanhos. Nos patamares inferiores, as duas edificações contêm grandes áreas de murais e janelas com molduras recuadas. No friso acima, as esculturas do Palácio do Governador combinam geometrias ortogonais e diagonais com múltiplas máscaras Chac. No Convento, há uma longa série de minicolunas no lado norte, contendo um friso semelhante ao do Palácio do Governador. No perímetro e dentro do quadrilátero, o friso alterna drasticamente motivos geométricos e orgânicos, com composições de máscaras Chac acima de algumas aberturas e projetando-se radicalmente nas quinas.

Chichén-Itzá, em Yucatán, no delta dos rios Usumacinta e Grijalva, é um sítio maia que reúne elementos da cultura Putún e dos invasores toltecas. A civilização Putún, for-

10.26 Máscaras do convento, Uxmal, México, cerca de 900.

Aqui, os ornamentos são ao mesmo tempo extremamente geométricos e orgânicos, os últimos refletindo o estilo Puuc, surgido no norte de Yucatán. Embora as pedras individuais sejam modulares, as imagens – dominadas pelo nariz do deus da chuva Chac – foram esculpidas com ousadia.

10.27 Palácio do Governador, Uxmal, cerca de 900.

Esta edificação possui uma composição tripla, com um volume central dominante separado dos volumes menores de ambos os lados por uma fenda ou faixa recuada. Esta composição é similar aos esquemas desenvolvidos para vilas pelo famoso arquiteto italiano do século XVI Andrea Palladio.

10.28 Convento, Uxmal, cerca de 900.

A ornamentação deste tabuleiro é similar aos frisos dos templos gregos ou romanos clássicos. Aqui, porém, o efeito não foi criado por grandes painéis, mas por muitas unidades geométricas pequenas que se encaixam.

10.29 O Caracol ou "Observatório", Chichén-Itzá, Yucatán, México, depois de 900.

Esta estrutura incomum apresenta máscaras de inspiração maia representando o deus da chuva, Chac, e, também, representações da serpente com pluma, trazida do sul pelos invasores toltecas.

mada por navegadores mercantis que controlavam as rotas de comércio oceânico na região de Yucatán, era conhecida como Itzá na área. Por volta do ano 900, conquistaram novos territórios, incluindo Chichén, de onde veio o nome do sítio de Chichén-Itzá. No século XI ou XII, a cidade foi dominada pelos toltecas.

As edificações que mais se destacam são os chamados Caracol (Figura 10.29), Castelo e Templo dos Guerreiros. Localizado ao sul da área central da cidade e, segundo alguns, usado como observatório astronômico, o Caracol se diferencia da arquitetura maia por ser uma torre com planta baixa circular. Foi ornamentado com as máscaras maias do deus Chac, mas também apresenta elementos trazidos pelos toltecas, como imagens da serpente com penas e cabeças de guerreiros toltecas. No interior do cilindro central do Caracol, uma série de aberturas permitia observar planetas e estrelas específicos. O Castelo, ou Templo de Kulkulkán, também é bastante peculiar, pois se trata de uma pirâmide com escadaria em cada um dos quatro lados. Essa configuração se explica por ficar dentro de uma praça com colunata; é um objeto de arquitetura inserido em um espaço urbano, o que aproxima a concepção espacial de Chichén-Itzá com a de Monte Albán. A forma do Castelo também pode ter um simbolismo cósmico, uma vez que cada escada tem 91 degraus, totalizando 364. Se acrescentarmos a base sobre a qual fica a pirâmide, o total passa para 365, isto é, o número de dias no ano maia. Além disso, a serpente com penas que fica na base projeta uma sombra na escada no equinócio e no solstício. A leste do Castelo e voltado para a praça fica o Templo dos Guerreiros, que é incrivelmente semelhante ao complexo de pirâmides de Tula, tanto no planejamento como na execução. Nele há pilares em grupos e hierarquicamente distribuídos em dois lados da pirâmide, com um espaçamento tão denso quanto o dos salões hipostilos egípcios. As esculturas incluem águias e jaguares devorando corações humanos, serpentes com penas e guerreiros toltecas.

Os toltecas no Vale do México

No ano 900, aproximadamente, durante um período em que a cultura de Teotihuacán estava em declínio, os belicosos toltecas do norte do México se assentaram no Vale do México; posteriormente, seguiram para o sul para interagir com os maias. Entre os toltecas surgiu o mito de Quetzalcóatl, a serpente com penas que, acreditavam, saiu em viagem para o leste, prometendo retornar um dia. Futuramente, essa profecia teria profundas implicações para os astecas.

A maior cidade tolteca era Tula (Figura 10.30), no Estado de Hidalgo. Seu centro de rituais inclui ruínas de um palácio com inúmeros pilares e uma pirâmide que sustenta enormes esculturas de guerreiros que, no passado, estiveram no interior de um templo, mas atualmente estão expostas. As características mais marcantes do complexo são as fileiras duplas e triplas de pilares rebocados que definem uma extremidade da praça cerimonial e acompanham as fachadas oeste e sul do palácio. Os pilares em grupos e distribuição hierárquica se repetem no interior do palácio, onde três grandes cômodos, antigamente cobertos exceto nas aberturas centrais, ficam lado a lado.

No lado norte da pirâmide, restam alguns motivos em talude e tabuleiro. Nos outros três lados, as camadas esca-

10.30 Templo-palácio, Tula, Vale do México, México, depois de 900.

Mesmo em ruínas, esta edificação de Tula enfatiza o uso marcante dos pilares pelos toltecas; as bases de seção quadrada e retangular podem ser vistas no primeiro plano. Ao mesmo tempo símbolos militares e elementos estruturais, os pilares em grupos e hierarquicamente distribuídos representam a natureza belicosa da cultura que os criou.

lonadas semelhantes a taludes possuem pedras que se projetam individualmente como uma ornamentação que projeta sombras. Nesta forma de decoração tolteca, um talude desadornado sustenta um tabuleiro com dois níveis – os superiores recuados – que serve de friso exibindo imagens de coiotes, jaguares e águias devorando corações humanos, além de efígies de deuses. Nas duas laterais e na parte de trás, a chamada parede da serpente fechava a pirâmide e era coroada por símbolos de Quetzalcóatl em forma de concha.

Os astecas em Tenochtitlán

Os astecas, adoradores do sol, chegaram ao Vale do México no século XIII e rapidamente estabeleceram um grande império militar e econômico. Segundo a lenda, a capital e principal centro cerimonial de Tenochtitlán (Figura 10.31), cujos vestígios se encontram sob a atual Cidade do México, foi identificada pelos astecas pela visão de uma águia capturando uma cobra enquanto estava empoleirada em uma opúncia, ou tenochtli (um tipo de cacto). Na época da conquista espanhola, em 1519, Tenochtitlán tinha uma população de aproximadamente 200 mil pessoas e cerca de 80 edificações para rituais; o Império Asteca se estendia do norte do México para o sul, hoje Guatemala e El Salvador.

Tenochtitlán foi fundada sobre uma série de pequenas ilhas. Os astecas aterraram os espaços entre elas para produzir uma área unificada que, ironicamente, surpreendeu os conquistadores espanhóis. Construíram quatro longas avenidas que dividiam a cidade em quadrantes, cada um com seus próprios bairros, santuários e edifícios administrativos. No centro, planejaram um grande centro cerimonial e edificaram as plataformas, pirâmides, quadras de bola e templos que já haviam se tornado obrigatórias; isso inclui o complexo central para rituais, ou Templo Maior, que também usou o talude e o tabuleiro como formas ordenadoras básicas. No centro desse conjunto de arquitetura ficava o suporte para crânios que exibia as cabeças das vítimas de sacrifícios.

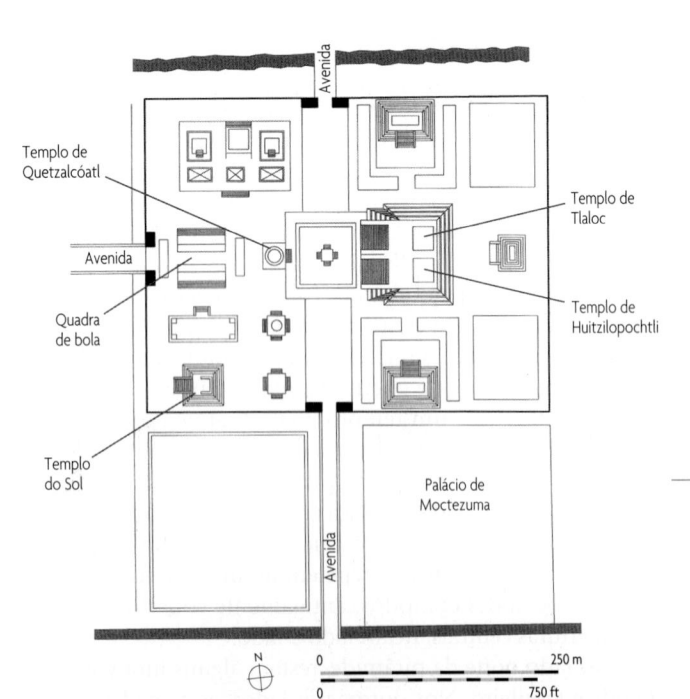

Os astecas acreditavam que Tenochtitlán ficava no centro do mundo e que a cidade propriamente dita era o cosmos em miniatura, com as avenidas orientadas de acordo com os pontos cardeais. Acreditavam que a interseção central das avenidas era o ponto através do qual um eixo vertical subia por 13 níveis e descia por mais nove; também achavam que as almas, depois de libertadas dos corpos físicos, saíam em busca da paz eterna, partindo do nível mais baixo e contando com o auxílio de amuletos mágicos enterrados com seus restos mortais. Além disso, os astecas acreditavam que seu império e o cosmos dependiam um do outro para sobreviver e que o Estado Asteca era obrigado a expressar esse relacionamento recíproco por meio de rituais, incluindo a prática do sacrifício humano – geralmente cortando as cabeças das vítimas usando facas de obsidiana.

O Templo Maior incluía dois templos secundários, um dedicado a Tlaloc, o deus da chuva, da água e da agricultura, e o outro a Huitzilopochtli, o deus-sol, da guerra, da conquista, do tributo e da autoridade (Figura 10.32). A religião asteca exigia que fossem feitos sacrifícios humanos para Huitzilopochtli, a deidade protetora, para garantir que o sol nascesse diariamente e que o povo permanecesse protegido pelo deus Tlaloc. As exigências religiosas referentes aos sacrifícios humanos eram reforçadas por fatores militares, políticos e econômicos. Os astecas guerreavam para controlar o território e também para cobrar tributos. Depois de conquistadas, porém, as tribos frequentemente tentavam se libertar do império e as tensões eram compreensivelmente exacerbadas pela demanda incessante dos astecas por mais cativos para serem sacrificados. Além disso, o comércio em longas distâncias fornecia artigos de luxo para a elite asteca, que passou a depender da conquista e da expansão militares tanto para ter acesso a esses produtos como para acumular riquezas por meio dos tributos. Dessa forma, as práticas religiosas astecas contribuíam para o materialismo expansionista de um estado belicoso.

Quando o conquistador Hernán Cortés apareceu com seu pequeno exército, alguns astecas parecem ter acreditado se tratar do deus Quetzalcóatl que retornava de sua jornada mística, o que, por sua vez, pode ter levado o rei Moctezuma a agir de modo indeciso perante a ameaça espanhola. Seja qual for o caso, aliados com outras tribos ansiosas para terminar com o domínio asteca, tendo acesso a armas avançadas e com o auxílio involuntário da devastadora disseminação de doenças europeias entre a população nativa, os espanhóis rapidamente conseguiram conquistar o vasto Império Asteca, mudando para sempre o curso da história mesoamericana.

10.31 Planta de Tenochtitlán, localizada na atual Cidade do México, México, depois de 900.

Focado no suporte para crânios no centro, este leiaute ortogonal usa os mesmos tipos de plataforma e pirâmide encontrados séculos antes em Teotihuacán, nas proximidades. O que diferenciava a cidade e surpreendeu os conquistadores espanhóis era sua implantação no meio de um lago. O lago há muito desapareceu, bem como os vestígios de Tenochtitlán, sob a atual Cidade do México.

10.32 Escavação das ruínas do Templo Maior, Tenochtitlán, Cidade do México, México, depois de 900.

O centro cerimonial de Tenochtitlán se encontra sob a atual Cidade do México; por isso, suas ruínas escavadas raramente se tornam visíveis. Também foi impossível escavar mais que uma parte dos sítios de rituais funerários da cidade, fazendo com que informações sobre os sacrifícios praticados pelos astecas tenham de vir de outros locais.

A AMÉRICA DO SUL: O MUNDO ANDINO

A cordilheira dos Andes acompanha a costa pacífica da América do Sul. Nesta região, especialmente nos atuais Peru e Bolívia, floresceram diversas civilizações pré-colombianas avançadas. Várias "matérias-primas" se destacam como determinantes críticos para o desenvolvimento da arquitetura andina, incluindo a pedra, a terra e a água. A terra e a pedra, por exemplo, eram materiais de construção básicos: adobe, para a construção de muros perto do litoral, e alvenaria de pedregulho e cantaria para se assentar muros nas montanhas. A água era manipulada em todos os locais e em escala gigantesca para a irrigação agrícola e, ocasionalmente, em escala mais modesta, mas extremamente significativa, para rituais. Outros fatores, como a altitude e o clima – especificamente as chuvas torrenciais e as secas terríveis resultantes do aparecimento e do desaparecimento das correntes oceânicas *El Niño* – também foram importantíssimos. A altitude, iniciando no surgimento abrupto dos Andes junto ao Oceano Pacífico e terminando em uma série de picos com mais de seis mil metros de altura, influenciou bastante a cultura da civilização andina. Os povos das montanhas, no leste, e as culturas dos vales dos rios, mais perto da costa, tinham de lidar com ambientes muito diferentes e, portanto, encontraram opções variadas para produzir alimentos, com destaque para a agricultura sistemática, a pesca e a criação de animais. Quanto ao clima, as flutuações causadas pelo fenômeno *El Niño* podiam levar a alterações radicais nas condições meteorológicas, que às vezes se estendiam por mais de um ano.

As ruínas de canais agrícolas, lagos e terraços, além de centros de rituais e assentamentos urbanos, construídos pelos povos pré-colombianos do litoral pacífico da América e das montanhas da América do Sul, são tão vastas que passaram a representar o maior "sítio" arqueológico do hemisfério ocidental. Caral, perto da atual cidade de Lima, no Peru, é o mais antigo grande complexo cerimonial urbano conhecido e, possivelmente, o primeiro assentamento urbano importante das Américas. Cobrindo aproximadamente 67 hectares, inclui pirâmides de terra construídas há quase cinco mil anos (em uma época em que os egípcios do Reino Antigo construíam apenas mastabas). Entre o período da ocupação de Caral e o surgimento dos incas, no século XV, inúmeras culturas e centenas de cidades e centros de rituais foram ocupados, desenvolvidos e abandonados. A discussão a seguir apresenta apenas alguns sítios de grande interesse de arquitetura.

As primeiras cidades do litoral norte do Peru

Mais de 1.500 anos depois do surgimento de Caral, a cidade de Sechín Alto, situada na região de Sechín, no Vale Casma, veio a se tornar o maior complexo de arquitetura do período nas Américas (Figura 10.33). O centro cerimonial com planta baixa em U consiste de uma pirâmide escalonada revestida de granito com cerca de 90 metros de comprimento nas laterais maiores, voltada para uma praça rebaixada com edificações laterais que estabeleciam o eixo que organizava uma série de terraços. Este foi um projeto seminal: seu planejamento em U seria muito copiado na arquitetura sul-americana posterior.

Mais ao norte e contemporâneo a Sechín Alto, o centro cerimonial de **Huaca** de los Reyes, em Caballo Muerto, exibe a mesma planta baixa em U, mas com um grau de articulação de edificações muito mais profundo e estruturas também em U se repetindo em diferentes escalas (Figura 10.34). Seu eixo principal, que se estende ao longo de terraços que descem, é acompanhado por eixos transversais que terminam em conjuntos laterais de cômodos, alguns com colunatas in antis. Além disso, o centro apresenta uma praça rebaixada, escadarias escavadas e colunatas com fileiras duplas e triplas de pilares de seção quadrada. A construção foi iniciada em 1500 a.C. aproximadamente, quando os egípcios do Reino Médio estavam construindo o Templo da Rainha-Faraó Hatshepsut, cuja organização é semelhante.

Os primeiros assentamentos urbanos andinos no norte do Peru

No ano 900 a.C., aproximadamente, enquanto Sechín Alto e Huaca de los Reyes entravam em declínio, uma nova localidade cresceu em proeminência como centro de cultos no planalto centro-norte. Ali, em Chavín de Huántar, princípios organizacionais oriundos do litoral se uniram à alta qualidade na talha e no assentamento de pedra, incluindo painéis monumentais e esculturas independentes. O sítio se encontra nos Andes a uma altitude de quase três mil metros, mas em um vale espetacular na junção de dois rios; assim, ainda hoje, as montanhas se elevam sobre ela. A maior construção é o castelo, construído em dois níveis e revestido de arenito, calcário e granito polido; sua planta baixa em U configura uma praça rebaixada no mesmo formato (Figura 10.35). As evidências sugerem que os projetistas manipularam a água do rio para uso em rituais, chegando a criar, possivelmente, efeitos sonoros impressionantes conduzindo-a escondida em canais criados sob

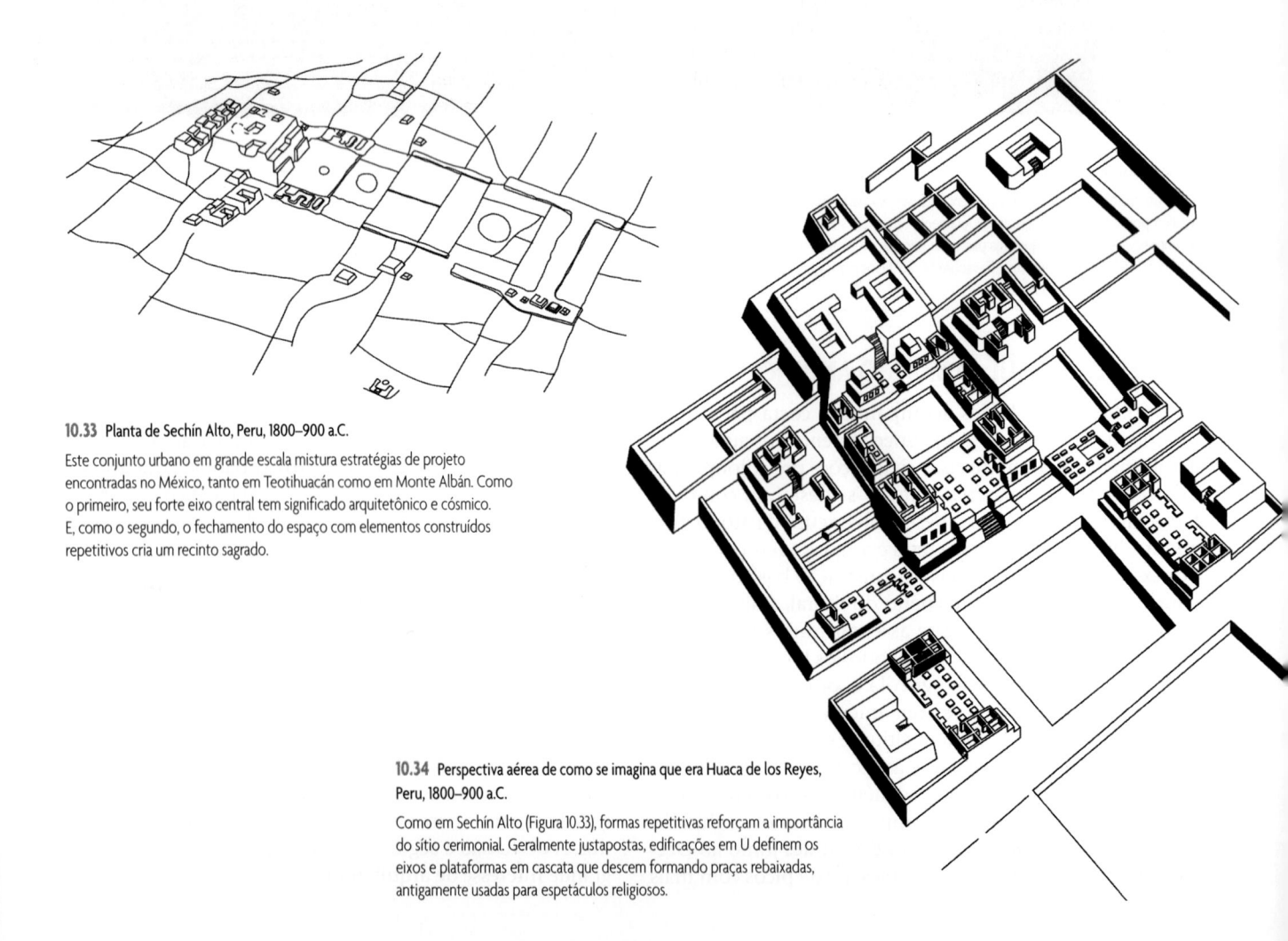

10.33 Planta de Sechín Alto, Peru, 1800–900 a.C.

Este conjunto urbano em grande escala mistura estratégias de projeto encontradas no México, tanto em Teotihuacán como em Monte Albán. Como o primeiro, seu forte eixo central tem significado arquitetônico e cósmico. E, como o segundo, o fechamento do espaço com elementos construídos repetitivos cria um recinto sagrado.

10.34 Perspectiva aérea de como se imagina que era Huaca de los Reyes, Peru, 1800–900 a.C.

Como em Sechín Alto (Figura 10.33), formas repetitivas reforçam a importância do sítio cerimonial. Geralmente justapostas, edificações em U definem os eixos e plataformas em cascata que descem formando praças rebaixadas, antigamente usadas para espetáculos religiosos.

10.35 Fachada leste do Novo Templo, Chavín de Huántar, Peru, depois de 900 d.C.

Os incas são muito famosos por sua capacidade de trabalhar a pedra. No entanto, sítios pré-incaicos como este mostram que pedreiros habilidosos já trabalhavam no Peru séculos antes de os incas formarem seu vasto império.

a construção de pedra. No interior do castelo, um labirinto de corredores maior se conecta com a câmara que abriga o Lanzón, ou seja, uma efígie esculpida do deus mais importante. Nesse ambiente física e acusticamente provocador, a experiência religiosa era aparentemente reforçada pela ingestão de substâncias alucinógenas.

No litoral norte do Peru, a cultura Moche prosperou entre os séculos I e VIII d.C. Seus artesãos produziam refinadas peças de metal, especialmente em ouro martelado, e sua estrutura de poder foi a primeira no Peru a unir as populações costeiras em um conjunto urbano regional, que incluía o Vale do Rio Moche e o Vale Chicama paralelo. Em Cerro Blanco, a capital litorânea situada ao sul do deságue do Rio Moche, no Oceano Pacífico, construtores edificaram duas grandes estruturas de adobe (Figura 10.36) por volta do ano 100 d.C.: a Huaca del Sol (Pirâmide do Sol), com 344,4 por 160,0 metros nos lados e 39,6 metros de altura, e a Huaca de la Luna (Pirâmide da Lua), menor que a primeira. As duas foram bastante deterioradas pela erosão. Hoje, as plataformas de adobe originalmente escalonadas e com formas irregulares se encaram sobre apenas vestígios de casas e oficinas. Os artesãos moches representavam a deidade local, chamada de o decapitador, como uma aranha antropomorfizada com a boca cheia

10.36 Huaca del Sol, Peru, antes de 100 d.C.

As pirâmides de terra – das quais esta é um exemplar sul-americano muito grande – são encontradas do atual estado americano do Missouri até a Bolívia. Esta mede mais de 335 metros em um dos lados, ultrapassando até a maior pirâmide egípcia, a de Quéops (Khufu) (Figura 1.24).

10.37 Portal do Sol, Tiwanaku, Bolívia, depois de 200 d.C.

De toda a alvenaria em pedra anterior aos incas, este portal monolítico é provavelmente o mais impressionante. O friso entalhado inclui uma efígie de Thunupa, deus do clima e do céu, representado de pé no topo de uma plataforma escalonada.

40 mil, e uma economia baseada na criação de lhamas e alpacas e na agricultura. Não era um assentamento urbano isolado, mas um dentre muitos centros conectados por um sistema de estradas que ajudou a transformar a região no primeiro império da América do Sul – e no mais duradouro. Os monumentos do centro cerimonial de Tiwanaku são impressionantes em virtude da alvenaria de cantaria de arenito e feldspato em escala monumental, com cortes extremamente precisos, anterior às famosas alvenarias de pedra dos incas. A maior edificação da cidade é o Templo de Akapana, uma pirâmide escalonada revestida de arenito com núcleo de terra que tem cerca de 200 metros de lado e uma praça rebaixada no topo. Assim como em Chavín de Huántar, a água era provavelmente manipulada como parte de rituais religiosos. Também há inúmeras estelas – uma delas com 7,3 metros de altura – e portais, incluindo o Portal do Sol (Figura 10.37), feito a partir de um único bloco de pedra e ornamentado com um friso esculpido e a imagem projetada de uma deidade.

de presas. A imagem proeminente de outro deus com presas – este, metade humano – era frequentemente representada segurando uma faca cerimonial em forma de meia-lua, o que sugere que as plataformas às vezes eram locais de sacrifícios humanos. Em vez de uma prática contínua, como acontecia entre os astecas, esses sacrifícios talvez ocorressem apenas durante os anos afetados pelo *El Niño*, quando os moches pediam a intervenção divina para pôr um fim às chuvas destruidoras. Em 200 d.C., aproximadamente, essas chuvas e as inundações que desencadearam danificaram de tal maneira o sistema de irrigação do sítio de Cerro Blanco que seus habitantes começaram a abandoná-lo.

Os nazcas, no litoral sul do Peru

Na mesma época da ocupação de Cerro Blanco pelos moches, os nazcas, ao sul, eram renomados por suas cerâmicas e seus têxteis, pelo projeto de condutos e reservatórios subterrâneos e pela construção de enormes gravuras rupestres cruzando as encostas das colinas acima do Oceano Pacífico. Depois de remover as camadas desérticas superiores, compostas de partículas metálicas oxidadas, os nazcas expunham os sedimentos coloridos que ficavam sob elas. Algumas gravuras rupestres gigantes representam seres humanos, lhamas e até um macaco e uma aranha. Em terrenos planos, as linhas das gravuras rupestres parecem ter servido de percursos para rituais, percorrendo distâncias superiores a 16 quilômetros e definindo formas geométricas como triângulos, trapezoides, zigue-zagues e espirais.

Um império nos planaltos do oeste da Bolívia

Os planaltos do norte da Bolívia ficam a sudeste da região ocupada pelos nazcas, afastado da costa, perto do Lago Titicaca, a quase quatro mil metros acima do nível do mar. Ali, a cidade de Tiwanaku prosperou por cerca de 800 anos a partir do ano 200 d.C. A cidade tinha uma população de pelo menos 20 mil pessoas, chegando possivelmente a

O reino de Chimor

Embora Tiwanaku fizesse parte de um conjunto regional impressionante, o Reino de Chimor era ainda maior, ultrapassando em tamanho todos os impérios sul-americanos com exceção do Império Inca. Acabou reunindo as culturas litorâneas e andinas e era governado a partir de Chan Chan, a capital situada na costa do Pacífico que foi fundada por volta do ano 1000 d.C. Os elementos de arquitetura mais marcantes da cidade são suas cidadelas, isto é, grandes conjuntos palacianos (Figura 10.38) com planta baixa quase retangular e, em sua maioria, divididos em três espaços sequenciais: um grande pátio de entrada ao norte com pátios menores contíguos, salões de audiência ou escritórios em U e fileiras de depósitos pequenos; uma plataforma funerária adjacente às moradias familiares e mais cômodos multifuncionais; e uma área menor reservada para um poço e, provavelmente, os aposentos dos criados. Por todo o restante da cidade, que tem ruas ortogonais, há vestígios de bairros com moradias com paredes de cana, duas grandes praças, cemitérios, jardins rebaixados, reservatórios e montes cerimoniais.

Os incas

Em determinado momento, o Império Chimor e outros impérios andinos foram conquistados pelos incas – e, nas Américas Pré-Colombianas, nenhuma outra civilização ocupou um ambiente físico tão marcante quanto eles. Integrantes de um povo com tendências militares e uma sociedade extremamente estratificada, eles organizaram o terreno acidentado da Cordilheira dos Andes criando terraços nas montanhas escarpadas e sofisticados sistemas de irrigação para a agricultura. Os incas chegaram a controlar uma área que se estendia por cerca de quatro mil quilômetros, cobrindo grande parte da Colômbia, Equador, Peru e Bolívia atuais; o período de 1438 a 1532 foi marcado pelo grande número de construções, terminando pouco antes da chegada de Francisco Pizarro e do início da conquista espanhola.

10.38 Vista aérea de Chan Chan, Peru, depois de 1000 d.C.

Esta cidade do Vale Moche cobria quase dois mil hectares e abrigava uma população estimada em 250 mil pessoas. As muralhas foram construídas com tijolos de adobe, que geralmente eram esculpidos em alto relevo, cobertas com reboco e depois pintadas.

Embora não tivessem uma linguagem escrita, os incas faziam registros numéricos usando cordas com nós. Seu conhecimento de medicina e cirurgia era avançado e incluía a prática de fazer aberturas circulares em crânios humanos, talvez para aliviar a pressão interna. Domesticavam alpacas e lhamas e cultivavam uma ampla variedade de alimentos, como milho, batata doce, tomate e amendoim, além de algodão, com o qual faziam tecidos. Construíram sistemas de estradas e pontes suspensas impressionantes, bem como formidáveis fortalezas de pedra. No hemisfério ocidental, nenhuma outra cultura contemporânea foi tão habilidosa em trabalhar e assentar alvenaria ciclópica.

Os incas implantaram sua capital em Cuzco, entre os rios Huatanay e Tullumayo. Embora as construções não tenham mais que um pavimento de altura, o sítio se sobressai pelo rigor de suas edificações de pedra lineares agrupadas em volta de quadrângulos e pela grande fortaleza de Saqsaywaman, onde enormes blocos de pedra foram assentados de maneira refinada sem uso de argamassa (Figura 10.39). Entre os templos da cidade encontra-se Corichanca, que possui uma organização radial determinada por 41 linhas de visão celestiais que se estendem pelo espaço com pilares independentes.

10.39 Alvenaria ciclópica, Cuzco, Peru, cerca de 1500.

Na alvenaria de pedra inca, cada bloco era desbastado e, a seguir, assentado junto aos vizinhos, sem o uso de argamassa. Os pedreiros marcavam o contorno da próxima pedra nas que já estavam no lugar, as removiam e talhavam um novo perfil para recebê-la. O processo era repetido até obterem uma conexão perfeita.

Mais impressionantes, talvez, são as belas instalações reais construídas em Machu Picchu pelo governante inca Pachacuti (página 270), situadas na Cordilheira dos Andes a uma altitude de 2.300 metros. O sítio contém mais ou menos 200 casas, com capacidade para apenas mil pessoas, aproximadamente, em um clima que só pode ser descrito como inóspito, a não ser nos meses de verão. Ali, os incas transformaram o cume de uma montanha em um conjunto coeso de terraços agrícolas, diferentes tipos de moradias, salões de reunião e praças cuidadosamente configuradas. As casas se destacam pela construção de pedra, paredes às vezes inclinadas, altas paredes de empena, aberturas trapezoidais e plantas baixas peculiares – muitas delas com três lados fechados e somente uma pilastra ou pilastras no lado mais longo. As estruturas leves das coberturas de madeira e os telhados de sapé desapareceram há muito tempo, deixando apenas empenas altas e isoladas para formar a exuberante silhueta de Machu Picchu.

Pizarro, que viera ao Novo Mundo pela primeira vez em 1510, retornou em 1530 com apenas 180 soldados. Ao chegar no Peru, encontrou o Império Inca se recuperando de uma guerra civil e dois irmãos – filhos do imperador inca anterior – disputando o poder. Pizarro capturou um dos irmãos depois deste ordenar o assassinato do outro. O sistema político inca era tão hierárquico que o conquistador conseguiu assumir o controle total e devastar a civilização. Foi um triste epílogo para o melancólico período de desestabilização cultural provocado pelos espanhóis.

A ÁFRICA

Antes de começarmos a estudar a arquitetura autóctone da África, faremos alguns comentários sobre as edificações africanas e os assentamentos citados em outros capítulos deste livro. Os antigos romanos ocuparam o norte da África e construíram a cidade de Timgad (veja a Figura 5.8), na Argélia, que foi discutida no Capítulo 5. Subsequentemente, invasores islâmicos se espalharam pela região e sua influência aos poucos se deslocou para o sul e o oeste do continente africano. Duas mesquitas islâmicas serão descritas a seguir, pois os métodos de construção empregados são tipicamente africanos; outras mesquitas, bem como uma discussão sobre o planejamento de mesquitas, estão no Capítulo 7. Várias potências europeias colonizaram a África entre o final do século XV e o século XX e, em geral, levaram com elas suas próprias arquiteturas. Embora essa arquitetura importada não esteja incluída, um exemplo de arquitetura africana moderna aparece no Capítulo 16 (veja a Figura 16.95).

Em segundo lugar, a descrição que se segue é breve, considerando que o continente africano inclui dezenas de países com condições climáticas, vegetação e materiais de construção bastante diversificados – muitos deles, aliás, têm culturas radicalmente diferentes. Além disso, os africanos continuam sofrendo muito com guerras, fome e doença, e, em parte por causa desses problemas, ainda não dispomos de uma história aprofundada e completa da arquitetura da África.

Finalmente, é preciso explicar a região coberta nesta seção. Existem três grandes regiões geográficas no continente africano: 1) as costas do Atlântico Norte e do Mediterrâneo (incluindo o litoral do Egito); 2) o Deserto do Saara; e 3) o Subsaara. Embora as duas primeiras estejam presentes, a maioria dos exemplos veio da terceira região – o Subsaara. Por isso, não categorizamos a arquitetura por região ou tribo, como no caso das Américas, mas por tipo, a saber: 1) estruturas portáteis de tecido, 2) habitações permanentes, 3) urbanização e fortificação, 4) palácios e 5) igrejas e mesquitas. Em todos os exemplos, os locais são identificados de acordo com os nomes atuais dos países e as pessoas, segundo os nomes tribais tradicionais.

As estruturas portáteis de tecido

Para o povo seminômade do oeste do Saara, a tenda é o único meio prático de obter abrigo, pois pode ser dobrada e carregada por camelos. No sul do Marrocos, os pastores criam ovelhas e cabras em um ambiente desértico que inclui muitos arbustos, além de oásis exuberantes ocasionais. Sobre pisos cobertos de esteiras de gramíneas, famílias erguem duas varas dispondo-as longitudinalmente para formar um triângulo; a seguir, colocam sobre elas um pano trapezoidal costurado – com o lado mais amplo, feito de pelos de animais, na frente – e o prendem usando tirantes de cordas fixados a pequenas estacas cravadas no chão (Figura 10.40). Tiras inteiras de tecido são costuradas para fazer o pano, sendo que a largura de cada tira é determinada pelo tamanho do tear. Eles inserem varas curtas nas partes da frente e de trás da tenda para erguer as bordas do pano, obtendo acesso e ventilação, e acrescentam saias em ambos os lados para fechar. Por causa da altura das tendas, só é possível sentar-se, ajoelhar-se ou dormir no interior.

As tendas maiores, usadas pelos nômades do deserto mais a leste, são sustentadas por pares de varas de madeira verticais cobertas por uma terceira vara horizontal, formando uma trama de varetas. Colocando uma trama no centro e outra de cada lado, os nômades montam tendas com a altura de cômodos convencionais.

Na área central do Zaire, que fica abaixo do Saara e é, em grande parte, coberta por florestas, a tribo Kuba usa esteiras de fibras de palmeira amarradas a canas pouco espaçadas para fechar suas casas com coberturas de duas águas (Figura 10.41). Eles estruturam as paredes usando varas leves e as preenchem com uma trama de varetas menores; a seguir, fixam as esteiras horizontais que tramam em elaborados padrões geométricos. A tribo Fulani, de Burkina Faso, utiliza esteiras trançadas para cobrir edificações cônicas com estrutura de galhos, similares aos *wigwams* ameríndios do meio-oeste dos Estados Unidos (veja a Figura 10.3).

As habitações permanentes

Edificações como as da tribo Fulani são apenas um exemplo dentre a impressionante variedade de habitações pequenas com plantas baixas arredondadas ou quadradas encontradas na região do Subsaara. Elas, às vezes, têm (ou

10.40 (acima à esquerda) Tenda com duas varas de nômades marroquinos.

Compare estas tendas portáteis com o *teepee* criado pelos ameríndios das Grandes Planícies (Figura 10.2). Nos dois casos, povos nômades adequaram suas habitações aos recursos escassos, em vez de levar os recursos até habitações fixas.

10.41 (acima) Casa feita de fibras de palmeira amarradas e telhado de duas águas pela tribo Kuba, Zaire.

Superfícies permeáveis como as fibras de palmeira vistas aqui são ideais para vedar espaços no clima quente e ensolarado do Zaire, no sul da África. Elas permitem a passagem de luz e ar e, ao mesmo tempo, preservam a privacidade dos usuários.

10.42 (à esquerda) Estrutura cônica de adobe, Musgum, Chade.

O continente africano foi o que mais explorou o potencial do adobe, ou solo argiloso, como material de construção. Suas vantagens incluem a facilidade de escavar, esculpir e pintar.

tiveram) paredes feitas de varas ou bambus verticais, de pau a pique (taipa de sopapo) coberto por argila (ou argamassa de barro) ou de pedregulho, adobe ou uma combinação de ambos, com coberturas de sapé cônicas (com perfil geralmente côncavo ou convexo); outras vezes simplesmente não têm paredes verticais, mas seções transversais triangulares ou em arco apontado, que podem ser feitas de adobe e, por vezes, são extremamente texturizadas (Figura 10.42), ou estruturas de varetas cobertas por gramíneas.

Entre essas habitações encontram-se as torres cilíndricas de adobe da tribo Botammariba, na região nordeste do Togo, que recentemente foram acrescentadas à lista de sítios com o *status* de Patrimônio da Humanidade (Figura 10.43). Perto dali, em Benin, tribos litorâneas de pescadores constroem casas com estruturas de varas sobre plantas baixas retangulares e as cobrem com telhados de sapé com duas ou quatro águas. As casas são construídas na água sobre palafitas, que também servem de estrutura vertical para criadouros de peixes. Enquanto essas edificações são elevadas no ar, as habitações africanas em outros locais consistem de abrigos subterrâneos escavados e cavernas ampliadas artificialmente.

É possível que as casas retilíneas encontradas em locais como Camarões tenham influenciado – por meio do tráfico de escravos pelo Oceano Atlântico – o desenvolvimento da arquitetura no sudeste dos Estados Unidos. A tribo Tikar, de Camarões, ainda constrói casas com plantas baixas quadradas, retangulares ou, por vezes, arredondadas sobre bases de pedra, usando paredes de varas verticais de bambu ou folhas de palmeira amarradas e presas com barro, além de compridas varas de madeira para sustentar as coberturas de sapé com duas ou quatro águas e os pórticos (Figura 10.44). Algumas senzalas remanescentes no Caribe e nas plantações de algodão dos estados americanos do Mississippi e da Louisiana têm formas similares; as relações entre ambas têm sido objeto de estudo.

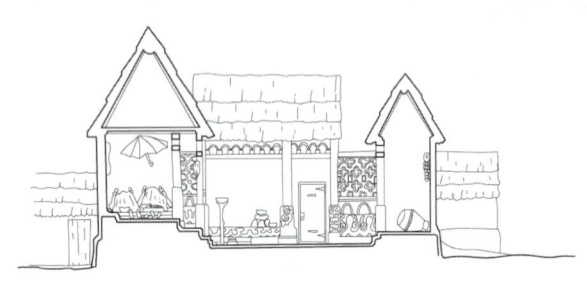

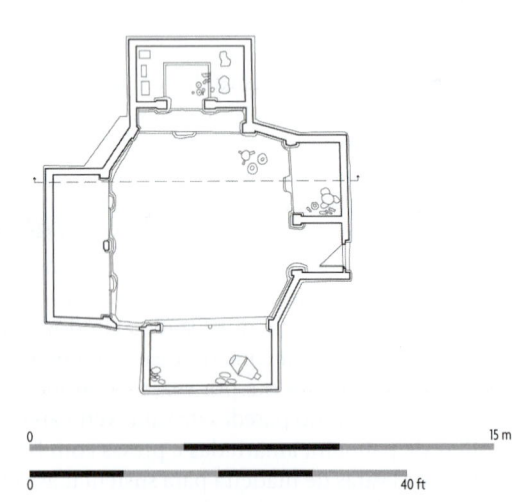

Em Gana, a tribo ashanti (ou asante) tem construído casas que apresentam um leiaute habitacional tipicamente africano: um pátio quadrado ou retangular cercado por quatro cômodos largos com pé-direito baixo e cobertura com duas águas (Figura 10.45 – planta baixa e corte). As casas maiores combinam várias unidades com quatro recintos e pátio central. Os ashanti usam adobe nas paredes, nas quais aplicam ornamentação em baixo relevo na forma de animais estilizados e motivos geométricos.

No século XIX, a belicosa tribo Zulu, da região nordeste da atual África do Sul, construiu edificações cônicas (Figura 10.46). Depois de cavar uma vala circular, eles inseriam galhos ou feixes e galhos em seu interior e faziam arcos concêntricos – um conjunto partindo da porta da frente e outro da parte de trás. Sobre esta estrutura, às vezes distribuíam um conjunto similar de galhos na forma de arcos concêntricos cujo tamanho aumentava da esquerda para a direita e da direita para a esquerda até se encontrarem no topo; juntas as quatro semicúpulas abauladas formavam uma única trama. Para obter estabilidade, usavam os feixes de galhos para criar estruturas arquitravadas no interior da cúpula e uniam os dois sistemas. Sobre as cúpulas, colocavam esteiras concêntricas de gramíneas, sobrepondo-as de baixo para cima como telhas chatas e amarrando-as com cordões de gramíneas circunferenciais. Os descendentes da tribo zulu ainda constroem habitações similares, mas mudanças nas condições econômicas e sociais diminuíram significativamente o número de edificações tradicionais.

A urbanização e a fortificação

Como elemento urbano de sua organização social complexa, polígama e de criadores de gado, os zulus distribuíam suas moradias circulares de modo a criar aldeias também circulares. No centro, cercada por uma paliçada, criavam uma praça

10.43 (no alto, à esquerda) Casa de adobe com torre da tribo Botammariba, Koutammakou, Togo.

Nos Estados Unidos, as edificações que têm importância histórica são listadas pelo Registro Nacional de Locais Históricos (National Register of Historic Places). Os mais significativos se tornam Marcos Históricos Nacionais (National Historic Landmarks). Mundialmente, as Nações Unidas identificam sítios que fazem parte do Patrimônio da Humanidade – como é o caso deste.

10.44 (acima, à esquerda) Casa coberta com sapé da tribo Tikar, Bali, Camarões.

Os engenhosos construtores dessas casas combinaram materiais e métodos de construção e obtiveram um bom resultado: pedra na base para criar um piso resistente à umidade, bambu ou folhas de palmeira e uma argamassa de barro para proteger as paredes e cobertura de sapé inclinada para escoar a água.

10.45 (ao lado) Planta baixa e corte de uma casa da tribo Asante, Gana.

Este livro contém muitos exemplos de casas com pátio construídas por múltiplas culturas em múltiplas épocas. Observe que o pátio é acessado pelas laterais, e não pelo centro, criando um arranjo não axial e, portanto, menos formal ou hierárquico.

10.46 Moradias zulus em forma de cúpula, nordeste da África do Sul.

Estas construções parecem mais abóboras gigantes do que edificações convencionais. Embora os zulus do passado sejam mais conhecidos pela sua bravura como guerreiros, os zulus de hoje exibem uma extrema sensibilidade de projeto ao criar essas habitações curvas.

para manobras militares – que também servia de pastagem para as cabeças de gado do rei. As casas individuais, de vários pavimentos, eram distribuídas fora da paliçada e contavam com estábulos próprios. Ao redor das casas era erguida uma segunda paliçada, mais alta que a primeira. Alguns assentamentos tribais eram enormes, com aproximadamente 1.600 metros de diâmetro, e acomodavam milhares de habitantes.

Integrantes da tribo Fali, no norte de Camarões, ainda usam assentamentos similares. Partindo de estruturas geralmente cilíndricas, com paredes de adobe e cobertura de sapé, eles criam conjuntos murados que incluem cozinhas, dormitórios e celeiros. Em alguns casos, relacionam esses conjuntos para formar um colar redondo de choupanas de agricultores, dentro do qual há celeiros e cercados para as cabeças de gado da família (Figura 10.47). No interior do complexo, que reflete o simbolismo cósmico espacial da tribo, os celeiros são as edificações mais importantes. O historiador do urbanismo Enrico Guidoni afirma que "por se tratarem de locais onde grãos comestíveis são armazenados, os celeiros representam a arca que desceu dos céus na era mística e continha, entre outras coisas, todas as espécies vegetais". Celeiros como os encontrados na tribo Fali são essenciais para a vida da aldeia; por isso, seus projetos e sua construção merecem muita atenção das comunidades. Bernard Rudofsky tornou famosas essas estruturas em áreas tão distantes entre si como a Costa do Marfim e a Líbia. Na primeira, pequenos silos de

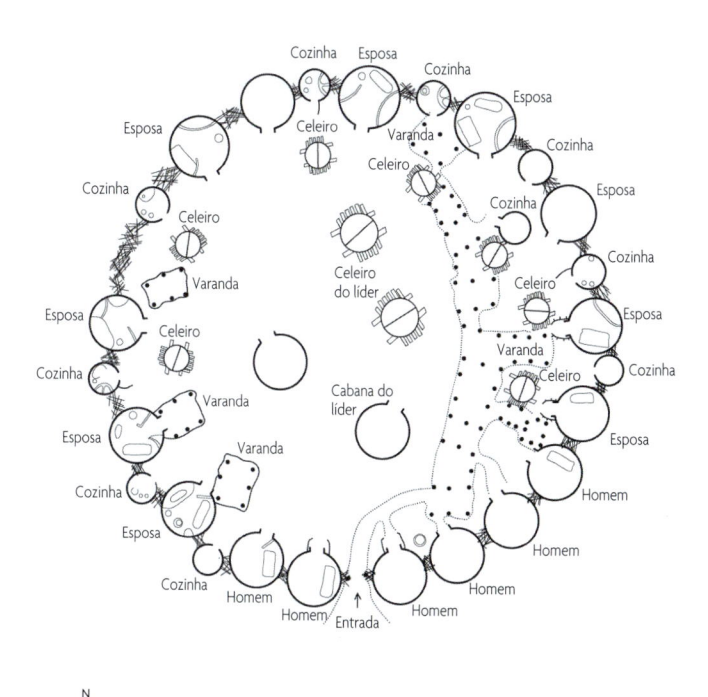

10.47 Planta baixa da tribo Fali, Camarões.

A expressão "círculo de vagões" é muito usada nos faroestes americanos e significa fazer um círculo para fins de segurança. Neste caso, a tribo Fali aplicou a mesma estratégia a um assentamento permanente.

10.48 Silo cilíndrico, Yenegandougou, Costa do Marfim.

É difícil imaginar uma maneira mais direta e pessoal de identificar uma edificação do que com marcas das mãos. Também não existe composição mais clássica do que esta: a base, o corpo e o coroamento são semelhantes à base, ao fuste e ao capitel das colunas clássicas.

10.49 *Qasr* (celeiros protegidos), Kabao, Líbia.

O uso de elementos horizontais de madeira através das paredes de adobe, como acontece nesta estrutura de múltiplos pavimentos, é uma estratégia bastante comum em climas áridos. Existem, por exemplo, construções coloniais espanholas similares no sudoeste das Américas e na África mais ao sul, como em Djenne, em Mali (veja a Figura 10.56).

barro com coberturas de sapé apresentam formas cilíndricas ou de panela e fundo curvo; os dois tipos são construídos sobre pernas atarracadas de argila, que servem para evitar a umidade e conferem um maravilhoso aspecto antropomórfico a esses objetos inanimados. No caso do exemplo da Figura 10.48, impressões com cal feitas com as mãos criam uma ornamentação exuberante e personalizada. Em Kabao, na Líbia, depósitos familiares individuais foram reunidos formando celeiros protegidos (*qasr*). Com paredes de pedregulho e adobe e uma estrutura interna de madeira que frequentemente se projeta para sustentar balcões, eles foram construídos, ao longo do tempo, para armazenar alimentos e proteger famílias em situações de perigo (Figura 10.49).

A tribo Dogon, que vive na região de Mali, na parte de cima do Rio Níger, criou os assentamentos africanos mais instigantes e as manifestações artísticas mais impressionantes, além de mitos muito elaborados para explicar a condição humana. Devido ao seu grande número e à ausência de veículos com rodas – e, consequentemente, da necessidade de criar uma grelha urbana ou mesmo ruas curtas e retas – e porque muitas vezes surgem entre os detritos de rochas que caíram das encostas dos penhascos, as aldeias da tribo têm uma aparência absurdamente caótica segundo os padrões ocidentais modernos (Figura 10.50). Vistas de cima elas parecem – nas palavras de Rudofsky – apenas "entulho". Essas aldeias e suas edificações não seguem princípios de regularidade geométrica ou hierarquia de casta, mas são, na verdade, organizadas de acordo com uma visão cosmológica comum. Depois de entrevistar anciões da tribo, o antropólogo Marcel Griaule preparou um diagrama antropomórfico de uma aldeia, baseado em uma figura masculina recostada. Entre outras coisas, o diagrama situa o salão comunitário na cabeça, os altares nos pés e símbolos masculinos e femininos (um símbolo fálico vertical e uma pedra circular com uma cavidade) no lugar da genitália. O salão comunitário dos dogons (*toguna*) é geralmente retangular, mas por vezes circular, independente, orientado de acordo com os pontos cardeais, aberto em um dos lados e elevado por colunas de madeira ou pedra; às vezes, as colunas são ornamentadas com fetiches (Figura 10.51).

Além de atender às necessidades funcionais da família, os dogons esperam que as casas também induzam à fertilidade. Elas têm plantas baixas cruciformes com grandes cômodos centrais ladeados por quatro projeções atarracadas. O cômodo central é usado como dormitório e tecelagem, com a cozinha na projeção dos fundos e depósitos nos lados; além disso, há um pórtico na entrada. Como a aldeia, a planta baixa das moradias tem conotações antropomórficas, representando uma mulher deitada de costas e pronta para uma relação sexual, sendo que a porta que abre do pórtico para o cômodo central representa a genitália. Essas casas têm dois pavimentos, mas pés-direitos muito baixos. As paredes de adobe apresentam coberturas de sapé na forma de cones levemente deformados.

Não é de surpreender que a mente criativa desta tribo tenha criado uma arte tão forte, fantástica e peculiar. Pinturas exuberantes de serpentes, hienas e crocodilos se tornam quase tridimensionais nas paredes de adobe. Em uma terra árida, espíritos da água (*nommo*) são esculpidos em barro, madeira e ferro; com os braços erguidos, têm proporções bastante alongadas. As decorações esculpidas nas portas de madeira dos celeiros conectam os proprietários aos altares totêmicos (*binus*) de seus grupos familiares.

Já examinamos as tendas marroquinas. Nos vales do sul de seu país e na Cordilheira do Atlas, os marroquinos também construíram cidades fortificadas compactas com leiautes circulares concêntricos ou ortogonais. Tais cidades

10.50 Aldeia dogon em penhasco, Escarpamento Bandiagara, Mali.

A complexidade deste assentamento urbano denso, porém de baixa altura, parece absurda quando vista de cima por quem não está acostumado. No entanto, os dogons percorrem seus caminhos serpenteantes de chão batido com a mesma facilidade com que os venezianos navegam pelos canais, pelos passeios pavimentados e pelas praças não menos irregulares de sua cidade.

10.51 Lado sul de uma *toguna*, aldeia dogon de Madougou, Mali.

Os artesãos *dogons* são extremamente habilidosos ao lidar com madeira, como mostram os pilares esculpidos que ficam na base desta toguna. Os entalhes representam as crenças da tribo na fertilidade.

10.52 Kasbah, Ait-Benhaddun, Marrocos.

Para alguns cinéfilos, a palavra *kasbah* evoca imagens de filmes cheios de intriga. Na verdade, o *kasbah* equivale aos castelos fortificados da Europa medieval.

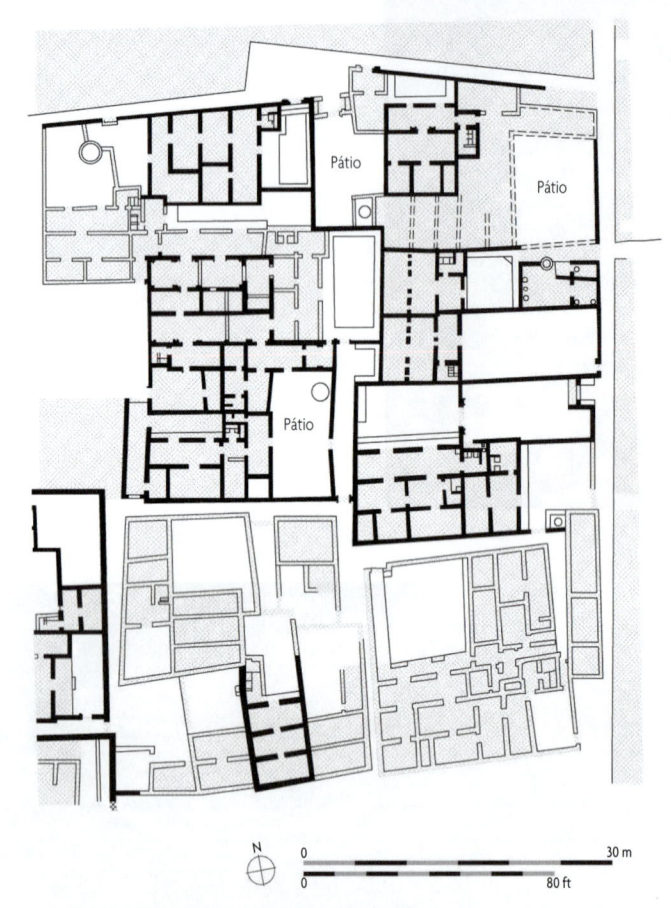

10.53 Planta baixa de Gedi, Quênia, século XV e posterior.

Outra casa com pátio, desta vez integrando um complexo palaciano. Ludwig Mies van der Rohe, um dos gigantes da arquitetura do século XX (veja o Capítulo 15), passou um bom tempo explorando o potencial de projeto oferecido por este tipo de moradia.

10.54 Paredes externas e internas do salão de audiências principal, palácio, Gedi, Quênia.

Esta imagem do salão de audiências principal sugere a escala do complexo de Gedi. Embora as formas de arquitetura possam parecer europeias, o palácio é anterior à chegada dos portugueses, no século XVI.

contêm um tipo de edificação repetitivo, o *kasbah* (Figura 10.52), uma casa multifamiliar fortificada com planta baixa quadrada que é ancorada nas quinas por torres quadradas e projetadas com faces inclinadas. Essas habitações são construídas de pedra, tijolo e adobe e, às vezes, chegam a ter 10 pavimentos ou mais. As partes mais altas das torres são ornamentadas com janelas sem esquadrias, aberturas menores repetitivas e recuos – frequentemente envolvendo falsos arcos – e às vezes são coroadas com ameias; o resultado disso tudo é uma silhueta peculiar e um belo padrão de luzes e sombras sob o brilhante sol do deserto.

Nenhuma fortaleza africana recebeu mais atenção que o complexo de Grande Zimbábue (que deu nome ao país), um agrupamento de edificações de pedra assentadas em alvenaria seca de granito acompanhado de uma acrópole escalonada e fortificada sobre uma colina adjacente, que cobre cerca de 730 hectares. Foram encontradas mais ruínas entre os dois sítios, incluindo cercados para o gado. O muro externo do conjunto principal – que tem mais de três metros de espessura e nove de largura – percorre uma circunferência de mais de 240 metros de comprimento; em seu interior há um conjunto secundário menor, ancorado pela chamada "torre elíptica" de pedra maciça, cuja base possui mais de 5,2 metros de diâmetro. Dentro desse conjunto secundário se encontram as ruínas de moradias unifamiliares: edificações com planta baixa circular circundando pátios centrais rebaixados que eram acessados por túneis. A ocupação do sítio data de 1000 d.C., sendo que a maior parte da construção foi feita nos séculos XIII e XIV, quando a população pode ter chegado a 40 mil habitantes. O Grande Zimbábue foi abandonado aos poucos durante o século XV. Igualmente impressionantes são as fortalezas de Gondar, na Etiópia, iniciadas durante o reinado do Rei Facilidas no século XIII (as igrejas de Gondar escavadas diretamente na rocha são descritas a seguir). A cidade murada de Fasil Ghebbi, construída no século XVI, se sobressai neste grupo.

No Quênia, no Oceano Índico, surgiu uma população cosmopolita em meados do século XIII como resultado do intenso comércio regional. Influenciada pela difusão do islamismo, a tribo nativa Swahili construiu cidades no litoral e, no caso de Gedi, alguns quilômetros afastados da costa. Gedi prosperou por cerca de 200 anos, entrou em declínio e foi abandonada no século XVII, aproximadamente. As escavações encontraram um assentamento que cobre quase 20 hectares e inclui um palácio, uma mesquita e casas com pátio. As casas de um pavimento começam em um amplo cômodo principal que fica atrás de um pátio voltado para a rua e incluem cômodos secundários, mais privativos, nos fundos e nas laterais. Posteriormente, os construtores acrescentaram um pátio interno para cozinhar e pátios murados nas ruas para uso comercial (Figura 10.53). Casas com pátio e arranjos anelares ainda podem ser encontradas em Marrakesh, no Marrocos.

Os palácios

O palácio de Gedi, datado provavelmente do século XV e posterior, é uma versão maior das casas urbanas, com um pátio de entrada aberto para a praça e um salão de audiências para recepções públicas, além de outros pátios em outros pontos adjacentes a cômodos retangulares. Como as casas dos ricos, o palácio foi feito de pedra e, mesmo em ruínas, ainda apresenta molduras sofisticadas, arcos e outros elementos ricamente trabalhados (Figura 10.54). O salão de audiências também continha ricos detalhes e incluía varas para se pendurar carpetes ornamentais. Em Uganda, nos afluentes do Nilo, na região então conhecida como Reino de Buganda, o palácio dos chefes tribais (*kabakas*) foi construído em 1882 e transformado em túmulo real dois anos depois. Ele está no alto de uma colina, tem planta baixa circular, foi construído de madeira e pau a pique e recebeu uma cobertura de sapé. Os palácios reais da tribo abomey, no Benin, já transformados em museus, contêm famosos baixos relevos que datam de cerca de 1700.

As igrejas e mesquitas

A arquitetura do Egito Antigo influenciou o estilo das edificações encontradas até o sul da Etiópia e o deserto do Sudão, resultando na construção de templos, pirâmides e obeliscos, incluindo o gigantesco obelisco e as ruínas do palácio de Aksum, ambos construídos no início do século IV. O cristianismo chegou à Etiópia logo no seu início e, no século IV, já estava bem estabelecido no local. Em termos de arquitetura, isso resultou na construção de uma impressionante série de igrejas isoladas – todas esculpidas diretamente na rocha. Construídas (ou escavadas) no século XIII pelos artesões do Rei Lalibela, elas incluem a Igreja de São Jorge, que apresenta planta baixa cruciforme extrudida, formando um volume também cruciforme (Figura 10.55).

Mesquitas tipicamente africanas podem ser encontradas em Mali e Burkina Faso. A Grande Mesquita de Djenne, em Mali, data de 1906–07 e é a terceira a ser construída no mesmo terreno, em uma cidade que foi fundada no século III a.C. Relatos orais e a arqueologia de superfície sugerem que a segunda estrutura, datada do século XIII, foi feita de adobe,

10.55 Vista aérea da Igreja de São Jorge, Lalibela, Etiópia, século XIII.

São raros os espaços de arquitetura, como o interior desta igreja, totalmente esculpidos na rocha e não feitos de pedras cortadas de pedreiras. Outros exemplos famosos são os templos indianos que ficam no interior de cavernas e a cidade de Petra, na Jordânia.

10.56 Grande Mesquita, Djenne, Mali, 1906–07.

Embora tenha dominado este capítulo, a construção de adobe foi usada com resultados mais exuberantes nesta mesquita. Ainda há controvérsias no que se refere às contribuições francesas ao projeto e à construção desta edificação.

10.57 Mesquita, Bobo-Dioulasso, Burkina Faso, final do século XIX.

Talvez esperássemos que tamanha extravagância em arquitetura fosse encontrada apenas no "misterioso" continente africano. Contudo, no início do século XX, arquitetos holandeses produziram edifícios de apartamentos de tijolo e madeira em Amsterdã que apresentam formas análogas.

tinha quase 60 metros de comprimento e mais de 30 metros de largura e era cercada por um fosso; aparentemente, suas paredes externas foram articuladas com enormes fileiras de torres pontiagudas e contrafortes inclinados. A Grande Mesquita atual (Figura 10.56) também foi feita de adobe e possui contrafortes, torres com pináculos e elementos de madeira com projeção horizontal proeminente que lançam sombras impressionantes; por esses motivos, lembra obras coloniais espanholas encontradas no sudoeste das Américas. O mesmo tipo de construção de barro feita à mão foi aplicado às habitações de Djenne e Timbuktu, no nordeste, e outras cidades em Mali, Níger, Costa do Marfim e Burkina Faso. No último, encontra-se a Mesquita de Bobo-Dioulasso (Figura 10.57), que provavelmente data do final do século XIX e só pode ser descrita como fantástica, pois apresenta "pilares primitivos" na forma de pirâmides atenuadas e projeções de madeira pontiagudas; além disso, foi salpicada com pigmentos brancos e vermelhos acastanhados.

CONCLUSÕES SOBRE AS IDEIAS DE ARQUITETURA

Na América do Norte, os povos nativos produziram uma grande variedade de obras de arquitetura móveis ou no mínimo temporárias. Quando as condições permitiam, ou mesmo exigiam, também criavam estruturas permanentes impressionantes: "congeladas" no extremo norte; *pueblos* de arenito e adobe na aridez do sudoeste; e edificações de terra monumentais nos vales de Ohio e do Baixo Mississippi e no sudeste, especialmente na forma de pirâmides e estruturas piramidais, que dominaram os centros cerimoniais tanto ali como nas demais partes das Américas, do México à Bolívia.

Sofisticados sistemas de ordenamento de arquitetura usados em grandes complexos aparecem bastante cedo tanto na Costa do Golfo, no México, como no Peru. No primeiro, durante o milênio II a.C., os olmecas construíram em La Venta um morro de terra que terminava em um eixo definido por edificações laterais que configuravam uma praça. No Vale do México, os teotihuacános – que adotaram as ideias dos olmecas – articularam as faces de suas plataformas e pirâmides escalonadas usando elementos na forma de taludes e frisos em tabuleiro. A cidade axialmente organizada de Teotihuacán contrasta incrivelmente com o arranjo espacial de Monte Albán, em Oaxaca, onde plataformas escalonadas – no passado coroadas com templos – definem um espaço central no qual se encontram outras plataformas, incluindo uma assentada em ângulo, talvez buscando o alinhamento celestial.

Na Península de Yucatán e nas planícies da América Central, os maias desenvolveram a astronomia – que chegou ao seu apogeu nas antigas Américas – incluindo a invenção de um calendário extremamente preciso. Nas cidades de Tikal, Copán e Palenque, no meio de exuberantes florestas tropicais, construíram altas pirâmides e quadras para jogos cerimoniais com bola dentro de grandes centros religiosos ou acrópoles, que incluíam templos com falsas abóbadas e estelas esculpidas na forma de colunas, comemorando os reinados de seus soberanos. A articulação das paredes, usando o sistema de taludes e tabuleiros, usava variações de temas previamente explorados no Vale do México.

Na cidade de Chichén-Itzá, em Yucatán, os toltecas do norte mesclaram seu estilo de arquitetura agressivo com os conjuntos de edificações de pedra às vezes geométricos, por vezes orgânicos ou até ornamentados, preferidos pelos maias. As características mais singulares das edificações religiosas toltecas situadas na capital Tula, no Estado de Hidalgo, são os grupos hierarquizados de pilares – também encontrados no Templo dos Guerreiros em Chichén-Itzá, que lembra um salão hipostilo.

Ainda no Vale do México, no século XIII, os astecas usaram as já familiares pirâmides, plataformas e praças escalonadas, além de combinações de taludes e tabuleiros, para criar o centro cerimonial de Tenochtitlán, a capital com planejamento ortogonal. A sofisticação de seus sistemas ordenadores reflete a continuidade de projeto encontrada no México e na América Central, que data do tempo dos olmecas, mais de dois mil anos antes.

Na América do Sul, os assentamentos urbanos podiam ser comparados aos do México e da América Central. No mundo andino, os centros cerimoniais com pirâmides escalonadas eram impressionantes – mas não ficavam atrás dos vastos sistemas de irrigação e das gigantescas gravuras rupestres esparramadas nas encostas de montanhas e planaltos no litoral sul do Peru. Em sítios peruanos como Sechín Alto e Huaca de los Reyes, pirâmides dominavam os complexos em U organizados em eixos e transversais, além de praças cuidadosamente definidas. A alvenaria de pedra em centros cerimoniais era bem desenvolvida no primeiro milênio antes da Era Cristã, mas progrediu mais na cidade Tiwanaku, na Bolívia, e ainda mais entre os incas, que fizeram edificações, fortificações e terraços agrícolas no topo de montanhas. Apesar dos efeitos da erosão, as duas grandes pirâmides de adobe construídas pelos moches em Cerro Blanco ainda são impressionantes, assim como as "plantas baixas" remanescentes dos complexos de palácios ocupados pelos reis de Chimor em Chan Chan.

No final, toda a arquitetura e o planejamento urbano pré-colombianos, do sul da América do Norte à América do Sul, passando pelo México e pela América Central, tinham certa unidade, visto que certos temas de projeto foram desenvolvidos em várias épocas e em várias culturas. Na América do Norte, onde migrações periódicas ou contínuas eram comuns, a diversidade de formas de arquitetura e métodos de construção foi, em grande parte, uma resposta à disponibilidade de materiais e às necessidades impostas pelo clima. O resultado mais elegante desses condicionantes é a tenda cônica, ou *teepee*, das Grandes Planícies. A escassez de madeira para os suportes e a abundância de couro de búfalo para as vedações resultaram em uma estrutura cônica leve que podia ser ajustada para enfrentar o calor e o frio extremos.

O declínio das culturas autóctones no México e mais ao sul começou com conflitos internos e pressões ambientais, mas foi rapidamente acelerado pelas doenças do Velho Mundo trazidas pela Espanha, pela inegável supremacia dos armamentos europeus e pela descarada ganância dos espanhóis. O fenômeno foi similar na América do Norte, mas se estendeu por um período bem mais longo, até que praticamente todas as tribos indígenas americanas fossem empurradas para reservas. Apesar de seus infortúnios, os povos nativos da América do Norte não desapareceram, incluindo a tribo Choctaw do Mississippi; os navajos descendentes do Pueblo Ancestral do sudoeste; e os descendentes de maias e incas ainda vivem na América Central e no Peru, respectivamente. Evidências claras deste processo contínuo podem ser vistas no recém-inaugurado National Museum of the American Indian no Mall, em Washington, D.C. (com filiais em Maryland e na Cidade de Nova York), que celebra "a diversidade de culturas e a continuidade do conhecimento cultural entre os povos indígenas".

É difícil chegar a conclusões significativas sobre a arquitetura autóctone da África. Configurado e governado artificialmente durante o período colonial e praticamente abandonado depois da saída dos colonizadores europeus, o enorme continente africano hoje apresenta tanto beleza e mistério como conflitos e tragédias. Em geral, sua arquitetura é estudada com mais atenção por antropólogos, e não historiadores da arquitetura; por isso, costuma chegar ao público por meio das páginas de publicações como a revista *National Geographic*. Além disso, embora a arte africana tenha se tornado extremamente influente na Europa e na América no início do século XX, sua arquitetura ainda não alcançou a mesma proeminência – uma condição exacerbada pela extrema dificuldade de acessibilidade e, às vezes, também pelos riscos de segurança de se visitar muitos monumentos e sítios importantes. Além disso, devido à inter-relação intuitiva, altamente simbólica e naturalista com a paisagem, muitas edificações africanas (embora adequadamente comparadas com tantas construções norte-americanas) parecem remotas e até incompreensíveis para aqueles que estão acostumados com a tradição da arquitetura ocidental.

Assim como os americanos pré-colombianos, nativos africanos construíram e ainda constroem muitos tipos de estruturas portáteis usando uma grande variedade de materiais locais. Os materiais disponíveis também têm sido os principais determinadores da forma das edificações mais permanentes, com vários tipos de adobe entre os meios mais usados para tudo, desde modestos abrigos até as maiores e mais exóticas mesquitas. Além disso, construtores africanos trabalham a pedra sempre que ela está disponível, produzindo complexos dispersos, como o Grande Zimbábue, e as fantásticas igrejas monolíticas talhadas diretamente nos rochedos na Etiópia.

No final, o estudo e a análise da arquitetura africana devem ser vistos como um trabalho em progresso. Para aqueles que se fascinam com a diversidade do ambiente construído, basta torcer que os africanos cheguem o quanto antes a um estado de paz e prosperidade e que isso, por sua vez, permita que o resto do mundo conheça melhor sua rica tradição em arquitetura.

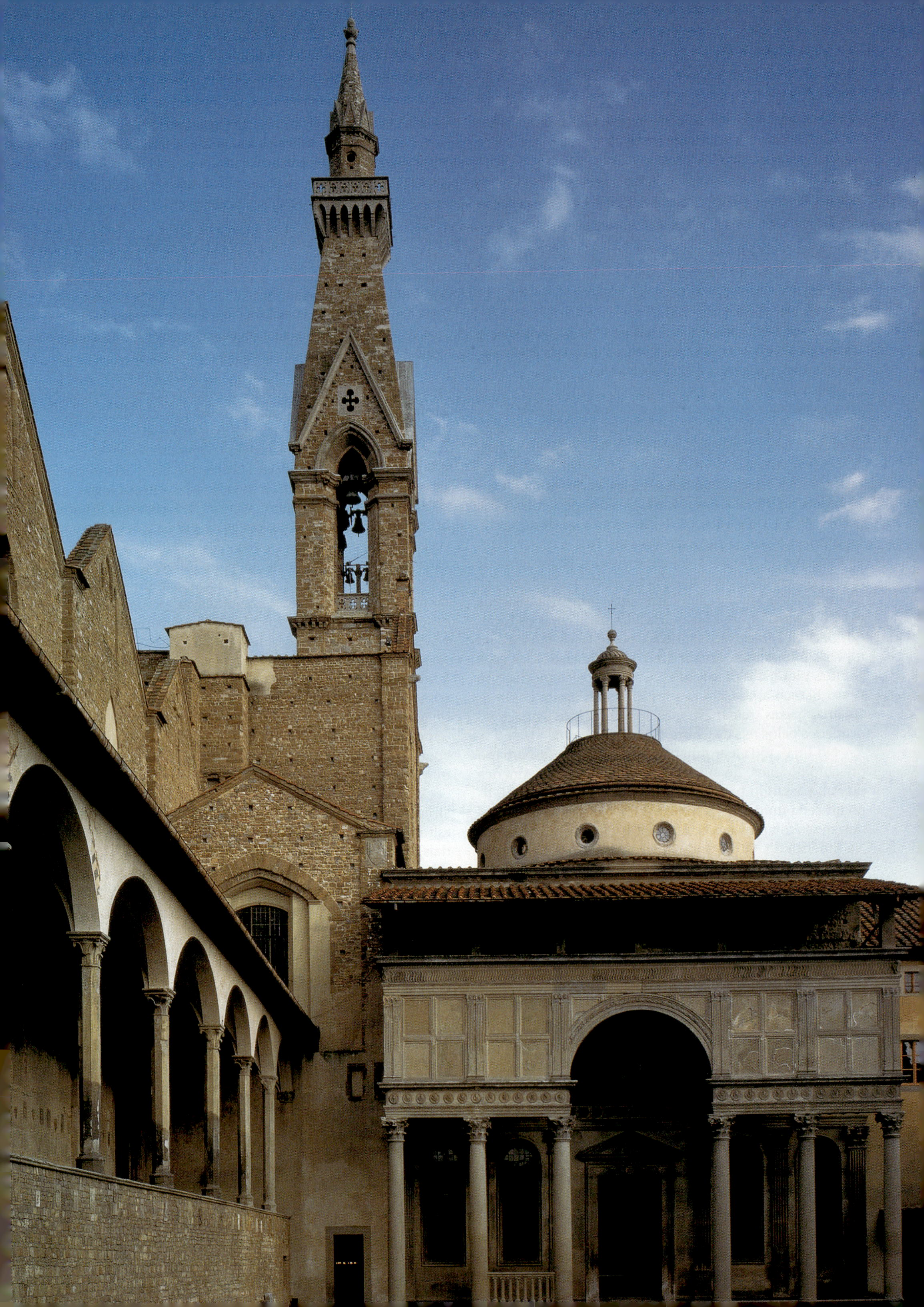

CAPÍTULO 11

A ARQUITETURA RENASCENTISTA

No século XV, enquanto os navegadores europeus viajavam para explorar a África e depois as Américas, a arquitetura europeia passava por mudanças significativas, saindo do estilo Gótico que caracterizou a Idade Média e entrando no Renascimento. O Capítulo 9, que tratou do período Gótico, pouco falou das edificações construídas na Itália. Ali, as igrejas românicas nunca chegaram a ser completamente destituídas dos elementos clássicos, impedindo que a arquitetura religiosa gótica monumental dominasse o outrora centro do Império Romano, onde vestígios de um grandioso passado clássico eram exibidos com muito orgulho.

Ainda assim, a malha urbana da maioria das cidades italianas – especialmente no caso das edificações habitacionais de uso diário – foi tecida entre os séculos XI e XIV. Em centros continentais, como Florença, as edificações eram bastante simples: pesados blocos de alvenaria interrompidos por aberturas com arcos e, às vezes, apresentando **galerias** ou arcadas sombreadas. Da mesma forma, os edifícios governamentais medievais criavam os centros cívicos das cidades e provocavam o surgimento de espaços abertos (praças) que, até hoje, são vistos como exemplos notáveis. Foi dentro deste contexto medieval bem estabelecido que os arquitetos renascentistas apresentaram suas propostas radicais.

Enquanto a França e a Inglaterra se tornaram monarquias unificadas durante a Idade Média, a Itália permanecia um conjunto de cidades-estado e feudos poderosos, porém separados. O comércio florescia em decorrência da posição geográfica da Itália, que ficava entre o oeste da Europa e Bizâncio, no leste – então o centro comercial dos produtos que vinham do Oriente. Mercadores ousados exportavam artigos de luxo e fundavam indústrias têxteis. A vida cívica nas principais cidades-estado italianas era dominada por famílias cujas riquezas não vinham apenas das tradicionais terras herdadas, mas de novas fontes de lucro mercantis. O estímulo econômico acarretado pelo rápido crescimento do mercantilismo levou a um renascimento urbano e cultural nas principais cidades-estado italianas.

Essa mudança foi mais evidente em Florença, cidade considerada o berço do Renascimento. Ali, os novos ricos, representados pelos mercadores de lã e pelos poderosos banqueiros, incluindo membros da família Medici, buscaram prestígio e *status* no mecenato das artes e das letras – e os artistas e arquitetos locais mostraram-se à altura da tarefa. A revolução na pintura, na escultura e na arquitetura se deve à nova visão de mundo humanista do Renascimento (bem como à secularização associada a ela), que celebrava a racionalidade, a individualidade e a capacidade humana de fazer observações empíricas do mundo físico e agir com base nelas. Os estudiosos e artistas humanistas redescobriram os textos clássicos gregos e romanos – incluindo o *De Architectura*, escrito por Vitrúvio – e aspiraram a criar um mundo moderno que rivalizasse com o antigo. Dentro dessa nova síntese intelectual, a busca da fama não era apenas tolerada, mas desejada – o que significa que, ao contrário dos projetistas predominantemente anônimos da Idade Média, os arquitetos renascentistas se tornaram celebridades, fazendo com que suas identidades e até detalhes de suas vidas pessoais tenham chegado até nós.

Depois de absorver os textos do filósofo grego Platão, esses arquitetos se empenharam em criar uma arquitetura matematicamente perfeita. Em busca de tal objetivo, eles se voltaram para as relações entre os números inteiros (como 1:1, 1:2, 2:3 e 3:4) expressas nas consonâncias musicais descobertas pelo matemático grego Pitágoras e

Filippo Brunelleschi, Capela Pazzi, Santa Croce, Florença, 1430–33.

Para projetar esta fachada, Brunelleschi se inspirou no arco de triunfo romano. Em vez de ser pesado como nos exemplos antigos, ele parece um tanto frágil. O telhado de uma água acima e o tambor com cobertura cônica e cúpula não faziam parte do projeto de Brunelleschi.

Cronologia

vida de Lorenzo de Medici	1449–92
Brunelleschi constrói a cúpula da Catedral de Florença	1404–18
Masaccio pinta o afresco da Santíssima Trindade	1427–28
Alberti escreve *De re aedificatoria*	1452
invasões francesas na Itália e retorno resultante da influência italiana na França	1494 e 1527
Bramante constrói o Tempietto	1502
papado de Júlio II	1503–13
projeto inicial da Basílica de São Pedro, em Roma, de Bramante	1505
Rafael projeta a Vila Madama	cerca de 1516
reinado de Henrique VII e início da influência renascentista na Inglaterra	1485–1509
Michelangelo inicia as obras na Basílica de São Pedro, em Roma	1546
Michelangelo projeta a Capela Sforza	1564
Palladio constrói a Vila Rotonda	1556–57
Palladio publica *I Quattro Libri dell' architettura*	1570
Inigo Jones viaja para a Itália	cerca de 1601 e 1614

concluíram que sua harmonia inata afetaria todos os que vivenciassem os espaços por elas determinados. Os humanistas estavam certos de que a ordem cósmica divina poderia ser expressa na terra por meio de tais proporções matemáticas, que estavam inevitavelmente relacionadas às medidas do corpo humano.

Os arquitetos renascentistas mantiveram o interesse pela geometria que tanto influenciara a arquitetura medieval. Em vez de usar as complexas transformações geométricas dos mestres-pedreiros medievais, valorizaram especialmente formas "ideais", como o quadrado e o círculo. Neste contexto, a igreja com planta baixa centralizada passou a representar a forma mais perfeita, absoluta e imutável, capaz de refletir a harmonia celestial. Os artistas desenhavam a figura do homem no interior de um contexto geométrico "perfeito" e, assim, "provavam" que as proporções humanas refletiam as razões divinas. O mais famoso desses desenhos é o *Homem Vitruviano* (Fig. 11.1) encontrado nos cadernos de anotações de Leonardo da Vinci, que, como os demais exemplos do gênero, ilustra o precedente estabelecido por Vitrúvio em seu terceiro livro. Nas palavras do próprio Vitrúvio:

Se um homem for colocado de costas, com suas mãos e pés estendidos, e um compasso for centralizado em seu umbigo, os dedos de suas duas mãos e de seus dois pés tocarão a circunferência de um círculo descrito a partir daí. E, assim como o corpo humano gera uma linha circular, também se pode encontrar uma figura quadrada em seu interior. Pois se medirmos a distância entre as solas dos pés e o topo da cabeça, e então aplicarmos tal medida aos braços estendidos, descobriremos que a largura equivale à altura, como no caso de superfícies planas perfeitamente quadradas.

FILIPPO BRUNELLESCHI

Entre o início do século XV e o ano de 1494, quando exércitos franceses devastaram a cidade, Florença floresceu como o centro do Protorrenascimento – e Filippo Brunelleschi (1377-1446) foi o homem que iniciou este período extremamente criativo em termos de arquitetura. Filho de um tabelião, Brunelleschi foi treinado como ourives. Em 1400, participou de um concurso para projetar um novo conjunto de portas de bronze para o batistério da Catedral de Florença, que foi ganho por Lorenzo Ghiberti (1378-1455), seu principal concorrente. Desencantado com a derrota, Brunelleschi partiu para Roma com seu amigo, o escultor Donatello (1386-1466), e sua subsequente carreira como arquiteto deve muito à longa estadia na Cidade Eterna e às observações que fez por lá.

Durante sua estada em Roma, e talvez como maneira de registrar com mais precisão o que via, Brunelleschi codificou os princípios da perspectiva linear geometricamente precisa, o que permitiu representar com exatidão objetos tridimensionais em superfícies com duas dimensões. Vários artistas italianos já tinham se debruçado sobre o problema da representação de relações espaciais em suas pinturas, mas as soluções encontradas por eles não apresentavam a mesma exatidão obtida por Brunelleschi. Ao desenhar cuidadosamente elementos repetitivos, como os arcos dos aquedutos, ele percebeu que as linhas horizontais paralelas convergiam para um ponto no horizonte e que os elementos do mesmo tamanho diminuíam proporcionalmente conforme a distância. O desenvolvimento desse novo sistema de representação espacial afetou significativamente a arte, a arquitetura e o projeto urbano tanto durante como após o Renascimento.

Brunelleschi provavelmente ajudou seu amigo, o pintor Masaccio (1401-1428), a aplicar a perspectiva linear ao afresco *A Santíssima Trindade* (1427-28) na igreja de Santa Maria Novella, em Florença (Fig. 11.2). O afresco representa Deus, o Pai, de pé sobre um grande sarcófago no qual se apoia o Cristo crucificado. Abaixo, encontram-se Maria e São João, além de dois mecenas da obra ajoelhados. As figuras sagradas estão enquadradas por colunas jônicas modificadas que sustentam um arco que, por sua vez, cria uma capela coberta por uma abóbada de berço com caixotões – tudo representado com precisão e de acordo com as regras da perspectiva. Aparentemente, Masaccio estava ilustrando a descoberta significativa de Brunelleschi.

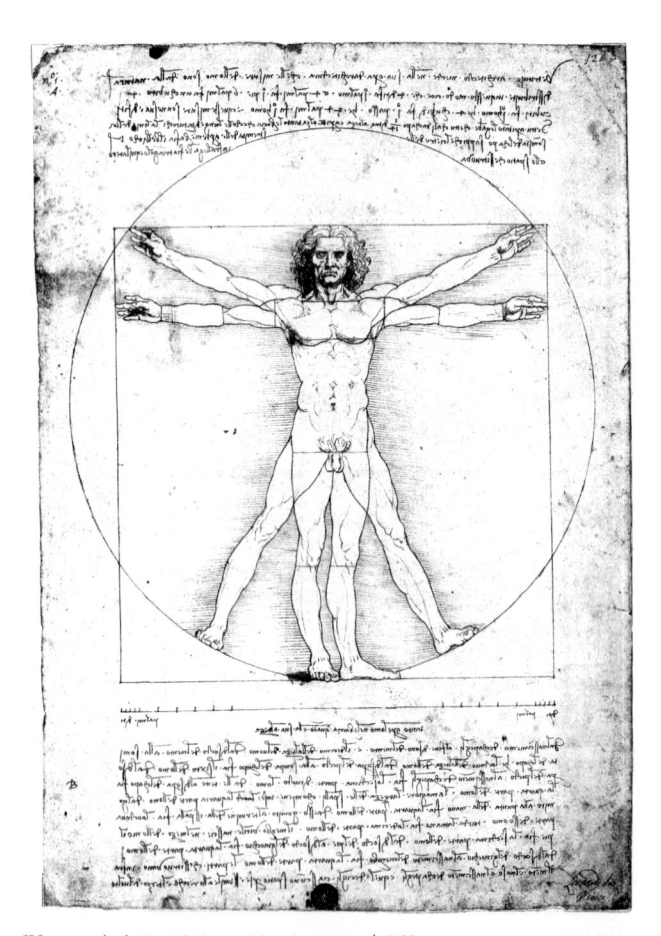

11.1 Leonardo da Vinci, *O Homem Vitruviano*, cerca de 1485.

É provável que nenhuma outra imagem tenha sido usada com mais frequência para transmitir o espírito renascentista. Nela, Leonardo desenhou o chamado *Homem Vitruviano* para ilustrar a crença contemporânea de que as proporções do corpo humano seguiam as razões divinas.

A Catedral de Florença

Brunelleschi voltou a Florença por volta de 1407. Naquele ano, os responsáveis pelas obras da catedral consultaram renomados engenheiros e arquitetos da França, Espanha, Inglaterra e Alemanha em relação à cúpula da edificação. A construção da catedral fora iniciada em 1292 de acordo com o projeto de Arnolfo di Cambio e, posteriormente, de Francesco Talenti. Desde o início, o objetivo era fazer uma cúpula maior que a da catedral românica de Pisa. Arnolfo e Talenti produziram uma edificação com elementos evidentemente góticos, como arcos ogivais e abóbadas nervuradas sobre pilares. As obras prosseguiram até a altura do tambor octogonal, a partir do qual nasceria uma cúpula de quase 46 metros de diâmetro; contudo, ninguém sabia exatamente como vencer um vão tão ousado. O empuxo para fora provocado pela cúpula – construída usando-se técnicas convencionais sem elementos internos tracionados e sem o contraventamento fornecido por enormes contrafortes – teria destruído o tambor. Além disso, a escala do cimbramento necessário para sustentar a alvenaria durante a construção era muito superior a tudo o que fora feito durante o Período Medieval. Essa foi a situação encontrada por Brunelleschi quando os diretores da obra finalmente recorreram a ele (Fig. 11.3).

Brunelleschi usou seu conhecimento das antigas construções romanas, além das tradições góticas ainda em voga, para produzir uma síntese inovadora (Fig. 11.4). De modo a reduzir o empuxo para fora, adotou um arco ogival gótico com seção transversal em vez de um arco pleno. Para diminuir a carga morta, criou uma casca dupla com nervuras radiais e concêntricas – uma estratégia encontrada em monumentos antigos, como o Panteon, e em obras florentinas medievais, incluindo o batistério da catedral próxima. Para reduzir a quantidade de estruturas temporárias, criou um cimbramento portátil que sustentava fiadas de alvenaria concêntricas até que se tornassem anéis comprimidos estáveis e, posteriormente, usou a alvenaria ascendente para sustentar os andaimes que, por sua vez, sustentavam mais um cimbramento.

O inteligente sistema de nervuras de Brunelleschi merece ser descrito em mais detalhes. Como elementos estruturais principais, ele projetou nervuras de arenito que se elevavam a partir de cada uma das oito quinas do tambor octogonal. Na nascente, elas têm uma seção transversal de 3,35 × 2,15 metros e diminuem em espessura até um anel que fica abaixo da cúpula. Brunelleschi colocou um par de nervuras intermediárias entre cada nervura de quina, totalizando 24 nervuras verticais. Para manter as cascas internas e externas afastadas, inseriu cinco anéis de arenito horizontais conectadas por grampos de ferro revestidos de estanho: ele tinha visto tais conectores de metal embutidos em ruínas de edificações romanas. Finalmente, perto da base da cúpula, colocou 24 peças de madeira de castanheira – cada uma com seção quadrada de 30 centímetros de lado e 7,0 metros de comprimento – unidas por cintas e parafusos para formar um anel tracionado de madeira contínuo capaz de resistir ao empuxo para fora da estrutura. No entanto, de acordo com a análise estrutural moderna, a ação desse anel é irrelevante.

11.2 Masaccio, *A Santíssima Trindade*, S. Maria Novella, Florença, 1427–28.

Brunelleschi demonstrou pela primeira vez a invenção da perspectiva cônica retratando o batistério da Catedral de Florença. É evidente que ensinou seu método ao artista Masaccio, que usou-o para criar esta ilusão de abóbada de berço com caixotões protegendo o Cristo crucificado.

11.3 Filippo Brunelleschi, Catedral de Florença, 1292 e posterior.

O corpo da Catedral de Florença foi projetado por Arnolfo di Cambio e Francesco Talenti, mas sua cúpula foi concluída por Brunelleschi apenas no século XV. O campanário (a torre de sinos) foi iniciado pelo pintor Giotto no século XIV.

11.4 Filippo Brunelleschi, Corte transversal da Catedral de Florença, 1292 e posterior.

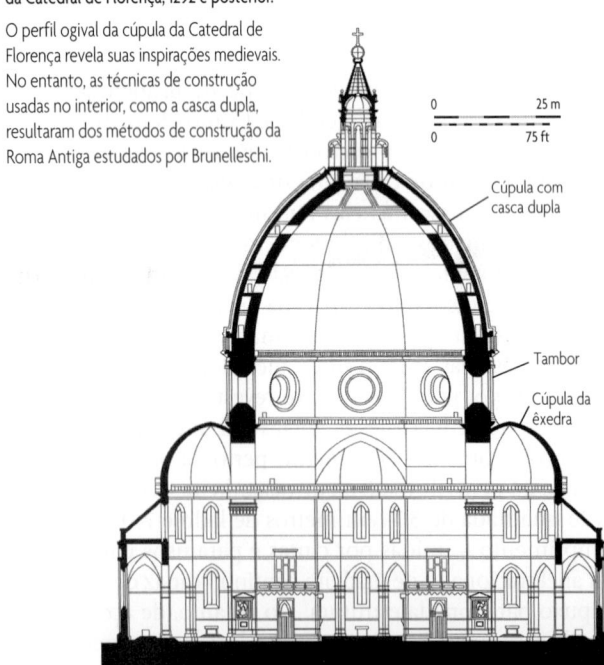

O perfil ogival da cúpula da Catedral de Florença revela suas inspirações medievais. No entanto, as técnicas de construção usadas no interior, como a casca dupla, resultaram dos métodos de construção da Roma Antiga estudados por Brunelleschi.

Outras edificações de Florença

As obras no Duomo de Florença continuaram ao longo da vida de Brunelleschi, mas a estrutura só ficou pronta após sua morte. Ele trabalhou em vários projetos menores nos quais os ideais da arquitetura romana podiam ser expressos mais diretamente do que na cúpula da catedral. Nesses contratos, que apresentavam menos problemas técnicos complexos, Brunelleschi pôde expressar vigorosamente sua empatia com a Roma Antiga. O primeiro, o Hospital dos Inocentes (Ospedale degli Innocenti) é visto por muitos como a primeira edificação renascentista. Projetado em 1419 e construído entre 1421 e 1444, ele dá continuidade à relação com a tradição clássica que fora preservada em Florença nas edificações protorrenascentistas, como a igreja românica de São Miniato al Monte e o batistério da catedral. O Hospital dos Inocentes tem uma arcada contínua sustentada por colunas coríntias ao longo de sua fachada principal e ao redor de um pátio interno similar à arcada do pavimento térreo com revestimento de mármore que adorna tanto a igreja de São Miniato como o batistério; esses elementos românicos basearam-se, em última análise, na arquitetura romana. A arcada do hospital é tridimensional, criando uma galeria com abóbadas em cada vão. Arcos plenos cruzam a galeria de lado a lado, desde as colunas com ábacos da arcada até as mísulas compostas da parede oposta.

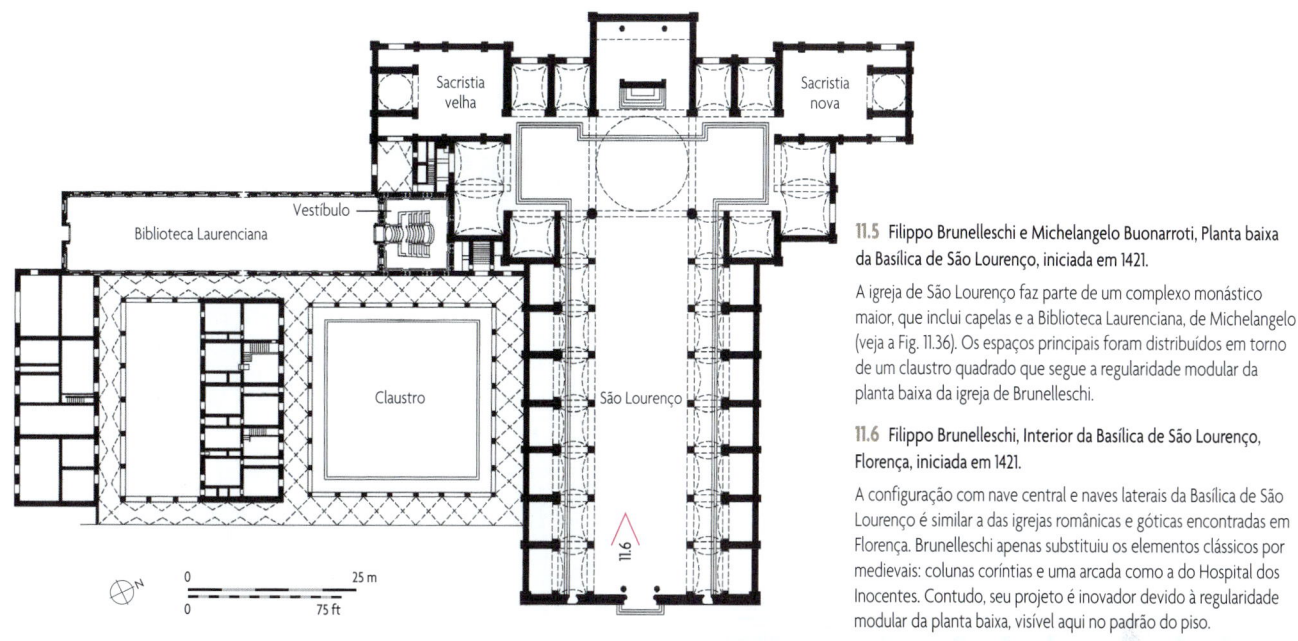

11.5 Filippo Brunelleschi e Michelangelo Buonarroti, Planta baixa da Basílica de São Lourenço, iniciada em 1421.

A igreja de São Lourenço faz parte de um complexo monástico maior, que inclui capelas e a Biblioteca Laurenciana, de Michelangelo (veja a Fig. 11.36). Os espaços principais foram distribuídos em torno de um claustro quadrado que segue a regularidade modular da planta baixa da igreja de Brunelleschi.

11.6 Filippo Brunelleschi, Interior da Basílica de São Lourenço, Florença, iniciada em 1421.

A configuração com nave central e naves laterais da Basílica de São Lourenço é similar a das igrejas românicas e góticas encontradas em Florença. Brunelleschi apenas substituiu os elementos clássicos por medievais: colunas coríntias e uma arcada como a do Hospital dos Inocentes. Contudo, seu projeto é inovador devido à regularidade modular da planta baixa, visível aqui no padrão do piso.

Uma arcada com colunas similar é encontrada nas naves laterais da igreja de São Lourenço (Figuras 11.5 e 11.6), que tem a forma de uma cruz latina e foi iniciada em 1421. Nela, Brunelleschi definiu os vãos com arcos que nascem das colunas da arcada da nave central e terminam nas pilastras inseridas entre as capelas das naves laterais. Essa configuração tem um efeito final mais equilibrado do que o das mísulas do Hospital, mas Brunelleschi encontrou uma solução ainda melhor ao projetar a igreja do Espírito Santo (Fig. 11.7), iniciada apenas em 1445, na qual agregou meias-colunas à parede em vez das pilastras usadas em São Lourenço. Embora pareça que Brunelleschi colocou uma ênfase exagerada em elementos de arquitetura talvez secundários, a atenção dedicada a cada elemento e a relação entre todos os elementos caracterizam uma manipulação apropriada da linguagem clássica da arquitetura.

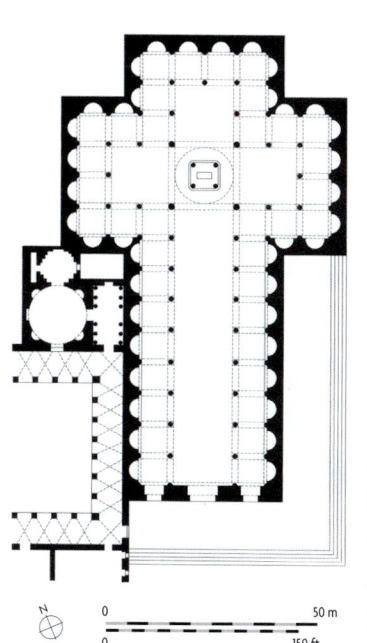

11.7 Filippo Brunelleschi, Planta baixa da Igreja do Espírito Santo, Florença, iniciada em 1445.

Brunelleschi aperfeiçoou seu sistema de planejamento modular na igreja do Espírito Santo. Talvez desejasse que o perímetro externo da edificação tivesse uma série contínua de capelas semicirculares projetadas. Se esse foi o caso, seus mecenas não concordaram, pois as paredes foram preenchidas até ficarem externamente planas.

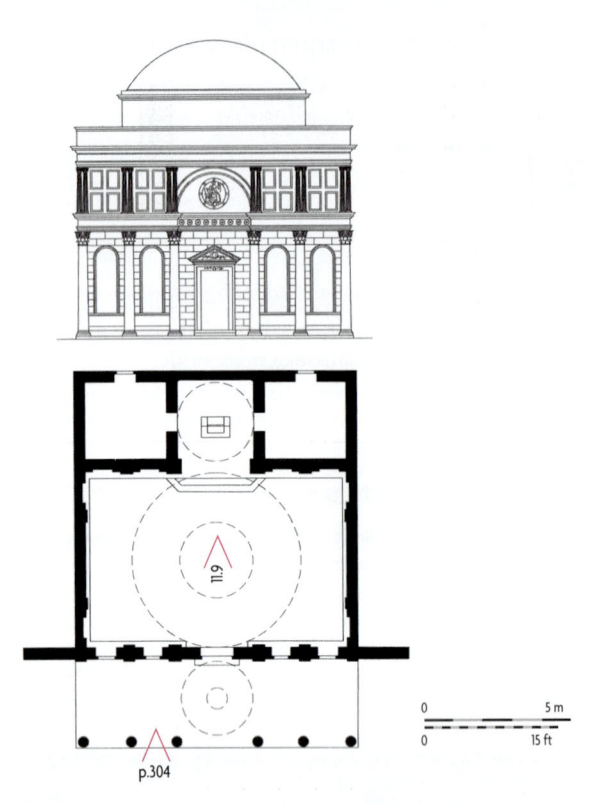

11.8 Filippo Brunelleschi, Reconstrução da planta baixa e da elevação da Capela Pazzi, Florença, 1430–33.

Esta é uma das possíveis reconstruções da cúpula de Brunelleschi. Se for exata, apresenta no exterior a forma circular perfeita na qual se baseou a planta baixa.

11.9 Filippo Brunelleschi, Interior da Capela Pazzi, Florença, 1430–33.

Assim como na cúpula da Catedral de Florença, Brunelleschi se inspirou nas tradições locais para encontrar os motivos aplicados a esse projeto – no caso, a *pietra serena* cinza usada nos elementos das molduras: pilastras, entablamentos e arcos. As novidades incluem a linguagem clássica e a geometria baseada em quadrados, semiquadrados, semicírculos e círculos – semelhantes aos quadrados e círculos nos quais se insere o *Homem Vitruviano* de Leonardo da Vinci.

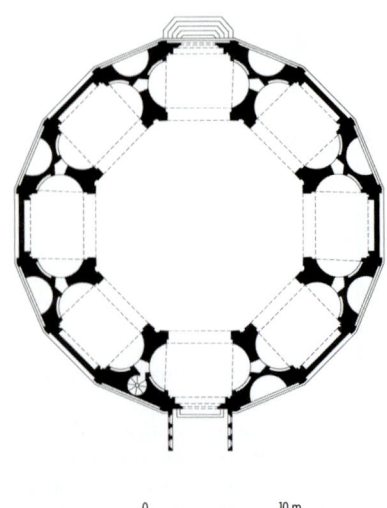

11.10 Filippo Brunelleschi, Planta baixa da igreja de Santa Maria degli Angeli, Florença, iniciada por volta de 1436.

Brunelleschi estudou os templos circulares da antiguidade. A planta baixa central e pura proposta por ele foi a primeira do Renascimento, mas o tema foi explorado por quase todos os projetistas renascentistas a partir de então.

Nas igrejas de São Lourenço e do Espírito Santo, Brunelleschi buscou combinar as exigências práticas tradicionais de seus clientes com um sistema unificado de proporções matemáticas. Nas duas edificações, o vão quadrado das naves laterais define um módulo que é repetido continuamente. Na igreja do Espírito Santo, quatro módulos formam o vão duplo da nave central – este quadrado maior se repete quatro vezes ali e mais uma vez em cada transepto, no cruzeiro e no coro. Elementos romanos com proporções igualmente cuidadosas, como o arco pleno, as colunas coríntias e os caixotões dos tetos, conferem um monumentalismo clássico aos interiores das duas igrejas.

Brunelleschi fez uso evidente de relações numéricas simples em três obras menores. Na igreja de São Lourenço, edificou a Velha Sacristia (1421–28) em uma quina do transepto sul. O piso, as paredes e os pendentes ficam dentro de um cubo coroado por uma cúpula hemisférica com óculo. Pilastras, um entablamento e arcos de *pietra serena* cinza – uma pedra local muito apreciada para detalhes de arquitetura – foram colocados contra o reboco branco das paredes, conferindo uma definição linear ao interior. A pouca espessura das pilastras à medida que dobram as quinas e as diminutas mísulas que "sustentam" o entablamento foram consideradas sinais da "insegurança" de Brunelleschi ao manipular a linguagem neoclássica, ainda recente.

Um pouco maior que a Velha Sacristia é a Capela Pazzi (1430–33), edificada junto ao claustro principal do monastério de Santa Croce. Embora não se saiba o que Brunelleschi pretendia fazer com a fachada (página 304 e Fig.

11.8) construída acima das colunas coríntias que sustentam uma série de painéis quadrados ao lado de um arco central, o interior da edificação é caracteristicamente seu (Fig. 11.9). O espaço como um todo é um ensaio cuidadosamente concebido – ainda que, em certos momentos, estranho – sobre as razões matemáticas, a linguagem clássica e as práticas locais de construção. A planta baixa foi gerada pela colocação do círculo de uma cúpula sobre um quadrado dividido em três vãos, além da expansão de um vão de abóbada de berço de cada lado e um vão quadrado cupulado na extensão. Todos os vãos são definidos pelas pilastras coríntias que sustentam um entablamento contínuo com os arcos acima – tudo delineado em *pietra serena* cinza, contrastando com o reboco branco.

Os arquitetos renascentistas acreditavam que a planta baixa central era o tipo ideal. O projeto de Brunelleschi para a igreja de Santa Maria degli Angeli (1434-37) resultou na primeira estrutura do gênero no século XV (Fig. 11.10). Embora tenha ficado incompleta em decorrência da morte de Brunelleschi e tenha sido subsequentemente mal reconstruída e alterada na década de 1930, restam gravuras, provavelmente baseadas nos desenhos originais, que indicam as intenções do arquiteto. A planta baixa e a volumetria da igreja seriam romanas, contendo um octógono com cúpula, expandido por oito capelas em forma de losango. Pilares compostos de pilastras agrupadas ofereceriam suporte para a cúpula e o efeito espacial total daria a impressão de que as capelas tinham sido talhadas na parede externa maciça. Se a cúpula tivesse sido construída, sua casca simples monolítica faria justiça aos protótipos romanos.

MICHELOZZO BARTOLOMEO E O PALÁCIO MEDICI

Michelozzo Bartolomeo (1396-1472), um discípulo de Brunelleschi, não trabalhou apenas em Florença, mas também em outras cidades no norte da Itália. Embora não seja um arquiteto tão famoso quanto o mestre, Michelozzo era um profissional habilidoso e foi contratado diversas vezes pela família Medici, composta por patronos típicos do Renascimento. O projeto resultante mais notável é o Palácio Medici (Fig. 11.11), em Florença, iniciado em 1444 com base em um projeto anterior de Brunelleschi que fora rejeitado por ser suntuoso demais. O cliente, Cosimo de Medici, não queria causar inveja nas outras famílias importantes da cidade. O projeto de Michelozzo reflete seu profundo conhecimento das edificações domésticas florentinas tradicionais e sua admiração pela arcada do Hospital dos Inocentes, com sua planta baixa com pátio interno também típica de Florença. A planta baixa quadrada do *palazzo* (palácio ou mansão urbana) inclui um pátio interno central

11.11 Michelozzo Bartolomeo, Palácio Medici, Florença, 1444.
A forma palaciana desta residência urbana construída pela família Medici se une ao templo, à *stoa* e à basílica como os tipos fundamentais que têm sido repetidos e reinterpretados até hoje. Os Medici esperavam que o aspecto de fortaleza os protegesse em uma cidade tão acostumada com as intrigas políticas.

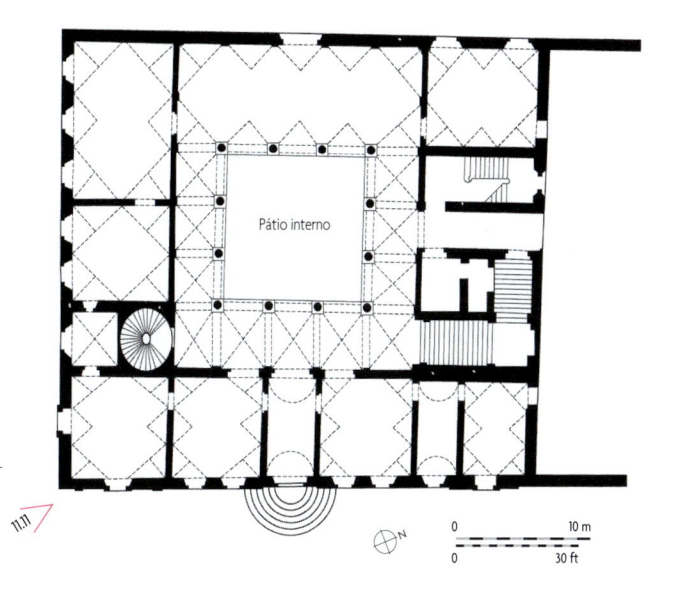

1.12 Michelozzo Bartolomeo, Planta baixa do Palácio Medici, Florença, 1444.
O aspecto de fortaleza das paredes externas do Palácio Medici contrasta com a delicada abertura do pátio interno com arcada. É como se Michelozzo houvesse tomado a arcada externa usada por seu amigo Brunelleschi no Hospital dos Inocentes e a transformado em um elemento interno que refletisse preocupações humanistas.

(*cortile*) que serve de núcleo de circulação para os cômodos do perímetro, que, por sua vez, abrem para outro conjunto – isto é, não há um corredor contínuo (Fig. 11.12). Michelozzo fez uso da **rusticação**, ou seja, blocos de pedra com juntas profundamente marcadas. Ele distribuiu a elevação externa em três níveis de texturas graduadas, partindo de pedras rústicas na altura da rua e terminando com cantaria lisa no terceiro nível abaixo de uma cornija de coroamento de três metros de altura com **modilhões, óvulos e dardos** e dentículos – a primeira cornija do gênero desde a Roma Antiga. A cornija avança 2,4 metros em relação à fachada e é sustentada por modilhões com folhas de acanto ou grandes mísulas, combinando com as cornijas empregadas entre os níveis térreos para criar uma forte ênfase horizontal, embora a fachada tenha uma altura total de 25 metros.

Originalmente, o pavimento térreo tinha três arcos abertos ao longo da rua, sendo que o central dava acesso ao pátio interno e aos cômodos usados nas operações bancárias da família. Saindo do pátio, uma escadaria levava aos principais cômodos da família no segundo pavimento ou *piano nobile*. As longas sombras projetadas no pátio interno deixam o palácio mais fresco e tranquilo, enquanto as galerias superiores fornecem acesso e sombra aos cômodos. Típicas janelas românicas com arcos plenos são encontradas em toda a edificação. Embora não traga inovações radicais, o Palácio Medici reflete a relação de Michelozzo com os círculos renascentistas em sua simetria, inclusão de elementos clássicos e uso cuidadoso das proporções matemáticas.

LEON BATTISTA ALBERTI

Ao contrário de Brunelleschi, que era pragmático e tecnicamente habilidoso, Leon Battista Alberti (1404-1472) foi um teórico clássico que via a arquitetura como uma maneira de afetar a ordem social. Segundo Alberti, o arquiteto renascentista deveria ser um universalista, um intelectual, um homem de gênio e um consorte das pessoas em posições de poder e autoridade. Em sua autobiografia (escrita na terceira pessoa), ele se descreveu da seguinte maneira:

> [Ele era] assíduo em ciência e habilidoso com armas, cavalos e instrumentos musicais; além de se dedicar às letras e às belas artes, era devotado ao conhecimento das coisas mais estranhas e complicadas. Seu gênio era tão versátil que podia-se julgar que todas as belas artes pertenciam a ele. Ele jogava bola, arremessava o dardo, corria, saltava, praticava luta livre e, acima de tudo, adorava escalar montanhas. Ele podia saltar mais alto que a altura de um homem e quase ninguém o superava entre aqueles que arremessavam a lança... Era considerado um especialista entre os melhores músicos.

Alberti não exagerou: estudioso competente vindo de uma família florentina exilada, tornou-se um dos pensadores mais influentes da época. Sua formação acadêmica, feita nas universidades de Pádua e Bolonha, incluiu matemática, música, grego, latim, filosofia e direito romano.

Ao terminar os estudos, Alberti entrou para a Chancelaria Papal em Roma, para trabalhar como secretário do chanceler. Morando na cidade, teve muitas oportunidades de conviver com artistas ao visitar os monumentos da antiguidade e suas viagens lhe deram a chance de observar as obras de outros artistas em muitas cidades do norte da Itália. Como buscava referências às artes nos textos de Platão, Aristóteles, Plutarco e Plínio, o Velho, e estudava cuidadosamente as coleções de esculturas antigas dos patronos das artes, seus escritos revelam uma mistura de pesquisa erudita e comentários inteligentes.

Os escritos

O manuscrito *Della pittura* (A Pintura), concluído em 1435, foi escrito por Alberti e documenta as teorias de Brunelleschi sobre a perspectiva. Foi dedicado aos cinco jovens artistas de Florença que Alberti mais admirava e que chegaram mais perto de criar um estilo pessoal que refletisse a arte da Roma Antiga. Atualmente consideramos estes cinco artistas – o arquiteto Brunelleschi, o escultor Ghiberti, o pintor Masaccio e os escultores Donatello e Luca della Robbia (1399-1482) – como os fundadores do Renascimento.

O interesse de Alberti pela arquitetura provavelmente surgiu quando ele se deparou com o já famoso manuscrito *De architectura libri decem* (Os Dez Livros de Arquitetura), de Vitrúvio. Embora muitos tratados semelhantes possam ter sido escritos, o de Vitrúvio é o único que foi preservado. Vitrúvio era, na melhor das hipóteses, um escritor medíocre e, pela incerteza de sua linguagem, o texto é frequentemente ambíguo; ainda assim, por ser um livro autêntico do período romano, a obra era muito respeitada pelos arquitetos renascentistas. Para esclarecer as ambiguidades do texto de Vitrúvio, discutir os princípios das edificações romanas projetadas depois de sua época e propor que os arquitetos deveriam ser humanistas tão educados quanto ele próprio, Alberti começou a escrever seu próprio tratado inspirado no texto antigo, também com 10 livros ou capítulos. Ele trabalhou no livro, intitulado *De re aedificatoria* (A Edificação), desde o início da década de 1440 até sua morte, terminando em 1452 a primeira versão, que circulou na forma de manuscrito. O texto que conhecemos foi publicado como obra póstuma em Florença em 1485. Por se tratar do primeiro tratado de arquitetura do Renascimento, é importante por catalogar as características e proporções das ordens da antiguidade e estabelecer uma teoria das proporções harmônicas a serem observadas nas edificações. Alberti adaptou os sistemas de proporções descritos por Vitrúvio porque acreditava que deviam unificar plantas baixas, elevações e cortes de uma edificação. Por exemplo: as plantas baixas de igrejas podiam ser centralizadas, usando um círculo, hexágono, octógono, decágono ou dodecaedro, ou em forma de quadrado, como um quadrado e meio, um quadrado e um terço ou um quadrado duplo. Independentemente da planta baixa selecionada, a concretização tridimensional deveria derivar dela. Além disso, para assumir uma função simbólica adequada à paisagem urbana, as igrejas deveriam ter uma localização central, ficando isoladas das outras edificações para serem vistas por todos os lados, e ser edificadas sobre um plinto ou base no pavimento térreo.

Embora se preocupasse com as implicações teóricas e estéticas dos sistemas de proporções, Alberti estava igualmente voltado para os aspectos práticos da arquitetura e do planejamento urbano. Vitrúvio escrevera sobre questões de saúde pública quando da implantação de cidades e Alberti ampliou o escopo para incluir outros fatores, como a pureza do abastecimento de água e a distribuição dos usos da terra. Sugeriu que os arranjos deveriam se preocupar com a conveniência e a higiene. Recomendou que as instalações usadas em atividades poluentes, como tinturarias e abatedouros, ficassem longe dos bairros residenciais; além disso, estudou a localização dos equipamentos de recreação e as dimensões de ruas e espaços abertos em relação à altura das edificações. Propôs as plantas baixas de moradias individuais de acordo com as necessidades e os usos de seus usuários. Como as cozinhas são barulhentas, ele sugeriu que fossem colocadas longe das zonas silenciosas da casa, mas relativamente perto da sala de jantar. Os dormitórios deveriam ficar voltados para o leste, na direção do sol nascente, e os dormitórios dos pais, perto dos aposentos das crianças. Os dormitórios dos idosos não deveriam ter correntes de ar, enquanto os quartos para hóspedes deveriam ficar perto da entrada para que eles e seus amigos pudessem entrar e sair sem perturbar toda a moradia. As casas de campo podiam ter projetos mais elaborados que as urbanas, nas quais a ornamentação contínua podia contribuir para a unidade da paisagem urbana. Alberti chegou a descrever os materiais básicos de construção de maneira similar ao estilo usado nas especificações atuais. A areia, segundo ele, devia estar limpa e livre de impurezas; a cal devia ser bem hidratada; e a madeira para construção devia ser reta, bem curada e livre de nós e rachas.

O Palácio Rucellai, Florença

Alguns desses conselhos se refletem no projeto de Alberti para a fachada do Palácio Rucellai, em Florença (1446–51) (Fig. 11.13). Para organizá-la, aplicou **ordens sobrepostas** dóricas e coríntias, de modo a demarcar os pavimentos individuais; esse foi o primeiro uso das ordens clássicas em uma edificação doméstica renascentista. Ele ergueu a ordem do pavimento térreo sobre um grande plinto com uma retícula em diamante para imitar a *opus reticulatum* romana, na qual blocos de alvenaria em forma de diamante eram usados como fôrmas para as paredes de concreto. Ali, porém, a subdivisão serviu apenas de textura superficial, mas não refletia as práticas de construção da antiguidade.

As igrejas de Rimini, Florença e Mântua

Os outros quatro grandes encargos de Alberti foram para a Igreja. Sigismondo Malatesta o contratou para modernizar a igreja de São Francisco de Rimini, construída no século XIII (Fig. 11.14), cujas obras foram iniciadas em 1450, mas nunca concluídas. Malatesta era um perfeito déspota renascentista, conforme definiu o teórico político florentino Maquiavel em seu influente tratado *O Príncipe*. As novas paredes criadas por Alberti para revestir a edificação medieval preexistente estão tão impregnadas de classicismo que o prédio é conhecido até hoje como Tempio (Templo) Malatestiano.

Malatesta queria que a edificação servisse de túmulo para ele, sua esposa e os intelectuais de sua corte humanista. Para os sepulcros dos intelectuais, Alberti decidiu subdividir as laterais da edificação usando pesados arcos plenos seguindo o modelo do Túmulo de Teodorico (cerca de 526) na cidade de Ravena. Esta composição inspirou uma série de edificações posteriores, incluindo a Biblioteca Pública de Boston, projetada no final do século XIX por McKim, Mead e White (veja a Fig. 14.31). Na fachada frontal da igreja de São Francisco, Alberti sobrepôs a elevação de um templo a um arco de triunfo similar ao antigo Arco de Augusto romano que ficava a alguns quarteirões de distância, e sugeriu colocar os túmulos de Malatesta e sua esposa nos

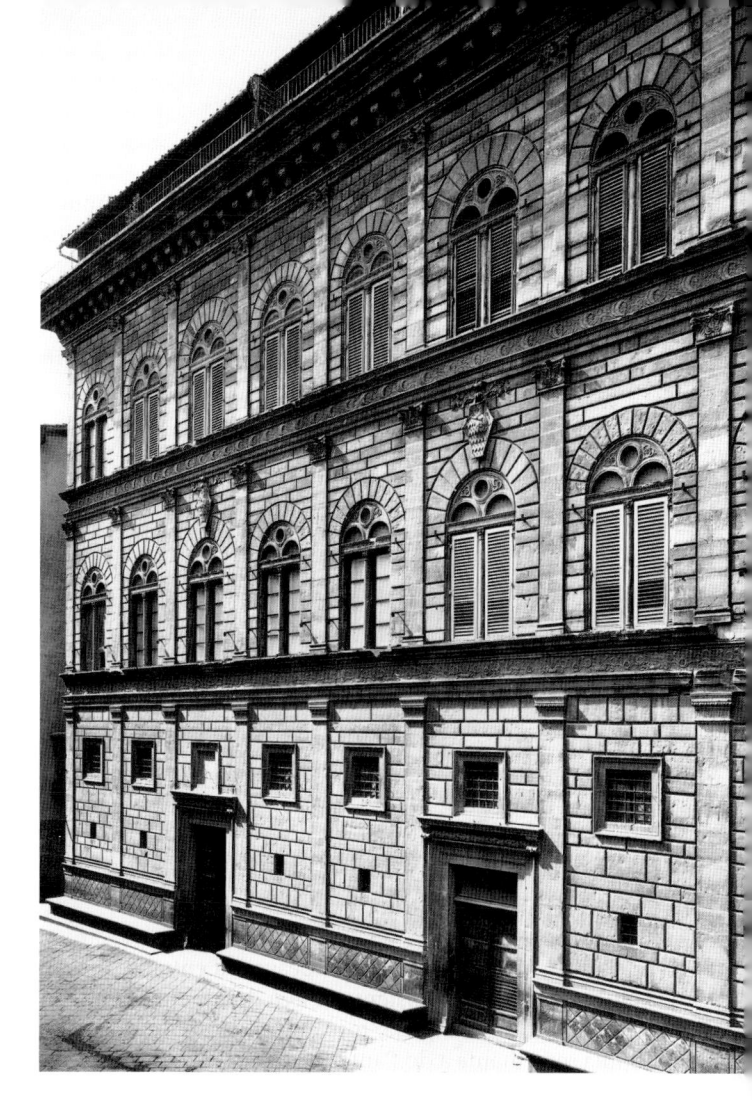

11.13 Leon Battista Alberti, Palácio Rucellai, Florença, 1446–51.
A proposta de Alberti para o palácio deve mais aos modelos antigos do que o Palácio Medici, de Michelozzo. Ordens sobrepostas, como as usadas no Coliseu, articulam os três pavimentos, enquanto as formas de diamante na base do pavimento térreo imitam a alvenaria romana *opus reticulatum*.

11.14 Leon Battista Alberti, Igreja de São Francisco, Rimini, iniciada em 1450.

Alberti não viu a igreja concluída, mas certamente visitou o local, baseando sua fachada no Arco de Augusto, uma edificação da Roma Antiga que ficava na região. Os arcos da parede lateral direita abrigam sepulcros para intelectuais humanistas.

11.15 Leon Battista Alberti, Santa Maria Novella, Florença, 1456–70.

A composição de fachada criada por Alberti para esta igreja se tornou um protótipo muito reinterpretado por outros arquitetos renascentistas. Os vãos centrais de dois pavimentos coroados por um templo com frontão ocultam a nave central com cobertura de duas águas da seção transversal em forma de basílica, enquanto as volutas de cada lado cobrem os telhados de uma água das naves laterais.

portais falsos, com arcos, que ladeavam a entrada central. Matteo de' Pasti, o assistente *in loco* de Alberti, atualizou o interior gótico da igreja, mas nunca construiu a enorme cúpula semelhante a do Panteon prevista pelo mestre.

A tarefa de adaptar detalhes clássicos para a fachada de igrejas com seção transversal em forma de basílica era um desafio de composição para os arquitetos renascentistas. Para a igreja de Santa Maria Novella, em Florença (cerca de 1456–70), Alberti produziu o primeiro projeto completo para uma fachada de igreja do Renascimento, mas, de certa maneira, deu continuidade às tradições florentinas do século XI, com seus painéis geométricos de mármore branco e verde (Fig. 11.15). Alberti foi forçado a preservar algumas características góticas da igreja preexistente, especialmente os arcos ogivais do nível inferior e a rosácea central acima. A análise da fachada de Alberti feita por Rudolf Wittkower enfatiza o predomínio do quadrado como unidade de composição. Assim como na igreja de São Francisco, Alberti tentou unificar a fachada conectando as coberturas mais baixas das naves laterais com a nave central com frontão, mais alta, e volutas laterais – uma solução muito usada ao longo de todo o Renascimento.

Mais ao norte, em Mântua, Alberti trabalhou para a família Gonzaga. Ali, ele colocou na igreja de Santo André (1472–94) um pórtico de entrada semelhante ao da igreja de São Francisco, baseado na fachada de um templo e um arco de triunfo; além disso, tentou dar o mesmo tratamento aos transeptos leste e oeste (Fig. 11.16). A ordem de pilastras coríntias do templo eleva-se sobre pedestais; a mesma ordem reaparece no interior, sustentando a grande abóbada de berço da nave central. Uma ordem coríntia mais curta sustenta o arco do portal central e o entablamento que desaparece sob as pilastras frontais do templo; ela também reaparece no interior, nas ombreiras das capelas com abóbadas de berço.

A planta baixa da igreja (Fig. 11.17) é a mesma da antiga Basílica de Constantino romana, na qual as abóbadas de berço transversais das capelas e suas paredes portantes resistem ao empuxo lateral da abóbada de berço longitudinal da nave central. Ela serviria de padrão para muitas igrejas posteriores. A reunião de elementos clássicos no interior representa a primeira visão renascentista que contrasta com o monumentalismo dos espaços internos de monumentos romanos antigos, como as basílicas e termas. Infelizmente, Alberti não viveu para visitar sua criação, pois faleceu ainda no início do processo de construção. (O coro e os transeptos de Santo André com certeza não podem ser atribuídos a Alberti. A cúpula foi acrescentada por Filippo Juvarra no século XVIII.)

A igreja de São Sebastião (iniciada em 1460), que fica nas proximidades, foi projetada na forma de uma cruz grega com fachada de templo hexástilo. O espaço interno central não é coberto por uma cúpula, como seria de se esperar, mas por uma abóbada de arestas; os braços atarracados da cruz grega têm abóbadas de berço. Em seu estado incompleto atual, a igreja não reflete com clareza as intenções de seu projetista, mas consegue ilustrar o interesse de Alberti por igrejas com planta baixa central.

11.16 Leon Battista Alberti, Igreja de Santo André, Mântua, iniciada em 1472.

Aqui, Alberti usou a experiência acumulada em Rimini para produzir uma síntese confiante das formas de templo e arco de triunfo. As duas formas foram bem integradas por meio do entablamento que desaparece atrás das pilastras coríntias da fachada do templo.

11.17 Leon Battista Alberti, Planta baixa e corte longitudinal da igreja de Santo André, Mântua, iniciada em 1472.

Ao contrário das igrejas do Espírito Santo e de São Lourenço, de Brunelleschi, a igreja de Santo André não possui colunatas criando naves laterais. Em vez disso, esta igreja se baseia na Basílica de Constantino, que, por sua vez, derivava das termas romanas. As paredes das capelas servem de contrafortes, o que permite resistir ao empuxo lateral da gigantesca abóbada de berço.

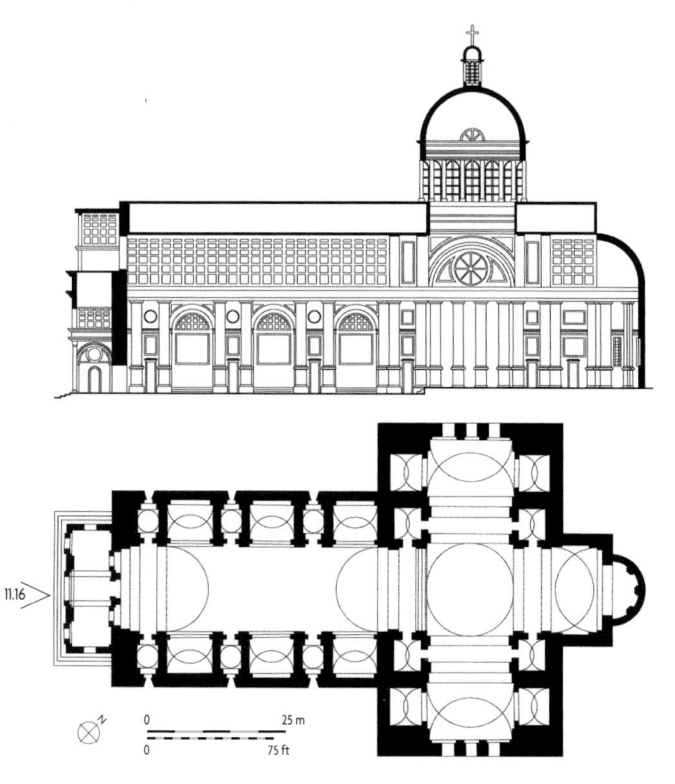

A cidade ideal

A visão de Alberti do templo com planta baixa centralizada também foi representada no afresco de Perugino *A Entrega das Chaves a São Pedro* (1481–82), no quadro de Rafael *O Casamento da Virgem* (1504) e nos painéis de *cassone* (as laterais de um baú de madeira) do Palácio Ducal, em Urbino. Cada uma dessas obras de arte representa o ideal albertino do templo de Deus no centro de uma cidade planejada geometricamente. O projeto de Alberti para a igreja de São Sebastião, bem como seus textos teóricos, enfatizava a forma da cidade ideal, na qual uma igreja com planta baixa centralizada é implantada em uma ampla praça no meio da cidade. As cornijas horizontais das edificações distribuídas nas ruas de chegada convergem em um ponto focal – a igreja – como se fossem linhas de perspectiva. Este ideal era mais concretizado por pintores do que arquitetos, pois os primeiros não eram limitados pelas dimensões físicas de cidades reais e pelos custos associados à demolição e às novas construções. O planejamento renascentista contrasta com a prática medieval, na qual a igreja geralmente configurava a praça – isto é, se houvesse um espaço aberto suficiente. Em geral, os esquemas de cidades ideais desenhados por vários arquitetos renascentistas ampliavam o conceito de centralização de modo a incluir ruas radiais e uma muralha urbana poligonal com bastiões em forma de ponta de flecha nos vértices. Essas

ENSAIO

AS RESOLUÇÕES DE PIO
Charles R. Mack

11.18 Bernardo Rossellino, Catedral (esquerda) e Palácio Piccolomini (direita), Praça Pio II, Pienza, 1459–64.

Embora o respeito pela presença visível do passado longíquo não fosse generalizado durante o primeiro século do Renascimento italiano, há evidências abundantes do interesse renovado pelas ruínas da Itália clássica, além do desejo de registrar e preservar seus monumentos. Este ímpeto preservacionista é claramente ilustrado pelas ações do Papa Pio II (o humanista Aeneas Silvius Piccolomini, cujo pontificado foi entre 1458–64). É verdade, porém, que o Papa Pio mandou tirar mármore do Coliseu para reconstruir os degraus que levavam à Basílica de São Pedro e mutilou o Pórtico de Otávia para utilizar suas colunas na nova Loggia Benedita que seria construída em frente à mesma edificação. Mas Pio também emitiu uma bula papal (provavelmente o primeiro documento oficial na história do movimento de preservação histórica) em 28 de abril de 1462, proibindo a destruição de antiguidades na área de Roma. É interessante o fato de que o documento conferia ao Papa o privilégio de violar sua própria injunção; além disso, demonstra dois aspectos da postura do início do Renascimento no que se refere ao patrimônio da antiguidade. A bula proibía o desmanche descontrolado das ruínas romanas pelas classes inferiores, mas permitia o uso dos remanescentes da antiga glória em novas campanhas oficiais de construção. A fusão dos resquícios da antiguidade pagã no tecido da Roma cristã reconstituída era característica da atitude daquela época em relação ao passado.

Curiosamente, o mesmo Papa Pio, enquanto ainda era cardeal, em 1456, criticou o título da obra *Roma Restaurada*, de Flávio Biondo, reclamando: "Mesmo se todas as forças da Europa se unissem, não conseguiriam restaurar a antiga forma de Roma, pois as cidades também têm seu fim; as caídas não podem se erguer, assim como as velhas não rejuvenescem". Talvez o futuro papa estivesse apenas expressando um fatalismo momentâneo herdado de algum antepassado etrusco ou imitando a visão cíclica da história presente nos textos de filósofos romanos da era augustina, durante o reinado de César Augusto (31 a.C.–14 d.C.). Ainda assim, o conceito de renascimento estava entre as ideias do confiante Papa Pio II poucos anos depois. Fazia parte de seus planos para a reforma do Vaticano e ficou bastante evidente quando se dedicou a reformar sua cidade natal, a rústica Corsignano, rebatizada de Pienza em sua homenagem (Fig. 11.18). Pio provavelmente lembrou de seus comentários sobre a futilidade de tentar restaurar Roma quando visitou sua cidade natal em 1459. Lá, encontrou os companheiros de sua juventude e a própria comunidade "quebrados com a velhice", mas, em vez de aceitar o inevitável, isto é, o fato de que as cidades, assim como as pessoas, "também têm seu fim" – adotou uma medida verdadeiramente renascentista que levou à reconstrução generalizada da cidade, incorporando grande parte do sonho classicista que provavelmente tinha para Roma. Atualmente, Pienza é considerada um bom exemplo do espírito integrador da geração do Papa Pio – uma geração que adaptou o vocabulário da arte e da arquitetura antigas às novas circunstâncias pós-medievais.

11.19 Arcadas do pátio interno (*cortile*) do Palácio Ducal, Urbino, 1450–década de 1480, aproximadamente.

A fachada íngreme do palácio oculta esta serena arcada de três pavimentos ao redor do pátio interno. Esta inspirada manipulação da linguagem clássica inclui pilastras sobre as colunas com arco.

11.20 Planta baixa do Palácio Ducal, Urbino, 1450–década de 1480, aproximadamente.

A irregularidade desta planta baixa reflete a necessidade de se adequar a um terreno íngreme, mas exuberante. No interior, os cômodos são arejados e bem iluminados, criando uma ilha de cultura renascentista em um mar de medievalismo.

fortificações também são um avanço em relação às torres e aos torreões das muralhas de cidades medievais. Mudanças na tecnologia militar – especialmente a introdução das balas de canhão e da pólvora depois do século XV – tornaram as muralhas mais vulneráveis, uma vez que um tiro certeiro podia abalar a alvenaria. As muralhas das cidades renascentistas se tornaram mais baixas e protegidas por taludes, para amortecer o impacto dos projéteis; além disso, sistemas complexos de diques e fossos implantados na área aberta depois da muralha impediam o avanço do exército inimigo. Os canhões giratórios colocados nos bastiões podiam mirar em ângulos superiores a 180°, chegando a alvejar paralelamente, às muralhas, se necessário.

A DIFUSÃO DO RENASCIMENTO

Urbino

Perto da Rimini de Sigismondo Malatesta fica Urbino, situada em um terreno acidentado a aproximadamente 32 km do litoral leste da Itália. Ali, o humanista e *condottiere* Federigo da Montefeltro mantinha sua corte, governando uma área com cerca de 9.300 km² que incluía 400 aldeias. Federigo foi um comandante leal que serviu aos duques de Nápoles e Milão e a três papas e montou um exército para Florença em 1448. Suas conquistas militares eram complementadas pelo mecenato da aprendizagem liberal. Humanistas viviam na corte e dezenas de escribas foram contratados para copiar manuscritos antigos.

O arquiteto dálmata Luciano Laurana ampliou o Palácio Ducal, de Federigo (1450–década de 1480) (Figuras 11.19–11.20) em 1464–72. O engenheiro-arquiteto Francesco di Giorgio sucedeu Laurana e deu prosseguimento às obras até a década de 1480. O palácio circunda o *cortile* ou pátio interno de di Giorgio, datado de 1475, aproximadamente, mas sua planta baixa é um pouco mais irregular do que a típica moradia do mercador florentino; os cômodos são bem iluminados, ventilados e proporcionados com cuidado. As paredes do pequeno gabinete de Federigo foram cobertas pela refinada **marchetaria** variegada executada por Baccio Pontelli de acordo com os projetos de Botticelli. Os armários pintados com portas aparentemente abertas exibem seu conteúdo. Uma espineta, um esquilo e uma cesta de frutas sobre a saliência de uma abertura com colunas foram representadas em diferentes tipos de madeira sobre uma superfície bidimensional. Até a paisagem distante é mostrada além da janela falsa aberta. Tal extensão ilusionista e unificada do espaço além das paredes reais do cômodo ilustra a assimilação completa da perspectiva pela arte do século XV e antecipa os efeitos *trompe-l'oeil* típicos do projeto do século XVI. Em Urbino, a edificação que começou como uma fortaleza voltada para o rio Valbona se tornou um monumento ao otimismo humanista. Ela celebra a capacidade do homem de observar, raciocinar, agir efetivamente no mundo físico e criar uma sociedade civilizada.

Milão

Por quase 30 anos e antes de ser saqueada pelas forças do rei francês Luís XII, em 1499, Milão foi um ponto central do Renascimento, atraindo Leonardo da Vinci (1452–1519) e Donato Bramante (1444–1514) no início da década de 1480. A influência do Renascimento chegou à Milão quando o duque local, Francesco Sforza, cedeu um palácio para que Cosimo de Medici abrisse uma filial do banco da família, o que era fundamental para as relações comerciais de Florença com o norte. As alterações feitas por Michelozzo no palácio de dois pavimentos – que se tornou o Banco Medicco na década de 1460 – resgataram a tradicional decoração milanesa, com revestimento de tijolo e terracota. A refinada entrada central do banco, composta por elementos claramente clássicos, se assemelha ao estilo Gótico flamejante. No nível do *piano nobile*, encontram-se arcos mouriscos e ogivais góticos entre medalhões clássicos.

LEONARDO DA VINCI

Leonardo preparou cadernos de croquis para ilustrar suas invenções, observações, experiências e descobertas, de modo a demonstrar o potencial dos mesmos aos possíveis clientes. As páginas desses cadernos, que foram amplamente divulgados com o passar dos séculos, incluem desenhos de anatomia, estudos de formações geológicas, correntes de ar e movimentos da água, propostas de arquitetura e planejamento urbano e um grande número de desenhos, croquis e estudos relacionados às suas pinturas e esculturas. Outros desenhos ilustram sua criatividade, incluindo equipamentos tão diversos quanto comportas de canal, veículos submarinos, paraquedas, helicópteros, asas para uma pessoa voar, e tanques, armas, canhões e outros instrumentos bélicos. Os experimentos e as pesquisas de Leonardo ajudaram-no a entender a circulação do sangue no corpo humano, a descobrir que a terra tinha mais de cinco mil anos (como se acreditava na época) e a propor lentes de aumento para observar a Lua – todas elas, descobertas que seriam patenteadas posteriormente por outras pessoas. Em seus cadernos de croquis, Leonardo fez vários projetos de igrejas com planta baixa centralizada (Fig. 11.21).

A igreja de Santa Maria da Consolação, em Todi (iniciada em 1508) (Fig. 11.22), é tão parecida com os croquis

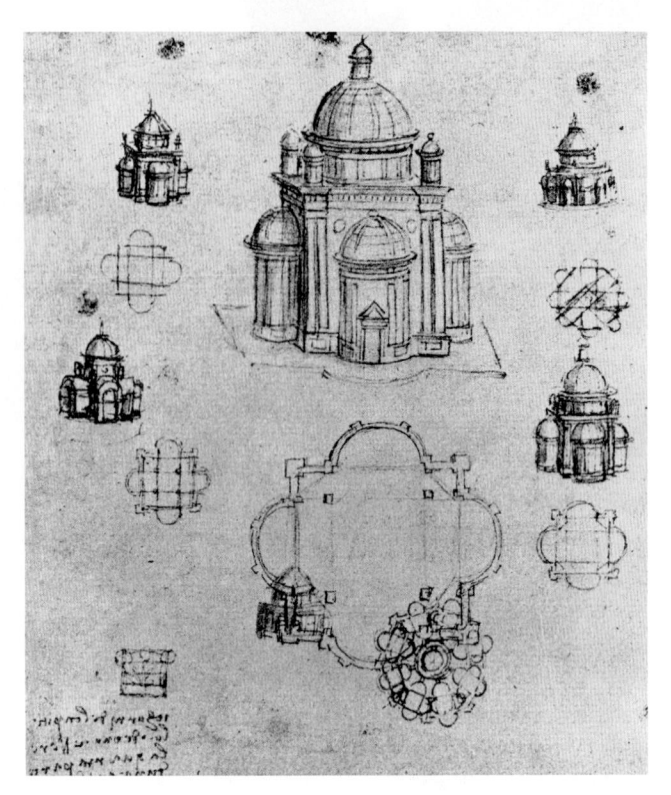

11.21 Leonardo da Vinci, Croquis de igrejas com planta baixa centralizada, cerca de 1490.

A igreja com planta baixa centralizada interessava mais aos projetistas renascentistas do que qualquer outro problema de arquitetura. Até Leonardo realizou estudos, possivelmente em decorrência de seu contato com Bramante.

de Leonardo que seu mestre-pedreiro, Cola da Caprarola, deve ter se deixado influenciar por eles – talvez por meio das obras de Bramante. A igreja de Todi tem planta baixa quadrada, com uma abside semicircular e três poligonais. Projetado em três dimensões, o quadrado gera um cubo, enquanto as absides são coroadas com semicúpulas. Sobre o espaço interno principal se eleva uma cúpula apoiada em tambor e pendentes.

Na corte de Sforza, em Milão, Leonardo desenhou trajes e máscaras para as bodas de Ludovico e sua esposa, Beatrice d'Este, propôs uma cidade em dois níveis, com separação de pedestres e veículos; e, quando a peste negra de 1485 matou cinco mil pessoas em Milão, sugeriu a construção de 10 cidades-satélites – cada uma com capacidade para 30 mil pessoas – de modo a reduzir a possibilidade de epidemias subsequentes. Entre 1487 e 1490, ele e Bramante trabalharam no projeto para o cruzeiro central da Catedral de Milão; o qual, nunca foi construído. A invasão de Milão pelas forças francesas, em 1499, levou à queda da família Sforza e, por um tempo, Leonardo tentou trabalhar como engenheiro militar para o infame Cesare Borgia. Depois, voltou para Milão para trabalhar para o governador militar francês Charles d'Amboise e acabou atuando como pintor e engenheiro para o Rei Luís XII. Em 1516 mudou-se para a França sob a proteção de Francisco I e viveu em conforto perto de Amboise até morrer em 1519.

11.22 Cola da Caprarola e Donato Bramante (?), Santa Maria da Consolação, Todi, 1508.

Vários arquitetos, incluindo Bramante, já foram associados ao projeto desta igreja. Compare este projeto com as plantas baixas centralizadas de Leonardo, na Fig. 11.21.

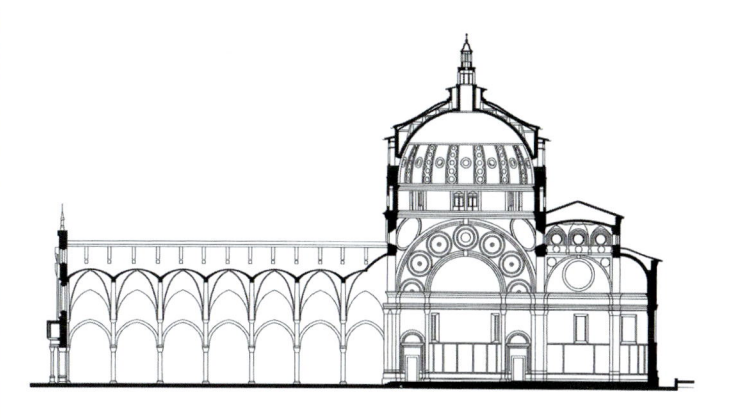

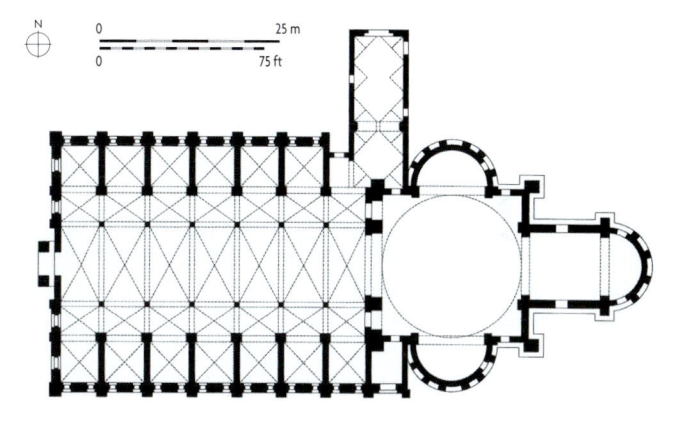

11.23 Donato Bramante, Planta baixa e corte longitudinal da igreja de Santa Maria da Graça, Milão, 1492–97.

Aqui, Bramante inseriu um cruzeiro com planta baixa centralizada em uma nave central medieval preexistente. A união é estranha. O problema foi solucionado de maneira mais satisfatória por Andrea Palladio na igreja veneziana de Il Redentore.

DONATO BRAMANTE

Em Milão, entre 1482 e 1499, Leonardo foi companheiro íntimo de Donato Bramante, que, sem dúvida, influenciou as obras do arquiteto mais jovem, que enfatizavam o conceito da planta baixa centralizada. A primeira foi a ampliação da enorme igreja milanesa de Santa Maria da Graça (Fig. 11.23), uma edificação medieval composta de nave central, naves laterais e capelas. Entre 1492 e 1497, Bramante acrescentou o cruzeiro central coberto por uma cúpula com 19,8 metros de diâmetro e encerrado em ambos os lados por absides no transepto e um coro com abside. Embora em harmonia com o espírito dos croquis de igrejas com planta baixa centralizada de Leonardo e consistente com o espírito dos detalhes renascentistas no interior, o projeto de Bramante era antiquado; seus detalhes externos extremamente decorativos seguem a tradição milanesa de apliques com tijolo e terracota. A cúpula hemisférica, que é o principal elemento interno da igreja, não se manifesta no exterior.

Bramante fez um projeto muito mais original para a igreja anterior, a Igreja de Santa Maria junto a São Sátiro (1482–92), uma reforma que incluía parte de uma igreja antiga do século IX e o campanário da igreja de São Sátiro (Fig. 11.24). O projeto de Bramante para o interior incluía uma nave central com abóbada de berço e um transepto que se encontram em um cruzeiro central com cúpula com caixotões e sobre pendentes, concluída por um óculo. Uma rua preexistente limitava o lado leste do cruzeiro, impedindo que Bramante adicionasse um coro convencional. Como a parede atrás do altar estava quase nivelada com a parede leste do transepto, Bramante criou um baixo-relevo que, quando visto sobre o eixo, adquire a convincente aparência de coro com abóbada de berço (Fig. 11.25). Usando o potencial da perspectiva linear, ele simulou o espaço que, na verdade, gostaria de construir, criando, no processo, aquele que seria o uso máximo deste recurso na arquitetura do século XV. Tanto as obras de Bramante na capela com planta baixa em *quincux* datada do século IX como a adição de uma sacristia octogonal semelhante a da sacristia de Brunelleschi para a igreja do Espírito Santo, em Florença, antecipararam suas propostas com planta baixa centralizada mais ambiciosas em Roma, culminando no projeto da nova Basílica de São Pedro.

11.24 Donato Bramante, Planta baixa e corte longitudinal da Igreja de Santa Maria junto a São Sátiro, Milão, 1482–92.

A peculiaridade desta planta baixa, com nave central muito curta, resultou dos condicionantes do terreno, que impediram Bramante de construir um coro espaçoso. A solução encontrada por ele foi mandar pintar imagens perspectivas de uma abóbada de berço nas paredes levemente recuadas do coro.

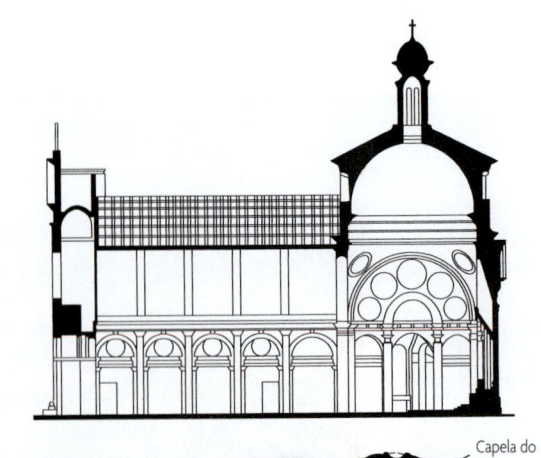

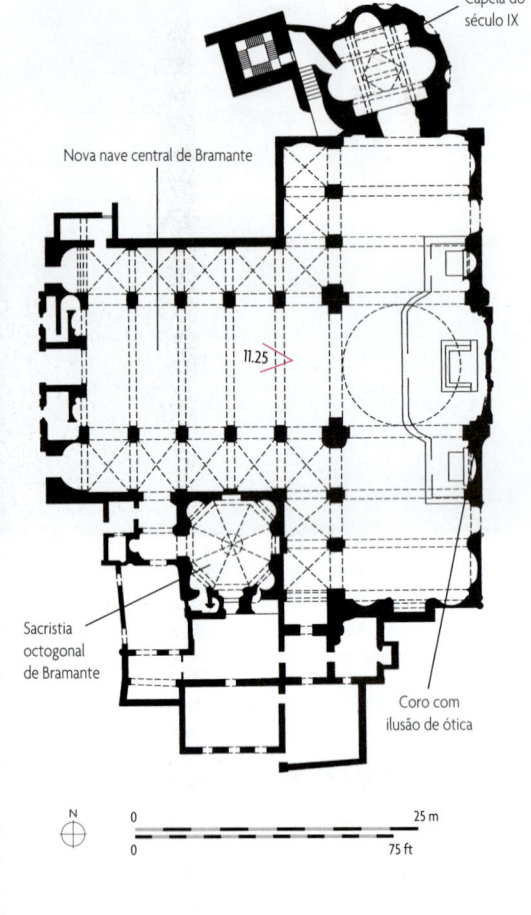

11.25 Donato Bramante, Igreja de Santa Maria, junto a São Sátiro, Milão, 1482–92.

Este é o efeito visual da inteligente manipulação ilusionista de Bramante no coro muito raso. O efeito funciona perfeitamente, é claro, somente para alguém que esteja na linha central da nave central.

O Tempietto, Roma

Depois de deixar Milão, após a invasão francesa de 1499, Bramante se mudou para Roma, onde, como Brunelleschi e Alberti pôde estudar os monumentos antigos pessoalmente. Os efeitos em sua forma de projetar foram profundos. Em 1502, teve a oportunidade ideal de criar uma síntese cerebral da visão de mundo humanista com a piedade cristã. Os clientes estavam convenientemente distantes: o Rei Fernando e a Rainha Isabela de Espanha, famosos por apoiarem as viagens de Cristóvão Colombo. O programa de necessidades pedia a construção de um monumento sobre o ponto onde se acreditava que São Pedro fora martirizado, contíguo à recém-construída igreja de San Pietro, em Montório.

Embora sua forma nunca tenha sido executada, a planta de localização (Fig. 11.26) de Bramante é essencial para entendermos sua visão completa. Ela previa a criação de

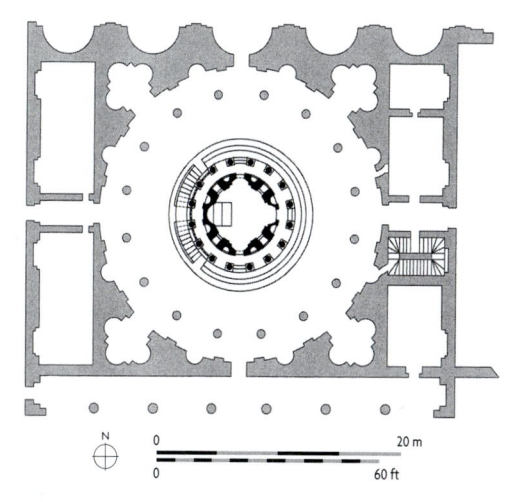

11.26 Donato Bramante, Planta baixa do Tempietto, Roma, iniciado em 1502.

Bramante previu que sua interpretação do templo circular estivesse inserida neste contexto ideal. Como frequentemente acontecia com os projetos grandiosos do Renascimento, o esquema nunca foi totalmente executado.

11.27 Donato Bramante, Tempietto, Roma, iniciado em 1502.

Bramante colocou a porta principal no lado oposto ao altar. No entanto, a única maneira geometricamente lógica de acessar a planta baixa circular seria pelo centro e vindo do subsolo.

um claustro circular – um ambiente de arquitetura perfeitamente hermético – e a inserção de um templo também circular em seu interior. Bramante projetou uma edificação que incorporava a preferência platônica pela forma ideal e a reverência cristã pela tradição – neste caso, a reverência pelas *martyria* circulares do início do cristianismo. Seu domínio da forma e do detalhe se aproxima da perfeição.

Conhecida como Tempietto – Pequeno Templo – (Fig. 11.27), a edificação concluída é um cilindro com dois pavimentos coroado por uma cúpula hemisférica e circundado por uma colunata dórica de um pavimento com entablamento e balaustrada. As métopas do friso exibem símbolos que relacionam a autoridade atual do papa com o esplendor da antiguidade, especialmente chaves, cálices, prato da eucaristia, incensário e tabernáculo – todos símbolos de São Pedro – e instrumentos litúrgicos da missa. Apenas a porta fica estranha em decorrência da sua posição aleatória dentro dos 16 vãos iguais da colunata; sua importância é destacada apenas por uma modesta série de degraus.

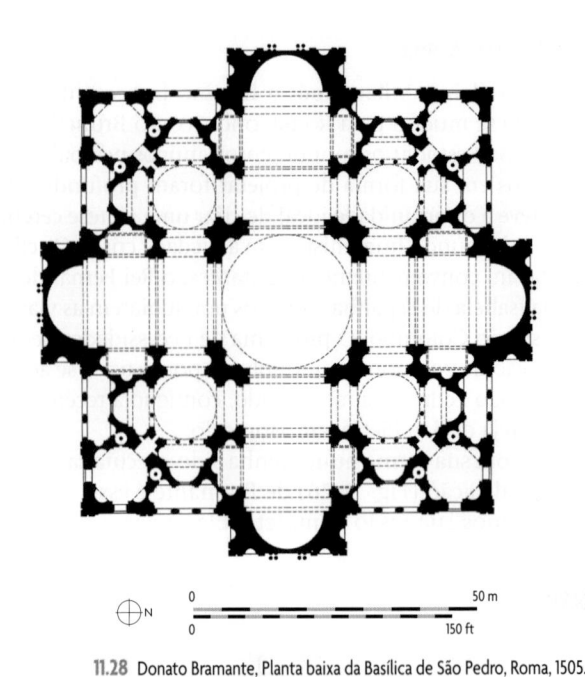

A Basílica de São Pedro, Roma

Em 1505, Michelangelo trabalhava no túmulo do Papa Júlio II. Como um monumento tão grande não se encaixaria com facilidade na velha basílica dilapidada – já com quase 1.200 anos – o Papa contratou Bramante para ajudá-lo a estudar suas opções. Primeiramente, consideraram a adição de um túmulo com planta baixa centralizada na extremidade oeste da igreja preexistente, similar à ampliação feita por Bramante na igreja de Santa Maria da Graça em Milão.

Não foi essa a primeira tentativa renascentista de modificar ou ampliar a Basílica de São Pedro. O Papa Nicolau V instruíra Alberti a fazer um levantamento das condições da edificação. Não é de surpreender que, depois de encontrar as paredes fora de prumo e as velhas vedações externas em um estado tão deplorável, Alberti tenha desaconselhado a reforma. Nicolau aceitou a sugestão e, em 1451, nomeou Bernardo Rossellino para projetar uma abside para aquele que seria o primeiro estágio da nova basílica. A morte de Nicolau, em 1455, e de Rossellino, em 1464, interrompeu o projeto; ainda assim, o coro de Rossellino acabou sendo construído.

Depois do início incerto, o projeto de reconstrução da basílica se arrastou por mais 50 anos. Finalmente, o Papa Júlio II decidiu que a única maneira adequada de acomodar o túmulo que imaginara para si mesmo era construir uma igreja inteiramente nova. Por isso, em 1505, Bramante criou um projeto apropriadamente ousado em cruz grega (Fig. 11.28). Uma medalha cunhada em 1506 mostra o esquema de Bramante, que representava uma edificação na escala das Termas de Diocleciano coroada por um domo similar ao do Panteon. Essa combinação foi cuidadosamente considerada por ele. Em seus cadernos, desenhos mostram a igreja cercada por jardins e uma colunata; na parte de trás da folha encontra-se um desenho das termas. Em vez de apenas dar continuidade aos padrões da antiguidade, Bramante tentou superar os construtores romanos propondo uma estrutura com cúpula mais ambiciosa do que todos os edifícios antigos. Na verdade, o conceito estrutural de cúpula com tambor apoiada em pendentes e arcos plenos tinha mais em comum com as obras bizantinas – que, por sua vez, derivaram de modelos romanos – do que com qualquer construção romana autêntica. Contudo, o audacioso projeto de Bramante foi além de seu conhecimento estrutural, pois os pilares propostos por ele eram, sem dúvida, inadequados para as enormes cargas impostas pela cúpula.

11.28 Donato Bramante, Planta baixa da Basílica de São Pedro, Roma, 1505.
A delicadeza da planta baixa, quase como um rendilhado, prenuncia os problemas que Michelangelo enfrentaria ao substituir Bramante como arquiteto na Basílica de São Pedro. Os pilares centrais se mostraram insuficientes para sustentar a cúpula projetada.

A pedra fundamental desse enorme projeto foi lançada em 18 de abril de 1506, quando um exército de 2.500 trabalhadores começou a fazer as fundações dos pilares do cruzeiro. Bramante morreu em 1514, quando recém haviam passado do nível térreo. Quando a igreja ficou pronta, quase 150 anos depois, praticamente todos os arquitetos talentosos dos séculos XVI e XVII tinham participado do projeto em um período ou outro. Dessa forma, a reconstrução da Basílica de São Pedro inclui obras de vários períodos, desde o Alto Renascimento até o Barroco.

Em geral, as edificações do Alto Renascimento eram mais romanas e tridimensionais em termos de concepção espacial do que os edifícios menos pesados protorrenascentistas. Arquitetos como Bramante reconciliaram as posições teóricas de Vitrúvio, Alberti e Leonardo com a realidade das práticas de construção romanas e desenvolveram a confiança necessária para projetar edificações adequadas às exigências de sua própria era, ao mesmo tempo em que mantiveram o espírito da antiguidade. Lidaram com questões de proporção e manipulação de espaço, mas também corrigiram detalhes com maestria e sutileza; assim, ao longo de menos de um século, as explorações de Brunelleschi amadureceram e se transformaram no estilo seguro e confiante do Alto Renascimento.

O Pátio do Belvedere e a Casa de Rafael, Roma

O Papa Júlio II também pediu que Bramante transformasse o terreno ao norte da basílica em um grande palácio. Bramante recebeu um modesto palácio irregular contíguo à Antiga Basílica de São Pedro e, a cerca de 270 metros de distância, um **belvedere** similar a uma fortaleza usado como uma residência de verão. Disposto a criar um complexo que rivalizasse com as vilas imperiais da Roma Antiga, ele disfarçou a irregularidade das edificações existentes acrescentando novas fachadas: a edificação do sul acabou sendo transformada em um teatro semicircular e a do norte, em um hemiciclo central (Fig. 11.29). A estratégia de conectá-las produziu o primeiro grande espaço urbano com tratamento paisagístico do Renascimento e envolveu o primeiro uso de escadarias monumentais desde a antiguidade. Trata-se de uma releitura, como seria de se esperar, de vários projetos da antiguidade, incluindo as casas de campo descritas por Plínio, o Jovem. Para aproveitar a topografia irregular, Bramante inspirou-se no Santuário de Fortuna Primigenia em Praeneste (atual Palestrina – veja a Fig. 5.4), perto de Roma, especialmente no uso de escadas e rampas como meio de organizar o espaço dentro de uma vista baseada em uma perspectiva contida (Fig. 11.30). Para as paredes laterais do leste e do oeste, escolheu o Coliseu

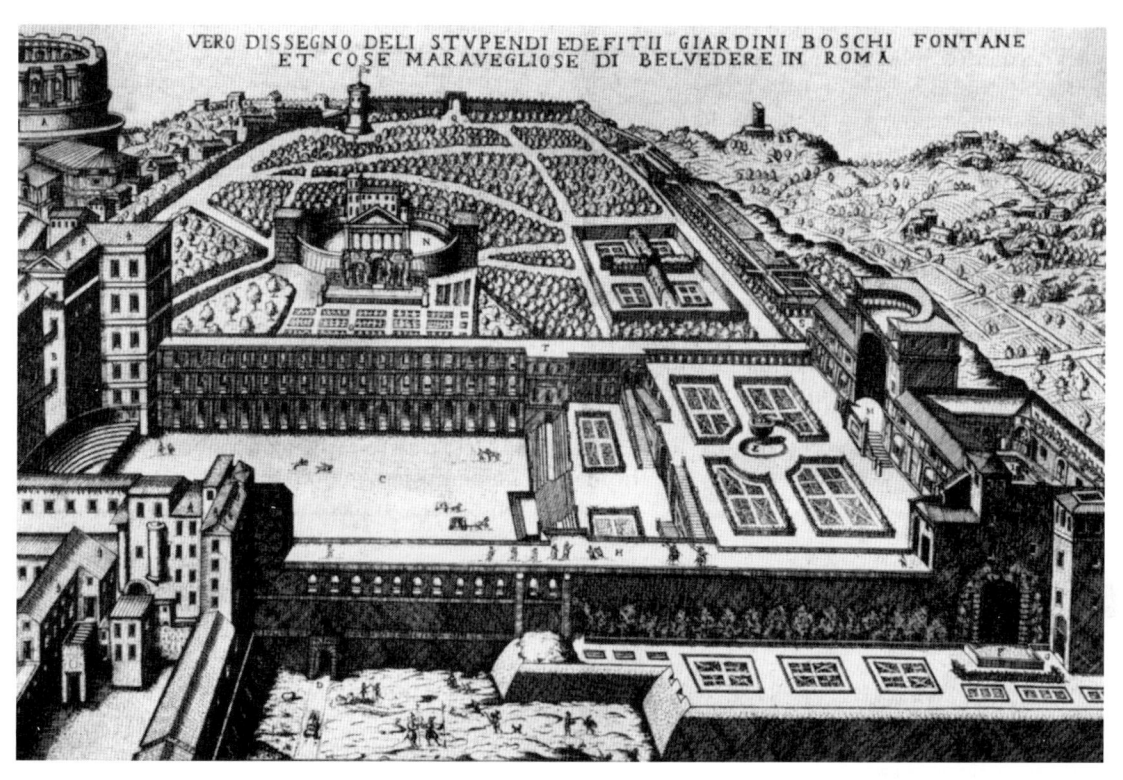

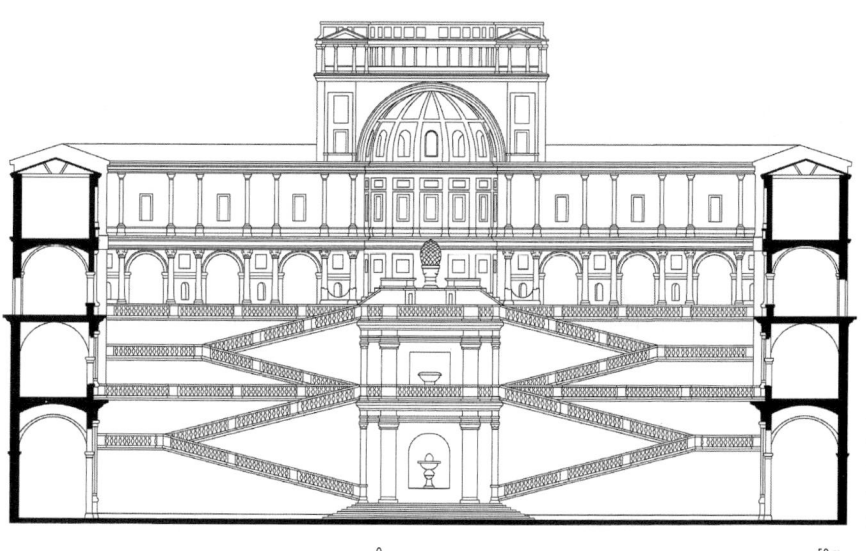

11.29 Donato Bramante, Pátio do Belvedere, Roma, iniciado em 1505, gravura.

O Papa Júlio II esperava que este grande espaço externo contíguo à Basílica de São Pedro recriasse o esplendor da Roma Antiga. É possível imaginar ele e Bramante andando pelas ruínas sobre o Monte Palatino e planejando resgatar a antiga glória do local.

11.30 Donato Bramante, Corte transversal do Pátio do Belvedere, Roma, iniciado em 1505.

Está vista (da esquerda para a direita na Fig. 11.29) mostra que o santuário helenístico de Fortuna Primigenia, em Praeneste (atual Palestrina) foi um dos modelos de Bramante. Também demonstra a contínua fascinação renascentista pelo ponto focal único – o ponto de vista ou a posição do observador na perspectiva cônica.

como modelo e virou-o ao avesso; assim, articulou os três pavimentos na extremidade sul do terreno, mais baixa, com pilastras dóricas, jônicas e coríntias, definindo os vãos para as arcadas e janelas, e articulou a seção de um pavimento ao norte com aberturas com arcos ladeadas por pilastras coríntias. As escadas, rampas e paredes perfuradas a leste e oeste oferecem pontos de observação para os espetáculos encenados no pátio inferior. O esquema de Bramante sofreu muitas mudanças até a versão final construída, com destaque para uma biblioteca que atravessa o pátio, incluída pelo Papa Sisto V, erradicando as rampas e escadas e subdividindo o espaço.

Bramante também construiu uma casa para si mesmo em Roma (em 1512, aproximadamente) (Fig. 11.31). Ela foi comprada pelo artista Rafael (1483–1520) quando este foi chamado a Roma para decorar os aposentos papais e, por isso, passou a ser conhecida como a Casa de Rafael; infelizmente, foi demolida há muito tempo. Como muitas habitações urbanas e por seguir o modelo da ínsula da Roma Antiga, tinha lojas ao nível da rua, que foram tratadas por Bramante como a base rusticada dos pares de meias-colunas dóricas que articulavam o *piano nobile* acima. Tratava-se de uma inovação distinta em termos de projeto de palácio porque produzia uma fachada mais tridimensional, especialmente em relação à modelagem plana das ordens das edificações do Protorrenascimento, como o Palácio Rucellai. Transformou-se em um dos modelos mais influentes para o projeto de fachadas na arquitetura ocidental, principalmente na Inglaterra e na França no século XVIII.

O RENASCIMENTO TARDIO OU MANEIRISMO

Enquanto os arquitetos do Protorrenascimento e do Alto Renascimento viam as edificações da antiguidade como modelos a serem seguidos, os arquitetos do Renascimento Tardio, também chamados de maneiristas, buscavam obter uma expressão artística mais pessoal por meio da manipulação criativa e pessoal da linguagem clássica. O Maneirismo começou na década de 1520 e, por vezes, é associado ao período de instabilidade política posterior ao Saque de Roma pelo exército de Carlos V, imperador do Sacro Império Romano. Ao contrário dos projetistas do Alto Renascimento, que eram disciplinados e decididos e tentavam produzir edificações integradas e harmoniosas, os maneiristas preferiam a desarmonia, a discórdia, o desequilíbrio, a tensão, a distorção e os conflitos não solucionados. No entanto, as diferenças entre os dois períodos não eram tão simples.

O termo "maneirismo" deriva da palavra italiana *maniera*, que, no século XVI, significava virtuosismo, refinamento e graça, mas, no século XVII, passou a significar hedonismo, orgulho e superficialismo. As duas definições podem se aplicar razoavelmente às obras maneiristas, dependendo apenas do talento do artista e da postura do observador.

Entre os maneiristas mais criativos encontram-se Rafael, Giorgio Vasari (1511–74) e Guilio Romano (cerca de 1499–1546). A genialidade de Michelangelo Buonarroti (1475–1564), cuja carreira foi contemporânea a desses homens e cujos projetos compartilham algumas características com os seus, transcende todo e qualquer rótulo estilístico. Da mesma forma, Andrea Palladio (1508–80), que trabalhou durante o mesmo período, se deixou inspirar por Giulio Romano, mas deu preferência aos modelos anteriores de Bramante. No fim das contas, Palladio produziu um conjunto de obras que, possivelmente, é o mais estudado em toda a arquitetura ocidental.

11.31 Donato Bramante, Elevação da Casa de Rafael, Roma, cerca de 1512.

Esta modesta edificação foi um protótipo tão influente como qualquer outro criado por arquitetos renascentistas. O pavimento térreo, com arcada rusticada, e o *piano nobile*, com colunata e entablamento, reapareceriam, em diferentes escalas, na França, na Inglaterra e, posteriormente, nos Estados Unidos. Este prédio, por sua vez, se inspirou na antiga ínsula (edifício de apartamentos) romana.

A Vila Madama, Roma

Um bom lugar para começarmos é a Vila Madama, projetada por Rafael para o Cardeal Giulio de Medici, que viria a se tornar o Papa Clemente VII; curiosamente, foi deixada pela metade (Figuras 11.32–11.33). A vila ou mansão de campo se tornou um tipo de edificação característico dos arquitetos do Renascimento. Ao contrário da mansão urbana ou palácio, era um refúgio campestre ostensivamente inspirado na ***villa rustica*** ou casa de fazenda romana. O elemento de arquitetura essencial da vila era a *loggia* (galeria aberta elevada), de onde os visitantes podiam observar os jardins projetados com cuidado e, às vezes, apreciar uma vista distante. O rico proprietário da vila a utilizava para fugir do calor da cidade durante o verão, descansar, relaxar, fazer caminhadas e conversar com amigos. Na Vila Madama, a edificação foi implantada contra uma colina

11.32 Rafael, Rotunda da Vila Madama, Roma, iniciada por volta de 1516.

A construção da vila representa apenas a metade do projeto de Rafael. Se concluída, seu elemento central seria uma rotunda aberta, talvez inspirada no Espaço da Ilha da Vila de Adriano; porém, ficou incompleta, na forma de um semicírculo.

11.33 Rafael, Planta baixa e corte longitudinal da Vila Madama, Roma, iniciada por volta de 1516.

A planta baixa mostra as partes construídas e não construídas da vila. O corte ao longo do eixo principal mostra, da esquerda para a direita, o pátio interno (*cortile*) pela metade, a curta passagem até um vão coberto por cúpula da galeria, a galeria e os canteiros de flores ornamentais sobre o terraço com arcos. Rafael e Giulio Romano pintaram os vãos abobadados da galeria com grotescos baseados nos murais da recém-descoberta Ala do Palatino da Domus Aurea de Nero.

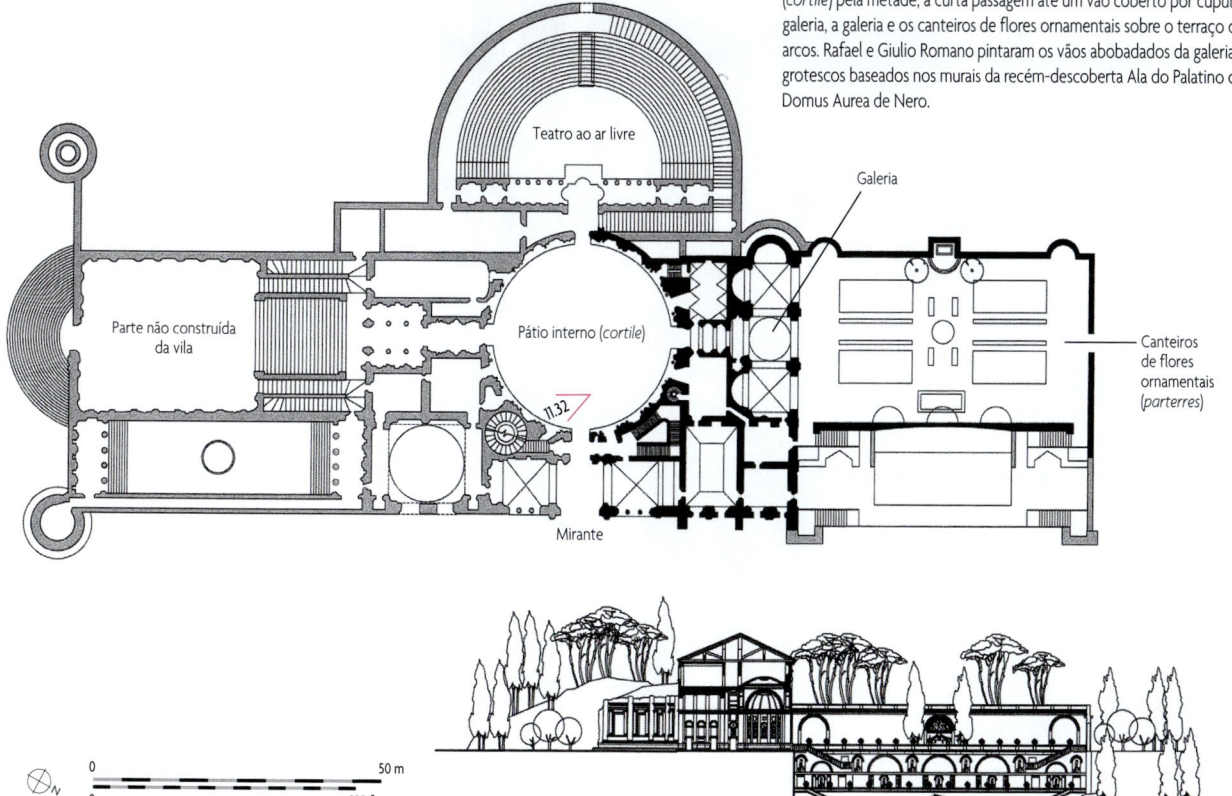

na lateral sul do Monte Mário, depois das muralhas de Roma, com uma vista da cidade e do rio Tibre. A encosta da colina, com vários patamares sucessivos, tinha jardins formais com fontes que jorravam e escorriam água de um nível para o outro. Se os edifícios tivessem sido concluídos, a vila teria um pátio interno (*cortile*) circular com projeto baseado na sobreposição de ordens do Coliseu, assim como o Pátio do Belvedere; do pátio sairiam galerias, um teatro e um mirante. Todavia, as obras ficaram pela metade. O espaço principal consiste de uma galeria que abre para um **parterre** (jardim com canteiro de flores ornamentais), parcialmente inspirado nos três vãos com abóbadas de arestas preservados da Basílica de Constantino; a diferença é que, aqui, o espaço intermediário foi coberto por uma cúpula com pendentes. Os pisos apresentam mosaicos, enquanto as paredes e os tetos foram cobertos com afrescos de festões que contêm símbolos mitológicos, religiosos e dos Medici inspirados nas escavações e, posteriormente, orientados por Rafael, que se baseou na Domus Aurea (Casa Dourada) de Nero. A maioria das pinturas foi concluída depois da morte de Rafael por seus dois assistentes principais: Giovanni da Udine, que redescobriu a técnica esquecida do estuque romano, e Giulio Romano.

A edificação e seus jardins geraram novas condições e problemas para os arquitetos do século XVI. A circulação pelo terreno oferece alternativas e possíveis momentos de indecisão. As várias áreas – pátio interno, teatro ao ar livre e canteiros de flores ornamentais – criam contrastes fortes e deslumbrantes. Na Vila Madama, a linguagem clássica chegou a um novo nível de sofisticação, especialmente na galeria com afrescos, mas também documentou a transição da postura segura do Alto Renascimento para a ansiedade e a ambiguidade do Maneirismo.

11.34 Giorgio Vasari, Palazzo degli Uffizi, Florença, iniciado em 1560.

Vasari compôs seu complexo palaciano de forma tal que ele enquadrasse o Palazzo Vecchio medieval. A interação urbanista de construções preexistentes e novas construções foi uma das contribuições mais significativas do projeto maneirista.

O Palazzo degli Uffizi, Florença

O projeto de Giorgio Vasari para o Palazzo degli Uffizi, em Florença (Fig. 11.34), iniciado em 1560, demonstra a postura maneirista em relação ao projeto urbano. A edificação – um anexo de escritórios para o Palazzo Vecchio – consiste de um pátio interno longo e estreito em cujas laterais longas há alas com vários pavimentos às quais Vasari aplicou molduras de janelas bem marcadas e **cornijas** entre os pavimentos, que se projetam e recuam com agressividade. Uma das extremidades do pátio interno termina no rio Arno com uma série de três aberturas – a central mais ampla e com um arco – enquanto a extremidade oposta se encerra na Piazza della Signoria, com a torre do Palazzo Vecchio fora de eixo. Enquanto a extremidade que dá para o rio se abre para uma rua e para o corredor espacial do rio Arno, a vista através da abertura central com arco captura a diminuição perspectiva das cornijas do Palazzo degli Uffizi com a torre do Palazzo Vecchio. Em vez de criar um conjunto urbano hermético e estático, como Bramante decidiu fazer no Tempietto, Vasari criou um conjunto aberto interativo no qual combinou habilmente o novo e o antigo, reforçando a dinâmica dos movimentos e das mudanças com o passar do tempo.

O Palazzo del Te, Mântua

Ao contrário de muitos artistas do Alto Renascimento que trabalharam em Roma, Giulio Romano nasceu na cidade; por isso, seu conhecimento das edificações da antiguidade deriva de uma experiência íntima e pessoal com a cidade, e não de estudos realizados por motivos profissionais. Portanto, não é de surpreender que, como um dos criadores do Maneirismo, Romano optou por representar as más condições dos monumentos antigos ao contribuir para a arquitetura do século XVI. Isso se reflete em uma de suas primeiras pinturas, *A Lapidação de Santo Estêvão* (1523), na qual ruínas romanas no plano de fundo servem de contexto. As obras de arquitetura de Giulio apresentam o mau uso proposital e jocoso dos elementos clássicos. Em sua própria casa, em Mântua (1544), ele construiu um Salão Panteon (ou Salão de Todos os Deuses) com uma imagem de Júlio César, seu xará, esculpida sobre a lareira.

Sua edificação mais importante é o Palazzo del Te (1523–34), projetado para Federigo Gonzaga como uma vila para lua de mel em uma ilha na periferia de Mântua. A família Gonzaga criava cavalos e fornecia corcéis para as cortes europeias; além disso, estava extremamente envolvida com intrigas políticas e alianças militares. O palácio foi concebido originalmente como um enorme complexo de estábulos. Consiste de um grande pátio central quadrado cercado nas quatro laterais por uma série de cômodos enfileirados, com entradas centrais nos lados norte e leste. A galeria do lado leste leva a um jardim, em cuja extremidade fica uma colunata semicircular. O jardim foi organizado com canteiros de flores geométricos, enquanto um fosso usado para encenar batalhas navais em miniatura, conectado ao jardim por uma ponte, foi cavado contíguo à vila. A galeria foi coberta com abóbadas de berço e se apoia em colunas geminadas e simples alternadas, ao passo que a entrada norte apresenta colunas rusticadas, feitas propositalmente para parecerem inacabadas. Essas colunas sustentam lintéis com chaves, sobre os quais fica um teto octogonal com caixotões semelhante ao da Basílica de Constantino. No pátio interno, pesadas colunas dóricas sustentam seções da arquitrave e do friso com tríglifos caindo, como se fizessem parte de uma antiga ruína romana (Fig. 11.35). Com os nichos e as janelas sem moldura, há frontões sem cornija inferior e uma rusticação pesada; todos esses elementos criam um contraste extremo e uma sensação de ambiguidade e tensão.

11.35 Giulio Romano, Pátio interno do Palazzo del Te, Mântua, 1525–34.

Não se sabe se o objetivo era chocar ou divertir, mas Giulio Romano projetou do entablamento caindo algumas pedras, como se fossem parte de uma ruína.

A ilusão de desequilíbrio e o uso perverso do classicismo continuam no interior. As superfícies das paredes e dos tetos ao redor do pátio interno foram cobertas com afrescos de Giulio Romano e seus assistentes, com ornamentos adicionais gerados pelas portas com marchetaria e consolos de lareira de jaspe oriental, ouro e mármore. Os lintéis de tijolo fissurados pintados nas superfícies das paredes acima das portas transmitem uma sensação de desconforto para quem passa sob eles. Sobre os lintéis fissurados da Sala dos Gigantes foi pintada uma cena de intensa destruição, na qual o peso das colunas que caem esmaga os membros e corpos de gigantes, sendo que um deles fica vesgo quando sua cabeça é prensada por duas enormes pedras que tombam. As paredes se unem em nuvens ondulantes pintadas no teto, em cujo centro há a representação de um tambor com colunas sustentando uma cúpula hemisférica. Os cavalos pintados na Sala dos Cavalos estão sobre cornijas que ocupam mais da metade da altura da grande câmara; atrás deles, as paisagens vistas atrás de janelas pintadas cercam as pilastras e os detalhes de arquitetura.

O Palazzo del Te nunca foi terminado, mas se tornou uma obra-prima do Renascimento Tardio, projetada por um arquiteto sofisticado disposto a brincar com as convenções do classicismo revisitado. Somente aqueles que compreendiam a arquitetura romana tão bem quanto Romano podiam apreciar suas realizações por completo.

MICHELANGELO

Michelangelo Buonarroti, considerado por muitos um dos maiores gênios da arte ocidental, contribuiu significativamente para os campos da escultura, pintura e arquitetura durante sua vida longa e produtiva. Segundo filho de um oficial de baixo escalão do governo de Florença, se tornou aprendiz do pintor Domenico del Ghirlandaio aos 13 anos, apesar da relutância de seu pai, que não queria que ele fosse um artista. O treinamento em escultura começou aproximadamente um ano depois, quando Michelangelo foi convidado a participar da oficina promovida por Lorenzo de Medici como parte dos esforços da família para reviver as artes escultóricas da antiguidade. Até a morte de Lorenzo, em 1492, Michelangelo viveu no Palácio Medici como membro da família, adquirindo uma educação humanista junto aos eminentes intelectuais, escritores e poetas que se reuniam no local com o convite do mecenas.

São Lourenço, Florença

Durante o pontificado do Papa Leão X, filho mais jovem de Lorenzo de Medici e sucessor do Papa Júlio II, Michelangelo iniciou a primeira das três obras de arquitetura no monastério de São Lourenço, em Florença, no ano de 1515. O projeto da fachada da igreja em forma de basílica incluía uma tela que consistia de dois pavimentos iguais divididos por um ático, formando um pano de fundo para os painéis com relevos e esculturas inseridas nos nichos. Nada desse projeto foi executado antes da morte de Leão, em 1521, e a igreja atual continua sem fachada; porém, as propostas de Michelangelo deram início a uma segunda tradição em termos de arquitetura de fachadas, oferecendo uma alternativa à tipologia de Alberti, empregada em Santa Maria Novella.

Antes que o projeto da fachada fosse abandonado, os Medici pediram que Michelangelo projetasse uma capela funerária contígua ao transepto norte para o enterro de Lorenzo de Medici e quatro parentes menos ilustres (veja a Fig. 11.5). A Nova Sacristia, também conhecida como Capela Medici, viria a complementar a Velha Sacristia de Brunelleschi, situada junto ao transepto norte.

Michelangelo homenageou Brunelleschi utilizando uma forma similar – uma cúpula hemisférica sobre pendentes – acima do espaço cúbico principal e usando alguns materiais iguais: paredes com reboco branco arrematadas com *pietra serena* cinza. Os túmulos propriamente ditos são de mármore. O número de estátuas e sua distribuição por Michelangelo passaram por uma série de mudanças; os esboços revelam que o artista pensou em fazer um mausoléu central, mas acabou colocando dois sarcófagos de cada lado da capela. Cada sarcófago apresenta esculturas simbólicas, porém inacabadas, dos Períodos do Dia, além das imagens sentadas dos duques Lorenzo e Giuliano acima, nos nichos abertos na parede. As grandes estátuas simbólicas do Dia e da Noite, no túmulo de Giuliano, e da Aurora e do Anoitecer, no túmulo de Lorenzo, se apoiam precariamente no topo dos sarcófagos, dando a impressão de que estão deslocando as tampas curvas das tumbas com seu peso. A máscara fantasmagórica da Noite remete a pesadelos. Essas esculturas ficam no mais baixo dos três níveis da capela, onde uma profusão de elementos de arquitetura – pesados tabernáculos vazios sobre as portas, janelas falsas de forma trapezoidal e até pilastras sem capitéis – convivem. No alto ficam **lunetas** perfuradas com janelas de largura variável e, sobre o conjunto, uma cúpula com caixotões e óculo.

O primo bastardo do Papa Leão X, que assumiu o pontificado como Clemente VII, decidiu que a biblioteca dos Medici seria usada por estudiosos dentro do claustro de São Lourenço, a igreja paroquial da família, talvez para afirmar que os Medici já não eram comerciantes, mas membros de uma sociedade intelectual e eclesiástica. Portanto, Michelangelo começou a trabalhar na chamada Biblioteca Laurenciana em 1524 (Figuras 11.5, 11.36). Ela foi construída sobre as celas monásticas preexistentes na ala leste do claustro e era acessada pelo nível superior. Michelangelo queria colocar uma claraboia sobre o vestíbulo, mas o Papa temia vazamentos; por isso, janelas de clerestório foram incorporadas à parede leste voltada para o claustro. Dessa forma, o vestíbulo (Fig. 11.37) surpreende por sua verticalidade, pois a altura equivale a quase metade da largura. Janelas falsas de forma trapezoidal, emolduradas com *pietra serena*, circundam o interior do vestíbulo; essas são separadas por meias-colunas geminadas inseridas nas paredes. O engaste normalmente ilógico das colunas nas paredes lembra uma invenção maneirista, mas essas posições são necessárias devido à localização das paredes preexistentes da edificação sob a biblioteca. As paredes entre as colunas parecem uma pele bem esticada entre os suportes verticais. Michelangelo enfatizou ainda mais a aparente instabilida-

11.36 Michelangelo Buonarroti, Planta baixa e corte longitudinal da Biblioteca Laurenciana, Florença, iniciada em 1524.

Não podemos esquecer que a beleza escultórica do vestíbulo de Michelangelo apenas introduz o espaço principal: a sala de leitura de textos gregos e latinos. Ali, ele abandonou a tensão e o dinamismo que tanto valorizava em favor de uma serenidade modular, mais adequada à função do espaço.

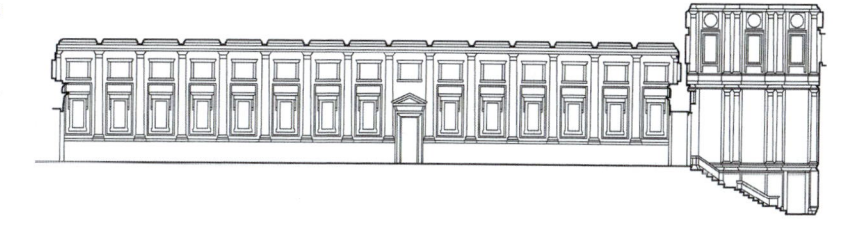

11.37 Michelangelo Buonarroti, Vestíbulo da Biblioteca Laurenciana, Florença, iniciada em 1524.

A escada do vestíbulo parece escorrer da porta da sala de leitura, como se seus degraus fossem de lava solidificada. As colunas comprimidas pelo frontão da porta criam o mesmo tipo de tensão de arquitetura expressa pelas figuras reclinadas feitas por Michelangelo na Capela Medici.

de do conjunto fazendo com que as colunas aparentassem estar apoiadas em **mísulas**, de modo que o peso parece ser transmitido por elementos bastante fracos; além disso, é impossível determinar visualmente se são as colunas ou as paredes que sustentam a cobertura. A sensação de ambiguidade é enfatizada pelas formas aparentemente heterodoxas das janelas do tabernáculo. Todos os elementos de arquitetura foram comprimidos, criando uma sensação de tensão e energia reprimida.

O ponto alto desse espaço instigante é a grande escada que leva à sala de leitura. Os croquis originais de Michelangelo para a biblioteca mostram a escada tendo dois lanços laterais paralelos à parede. Em 1558-59, quando a escada atual foi projetada, a proposta se transformou em uma escultura dinâmica que parece escorrer do patamar superior como lava, comprimindo a limitada área de piso do vestíbulo. À medida que desce, a escada se divide em três lanços, sendo que os laterais não têm corrimãos. No lanço central, os pisos convexos têm largura variável, o que confere um ar perturbador ao conjunto. Por outro lado, a sala de leitura da biblioteca é serena, silenciosa e tranquila, ou seja, um local mais que adequado para se pesquisar e estudar. Como as demais bibliotecas monásticas, é um longo cômodo iluminado por janelas distribuídas a intervalos iguais entre as pilastras das paredes laterais. Assim, as mesas de leitura – distribuídas perpendicularmente às paredes laterais – eram muito bem iluminadas pela luz natural.

O Campidoglio ou Monte Capitólio, Roma

Em 1534, com a Capela Medici e a Biblioteca Laurenciana ainda incompletas, Michelangelo trocou Florença por Roma, onde permaneceu até sua morte em 1564. Em 1527, Roma fora saqueada por Carlos V. Lá, um dos primeiros contratos de arquitetura de Michelangelo adveio da prefeitura da cidade, que decidiu recuperar o esplendor de Roma reformando o Campidoglio, a antiga sede do governo no Monte Capitólio, ocupada desde o século XII por um palácio municipal. Em seguida, o Papa Paulo III transferiu a grande estátua equestre de Marco Aurélio, especialmente para ser usada como ponto central do terreno. Assim, Michelangelo teve de encontrar um lugar para a estátua e colocar em ordem um topo de colina irregular já obstruído por dois edifícios medievais dilapidados implantados em ângulo agudo um em relação ao outro. Apesar dessas condições, esta era, de certa forma, a obra de arquitetura ideal para um arquiteto renascentista, uma vez que oferecia a oportunidade de construir uma praça cívica monumental para uma grande cidade. Michelangelo encontrou uma solução brilhante para a difícil tarefa. Planejou uma praça trapezoidal capaz de regularizar a complicada geometria estabelecida pelas edificações preexistentes e inseriu um padrão de piso oval que enfatizava a estátua equestre no centro (Fig. 11.38). Os precedentes dessa disposição geral dos elementos estão na planta baixa de Rossellino para a

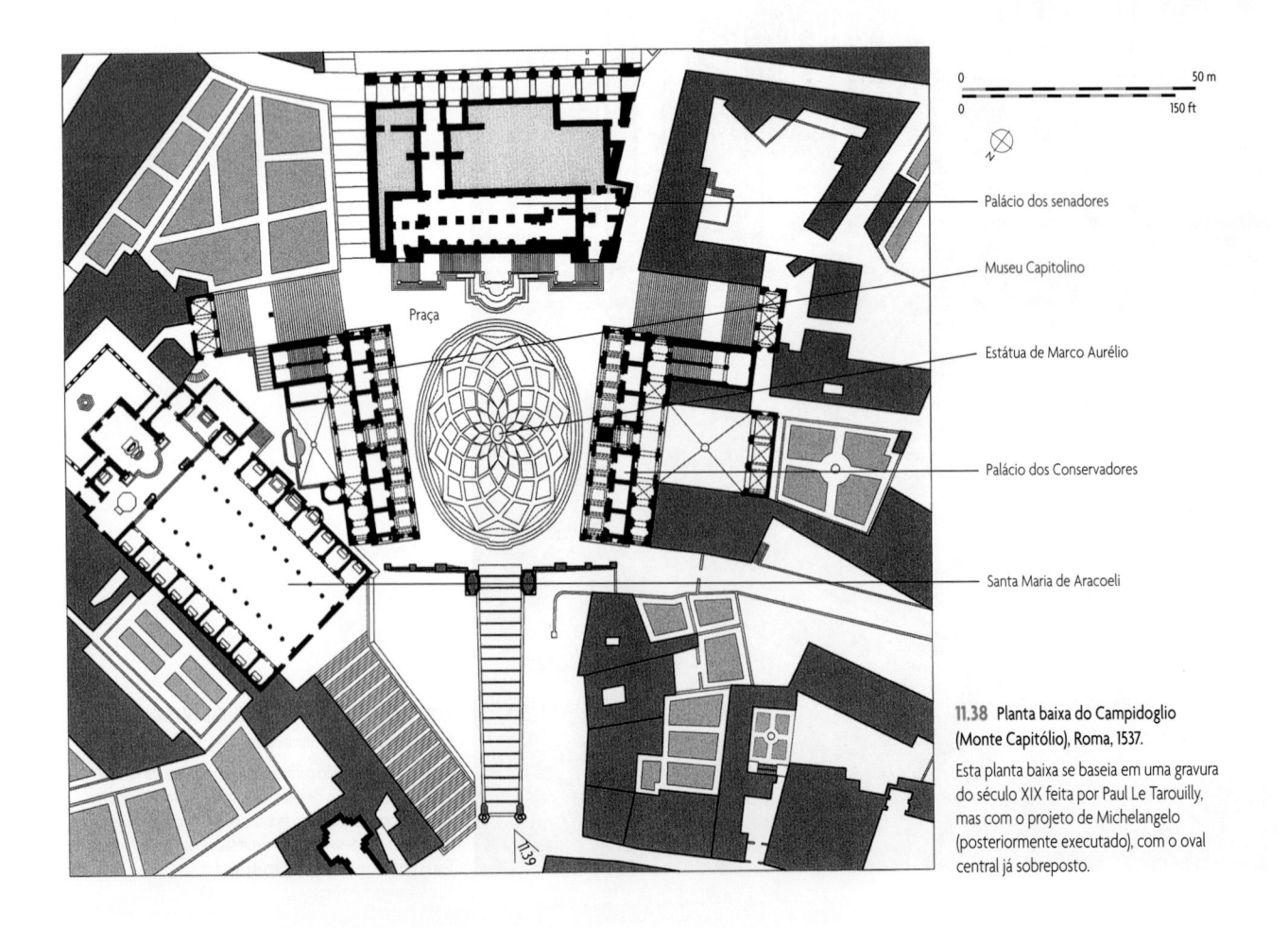

11.38 Planta baixa do Campidoglio (Monte Capitólio), Roma, 1537.

Esta planta baixa se baseia em uma gravura do século XIX feita por Paul Le Tarouilly, mas com o projeto de Michelangelo (posteriormente executado), com o oval central já sobreposto.

11.39 Michelangelo Buonarroti, Campidoglio, Roma, iniciado em 1537. Gravura de Le Tarouilly.

Esta perspectiva de Le Tarouilly é enganadora. A regularidade absoluta não dá pista alguma da desordem anterior desta colina muito cruzada no passado, com pesadas edificações medievais distribuídas em uma configuração assimétrica e não ortogonal. O toque de gênio de Michelangelo foi unificar as partes não relacionadas.

praça da catedral de Pienza (1459-64; veja a página 316), ainda que a escala e a coerência do projeto de Michelangelo sejam muito superiores.

A axialidade e a simetria organizam todas as partes da obra no Monte Capitólio. Michelangelo deu ao Palácio dos Senadores (Fig. 11.39), reformado por volta de 1547 e também posteriormente, um campanário central, uma nova fachada e uma escadaria monumental dupla no exterior. Ele projetou uma nova fachada para o Palácio dos Conservadores, que apresentava uma colunata, com uma gigantesca ordem de pilastras coríntias correspondendo aos dois pavimentos; além disso, criou uma estrutura idêntica – o Palazzo Nuovo (atual Museu Capitolino) – para o lado oposto da praça. No lado menor da planta baixa trapezoidal, Michelangelo ampliou o eixo central usando uma rampa escalonada espetacular que ligava o monte à cidade abaixo. As obras no Monte Capitólio ainda não tinham terminado quando Michelangelo morreu, mas seus projetos foram seguidos com cuidado nos séculos seguintes, finalizando com a instalação do último padrão de piso, em 1928.

11.40 Antonio da Sangallo, o Jovem, e Michelangelo Buonarroti, Palácio Farnese, Roma, 1517–46.

Esta obra em coautoria serviu de modelo para vários monumentos urbanos no final do século XIX e início do século XX. Ao contrário da interpretação florentina dessa tipologia, este palácio apresenta rusticação apenas na forma de pedras angulares nas quinas e na entrada e tem molduras de janela com inspiração clássica.

O Palácio Farnese, Roma

Em 1546, o Papa Paulo III contratou Michelangelo para dar continuidade à construção do Palácio Farnese (Fig. 11.40), residência de sua família, iniciado em 1517 por Antonio da Sangallo, o Jovem. Na fachada principal, Michelangelo acrescentou a cornija e a janela central com o brasão no nível do *piano nobile*. No pátio interno, acrescentou os dois pavimentos superiores, comprimindo as pilastras, as colunas adossadas e as janelas de modo similar ao vestíbulo da Biblioteca Laurenciana. Para expressar a posição social e a riqueza da família Farnese, composta por novos ricos, o palácio domina a praça em frente, conferindo uma dignidade serena ao espaço.

A Basílica de São Pedro, Roma

O Papa Paulo III foi pontificado cinco anos antes de o Vaticano reunir fundos suficientes para retomar a construção da futura Basílica de São Pedro, iniciada em 1506 por Bramante. As plantas baixas tinham sido trabalhadas por Rafael, Giuliano da Sangallo e Baldassare Peruzzi, mas o Saque de Roma, pelo exército de Carlos V, em 1527, esva-

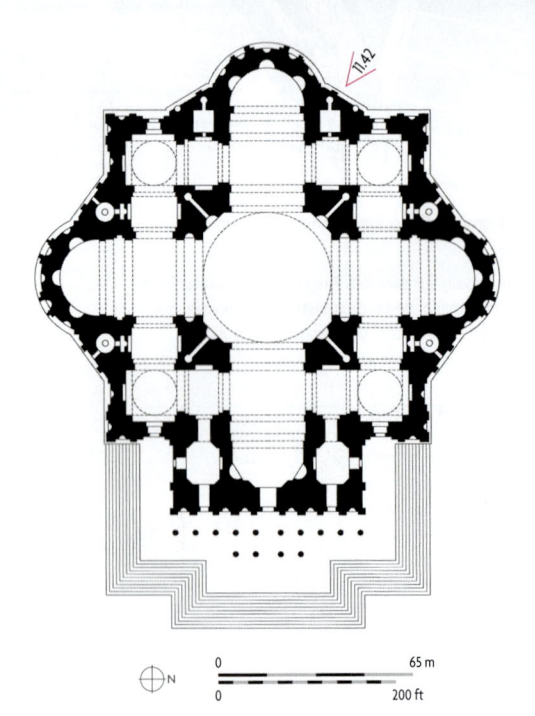

11.41 Michelangelo Buonarroti, Planta baixa da Basílica de São Pedro, Roma, iniciada em 1546.

Se compararmos esta planta baixa com a de Bramante (veja a Fig. 11.28), veremos que as colunatas desapareceram, os pilares centrais foram ampliados e um pórtico de entrada foi criado. Se concluída desta maneira, representaria o auge das igrejas com planta baixa centralizada projetadas durante o Renascimento.

ziou os cofres do Vaticano e impossibilitou grandes obras. Antonio da Sangallo, o Jovem, gastou a quantia necessária para construir uma pequena igreja na construção de uma maquete capaz de ilustrar a deselegante aglomeração das pequenas ordens clássicas que propôs para os deambulatórios dos transeptos norte e sul. Embora permitisse apenas a entrada de luz indireta no grande espaço central, o transepto sul foi finalizado de acordo com seus projetos em 1546, ano de seu falecimento. A indicação de Michelangelo como arquiteto responsável levou Vasari a escrever que o Papa Paulo III tinha muita sorte, pois Deus permitira que o artista vivesse durante seu pontificado, dizendo: "Quão grandes são teus méritos elevados por sua arte". Michelangelo, que se considerava antes de tudo um escultor, aceitou o trabalho como um ato de devoção para a glorificação de Deus, recebendo apenas um salário mínimo por seu trabalho como arquiteto na basílica. Ele logo percebeu os equívocos do esquema sem criatividade de Sangallo e demoliu as paredes externas dos deambulatórios dos transeptos, em parte porque invadiam o Palácio do Vaticano e implicariam na destruição de várias edificações caso fossem finalizados ao redor da igreja. Também resultariam em passagens internas escuras, nas quais, segundo Michelangelo, mendigos podiam se esconder e atacar os peregrinos. Michelangelo fez uma pequena maquete em argila da igreja, a partir da qual foi construída uma maquete de madeira; o projeto resgatou a concepção inicial de Bramante com planta baixa em cruz – embora em versão reduzida e simplificada (Fig. 11.41) – e aumentou o tamanho de seus pilares centrais insuficientes para a estrutura, cujas fundações já estavam construídos. Michelangelo se correspondeu com seu sobrinho que vivia em Florença para saber as dimensões da cúpula projetada por Bramante para a catedral local – um projeto que admirava e desejava imitar. "Farei sua irmã maior, sim, porém não mais bela", escreveu.

Embora as obras na cúpula da Basílica de São Pedro tenham começado depois de sua morte, Michelangelo conferiu unidade interna e externa ao seu projeto (Fig. 11.42). A cúpula projetada por Brunelleschi para a Catedral de Florença tinha um perfil gótico alto; em vez disso, Michelangelo optou por uma forma hemisférica. Também aumentou o número de nervuras de pedra visíveis no exterior da cúpula

11.42 Michelangelo Buonarroti, Basílica de São Pedro, Roma, iniciada em 1546.

É preciso uma imagem como esta para que percebamos a volumetria com planejamento central proposta por Bramante e Michelangelo. Aqui, o elemento dominante é a grande cúpula, que, na altura do solo, perde parte de sua força devido à extensão da nave central agregada por Carlo Maderno.

11.43 Michelangelo Buonarroti, Porta Pia, Roma, 1561–65.

Este portal ainda recebe as pessoas que chegam à cidade vindas do leste. Quando construído originalmente, seus elementos heterodoxos, sistemas estruturais ambíguos e texturas discordantes provavelmente chocaram a todos que o viram pela primeira vez.

de oito para 16, de modo a eliminar o volume octogonal facetado encontrado na cúpula da Catedral de Florença. Se a cúpula tivesse sido construída como queria Michelangelo, o empuxo para fora das nervuras seria enorme e é improvável que o tambor de alvenaria conseguisse suportar o acúmulo de cargas. Giacomo della Porta, que construiu a cúpula depois da morte de Michelangelo, utilizou um perfil um pouco mais alto para diminuir o empuxo lateral e usou uma estrutura com lanterna para transferir o peso da cúpula verticalmente até o tambor. Ele usou colunas – visualmente conectadas ao tambor por um entablamento interrompido – como contrafortes que verticalizavam ainda mais as cargas até os arcos e os quatro grandes pilares do cruzeiro central. Ainda assim, correntes tracionadas foram incorporadas posteriormente à alvenaria de tijolo desta cúpula com casca dupla, cujo diâmetro tem apenas 1,5 metro a menos que o domo do Panteon. O volume triangulado do projeto como um todo chega a uma altura de quase 140 metros, o suficiente para ter a forte presença visual da fachada prevista por Michelangelo. No entanto, a Basílica de São Pedro finalmente ficou pronta no início do século XVII com uma nave central e a fachada principal projetadas por Carlo Maderno (veja as Figuras 12.4–12.5), que minimizaram a presença da cúpula.

A Porta Pia, Roma

Em seus projetos posteriores, Michelangelo foi um precursor do Barroco de diversas maneiras, como fica evidente no projeto da Porta Pia (Fig. 11.43), um portal para a cidade construído no final da Via Pia. Em vez de um portal de defesa para uma muralha de cidade fortificada, era e ainda é um pano de fundo teatral que encerra uma vista. Os elementos de arquiteturas de pedra – muitos deles incomuns – foram isolados contra um plano de tijolos: um frontão quebrado preenchido com uma placa e um drapeado em festão, estranhos medalhões com drapeados pendentes e ameias com volutas. Michelangelo enfatizou a passagem central carregando-a com diversos elementos estruturais redundantes – um arco rusticado, um arco abaulado e um frontão quebrado sobre pilastras com sulcos profundos e **mútulos** nos capitéis; a concatenação dos detalhes de arquitetura lembra os projetos de cenários renascentistas para o teatro. Iniciada em 1561, a Porta Pia – ao contrário de muitas outras obras de arquitetura – estava quase pronta quando Michelangelo morreu.

A Capela Sforza, Roma

Seu projeto mais ousado, em termos espaciais, é a Capela Sforza, na igreja de Santa Maria Maggiore, em Roma (Fig. 11.44), construída pela mesma família que contratara Leonardo da Vinci em Milão. Como a Biblioteca Laurenciana, ela é ao mesmo tempo dinâmica e ambígua. A capela combina o planejamento central com o longitudinal e enfatiza a direção diagonal (e não ortogonal), que poderia ser definida por quatro colunas adossadas a pilastras enviesadas que sustentam uma abóbada de nervuras descrita como "cheia de ondulações". Os segmentos curvos das paredes que abraçam os altares laterais delimitam um círculo incompleto, com abóbadas superiores também incompletas e lembrando velas de navio. Como na Capela Pazzi, o altar principal oposto à entrada fica em um quadrado secundário. A Capela Sforza serviu de inspiração para inúmeras investigações espaciais feitas por arquitetos nos 150 anos seguintes.

ANDREA PALLADIO

Andrea Palladio nasceu Andrea di Pietro della Gondola em 1508 e foi treinado para ser pedreiro. Quando tinha aproximadamente 30 anos, trabalhou em um canteiro de obras, onde seus talentos chamaram a atenção do conde humanista Giangiorgio Trissino, que tornou-se seu mentor. Trissino rebatizou-o como Palladio em homenagem a um personagem de seu poema épico *A Itália Livre dos Góticos* e deu a ele uma formação humanista que, somada às várias viagens para estudar Roma, transformou Palladio em um arquiteto. Em especial, ao medir as edificações da Roma Antiga, coletou informações precisas sobre as proporções clássicas, que aproveitou mais tarde ao projetar suas próprias edificações.

A profunda influência de Palladio no desenvolvimento da arquitetura ocidental se deve tanto aos seus textos como às suas edificações. Em 1570, publicou *I quattro libri dell'architettura* (*Os Quatro Livros da Arquitetura*) (Fig. 11.45), obra na qual ilustrou e discutiu suas obras e as da antiguidade. Palladio escreveu sobre ordens da arquitetura, arquitetura residencial, edifícios públicos, planejamento urbano e templos, "sem os quais", segundo ele, "não existe civilização". Ainda que pudesse medir e ilustrar templos, teatros, pontes, arcos de triunfo e termas romanas reais, Palladio teve de especular sobre o projeto das moradias romanas; por isso, incluiu versões ideais de suas próprias edificações – frequentemente antagônicas aos projetos construídos – para demonstrar os ideais da antiguidade. Os números impressos nas plantas baixas indicam a largura e o comprimento dos cômodos, enquanto os cortes e o texto às vezes informam a altura. Referindo-se às suas edificações e suas respectivas dimensões, ele publicou o sistema de proporções mais coerente do Renascimento. Começou com módulos baseados nas espessuras das paredes e, a seguir, determinou as dimensões de todos os cômodos usando razões derivadas das consonâncias musicais; por fim, distribuiu tais espaços segundo grelhas modulares. Nisso, como em todos os seus projetos de arquitetura, estava preocupado com a conveniência prática como componente essencial de um bom projeto; para ele, a estabilidade, a

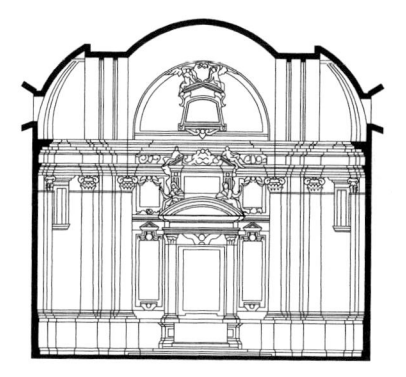

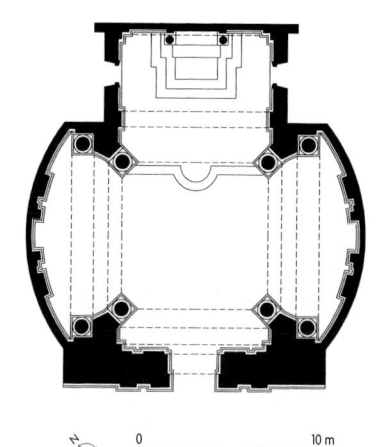

11.44 Michelangelo Buonarroti, Planta baixa e corte longitudinal da Capela Sforza, Igreja de Santa Maria Maggiore, Roma, 1564.

Esta foi a mais revolucionária das edificações renascentistas. A configuração com colunas e abóbadas, bem como a dinâmica espacial e as interpenetrações espaciais resultantes, inspirou arquitetos de toda a Europa por mais de um século. Embora a pedra evidentemente não possa ondular, a palavra ondulante expressa a sensação transmitida por Michelangelo. A abóbada parece ser puxada pelas colunas em vez de comprimi-las.

11.45 Capa do segundo volume da edição inglesa de Isaac Ware (1738) da obra *I quattro libri dell' architettura*, escrita por Palladio.

Embora várias edições deturpadas da obra de Palladio tenham aparecido na Inglaterra a partir de meados do século XVII, esta foi a mais fiel e a primeira a ser aprovada por seus seguidores.

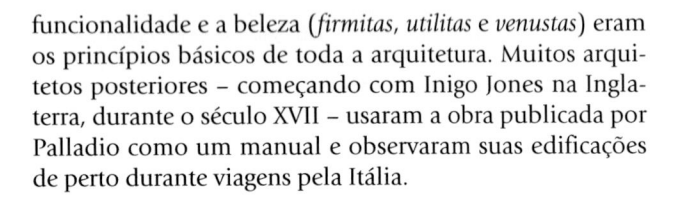

11.46 Andrea Palladio, Basílica, Vicenza, 1549.

A cobertura é um acréscimo do século XIX. Os dois níveis de arcos concebidos por Palladio disfarçam as abóbadas medievais da antiga basílica ou prefeitura da cidade.

funcionalidade e a beleza (*firmitas*, *utilitas* e *venustas*) eram os princípios básicos de toda a arquitetura. Muitos arquitetos posteriores – começando com Inigo Jones na Inglaterra, durante o século XVII – usaram a obra publicada por Palladio como um manual e observaram suas edificações de perto durante viagens pela Itália.

As edificações em Vicenza

O primeiro encargo público de Palladio foi uma nova vedação externa para o mercado e a prefeitura (ou basílica) medieval de Vicenza, ao qual acrescentou arcadas em dois pavimentos com colunas dóricas e jônicas (Fig. 11.46). Ele apresentou sua proposta de projeto em 1546 a pedido das autoridades municipais, que a aceitaram com modificações três anos depois. A obra se baseou em técnicas romanas de construção de abóbadas de arestas de tijolo, mas o elemento dominante do projeto foi a unidade repetida com três aberturas, sendo a central com arcos apoiados em pares de colunas pequenas distribuídas com uma meia-coluna maior entre cada vão. Os vãos das extremidades são menores, para conferir uma aparência de resistência às quinas, que têm colunas geminadas. Embora Bramante tenha sido o primeiro arquiteto renascentista a usar um arco ladeado por aberturas retangulares, o conjunto às vezes é chamado de **motivo serliano** porque foi ilustrado pela primeira vez nas obras publicadas por Sebastiano Serlio. Não resta dúvida de que, ao usar o motivo serliano, Palladio se deixou influenciar diretamente por sua utilização na Biblioteca de São Marcos (1537-53), projetada por Jacopo Sansovino em Veneza, bastante próxima (veja a Fig. 11.57).

Alguns palácios projetados por Palladio em Vicenza refletem suas visistas a Roma. O Palácio Valmarana, por exemplo, inclui a ordem colossal usada por Michelangelo no Campidoglio (Monte Capitólio). Já o Palácio Chiericati (1550-52), edificado sobre um terreno pouco profundo com uma longa fachada voltada para um espaço aberto de uso público (Fig. 11.47), é bem mais original. Palladio tratou a edificação como um palácio romano – tinha dois pavimentos de altura, estava voltada para uma praça pública e apresentava uma colunata dórica no nível térreo que seria amarrada a outras colunatas (nunca construídas) das edificações que cercavam os demais lados da praça. Como em muitas casas projetadas por Palladio, a fachada do palácio foi dividida em três partes, sendo a seção central um pavilhão ou vão projetado acentuado por colunas agrupadas que transmitem uma ideia de resistência. O segundo pavimento foi composto na ordem jônica, com galerias ao lado do salão principal. Assim, ao projetar o salão para além da colunata pública abaixo, Palladio encontrou mais espaço para o maior cômodo da habitação. O palácio é amplo e arejado. Como o terreno é exíguo, o longo eixo do saguão de entrada e a maioria dos cômodos foram distribuídos paralelamente à rua, em vez de perpendiculares a ela.

11.47 Andrea Palladio, Palácio Chiericati, Vicenza, 1550–52.

Palladio projetou uma colunata dórica para o pavimento térreo, que ficaria ao redor de uma praça do tipo foro romano. A transparência da fachada é surpreendente, especialmente os espaços de quina similares a gaiolas, no segundo pavimento.

Os projetos de vilas no Vêneto

Todavia, foram os projetos de casas de campo – e não as habitações urbanas –, que deram a Palladio uma legião tão numerosa de discípulos entre os arquitetos posteriores. Ao contrário da maioria das vilas renascentistas, suas mansões rurais (vilas) eram principalmente fazendas produtivas pertencentes aos filhos mais jovens de nobres venezianos. Suas terras ficavam na área continental ao norte de Veneza – o Vêneto – para onde o lucro gerado pelo comércio marítimo era direcionado à medida que as oportunidades comerciais venezianas diminuíam. Embora isolados da sofisticada sociedade veneziana, esses fazendeiros cultos cultivavam uma vida elegante e requintada em casas de imponência apropriada. Dois dos primeiros clientes de Palladio foram Daniele Barbaro – escritor e editor erudito de uma versão publicada de Vitrúvio – e seu irmão Marcantonio. Para eles, Palladio projetou a Vila Barbaro, em Maser (1557–58) (Fig. 11.48). Como em suas outras vilas, o esquema é simétrico e o bloco com a zona social central é equilibrado por duas alas conectadas por arcadas laterais. A edificação foi implantada em um suave aclive; por isso, embora seja predominantemente horizontal, oferece uma vista da paisagem. A elegância da composição não denota a praticidade do edifício. Seguindo as práticas da Roma Antiga, Palladio combinou as muitas funções de uma grande fazenda em uma única estrutura, incluindo depósitos para o feno e equipamentos, estábulos e espaços para a moagem de cereais.

No interior da Vila Barbaro, os cômodos têm proporções graciosas, são bem iluminados e foram criativamente ornamentados com afrescos com perspectivas de Paolo Veronese (cerca de 1528–1588). Graças à aplicação inteligen-

11.48 Andrea Palladio, Vila Barbaro, Maser, 1557–58.
A combinação de espaços habitacionais e para atividades agrícolas feita por Palladio em uma única edificação longa permitiu construir casas de campo monumentais. Ele foi o primeiro arquiteto renascentista a usar a fachada de templos em edificações domésticas.

te de pigmentos, as paredes se fundem com os tetos em abóbadas de berço. Em um cômodo, balcões com balaustradas parecem sustentar colunas torsas, atrás das quais foram pintadas aberturas onde a dona da casa pode ser vista com um menino de recados, um criado, um cãozinho e um papagaio. As sombras projetadas aumentam a sensação de profundidade em uma série de cômodos onde arquitraves e portas reais com frontão se confundem com as que foram pintadas nas superfícies planas das paredes. Caçadores e crianças aparecem nas portas falsas abertas, enquanto esculturas ficam em nichos ladeados por colunas – todos trazidos à vida pelo pincel do pintor. As paisagens levam o olhar para além das colunas e pilastras da sala de jantar até vistas imaginárias, inspiradas em cenas da antiguidade.

Com a Vila Barbaro, Palladio contribuiu significativamente para o desenvolvimento do projeto de habitações que continua a influenciar a arquitetura atual – embora não imaginasse que estivesse inovando: trata-se da aplicação das colunas e do frontão da fachada de um templo a uma casa. Ele interpretou Vitrúvio, que dissera que os templos gregos evoluíram de casas – uma observação que talvez se refira às semelhanças do mégaron com a cela dos templos. Sem conhecer o mégaron, Palladio concluiu que Vitrúvio queria dizer que as casas gregas pareciam com os templos gregos, que, pelo que sabia, tinham colunas e frontão. Portanto, ao usar esses elementos na fachada de uma casa, Palladio acreditava estar seguindo os precedentes gregos, quando, na verdade, estava inovando.

Palladio projetou a Vila Foscari, em Malcontenta (1559–60), localizada no Canal Brenta, na periferia de Veneza, sobre um eixo único, pois desejava que pátios laterais mascarassem as elevações das extremidades; contudo, os pátios nunca foram construídos (Figuras 11.49–11.50). Uma escada em dois sentidos com patamar leva a um pórtico sobre eixo no nível do *piano nobile*, enquanto a entrada do pórtico se abre para um espaço cruciforme abobadado que cruza totalmente a edificação. Uma das abóbadas de berço nos braços da cruz se reflete na fachada rusticada do jardim. Um sistema de proporções consistente é usado por toda a casa – todos os cômodos têm razões de 1:1, 2:3, 1:2 ou 3:4. Na planta baixa, as proporções de comprimento e largura da edificação seguem a seção áurea de 5:8, enquanto a altura é igual a largura.

Sem dúvida, a habitação mais famosa projetada por Palladio é a Vila Americo-Capra, também conhecida como Vila Rotonda, situada na periferia de Vicenza (1566–70) (Figuras 11.51–11.52). O cliente desta vila era um clérigo aposentado, que usou a casa para comemorações requintadas e também para o processamento da produção agrícola. A Vila Rotonda tem planta baixa quadrada e, como sugere o nome, uma rotunda central de dois pavimentos. De acordo com Palladio, "há galerias em todas as quatro fachadas" para que "se aprecie de todos os pontos as mais belas vistas, algumas delas limitadas, outras ampliadas e outras que terminam com o horizonte". Internamente, o espaço central com cúpula irradia em direção aos quatro pórticos e aos cômodos

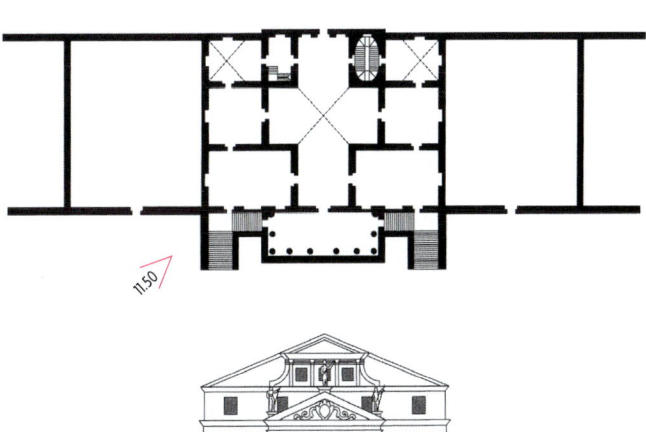

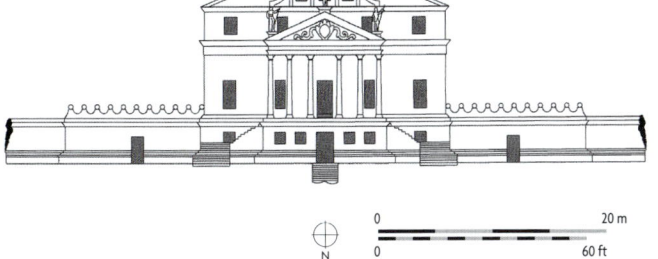

11.49 Andrea Palladio, Planta baixa e elevação da Vila Foscari, Malcontenta, 1559–60.

Compare esta elevação com a perspectiva adjacente. O telhado proeminente desaparece devido ao escorço, enquanto o pórtico se torna dominante.

11.50 Andrea Palladio, Vila Foscari, Malcontenta, 1559–60.

Esta perspectiva mostra a genialidade de Palladio, que criou um monumento sem precisar usar grandes dimensões. Em vez disso, se baseou em paredes com grandes superfícies e proporções cuidadosas; também evitou elementos que diminuem a escala, como corrimãos.

11.51 Andrea Palladio, Vila Americo-Capra (Vila Rotonda), Vicenza, 1566–70.

O estudo atento dos tijolos que compõem a escada revelou mudanças significativas desde a construção da vila. Antigamente, as aberturas com arcos sob esta escada permitiam que carroças levassem cereais ao porão.

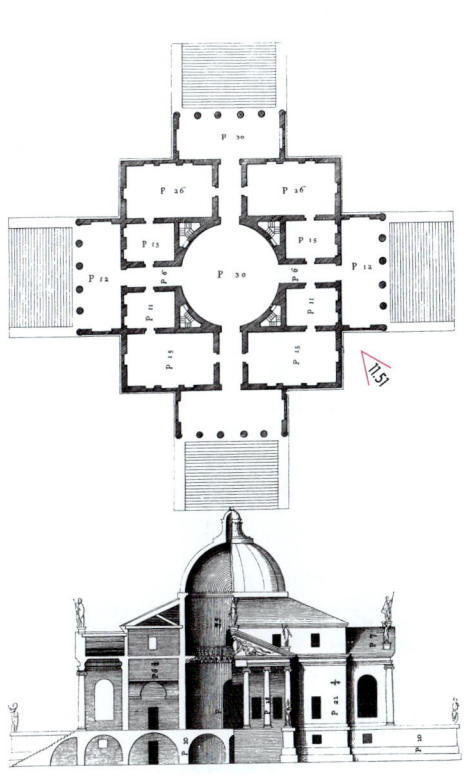

11.52 Andrea Palladio, Planta baixa e elevação/corte da Vila Americo-Capra (Vila Rotonda), Vicenza, 1566–70.

Estas representações ortográficas mostram como Palladio ilustrou sua obra com xilogravuras no *I quattro libri*. Ele incluiu as proporções com números inteiros dos cômodos na planta baixa.

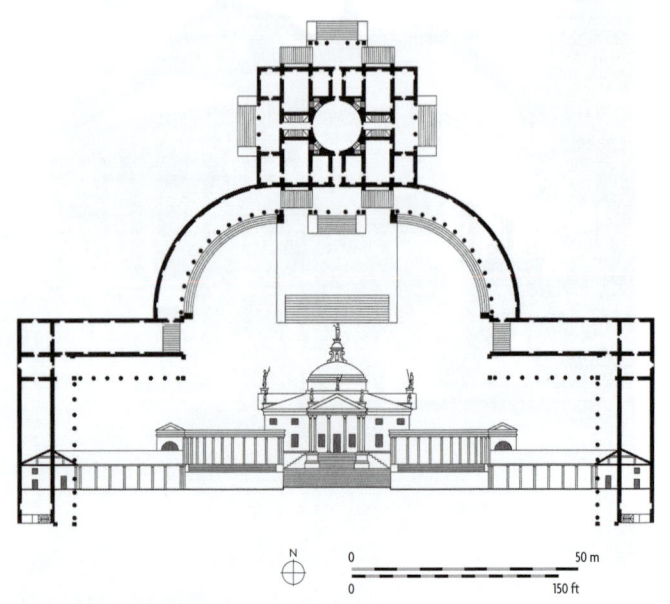

11.53 Andrea Palladio, Planta baixa e elevação da Vila Trissino, Meledo, iniciada em 1567.

Embora nunca tenha sido terminado, o projeto desta vila foi um precursor das composições neopaladianas muito longas que marcaram o início do século XVIII na Inglaterra. As conexões em quarto de círculo entre o bloco central e as alas laterais se tornariam um motivo popular nos Estados Unidos do século XVIII.

elegantemente proporcionados nas quinas. É um esquema simples, porém poderoso, que seria copiado inúmeras vezes.

Palladio partiu da mesma planta baixa para projetar a Vila Trissino, em Meledo (Fig. 11.53), chegando a um esquema ambicioso do qual apenas um pequeno fragmento foi construído. Ao cubo básico da casa, acrescentou colunatas em forma de quadrantes nos dois lados do pórtico de entrada, ampliando-o de modo a formar um pátio de entrada retangular. No século XVIII, essas colunatas seriam muito usadas nas colossais casas de campo neopaladianas construídas na Inglaterra e nas casas georgianas dos Estados Unidos, não tão grandes. Os comentários feitos pelo arquiteto sobre a vila sugerem que o pavimento térreo seria usado para os serviços domésticos, enquanto as demais dependências serviriam às atividades da fazenda.

As igrejas em Veneza

A igreja mais importante de Palladio é a de San Giorgio Maggiore, em Veneza (Fig. 11.54), cujo projeto da fachada deriva da igreja de Santa Francesca della Vigne, construída por ele, anteriormente, na mesma cidade. As duas igrejas ofereceram uma solução para o problema renascentista de se sobrepor uma fachada clássica a um volume em forma de basílica. Palladio combinou duas fachadas de templo: uma alta, composta de quatro colunas coríntias sobre pedestais para sustentar um frontão na extremidade da nave central, que foi sobreposta a uma mais larga, com pilastras coríntias menores, que correspondem às alturas das naves laterais. Vitrúvio discutira o arranjo duplo das empenas e a ideia de usar frontões duplos em uma fachada foi legitimada pelo exemplo do Panteon, onde o nível do ático (sótão) com cornija fica entre o pórtico e a rotunda. Em San Giorgio, as colunas e pilastras coríntias da fachada são replicadas na arcada interna entre a nave central e as laterais,

11.54 Andrea Palladio, San Giorgio Maggiore, Veneza, iniciada em 1565.

As três escalas de ordens e os três tamanhos de frontões conferem claridade e expressividade à fachada. O uso que Palladio deu às formas de templo sobrepostas seria bastante copiado nos Estados Unidos. As janelas iguais às das termas são visíveis na cobertura da nave lateral.

11.55 Andrea Palladio e Vincenzo Scamozzi, Interior do Teatro Olímpico, Vicenza, 1579–80.

O proscênio criado por Scamozzi não seria permanente. Ele representa o tipo de paisagem urbana ideal imaginado por muitos planejadores urbanos do Renascimento. As fachadas das edificações foram configuradas de modo a criar uma falsa perspectiva. As cornijas dos entablamentos e dos pavimentos realmente convergem, assim como os planos de piso e de teto.

conferindo uma unidade albertina à edificação eclesiástica. Palladio recorreu às termas romanas para descobrir como trabalhar com o interior. As abóbadas de berço são iluminadas pelas janelas semicirculares do clerestório (também chamadas, em inglês, de *thermal windows*, por estarem presentes nas termas romanas, como os de Diocleciano) e o conjunto foi pintado de branco para refletir a luz e enfatizar a clareza volumétrica da igreja.

O Teatro Olímpico

Uma das últimas obras de Palladio foi o Teatro Olímpico, em Vicenza (1579–80), inspirado nos teatros romanos – com um proscênio similar ao do Teatro de Marcelo – mas coberto por um teto pintado, de modo a representar o céu. As arquibancadas muito íngremes foram distribuídas em um semicírculo voltado para o palco; até hoje, o proscênio original, projetado por Vincenzo Scamozzi (1552–1616), é usado como cenário para todas as produções encenadas ali. O proscênio de Scamozzi representa uma praça urbana, de onde saem três ruas que se perdem na distância; o comprimento aparente é exagerado pela falsa perspectiva de um plano de piso inclinado e por edificações cujas alturas diminuem artificialmente (Fig. 11.55). Quando saem do palco, os atores parecem ir até o fim da rua, embora, evidentemente, eles não diminuam de altura, como a falsa perspectiva do proscênio.

A contínua influência de Palladio na arquitetura ocidental se deve, em grande parte, ao planejamento lógico, às proporções cuidadosas e à clareza conceitual que caracterizam seus projetos. Na verdade, os princípios que ele defendia se aplicam a inúmeras circunstâncias. Tanto os textos como as edificações demonstram as conquistas do pedreiro que virou arquiteto e declarou: "Vitrúvio é meu mestre, Roma é minha amante e a arquitetura é minha vida".

A VENEZA DE PALLADIO

A Veneza de Palladio, localizada na Itália, mas mantendo relações comerciais com Istambul e regiões mais a leste, desenvolveu um estilo Gótico mais exótico que foi sobreposto a ideias renascentistas específicas. Embora Veneza apresente uma quantidade considerável de obras da arquitetura renascentista, o estilo que surgiu como uma variante regional se baseia nas tradições, no clima e na índole locais. O Palácio Vendramini-Calergi (1500–10), de Mauro Coducci (cerca de 1440–1504), tem pilastras coríntias, colunas e cornijas emoldurando grandes janelas com arcos plenos, que foram decoradas com detalhes clássicos. Essas janelas recebem a brisa que vem da lagoa e refrescam a galeria e o salão central, que substituiu o pátio interno encontrado nos palácios florentinos. No pavimento térreo da Scuola di San Marco (1487–90), Martino Lombardo usou painéis com relevos em perspectiva que foram executados por Tullio Lombardo. As cenas representam leões – o animal associado a São Marcos – observando por trás do plano da fachada, a partir de um espaço que sugere uma abóbada de berço.

É possível que a lembrança mais nítida na mente de quem tenha visitado a cidade soberana do Mar Adriático seja a Praça de São Marcos (Fig. 11.56). Localizada no ponto onde o Grande Canal desemboca na laguna, é um dos mais grandiosos espaços urbanos no planejamento urbano ocidental, apresentando um corte transversal dos avanços da arquitetura veneziana entre os séculos XIV e XVI. A praça, em forma de L, tem um grande espaço que vai da água, entre o Palácio do Dodge e a Biblioteca de São Marcos, até o campanário, ao redor do qual ela gira para formar um grande trapézio, que, embora tenha evoluído com o passar do tempo, parece ser uma resposta espacial perfeita para a exótica catedral de São Marcos em frente.

Procuratorie Vecchie
Campanário
São Marcos
Procuratorie Nuove
Biblioteca
Palácio do Dodge
La Zecca ou Casa da Moeda

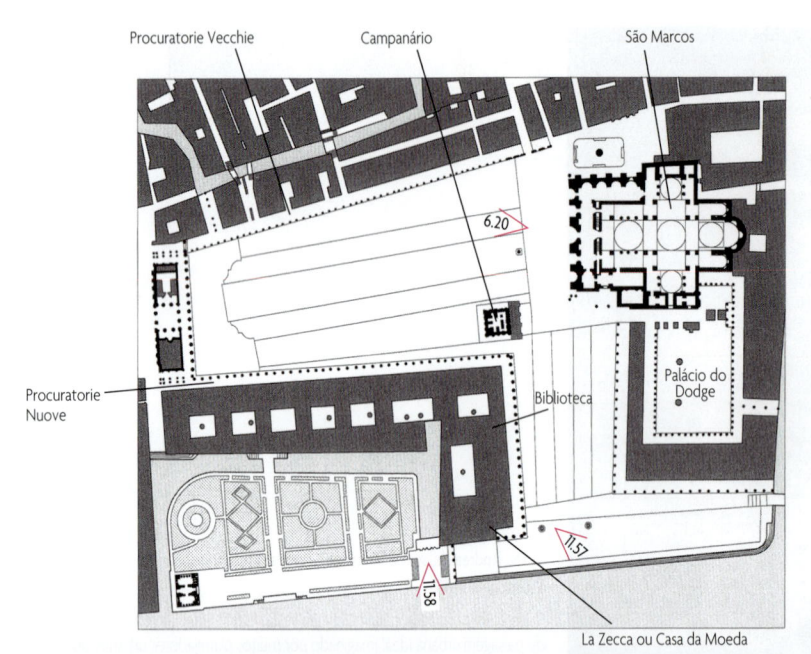

11.56 Planta da Praça de São Marcos, Veneza, 1487–90.

O espaço entre a Procuratorie Vecchie e a Procuratorie Nuove – ambos prédios de escritórios para servidores municipais – foi alargado gradualmente até resultar na forma atual da praça. Embora Veneza tenha muitas praças menores, esta simboliza o poder de uma das mais importantes cidades comerciais do Ocidente entre os séculos X e XVIII.

11.57 Jacopo Sansovino, Biblioteca de São Marcos, Veneza, iniciada em 1537 e concluída em 1583–88.

É possível ler a fachada da biblioteca como se tivesse três camadas: as aberturas com arco, as colunas e entablamentos e a ornamentação abundante. O efeito cenográfico resultante agradava à natureza sensual dos venezianos do século XVI.

11.58 Jacopo Sansovino, La Zecca, Veneza, iniciada em 1536.

A forte rusticação transmite uma sensação de segurança à edificação onde os venezianos cunhavam suas moedas. Suas pesadas paredes texturizadas são especialmente impressionantes quando vistas da laguna de Veneza. O prédio à sua direita é a Biblioteca de São Marcos.

11.59 Michele Sanmichele, Palácio Grimani, Veneza, iniciado aproximadamente em 1556.

Palácios venezianos como estes serviram de modelo para as fachadas com ferro fundido aplicadas aos edifícios comerciais de madeira e alvenaria construídos nos Estados Unidos no século XIX. As colunas repetitivas, janelas elaboradas e cornijas com detalhes eram ideais para a produção em massa.

O Palácio do Dodge (veja a Fig. 9.62) e a catedral de São Marcos (veja as Figuras 6.20–6.21) foram descritos em capítulos anteriores. O campanário ruiu no século XIX e foi reconstruído. A pequena galeria na base e a biblioteca adjacente (iniciada em 1537 e concluída em 1583–88) (Fig. 11.57) foram criadas por Jacopo Sansovino (1486–1570) e Vincenzo Scamozzi. Sansovino era amigo do pintor veneziano Ticiano, cujos nus e paisagens têm um aspecto elástico, requintado e um pouco misterioso. A biblioteca parece um quadro de Ticiano interpretado em pedra. Seus vãos são definidos por colunas dóricas e jônicas adossadas com motivos serlianos abertos no meio. A composição é coroada por uma balaustrada e um friso profundo preenchido com uma rica variedade de festões, **querubins** e máscaras. O efeito – frequentemente descrito como cenográfico – contrasta vívida e sensualmente com a fragilidade dos monumentos renascentistas de Florença e a austeridade dos exemplares de Roma. Ao lado da biblioteca, e voltada para a laguna, fica a La Zecca, ou Casa da Moeda, de Sansovino (iniciada em 1536) (Fig. 1.58). A rusticação completa reflete evidentemente a influência de Giulio Romano e a pesada volumetria é ideal para sua função de caixa-forte. O terceiro pavimento foi uma ampliação posterior, o que significa que a composição da fachada original do edifício correspondia à Casa de Rafael projetada por Bramante.

O aspecto escultórico desses edifícios públicos também se refletiu nos palácios de Veneza. O Palácio Grimani (iniciado por volta de 1556) (Fig. 11.59), de Michele Sanmichele (1484–1559), tem robustas colunas adossadas – no caso, da ordem coríntia – e uma pesada cornija em balanço.

O PAISAGISMO NO RENASCIMENTO

Em alguns aspectos, a história do paisagismo é mais difícil de reconstruir com precisão do que a história da arquitetura, uma vez que, sem manutenção e replantio contínuos, a matéria-prima viva que constituiu o trabalho do paisagista se deteriora com muito mais rapidez, mudando mais rápido do que as edificações e desaparecendo sem deixar vestígios. Sabemos que os conjuntos de templos e grandes santuários do Egito, Mesopotâmia, Grécia e Roma tinham paisagismo, embora só conheçamos a aparência desses jardins por relevos, descrições ou outras representações. Muitas obras islâmicas estão mais bem preservadas, incluindo a Alhambra, onde o jardim dava forma à ideia de paraíso. Os jardins medievais ilustrados em manuscritos e descritos na literatura eram, em sua maioria, funcionais, distribuídos em canteiros rigidamente organizados e limitados por um muro ou cerca-viva. Muitos incluíam plantações utilitárias com ervas de cozinha ou medicinais, como estudamos na Planta Baixa da Abadia de Saint Gall.

Durante o Renascimento, o jardim voltou a ser visto como uma extensão da obra de arquitetura, com projetos surgidos como adaptações livres de paisagens da antiguidade. Os jardins romanos em patamares, por exemplo, influenciaram o projeto de Bramante para o Pátio do Belvedere (veja as Figuras 11.29–11.30) e também os projetos de Rafael para a Vila Madama (veja as Figuras 11.32–11.33). Na Vila Madama, perímetros geométricos definidos por cercas-vivas de buxos em miniatura circundavam canteiros coloridos, enquanto as árvores mais altas do pano de fundo delimitavam o jardim. Porém, foi durante o Renascimento que o paisagismo foi elevado ao nível das artes plásticas, servindo de ambiente teatral para exibir o esplendor da aristocracia e dos príncipes da Igreja. O Papa Júlio II, que encomendou a Vila Giulia na periferia de Roma, usou suas galerias e pátios internos para a realização de espetáculos teatrais e caminhadas. Os jardins do Alto Renascimento eram elaborados e utilizavam água, esculturas e folhagens para a arquitetura paisagística. Vários também constituíram um tira-gosto do que seria o planejamento urbano barroco.

Os jardins renascentistas surgiram timidamente, como na Vila Medici (1458-61), em Fiesole, ao norte de Florença (Fig. 11.60). Projetado por Michelozzo para servir de refúgio para a família Medici e seus parceiros humanistas, inclui dois níveis de jardins com canteiros, um jardim de limoeiros e algumas fontes, cujas silenciosas águas correntes favoreciam as reflexões intelectuais.

Maior e mais espetacular é a Vila Lante, em Bagnaia, perto de Viterbo (iniciada em 1566) (Fig. 11.61), provavelmente projetada por Vignola, que usou a perspectiva como um agente organizador. Ainda que os jardins fossem originalmente acessados por baixo, a vegetação madura atual se torna impressionante quando vista de cima, onde um canteiro quadrado superior desce até o terreno em declive por um espaço estreito e alto (**alameda**) definido por um bosque artificial, ou seja, uma densa plantação de árvores. A alameda é marcada por dois cassinos que agem quase como mecanismos de observação para a vista em perspectiva; escadas e

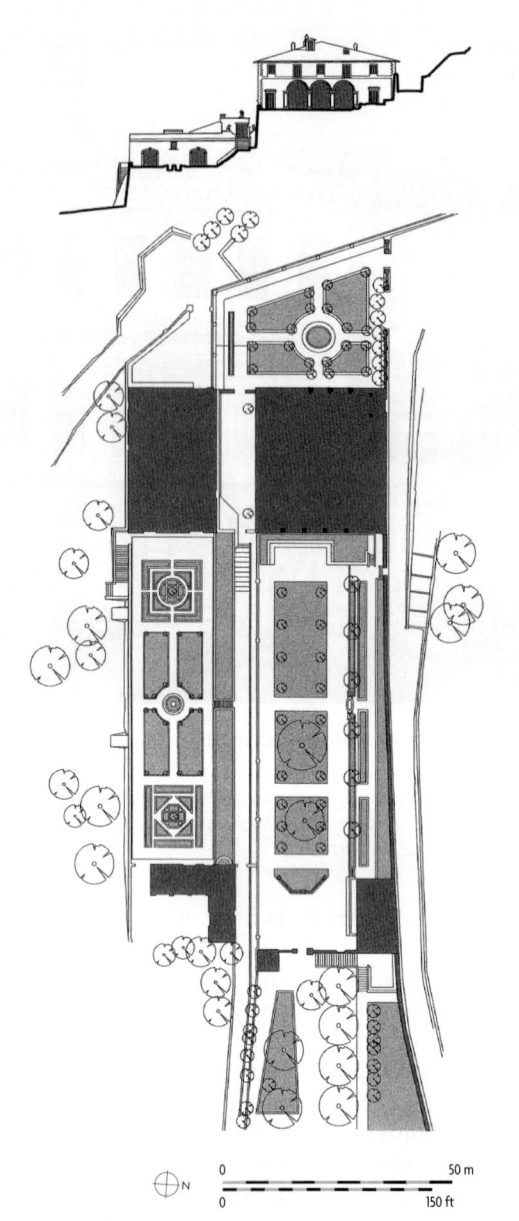

11.60 Michelozzo di Bartolomeo, Planta baixa e corte da Vila Medici, Fiesole, 1458–61.

Os jardins florentinos do Protorrenascimento eram bastante pequenos em relação aos jardins romanos do século seguinte e aos jardins franceses cultivados ao redor dos *châteaux* do século XVII. Aqui, a galeria da vila se abre para um canteiro geométrico, com outro canteiro um patamar abaixo. A parte de trás da vila está voltada para um pequeno jardim de limoeiros.

rampas ocupam o espaço entre eles. Jogos de água aparecem nos vários níveis, começando com a Fonte de Netuno, no topo. A seguir, a água desaparece e reaparece em intervalos até o eixo central – algumas vezes como fontes, outras como cascatas e, por fim, como quatro serenos espelhos de água no centro do canteiro geométrico no patamar inferior.

O primeiro jardim maneirista importante foi construído na Vila d'Este, em Tivoli (Fig. 11.62), nos arredores de Roma, de acordo com o projeto de Pirro Ligorio (cerca de 1510–83). Seu cliente, Ippolito II, Cardeal d'Este, possuía um terreno que incluía um declive voltado para o

11.61 Giacomo Barozzi da Vignola, Planta baixa e corte da Vila Lante, Bagnaia, iniciada em 1566.

A organização tipicamente romana da Vila Lante inclui escadas e jogos de água, além de um jardim com canteiros geométricos na parte de baixo. O eixo central, em forma de alameda, é definido por densos conjuntos de árvores.

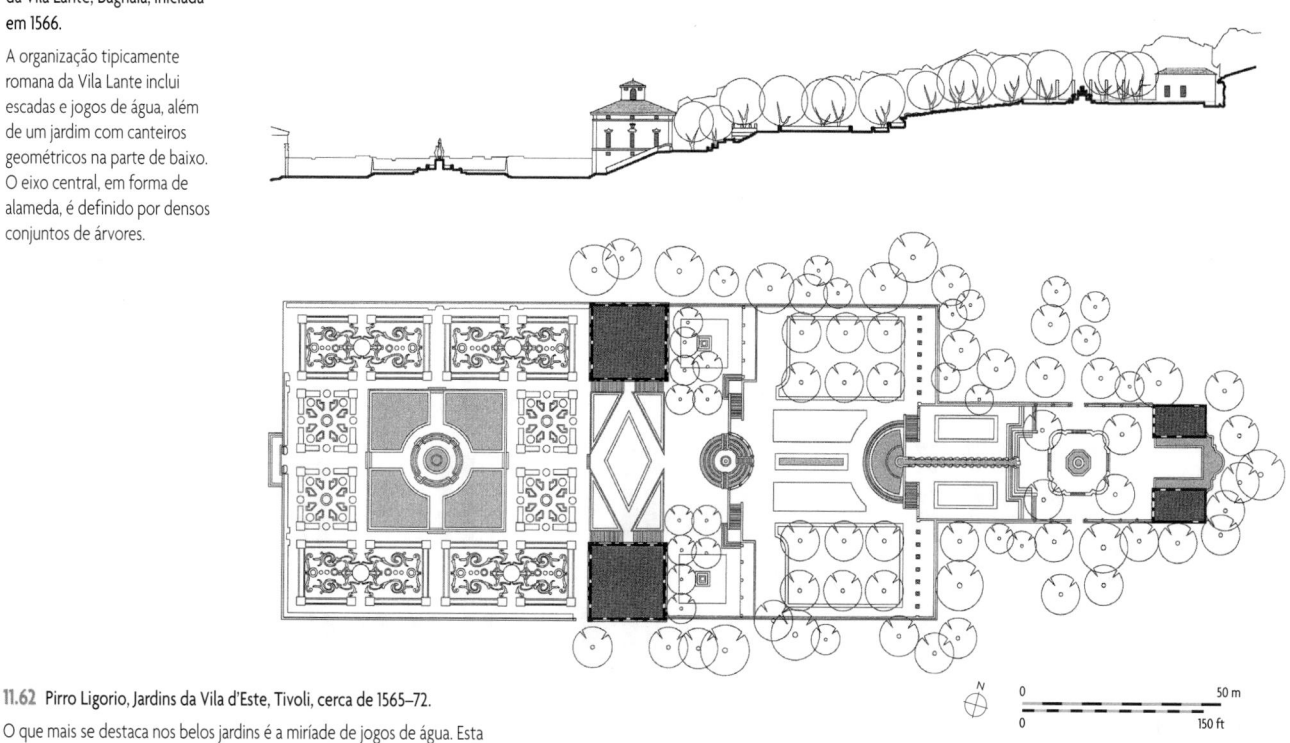

11.62 Pirro Ligorio, Jardins da Vila d'Este, Tivoli, cerca de 1565–72.

O que mais se destaca nos belos jardins é a miríade de jogos de água. Esta imagem mostra uma cascata atrás dos tanques com peixes.

norte e para uma fonte de água grande e confiável. Quem visita o jardim atualmente durante os meses quentes do verão fica impressionado com seu maravilhoso microclima – fresco devido às árvores que projetam sombras e à água que está presente por todos os lados. No projeto de Ligorio, porém, os jardins serviriam de cenário para a coleção de esculturas da família Este; arbustos baixos e cercas-vivas seriam maioria entre as plantas. Além disso, a entrada original da vila era por baixo, embora hoje os visitantes a acessem pela parte alta do jardim. Com o acesso por baixo, o terreno inteiro era visto imediatamente – e não vivenciado como uma série de episódios ao longo de túneis com vegetação de grande porte, como acontece hoje em dia.

Ligorio inspirou-se principalmente no deus Hércules, de quem a família d'Este acreditava descender mitologicamente. A força de Hércules e a magnitude de seus trabalhos foram representadas metaforicamente por meio dos esforços empregados na terraplanagem do terreno, na construção de aquedutos e na escavação de túneis de até 975 metros de comprimento. A planta de Ligorio enfatizava os eixos transversais ortogonais e diagonais no alto, grandes tanques retangulares com peixes e jardins geométricos com canteiros na parte de baixo, além de jogos de água de todos os tipos e tamanho, ambientes de arquitetura que iam de uma caverna artificial a um enorme órgão de água similar aos da Roma Antiga e uma grande variedade de esculturas, muitas das quais hoje se encontram no Museu Capitolino, em Roma, e em outros locais.

11.63 *Château*, Ala de Francisco I, Blois, 1515–24.
O estilo Medieval-Renascentista de Francisco I resultou dos contatos do rei com os avanços da arquitetura italiana durante uma campanha militar. Embora híbrido, o castelo foi muito admirado e inspirou o projeto de muitas moradias nos Estados Unidos do início do século XX.

O RENASCIMENTO NA FRANÇA

Em parte, os avanços artísticos do Renascimento foram levados da Itália para a França pelas intervenções militares francesas na península. Em 1494, os exércitos do Rei Carlos VIII invadiram a Itália para fazer valer seu suposto direito ao reino de Nápoles; em 1498, Luís XII atacou Milão, depondo a família Sforza (e provocando a partida de Bramante para Roma), e as campanhas militares de Francisco I perduraram na região até 1525, quando a derrota em Pavia pôs fim às pretensões da França em relação à cidade. Embora, em última análise, essas excursões militares não tenham levado à expansão permanente do território francês, o fluxo contrário de ideias artísticas italianas teve um impacto duradouro na arquitetura da França. No final do século XV, a França deixou de ser uma sociedade feudal e passou a ser um forte estado centralizado governado por um rei. Ao contrário da tão urbana Itália, onde príncipes mercadores ofuscavam o poder da aristocracia agrária e encomendavam obras para os grandes artistas renascentistas, a corte era a força dominante na sociedade francesa – e o rei foi quem mais apoiou os projetos em estilo italiano. Como Milão era o centro dos contatos franceses na Itália, as edificações do Protorrenascimento construídas ali – incluindo o Certosa, em Pavia – eram as mais conhecidas e, em geral, mais admiradas, talvez porque a combinação de superfícies extremamente ornamentadas e de detalhes clássicos não se afastava muito do Gótico Tardio, com o qual os franceses estavam acostumados. A partir dos últimos anos do século XV, os franceses levaram a arte italiana para seu país, convidaram artistas e arquitetos da Itália para realizar trabalhos e mandaram artistas franceses para a península, onde seriam treinados em ateliês renascentistas.

Os *châteaux* no Vale do Luar

No século XVI, o centro cultural da França não era Paris, mas o Vale do Luar, onde o rei e seus nobres tinham ***châteaux***, ou castelos requintados, para relaxar, se divertir e se entregar aos prazeres da caça. Nesses castelos encontram-se algumas das primeiras manifestações do estilo Renascentista na arquitetura francesa. O Castelo de Blois, especialmente, ilustra a passagem da Idade Média para o Renascimento nos sucessivos estágios de sua construção. O castelo começou a ser construído no século XIII com a edificação de um grande pavilhão medieval e cômodos associados. Entre 1498 e 1504, Luís XII acrescentou uma ala leste, incorporando um portão de entrada que posteriormente configuraria um grande pátio interno. A construção – em tijolo vermelho com remate de pedra clara nas quinas, portas e em volta das janelas – reflete a continuidade das tradições medievais. Acima da entrada há uma estátua equestre de Luís inserida em um grande nicho com arcos ogivais com

11.64 Domenico da Cortona, Château de Chambord, 1519–47.

O castelo de Chambord parece uma base renascentista com coroamento medieval. A grande quantidade de telhados íngremes, trapeiras e chaminés reflete a adaptação da linguagem clássica ao clima do norte.

duas pontas e outros detalhes góticos em pedra. As janelas se alinham umas sobre as outras, culminando nas elaboradas **trapeiras** góticas presentes no telhado íngreme; essas trapeiras são lidas como uma série de elementos verticais, embora as cornijas dos pavimentos e a cornija principal estabeleçam linhas horizontais. Entre 1515 e 1524, Francisco I promoveu várias obras no castelo de Blois, adicionando uma ala norte ao pavilhão medieval para formar o lado norte do pátio interno; o lado oposto ficava voltado para a cidade. Francisco demoliu uma velha torre e, sobre suas fundações, construiu a famosa escada de caracol aberta (Fig. 11.63). Ela apresenta esculturas de grinaldas, porcos-espinhos e salamandras – símbolos da família real. As janelas da fachada do pátio foram distribuídas regularmente, embora, mais uma vez, a ênfase vertical destoe dos elementos horizontais. Todos os cômodos estão enfileirados, um arranjo há muito apreciado pelos franceses. Na fachada voltada para a cidade, a ala de Francisco I se assemelha a um despenhadeiro, incluindo duas galerias e um terceiro pavimento aberto inspirado nos palácios papais do Vaticano e de Pienza. A mistura de colunas e detalhes clássicos também inclui motivos góticos.

Diferentemente desse castelo de cidade, o Château de Chambord (1519–47) foi construído no campo, no estilo de uma fortaleza, dentro de um pátio cercado por um muro, assim sobrepondo a simetria e os detalhes renascentistas a um tipo de edificação fundamentalmente medieval (Fig. 11.64). Domenico da Cortona, arquiteto italiano, usou torres cilíndricas simples que deveriam ter sido cercadas por galerias abertas; estas, porém, nunca foram construídas, pois proteger-se do sol forte não era tão importante na França quanto na Itália. A torre de menagem, isto é, o núcleo protegido do castelo, tem um conjunto de cômodos divididos por um padrão de circulação cruciforme e uma escadaria dupla – sem dúvida, influenciada por um esboço de Leonardo. As pessoas que sobem um lanço da escada em hélice dupla não chegam a ver aquelas que descem pelo outro. A grande lanterna sobre a escadaria faz parte do agrupamento de cones, chaminés e trapeiras no telhado, criando um perfil quase medieval contra o céu. Ao redor dessa abundância de elementos verticais passa o terraço do qual as damas da corte podiam acompanhar o progresso da caçada no bosque próximo. O contraste entre a clareza ordenada das paredes e o virtuosismo desenfreado dos telhados reflete a assimilação apenas parcial das ideias de arquitetura do Renascimento por uma tradição de construção medieval já estabelecida.

Nem todos os castelos do Vale do Luar foram construídos para o rei. O Château de Chenonceau (Fig. 11.65), por exemplo, foi construído para Thomas Bohier, um rico cortesão e financista. Iniciado em 1515, Chenonceau tem planta baixa regular, com todos os cômodos voltados para um corredor central, e uma escada reta que ilustra

11.65 Philibert de l'Orme, Jean Bullant e outros, Château de Chenonceau, iniciado em 1515.

Não existe um *château* mais pitoresco que este. Atrás do bloco principal, Philibert de l'Orme acrescentou primeiramente uma ponte, que serviu de base para o grande salão de banquete de Jean Bullant.

a influência renascentista no projeto – ainda que o fosso, as quinas com torreõs e a capela com suas abóbadas nervuradas, arcos ogivais e contrafortes reflitam práticas medievais.

Sebastiano Serlio e Philibert de l'Orme

A segunda fase do desenvolvimento do Renascimento na França começou por volta de 1540 com a chegada de Sebastiano Serlio (1475–1554), arquiteto italiano que foi para o norte a convite do rei, e com o retorno de Philibert de l'Orme (cerca de 1510–70), francês educado em Roma como arquiteto e engenheiro que estabeleceu seu escritório em Paris. Em Roma, os dois tiveram contato com obras do Alto Renascimento, especialmente as de Bramante, e os textos desses arquitetos ajudaram a explicar os princípios de projeto renascentistas e a modificar as práticas de construção na França. Pouco resta das obras de arquitetura de Serlio, exceto o exterior do Château de Ancy-le-Franc, uma edificação medíocre com planta baixa quadrada e pátio interno central. O projeto – com pavilhões de quina, pilastras dóricas e rusticação – é quase que inteiramente italiano, embora o telhado extremamente íngreme seja tipicamente francês.

Mais importantes que as edificações de Serlio foram seus textos sobre a arquitetura, publicados em vários volumes entre 1537 e 1551 e reunidos em 1584 sob o título de *Tutte l'opere d'architettura et prospettiva*, conhecidos atualmente como *Os Cinco Livros de Arquitetura*. Além de serem os primeiros tratados sobre arquitetura não escritos em latim, estes livros continham xilogravuras e se dirigiam mais ao construtor comum e não aos estudiosos de arquitetura. O Livro Um explica a geometria; o Livro Dois fala da construção de desenhos em perspectiva. O Livro Três ilustra edificações da Roma antiga e as obras de Bramante e Rafael no Alto Renascimento. O Livro Quatro descreve as cinco ordens de arquitetura (dórica, jônica, coríntia, toscana e **compósita**), ilustra as aberturas rusticadas com arcos de portas e janelas mais adequadas para cada ordem e faz observações sobre os materiais de construção. O Livro Cinco apresenta igrejas com plantas baixas centralizadas. Outros três volumes, contendo projetos do próprio Serlio, completam o conjunto.

Os textos de Philibert de l'Orme também eram de natureza prática. O primeiro volume, publicado em 1561, se chamava *Nouvelles inventions pour bien bastir et petits frais* (*Novas Invenções para Construir Bem e com Economia*). Ele considera a construção de abóbadas e coberturas do ponto de vista da engenharia. Sua principal obra, *Architecture*, foi publicada em 1567. Embora faça referência aos tratados anteriores de Vitrúvio e Alberti, se fundamenta extensivamente nas experiências pessoais de l'Orme na construção, de modo a oferecer aos arquitetos orientações baseadas na teoria e na prática.

11.66 Pierre Lescot e Jacques Lemercier, Louvre, Paris, iniciado em 1546.

Uma pequena parte do Louvre, construída por Pierre Lescot no século XVI, ainda pode ser vista à esquerda. No centro, no Pavilion de l'Horloge, construído por Jacques Lemercier no século XVII, as ordens foram bastante usadas, mas em um estilo tipicamente francês, com colunas aos pares e cobertas por grandes telhados. As ampliações feitas por Lemercier continuam à direita.

Dos muitos projetos em que de l'Orme trabalhou, restam apenas alguns. Um dos mais famosos é a ampliação que fez no Château de Chenonceau, uma ponte sobre o rio Cher composta de cinco arcos de vãos diferentes (veja a Fig. 11.65). A edificação sobre a ponte foi acrescentada posteriormente por Jean Bullant.

O Louvre e a Place Royale

Depois de 1526, quando a capital da França se fixou em Paris, Francisco I dediciu modernizar o Palácio do Louvre medieval, começando com a remoção da torre de menagem cilíndrica no centro do pátio interno quadrado. Alguns anos depois, decidiu reconstruir uma ala do pátio fechado, com a possibilidade de ampliar o projeto nos quatro lados do palácio. Serlio propôs um projeto que incorporasse uma série de pátios internos, mas o comitê responsável pela reconstrução do Louvre preferiu o arquiteto francês Pierre Lescot (cerca de 1500–78). O projeto de Lescot (Fig. 11.66) data de 1546 e, embora faça um uso mais correto das ordens clássicas do que a maioria das edificações francesas do mesmo período, jamais poderia ser confundido com uma obra italiana. A fachada de Lescot enfatiza a verticalidade em vez das linhas horizontais típicas do Renascimento italiano; contudo, tem cornijas entre os pavimentos. A fachada do pátio interno tem três pavimentos de altura, incluindo o ático, e é composta de meias-colunas e pilastras coríntias e compósitas, com janelas alongadas e pavilhões nas extremidades e no centro. A arquitetura é complementada pelas esculturas feitas por Jean Goujon, um dos artistas mais talentosos da época. É possível que a fachada de Lescot tenha se inspirado na planta baixa com pátio interno criada por Serlio para o Louvre, ainda que ambas pareçam ter calculado erroneamente as implicações internas das proporções do pátio. A altura da edificação em relação à largura do pátio interno era tal que, se as três fachadas adicionais fossem construídas como queria o projeto, os cômodos do palácio receberiam pouquíssima luz solar. No entanto, anos depois (em 1624), o arquiteto Jacques Lemercier (1585–1654) ampliou o pátio interno para 120 m² – mais de quatro vezes o tamanho proposto por Serlio ou Lescot.

Nas últimas quatro décadas do século XVI, a França sofreu com guerras civis – as chamadas Guerras da Religião – que tiveram causas econômicas, sociais e religiosas. A ordem só foi restaurada em 1594, com a chegada do Rei Henrique IV, cujas políticas puseram um fim aos tumultos domésticos e estrangeiros. Durante a tranquilidade relativa de seu reinado, a França implementou ideias italianas de planejamento urbano que influíram na arquitetura posterior tanto da Grã-Bretanha como dos Estados Unidos coloniais. Buscando unificar a aristocracia e reconstruir Paris, que ainda era predominantemente medieval, Henrique IV aprovou a construção de várias praças residenciais, cercadas por casas enfileiradas com fachadas uniformes. A Place Royale – atual Place des Vosges – (Figuras 11.67–11.68) foi a primeira dessas praças

11.67 Place Royale (Place des Vosges), Paris, 1605–12.

Ao redor da Place Royale há fachadas residenciais uniformes, todas conectadas por uma arcada térrea contínua. Os blocos mais altos foram construídos por Henrique IV, que promoveu o projeto.

11.68 Perspectiva a voo de pássaro da Place Royale (Place des Vosges), Paris, 1605–12.

A *place* francesa é uma praça residencial com pisos secos. Ela se volta para dentro, contrastando com os espaços barrocos subsequentes conectados por bulevares axiais.

urbanas usadas exclusivamente para fins habitacionais e foi planejada entre 1605 e 1612. Além de conferir seu prestígio ao empreendimento, Henrique ofereceu suporte ao projeto construindo dois pavilhões – um no centro do lado norte e outro no centro do lado sul da praça. Os 38 lotes que cercavam a praça que forma um quadrado com 140 metros de lado foram oferecidos sob a condição de que as casas alinhadas fossem construídas de acordo com o projeto geral: cada casa teria quatro vãos de largura e três pavimentos de altura, sem contar o pavimento de cobertura com lucarnas, e seria feita de tijolo com remate de pedra e coberta com telhas chatas de ardósia. Os pavilhões reais apresentavam detalhes mais elaborados e coberturas mais altas que os prédios adjacentes, embora compartilhassem a arcada térrea contínua que unia as edificações – uma característica derivada das praças renascentistas da Itália, como a Piazza Santa Annunziata, em Florença, para a qual está voltado o Hospital dos Inocentes, de Brunelleschi. Originalmente, o espaço aberto central da Place Royale não era ajardinado e sua superfície de areia era usada para festivais e torneios. Posteriormente, uma estátua equestre do rei serviu de monumento focal, no centro. As casas se mostraram pequenas demais para os aristocratas que Henrique queria atrair para Paris; assim, os primeiros habitantes da Place Royale foram a pequena nobreza e comerciantes parisienses bem-sucedidos.

O RENASCIMENTO NA INGLATERRA

Como aconteceu na França, a arquitetura gótica continuou sendo o estilo de construção predominante na Inglaterra mesmo depois do surgimento e do amadurecimento do Renascimento na Itália. O estilo Gótico Perpendicular, uma variante tipicamente inglesa, foi bastante usado no século XVI. As primeiras expressões renascentistas na Grã-Bretanha podem ser encontradas na escultura e nas artes decorativas. Em 1511, aproximadamente, o Rei Henrique VIII trouxe Pietro Torrigiani (1472–1528) e outros artistas da Itália para trabalhar para a coroa em várias obras; a mais importante

11.69 Robert Smythson, Wollaton Hall, Nottinghamshire, 1580–88.
Embora estivesse bastante familiarizado com as obras do Renascimento italiano, incluindo o trabalho de Andrea Palladio, Robert Smythson reflete, em seu projeto, preocupações com o contexto local, o que fica evidente na grande quantidade de janelas, as quais respondem ao céu inglês frequentemente encoberto.

delas foi um túmulo para os pais de Henrique – Henrique VII e sua rainha – dentro da capela construída no estilo Gótico Tardio, na Abadia de Westminster, em Londres. O Cardeal Wolsey contratou escultores italianos, incluindo Giovanni da Maiano, para fazer dez medalhões de terracota petrificada contendo bustos de imperadores romanos. Esses medalhões, inspirados em modelos antigos e com uma essência absolutamente renascentista, foram posteriormente incorporados aos portais do palácio em forma de castelo medieval do Cardeal, em Hampton Court, iniciado em 1515. Depois que Wolsey caiu em desgraça com o rei, Henrique VIII confiscou o palácio e ampliou Hampton Court, que dobrou de tamanho. Ele adicionou pátios internos, galerias, uma capela e um salão, mas a edificação continuou sendo mais medieval do que renascentista – incluindo o salão com um esplêndido telhado com as típicas mísulas de madeira típicas da Inglaterra medieval (*hammerbeams*), construído em 1531–36.

Outra edificação essencialmente gótica do mesmo período é a Capela do King's College, em Cambridge (veja a Fig. 9.36), iniciada em 1446 e concluída em 1515. Em seu interior, porém, a parede de madeira que separa o coro é uma obra do Protorrenascimento. Foi construída em 1533–35 como um presente para Henrique VIII, com a finalidade de separar os estudantes dos moradores da cidade, além de sustentar o órgão. O artista é desconhecido, mas sua obra representa o primeiro projeto verdadeiramente renascentista na Grã-Bretanha e exibe uma ampla variedade de detalhes clássicos, com exceção de alguns pendentes que sugerem influência gótica.

Henrique rompeu com a Igreja Apostólica Romana em 1534, o que fez com que vários artistas italianos católicos-romanos deixassem a Grã-Bretanha logo depois. Por isso, o florescimento completo do Renascimento na Grã-Bretanha só aconteceu no início do século XVII. Isso não significa que os ideais italianos deixaram de influenciar a Grã-Bretanha, mas sim que a inspiração direta dos artistas italianos que residiam ali chegou ao fim – embora uma influência mais discreta continuasse chegando da Itália pelos Países Baixos e pela França. Os tratados de Scamozzi, Vignola e Serlio foram traduzidos para o inglês a partir do holandês e não dos originais italianos e vários livros holandeses sobre arquitetura foram exportados para a Inglaterra. Esses livros traziam laçaria, isto é, desenhos de baixos-relevos baseados em correias de couro cravejadas, que era distribuída em padrões geométricos e, por vezes, entrelaçados. A decoração com laçaria publicada por arquitetos flamengos e holandeses, como Hans Vredman de Vries, influenciou a obra do arquiteto inglês Robert Smythson (1536–1614).

As casas de campo elisabetanas

A influência do Renascimento italiano continuou a chegar à Grã-Bretanha via Flandres durante o reinado da Rainha Elisabete I. As obras de arquitetura encomendadas por ela foram insignificantes, mas a corte e os oficiais do governo construíram muito e esplendidamente para a soberana e sua comitiva. Wollaton Hall, em Nottinghamshire (1580–

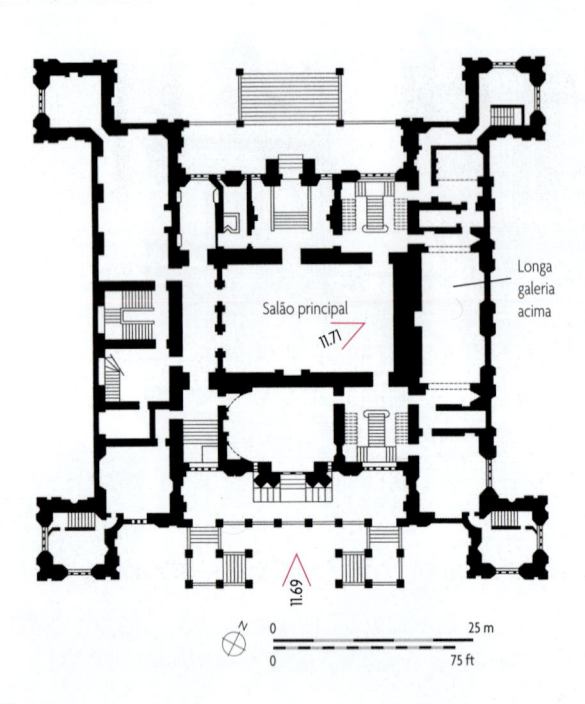

11.70 Robert Smythson, Planta baixa do pavimento térreo de Wollaton Hall, Nottinghamshire, 1580–88.

As origens desta planta baixa vêm dos castelos ingleses da Idade Média. No centro fica o salão principal e, nas quinas, os cômodos com planta baixa quadrada inspirados em torres fortificadas.

11.71 Robert Smythson, Salão principal de Wollaton Hall, Nottinghamshire, 1580–88.

A influência renascentista fica aparente no friso dórico dos painéis de madeira. O salão é dominado pelas tesouras de madeira medievais com grandes mísulas que sustentam o telhado (*hammerbeam trusses*).

11.72 Robert Smythson, Hardwick Hall, Derbyshire, 1590–97.

Dizia-se, na época, "*Hardwick Hall more window than wall*" (Hardwick Hall tem mais janelas que parede). Sobre as muitas janelas, a decoração rendilhada das platibandas reflete a influência holandesa, que, por sua vez, se baseou na chamada laçaria – peças de couro inspiradas nos ornamentos de gesso do Renascimento italiano.

88), é um exemplo de mansão construída durante o Período Elisabetano (Figuras 11.69–11.70). Projetada por Robert Smythson para o xerife de Nottingham, a mansão foi inspirada em várias fontes. A planta baixa quadrada simétrica com pavilhões de quina se baseou em Serlio. No centro do projeto, há um grande salão medieval com acomodações de apoio e a **longa galeria** para a acomodação dos cortesãos tem origem na França. Embora Wollaton Hall seja de alvenaria, sua enorme área de janelas se assemelha à fenestração encontrada em construções de madeira. Pilastras e cornijas renascentistas percorrem as elevações, enquanto as **platibandas** foram inspiradas em de Vries e os níveis do clerestório superior no salão principal (Fig. 11.71) se projetam acima da cobertura, como se fossem uma torre de menagem medieval com pequenas torres que lembram saleiros.

Hardwick Hall, em Derbyshire (1590–97) (Fig. 11.72), é outra grande mansão elisabetana provavelmente projetada por Smythson. A planta baixa e a elevação têm muito em comum com Wollaton Hall, mas o destaque está no arranjo simétrico do salão principal e das colunatas externas contíguas, que refletem o projeto italiano contemporâneo. Além disso, a planta baixa parece a mansão de Wollaton desadornada, menos preocupada com questões de proteção e mais interessada na luz e no calor do sol. Como todas as casas de campo pomposas e pretensiosas do século XVI, Hardwick ajudava a ostentar a riqueza e a posição social de sua proprietária, a riquíssima Elizabeth de Shrewsbury, conhecida como Bess de Hardwick. Suas iniciais, E.S., podem ser encontradas na balaustrada decorativa de coroamento da mansão.

Inigo Jones

É impressionante quão heterogênea parece ser a segunda fase do Renascimento inglês quando comparada com aquela que foi iniciada por Henrique VIII ou a que vigorou durante o reinado do sucessor de Elisabete, Jaime VI da Escócia, que se tornou o Rei Jaime I da Inglaterra. Inigo Jones (1537–1652), arquiteto extremamente importante para a arquitetura inglesa, apareceu durante o reinado de Jaime I. Jones nascera sete anos antes da morte de Palladio e sua primeira edificação, a Casa da Rainha em Greenwich, introduziu as ideias do italiano na Inglaterra. Com o surgimento de Jones, a arquitetura do revivescimento clássico inglesa passou a se espelhar imediatamente na arquitetura da Itália do século XVI.

Ao contrário dos arquitetos ingleses anteriores, Jones se familiarizou com a arquitetura italiana pessoalmente. Ele chegou à Itália em 1601. Dois anos depois viajou para a Dinamarca e voltou à Itália em 1613–14 com a comitiva do Conde de Arundel. Na bagagem, Jones levou uma cópia dos *Quatro Livros de Arquitetura* de Palladio, na qual fez inúmeras anotações. Ele conheceu Scamozzi e visitou Vicenza, onde foi profundamente influenciado pelas obras de Palladio. De volta à Inglaterra, projetou cenários de teatro para a corte, nos quais pôde praticar com as formas renascentistas.

Seu primeiro encargo para uma edificação, a Casa da Rainha (Fig. 11.73), iniciada em 1616, mas ainda sendo ampliada em 1661, se situava cruzando a estrada de Deptford para Woolwich, o que dividia a mansão em duas. Na altura do segundo pavimento, uma passarela passava sobre a estrada e servia de ***porte-cochère***, isto é, uma área coberta para a parada de veículos, levando à entrada que ficava no

11.73 Inigo Jones, Elevação principal da Casa da Rainha, Greenwich, iniciada em 1616.

É impressionante a mudança na aparência da Casa da Rainha em relação a Hardwick Hall. O projeto reflete o profundo estudo da obra de Palladio feito por Inigo Jones durante sua estadia na Itália.

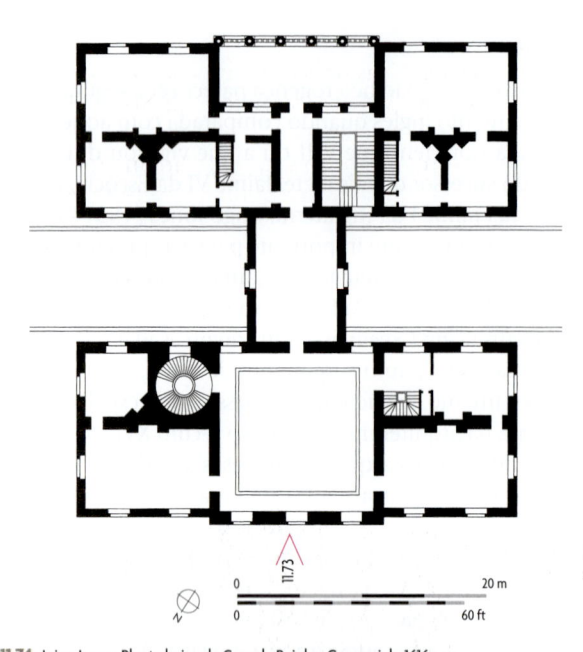

11.74 Inigo Jones, Planta baixa da Casa da Rainha, Greenwich, 1616.

A planta baixa da edificação reflete o mesmo rigor renascentista das fachadas. Suas duas alas são conectadas por uma passarela que passava sobre uma estrada que cortava o terreno.

centro da edificação (Fig. 11.74). Saindo da modesta porta de entrada, chega-se diretamente a um cômodo com as proporções de um cubo. O segundo pavimento é acessado por uma escada circular sem **mastro**, ou coluna central, uma estrutura bastante ousada para a época. Uma **galeria** em volta do cômodo em cubo conecta os recintos do segundo pavimento, incluindo o dormitório da rainha, com a passarela. A fachada da casa que dá para o jardim é baseada no Palácio Chiericatti (veja a Fig. 11.47), construído por Palladio em Vincenza; mas, enquanto a edificação italiana tem colunatas nos dois pavimentos, com a superior interrompida por um salão de baile, a Casa da Rainha possui uma parede fenestrada com uma galeria recuada central, bem protegida dos ventos frios de Greenwich. Os cheios e os vazios foram invertidos no exterior das duas edificações.

O edifício mais famoso de Jones, a Casa de Banquete (1619-22), em Whitehall, Londres (Fig. 11.75), foi construído para substituir uma edificação anterior que fora destruída em um incêndio. Seu projeto – parte de uma ideia muito maior para o enorme complexo do Palácio de Whitehall – é uma versão anglicana da basílica vitruviana interpretada por Palladio. O espaço interno principal

11.75 Inigo Jones, Casa de Banquete, Whitehall, Londres, 1619-22.

O que mais se destaca neste prédio é a ênfase inglesa na textura superficial da fachada de pedra. Era uma obsessão dos arquitetos ingleses pelo menos desde a construção da Catedral de Durham, onde muitas pilastras foram esculpidas com desenhos em zigue-zague que se contrapunham à sua geometria circular.

consiste de um cômodo em cubo duplo com um balcão contínuo. Em seu primeiro projeto, Jones expressou esse arranjo volumétrico no exterior na forma de uma composição de dois pavimentos com pavilhão central com frontão na fachada principal. Jones acabou modificando a elevação, articulando-a em três partes, de acordo com o exemplo de Palladio, e omitindo o frontão. Ele colocou meias-colunas no bloco de três vãos para contrastar em termos de profundidade com as pilastras planas dos dois vãos laterais. Distribuiu as janelas de modo a criar frontões segmentados e triangulares alternados ao longo do *piano nobile*, o que o distinguia da alvenaria extremamente rusticada da base, onde usou lintéis lisos. O telhado foi ocultado por uma balaustrada.

Quando Jones propôs um novo projeto para todo o Palácio de Whitehall, em 1638, a Casa de Banquete seria incorporada à metade de um dos lados do pátio central. O enorme palácio – baseado nas interpretações da grande *domus* romana feitas por Palladio e Scamozzi, aqui ampliada para uma escala gigantesca – substituiria uma área cheia de edificações medievais irregulares. Embora o palácio projetado por Jones nunca tenha sido construído, a Casa de Banquete se destacou por sua altura e monumentalismo entre as edificações medievais anteriores de escala residencial; suas características básicas foram adaptadas ao longo dos séculos seguintes pelos inúmeros edifícios do governo que formam o contexto atual.

Em um terreno que fica aproximadamente entre a Casa de Banquete e o centro de Londres, a leste, o quarto Conde de Bedford contratou Jones em 1630 para projetar um imóvel com unidades comerciais para aluguel, conhecido como Convent Garden (ou Jardim do Convento), no terreno da Casa Bedford. Jones trabalhou junto com Isaac de Caux nesta obra, a primeira praça residencial inglesa baseada nos projetos da Place Royale, em Paris, encomendada pelo Rei Henrique VIII. Como no precedente francês, as casas voltadas para o Convent Garden tinham arcadas contínuas no pavimento térreo, o que ocultava as entradas individuais, mas criava uma galeria coberta nos dois lados da praça (Fig. 11.76). Cinco ruas desembocavam no terreno, que tinha a Casa Bedford ao sul e, a oeste, a primeira igreja inteiramente nova construída em Londres desde a Reforma. Embora tenha sido reconstruída depois do incêndio de 1795, a igreja de São Paulo (1631–35) (Fig. 11.77) ainda lembra o projeto original de Jones – uma simples caixa com pórtico na ordem toscana, porta falsa,

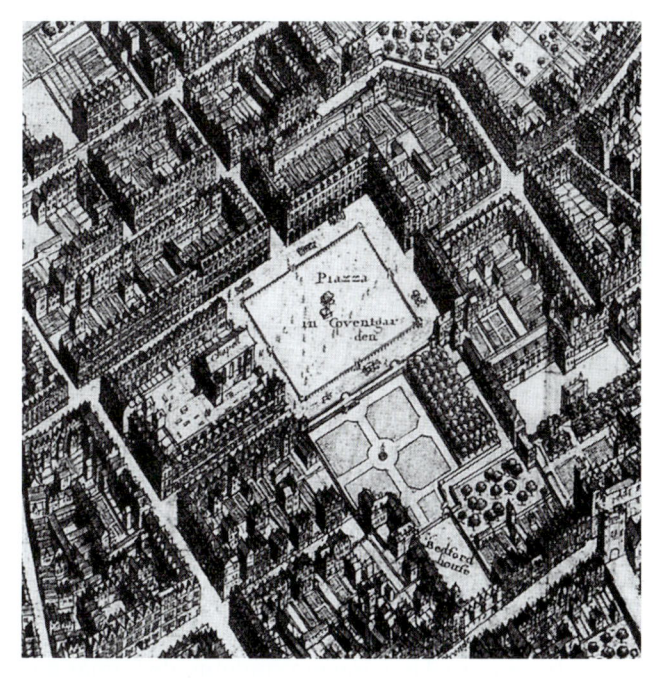

11.76 Inigo Jones, Vista aérea do Covent Garden, Londres, 1658.
Com unidades habitacionais distribuídas em grandes quadras, este projeto se focava em uma igreja (chamada de "capela"), criando a primeira composição do gênero na Inglaterra renascentista. O objetivo do projeto era transformar as terras agrícolas do Conde de Bedford em um lucrativo loteamento habitacional.

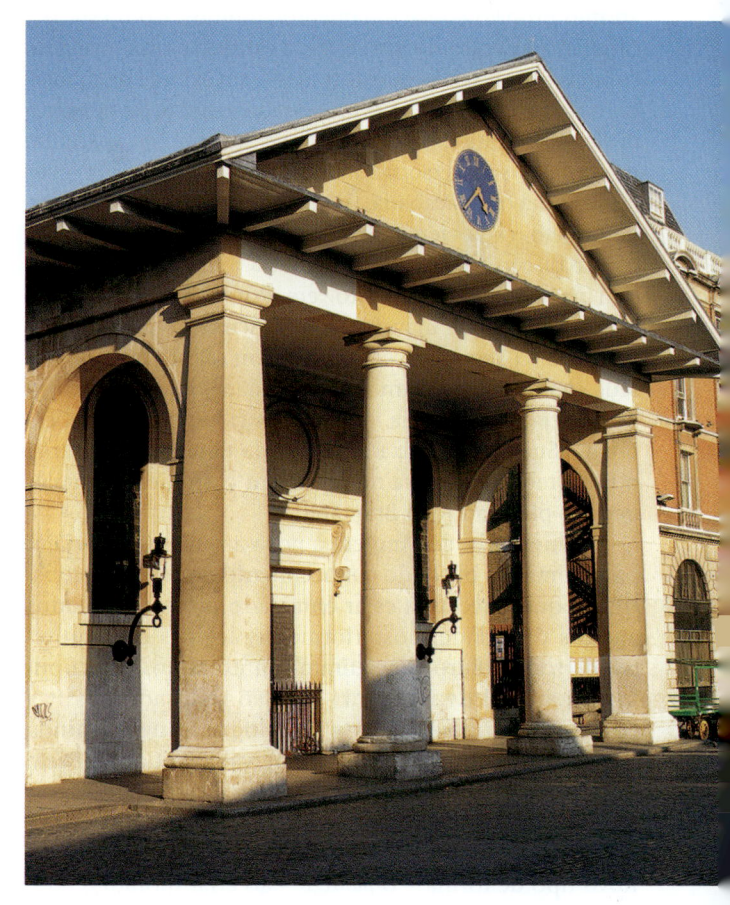

11.77 Inigo Jones, Igreja de São Paulo, Convent Garden, Londres, 1631–35.
Referindo-se ao uso da rústica ordem toscana, Jones descreveu sua igreja como "o mais belo celeiro da Inglaterra". Ela foi reconstruída depois de um incêndio que ocorreu em 1795.

altar na extremidade leste e entrada verdadeira a oeste. A área aberta da praça logo se transformou em um próspero mercado, dando início a um uso que continua até hoje, agora em pavilhões de ferro fundido construídos durante o século XIX.

A Catedral de São Paulo, em Londres, estava em más condições no início do século XVII e Jones foi contratado para restaurá-la. Ele adicionou um pórtico coríntio à fachada oeste, incorporando grandes volutas para ocultar os telhados das naves laterais. Contudo, a edificação inteira foi bastante danificada pelo incêndio de 1666 e tanto a igreja como o pórtico foram destruídos e substituídos pelo projeto posterior de Christopher Wren. As obras de Wren pertencem ao século XVII e serão descritas no Capítulo 12, com o trabalho de outros arquitetos barrocos.

CONCLUSÕES SOBRE AS IDEIAS DE ARQUITETURA

No cerne da nova concepção renascentista da arquitetura do século XV estava o retorno à linguagem clássica, que tinha um vocabulário de elementos baseado nas ordens e um conjunto de regras, ou sintaxe, que estabelecia um arranjo próprio e relacionamentos mútuos. Com esse vocabulário e dentro dessa sintaxe, a estrutura – na forma de colunas e vigas soltas ou adossadas – era exibida de maneira rotineira e lógica. E, no modo renascentista de pensar o projeto, a mente do arquiteto ficava igualmente aparente; na verdade, sua personalidade podia – ou até devia – ser expressa na obra acabada. Além disso, nesse novo sistema de projeto, cada elemento de arquitetura ficava evidentemente discernível e subordinado ao todo. Essa condição está presente no Tempietto, em Roma (veja as Figuras 11.26-11.27), que manifesta o renascimento do classicismo puro. O Tempietto é sereno e bem calibrado; todos os seus elementos derivam da antiguidade, seja de maneira literal seja por analogia, e foram distribuídos sistematicamente. Sua planta baixa centralizada também representa o ideal renascentista, ainda que sem o ambiente circular perfeito planejado por Bramante.

Brunelleschi deu ímpeto à nova arquitetura ao viajar para Roma em busca do conhecimento de projeto e construção que acreditava estar enraizado nos monumentos antigos da cidade; posteriormente, legiões de arquitetos de toda a Europa seguiram seu exemplo. Sua cúpula da Catedral de Florença – que só se tornou possível pela nova compreensão das tecnologias antigas – ainda tinha o perfil gótico de um arco ogival. Já a Capela Pazzi exibe elementos da linguagem clássica tanto no interior como no exterior, embora tenha alguns momentos inseguros e incoerentes. Michelozzo, seu sócio, chegou a um novo tipo de forma – o *palazzo* – ao criar moradias com fachadas imponentes para a rica e poderosa, porém preocupada, família Medici. Seu amigo Masaccio explorou a perspectiva cônica criada por Brunelleschi ao pintar o afresco da Santíssima Trindade no interior da Igreja de Santa Maria Novella. Sua justaposição de figuras bíblicas e contemporâneas dentro de um espaço de arquitetura ilusório, clássico e, ao mesmo tempo, moderno, celebrava o restabelecimento da tradição clássica, tanto a religiosidade como o *status* de seus mecenas e a maneira renascentista de ver o mundo.

Alberti abordou o classicismo por meio da prática, não da teoria. Ampliando a visão de Brunelleschi, ele desejava – como deixou claro na ampla nave central com abóbada de berço e caixotões da igreja de S. Andrea de Mântua – recriar a escala e o esplendor da Roma Antiga; essa ideia foi apropriada por Bramante quando esteve na cidade trabalhando para o papado e pôde estudar de perto as ruínas de lá. É possível imaginá-lo ao lado do Papa Júlio II, andando pelas fachadas decrépitas da antiga Basílica de São Pedro e pelas edificações dispersas contíguas do Vaticano enquanto pensavam como devolver à cidade seu antigo esplendor imperial.

Ainda que a planta baixa centralizada criada para a nova basílica fosse estruturalmente inviável, a proposta de Alberti – colocar a cúpula do Panteon sobre um quadrado abobadado com escala equivalente a das antigas termas romanas – era interessante o bastante para satisfazer até mesmo Michelangelo, que assumiu o projeto após a morte de Bramante. Ao norte da Basílica de São Pedro e do Vaticano, Bramante criou o Pátio do Belvedere, um espaço externo cuja escala rivalizava com a do Coliseu, de onde veio a inspiração para a sobreposição das ordens internas.

No Alto Renascimento, a produção confiante de Bramante foi breve, uma vez que tumultos políticos e também artísticos acarretaram as inseguranças e consequentes ambiguidades do Maneirismo. Depois de alcançar e até superar as conquistas artísticas da antiguidade, muitos arquitetos italianos do século XVI ficaram impacientes com os condicionantes impostos pela suposta rigidez do pensamento estético do Alto Renascimento e, por isso, passaram a zombar das regras das ordens clássicas – alguns diriam que excessivamente. Na Capela Sforza, Michelangelo transcendeu os truques de composição e criou um tipo de planta baixa abobadada completamente novo que gerou um espaço dinâmico, abrindo precedentes para o estilo Barroco (apresentado no próximo capítulo) que acompanharia a Contrarreforma Católica. Andrea Palladio, um dos arquitetos do século XVI, nunca chegou aos extremos do Maneirismo e, em suas obras do Vêneto, especialmente as vilas, criou um conjunto de formas que são consideradas por muitos as mais influentes da arquitetura ocidental.

As edificações de Palladio impressionaram muito o inglês Inigo Jones, que viajou para o sul (com uma cópia dos *I Quattro Libri* na bagagem), observou de perto os projetos do italiano e então levou suas ideias, na forma mais pura, de volta para a Inglaterra, onde desbancaram os ranços híbridos medieval-renascentistas que haviam surgido durante os períodos Elisabetano e Jacobino. Da mesma forma, o pensamento da arquitetura renascentista chegou à França quando os exércitos franceses voltaram das incursões italianas, no final do século XV. Assim como nas primeiras obras renascentistas da Inglaterra, os castelos do início do século XVI construídos no Vale do Luar exibiam formas do Renascimento aplicadas superficialmente e com pouca consideração pelos princípios que embasam as ordens. Embora impuros, os resultados são, de certa maneira, inovadores e exuberantes, exibindo o otimismo de uma nação – há muito tempo em um estado de incerteza quase constante – que recém entrara em um período de prosperidade e influência. Essa condição encorajou os arquitetos franceses a visitarem a Itália e arquitetos italianos, como Sebastiano Serlio, a se mudarem para a França. A arquitetura urbana do período – especialmente o Palácio do Louvre, em Paris – mostra que os arquitetos franceses buscavam maneiras de se apropriar do classicismo renascentista recém-importado, mas sem abandonar o espírito da extraordinária arquitetura gótica que ainda era muito apreciada na Île-de-France. Os frutos dessas investigações, que alguns chamam de Classicismo Barroco Francês, são discutidos no próximo capítulo.

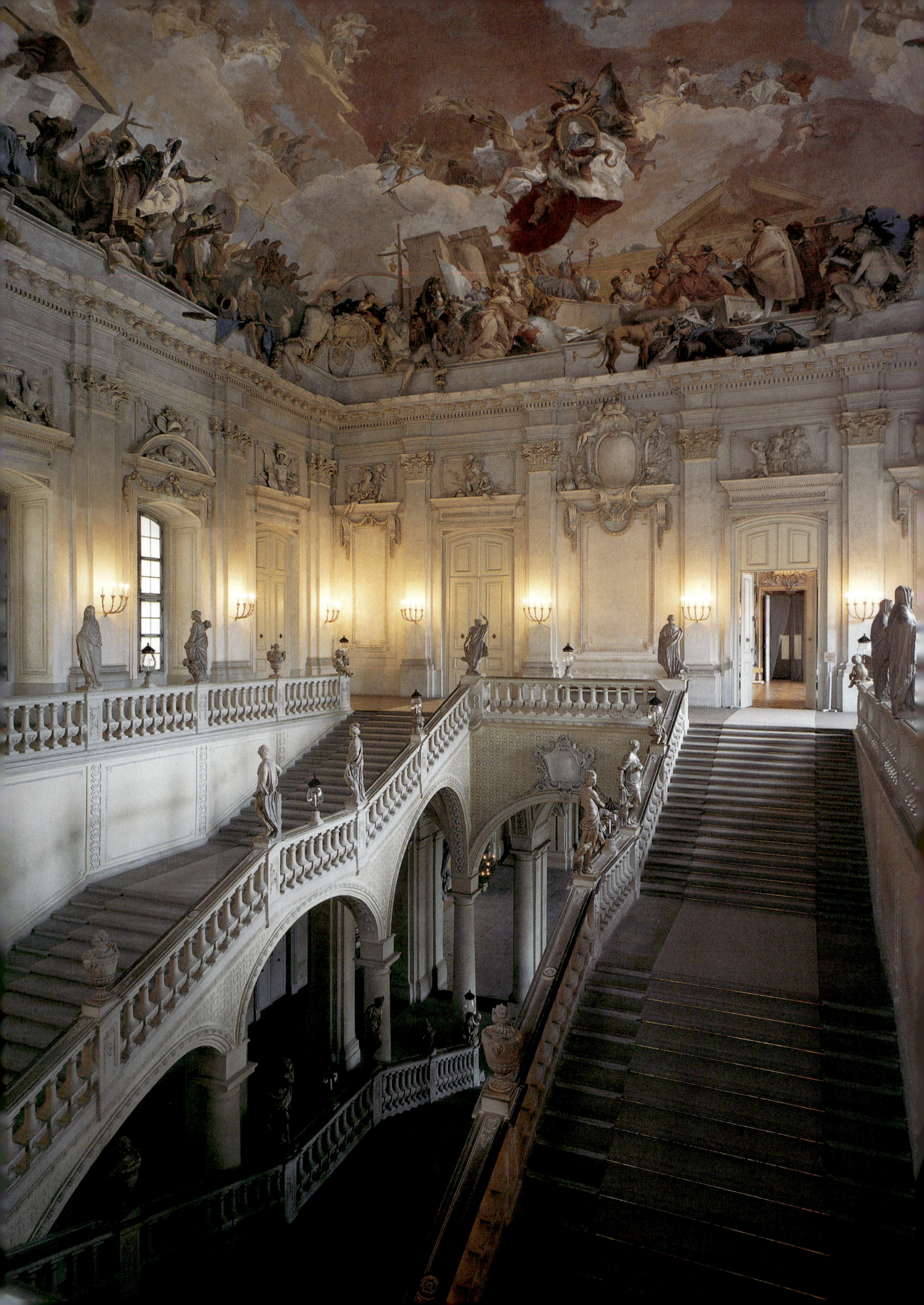

CAPÍTULO 12

A ARQUITETURA BARROCA

Assim como os banqueiros e mercadores de Florença patrocinaram os artistas e arquitetos do Protorrenascimento, a Igreja Católica foi a principal patrona das artes e da arquitetura dos séculos XVII e XVIII ao redor de Roma; as obras por ela encomendadas deram origem a um novo estilo, o Barroco.

Quando o Renascimento chegou ao fim, a Igreja tinha muito poder secular, mas suas bases morais haviam se deteriorado. O título de cardeal era vendido descaradamente; altos e baixos oficiais da Igreja tinham amantes e buscavam benefícios para seus filhos, que eram eufemisticamente chamados de "sobrinhos"; e as doações dos devotos eram gastas em projetos que careciam totalmente de propósitos espirituais. Os papas viviam em grande luxo, tratando o tesouro da Igreja como verba pessoal. Para financiar seus projetos sagrados e seculares, a Igreja instituiu práticas de levantamento de fundos questionáveis, como a venda de perdões e indulgências para poupar o pagador – ou um parente – de passar um determinado número de dias no Purgatório.

A REFORMA E A CONTRARREFORMA

Como seria de se esperar, a corrupção da Igreja originou pedidos de reforma religiosa, alguns ainda no século XIII. A reação mais radical e influente veio do monge Martinho Lutero, do monastério de Wittenberg, na Alemanha. Em 1517, ele pregou suas 95 teses ou propostas às portas da Igreja de Todos os Santos; essa foi a salva de abertura do movimento que ficaria conhecido como Reforma Protestante. Até então, a Igreja enfrentara os desafios propostos por desgarrados de seu próprio exército geralmente declarando-os hereges e destruindo-os com a força. Desta vez, porém, o descontentamento era generalizado demais para que os métodos da inquisição funcionassem – embora tenham sido tentados.

A resposta mais razoável da Igreja foi a Contrarreforma Católica, programa que envolvia reformas no interior da Igreja e uma longa campanha para trazer as pessoas de volta às crenças do Catolicismo. O Concílio de Trento se reuniu em 1545 e concluiu que a arte era uma ferramenta essencial para aumentar o prestígio e os ensinamentos da Igreja. Todas as artes foram empregadas nesta iniciativa de relações públicas e o estilo artístico criado para reafirmar os ensinamentos católicos tradicionais ficou conhecido como Barroco. Os resultados eram abertamente propagandistas e extremamente emocionais e apelavam aos sentidos. Baseado em uma elaboração das formas clássicas, já bastante individualizadas pelos artistas e arquitetos do início do século XVI, o Barroco foi um estilo didático, teatral, dinâmico e exuberante. Críticos posteriores atacaram os gestos exagerados, a ornamentação excessiva e o sentimentalismo patente. No contexto, porém, as obras eclesiásticas barrocas devem ser vistas como projetos que visavam envolver diretamente as pessoas e os ideais religiosos. Em geral, a arquitetura barroca é caracterizada pela complexidade e pelo drama espaciais criados pela luz que vem de fontes ocultas. Seus efeitos eram obtidos por meio do jogo dinâmico de formas côncavas e convexas; da preferência por espaços axiais e centralizados que se expressou principalmente em elementos elípticos ou ovais, ao mesmo tempo axiais e centralizadas; e da integração criativa entre pintura, escultura e arquitetura para criar ilusões e dissolver as fronteiras físicas.

A Igreja de Jesus em Roma

As novas instituições da Igreja Católica reformada incluíam a militante Ordem da Sociedade de Jesus, que foi fundada por Ignácio de Loiola em 1534 e era usualmente chamada de Ordem Jesuíta. Atuando como missionários e educadores, especialmente em áreas remotas, os jesuítas chegaram à China em 1550 e acompanharam os exploradores espanhóis em suas viagens à América. Sua sede, no entanto, ficava em Roma e parece adequado que um dos primeiros projetos

Johann Balthasar Neumann, Saguão da escadaria da Würzburg Residenz, 1720.
O teto pintado por Tiepolo encontra-se sobre esta escada, que parece flutuar dentro de seu próprio grande cômodo. O nível de ornamentação e drama combina com os homens de uniforme e as mulheres usando vestidos da corte.

Cronologia

Martinho Lutero apresenta suas 95 teses	1517
a Igreja Católica funda a Sociedade de Jesus	1534
Concílio de Trento e início da Contrarreforma	1545
jesuítas constroem a Igreja de Jesus	1568–76
Papado de Sixto V	1585–90
Guerra Civil da Inglaterra	1625–49
Bernini trabalha na Basílica de São Pedro	1629–80
Reinado de Luís XIV na França	1661–1715
Paz da Vestfália e introdução da influência renascentista na Alemanha	1648
Grande incêndio de Londres	1666

de arquitetura barroca, a Igreja de Jesus ou Il Gésu (Figuras 12.1–12.2), tenha sido sua igreja principal; as obras foram iniciadas em 1568, de acordo com as plantas de Giacomo Vignola, e concluídas em 1576 por Giacomo della Porta, que projetou a fachada que hoje vemos e a cúpula.

12.1 Giacomo Vignola e Giacomo della Porta, Igreja de Jesus, Roma, 1568–76. Inúmeros projetos de igreja basearam-se nesta obra, a igreja-mãe da Ordem Jesuíta. A tridimensionalidade e o acúmulo de detalhes no vão central sugerem um novo tipo de composição de fachada.

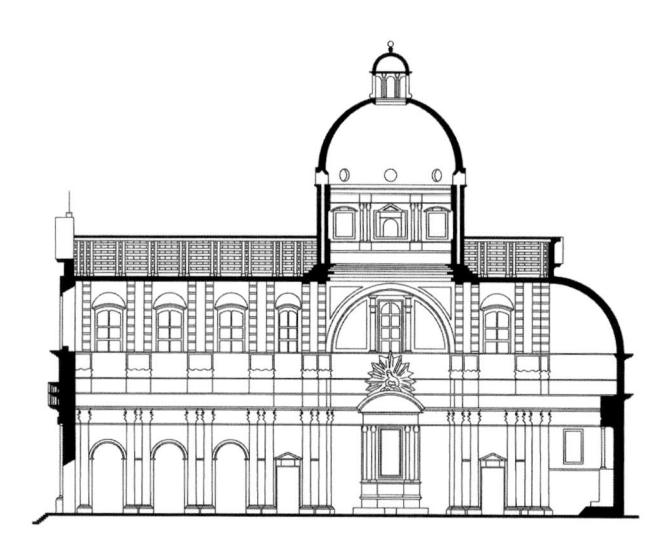

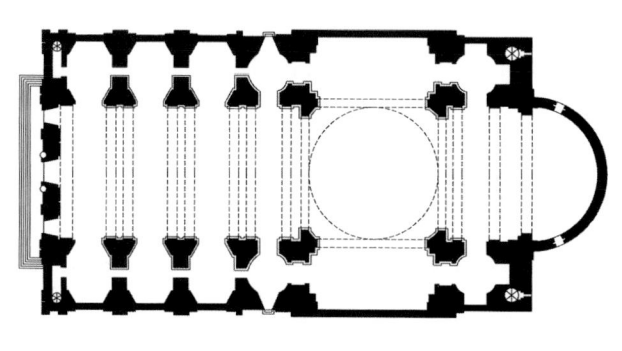

CAPÍTULO 12   A ARQUITETURA BARROCA   361

esse, por sua vez, é emoldurado por um frontão abaulado sustentado por pilastras laterais. O projeto original do interior era completamente desadornado: o interior encontrado na igreja atualmente resulta de uma campanha decorativa posterior, iniciada no final do século XVII. Olhando para o teto da nave central, é impossível saber com certeza onde termina a arquitetura e começa a escultura ou onde termina a escultura e começa o afresco da *Adoração do Nome de Jesus*, pintado por Giovanni Battista Gaulli entre 1675 e 1679. Nuvens, drapeados e corpos humanos flutuam no espaço, arrebatando os visitantes com a visão do paraíso.

O PAPA SIXTO V E O REPLANEJAMENTO DE ROMA

Uma década após a finalização da Igreja de Jesus, as primeiras influências do Barroco puderam ser sentidas nas alterações feitas à malha urbana de Roma. O Papa Sixto V (1585-90) promoveu mudanças radicais; seu programa de necessidades orientou o desenvolvimento da cidade pelos 100 anos seguintes ou mais e também influenciou o projeto de urbanismo de toda a Europa e, posteriormente, da América.

Sixto V não foi o primeiro papa a se preocupar com o descaso do aspecto físico de Roma. Seu trabalho pode ser visto como uma elaboração e uma extensão vigorosas das iniciativas tomadas na década de 1450 por Nicolau V (1448-55), o primeiro papa renascentista a controlar a cidade em sua totalidade depois do longo período de conflitos durante o qual os papas residiram em Avignon, na França. Nicolau promoveu reparos fundamentais em construções antigas, como muralhas da cidade, pontes, aquedutos e estradas que os romanos ainda utilizavam. Além disso, mandou modificar certos monumentos para atender às necessidades atuais; tais obras incluíram a transformação do Mausoléu de Adriano no Castelo de Sant'Angelo, uma fortaleza ocupada pela corte do papa. O Papa Sixto IV (1471-84) havia restaurado igrejas antigas e encomendado a construção de outras; também tentou melhorar a circulação dentro da área medieval caótica e densamente populosa tornando retas as ruas que levavam à Ponte de Sant'Angelo, que cruzava o Rio Tibre e conectava a maior parte de Roma à Basílica de São Pedro. Júlio II (1503-13) deu continuidade aos projetos de Sixto IV, conforme discutido no capítulo anterior, com seu mecenato para as obras de Bramante e Michelangelo. Além dessas obras notáveis ao redor do Vaticano e da Basílica de São Pedro, Júlio direcionou seus esforços para melhorias cívicas, incluindo a criação de três ruas retas (Strada Leonina, Strada del Corso e Strada del Babuino) que irradiavam como aros a partir da Porta del Popolo, o portão norte da cidade. Paulo III (1534-50), um de seus sucessores, contratou Michelangelo para reprojetar o Monte Capitólio. Pio IV (1559-65) criou uma avenida reta, a Strada Pia (1561-62), para a qual Michelangelo projetou a Porta Pia (veja a Figura 11.43) como pórtico de finalização.

Tais intervenções feitas em Roma foram aceleradas e intensificadas durante os cinco anos e quatro meses do pontificado de Sixto V. Foram realizadas obras públicas, incluindo a construção de 27 novas fontes e a provisão de um abastecimento de água confiável por meio do conserto de aquedutos antigos e da construção de um novo; a lei e a

12.2 Giacomo Vignola e Giacomo della Porta, Planta baixa e corte da Igreja de Jesus, Roma, 1568-76.

A nave central muito baixa revela que esta é uma igreja gerada pela Contrarreforma. O uso de pilastras e capelas laterais serviu de alternativa à planta baixa com colunas e naves laterais herdada de Brunelleschi, da Idade Média.

A planta baixa da Igreja de Jesus lembra a da Igreja de Sant'Andrea, projetada por Alberti em Mântua, pois apresenta capelas com abóbadas de berço transversais (em vez de naves laterais com colunas) ladeando uma nave central com abóbadas de berço longitudinais. Todavia, os motivos que levaram Vignola a usar tal planta baixa foram muito diferentes dos de Alberti. Este desejava recriar a grandiosidade e o monumentalismo da Roma Antiga. Ao suprimir o transepto e encurtar a nave central, Vignola produziu linhas de visão e uma acústica clara que permitia que os sermões fossem ouvidos com clareza. O projeto da Igreja de Jesus também era inovador, em função de sua forte ênfase axial e da tridimensionalidade dos elementos que compõem a fachada oeste. É possível associar a composição desta fachada a da Igreja de Santa Maria Novella, também de Alberti, situada em Florença, embora a tradicional subdivisão florentina baseada em formas geométricas tenha sido substituída pelas ordens clássicas. Na Igreja de Jesus, pares de pilastras saem de planos projetados até chegarem às colunas adossadas, de cada lado da entrada, que sustentam um frontão triangular;

ordem voltaram à cidade. As indústrias da lã e da seda voltaram à ativa, aumentando ainda mais as ofertas de emprego. Se Sixto tivesse vivido mais um ano, o Coliseu poderia ter sido convertido em uma tecelagem de lã!

As pessoas que mais se beneficiaram com as mudanças promovidas por Sixto foram os peregrinos que vinham visitar os maiores templos cristãos. Sabendo que tais visitantes religiosos eram importantes para a economia da cidade, Sixto planejou conectar as sete basílicas paleocristãs de Roma por meio de rotas processionais diretas, pontuadas por elementos verticais e fontes que marcariam pontos importantes no percurso (Figura 12.3). Tratou-se de uma concretização em escala muito maior de ideias originalmente desenvolvidas pelo paisagismo do século XVI, como os Jardins Boboli, em Florença. Em função da topografia irregular da cidade, não seria nada fácil sobrepor ao terreno um plano de estradas retas traçadas no papel. Contudo, a reforma da cidade proposta por Sixto era tão convincente que praticamente todos os arquitetos, planejadores e autoridades civis que deram continuidade às obras nos séculos seguintes acabaram seguindo seu esquema.

Sixto começou com a construção de uma nova rua, a Strada Felice, que ia da Igreja de Santa Maria Maggiore à Igreja da Santa Croce in Gerusalemme, em uma direção, e, na outra, à Santissima Trinità dei Monti, sobre o Monte Esquilino. A intenção inicial era que tal avenida seguisse até a Porta del Popolo, o principal ponto de entrada para aqueles que vinham do norte, mas as colinas que estão no meio impediram que essa ideia fosse posta em prática. Como projeto relacionado, a Piazza del Popolo foi reprojetada posteriormente (veja as páginas 372–73) para oferecer um caminho de entrada adequado aos peregrinos. Depois de cruzar o portão, os visitantes entravam em um espaço focado em um obelisco central. As três vias retas adicionadas por Júlio II irradiavam deste ponto, fornecendo acesso direto aos principais distritos da cidade. A partir da Piazza del Popolo, a rua radial à esquerda (Strada del Babuino) levava a uma fonte na base do Monte Esquilino, sobre o qual se encontra a igreja da Trinità dei Monti. Sixto consagrou a igreja em 1585; mais de um século depois, foi construída a escada que liga a igreja à fonte abaixo (veja as páginas 372–73).

A Basílica de São Pedro

A Basílica de São Pedro, localizada do lado oposto ao Rio Tibre em relação às partes mais antigas da cidade, é o monumento cristão mais importante de Roma. Durante o reinado de Sixto V, as obras da construção da cúpula foram

12.3 Planta de Sixto V para Roma, 1585–90.

Tendo a Igreja de Santa Maria Maggiore no centro, o Papa Sixto V estabeleceu conexões axiais com as sete principais igrejas da cidade. Com esta planta, o conceito renascentista de espaços estáticos e independentes deu lugar ao conceito barroco de conexões axiais entre importantes pontos urbanos.

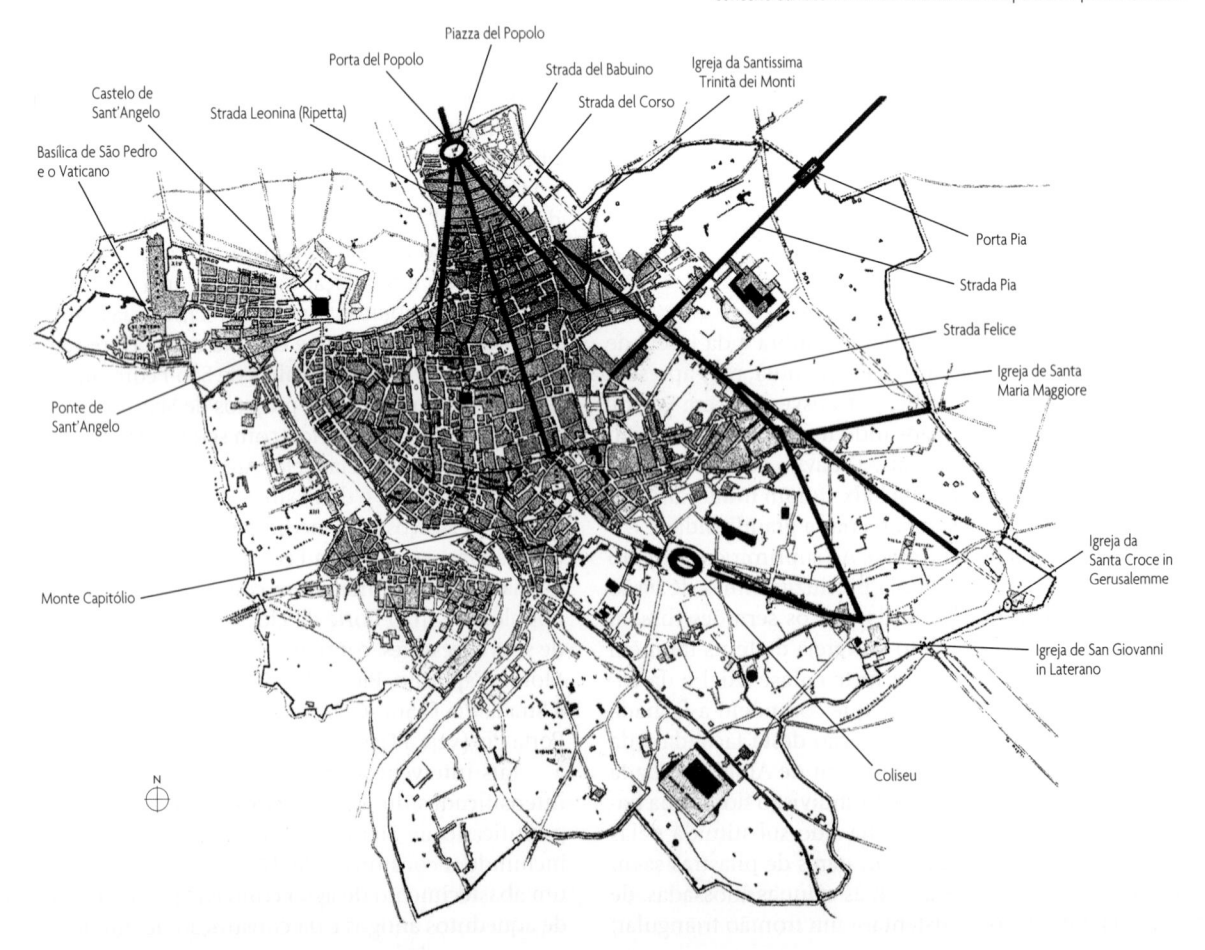

reiniciadas depois dos 25 anos de relativa inatividade que se seguiram à morte de Michelangelo. Sixto também voltou sua atenção para a rota que ligava a basílica ao resto da cidade. Os peregrinos atravessavam o Tibre pela Ponte de Sant'Angelo, em cuja extremidade encontrava-se o enorme Castelo de Sant'Angelo. A rota que levava à basílica seguia para oeste, mas a ligação concreta projetada por Sixto se tornaria realidade apenas na década de 1930, quando o ditador fascista Benito Mussolini criou a Via della Conciliazione para oferecer uma chegada axial majestosa à grandiosa igreja. A distância, é possível ver com clareza a cúpula da basílica se elevando acima da nave central e da ampla fachada, embora a cúpula de Michelangelo, projetada para uma igreja sem nave, desapareça da visão gradualmente, à medida que nos aproximamos do edifício.

No centro da atual Piazza de São Pedro fica a contribuição de Sixto para a configuração do espaço em frente à basílica – o Obelisco do Vaticano, que, com seus 25 metros de altura, foi instalado no local em 1586. A orientação técnica necessária para essa monumental façanha da engenharia foi dada por Domenico Fontana, que mais tarde escreveu um livro descrevendo e ilustrando todo o processo. O Obelisco do Vaticano era o maior espécime intacto dentre os 12 obeliscos egípcios trazidos para Roma na época do império. Não se sabe como os antigos romanos colocaram tais monólitos no lugar, mas a presença de vários obeliscos quebrados indica que os métodos usados nem sempre eram bem-sucedidos. A tarefa de Fontana era deitar o obelisco de 309 toneladas de sua posição corrente, no antigo Circo de Nero, e deslocá-lo por aproximadamente 240 metros até sua nova localização na Praça de São Pedro – tudo isso sem danificar o fuste ou os entalhes. A solução encontrada por ele envolvia colocar o obelisco dentro de uma estrutura de madeira protetora, transferi-lo para a posição horizontal por meio do uso de cordas e polias, que eram controladas pela ação coordenada de homens e cavalos movendo 38 molinetes, e transportá-lo sobre roletes até o novo terreno. A inclinação de aproximadamente nove metros entre o terreno antigo e o novo facilitou o transporte horizontal. Após chegar à praça, o obelisco foi movido em plano inclinado e reerguido usando as mesmas gruas e cabrestantes utilizados para baixá-lo. A operação inteira foi cuidadosamente planejada e supervisionada por Fontana, autorizado pelo papa a empregar quantos homens, materiais e cavalos fossem necessários para concluir a obra. Em 29 de abril de 1586, quando o obelisco foi erguido em frente à basílica, todo o Colégio de Cardeais e a população de Roma dirigiram-se ao local para assistir ao espetáculo. Barricadas mantiveram os curiosos a uma distância segura; exigiu-se silêncio absoluto durante os estágios críticos do içamento para que os trabalhadores pudessem ouvir e responder corretamente aos sinais de Fontana, dados por uma trombeta e um sino.

Após a remoção bem-sucedida do Obelisco do Vaticano, Fontana foi contratado para reposicionar três obeliscos menores em Roma. Aqueles que atualmente se encontram na Piazza del Popolo, na Igreja de San Giovanni in Laterano e na abside da Igreja de Santa Maria Maggiore foram transportados por ele. Os piramidions desses grandes obeliscos são marcos proeminentes que indicam os importantes monumentos que cercam a cidade. Pierre L'Enfant, que projetou a Cidade de Washington, D.C., no final do século XVIII; o Barão Eugène Georges Haussmann, que cortou com bulevares a Paris de meados do século XIX; e Edmund Bacon, planejador urbano do século XX, responsável por grandes obras de replanejamento no Estado da Filadélfia nas décadas de 1950 e 1960, foram, sem dúvida, muito influenciados pelas obras de Sixto V em Roma. Bacon, aliás, usou avenidas axiais para conectar áreas importantes da cidade e edifícios altos, em vez de obeliscos, para marcar áreas diferentes, o que mostra o impacto contínuo do planejamento urbano da Roma barroca.

GIANLORENZO BERNINI

O término da Basílica de São Pedro

As obras da Basílica de São Pedro continuaram após a morte de Sixto V; o projeto, por tanto tempo preparado por uma série de arquitetos cujas habilidades, estilos e filosofias variavam consideravelmente, foi finalmente terminado durante o período Barroco. A cúpula foi concluída em 1612 sob a direção do arquiteto Giacomo della Porta e do engenheiro Domenico Fontana; a adição da nave, não prevista por Michelangelo, foi feita por Carlo Maderno, que também projetou a fachada principal (Figuras 12.4–12.6). A nave muda de orientação imperceptivelmente para se alinhar com o Obelisco do Vaticano, que Fontana acidentalmente implantou deslocado; Maderno achou mais fácil adaptar a nave da igreja do que mover o monumento egípcio. A maior igreja da Cristandade foi finalmente consagrada em 1626.

O artista preferido por Urbano VIII era Gianlorenzo Bernini (1598–1680), homem que pode facilmente ser comparado a Michelangelo: ambos foram considerados prodígios ainda muito jovens, tiveram vidas longas e produtivas, foram escultores extremamente criativos que também fizeram contribuições importantes para a arquitetura e o planejamento urbano. Bernini era filho de um escultor e sua formação artística foi parcialmente orientada por Urbano VIII, reconhecido patrono das artes antes mesmo de ser eleito papa. Os rigorosos programas de necessidades da Igreja Católica no século XVII foram responsáveis pelo desenvolvimento do estilo Barroco e, por mais de 50 anos, as obras barrocas em Roma foram dominadas por Bernini.

Sua presença fica mais evidente na Basílica de São Pedro, onde trabalhou como arquiteto-chefe de 1629 até sua morte. Grande parte do aspecto do interior atual resulta do gênio de Bernini. Seja diretamente ou por meio das oficinas que supervisionou, ele foi responsável pelos pisos da nave e do nártex, pela decoração dos pilares da nave e pelo projeto de quatro grupos de esculturas para altares e túmulos. Entretanto, os projetos para o cruzeiro e a abside principal da igreja são as contribuições mais substanciais que fez para o interior. Para diminuir a escala do vasto espaço sob a cúpula de Michelangelo, Bernini projetou o baldaquim de bronze (1624–33), uma marquise protetora simbólica acima do grande altar sobre o túmulo de São Pedro. Para alcançar a escala da rotunda, o Baldaquim tem 27 metros de altura; suas colunas

12.4 Basílica de São Pedro, Roma, 1546–64, 1606–12.

A fachada de Maderno acompanha toda a largura da igreja. As cúpulas pequenas foram feitas por Vignola. A cúpula principal foi planejada por Michelangelo e aprimorada por Giacomo della Porta. Bernini acrescentou a colunata que cria as praças trapezoidal e oval.

torsas não foram invenções barrocas, mas versões bastante ampliadas das colunas de mármore encontradas na Basílica de Constantino – algumas das quais foram preservadas como parte dos relicários no segundo pavimento dos pilares do cruzeiro. Acreditava-se que as colunas torsas originais haviam sido trazidas por Constantino do Templo de Salomão, em Jerusalém, por isso, seu uso contínuo conectava a Basílica de

12.5 Michelangelo Buonarroti e Carlo Maderno, Planta baixa da Basílica de São Pedro terminada, Roma, 1546–64, 1606–12.

A extensão da nave, após a morte de Michelangelo, mostra que o clero estava determinado a substituir a planta baixa central preferida pelo arquiteto por uma em cruz latina que conduzisse as procissões e controlasse as multidões.

12.6 Corte longitudinal da Basílica de São Pedro, 1546–64, 1606–12.

Olhando para este corte, ninguém diria que Bramante e Michelangelo desejavam que esta igreja tivesse a maior planta baixa centralizada do Renascimento. Ainda assim, os arquitetos conseguiram recriar a escala e o esplendor da Roma Antiga.

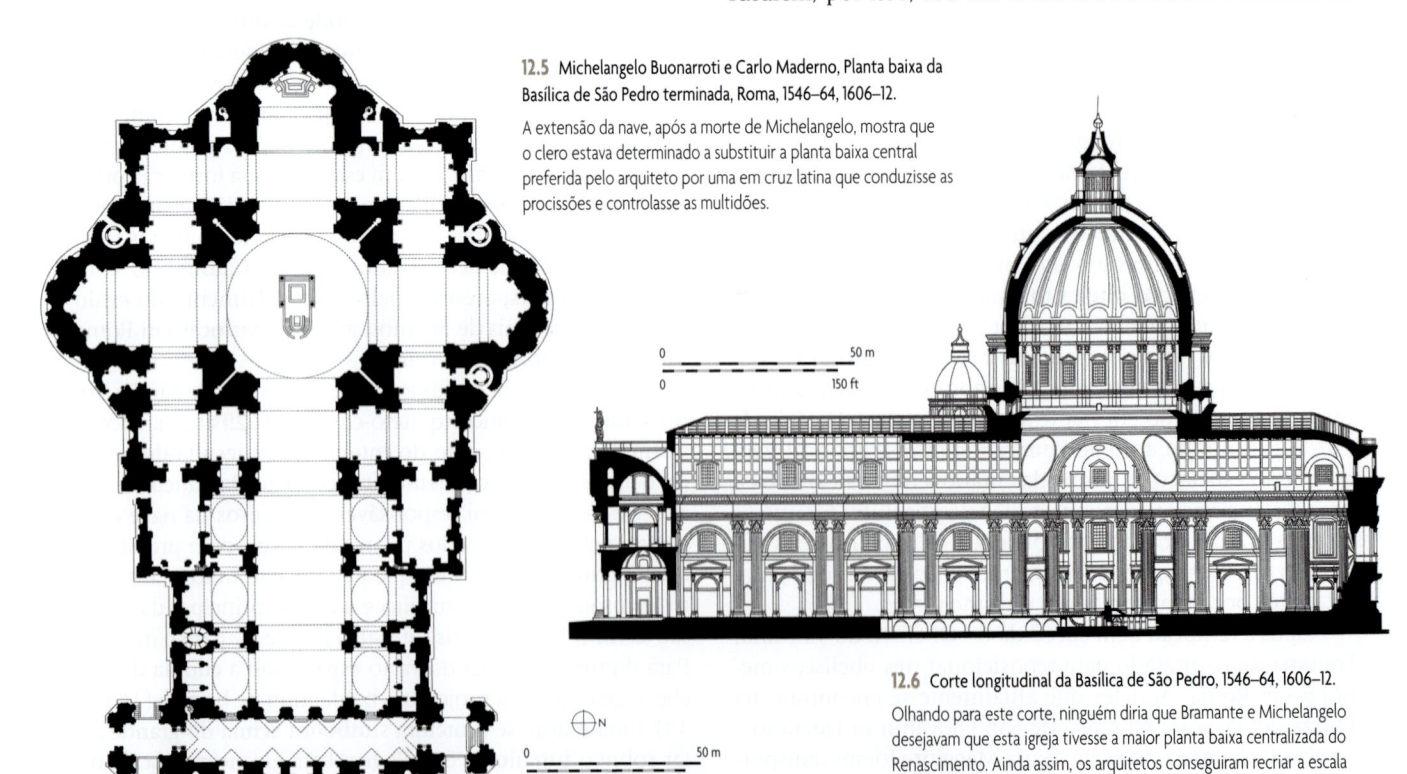

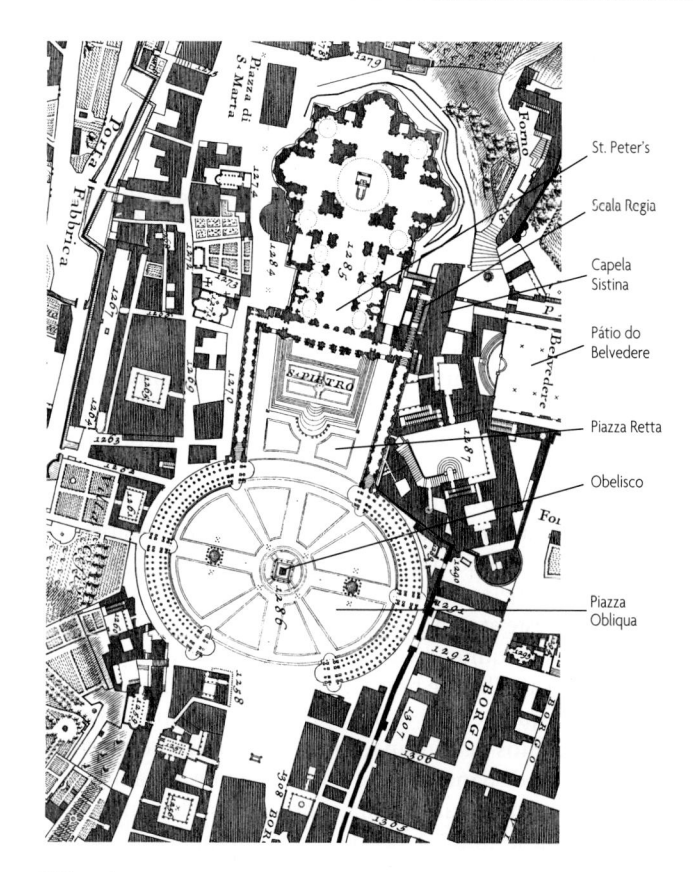

12.7 Gianlorenzo Bernini, Planta de situação do complexo de São Pedro e parte do Vaticano, Roma, 1748.

Nesta planta de situação, a extremidade sul do Pátio do Belvedere, de Bramante, pode ser vista à direita. A planta baixa final da igreja ainda mostra claramente suas origens como planta centralizada. O quarteirão leste da praça (parte inferior do desenho) é mostrado com uma densa ocupação, como realmente era antes de Mussolini demolir os prédios para criar um espaço aberto até o Tibre.

São Pedro à Terra Sagrada. O material usado no Baldaquim foi obtido derretendo-se os apoios romanos de bronze do pórtico do Panteon, um reaproveitamento de material histórico sancionado pelo papa contra a oposição popular; sobrou metal suficiente para fundir 80 canhões utilizados na defesa da cidade. No amplo espaço da basílica, o Baldaquim marca distintamente o centro espiritual da igreja, que, do contrário, pareceria insignificante. O interior é tão grande que a altura do Baldaquim, equivalente a um edifício de nove pavimentos, não se torna opressiva a distância.

Nos ângulos das pilastras do cruzeiro, o projeto de Bernini colocou quatro belíssimas estátuas de santos associadas à Paixão de Cristo, todas com o dobro do tamanho de um homem. Dessas, o próprio Bernini esculpiu a estátua de São Longino (1629-38), o centurião romano que feriu o flanco de Cristo na Crucificação; Longino é mostrado no momento em que percebe a divindade de Cristo. Além do Baldaquim, e emoldurada sobre o eixo por suas colunas, fica a obra culminante de Bernini para a basílica – a Cathedra Petri, ou Cadeira de Pedro (1657-66), um elaborado relicário em bronze construído ao redor do assento famoso de madeira do primeiro apóstolo. Levemente apoiada em quatro figuras que representam os Doutores da Igreja, aqueles homens que estabeleceram a doutrina da fé, a cadeira flutua acima das cabeças dos visitantes contra um glorioso pano de fundo no qual raios dourados emanam de um centro de vidro extremamente iluminado; dele, se eleva a pomba do Espírito Santo. Ao contrário de outros edifícios paleocristãos, a igreja de São Pedro não está alinhada com a abside no leste, mas sim no oeste; dessa forma, os raios do sol da tarde atravessam a janela e se fundem com a radiação dourada da escultura que cerca a cadeira. Ao incorporar uma janela atrás da obra para conferir brilho ao conjunto, o projeto de Bernini ilustra admiravelmente bem a teatralidade do Barroco.

Por ser a maior igreja da Cristandade ocidental, a Basílica de São Pedro requer uma abordagem apropriada e um contexto exterior e, outra vez, Bernini foi contratado para assumir a obra. Em 1637, ele sugeriu a construção de dois campanários nas extremidades do nártex para se contrapor à ênfase horizontal da fachada de Maderno. A torre mais ao sul ainda estava apenas parcialmente construída quando o recalque do solo e a fissuração subsequente da estrutura exigiram a remoção do campanário em 1645, quase dando um péssimo fim à carreira de Bernini como arquiteto. Em 1657, porém, ele projetou a Praça de São Pedro, um dos espaços urbanos mais famosos do mundo (Figura 12.7). Composta por duas partes, a praça tem uma seção oval – a *piazza obliqua* – focada no Obelisco do Vaticano, seguida por uma seção trapezoidal – a *piazza retta* – diretamente em frente à entrada da igreja. Juntas, as duas seções abraçam simbolicamente os cristãos que vêm visitar o túmulo de São Pedro. A *piazza retta* tenta melhorar, de duas maneiras, as proporções da fachada ao aumentar a altura aparente da igreja. Sua forma trapezoidal, que é percebida como um retângulo, "espreme" a fachada para enfatizar a verticalidade; já as colunatas laterais diminuem de altura ao seguir na direção da igreja, o que cria uma unidade menor que contrasta com as colunas coríntias adossadas da fachada. Embora os lados convergentes da *piazza retta* talvez sugiram influência da Praça do Monte Capitólio, projetada por Michelangelo, a forma foi provavelmente gerada pela implantação oblíqua do Palácio do Vaticano em relação ao nártex da igreja.

A *piazza obliqua* é mais tipicamente barroca, com braços curvos que não formam uma elipse verdadeira, mas são, de fato, dois semicírculos conectados a um quadrado. Duas fontes distribuídas simetricamente e o obelisco estabelecem um eixo transversal em relação à chegada da basílica, introduzindo, assim, um elemento de tensão no projeto. As laterais da praça são formadas por colunatas independentes da ordem toscana, com quase 12 metros de altura e quatro colunas de profundidade, distribuídas em linhas radiais para fornecer um padrão de luz e sombra constantemente alternado à medida que os visitantes se deslocam pela borda. A colunata gera uma sensação de proteção sem enclausuramento; o espaço é definido sem ser excluído do tecido urbano. Mais de 250 mil pessoas podem se reunir na Praça de São Pedro para receber a benção do papa a partir do balcão central, que fica sobre a entrada central da igreja, ou de uma janela nos apartamentos papais, à direita. Com seu projeto majestoso e totalizante, a Praça de São Pedro estende as boas-vindas da Igreja para além dos limites da basílica propriamente dita.

12.8 Gianlorenzo Bernini, Sant'Andrea al Quirinale, Roma, 1658–70.

Refletindo as políticas da Contrarreforma, a igreja de Sant'Andrea tem paredes laterais que se estendem para fora como se quisessem abraçar os transeuntes. Seu enorme frontispício é um estudo das geometrias semicirculares: as janelas de clerestório, o telhado com pórtico e a escada da entrada.

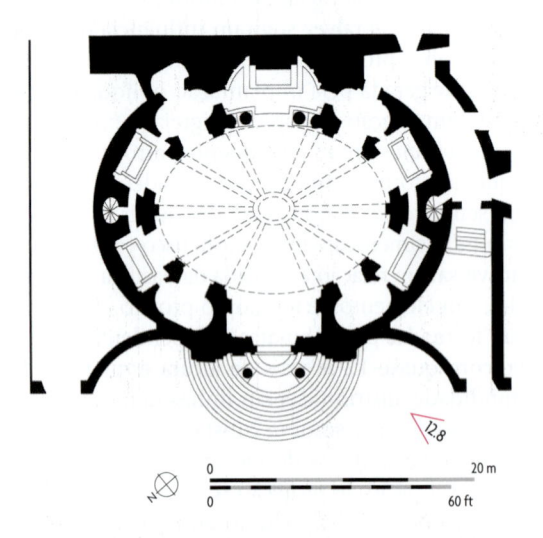

12.9 Gianlorenzo Bernini, Planta baixa de Sant'Andrea al Quirinale, Roma, 1658–70.

Bernini decidiu colocar o altar ao longo do eixo menor da forma oval. Também optou por encerrar o eixo transversal com pilares em vez de capelas. Ambas as escolhas criavam tensões e eram incomuns no século XVII.

Sant'andrea al Quirinale, Roma

Bernini também projetou a pequena igreja com planta baixa oval conhecida como Sant'Andrea al Quirinale (1658–70), que serviu de refúgio silencioso para os noviços jesuítas (Figuras 12.8–12.9). A forma do espaço interno é claramente expressa pelo corpo convexo do edifício. Em cada lado, contracurvas se transformam em braços protetores côncavos que conectam a edificação com a rua. O acesso se dá entre as colossais colunas coríntias que sustentam o frontão; dentro dessa moldura, o clerestório permite a entrada de luz no interior. Um pórtico curvo convexo que parece se dobrar a partir dela é sustentado por colunas jônicas. No pavimento superior, ao redor das paredes externas, contrafortes com volutas estabilizam a cúpula.

A entrada e o altar ficam nos lados opostos do eixo menor da planta baixa oval. Para enfatizar o altar e estabelecer o eixo menor como o dominante, Bernini distribuiu pilastras, e não capelas, no eixo transversal, fazendo com que o visitante preste atenção no ponto de origem da ação teatral. O espaço de arquitetura ao redor e acima serve de pano de fundo para aquilo que hoje chamamos de experiência multimídia, já que Bernini usou a pintura, a escultura, o estuque e os efeitos de iluminação para dramatizar o martírio e a apoteose de Santo André. Primeiramente, uma imagem pintada do futuro santo paira sobre o altar, iluminada por uma cúpula secundária oculta com lanterna. Em torno da pintura, anjos e querubins – imagens de crianças rechonchudas despidas – levitam entre os raios de luz dourados. Acima, uma escultura de Santo André se eleva por trás do frontão quebrado que define o altar, acompanhada, na base da cúpula, por mais esculturas de querubins e pescadores que representam a profissão antes exercida pelo santo. A cúpula com caixotões inclui 10 nervuras cujas larguras diminuem conforme se elevam para sustentar visualmente a base da lanterna. Lá, uma plateia composta por mais querubins aguarda a entrada de Santo André no paraíso, que é representada pelo brilho da lanterna principal. Em resumo, é um exemplo da grande virada teatral da Contrarreforma.

FRANCESCO BORROMINI

Embora o término dos interiores da basílica e a construção da Praça de São Pedro tenham ocupado boa parte do tempo de Bernini, não foram, de modo algum, os únicos projetos realizados por esse artista extremamente talentoso e dinâmico. Ele tampouco concluiu a Basílica de São Pedro sozinho: teve assistentes, alguns dos quais se tornaram projetistas proeminentes. Foi esse o caso de Francesco Borromini (1599–1667), que começou sua carreira como escultor no ateliê de seu tio, Carlo Maderno, e logo foi nomeado mestre-pedreiro e colaborador de Bernini no baldaquim da basílica. Logo depois, as personalidades fortes de ambos se opuseram; antes de 1630, já eram considerados rivais. Entre os muitos projetos que Borromini executou ao redor de Roma, dois são particularmente interessantes por demonstrarem sua abordagem extremamente original ao projeto de arquitetura.

12.10 Francesco Borromini, San Carlo alle Quattro Fontane, Roma, iniciada em 1634.

O tema da fachada é dado pela figura de São Carlos Borromeo acima da porta, com os olhos voltados para cima e as mãos posicionadas em oração. Esse movimento vertical abrange as colunas adossadas e até mesmo a placa oval no frontão em concha.

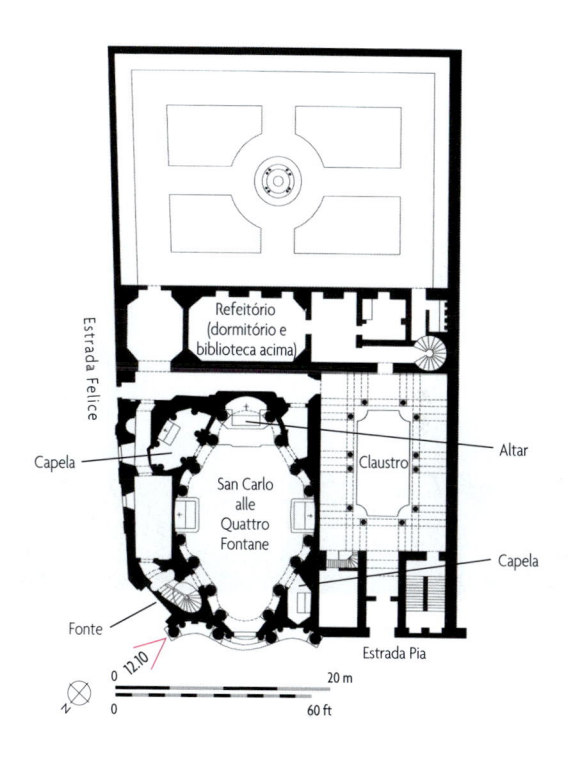

12.11 Francesco Borromini, Planta baixa de San Carlo alle Quattro Fontane, Roma, iniciada em 1634.

A enorme capacidade de organização de Borromini pode ser lida no ordenamento duplo da igreja e do claustro. Em cada um, o tema é os pares de colunas. No claustro, seis pares são independentes; na igreja, oito pares adossam a parede ondulada ao redor.

San Carlo alle Quattro Fontane, Roma

Os projetos feitos para a igreja e o monastério de San Carlo alle Quattro Fontane (dedicados a São Carlos Borromeo e também conhecidos como San Carlino ou Pequeno São Carlo) absorveram Borromini desde 1634 até seu falecimento. Ele começou reformando a moradia dos monges, que passou a incluir refeitório e claustro novos (1634–38), em um pátio interno onde painéis salientes acima de pares de colunas substituíram as quinas costumeiras.

Em 1638, projetou a igreja pequenina, porém extremamente inovadora (Figura 12.10), na esquina da Strada Felice com a Via Pia (atualmente conhecida como Via Quattro Fontane), uma das majestosas rotas planejadas por Sixto V para conectar os distritos da cidade. Ele ornamentou a intersecção com as quatro fontes implantadas diagonalmente em relação a cada quina – daí a descrição "Quattro Fontane" anexada ao nome da igreja. A planta baixa da igreja consiste em uma área oval ondulada com eixo maior terminando no altar principal (Figura 12.11). As paredes laterais curvas se abrem no eixo menor, formando capelas laterais pequenas; o contraponto evoca o espírito de uma planta baixa em cruz grega alongada. Os desenhos do próprio Borromini mostram que a planta baixa complexa foi concebida interconectando uma série de figuras geométricas, de círculos a triângulos equiláteros; as proporções das seções, por sua vez,

12.12 Francesco Borromini, San Carlo alle Quattro Fontane, Roma, iniciada em 1634.

Na superfície interna, ou intradorso, da cúpula, Borromini introduziu um padrão de octógonos, hexágonos e cruzes gregas. Essas figuras diminuem de tamanho conforme se elevam, reforçando a perspectiva.

foram baseadas em mais triângulos equiláteros. O uso da geometria em vez das proporções aritméticas renascentistas reflete a imersão do arquiteto nas práticas de projeto e construção marcadamente góticas ao redor de Milão, onde seu pai trabalhara como construtor. As colunas do pavimento inferior de San Carlo parecem ter sido prensadas contra as paredes ao redor. Os pendentes acima do entablamento reduzem a planta baixa ondulada a um tambor oval que sustenta uma cúpula também oval, dotada de caixotões elaborados na forma de octógonos, hexágonos e cruzes gregas, que diminui até formar um óculo oval (Figura 12.12).

A fachada principal, construída entre 1665 e 1667, reflete o jogo interno de côncavos e convexos, ondulando para dentro e para fora ao longo da largura com três vãos e dos dois pavimentos separados por um entablamento intermediário ondulado. Uma imagem de São Carlos Borromeo, com as mãos em oração e os olhos voltados para cima, marca o tema vertical da fachada; os anjos, com as asas contorcidas para formar um frontão, protegem o santo e antecipam o aspecto quase bizarro do interior. Essa verticalidade é rompida pela balaustrada de coroamento quebrada por um grande **medalhão** oval. Com habilidade inegável, Borromini incorporou uma fonte e uma quina chanfrada ao projeto da fachada; desse modo, todas as partes reforçam o dinamismo do Barroco.

12.13 Francesco Borromini, Sant'Ivo della Sapienza, Roma, iniciada em 1642.

Os dois primeiros níveis do pátio interno foram planejados por Pirro Ligorio e Giacomo della Porta. Borromini usou a edificação preexistente como base para o tambor não ortodoxo com cúpula exótica coroada por uma espiral.

Sant'ivo della Sapienza

Em Sant'Ivo della Sapienza (Figura 12.13), Borromini criou uma obra-prima que pode ser considerada um arquétipo do Barroco. O edifício consiste em uma capela inserida atrás da extremidade curva de um pátio interno de dois pavimentos preexistente no Archiginnasio, colégio popularmente conhecido como La Sapienza e, atualmente, parte da Universidade de Roma. Giacomo della Porta havia projetado a fachada dentro da curva que, necessariamente, se transformou na base visual da cúpula de Borromini quando vista da entrada do pátio interno. Borromini chegou a propor alterações para a fachada de della Porta, mas nenhuma delas foi levada a cabo.

O Papa Leão X doou o terreno, mas a capela foi iniciada somente em 1642 sob o patrocínio de Urbano VIII. O brasão de Urbano incorpora as abelhas que simbolizam sua própria família, os Barberini; Urbano, aliás, era carinhosamente chamado de "Rei das Abelhas". Portanto, não é de surpreender que Borromini, que havia esperado 10 anos para ser contratado, tenha lisonjeado seu patrono ao incorporar a forma de uma abelha voando à planta baixa, que tem a geometria de um hexágono (Figura 12.14a), fazendo a intersecção de dois triângulos equiláteros que também criam uma estrela de seis pontos. O entablamento interno entre o nível infe-

12.14a Francesco Borromini, Planta baixa com a planta do teto projetada de Sant'Ivo della Sapienza, Roma, 1642–50.

Borromini utilizou dois triângulos equiláteros interconectados como estrutura conceitual para sua planta baixa complexa. A planta do teto projetada revela as facetas da abóbada "em abóbora", similar, em espírito, àquelas aparentemente usadas pelo Imperador Adriano em sua vila em Tivoli, perto de Roma.

12.14b Francesco Borromini, Corte transversal de Sant'Ivo della Sapienza, Roma, 1642–50.

Este corte revela as camadas nada convencionais de Borromini. Sobre as pilastras, fica o entablamento facetado. As nervuras nascem desse entablamento, dobram-se umas contra as outras e diminuem em largura à medida que sobem.

12.15 Francesco Borromini, Cúpula de Sant'Ivo della Sapienza, Roma, 1642–50.

Nitidamente similar às abóbadas nervuradas góticas, esta cúpula contém símbolos da família Barberini, patrona da edificação.

rior da igreja e a cúpula não separa as duas áreas de maneira convencional. Em vez disso, os ritmos côncavos e convexos do entablamento se elevam por meio de seções curvas e plissadas em direção às nervuras da cúpula de seis partes (Figuras 12.14b, 12.15). Externamente, as paredes pesadas e a coroa escalonada da cúpula de Borromini suportam uma torre com lanterna exótica que sobe em espiral, resultando em uma forma que permite múltiplas associações: uma tiara papal, que contém faixas de coroas triplas reunidas em uma espiral contínua, simbolizando a autoridade do papa em questões sacerdotais, reais e imperiais; uma espécie de concha geralmente conhecida como *corona papale*, em função da semelhança com a tiara papal; e a Sabedoria Divina, que complementou o simbolismo da espiral ascendente. Na verdade, a iconografia da capela como um todo expressa a ideia de que "toda a sabedoria vem de Nosso Senhor" e que "o temor ao Senhor é o início da sabedoria" (Eclesiástico 1:1).

ESPAÇOS URBANOS NA ROMA BARROCA

Salvo algumas exceções notáveis, o projeto de urbanismo é uma tarefa compartilhada, que ocorre ao longo de várias gerações. As linhas gerais da planta de Sixto V para Roma possibilitaram que arquitetos posteriores concluíssem seu grandioso projeto criando igrejas, fontes e praças com o objetivo de enriquecer a vida cívica. A implantação do Obelisco do Vaticano por Fontana, por exemplo, precedeu o projeto total de Bernini para a praça e, portanto, não fazia parte dele; contudo, sua posição em frente à Basílica de São Pedro identificava a área como sendo uma das mais importantes da cidade e também contribuiu para a concepção espacial específica de Bernini executada em 1657. A colaboração de arquitetos talentosos em vários projetos de urbanismo conferiu muitos espaços públicos belíssimos a Roma; aqui serão discutidos três exemplos barrocos especialmente impressionantes.

A Piazza Navona

Juntos, Bernini e Borromini criaram o projeto de urbanismo da Piazza Navona, um espaço com proporções nada convencionais (54 × 276 metros) que já fora o Estádio de Domiciano (Figura 12.16). No período medieval, foram construídas casas nas ruínas das arquibancadas, enquanto o centro aberto abrigou jogos informais e um mercado. O palácio do Papa Inocêncio X ficava voltado para a área e, ao ser eleito em 1644, ele reformou a praça e sua igreja – Santa Agnese in Agone (Figura 12.17). As obras da igreja foram primeiramente entregues a Girolamo e Carlo Rainaldi, mas os projetos de ambos desagradaram a Inocêncio e, em 1653, após a colocação das fundações, Borromini assumiu o processo de construção. Ele manteve a planta baixa em cruz grega dos predecessores, mas recuou a escadaria que avançava sobre a praça estreita e criou uma nova fachada côncava, acima da qual se erguia um alto tambor, uma cúpula alongada e uma lanterna esbelta. Depois de 1657 e do falecimento de Inocêncio X, Carlo Rainaldi voltou para concluir as obras, adicionando as torres gêmeas posicionadas nos dois lados da fachada curva. Em termos de volumetria, a igreja de Santa Agnese mostra a silhueta que a Basílica de São Pedro teria sem o acréscimo da nave.

Bernini – temporariamente nos maus grados da Igreja por motivos políticos e em função do colapso das torres da Basílica de São Pedro – não figurou entre os possíveis arquitetos para a igreja de Santa Agnese, mas sua proposta para a fonte central da Piazza Navona agradou tanto a Inocêncio que o papa deixou as animosidades de lado e contratou-o. A Fonte dos Quatro Rios (1648–51), localizada no centro da praça, mas deslocada em relação ao eixo principal da igreja de modo a não competir com ela, apresenta figuras simbólicas inseridas entre a água que jorra e representa os maiores rios dos continentes aos quais o Catolicismo já havia chegado. A imagem do Ganges segura um remo em virtude da grande extensão navegável do rio; o Danúbio está voltado para os emblemas de Inocêncio X; a face do Nilo está obscurecida porque não se conheciam suas origens na época; e a imagem do Rio da Prata representa um nativo sul-americano de maneira bastante criativa – careca, barbado e cercado por moedas para refletir a riqueza do Novo

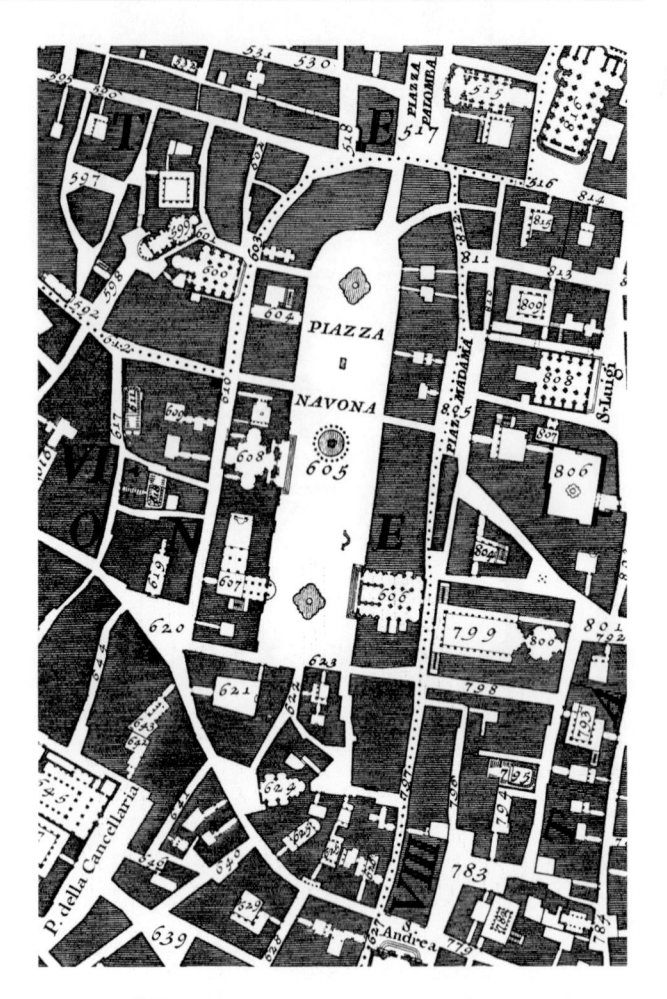

12.16 Gianlorenzo Bernini e Francesco Borromini, Piazza Navona, Roma, iniciada em 1644.

A forma da Piazza Navona resulta de suas origens como circo ou pista de corrida da Roma Antiga. Ao redor, encontram-se as estreitas ruas irregulares do núcleo medieval da cidade. A igreja de Santa Agnese fica no nº. 608; Santa Maria della Pace no nº. 599; e Sant'Ivo della Sapienza no nº. 800.

12.17 Carlo Rainaldi e Francesco Borromini, Santa Agnese, Roma, iniciada em 1644.

Borromini optou por colocar a cúpula perto da fachada, para que pudesse ser vista entre as torres laterais. Trata-se do mesmo esquema pensado por Bernini para a Basílica de São Pedro antes que suas torres se mostrassem instáveis.

Mundo. As figuras sustentam um obelisco central, coroado com uma representação da pomba da influente família Pamphili e que simboliza o triunfo do Cristianismo sobre o paganismo e, consequentemente, do Catolicismo sobre o Protestantismo. Logo, em mãos barrocas, mesmo itens seculares como as fontes públicas se transformavam em alegorias da Igreja Católica Romana. Em ambas as extremidades da praça há fontes adicionais; além de agradáveis aos olhos, as três refrescam o ar com sua umidade.

Uma das menores praças de Roma fica logo atrás da Piazza Navona e em frente à igreja de Santa Maria della Pace, projetada por Pietro da Cortona (1596–1669). O edifício principal da igreja data do século XV. Cortona deu a ele uma nova fachada convexa em 1656–58 (Figura 12.18), com uma plasticidade que é contida pelas pilastras coríntias la-

12.18 Pietro da Cortona, Santa Maria della Pace, Roma, 1656–58.

A fachada de Cortona parece ter sido curvada e ter saído de dentro para fora. As paredes dos lados são análogas a palcos laterais e conectam a igreja a edifícios preexistentes.

terais que sustentam o frontão. Esse frontão emoldura outro frontão com cornija curva no topo e uma linha inferior rebaixada no centro. Para melhorar o acesso à igreja, Cortona demoliu partes das edificações ao redor e criou a pequenina praça. Um pórtico semicircular com pares de colunas toscanas se projeta na praça, enquanto sua curvatura é contraposta pelas paredes das alas. Neste minúsculo cenário barroco, o jogo de côncavos e convexos é sutil, mas efetivo.

A Piazza del Popolo e a escada da Piazza di Spagna

A próxima praça barroca considerada é a Piazza del Popolo. O obelisco colocado por Fontana no ponto onde suas três ruas radiais convergem (veja a Figura 12.3) conferiu ao espaço um foco monumental. Em meados do século XVII, planejadores romanos queriam regularizar este importante portal de entrada colocando igrejas com cúpulas idênticas nos terrenos trapezoidais criados pelas três ruas. Isso, porém, gerou um dilema geométrico, pois os terrenos tinham larguras diferentes. Carlo Rainaldi, ajudado por Bernini, resolveu o problema dando a uma igreja – Santa Maria dei Miracoli (1675–79) – uma planta baixa circular, e à outra – Santa Maria em Montesanto (1662–75) – uma planta baixa oval que pudesse ser acomodada no terreno mais estreito. Vistas do obelisco, as igrejas parecem idênticas, em decorrência das cúpulas e das fachadas com pórtico; seus perfis conferem mais dignidade à praça (Figura 12.19). Em 1816–20, o arquiteto Giuseppe Valadier esculpiu um volume oval para esta praça, imitando a planta de Bernini para a Praça de São Pedro, e acrescentou, no leste, um conjunto de belvederes que levam aos Jardins Borghese (Figura 12.20). Nesses terraços, os observadores podem apreciar de cima a geometria da planta oval.

Na metade do caminho entre a Via del Babuino e a Piazza del Popolo fica o ponto onde a rota que leva à Santa Maria Maggiore, imaginada por Sixto V, é deslocada para se conectar com a Via Sistina no topo do Monte Pincio (veja a Figura 12.3). As condições topográficas exigiam que a rota se elevasse bruscamente – problema resolvido com criatividade com a Escada da Piazza di Spagna (1723–26), construída por Francesco de Sanctis segundo o projeto de Alessandro Specchi uma década antes (Figura 12.21). O projeto foi financiado por um francês rico e construído em terreno pertencente à igreja francesa da Trinità dei Monte; a escada recebeu tal nome por ficar perto da Embaixada da Espanha. A partir da fonte localizada na base, curvas e contracurvas suaves formam uma exuberante escada em cascata que se estreita e se divide antes de chegar a uma plataforma intermediária; a seguir, as escadas laterais se reúnem para então dividir-se mais uma vez em curvas opostas que, enfim, atingem a plataforma em frente à Trinità dei Monti, no final da Strada Felice. Trata-se de um cenário popular e efetivo, que convida os transeuntes a agir como atores e plateia; já o projeto torna prazerosa a tarefa mundana de subir ou descer uma escada, fazendo com que os pedestres se demorem e admirem o espaço.

12.19 Carlo Rainaldi e Gianlorenzo Bernini, Santa Maria dei Miracoli e Santa Maria em Montesanto, 1662–79.

Como na Praça de São Pedro, o Papa Sixto V previu o desenvolvimento de uma grande *piazza* neste local ao mandar implantar um obelisco egípcio no terreno não configurado visto primeiramente pelos peregrinos que chegam à Cidade Eterna vindos do norte. As chamadas igrejas gêmeas foram projetadas por Carlo Rainaldi.

12.20 Giuseppe Valadier, Piazza del Popolo vista do Monte Pincio, Roma, 1816–20.

Embora ainda possa ser identificada, a antiga praça trapezoidal foi substituída pela nova forma oval de Valadier, cujo eixo principal está direcionado para a subida do Monte Pincio. A colina íngreme é acessada por rampas e foi dividida em plataformas que servem de mirantes. Nesta imagem, as igrejas gêmeas ficam à esquerda.

12.21 Francesco de Sanctis e Alessandro Specchi, Escada da Piazza di Spagna, Roma, 1723–26.

Se a arquitetura pode ser "música congelada", conforme sugere a Introdução deste livro, a Escada da Piazza di Spagna é um ótimo exemplo desse fenômeno. Os principais elementos são os degraus e seus patamares, o obelisco e a igreja da Trinità dei Monte, construídos em épocas diferentes, mas engenhosamente reunidos por Francesco de Sanctis e Alessandro Specchi no século XVIII.

ENSAIO

PIAZZA NAVONA – UM LOCAL PARA ESPETÁCULOS

Julia M. Smyth-Pinney

12.22 Giovanni Paolo Pannini, *Piazza Navona Inundada*, 1756. Óleo sobre tela, 95,5 × 137 cm. Landesgalerie, Hanover.

O ano é 1756 e esta é a Piazza Navona, no coração de Roma (Figura 12.22). O período barroco está chegando ao fim e os magníficos monumentos da praça, criados para glorificar Inocêncio X, o papa da família Pamphili, já têm mais de 100 anos de idade. Porém, o cenário concebido pelos maiores arquitetos barrocos romanos, refletido nas águas da praça inundada, recria o espírito do papado de Inocêncio, no auge do Barroco.

O palácio reformado da família de Inocêncio está em primeiro plano, no lado esquerdo da praça; dos balcões, ele e seu séquito podiam participar da impressionante ostentação que acontecia no "pátio real". Os convidados do papa incluíam visitantes de muitos países, isto é, diplomatas representando as monarquias absolutistas das nações europeias em expansão, que ainda competiam pelos favores do papa católico embora seus poderes estivessem em declínio.

Assim, a vida na Piazza Navona assemelhava-se a uma peça teatral permanente, dirigida por regras de etiqueta cada vez mais rigorosas, financiada pelas riquezas do Novo Mundo e dominada pelo prazer proporcionado por entretenimentos artificiais e incomuns. Fosse um evento secular festivo planejado para homenagear um dignitário visitante ou um evento cerimonial sagrado, espetáculos com imagens, sons, odores e gostos eram organizados para satisfazer os sentidos e tocar corações e mentes. Esta pintura silenciosa e estática captura a excitação emocional do desfile e se esforça para sugerir os berros e jorros de água, bem como os ricos perfumes que se espalhavam com as carruagens – tudo se movendo continuamente, animado pela luz do sol forte que incidia na seda e no lamé dourado e prateado, cuja luz era refratada pelas superfícies ativas da água abundante e ondulante.

Ao anoitecer, vindas dos interiores dos palácios e igrejas, procissões mais solenes iluminadas por velas de cera delgadas e tochas invadiam a Piazza Navona, iluminada, por sua vez, por fogueiras e lanternas de papel de cera colorido. Nas cerimônias que celebraram a eleição de Inocêncio como papa, a superfície sóbria da igreja renascentista no primeiro plano, à direita, serviu de pano de fundo para uma enorme construção de madeira, argamassa e lona – a arca de Noé sobre o monte – culminando em belíssimos espetáculos de fogos de artifício que encantaram a plateia composta por ricos cortesãos, peregrinos, pobres, comerciantes e soldados.

Tais eventos eram interrompidos ocasionalmente pela dura realidade dos anos por volta de 1650: o tesouro papal arruinado por dívidas, fome, epidemia de peste bubônica e as terríveis batalhas, tanto físicas como intelectuais, entre protestantes e católicos, isto é, as forças cristãs contra os "infiéis". Às vezes, as estátuas ainda jorravam vinho em vez de água. Por acaso isso tudo lembra os excessos da Roma Antiga? Um dos objetivos dos governantes barrocos era, sem dúvida, impressionar seus súditos e rivais; o Classicismo subjacente evidente no período barroco se deve aos sonhos explicitamente historicistas de um idílico "Período de Ouro" clássico. Não é de surpreender, portanto, que o estilo tenha surgido em Roma.

Apesar de tudo, a ferrenha devoção interna frequentemente animava as vidas das pessoas da época, provocando a teatralidade externa dos exuberantes eventos públicos. O próprio Inocêncio, por exemplo, era devoto e moderado em seus hábitos pessoais; Bernini, o grande escultor e arquiteto, praticava regularmente os exercícios espirituais prescritos por Santo Ignácio de Loiola. Misturando a piedade privada com a devoção pública, o poder secular se uniu às organizações religiosas para gerar excessos de escala e efeito emocional. Inocêncio e seus arquitetos criaram a grandiosidade duradoura da Piazza Navona, em Roma, espaço que tem atendido muito bem aos habitantes e visitantes da cidade desde então.

A DIFUSÃO DA ARQUITETURA BARROCA PARA O NORTE DA ITÁLIA

Guarino Guarini

A obra de Borromini, especialmente o projeto de Sant'Ivo della Sapienza, serviu de ponto de partida para a obra de Guarino Guarini (1624-83), arquiteto cujas edificações construídas em Turim levaram o Barroco romano para o norte. Guarini era membro da Ordem Teatina e passou oito anos em Roma, como noviço, entre 1639-47. Suas primeiras obras em Modena, para os teatinos, não sobreviveram; problemas políticos fizeram com que fosse expulso da cidade em 1655, forçando-o a passar a década seguinte em vários locais, incluindo França e, possivelmente, Espanha. Ao retornar para Turim, em 1666, trabalhou em duas igrejas com planta baixa centralizada.

A Cappella della Santissima Sindone ou Capela do Santo Sudário (Figuras 12.23a, b), foi adicionada à extremidade leste da catedral de Turim para abrigar a importante relíquia que dá nome à edificação. Guarini foi contratado para edificá-la em 1667, depois que outro arquiteto havia começado a construir uma planta baixa circular que ele foi obrigado a manter. Ao inserir um triângulo equilátero no círculo e reprojetar a escada de acesso e os vestíbulos dos patamares, Guarini conferiu mistério e dinamismo ao esquema original bastante sem graça. A capela com cúpula pulsa com as contracurvas geradas pelos vestíbulos e um nicho axial; três pendentes tocam tangencialmente o círculo da cúpula acima, que não é uma cúpula propriamente dita, mas uma rede hexagonal de arcos ascendentes que diminuem até formar um óculo com arcos entrelaçados coroado por uma lanterna em espiral. A luz incide na zona superior por pequenas janelas inseridas dentro da rede de arcos e, através de seis janelas grandes, banha a base da cúpula.

Para sua própria ordem, Guarini projetou San Lorenzo (1668-80), baseando-se em um octógono definido por superfícies convexas com motivos serlianos que invadem o espaço principal – todas inseridas em um quadrado e concluídas por um coro elíptico (Figuras 12.24a, b). A complexidade geométrica é impressionante, pois envolve quadrados, octógonos, uma cruz grega, formas ovais e círculos. Novamente, a cúpula não é uma abóbada maciça, mas uma estrutura oca com oito nervuras elípticas entrelaçadas. A igreja é iluminada por aberturas ovais, pentagonais e circulares inseridas entre as nervuras, além de câmaras espalhadas que capturam e modulam a luz. Sobre o coro encontra-se uma abóbada de estrela baixa, nervurada e com seis pontas que, como a abóbada principal, remete às cúpulas nervuradas islâmicas da Grande Mesquita de Córdoba (veja as Figuras 7.10-7.11); é possível que Guarini a tenha conhecido em suas viagens. A cúpula, o tambor e a lanterna de San Lorenzo refletem o jogo de formas côncavas e convexas visto no interior (Figura 12.25). Outros exemplos de cúpulas nervuradas em projetos não construídos podem ser encontrados em *Architettura civile*, livro publicado após seu falecimento, em 1737.

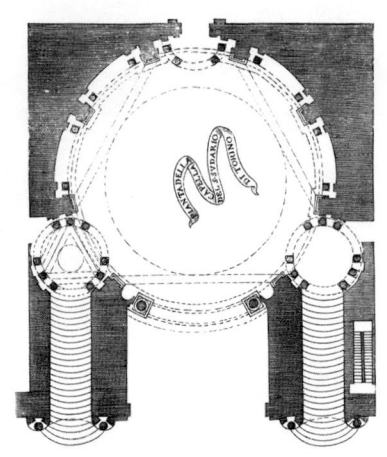

12.23a Guarino Guarini, Planta baixa e planta de teto projetada parcial da Capela do Santo Sudário, Turim, iniciada em 1667.

Guarini herdou a planta baixa, mas a planta de teto projetada revela suas inovações: uma abóbada telescópica em camadas composta por polígonos rotados.

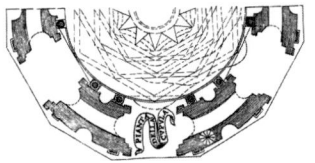

12.23b Guarino Guarini, Corte da Capela do Santo Sudário, Turim, iniciada em 1667.

O desenho revela a extraordinária organicidade da cúpula construída por Guarini. É uma mudança radical em relação às cúpulas hemisféricas de Brunelleschi.

12.24a Guarino Guarini, Corte transversal de San Lorenzo, Turim, 1668–80.

Guarini usou uma abóbada em balanço no primeiro nível e nervuras elípticas entrelaçadas na cúpula. Mais interessantes, talvez, sejam os muitos moduladores de luz que fazem a transição do espaço externo para o interno.

12.24b Guarino Guarini, Planta baixa de San Lorenzo, Turim, 1668–80.

Esta planta baixa, com planta de teto projetada, revela os padrões complexos das abóbadas de Guarini. Os quatro pares de colunas da rotunda enriquecem o todo por meio da sobreposição de elementos de arquitetura. Contudo, seus diâmetros pequenos indicam que são estruturas falsas, já que as cargas acima são transferidas pelo balanço.

12.25 Guarino Guarini, Intradorso da cúpula, San Lorenzo, Turim, 1668–80.

As abóbadas nervuradas da Grande Mesquita de Córdoba, que Guarini pode ter visto durante suas viagens, são frequentemente apontadas como suas fontes de inspiração. A lanterna parece flutuar acima das nervuras.

O BARROCO NA EUROPA CENTRAL

Enquanto a influência de Guarini continuava em Turim e seus arredores, os ideais artísticos da Itália barroca se espalharam para o norte e o leste da Europa através da Suíça, Áustria, sul da Alemanha e Boêmia. Lá, as influências italianas se misturaram com os gostos locais e com as tradições remanescentes das corporações de ofícios para criar uma versão distinta do Barroco na Europa Central. Como na Itália, a Contrarreforma Católica esteve por trás de tudo; no entanto, o estilo não foi apoiado apenas por oficiais da Igreja, mas também por príncipes e monarcas, que pretendiam transmitir uma imagem progressista, e pelo povo, para quem ele refletia profundas crenças religiosas. Em muitos aspectos, as igrejas barrocas da Europa Central deram continuidade aos temas medievais; a arquitetura, a escultura e a pintura manifestavam uma mesma ideia – a evocação da esfera celestial. O simbolismo numérico é proeminente, assim como as imagens dos santos que servem de intercessores entre a terra e o céu. São comuns fachadas oeste com torres duplas coroadas por cúpulas bulbosas em vez de flechas góticas. A impressão de volume elevado, transmitida em obras góticas por altíssimas abóbadas, no Barroco da Europa Central, é criada por abóbadas de argamassa muito mais baixas, às quais a tinta e o estuque eram aplicados engenhosamente para criar a ilusão de céu aberto cheio de figuras celestiais. Essas igrejas barrocas são bem iluminadas e ventiladas; as janelas têm vidro incolor e a luz do sol é direcionada para as superfícies brancas do interior, ornamentadas com tons dourados e pastel.

Os monumentos barrocos italianos foram fontes importantes para a Europa Central. A Igreja de Jesus, em Roma, foi particularmente influente, uma vez que seu projeto levou ao desenvolvimento do **Wandpfeiler** (ou **pilar-parede**) que caracteriza muitas igrejas barrocas do centro do continente. Na Igreja de Jesus, as capelas laterais com abóbadas de berço são separadas umas das outras por paredes transversais com pilastras voltadas para a nave central. Ao norte dos Alpes, tais paredes transversais se transformaram em pilares-paredes, exploradas pelos arquitetos barrocos em função de sua estabilidade estrutural e da configuração do espaço interno. Embora as igrejas possam manter as naves laterais, algumas inclusive com galerias superiores, as paredes-pilares eram usadas como elementos configuradores para estabelecer o conceito de centralidade dentro das plantas baixas geralmente longitudinais. Logo, a interação das plantas baixas axiais e centralizadas, já presente nos projetos ovais de Borromini e Bernini, teve continuidade no Barroco da Europa Central.

A vida e a obra de Johann Bernhard Fischer von Erlach (1656–1723) exemplificam uma das formas pelas quais as ideias italianas foram transferidas para a Europa Central. Fischer von Erlach nasceu em uma família de pedreiros austríacos e foi enviado a Roma para ser treinado no ateliê de Carlo Fontana. Durante os 16 anos que passou em Roma, familiarizou-se com obras tanto antigas como contemporâneas; essas influências, somadas ao conhecimento adquirido nas viagens pelo continente europeu, se refletiram posteriormente em seus próprios projetos e no livro ilustrado *Entwurf einer historichen Architektur* (Arquitetura Histórica), uma das primeiras histórias da arquitetura, publicado por ele em 1721. A sorte de Fischer von Erlach na arquitetura esteve conectada a dos Hapsburg. Ele se uniu à corte imperial de Viena como tutor de Joseph I em 1689, foi elevado à nobreza em 1696 e atuou como inspetor-chefe das obras da corte de 1705 até seu falecimento. Durante o período em que viveu, a Áustria passou por um período de orgulho nacionalista, depois de repelir decididamente os ataques turcos a Viena no ano de 1683. Buscando criar uma cidade internacional tão impressionante quanto Roma ou Versalhes, os príncipes vienenses construíram palácios barrocos e edificaram novas igrejas.

A maior contribuição de Fischer von Erlach para Viena foi a igreja Karlskirche (1716–25), edifício que reflete sua crença de que cada obra deve ser única (Figura 12.26). Inspirando-se em uma ampla variedade de fontes históricas, ele criou um projeto extremamente original que faz referência a muitas edificações grandiosas do passado. A igreja foi dedicada a São Carlos Borromeo, o santo padroeiro do imperador, e construída para pagar uma promessa feita por Carlos VI em 1713, durante uma epidemia de peste bubônica. Sua ampla fachada é dominada por uma cúpula sobre tambor que se eleva acima de um pórtico com frontão, ladeado por colunas de maneira que nos faz lembrar a fachada de Santa Agnese in Agone, cuja cúpula central é ladeada por campanários gêmeos. Os elementos de edifícios históricos incorporados ali incluem o pórtico com colunas de templos romanos, como o Panteon; a Coluna de Trajano da Roma Imperial, repetida em ambos os lados da rotunda e adornada com cenas da vida de São Carlos Borromeo em vez de relevos das Guerras Dácias; o tambor e a cúpula da Roma papal; e uma composição total que remete à cúpula e aos minaretes de Santa Sofia, em Constantinopla. O interior é impressionante por causa da nave central oval alongada (Figuras 12.27a, b), cujo teto foi enfeitado com afrescos ilusionistas que representam São Carlos Borromeo apelando à Virgem Maria como intercessora para amenizar os efeitos da peste. Fischer von Erlach havia visto os afrescos serem instalados no teto da Igreja de Jesus durante o período que passou em Roma; por isso, usou pintura, em vez de caixotões ou nervuras (como teriam feito Bernini ou Borromini), para terminar o interior da cúpula.

A abordagem bastante severa e clássica de Fischer von Erlach contrasta com a obra de seu contemporâneo, o arquiteto tirolês Jacob Prandtauer (1660–1726), que foi treinado em Munique como pedreiro e trabalhou como arquiteto-escultor. As obras de Borromini e de Guarini se refletem em seus projetos, mas ele também foi influenciado por Fischer von Erlach. Membro de uma irmandade religiosa, Prandtauer envolvia-se de perto com seus projetos durante a construção e é conhecido principalmente por seus projetos monásticos, incluindo a reconstrução da grande abadia de Melk (1702–14), implantada de maneira espetacular sobre um afloramento rochoso que se eleva 60 metros acima do Danúbio. Os edifícios do monastério foram distribuídos em um U alongado, com a igreja na parte interna; seu claustro comprimido interrompe uma longa fi-

12.26 Johann Bernhard Fischer von Erlach, Karlskirche, Viena, 1716–25.

Aqui, Fischer von Erlach colocou em prática o conhecimento prévio que tinha da história da arquitetura clássica. As colunas comemorativas conectam simbolicamente o Império Hapsburg com a antiguidade romana; a cúpula alude à Roma papal.

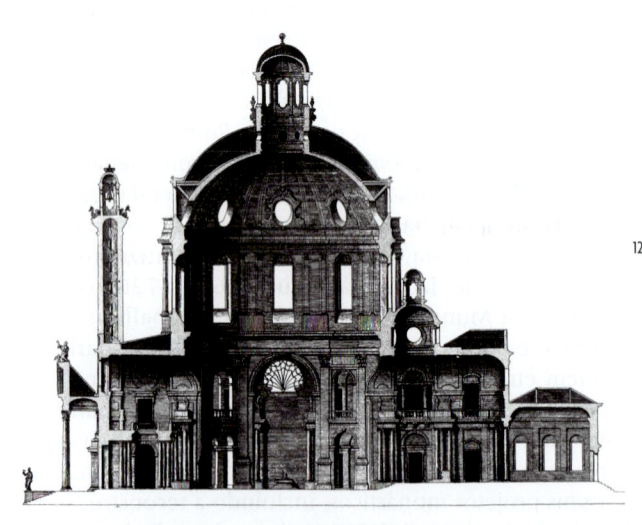

12.27a Johann Bernhard Fischer von Erlach, Corte da Karlskirche, Viena, 1716–25.

Comparado com a planta baixa e a elevação, o corte é monótono. Todavia, o corte no eixo central não reflete o aspecto exuberante da fachada.

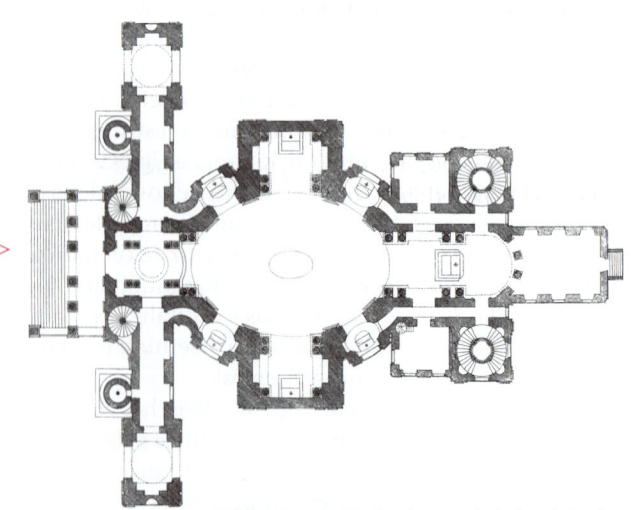

12.27b Johann Bernhard Fischer von Erlach, Planta baixa da Karlskirche, Viena, 1716–25.

É difícil imaginar uma planta baixa mais incomum que esta. A postura do projetista, que se inspirou em inúmeras fontes, antecede uma onda de ecletismo que chegaria ao auge no final do século XIX.

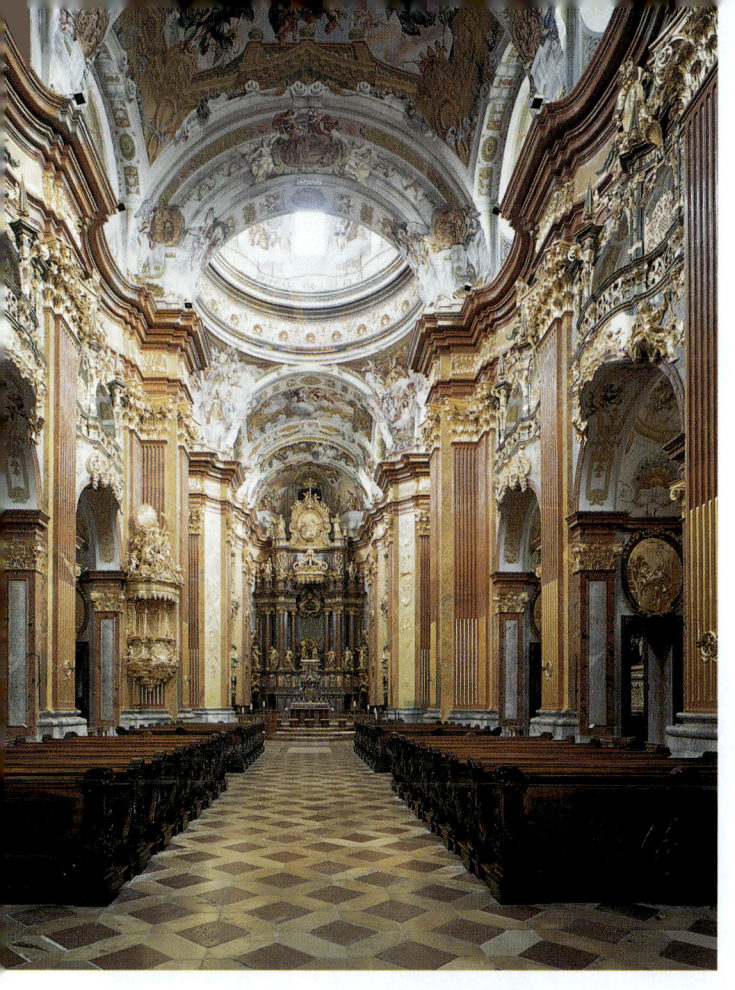

12.28 Jacob Prandtauer, Interior da Igreja da Abadia de Melk, 1702–14.

As paredes e pilares ondulados criam um dinamismo que contrasta muito com os interiores modulados serenos de edifícios renascentistas como a igreja de San Lorenzo, projetada por Brunelleschi em Florença (veja a Figura 11.6).

12.29 Christoph Dientzenhofer, Interior da Igreja de São Nicolau na Cidade Menor, Praga, 1703–11.

Um de seis irmãos arquitetos, Christoph Dientzenhofer projetou esta igreja usando pilares-paredes. Ao colocar tais pilares na diagonal, ele conseguiu sustentar arcos transversais curvos tridimensionais e sincopados que se encontram tangencialmente nos centros dos vãos, produzindo leituras espaciais duplas.

leira de cômodos. Do rio abaixo ao pequeno pátio interno que precede a fachada oeste, as torres gêmeas da fachada principal dominam, enquanto o tambor e a cúpula sobre o cruzeiro são mais bem visualizados a partir do grande pátio que fica na extremidade leste da igreja. Trata-se de uma igreja de pilar-parede com galerias acima das capelas ovais, em vez de naves laterais. A ênfase longitudinal era inevitável devido aos condicionantes do terreno; Prandtauer enfatizou a verticalidade por meio de pilastras com caneluras e de uma cúpula sobre pendentes que se eleva acima das nuvens e dos drapeados ondulantes representados nos afrescos do teto (Figura 12.28). A cornija ondulada da nave central sustenta os arcos recuados ao redor das janelas do clerestório, fazendo com que o teto inteiro pareça um mundo flutuante. A ilusão das figuras celestiais espalhadas pelas abóbadas acima cria um vínculo dramático entre os problemas mundanos e o mundo espiritual.

Na Suíça, na Bavária e na Boêmia (atual República Tcheca), o projeto barroco geralmente era executado por famílias de arquitetos, escultores e pintores – pais, filhos, tios e sobrinhos colaboravam em projetos de construção. Por exemplo: cinco irmãos Dientzenhofer – Georg, Christoph, Leonhard, Johann e Wolfgang – trabalharam na Boêmia e no sul da Alemanha por volta do ano de 1700, onde combinaram as curvas orgânicas encontradas nas obras de Borromini e Guarini com motivos eslavos e góticos; o filho de Christoph, Kilian Ignaz, também se tornou um projetista renomado. Essas famílias de mestres de obras não devem ser consideradas provincianas: muitos deles foram treinados em centros importantes, como Turim, Viena e Praga, e conheciam os projetos tanto construídos como não construídos dos maiores arquitetos italianos, embora exercessem a arquitetura como membros de corporações de ofício. Christoph Dientzenhofer (1655–1722) projetou a igreja de São Nicolau na Cidade Menor de Praga (1703–11) (Figura 12.29) para que tivesse uma planta baixa longitudinal com pilares-paredes profundos inseridos entre as capelas abaixo e as galerias acima. Os pilares-paredes perto da nave central são chanfrados, para sustentar os arcos com curvatura dupla. Essa configuração cria a chamada sincopação: uma leitura dupla das unidades espaciais seja como um sistema tradicional de vãos ou uma série de ovais sobrepostos.

Igreja de Die Wies, Bavária

Uma estratégia de desmaterialização espacial alternativa foi empregada por Dominikus Zimmerman (1685–1766) na igreja de Die Wies (Os Campos) (1746–54) (Figura 12.30), localizada em uma campina no pé dos Alpes da Bavária. Mesclando a igreja-salão e os projetos ovais e criando uma camada de parede portante externa e uma camada arquitravada interna de colunas geminadas, Zimmerman sustentou

12.30 Dominikus Zimmerman, interior da Igreja de Die Wies, perto de Munique, 1746-54.

As paredes externas relativamente simples e a cobertura curvilínea íngreme desta pequena igreja pouco indicam os belos efeitos ilusórios que aguardam no interior. Die Wies atraía peregrinos que vinham ver uma imagem do Cristo Flagelado que diziam chorar lágrimas de verdade.

uma abóbada de madeira e estuque praticamente plana, na qual seu irmão, Johann Baptist Zimmerman (1680-1758), pôde criar um grande afresco ilusionista de Cristo no Juízo Final. Aplicados sobre um pano de fundo de estuque branco desmaterializado pela forte luz que entra pelas grandes janelas ao redor, as pinturas, as áreas em tons pastéis e dourados, os ornamentos orgânicos em estuque e os recortes nos apoios da abóbada produzem uma unidade visual aparentemente leve com esta abundância de elementos e efeitos.

12.31 Johann Balthasar Neumann, Würzburg Residenz, iniciada em 1720.
Esta é a elevação do jardim do palácio ou Salão Imperial acessado por uma das maiores escadas do período (veja a página 358).

A colaboração de outros dois irmãos pode ser vista na igreja da abadia de Einsiedeln (1719–35), cujo projeto foi iniciado por Caspar Moosbrugger (1656–1723), um irmão leigo do monastério, e concluído, após seu falecimento, por seu irmão, Johann Moosbrugger, e outros. Einsiedeln continua sendo um dos principais centros de atividade religiosa na Suíça; o monastério possui uma fachada apropriadamente monumental voltada para uma praça inclinada na extremidade da cidade. No centro da composição encontra-se a igreja; sua grande fachada curva com torres gêmeas se projeta a partir da linha reta composta pelos edifícios monásticos laterais. Esse elemento curvo reflete diretamente a principal característica do interior – a capela construída no terreno da cela de São Meinrad, que é venerado ali. Um grande octógono encerrado por uma cúpula cerca a capela, que, dessa forma, ocupa o primeiro e maior vão da nave central. Pilares-paredes cruzados por naves laterais e galerias ajudam a definir o espaço e fazer a transição para os vãos cupulados circulares menores da nave central.

Os irmãos Asam – o pintor Cosmas Damian (1686–1739) e o escultor Egid Quirin (1692–1750) – foram responsáveis pelo afresco e pelo estuque belissimamente coordenados que adornam o interior da igreja da abadia de Einsiedeln (1719–35). O coro mais estreito, construído conforme os projetos de Egid Quirin, apresenta um enorme altar e é adornado com figuras flutuantes em estuque que complementam os afrescos no teto acima. Os irmãos Asam tendiam a criar espaços pictóricos e não arquitetônicos. Usando tinta e estuque, transformavam plantas baixas e cortes aparentemente bastante comuns em uma extraordinária confecção de luz, cor e espaços ilusionistas. Os tetos da nave central utilizam a tinta e a argamassa para criar uma alegre expressão da Natividade, com anjos colocados sobre altas cornijas e querubins flutuando até a terra para trazer as boas-novas.

Mas nem todas as edificações barrocas da Europa Central eram igrejas. Como na Itália e na França, a nobreza buscava exibir sua importância construindo enormes palácios – e a teatralidade do Barroco era bastante adequada para fornecer-lhes o contexto apropriado. A mais grandiosa dentre as residências dignas de príncipes era a Würzburg Residenz (Figura 12.31), iniciada em 1720 para os príncipes-bispos da família Schönborn. O arquiteto foi Johann Balthasar Neumann (1687–1753), geralmente considerado um dos maiores mestres do Barroco alemão. Neumann estudou matemática, engenharia e arquitetura. Ele serviu à família Schönborn como membro da artilharia, engenheiro civil e engenheiro militar antes de ser encorajado a dedicar seus talentos como projetista e sua destreza na engenharia à criação de espaços de arquitetura. A enorme Residenz foi simetricamente distribuída ao redor de um

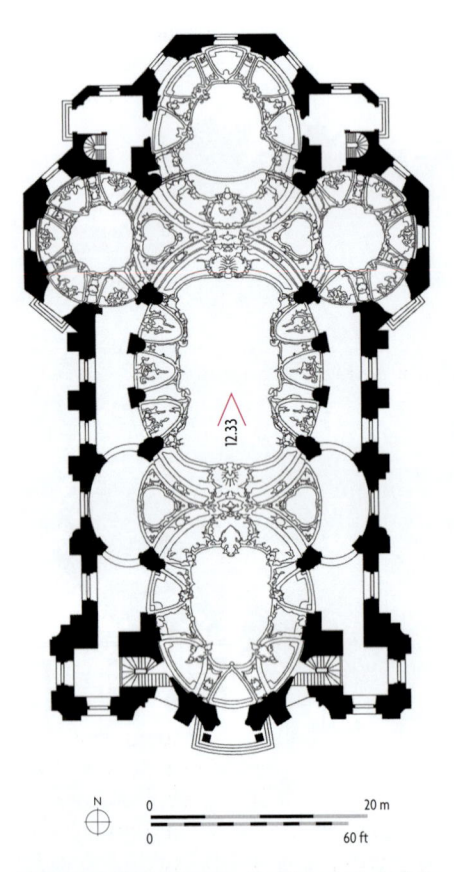

12.32 Johann Balthasar Neumann, Planta baixa de Vierzehnheilgen, perto de Bamberg, iniciada em 1744.

Este desenho mostra as abóbadas acima projetadas na planta baixa. Juntas, ilustram como Neumann interconectou, dentro da planta baixa cruciforme, vãos ovais e circulares extremamente ornamentados ao inserir triângulos esféricos em suas interseções.

12.33 Johann Balthasar Neumann, Detalhe da abóbada de Vierzehnheilgen, perto de Bamberg, iniciada em 1744.

Um triângulo esférico foi criado traçando-se um triângulo sobre uma superfície esférica. Aqui, artesãos sobrepuseram tais superfícies curvas a ornamentos orgânicos em estuque.

pátio de entrada fundo, com quatro pátios internos fornecendo luz e ar às alas laterais. As plantas baixas criadas por Neumann para o palácio foram revisadas por renomados arquitetos de Paris e Viena antes do início da construção e ao longo das obras; tais revisões e mudanças solicitadas pelos príncipes-bispos resultaram em um período de construção de 23 anos, sendo necessários mais cinco anos para concluir a decoração dos interiores. A obra-prima de Neumann dentro deste complexo foi a sequência de grandes salas de recepção, iniciando com o vestíbulo baixo – grande o bastante para se manobrar um sofá no espaço livre de colunas – e seguindo pelo majestoso Saguão da Escadaria até os Salões Branco e Imperial no segundo pavimento.

O altíssimo Saguão da Escadaria exibe com mais clareza a habilidade técnica do arquiteto (página 358). Com quase 30 × 18 metros, o saguão é o maior cômodo individual do palácio, sendo coberto por uma abóbada de pedra sem apoios intermediários. A escada localizada centralmente sobe em lanço único até um patamar, onde muda de direção e se divide antes de chegar ao pavimento superior – uma chamada **escada imperial**. O balcão colocado em volta da escada oferece aos transeuntes uma visão do espaço processional. O teto é adornado com o maior afresco do mundo; feito por Giovanni Battista Tiepolo, celebra o deus-sol Apolo e os príncipes-bispos como patronos das artes. Representações das estações, de signos do zodíaco e da Europa, Ásia, África e América se reúnem no perímetro, de onde as figuras fitam as nuvens que se abrem nos céus ou encaram aqueles que sobem pela escada. Os indivíduos representados no parapeito incluem Tiepolo, o especialista em estuque Antonio Bossi e o próprio Neumann, sentado com seu cão entre itens de artilharia e aproveitando um descanso bem merecido. Estátuas nas balaustradas e **cártulas**, drapeados e querubins de estuque sobre as portas e janelas estão em harmonia com o conjunto alegórico acima. Outras maravilhas de estuque e afresco aguardam nos tons suaves do Salão Branco, que contrasta com o Salão Imperial, o cômodo mais importante do palácio. Sua planta baixa em octógono alongado é coberta por um teto abobadado oval enfeitado com os afrescos alegóricos de Tiepolo, que aludem a cenas históricas do Sacro Império Romano e são habitados por membros contemporâneos da corte de Würzburg.

Neumann também projetou igrejas, sendo a mais famosa a de peregrinos de Vierzehnheilgen (iniciada em 1744), nos arredores de Bamberg. Vierzehnheilgen marca o topo de uma colina onde, em 1445, um jovem pastor testemunhou a aparição do Décimo Quarto *Nothelfer* (uma espécie de testemunha celestial ou anjo da guarda), que deu nome à igreja. A capela que ocupava o terreno anteriormente se tornou inadequada; em seguida, conflitos jurisdicionais entre o príncipe-bispo de Bamberg e o abade cisterciano cujo monastério financiava as obras dificultaram a contratação de Neumann como arquiteto. As obras finalmente começaram em 1744, mas as fundações foram colocadas muito a leste pelo arquiteto encarregado, que também fez modificações não aprovadas por Neumann no projeto. Neumann reprojetou a igreja, produzindo um esquema que se destaca pela maneira como a planta baixa basicamente de basílica se transforma em uma composição de formas circulares e ovais barrocas (Figura 12.32). O altar dos 14 santos encontra-se centralizado na nave central, enquanto os transeptos se tornam círculos e a abside tem forma oval. Neumann manipulou o espaço interno distribuindo livremente as pilastras das naves laterais, tanto para sustentar as abóbadas ovais acima como para formar telas que obscurecessem a visão direta das janelas na parede lateral, combinando, assim, a dramaticidade das fontes de luz invisíveis com formas curvas e ondulantes (Figura 12.33). Ele usou delicados tons pastéis, acentuados com tons dourados, sobre as colunas adossadas de mármore e os afrescos do teto de modo a enfatizar os amplos volumes do interior. O exterior quente de arenito é majestoso e, ao mesmo tempo, contido; já as torres gêmeas da fachada principal respondem ao eixo formado pela abadia barroca de Banz, que fica em uma colina do outro lado do vale.

Esta discussão sobre os principais monumentos barrocos não deve obscurecer o fato de que o Barroco se tornou um estilo quase vernacular para igrejas no interior do sul da Alemanha, Suíça, Áustria, República Tcheca e Polônia, assim como os estilos medievais caracterizam as paisagens francesas e inglesas. Igrejas preexistentes foram reformadas e novas igrejas construídas no estilo barroco; suas torres com as características cúpulas com curva invertida ainda pontilham os distritos rurais. O Barroco chegou a ter impacto na Rússia, pois a cidade de São Petersburgo foi planejada por arquitetos franceses e italianos no início do século XVIII.

O BARROCO NA FRANÇA

As ideias do Barroco italiano foram transferidas para a França, mas sofreram algumas modificações. Em meados do século XVII, quando Luís XIV chegou à maioridade, o Classicismo de inspiração renascentista já estava suficientemente bem estabelecido no país, ignorando os excessos mais elaborados do Barroco romano. No período, o patrocínio francês oficial estava mais do que nunca focado na corte, não dando importância à propaganda da Contrarreforma Católica. O estilo oficial da corte glorificava o monarca; a principal função dos artistas patrocinados pelo Estado era criar ambientes, móveis e objetos esplêndidos que representassem o poder real. Para cumprir com esse objetivo, os arquitetos franceses fizeram obras extraordinariamente complicadas em uma escala raramente vista antes; os modos, costumes e estilos da corte francesa passaram a servir de modelo para outras capitais europeias.

O Louvre, Paris

Vários projetos de construção exemplificam esse processo. Em Paris, a reconstrução do Louvre, iniciada um século antes quando Lescot fez a ala do pátio interno, ainda não havia chegado ao fim. Primeiramente Lemercier e, a seguir, Louis Le Vau (1612–70) trabalharam as elevações internas do pátio interno quadrado. Durante a década de 1660, vários arquitetos, incluindo quatro italianos, foram convidados a apresentar projetos para a fachada leste. Bernini, o maior arquiteto europeu de então, enviou um projeto propondo um pavilhão oval central encerrado por pavilhões nas extremidades, sendo o todo composto por colunas adossadas colossais e colunatas mais adequadas para o forte sol italiano do que para os céus nublados do norte da Europa. Ao saber das objeções francesas ao projeto, Bernini enviou uma segunda proposta – desta vez com planta baixa côncava – mas Luís XIV e seus ministros permaneceram insatisfeitos. Devido à insistência do rei, Bernini passou seis meses em Paris no ano de 1665 para prestar consultoria direta ao projeto do Louvre, mesmo a contragosto dos arquitetos franceses, que esperavam, eles próprios, serem contratados. Em Paris, Bernini preparou uma terceira proposta – não apenas para a ala leste, mas para todo o palácio. Nesta planta baixa, o pátio interno quadrado original foi completamente cercado por galerias abertas com pesadas escadas se projetando nas quinas. As fachadas externas, em vez de curvas, eram articuladas por gigantescas colunas adossadas no pavilhão central e pilastras nos pavilhões das extremidades; o pavimento térreo foi tratado como uma base rusticada para as gigantescas ordens acima.

Talvez por que Bernini não tenha conseguido refletir o estilo francês em seus projetos, Luís decidiu não utilizar nenhuma de suas propostas. Em vez disso, contratou um trio composto pelo arquiteto Le Vau, o pintor Charles Lebrun (1619–90) e o médico Claude Perrault (1613–88). Embora as contribuições exatas de cada um permaneçam indeterminadas, os três homens foram responsáveis pela atual fachada leste (1667–70), composta por uma colunata com pares de colunas coríntias, um pavilhão central e pavilhões nas extremidades, todos colocados sobre um pavimento térreo rusticado (Figura 12.34). O uso de pares de colunas aproxima esta obra de antecedentes barrocos, ainda que o projeto seja mais contido em relação à arquitetura italiana contemporânea. Contrastando com obras anteriores do Renascimento francês, a cobertura da fachada leste é ocultada

12.34 Louis Le Vau, Charles Lebrun e Claude Perrault, Fachada leste do Louvre, Paris, 1667-70.

As colunas aos pares simbolizam a monarquia. A composição da fachada é tipicamente francesa: pavilhões nas extremidades, frontão central e alas de conexão similares a *stoas*.

por uma platibanda com balaustrada, reforçando a ênfase horizontal de toda a elevação.

A austeridade da fachada leste, com frontão central, pavilhões nas extremidades e colunas aos pares sustentando uma arquitrave contínua, costuma ser associada às ideias de Perrault sobre arquitetura. Em 1673, ele editou uma versão francesa da obra de Vitrúvio que teve uma ótima recepção, na qual ilustrou o sóbrio monumentalismo das obras arquitravadas da República Romana. Dez anos depois, produziu um polêmico tratado sobre as ordens, no qual afirmou que suas proporções não eram absolutas, e sim mais bem determinadas por um olhar crítico. Essa postura relativista teve profundas implicações para o desenvolvimento da teoria da arquitetura posterior, incluindo o Modernismo do século XX.

François Mansart

François Mansart (1598-1666) é tão famoso pela personalidade difícil quanto pela genialidade de seus projetos. Treinado por seu pai, um mestre-carpinteiro, Mansart era "arrogante, melindroso, nada popular" e talvez corrupto. A tendência a modificar os projetos quase sem parar fazia-o perder o controle de muitos deles antes de chegarem ao fim. Embora deva muito à importação contínua de formas do Alto-Renascimento e Maneirismo da Itália, produziu obras que eram chauvinistas por enfatizar a estrutura aberta, uma continuação das tradições do Gótico francês, e a estereotomia – a arte da alvenaria em pedra precisa. Em relação à última, suas edificações exibem detalhes exatos e uma composição convicta que resultam em uma "riqueza sóbria" alcançada por poucos.

Sainte Marie de la Visitation, em Paris (1632), construída para um grupo de freiras que tratavam doentes e necessitados fora do convento, demonstra o esquema da igreja com planta baixa centralizada interpretado por Mansart, uma inovação radical para a França do período. Ele submeteu a planta baixa (Figura 12.35) a uma série de iterações antes de decidir por uma rotunda circundada por colunatas e capelas em forma de abside e rim escavadas nas espessas paredes circundantes; uma das capelas leva ao coro das freiras. Os estudos nos cortes revelam seu fascínio por espaços verticais telescópicos gerados por uma série de cúpulas baixas truncadas, que vieram a se tornar sua marca registrada. A fachada principal (Figura 12.36), com uma enorme composição em motivos serlianos coroada por uma cobertura de pavilhão convexa, lembra o trabalho de Salomon de Brosse, projetista do Palácio de Luxemburgo.

A igreja parisiense de Val-de-Grâce foi iniciada por Mansart em 1644, mas concluída por Lemercier após 1646. Financiada por Ana da Áustria depois de dar à luz Luís XIV, a igreja permitiu que Mansart explorasse a planta baixa longitudinal em um esquema parecido com o da Igreja de Jesus, em Roma. Vários projetos precederam aquele que foi

12.35 François Mansart, Planta baixa de Sainte Marie de la Visitation, Paris, 1632.

A planta baixa centralizada e com rotunda de Mansart era inédita na França até então. As colunatas foram motivadas pela necessidade de separar o coro das freiras do espaço público da igreja.

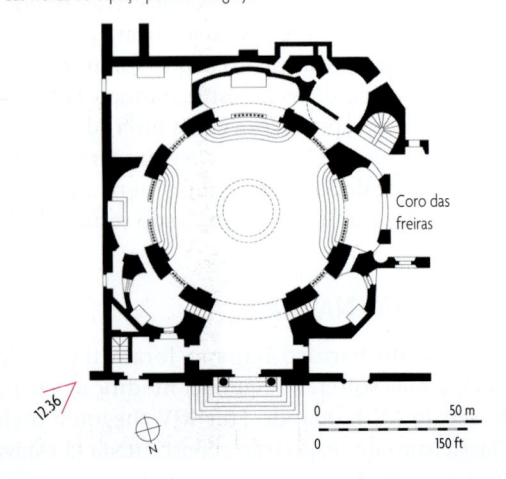

12.36 François Mansart, Sainte Marie de la Visitation, Paris, 1632.

Aqui, Mansart combinou um pavilhão de entrada baseado nos pavilhões de acesso dos antigos castelos franceses com uma alta rotunda. Embora relativamente pequeno, o pavilhão de entrada é impressionante, ilustrando a preferência francesa pelo monumentalismo e o domínio deste.

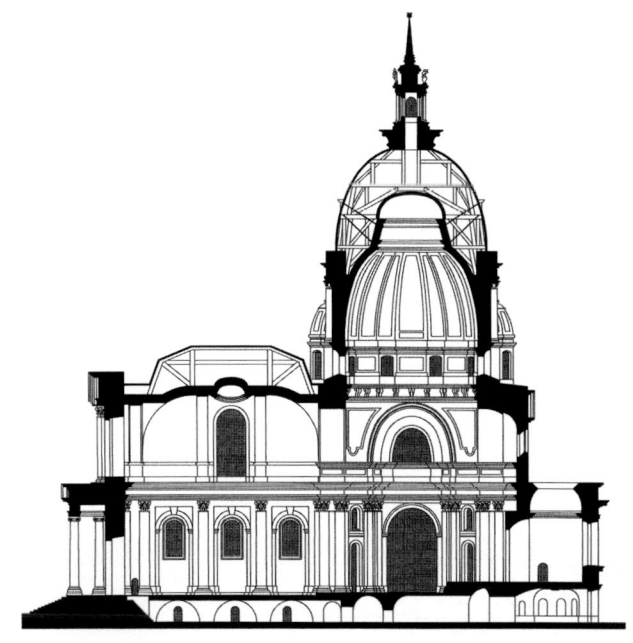

12.37 François Mansart, Primeiro desenho do corte da igreja de Val-de-Grâce, Paris, 1644-46.

Abóbadas abatidas na nave central muito baixa e altas cúpulas telescópicas no cruzeiro conectam a obra de Mansart às investigações espaciais feitas por Guarini e Vittone.

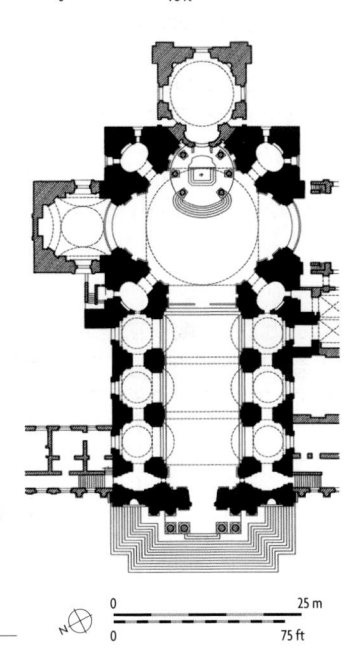

12.38 François Mansart, Planta baixa da igreja de Val-de-Grâce, Paris, 1644-46.

Mansart simplificou os projetos anteriores para esta igreja para torná-la economicamente viável. As partes hachuradas foram adicionadas por Jacques Lemercier, que substituiu Mansart durante a construção.

realmente construído. Um dos primeiros incluía um grande baldaquim como o da Basílica de São Pedro, uma cúpula dupla truncada no cruzeiro e uma combinação marcante de abóbadas de berço, semicúpulas e cúpulas intersecionadas na nave central curta (Figura 12.37). A edificação definitiva (Figura 12.38) se mostra muito mais simples, com cúpula hemisférica no cruzeiro coroada por uma segunda cúpula maior que pode ser vista acima da fachada, além de uma nave central com abóbada de berço.

Em Maisons-sur-Seine, perto de Paris, Mansart construiu um *château* (1642-51) que poucos conseguem igualar em termos de composição confiante e alvenaria sóbria. A imponente planta de implantação, parte da qual foi perdida, incluía uma sequência de entrada complexa com portais monumentais e bulevares arborizados que levava a um antepátio configurado por estábulos e uma futura **estufa para o cultivo de laranjeiras**. A seguir há um fosso, um pátio de acesso e o **bloco principal do castelo** (*corps-de-logis*), cercado por jardins com canteiros geométricos (*parterres*). Mansart organizou o edifício para que tivesse uma planta baixa em U (Figura 12.39) com pavilhões nas extremidades, coroados por coberturas piramidais truncadas, e um pavilhão central maior com bloco central de três pavimentos formado por colunas adossadas e frontão. As fachadas de alvenaria (Figura 12.40), articuladas por pilastras marcantes, se assemelham a uma pele esticada sobre o esqueleto estrutural. O mesmo Classicismo sóbrio e confiante é encontrado no interior, onde o vestíbulo principal parece uma espessa caixa de alvenaria dentro da qual Mansart inseriu um conjunto de oito colunas, produzindo um edifício aparentemente arquitravado no interior de uma edificação com arcos. Na caixa de esca-

12.39 François Mansart, Planta baixa do *château*, Maisons-sur-Seine, arredores de Paris, 1642–51.

A entrada centralizada é particularmente interessante. Sua planta baixa cruciforme é definida por pesadas paredes contra as quais ficam quatro pares de colunas. A planta baixa também ilustra a preferência francesa por pavilhões dominantes nas extremidades.

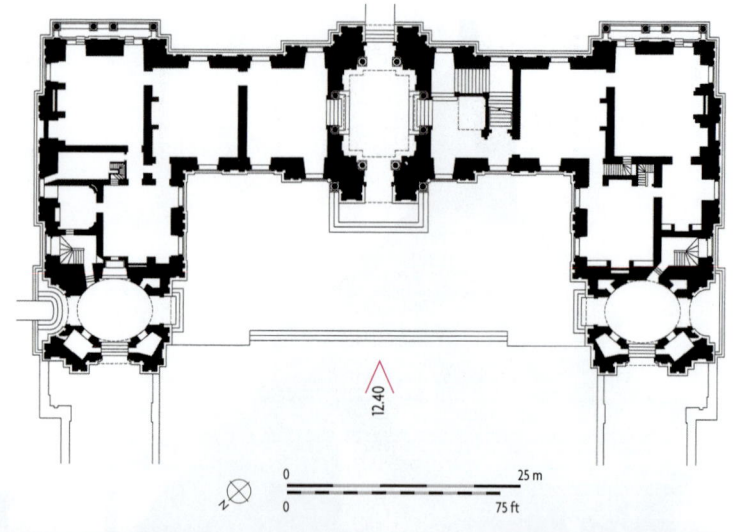

12.40 François Mansart, *Château*, Maisons-sur-Seine, arredores de Paris, 1642–51.

A fachada de Mansart parece uma pele fina esticada sobre um esqueleto pontiagudo. Ela revela a admiração francesa pela estereotomia: os resultados combinados do conhecimento da geometria projetada com a habilidade em cantaria.

da adjacente, o espaço ascende por baixas cúpulas truncadas como as de Sainte Marie de la Visitation e a da ampliação do *château* de Blois feita por ele (iniciada por volta de 1635).

O Castelo de Versalhes

Os projetistas de outras propriedades localizadas no interior da França também adotaram com entusiasmo aspectos do estilo Barroco. Em 1624, Luís XIII construiu um pavilhão de caça com planta baixa em C no solo pantanoso de Versalhes, aproximadamente 32 quilômetros ao sudoeste de Paris. Quando era criança, o futuro Luís XIV passou períodos relativamente felizes neste *château* com 21 cômodos e, após ser coroado rei, decidiu reformá-lo. Por causa do carinho que sentia pelo pavilhão original, proibiu a remoção de qualquer parte. Assim, em 1661, Louis Le Vau adicionou primeiramente duas alas de serviço independentes que se projetavam para leste e aumentavam o fechamento do pátio de entrada voltado na mesma direção. Oito anos depois, ele cercou os flancos norte e sul do *château* original com **fileiras** de cômodos (*enfilades*) em frente aos pátios internos e às escadas.

Desde o início, Luís queria que Versalhes fosse a residência permanente da corte real, considerando a Paris medieval um ambiente inadequado para o Rei Sol. Porém, seria difícil encontrar um local menos indicado que Versalhes para uma grande construção. O solo pantanoso era bom para caçar, mas incapaz de sustentar espécies de plantas mais refinadas; além disso, não havia vertentes de água nas proximidades para abastecer as fontes. Orientado por André Le Nôtre (1617-1700), o exército drenou 15 mil hectares de terra e desviou um rio inteiro em 48 quilômetros para abastecer as 1.400 fontes que foram construídas. A seguir, Le Nôtre planejou seus imensos jardins com vistas axiais, terraços, esculturas, canteiros formais, fontes, espelhos de água e caminhos, integrados a uma planta baixa monumental que transformou o dormitório do rei no centro do palácio (Figuras 12.41–12.42).

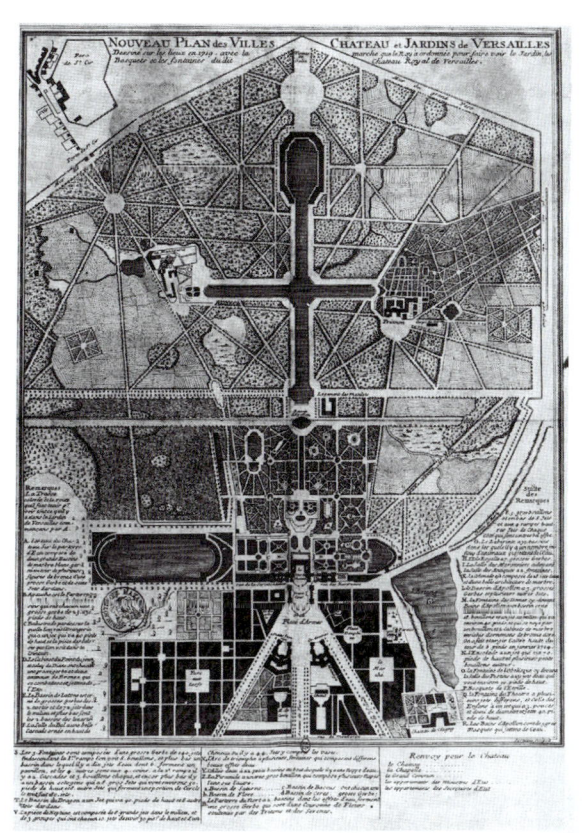

12.41 André Le Nôtre, Planta baixa do palácio e jardins, Versalhes, iniciada em 1661.

A vasta planta axial de Versalhes é a realização da proposta feita por Sixto V no século XVI, quando replanejou Roma. O jovem Pierre L'Enfant viveu no palácio e lembrou sua experiência ao fazer a planta com eixos em grelha para Washington, D.C.

12.42 Pierre Patel, Perspectiva aérea de Versalhes vista do leste, 1668.

Esta perspectiva mostra no centro o antigo *château*, ou pavilhão de caça, em C, com a adição das alas de serviço projetadas de Le Vau em 1661 e dos jardins circundantes de Le Nôtre. O fechamento dos flancos norte e sul do antigo *château* por Le Vau, em 1669, e as enormes alas norte e sul acrescentadas por J. H. Mansart ainda não existiam, mas podem ser vistos na Figura 12.41.

12.43 Jules-Hardouin Mansart, Corte de Saint-Louis-des-Invalides, Paris, 1670–1708.

J.-H. Mansart aproveitou desenhos herdados de seu tio, François, para preparar o projeto desta igreja. Sua planta baixa centralizada também se assemelha ao esquema feito por Bramante para a Basílica de São Pedro.

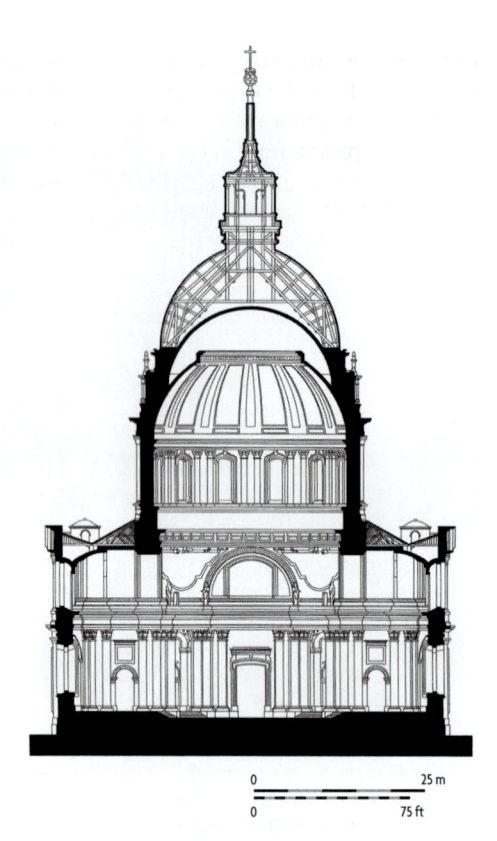

12.44 Jules-Hardouin Mansart, Saint-Louis-des-Invalides, Paris, 1670–1708.

A cúpula com três cascas de Mansart não cria apenas duas escalas – a interna e a externa – mas também dá seguimento aos experimentos do tio, François Mansart, com as camadas espaciais que resultam do truncamento de cúpulas.

Em 1678, quando toda a corte se instalou em Versalhes, o palácio foi ampliado novamente – desta vez, sob a direção de Jules-Hardouin Mansart (1646–1708), sobrinho de François Mansart, que continuou trabalhando no local até seu falecimento, 30 anos depois. Em certo momento, no ano de 1685, 36 mil homens e seis mil cavalos trabalhavam para construir as edificações e os jardins. Nos arredores do palácio, surgiu uma cidade de aproximadamente 20 mil habitantes para abrigar a aristocracia e seus soldados e criados, bem como cortesãos secundários. Como o jardim, a cidade foi organizada em torno de bulevares radiantes que saíam do centro do palácio – um recurso primeiramente utilizado em Roma, com as três ruas que se estendem em direção ao sul partindo da Piazza del Popolo. Mansart construiu alas baixas no norte e no sul para ampliar o palácio simetricamente, dando continuidade ao esquema da elevação criado por Le Vau em 1669. Ele também acrescentou a Galerie des Glaces (Salão dos Espelhos) e dois salões adjacentes – Guerra e Paz – atrás da fachada oeste do bloco central, finalmente terminando o fechamento do *château* original. A Escadaria dos Embaixadores (iniciada por Le Vau em 1671) foi dividida para levar aos dois salões; assim, todos os embaixadores saberiam as intenções de Luís XIV antes de serem anunciados a ele no ambiente adequado. Um grande painel circular no Salão da Guerra representava Luís como Marte triunfando sobre seus inimigos. A suíte de cômodos pessoais do rei incluía salões onde pinturas mostravam monarcas da antiguidade com as características dos deuses que representavam os sete planetas conhecidos na época, incluindo Mercúrio e a sabedoria; Vênus e o amor; Marte e a guerra. A sala do trono era o Salão de Apolo. O único elemento vertical de Versalhes é a capela adicionada por Mansart em 1698–1710 no lado direito do pátio de entrada; trata-se de um edifício de proporções góticas e concepção espacial expressa pela linguagem clássica.

A decoração dos interiores de Versalhes foi coordenada por Lebrun; suas ornamentações, móveis, tapeçarias, relevos e pinturas eram tão elaboradas quanto os encontrados nos demais palácios barrocos do período. Todavia, apesar de toda a sua opulência, Versalhes carece do dinamismo da arquitetura italiana do século XVII.

Jules-Hardouin Mansart

Jules-Hardouin Mansart também projetou edificações em Paris. Ele adicionou a igreja de Saint-Louis-des-Invalides (Figura 12.43) ao hospital para soldados inválidos. Embora o interior do edifício como conhecemos ainda estivesse incompleto quando o arquiteto morreu, em 1708, Les Invalides, como é conhecida, foi praticamente terminada em 1691. Sua planta baixa foi inspirada no projeto de Bramante para a Basílica de São Pedro; já o tambor e a cúpula derivam do projeto de Michelangelo para a mesma igreja, ainda que Mansart tenha conferido uma forte verticalidade à sua interpretação. A cúpula de Les Invalides é contraventada por pares de colunas jônicas que se projetam da superfície fenestrada do tambor. A dignidade do exterior foi obtida por meio de um sistema de cúpula com três cascas (Figura 12.44). A cúpula de alvenaria truncada interna se relaciona com a escala do espaço interno; a cúpula de alvenaria intermediária coroa a truncada e sustenta a cúpula externa, com estrutura de madeira, que é coberta por placas de chumbo e dimensionada de acordo com a silhueta, o volume e a composição externos da edificação.

CHRISTOPHER WREN E O BARROCO NA INGLATERRA

O projeto de Mansart para Les Invalides teria impacto direto na obra de Christopher Wren (1632–1723), o arquiteto mais notável do Barroco inglês. Wren ficou nacionalmente famoso em função do Grande Incêndio que começou em 2 de setembro de 1666 e destruiu 151 dos 181 hectares da área murada da Cidade de Londres, incluindo 13.200 casas, 44 empresas, 87 igrejas, a Bolsa de Valores Real, a Alfândega e a Catedral de São Paulo. Vários profissionais proeminentes fizeram plantas para reconstruir a área atingida. Wren produziu uma planta baixa datada de 11 de setembro; o memorialista Sir John Evelyn, de 13 de setembro; e Robert Hooke, Curador de Experimentos da Royal Society, de 19 de setembro. Wren propôs uma grelha sobreposta com rotas axiais conectando os centros comerciais, religiosos e governamentais dentro da cidade. Os precedentes de tal organização podem ser encontrados nos projetos barrocos de Roma e Versalhes. Nenhuma das plantas apresentadas para a reconstrução de Londres chegou a ser usada na obra real. Os comerciantes queriam restabelecer suas casas e negócios o quanto antes e no mesmo local, sem ter de esperar pela aprovação e implantação das mudanças radicais no planejamento.

Christopher Wren é considerado o maior arquiteto da Grã-Bretanha. Formado em matemática, também tinha bons contatos na Igreja, pois seu pai fora Decano de Windsor. Em 1661, Wren começou a trabalhar como professor de astronomia na Universidade de Oxford. Lá, projetou o Sheldonian Theater (1662–63) para um ex-aluno, o Arcebispo Sheldon; para tanto, baseou-se na planta baixa semicircular do Teatro de Marcelo, em Roma (veja a Figura 5.27 b). Enormes tesouras de cobertura de madeira acima do teatro sustentam um teto de lona – pintado por Wren para simular um céu aberto – concluído com cordas falsas que mantinham o elemento de sombreamento esticado. A fachada principal é um pavilhão com frontão e cornija escalonada que segue até as paredes externas. Arcadas, meias-colunas, pilastras, trapeiras ovais e uma lanterna completam o projeto. O todo foi inspirado em uma gravura contida nos *Cinco Livros de Arquitetura* de Serlio;

12.45 Christopher Wren, Interior de Saint Stephen Walbrook, Londres, 1672–87.
Nesta imagem, chamam atenção a esbelteza e o grande espaçamento das colunas que sustentam o entablamento e, consequentemente, a cúpula. Essas proporções foram possíveis porque as abóbadas não são de pedra, mas de madeira e argamassa.

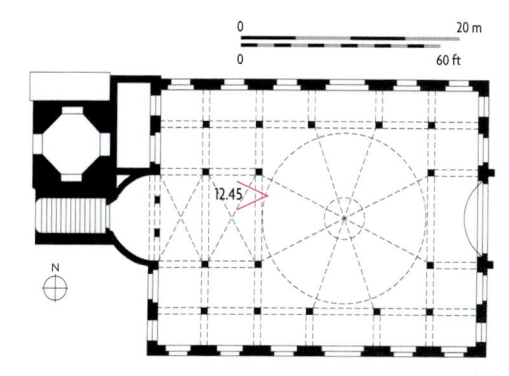

12.46 Christopher Wren, Planta baixa de Saint Stephen Walbrook, Londres, 1672–87.
Wren organizou Saint Stephen Walbrook usando uma grelha modulada – uma grelha ortogonal com espaçamento variado entre os vãos. Ele removeu quatro pilares para produzir a rotunda definida por um octógono de arcos sustentando a cúpula.

o mesmo se aplica ao projeto com pilastras e frontão feito por ele para a fachada externa da Capela do Pembroke College, em Cambridge (1663-65), criado para seu tio, Matthew Wren, Bispo de Ely. O teto da capela é bastante elaborado; as talhas de madeira, por sua vez, foram ricamente trabalhadas por Grinling Gibbons, mestre em talha de madeira.

Wren passou uma temporada em Paris entre julho de 1665 e março de 1666, provavelmente para fugir da praga que devastava o Reino Unido na época. Na capital francesa, conheceu Bernini e escreveu: "eu daria tudo para (...) ver por alguns minutos (o projeto de Bernini para o Louvre)".

As igrejas da cidade

Após o incêndio de 1666, Wren se tornou um dos seis encarregados de preparar a Lei para a Reconstrução da Cidade de Londres (1667), determinando, entre outras coisas, o uso de paredes de tijolo e telhados de ardósia para reduzir a propagação de possíveis incêndios futuros. Cinquenta e uma das igrejas queimadas na cidade (pouco mais da metade do total) foram reconstruídas seguindo projetos feitos por ele entre 1670 e 1686, embora grande parte dos detalhes provavelmente tenha sido entregue ao carpinteiro ou pedreiro-chefe responsável por cada edificação, uma vez que Wren estava ocupado com sua grande obra-prima – a reconstrução da Catedral de São Paulo. As torres e flechas de suas igrejas, talvez inspiradas em tudo o que viu na França gótica, criaram uma silhueta distinta na linha do horizonte, elevando-se acima dos edifícios de tijolo mais baixos e contrastando com o perfil com cúpula que desenvolvia para o projeto da catedral. As igrejas projetadas por Wren variam consideravelmente, já que ele tinha de adaptá-las a terrenos com condições muito distintas; às vezes, reinterpretava a igreja anterior destruída no Grande Incêndio, o que fez com que nem todos os projetos tivessem derivação clássica. Vários campanários são especialmente marcantes. A flecha de Saint-Mary-le-Bow se eleva sobre uma planta baixa circular acima de uma torre com planta baixa quadrada, enquanto Saint Bride, na Fleet Street, tem quatro octógonos, que diminuem de tamanho, compostos por aberturas em arco nos pavimentos superiores. Por outro lado, o campanário de Saint-Dunstan-in-the-East foi construído usando uma forma gótica simplificada, que reflete a igreja anterior.

Como muitas outras igrejas de Wren, a igreja de Saint Stephen Walbrook (1672-87) foi construída rapidamente e serviu como um modelo experimental durante seus esforços contemporâneos para projetar a Catedral de São Paulo. Exceto pela torre bastante medieval coroada por uma coroa renascentista, o exterior de Saint Stephen Walbrook é insignificante; o interior, no entanto, é um magnífico espaço com planta baixa centralizada erguido sobre uma grelha modulada, com nave central curta e cúpula de caixotões similar a do Panteon (Figuras 12.45-12.46). A cúpula repousa sobre oito arcos sustentados por um arranjo octogonal de colunas coríntias em cima de pedestais altos. Como a cúpula era de madeira, os apoios podiam ser esbeltos e refinados; por essa razão, o arquiteto não se deparou com os problemas estruturais envolvidos no domo de alvenaria com três cascas da Catedral de São Paulo.

A Catedral de São Paulo, Londres

O projeto de Wren para a Catedral de São Paulo sofreu muitas alterações. O chamado "Grande Modelo" (Figura 12.47), datado de 1673, consistia em uma cúpula principal sobre oito pilares, cercada por cúpulas secundárias que formavam um deambulatório contínuo similar ao projeto feito por Bramante em 1506 para a Basílica de São Pedro; esse projeto, no entanto, era demasiadamente baseado no Catolicismo Romano para ser aceito pelo decano e pelo capítulo da catedral. Foi solicitada uma planta baixa em cruz latina, semelhante a do edifício gótico que ocupava o terreno anteriormente, o que Wren forneceu no "Projeto Warrant", de 1675. Até a silhueta era gótica, consistindo em um minúsculo tambor com cúpula coroada por uma lanterna de seis faixas. As obras começaram com base neste projeto, que Wren modificou lentamente ao longo dos 30 anos de construção. A edificação, concluída em 1709, era elegante e acadêmica, incorporando elementos oriundos de uma ampla variedade de fontes (Figuras 12.48-12.49). A catedral tem planta baixa de basílica, uma forma admirada por Wren na Basílica de Fano publicada por Vitrúvio. Em sua maioria, as igrejas com nave central e naves laterais de Wren foram inspiradas na basílica romana. Na Catedral de São Paulo, essa estrutura é composta por cúpulas abatidas na nave central e naves laterais, com contrafortes sobre as coberturas naves laterais (Figura 12.50). Para ocultar os contrafortes e conferir um aspecto clássico ao exterior, Wren elevou as paredes das naves laterais de modo a criar telas articuladas de maneira similar à Casa do Banquete, de Inigo Jones (veja a Figura 11.75); já os pórticos dos transeptos norte e sul fizeram uma releitura da fachada projetada por Cortona para Santa Maria della Pace (veja a Figura 12.18), em Roma. A fachada oeste baseou-se na fachada criada por Perrault para o Louvre (veja a Figura 12.34), com torres parecidas com as de Santa Agnese in Agone, na Piazza Navona, em Roma (veja a Figura 12.17). Wren alterou significativamente a cúpula, iniciada apenas em 1697, com relação àquela proposta no "Projeto Warrant", de 1675, sintetizando o sistema de contraventamento concebido por Michelangelo para a Basílica de São Pedro, em Roma, e o projeto original do tambor, de Bramante. Devido ao seu tamanho, a cúpula pedia pilastras de sustentação substanciais, exigindo que a vedação das laterais dos quatro arcos diagonais do cruzeiro central criasse arcos segmentais, em vez de hemisféricos. O volume externo da cúpula tinha de ser alto e pomposo para dominar a linha do horizonte de Londres, mas isso resultaria em um espaço interno excessivamente vertical. Assim, Wren recorreu à estratégia da cúpula tripla empregada por J. H. Mansart na igreja de Saint-Louis-des-Invalides (veja a Figura 12.44). A cúpula interna é de alvenaria. Acima dela, um cone de tijolo sustenta a lanterna e a superestrutura de madeira da cúpula externa revestida de chumbo. Apesar de sua formação como matemático, não há provas de que Wren tenha usado seu conhecimento acadêmico para fazer cálculos que previssem o comportamento da estrutura.

A riqueza da Catedral de São Paulo se baseia tanto na arquitetura como na decoração dos interiores, que inclui obras do mestre em talha de madeira Grinling Gibbons (1648-1721) e do mestre em metalurgia Jean Tijou. Gib-

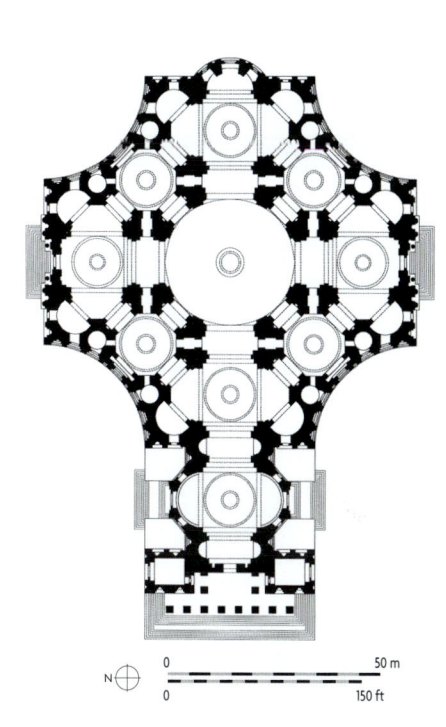

CAPÍTULO 12   A ARQUITETURA BARROCA   391

12.47 Christopher Wren, Planta baixa do "Grande Modelo" para a Catedral de São Paulo, Londres, 1673.

O chamado "Grande Modelo" de Wren não foi aceito na Inglaterra por ter fortes conotações católicas, derivadas das igrejas no estilo Barroco italiano construídas em Roma.

12.48 Christopher Wren, Catedral de São Paulo, Londres, 1675–1709.

A fachada composta por Wren se baseia em modelos como o da igreja de Santa Agnese, na Piazza Navona (veja a Figura 12.17). A cúpula com três cascas inclui uma característica única – a casca intermediária cônica que sustenta tanto a lanterna como a superestrutura de madeira da casca externa.

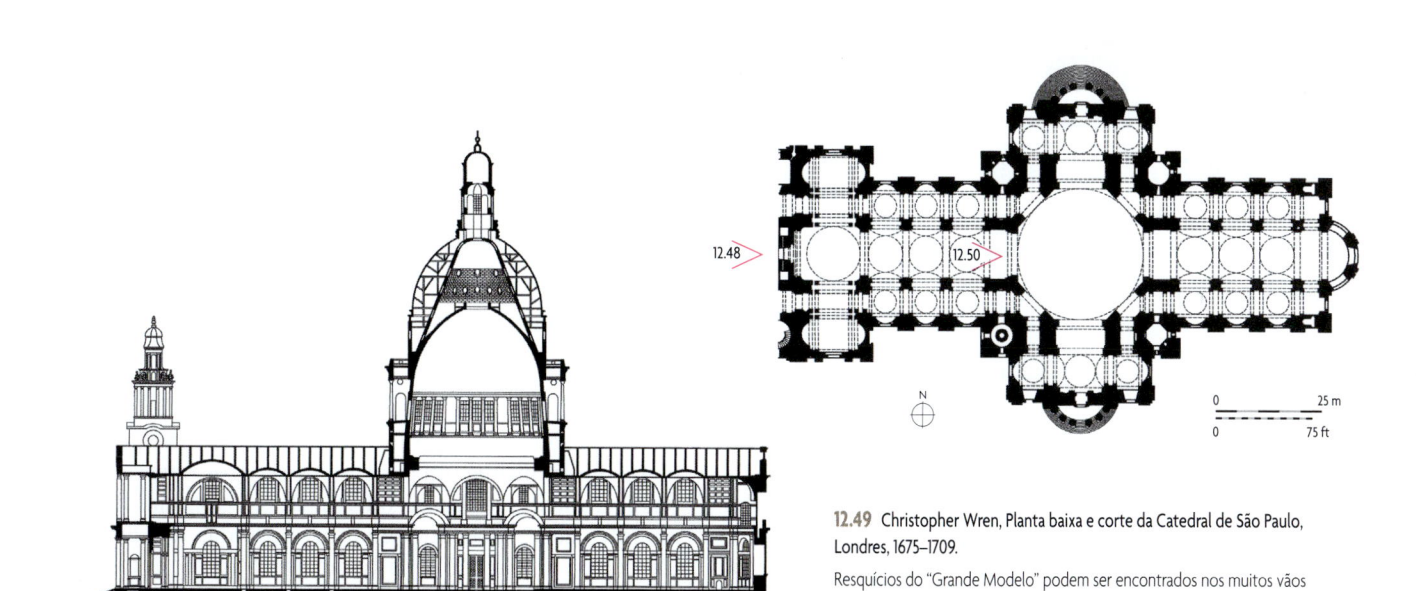

12.49 Christopher Wren, Planta baixa e corte da Catedral de São Paulo, Londres, 1675–1709.

Resquícios do "Grande Modelo" podem ser encontrados nos muitos vãos com cúpula que cobrem a nave central e as naves laterais. Trata-se da antiga tipologia da basílica romana interpretada por Wren.

12.50 Christopher Wren, Interior da Catedral de São Paulo, Londres, 1675–1709.

Nesta imagem que mostra o leste, os vãos com cúpulas abatidas da nave levam à rotunda octogonal. Acima, ergue-se a cúpula de três cascas, similar àquela que foi projetada por J. H. Mansart para Les Invalides (veja a Figura 12.44).

bons nasceu em Roterdã e lá foi descoberto por John Evelyn. Ele talhou muitos interiores de Wren, incluindo a Biblioteca do Trinity College, em Cambridge, e o Saint James's Piccadilly, em Londres, mas se superou no coro e no órgão da Catedral de São Paulo. Tijou, um huguenote francês, tinha como mecenas os monarcas ingleses Guilherme e Maria. Trabalhou principalmente em Hampton Court e na Catedral de São Paulo, onde as rosetas e folhas estampadas em relevo distinguem suas elaboradas criações em ferro batido.

As habitações à maneira de Wren

Wren ocupava-se demais com obras para a realeza e não tinha tempo para projetar casas particulares. Todavia, Coleshill, em Berkshire (cerca de 1650), projetada por Roger Pratt (1620–84) (Figura 12.51), é frequentemente descrita como uma edificação residencial à maneira de Wren. Sua planta baixa com dois cômodos de profundidade, ou em fileira dupla, incluía um corredor de serviços transversal. É possível encontrar os descendentes dessas casas nas muitas mansões georgianas que seriam construídas nos Estados Unidos no século XVIII, embora tais edificações posteriores tivessem salões centralizados longitudinais. A fachada de Uppark, em Sussex (1695) (Figura 12.52), de William

CAPÍTULO 12 A ARQUITETURA BARROCA 393

12.51 Roger Pratt, Coleshill, Berkshire, cerca de 1650.

Embora Wren não tenha projetado casas tão simples como esta, Coleshill parece exibir suas preferências formais. Cornija superior, cornija intermediária, frontispício principal, cornija de base, trapeiras e balaustrada de cobertura se tornaram características padrão dos estilos georgianos inglês e norte-americano. Esta casa foi destruída por um incêndio na década de 1950.

12.52 William Talman, Uppark, Sussex, 1695.

Ironicamente, as casas georgianas construídas na América tiveram mais sucesso que modelos ingleses como este. Na América, os projetos geralmente se baseavam em desenhos de livros ingleses e norte-americanos, que aperfeiçoavam os originais construídos anteriormente.

Talman (1650-1719), antecipa muitas obras norte-americanas futuras. Esta casa é volumosa, com vão central projetado com frontão e **frontispício** elaborado, mas não utiliza as ordens, exceto em volta da porta de entrada. Casas semelhantes são encontradas em locais como os arredores da catedral de Salisbury; já os exemplos norte-americanos relacionados costumam ser mais refinados e apresentam proporções mais elegantes, pois se inspiraram em publicações nas quais a experiência inglesa fora codificada.

NICHOLAS HAWKSMOOR, SIR JOHN VANBRUGH E JAMES GIBBS

Enquanto trabalhava na Catedral de São Paulo, Wren contratou um empregado doméstico que acabou se tornando seu assistente. Esse homem era Nicholas Hawksmoor (1661-1736), responsável por acrescentar à catedral as torres da fachada oeste que enfatizam sua volumetria, contrastando com as fachadas lineares e detalhes exatos do projeto de Wren. Hawksmoor também trabalhou com um contemporâneo igualmente famoso – Sir John Vanbrugh (1664-1726), o exuberante soldado-cavalheiro que chegou a ser preso pelos franceses por suspeita de espionagem e, ao voltar à Inglaterra, tornou-se um dramaturgo cômico de sucesso. Em 1699, o Conde de Carlisle o escolheu, em vez de William Talman, para projetar um palácio em Yorkshire, conhecido como Castelo Howard (Figura 12.53). As obras deste elaborado e amplo complexo começaram em 1701, com o auxílio de Hawksmoor, que complementou a exuberância teatral de Vanbrugh com seu conhecimento de arquitetura. Os dois propuseram um projeto simétrico ancorado por um grande salão com cúpula a partir do qual os apartamentos principais se estenderiam lateralmente.

As colunatas curvas que ladeiam o pátio principal mantêm uma axialidade rigorosa e, ao mesmo tempo, conectam o bloco principal com os pátios secundários das cozinhas e estábulos que nunca foram construídos.

A mais famosa casa da parceria Vanbrugh-Hawksmoor é o Palácio Blenheim (Figura 12.54), construído pela Inglaterra para o Duque e a Duquesa de Malborough com o objetivo de celebrar o sucesso do primeiro na batalha de Blenheim em 1704. Blenheim, um edifício grande e pomposo que segue os mesmos temas do Castelo Howard, representa este período de projetos grandiosos e é um dos exemplares mais monumentais da arquitetura doméstica britânica de todos os tempos. O exterior é dominado por colunas coríntias colossais e pesados pavilhões de quina. O acesso se dá pelo pórtico norte, que leva, sobre o eixo, do grande pátio de entrada ao pavilhão e ao salão. Os cômodos pequenos distribuídos em ambos os lados deste grupo central foram organizados ao redor de dois pátios internos; na fachada oeste fica uma longa galeria. Colunatas conectam o bloco principal aos pátios das cozinhas e estábulos, que se equilibram em ambos os lados do pátio de entrada. Sarah, a Duquesa de Malborough, afirmou que a residência carecia de praticidade, pois a cozinha e a sala de jantar estavam afastadas 400 metros entre si. O poeta Alexander Pope observou: "É muito bonita, mas onde se come e onde se dorme?"

Enquanto Vanbrugh projetou cerca de 10 casas de campo monumentais, as principais obras de arquitetura de Hawksmoor foram seis igrejas construídas em Londres; duas delas foram pagas pela Lei para a Construção de Cinquenta Novas Igrejas de 1711, da qual era um dos encarregados. O planejamento na forma de basílica deriva principalmente de Wren, mas a exuberância é caracteristicamente sua. Na Christ Church, em Spitalfields, Londres (1723-29), seu interesse pelos templos romanos tardios

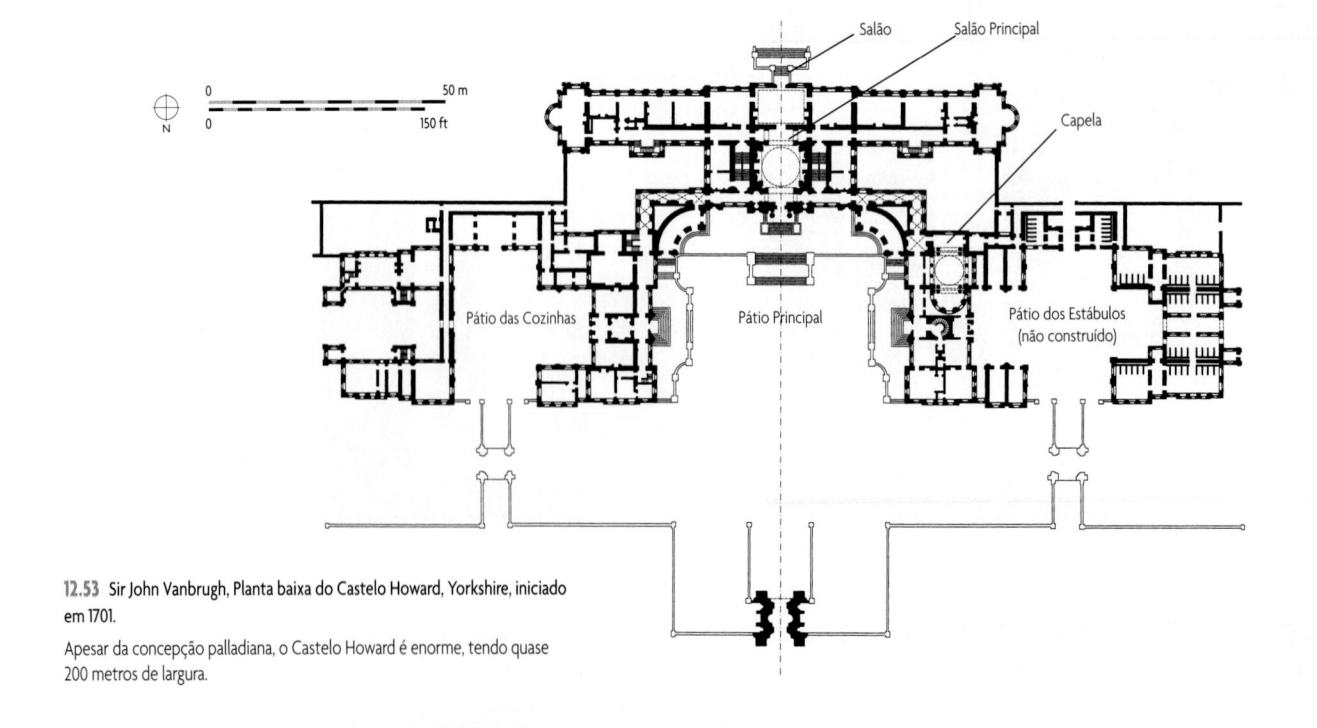

12.53 Sir John Vanbrugh, Planta baixa do Castelo Howard, Yorkshire, iniciado em 1701.

Apesar da concepção palladiana, o Castelo Howard é enorme, tendo quase 200 metros de largura.

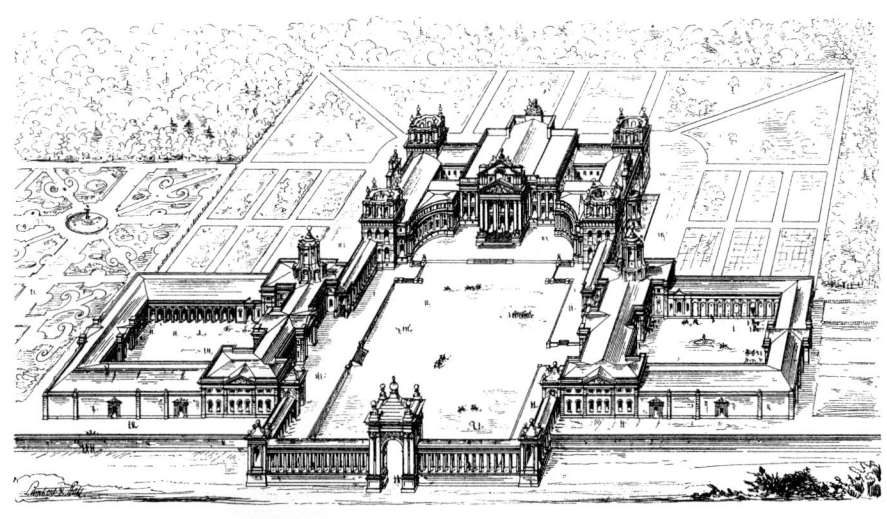

12.54 Sir John Vanbrugh e Nicholas Hawksmoor, Palácio Blenheim, Woodstock, Oxfordshire, 1705-24. Gravura.

Esta gigantesca residência foi financiada pela Coroa Britânica para recompensar o Duque de Malborough por seu sucesso militar na batalha de Blenheim.

12.55 Nicholas Hawksmoor, Christ Church, Spitalfields, Londres, 1723-29.

Nesta fachada, Hawksmoor explorou a fundo o famoso motivo serliano ou palladiano. O pórtico de entrada é uma versão em escala colossal, a base da torre é uma versão menor e a moldura do relógio, uma versão menor ainda.

de Baalbek se reflete no projeto colossal e incomumente detalhado. A nave central é iluminada por um clerestório no alto das abóbadas de berço elípticas paralelas a ela. Sob as abóbadas, a arcada da nave principal é composta por colunas cilíndricas com entablamentos completos no topo. A nave não é abobadada, mas coberta por um teto plano com caixotões; o interior, como um todo, é bastante simples. No exterior, o pórtico é composto por um grande motivo serliano sobre o qual se eleva a torre, que tem contraventamento na frente e atrás conferido por pórticos que contêm janelas distribuídas em outra composição serliana (Figura 12.55). Os estilos de Vanbrugh e Hawksmoor são muito pessoais e individualistas, dando uma rica continuidade à obra mais acadêmica de Wren e, consequentemente, representando uma parte distinta da tradição inglesa.

A igreja de Saint Martin-in-the-Fields, em Londres (1721-26), projetada por James Gibbs (1682-1754), que se diferenciava dos outros ingleses por ter estudado em Roma, é um estudo sobre a ordem coríntia, utilizando colunas e pilastras colossais tanto no interior como no exterior (Figura 12.56). Uma torre e um campanário inspirados em Wren ficam no eixo principal; o acesso à igreja se dá por um pórtico coríntio dominante. Esta igreja criou um precedente para inúmeras edificações religiosas, especialmente nas colônias norte-americanas antes e depois da Revolução e principalmente em função de A Book of Architecture, publicado por Gibbs em 1729, ilustrando seus muitos projetos. A igreja batista projetada por Joseph Brown em Providence, Rhode Island (1774-75), foi inspirada em Saint

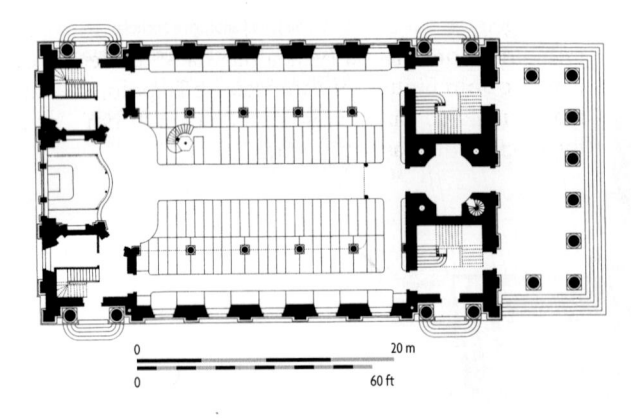

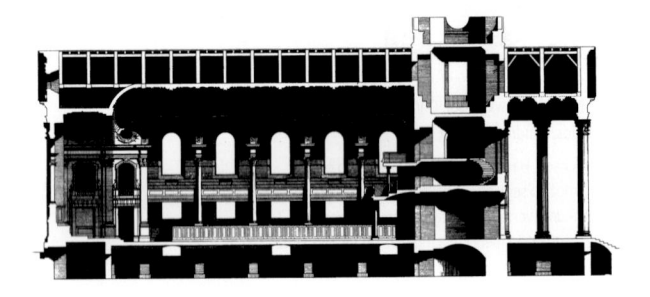

12.56 James Gibbs, Planta baixa, corte e elevação de Saint-Martin-in-the-Fields, Londres, 1721–26.

Gibbs uniu com sucesso a fachada de templo, a torre à maneira de Wren e a nave de basílica, produzindo um protótipo para igrejas inglesas e norte-americanas. Ele testou diversas variantes antes de adotar esta composição com torre, que começa com uma planta baixa quadrada, passa por conjuntos de octógonos e termina com uma flecha facetada.

Martin, assim como a igreja de Saint Michael, em Charleston, Carolina do Sul (iniciada em 1752, possivelmente por Peter Harrison), e igrejas de Vermont e Connecticut concebidas por Lavius Fillmore.

Gibbs é o arquiteto cujas obras conectaram os mais elaborados exemplos do Barroco inglês com projetos mais contidos baseados na serenidade de Andrea Palladio. Os projetos publicados por eles ilustram ambas as inspirações. Em meados do século XVIII, o retorno às interpretações mais puras da antiguidade clássica ganhou o nome de Neoclassicismo, um movimento importante impulsionado por Gibbs e que será discutido no capítulo seguinte.

CONCLUSÕES SOBRE AS IDEIAS DE ARQUITETURA

Durante o período barroco, os arquitetos mantiveram a linguagem clássica, mas, com frequência, se deram uma liberdade considerável ao interpretá-la, transformando-a em parte de uma experiência "multimídia" muito maior. No Concílio de Trento, em 1545, a cúpula da Igreja Católica, enquanto analisava a Contrarreforma, concluiu que a arte devia ser usada pela política da Igreja como um instrumento, cativando aqueles que permaneciam fiéis e seduzindo os mais instáveis. Uma década antes, Ignácio de Loiola fundou a Sociedade de Jesus (os Jesuítas), um grupo evangélico, e seus missionários-educadores acabaram levando os ensinamentos católicos a todos os cantos do mundo. A Igreja de Jesus, igreja-mãe da ordem situada em Roma, estabeleceu novas diretrizes para o projeto de fachadas e a organização espacial interna ao apresentar um ambiente religioso com escala modesta e boa acústica.

A Igreja de Jesus se tornou um dos muitos monumentos a ganhar destaque urbano como resultado do replanejamento de Roma proposto pelo Papa Sixto V. Abrindo ruas longas e retas que minimizavam as distâncias percorridas, o engenheiro Domenico Fontana, contratado pelo papa, conectou as sete principais igrejas da cidade – incluindo a Basílica de São Pedro – e tendo Santa Maria Maggiore no centro do esquema. Os arquitetos responderam criando espaços cívicos monumentais no interior da densa malha medieval; isso inclui a Piazza del Popolo, no portal norte, a Escada da Piazza di Spagna, sob a igreja da Trinità dei Monti, e a Piazza Navona, dentro dos limites de um antigo circo romano. Ruas e praças trabalharam juntas para produzir um novo urbanismo dinâmico que afetaria o planejamento de cidades nos três séculos seguintes.

As igrejas de Sant'Andrea al Quirinale e San Carlo alle Quattro Fontane apresentam duas aplicações diferentes da teoria da Contrarreforma. A Sant'Andrea, de Bernini, lembra um palco de teatro, isto é, um espaço para reencenar o martírio e a ascensão de Santo André. Tendo em vista essa teatralidade, Bernini reuniu pintura, escultura e estuque dentro de um espaço dinâmico com planta baixa oval. Em San Carlino, Borromini utilizou meios quase que exclusivamente da arquitetura para obter dramaticidade por meio da manipulação da forma, como é o caso das colunas alongadas e curvas sinuosas da fachada, bem como dos pares de colunas internas "pressionadas" contra as paredes onduladas que definem a planta baixa em cruz grega alongada.

As duas estruturas tiveram consequências importantes. Seguindo a linha investigativa de Bernini, J.B. Fischer von Erlach, autor de *Arquitetura Histórica*, o primeiro livro sobre a história da arquitetura, projetou a Karlskirche, em Viena, como uma transmissora do simbolismo de Hapsburg, mas com fachada ampla, que parece um *outdoor*, e espaço oval para cultos, com pintura ilusionista. A igreja de Die Wies, construída pelos irmãos Zimmerman na Baviária, com abóbadas de madeira e reboco, levou a experiência ilusória ao extremo da fusão artística, onde o estuque, a escultura, a pintura e a arquitetura – banhadas por uma forte luz – se transformam em uma visão unificada.

Borromini, por outro lado, inspirou o arquiteto e engenheiro Guarino Guarini a testar novos tipos de abóbadas, estruturas ocultas e a manipulação teatral da luz em projetos como a igreja de San Lorenzo, em Turim. Em Praga, na região então conhecida como Boêmia, Christoph Dientzenhofer usou o pilar-parede como um meio para criar leituras espaciais duplas e, consequentemente, uma sensação de ambiguidade espacial e ritmos sincopados. Perto de Würzburg, na igreja para peregrinos de Vierzhnheiligen, o arquiteto da corte Balthasar Neumann projetou complexas abóbadas de alvenaria com curvatura dupla que exigiram todo o seu conhecimento de matemática e da resistência dos materiais; a seguir, uma legião de artesãos aplicou estuque, tinta e douração – sem receber instruções detalhadas do arquiteto – em busca de uma experiência espacial e teatral homogênea adequada para a igreja dedicada à visão mística de um pastor local. Neumann usou as mesmas estratégias ao produzir o Palácio de Würzburg, onde uma escadaria monumental (veja a página 358), dentro de um cômodo com pinturas ilusionistas de Tiepolo, foi transformada em palco para a subida e a descida de homens e mulheres em refinadas vestimentas.

Na França, os efeitos superficiais jamais afetaram as técnicas de construção. Ali, François Mansart conduziu investigações espaciais como as de Borromini, mas, ao mesmo tempo, manteve-se fiel à visão gótica local de espaços internos altos e também à ênfase medieval francesa na estereotomia. Trabalhando na fachada leste do Louvre, o médico Claude Perrault, o arquiteto Louis Le Vau e o pintor Charles Lebrun produziram uma ampliação com precisão à maneira de Mansart e dominada por colunas (no caso, em pares), uma condição que se repetiu no resto do palácio, construído em meados do século XVII.

O cientista inglês Sir Christopher Wren viajou à França, onde estudou as catedrais góticas, impressionando-se especialmente com suas torres, e conheceu Bernini, que estava em Paris prestando consultoria para a ampliação do Louvre. Wren retornou a Londres em 1666 após o Grande Incêndio, quando a cidade precisava desesperadamente que dezenas de igrejas paroquiais fossem reconstruídas; ele incluiu torres fáceis de ver e identificar e também projetou a nova Catedral de São Paulo. A obra de Wren e de seus contemporâneos Vanbrugh e Hawksmoor foi a que mais se aproximou do Barroco na Inglaterra, antes que as preferências se voltassem a um Classicismo mais suave. Projetadas por outros arquitetos, mas seguindo o exemplo de Wren, casas como Coleshill e Uppark orientaram o tipo de projeto de moradia inglês que seria importado pelas colônias norte-americanas sob o nome de estilo Georgiano. James Gibbs, que estudou em Roma e aprendeu a apreciar o Barroco tardio, voltou a Londres para construir Saint-Martin-in-the-Fields em uma forma que serviria de modelo para inúmeras igrejas dos Estados Unidos (por meio das ilustrações feitas por Gibbs em *Um Livro de Arquitetura*, que publicou em 1729) e era compatível com a preferência neopalladiana emergente, a ser discutida no próximo capítulo.

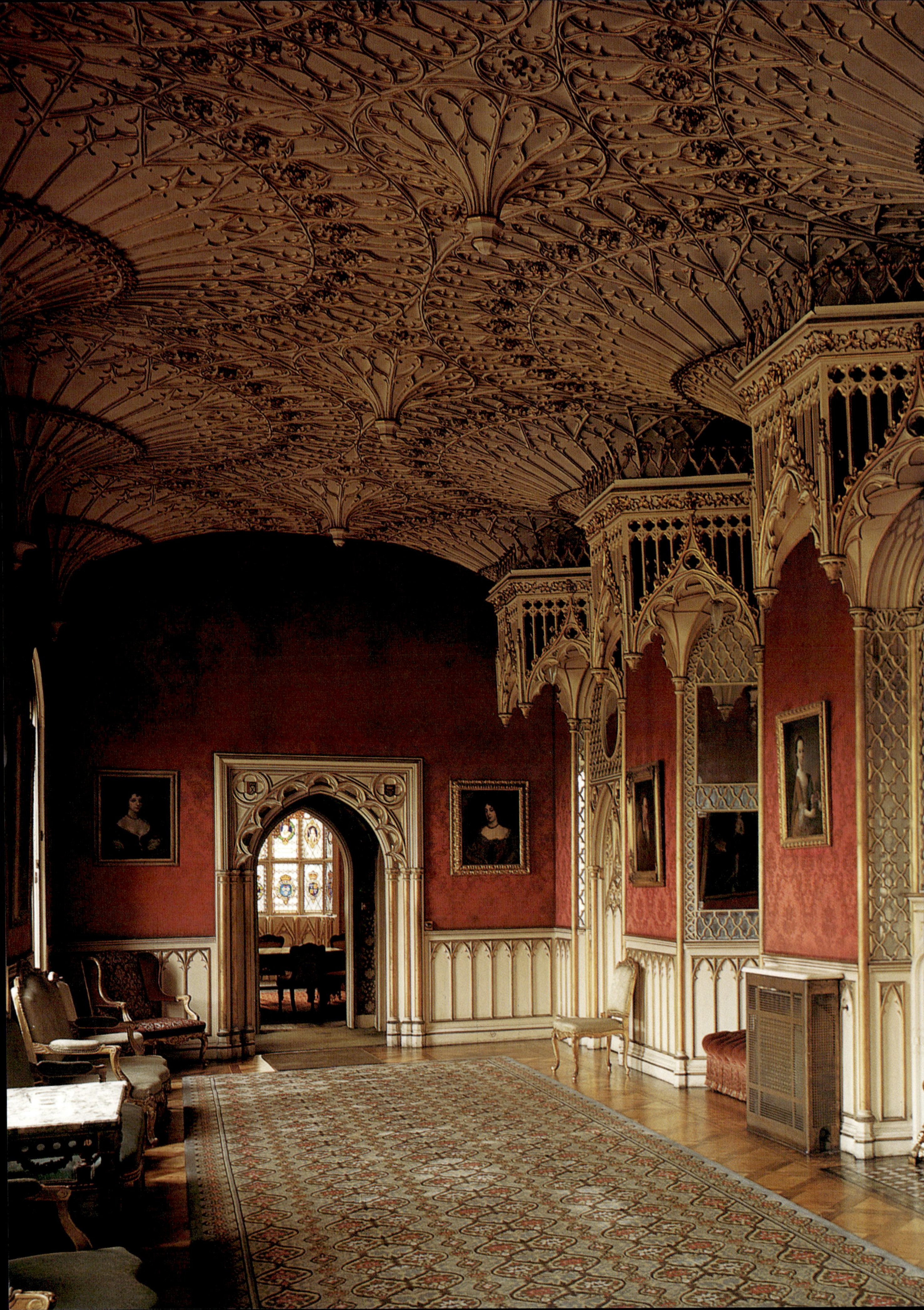

CAPÍTULO 13

O SÉCULO DEZOITO

Os avanços de arquitetura do século XVIII foram complexos, incluindo elementos e temas divergentes, alguns antigos e outros novos. O Barroco Tardio ainda perdurava especialmente na Europa Central, principalmente nas grandes obras para a nobreza ou a Igreja Católica. Vierzehnheiligen e a Würzburg Residenz, na Alemanha, bem como o Palácio de Blenheim, na Inglaterra, e os últimos estágios da construção francesa em Versalhes, datam do século XVIII.

Em alguns locais, arquitetos produziram "bolos confeitados", como o Pavilhão Amalienburg, de Françoise Cuvillé, no Castelo de Nymphenburg, perto de Munique (1734–39). Dentro desse pequenino pavilhão de jardim, que inclui canis quase tão elaborados quanto o salão principal, a ornamentação com estuque de Johann Baptist Zimmerman explode em inúmeras cores e texturas, de modo a acompanhar a *boiserie*, ou talhas de madeira dourada. O florescimento tardio do Barroco durante a primeira metade do século XVIII é conhecido como Rococó. O nome é uma fusão das palavras *rocaille*, que descreve as formas orgânicas das rochas, plantas e conchas aquáticas, e *coquille*, que significa "concha". Na França, o estilo Rococó foi usado principalmente nos interiores, o que é exemplificado pela obra de J. A. Meissonier (1695–1750), mas posteriormente os arquitetos neoclássicos do país reagiram aos excessos.

As obras de outros serviram de arautos das novidades. Embora tenha sido criado durante o período Rococó, o estilo de Germain Boffrand (1667–1754) se voltou para o Classicismo conservador de Le Vau, antecipando o Neoclassicismo que dominaria a arquitetura francesa na segunda metade do século XVIII. Boffrand projetou o Hôtel Amelot (1712), em Paris, ao redor de um pátio interno elíptico com galerias. As formas diferentes dos cômodos, suas dimensões modestas e a atenção às funções de serviço transformam-no em um modelo de conveniência e conforto que contrasta de modo impressionante com a megalomania de Versalhes.

Ideias novas e radicais foram apresentadas em outras esferas. O século XVIII testemunhou o nascimento do Iluminismo, movimento no qual cientistas e matemáticos lançaram as fundações para as conquistas modernas em seus campos; filósofos propuseram formas racionais de governo que foram colocadas em prática depois das Revoluções Norte-Americana e Francesa; arqueólogos e exploradores investigaram civilizações antigas e distantes para melhor entender outras culturas; e a mecânica tradicional, seguida pelos engenharia moderna, inventou aparelhos e máquinas que viriam a transformar a indústria, o comércio e o transporte. Os historiadores iluministas também iniciaram a primeira cronologia escrita de eventos mundiais e, com ela, veio a compreensão das conquistas da arquitetura das várias civilizações ocidentais. Entre essas, destacavam-se a Grécia e a Roma Antigas, o que levou multidões de artistas e arquitetos a viajarem para o sul para estudar e medir as ruínas clássicas; muitos publicaram suas descobertas. O resultado seria o Neoclassicismo. Mudanças ainda mais marcantes se devem ao início da Revolução Industrial, cujo começo, por conveniência, associaremos ao ano 1750. É difícil encontrar algum aspecto da sociedade moderna que não tenha sido tocado – seja positiva ou negativamente – por essa mudança espetacular no modo pelo qual a sociedade ocidental tentou controlar o mundo. Quanto à arquitetura, novos materiais, novas tecnologias e novos sistemas de construção alteraram radicalmente as formas das edificações tradicionais e possibilitaram tipos inteiramente novos de prédios. Finalmente, as forças do Neoclassicismo e da Revolução Industrial levaram a um concorrente igualmente poderoso: o Romantismo. Para muitos, o Neoclassicismo era demasiadamente preciso, previsível e sem emoção. Para ou-

---

Cronologia

Jean-Baptiste Colbert funda a Académie Royale d'Architecture	1671
Colen Campbell publica *Vitruvius Britannicus*	1715–25
Luís XV começa sua regência	1715
concursos de arquitetura regulares são organizados pela Académie	1720
J. B. Fischer von Erlach publica *Historischen Architecture*	1721
início do Iluminismo europeu	cerca de 1750
início da Revolução Industrial	cerca de 1750
pensionnaires franceses começam a estudar em Roma	cerca de 1750
Piranesi publica *Vedute di Roma*	a partir da década de 1750
o Abade Marc-Antoine Laugier publica *Essai sur l'architecture*	1753
Edmund Burke publica *A Philosophical Inquiry into the Origins of Our Ideas on the Sublime and the Beautiful*	1756
J. F. Blondel publica o *Cours d'architecture*	1771–77

Horace Walpole, Strawberry Hill Long Gallery, Twickenham, iniciada em 1748.

Horace Walpole, um estudioso da antiguidade, era fascinado pelo Gótico inglês. Em vez de academicamente correto, este interior é uma assertiva de arquitetura extremamente pessoal que expressa a emoção do Romantismo.

tros, a Revolução Industrial não trouxe progresso, mas feiura, brutalidade e uma homogeneidade idiotizante. O Romantismo ofereceu um alívio visual e, possivelmente, emocional, frente aos fenômenos do desenvolvimento na forma da teoria estética do estilo Pitoresco e sua aplicação.

OS NEOPALLADIANOS INGLESES

Ainda durante a construção do grandioso Palácio de Blenheim, alguns arquitetos ingleses começaram a se afastar do estilo de Wren, Vanbrugh e Hawksmoor em troca da abordagem mais simples que encontraram nas obras de Andrea Palladio. Os líderes do movimento Neopalladiano incluíam Colen Campbell (1676–1729), arquiteto escocês e editor do influente livro *Vitruvius Britannicus*, publicado em três volumes entre 1715 e 1725; Richard Boyle, terceiro Conde de Burlington (1694–1753), um nobre abastado que exercia a arquitetura além de prestar serviços ao governo; e William Kent (1685–1748), inglês que originalmente estudou pintura em Roma, mas se dedicou à arquitetura e ao paisagismo sob o mecenato de Lorde Burlington. Os três homens eram membros do novo partido *Whig*, liberal, e apoiavam a Casa de Hanover, que substituíra a linhagem dos Stuart no trono inglês. Os primeiros volumes do *Vitruvius Britannicus* (1715) e a tradução dos *I quattro libri dell'architettura* de Palladio para o inglês, por Giacomo Leoni (1716), foram dedicados ao Rei Jorge I. As características mais importantes do movimento que geraram foram o grande respeito por Vitrúvio, o entusiasmo pelas obras de Palladio e a admiração pelo trabalho de Inigo Jones.

Colen Campbell provavelmente foi o responsável por atrair Lorde Burlington para a causa de Palladio. Suas ilustrações de edificações inglesas clássicas em *Vitruvius Britannicus*, incluindo casas de campo influenciadas por Inigo Jones e projetos próprios, chamaram a atenção de Lorde Burlington, que o contratou para renovar a Casa Burlington, em Londres (posteriormente modificada e ampliada até se tornar a Academia Real). No Castelo de Mereworth (1723), em Kent, Campbell projetou quase uma réplica da Vila Rotonda (conforme ilustrações de Palladio) em uma escala um pouco menor (Fig. 13.1). Ele anexou quatro pórticos jônicos a um cubo simples e coroou-o com uma cobertura piramidal e uma cúpula. O Castelo de Mereworth contém várias soluções práticas e criativas, como a incorporação dos tubos de fumaça nas nervuras da cúpula e o uso de sua abertura para a descarga da fumaça.

Como muitos aristocratas do período, Lorde Burlington fez o Grand Tour da Europa, viajando entre 1714 e 1715; em 1719, voltou à Itália especialmente para estudar as edificações de Palladio. Lá conheceu William Kent, cuja obra o impressionou a ponto de dar início a uma colaboração amistosa que se estendeu por toda a vida. Com a ajuda de Kent no paisagismo e detalhamento de interiores, Lorde Burlington projetou sua própria versão da Vila Rotonda na Casa Chiswick (1725–29), localizada na periferia de Londres (Figuras 13.2–13.3). Chiswick é uma versão menor do original palladiano, animada por uma criatividade baseada em várias fontes. Tem um pórtico em vez de quatro; seu tambor octogonal e cúpula talvez se assemelhem mais à obra de Scamozzi que a de Palladio. Os obeliscos distribuídos na borda do telhado contêm os tubos de fumaça com uma roupagem antiga – talvez derivados de elementos semelhantes encontrados nas casas de campo ao redor de Vicenza – enquanto a elevação que dá para o jardim é distinguida por três janelas com um desenho original, compostas por motivos serlianos inseridos em arcos recuados. Os espaços internos seguem as proporções de Palladio e incorporam elementos de projetos de Inigo Jones nos detalhes. Lorde Burlington usava Chiswick para abrigar sua biblioteca de arquitetura e oferecer espaço para eventos; na verdade, vivia em uma edificação adjacente, conectada à nova vila apenas em uma quina.

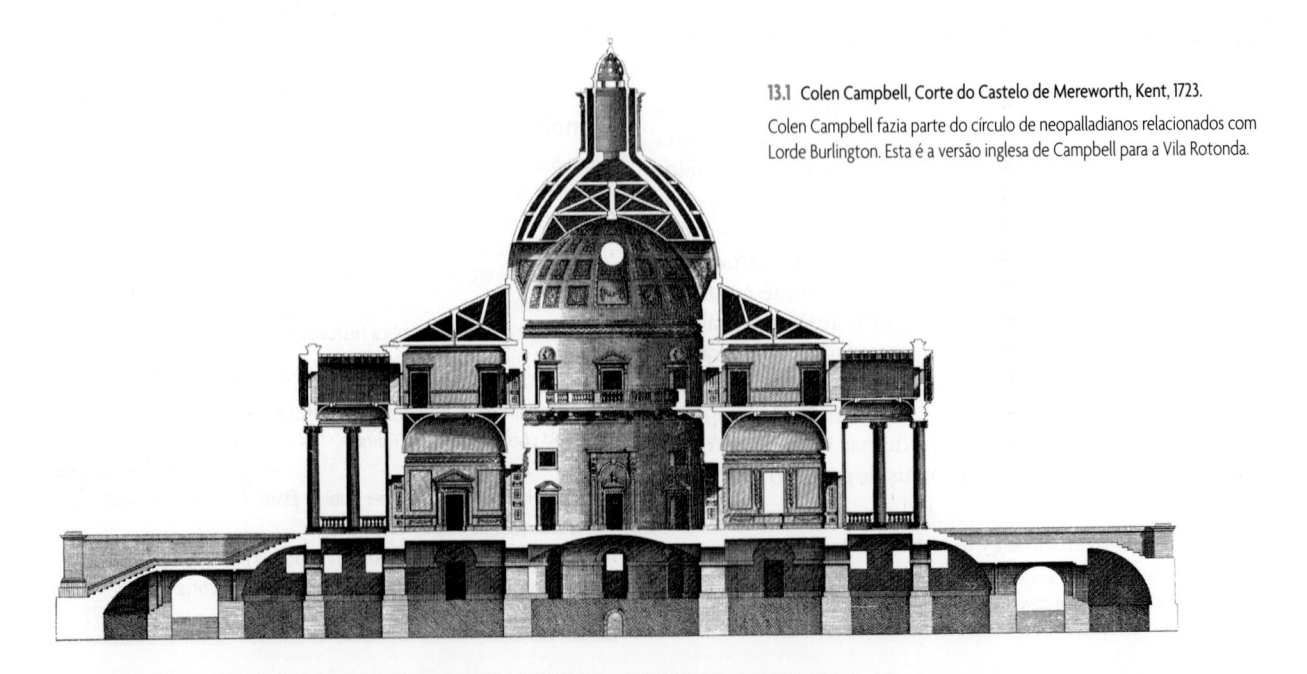

13.1 Colen Campbell, Corte do Castelo de Mereworth, Kent, 1723.

Colen Campbell fazia parte do círculo de neopalladianos relacionados com Lorde Burlington. Esta é a versão inglesa de Campbell para a Vila Rotonda.

13.2 Lord Burlington (Richard Boyle), Casa Chiswick, Londres, 1725–29.

Não resta dúvida de que Lorde Burlington pensava na Vila Rotonda quando acrescentou este pavilhão de entretenimento à sua propriedade. No entanto, há elementos que não foram usados por Palladio: as escadas gêmeas dominantes, o clerestório no tambor octogonal e a cúpula semelhante a do Panteon.

13.3 Lord Burlington (Richard Boyle), Planta baixa da Casa Chiswick, Londres, 1725–29.

A planta baixa é ainda mais distinta da obra de Palladio que a elevação. É uma grelha de quadrados, retângulos, círculos e polígonos dividida em nove partes.

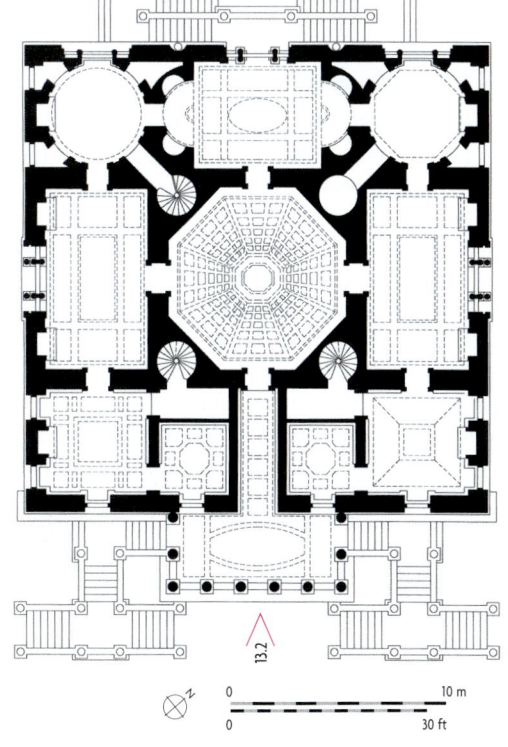

13.4 William Kent, Holkham Hall, Norfolk, 1734.

Este conjunto bastante disperso dá continuidade à vasta escala de casas de campo iniciada por Vanbrugh e Hawksmoor durante o período da Restauração Stuart, no final do século XVII. Cada bloco tem o tamanho de uma das grandes casas georgianas construídas nos Estados Unidos no século XVIII.

Além de trabalhar com Lorde Burlington em Chiswick, Kent editou uma coleção em dois volumes, publicada em 1727, sob o título *Designs of Inigo Jones*. Depois de 1730, aproximadamente, Kent começou a exercer a arquitetura por conta própria, projetando o Holkham Hall, em Norfolk, no ano de 1734 (Fig. 13.4). Trata-se de uma magnífica residência de campo que segue a tradição de Vanbrugh e por isso é muito maior que as vilas de Palladio. Os pavilhões, frontões, motivos serlianos e a relativa simplicidade na composição dos múltiplos elementos resgatam o espírito do mestre do século XVI naquele que podia ser descrito como um conjunto de cinco residências italianas, consistindo de um bloco central de recepção e quatro alas que continham a cozinha, uma capela, uma galeria de música e cômodos privados com dormitórios associados.

O RETORNO À ANTIGUIDADE

Os neopalladianos ingleses não foram os primeiros – e, definitivamente, não foram os últimos – a propor o estudo profundo da arquitetura do passado clássico e seu revivescimento. Em meados do século XVIII, a elite artística da Europa desenvolveu um novo interesse pelas edificações da antiguidade. Não era a primeira vez que isso acontecia. Os arquitetos carolíngios haviam se voltado para edificações romanas, paleocristãs e bizantinas em busca de inspiração, enquanto os arquitetos do Renascimento italiano fizeram longos estudos sobre as ruínas de Roma e os textos de Vitrúvio. Contudo, o interesse do século XVIII pela antiguidade diferia dos "retornos a Roma" anteriores, tanto no foco como na amplitude do impacto. Os artistas e arquitetos do período Neoclássico buscavam uma compreensão exata dos edifícios antigos e das obras de arte do passado, enquanto os historiadores inseriam tais criações em um contexto próprio por meio de estudos completos das civilizações da antiguidade. A curiosidade popular por locais remotos e culturas exóticas estimulou as viagens dos *dilettanti* (estudiosos amadores) e também de artistas e arquitetos.

Durante o século XVIII, a publicação de desenhos de edificações e ruínas antigas com as respectivas dimensões aumentou consideravelmente a quantidade de informações disponíveis sobre a arquitetura histórica. Os vestígios da colônia grega de Paestum foram examinados cuidadosamente; já as cidades romanas de Herculano e Pompeia foram descobertas durante a construção de uma estrada no reino de Nápoles. As escavações – iniciadas em Herculano em 1735 e Pompeia em 1748 – trouxeram à luz uma série de edificações cobertas pelas cinzas vulcânicas e a lama que haviam soterrado os dois sítios durante a erupção do Monte Vesúvio em 79 d.C. Pela primeira vez, estudiosos e arquitetos tinham acesso a evidências detalhadas abundantes da arquitetura, decoração e vida cotidiana do Império Romano. Thomas Major publicou *The Ruins of Paestum* em 1768, contribuindo com exemplos de dimensões de templos da Grécia arcaica para o crescente conhecimento da arquitetura grega; em 1762, James Stuart e Nicholas Revett começaram a publicar *Antiquities of Athens*, uma série de quatro volumes concluída por terceiros em 1816. Os assentamentos romanos próximos ao Mediterrâneo também foram estudados. Os livros *Ruins of Palmyra* (1735) e *Ruins of Baalbec* (1757), de Robert Wood, documentaram esses sítios importantes do Oriente Médio. O francês Charles-Louis Clérisseau, que veio a se tornar conselheiro de Thomas Jefferson, publicou *Antiquities of Nîmes* em 1778.

O interesse pela antiguidade não se limitava às civilizações clássicas grega e romana. A expedição militar de Napoleão ao Egito em 1798 incluiu um grande grupo de arqueólogos e engenheiros cujos relatos publicados – especialmente *Voyage dans la basse et la haute Egypte pendant les campagnes du Général Bonaparte* (1807) e os 20 volumes de *Descriptions de l'Egypte* (1809–22), do Barão Dominique Vivant Denon – despertaram o interesse popular por tudo que era egípcio. O interesse público pelas civilizações não ocidentais já tinha sido incitado pelos contatos mercantis e por traduções jesuíticas dos textos de Confúcio e do Corão, ao passo que o conhecimento da arquitetura se expandiu ainda

ROMA VISTA POR PIRANESI

Michael Fazio

Ao passar pelo Campidoglio de Michelangelo (veja as Figuras 11.38-11.39) e seguir para o sul para além do Monte Capitolino, quem visitasse Roma no século XVIII encontraria esta vista panorâmica do antigo Forum Romanum (Fig. 13.5), com o arco de triunfo do imperador Sétimo Severo no primeiro plano e o Coliseu (veja a Fig. 5.29) no plano de fundo. A cena mudou consideravelmente desde que Giovanni Battista Piranesi fez esta gravura – para isso, contribuíram os arqueólogos e a modernidade. O vale entre os Montes Palatino e Esquilino foi desmatado e a terra que enterrava parcialmente os monumentos, escavada. As pedras caídas foram reorganizadas e as construções sem importância, removidas.

Piranesi tirou proveito do panorama incompleto e um tanto misterioso de sua época. Criado na densamente construída Veneza, cercado pela tradição das espetaculares pinturas de cenas urbanas por artistas como Canaletto e treinado para ser um gravurista, Piranesi chegou a Roma em 1740, onde se sustentou produzindo imagens da cidade para vender como *souvenir*. Trabalhando em seu ateliê na Vila Sistina, no alto da Piazza di Spagna (veja a Fig. 12.21), obteve muito sucesso e chegou a se tornar uma celebridade assediada. Mas Piranesi não era apenas um empreendedor local. Fascinado pela grandiosidade da Roma Antiga, ele também participou do questionamento radical do passado incitado pelo Iluminismo.

Nesta vista do Foro Romano, Piranesi pondera sobre os efeitos do tempo e convida o observador a imaginar a cena de séculos atrás, quando o Império Romano estava no auge de seu esplendor. A representação fantasiosa e muito rica é reforçada pela vegetação dispersa e por uma variedade de figuras, quase atores – todos minúsculos em relação às ruínas ao redor. Esta gravura, assim como outras semelhantes, não agradava apenas aos turistas ocasionais, mas aos grupos de *pensionnaires* (estudantes de arquitetura bolsistas) que vinham da França e da Inglaterra para o sul com o intuito de beber nas fontes do Classicismo.

13.5 Giovanni Battista Piranesi, *O Foro* ou *Campo Vaccino*, de *Vistas de Roma* (1745).

Pensionnaires como Marie-Joseph Peyre e Charles de Wailly, projetistas da Comédie-Française, em Paris (veja a Fig. 13.18), conheceram Piranesi na Academia Francesa em Roma. O inglês William Chambers também o conheceu – e os grandes arcos rusticados de sua Casa Somerset, em Londres (veja a Fig. 13.9), demonstraram a influência duradoura do italiano. Robert Adam, que se tornou companheiro inseparável de Piranesi em Roma, se inspirou nas representações de motivos ornamentais muitas vezes excêntricas do gravurista para desenvolver um estilo de decoração de interiores que, na Inglaterra, se tornou popular o bastante para adotar seu nome – o "estilo Adam" (veja a Fig. 13.7 b).

A influência de Piranesi não se restringiu às reproduções de vistas existentes ou cenas imaginadas do passado. Com a evolução de sua carreira, passou a se interessar cada vez mais pelas reconstruções de arquitetura e pela arqueologia especulativa. Ao experimentar as provocantes evidências do passado, buscou dar aos arquitetos um vislumbre do potencial da arquitetura. Gradualmente, sua obra se tornou mais eclética, mais fantástica, desagradável para uns, porém ainda mais inspiradora para outros. A obra de Piranesi ilumina as duas principais correntes antagônicas da arte e da arquitetura do século XVIII: o Neoclassicismo e o Romantismo. Em primeiro lugar, a base de sua arte se encontrava nos vestígios da antiguidade romana clássica. Ele converteu suas imagens em uma forma ao mesmo tempo desejável e portátil. Também se comunicou com os jovens arquitetos que estudavam em Roma. A representação precisa dos monumentos romanos por Piranesi resultou em uma fonte imediata de informações para os novos neoclássicos. Em segundo lugar, a interpretação pessoal, talvez idiossincrática, do que via se adequava às sensibilidades do Romantismo e à manifestação em edificações e paisagens pitorescas. Assim, é difícil imaginar o Neoclassicismo e o Romantismo europeus sem considerar a obra e as ideias de Giovanni Battista Piranesi.

13.6 Giovanni Piranesi, *Prisões*, 1745. Gravura.

A Roma vista por Piranesi inspirou muitos estudantes de arquitetura. Sua representação dos monumentos em ruínas, parcialmente enterrados, caiu no gosto dos românticos do século XVIII. As gravuras da série *De Carceri* (Prisões) são suas investigações espaciais mais criativas, representando os interiores de edificações fantásticas, provavelmente impossíveis de se construir, mas profundamente inspiradoras.

mais com *The Antiquities of India* (1800), de Thomas Daniell. Com as informações históricas documentadas nos desenhos das edificações antigas, os arquitetos passaram a dispor do maior repertório de estilos artísticos até então – e as publicações do século XVIII possibilitaram uma liberdade de projeto que posteriormente culminou no ecletismo do século XIX.

O maior expoente do Neoclassicismo na Itália e promotor indômito da arquitetura da Roma Antiga foi Giovanni Battista Piranesi (1720-1778), um homem mais conhecido por suas aproximadamente três mil gravuras de temas de arquitetura do que por seus projetos. Piranesi chegou a fazer um mapa da Roma Antiga em grande escala, incluindo tanto edificações reais como projetos imaginários compostos de formas geométricas complexas. Desde meados da década de 1750 até o fim de sua vida, ele publicou uma série de gravuras intituladas *Vedute di Roma* (Vistas de Roma). Essas imagens de ruínas antigas elevando-se de modo enigmático e provocante sobre os detritos acumulados e os edifícios renascentistas e barrocos projetados pelos respectivos mestres deram asas à imaginação de artistas e arquitetos de toda a Europa. Talvez mais provocante tenha sido *Carceri* (Prisões), uma série de 14 chapas feita em 1745 e reimpressa por volta de 1760 que representava espaços amplos apinhados de trabalhadores cujas atividades são iluminadas por fontes de luz obscuras (Fig. 13.6). A escala é colossal, com a magnitude das grandes termas romanas; a organização espacial, por sua vez, é ainda mais complexa. Arcos, abóbadas e escadarias se elevam na escuridão e são revelados por raios de luz que talvez reflitam o furor dos recintos parcialmente escavados de Pompeia e Herculano, onde os arquitetos fizeram túneis de cima para baixo. Por serem baratas, produzidas em grandes quantidades e fáceis de transportar, as gravuras de Piranesi foram amplamente distribuídas por toda a Europa na época e, ainda hoje, continuam impressionando arquitetos e artistas.

ROBERT ADAM E WILLIAM CHAMBERS

O britânico de origem escocesa Robert Adam (1728-92) viajou para Roma e se tornou amigo de Piranesi. Aos 26 anos, conheceu Charles-Louis Clérisseau e o acompanhou até Nîmes. Juntos, viajaram para Split, na Croácia, onde fizeram desenhos com medidas publicados por Adam em 1764 sob o título *Ruins of the Palace of the Emperor Diocletian at Spalato, in Dalmatia*. Inicialmente, Adam estava tão interessado em Vitrúvio quanto os palladianos, mas, durante uma viagem para a Itália entre 1754 e 1758, percebeu que o principal interesse da arquitetura de Vitrúvio estava nas edificações religiosas da antiguidade e pouca atenção era dada às casas. Adam voltou sua atenção para o pouco que se sabia sobre o projeto de moradias e de interiores na antiguidade, em parte porque percebeu que sua carreira como arquiteto, assim como a de seu pai e seus irmãos, se basearia em clientes que solicitariam casas – e não templos ou igrejas – inspiradas nos estilos clássicos.

O projeto Adelphi (1768-72), junto ao rio Tâmisa, foi um sucesso em termos de arquitetura, mas um desastre financeiro. Embora tenha sido parcialmente demolido na década de 1930, ainda restam algumas partes. O projeto consistia de casas urbanas de tijolos com remates de terracota e pedra ao longo de quatro ruas – duas paralelas e duas perpendiculares ao rio. Apresentando uma fachada palaciana típica, as 11 casas voltadas para o rio tinham blocos centrais e de fundos e fachadas altas, mas sem os pesados pilares ou colunas de um período anterior. Em vez delas, Adam introduziu painéis decorativos com acrotério grego. A decoração do interior era similar, com motivos de trepadeiras gregas nos murais que complementavam os desenhos geométricos finos e planos dos tetos.

A Casa Williams-Wynn, construída por Adam no nº 20 da St. James's Square, em Londres (1772), é exemplo de um planejamento habilidoso e de um extraordinário sistema de projeto de interiores. Em um terreno estreito, distribuiu com criatividade cômodos de diferentes formas, de maneira similar aos arquitetos franceses dos **edifícios de apartamentos** (*hôtels*) de Paris (Fig. 13.7 b). Adam utilizou um siste-

13.7a Robert Adam, Plantas baixas da Casa Williams-Wynn, Londres, 1772.

Em um terreno longo e estreito, Adam distribuiu uma grande variedade de tipos espaciais, incluindo cômodos em forma de abside e abside dupla, retângulos e polígonos – tudo muito bem resolvido. Os projetos de moradias dos edifícios de apartamentos franceses serviram de contexto para as invenções de Adam na ornamentação de interiores.

13.7b Robert Adam, Ornamento do interior da Casa Williams-Wynn, Londres, 1772.

Este desenho mostra os delicados ornamentos que lembram um bordado, inspirados no estudo de murais da Roma Antiga e renascentistas baseados na Roma Antiga.

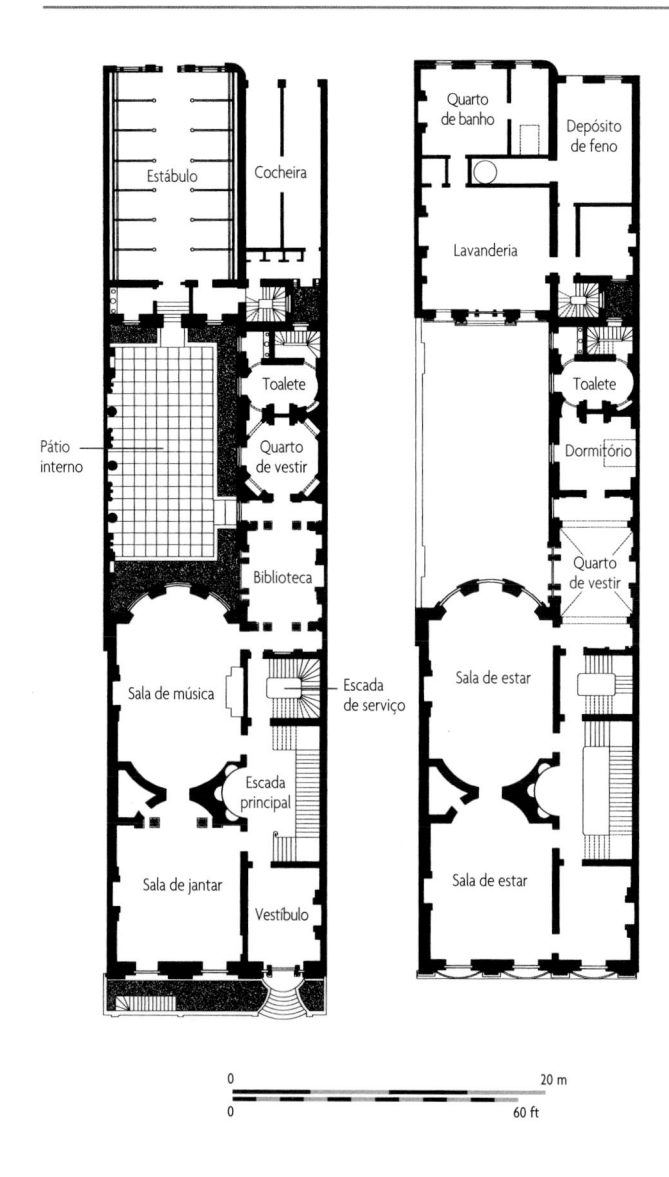

ma gráfico próprio para representar as elevações internas, organizando-as ortograficamente em volta da planta baixa do cômodo como se fossem paredes deitadas. Assim, podia estudar cinco superfícies internas relacionadas ao mesmo tempo. Os resultados unificados ficam evidentes na Casa Williams-Wynn, onde Adam espalhou uma fina "rede" de ornamentos com estuque (Fig. 13.7 b), inspirados nos criativos grotescos de Rafael e Giulio Romano – os quais, por sua vez, se basearam nas escavações da Domus Aurea de Nero no século XVI – e introduziu as cores encontradas nas escavações de Herculano e Pompeia. Adam afirmou – provavelmente com razão – que suas decorações discretas e elegantes provocaram uma revolução no gosto inglês pela arquitetura.

O trabalho de Adam nas casas de campo geralmente consistia na reforma ou ampliação de edificações do final dos períodos Elisabetano e Jacobino. Uma das exceções é Luton Hoo, em Bedfordshire, construída em 1767-69, danificada por incêndios e reconstruída duas vezes durante o século XIX. Embora Adam tenha concebido um exterior bastante desadornado, dominado na elevação oeste por uma colunata de lado a lado e uma fachada de templo central em frente a uma cúpula semelhante a do Panteon, e, na elevação leste, por um hexástilo adossado, o planejamento do interior é muito criativo. A circulação principal é ao longo de eixos transversais, sendo que o eixo longitudinal passa por um oval alongado expandido por nichos, uma rotunda com anel de colunas internas e um retângulo com abside e colunatas laterais triplas – um conjunto que lembra as termas romanas. Nos dois lados, Adam distribuiu cômodos retangulares e em abside dupla até chegar aos pavilhões das extremidades, onde retornou aos motivos com rotunda e colunata. A experiência espacial de quem andava pelos eixos ou na distribuição em fileira dos cômodos deve ter sido extraordinária antes das muitas modificações posteriores.

O outro grande nome da arquitetura inglesa da segunda metade do século XVIII foi Sir William Chambers

13.8 William Chambers, Planta baixa da Casa Somerset, Londres, 1776–86.

Ao contrário da maioria dos arquitetos ingleses, William Chambers foi estudar em Paris. A escala e o rigor desta planta baixa refletem a tradição francesa de J.F. Blondel e da École des Beaux-Arts.

13.9 William Chambers, Fachada voltada para o rio da Casa Somerset, Londres, 1776–86.

Junto ao Tâmisa, Chambers criou uma fachada organizada à maneira francesa, com pavilhões marcando grandes áreas de parede extremamente texturizadas. Na base bastante rusticada, ele inseriu um clerestório e, sob ele, enormes arcos com aduelas proeminentes, como algo tirado das águas-fortes das magníficas ruínas da Roma Antiga de Piranesi ou dos portais de Ledoux.

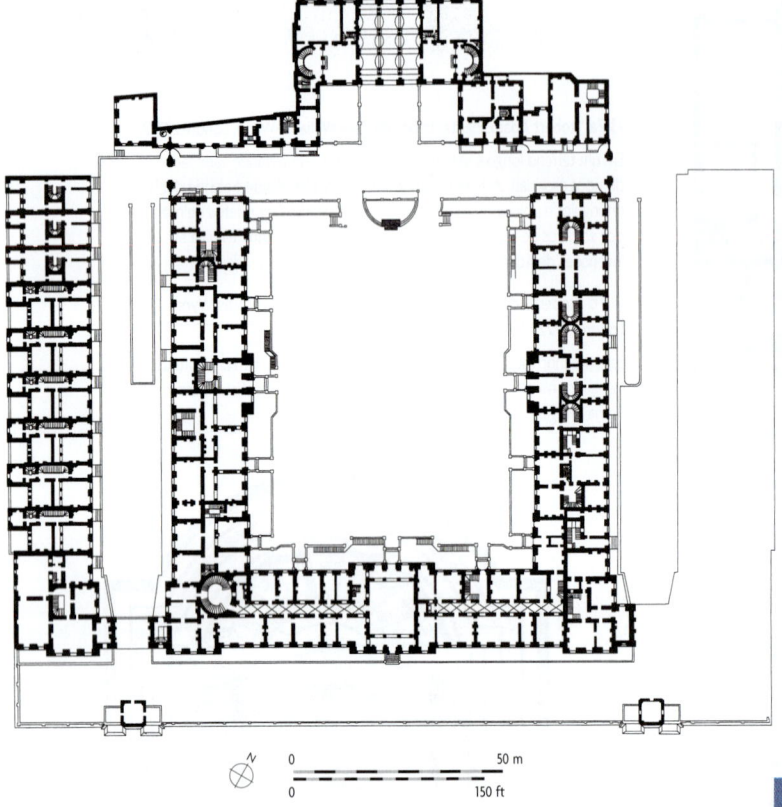

(1723-1796). Sua obra é um bom exemplo dos pontos fortes e fracos dos arquitetos ingleses de então. Chambers passou quatro anos em Roma para dar continuidade aos seus estudos com J.F. Blondel em Paris. Ele produziu o influente *Treatise on Civil Architecture* (1759) e publicou *Designs of Chinese Buildings* (1757) como resultado de suas viagens para a China quando era um jovem marinheiro mercante. A obra-prima de Chambers é a Casa Somerset, na margem norte do rio Tâmisa, em Londres, construída quando trabalhou em dupla com Robert Adam como arquiteto do rei. Ali, Chambers foi chamado para centralizar as sedes do governo inglês. Depois de propor vários esquemas complexos, desenvolveu uma rigorosa planta baixa em C (Fig. 13.8) com cerca de 150 metros de lado e um bloco de entrada independente ao longo da Strand – a rua que corre paralelamente ao rio. Sua concepção formal é semelhante às muitas praças residenciais arborizadas distribuídas pela cidade de Londres. Podemos imaginar a inteligência e a diplomacia exigidas de Chambers para satisfazer às inúmeras facções políticas – cada uma determinada a ocupar o local mais proeminente e desejado do complexo. Junto ao Tâmisa, a fachada se eleva de uma grande arcada piranesiana rusticada até pavilhões conectados que refletem a formação francesa do arquiteto, mas é prejudicada pela cúpula excessivamente pequena que mostra a dificuldade dos ingleses em lidar com o monumentalismo (Fig. 13.9). Esculturas soltas e agrupadas distribuídas pelo conjunto celebram as façanhas marítimas da Inglaterra.

ETIENNE-LOUIS BOULLÉE E CLAUDE-NICOLAS LEDOUX

Na França, o movimento neoclássico se desenvolveu de modo um pouco diferente em relação à Inglaterra. Os arquitetos do Iluminismo francês estavam interessados nas figuras geométricas primárias, isto é, o cubo, a esfera e a pirâmide como base lógica para a expressão da arquitetura – uma abordagem paralela à obra dos filósofos franceses contemporâneos, que exploravam a racionalidade como base para as questões humanas. Embora essa abordagem seja um pouco similar ao interesse protorrenascentista pelo círculo, o quadrado e o triângulo, os arquitetos neoclássicos franceses ultrapassaram os estudos geométricos anteriores e propuseram edificações inteiras dominadas pelas características geométricas dos volumes elementares.

Os neoclássicos franceses mais criativos foram Etienne-Louis Boullée (1728–1799) e Claude-Nicolas Ledoux (1736–1806), que criaram muitos projetos hipotéticos e também reais. Os esquemas imaginários de Boullée destacam esferas, cilindros, cúpulas hemisféricas, pirâmides e cones – com frequência, em escala gigantesca. O **cenotáfio** que projetou para Sir Isaac Newton, o descobridor das leis da mecânica clássica, é uma esfera oca com aproximadamente 150 metros de diâmetro, cuja metade superior representa a esfera celeste e foi perfurada para criar a impressão das estrelas e da lua quando vista do interior (Fig. 13.10).

13.10 Etienne-Louis Boullée, Cenotáfio para Sir Isaac Newton, 1784.

A característica mais impressionante do projeto de Boullée é, sem dúvida, a enorme escala desejada, pois a esfera tinha cerca de 150 metros de diâmetro. A escolha de Newton como personalidade a ser homenageada expressa a admiração dos iluministas pela razão por meio da celebração da descoberta de um universo com funcionamento preciso.

13.11 Claude-Nicolas Ledoux, Planta baixa de Chaux, 1775–79. Gravura.

No centro da planta baixa fica a Casa do Diretor, com edificações para a produção de sal ao lado e acomodações para os trabalhadores na área oval circundante.

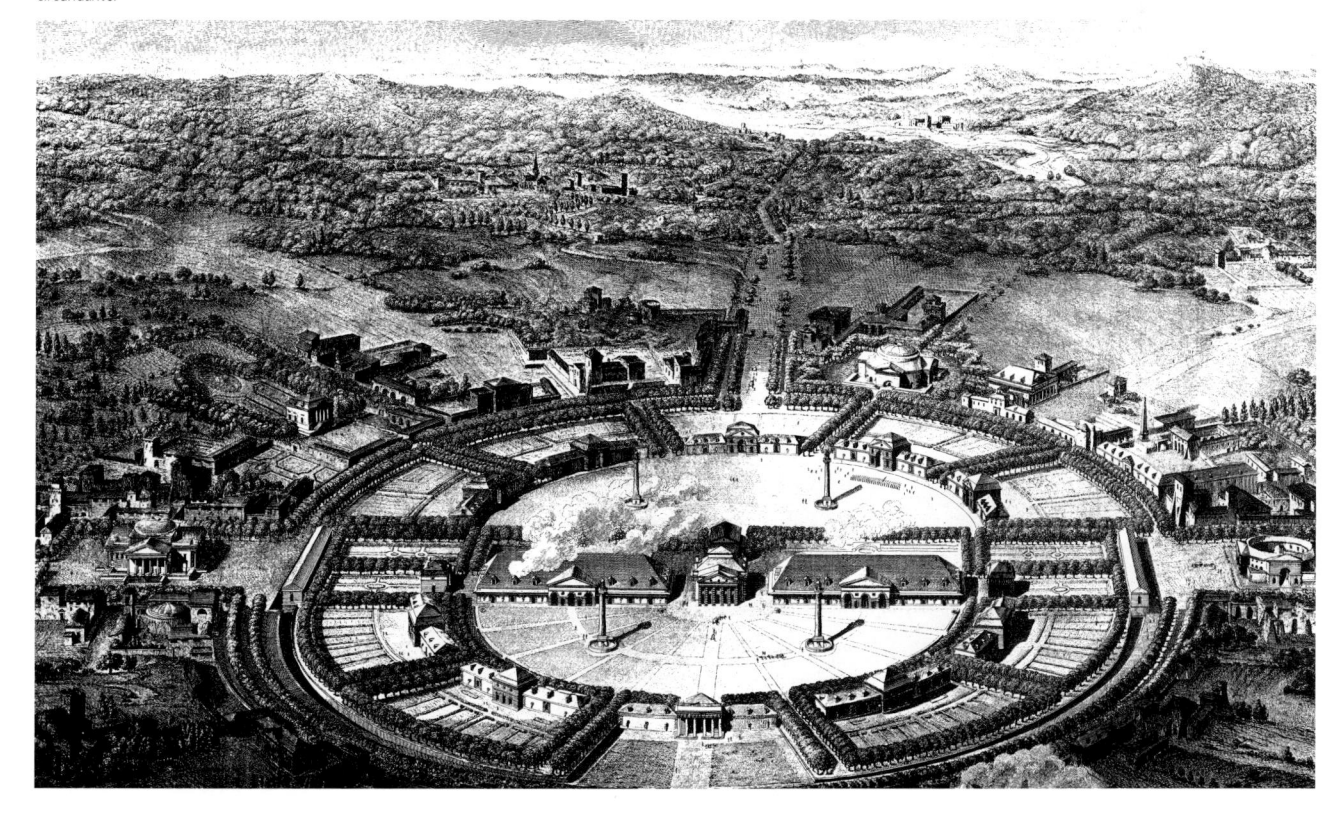

No interior da esfera há uma lanterna gigantesca suspensa que representa o sol. Boullée explicou o conceito do projeto em um tributo a Newton contido em seu *Treatise on Architecture*: "Mente sublime! Gênio vasto e profundo! Ser divino! Newton! Aceite a homenagem de meus modestos talentos... Tive a ideia de cercar-te com tua descoberta e, assim, de certa forma, cercar-te contigo mesmo". Outro projeto de Boullée – este para uma biblioteca nacional – guarda livros dentro de um enorme semicilindro iluminado por uma claraboia também enorme criada sobre a abóbada com caixotões. A abóbada é sustentada por colunatas do tipo *stoa*, e as colunatas, por sua vez, se apoiam em balcões com estantes para livros que descem até o pavimento principal, permitindo que as obras cheguem até os funcionários e dispensando de modo racional a necessidade das perigosas escadas de mão.

Os projetos de Ledoux para Chaux (1775–79) revelam a visão de uma cidade ideal que incluía uma salina (Fig. 13.11). Chama nossa atenção o fato de que, apesar de terem uma linguagem de arquitetura completamente neoclássica, os projetos explorem o fenômeno da industrialização ocorrida no século XVIII. Na planta baixa, a comunidade foi organizada em um grande conjunto oval composto de moradias para os trabalhadores, com a salina implantada em frente ao diâmetro inferior. Fora do conjunto há jardins, equipamentos de lazer e vários edifícios comunitários. Com a integração entre espaço aberto planejado e empreendimento residencial e industrial, o projeto de Chaux foi um precursor do movimento das Cidades-Jardins do final do século XIX, que também estava preocupado em criar um ambiente saudável para os moradores das cidades. Em Chaux, em termos de arquitetura, a relação entre o homem e a natureza é expressa em características geométricas básicas. O edifício do cemitério é uma esfera que simboliza o cosmo eterno; já a casa do encarregado das rodas é identificada pelos grandes círculos incorporados à fachada. O projeto de Ledoux para a Casa do Inspetor na Foz do Rio Loüe (Fig. 13.12) tem a forma de um cilindro oco colocado horizontalmente sobre um pódio; o córrego passa pela metade inferior do cilindro e os cômodos foram distribuídos em blocos retangulares na forma de contrafortes ao longo dos túneis laterais. Nenhum desses projetos extremamente simbólicos foi construído, ainda que partes da planta baixa de Chaux tenham sido edificadas nas cidades de Arc e Senans. Os projetos executados de Ledoux empregam versões simplificadas das ordens clássicas construídas com alvenaria extremamente rusticada. A autoridade do diretor da salina é enfatizada pelas marcantes colunas aneladas de sua casa. Sob o pórtico da portaria principal, com colunas toscanas sem base, a abside extremamente rusticada sob aduelas enormes também rusticadas se torna uma gruta, enquanto as janelas do edifício assumem a forma de urnas talhadas nas laterais para escorrer água petrificada. A seriedade da composição reflete o orgulhoso monopólio estatal da produção de sal.

O Hôtel de Thelluson, projetado por Ledoux em Paris (1778–83), é um exercício notável na manipulação do espaço tridimensional, tanto externa como internamente. A composição do novo bairro residencial de Paris começa com um enorme portal baseado em arco de triunfo afundado no solo, como se fosse um monumento parcialmente enterrado da Roma Antiga (Fig. 13.13a). O acesso se dá através do arco, por uma passarela dupla elevada que passa por cima de jardins e, em seguida, pelo *corps-de-logis* (bloco principal da moradia); nos fundos, fica um pátio de serviço (Fig. 13.13b). Para apreciar a conquista de Ledoux por inteiro, é necessário examinar o corte longitudinal da edificação feito ao longo do eixo central; nele, a habilidade usada para modular o plano do teto e criar várias condições de iluminação fica aparente (Fig. 13.13c). No *piano nobile* ou segundo pavimento, o visitante acompanha o eixo principal passando pela colunata curva – tratada como se fizesse parte de um templo circular sobreposto – e chega ao majestoso salão oval iluminado por janelas altas em uma cúpula truncada; então, se dirige a uma antecâmara octogonal iluminada por uma lanterna no telhado, seguida por uma antecâmara quadrada com espaços alinhados ao longo da parede dos fundos.

13.12 Claude-Nicolas Ledoux, Casa do Inspetor na Foz do Rio Loüe, publicado em 1804.

Esta edificação surpreendente mostra a concepção de uma *architecture parlante* ou arquitetura falante. Aqui, o encarregado do rio mora, apropriadamente, em uma casa através da qual a água passa constantemente.

13.13a Claude-Nicolas Ledoux, Hôtel de Thelluson, Paris, 1778–83, gravura.

No primeiro plano, Ledoux colocou um portal similar a um arco de triunfo semienterrado da Roma Antiga. A passarela no segundo nível leva ao *corps-de-logis*, cujo volume central se assemelha a um templo circular arquitravado sobreposto ao prédio.

13.13b Claude-Nicolas Ledoux, Planta baixa do pavimento térreo do Hôtel de Thelluson, Paris, 1778–83, gravura.

Construído em um novo subúrbio parisiense, este edifício de apartamentos foi implantado em uma área ainda não urbanizada. Consequentemente, Ledoux tinha espaço suficiente para combinar casas, pátios, jardins e sistemas de circulação de pedestres e veículos.

13.13c Claude-Nicolas Ledoux, Corte longitudinal do Hôtel de Thelluson, Paris, 1778–83. Gravura.

Este corte provavelmente dá uma ideia melhor do edifício de apartamentos de Ledoux. Ele revela a organização em dois níveis, a situação dos elementos da edificação na paisagem e a manipulação complexa do plano do teto no bloco principal.

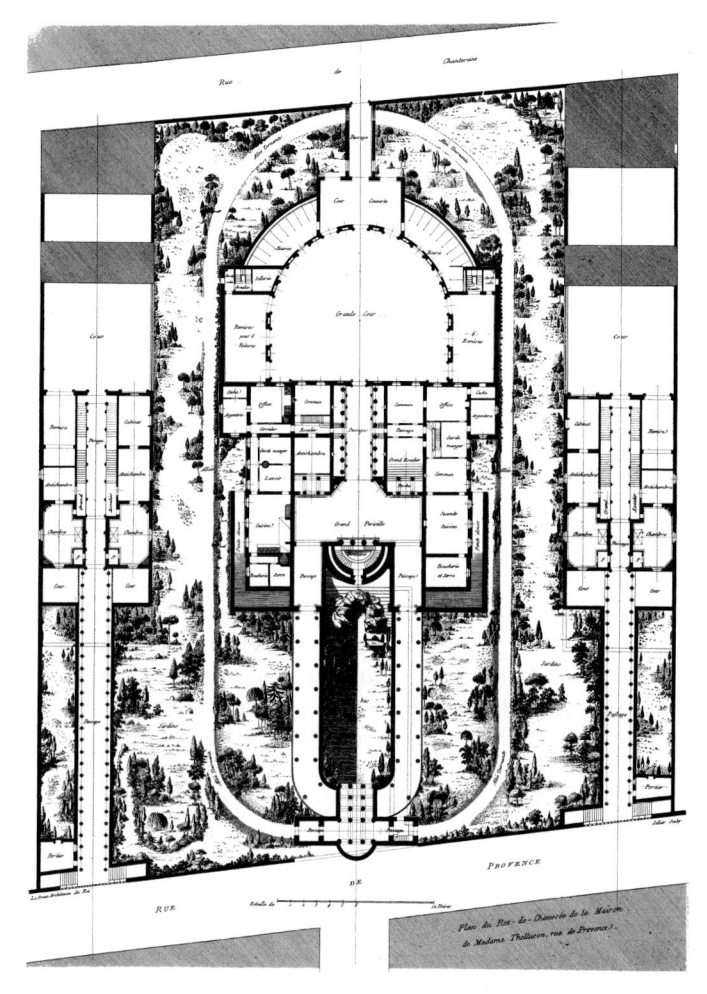

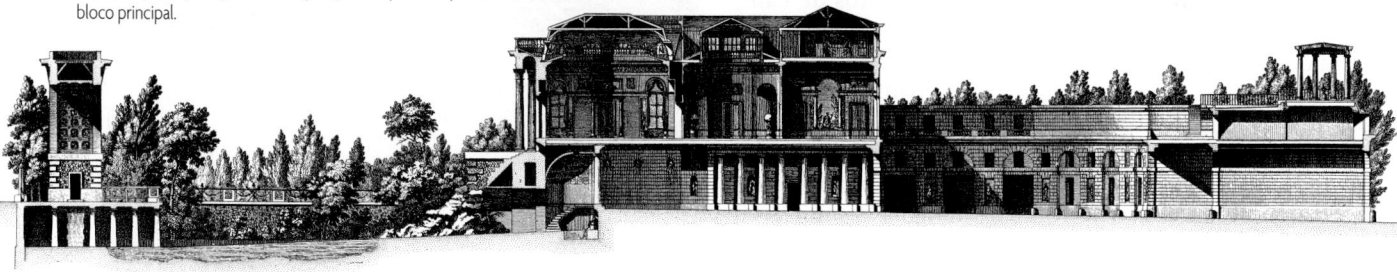

Ledoux também construiu uma série de pedágios para a cidade de Paris, dos quais a maioria já foi destruída. Embora fossem odiados pelos parisienses por simbolizarem os impostos tirânicos e tenham sido criticados, na época da construção, por arquitetos que os viram como interpretações inapropriadas da linguagem clássica, passaram a ser vistos como variações incrivelmente bem-sucedidas sobre um tema comum: o portão urbano inserido a intervalos em uma muralha de cidade circular. Primeiramente, Ledoux propôs um conjunto de arcos de triunfo baseados nos modelos da Roma Antiga ou do Propileu que levava à antiga Acrópole de Atenas. No entanto, como as barreiras de pedágio tinham de incluir cômodos em um pavimento ou mais, Ledoux foi forçado a buscar outros tipos; para isso, baseou-se em precedentes tanto antigos como renascentistas. As formas escolhidas incluem templos com telhados de duas águas, templos circulares similares ao Tempietto de Bramante, diversas variações da Vila Rotonda de Palladio, pavilhões com colunas aneladas como a Casa do Diretor em Chaux e algumas composições que, como as gravuras de Piranesi, parecem estar semienterradas. A Barreira de Pedágio de la Villette (1784–89), ainda existente, é composta de um cilindro sem cúpula, mas cercado de motivos serlianos, que se eleva de um bloco quadrado baixo. A volumetria e a alvenaria, incluindo colunas toscanas quadradas sem base, foram trabalhadas de modo a transmitir uma sensação de seriedade adequada para a função da edificação. Vistos como um conjunto, esses portões podem ser comparados às igrejas urbanas de Wren por evidenciarem as mentes férteis de arquitetos.

OS ARQUITETOS FRANCESES E A APOLOGIA DO ESTADO

Durante o século XVIII, a maioria dos arquitetos franceses ainda trabalhava para o governo, como fazia Ledoux. Consequentemente, suas edificações eram, com frequência, concebidas para servir a funções públicas e exaltar o Estado. Em 1771-77, o arquiteto, teórico e professor J.F. Blondel expôs suas ideias sobre arquitetura no livro *Cours d'architecture* (Aulas de Arquitetura), composto por anotações de suas próprias aulas. Seu texto explica em detalhes os elementos essenciais da boa arquitetura e a hierarquia das edificações, desde residências comuns até aquelas associadas ao rei. Blondel discutiu *l'art de la distribution*, que envolvia o arranjo da planta baixa, e *l'art de la décoration*, que tratava da composição da fachada. Ambas as artes eram governadas pelos conceitos de **ordonnance** (disposição), **convenance** (conveniência) e **bienséance** (costume). A disposição se refere ao relacionamento correto das partes entre si e com o todo. A conveniência e o costume tratam da adequação e da forma correta de uma edificação em relação à sua finalidade e classe social. O Abade Marc-Antoine Laugier foi outro escritor influente do período. Em *Essai sur l'architecture* (Ensaio sobre Arquitetura), defendeu que toda a arquitetura de valor remontava a um único protótipo pré-histórico: a cabana primitiva. Laugier acreditava que este tipo puro de edificação era inteiramente racional, composto de colunas, lintéis ou entablamentos e um telhado em vertente ou frontão. Suas teorias foram bem aceitas pelas mentes dos arquitetos do Iluminismo.

O arquiteto Jacques-Gabriel Soufflot se pôs a construir uma estrutura conforme os ensinamentos de Laugier, buscando exemplificar a rica tradição da arquitetura francesa desde a Idade Média: a igreja de Sainte Geneviève, dedicada primeiramente à santa padroeira de Paris, mas que posteriormente assumiu uma função laica e hoje é chamada de Panthéon (1757-90). Soufflot viajou para Roma e mais para o sul até as impressionantes ruínas de Paestum com o Marquês de Marigny, responsável por lhe conseguir o contrato do Panthéon. A planta baixa centralizada do Panthéon, habilmente prolongada pelo coro e o pórtico, dá continuidade à tradição de Bramante e Michelangelo, na Basílica de São Pedro, em Roma, e ao "Grande Modelo" criado por Wren para a Catedral de São Paulo, em Londres. Contudo, Soufflot baseou seu projeto nas colunas e nos lintéis independentes de Laugier, em vez de nos pilares tradicionais com pilastras e arcos, e usou arcobotantes disfarçados para estabilizar a cúpula (Figuras 13.14-13.15). A estrutura aberta caiu no gosto de arquitetos franceses extremamente respeitados, como François Mansart e seu sobrinho J.H. Mansart, que se inspiraram na amplidão das catedrais góticas locais. Como François Mansart fez com o pavilhão central de seu *château* em Maisons-sur-Seine, Soufflot colocou uma edificação com colunas dentro de outra com paredes portantes. No entanto, o sistema com estrutura independente acabou se mostrando demasiadamente aberto e

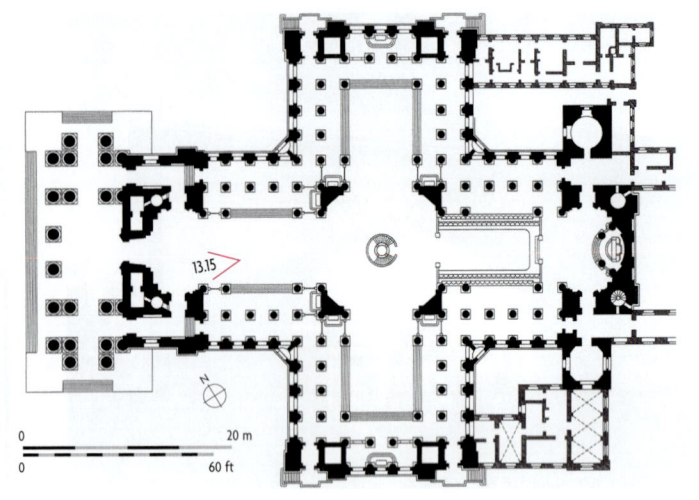

13.14 Jacques-Gabriel Soufflot, Planta baixa do Panthéon, Paris, 1757-90.

Assim como o exterior, o interior da edificação de Soufflot, projetada para ser uma igreja, foi alterado: os pilares do cruzeiro foram modificados à medida que as colunas originais começaram a ruir. As muitas outras colunas permanecem intactas, mostrando o interesse de Soufflot pela amplidão dos espaços góticos.

13.15 Jacques-Gabriel Soufflot, Interior do Panthéon, Paris, 1757-90.

Quando jovem, Soufflot viajou para Roma e ficou muito impressionado com a escala e o monumentalismo das ruínas da antiguidade. No Panthéon, recriou esta pompa de modo a refletir sua admiração por François Mansart, um grande arquiteto francês do século XVII.

13.16 Ange-Jacques Gabriel, Petit Trianon, Versalhes, 1761–64.

O classicismo sereno de Gabriel representa o final dos avanços renascentistas franceses do século XVII, iniciados por homens como François Mansart. Essa postura rigorosa de projeto nunca se perdeu por completo, nem mesmo durante o extravagante período Rococó.

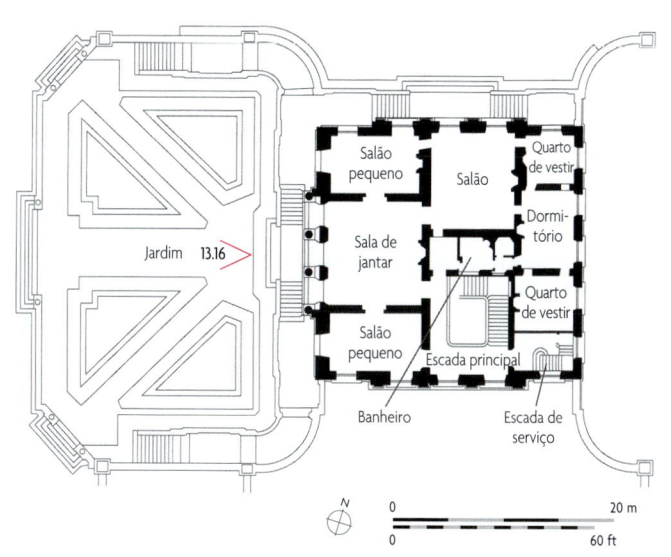

13.17 Ange-Jacques Gabriel, Planta baixa do Petit Trianon, Versalhes, 1761–64.

Todas as fachadas da edificação são simétricas. Porém, apenas um conjunto de cômodos – o da fachada oeste – é distribuído simetricamente. No restante, as paredes internas foram distribuídas com destreza, para promover a conveniência interna sem sacrificar a formalidade externa.

os pilares do cruzeiro tiveram de ser alterados. Além disso, algumas janelas foram cerradas posteriormente para transformar o edifício em um mausoléu para personalidades francesas, o que fez com que o programa escultórico original fosse destruído. Consequentemente, o Panthéon não expressa o ponto de vista radical de Laugier na medida desejada por Soufflot.

No complexo de Versalhes, Ange-Jacques Gabriel (1698–1782) projetou o Petit Trianon (1761–64), uma residência conveniente e confortável como alternativa ao enorme palácio. Ele exibe um classicismo puro e sereno, ilustrando a destreza do planejamento francês de casas no século XVIII. A fachada norte tripartite, a principal, possui base rusticada, pilastras coríntias e uma balaustrada proeminente; embora similar a algumas vilas palladianas inglesas, é, ao mesmo tempo, mais monumental e contida (Fig. 13.16). Ao sul, o nível do subsolo desaparece e o *piano nobile* se abre alguns degraus acima do solo. No oeste, colunas coríntias soltas dão para os jardins geométricos. A fachada leste oferece mais um arranjo exclusivo, com ausência total de colunas e pilastras. Essas composições com fachadas múltiplas, todas simétricas, não comprometem de maneira alguma o planejamento do interior, onde foram distribuídos simetricamente apenas os cômodos maiores voltados para o jardim (Fig. 13.17). Gabriel deslocou as paredes à vontade, distribuindo-as em torno de um núcleo de serviço central e um núcleo de circulação vertical, enquanto manteve a ordem espacial simplesmente alinhando os vários grupos de cômodos. A decoração bastante contida do interior, dominada por painéis e espelhos retilíneos, combina com o caráter externo e nos remete aos interiores de Versalhes criados para Luís XIV.

OS PROJETOS DOS *PENSIONNAIRES*

Em meados do século XVIII, muitos *pensionnaires* (estudantes bolsistas) franceses passavam longos períodos em Roma examinando edificações antigas e usando-as como fonte de inspiração. Com frequência, seus exercícios acadêmicos revelam uma megalomania e uma fascinação quase obsessiva pela antiguidade, as quais, conforme as realidades do terreno, do cliente e do orçamento, produziam edificações monumentais e imponentes quando retornavam à França. Esse monumentalismo era essencial em Paris, onde a variedade e a escala dos edifícios públicos cresciam cada vez mais: essas edificações maiores frequentemente ocupavam o terreno por completo. Eram exigidas composições que incluíssem, com sucesso, grandes áreas de superfícies de parede sem adornos, fornecessem iluminação e ventilação adequadas e se destacassem na paisagem urbana.

Essa postura encontrou uma boa oportunidade para se expressar na encomenda de um teatro real – em uma época em que o teatro como tipo de edificação exercia uma fascinação particular na cultura francesa. Marie-Joseph Peyre e Charles de Wailly, que também haviam estudado em Roma, projetaram a Comédie-Française inspirados na visão piranesiana da cidade antiga. Inspirado, talvez, na ínsula do Império Romano, o teatro tinha lojas nas laterais do pavimento térreo. A fachada principal, com sua infindável alvenaria rusticada, lembra um templo sem frontão – a primeira forma do gênero usada em um teatro (Fig. 13.18). A ordem é a toscana e, segundo os arquitetos, está relacionada a Apolo, o protetor das artes. Peyre e de Wailly presentearam os frequentadores de teatro com um espetáculo social. Chegando da rua, a plateia entrava em um vestíbulo quadrado com uma escada monumental em ambos os lados; de Wailly colocou um desenho fantasioso de uma escada entre uma floresta de colunas que supera até as belas imagens em perspectiva de Piranesi. A escada levava a um vestíbulo com cúpula, que dava nos camarotes do teatro. Embora tenha gerado controvérsias na época, o arranjo circular dos assentos do teatro era considerado pelos arquitetos como a distribuição mais intimista possível.

Jacques-Denis Antoine (1733–1801) projetou o Hôtel des Monnaies, ou Casa da Moeda Real (1768–75). Seu desafio era abrigar uma forja em um prédio com pompa adequada. Em um terreno triangular, implantou com inteligência a sala de cunhagem e os muitos espaços de apoio em volta de um pátio principal (Fig. 13.20). Na parede lateral, ao longo da Rue Guénégaud, fez uso de rusticação pesada, como fizera Sansovino na Casa da Moeda de Veneza (veja a Fig. 11.58), para indicar a segurança dos espaços internos. Para a fachada principal, voltada para o Rio Sena e a cidade, optou por coroar o pavilhão central com um ático com grande pé-direito, mas – como na Comédie-Française – sem frontões ou alas laterais. Dessa forma, produziu uma composição extremamente horizontal, equilibrada e elegante para um edifício que simbolizava a força das finanças da nação (Fig. 13.19). Os espaços internos, como o salão da Escola de Mineração, localizado no segundo pavimento do pavilhão central, são ornamentados com a extrema criatividade oriunda das experiências do arquiteto em Roma e também de sua admiração pela obra de Ange-Jacques Gabriel.

Em 1770–75, Jacques Gondoin (1737–1818) construiu a École de Chirurgie, ou Escola de Medicina e Cirurgia. Ela reflete o Neoclassicismo francês ao usar a decoração para expressar e influenciar os valores sociais. A

13.18 Marie-Joseph Peyre e Charles de Wailly, Elevação da Comédie-Française, Paris, 1770.

Grandes teatros eram um novo fenômeno na Paris do século XVIII. Além de serem espaços para entretenimento, propiciavam ambientes para o espetáculo social e eram como templos do teatro francês.

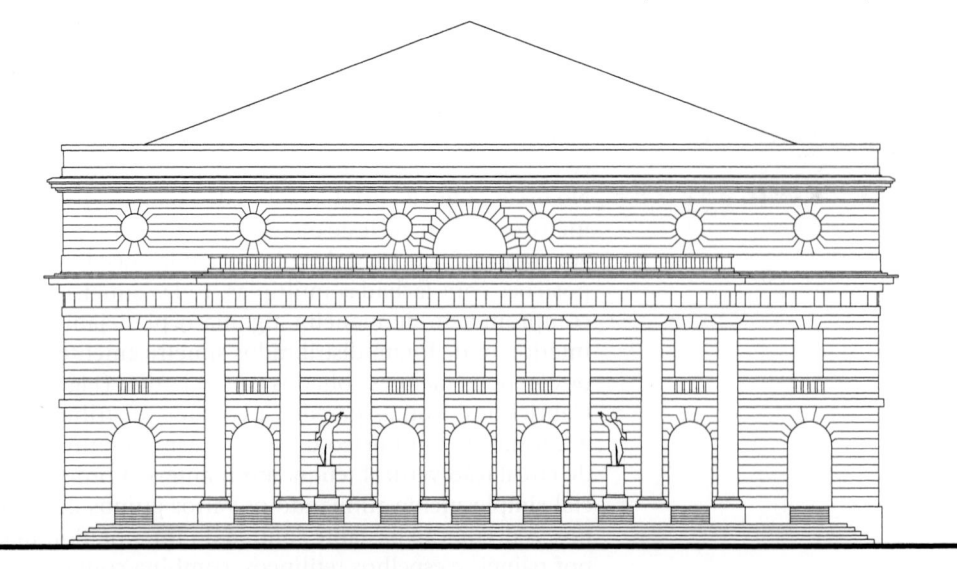

CAPÍTULO 13 O SÉCULO DEZOITO 413

13.19 Jacques-Denis Antoine, Hôtel des Monnaies, Paris, 1768–75.

Esta edificação tem uma fachada com composição incomum para os franceses. As colunas centrais não sustentam um frontão; as alas não apresentam ordens; não há blocos laterais.

13.20 Jacques-Denis Antoine, Planta baixa do pavimento térreo do Hôtel des Monnaies, Paris, 1768–75.

A fachada pública desta casa da moeda está voltada para o rio Sena, com o pátio principal atrás da fachada central. Os espaços ocupados pela forja e pela sala de cunhagem abrigam, atualmente, um museu da moeda.

13.21 Jacques Gondoin, École de Chirurgie, Paris, 1769–74.

A ideia de médicos profissionais e de uma escola para sua formação era novidade na França do século XVIII. Na fachada principal, que combina uma *stoa* e um motivo do tipo arco de triunfo, um painel esculpido inclui a deusa da aprendizagem, Minerva, o rei e o gênio da arquitetura.

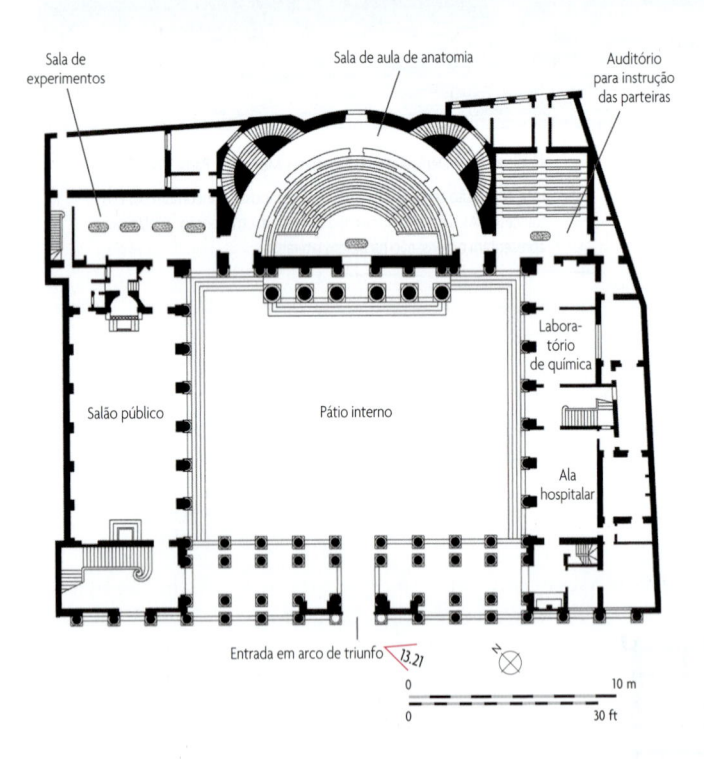

13.22 Jacques Gondoin, Planta baixa da École de Chirurgie, Paris, 1769–74.

Nesta planta baixa, a fachada principal fica embaixo. Atrás dela, o pátio leva a uma fachada de templo – na época, a sala de aula de anatomia.

fachada principal, sem dúvida, não tem nada de francesa, pois faltam as alas laterais e o foco central, enquanto o acesso se dá por uma abertura similar a um arco de triunfo por trás de uma colunata coroada por um alto friso e balaustrada (Fig. 13.21). Um painel escultórico mostra o rei e a deusa Minerva, ambos cercados pelos doentes, pedindo a construção da edificação, o espírito da arquitetura apresentando a planta baixa e as imagens da Cirurgia, Vigilância e Providência orientando as ações do rei. Juntas, essas imagens anunciam a transformação dos cirurgiões franceses em médicos profissionais – uma mudança sancionada pela monarquia francesa que estava ocorrendo na época. Depois da entrada, o visitante passa por um pátio, com um salão público à esquerda e o laboratório de química e a ala hospitalar à direita. No lado oposto à entrada, uma fachada de templo anuncia a sala de aula de anatomia que fica atrás, cuja planta baixa se baseia nos teatros da antiguidade; sua semicúpula com caixotões e óculo se assemelha ao Panteon de Roma (Fig. 13.22). Benjamin Henry Latrobe escolheu essa edificação como modelo para a antiga Câmara dos Deputados do Capitólio dos Estados Unidos.

O ENSINO DE ARQUITETURA NA FRANÇA E A ÉCOLE DES BEAUX-ARTS

A École des Beaux-Arts, famosa escola de arquitetura francesa, às vezes é apresentada como um bastião do Neoclassicismo. Na verdade, o ensino não defendia um estilo específico, mas enfatizava o processo de concepção do projeto de arquitetura. Jean-Baptiste Colbert, ministro de Luís XIV, fundou a Académie Royale d'Architecture em 1671. Seu objetivo era direcionar as artes para a glorificação do rei e, por sua vez, do Estado. A Academia reunia arquitetos ativos para discutir problemas e teorias de arquitetura; também oferecia palestras para o público. A partir de 1720, promoveu concursos de projetos regulares para os alunos, mas coube a J.F. Blondel formar a primeira escola de arquitetura verdadeira, em 1743. Seu sucesso encorajou a Academia a fazer o mesmo e, em 1762, Blondel se tornou um de seus professores. Na década de 1750, os alunos passavam, evidentemente, longos períodos em Roma como *pensionnaires*. Na Cidade Eterna, faziam desenhos detalhados das edificações antigas e criavam seus próprios projetos. O ensino de arquitetura foi reorganizado durante a Revolução Francesa e, mais uma vez, por ordem de Napoleão Bonaparte. Em 1819, a Section d'Architecture da École des Beaux-Artes já estava bem estabelecida, com corpo docente próprio e salas em uma edificação adaptada por Félix Duban (1797–1870). O nome "École des Beaux-Arts" se tornou sinônimo de ensino de arquitetura na França, até certo ponto na Inglaterra e, posteriormente, nos Estados Unidos; a instituição ocupou o mesmo local até 1968.

Embora detalhes do sistema educacional tenham mudado com o tempo, a filosofia geral permaneceu a mesma. Os candidatos a alunos tinham de ser aprovados em um difícil exame vestibular que incluía diversas disciplinas, do desenho à história. Depois de aceito, o aluno (ou *élève*) assistia a uma variedade de aulas expositivas e era avaliado nas que envolviam conhecimento técnico. Além disso, tinha de participar de concursos de projeto (ou *concours d'émulation*) na forma de *esquisse*, ou partido, ou **project rendu**, um projeto totalmente desenvolvido; os concursos eram realizados em meses alternados. Os alunos trabalhavam em um *atelier*, ou estúdio, sob a supervisão de um *patron*, que era um arquiteto ativo ou membro do corpo docente da École. No momento da proposta, o aluno recebia um **précis**, isto é, um programa de necessidades que descrevia os elementos essenciais do projeto a ser criado. A seguir, entrava *en loge*, ou seja, em um cubículo, e trabalhava por 12 horas até elaborar uma proposta. Então, voltava para o estúdio, onde desenvolvia o esquema auxiliado pelos comentários do *patron*, até o momento da apresentação final. No prazo estipulado, os projetos eram recolhidos por toda a Paris por uma carroça ou *charrette*. Os alunos às vezes pulavam dentro do veículo para finalizar os últimos detalhes; por isso, o termo *"charrette"* é usado atualmente por estudantes de arquitetura para descrever o período de trabalho intenso no final de um projeto. Depois de comparar o esboço inicial e a solução final, o júri determinava se ambos representavam a mesma ideia, de modo a assegurar a fidelidade do projeto; depois, conferia pontos relativos aos méritos da proposta. Por meio dos pontos acumulados, o aluno progredia dentro da École. A condecoração mais alta recebida era o *prix* (prêmio), que acabou se tornando o "Grand Prix de Rome" e conferia ao vencedor uma bolsa para morar e estudar em Roma por um longo período.

OS DESAFIOS DA REVOLUÇÃO INDUSTRIAL

Muitos acreditavam que um dos principais problemas da École des Beaux-Arts era sua aparente falta de preocupação com as novas tecnologias. A tecnologia industrial avançava no século XVIII à medida que inventores e técnicos buscavam meios mais eficientes para realizar as várias tarefas necessárias à sociedade: a fiação, a tecelagem e o acabamento do tecido, a mineração e muito mais. O trabalho mecânico substituiu o trabalho manual de homens e mulheres, enquanto as máquinas a vapor suplantaram a força motriz de homens e cavalos. As mudanças trazidas pelas novas invenções para a sociedade foram muitas e de longo alcance, incluindo o aumento da população, o surgimento de uma nova classe trabalhadora urbana, o crescimento substancial das cidades industriais, uma certa redistribuição de riquezas e a melhoria geral das condições de vida.

Entre os avanços encontram-se métodos novos e melhores para a manufatura de materiais de construção; além disso, os progressos científicos ampliaram a compreensão das premissas e necessidades do projeto de estruturas. O cálculo estrutural foi aplicado a um novo projeto pela primeira vez durante a construção do Panthéon de Paris; em meados do século seguinte, já era possível prever o comportamento da maioria dos materiais estruturais sob condições de carregamento específicas, liberando os engenheiros e arquitetos da total dependência em relação ao conhecimento empírico daquilo que havia funcionado no passado. Outra invenção – a geometria descritiva – permitiu aos projetistas representar com desenhos as formas de objetos tridimensionais complexos, habilitando-os a descrever uma edificação graficamente por completo e liberando-os da necessidade de ir ao canteiro de obras diariamente para coordenar o andamento da edificação. Um sistema relacionado, voltado para a representação das curvas de nível, fez com que as obras de terraplenagem ficassem mais precisas.

A triste consequência desses avanços foi a distância cada vez maior entre a arquitetura e a engenharia. Desde a Idade Média, o arquiteto – descrito por Vitrúvio como um homem capaz de projetar tudo, desde cidades até edificações, máquinas mecânicas, instrumentos astronômicos e equipamentos bélicos – estava sendo liberado gradualmente da responsabilidade pelas geringonças mecânicas e itens de defesa, transferida para os novos campos da engenharia mecânica e militar. Agora, o corpo crescente de dados científicos sobre os materiais servia de base para a engenharia civil, que era ensinada em escolas fora das academias de arquitetura. Os engenheiros civis ficaram encarregados do número cada vez maior de obras utilitárias – estradas, pontes, minas, fábricas, galpões, faróis e canais – enquanto os arquitetos trabalhavam nas edificações em que a estética e o simbolismo eram mais importantes que o pragmatismo. Assim, o engenheiro era o primeiro a experimentar os materiais de construção

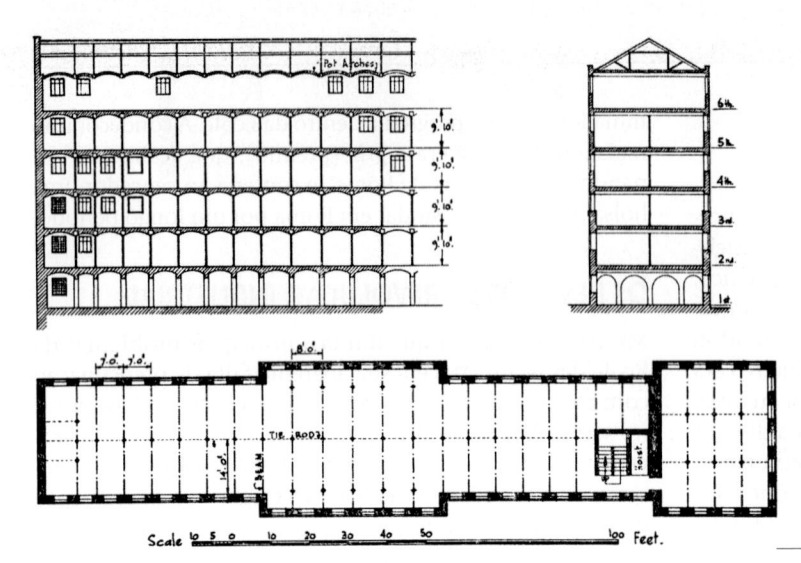

13.23 William Strutt, Planta baixa e cortes da West Mill, Belper, 1793–95.
Com paredes externas de alvenaria e uma grelha de colunas internas, esta tecelagem tem planta baixa aberta e flexível. No final do século XIX, arquitetos se esforçavam para expressar essa estrutura independente interna no exterior e, ao mesmo tempo, cobri-la com materiais à prova de fogo.

possibilitados pela tecnologia industrial, que foram usados, pela primeira vez, em edificações utilitárias.

Dentre todos os materiais de construção aperfeiçoados ou criados durante a Revolução Industrial, nenhum foi mais importante que o ferro. As pessoas já fundiam o ferro a partir do minério desde a Idade do Ferro, na Pré-História, mas a quantidade de metal produzido era pequena e sua qualidade, extremamente variável. Portanto, o uso desse material em edificações se limitava a detalhes ornamentais ocasionais, conectores e ferragens. Meios melhores de produzir ferro foram estudados por refinadores, incluindo Abraham Darby, cuja forja localizada em Coalbrookdale, Shropshire, Inglaterra, começou a produzir em 1696. Para que o trabalho progredisse, Darby buscou metalurgistas holandeses em 1704 e, em seguida, conseguiu fundir o ferro para uso comercial. O ferro fundido tem conteúdo de carbono relativamente alto (3,5%) e é quebradiço, mas bastante resistente à compressão. Em 1713, Darby desenvolveu um método para produzir ferro fundido usando carvão mineral em sua forja, em vez do caro carvão vegetal. As propriedades estruturais do ferro fundido transformaram-no no material mais indicado para colunas, onde era possível explorar a resistência à compressão de 80–120 mil libras por polegada quadrada (psi). Quando usado em vigas, o ferro fundido é relativamente fraco, com resistência à tração de apenas 15–30 mil libras por polegada quadrada. O ferro refinado com baixo conteúdo de carbono (0,4%) que é martelado, em vez de fundido, é conhecido como ferro forjado ou batido; esse material tem resistência à compressão de 70–80 mil psi e até 60 mil psi de resistência à tração. Por causa da resistência à tração superior, o ferro batido é muito mais usado em vigas do que o ferro fundido.

Os construtores logo encontraram usos para os dois tipos de ferro. As forjas de Darby já produziam trilhos ferroviários de ferro batido em 1750 e forneceram ferro fundido para a primeira ponte exclusivamente de metal do mundo, construída em Coalbrookdale em 1779. Abraham Darby III, neto do industrialista pioneiro, colaborou com o arquiteto Thomas Pritchard no projeto de uma ponte com cinco arcos semicirculares paralelos que vencia o vão de 30 metros do rio Severn, um corpo de água que tendia a inundações devastadoras capazes de derrubar quaisquer pilares intermediários. A ponte custou £6.000– uma quantia alta, mas equivalente a apenas um terço do preço de uma obra de alvenaria do mesmo tamanho. O projeto, embora conservador, representa a primeira tentativa de se construir pontes de metal.

As propriedades incombustíveis do ferro, bem como sua resistência, foram exploradas na construção de tecelagens de múltiplos pavimentos "à prova de fogo". Já em 1793, o inglês William Strutt projetou e construiu uma fábrica de calicó (tecido comum de algodão) de seis pavimentos em Derby, usando colunas de ferro fundido; a West Mill, em Belper, construída no ano seguinte, é similar (Fig. 13.23). As tecelagens, com seu ar empoeirado, óleo impregnado, fios de algodão ou linho caídos sobre as máquinas e iluminação produzida por chamas abertas, apresentavam condições ideais para incêndios, nos quais eram perdidos equipamentos, matérias-primas e vidas de trabalhadores. Para proteger a estrutura, melhorar a sanitização e a ventilação e reduzir os riscos de incêndio, Strutt e outros projetaram fábricas com paredes externas de alvenaria, colunas internas de ferro fundido e vigas de madeira protegidas. Uma das primeiras versões de edificação "à prova de fogo" tinha grandes vigas de piso de madeira com conectores de ferro fundido fixos às colunas também de ferro fundido. Abobadilhas (arcos de tijolo abaulados) venciam os vãos entre as vigas, sustentando pisos nivelados feitos de areia, escória e blocos de argila; tirantes de ferro batido eram usados para amarrar a estrutura. A parte de baixo dos elementos de madeira era revestida de gesso; com areia em cima e gesso embaixo, a madeira ficava protegida do fogo. Melhorias posteriores no sistema substituíram os trilhos de ferro batido (os precursores dos **perfis I** laminados) pelas vigas de madeira: um dos exemplos remanescentes desta estrutura é a antiga Benyon, Benyon and Bage Flax Mill, em Shrewsbury, Inglaterra (1796). Posteriormente, as abobadilhas de Belper foram substituídas por outros materiais, mas, mesmo com essas mudanças, a estrutura de metal atual ainda é praticamente idêntica àquela que foi construída por Strutt em 1793–95.

Em geral, os projetos de pontes – e não de edificações – exploravam de modo mais direto as propriedades estruturais do ferro forjado e batido; neles, os novos materiais eram usados pela primeira vez com eloquência. Por exem-

13.24 Lancelot Brown, Jardins do Palácio de Blenheim, depois de 1764.

O paisagismo romântico inglês inspirou-se, em parte, nas tradições paisagistas chinesas. Os ingleses buscavam imitar a irregularidade da natureza em vez de distribuir artificialmente elementos naturais em padrões geométricos, como acontecia nas tradições paisagistas italiana e francesa.

plo: a obra de Darby e Pritchard na Ponte de Coalbrookbridge logo foi ultrapassada por Thomas Telford (1757–1834), que construiu uma ponte de ferro cinco quilômetros acima, em Buildwas, em 1795–98. A ponte com abobadilhas de Telford vencia um vão de quase 40 metros, com flecha de 8,2 metros; ele usou menos da metade do ferro necessário para construir a Ponte de Coalbrookbridge, mas venceu um vão maior. No século XIX, engenheiros continuaram reduzindo as razões entre material e carregamento e experimentando sistemas, como as estruturas tracionadas, que não podiam ser feitas com alvenaria ou madeira. Esses avanços serão discutidos no próximo capítulo.

OS MOVIMENTOS ROMÂNTICO E PITORESCO

A industrialização e o rápido desenvolvimento de novas tecnologias não agradaram a todos. Muitos os consideravam um veneno e buscavam posições filosóficas que mostrassem que eram desnecessários. Enquanto os arquitetos neoclássicos e estudiosos de antiguidades usavam a razão e o intelecto para reavaliar o passado por meio da arqueologia e da erudição, surgia uma orientação paralela e, por vezes, sobreposta, nas esferas da arte e da arquitetura. Suas origens se encontram no movimento paisagista inglês que acompanhou os neopalladianos durante a primeira metade do século XVIII. Mais elaborado e movido pela imaginação e a emoção, transformou-se no Romantismo. Em alguns aspectos, o Romantismo reagia à ordem e à regularidade inerentes ao Neoclassicismo; em outros, expressava convicções religiosas e morais fortemente arraigadas. Os românticos adoravam as assimetrias e a irregularidade em função de suas características extremamente pitorescas. Embora possa parecer contraditório em relação aos ideais do Neoclassicismo, o Romantismo foi, na verdade, um movimento complementar, e vários neoclássicos convictos também fizeram obras românticas. As gravuras de Piranesi, por exemplo, que eram manifestações do Neoclassicismo, atiçavam a mente romântica. As imagens de abóbadas em ruínas e monumentos destroçados e semienterrados, ocupados por mendigos esfarrapados e enigmáticos, refletiam a busca romântica pelo local ideal e a época ideal, ambos sempre remotos e inalcançáveis. As ruínas em geral se tornaram uma obsessão romântica, pois sua rusticidade e fragmentação ilustravam a impotência dos homens e mulheres frente às forças naturais irresistíveis e a melancolia da inevitável erosão das obras com o passar do tempo.

A doutrina estética do Romantismo era o Movimento Pitoresco. Edmund Burke escreveu sobre ela em *A Philosophical Inquiry into the Origins of Our Ideas on the Sublime and the Beautiful* (1756). Na obra, diferenciou as condições pitorescas que eram belas – detentoras de qualidades como delicadeza e suavidade – e as que eram sublimes – detentoras de outros atributos, como poder, imensidão e obscuridade.

Fica evidente que o interesse de Boullée por estruturas enormes o aproximava do sublime. Mais adiante, já no século XIX, fica igualmente evidente que o Romantismo podia encontrar solo fértil na era que seria dominada por novas fontes de energia e máquinas enormes, uma vez que os frutos – tanto doces como amargos – das rápidas mudanças sociais e tecnológicas alteraram para sempre a escala e a velocidade do dia a dia.

AS PAISAGENS ROMÂNTICAS

As paisagens neopalladianas de William Kent, incluindo os jardins de Holkham Hall (veja a Fig. 13.4), são provavelmente mais importantes que suas contribuições para a arquitetura de edificações. Ele é considerado um dos fundadores da tradição paisagista inglesa, na qual o arquiteto paisagista exagerava e "melhorava" as características naturais. Em vez da vegetação geométrica rígida apreciada pelos franceses, os paisagistas ingleses cultivavam a irregularidade da natureza. Eles exploravam os desníveis naturais do solo, distribuíam árvores em padrões aparentemente naturais e desenvolviam cenas que pareciam aleatórias, mas, na verdade, eram cuidadosamente calibradas, de edificações muito bem implantadas. Da mesma forma, as vistas das janelas das edificações, igualmente planejadas com cuidado, ultrapassavam os pequenos bosques próximos e enquadravam cenários mais distantes, onde vacas pastavam como se estivessem em uma pintura de paisagem. Um dique com cerca ou cerca-viva impedia que a vacas invadissem os gramados no entorno imediato da casa; a descoberta dessa barreira disfarçada era sempre uma surpresa, levando a pessoa a rir ou exclamar "Aha!" – razão pela qual este elemento de paisagismo (a vala) ainda hoje é chamado de *ha-ha* em língua inglesa. Para os neopalladianos, que encontravam características "naturais" nas obras de Palladio e Inigo Jones, não era contraditório implantar uma casa clássica simétrica em uma paisagem com elementos naturalistas, que refletia o campo romano visto por um pintor.

Lancelot Brown (1716–83) foi o maior promotor da postura pitoresca em relação à arquitetura paisagista. Quando perguntado sobre o que achava de qualquer terreno, costumava responder que tinha *capabilities* (potencial) e, por isso, passou a ser chamado de Capability Brown. Na arquitetura, seguia a tradição palladiana, mas era uma figura menor se comparado a Kent, para quem trabalhou como jardineiro em Stowe a partir de 1740. No entanto, sabia muito mais que Kent sobre horticultura, expressava suas ideias com clareza e executava seus projetos minuciosamente, se o cliente o desejasse. Entre suas obras mais famosas encontram-se os jardins e o parque reformados do Palácio de Blenheim (Fig. 13.24), projetados depois de 1764 e ainda existentes. A planta incluía a criação de um lago sinuoso e um acesso de veículos redondo, o plantio de grupos de árvores, que ainda hoje criam um belo padrão salpicado na paisagem, além de vistas intermitentes da edificação. É quase impossível expressar em palavras a importância de Brown para o paisagismo inglês. Trabalhando em todos os pontos do país, transformou grandes áreas de campo desleixado em uma espécie de enorme parque bem cuidado pelo qual a Inglaterra ficou famosa.

AS EDIFICAÇÕES PITORESCAS

Na Inglaterra, a arquitetura pitoresca começou com as *follies*, ou extravagâncias, isto é, o uso jocoso de edificações com inspiração medieval ou ruínas de edificações implantadas como focos dos leiautes dos jardins. Em 1747, em Hagley Park, Worcestershire, Sanderson Miller construiu uma ruína falsa no estilo Gótico; logo, outros paisagistas copiaram sua ideia. Horace Walpole fez com que sua casa em Strawberry Hill, Twickenham (Fig. 13.25), perto de Londres, fosse construída no estilo medieval por um grupo de arquitetos e amigos da literatura. As obras começaram em 1748 e, pouco tempo depois, a edificação se revelou uma mescla eclética de detalhes góticos. A Sala Holbeim possui uma chaminé adaptada a partir do túmulo do Arcebispo Wareham, na Abadia de Westminster; a Galeria Longa (página 398) apresenta **abóbadas com pendentes** baseadas na estrutura da Capela de Henrique VIII da mesma abadia; e a Sala Redonda tem um teto de gesso inspirado na roseta da antiga Catedral de São Paulo, em Londres. Os candelabros no estilo Rococó e os papéis de parede roxos usados no interior da edificação contribuem com uma sensação de bom humor para esta apaixonada brincadeira pitoresca. Na Inglaterra, esta fase inicial do Romantismo é frequentemente chamada de *Gothick* (com a ortografia propositalmente medieval) de modo a refletir o caráter bastante jocoso do trabalho.

Enquanto os tratamentos internos de Strawberry Hill se tornam interessantes em virtude do entusiasmo ingênuo pela antiguidade, o exterior é igualmente notável em função da postura frente às volumetrias pitorescas. Para entender essa característica, é necessário considerar primeiramente a planta baixa, que não apresenta, praticamente, qualquer ordem formal tradicional. É verdade que há uma divisão funcional evidente entre os cômodos usados por Walpole e aqueles ocupados pelos criados, além de outras concessões práticas para as atividades do dia a dia. No entanto, para ser apreciado por completo, o projeto precisa ser visto por fora e em três dimensões. Aí fica claro que Walpole, embora amador, queria que Strawberry Hill tivesse uma rica silhueta, desejava que seu caráter mudasse à medida que o visitante andasse em volta da casa e queria que o conjunto desse a impressão de que não havia sido construído de uma só vez, mas que crescera aleatoriamente com o passar do tempo, assim como acontecera com suas inspirações medievais. Era uma nova maneira de pensar sobre o projeto de edificações – uma maneira que seria explorada a fundo no século XIX. Da mesma forma, os intelectuais do século XIX estudariam intensamente as edificações góticas, estabelecendo uma cronologia do desenvolvimento do estilo e dominando a recomposição de elementos góticos reproduzidos com exatidão. O retorno

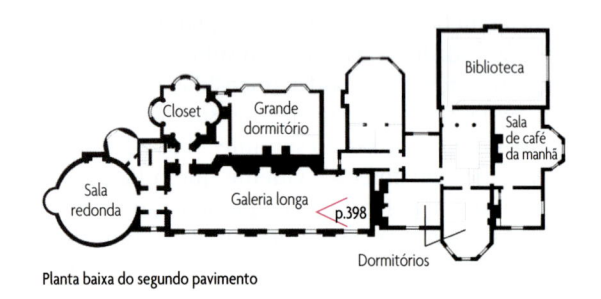

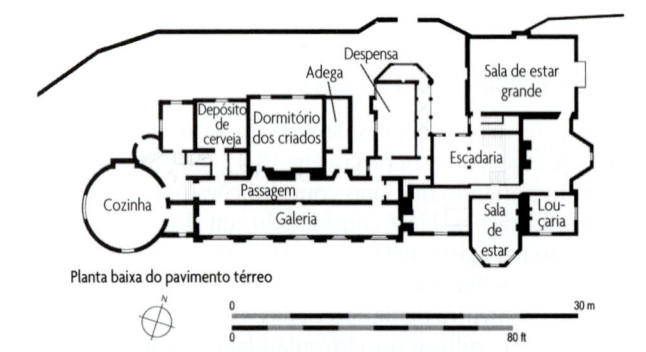

13.25 Planta baixa de Strawberry Hill, Twickenham, iniciada em 1748.

Ninguém pode dizer que esta planta baixa possui um ordenamento convencional. O estudioso da antiguidade Horace Walpole, porém, não estava preocupado com geometrias bidimensionais. Na verdade, ele distribuiu uma grande variedade de formas tridimensionais para que a volumetria resultante fosse diversificada e até mesmo surpreendente – em uma palavra: pitoresca.

do Gótico seria um entre os muitos revivescimentos ou historicismos que marcaram uma época em que se copiou freneticamente o passado, conhecida como **Ecletismo**.

CONCLUSÕES SOBRE AS IDEIAS DE ARQUITETURA

Os historiadores geralmente dividem a história do mundo ocidental em três períodos: Antiguidade, Idade Média e Idade Moderna, o que significa, nesta nomenclatura, que o Renascimento representa o início do "modernismo". Ainda que essa subdivisão seja verdadeira em termos muito gerais, foi o Iluminismo do século XVIII, com sua ênfase no empirismo científico, a crescente secularização, o surgimento do pensamento democrático e a Revolução Industrial que o acompanhou (e que, desde então, se transformou em uma revolução tecnológica e até mesmo da informação), que contribuiu mais diretamente para a aurora da era moderna.

O Neoclassicismo surgiu durante os produtivos anos da emergência do Iluminismo, e ambos se tornaram, até certo ponto, sinônimos. O Neopalladianismo, uma vertente do Neoclassicismo surgida na Inglaterra no início do século XVIII, antecipou tanto o Iluminismo como a Revolução Industrial; o movimento não buscou inspiração diretamente na Grécia ou na Roma Antiga, mas indiretamente na interpretação do estilo Clássico de Andrea Palladio e, consequentemente, Inigo Jones.

Inigo Jones, no início do século XVII, foi um dos primeiros a ir à Itália para ter contato direto com a arquitetura clássica, mas, certamente, não foi o único inglês a aparecer por lá, pois, na Inglaterra, era moda fazer o Grand Tour. Robert Adam seguiu o mesmo caminho em meados do século XVIII e ficou marcado para sempre pelo que viu em Herculano e Pompeia, onde extraordinárias evidências da vida e da arte antigas eram reveladas gradualmente por meio de escavações arqueológicas. Ao estudar os murais da Roma Antiga, Adam criou um estilo de decoração de interiores que desbancou a intensa preferência palladiana que marcou a primeira metade do século XVIII na Inglaterra. Adam foi um dos muitos que, depois de estudar de perto os sítios antigos da Itália, Grécia e outros locais, publicaram suas descobertas em forma ilustrada, disponibilizando o conhecimento. Sir William Chambers, o principal concorrente de Adam, seguiu o caminho de James Gibbs e chegou a fixar sua residência em Roma para um período de estudo prolongado. No processo, conheceu Piranesi – um contato que se refletiu na escolha de enormes arcos piranesianos rusticados para sustentar a elevação voltada para o rio Tâmisa da Casa Somerset (veja a Fig. 13.9). Chambers também se uniu aos *pensionnaires* franceses, estudantes de arquitetura que viajavam para o sul durante seus estudos formais de arquitetura.

A França foi o primeiro país europeu a criar escolas de arquitetura, o que significa que, lá, o ensino de projeto era extremamente organizado e se baseava em um corpo codificado de teoria da arquitetura. J. F. Blondel foi um dos mais influentes teóricos-professores da França; seu *Cours d'architecture* lançou os princípios de uma arquitetura que respondia ao ordenamento hierárquico da sociedade. Entre os muitos *pensionnaires* que voltaram da Itália para trabalhar para o governo francês encontram-se Marie-Joseph Peyre e Charles de Wailly, os arquitetos responsáveis pela Comédie-Française (veja a Fig. 13.18); Jacques-Denis Antoine, arquiteto do Hôtel des Monnaies (veja as Figuras 13.19–13.20); e Jacques Gondouin, arquiteto da École de Chirurgie (veja as Figuras 13.21–13.22).

Mais polêmico ao escrever que Blondel, o abade Laugier propôs uma ideologia para a arquitetura iluminista baseada nos elementos fundamentais da construção, a seu ver, representados pela suposta racionalidade da cabana primitiva. Jacques-Gabriel Soufflot, após retornar de um período em Roma, inspirou-se no *Essai sur l'architecture* de Laugier para criar um extravagante projeto arquitravado para a igreja de Sainte Geneviève, em Paris: o Panthéon (veja as Figuras 13.14–13.15). Ao contrário de Soufflot, que fez, necessariamente, algumas concessões para adaptar a teoria à prática, Etienne-Louis Boullée optou por apresentar suas ideias de arquitetura na forma de projetos imaginários e, com frequência, impossíveis de construir (veja a Fig. 13.10). Enormes em escala e visualmente arrebatadores, deram asas à imaginação de muitos que os viram. Claude-Nicolas Ledoux produziu projetos retóricos por diletantismo, mas também construiu tanto para a coroa francesa como para clientes particulares. Sua Casa do Inspetor, na Foz do Rio Loüe (veja a Fig. 13.12), ilustra uma *architecture parlante* ao expressar explicitamente a função por meio de formas ideais e abstratas. De suas *barrières*, ou barreiras de pedágio, que no passado circundaram Paris – algumas refletindo as ruínas romanas semienterradas vistas e admiradas por estudantes de arquitetura franceses – restam algumas para refletir sua criatividade e interpretação singular da linguagem clássica. Seus *hôtels* (edifícios de apartamentos) parisienses (veja a Fig. 13.13 a, b, c) mostram a extrema astúcia e eficiência do planejamento doméstico francês e também a habilidade concomitante na manipulação de espaços em três dimensões ao longo da principal rota de movimento.

O sistema francês de ensino de arquitetura evoluiu e se tornou a École des Beaux-Arts. Orientados por um quadro de *patrons*, ou professores de projeto – alguns ativos e outros exclusivamente acadêmicos – e trabalhando em ateliês ou estúdios de projeto, os alunos aprendiam por meio do *esquisse* (partido de projeto) e do *project rendu*, um projeto de edificação totalmente desenvolvido que era executado ao longo de meses.

Finalmente, os métodos empregados na École passaram a conflitar com as mudanças radicais na tecnologia da construção e a emergência de novos tipos de edificações resultante da Revolução Industrial. Da mesma forma, a austeridade potencial do classicismo e os efeitos indesejáveis da industrialização viriam a estimular a reação das sensibilidades românticas com base na indomabilidade aceita da natureza em vez de tentar subjugá-la; essas polaridades, somadas ao conhecimento fervilhante do passado da arquitetura, promoveram o ecletismo, isto é, o uso indiscriminado de formas e motivos. Nessas questões, encontram-se os primórdios da degradação ambiental e da confusão formal que hoje nos assolam. Essas e outras condições associadas serão discutidas no próximo capítulo, que trata do século XIX.

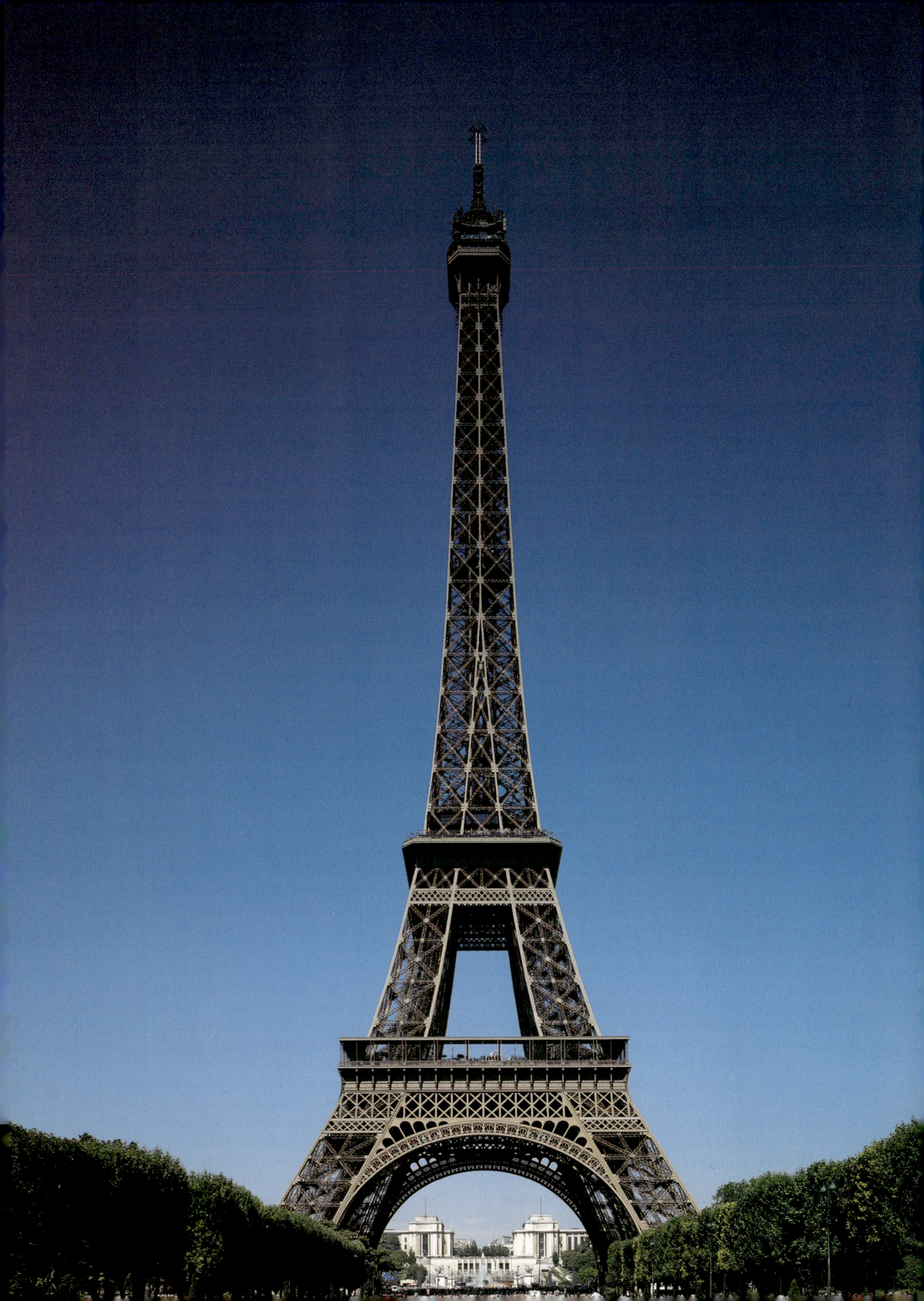

CAPÍTULO 14

O PROGRESSO NO SÉCULO XIX

A arquitetura do século XIX talvez tenha sido a mais diversificada até então. A liberdade introduzida pelo Neoclassicismo e o Movimento Romântico promoveram o revivescimento de outros estilos históricos, incluindo o Gótico, Grego, Islâmico, Egípcio, Bizantino e Paleo-Cristão, somados a invenções criativas, como os estilos Chinesice, Japonismo, Mourisco e Hindu. Para ilustrar esse fenômeno, consideremos algumas edificações inglesas e norte-americanas projetadas depois de 1800. Os oficiais colonialistas que voltavam ricos da Índia para se aposentar na Inglaterra construíam casas de prazer, como a Sezincote, em Gloucestershire, cujas vedações externas foram concebidas no estilo Indiano por Samuel Pepys Cockerell (1754–1827) para seu irmão Charles, em 1805. No mesmo espírito, John Nash (1752–1835) construiu o Pavilhão Real, em Brighton, para o Príncipe Regente, entre 1818 e 1821.

Em muitos casos, os estilos foram escolhidos em função de suas associações. Por exemplo: o estilo Egípcio foi sugerido para edificações relacionadas à medicina – que se acreditava ter surgido no Vale do Rio Nilo – e à morte, uma vez que os majestosos monumentos do Egito foram edificados para os faraós e suas jornadas para o além, ou sempre que sugestões de grande massa ou eternidade eram desejadas, como em fábricas, prisões, pontes suspensas e bibliotecas. Nos Estados Unidos, Benjamin Henry Latrobe (1764–1820) construiu a Biblioteca do Congresso, em estilo Egípcio, dentro do Capitólio, enquanto Henry Austin criou portões egípcios para o cemitério de New Haven, em 1837. Thomas S. Steward escolheu o estilo Egípcio para o Medical College of Virginia, em Richmond (1854); o mesmo fez William Strickland (1788–1854) ao projetar a Primeira Igreja Presbiteriana de Nashville (1848). A igreja possui um interior egípcio posterior, mas igualmente impressionante, incluindo um salão hipostilo pintado em perspectiva em uma das paredes.

Os avanços na ciência dos materiais permitiram que arquitetos e engenheiros enfrentassem problemas de construção de maneiras totalmente inovadoras, contribuindo ainda mais para a diversidade que se observa nas obras do período. As edificações encontradas no Reino Unido e nos Estados Unidos – hoje denominadas "Vitorianas" – têm pouco em comum, exceto o fato de terem sido construídas durante o reinado excepcionalmente longo (1837–1901) da Rainha Vitória. Entre os estilos historicistas e as conquistas da engenharia, surgiram novas tendências de projeto que afetariam significativamente a arquitetura do século XX. Este capítulo aborda tais avanços.

O NEOCLASSICISMO

Três dos neoclássicos mais citados neste capítulo – Thomas Jefferson (que trabalhou nos Estados Unidos), Sir John Soane (que trabalhou na Inglaterra) e Benjamin Henry Latrobe (que trabalhou em ambos os países) – começaram a fazer

Cronologia

Benjamin Henry Latrobe é escolhido por Thomas Jefferson para ser o arquiteto dos edifícios públicos de Washington, D.C.	1803
Karl Friedrich Schinkel se torna o arquiteto-chefe da Prússia	1810
A.W.N. Pugin publica *Contrasts* and *True Principles of Christian Architecture*	1836 e 1841
invenção da estrutura em balão	década de 1830
Karl Marx publica o *Manifesto Comunista*	1848
John Ruskin publica *The Seven Lamps of Architecture*	1849
Joseph Paxton constrói o Palácio de Cristal	1851
Charles Darwin publica *A Origem das Espécies*	1859
início do Movimento Artes e Ofícios	cerca de 1859
primeira escola de arquitetura dos Estados Unidos fundada no M.I.T.	1861
Eugène-Emanuel Viollet-le-Duc publica *Entretiens sur l'architecture*	1863–72
Grande incêndio de Chicago	1871
H.H. Richardson constrói a Trinity Church	1872–77
início do Movimento Art Nouveau	cerca de 1880
invenção da estrutura independente de metal à prova de fogo para edificações altas	década de 1880
Gustav Eiffel constrói a Torre Eiffel	1889
Frank Lloyd Wright cria a Casa dos Prados	década de 1890
Sigmund Freud formula sua teoria e o método da psicanálise	1892–95
Feira Mundial de Chicago	1893
Louis Sullivan publica *The Tall Building Artistically Considered*	1896
formação da Sezession de Veneza	1898

Gustave Eiffel, Torre Eiffel, Paris, 1889.

A Torre Eiffel era considerada uma mácula na silhueta parisiense quando foi construída; inicialmente, teve de ser mantida, em parte, por ser usada como uma torre de rádio. Hoje, é considerada um símbolo da cidade.

projetos de arquitetura nas décadas anteriores ao século XIX; no caso de Jefferson, já na década de 1770. Embora pudessem fazer parte do capítulo anterior, foram agrupados aqui para serem comparados com Karl Friedrich Schinkel, o maior dos neoclássicos alemães, que era o mais jovem do grupo e começou a trabalhar apenas no início do século XIX.

Karl Friedrich Schinkel

Na área equivalente à atual Alemanha, o Neoclassicismo do século XIX é mais associado à obra de Karl Friedrich Schinkel (1781-1841), que compartilhou algumas das preocupações formais de Boullée e Ledoux, mas se baseou muito mais em elementos da arquitetura grega. Assim como Alberti, Schinkel via a arquitetura como um meio de fomentar a consciência cívica e considerava o classicismo grego, centrado na pólis, como a linguagem simbólica ideal. Ele entrou para o departamento de obras públicas prussiano com o término das Guerras Napoleônicas – época em que a Prússia buscava se tornar um grande estado europeu, tendo Berlim como capital.

A Neue Wache (1817-18), ou Casa da Guarda Real (Fig. 14.1), localizada na Unter der Linden – a avenida cerimonial mais importante de Berlim – celebrava o poder emergente da Prússia sob o reinado de Friedrich Wilhelm III. Em sua proposta final, Schinkel colocou um pórtico dórico entre pesados pilones, ambos feitos com tamanha austeridade que a edificação se torna monumental apesar de seu tamanho reduzido. Nela, Schinkel conseguiu unir as formas de arquitetura da fortificação e o esplendor cívico.

No verão de 1817, o teatro nacional prussiano, em Berlim, projetado por Carl Gotthard Laughans em 1800-02, foi totalmente destruído por um incêndio. No início de 1818, Schinkel produziu um novo projeto para o Schauspielhaus (Fig. 14.2) reaproveitando as antigas fundações, que ficavam entre uma igreja francesa e outra alemã preexistentes. Schinkel transformou o espaço capturado por elas e por sua nova edificação em um grande vestíbulo e colocou a escadaria de entrada monumental no exterior, de modo semelhante ao Neoclassicismo francês, no qual a escada fazia parte do deslumbrante espaço interno inicial. A escadaria de Schinkel leva a um edifício ao mesmo tempo monumental,

14.1 Karl Friedrich Schinkel, Neue Wache, Berlim, 1817–18.

Aqui, Schinkel projetou uma elevação de templo clássico sobreposta a um bloco do tipo pilone. Ainda que seu tamanho seja reduzido, se torna monumental em virtude do hábil manuseio das proporções.

tenso e plano. A edificação como um todo foi construída sobre uma alta base e é dominada por um pórtico jônico com volumes recuados em ambos os lados, articulados por pilastras desadornadas e precisas, que criam molduras baixas que parecem ter sido esticadas sobre um esqueleto interno. A planta baixa é igualmente inteligente e precisa, unindo, com facilidade, cômodos de dimensões múltiplas no interior de uma distribuição simétrica.

Não restam dúvidas de que a edificação mais famosa de Schinkel seja o Altesmuseum, ou Velho Museu de Berlim (Fig. 14.3) (1823-28), primeiro museu de arte aberto ao público em toda a Europa. Ele o implantou no lado oposto ao palácio e ao arsenal situados no sul, criando uma grande praça cívica com uma muralha arborizada na lateral leste. A fachada do museu é uma gigantesca colunata jônica que foi construída sobre uma base alta e acompanha toda a largura da edificação. Sua simplicidade ortogonal tem um ar de dignidade urbana e prepara o visitante para o

14.2 Karl Friedrich Schinkel, Schauspielhaus, Berlim, 1818-21.

Para este teatro, Schinkel escolheu um tratamento de parede com pilastras sobrepostas que é precursor das fachadas em grelha dos arranha-céus do século XX. Ele ilustrou esta e outras obras no livro *Sammlung Architektonischer Entwurfe* (*Coletânea de Projetos de Arquitetura*).

rigor inteligente da planta baixa mais além (Fig. 14.4). Ali, Schinkel colocou uma rotunda central ladeada por pátios internos cercados, por sua vez, por galerias com espaços flexíveis. Lido como um conjunto misto de protótipos clássicos, o museu se assemelha ao Panteon inserido entre dois templos de frente para uma *stoa*. No patamar do segundo pavimento, o observador pode olhar através da colunata dupla para encontrar o panorama da Berlim de Schinkel.

Schinkel foi igualmente hábil ao manipular o vocabulário pitoresco do Movimento Romântico. Em Charlottenhof, perto de Potsdam (1829-31), implantou edificações simétricas de inspiração neoclássica (Fig. 14.5 a) em um contexto informal, porém cuidadosamente concebido, in-

14.3 KarlFriedrich Schinkel, Altesmuseum, Berlim, 1823–28.

Schinkel planejou este museu com muito cuidado nas margens do Rio Spree. Também projetou uma galeria no segundo nível, na entrada central, que serve de plataforma de observação para a paisagem urbana externa.

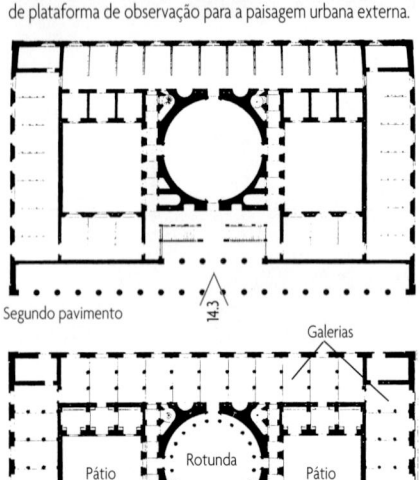

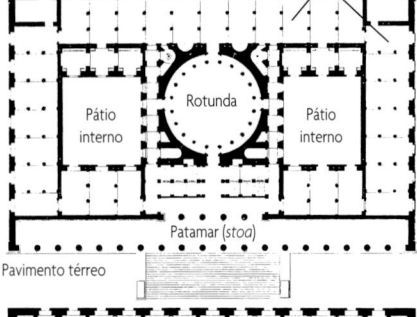

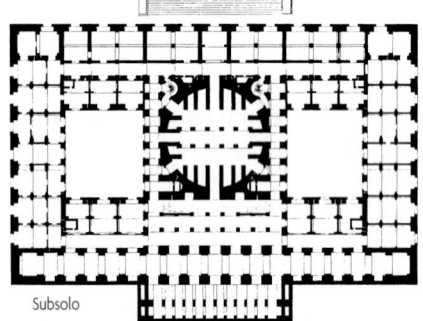

14.4 Karl Friedrich Schinkel, Plantas baixas do Altesmuseum, Berlim, 1823–28.

No pavimento térreo e no segundo pavimento, Schinkel reuniu uma *stoa* na elevação principal com uma rotunda central, ou panteon das artes, mais além, ladeada por dois templos gêmeos, pelos pátios de suas celas e pelas colunas prostilas que fazem parte da fachada da *stoa*.

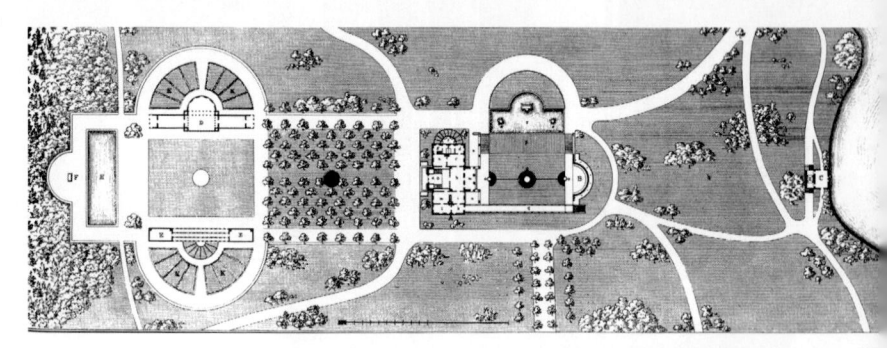

14.5a Karl Friedrich Schinkel, Planta de Charlottenhof, Potsdam, 1829–31. Gravura.

Schinkel também sabia planejar composições assimétricas como esta. Manipulava arquitetura, paisagem e corpos de água para obter vistas e panoramas calculados.

14.5b Karl Friedrich Schinkel, Charlottenhof, Potsdam, 1829–31. Gravura.

Aqui, do *Sammlung*, estão duas vistas da vila com elevação de templo que Schinkel concebeu ao reformar uma pequena casa de fazenda do século XVIII e transformá-la em uma *villa rustica*, ou casa de fazenda romana requintada e formal.

cluindo corpos de água e mudanças de nível (Fig. 14.5 b) – certamente inspirados nas viagens que fez pelo interior da Itália quando ainda era estudante.

Sir John Soane

Na época, o principal expoente do Neoclassicismo na Inglaterra era Sir John Soane (1753–1837), arquiteto peculiar cuja obra também apresenta características românticas. O complexo que construiu em Londres para o Bank of England (1788 e posteriormente; hoje, completamente destruído exceto pelas paredes externas) usava a luz do dia de maneira criativa, visto que questões de segurança exigiam paredes externas absolutamente cegas (Fig. 14.6). Soane enfrentou o desafio usando pátios internos, clerestórios e claraboias que, somados às formas puras das rotundas e espaços abobadados do interior, parecem ter sido inspirados nas gravuras de Piranesi; na verdade, é possível que Soane o tenha conhecido ao viajar para a Itália. A decoração foi talhada em baixo relevo na pedra, em vez de ser em altos relevos aplicados; os detalhes são, em geral, lineares, simples e minimalistas. A casa do próprio Soane (atualmente um museu), situada em Londres, no nº 13 da Lincoln's Inn Fields, contém uma grande variedade de espaços e níveis que são iluminados por clerestórios e claraboias, articulados por paredes com planos em camadas, e se refletem em espelhos

14.6 John Soane, Rotunda do Bank of England, iniciada em 1788. Desenho de J.M. Gandy.

Embora também fosse arquiteto, Gandy é mais famoso pelas muitas representações peculiares das edificações de Soane – algumas retratadas como completas, outras durante a construção e ainda outras como ruínas. Neste desenho, Gandy ilustra a preferência de Soane pela iluminação zenital, que se tornou necessária no Bank of England em função dos diversos espaços bastante apertados, com pouca ou nenhuma fenestração nas paredes externas.

14.7 John Soane, A Colunata, 13, Lincoln's Inn Fields (Sir John Soane's Museum), Londres, 1812–37. Desenho de J.M. Gandy.

Soane transformou a parte posterior de sua casa em um museu de arte. Ali, guardava pinturas de Hogarth, águas-fortes de Piranesi e pedaços de ruínas clássicas e medievais visitadas por ele ou seus amigos.

14.8 John Soane, Sala de Café da Manhã, 13 Lincoln's Inn Fields, Londres, 1812–37.

A cobertura desta pequena sala é do tipo predileto de Soane: os arcos abatidos nascem diretamente dos pilares ou pilastras elegantes que sustentam uma cúpula nervurada e ondulante. A ornamentação era, com frequência, talhada ou cortada na superfície, de modo a enfatizar os volumes.

planos e convexos (Fig. 14.7). Este projeto bastante singular não se encaixa facilmente em nenhuma categoria estilística, embora possamos detectar traços do Neoclassicismo na cúpula abatida da sala de café da manhã (Fig. 14.8), onde a luz natural é manipulada com brilhantismo por meio de uma lanterna central e de lanternins laterais.

Benjamin Henry Latrobe e Thomas Jefferson

Na mesma época, Benjamin Henry Latrobe (1766–1820) trabalhava nos Estados Unidos. Nascido na Inglaterra, ele estudou lá e na Europa Continental e exerceu a arquitetura em Londres e arredores antes de emigrar para os Estados Unidos, onde se tornou o primeiro arquiteto profissional do país. Em 1803, Thomas Jefferson o contratou para trabalhar no Capitólio dos Estados Unidos, que fora iniciado pelo Dr. William Thornton e posteriormente continuado, às vezes de modo aleatório, por Stephen Hallet e George Hadfield. Latrobe concluiu as alas norte e sul, introduzindo na obra suas ideias para as ordens norte-americanas: capitéis com folhas de tabaco na rotunda da Câmara do Senado e capitéis com espigas de milho no vestíbulo do subsolo norte. Também usou capitéis inspirados nos templos arcaicos da Grécia, em Paestum, na câmara da Suprema Corte.

Na Filadélfia, Latrobe projetou o Banco da Pensilvânia (1799), combinando três pórticos jônicos gregos na frente e atrás e uma cúpula central com óculo para cobrir o espaço monumental da agência. Mais tarde, Latrobe foi contratado para projetar a catedral católico-romana de

14.9 Benjamin Henry Latrobe, Catedral católico-romana, Baltimore, 1805–18.

Latrobe apresentou projetos góticos e neoclássicos para esta igreja. A proposta clássica foi escolhida pelo cliente, mas não incluía as torres vistas aqui; elas foram acrescentadas por John H.B. Latrobe, filho do arquiteto. Observe as claraboias no topo da cúpula.

14.10 Benjamin Henry Latrobe, Interior da catedral católico-romana, Baltimore, 1805–18.

Esta edificação foi reinaugurada em 2006 depois de uma restauração completa. O interior foi repintado nas cores originais e apresenta pisos de mármore branco e bancos predominantemente brancos.

Baltimore (Figuras 14.9–14.10). Neste projeto, apresentou dois esquemas alternativos para a mesma planta baixa – um, baseado em precedentes góticos, e o outro, em romanos. A segunda versão foi escolhida pelo cliente e resultou em uma edificação de clareza notável, com uma cúpula de quase 20 metros de diâmetro sobre o cruzeiro.

O único outro arquiteto neoclássico norte-americano tão versátil e talentoso quanto Latrobe foi o historicista romano Thomas Jefferson (1743–1826), que também redigiu a Declaração da Independência e foi o terceiro presidente do país. Filho de um agrimensor e formado pelo William and Mary College, Jefferson estudou para ser advogado, mas fez contribuições importantes em muitos campos. Foi estadista, filósofo, cientista, professor, economista, inventor e arquiteto erudito – ou seja, personificou o ideal renascentista do homem culto. Enquanto trabalhava como ministro na França em 1785, Jefferson foi chamado para propor um projeto para o Capitólio do Estado da Virgínia

14.11 Thomas Jefferson, Capitólio do Estado da Virgínia, Richmond, Virgínia, 1785–89.

Jefferson baseou o projeto deste templo na antiga Maison Carrée romana, em Nîmes, que muitas vezes vira e admirava quando estava na França atuando como ministro. Originalmente projetado para ficar isolado no terreno, hoje está cercado por ampliações e edifícios governamentais e administrativos de alto escalão. As alas laterais não foram feitas por Jefferson.

(Fig. 14.11). O modelo que preparou em resposta baseava-se na Maison Carrée, em Nîmes, edificação que conhecia apenas por intermédio do tratado de arquitetura de Colen Campbell. Jefferson transformou o templo romano relativamente pequeno em um edifício legislativo de dois pavimentos, com um plenário com cúpula circular que não pode ser visto por fora. Em Richmond, substituiu a ordem coríntia da Maison Carrée pela jônica, pois achava que os canteiros norte-americanos não conseguiriam reproduzir os capitéis coríntios, mais complexos.

Jefferson começou sua própria casa, Monticello (Figuras 14.12–14.13), em 1770 e a usou quase como um laboratório de arquitetura, desenvolvendo-a quase até sua morte, mais de 50 anos depois. Primeiramente, imaginou-a como uma vila palladiana com pórtico de dois pavimentos, mas a concretização final mostra a experiência que adquiriu no exterior, trabalhando como ministro na França, e sua admiração pelos novos *hôtels* (edifícios de apartamentos) parisienses. Mais que uma única influência, porém, Monticello revela seu extraordinário poder de síntese. Na versão final, o bloco central da casa tem dois pavimentos além do subsolo, mas, pela fenestração bem distribuída, aparenta ter apenas um. A casa é coroada por uma cúpula octogonal, que não fica aparente no interior exceto no ático isolado, e está conectada à paisagem por duas passarelas sobre as áreas do subsolo que se estendem para cercar o gramado dos fundos. Ali, Jefferson distribuiu as áreas de

14.12 Thomas Jefferson, Planta baixa de Monticello, Charlottesville, Virgínia, iniciada em 1770.

Esta planta baixa mostra o pavimento térreo do bloco central e o subsolo das alas.

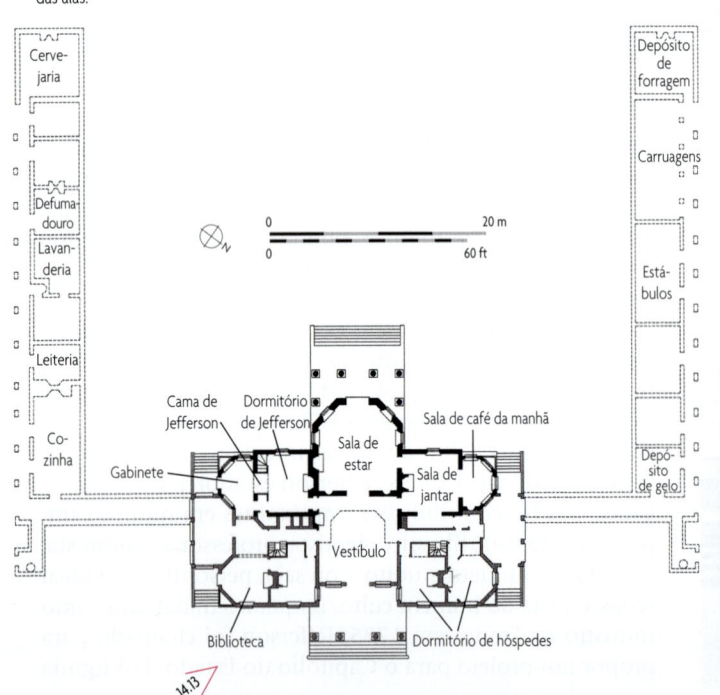

14.13 Thomas Jefferson, Monticello, Charlottesville, Virgínia, iniciada em 1770.

Em sua própria casa, Jefferson inverteu a familiar organização palladiana em cinco partes, para que o complexo focasse nas montanhas espetaculares ao redor. Esta imagem da fachada principal mostra que Jefferson disfarçou a elevação de dois pavimentos, de modo a aparentar apenas um.

14.14 Thomas Jefferson, Gramado da Virginia University, Charlottesville, Virgínia, 1817–26.

Ainda hoje o modelo de planejamento de campus mais admirado dos Estados Unidos, a University of Virginia era chamada por Jefferson de "aldeia acadêmica". No fundo, à esquerda, podem ser vistos os Pavilhões IV, VI, VIII e X, todos conectados pela colunata.

14.15 Thomas Jefferson, Pavilhão VII, University of Virginia, Charlottesville, Virgínia, 1817–26.

O projeto deste pavilhão foi sugerido por William Thornton, vencedor do concurso de projeto para o Capitólio dos Estados Unidos. É a única fachada de pavilhão que possui uma arcada sobre pilares.

14.16 Thomas Jefferson, Planta baixa do campus da University of Virginia, Charlottesville, Virgínia, 1817–26.

Partindo da biblioteca, na parte superior do esquema, há duas linhas, de cinco pavilhões cada, conectadas pelas passarelas em frente aos dormitórios, que Jefferson chamava de "fileiras". Atrás dos pavilhões há jardins e, depois deles, mais fileiras e refeitórios.

serviço – cozinhas, depósito, depósitos de gelo e estábulos, entre outros – sob o nível do gramado; assim, ficam bastante próximas, mas fora do campo de visão. As passarelas – que coletam a água da chuva e a canalizam para uma cisterna – terminam no Chalé de Lua de Mel (acima da "sala Brewins"), onde viviam Jefferson e sua primeira esposa, e em seu escritório de advocacia (acima do "depósito de forragem"). Os detalhes internos da moradia refletem a criatividade às vezes bastante peculiar de seu proprietário. O relógio que fica no vestíbulo é operado por um mecanismo acionado por pesos de bala de canhão, que desaparecem por um buraco nas tábuas do piso. Do interior é possível determinar a direção do vento, observando um cata-vento instalado sobre um tripé no pórtico leste. Um mecanismo sob o piso faz com que as portas duplas entre o vestíbulo e a sala de estar abram juntas, mesmo quando apenas uma delas é empurrada. A cama de Jefferson separa o gabinete do dormitório, sendo que o espaço estreito entre os dois cômodos dá mais velocidade às brisas de verão.

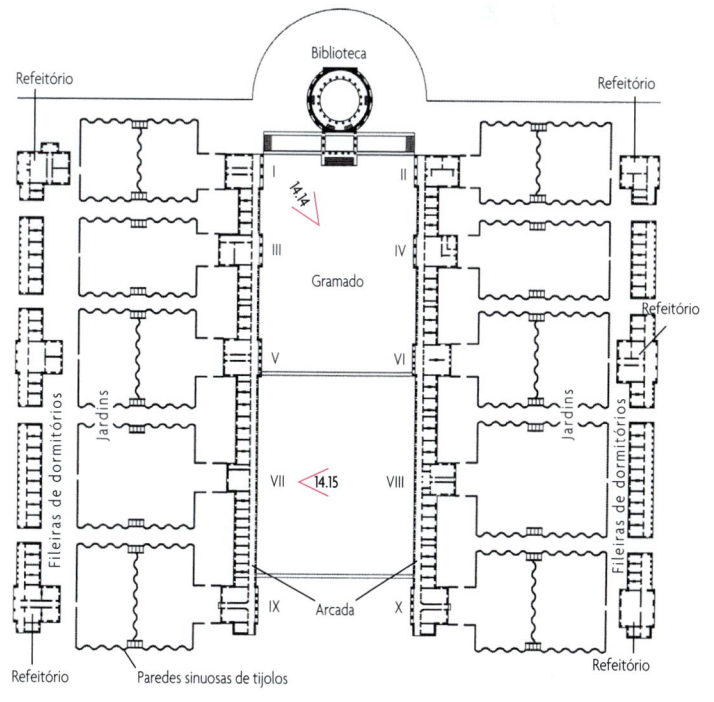

Posteriormente, Jefferson usou seu talento como arquiteto para projetar o campus da University of Virginia, em Charlottesville (1817–26), instituição que ajudou a fundar e da qual foi reitor após a inauguração, em 1825 (Fig. 14.14). A planta baixa preliminar do campus consistia de dormitórios estudantis distribuídos em U, conectados por colunatas e perfurados por pavilhões maiores que seriam usados como grandes salas de aula e moradias para os funcionários. Jefferson queria que o projeto de cada pavilhão tivesse um fim didático, ensinando aos alunos um pouco sobre a melhor arquitetura da antiguidade. Chamava este complexo extraordinário de "aldeia acadêmica" e, por meio de cartas trocadas com William Thornton e Latrobe, pediu comentários sobre a implantação e o projeto dos pavilhões. Thornton fez uma sugestão de projeto para o Pavilhão VII (Fig. 14.15); Latrobe contribuiu com pelos menos dois projetos e sugeriu que a implantação tivesse um elemento focal dominante – uma ideia que Jefferson a princípio rejeitou por se opor ao governo centralizado. Contudo, a melhoria à composição resultante de tal foco era evidente, e Jefferson acabou projetando uma biblioteca inspirada no Panteon (à meia-escala) para servir de centro para o esquema (Fig. 14.16).

O HISTORICISMO GÓTICO

A.W.N. Pugin

O Romantismo ganhou um tom mais sério com a emergência generalizada do Historicismo Gótico eclesiástico. Na Inglaterra, o principal historicista gótico foi Augustus Welby Northmore Pugin (1812–1852), que havia se convertido para o catolicismo e considerava o Gótico como a materialização dos bons valores morais e religiosos do passado, que acreditava estarem em falta na época em que vivia. Ao contrário dos projetistas *Gothick*, Pugin era bem versado nas realidades das edificações medievais, tendo trabalhado com seu pai como ilustrador na elaboração de um estudo sobre a ornamentação gótica em quatro volumes. Foi outro livro, no entanto, que apresentou Pugin ao grande público. Em 1836, publicou (a segunda edição foi em 1841) *Contrasts; or, A Parallel Between the Noble Edifices of the Fourteenth and Fifteenth Centuries, and Similar Buildings of the Present Day; Shewing the Present-Day Decay of Taste* [Contrastes; ou um paralelo entre os nobres edifícios dos séculos XIV e XV e edificações semelhantes do presente, mostrando a atual decadência do bom gosto], obra curta cujo longo título resume a mensagem do autor. Pugin comparou sua visão das condições medievais e modernas por meio de ilustrações (Fig. 14.17). A "Cidade Católica em 1440" tinha 15 torres de igreja com flechas e a torre da prefeitura marcando sua silhueta, ao passo que "A Mesma Cidade em 1840" apresentava chaminés de fábricas como elemento dominante em uma paisagem urbana industrial; capelas protestantes de forma vagamente clássica haviam substituído as igrejas católicas e muitas torres com flechas semidestruídas.

A comparação que fez entre as instituições públicas de caridade do passado e as do presente era ainda mais trágica. A "moradia dos pobres" medieval era retratada como um monastério onde o esmoler recebia os carentes com gentileza; alimentava-os com uma refeição substancial que incluía carne de gado e de carneiro, cerveja, sidra, leite, um mingau grosso de aveia, pão e queijo; vestia-os com roupas limpas; fazia um sermão que pregava a disciplina; e oferecia um funeral cristão decente. Por outro lado, a "casa dos pobres moderna" era um edifício murado semelhante a uma prisão com pórtico com frontão clássico. Ali, os pobres eram trancados em celas, submetidos a uma dieta com pequenas porções de aveia, batata, mingau ralo e pão, espancados com crueldade para pregar a disciplina e colocados em caixas com a inscrição "para dissecar" após a morte. Pugin estava, evidentemente, exagerando as virtudes das instituições medievais e, ao mesmo tempo, detalhando as crueldades de sua época, mas, em sua opinião, a cidade medieval era um ambiente totalmente visual e religioso, enquanto a cidade industrial, com seus interesses velados e capitalistas gananciosos, refletia a desprezível degradação da existência humana.

Em 1841, Pugin publicou *The True Principles of Pointed or Christian Architecture*, obra na qual listou seus ideais: "Primeiramente, não deve haver em uma edificação qualquer característica que não seja necessária para fins de conveniência, construção e qualidade; em segundo lugar, todos os ornamentos devem buscar o aprimoramento da construção essencial da edificação". Ele via o Gótico como a "única expressão correta da fé, dos desejos e do clima" da Inglaterra e defendia seu uso em todas as edificações, incluindo os prédios seculares modernos, como as estações ferroviárias.

Enquanto escrevia tratados e dava aulas, Pugin também trabalhava como arquiteto. Colaborou com Sir Charles Barry no projeto que venceu o concurso para a reconstrução do Parlamento do Reino Unido, destruído por um incêndio em 1834. A concepção geral do edifício foi de Barry (Fig. 14.18), mas a profusão de detalhes vistosos e historicamente corretos tanto no interior como no exterior foi obra de Pugin.

14.17 A.W.N. Pugin, Comparação de cidade antiga com moderna, extraída de *Contrasts*, segunda edição, 1841.

A ilustração inferior mostra a bondosa cidade medieval em harmonia urbana, anunciando seus valores por meio das silhuetas das igrejas. Na ilustração superior, a cidade maligna do século XIX é uma triste cacofonia de prisões, fábricas e igrejas quase escondidas.

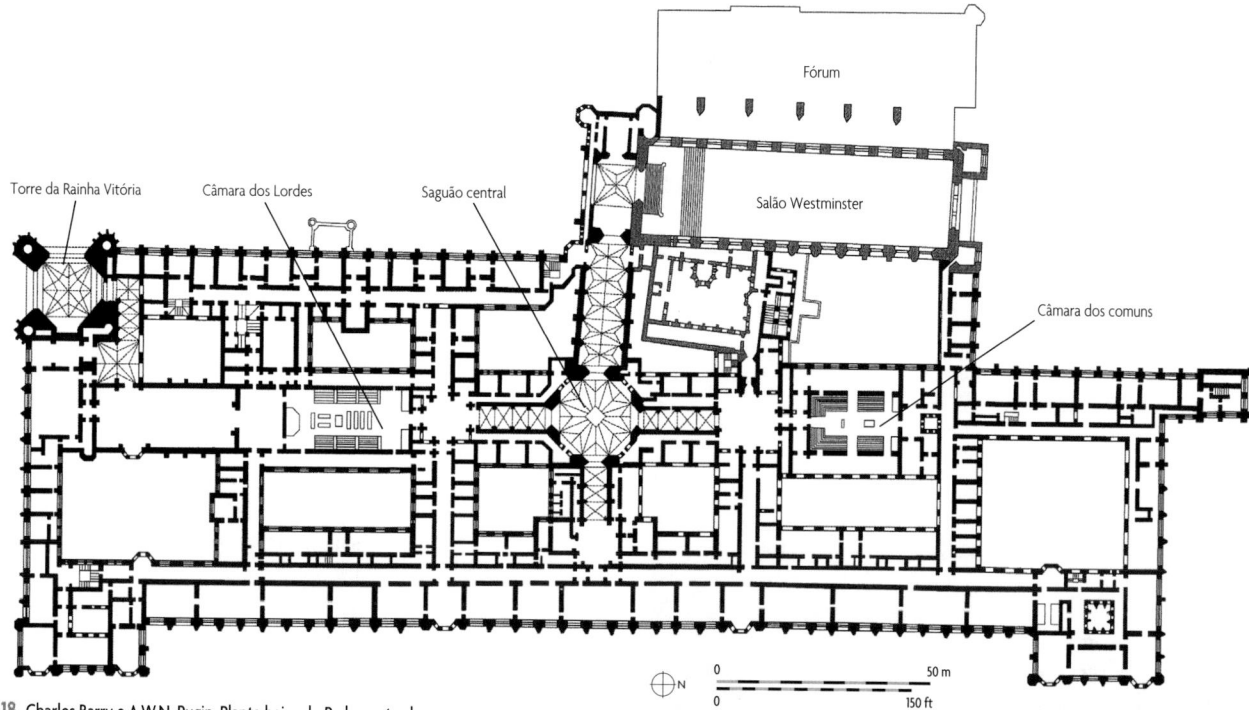

14.18 Charles Barry e A.W.N. Pugin, Planta baixa do Parlamento da Grã-Bretanha, Londres, 1836–68.

A fachada longa está voltada para o Tâmisa. Os espaços dominantes atrás são a Casa dos Comuns e a Casa dos Lordes. Nos fundos do terreno fica o Westminster Hall, poupado pelo incêndio de 1834. O rigor da planta baixa se contrapõe à volumetria pitoresca do complexo.

O Movimento Eclesiológico na Inglaterra e nos Estados Unidos

Durante a década de 1830, a força intelectual do Movimento Tractariano de Oxford e da Cambridge Camden Society levou a reformas na arquitetura da igreja anglicana. O Movimento Eclesiológico resultante buscava o retorno às formas dos ritos medievais que foram abandonados em função da Reforma. Arquitetos, clérigos e estudiosos da antiguidade examinavam exaustivamente as edificações góticas e tentavam identificar as características das igrejas e de seus acessórios que contribuíam com as funções litúrgicas e simbólicas dos cultos de modo a desenvolver diretrizes para o projeto de igrejas. Os eclesiólogos desconfiavam de Pugin porque este se convertera ao catolicismo romano, mas suas edificações estavam de acordo com suas visões.

Nos Estados Unidos, a força do Movimento Eclesiológico se fez sentir na igreja episcopal de Saint James-the-Less, na Filadélfia (1846–48) (Fig. 14.19). Os desenhos da igreja foram enviados diretamente para a Cambridge Camden Society, que se inspirou na igreja de Saint Michael Longstanton, em Cambridgeshire, construída no século XIII. A igreja de Saint James-the-Less foi inteiramente construída com materiais naturais, sem aplicações superficiais, como o reboco; o pequeno **campanário** se tornou um elemento típico das discretas igrejas episcopais dos Estados Unidos.

Richard Upjohn (1802–78) foi o primeiro arquiteto norte-americano a seguir os princípios de Pugin – embora fosse episcopal – e não católico –, e construísse apenas igrejas episcopais por acreditar sinceramente que esta era

14.19 Saint James-the-Less, Filadélfia, Pensilvânia, 1846–48.

A igreja de Saint James-the-Less foi inspirada especificamente na igreja inglesa de Saint Michael Longstanton. Seus desenhos foram enviados aos Estados Unidos pela Cambridge Camden Society.

14.20 Richard Upjohn, Trinity Church, Cidade de Nova York, 1839–46.

A Trinity Church se tornou quase uma anã no meio dos arranha-céus, que incluíam o já destruído World Trade Center. Em 1846, a igreja era um marco proeminente na paisagem urbana.

14.21 Eugène-Emmanuel Viollet-le-Duc, Auditório com estrutura de ferro extraído de *Entretiens*, 1863–72. Ilustração.

Viollet-le-Duc teve mais sucesso como teórico do que como arquiteto praticante. Interpretando a estrutura gótica como uma resposta extremamente racional ao problema das cargas e dos apoios, propôs a substituição dos elementos de ferro como uso lógico dos produtos da Revolução Industrial.

a única denominação aceitável. Seu primeiro contrato importante foi a Trinity Church, em Nova York (1839–46), projetada para uma congregação crescente e afluente. Na igreja, Upjohn usou o Gótico Decorado, que apresenta um longo coro, altar elevado e tetos abobadados construídos de madeira e reboco em vez de pedra (Fig. 14.20).

Eugène-Emmanuel Viollet-le-Duc

O principal proponente do Historicismo Gótico na França foi Eugène-Emmanuel Viollet-le-Duc (1814–1879), arquiteto que compartilhava o entusiasmo de Pugin pelas obras medievais. No entanto, a visão moral e religiosa que tanto enfeitava os textos de Pugin não era compartilhada por Viollet-le-Duc, pois este estava mais interessado na base racional da estrutura medieval. Ele considerava o sistema de abóbada nervurada, arco ogival e arcobotante como sendo análogo à estrutura independente de ferro do século XIX e sonhava com uma arquitetura moderna baseada nas conquistas da engenharia, mas que exibisse a integridade de forma e detalhe presente nas obras da Idade Média (Fig. 14.21). Seus escritos teóricos – especialmente os dois volumes de *Entretiens sur l'architecture* (Discursos sobre Arquitetura), publicados entre 1863 e 1872 – ressaltam a importância da racionalidade no projeto.

Viollet-le-Duc passou grande parte de seu tempo se opondo à negação geral dos estilos medievais pela arquitetura francesa. A única escola de arquitetura pública, a École des Beaux-Arts, era dominada por arquitetos que trabalhavam com os estilos clássicos; os esforços de Viollet-le-Duc e outros para fazer com que seus cursos incluíssem o estudo de edificações românicas e góticas tiveram pouco sucesso. Todavia, as longas controvérsias fizeram com que Viollet-le-Duc fosse conhecido como um especialista em arquitetura medieval e, a partir de 1840, participasse de inúmeros projetos de restauração dos principais monumentos históricos da França, incluindo a Catedral de Notre-Dame e a Sainte-Chapelle, em Paris; a Igreja da Abadia de Saint Denis; Saint Sernin, em Toulouse; Sainte Madeleine, em Vézelay; as muralhas de Carcassonne; e as catedrais de Reims, Amiens e Beauvais. A rica experiência adquirida ao lidar em primeira mão com projetos medievais resultou no *Dictionnaire raisonné de l'architecture française du XIe au XVIe siècle* (Enciclopédia da Arquitetura Francesa do Século XI ao XVI) (1858–65), obra em 10 volumes que ainda hoje é fonte de teoria para os medievalistas. A filosofia de restauração de Viollet-le-Duc – "restaurar uma edificação não é apenas preservá-la, consertá-la ou reconstruí-la, mas devolvê-la a um estado de perfeição que talvez nunca tenha existido" – dá calafrios aos preservacionistas de arquitetura do século XX, pois é praticamente o oposto às posturas atuais frente a esta tarefa. Mesmo assim, somos obrigados a admitir que muitas das edificações restauradas por Viollet-le-Duc talvez não tivessem chegado ao século XX sem sua intervenção. Seja para melhor ou para pior, sua obra marca o início das tentativas eruditas de preservação histórica. Embora os projetos de arquitetura que fez como obras originais não sejam notáveis, suas teorias tiveram um impacto enorme no desenvolvimento do racionalismo do século XIX e do Modernismo do século XX.

A ÉCOLE DES BEAUX-ARTS

A escola de arquitetura francesa, ou École des Beaux-Arts, permaneceu extremamente influente na França ao longo do século XIX, produzindo principalmente obras públicas, e influiu profundamente na arquitetura norte-americana, nos setores público e privado, a partir de 1850. Os alunos da École aprendiam a interpretar com atenção um *précis* (programa de necessidades), a entender as relações hierárquicas dos diferentes espaços e a distribuí-los simetricamente ao longo dos eixos principais e, em seguida, secundários, enfatizando o **percurso** (*marche*) ou deslocamento pelos espaços ao longo dos eixos e em três dimensões. Esse sistema de ordenamento do espaço representava o melhor da metodologia da École; a roupagem eclética que ela permitia que fosse aplicada posteriormente ficava em segundo plano. No entanto, as extraordinárias habilidades de ornamentação promovidas na École faziam com que os arquitetos aparentassem estar mais preocupados com a aparência superficial e não com questões de estrutura e construção. Essa queixa teve um papel fundamental na substituição dos princípios da École pelos do Modernismo europeu no início do século XX.

O elaborado sistema de ensino da École não encontrava paralelos no restante da Europa e nos Estados Unidos, onde o ensino de arquitetura, na maior parte do século XIX, consistia em fazer um estágio no escritório de um arquiteto praticante. Na Alemanha, algumas universidades técnicas incluíam o estudo da arquitetura nos programas de engenharia; porém, as universidades federais norte-americanas foram as primeiras do mundo a incluir a arquitetura no currículo universitário. O M.I.T. fundou uma Escola de Arquitetura em 1861 e, ainda no século XIX, outras 15 universidades seguiram seu exemplo. Seus currículos se baseavam no da École des Beaux-Arts. Os graduados das universidades norte-americanas que desejavam se aperfeiçoar frequentavam a École, em Paris, embora não pudessem concorrer ao Grand Prix; por sua vez, instituições dos Estados Unidos tentavam contratar franceses da École para dirigir os cursos de projeto de arquitetura. Em função desse intercâmbio cultural, da prosperidade econômica e da expansão para o oeste que ocorreram nos Estados Unidos após a Guerra Civil, a arquitetura do país foi muito mais influenciada pela École des Beaux-Arts que a da França.

14.22 Richard Morris Hunt, The Breakers, Newport, Rhode Island, 1892–95.
Richard Morris Hunt foi o primeiro norte-americano a frequentar a École des Beaux-Arts, em Paris. O conhecimento de planejamento acadêmico e de projeto monumental que acumulou transformou-o no arquiteto preferido pela elite norte-americana no final do século XIX.

Richard Morris Hunt e a Feira Mundial de Chicago

O primeiro norte-americano a frequentar a École des Beaux-Arts foi Richard Morris Hunt (1827–1895), admitido na instituição em 1846. Ele vivia em Paris desde 1832, pois a família se mudara para a França após a morte de seu pai. Ao retornar a Nova York depois da formatura, Hunt abriu um escritório que prosperou significativamente até sua morte. Os magnatas industriais, todos eles novos-ricos, queriam casas que imitassem as mansões ancestrais da nobreza europeia e, dentre todos os arquitetos do país, Hunt era o mais apto a fornecer os projetos desejados. Suas obras para a família Vanderbilt – uma residência urbana na Fifth Avenue; um "chalé" denominado The Breakers, em Newport, Rhode Island (Fig. 14.22); e Biltmore, a mansão rural no estilo Château, em Asheville, Carolina do Norte – são bastante conhecidas pelo público, mas ele também projetou a base da Estátua da Liberdade (1880) e o centro da fachada do Metropolitan Museum of Art, de Nova York (1895), que é voltada para a Fifth Avenue.

Talvez o maior impacto de Hunt na arquitetura dos Estados Unidos se deva ao seu envolvimento com a Feira Mundial de Chicago, realizada em 1893. O arquiteto paisagista Frederick Law Olmsted fez o projeto de paisagismo, enquanto Daniel H. Burnham formou um comitê composto pelos arquitetos mais importantes do país para projetar as edificações temporárias que abrigariam a exposição. Por ser o mais famoso arquiteto praticante do grupo, Hunt usou sua influência para que o projeto como um todo seguisse a linha da École des Beaux-Arts. Os edifícios principais, ao encargo de diferentes firmas de arquitetura, foram distribuídos ao redor de um grande Pátio de Honra; o Edifício Administrativo (Fig. 14.23), com sua enorme cúpula, foi projetado por Hunt e ficava no topo do pátio, enquanto o peristilo aberto, concebido por Charles B. Atwood, encerrava na vista

14.23 Richard Morris Hunt, Edifício Administrativo, Feira Mundial de Chicago, Chicago, Illinois, 1893.

O Edifício Administrativo projetado por Hunt fica no eixo do Pátio de Honra, com sua lagoa artificial. A "Cidade Branca" conquistou o público norte-americano. Fazendo uso generalizado da iluminação elétrica pela primeira vez, deu início a um movimento que gerou propostas de novos centros cívicos em cidades de todo o país.

voltada para o Lago Michigan. Para que houvesse unidade em volta do Pátio de Honra, decidiu-se que todos os projetos se inspirariam em precedentes do Renascimento Italiano; utilizariam um material comum – o reboco – pintado de branco; e manteriam uma linha de cornija uniforme, a 20 metros de altura. O resultado foi impressionante. Os visitantes a batizaram de "Cidade Branca" e partiam extremamente impressionados com a beleza do espetáculo. A feira de 1893 contribuiu muito para a difusão do estilo ornamentado e monumental da École des Beaux-Arts como sendo o mais adequado para edificações norte-americanas importantes e projetos cívicos. Por todo o país, foram construídas estações ferroviárias, museus de arte, prefeituras, agências de correio e igrejas imitando a Cidade Branca.

Entusiasmados com a arquitetura da École des Beaux-Arts, os visitantes da feira ignoraram por completo as edificações realmente inovadoras de Chicago – os altos edifícios com estrutura independente de metal localizados no centro. Louis Sullivan, um arquiteto que participou do projeto da feira, comentou posteriormente que ela atrasou a emergência da arquitetura norte-americana em 50 anos. Porém, a observação foi um pouco tendenciosa, tendo sido feita no fim da vida, depois que sua carreira entrou em declínio. A construção das grandiosas edificações no estilo Beaux-Arts chegou ao fim com as dificuldades econômicas da Grande Depressão, mas, na verdade, a feira não prejudicou os arquitetos, incluindo Sullivan, que formavam a vanguarda norte-americana no final do século XIX.

McKim, Mead e White

Entre os arquitetos norte-americanos que seguiram os princípios da École, ninguém teve mais sucesso que o trio McKim, Mead e White. Ao falar do primeiro grande escritório de arquitetura dos Estados Unidos, um autor comparou-os com um navio imaginário, descrevendo metaforicamente o cuidadoso Mead como a quilha, o esteta McKim como o casco e o vistoso White como a vela.

William Rutherford Mead (1848–1928) nasceu em uma família de pintores e escultores e começou sua carreira em Nova York trabalhando para o arquiteto e crítico Russell Sturgis, formado na Alemanha, cujas edificações no estilo Gótico Vitoriano refletiam a influência do crítico de arquitetura John Ruskin. Após viajar e estudar na Europa, voltou para os Estados Unidos e conheceu Charles Follen McKim (1849–1909), que na época trabalhava no escritório de H.H. Richardson. Interessado pela construção, Mead entrou com a perspicácia técnica e comercial exigida por uma firma de arquitetura grande e complexa.

Os pais de McKim eram abolicionistas quacres e seu espírito idealista o acompanhou por toda a vida. Tendo crescido no centro da cultura vanguardista de meados do século XIX – Llewellyn Park, perto da Cidade de Nova York – McKim teve contato com visionários como William Cullen Bryant, Horace Greeley, Henry David Thoreau e o arquiteto paisagista Frederick Law Olmsted. McKim frequentou a Lawrence Scientific School, na Universidade de Harvard, trabalhou por um tempo para o amigo da família Russell Sturgis e então partiu para Paris, onde entrou para a École des Beaux-Arts. Em 1870, voltou para trabalhar para Richardson, onde conheceu Mead. Em meados do ano de 1872, Mead e McKim abriram sua própria firma.

O pai de Stanford White (1856–1906) fazia críticas de arte e música para revistas de literatura. Seus contatos inclu-

14.24 McKim, Mead e White, Casas Villard, Cidade de Nova York, 1882–85.

A firma McKim, Mead e White estabeleceu o modelo seguido pelos grandes escritórios de arquitetura dos Estados Unidos. Esta edificação habitacional foi inspirada em *palazzi* romanos, como o Palácio Farnese.

14.25 McKim, Mead e White, Biblioteca Pública de Boston, Boston, Massachusetts, 1887–95.

Charles McKim se inspirou na Bibliothèque Sainte Geneviève, de Henri Labrouste, para compor esta fachada. Fez vários estudos, incluindo maquetes em escala real da cornija, antes de chegar ao projeto final.

íam o arquiteto Calvert Vaux, o pintor John LaFarge e Frederick Law Olmsted. Por intermédio de Olmsted, White se tornou estagiário de H.H. Richardson sem ter tido qualquer estudo formal de arquitetura. White partiu para a Europa em 1878 e voltou um ano depois, quando se associou a Mead e McKim. Ficou famoso pela prodigiosa capacidade de trabalho e também por seu apetite em geral. O escritório chegou a ter mais de 100 funcionários e produziu quase mil projetos.

Em 1882–85, McKim, Mead e White projetaram as Casas Villard (Fig. 14.24) em Nova York. Consistindo de seis mansões contíguas distribuídas em torno de um pátio central, a edificação lembra um único *palazzo* romano. As casas são grandes, imponentes, simples e refinadas e forneceram um modelo de decoro cívico em uma cidade que estava assumindo seu lugar entre as capitais do mundo; também conferiram ao seu proprietário – o magnata da navegação Henry Villard – credibilidade instantânea entre os colegas novos-ricos.

Charles McKim foi o principal responsável pela Biblioteca Pública de Boston (Fig. 14.25) (1887–95), que fica em frente à Trinity Church, de H.H. Richardson, do outro lado da Copley Square. Na época, abrigava o maior acervo público de livros dos Estados Unidos e simbolizava a herança cultural de Boston. Sua forma tem diversos precedentes, sendo o mais recente a Bibliothèque Sainte Geneviève, projetada por Henri Labrouste em Paris (veja as Figuras 14.31–14.33), por sua vez baseada nas paredes laterais da igreja de São Francisco de Rimini, de Alberti (veja a Fig. 11.15), que buscou inspiração no Arco de Augusto, próximo, e no Túmulo de Teodorico, em Ravena. McKim organizou a biblioteca em torno de um pátio central, colocando a sala de leitura de uso público e a elaborada sequência de entrada na elevação principal. A estrutura foi revestida de granito Milford, mas inclui técnicas de construção avançadas, como finas cascas em abóbadas. Os painéis esculpidos acima da entrada foram projetados por Augustus Saint Gaudens e as portas de entrada de bronze, por Daniel Chester French.

Na Cidade de Nova York, a firma produziu a enorme Pennsylvania Station (1902–11) (Figuras 14.26 a, b), que ocupava aproximadamente 32 mil m² e três pavimentos, mas foi infelizmente demolida na década de 1960. Inspirada no modelo das termas romanas, a estação deu um portal magnífico à cidade ao levar passageiros para cerca de 15 metros abaixo do solo e cobri-los com espaços abobadados monumentais iluminados por grandes janelas térmicas; ela manipulava com brilhantismo as multidões que por ali passavam diariamente.

O PROGRESSO DO AÇO

Buscando expandir o mercado do ferro e melhorar as propriedades do material, metalúrgicos do século XIX experimentaram novos métodos de fabricar aço, que é uma liga de ferro com pouco carbono e traços de outros metais. Pequenas quantidades de aço já eram fabricadas na Índia em 1500 a.C. e, na Áustria, Espanha e Grã-Bretanha, os celtas produziam o material e o utilizavam em locais onde o minério de ferro contendo manganês era encontrado em depósitos naturais. Ferreiros e produtores artesanais de facas e espadas sabiam transformar o ferro extraído em aço, que era bastante desejado devido à sua capacidade de se manter muito afiado. A industrialização do processo exigia a redução do conteúdo de carbono do ferro derretido e o uso de uma quantidade menor de carvão vegetal na fornalha, uma vez que esse combustível ficava cada vez mais escasso e caro.

14.26a McKim, Mead e White, Planta baixa da Pennsylvania Station, Cidade de Nova York, 1902–11.

De todos os projetos espetaculares de McKim, Mead e White, nenhum é mais impressionante do que esta estação ferroviária. Eles buscaram inspiração nas termas romanas para administrar as multidões que passavam por este amplo espaço diariamente.

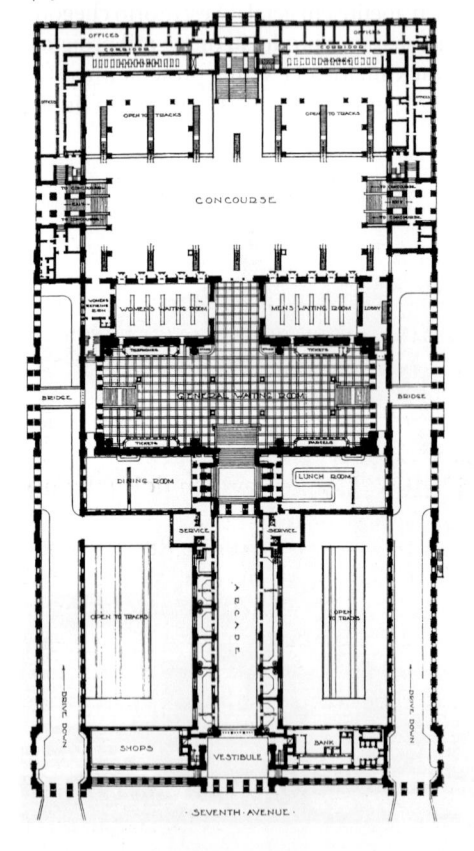

14.26b McKim, Mead e White, Corte e elevação da Pennsylvania Station, Cidade de Nova York, 1902–11.

Como a planta baixa, a elevação e o corte se inspiraram nas termas romanas. As características dominantes eram as enormes janelas que aqueciam e iluminavam a área de espera, coberta com abóbadas de nervuras. A destruição deste terminal deve ser vista como uma tragédia para a arquitetura dos Estados Unidos.

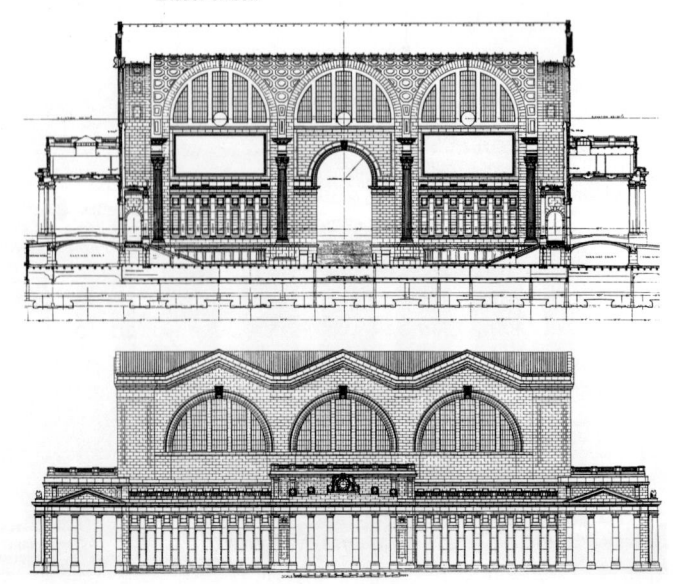

14.27 J.A. e W.A. Roebling, Ponte do Brooklyn, Cidade de Nova York, 1869-83.

Nenhuma ponte suspensa foi mais comemorada do que esta que conecta Manhattan ao Brooklyn por cima do Rio East. Seus cabos de aço não foram simplesmente esticados, mas trançados por uma máquina que teceu uma teia que passa repetidamente de margem a margem.

William Kelly (1811-1888), metalurgista norte-americano, foi o primeiro a desenvolver um conversor para queimar o excesso de carbono com um jato de ar. Ele construiu sete exemplares em sua oficina, localizada na cidade de Eddyville, Estado do Kentucky. Porém, em 1856, quando decidiu patentear o processo pneumático, descobriu que o inglês Henry Bessemer (1813-1898) acabara de obter a patente da mesma ideia. Ainda que, posteriormente, a invenção anterior de Kelly tenha sido comprovada, ele não recebeu a glória nem a recompensa financeira que eram suas por direito. Bessemer ficou conhecido como o inventor do conversor que permitia a produção eficiente e barata de grandes quantidades de aço. A partir de 1875, o aço começou a substituir o ferro fundido e o ferro batido na construção, já que sua resistência à compressão e à tração superava a do ferro; além disso, a produção era mais barata.

Inicialmente, o aço foi usado em dormentes ferroviários e obras de engenharia. A primeira ponte de aço construída nos Estados Unidos foi a Ponte Eads (1869-74), sobre o rio Mississippi, em Saint Louis. Seu projetista, o capitão James B. Eads (1820-1887), fora capitão de barca fluvial e operador de salvamento de navios no próprio rio; apesar da completa falta de estudo de engenharia – é verdade que ele foi auxiliado por engenheiros e matemáticos capacitados, que entraram com o conhecimento técnico que ele carecia –, ganhou a confiança dos empresários locais, que financiaram a construção da ponte. Eads estava familiarizado com o comportamento do Rio Mississippi e exigiu que as fundações da ponte fossem até o leito rochoso, que se encontrava 4,3 metros sob a água e 24,7 metros sob a areia. A ponte exigiu quatro pilares de pedra para sustentar três arcos abaulados de 153, 158,5 e 153 metros; os arcos foram feitos com tubos de aço de 46 centímetros de diâmetro, interconectados por travamentos triangulados de modo a formar uma unidade integrada. A construção foi feita usando-se **tubulões** escavados com um sistema pneumático para as fundações dos pilares e, então, construindo-se em balanço as seções do arco, que partiam de cada pilar, até seu fechamento; o uso de cimbramento para sustentar o arco durante a construção interferiria com a navegação.

O aço também foi usado na mais importante ponte suspensa do século XIX – a Ponte do Brooklyn, que conecta Manhattan e o Brooklyn por cima do Rio East, vencendo um vão de quase 500 metros (Fig. 14.27). A ponte foi projetada por John Augustus Roebling (1806-1869) e construída sob a supervisão de seu filho, Washington Augustus Roebling (1837-1926). Eles escavaram dois tubulões gigantes para fazer as torres da ponte e trançaram fios de aço galvanizado para produzir os dois cabos principais que sustentam o tabuleiro. Cada cabo contém mais de 5 mil fios, compactados e envolvidos com uma espiral contínua de aço mais macio. Os estais diagonais que irradiam das torres oferecem contraventamento e são provavelmente fortes o bastante para transferir as cargas da ponte caso os cabos principais rompam, enquanto o tabuleiro enrijecido evita possíveis tendências ao desenvolvimento de vibrações destrutivas resultantes das cargas de vento. Uma das experiências mais memoráveis oferecidas pela Cidade de Nova

ENSAIO

A CHEGADA DA FERROVIA
Mark Reinberger

14.28 W.P. Frith, *A Estação Ferroviária*, 1866. Gravura.

No século XIX, nenhuma outra inovação afetou tanto a vida das pessoas quanto a estrada de ferro. Depois da inauguração da primeira linha, que ia de Stockton a Darlington, na Inglaterra, em 1825, esse novo meio de transporte se espalhou com uma rapidez impressionante. Já na década de 1840, ferrovias chegavam a todas as regiões da Inglaterra. Na década de 1830, linhas foram inauguradas na França, Alemanha, Irlanda, Rússia e Itália. A primeira linha norte-americana ligava Baltimore e Ohio e começou a funcionar em 1830. Dez anos depois, o país tinha 4.800 km de trilhos; quando a Guerra Civil começou, o número havia subido para 48 mil km. Em 1869, a primeira linha transcontinental ligou as costas leste e oeste dos Estados Unidos.

Mais do que qualquer outra invenção, a ferrovia conectava todas as regiões de um mesmo país, criando nações unificadas e gerando economias mais integradas e o sentimento de nacionalismo mais forte do século. As diferenças regionais no consumo, moda e arquitetura diminuíram com o surgimento das estradas de ferro, que possibilitaram entregas postais rápidas em longas distâncias, a rápida difusão de notícias e a distribuição mais fácil de produtos, incluindo materiais de construção.

O crescimento das ferrovias promoveu a industrialização no século XIX, mas também dependia dela. Uma rede ferroviária em larga escala era inconcebível sem os elementos típicos da economia industrial moderna, como uma força de trabalho grande e móvel, a criação de aço para trilhos capazes de suportar cargas pesadas, a padronização de ferramentas e máquinas, tolerâncias reduzidas na manufatura, novas capacidades industriais para pontes e túneis e uma enorme quantidade de minas de carvão. Todas essas indústrias, por sua vez, geraram empregos para milhões de trabalhadores.

As ferrovias também possibilitaram os subúrbios modernos, permitindo que outras pessoas, além da classe alta e da classe média alta (que tinham dinheiro para comprar carruagens), vivessem na periferia. Metrôs e bondes também possibilitaram a concentração de negócios nos centros das cidades, o que exigiu o desenvolvimento de edifícios de escritórios altos no final do século. Nos Estados Unidos, as ferrovias também chegaram a áreas remotas para fins de mineração e urbanização e foram responsáveis pela fundação de muitas cidades. Também conectaram países colonizados no exterior, permitindo que superpotências, como a Grã-Bretanha, extraíssem recursos de maneira mais econômica e exercessem mais controle sobre locais como a Índia.

A gravura acima (Fig. 14.28), extremamente trabalhada por W.P. Firth, mostra a Paddington Station, em Londres, em 1866. O objetivo conhecido do artista era retratar a vida urbana moderna com suas multidões, mistura de classes sociais e grande movimento. Buscava criar um tipo de quadro literário na linha de Dickens, na época o escritor mais popular da Inglaterra. A gravura também retrata muito bem a arquitetura de ferro e vidro de um novo tipo de edificação – a estação ferroviária – e detalhes do trem. As muitas cenas de ternura entre as famílias nos lembram que os trens facilitavam a comunicação entre amigos e famílias, diminuindo o isolamento de áreas rurais. Tanto nas zonas urbanas como rurais, a estação ferroviária substituiu, de certa maneira, a praça da cidade como centro de encontro social.

York é andar pela passarela de pedestres da ponte, partindo de Brooklyn Heights em direção à Manhattan, e apreciar a silhueta da cidade.

AS APLICAÇÕES DA CONSTRUÇÃO COM FERRO E AÇO NA ARQUITETURA

No século XIX, o ferro e o aço ainda não eram admirados por suas características como elemento de arquitetura: as posturas neoclássica e romântica prevalecentes se voltavam para o passado, quando as edificações sempre foram de alvenaria portante. Tudo aquilo que os arquitetos e seus clientes admiravam e com o que se sentiam à vontade podia ser construído usando-se materiais e métodos tradicionais. Por isso, os arquitetos demoraram em explorar as possibilidades do ferro e do aço, que foram usados originalmente em edificações industriais utilitárias, como indústrias têxteis, galpões e estufas.

O ferro era usado com elegância no paisagismo. A Inglaterra vitoriana, próspera em função da riqueza do império, era fascinada pelas plantas tropicais que vinham da Índia, África e Extremo Oriente. Para preservar esses espécimes no clima frio e nublado do Reino Unido, eram necessárias estruturas que pudessem reproduzir o calor úmido dos países nativos; assim, construtores e jardineiros se dedicaram a edificar estufas grandes o bastante para acomodar palmeiras ou bananeiras. Não limitados pelos precedentes, os construtores se voltaram para sistemas de estruturas independentes e leves com painéis de vedação de vidro. A Casa das Palmeiras, no Kew Gardens, em Londres (1845–47), projetada por Decimus Burton e Richard Turner (Fig. 14.29), é um exemplo desse tipo de obra, assim como o Jardim de Inverno da Casa Chatsworth (1836–40), de Burton e Joseph Baxton. A resistência da edificação de Chatsworth derivava de sua pele de vidro e ferro, que foi configurada com cumeeiras e rincões alternados, como dobras.

Joseph Paxton

Joseph Paxton (1801–1865) era paisagista por formação, adquirindo, por meio da experiência, a habilidade de construir estufas usando vidro e ferro. Ele revolucionou a arquitetura com o projeto não encomendado que apresentou para uma edificação no Hyde Park, em Londres, com o objetivo de abrigar a primeira feira mundial moderna, no ano de 1851. O comitê de construção responsável pela exposição de Londres havia recebido 245 projetos de todos os tipos – nenhum deles totalmente adequado; por isso, decidiu produzir seu próprio projeto, uma grande estrutura com cúpula, tambor de tijolo e paredes adjacentes. No entanto, essa estrutura tradicional provavelmente não poderia ser construída rápido o bastante e dentro do orçamento de £300.000. Essas circunstâncias fizeram com que a apresentação tardia da proposta de projeto de Paxton – em julho de 1850 – ficasse ainda mais atraente (Fig. 14.30 a). O projeto propunha uma es-

14.29 Decimus Burton e Richard Turner, Casa das Palmeiras, Kew Gardens, Londres, 1845–47.

As estufas impulsionaram o projeto de estruturas leves, transparentes e de rápida construção. Entre os arcos de ferro, os pórticos de vidro se dobravam em cumeeiras e rincões alternados, dando rigidez à estrutura.

trutura de ferro e vidro com 1.851 pés (564,18 metros) de extensão e valor estimado de £150.000; e, negociando com os fabricantes que forneceriam os materiais, Paxton pôde garantir o término da obra dentro do prazo. Seu esquema foi aceito. Enquanto construíam a edificação, os empreiteiros Fox and Henderson estiveram entre os primeiros a usar a pré-fabricação em grande escala. Os elementos de ferro e vidro repetitivos exigiam um número limitado de componentes individuais, o que significava que as fábricas fornecedoras podiam facilmente produzir em massa a enorme quantidade de material necessária para a edificação que ocupava mais de sete hectares: 3.800 toneladas de ferro fundido, 700 toneladas de ferro batido, 38 km de calhas pluviais, 84 mil m² de vidro e 56 mil m² de madeira (Fig. 14.30 b). Os materiais chegavam ao canteiro de obras pré-montados em painéis, o que fazia com que a montagem final ocorresse a uma velocidade sem precedentes. Com o início da exposição, a edificação foi visitada por cerca de um quarto da população da Inglaterra, sendo universalmente admirada por seu espaço interno, vasto e arejado. Os jornalistas a apelidaram de Palácio de Cristal. O sucesso da construção e os elogios recebidos pelo Palácio de Cristal contribuíram muito para a maior aceitação de grandes quantidades de ferro e vidro em edificações projetadas por arquitetos. Com o fim da exposição, o edifício foi desmontado e reedificado em um parque em Sydenham, na periferia de Londres, onde permaneceu, até ser destruído por um incêndio em 1936.

Henri Labrouste

Os arquitetos franceses logo adotaram as técnicas de construção com ferro e vidro. Henri Labrouste (1801–1875) utilizou ferro fundido com elegância na Bibliothèque Sainte Geneviève (1842–50), em Paris. No exterior (Fig. 14.31), o edifício apresenta uma fachada neoclássica correta que lembra o projeto de palácios e igrejas no Renascimento italiano; mas no interior, no segundo pavimento, há uma sala de leitura surpreendentemente grande para a época (Fig. 14.32), que acompanha todo o comprimento e a largura da edificação, coberta por leves arcos plenos de ferro fundido. Dezesseis esbeltas colunas de ferro fundido, com proporções encontradas apenas em murais de Pompeia, dividem o longo espaço em duas metades com abóbadas de berço. As abóbadas do teto, que consistem de arames entrelaçados cobertos com reboco, repousam sobre arcos de ferro fundido com delicadas volutas.

14.30a Joseph Paxton, Palácio de Cristal, Londres, 1851. Litrogravura.

Joseph Paxton projetou uma edificação com peças pré-fabricadas que podiam ser produzidas em massa e montadas rapidamente. O contraste com as pesadas construções tradicionais era extraordinário.

14.30b Joseph Paxton, Interior do Palácio de Cristal, Londres. Litrogravura.

Segundo o teórico e arquiteto John Ruskin, esta estrutura não era uma obra de "arquitetura", pois carecia de permanência. No entanto, essa construção transparente, leve e em forma de esqueleto, apontava para o futuro da arquitetura.

14.31 Henri Labrouste, Bibliothèque Sainte Geneviève, Paris, 1842–50.

O projeto de Labrouste inspiraria Charles McKim ao compor a fachada da Biblioteca Pública de Boston. Os painéis entre as pilastras da arcada apresentam nomes de famosos intelectuais franceses.

Em 1854, Labrouste foi nomeado arquiteto da Bibliothèque Nationale (a Biblioteca Nacional da França), instituição com um acervo que crescia rapidamente e não dispunha de instalações adequadas para abrigá-lo. Labrouste trabalhou nos edifícios da biblioteca pelos 21 anos seguintes, ampliando as edificações preexistentes para criar uma

14.32 Henri Labrouste, Sala de leitura da Bibliothèque Sainte Geneviève, Paris, 1842–50.

Labrouste cobriu a enorme sala de leitura com duas arcadas de ferro fundido sustentadas na linha central por esbeltas colunas de ferro fundido colocadas sobre pilaretes de alvenaria. As janelas com arcos plenos, à direita, são as da fachada principal.

14.33 Henri Labrouste, Sala de leitura central da Bibliothèque Nationale, Paris, 1858–68.

A sala de leitura criada por Labrouste para esta biblioteca fica no centro da planta baixa. Embora a esbelteza das colunas de ferro fundido fosse novidade, as cúpulas basearam-se em formas de alvenaria tradicionais.

sala de leitura central (Fig. 14.33) e uma sala do acervo separada – a primeira a ser construída em uma biblioteca. Como na Bibliothèque Sainte Geneviève, Labrouste usou alvenaria nas paredes externas neoclássicas e ferro no interior. O ferro é usado de modo impressionante na sala de leitura, onde nove cúpulas – cada uma com quase 10,6 metros de diâmetro – repousam sobre 16 pilares de ferro esbeltos. A iluminação vem de clerestórios e óculos localizados nas cúpulas. Igualmente importante, porém menos famosa, é a estrutura de ferro da sala do acervo. Ela tem 16 níveis de prateleiras e corredores com iluminação zenital conferida por claraboias e poços de luz. As grades dos pisos e pilares que sustentam as prateleiras formam uma estrutura que não depende das paredes de alvenaria da vedação externa.

Gustave Eiffel

O mais famoso projetista francês a usar ferro na segunda metade do século XIX foi Gustave Eiffel (1832–1923). Esse engenheiro ganhou fama com seus graciosos projetos de pontes, como o Viaduto Garabit, sobre o Rio Truyère (1880–84), no sul da França (Fig. 14.34), e depois usou a experiência adquirida com a construção de ferro para construir a torre mais alta do mundo – a Torre Eiffel, com seus 307,8 metros de altura, erguida para a Exposição Internacional de Paris de 1889 (página 420). Somente com a construção do Edifício Chrysler, em Nova York, a Torre Eiffel foi ultrapassada em altura, mas ainda é a maior construção de ferro do mundo, pois o aço rapidamente se tornou o material mais usado em estruturas de metal. O projeto da Torre Eiffel foi criticado pela elite artística francesa antes e durante a construção, mas parisienses de todas as classes ficaram encantados com as espetaculares vistas do topo e logo se acostumaram com sua silhueta gigantesca no horizonte. A inauguração da torre em 1889 também resultou no primeiro uso em grande escala do elevador de segurança para passageiros, modelo projetado pelo norte-americano Elisha Graves Otis.

Os primeiros arranha-céus

Os construtores norte-americanos se tornariam os maiores inovadores na construção de edificações com estrutura de metal. A partir de 1865, aproximadamente, arquitetos de Nova York e, a seguir, de Chicago, desenvolveram um tipo original de edificação – o arranha-céu – com escala e nível de sofisticação inigualados pelos projetistas europeus. Os edifícios altos eram uma resposta ao aumento do preço do solo urbano e ao desejo das empresas de ficar perto dos centros de comércio já estabelecidos. Toda uma variedade de inovações técnicas – incluindo componentes estruturais produzidos em massa, elevador de segurança e técnicas de proteção contra incêndio – os tornaram viáveis; seus sistemas estruturais eram executados de modo lógico com a estrutura de aço, travada lateralmente para suportar as cargas de vento.

14.34 Gustave Eiffel, Viaduto Garabit sobre o Rio Truyère, Garabit, França, 1880–84.

Eiffel transformou as pontes com estrutura de ferro em obras de arte. Ainda hoje surpreendendo com sua graça e leveza, esta estrutura era considerada absolutamente chocante no final do século XIX.

14.35 Fachada de ferro fundido, Richmond, Virgínia, cerca de 1870.

Estas elevações de ferro fundido eram fixadas a edifícios com paredes externas portantes de tijolo e, no interior, a colunas e vigas de madeira pesada. Com frequência, os projetos de ferro fundido se baseavam nas fachadas de *palazzi* da Veneza renascentista.

14.36 William Le Baron Jenney, Edifício Home Insurance Company, Chicago, Illinois, 1883–85.

William Le Baron Jenney foi um dos muitos arquitetos que buscaram maneiras efetivas de proteger contra o fogo as construções com estrutura de aço dos edifícios do final do século XIX. O Edifício Home Insurance Company foi um dos primeiros a ter sucesso.

A tecnologia da construção anterior à Guerra Civil dos Estados Unidos inclui o primeiro uso estrutural do ferro em edificações com fachada de ferro fundido e estruturas independentes produzidas em massa por homens como James Bogardus (1800–1874) e Daniel Badger (1806–1884); fabricadas em Nova York, eram despachadas para qualquer lugar onde chegavam os navios a vapor (Fig. 14.35). O ferro fundido era preferido por sua resistência, sua resistência ao fogo e suas características plásticas. Os detalhes clássicos pedidos para as estruturas comerciais podiam ser fundidos com economia usando-se moldes e repetidos em quantos vãos e pavimentos fossem necessários; já a fachada acabada podia ser pintada para se assemelhar à pedra ou outros materiais. A simplicidade da construção agradou a muitos empresários, que, a partir de 1849, construíram um número crescente de estruturas de ferro fundido. Assim, brotaram distritos inteiros feitos desse material, como o SoHo, em Nova York, depois que grandes incêndios destruíram as edificações com estrutura de madeira anteriores.

Na maioria dos casos, os edifícios de ferro fundido não apresentavam o contraventamento essencial para a construção de prédios altos e, por essa razão, não podem ser considerados os primeiros arranha-céus. No entanto, James Bogardus introduziu o perfil I de ferro europeu – hoje usado mundialmente como perfis de abas largas em estruturas de aço – e seu conceito de edificações feitas exclusivamente de ferro provavelmente encorajou outros a pensarem com mais seriedade em alternativas à construção de paredes de alvenaria portante. Enquanto reconstruíam o distrito comercial de Chicago, quase todo destruído por um incêndio em 1871, vários homens criativos aperfeiçoaram a construção com estrutura de metal à prova de fogo para edifícios altos, criando, assim, o arranha-céu. William Le Baron Jenney (1832–1907), projetista do Edifício Home Insurance Company (1883–85), geralmente recebe o crédito do desenvolvimento inicial do arranha-céu, ainda que seu edifício não tenha uma estrutura apenas de metal, visto que o pavimento térreo contém seções de paredes de alvenaria portante (Fig. 14.36). Acima do pavimento térreo, o exterior de alvenaria se apoiava em suportes com mãos-francesas de cantoneiras anexados à estrutura; aço, em vez de ferro, foi usado na estrutura a partir do sexto

14.37 Daniel H. Burnham e John Welborn Root, Edifício Monadnock, Chicago, Illinois, 1890-91.

A frente deste edifício – com sua cornija projetada – é original. Construído usando paredes de alvenaria portante tradicionais, em vez da nova estrutura de aço, usou os materiais de modo expressivo. A necessidade de economizar eliminou a ornamentação externa. Embora belo, o Edifício Monadnock marcou o fim da era dos arranha-céus com paredes portantes, pois suas paredes espessas não eram econômicas.

14.38 Daniel H. Burnham e John Welborn Root, Edifício Monadnock, Chicago, Illinois, 1894-95.

A pele externa de terracota e vidro do Edifício Reliance está presa a uma estrutura independente de aço interna. Esse método de construção antecipou as fachadas-cortina das décadas de 1950 e 1960.

pavimento. O segundo Edifício Rand McNally (1889-90), de Daniel H. Burnham (1846-1912) e John Welborn Root (1850-1891), tinha todos os elementos do arranha-céu moderno, incluindo uma estrutura totalmente de aço projetada pelo escritório de engenharia estrutural de Wade and Purdy; contudo, sua aparência externa era mais retrógrada que progressista. Mesmo quando as paredes de alvenaria portante eram mantidas, como no Edifício Monadnock (1890-91), de Burnham e Root, uma estrutura interna de ferro fornecia o travamento lateral por meio de conexões rebitadas de viga com coluna (Fig. 14.37).

Os arquitetos que produziram os edifícios altos de Chicago entre 1875 e 1925 são coletivamente denominados de Escola de Chicago, o que indica a presença de posturas de projeto e técnicas de construção comuns. Embora inovadoras, as estruturas desses edifícios nem sempre expressam os arcabouços de metal no exterior; a maioria é revestida em alvenaria, dando a impressão de que este é o material estrutural. As fachadas derivam de precedentes clássicos, que, todavia, oferecem pouquíssimas edificações nas quais os elementos verticais dominavam os horizontais – e nada que se aproximasse da escala da construção com pavimentos múltiplos. Os projetistas resolveram o problema de diferentes maneiras. O revestimento de terracota decorativo do Edifício Reliance (1894-95) repete a mesma elevação externa do terceiro pavimento até o pavimento de cobertura, expressando, no processo, a esbeltez dos pilares de metal de sua estrutura independente e a altura das vigas que sustentam os pisos (Fig. 14.38). Outros edifícios da Escola de Chicago foram compostos agrupando-se pavimentos em três ou quatro camadas horizontais, que então eram adaptadas conforme as proporções de colunas e entablamentos seguidas pelos arquitetos renascentistas e à ideia de paisagem urbana estabelecida por eles.

AS CONSTRUÇÕES COM ESTRUTURA INDEPENDENTE DE CONCRETO E MADEIRA

Já sabemos que os antigos romanos usavam concreto na construção. Mas esse material ficou em desuso por cerca de 1.400 anos, até Joseph Aspdin desenvolver o cimento Portland, em 1824. Já em 1774, ao construir o famoso Farol de

Eddystone, o engenheiro inglês John Smeaton experimentou uma mistura de cal virgem e argila que endurecia sob a água. No final do século XIX, projetistas dos Estados Unidos e da Europa – com destaque para Ernest Ransome (1844–1917) e François Hennebique (1842–1921) – usavam concreto armado com aço. Ransome, cujo pai patenteara uma "pedra de concreto", promoveu inovações tanto no aço da armadura como nas fôrmas, o que permitiu construir uma estrutura independente realmente de concreto por volta do ano 1900. Hennebique desenvolveu um sistema que patenteou para terceiros, resultando na construção de quase 40 mil estruturas de concreto armado antes de 1921. Em 1894, Anatole de Baudot, aluno de Henri Labrouste, construiu a igreja parisiense de Saint-Jean de Montmartre usando uma estrutura independente de **concreto armado** que expressa as teorias de Viollet-le-Duc, a quem Baudot era associado.

Outro sistema inovador de construção com estrutura independente desenvolvido no século XIX – desta vez, com madeira – foi a **estrutura em balão** (Fig. 14.39). A construção tradicional com estrutura de madeira envolvia peças de madeira pesada trabalhadas à mão e montadas usando-se sambladuras de encaixe conectadas por cavilhas de madeira. Embora resultasse em um alto nível de trabalho artesanal, era um método de construção ineficiente e apresentava o mínimo de contraventamento lateral na forma de elementos diagonais. No século XIX, o surgimento de pranchões – isto é, tábuas produzidas em tamanhos padronizados em serrarias hidráulicas ou a vapor – e o desenvolvimento de máquinas capazes de produzir pregos em massa possibilitaram uma mudança radical. A estrutura em balão consiste em uma travessa de soleira da qual se elevam longos montantes, distribuídos a intervalos bastante pequenos, que são recebidos por uma travessa superior. Esses elementos de madeira são pregados e travados lateralmente por barras diagonais. Faltava apenas a madeira compensada surgir, no século XX, oferecendo um diafragma de contraventamento lateral em função dos pregos diagonais. A estrutura em balão acabou se transformando na estrutura em plataforma, na qual o pavimento térreo se eleva até uma plataforma e a construção com estrutura independente é repetida, eliminando a necessidade de montantes com a altura de dois pavimentos.

O MOVIMENTO ARTES E OFÍCIOS

O rápido ritmo da industrialização na Inglaterra do século XIX criou uma nova ordem social baseada em investimentos em empreendimentos mecânicos e comerciais. Produtos feitos em fábrica, do sabão ao aço, eram distribuídos amplamente e elevaram, em geral, o padrão de vida material. Porém, nem tudo era um mar de rosas. Cidades industriais, por exemplo, cercadas por longos casarios degradantes para os trabalhadores, cresciam no centro da Inglaterra, onde a energia hidráulica e o carvão mineral estavam amplamente disponíveis. Já vimos como o capitalismo irrefreado afetou pessoas como A.W.N. Pugin, que estava desolado com o declínio dos valores morais e espirituais que associava à Idade Média. Outros ficaram mais preocupados com o declínio do padrão artístico nos produtos manufaturados, uma vez que projetistas com educação formal não participavam da criação de tais itens no processo de produção industrial.

John Ruskin

Essas duas questões – os valores sociais e a qualidade artística dos produtos manufaturados – deram origem ao Movimento Artes e Ofícios, que floresceu entre 1850 e 1900 na Grã-Bretanha e, posteriormente (1876–1916), nos Estados Unidos. Surgido na Inglaterra vitoriana, suas ideais invadiram a Europa e, finalmente, encontraram uma resolução "moderna" na Alemanha da República de Weimar. John Ruskin (1819–1900), prolífico crítico de arte e da sociedade, pode ser considerado o pai dos ideais do Movimento Artes e Ofícios. A seu ver, a Revolução Industrial era um erro lamentável que exercia uma influência corruptível na sociedade. Ruskin evitava o progresso tecnológico sempre que possível, insistindo, por exemplo, em usar carruagens em vez de viajar de trem e defendendo com vigor o retorno ao trabalho artesanal, no qual a obra refletia a forma da ferramenta e a presença da mão do trabalhador. Como Pugin antes dele, Ruskin associava altos valores morais a certos estilos históricos nos quais acreditava estarem a verdade e a beleza da construção. Ele desprezava profundamente aqueles que sonhavam em ensinar projeto industrial aos alunos. Escreveu:

> A raiz principal de toda esta maldade está no esforço para preparar o aluno para ganhar dinheiro projetando para fins de manufatura. Nenhum aluno que tiver isso como objetivo principal será capaz de projetar; as próprias palavras "Escola de Projeto" envolvem a mais profunda das falácias artísticas. O desenho pode ser ensinado por tutores, mas o projeto, apenas pelos Céus; e Deus se recusa a ajudar os estudiosos que pretendem vender sua inspiração.

14.39 Construção com estrutura em balão, século XIX.

A origem do termo "balão" para se referir à estrutura independente de madeira permanece incerta. Com esse novo método de construção usando materiais produzidos em massa, a construção em madeira deixou de ser uma prática artesanal, cultivada por trabalhadores extremamente capacitados, e se transformou em uma indústria.

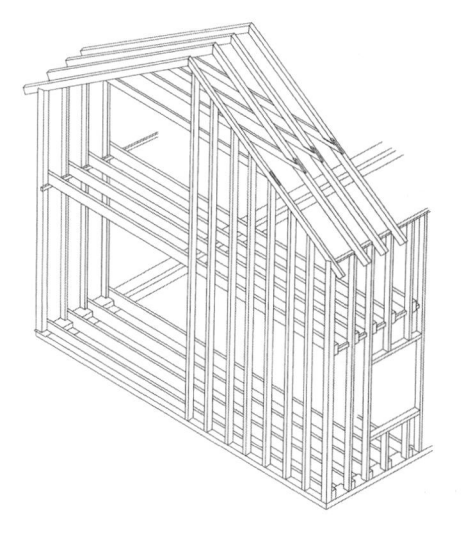

Em *The Stones of Venice* (1851-53), Ruskin escreveu sobre a arquitetura que refletia a devoção dos artesãos à construção. Já em *The Seven Lamps of Architecture* (1849), expôs as sete "luminárias" ou princípios da grande arquitetura. A Luminária do Sacrifício é dedicada à arte de construir e pergunta: "Foi feito com prazer?" A Luminária da Verdade expressa a qualidade moral necessária para se construir de modo exemplar. A Luminária do Poder explora a força estética do sublime; a Luminária da Beleza exalta a natureza como fonte das ordens da arquitetura; a Luminária da Vida exige a expressão externa da mente humana, enquanto a Luminária da Memória pede uma arquitetura permanente. Finalmente, a Luminária da Obediência urge que não se criem novos estilos, pois o Românico de Pisa e o Gótico do noroeste italiano seriam os únicos modelos adequados.

William Morris

Os discursos e escritos de Ruskin influenciaram significativamente uma nova geração de homens sensíveis, que colocaram seus ideais em prática. Na Inglaterra, o líder desse grupo ativista foi William Morris (1834-1896), um aluno de religião de Oxford que abandonou a teologia e passou a estudar arquitetura e pintura depois de entrar em contato com os ensinamentos de Ruskin. Após se casar, Morris não encontrou nenhuma casa que alcançasse seus padrões de projeto; por isso, pediu que seu amigo, o arquiteto Philip Webb (1831-1915), projetasse aquela que ficou conhecida como a Casa Vermelha de Bexleyheath (1859-60), edificação de tijolos vermelhos que resgatava o vernacular doméstico medieval (Figuras 14.40-14.41). A abordagem direta da estrutura e o uso sincero dos materiais surpreendiam os visitantes contemporâneos, que também ficavam impressionados com a utilização dos detalhes decorativos no interior. Em parte como resultado da colaboração com artistas durante a construção da Casa Vermelha, Morris fundou a firma Morris, Marshall, Faulkner and Company em 1862, montando ateliês nos quais artistas e artesãos criavam papéis de parede, tecidos, vitrais, utensílios, móveis e carpetes usando técnicas artesanais. A firma de Morris refletia sua filosofia de dignidade e satisfação por meio do trabalho manual honesto. Pretendia ser uma alternativa ao sistema industrial, no qual elementos produzidos em massa eram montados por trabalhadores que não passavam de engrenagens em uma máquina e não tinham interesse, controle ou amor pelas mercadorias produzidas. Morris acreditava que a presença de produtos artesanais bem projetados nas casas de trabalhadores comuns os afastaria do trabalho sem paixão, "apenas

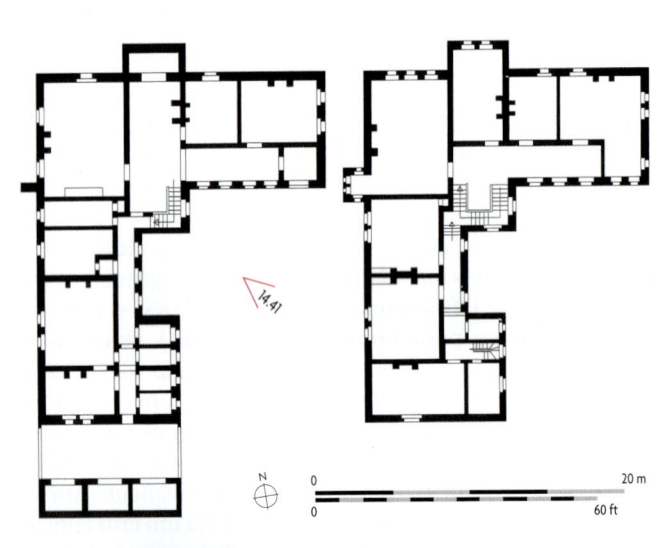

14.40 Philip Webb, Plantas baixas do pavimento térreo (esquerda) e segundo pavimento (direita) da Casa Vermelha, Bexleyheath, Kent, 1859-60.

A planta baixa impressiona menos do que a aparência externa. No entanto, a resposta direta às necessidades de iluminação, de ventilação e do dia a dia foi precursora do funcionalismo dos modernistas do século XX.

14.41 Philip Webb, Casa Vermelha, Bexleyheath, Kent, 1859-60.

Esta casa, situada perto de Londres, parece apenas uma composição confortável que usa formas familiares ao campo inglês em meados do século XIX. O que a diferencia é a tentativa de produzir um projeto "verdadeiro" em relação aos materiais e meios de construção, bem como à expressão do terreno e à cultura local.

para pagar as contas". Sua preocupação com o bem-estar da classe trabalhadora resultou no patrocínio entusiasmado e ativo do Socialismo, levando o historiador de arquitetura Nikolaus Pevsner a afirmar que a consciência social de Morris representa um dos pontos de origem do desenvolvimento do Modernismo europeu, que via a arquitetura como modeladora da sociedade. Infelizmente, a produção dos ateliês de Morris não era suficiente para atender às necessidades de um mercado amplo e o preço de seus objetos bem fabricados costumava ser superior em relação a produtos similares feitos em fábrica; por essas razões, o desejo de fornecer acessórios de qualidade para pessoas comuns nunca se concretizou. A fundação de sua firma, porém, representa a primeira tentativa de abordar a qualidade inferior dos produtos manufaturados e os aspectos desumanos da produção industrial – um problema que ficaria para outros resolverem. Os textos de John Ruskin e a firma de William Morris e seus sócios, por exemplo, inspirariam Elbert Hubbard a criar os Ateliês Roycrofters em East Aurora, Nova York; o trabalho de Hubbard seria muito admirado pelo jovem Frank Lloyd Wright.

Richard Norman Shaw, C.F.A. Voysey e Herman Muthesius

Embora estivesse longe de ser um revolucionário, Richard Norman Shaw (1831–1912) fez contribuições importantes para o desenvolvimento da arquitetura no estilo Artes e Ofícios na Inglaterra. O Historicismo Gótico de Pugin o havia impressionado na juventude. Depois de viajar pela Europa, trabalhou para o arquiteto *gothick* Edmund Street, o qual via como um mentor. As primeiras edificações de Shaw foram concebidas com racionalidade, como as de Street, mas eram pitorescas. Leyswood (1870) (Fig. 14.42), em Sussex, o condado de Londres, já foi muito divulgada na forma da belíssima perspectiva aérea de Shaw. Suas fachadas com ar de "Inglês Antigo", baseadas nos croquis das edificações medievais de Sussex feitos por Shaw, se desenvolvem cuidadosamente em volta de um pátio central e produzem uma rica silhueta de grupos de chaminés, múltiplos telhados de duas águas muito íngremes e uso direto de materiais de construção naturais. Muito mais ornamental – porém igualmente rigorosa e sintonizada com os precedentes ingleses – é a New Zealand Chambers (1871–73) (Fig. 14.43), que se inspira nas alvenarias de tijolo vermelho e remates de pedra dos edifícios construídos no reinado da Rainha Ana, no início do século XVIII. O projeto de Shaw visava à eficiência, incluindo aproximadamente 80 escritórios pequenos e uma suíte para os proprietários; além disso, compôs a fachada usando altos **balcões envidraçados** com vistosos ornamentos de madeira, reboco e pedra. A obra de Shaw influenciou o desenvolvimento dos estilos Rainha Ana e Shingle nos Estados Unidos.

Dentre os arquitetos ingleses influenciados pelo Movimento Artes e Ofícios, quem mais se destacou foi Charles Francis Annesley Voysey (1857–1941), cujos primeiros contratos incluíram projetos de papéis de parede que devem muito a Morris. Contudo, ele raramente usava papéis de parede ou ornamentos nas casas que projetava, dando preferência à pureza das paredes rebocadas e brancas ou aos painéis rústicos de carvalho. Por causa dessa omissão, foi considerado por muitos (embora não aceitasse o rótulo) como um pioneiro do Modernismo. As casas de Voysey, como O Pomar, em Chorleywood (1899), ou Greyfriars, perto de Guildford, Surrey (1896), são informais e lembram o vernacular medieval. Apresentam amplos beirais, telhados com grandes caimentos, chaminés largas e pesadas; janelas de batente com filetes de chumbo; e paredes caiadas de alvenaria de tijolo ou pedra. Os interiores apresentam materiais com acabamento natural, como pisos de ardósia e painéis rústicos de carvalho; móveis no estilo Artes e Ofícios – alguns

14.42 Richard Norman Shaw, Leyswood, Sussex, 1870. Desenho.

Richard Norman Shaw descartou os excessos do Gótico vitoriano para produzir um vernacular rural conhecido como "Inglês Antigo". A pitoresca Leyswood parece ter se desenvolvido com o passar do tempo e de acordo com as necessidades funcionais e exigências do terreno.

14.43 Richard Norman Shaw, New Zealand Chambers, Londres, 1871–73.

Shaw se inspirou nos séculos XVII e XVIII e criou o estilo "Rainha Ana" para edificações urbanas. As características incluem tijolo vermelho, caixilhos brancos e ornamentos cuidadosamente controlados.

projetados pelo próprio Voysey; e evidências artesanais em acessórios tanto ornamentais como funcionais, incluindo carpetes, cerâmicas, relógios, candelabros, dobradiças e trincos. Voysey criou um esquema forte, porém simples, ao projetar Broadleys (1898), casa de férias no Lago Windermere, para A. Currer Briggs (Figuras 14.44–14.45). Três janelas arredondadas acompanham os dois pavimentos da edificação, interrompendo a linha da cobertura, de modo a oferecer vistas do lago no oeste. A casa foi construída com pedra local, tem paredes de 60 centímetros de espessura e é coroada por um telhado de ardósia com uma série de mísulas de ferro que sustentam os beirais. A composição geral é assimétrica e, ao mesmo tempo, majestosa. Com esse projeto e outros contratos residenciais entre 1890 e 1905, Voysey ajudou a definir o estilo de muitas moradias suburbanas construídas na Inglaterra e nos Estados Unidos antes de 1930.

O espírito de projeto Artes e Ofícios foi levado para a Alemanha por Herman Muthesius, representante da Câmara de Comércio vinculada à embaixada alemã em Londres de 1896 a 1903. A Alemanha sofria com a mesma falta de projetos de qualidade em termos de produtos industriais que fora observada antes na Inglaterra e Mutheius recebeu a incumbência de fazer um relatório sobre a arquitetura e o projeto ingleses – na época, muito estimados no continente. O resultado foi um relatório em três volumes – *Das Englische Haus* (*A Casa Inglesa*) – que documentava todos

14.44 C.F.A. Voysey, Broadleys, Lago Windermere, Cumbria, 1898.

Os primeiros historiadores do Movimento Modernista viam C.F.A. Voysey como um de seus pioneiros. No entanto, ele rejeitava tal rótulo, afirmando que sua obra seguia a tradição das edificações dos pequenos proprietários rurais do interior sul da Inglaterra.

14.45 C.F.A. Voysey, Planta baixa de Broadleys, Lago Windermere, Cumbria, 1898.

Broadleys foi projetada para tirar partido das vistas do lago. As grandes janelas arredondadas iluminam todos os cômodos principais, enquanto os dormitórios e os espaços de serviço se desenvolvem para os fundos.

os aspectos das mais recentes obras do Movimento Artes e Ofícios, desde a arquitetura até os aparelhos sanitários. Ao voltar para a Alemanha, em 1903, Muthesius foi nomeado chefe da Câmara de Comércio, ficando responsável por selecionar projetistas de destaque para ensinar em escolas de artes e ofícios. O ímpeto para a formação da escola de projeto alemã, chamada de Bauhaus, se deve ao trabalho dos homens que ele escolheu, incluindo Peter Behrens, Hans Poelzig e Bruno Paul; contudo, a discussão mais completa ficará para o próximo capítulo.

A ART NOUVEAU

Um novo estilo, extremamente decorativo, surgiu durante a era conhecida como "La Belle Époque" (de 1880 a 1905, aproximadamente). Inspirado em várias fontes, incluindo o Barroco Tardio e o Rococó, o Historicismo Gótico, o Movimento Artes e Ofícios, o Historicismo Celta e as artes da China e do Japão, foi um estilo muito praticado, que recebeu nomes diferentes em países distintos. Era conhecido como Art Nouveau na França, na Inglaterra e nos Países Baixos; "Stile Liberty" ou "Stile Floreale" na Itália; e "Jugendstil" na Alemanha. Independentemente do nome, ele abandonava os múltiplos estilos vitorianos retrógrados e tentava produzir algo realmente novo. As sinuosas linhas presentes em obras do Barroco Tardio e do Rococó se transformaram em composições orgânicas vagamente inspiradas em formas vegetais e

14.46 Arthur Mackmurdo, Página-título de *Wren's City Churches*, 1883.
O estilo Art Nouveau é caracterizado pela longa curva sinuosa vista aqui. Mackmurdo apreciava os textos e a obra de William Morris, John Ruskin e Richard Norman Shaw.

animais. Na verdade, é possível fazer um paralelo com a arte celta ou o estilo animal do início da Idade Média, embora as curvas da Art Nouveau tenham a liberdade de mudar de largura e direção, o que ultrapassava a prática medieval.

Os primeiros exemplos de ornamentos florais são encontrados na Inglaterra, embora a expressão mais completa do estilo tenha vindo de outro lugar. Já em 1876-77, James MacNeill Whistler (1834-1903), pintor norte-americano com fortes vínculos com a Inglaterra, criou a Sala dos Pavões para a mansão de Frederick Leyland, em Londres – projeto marcado tanto pela delicadeza japonesa como pelos exóticos pavões, que representam o projetista e o cliente brigando sobre os honorários! (Atualmente, a Sala dos Pavões pode ser vista na Freer Gallery, em Washington, D.C.) O desenho com linhas ondulantes de Arthur Mackmurdo (1851-1942) para a página-título de *Wren's City Churches* (1883) é geralmente citado como a primeira verdadeira obra do movimento Art Nouveau (Fig. 14.46), mas sua influência foi limitada. Os papéis de parede e carpetes projetados por William Morris mais ou menos na mesma época compartilham a linearidade, assim como as ilustrações e floreios decorativos incluídos nos livros da Kelmscott Press, que foram publicados por ele depois de 1890. Outros ilustradores, especialmente Aubrey Beardsley, fizeram xilogravuras que exibem as vistosas linhas curvas da Art Nouveau.

No entanto, se olharmos além das superfícies floridas das obras da Art Nouveau, veremos forças mais substan-

14.47 Victor Horta, Casa Tassel, Bruxelas, 1892-93.
No final do século, projetistas de toda a Europa estavam em busca de novas ideias. Em casas urbanas como esta, Horta explorava a maleabilidade e a resistência à tração do ferro.

ciais presentes. Por um lado, a arquitetura da Art Nouveau manifestava, por meio da esbelta construção de ferro, o tipo de estrutura independente direta e expressiva defendida pelo racionalista Viollet-le-Duc. Por outro, há momentos – nos interiores do estilo Art Nouveau – em que o espaço propriamente dito parece fluir e a amplidão se torna dominante; essas características foram precursoras de experimentos espaciais mais radicais de arquitetos do início do século XX, como Adolf Loos.

Victor Horta e Hector Guimard

Os arquitetos da Art Nouveau transformaram a necessidade estrutural em uma linguagem de curvas com derivação orgânica. O primeiro inovador foi Victor Horta, arquiteto belga que projetou a Casa Tassel, em Bruxelas, construída em 1892-93 (Fig. 14.47). Horta incorporava desenhos com

14.48 Victor Horta, Interior do Hotel Van Eetvelde, Bruxelas, 1897.
Nos interiores, Horta usava ferro em pilares, forros, janelas e corrimãos. Aqui, a caixa de escada funciona como um núcleo extremamente bem iluminado no apertado ambiente urbano.

14.49 Hector Guimard, Entrada do Metrô de Paris, 1899–1904.
As estações criadas por Guimard ainda cobrem as entradas de várias estações do metrô de Paris. Neste exemplo, elementos de ferro com aspecto vegetal sustentam uma marquise em leque.

formas vegetais ondulantes nos tratamentos superficiais de pisos, paredes e tetos e também nos elementos estruturais, como escadas, balaustradas e gradis dos balcões. O historiador Sigfried Giedion elogiava a planta baixa "flexível" de Horta, com seus níveis, meios-níveis e poços de luz interiores, considerando-a a precursora das investigações espaciais posteriores, de modernistas como Adolf Loos e Ludwig Mies van der Rohe. O interior do Hotel Van Eetvelde (1897), projetado por Horta em Bruxelas, exibe as mesmas características (Fig. 14.48). Na Maison du Peuple (1896–99), posterior, ele explorou a relação estrutural com formas vegetais, especialmente no auditório do pavimento superior, onde tesouras de telhado de ferro ondulantes se fundiam com suportes verticais assim como os galhos que brotam do tronco de uma árvore. Até o balcão foi esculpido em forma curvilínea, com os delicados suportes se encerrando como gradis protetores. A expressiva linearidade da construção de ferro foi muito bem manipulada no primeiro edifício belga com fachada de ferro e vidro; porém, sua planta baixa era bastante tradicional, com eixo central e eixo transversal no pavimento térreo.

Hector Guimard (1867–1942) é o arquiteto francês mais conhecido pelos projetos no estilo Art Nouveau. Suas obras mais famosas foram feitas entre 1899 e 1904 na entrada do Métropolitain, ou Métro, o sistema de metrô de Paris (Fig. 14.49). São marquises sobre as escadas que descem do passeio e, para elas, Guimard concebeu vários projetos que utilizam redemoinhos e curvas de ferro batido, alguns deles sustentando coberturas de vidro. A unidade desses pequenos projetos é impressionante, pois todos os elementos foram habilmente integrados às formas vegetais. Os postes para luminária são finalizados por lâmpadas elétricas com a forma de um botão de flor, enquanto padrões inspirados em folhas de plantas são usados para preencher os gradis. Os outros projetos de arquitetura de Guimard refletem sua habilidade em mesclar o decorativo e o funcional, como fica evidente no Castel Béranger (1894–98), edifício de apartamentos localizado em Paris, no qual há um equilíbrio entre o medievalismo latente e a decoração assimétrica livre de ferro e cerâmica, formando um todo unificado.

14.50 Antonio Gaudí, Fachada da Natividade, Igreja da Sagrada Família, Barcelona, iniciada em 1882.

Parcialmente inspirada no Gótico catalão, apresentando traços cubistas e geralmente associada à Art Nouveau, a Sagrada Família não se encaixa em nenhuma categoria estilística. Como muitos arquitetos anteriores, Gaudí se baseou na natureza e explorou métodos artesanais locais.

Antonio Gaudí

Na Espanha, a Art Nouveau chegou à sua expressão mais idiossincrática na obra de Antonio Gaudí (1852-1926), catalão influenciado pelos escritos de Ruskin que começou como historicista gótico. Em função de seu interesse pelos estilos medievais, foi chamado, em 1884, para coordenar a construção da Sagrada Família (Templo Expiatório da Sagrada Família) em Barcelona, igreja iniciada dois anos antes por outro historicista gótico e ainda hoje inacabada. Durante as obras da Sagrada Família e da Capela de Colònia Güell, onde pendurou sacos de areia em cordas e os cobriu com lonas para determinar as seções ideais das abóbadas, Gaudí se afastou gradualmente do Historicismo Gótico para adotar um estilo extremamente pessoal que usou em edifícios de apartamentos, casas e projetos de paisagismo, além de edificações eclesiásticas. Embora suas formas curvilíneas tridimensionais, a decoração floral e os planos plásticos e ondulantes se aproximem mais da Art Nouveau do que qualquer outro movimento estilístico, a obra de Gaudí, em última análise, resiste à categorização. A Sagrada Família, por exemplo, conserva sugestões estruturais góticas, mas possui uma forte presença escultórica, cheia de torres, enriquecida com detalhes incrivelmente elegantes que, evidentemente, não são góticos. A fachada da Natividade é um conjunto de elementos erodidos que se fundem, com quatro grandes flechas se destacando (Fig. 14.50).

O projeto de Gaudí para a Casa Milá (1905-07), um grande edifício de apartamentos em Barcelona (Fig. 14.51), possui uma plasticidade ondulante na fachada e uma planta baixa curvilínea que se tornaram possíveis em função das expressivas paredes externas portantes. Não há paredes estruturais no interior, o que dá ao projetista a liberdade necessária para esculpir espaços individuais não ortogonais, todos diferentes entre si. Os projetos criados para o Parc Güell (1900-14), loteamento situado na paisagem acidentada do

14.51 Antonio Gaudí, Casa Milá, Barcelona, 1905–07.

Este edifício de apartamentos é tão pesado e parece usar as pedras com tamanha naturalidade que ficou conhecido na cidade como "a pedreira". Os gradis de ferro foram feitos de material reciclado, em um ponto específico, a escultura do telhado cria uma vista emoldurada da Sagrada Família.

14.52 Antonio Gaudí, Colunata do viaduto do Parc Güell, Barcelona, 1900–14.

Usando cordas, sacos de areia e lonas, Gaudí fez experiências empíricas com a transferência dos esforços em construções abobadadas. Os resultados incluem colunas inclinadas que respondem empiricamente aos vetores de força, produzidos, neste caso, pela força centrífuga dos carros fazendo as curvas no viaduto acima.

oeste de Barcelona, permitiram uma ampla fusão de formas naturalistas nas passarelas, nas escadas e nos assentos. As abóbadas se apoiam em ângulos oblíquos em uma passarela em forma de gruta (Fig. 14.52); a escada escorre como lava; e os bancos, adaptando-se às curvas irregulares de uma pessoa sentada, serpenteiam ao longo da borda da praça no pavimento superior. Os acabamentos e detalhes com azulejos cerâmicos contribuem com superfícies duráveis e um toque adequado de fantasia. O parque informal, amorfo e tortuoso apresenta um projeto total e muito original.

Charles Rennie Mackintosh

As interpretações extremamente individualistas da Art Nouveau feitas por Gaudí encontraram um paralelo escocês na obra de Charles Rennie Mackintosh (1868–1928), projetista talentoso cuja carreira como arquiteto foi curta. Mackintosh e um pequeno grupo de amigos trabalhavam principalmente em Glasgow, na Escócia, onde desenvolveram um estilo único que está relacionado à Art Nouveau no uso de curvas derivadas das formas naturais. Outras influências também são percebidas na obra de Mackintosh, incluindo as formas volumosas da arquitetura dos senhores feudais escoceses e a delicada decoração entrelaçada da arte celta. Sua arquitetura tende a apresentar volumes bem marcados habilmente compostos, com interiores iluminados e espaçosos acentuados por sutis curvas atenuadas ou padrões lineares geralmente simétricos. Como os arquitetos da Art Nouveau, Mackintosh dedicava muita atenção aos móveis, luminárias e detalhes, como as ferragens de janela.

A Escola de Arte de Glasgow (1897–1909) foi o primeiro contrato de Mackintosh e também o maior (Fig. 14.53). Localizada no lado norte de um terreno íngreme, a edificação apresenta três elevações voltadas para as ruas periféricas. A fachada principal, na Renfrew Street, é um volume monolítico dominado por duas faixas de grandes janelas de ateliês de projeto voltadas para o norte e uma composição com entrada central fortemente escultórica; já a fachada oeste, posterior, voltada para a Scott Street, se eleva sobriamente sobre a ladeira, lembrando uma fortificação medieval. Esta elevação, que expressa a biblioteca, apresenta um projeto ousado interrompido por três janelas com 7,6 metros de altura ao longo da parte alta da parede. O interior da biblioteca é o espaço mais famoso (Fig. 14.54). Mackintosh projetou os móveis e luminárias com o objetivo de harmonizá-los com o padrão dominante de horizontais e verticais das janelas e do balcão do mezanino. Uma linearidade mais fluida pode ser encontrada em outros cômodos; já a elevação sul (posterior) do pavimento de cobertura possui aberturas arqueadas simples que lembram obras românicas. Na parte sul (posterior) e voltada para o pátio de manobras da estação ferroviária, a fachada (Fig. 14.55) é aparentemente aleatória, com janelas distribuídas onde os espaços internos exigem. No entanto, Mackintosh manipulou essas aberturas simples em uma muralha íngreme, de resto desadornada, e produziu uma composição que mistura, de maneira inédita, pompa, diversidade e convicção.

Outras obras de Mackintosh incluem Windyhill (1900–01), localizada na periferia de Glasgow, em Kilmacolm; a Casa da Colina (1902–04), em Helensburgh; e a Escola da Scotland Street (1904–06), em Glasgow. A Casa da Colina (Fig. 14.56), projetada para um editor de Glasgow, se ergue como um castelo em terreno elevado, refletindo a influência do vernacular escocês em seus torreões,

CAPÍTULO 14 O PROGRESSO NO SÉCULO XIX 455

14.53 Charles Rennie Mackintosh, Escola de Arte de Glasgow, Glasgow, 1897–1909.

Esta é a fachada principal na Renfrew Street. As enormes janelas trazem a luz difusa do norte (no hemisfério norte) para os ateliês de pintura e projeto. A entrada central inclui motivos inspirados no vernacular medieval de Glasgow.

14.54 Charles Rennie Mackintosh, Interior da biblioteca, Escola de Arte de Glasgow, Glasgow, 1897–1909.

Os pilares de apoio são de madeira pesada com acabamento em cor escura, típicos de interiores do final do século XIX e início do século XX. Mackintosh também projetou as mesas de leitura e as luminárias.

14.55 Charles Rennie Mackintosh, Elevação posterior da Escola de Arte de Glasgow, Glasgow, 1897–1909.

Embora a elevação norte forneça a fachada pública apropriada, esta elevação posterior é uma composição igualmente poderosa. Seu princípio, de aplicação simples, porém hábil, de janelas como figuras no fundo liso das paredes de alvenaria, é similar à preocupação de Mackintosh com as relações de figura e fundo nas aquarelas da natureza.

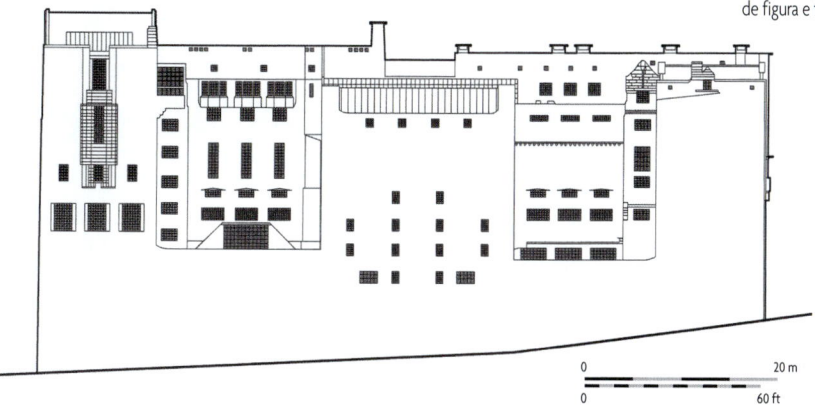

14.56 Charles Rennie Mackintosh, Casa da Colina, Helensburgh, 1902–04.

A silhueta e a volumetria pitorescas da Casa da Colina expressam muito bem as preferências do século XIX. Entretanto, as superfícies de paredes simples e desadornadas chamam a atenção daqueles que estudam as origens do Modernismo do século XX.

14.57 Charles Rennie Mackintosh, Plantas baixas do pavimento térreo (abaixo) e do segundo pavimento (acima) da Casa da Colina, Helensburgh, 1902–04.

Estas plantas baixas têm uma organização funcional extremamente objetiva, mas o perímetro da edificação foi evidentemente determinado tendo-se em mente uma expressão tridimensional. Observe a escada circular encaixada em uma quina interna e a escada com patamar semicircular que se projeta.

chaminés expressivas e cobertura dominante. A aparência monolítica do exterior é obtida por um revestimento de **fulgê**. A planta baixa (Fig. 14.57) foi dividida de maneira lógica em áreas funcionais: a biblioteca e o lavabo perto da entrada, para simplificar o trabalho, seguidos pelas salas de estar e jantar e, a seguir, uma zona para criados na extremidade. No segundo pavimento ficam os dormitórios, com o quarto de criança e os dormitórios dos criados acima da área de serviço. Todos os interiores foram trabalhados artesanalmente seguindo a tradição do Movimento Artes e Ofícios; incluem tapetes, luminárias, decoração com estêncil e móveis desenhados especialmente para a casa (Fig. 14.58). A madeira escura contrasta com os tons pastéis nas superfícies de piso e parede. O teto em abóbada de berço de um dormitório se transforma em um baldaquim sobre a cama.

14.58 Charles Rennie Mackintosh, Interior da Casa da Colina, Helensburgh, 1902–04.

Mackinstosh projetou o interior da Casa da Colina usando as ortogonais obrigatórias e as curvas da Art Nouveau.

Projetistas da Art Nouveau em diferentes partes da Europa acompanhavam os trabalhos uns dos outros por meio de revistas internacionais. A proposta de Mackintosh para o projeto da "Casa de um Amante das Artes" lhe garantiu o segundo lugar em um concurso alemão realizado em 1901. Seus desenhos se tornaram conhecidos graças à inclusão em uma revista editada em Darmstadt, que se tornara o centro do Jugendstil em 1899, quando Ernst Ludwig, o Grão-Duque de Hesse, fundou uma colônia artística no subúrbio de Mathildenhöhe, atraindo artistas de Munique e Viena. Embora a vida da colônia como centro artístico tenha sido breve, as casas construídas no distrito de Mathildenhöhe são hoje um testemunho da arquitetura Jugendstil. As edificações importantes construídas no estilo Jugendstil incluem a casa de Ernst Ludwig, projetada por Joseph Maria Olbrich (1867–1908), que veio da Sezession de Viena, e uma residência cara e requintada (1899) construída para sua família pelo jovem pintor alemão Peter Behrens – Behrens rapidamente superou o Jugendstil e se tornou uma figura essencial para o desenvolvimento da arquitetura moderna na Alemanha. No geral, o Jugendstil é uma manifestação tardia da Art Nouveau e suas manifestações na arquitetura tendem a ser lineares, embora menos livres em relação à Bélgica ou à França.

A SEZESSION DE VIENA

Na Áustria, os arquitetos da Art Nouveau eram membros da Sezession de Viena, associação composta principalmente por artistas e formada em 1898. O membro mais antigo do grupo, mas não seu fundador, era Otto Wagner (1841–1918), arquiteto neoclássico que foi promovido ao posto de professor de arquitetura na Academia de Belas Artes de Viena em 1894. Após seu ingresso na vida acadêmica, Wagner parece ter mudado de filosofia, afastando-se da arquitetura arqueologicamente correta e se aproximando de uma expressão moderna e mais racional, adequada às exigências de sua época. O movimento conhecido como Sezession de Viena foi formado por alguns de seus alunos mais notáveis, e Wagner logo se uniu a eles ao adotar a ornamentação Art Nouveau.

Os projetos mais notáveis de Wagner foram as 36 estações para o sistema de metrô de Viena, o Stadtbahn (1894–1901). Embora menos exuberantes que a obra de Guimard para o Metrô de Paris, os projetos de Wagner utilizam os ornamentos estilizados característicos em ferro fundido e batido. Depois de 1900, o entusiasmo de Wagner pela Art Nouveau

14.59 Otto Wagner, Caixa Econômica dos Correios, Viena, 1904–12.

O revestimento de mármore fixado com parafusos com porcas de remate de alumínio cria o padrão da fachada de Wagner. O alumínio também está presente nas colunas e nos apoios da marquise de entrada.

14.60 Otto Wagner, Interior da Caixa Econômica dos Correios, Viena, 1904–12.

Originalmente, Wagner queria que a abóbada de vidro do saguão do banco fosse suspensa por mastros e cabos. Hoje, um telhado com duas águas protege o vidro. Junto às paredes do fundo e da direita, encontram-se os difusores de ar condicionado cilíndricos de alumínio.

esmaeceu e ele abandonou o estilo por completo para criar sua obra-prima – a Caixa Econômica dos Correios (1904–06 e 1910–12) de Viena (Figuras 14.59–14.60). Em um bloco de formato irregular, Wagner implantou uma escadaria monumental que leva a um amplo vestíbulo e, a seguir, o salão central do banco, que cercou com escritórios. Ele revestiu a fachada principal com mármore Sterzing branco em painéis que lembram telhas. Conectou esses painéis à superestrutura com o uso de parafusos cobertos com porcas de remate de alumínio, criando uma grelha peculiar. Usando mais alumínio – uma opção radical para a época – criou uma elegante marquise de entrada com finas colunas de alumínio e braços em balanço. Ao passar pela marquise e entrar no salão do banco, chega-se a um espaço cheio de luz que vem de um teto com abóbada de vidro que Wagner pretendia originalmente suportar com cabos sustentados por mastros de alumínio. Parte da luz passa pelos blocos de vidro do piso para iluminar os cômodos abaixo. No interior do saguão, duas linhas de colunas criam uma planta baixa em basílica, com os caixas nas "naves laterais" e difusores de ar condicionado cilíndricos de alumínio no perímetro. Como na fachada, as conexões ficam em destaque, desde as bases dos pilares revestidos de alumínio até os pilares dos corrimãos.

Josef Maria Olbrich, o talentoso aluno de Wagner, se tornou o principal arquiteto da Sezession de Viena, influenciado em parte pela obra de Mackintosh. Como Mackintosh, Olbrich encontrou uma base essencialmente ortogonal para suas formas de arquitetura, ornamentando-as com a vegetação controlada da Art Nouveau. Sua primeira obra importante foi encomendada por integrantes do próprio movimento – um pequeno edifício para reuniões e exposições de arte. O Salão da Sezession (1898–99) é um volume de inspiração neoclássica, coroado por uma cúpula de metal tramado (Fig. 14.61). Ao longo das paredes externas, entre as janelas altas, Olbrich inseriu ornamentos em baixo relevo inspirados em plantas e flores. Se comparados com as obras francesas ou belgas, os projetos de Olbrich parecem demasiadamente pesados e simétricos, mas a publicação desta edificação resultou em inúmeros elogios para seu arquiteto, levando o Grão-Duque de Hesse, Ernst Ludwig, a convidá-lo a entrar para a colônia artística de Darmstadt.

14.61 Josef Maria Olbrich, Edifício da Sezession, Viena, 1898–99.

Olbrich cobriu a cúpula com um motivo em forma de láurea, simbolizando Apolo, o deus da poesia, da música e do aprendizado. O edifício era usado pela Sezession como espaço de reunião e exposição.

De 1899 até morrer de leucemia em 1908, Olbrich trabalhou em Darmstadt, executando inúmeras casas, edifícios com ateliês, portões de entrada e a Torre do Casamento (Hochzeitsturm) (1907–08), para comemorar o enlace do Grão-Duque. A torre é uma estrutura simbólica, elevando-se acima da colônia em uma empena com arcos e painéis que lembra a forma dos tubos de um órgão. Foi construída com tijolos e rematada com pedras contrastantes ao redor das portas e janelas. As janelas se tornam ainda mais incomuns por estarem na quina da torre, parecendo desafiar o volume exigido para dar resistência à junção das paredes. Essa característica reapareceu nas edificações modernistas das décadas de 1920 e 1930.

EM BUSCA DE UM ESTILO NORTE-AMERICANO

Há um tema recorrente na história da arquitetura dos Estados Unidos: a busca pelo verdadeiro estilo "norte-americano" de edificar. Jefferson defendia o uso da arquitetura romana porque simbolizava a grandiosidade da república de Roma, considerada por ele um modelo valoroso para a nova república dos Estados Unidos. Os proponentes do Historicismo Grego desejavam vínculos simbólicos similares ao do governo democrático da antiga Atenas; já os Historicistas Góticos traçaram paralelos entre os valores cristãos da Idade Média e os contemporâneos. Dois arquitetos norte-americanos do século XIX contribuíram para a busca por uma expressão de arquitetura verdadeiramente norte-americana, mas, em vez de resgatar estilos do passado, desenvolveram uma nova abordagem para lidar com os materiais e problemas de construção gerados pela vida nos Estados Unidos. Suas conquistas tiveram longas consequências na história do projeto norte-americano.

Henry Hobson Richardson

Henry Hobson Richardson (1838–1886) foi o primeiro norte-americano depois de Richard Morris Hunt a frequentar a École des Beaux-Arts, em Paris. Nascido em uma rica família do Estado da Louisiana, Richardson concluiu o curso na Lawrence Scientific School da Harvard University antes de se inscrever na École em 1860. O início da Guerra Civil dos Estados Unidos pôs fim ao patrocínio que vinha de casa, forçando-o a sair da escola e entrar para o escritório parisiense de Théodore Labrouste (irmão de Henri), onde trabalhou até 1865, quando voltou para Nova York. Alguns anos depois, transferiu seu escritório para Boston e ganhou fama nacional com o projeto que venceu o concurso da Trinity Church (1872–77), em Copley Square, Boston.

A Trinity Church (Fig. 14.62) se tornou a edificação mais famosa da época; uma pesquisa nacional feita com arquitetos em 1885 a identificou como o melhor edifício dos Estados Unidos. Mas o que os projetistas (e o público em geral) tanto admiravam nesta igreja? De muitas maneiras, o projeto é um pastiche, seguindo a tradição do Ecletismo do século XIX. A planta baixa (Fig. 14.63) se baseia em uma basílica latina cruciforme e atarracada, enquanto a alvenaria de pedra policromática e a volumetria geral vêm das igrejas românicas francesas do Auvergne; o portal com três arcos foi inspirado na igreja de Saint Gilles-du-Gard, na Provença (veja a Fig. 8.48); a grande torre do cruzeiro reflete a torre da Velha Catedral de Salamanca, na Espanha. Apesar dos empréstimos, as abundantes ideias originais conferem à Trinity Church seu caráter peculiar. Richardson concebeu o edifício como uma igreja policromática, tanto no interior como no exterior; seu projeto revela um verdadeiro talento em termos de escala e textura. A cantaria cinza-escura contrasta com os remates de arenito marrom-avermelhado, enquanto a cober-

14.62 Henry Hobson Richardson, Trinity Church, Boston, Massachusetts, 1872-77.

Foi Stanford White, que na época trabalhava para H.H. Richardson, quem projetou a torre da igreja, baseando-se na românica Catedral de Salamanca. Com três aberturas em arco, a base é bastante similar a da igreja românica de Saint Gilles-du-Gard, localizada na Provença.

14.63 Henry Hobson Richardson, Planta baixa da Trinity Church, Boston, Massachusetts, 1872-77.

A planta baixa de Richardson é extremamente simples. As abóbadas são ornamentadas com murais de John LaFarge. Conectada à extremidade do coro da igreja há uma casa paroquial, construída com a mesma pedra policromática.

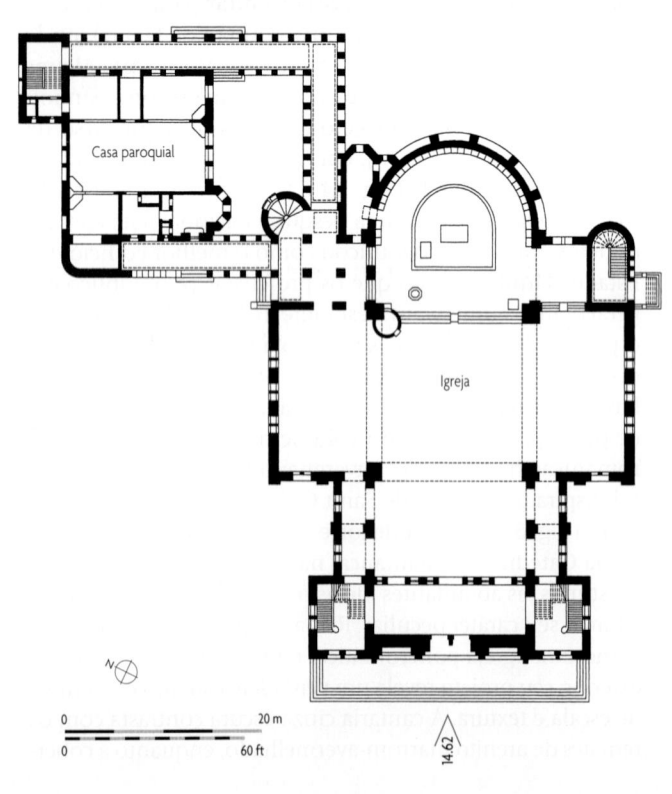

tura de ardósia da paróquia ressalta as telhas de barro vermelhas que compõem os telhados das torres. Murais pintados por John LaFarge e seu pupilo Augustus Saint-Gaudens enriquecem as paredes rebocadas internas. William Morris e Edward Burne-Jones criaram as janelas com vitrais, resultando em uma colaboração artística que ia ao encontro dos ideais do Movimento Artes e Ofícios. O sucesso da Trinity Church assegurou a prosperidade da carreira de Richardson e, de certa forma, compensou o projeto menos satisfatório da Brattle Square Church (1870), anterior, cuja nave central revelou ter uma acústica deficiente.

O projeto da Trinity Church também estabeleceu aquele que se tornaria o estilo de arquitetura característico de Richardson: uma interpretação inteligente e pessoal da Arquitetura Românica. Por não ser uma imitação à risca, sua obra é chamada de "richardsoniana", o que indica que ia muito além do historicismo. A adoção da Arquitetura Românica foi, na verdade, o ponto de partida na busca por uma tradição de construção apropriadamente norte-americana, já que, embora tenha visto muitas edificações da Idade Média na Europa e se impressionado com elas, não estudara os modos medievais na École des Beaux-Arts. Richardson foi um romântico que buscou inspiração nas pedras abundantes na Nova Inglaterra, trabalhando para criar um estilo apreciado pelas grandes massas rústicas e suas capacidades de carregamento

14.64 Henry Hobson Richardson, Atacado Marshall Field, Chicago, Illinois, 1885–87.

Na arquitetura norte-americana, não há composição mais satisfatória do que esta. Observe a unidade vertical de cada vão de janela, que começa com uma abertura retangular que ilumina o subsolo e se encerra em quatro retângulos verticais acima de duas janelas com arcos plenos. Infelizmente, o edifício foi destruído há muito tempo.

(os avanços técnicos da construção com vidro e metal pouco afetaram seu trabalho). Uma crônica de suas principais obras ilustra o desenvolvimento progressivo de suas ideias quanto à expressão da alvenaria. Em 1878, projetou o Server Hall para a Harvard University, instituição onde se graduou. É um edifício com salas de aula executado em tijolo para se harmonizar com os prédios preexistentes no Harvard Yard; contudo, a expressão dada por ele ao material, usado para construir um arco baixo na entrada e transformado em volumes cilíndricos que lembram torreões nas fachadas, transmite uma sensação de solidez que contrasta com os edifícios georgianos bastante delicados ao redor. Dois anos mais tarde, Richardson projetou, perto dali, o Austin Hall, para abrigar a escola de direito; sua estrutura de pedra quase simétrica era uma reinterpretação livre e romântica das formas românicas.

Em 1885, Richardson elaborou dois projetos em Chicago – a Casa Glessner, para um rico industrialista, e o Atacado Marshall Field (Fig. 14.64). A loja, já demolida, foi como uma revelação para os arquitetos da cidade, oferecendo um tratamento simples e majestoso para um bloco de seis pavimentos. O arquiteto deixou de lado a ornamentação e as armadilhas historicistas para manter a alvenaria rusticada e sem adornos, além de grandes aberturas com arcos para transmitir uma sensação de poder e monumentalismo. Sugeriu-se que os amplos arcos do *piano nobile* da loja foram inspirados no aqueduto romano de Segóvia, na Espanha, construção que fazia parte da coleção de fotografias de Richardson. Seja qual for a fonte de inspiração, Richardson conseguiu criar um projeto tão marcante e monumental quanto as gravuras romanas de Piranesi. Atrás das bem articuladas paredes portantes de alvenaria de pedra da loja havia uma discreta estrutura independente de ferro. A Casa Gles-

14.65 Henry Hobson Richardson, Casa Glessner, Chicago, Illinois, 1885.

Esta foi a menor obra de Richardson em Chicago. A característica mais impressionante na fachada principal (sul) é o enorme arco pleno feito com aduelas de pedra. A grande abertura à esquerda é o portão para a entrada de carruagens.

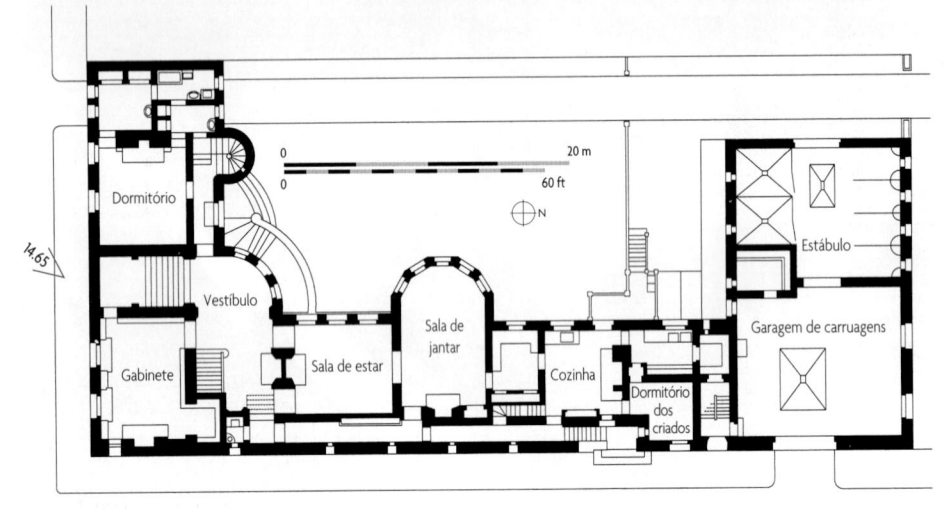

14.66 Henry Hobson Richardson, Planta baixa da Casa Glessner, Chicago, Illinois, 1885.

Esta planta baixa mostra o nível da porta de entrada da fachada principal e do portão para carruagens. As paredes externas da planta baixa em U foram feitas com alvenaria revestida de pedra, já as paredes do pátio central são de tijolos. A mudança de escala é impressionante, mas adequada. Compare a escada projetada e o espaço do pátio central com a obra de Charles Rennie Mackintosh.

sner (Figuras 14.65-14.66) possui um exterior igualmente contido e austero. Os cômodos voltados para fora dão para ruas públicas, enquanto aqueles voltados para o pátio interno são protegidos dos ruídos e da sujeira externos pela planta baixa em U. Embora as paredes do pátio interno sejam de tijolo, as fachadas voltadas para a rua foram construídas com várias fiadas de alvenaria de pedra revestida intercaladas com janelas ortogonais, grelhas e um enorme arco pleno.

Nas obras residenciais, Richardson também ajudou a criar o chamado "estilo Shingle". Construídas com estruturas independentes de madeira, as casas eram cobertas com telhas chatas de madeira nos planos das paredes e da cobertura, ressaltando o volume e a simplicidade. O projeto da Casa Watts Sherman (1874), em Newport, Rhode Island, apresenta pedra rusticada nas paredes térreas e telhas nas paredes do pavimento superior e na cobertura, que se estica como uma membrana sobre as janelas de sacada e lucarnas que articulam a fachada (Fig. 14.68). Os grandes beirais no telhado muito íngreme e as chaminés substanciais criam um perfil irregular e pitoresco no horizonte. O projeto posterior feito para a Casa Stoughton (Fig. 14.67), em Cambridge, Massachusetts (1882-83), mostra o quanto ele avançou em termos de simplificar as formas relativamente complexas da Casa Sherman. Aqui, a pele de telhas chatas cobre uma forte composição de sólidos geométricos sobre uma planta baixa em L. Ainda que se assemelhe um pouco às primeiras casas coloniais construídas na Nova Inglaterra, o projeto transcende qualquer período ou estilo, sendo tão livre de ornamentação quanto o Atacado Marshall Field, um pouco posterior. O interior da Casa Stoughton apresenta uma sala de estar com pé-direito duplo, elemento inspirado no projeto feito por Pugin para sua própria residência em Ramsgate.

Louis Henri Sullivan e o edifício alto

O projeto criado por Richardson para o Atacado Marshall Field influenciou especialmente a obra de Louis Henri Sullivan (1856-1924), arquiteto de Chicago que foi citado quando falamos do projeto da Feira Mundial de Chicago de 1893, na qual foi responsável pelo projeto do Edifício

14.67 Henry Hobson Richardson, Casa Stoughton, Cambridge, Massachusetts, 1882–83.

Aqui, Richardson se baseou parcialmente no vernacular da Nova Inglaterra Colonial para produzir uma edificação totalmente revestida de telhas chatas de madeira. A parede curva que marca o volume da escadaria, também coberta de telhas, é especialmente marcante.

14.68 Henry Hobson Richardson, Casa Watts Sherman, Newport, Rhode Island, 1874.

Richardson também trabalhou com madeira – neste caso, assistido por Stanford White. Observando de perto as texturas criadas pelas peças falsas de madeira e as telhas chatas da cobertura e das empenas, encontramos uma semelhança com as composições de pedra do arquiteto. O tratamento dos elementos de madeira também pode ser comparado ao estilo Rainha Ana, adotado por Richard Norman Shaw na Inglaterra.

14.69 Dankmar Adler e Louis Sullivan, Edifício do Auditório, Chicago, Illinois, 1886-90.

É evidente que Sullivan se deixou influenciar pelo Atacado Marshall Fields, concebido por Richardson. O bloco projetado acima dos três arcos é o saguão do hotel.

14.70 Dankmar Adler e Louis Sullivan, Planta baixa e corte longitudinal do Edifício do Auditório, Chicago, Illinois, 1886-90.

O chamado Edifício do Auditório é, na verdade, um hotel e um edifício de escritórios que cercam um auditório. É, sem dúvida, a planta baixa mais inteligente projetada por Sullivan (com Adler).

dos Transportes. Na época em que o Atacado Marshall Field ficou pronto, Sullivan – que então trabalhava com Dankmar Adler (1844-1900) – estava projetando o Edifício do Auditório de Chicago (1886-90) (Fig. 14.69). Depois de ver a obra-prima de Richardson, simplificou seu projeto, dando mais ênfase aos arcos sobre as portas de entrada e aqueles usados para articular as paredes.

Sullivan foi um arquiteto tão original quanto Richardson. Embora traços do Neoclassicismo e do Romantismo apareçam em sua obra, ele aplicava diretamente as tecnologias da construção que rapidamente se desenvolviam em Chicago e as expressava na arquitetura. Nascido em Boston, o jovem Sullivan passou grande parte de sua infância na fazenda do avô ao norte da cidade, onde se familiarizou com as formas naturais das plantas que, posteriormente, incorporaria nos ornamentos de arquitetura. Determinado a ser arquiteto, Sullivan passou um ano no recém-criado programa de arquitetura do M.I.T. e então trabalhou por um breve período nos escritórios de Frank Furness, na Filadélfia, e William Le

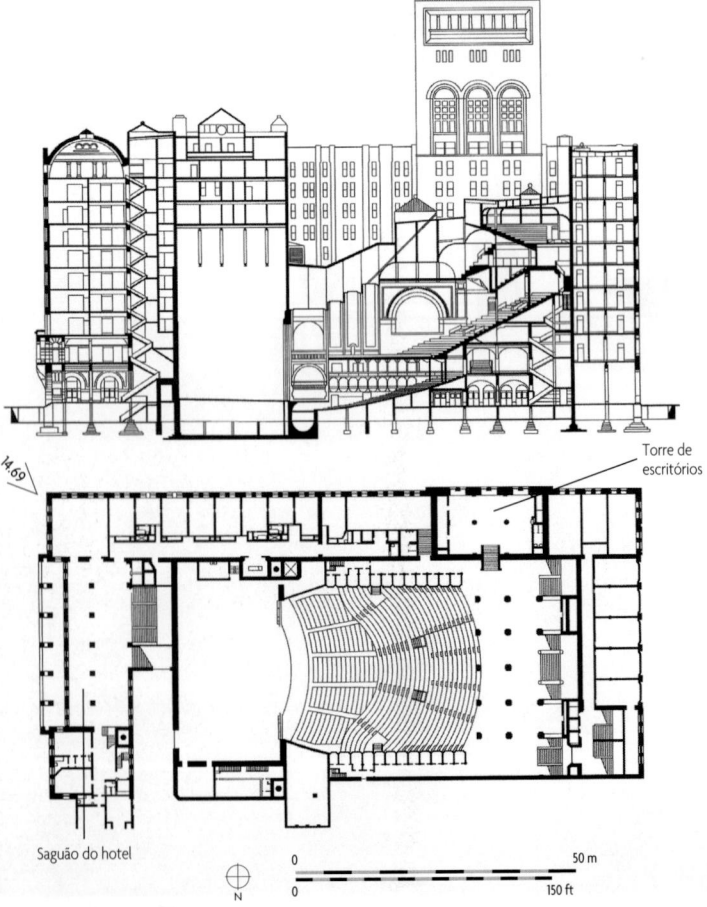

Baron Jenney, em Chicago. Foi para Paris em 1874 para trabalhar na École des Beaux-Arts, mas achou o curso tedioso. Um ano depois, viajou para a Itália e então voltou a Chicago e entrou para o escritório de Dankmar Adler and Company em 1879. Os conhecimentos de engenharia e administração de Adler complementavam as inclinações artísticas de Sullivan; em 1881, a firma mudou seu nome para Adler and Sullivan.

Devido ao conhecimento de acústica de Adler, a firma foi contratada para projetar o Edifício do Auditório de Chicago, uma das edificações multiuso mais complexas construídas no país até então. Seu nome deriva do enorme salão para concertos com capacidade para 4.237 pessoas que fica no centro, mas o edifício também abrigava um hotel com 10 pavimentos e uma torre de escritórios de 17 pavimentos, além de escritórios adicionais nos fundos (Fig. 14.70). A construção dessa estrutura sob o subsolo lamacento de Chicago desafiou os talentos de engenharia de Adler, que também garantiu que as linhas de visão e a acústica fossem excelentes em todos os pontos do auditório. A tarefa de Sullivan era conferir harmonia aos diversos elementos da edificação; no processo, como já foi citado, se deixou influenciar pelo Atacado Marshall Field.

Embora fosse um romântico, Sullivan buscou inspiração em precedentes clássicos para abordar o problema da expressão artística mais apropriada para um edifício alto. Em 1890, ao serem contratados por Ellis Wainwright, cervejeiro de Saint Louis, Adler e Sullivan tiveram a primeira oportunidade de projetar um arranha-céu; o tratamento dado por Sullivan ao exterior se tornou um modelo que foi seguido em muitos edifícios altos posteriores (Fig. 14.71). Em vez de apenas sobrepor elementos horizontais tomados emprestados de um período ou outro, o Edifício Wainwright possui base, corpo e coroamento. No ensaio *The Tall Building Artistically Considered* (1896), Sullivan explicou os motivos que o levaram a optar por esta organização. Ele expressou o pavimento térreo (no qual bancos, lojas ou estabelecimentos similares eram facilmente acessados por quem vinha da rua) e o mezanino ou segundo pavimento (também acessível a pé) como uma unidade; sobrepôs escritórios do terceiro pavimento ao pavimento superior, em que janelas repetitivas iluminavam as áreas de piso que podiam ser subdivididas para atender às exigências dos vários inquilinos; e distribuiu os sistemas mecânicos – desde os tanques e as bombas até a maquinaria do elevador – atrás de uma grande cornija. Sullivan adorava descobrir um princípio geral, que descrevia como "uma regra tão ampla que não admite exceções". Sua máxima mais famosa era "a forma segue a função", que, na verdade, não era de sua autoria. Suas edificações, porém, raramente mostram esse princípio posto em prática. O Edifício Wainwright, por exemplo, tem estrutura independente de aço com pilares rebitados atrás do revestimento externo de granito vermelho, tijolo e terracota. A forma externa reflete apenas parcialmente a função estrutural dos elementos de aço: as pilastras intermediárias das fachadas são falsas, pois não cobrem nenhum item de aço, mas necessárias para flexibilizar o arranjo do planejamento interno e obter o efeito visual que Sullivan buscava. Já o requintado friso rendilhado simplesmente enfeita o piso técnico.

14.71 Dankmar Adler e Louis Sullivan, Edifício Wainwright, Saint Louis, Missouri, 1890.

No ensaio *The Tall Building Artistically Considered*, Sullivan defendia o uso de dois pavimentos de acesso com mezanino, pavimentos múltiplos de escritórios e um coroamento contendo os equipamentos mecânicos. Aqui, suas teorias foram colocadas em prática, com ornamentos de terracota nos tímpanos e na grande cornija. A estrutura de aço fica oculta em virtude das exigências de proteção contra incêndio, mas sua presença é expressa no exterior.

O ideal é ver as obras de Sullivan em termos das contribuições originais que ele fez para o projeto, ignorando máximas do tipo "a forma segue a função". Além de encontrar uma expressão corajosamente vertical para os edifícios altos, Sullivan desenvolveu um estilo ornamental característico derivado das formas naturais das plantas. Na verdade, esse aspecto de sua obra é considerado parte do Movimento Art Nouveau, ainda que ele, aparentemente, não tenha sido diretamente influenciado por inovações contemporâneas na Europa nem as tenha influenciado de maneira direta. Para Sullivan, a ornamentação era parte integrante do projeto da edificação; em geral, seus fluidos padrões circulares eram projetados para facilitar a produção a partir de um molde ou para serem fundidos em terracota, ferro ou gesso. O Edifício Wainwright possui **tímpanos** de terracota ornamentados sob cada janela e padrões repetitivos no friso e no **teto do beiral**. Ele usou praticamente a mesma fórmula para projetar o Edifício Guaranty (1849) em Buffalo, Nova York (Fig. 14.72).

Deixando de lado os modismos da arquitetura, o conceito de Sullivan para a composição do arranha-céu permanece válido ainda hoje. No lugar dos painéis de revestimento de tijolo e terracota usados por ele, as construções de edifícios altos posteriores fazem amplo uso das **pare-**

14.72 Dankmar Adler e Louis Sullivan, Edifício Guaranty, Buffalo, Nova York, 1894.

Este edifício de escritórios apresenta a mesma composição de edificação alta que o Edifício Wainwright. O aspecto mais espetacular desta obra são os ornamentos de ferro fundido criados por Sullivan, que ilustram seu princípio de crescimento orgânico.

des-cortina de vidro (peles de vidro), nas quais as estruturas leves que sustentam os vidros avançam em relação aos pilares estruturais – técnica utilizada primeiramente por W.J. Polk no Edifício Halladie (1918), em São Francisco.

De acordo com o plano diretor de Nova York de 1916, as fachadas dos arranha-céus eram obrigadas a recuar em relação à rua à medida que subiam, gerando o característico perfil escalonado de marcos urbanos como o Edifício Chrysler (veja a Fig. 15.33) e o Edifício Empire State (veja a Fig. 15.38). Inspirados no Edifício Seagram (1958) (veja a Fig. 15.70), em Nova York, que apresenta elegantes espaços abertos de uso público na base, os códigos de edificação mais recentes têm autorizado a construção de fachadas verticais ininterruptas desde que parte do terreno seja transformada

14.73 Louis Sullivan, Loja de Departamentos Carson Pirie Scott, Chicago, Illinois, 1899–1904.

Nos edifícios Wainwright e Guaranty, Sullivan optou por enfatizar os elementos verticais. Nesta obra, equilibrou os planos horizontais e verticais e inseriu "janelas de Chicago", isto é, janelas com grandes vidraças fixas entre caixilhos móveis.

em praça de pedestres. Infelizmente, isso costuma resultar em praças sem vida em outras torres de centros de cidade. A volumetria, densidade e implantação adequadas dos edifícios altos ainda são tópicos controversos, discutidos por arquitetos, planejadores urbanos e o público em geral.

Sullivan usou mais ornamentos floreados e tridimensionais na entrada principal da Loja Schlesinger and Mayer, atual loja de departamentos Carson Pirie Scott (1899–1904). Situado em Chicago, este edifício representa a maturidade das ideias de projeto do arquiteto para edifícios altos (Fig. 14.73). Nele, as janelas amplas foram inseridas em grandes vãos, sendo articuladas com revestimento de terracota branca nos pilares de aço e tímpanos. O resultado é mais horizontal que vertical. As vitrines do pavimento térreo foram acabadas com painéis decorativos de ferro fundido que são imediatamente visualizados na altura da rua. Os ornamentos se tornam muito mais exuberantes sobre as portas de entrada, enfatizando, consequentemente, o acesso, que fica ainda mais definido por estar localizado em uma quina projetada e levemente radiada (isto é, com curvatura de 90°). As janelas dos pavimentos superiores têm esquadrias ornamentais esbeltas. Assim, o edifício se torna visualmente interessante a partir de diferentes pontos de vista. Vista a distância, a séria estrutura branca é lida como uma grelha retangular claramente subdividida sobre uma base escura; a entrada articulada é facilmente identificada de um ponto intermediário; já de perto, é possível admirar os detalhes abundantes ao redor das janelas e portas. Na loja de departamentos Carson Pirie Scott, Sullivan conseguiu integrar linhas contínuas e detalhes decorativos de modo raramente igualado por terceiros.

Depois de chegar ao apogeu, a carreira de Sullivan como arquiteto entrou em franca decadência. A loja de departamentos Carson Pirie Scott seria sua última grande obra. Ele e Adler puseram fim à parceria em 1895, mas nenhum dos dois conseguiu prosperar individualmente. Um ano depois, Adler propôs que reunissem suas forças, mas Sullivan o rejeitou. Cada vez mais misantropo e alcoólatra, Sullivan acabou se afastando da família, da esposa, dos colegas de profissão e da maioria dos possíveis clientes. Entre 1907 e 1924, assinou apenas 13 pequenos contratos – sendo o mais notável o National Farmers' Bank (1907–08) em Owatonna, Minnesota.

CONCLUSÕES SOBRE AS IDEIAS DE ARQUITETURA

O Neoclassicismo, o Romantismo e o Ecletismo em geral, bem como a ciência dos materiais e os progressos na engenharia que acompanharam a Revolução Industrial em curso, foram aspectos fundamentais para o estudo que fizemos do século XIX. No entanto, as circunstâncias da arquitetura da época são tão abundantes que fica difícil elaborar um resumo capaz de associar os diferentes indivíduos e eventos com o mesmo sentimento unificado de direção, resultados e conclusões visto nos capítulos anteriores. Talvez isso seja perfeitamente compreensível, uma vez que as circunstâncias – e suas interpretações – acabaram se diversificando ainda mais no século XX, culminando na atual condição "pós-moderna" do século XXI, na qual se verifica uma falta de fé entre aqueles que consideram impossível construir verdades sobre o passado.

É evidente que Karl Friedrich Schinkel não sofreu com tais dilemas. Os edifícios governamentais e institucionais que projetou em Berlim são modelos de lucidez, tão confiantes em relação à antiguidade e ao seu próprio tempo quanto o governo prussiano era no direito de exercer o poder. As condições, porém, já eram bipolares, pois Schinkel também produzia composições pitorescas – e o militarismo da Prússia resultou em duas guerras mundiais cataclísmicas.

Na Inglaterra, a obra já madura de Sir John Soane era igualmente sofisticada, embora ainda mais peculiar. Os interiores sombrios de sua própria casa, no n°. 13 de Lincoln's Inn Fields, e do Bank of England – especialmente quando retratados por J.M. Gandy – refletem uma personalidade quase inibida e cética, além do desinteresse pela capacidade das formas clássicas de dar forma às grandes verdades do mundo.

O Neoclassicismo que chegou aos Estados Unidos estava mais próximo de Schinkel que de Soane, pois serviu de instrumento para expressar externamente o otimismo que predominava na mais recente democracia do planeta. Começando em Monticello e terminando no campus da University of Virginia, Thomas Jefferson conferiu um aspecto neoclássico à república agrária composta por nobres fazendeiros que idealizava. Jefferson conheceu Benjamin Henry Latrobe logo que este emigrou da Inglaterra e escolheu-o para ser o arquiteto da deteriorada Casa do Presidente e do Capitólio dos Estados Unidos, na época, incompleto. Segundo seus desejos, a Catedral de Baltimore, projetada nas proximidades, foi restaurada de acordo com a expressão serena, baseada na simplicidade e cheia de luz do racionalismo iluminista.

Na Inglaterra, em meados do século XIX, A.W.N. Pugin publicou *Contrasts* e condenou os efeitos da industrialização na arquitetura e nas cidades do século XIX. Sua censura veio acompanhada do interesse nas composições pitorescas, especialmente bem representado na silhueta irregular e dinâmica do Parlamento do Reino Unido, onde Pugin trabalhou tanto no início como no final de sua carreira.

Soane, Latrobe e Pugin não desfrutaram de um ensino formal de arquitetura, visto que não havia nenhum na Inglaterra. Todavia, do outro lado do Canal da Mancha, em Paris, a École des Beaux-Arts exerceu uma profunda influência não apenas na França, mas por toda a Europa e, a partir de década de 1860, também nos Estados Unidos. Por causa da considerável miscelânea acadêmica, a École pôde praticamente ignorar a presença da industrialização (e a reforma relacionada proposta por Viollet-le-Duc), o que permitiu que seu antiquado sistema de ensino durasse mais 100 anos.

Uma das virtudes da École era, sem dúvida, o processo prescritivo de projeto. Entre aqueles que eram treinados para usá-lo, indivíduos realmente talentosos conseguiram feitos extraordinários, ao passo que os profissionais razoáveis pelo menos conseguiam ser competentes. Os primeiros norte-americanos a estudar em Paris faziam parte do grupo dos talentosos: Richard Morris Hunt, arquiteto do conjunto Gilded Age; Henry Hobson Richardson, que desenvolveu um estilo pessoal que acabou por se tornar o estilo norte-americano; e Charles McKim, que, com os sócios William Rutherford Mead e Stanford White, fundou a primeira firma de arquitetura moderna.

Em meados do século, poucos arquitetos europeus haviam adotado os novos materiais disponíveis, deixando a inovação a cargo dos engenheiros e até mesmo dos projetistas de estufa, como era o caso do paisagista Joseph Paxton, responsável pela criação do Palácio de Cristal. A construção em massa de rápida produção e com estrutura independente pré-montada trouxe mudanças no modo de construir edificações e também de visualizá-las; o mesmo pode ser dito da torre e das pontes de Gustav Eiffel.

Alguns arquitetos começaram gradualmente a explorar as novas tecnologias. Na Bibliothèque Nationale, Henri Labrouste inseriu colunas de ferro delgadas na sala de leitura no interior de uma estrutura de alvenaria tradicional; além disso, fez uso da construção de ferro "transparente" na área do acervo (escondida do público) da Bibliothèque Sainte Geneviève. Simultaneamente, os projetistas europeus começavam a explorar o potencial do concreto armado com aço em estruturas independentes e os construtores norte-americanos, com a estrutura de madeira em balão.

Na maior escala – a dos edifícios de escritórios altos – os habitantes de Chicago deram início ao processo de inovação após o grande incêndio que atingiu a cidade em 1871. O Edifício Monadnock ilustra as limitações econômicas da construção com paredes portantes, enquanto os experimentos realizados por William LeBaron Jenney, no Edifício Home Insurance, e Burnham e Root, no Edifício Reliance, elevaram o funcionalismo e o racionalismo estrutural ao nível da arte, na forma do arranha-céu com estrutura independente de aço.

Enquanto isso, na Inglaterra, as correntes contrárias à industrialização haviam ganhado – no mínimo – ainda mais força. Na obra *Seven Lamps of Architecture*, o crítico cultural John Ruskin estabeleceu uma filosofia que lamentava aquilo que via como uma produção industrial amoral, exigindo o renascimento do que considerava a tradição moralmente saudável da construção artesanal. Respondendo ao seu chamado, projetistas como William Morris ofereceram como alternativa o Movimento Artes e Ofícios, tão progressista em seu sincero apreço pelos materiais que C.F.A. Voysey, arquiteto membro do movimento – na verdade inspirado nos chalés de pequenos proprietários rurais ingleses – se tornou um protomodernista aos olhos daqueles que posteriormente procuraram as origens do Modernismo do século XX. Outros seguidores da tradição Artes e Ofícios, como Richard Norman Shaw, produziram composições mais próximas de um ecletismo brando do que de ideologias ou reformas. O adido cultural alemão Herman Muthethius admirava tanto a obra de Voysey e seus contemporâneos que reuniu seus projetos habitacionais em *Das Englische Haus*, livro que contribuiu para o surgimento do Modernismo na Alemanha.

No final do século XIX, movidos pela sede de "novidades", arquitetos começaram a explorar as capacidades plásticas do ferro em um movimento que ficou conhecido como Art Nouveau. Victor Horta, Hector Guimard e Antonio Gaudí (sendo este decididamente o autor das obras mais exóticas) produziram, na Bélgica, na França e na Espanha, respectivamente, edificações caracterizadas principalmente por linhas orgânicas e curvilíneas. Na Escócia, Charles Rennie Mackintosh chegou a ser associado à Art Nouveau, embora sua obra talvez tenha mais pontos em comum com o Movimento Artes e Ofícios; seu trabalho também foi muito admirado pelos integrantes da Sezession de Viena. Otto Wagner, estadista mais idoso membro do grupo, engatinhou com a Art Nouveau, mas acabou se firmando com uma arquitetura tectônica que explorava novos materiais, inclusive o alumínio, e, ao mesmo tempo, seguia princípios de ordenamento clássicos. Seu pupilo Joseph Olbrich projetou de tudo, desde vestimentas até automóveis e edificações, tendo a linearidade aberta como constante formal em sua obra.

Os Estados Unidos, país que ainda não tinha um século de vida, buscavam um estilo nacional; H. H. Richardson saiu na frente ao criar o estilo Românico Richardsoniano. No Atacado Marshall Fields, em Chicago, explorou as qualidades expressivas da alvenaria de pedra maciça, cuja agressividade era mais que apropriada para a jovem nação ainda em construção. A Casa Glessner exibe uma gramática tectônica similar, enquanto a Casa Watts Sherman – produto tanto da mente e do lápis de Richardson como de seu empregado Stanford White – e a Casa Stoughton, próxima ao campus de Harvard, refletem características do Movimento Artes e Ofícios e também da arquitetura colonial da Nova Inglaterra, na época sendo chauvinisticamente reinterpretada por arquitetos norte-americanos pela primeira vez.

Porém, foi o arranha-céu que mais bem expressou a energia e a criatividade do país depois de seu primeiro centenário. E foi Louis Sullivan quem resumiu com elegância a organização adequada deste novo tipo de edificação no ensaio *The Tall Building Artistically Considered*. Com o sócio Dankmar Adler, Sullivan deu forma às suas ideias no Edifício do Auditório de Chicago e, de maneira ainda mais expressiva, no Edifício Wainwright, em Saint Louis, e no Edifício Guaranty, em Buffalo, Nova York, antes de iniciar o rápido processo de decadência pessoal e profissional que o levou a projetar bancos pequenos, mas refinados, no meio-oeste dos Estados Unidos no início do século XX. Seu protegido Frank Lloyd Wright, viria a ser o arquiteto norte-americano mais famoso do século XX. Sua obra – somada a de outros modernistas – é discutida nos dois últimos capítulos deste livro.

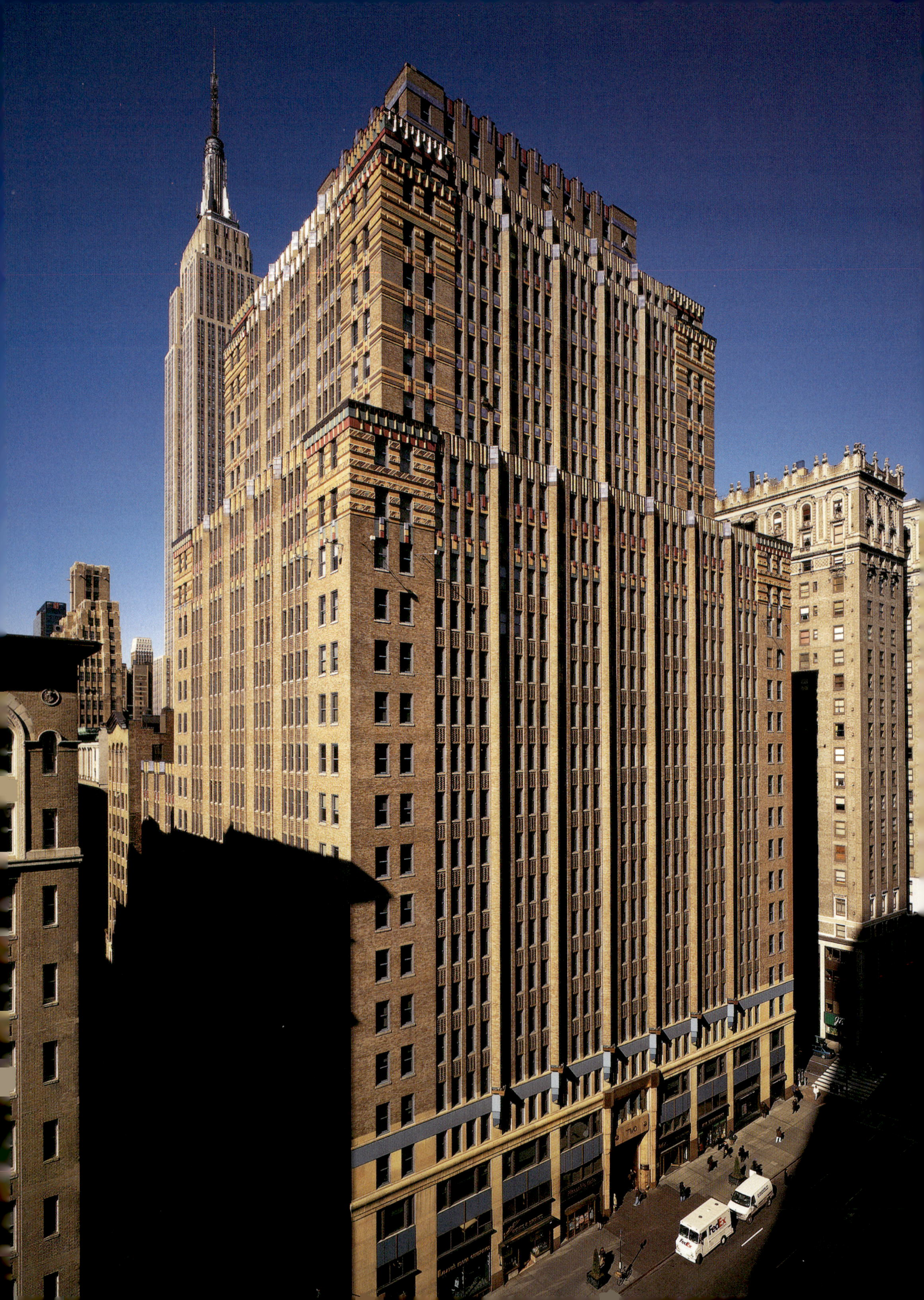
FedEx

CAPÍTULO 15

O SÉCULO XX E O MODERNISMO

O desenvolvimento da arquitetura "moderna" foi bastante complicado, uma condição inevitável para o século XX. Ficou muito mais difícil avaliar tal complexidade em virtude da natureza polêmica dos muitos textos escritos por aqueles que defendiam ou atacavam o Movimento Modernista ou o Modernismo Europeu. Ainda que uma análise superficial das edificações modernistas possa sugerir que tais obras sejam redutivistas ou desadornadas de todas as partes, exceto as essenciais, e – diriam alguns – apresentem pouco significado ou significado nenhum, esse não é o caso. Os fundadores do Modernismo queriam que suas edificações fossem didáticas; o objetivo era usá-las para instruir. Para se beneficiar dessa instrução, porém, é necessário ter consciência do que pode e do que não pode ser visto, ou seja, aquilo que foi eliminado da arquitetura que precedeu o Modernismo e a que os modernistas reagiam.

A NOÇÃO DE UMA ARQUITETURA MODERNA

Em função dos horrores da Primeira Guerra Mundial, muitos jovens arquitetos compartilhavam uma desilusão generalizada, na verdade, a sensação de que a cultura europeia falhara e precisava ser substituída por uma sociedade transformada; acreditavam que a arquitetura não só podia como devia ser um instrumento dessa transformação. Também acreditavam no poder do racionalismo e, em última análise, de suas criadas – a economia e a funcionalidade – afirmando que seus projetos racionais seriam mais bem produzidos por meio da mecanização, gerando edifícios eficientes, feitos a máquina. Como corolário, e seguindo os críticos sociais e de arquitetura do século XX, como John Ruskin, os novos arquitetos veneravam a expressão direta dos materiais de construção e dos processos de montagem.

Além da dificuldade de se entender os edifícios individuais do período formador do Modernismo, há sua absorção generalizada pelo cenário mais amplo da arquitetura e a construção fora do contexto geográfico e social no qual surgiram. Com frequência, a utopia modernista foi substituída pela cultura de massas, a economia pela parcimônia e a honestidade pela banalidade. Ironicamente, a Arquitetura Moderna – cujas raízes eram frequentemente socialistas – foi apropriada pelas grandes empresas dos Estados Unidos, com destaque para as torres de vidro e aço que serviram de sede para organizações e projetaram suas imagens capitalistas. Para começar a abrir caminho entre essas circunstâncias potencialmente confusas e dar início à exploração dos principais temas do Modernismo, apresentaremos os autores que escreveram sobre o movimento e analisaremos de maneira crítica o que tinham a dizer.

Cronologia

Albert Einstein publica *Teoria da Relatividade Geral e Especial*	1905
Pablo Picasso e George Braque criam o Cubismo	1908–12
Filippo Marinetti publica o *Manifesto Futurista*	1909
criação do imposto de renda federal nos Estados Unidos	1913 e 1916
Henry Ford automatiza por completo a produção em massa de automóveis	1914
Primeira Guerra Mundial	1914–18
Dadaísmo	cerca de 1915
Revolução Bolchevique na Rússia	1917
Theo van Doesburg cria o periódico *De Stijl*	1917
Mussolini funda o Partido Fascista na Itália	1919
Walter Gropius funda a Bauhaus de Weimar	1919
as mulheres conquistam o direito de votar nos Estados Unidos	1920
Le Corbusier elabora seus "cinco pontos de arquitetura"	1926
Joseph Stalin assume o poder na União Soviética	1926
Werner Heisenberg formula o Princípio da Incerteza	1927
Quebra da Bolsa de Valores de Nova York, dando início à Grande Depressão	1929
Adolf Loos desenvolve o *Raumplan*	1930
invenção do condicionamento de ar	1932
a exposição *The International Style: Architecture Since 1922* é inaugurada no Museum of Modern Art da Cidade de Nova York	1932
Segunda Guerra Mundial	1939–45
bomba atômica lançada em Hiroshima	1945
montagem do primeiro computador	1945
Francis Crick e James Watson descobrem o DNA	1953
o caso *Brown versus Board of Education* decreta a ilegalidade da segregação racional nas escolas dos Estados Unidos	1954
Rachel Carson publica *Primavera Silenciosa*, dando início ao movimento ambientalista	1962

Ely Jacques Kahn, Number Two Park Avenue, Cidade de Nova York, 1927.

Ely Jacques Kahn foi provavelmente o arquiteto que mais se destacou na Art Déco em Nova York. Embora tenha sido ignorado por todos os relatos do desenvolvimento do Modernismo do século XX, sua carreira extremamente produtiva se estendeu por mais de 50 anos.

A guerra das palavras

Em 1927, Gustav Platz publicou *Die Baukunst der neuesten Zeit* ou *A Arquitetura da Nova Época*. A palavra alemã *Zeit* é muito importante, pois a noção de *Zeitgeist* (Espírito da Época) foi cunhada a partir dela por historiadores da arte alemães no século XIX. O *Zeitgeist* combina as noções de novidade, herdada da Art Nouveau, e estilo, que, de certa forma, resume as aspirações e conquistas de determinada era, como foi o caso, segundo alguns, do Gótico na França e do Alto Renascimento na Itália. O livro de Platz foi publicado entre *Vers une architecture* (1923), de Le Corbusier – geralmente traduzido como *Por uma Arquitetura* –, *Modern Architecture* (1931), de Frank Lloyd Wright, e *The New Architecture and the Bauhaus* (1935), de Walter Gropius. Em cada obra, o autor tentou promover sua própria filosofia de projeto; isso já acontecera antes, mas, encorajado pelo poder crescente da mídia, transformou-se em uma cruzada no século XX. Na verdade, na década de 1970, muitos arquitetos também começaram a publicar monografias sobre suas obras antes mesmo de construir algo significativo – uma tendência que continua até hoje.

Em 1932, Henry-Russell Hitchcock, historiador de arquitetura, e seu protegido Philip Johnson, buscando oferecer suporte à exposição recentemente realizada no Museum of Modern Art (MoMA) da Cidade de Nova York, organizada por eles e por Alfred Barr Jr., diretor da instituição, produziram um pequeno volume intitulado *The International Style: Architecture Since 1922*. Na obra, anunciaram que o Modernismo Europeu era um novo estilo e o chamaram de internacional, pois já fora trazido do Velho Continente para os Estados Unidos (e seria exportado para outros locais). Imediatamente, os historiadores saíram atrás das origens do recém-anunciado fenômeno, exibindo o mesmo zelo e gerando a mesma confusão que acompanharam a expedição de Baker e Speke em busca da fonte do Rio Nilo, no século anterior. No início, ninguém se mostrou mais persuasivo que Nikolaus Pevsner. No livro *Os Pioneiros do Movimento Modernista: De William Morris a Walter Gropius* (1936), Pevsner identificou William Morris – como sugere o título – e o círculo de projetistas do Movimento Artes e Ofícios, na Inglaterra, e Herman Muthesius, responsável pela conexão com a Alemanha, como os precursores da *Neue Sachlichkeit* (geralmente traduzida como "Nova Objetividade"); além disso, afirmou que os vários movimentos artísticos do fim do século XIX estabeleceram um novo conjunto de ideais. Falou sobre o progresso do ferro, do aço e do concreto; dedicou diversas páginas à Art Nouveau; e, para terminar, examinou as obras de Viena, incluindo o trabalho de Adolf Loos e de Peter Behrens, bem como de seus colegas da Werkbund, na Alemanha. Embora tenha citado o Futurismo, Pevsner ignorou por completo o Construtivismo, o De Stijl e o Expressionismo – movimentos que não se encaixavam perfeitamente em sua narrativa.

Sigfried Giedion assumiu uma postura semelhante em *Espaço, Tempo e Arquitetura* (1941), obra extremamente persuasiva que, nas décadas de 1940, 1950 e 1960, foi usada como livro-texto nas aulas de história da arquitetura em muitas escolas de arquitetura modernistas. Originalmente concebido como uma série de palestras, o texto apresenta incoerências graves; porém, Giedion o escreveu com tamanha autoridade e convicção que as lacunas acabaram intensificando a narrativa – ainda que, às vezes, a tornem confusa. Os principais temas são: verdade, honestidade, força da tecnologia e a chamada concepção espaço-tempo na arte e na arquitetura, todas presentes no contexto do *Zeitgeist*. É um livro espetacular e, ao mesmo tempo, traiçoeiro, pois resulta do método de seleção de assuntos pertinentes defendido por Giedion. Ao explicar tal método, ele falava de fatos constituintes e transitórios, sendo os primeiros "tendências que, quando suprimidas, reaparecem inevitavelmente", e os segundos, tendências que "carecem de permanência e não conseguem se associar a uma tradição". Os críticos consideram essa diferenciação apenas como uma maneira simplista de incluir os eventos históricos que sustentavam seus argumentos e ignorar os demais.

A visão modernista de Pevsner e Giedion dominou completamente até 1960, quando Reyner Banham, em seu livro *Teoria e Projeto da Primeira Era da Máquina*, afirmou que os dois intelectuais estavam equivocados. Na primeira seção do livro, apresentou rapidamente as conquistas alemãs e austríacas; dedicou a segunda parte inteira ao Futurismo e a terceira seção aos movimentos De Stijl e Expressionista na Holanda e na Alemanha, respectivamente; por fim, concluiu falando sobre Le Corbusier, Gropius e Mies van der Rohe. Seis anos depois, Dennis Sharp publicou *Modern Architecture and Expressionism* (1966), obra inteiramente dedicada aos edifícios que Pevsner e Giedion haviam descrito como inconsequentes apenas 30 anos antes. Em 1966, Robert Venturi também publicou o famoso livro *Complexidade e Contradição em Arquitetura*, que simultaneamente empolgou e chocou os estudantes da época, anunciando o fim do domínio modernista no ensino e na prática; falaremos mais sobre ele no próximo capítulo.

Mas o que significa essa série de publicações? Para jovens estudantes, talvez pareça um tanto desestabilizadora e até assustadora: a verdade histórica não parece ser uma constante – e realmente não é. As coisas mudam, as perspectivas humanas mudam, os ideais mudam; assim, muda a nossa visão da história e, consequentemente, a história propriamente dita. Porém, os estudantes não devem ficar desanimados. O que acontece é exatamente o oposto. A história não está morta: ela é um organismo vivo.

Os primeiros modernistas também eram militantes; buscavam aniquilar, de qualquer maneira, seus inimigos historicistas, incluindo a École des Beaux-Arts em sua totalidade. Chegaram ao poder como projetistas e professores de projeto e lá ficaram por mais de 30 anos; alguns resistem até hoje. Em alguns casos, se comportaram mal, apresentando uma postura arrogante e, por vezes, ignorante – algo que chegou a se refletir em suas obras. Contudo, muitos dos chamados pós-modernistas (outro termo que discutiremos no próximo capítulo) que os substituíram na década de 1960 e posteriormente, ou escreveram sobre eles, querem que acreditemos que tais modernistas não passavam de patifes. Será possível? Será possível que tantas pessoas, que se mostraram comprometidas por tanto tempo, estivessem completamente erradas? A resposta não é tão simples!

A arquitetura moderna foi concebida em uma época de tremenda convulsão na cultura ocidental, incluindo uma guerra mundial e a revolução na Rússia, bem como avanços na arte e na ciência que transformaram fundamentalmente nossa maneira de ver, entre outras coisas, o tempo e o espaço. Nos primeiros 15 anos do século XX, em função do tremendo progresso na tecnologia e da necessidade consciente de criar uma arte moderna, os projetistas lutaram para acompanhar as novas formas de ver, analisar e entender. Depois da Primeira Guerra Mundial, a questão dominante passou a ser a necessidade desesperada de habitação. Enquanto competiam com os tradicionalistas, os modernistas mais extremistas se aproximaram da Nova Objetividade, afirmando que as obras modernas eram mais eficientes e efetivas em custo – o que, em alguns casos, era verdade. No entanto, a tentativa de fazer com que a arquitetura parecesse – ou realmente se tornasse – mecânica e de torná-la funcional, expressando tal funcionalidade, gerou, segundo muitos, uma arquitetura redutivista, carente de caráter, simbolismo e até mesmo "habitabilidade". Ainda assim, independentemente da avaliação final, nos resta admirar o zelo e a convicção que os modernistas dedicaram à tarefa.

ADOLF LOOS

Adolf Loos (1870-1933) começou a carreira associado à Sezession de Viena, mas logo se afastou dela. Depois de concluir seus estudos de arquitetura, trabalhou e viajou pelos Estados Unidos entre 1893-96, onde viu os edifícios da Escola de Chicago e entrou em contato com os textos de Louis Sullivan, incluindo o ensaio *Ornamento na Arquitetura* (1892). Sullivan escreveu: "Eu diria que seria ótimo para nosso bem-estar estético se nos afastássemos por completo da ornamentação por um período, de modo que nossos pensamentos pudessem se concentrar exatamente na produção de edifícios bem formados e graciosos quando nus". Aparentemente, o jovem Loos levou a afirmação ao pé da letra, pois, quando voltou para a Europa para se fixar em Viena, logo começou a se opor à inclusão de ornamentos nas edificações. Tratava-se de uma posição difícil de manter na Sezession de Viena, visto que a Art Nouveau possui um senso incrivelmente refinado de ornamentação. Alguns historiadores chegaram a dizer que Loos se opôs à escola vienense dominante porque não fora chamado para decorar e mobiliar o pavilhão de exibições da Sezession. De qualquer maneira, ele se dedicou a uma exploração que o permitiu criar um novo método de composição espacial: o *Raumplan*.

Ornamento e Crime

Os escritos teóricos de Loos foram extremamente influentes. Seu texto mais famoso foi publicado em 1908 com o título *Ornamento e Crime*. Nele, levou adiante a sugestão de Sullivan quanto ao abandono da ornamentação na arquitetura, afirmando que a tendência de decorar as superfícies era um sinal de cultura primitiva ou infantilidade. Em sociedades avançadas ou em adultos, disse ele, a necessidade de ornamentar indicava dependência ou criminalidade. Escreveu polemicamente:

> As crianças são amorais e, para os nossos padrões, também o são os papuanos. Quando um papuano mata um inimigo e o come, isso não faz dele um criminoso. Mas um homem moderno que mata alguém e o come deve ser um criminoso ou degenerado. Os papuanos se tatuam e decoram seus barcos, remos e tudo o que cai em suas mãos. Mas o homem moderno que se tatua é um criminoso ou degenerado. Ora, há prisões nas quais 80% dos condenados são tatuados e os homens tatuados que não estão na prisão são criminosos latentes ou aristocratas degenerados. Quando um homem tatuado morre em liberdade, significa apenas que não teve tempo de cometer seu crime.... Eu, portanto, elaborei a seguinte máxima e a anuncio para o mundo: a evolução da cultura anda lado a lado com a eliminação da ornamentação de objetos úteis.

Era uma mensagem realmente radical que, depois de ser publicada originalmente no periódico de arte alemão *Der Sturm* (A Tempestade), foi traduzida para o francês e publicada em *Les Cahiers d'aujourd'hui* (Os Cadernos de Hoje) em 1913. Loos se tornou o queridinho dos artistas vanguardistas de Paris, mudando-se para a cidade no início da década de 1920. Ao enaltecer as virtudes da arquitetura sem ornamentação, abordou uma questão que preocupava projetistas de todo o mundo na virada do século. Seus escritos resultaram na admiração das formas vernaculares simples e nas construções funcionais, bastante desadornadas, de engenheiros; anteriormente, afirmava-se que os dois tipos de edificação não tinham méritos estéticos em particular. Além disso, sua admoestação para construir sem ornamentos sugeria um estilo de construção adequado para a era das máquinas.

O Raumplan e as edificações de Loos

Os projetos de arquitetura de Loos são praticamente destituídos de ornamentos, adequando-se às suas teorias. Além disso, ao contrário de muitos revolucionários, que identificavam apenas o que queriam eliminar, Loos também propôs itens a serem acrescentados. Para ilustrar suas contribuições, descreveremos uma sequência de seus projetos de moradias. A Casa Steiner, de 1910 (Figura 15.1 a), em Viena, é um volume cúbico branco desadornado com aberturas de janelas modestas e simples, além de uma fachada principal que ao menos finge acompanhar as habitações contíguas mais tradicionais. Sua planta baixa é objetiva e praticamente simétrica; já um corte (Figura 15.1 b) revela pisos sobrepostos com altura equivalente. Os interiores proporcionam experiências um pouco mais ricas, fazendo uso considerável de madeira nos lambris, guarnições de portas e janelas e forros modulados; contudo, não se distingue da obra de muitos outros arquitetos no mesmo período. A Casa Moller, de 1930, apresenta vários avanços radicais. O volume externo (Figura 15.2) também carece de ornamentos tradicionais, mas cada elemento – portas, janelas, corrimãos, platibandas, lajes em

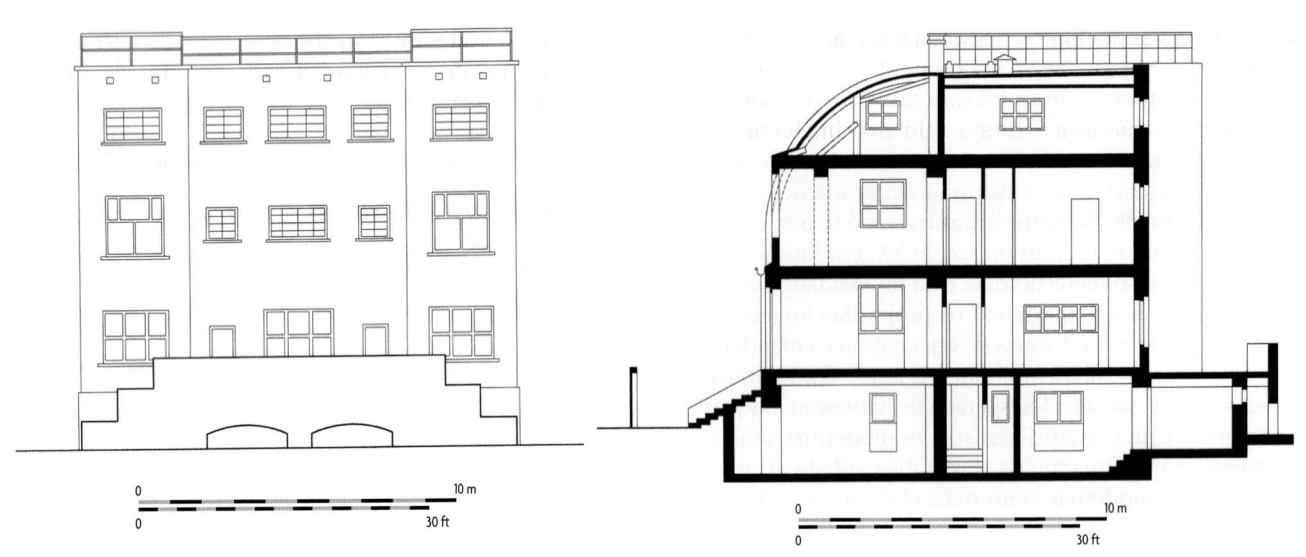

15.1a Adolf Loos, Elevação posterior da Casa Steiner, Viena, 1910.

Volumetria ortogonal, janelas marcantes, balaustrada com perfil metálico tubular e a mais completa ausência de ornamentos anunciam a natureza das radicais propostas de arquitetura de Loos. Na elevação frontal, fez concessões ao contexto residencial que não voltaria a repetir.

15.1b Adolf Loos, Corte transversal da Casa Steiner, Viena, 1910.

A planta baixa e o corte ainda não sugerem as investigações de interpenetração espacial que apareceriam nas casas mais maduras de Loos.

15.2 Adolf Loos, Elevação posterior da Casa Moller, Viena, 1930.

Desapareceu a simetria da Casa Steiner. As esquadrias simples das janelas e a balaustrada linear foram usadas de maneira mais radical. O espaço interno se tornou o elemento dominante da composição.

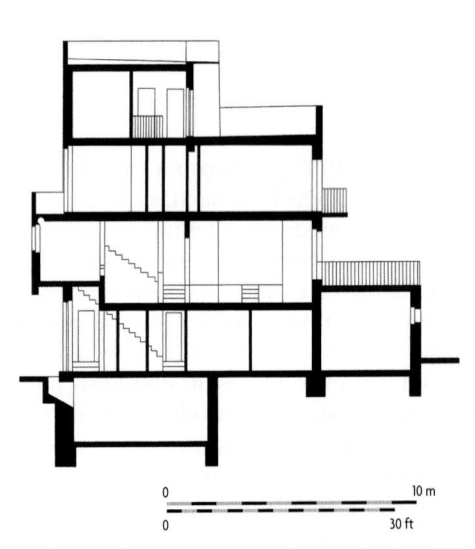

15.3a Adolf Loos, Corte transversal da Casa Moller, Viena, 1930.

Neste corte, Loos começou a manipular as alturas dos pisos e a dispor as lajes de piso em balanço. Os pisos não foram simplesmente sobrepostos: são unidades espaciais distribuídas horizontalmente uma após a outra.

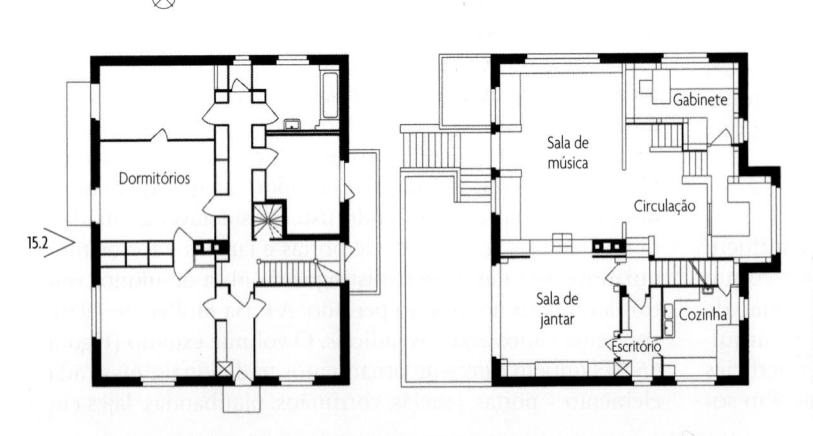

15.3b Adolf Loos, Plantas baixas do segundo pavimento (*direita*) e terceiro pavimento (*esquerda*) da Casa Moller, Viena, 1930.

No pavimento térreo, Loos inseriu poucas paredes, que sobem até o segundo pavimento. No entanto, suas plantas baixas nunca apresentaram as interações espaciais horizontais dos projetos residenciais de Frank Lloyd Wright na virada do século.

balanço – se torna uma peça distinta e cuidadosamente distribuída no interior de um todo assimétrico, porém equilibrado. A planta baixa (Figura 15.3 b) também é assimétrica, incluindo alguns cômodos espacialmente interconectados por grandes aberturas de porta ou meias-paredes. O corte (Figura 15.3 a) é mais marcante que o da Casa Steiner em termos de explorações espaciais, pois os níveis de piso variam em altura e alguns se transformam em mezaninos. No interior, os materiais são simples e, ao mesmo tempo, ricos em virtude de seu caráter natural – especialmente a madeira com veios bem marcados. Quanto à Casa Müller (1930), o mesmo pode ser dito da volumetria externa e das plantas baixas; a seção, no entanto, é ainda mais ousada, com múltiplos pés-direitos e uso ostensivo de escadas para unificar o espaço verticalmente. Da mesma forma, os materiais usados no interior são mais ricos, especialmente no que se refere ao uso de mármore sem molduras, de modo que seus próprios veios ficam responsáveis por conferir a escala e criar os detalhes. Finalmente, em sua vila anterior, porém mais experimental (e nunca construída), de Lido, em Veneza (1923), Loos demonstrou todo o potencial de seu estilo de composição espacial – o *Raumplan*. O corte (Figura 15.4) é o desenho mais revelador – pés-direitos múltiplos, níveis de mezaninos e aberturas bem marcadas entre os espaços. Nela, Loos alcançou espacialmente aquilo que Giedion atribuía apenas a Victor Horta e abriu caminho para as composições espaciais modernistas de Le Corbusier, baseadas em seus cinco pontos, e para as meticulosas composições de Mies van der Rohe usando aço inoxidável, ônix, mármore, vidro e água.

OS MESTRES MODERNOS

Três arquitetos do século XX são por vezes chamados de mestres da arquitetura moderna; os dois primeiros certamente se encaixam no perfil do herói que combate os filisteus em nome da arte. Eles são Frank Lloyd Wright,

15.4 Adolf Loos, Corte da Vila Lido, Veneza, 1923.
Os pés-direitos variam, enquanto os dois volumes adjacentes foram deslocados verticalmente para produzir níveis de piso múltiplos.

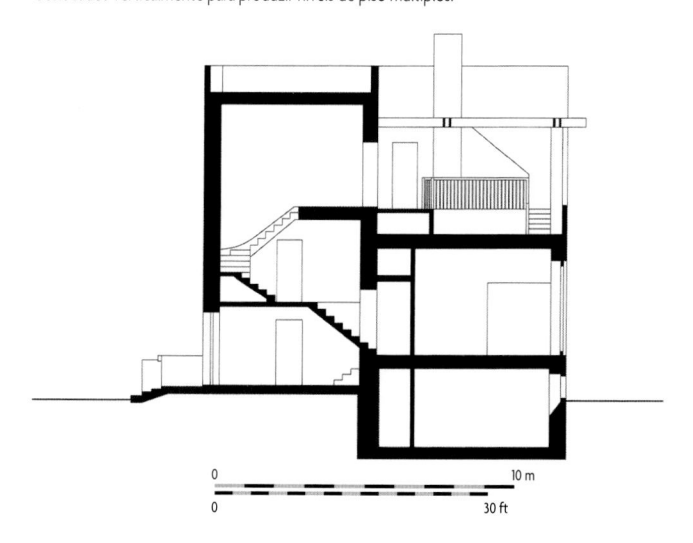

Le Corbusier e Ludwig Mies van der Rohe. Walter Gropius é adicionado ao grupo com frequência, embora suas contribuições mais significativas tenham sido feitas no campo do ensino de arquitetura. Nenhum desses arquitetos desenvolveu suas ideias no vácuo – todos foram influenciados por arquitetos anteriores, pelo uso de novos materiais de construções e por outros movimentos artísticos. Seria difícil, por exemplo, imaginar Wright sem a influência de Richardson, Sullivan e do movimento Artes e Ofícios. Por meio dos *Portfólios de Wasmuth*, sua obra influenciou o movimento holandês De Stijl, que acabou afetando Gropius e a Bauhaus. Tanto Mies como Le Corbusier admitiram estar em dívida com Wright e, em alguns aspectos, seguiram seus projetos. Além de se inspirar em Wright, Mies se voltou para Schinkel por meio dos olhos de seu mestre, Peter Behrens, enquanto Le Corbusier está associado aos avanços da construção em concreto por August Perret e às ideias de planejamento urbano propostas por Tony Garnier.

FRANK LLOYD WRIGHT

A carreira do arquiteto Louis Sullivan influenciou profundamente Frank Lloyd Wright (1867–1959). Wright nasceu em Wisconsin, filho de uma mãe galesa dominadora e de um pai músico-pregador itinerante; viveu em diversos locais até os 11 anos, quando a mãe voltou para perto da família em Wisconsin. Lá, trabalhou na fazenda do tio e frequentou a escola esporadicamente, sempre se envolvendo com o desenho, o artesanato, a pintura e a impressão. Sua mãe decidira antes de seu nascimento que o filho seria um arquiteto; por isso, encorajou seu interesse pelas investigações artísticas e espaciais. Depois do divórcio dos pais em 1885, Wright largou o ensino médio e trabalhou como *office boy* para um professor de engenharia civil da University of Wisconsin. Posteriormente, entrou para um curso noturno da mesma universidade como aluno especial, cursando um semestre de geometria descritiva e abandonando uma disciplina de francês. Aos 19 anos, foi para Chicago e trabalhou na firma de arquitetura de Joseph Lyman Silsbee, amigo de seu tio. Sua ambição, porém, era trabalhar para Adler e Sullivan e praticou o desenho de ornamentos no estilo do último para causar uma boa impressão na entrevista de emprego.

Wright conseguiu o emprego em 1888, demonstrando suas habilidades gráficas – as quais encantaram Sullivan – e assinando contrato de cinco anos como desenhista técnico. Com o adiantamento do salário, começou a construir sua própria casa (1889) em Oak Park, no subúrbio de Chicago. A casa começou como uma modesta edificação de dois pavimentos com um motivo serliano na empena revestida de telhas chatas e voltada para a rua. Com o passar dos anos, foi ampliada e reformada significativamente para gerar espaço para seus seis filhos e sua mãe. No escritório de Adler e Sullivan, Wright às vezes assumia sozinho o projeto de casas, como é o caso da Casa James Charnley (1891), edificação de dois pavimentos

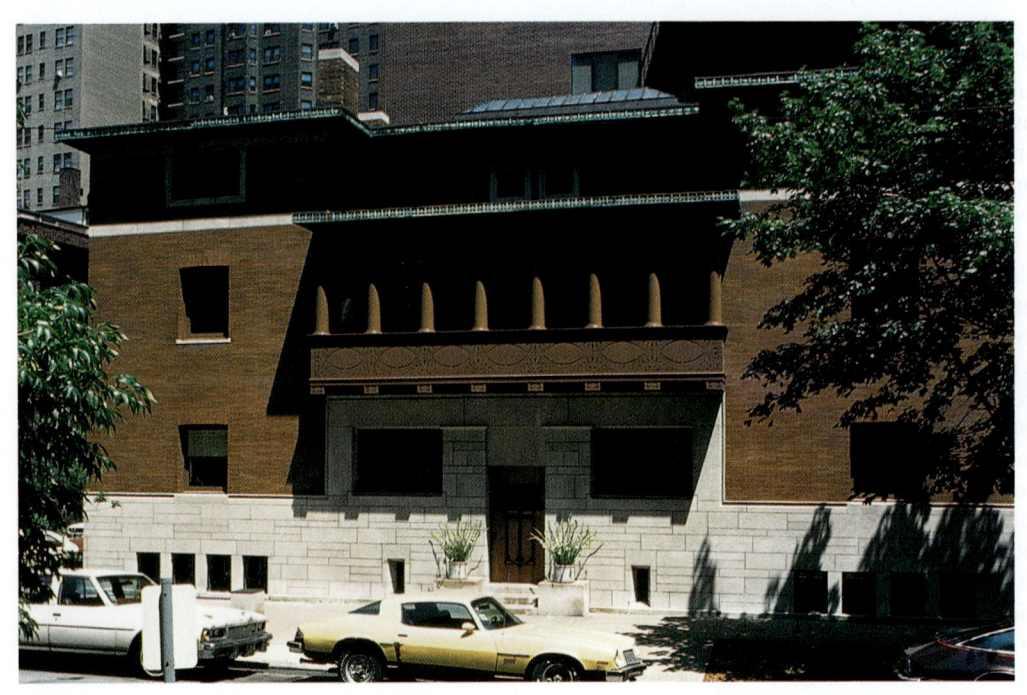

15.5 Dankmar Adler e Louis Sullivan, Casa Charnley, Chicago, Illinois, 1891.

Nesta composição, Frank Lloyd Wright, que então trabalhava na firma de Adler e Sullivan, obviamente se inspirou no Edifício do Auditório (veja as Figuras 14.69–70). A projeção do saguão de lá se tornou uma galeria em frente ao vestíbulo com a escada central da Casa Charnley.

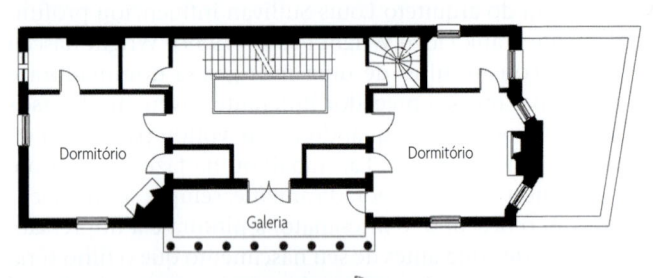

15.6 Dankmar Adler e Louis Sullivan, Plantas baixas da Casa Charnley, Chicago, Illinois, 1891.

As plantas baixas cuidadosamente equilibradas sugerem um pouco os projetos de espaços internos subsequentes de Wright. Os eixos cruzados dos dois pavimentos se interseccionam na caixa de escada do segundo pavimento.

situada em um estreito lote urbano de Chicago (Figuras 15.5–15.6). O projeto simétrico de Wright possui uma porta central com ornamentos esculpidos no estilo de Sullivan sob a galeria do segundo pavimento, que apresenta colunas dóricas.

O desenvolvimento da Casa dos Prados

Wright logo começou a projetar outras casas em seu tempo livre – uma prática considerada por Sullivan como quebra do contrato celebrado com a firma. Assim, Wright foi demitido e abriu seu próprio escritório de arquitetura, cuja sede era um ateliê montado na casa de Oak Park. Wright usou os novos subúrbios de Chicago, incluindo Oak Park, desenvolvidos para a classe média em ascensão, como seu primeiro laboratório de arquitetura. Embora quisessem que seu dinheiro fosse bem gasto, os clientes frequentemente deixavam Wright fazer suas experiências. Os primeiros anos de sua firma foram marcados por explorações dos muitos estilos de arquitetura norte-americanos – Colonial, Tudor, Georgiano, estilo Shingle e estilo Rainha Ana; contudo, posteriormente, Wright editou seu conjunto de obras de modo a incluir apenas os projetos que contribuíram claramente para o desenvolvimento do Estilo dos Prados. Entre eles estava seu primeiro contrato independente – uma casa para William H. Winslow (1893) em River Forest, Illi-

15.7 Frank Lloyd Wright, Casa Winslow, River Forest, Illinois, 1893.

Este é mais um caso em que Wright buscou inspiração em Sullivan. O frontispício ornamental refletia composições como o Túmulo Getty, de Sullivan.

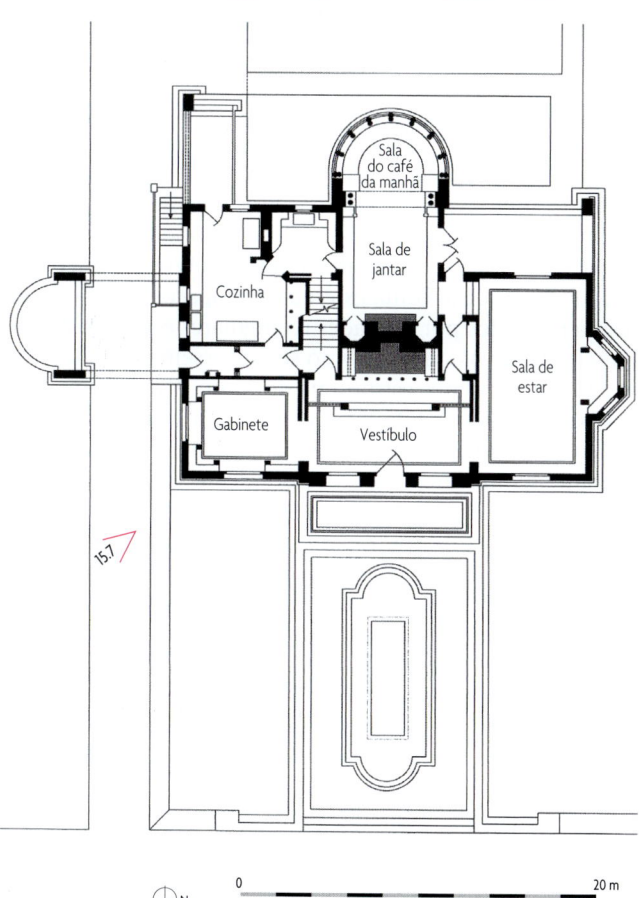

15.8 Frank Lloyd Wright, Planta baixa da Casa Winslow, River Forest, Illinois, 1893.

Wright falava com frequência em "quebrar a caixa". Esse processo começou aqui, onde os cômodos dianteiros são contidos no volume principal da casa e conectados axialmente, enquanto os cômodos laterais e posteriores, incluindo o abrigo para parada de veículos, os volumes semicirculares e semipoligonais e os terraços, são definidos por plataformas e paredes projetadas.

nois (Figuras 15.7–15.8). Como a Casa Charnley, a Casa Winslow é simétrica e apresenta ornamentos à maneira de Sullivan. Em comum com as casas dos prados posteriores, a Casa Winslow foi organizada em torno de uma lareira central e é dominada por linhas horizontais. O telhado em vertente configura beirais no nível das vergas das janelas, enquanto a altura aparente do pavimento térreo chega aos peitoris de janela do segundo pavimento, reduzindo efetivamente o volume percebido do pavimento superior, o que dá a impressão de que o prédio está muito bem ancorado no terreno. Wright chegou a alargar o volume da chaminé para enfatizar a horizontalidade da casa.

Com o projeto da Casa Ward Willits (1901), em Highland Park, Illinois, Wright trocou a composição compacta da Casa Winslow por uma planta baixa cruciforme (uma planta baixa comum a muitas casas do período 1900–10) com quatro alas que se estendiam no terreno a partir do volume da chaminé central (Figura 15.9). Novamente, a linha horizontal domina o exterior, sendo acentuada pelos grandes beirais e pela extensão do eixo transversal da casa, que forma um *porte-cochère* (abrigo para a parada de veículos) em uma extremidade e um pórtico coberto na outra. O reboco externo é acompanhado por faixas horizontais contínuas de madeira escura, que marcam o nível do primeiro pavimento e a linha dos peitoris de janela. Ao baixar os beirais até o nível das vergas das janelas e diminuir a altura

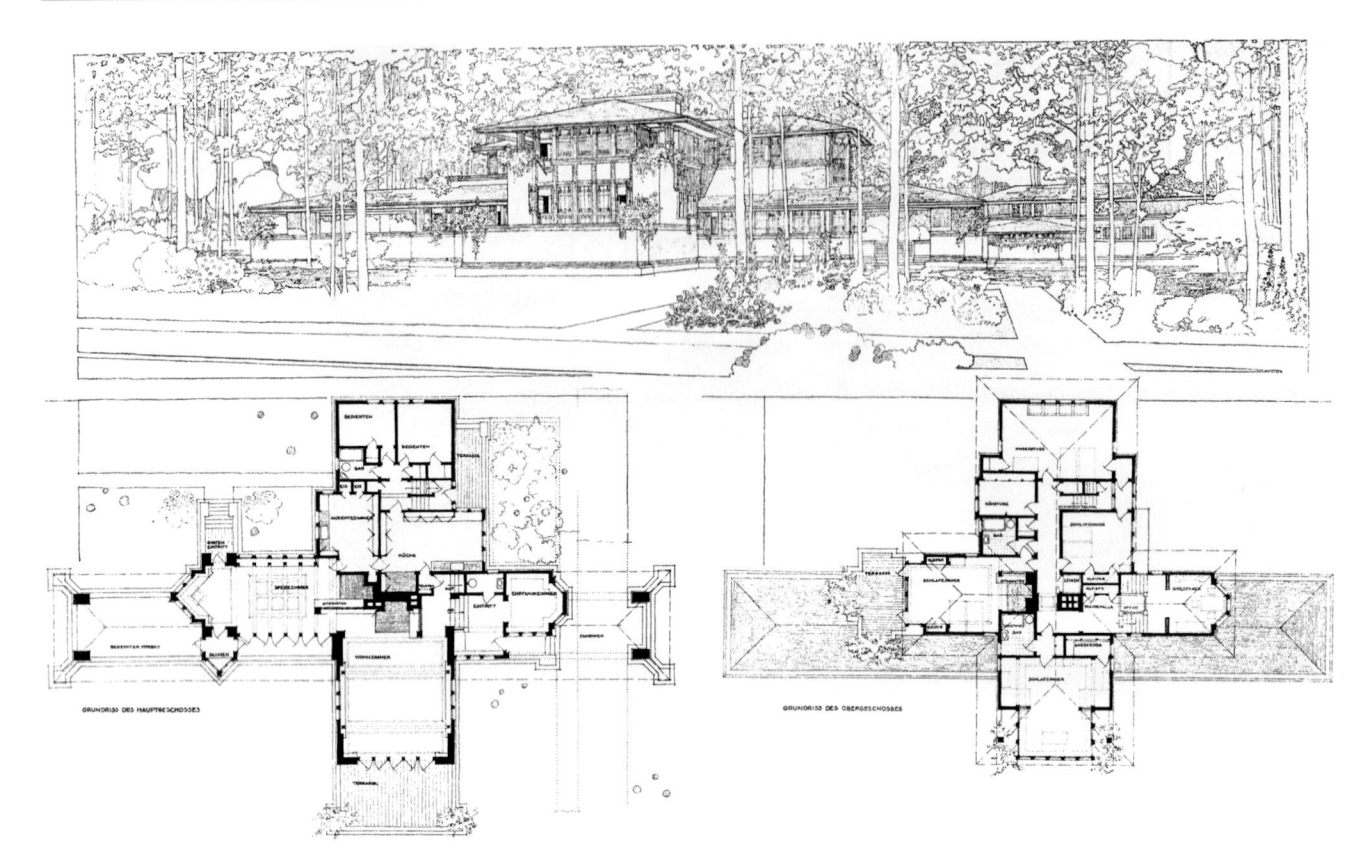

15.9 Frank Lloyd Wright, Plantas baixas e perspectiva da Casa Ward Willits, Highland Park, Illinois, 1901. Desenho.

Dez anos após a Casa Charnley, Wright elaborou um novo tipo de habitação. Nele, o centro é firmemente ancorado por uma enorme lareira e os cômodos se projetam agressivamente para o espaço, cobertos por telhados flutuantes longos e baixos. Sua técnica de desenho de perspectivas, muito pessoal, foi influenciada pelo interesse em gravuras japonesas.

da chaminé, Wright minimizou novamente o componente vertical da casa de dois pavimentos.

Wright desenvolveu a Casa dos Prados em função de sua busca por uma expressão regional adequada para as casas norte-americanas, especialmente no Meio-Oeste. Inspirando-se nas suaves colinas dos prados, projetou casas horizontalizadas que pareciam estar organicamente amarradas à paisagem. Os ecléticos estilos vitorianos dominantes, que experimentou e descartou, foram descritos por Wright como "espinhas" na terra. Ele também respondeu aos materiais de construção predominantes, incluindo o tijolo e a madeira cortada em tamanhos padronizados nas serrarias, tentando criar usos que fossem adequados a eles e aos seus modos de fabricação.

Os fatores ambientais também afetaram seus projetos. Os enormes beirais protegiam as janelas do sol quente de Chicago e, ao mesmo tempo, permitiam que os raios mais baixos entrassem no interior e o aquecessem durante o inverno. A massa da lareira central aquecia o centro da casa, tanto funcional como simbolicamente. Todos os cômodos principais eram orientados de modo a promover a ventilação cruzada. Alguns dos aspectos mais notáveis da Casa dos Prados ficam evidentes nos interiores, onde os espaços da zona social fluem suavemente de uma área para outra, criando uma experiência espacial integrada que afetaria profundamente os primeiros arquitetos modernistas da Europa. Diz-se que as Casas dos Prados de Wright "quebram a caixa" porque a forma externa e os espaços internos não estão limitados por unidades retangulares contidas. Até as janelas viram as quinas, como se estivessem negando seus tradicionais pilares estruturais de canto. Wright ampliou a liberdade espacial da sala de estar com pé-direito duplo usado por Richardson e Pugin para incluir todo o interior e conferiu uma liberdade correspondente ao exterior, à medida que esse englobava a paisagem.

Wright incorporou todas essas características inclusive nos terrenos mais complexos, como é o caso do estreito lote suburbano de Elizabeth Gale, uma vizinha de Oak Park para quem projetou uma casa em 1909. Espremida entre grandes blocos vitorianos, a Casa Gale não tinha condições de se espalhar pela paisagem; por isso, Wright criou a conexão visual entre o interior e o exterior por meio de uma série de balcões que se projetam a partir dos espaços de estar principais. Ele reviveu essa ideia posteriormente na hora de lidar com o terreno de montanha ainda mais impressionante da Casa Kaufmann (1935–36), denominada Casa da Cascata. A última entre as primeiras Casas dos Prados – e, decididamente, a mais famosa – foi construída para Frederick Robie em dois pequenos lotes de esquina situados no sul de Chicago, em 1909 (Figuras 15.10–15.11). Robie foi um homem que venceu por esforço próprio, um fabricante interessado em engenharia; ele e Wright se deram muito bem. Robie pediu uma casa que tivesse privacidade com relação à rua e pudesse ficar afastado do barulho feito por seus filhos

15.10 Frank Lloyd Wright, Casa Robie, Chicago, Illinois, 1909.

Esta é a casa mais famosa da primeira fase da carreira de Wright. É uma "Casa dos Prados" que segue a horizontalidade da paisagem do meio-oeste dos Estados Unidos.

15.11 Frank Lloyd Wright, Plantas baixas da Casa Robie, Chicago, Illinois, 1909.

O cliente possuía um pequeno lote em uma rua movimentada e tinha filhos pequenos. Wright respondeu com uma planta baixa bastante compacta. A parte da frente é muito aberta, enquanto a posterior, de serviço, consiste de cômodos compartimentados mais convencionais, principalmente para os criados e as crianças.

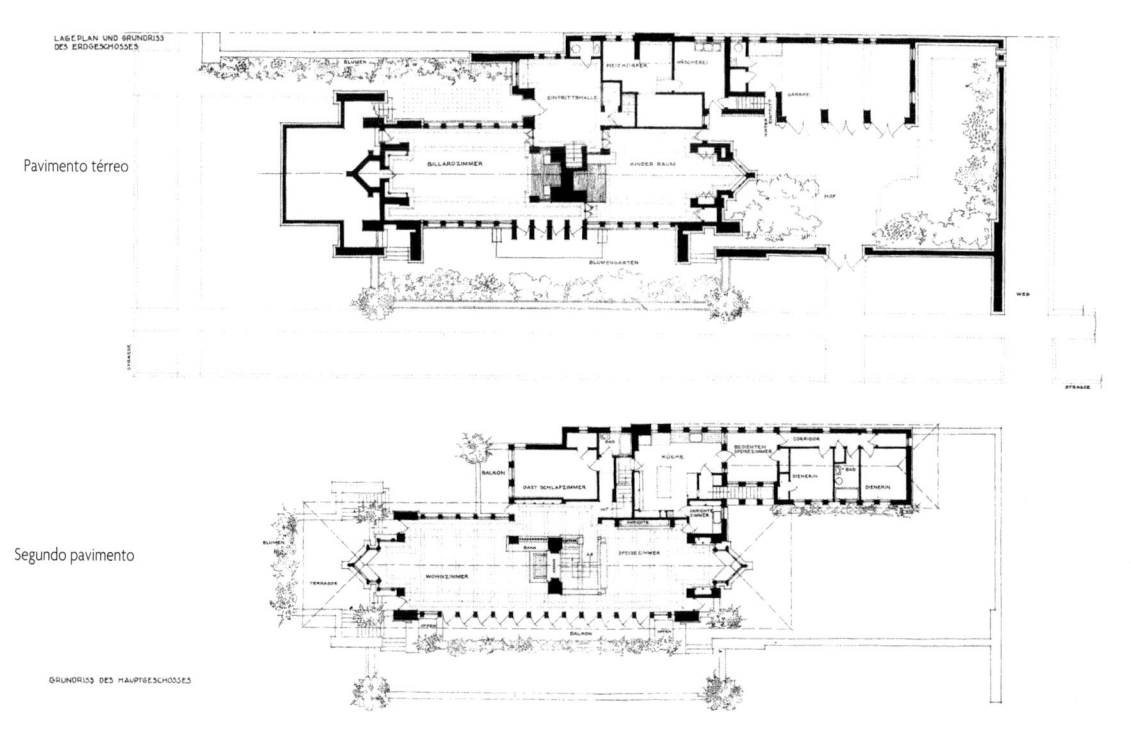

Pavimento térreo

Segundo pavimento

pequenos. A resposta de Wright foi um projeto de três pavimentos com garagem, salão de jogos e funções de serviço no pavimento térreo, áreas de estar e jantar no segundo pavimento e dormitórios no terceiro. Um muro baixo na frente da casa resguarda o pavimento térreo da visão dos transeuntes, enquanto as janelas elevadas do segundo pavimento, protegidas por um balcão, proporcionam a privacidade que Robie desejava. A horizontalidade foi criada pelas longas linhas das janelas e balcões e, especialmente, o grande telhado do segundo pavimento, que cria um balanço espetacular nas duas extremidades da casa. Vigas de aço soldadas possibilitaram essa ousadia; na verdade, a Casa Robie marca o primeiro uso do aço soldado na construção de edificações. Os tijolos usados na Casa Robie, como em outras Casas dos Prados, foram feitos sob encomenda em Saint Louis. Na forma de tijolos romanos longos e estreitos, foram assentados com amplas juntas argamassadas horizontais profundas o bastante para projetar sombras também horizontais.

Na planta baixa, a casa foi organizada em volta do volume da chaminé. A entrada é pela lateral menor, que dá para os fundos da casa, enquanto a escada que leva ao segundo pavimento foi integrada à alvenaria da chaminé. A sala de estar e a sala de jantar são, na verdade, um espaço contínuo, interrompido apenas parcialmente pela lareira; assim, a grande zona social linear – iluminada por longas faixas de janelas em ambos os lados – é espaçosa e unificada. Wright projetou todos os acessórios internos buscando complementar o espaço – incluindo as luminárias, móveis, carpetes e até as roupas usadas pela senhora Robie ao receber convidados. Tudo isso seguia a tradição do movimento Artes e Ofícios, com exceção do fato de que os projetos, especialmente no caso dos móveis, se baseavam em formas geométricas primárias e ângulos retos bem marcados. As cadeiras e mesas se encaixavam muito bem no espaço, mas, muitas vezes, os móveis de Wright não se adequavam ao corpo humano não ortogonal.

Entre os arquitetos que faziam parte do círculo de Frank Lloyd Wright estava Marion Mahoney (1871-1962), a segunda mulher a receber um diploma de arquitetura no M.I.T. Ironicamente, sua carreira como projetista talvez tenha sido afetada negativamente por seu brilhantismo como desenhista técnica, o que significa que passava muito tempo produzindo desenhos para apresentação de projetos. Uma comparação cuidadosa dos desenhos feitos por Wright antes de 1895 com aqueles produzidos depois que Mahoney começou a trabalhar no escritório (frequentemente rubricando seu trabalho) sugere que ela influenciou o famoso estilo dos *Portfólios de Wasmuth* tanto quanto o próprio Wright, para dizer o mínimo. Ninguém ainda conseguiu determinar com sucesso suas contribuições no projeto de móveis, acessórios, mosaicos, vitrais e murais para as Casas dos Prados de Wright, mas é provável que tenham sido muitas. Posteriormente, ela e o marido, o arquiteto Walter Burley Griffith, tentaram a sorte como projetistas independentes; Mahoney continuou a produzir desenhos magníficos, como os da proposta criada para o concurso internacional de projeto de Canberra, Austrália. Mais obras colaborativas seguiram depois que o casal mudou-se para a Oceania, mas, novamente, determinar a contribuição pessoal de Mahoney em cada projeto tem se mostrado difícil.

Os primeiros edifícios públicos

Os primeiros anos da carreira de Wright não foram dedicados exclusivamente às obras residenciais. Dois projetos marcantes – o Edifício Larkin em Buffalo, Nova York, e o Templo Unitário, em Oak Park – ilustram sua abordagem aos edifícios públicos. O Edifício Larkin (1904) (Figuras 15.12a, b) continha escritórios para uma empresa que vendia sabão em caixas com cupons impressos nos rótulos. Os clientes podiam guardar os cupons e trocá-los por brindes – uma novidade na virada do século. O Edifício Larkin era ocupado por fileiras de mulheres jovens que executavam tarefas de escritório, além de um número ainda maior de fileiras de arquivos cheios de papéis. Para esses ocupantes, Wright projetou um edifício de seis pavimentos extremamente vertical com átrio com claraboia no centro (Figura 15.12c). Distribuiu grupos de arquivos em divisórias ou contra as paredes externas, com janelas acima; a luz que vinha do átrio equilibrava a iluminação em todos os pavimentos. Canteiros com plantas nas extremidades do átrio traziam a natureza para o espaço de trabalho, enquanto inscrições moralizantes de autoajuda – como *Honest labor needs no master. Simple justice needs no slaves* [O trabalho ho-

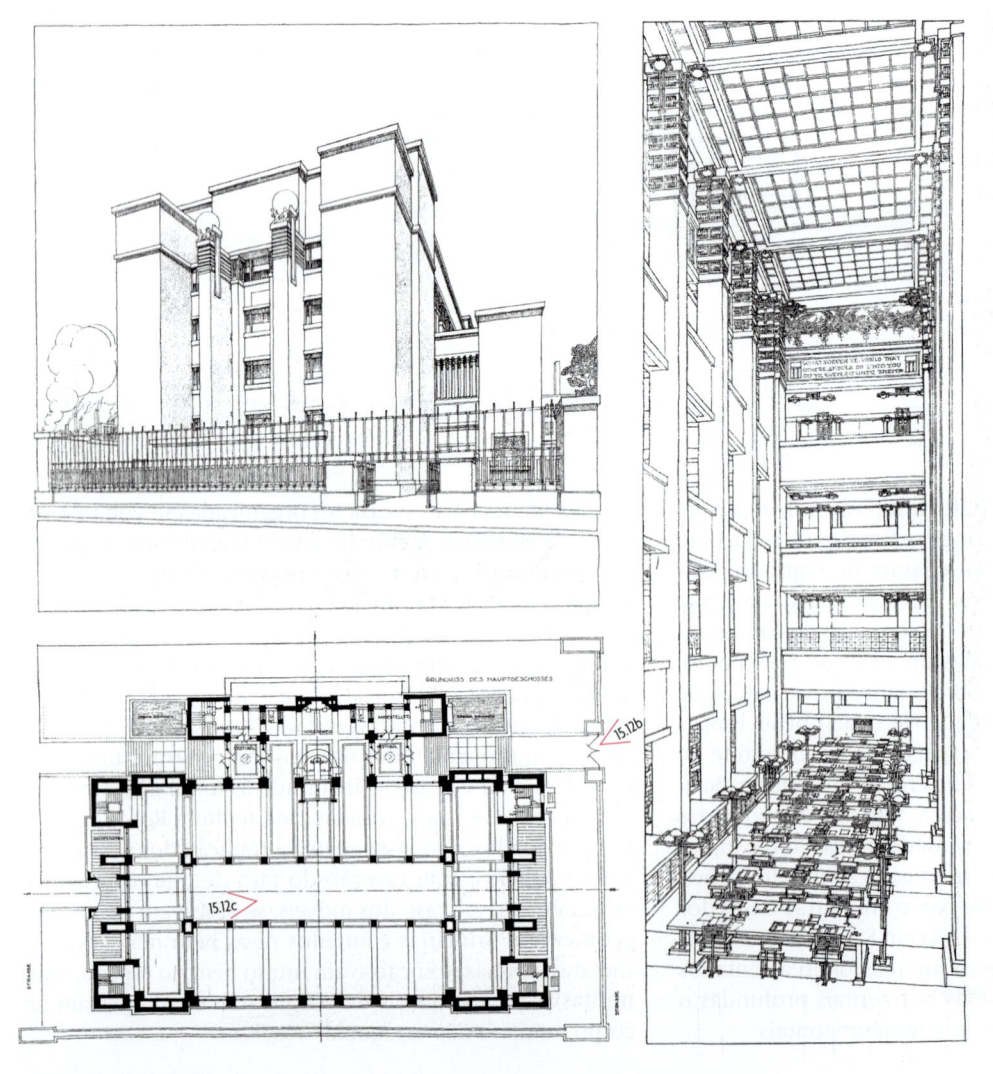

15.12a, b Frank Lloyd Wright, Planta baixa (esquerda, embaixo) e perspectiva (esquerda, em cima) da rua do Edifício Larkin, Buffalo, Nova York, 1904.

Infelizmente, o Edifício Larkin foi destruído há muito tempo. Suas muitas inovações incluem o condicionamento de ar central e os arquivos embutidos, que podem ser vistos na Figura 15.12c.

15.12c (ao lado) Frank Lloyd Wright, Átrio interno do Edifício Larkin, Buffalo, Nova York, 1904.

Comparando esta perspectiva com a vista da rua, podemos ver a continuidade espacial. Observe também os móveis e as luminárias projetados por Wright para este espaço com iluminação zenital, cercado por galerias.

15.13 Frank Lloyd Wright, Templo Unitário, Oak Park, Illinois, 1906.

É incrível pensar que este ícone da arquitetura tem um século. Construída para uma congregação de poucos recursos, o uso inovador de concreto moldado *in loco* foi determinado por questões econômicas.

15.14 Frank Lloyd Wright, Planta baixa do Templo Unitário, Oak Park, Illinois, 1906.

À esquerda fica o santuário; à direita, a ala da escola dominical. O acesso se dá no meio. Observe que Wright quebra as quinas de cada volume.

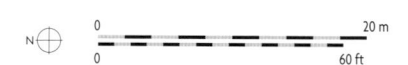

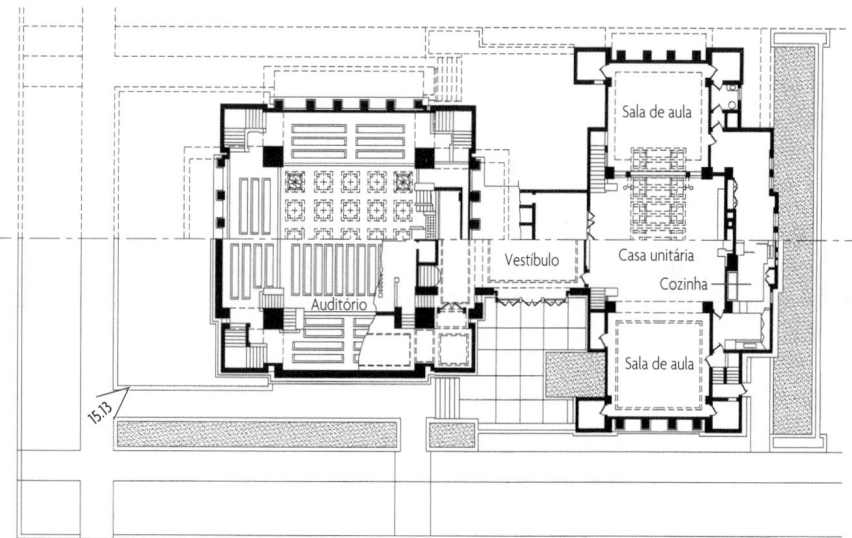

nesto não precisa de mestre. A justiça simples não precisa de escravos] – eram gravadas ao redor dos chafarizes externos para inspirar os trabalhadores. Os móveis de metal projetados especialmente para o espaço incluíam cadeiras conectadas às escrivaninhas, permitindo que, depois do expediente, os encostos fossem abaixados e as cadeiras inteiras saíssem do caminho dos esfregões da equipe de limpeza. O exterior do edifício era bastante austero, elevando-se como um volume vertical ininterrupto de tijolos até a altura de uma fina cornija distribuída cuidadosamente para demarcar o parapeito em torno do espaço de recreação na cobertura. As escadas, localizadas nas quatro quinas, se erguiam como torres separadas do volume do prédio, deixando que as paredes intermediárias fossem articuladas por repetitivas faixas de janelas. Em termos de projeto de edifício de escritórios, o Edifício Larkin era vanguardista. Com ventilação controlada, tomadas de ar filtrado e dutos de exaustão nas torres das escadas, foi planejado tendo em vista móveis modulados e flexibilidade, ao passo que os espaços de lazer projetados para os funcionários anteciparam as academias e clubes atuais. Tornou-se um dos projetos mais divulgados de Wright, especialmente na Europa, onde foi imitado por vários projetistas. Por essa e outras razões, lamenta-se muito sua destruição pela Cidade de Buffalo, em 1949, para dar lugar a um estacionamento.

Um destino mais feliz foi reservado para o Templo Unitário (Figuras 15.13–15.14), construído em 1906 para a congregação Universalista Unitária de Oak Park. O terreno ficava na esquina de duas avenidas especialmente movimentadas; por isso, Wright voltou o prédio para dentro, de modo a reduzir o impacto dos ruídos vindos da rua. Os dois elementos principais da igreja – o espaço para culto, chamado por Wright, nos desenhos, de auditório, e a casa unitária, que continha salas de aula e uma cozinha – são conectados por um vestíbulo comum, resolvendo muito bem os problemas de acesso e separação do barulho das aulas da escola dominical com relação ao culto dos adultos. O espaço para culto é um cubo articulado com dois níveis de balcão nas três paredes voltadas para o púlpito, que fica na quarta. O interior é rico e reluzente. Há um equilíbrio entre a luz que entra pelas janelas com vitral no alto das paredes e a luz que vem pelas claraboias bastante profundas de cor âmbar, situadas acima dos principais assentos da congregação no centro do pavimento principal. Sempre que possível, os remates internos consistem de geometrias ortogonais compostas de finas tiras de madeira. As luminárias, também projetadas por Wright, são esferas e cubos de vidro suspensos de tramas também de madeira.

O exterior, construído inteiramente de concreto moldado in loco, é igualmente impressionante. O Templo Unitário marca a primeira experiência de Wright com concreto e também foi uma das primeiras tentativas no mundo de se projetar de maneira direta usando esse material, em vez de cobri-lo ou disfarçar a superfície para que parecesse pedra. Wright desenhou ornamentos geométricos discretos nas fôrmas das pilastras entre as janelas altas e aplicou o mesmo tratamento à casa unitária, que é menor e mais baixa. A igreja foi cuidadosamente restaurada e, até hoje, é usada para suas funções originais.

A fuga dos Estados Unidos

Em 1908, Wright já era um arquiteto de prestígio com fama internacional. Entretanto, o reconhecimento público e profissional não lhe trouxe felicidade e ele se sentia cada vez mais oprimido pelas responsabilidades familiares e pela rotina do escritório. Quando Ernst Wasmuth, um renomado editor de Berlim, lhe convidou para preparar um portfólio de suas obras para fins de publicação, Wright viu uma chance de escapar. Abandonando sua esposa e seus seis filhos, Wright levou consigo a mulher de um cliente e vizinho, Mamah Borthwick Cheney, que, por sua vez, abandonou o marido e três filhos; juntos, viajaram para a Europa em setembro de 1909. Nos 25 anos seguintes, sua vida pessoal turbulenta interferiu significativamente na vida profissional, fazendo com que construísse muito pouco. Com a publicação dos Portfólios de Wasmuth – *Frank Lloyd Wright: Ausgeführte Bauten* (*Edificações de Frank Lloyd Wright Executadas*) (1910/11) e *Ausgeführte Bauten und Entwürfe von Frank Lloyd Wright* (*Edificações de Frank Lloyd Wright Executadas e Projetos*) (1911) – os arquitetos europeus tiveram acesso à sua obra; a imprensa dos Estados Unidos, porém, estava mais interessada nos escândalos de sua vida pessoal.

Nesse período complicado, sua única grande obra foi o Hotel Imperial de Tóquio (1916–22), lembrado hoje principalmente pelo criativo sistema de fundações e pelo sistema estrutural em balanço. O subsolo muito argiloso do terreno do hotel levou Wright a usar radiêrs em vez de escavar até o leito rochoso. Como todo o Japão está sujeito a terremotos, Wright tentou equilibrar o edifício em seções sobre grupos de estacas de concreto centrais com uma laje de concreto em balanço no topo – como um garçom que equilibra uma bandeja na ponta dos dedos. O hotel foi projetado em torno de pátios internos com um espelho de água em frente à entrada; além de bonito, podia ser usado para combater incêndios em caso de terremotos. A forma e o programa decorativo eram igualmente complexos. Buscando criar uma linguagem para os ornamentos japoneses modernos, Wright começou usando as geometrias elementares dos círculos e quadrados, mas depois relativizou-as em favor de uma adaptação pessoal das formas japonesas tradicionais. Indo além da decoração, o sistema estrutural funcionou conforme previsto no forte terremoto de 1923 – um dos poucos triunfos de Wright nesse ano tão triste. Nos anos seguintes, recalques diferenciais somados ao rebaixamento natural do lençol freático sob o local causaram grandes rachaduras no edifício; já a demanda por hotéis mais espaçosos e com condicionamento de ar tornou a edificação de Wright cada vez mais obsoleta. O hotel foi demolido no final da década de 1960 para dar lugar a um arranha-céu.

No entanto, a carreira de Frank Lloyd Wright como arquiteto não chegou ao fim, pois ele daria início a uma fase extremamente produtiva em meados da década de 1930. Essas obras e outros projetos do mesmo período serão discutidos ainda neste capítulo.

PETER BEHRENS E A DEUTSCHER WERKBUND

Quando falamos anteriormente do movimento inglês Artes e Ofícios, fizemos referência ao alemão Herman Muthesius, que foi enviado à Inglaterra em 1896 para examinar todos os aspectos da arquitetura, do projeto e da manufatura ingleses; o objetivo era que a pesquisa ajudasse a elevar os padrões alemães de desenho de produto. Em função da reforma iniciada após seu retorno à Alemanha, Muthesius nomeou projetistas eminentes para ocupar posições de liderança nas escolas alemãs de artes e ofícios. Outro avanço significativo aconteceu em 1907, quando Muthesius, com fabricantes e projetistas adeptos da causa, fundou a Deutscher Werkbund. (Não é fácil traduzir esse título alemão. Talvez o equivalente mais adequado em português seja "Associação de Produtos Alemã"). A Werkbund promovia o bom desenho de produtos manufaturados industrialmente. Suas razões eram principalmente econômicas: Muthesius e os demais temiam que os produtos alemães perdessem para a concorrência nos mercados nacional e internacional a menos que se igualassem aos padrões estabelecidos por outros países, especialmente a Inglaterra. Muito se discutiu, nos anos seguintes, qual direção artística seria seguida pela Werkbund, mas a palavra "qualidade" começou a ser usada com bastante frequência. Cada vez mais, a Werkbund defendeu os méritos das formas abstratas para os produtos manufaturados e de peças padronizadas para facilitar a produção, exigindo que a qualidade estética fosse avaliada em separado da qualidade da fabricação. Todas essas ideias seriam de extrema importância para os projetistas do pós-guerra.

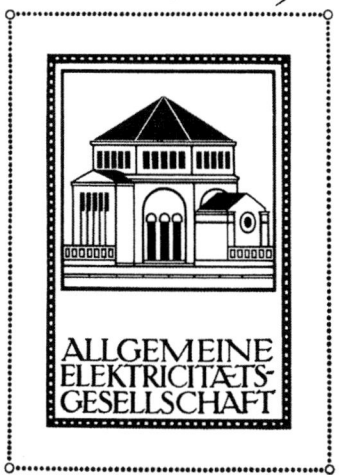

15.1 Peter Behrens, Desenho de cartaz para a AEG, 1908.
Como consultor artístico da AEG, Behrens buscou criar uma imagem visual para um grande cliente corporativo. Produziu papéis timbrados e grafismos para publicidade, além de imagens comerciais como esta.

15.16 Peter Behrens, Fábrica de Turbinas da AEG, Berlim, 1909.
Muito já foi dito sobre o aspecto de celeiro da volumetria e do perfil do telhado desta edificação, o que sugere inspirações vernaculares. No entanto, os elementos mais relevantes para o Modernismo do século XX são os apoios de aço expostos e a enorme vidraça na elevação, inserida entre os gigantescos pilares de quina.

Outro evento importante de 1907 foi a contratação de Peter Behrens (1868-1940), membro da Werkbund, pela Allgemeine Elektricitäts-Gesellschaft (AEG) (Companhia Elétrica Geral). Behrens ficou responsável por todos os aspectos do projeto da firma – incluindo papel timbrado, luminárias para lâmpadas elétricas e edificações industriais; o cargo englobava os campos modernos do desenho gráfico, desenho de produtos e arquitetura (Figura 15.15). O homem encarregado da obra estudara inicialmente para ser um pintor, mas também foi influenciado pelos ensinamentos de William Morris sobre o estilo Artes e Ofícios.

Os edifícios projetados por Behrens para a AEG têm um estilo neoclássico despojado. Embora sejam declarações rigorosas e marcantes que representam as primeiras tentativas da arquitetura para lidar com edificações industriais, também simbolizam a nova ordem industrial que surgia na Alemanha. O mais famoso é a Fábrica de Turbinas de Berlim (1909), no qual o perfil poligonal das treliças da cobertura acima do grande pavilhão de montagem e manufatura se reflete no exterior (Figura 15.16). Behrens evitou por completo a aplicação de ornamentos e deu expressão direta aos materiais estruturais. A estrutura independente de aço está exposta nas paredes laterais, onde grandes janelas se abrem entre os apoios, enquanto painéis de concreto – levemente inclinados para dentro e articulados em grandes faixas retangulares – dominam as elevações das extremidades. A grande janela da fachada se projeta levemente em relação ao volume de concreto como se estivesse enfatizando seu *status* não portante. O bloco da fábrica, menor com seus dois pavimentos, situado à esquerda do pavilhão das turbinas, tem faixas de janelas verticais emolduradas por uma estrutura de concreto inspirada nas proporções clássicas; neste caso, no entanto, não há detalhes clássicos.

Talvez como resultado dos trabalhos para a AEG, a firma de Behrens logo ficou conhecida como uma das mais modernas da Europa e vários jovens projetistas que foram trabalhar lá se tornaram líderes na arquitetura do pós-guerra. Walter Gropius conheceu seu primeiro parceiro, Adolf Meyer, quando ambos trabalhavam para Behrens; Tanto Mies van der Rohe como o jovem Le Corbusier foram contratados por Behrens antes do início da Primeira Guerra Mundial.

O FUTURISMO E O CONSTRUTIVISMO

O Futurismo italiano e o Construtivismo russo foram dois movimentos que, apesar de relativamente breves, influenciaram o desenvolvimento do Modernismo europeu. Os ideais do Futurismo foram apresentados principalmente por Filippo Marinetti (1876-1944), que publicou um manifesto de fundação em 1909 – no mesmo ano em que Frank Lloyd Wright abandonou os Estados Unidos e seguiu para a Europa. Marinetti acreditava piamente que a cultura italiana, incluindo a arquitetura, estava em um estupor decrépito. Ele exigia a transformação radical da paisagem italiana – seus planos incluíam cobrir os canais de Veneza! Ele louvava a velocidade, o perigo, a audácia e até mesmo a guerra como meio de limpar a sociedade; também anunciou o fim das noções tradicionais de tempo e espaço. Ao redor de sua retórica agressiva se encontravam artistas e escultores que não dispunham de meios gráficos apropriados para se expressarem. Em 1912, visitaram Paris e conheceram Braque e Picasso. O Cubismo que viram lá sugeriu maneiras para representar experiências episódicas, energia e movimento em pinturas e esculturas – o que fizeram em obras como *Desenvolvimento de Uma Garrafa no Espaço*, de Umberto Boc-

15.17 Antonio Sant'Elia, Projeto para uma usina termoelétrica em Milão, 1913.

Antonio Sant'Elia morreu ainda jovem em decorrência de ferimentos sofridos na Primeira Guerra Mundial. Os extraordinários desenhos em perspectiva fizeram dele o mais conhecido expoente do Futurismo.

15.18 Antonio Sant'Elia, Detalhe da La Città Nuova, 1914.

Sant'Elia explorou as possibilidades de uma cidade dinâmica dominada por múltiplos meios de transporte. As altas torres de elevadores conectadas às laterais dos prédios por passarelas são especialmente impressionantes.

cioni. O arquiteto mais famoso do movimento foi Antonio Sant'Elia (1888-1916); com sua morte, a arquitetura futurista perdeu ímpeto. Sant'Elia ficou conhecido pela exposição *Città Nuova* (Cidade Nova), de 1914, e pela publicação que a acompanhou – *Messagio* (Mensagem) – que se tornou o manifesto da arquitetura futurista. Usando técnicas de perspectiva exuberantes, propôs projetos para hangares de aeronaves, blocos de apartamentos, centros de transporte, usinas hidrelétricas e termoelétricas (Figuras 15.17–15.18). Todos eram caracterizados por fortes volumes sem ornamentação, verticalidade, paredes inclinadas ou escalonadas, múltiplos níveis de circulação horizontal, elevadores externos e equipamentos de geração de energia aparentes.

Os construtivistas também eram muito radicais na Rússia revolucionária, mas estavam fadados a sucumbir ao classicismo de Stalin, que os neutralizava. Em um imenso território cujos ambientes rurais haviam mudado pouco desde a Idade Média, os construtivistas sonhavam com

15.19 (esquerda) Vladimir Tatlin, Maquete do *Monumento a Terceira Internacional*, 1919.

Este projeto de torre, incluindo a espetacular proposta de uso de novos materiais e métodos de construção, influenciou significativamente os jovens projetistas russos. As paredes sólidas desapareceram para dar lugar a uma estrutura aberta e tecnologicamente eficiente.

15.20 (direita) Viktor e Alexandr Vesnin, Edifício do Jornal Pravda, Moscou, 1924. Desenho.

Elementos como elevadores externos e enormes letreiros removíveis começaram a aparecer com frequência nas edificações modernas somente na segunda metade do século XX. Os contraventamentos diagonais que dariam rigidez à esbelta estrutura independente eram igualmente inovadores.

15.21 (abaixo) Konstantin Melnikov, Pavilhão Soviético, Exposition des Arts Décoratifs, Paris, 1925.

Para criar esta forma dinâmica, Melnikov usou uma grelha de planejamento interseccionada por uma escadaria diagonal. Sua edificação apareceu na mesma exposição parisiense que exibiu a Cité dans l'Espace (veja a Figura 15.43) de Friedrich Kiesler.

uma República Soviética onde a arquitetura fosse alavancada pelas forças da industrialização; porém, muitas de suas ideias ultrapassavam as capacidades técnicas de um país retrógrado em estado de confusão total. Eles queriam explorar materiais de construção modernos, como aço, concreto e grandes áreas envidraçadas. Como os futuristas, propunham o uso exuberante de sistemas de transporte urbano e acrescentaram letreiros externos monumentais, antecipando os enormes mostradores digitais de hoje.

Em 1919, Vladimir Tatlin (1885-1953) projetou o *Monumento à Terceira Internacional* (Congresso Comunista) (Figura 15.19). A torre seria uma fantástica espiral dupla dinâmica com 400 metros de altura, cone giratório e cilindros que acomodariam os escritórios do governo e da propaganda oficial. Ainda que impossível de ser construída, a visão chamou a atenção do mundo. Em 1924, os irmãos Vesnin – Viktor (1882-1950) e Alexandr (1883-1959) – produziram o Edifício do Jornal Pravda (Figura 15.20); incluindo sistema de alto-falantes, a edificação acomodaria o jornal *Pravda*, principal instrumento da propaganda soviética. À estrutura aparente de aço, que incluía contraventamentos em X, anexaram elevadores externos e um relógio com leitores digitais; em cima, um canhão de luz que funcionava como uma metáfora do experimento comunista. Konstantin Melnikov (1890-1974) projetou o Pavilhão Soviético (Figura 15.21) para a Exposition des Arts Décoratifs de 1925. Os volumes romboides e a estrutura em balanço enfatizavam o dinamismo, enquanto os espaços interconectados expressavam a agenda ainda em aberto do Comunismo Soviético. O Clube dos Trabalhadores de Moscou (1927-28), concebido por Melnikov (Figura 15.22), revela a mesma fascina-

15.22 Konstantin Melnikov, Clube dos Trabalhadores de Rusakov, Moscou, 1927–28.

Além de demonstrar o uso exuberante da estrutura sonhado pelos construtivistas, o clube de Melnikov também acomodava o tipo de atividade coletiva exigido pela Revolução Russa. Entretanto, transcorridos alguns anos, a mentalidade progressiva do Construtivismo foi substituída pelo controle esmagador de Stalin.

ção por estruturas exuberantes – neste caso, por meio das marcantes arquibancadas em balanço feitas de concreto armado.

O EXPRESSIONISMO HOLANDÊS E ALEMÃO

Entre 1900 e 1914, os pintores dos grupos alemães Brücke (Ponte) e Blaue Reiter (Cavaleiro Azul) se revoltaram contra o naturalismo acadêmico e buscaram expressar suas emoções, pensamentos e sentimentos diretamente na pintura. Depois da Primeira Guerra Mundial, os artistas e arquitetos europeus reagiram com emoção à barbárie da guerra em trincheiras, enquanto a sociedade tentava se recuperar da culpa, das angústias e das desavenças do período do pós-guerra. O expressionismo na arquitetura, às vezes, é descrito como antirracionalista, como a continuação das sensibilidades românticas do século XIX no século XX, e já foi definido, por exclusão, como tudo o que não correspondia aos padrões do Estilo Internacional; porém, suas duas vertentes principais – o Expressionismo Holandês (ou Wendigen) e o Expressionismo Alemão – são mais bem explicadas por aquilo que eram e pelo que eram a favor, e não por aquilo que não eram ou pelo que eram contra.

Os membros do Wendigen viviam e trabalhavam em Amsterdã. Seus projetos deviam muito à obra de H.P. Berlage (1856–1934) e ressaltavam o processo artesanal da construção, a revelação da estrutura e o alto nível resultante dos detalhes – por vezes fantásticos – relacionados ao processo de construção artesanal. Berlage é mais conhecido pela Bolsa de Valores de Amsterdã (1897–1903) (Figura 15.23), edifício com paredes portantes de tijolo e pedra com inspiração medieval, mas com cobertura de treliças de ferro e claraboias acima do grande salão (Figura 15.24). A Bolsa de Valores foi concebida de modo bastante racional por Berlage, que seguiu os preceitos do arquiteto e teórico estético alemão Gottfried Semper – cujo trabalho estudou durante sua formação em Zurique – e P.J.H. Cui-

pers – projetista que deu continuidade à tradição de tijolos de Amsterdã e tinha conexões com o pensamento de Viollet-le-Duc; já a expressão ruskiniana dos materiais de construção, especialmente por meio das cores e texturas de suas paredes compostas com cuidado, serviu de ponto de partida para as explorações do Expressionismo Holandês.

Em 1901, Berlage foi contratado pela cidade de Amsterdã para planejar os bairros residenciais da área conhecida como Amsterdã Sul. Suas propostas de blocos de tijolos de dois pavimentos sem elevadores, tendo a rua como principal elemento de organização, serviram de ambiente para as obras de projetistas como Piet Kramer (1881–1961) e Michael de Klerk (1884–1923). Kramer, um homem extrovertido, interessado no ocultismo e simpático ao comunismo, projetou unidades para a associação habitacional De Dageraad em 1918–23 (Figura 15.25). Usou tijolos para criar algumas paredes planas e tensas e outras curvilíneas e protuberantes, além de janelas com grelhas e aspecto aeronáutico; também aplicou telhas e espigões para produzir silhuetas agressivas e pontiagudas. De Klerk foi, possivelmente, o mais talentoso e original dentre os expressionistas holandeses. O projeto feito para a Associação Habitacional Eigen Haard (1913–21) (Figura 15.26) é mais plástico, tem silhueta mais irregular e apresenta detalhes mais texturizados que a obra de Kramer. Sua capacidade, no entanto, ia muito além do tratamento de superfícies, como mostra o Conjunto Habitacional Henrietta Ronnerplein (1921). Ali, ele manipulou paredes inclinadas, chaminés múltiplas e janelas compostas de modo a produzir uma arquitetura tridimensional que está entre as mais originais e instigantes do início do século XX.

O Expressionismo Alemão foi muito mais diversificado que o holandês, uma vez que se preocupava tanto com a forma como com a utopia. Os escritos de Paul Scheerbart e sua visão de uma arquitetura de vidro ou cristalina que, de certa forma, amenizaria a opacidade repressora da cultura moderna, foram fundamentais para o movimento. Opondo-se, em parte, às direções seguidas pela Deutsche Werk-

CAPÍTULO 15 O SÉCULO XX E O MODERNISMO 487

15.23 H.P. Berlage, Bolsa de Valores de Amsterdã, Amsterdã, 1897–1903.

Berlage se inspirou na longa tradição holandesa de construção com tijolos. A alvenaria de tijolo da Bolsa de Valores fica ainda mais rica pelo uso de pedras policromáticas tanto no interior quanto no exterior.

15.24 H.P. Berlage, Interior da Bolsa de Valores de Amsterdã, Amsterdã, 1897–1903.

No interior não há apenas tijolo e pedra, mas ferro na forma de arcos treliçados. O material que antigamente era considerado apropriado apenas para edificações como estufas e estações ferroviárias passou a ser aceito em edifícios institucionais.

bund, que era patrocinada pelo Estado, as contrapropostas do Expressionismo Alemão apareceram de maneira radical na exposição realizada pela Werkbund em Colônia no ano de 1914; na ocasião, o Teatro da Werkbund, de Henri Van de Velde, explorou o tema do *Kunstwollen* (desejo de formar), que contrastava com os preceitos mecanicistas e formalistas do pensamento Werkbund convencional, enquanto o Pavilhão de Vidro de Bruno Taut (Figura 15.27) deu forma física às proclamações de Scheerbart. Essa variedade de abordagens ilustra os conflitos internos existentes na Werkbund: a racionalidade em sintonia com a produção industrial em massa *versus* a autoexpressão possibilitada pela obra artesanal e, como corolário da última, o coletivismo utópico e o romantismo individual. O Pavilhão de Vidro de Taut tinha uma organização bastante formal: uma base de concreto circular com escada axial central, uma rotunda circular e uma cúpula. Contudo, Taut explorou as possibilidades do vidro de maneira tão profunda que a edificação se tornou um tipo de prisma oco (Figura 15.28). As paredes de vidro, os degraus de vidro e os painéis de vidro da cúpula filtravam e refletiam luz e cor para produzir um espaço interno criado para apresentar o vidro como um produto da produção industrial e, ao mesmo tempo, acalentar o espírito humano.

É possível que a mais peculiar dentre as obras do Expressionismo Alemão construídas tenha sido o Goetheanum, projetado pelo amador Rudolf Steiner (1861–1925). Filósofo, intelectual e estudante das ciências ocultas, Steiner fundou a Sociedade Antroposófica em 1912 e se propôs a construir uma "escola de ensino médio gratuita para a ciência espiritual". Ao chamá-la de Goetheanum, acabou conectando seus pensamentos aos escritos de Johann Wolfgang von Goethe, o gigante da literatura alemã. Houve, na verdade, dois Goe-

15.25 Piet Kramer, Conjunto Habitacional De Dageraad, Amsterdã, 1918–23.

O movimento Expressionista Holandês, conhecido como Wendigen, incluía obras tão originais quanto esta, concebida por Piet Kramer. Inspirados nas experiências de Berlage com a alvenaria de tijolo, os elementos buscam se expressar por meio do uso natural de materiais segundo a tradição artesanal.

15.26 Michael de Klerk, Conjunto Habitacional Eigen Haard, Amsterdã, 1913–21.

O aspecto exótico de projetos como este não significa que seus projetistas não estivessem preocupados em criar bons lugares para se viver. Estes blocos de dois pavimentos sem elevadores incluem áreas comunitárias e pátios com jardins.

15.27 Bruno Taut, Pavilhão de Vidro, Colônia, 1914.

Este pavilhão foi apresentado em uma exposição organizada pela Werkbund alemã, associação dedicada a melhorar os produtos manufaturados do país. Taut buscou dramatizar os possíveis usos do vidro como material de construção.

15.28 Bruno Taut, Interior do Pavilhão de Vidro, Colônia, 1914.

A obsessão de Taut pelo vidro começou com os chamados escritos da "corrente de vidro", os quais, seguindo a liderança do filósofo Paul Scheerbart, celebravam a visão de uma cultura que ficaria menos opressiva por meio do uso do material transparente.

15.29 Rudolf Steiner, Goetheanum II, Dornach, 1928.

Rudolf Steiner criou um currículo para aquela que chamava de "escola de ensino médio espiritual". Embora não tivesse formação em arquitetura, projetou uma edificação na qual pudesse colocar sua filosofia educacional em prática. Infelizmente, a primeira Goetheanum de madeira foi destruída por um incêndio. Steiner produziu então uma segunda versão, em concreto, para substituí-la.

theanums, ambos em Dornach, logo após a fronteira alemã na Suíça; o primeiro foi construído com madeira, em 1913, e destruído por um incêndio no final de 1922; o segundo, de concreto, foi inaugurado em 1928 (Figura 15.29). O Goetheanum I pode ser comparado ao Teatro da Werkbund, de Van de Velde; era dominado por formas curvilíneas, sendo que muitas delas pareciam derretidas e deformadas. Por baixo da deformidade, porém, havia uma planta baixa simétrica composta de círculos sobrepostos; os telhados, por sua vez, eram similares a muitas formas alemãs tradicionais projetadas para escoar a neve. O Goetheanum II, que também tem planta baixa sistemática, é ao mesmo tempo mais escultórico e facetado. A parte mais fantástica do projeto é a casa da caldeira com chaminé com aspecto vegetal.

A Torre Einstein, em Potsdam (1920–21) (Figura 15.30), e o projeto para uma fábrica de chapéus em

15.30 (esquerda) Erich Mendelsohn, Torre Einstein, Potsdam, 1920–21.

Ainda que bastante modesta em termos de tamanho, a Torre Einstein possui um monumentalismo adequado para sua função de laboratório, denominado em honra a um dos cientistas mais proeminentes do século XX. Concebida para ser feita de concreto, acabou sendo construída com tijolo rebocado, por motivos econômicos.

15.31 Erich Mendelsohn, Torre Einstein, Potsdam, Desenhos.

Estas são evidências do extraordinário pensamento conceitual de Mendelsohn. Feitos com rapidez e energia, estes croquis capturam não apenas a forma, mas também o espírito da Torre Einstein.

15.32 Hans Poelzig, Caixa d'Água, Posen, 1911.

Hans Poelzig era um membro muito respeitado da Werkbund; atualmente, seria descrito como um corporativista. Mesmo assim, não encontrou dificuldades para produzir este projeto evocativo baseado em painéis policromados facetados. Alguns panos de tijolo externos se refletem no interior, entre a estrutura independente de pilares treliçados.

Luckenwalde (1921-23), ambos de Erich Mendelsohn (1887-1953), representam mais uma abordagem expressionista da arquitetura. As características dinâmicas da Torre Einstein, feita de tijolo rebocado, demonstram o interesse de Mendelsohn pelas formas aerodinâmicas, embora estivessem pouco conectadas ao Futurismo italiano; certamente, no entanto, há uma similitude com o Teatro da Werkbund de Van de Velde e com as produções de Joseph Maria Olbrich para a Sezession de Viena. A expressiva técnica gráfica usada por Mendelsohn nos croquis da torre (Figura 15.31) e de obras relacionadas representa a mão potente e, por vezes, poética, de alguém que foi extremamente influenciado pelo próprio ato de desenhar. É evidente a adequação do dinamismo às atividades de um cientista que explora o tempo e o espaço. Mendelsohn também explorou propriedades metafóricas no projeto da fábrica de chapéus; ali, produziu, a partir de um conjunto de decisões racionais, um esquema apropriado tanto para a realidade da manufatura industrial como para o espírito das aspirações econômicas da Alemanha. O prédio administrativo, com sua composição assimétrica de formas ortogonais, tem um aspecto De Stijl, mas, na área de produção, Mendelsohn explorou sistemas estruturais e mecânicos para produzir formas lógicas, porém extremamente provocantes. A rígida estrutura que sustenta o ateliê inspirou uma composição rítmica de triângulos no exterior, enquanto as chaminés de exaustão dos tanques de tingimento são funcionais e, ao mesmo tempo, evocativas.

Outro monumento bastante divulgado do Expressionismo Alemão foi a caixa d'água de Posen (atual Poznan, na Polônia) (1911) (Figura 15.32), projetada por Hans Poelzig. Nela, Poelzig – membro vigoroso da Werkbund – orquestrou uma colisão de funções aparentemente heterogêneas com uma estética industrial quase alucinógena. As vedações externas da edificação são facetadas e extremamente texturizadas, incluindo alvenaria variada e padrões de vidraça. No interior, inserido em uma estrutura independente similar a que vimos no filme expressionista *Metropolis*, de Fritz Lang, e sob o reservatório de água, Poelzig projetou um espaço de exibição que pretendia transformar em mercado público. A edificação é um impressionante amálgama de função e fantasia.

A ART DÉCO

Há quem veja uma relação entre a Art Déco e as obras expressionistas. Art Déco é um termo muito amplo que descreve uma linguagem de projeto diversificada que abrangia de tudo, de gráficos a cerâmica, móveis e arquitetura. As artes decorativas da Art Déco – na época conhecidas como *l'art moderne* – prosperaram na França a partir de 1910, aproximadamente, sendo que a arquitetura da Art Déco permaneceu popular nos Estados Unidos, especialmente em arranha-céus e teatros, ao longo da década de 1930. Ela só foi reconhecida como estilo na década de 1960 e, por esta razão, não faz parte do livro *Teoria e Projeto na Primeira Era da Máquina* (1960), de Reyner Banham; assim, a avaliação da obra permanece incompleta.

Os projetistas da Art Déco geralmente preferiam materiais suntuosos e produziam objetos de extrema elegância. Como a Art Nouveau e muitas outras experiências modernistas, o movimento Art Déco visava inovar em um novo século. No entanto, suas inspirações eram extremamente ecléticas. Do Cubismo, vieram as formas sobrepostas e facetadas; do Construtivismo Russo, a linguagem da mecanização; e do Futurismo, o fascínio pelo movimento. Além dessas fontes, havia motivos extraídos do Egito Antigo, da África, do Oriente e de outros locais, incluindo flores estilizadas, formas vegetais onduladas, formas geométricas facetadas – como os padrões em V – e figuras humanas estilizadas, idealizadas e heróicas. Na França, *l'art moderne* produziu uma ornamentação muito suntuosa, fazendo com que, na Exposition des Arts Décoratifs realizada em Paris no ano de 1925, sucumbisse à onda poderosa do Modernismo Europeu e de seu redutivismo – uma estética de produção em massa defendida por projetistas como Adolf Loos e Le Corbusier.

Ironicamente, havia abundantes exemplos franceses da arquitetura Art Déco na exposição de 1925, mas todos foram demolidos no final do evento. Na Inglaterra, os projetistas da Art Déco buscavam expressar a modernidade por meio da função e da economia; por isso, o estilo era considerado adequado para edificações como usinas de energia elétrica, aeroportos e cinemas. Nos Estados Unidos, os arquitetos da década de 1920 estavam em busca de um vocabulário decorativo que pudesse ser aplicado aos arranha-céus que já haviam se inspirado em quase tudo, de campanários a zigurates. Na época em que o Modernismo Europeu ainda não tinha se tornado predominante na América, a ornamentação Art Déco era considerada moderna, elegante e apropriada para a produção mecânica, o que fez dela uma substituta viável para o historicismo das torres com inspiração gótica, como o Edifício Woolworth (1913), de Cass Gilbert (1859–1934), localizado em Nova York; outra vantagem era que seus ornamentos podiam ser produzidos em terracota, latão e alumínio. Embora não abraçasse a estética da era da máquina, a Art Déco oferecia um meio de celebrar tanto a arte como a tecnologia.

O arranha-céu mais famoso da Art Déco é o Edifício Chrysler, também situado em Nova York (1928) (Figura 15.33), projetado por William Van Alen (1883–1954). A cúpula em forma de coroa feita de aço inoxidável, com sucessi-

15.33 William Van Alen, Edifício Chrysler, Cidade de Nova York, 1928.
A silhueta mais característica na linha do horizonte de Nova York ainda é a coroa de aço inoxidável do Edifício Chrysler. Ignorado por muito tempo pelos modernistas, este ornamento para edifícios altos ressurgiu quase como um fetiche nas décadas de 1970 e 1980.

15.34 Raymond Hood, Edifício New York Daily News, Cidade de Nova York, 1929–30.

Contemporâneo aos edifícios Chrysler e Empire State, o Edifício New York Daily News aborda o minimalismo do Estilo Internacional, mas apresenta painéis decorativos em baixo relevo inspirados na Art Déco.

15.35 Raymond Hood, Ornamentos em baixo relevo do Edifício New York Daily News, Cidade de Nova York, 1929–30.

O estilo Art Déco se revelou na base da torre. A ornamentação tinha diversas fontes, incluindo imaginário anterior à Feira Mundial de Chicago e formas que respondiam ao fascínio pela velocidade, típico do período.

vos arcos preenchidos com raios de sol e coroada com uma flecha, tornou-se um clássico entre os marcos de silhueta urbana. As outras características ornamentais marcantes incluem **gárgulas** de águias e o famoso acrotério com motivos radiais e friso adjacente com rodas de veículos abstratas.

O projetista mais produtivo do movimento Art Déco em Nova York foi Ely Jacques Kahn (1884–1972), cuja carreira se estendeu por mais de 50 anos. O melhor representante de sua produção artística é o edifício localizado no

15.36 Reinhard and Hofmeister, Corbett, Hood, Fouilhoux e outros, Rockefeller Center, Cidade de Nova York, iniciado em 1929.

Embora os edifícios individuais sejam distintos, o conjunto urbano que criaram e o espaço definido por eles fizeram do Rockefeller Center uma obra muito famosa. Para muitos, é o verdadeiro centro de Manhattan. A torre mais alta, com recuos distintos, que fica no centro, é o Edifício RCA.

15.37 Wallace K. Harrison, Saguão do Radio City Music Hall, Cidade de Nova York, 1933.

Dentro do Rockefeller Center, este é o espaço mais conhecido. Os móveis suntuosos, materiais opulentos e iluminação espetacular capturam o espírito da Cidade de Nova York nas décadas de 1920 e 1930.

número 2 da Park Avenue (1927) (página 470), com uma riqueza de detalhes facetados e geométricos tanto no interior como no exterior. Em 1929-30, em Nova York, Raymond Hood (1881-1934) projetou o Edifício New York Daily News (Figura 15.34), que, em alguns aspectos, se aproxima do minimalismo do Estilo Internacional, mas também apresenta painéis decorativos em baixo relevo inspirados na Art Déco (Figura 15.35) e inclui uma suave palheta de cores com tons de verde e terracota – cores que fogem do repertório do Modernismo Europeu. Hood e Fouilhoux, com outras firmas, projetaram o complexo de edifícios que compõem o Rockefeller Center (iniciado em 1929) (Figura 15.36) e inseriram, em seu interior, um conjunto significativo de arte pública, incluindo esculturas no estilo Art Déco feitas por inúmeros artistas e o famoso afresco de Diego Rivera, que foi destruído assim que ficou pronto em função de suas alusões simpáticas ao comunismo. O Radio City Music Hall (Figura 15.37), com seus móveis luxuosos e materiais e iluminação exuberantes, é considerado uma verdadeira obra-prima. O edifício mais alto da época era, é claro, o Edifício Empire State (1931) (Figura 15.38), projetado por Richmond Shreve (1877-1946), William Lamb (1883-1952) e Arthur Harmon (1878-1958). A ornamentação Art Déco inclui inúmeros painéis foscos de tímpano de alumínio com ornamentos em zigue-zague.

Em Los Angeles, os edifícios da Art Déco assumiram duas formas: os chamados "Moderno em Zigue-zague" e "Moderno Aerodinâmico". Os teatros Wiltern (1931) e Pantages (1929) têm fachadas de pilones verticais com recuos progressivos intercalados com painéis de tímpano ornamentais (Figura 15.39). Seus interiores misturam raios de sol e motivos geométricos facetados, incluindo espelhos facetados e abóbadas prismáticas em leque. A Fábrica de Engarrafamento da Coca-Cola (1936) (Figura 15.40), de Robert Derrah (1895-1946), que, na verdade, foi uma reforma, ilustra o modelo aerodinâmico. Ela inclui motivos náuticos, como janelas de vigia, portas em forma de alçapão e escritórios acessados por meio de um "convés superior de navio".

Um conjunto particularmente rico de obras da Art Déco pode ser encontrado em Miami Beach, Flórida, onde a linguagem internacional se misturou com uma paleta de cores local e se adaptou ao clima subtropical (Figura 15.41). Esses edifícios em escala modesta foram pintados em tons fortes, como rosa, verde, pêssego e lavanda, que ficariam vulgares em outros contextos, mas, aqui, se encaixaram muito bem. Com frequência, apresentam brises e balcões marcadamente horizontais e são pontuados por entradas e torres de escada extremamente verticais. A decoração inclui vários motivos da Art Déco, como os raios de sol, mas abrange a flora e a fauna locais, incluindo as tradicionais palmeiras e flamingos de Miami.

15.38 Richmond Shreve, William Lamb e Arthur Harmon, Edifício Empire State, Cidade de Nova York, 1931.

Este edifício seria famoso mesmo se sua única imagem popular fosse a de King Kong lutando contra os aviões no seu topo.

15.39 B. Marcus Priteca, Teatro Pantages, Hollywood, Califórnia, 1929.

Os teatros oferecem oportunidades para exercitar a fantasia. Os edifícios de escritórios no estilo Art Déco eram bastante discretos se comparados com os chocantes ambientes de inspiração maia, bizantina e egípcia que foram criados em outras edificações nas quais a ilusão era o principal produto à venda.

15.40 (acima) Robert Derrah, Engarrafadora da Coca-Cola, Los Angeles, Califórnia, 1936.

Uma das variantes da já diversificada Art Déco era o estilo "Moderno Aerodinâmico". Este edifício industrial, com curvas suaves e janelas de vigia, era, na verdade, uma edificação preexistente que foi reformada.

15.41 Anton Skislewicz, The Breakwater, Miami Beach, Flórida, 1939.

As volumetrias mais populares entre os edifícios da Art Déco em Miami combinam vários pavimentos horizontais com um alto elemento central – neste caso, um letreiro de hotel e uma caixa de escada.

O DE STIJL

O movimento holandês De Stijl teve duas fases – ambas coordenadas pelo pintor, projetista, tipógrafo, crítico, escritor e agitador de multidões Theo Van Doesburg (1883-1931). As origens do movimento remontam à obra do pintor Piet Mondrian (1872-1944) e do arquiteto H.P. Berlage (discutido anteriormente neste capítulo, quando falamos sobre o Expressionismo Holandês). Os dois artistas buscavam uma maneira moderna de se expressar em sua obra. Berlage optou pela busca moralista da verdade na construção, enquanto Mondrian escolheu o redutivismo que, acreditava, revelaria a essência da cultura do início do século XX e a sujeitaria a críticas. Enquanto os expressionistas holandeses tendiam a ser extremamente figurativos e sintonizados com o meio artesanal de produzir edificações, os projetistas do De Stijl tentaram – em medida igual e oposta – ser ultrarracionais, abstratos e mecânicos.

Em 1911, aos 20 anos, Mondrian, estudante de arte de Amsterdã, se mudou para Paris e imediatamente se deixou influenciar pelo Cubismo. De volta à Holanda, durante a Primeira Guerra Mundial, ele conheceu Theo Van Doesburg e, juntos, fundaram o periódico *De Stijl* (O Estilo) no ano de 1917. Nele, Mondrian apresentou a doutrina do Neoplasticismo, influenciada pelos escritos do matemático-filósofo esotérico M.H.J. Schoenmaekers, que acreditava que o mundo funcionava com uma regularidade absoluta que podia ser expressa por meio de uma matemática "plástica". Mondrian voltou para Paris e, seguindo a filosofia de Schoenmaekers, deu início a um processo gradual de abstração que o levou a produzir painéis sem moldura distribuídos em grelhas, com quadrados e retângulos pintados apenas nas três cores primárias.

Berlage evidentemente não era um abstracionista, mas seus textos patrocinavam aquelas que acreditava serem verdades absolutas: a dominância do espaço, a parede como criadora da forma e a necessidade de proporções sistemáticas. Também foi Berlage quem chamou a atenção dos projetistas holandeses para Frank Lloyd Wright, depois que sua obra foi publicada por Ernst Wasmuth em 1910-11.

Em 1921, Van Doesburg iniciou a primeira fase do De Stijl, cujos participantes incluíam Mondrian, vários outros pintores holandeses e os arquitetos Rob van t'Hoff (1887-1979) e J.J.P. Oud (1890-1963). O grupo defendia a criação de formas que fossem universais, espacialmente ilimitadas e sincronizadas com a tecnologia moderna. Van t'Hoff, que já estivera em Oak Park, produziu uma casa em Huis ter Heide (1916) que é uma adaptação convincente da obra de Wright, com suas horizontais fortes, incluindo grupos de janelas e lajes de piso e cobertura em balanço. Embora nunca tenha aderido totalmente aos princípios do De Stijl, Oud produziu um conjunto significativo de obras relacionadas antes de retornar a um tradicionalismo mais sério no final da carreira; as primeiras edificações acabaram lhe conferindo o título de modernista europeu da primeira geração. O conjunto habitacional Hoek van Holland (1924) (Figura 15.42) não faz experimentos espaciais, mas é extremamente redutivista, apresentando longas paredes rebocadas brancas que pareciam extrudidas sobre uma base de tijolos vermelhos e amarelos, grandes superfícies de vidro com esquadrias de metal desadornadas nas janelas e detalhes pintados nas cores primárias – um contraste notável com as obras de Kramer e de Klerk, aproximadamente do mesmo período.

15.42 J.J.P. Oud, Conjunto Habitacional Hoek van Holland, Roterdã, 1924.
O contraste entre a residência de Oud e a dos projetistas do Wendigen holandês é quase chocante. Oud tinha feito contato com os membros do movimento holandês De Stijl e o Conjunto Habitacional Hoek van Holland exibiu o desejo redutivista dos últimos, de tirar a ênfase dos ornamentos aplicados.

Em 1921-22, o rol dos participantes do De Stijl mudou significativamente, adquirindo um perfil muito mais internacional. Mondrian partiu, mas Van Doesburg permaneceu e se tornou seu catalisador. As novidades ficaram por conta dos construtivistas russos El Lissitzky (1890-1941), Friedrich Kiesler (1890-1965), do Grupo Berlim G (que incluía o jovem Mies van der Rohe), o planejador Cor Van Eesteren (nascido em 1897) e o arquiteto e desenhista de móveis holandês Gerrit Rietveld (1888-1964). As obras do De Stijl permaneceram abstratas e mecanicistas, mas se tornaram mais construtivistas e radicais quanto à exploração do espaço tridimensional. Destacou-se a Cité dans l'Espace (Figura 15.43) de Kiesler, exibida na Exposition des Arts Décoratifs de Paris de 1925. Sem a responsabilidade de servir de edificação convencional, era uma grelha tridimensional de elementos lineares suspensos dentro do espaço infinito que organizava. Da mesma maneira, em 1923, Van Eesteren e Van Doesburg trabalharam juntos nos estudos de uma casa na qual usaram perspectivas axonométricas e uma maquete de Rietveld para mostrar composições espaciais planas em um espaço neutro afetado apenas minimamente por qualquer tipo de contexto, incluindo a gravidade. Já nos desenhos de móveis, Rietveld desenvolveu uma linguagem próxima, chamada de Elementarismo, na qual reunia os elementos individuais de modo a manter sua integridade individual; o conjunto completo evidenciava todo o processo de construção. A famosíssima Cadeira Vermelha e Azul (1917–18) (Figura 15.44) ainda é produzida. A Casa Schroeder, projetada por Rietveld em Utrecht (1924) (Figura 15.45), é geralmente apontada como a edificação mais perfeita do De Stijl, embora seja limitada como edifício de habitação. Seu exterior é similar às composições residenciais de Van Eesteren e Van Doesburg: planos com várias orientações ortogonais que se interseccionam e são interconectados por perfis de aço lineares. O interior (Figura 15.46) é um tanto decepcionante – muito aberto, é dominado por componentes elementaristas lineares e cores primárias e não chega a investigar o espaço infinito definido por Mondrian.

15.43 Friedrich Kiesler, Cité dans l'Espace, Exposition des Arts Décoratifs, Paris, 1925.

Apesar de ser uma obra de exibição e não uma edificação, a composição de Kiesler conseguiu traduzir as ideias bidimensionais de Mondrian em três dimensões. Kiesler fez parte do De Stijl em seus estágios posteriores, quando já havia chegado aos projetistas alemães e russos.

15.44 Gerrit Rietveld, Cadeira Vermelha e Azul, 1917–18.

Esta cadeira ainda é produzida. A construção com elementos aparentemente independentes mostra por que Rietveld descreveu sua obra como "Elementarismo".

15.45 Gerrit Rietveld, Casa Schroeder, Utrecht, 1924.

Não é difícil imaginar o susto dos vizinhos, que moravam em casas de tijolos tradicionais, quando esta composição estranha apareceu na rua. Fazia 20 anos que Adolf Loos havia despojado uma casa com a aplicação de ornamentos pela primeira vez.

15.46 Gerrit Rietveld, Interior da Casa Schroeder, Utrecht, 1924.

Este interior mostra que não era fácil traduzir as pinturas de Mondrian ou as composições planas de Van Doesburg para espaços habitáveis. Há, porém, rigor e – embora a fotografia em preto-e-branco não mostre – uma paleta de cores primárias como as preferidas por Mondrian.

EXPLORANDO O POTENCIAL DO CONCRETO

O desenvolvimento da planta livre dependia, em última análise, da disponibilidade de materiais que pudessem ser usados em sistemas estruturais arquitravados com conexões rígidas entre os pilares e vigas ou lajes. Assim como o desenvolvimento da construção com estrutura independente de metal foi uma das maiores contribuições da engenharia no século XIX, a criação do concreto armado foi um aspecto importante da engenharia no século XX. Ainda que a ideia de reforçar o concreto com barras de metal tenha surgido no final do século XIX, somente no século XX a técnica foi explorada extensamente na construção de edificações.

Robert Maillart (1872–1940), engenheiro suíço, explorou as possibilidades do concreto armado. Depois de posicionar a armadura para resistir a carregamentos variáveis, ele permitiu que o concreto assumisse diferentes formas. Empregando um ato tão racional da engenharia, conseguiu explorar o potencial plástico do concreto e produzir formas extremamente expressivas. Também desenvolveu um sistema de colunas em forma de cogumelo para sustentar as chamadas lajes-cogumelo, ou lajes lisas, eliminando a necessidade de usar vigas, e o utilizou em um depósito de Zurique, Suíça, em 1910. Maillart ficou mais famoso pelos projetos de pontes de concreto armado que unificavam arcos portantes com o tabuleiro (a superfície horizontal da rodovia). A primeira delas foi a Ponte Tavanasa, de 1905 (destruída por um deslizamento de terra em 1927); a mais espetacular talvez seja a Ponte Salginatobel, de 1930, perto

15.47 Auguste Perret, Interior de Notre Dame de Le Raincy, 1922–23.

Auguste Perret foi o pioneiro do uso do concreto armado na arquitetura. Aqui, esbeltas colunas sustentam uma abóbada longitudinal abatida e pequenas abóbadas transversais – todas cercadas por vedações em forma de treliça.

15.48 Auguste Perret, Edifício da Rue Franklin, 25, Paris, 1902.

O projeto inteligente de Perret substituiu o poço de luz interno típico de Paris por uma planta baixa em U que aumentou a porcentagem de paredes externas com muitas aberturas para iluminação natural. Ele aplicou a ornamentação diretamente nas vedações externas de concreto da edificação.

de Schiers, no leste da Suíça, que parece saltar por cima do vale abaixo.

Na França, Auguste Perret (1874-1954) construiu inúmeros edifícios de apartamentos, prédios comerciais e igrejas, como Notre Dame de Le Raincy (1922-23) (Figura 15.47), com concreto armado. Sua primeira obra importante foi o Edifício de Apartamentos da Rue Franklin, 24 (1902), cuja estrutura independente de concreto permite a distribuição irregular dos cômodos de modo a refletir o fato de que as paredes não são portantes (Figura 15.48). A mesma liberdade se reflete na distribuição das janelas, que estão mais próximas umas das outras do que seria possível em uma edificação com paredes portantes. Para responder às queixas dos vizinhos, que reclamavam da "grosseria" do material, o concreto usado no exterior foi estriado para lembrar pedra. O jovem Le Corbusier trabalhava para Perret e herdou dele o interesse pelo concreto armado e seu domínio, um material que usaria bastante ao longo de toda a sua carreira.

LE CORBUSIER

Charles Edouard Jeanneret-Gris, mais conhecido como Le Corbusier, é conhecido pelo uso magistral da forma e da luz na arquitetura. Le Corbusier (1887-1965) nasceu em La Chaux-de-Fonds, cidade suíça produtora de relógios, e estudou arte na escola técnica local, que treinava os alunos para fazerem gravações refinadas em caixas de relógios. Reconhecendo seus talentos artísticos, seus professores o encorajaram a desistir da indústria relojoeira e ir atrás de metas mais ambiciosas. Sua formação em arquitetura veio da curta estadia nos escritórios de Auguste Perret (1908-09) e Peter Behrens (1910), entre os períodos de viagem pelo Mediterrâneo, incluindo as ilhas gregas, nos quais Le Corbusier fez muitos desenhos. Voltou para La Chaux-de-Fonds em 1912, lecionou na escola de arte local e projetou algumas casas.

As Casas Dom-Ino e Citrohan

Com Perret, Le Corbusier adquiriu uma compreensão sólida do concreto armado; com Behrens, aprendeu a projetar para a indústria. Ele combinou essas duas vertentes em seu primeiro projeto notável – a Casa Dom-ino (1914), feita em resposta ao início da Primeira Guerra Mundial. Prevendo que a destruição causada pelo conflito aumentaria a demanda pela reconstrução com o fim das hostilidades, Le Corbusier propôs um esquema habitacional para produção em massa que reduzisse os componentes ao mínimo: lajes de piso, pilares com espaçamento regular, para suporte vertical, e escadas conectando os pavimentos (Figura 15.49). O projeto envolvia a possibilidade de pré-fabricar as peças perto do canteiro de obras e a rápida montagem da estrutura por guindastes. A subdivisão do interior e a vedação externa precisa (as paredes) seriam deixadas à vontade dos construtores de modo a observar as preferências locais.

Em 1916, ele se mudou para Paris. Foi nessa época que adotou o pseudônimo de Le Corbusier – nome tirado da família da mãe – para assinar seus projetos de arquitetura. (Ele continuou a pintar usando o nome de batismo.) Com a guerra ainda no auge, não havia muito trabalho para um jovem arquiteto suíço desconhecido; por isso, Le Corbusier usou seu tempo para pintar, escrever e desenhar projetos.

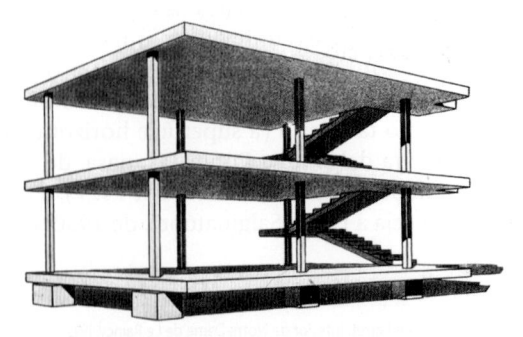

15.49 Le Corbusier, Casa Dom-ino, 1914. Desenho.

Com este sistema, Le Corbusier separou a estrutura da vedação. Os resultados foram a planta livre, com a distribuição flexível das paredes, e a fachada livre, que podia assumir qualquer configuração desejada.

15.50 Le Corbusier, Casa Citrohan, 1922. Perspectiva.

O nome desta casa era um trocadilho com o nome do automóvel Citroën e se relacionava com sua concepção de "máquina de morar". As paredes portantes laterais praticamente cegas mostram que, na verdade, ela foi projetada como uma unidade de um bloco multifamiliar.

Em 1920, ele e o poeta Paul Dermée criaram um pequeno periódico intitulado *L'Esprit nouveau* (O Novo Espírito), que, em três anos de publicação, falou a respeito das artes visuais, de música e da estética da vida moderna. Em 1923, uma coletânea dos ensaios de Le Corbusier sobre a arquitetura – publicados originalmente nas páginas do periódico – foi reimpressa no livro *Vers une architecture* (Por Uma Arquitetura). Na obra, sua tendência ao exagero poético segue as melhores tradições do Romantismo; sua leitura é um prazer ainda hoje, pois nos transmite uma imagem das artes em Paris no início da década de 1920. "A arquitetura é o jogo sábio, correto e magnífico dos volumes reunidos sob a luz", declarou, defendendo o projeto de edificações baseadas na estética da máquina. Antecipando a futura produção em massa de elementos modulares, também defendia o uso de dimensões derivadas de um sistema de proporções inspiradas na Seção Áurea, bem como no tamanho de um homem mediano, para todos os elementos de uma edificação.

Os projetos ilustrados em *Por Uma Arquitetura* incluíam a Casa Citrohan (1922), uma tentativa de projetar uma moradia modesta que fosse tão barata quanto os automóveis Citroën então fabricados na França (Figura 15.50). A casa é construída de concreto armado, elevada do solo por pilares ou **pilotis** e contém garagem e área de serviço com depósitos no pavimento térreo. O segundo piso, que segue a tradição do *piano nobile*, apresenta salas de estar e jantar, dormitório de empregada e cozinha; no terceiro pavimento, o dormitório de casal está voltado para a sala de estar com pé-direito duplo; o pavimento de cobertura acomoda os dormitórios das crianças e um terraço-jardim. Muitas de suas casas posteriores incluiriam uma sala de estar com pé-direito duplo e mezanino. A fenestração consiste de aberturas simples com janelas industriais que dividem o exterior em faixas horizontais que se estendem continuamente, sem se importar com a localização das paredes internas.

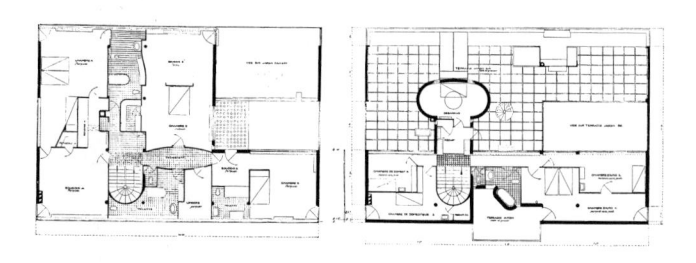

A Vila Stein e a Vila Savoye

No final daquela década, Le Corbusier teve a oportunidade de colocar suas teorias de projeto em prática ao construir várias casas modestas – e outras nem tão modestas assim. Em Garches, ele projetou a Vila Stein (1927) (Figura 15.51). Como na Casa Citrohan, o pavimento principal, de estar, fica no nível do *piano nobile*, enquanto a cobertura se transforma em um elegante terraço. As colunas estruturais distribuídas regularmente permitem a curvatura das paredes internas; já as faixas contínuas de janelas horizontais se estendem pelas fachadas norte e sul. (As elevações das extremidades são praticamente cegas, pois Le Corbusier via esta edificação como um protótipo para lotes suburbanos bastante estreitos, onde as casas vizinhas criariam paredes-meias.) As principais proporções da edificação foram baseadas em Palladio e determinadas pela Seção Áurea; os desenhos publicados das elevações incluíam seus "traços reguladores".

Ainda mais expressiva era a Vila Savoye (1929–31), em Poissy, perto de Paris (Figuras 15.52–15.54), projetada para ser a casa de fim de semana de uma família de amantes da arte. A parede curva do pavimento térreo foi determinada pelo raio de manobra do veículo que traria a família de Paris. A entrada de automóveis se estende por baixo da casa e passa entre os pilotis e a entrada principal, chegando a uma garagem para três carros e ao dormitório dos empregados. No vestíbulo do pavimento térreo, o visitante que deseja chegar ao segundo pavimento pode subir por uma escada escultórica ou por uma rampa (que conecta os três níveis).

15.51 Le Corbusier, Plantas baixas da Vila Stein, Garches, 1927.

Estes são os resultados do sistema dom-ino em uma vila suburbana. As paredes não se alinham necessariamente com os vãos definidos pelas colunas; é possível abrir as paredes externas em qualquer ponto. O pavimento térreo está na extrema direita.

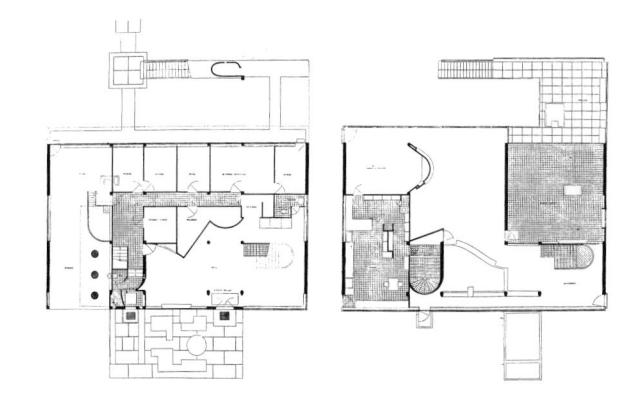

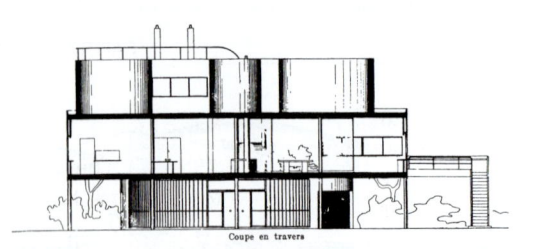

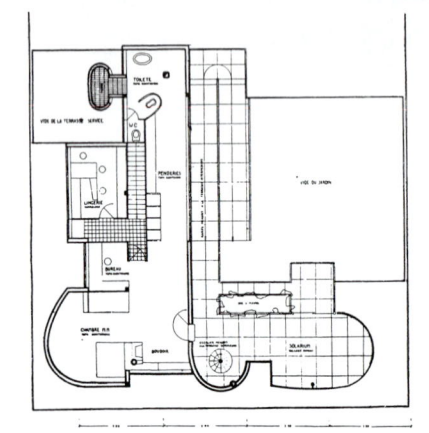

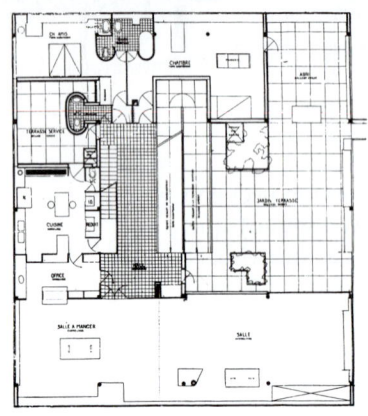

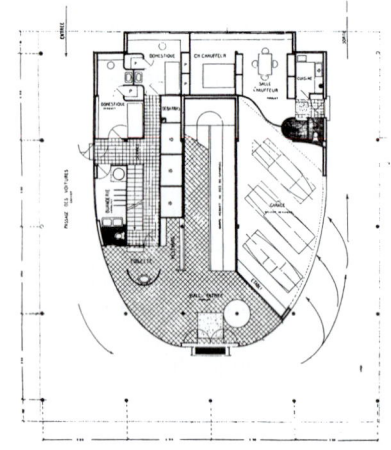

15.52 Le Corbusier, plantas baixas e corte da Vila Savoye, Poissy, 1929–31.

Quase não há correspondência entre os três leiautes de planta livre (o pavimento térreo é o da direita). A continuidade é proporcionada pelo sistema estrutural independente e pela rampa – uma influência da obra de Adolf Loos.

15.53 Le Corbusier, Vila Savoye, Poissy, 1929–31.

Esta imagem revela os finos planos de vedação possibilitados pelo sistema dom-ino de colunas e lajes de piso.

15.54 Le Corbusier, Interior da Vila Savoye, Poissy, 1929–31.

A área de refeições (à direita) e a área de estar (à esquerda) formam um único espaço longo e estreito iluminado por janelas em fita quase contínuas.

Ali, no pavimento de estar, o principal, tinha-se uma vista desobstruída da clareira na qual a casa foi implantada e das colinas arborizadas que cercam o terreno. Uma enorme porta de vidro corrediça separa a grande sala de estar do pátio externo e da rampa que sobe até o terraço da cobertura, que possui paredes quebra-ventos escultóricas. A aparência regular foi cuidadosamente mantida no exterior. As quatro elevações são praticamente idênticas, consistindo de uma faixa horizontal de janelas na altura do segundo pavimento e um plano de parede sustentado por pilotis recuados distribuídos a intervalos regulares. Na verdade, a casa é bem mais complexa do que a vedação externa bastante simples sugere: a análise da planta baixa revela que o sistema estrutural *não* é uma grelha regular, ao contrário do que os escritos teóricos de Le Corbusier e a fachada nos levariam a acreditar. Um espaçamento de pilares regular tornaria impossível estacionar veículos na garagem e os espaços internos, inclusive no segundo pavimento, ficariam inconvenientes. Mesmo assim, Le Corbusier evitou cuidadosamente que as paredes internas coincidissem com as colunas.

A escolha dos acabamentos internos e acessórios reflete o entusiasmo de Le Corbusier por produtos industriais e sua admiração pelos aspectos funcionais dos transatlânticos. O próprio vestíbulo tem piso cerâmico não vitrificado, balaustrada tubular simples pintada de preto, um lavatório em pedestal solto na entrada e luminárias industriais voltadas para cima, para iluminação indireta. As claraboias, pintadas de azul intenso, fornecem uma iluminação suave que reflete nas superfícies brancas das paredes do segundo pavimento; lá se localiza o banheiro principal, que possui uma *chaise-longue* e uma banheira de azulejos cerâmicos particularmente famosa. A incorporação magistral de experiências espaciais diversificadas e luz no interior de um contêiner geométrico simples evidencia o grande domínio da forma alcançado por Le Corbusier até a década de 1930.

Os "Cinco Pontos" de Le Corbusier

Em 1926, Le Corbusier já tinha articulado seus "Cinco Pontos para uma Nova Arquitetura":

1. Os apoios (pilotis) são calculados com precisão, distribuídos a intervalos regulares e usados para elevar o primeiro pavimento do solo úmido.
2. A cobertura plana (ou terraço-jardim) é usada para fins domésticos, como jardinagem, recreação e relaxamento – compensando, assim, o solo ocupado e privado de atividades externas.
3. As paredes internas, independentemente do sistema de apoio, podem ser distribuídas em uma planta livre.
4. As janelas horizontais, possibilitadas pelo sistema de apoio, proporcionam uma iluminação homogênea de parede a parede e permitem uma iluminação oito vezes superior àquela fornecida por uma janela vertical de mesma área.
5. A fachada, que também independe dos apoios estruturais, pode ser projetada livremente.

Alguns desses pontos não têm lógica. Tomemos o quarto ponto como exemplo: a quantidade de luz que entra por determinada área de vidro é a mesma seja lá qual for a posição da janela; porém, outras características do cômodo, como as cores e as superfícies refletoras, realmente influem bastante no efeito espacial da iluminação. Também é improvável que as atividades recreativas na cobertura, mencionadas no segundo ponto, sejam equivalentes às que seriam praticadas no solo. Vistos como um conjunto, no entanto, os cinco pontos definiram uma nova estética para o projeto de edificações, seguida por Le Corbusier na maioria de seus projetos até meados da década de 1950. Suas obras tardias e outras inovações contemporâneas serão descritas ainda neste capítulo.

15.55 Casa de Eileen Gray em Roquebrune, França, 1926–29.

Poucas mulheres entraram para o seleto grupo do Modernismo Europeu, dominado por homens. Lilly Reich trabalhou com Ludwig Mies van der Rohe em seus interiores, mas apenas Eileen Gray produziu casas no Estilo Internacional por conta própria. É interessante observar que estas paredes brancas desadornadas são bastante consistentes com a arquitetura tradicional do litoral e das ilhas do Mediterrâneo.

No círculo de modernistas parisienses do qual Le Corbusier fazia parte, Eileen Gray (1878-1976) ocupava um lugar único. Ela começou como artista – fazendo objetos laqueados de cerâmica a móveis – passou para o projeto de interiores e, então, para a arquitetura. No início da década de 1920, inaugurou uma galeria chamada Jean Désert e teve toda uma edição do *Wendigen* dedicada à sua obra. Em 1926-29, construiu uma casa para si mesma em Roquebrune, na costa sul escarpada da França (Figura 15.55). Exibindo um vocabulário completamente modernista, a casa se distingue pela resposta eficiente ao terreno, uso inteligente de brises, ambientes privados dentro de uma planta livre, móveis com desenhos originais e sistemas diversificados de armários embutidos. Na década de 1930, Gray construiu outra residência para uso próprio na região, além de uma pequena casa de veraneio na década de 1950, e deixou vários projetos não construídos.

WALTER GROPIUS

Antes da Primeira Guerra Mundial, arquitetos e projetistas sérios dos Estados Unidos, da Inglaterra, Áustria, Itália, França e Escócia se esforçavam para encontrar uma expressão estética adequada ao mundo industrial. Essas investigações foram interrompidas pela guerra, mas, logo após o fim das hostilidades, uma abordagem ao incômodo problema da produção industrial em relação à expressão artística foi proposta com a fundação da Bauhaus, nova escola de projeto situada em Weimar, na Alemanha. Seus alunos, professores, métodos de ensino e projetos viriam a influenciar significativamente a disseminação do Movimento Modernista pelo mundo.

15.56 Walter Gropius e Adolf Meyer, Fábrica de Fôrmas de Sapatos Fagus, Alfeld-an-der-Leine, 1911.

Gropius e Meyer não desejavam criar um novo estilo com sua estética rigorosamente funcional. Contudo, as faixas de janelas com esquadrias de aço e seus tímpanos associados e as coberturas planas criaram uma tipologia muito usada nos Estados Unidos – não somente em fábricas, mas também em escolas e até em postos de gasolina.

Os projetos de edificações

Walter Gropius, o fundador da Bauhaus, se diferenciava dos mestres do Movimento Modernista por ser produto de uma formação como arquiteto totalmente acadêmica, obtida nas universidades de Berlim e Munique. Filho de um arquiteto, Gropius (1883-1969) adquiriu, entre 1907 e 1910, uma experiência prática importantíssima na firma de Peter Behrens; a seguir, abriu um escritório independente com Adolf Meyer (1881-1929). Seu primeiro grande projeto, a fábrica de fôrmas de sapatos Fagus, em Alfeld-an-der-Leine (1911), ainda é considerado um marco na história da arquitetura moderna por ter usado elementos que, futuramente, caracterizariam o Estilo Internacional: peles de vidro entre apoios de aço aparentes, quinas liberadas da alvenaria maciça e volumes retangulares simples com coberturas planas (Figura 15.56). Tendo sido contratado depois que um projetista anterior começara a construir o complexo, Gropius deu mais atenção a uma ala da fábrica, onde pode expressar seus ideais com mais clareza.

Como Behrens, Gropius era membro da Werkbund. Para a exposição realizada em Colônia em 1914, Gropius e Meyer projetaram uma fábrica-modelo para demonstrar a possível expressão em arquitetura de uma fábrica manufatureira hipotética com edifício de escritórios anexo. Após consultar a indústria local, Gropius elaborou o programa de necessidades da edificação de modo a atender às demandas de um empreendimento de médio porte. Nos fundos do edifício de escritórios havia uma pele de vidro que se estendia de maneira radical nas laterais e em torno das torres circulares de escada nas quinas frontais, enquanto a fachada principal não tinha janelas e foi revestida de blocos de calcário com aparência de tijolo. O conjunto era governado pela simetria; a entrada central foi colocada sobre o eixo; e os cilindros das escadas eram sombreados por elementos de torre que continham salões de festa na cobertura conectados por um restaurante coberto. O edifício de escritórios era separado da fábrica por um grande pátio que levava axialmente à área industrial – um grande saguão em forma de basílica que, por sua vez, foi dividido em três pelos apoios do telhado com duas águas e claraboias. O resultado era muito mais ousado e complexo do que tudo o que fora construído para a indústria alemã até então. Em função da qualidade do projeto, o Grão-Duque de Sachsen-Weimar-Eisenach convidou Gropius para assumir a direção da escola técnica de seu ducado.

A Bauhaus em Weimar e Dessau

A eclosão da Primeira Guerra Mundial postergou a concretização do convite feito pelo Grão-Duque, pois Gropius serviu pelo exército alemão no fronte oeste entre 1914 e 1918. A nobreza alemã perdeu seus domínios com o fim da guerra, mas a oferta do Grão-Duque foi renovada pelas novas autoridades civis e, em 1919, Gropius fundiu a antiga Grossherzoglich Sachsen Weimarische Hochschule für Angewandte Kunst (Escola Ducal de Artes Aplicadas) e a Grossherzoglich Kunstakademie (Academia de Arte Ducal)

ENSAIO

UM PINTOR RUSSO NA BAUHAUS

Jay C. Henry

15.57 Wassily Kandinsky, *Acento em Rosa*, 1926. Óleo sobre tela, 100,5 x 80,5 centímetros. Musée National d'Art Moderne, Centre Georges Pompidou, Paris.

Abstração foi um princípio fundamental da arte do século XX e, depois de Pablo Picasso, Wassily Kandinsky se destaca como o artista abstrato mais influente do período. Picasso, no entanto, nunca deixou de lado totalmente a representação. *As Damas de Avignon* (1907) e *Guernica* (1937) são imagens com temas narrativos. Já Kandinsky, na época em que ensinava na Bauhaus (1922–33), evoluiu até chegar a um estado de abstração total. *Acento em Rosa* (Figura 15.57) não representa nada além de si mesmo – é pura forma e cor. Naturalmente, um pintor que via a arte como forma pura, sem conteúdo extrínseco, se tornou um professor importantíssimo para uma escola como a Bauhaus, na qual o projeto era ensinado como uma disciplina abstrata. Essa aproximação da arte abstrata internacional com a arquitetura moderna tradicional faz da Bauhaus e de seus extraordinários professores peças vitais para a história do projeto no século XX.

Wassily Kandinsky nasceu na Rússia em 1866, o que faz dele um contemporâneo de Frank Lloyd Wright (nascido em 1869) e de outras figuras da primeira geração modernista. Seu interesse inicial pela arte popular russa estabelece um contexto comum com os movimentos românticos nacionalistas de outras partes da Europa. Em 1896, mudou-se para Munique para estudar arte, onde se deixou influenciar pela vertente de Artes e Ofícios do Jugendstil alemão. Essa exposição às ideias de William Morris – afirmando, por exemplo, que o trabalho artesanal e o projeto integravam as belas artes assim como a pintura, a escultura e a arquitetura – talvez tenha condicionado o papel de Kandinsky como professor da escola de projeto mais importante do século. Ao contrário de Behrens ou Van de Velde, que cresceram no mesmo ambiente do Jugendstil, Kandinsky permaneceu fundamentalmente um pintor e, em 1913, entrou para o grupo de expressionistas alemães Blaue Reiter e publicou o ensaio intitulado "Sobre o Espiritual na Arte" ("Über die Geistliche in der Kunst"), um dos tratados sobre arte mais influentes do século XX. Afirmava, entre outras coisas, que a forma e a cor transmitem valores emocionais e espirituais que ultrapassam a mera representação de imagens.

Por ser de um país inimigo, Kandinsky foi obrigado a voltar para a Rússia em 1914, e, no início da década de 1920, aceitou um cargo de professor em uma das novas escolas de arte soviéticas, estabelecendo conexões com os construtivistas. Em 1922, retornou à Alemanha para uma visita e aceitou o convite de Walter Gropius para ensinar na Bauhaus, onde permaneceu até o fechamento da escola, em 1933. Fugindo dos nazistas, morreu no exílio, em Paris, em 1944.

Quando Kandinsky entrou para o corpo docente da Bauhaus, em 1922, o Expressionismo era uma influência minguante na arte e na arquitetura alemãs. Em função de sua idade e de seu temperamento conservador, tornou-se uma figura paternal e uma influência estabilizadora após a partida do excêntrico expressionista Johannes Itten. Kandinsky se uniu a Paul Klee e László Moholy-Nagy, entre outros novos professores, e, depois de 1925, aos jovens mestres Marcel Breuer, Josef Albers e Herbert Bayer, com a mudança para Dessau em 1926; lá, seu sexagésimo aniversário foi celebrado com uma exposição comemorativa. A cadeira Wassily, uma das peças seminais de Breuer dentre os móveis com perfil tubular de metal da Bauhaus, foi batizada em sua homenagem.

em Weimar, fundando a Staatliches (Estatal ou Pública) Bauhaus Weimar. (A tradução literal de Bauhaus é "Casa da Edificação".)

Ao unir a antiga escola técnica ducal com a academia de belas artes, Gropius criou um novo tipo de instituição dedicada a formar estudantes em todos os aspectos do projeto. Inicialmente, os professores, em sua maioria, eram pintores de Berlim e Viena que Gropius conhecera antes da guerra. Quem dominava no início era o pintor vienense Johannes Itten, que ministrava o Vorkurs (curso introdutório). Sua filosofia radical e antiautoritária, estilo de vida austero e modo excêntrico de se vestir foram copiados por muitos alunos e acabaram criando atritos com a comunidade. O modelo usado para organizar o currículo era a corporação de ofício medieval: os estudantes eram chamados de aprendizes e graduavam-se com certificados de artífices assalariados. Gropius tinha certeza de que as belas artes advinham do domínio do trabalho artesanal e, portanto, organizou o programa de ensino para que os alunos recebessem instruções manuais em uma das muitas oficinas (marcenaria, metalurgia, tecelagem, cerâmica, pintura mural) e fossem orientados em estudos teóricos dos princípios da forma por instrutores separados, com frequência, pintores, como Paul Klee e Wassily Kandinsky. Gropius escreveu em um ensaio em 1923:

Ao tirar o trabalho artesanal e industrial da formação do artista, as academias negaram-lhes sua vitalidade e acarretaram seu completo isolamento com relação à comunidade. A arte não é algo que se pode emprestar. O fato de um projeto ser resultado de um artifício engenhoso ou de um impulso criativo depende da propensão individual. Todavia, se aquilo que chamamos de arte não pode ser ensinado nem aprendido, o mesmo não se aplica ao conhecimento completo de seus princípios e à destreza da mão. Ambos são tão necessários para um ótimo artista quanto para um artesão comum.

Gropius – ele próprio um produto do sistema acadêmico europeu de ensino de arquitetura – via o currículo da Bauhaus como um rompimento radical com a formação das Beaux-Arts e usou palavras duras para se referir aos métodos mais antigos:

O vício insistente das escolas acadêmicas era sua obsessão pelo raro esporte "biológico", o gênio comandante; e esqueciam que seu negócio era ensinar o desenho e a pintura a centenas e centenas de talentos menores, dentre os quais no máximo um em mil tinha capacidade para se tornar um arquiteto ou pintor de verdade. Na grande maioria dos casos, essa instrução terrivelmente deficiente condenava seus alunos à prática perpétua de uma arte puramente estéril. Se tivessem recebido uma formação prática adequada, estes infrutíferos bocas-moles poderiam ter se tornado membros úteis para a sociedade.

"A meta final de toda arte visual é a edificação completa!". Assim começava o prospecto de 1919 que divulgava a Bauhaus para os estudantes. Participando das oficinas, os alunos adquiririam habilidades em um tipo de trabalho artesanal; também aprenderiam a desenhar e pintar e receberiam instruções em ciência e teoria. Imaginava-se que os projetos das oficinas atrairiam patrocínio externo, na forma de contratos ou licenças de produtos, e que a escola logo se tornaria autossuficiente. A colaboração foi enfatizada desde o início.

Em 1921, Gropius foi contratado por Adolf Sommerfeld para projetar uma casa e viu isso como uma oportunidade de oferecer experiência prática (e remunerada) a alguns de seus aprendizes na oficina de marcenaria. Gropius (com Adolf Meyer) projetou a edificação, enquanto os aprendizes da Bauhaus tiveram bastante liberdade para projetar e mobiliar o interior. O resultado foi incomum, para dizer o mínimo. A Alemanha do pós-guerra, sobrecarregada pelos altos pagamentos de compensação aos Aliados, sofria com carências crônicas de praticamente tudo. Então, para reunir os materiais de construção, Sommerfeld – que era empreiteiro – comprou um navio da marinha desativado para aproveitar a madeira de teca que ele continha; essa madeira foi usada em quase todos os elementos. Em termos de elevação, a edificação era parecida com a Casa Winslow de Wright, com exceção da diferença evidente da peculiar construção com madeira de teca. O interior foi descrito como "uma confusão de estilos e clichês contemporâneos", o que se deveu ao fato de Gropius encorajar as abordagens individuais de seus alunos.

À medida que a Bauhaus amadureceu, seu programa deixou de ver o trabalho artesanal como um meio de arte e passou a encará-lo como um meio de fazer protótipos para fins de produção industrial. O ajuste foi feito em 1923 para responder a três influências principais: a pressão externa criada pelo crescente escândalo causado pelos professores exibicionistas e os estilos de vida boêmios dos alunos; a presença do holandês Theo van Doesburg e os discursos bombásticos desses mesmos estudantes; e os próprios interesses de Gropius pela produção em massa. Além disso, o apoio previsto de grupos comerciais e a integração com a indústria não se materializaram, o que deixou a Bauhaus em sérias dificuldades financeiras. Se os projetos pudessem ser vendidos aos fabricantes, a renda gerada ajudaria a amenizar a situação financeira. Há algo ainda mais importante: ao enfatizar o projeto para produção industrial, a Bauhaus encontrou uma resolução adequada para o relacionamento entre a arte e a máquina. Em vez de vê-las como adversárias, como fizeram Ruskin e o Movimento Artes e Ofícios, a Bauhaus encarava a integração da arte com a produção mecanizada como um grande desafio para o projetista do século XX – e organizou o ensino de modo a abordar essa questão.

Apesar dessas mudanças, a situação da escola ficava cada vez mais complicada em Weimar. Gropius afastou os professores mais excêntricos e pediu que os alunos usassem roupas comuns; porém, o rádio e o jornal continuaram atacando a Bauhaus. Na Páscoa de 1925, o prefeito progressista de Dessau ofereceu assistência – e a Bauhaus transferiu temporariamente sua sede para lá. Em dezembro de 1926, a escola tinha um novo lar projetado por Gropius e composto por edifícios que se encontram entre as mais belas expressões do Movimento Modernista emergente

15.58 Walter Gropius, Bauhaus, Dessau, 1926.

A planta baixa deste edifício tem a forma de um cata-vento, espalhando-se pelo espaço como uma tela de Mondrian. A ala de oficinas vista aqui é uma estrutura de pilares e lajes de concreto vedada por uma pele de vidro. Considerado decadente e uma expressão dos valores comunistas, o edifício foi fechado pelos nazistas em 1932.

(Figura 15.58). As edificações com estrutura de concreto armado são compostas por quatro grandes elementos distribuídos livremente no terreno plano; dessa forma, não há a tradicional "fachada principal". A ala das oficinas, com quatro pavimentos, é o maior volume; atrás de sua pele de vidro ficam os ateliês onde eram dadas as instruções preliminares e as oficinas de artes gráficas, carpintaria, tinturaria, escultura, tecelagem e pintura mural, além de espaços para exposições e palestras. Uma rua (acrescentada por Gropius) atravessa o terreno ao lado do edifício das oficinas, exigindo que uma passarela fechada o conectasse com a escola comercial administrada separadamente. Na passarela ficavam os escritórios administrativos da Bauhaus e o escritório particular de Gropius. Paralelo à estrada e estendendo-se por trás da ala de oficinas encontra-se o edifício baixo que acomoda o refeitório e o auditório. Entre os dois espaços há um palco e paredes removíveis que maximizam a flexibilidade. Mais além, há um dormitório estudantil de cinco pavimentos com 28 quartos e espaços relacionados.

Por que este complexo de edifícios é considerado tão especial? Podemos identificar diversos motivos. A composição assimétrica e dispersa representou um rompimento com a disposição monumental geralmente utilizada em instituições de ensino. Cada elemento do programa recebeu uma articulação separada, resultando em um tratamento abstrato e escultórico para o todo; já a introdução da rua e da passarela reforçou a sensação de um espaço de livre circulação. As oficinas da Bauhaus projetaram e executaram todos os interiores: a oficina de metalurgia ficou responsável pelas luminárias e pelos móveis tubulares de aço (desenhados por Marcel Breuer), enquanto a oficina de artes gráficas fez os letreiros, etc. Assim, a edificação era uma obra de arte total, uma unidade de arquitetura e trabalho artesanal relacionados. Os materiais de construção industriais (o concreto e o vidro) foram utilizados sem ornamentos e a circulação expressava-se claramente no leiaute.

Gropius também projetou uma série de sete moradias – uma casa independente e três blocos de casas geminadas – para os professores da Bauhaus. As casas geminadas são idênticas, mas, ao mudar as orientações e transformá-las em imagens espelhadas umas das outras, Gropius obteve o efeito de três projetos diferentes. Dessa forma, a padronização e a variedade foram combinadas. Como os edifícios da Bauhaus, esses prédios têm coberturas planas, foram originalmente pintadas de branco e apresentam detalhes industrializados com perfis tubulares de metal nos balcões.

Em Dessau, a Bauhaus continuou a enfatizar o projeto para fins de produção industrial e licenciou vários produtos para fabricantes alemães. Gropius começou a oferecer instruções específicas de arquitetura para alunos avançados de ateliê – e, pela primeira vez, o projeto de edificações começou a fazer parte do currículo. Os projetos da Bauhaus, fossem eles de arquitetura, desenho gráfico ou produtos, tendiam a favorecer formas geométricas primárias e sólidos, em conjunto com elementos lineares, com o objetivo de criar uma aparência de simplicidade. As formas dos produtos acabados refletiam tanto a natureza do material quanto o processo de manufatura exigido pela fabricação. Embora Gropius sempre negasse a existência de um "estilo" Bauhaus, há uma forte similitude visual entre muitos projetos de seus alunos e professores.

Esses projetos foram muito divulgados por exposições e publicações, ganhando reconhecimento generalizado para a escola por toda a Europa. Os prédios de Dessau ofereciam um espaço de trabalho superior ao que a Bauhaus tivera em Weimar; além disso, parecia que os tumultos que marcaram os primeiros anos da escolha pertenciam ao passado. Mas não era verdade. Embora significativamente menores, os problemas financeiros não foram totalmente resolvidos; ademais, forças políticas reacionárias que acompanhavam a ascensão do Nazismo fortaleciam-se nas províncias ao redor de Dessau. Buscando reduzir as críticas feitas à Bauhaus –

críticas que via como ataques pessoais – Gropius renunciou ao cargo de diretor da escola em abril de 1928 e voltou para seu escritório particular de arquitetura.

O jovem arquiteto Hannes Meyer foi escolhido para substituir Gropius. Para começar, Meyer ampliou o programa de arquitetura, adicionando cursos de matemática e engenharia e enfatizando, por meio de palestras e projetos de ateliê, as responsabilidades sociais dos arquitetos. As outras oficinas tiveram de aumentar a produção e um número cada vez maior de projetos foi licenciado para a indústria, aumentando os *royalties* recebidos pela escola. Porém, Meyer também encorajou os alunos a se tornarem ativos no campo da política – um conselho corajoso, ainda que imprudente, considerando-se o clima político instável do período. No verão de 1930, as autoridades exigiram sua renúncia. Seu substituto foi Mies van der Rohe, arquiteto há muito tempo ativo na Deutscher Werkbund, cuja reputação já era internacional.

Mies tentou estabilizar a escola simplesmente proibindo todas as atividades políticas e exigindo os mais altos níveis de trabalho possíveis. No entanto, forças políticas muito mais poderosas estavam se reunindo e, em 1932, os nazistas assumiram o controle de Dessau. Uma de suas primeiras providências foi voltar-se contra a Bauhaus, que, para eles, simbolizava o comunismo, a decadência e a subversão; em outubro de 1932, eles fecharam a escola. Logo depois, Mies conseguiu reabrir a Bauhaus como uma instituição particular em Berlim; porém, em abril de 1933, o edifício foi invadido pela Gestapo e, em julho do mesmo ano, finalmente fechou suas portas para sempre.

LUDWIG MIES VAN DER ROHE

Ludwig Mies van der Rohe (1886–1969) era filho de um canteiro e adquiriu experiência prática em construção com seu pai; mais tarde, trabalhou como aprendiz no escritório do desenhista de móveis Bruno Paul. Entre 1908 e 1911, Mies trabalhou na firma de Peter Behrens. Seus primeiros projetos como arquiteto independente revelam a influência de Karl Friedrich Schinkel, como mostra a casa projetada da senhora Kroller-Müller (1912) – um volume retangular simétrico com colunata clássica desadornada ao longo da fachada principal.

Depois da Primeira Guerra Mundial, Mies van der Rohe trabalhou em uma série de projetos que, apesar de nunca serem construídos, teriam um impacto enorme na arquitetura posterior. O primeiro foi uma proposta para um concurso, um edifício de escritórios acima da estação Friedrichstrasse, em Berlim (1919); tratava-se de um arranha-céu de 20 pavimentos completamente vedado com vidro. Em 1920-21, Mies levou o conceito do arranha-céu transparente mais além ao criar um projeto para uma torre de 30 pavimentos, mais uma vez totalmente revestida de vidro, com perímetro extremamente irregular e dois núcleos de circulação vertical circulares. Sua intenção era tirar partido dos reflexos variáveis. As curvas irregulares das paredes eram, na verdade, compostas de segmentos de retas curtas que correspondiam à largura dos painéis de parede-cortina; desse modo, todo o edifício seria um fuste reluzente extremamente facetado. A estrutura interna foi criada por lajes de concreto armado, formando um balanço com borda fina na parede externa. Contudo, como a ciência dos materiais e as técnicas de construção da década de 1920 eram inadequadas para edificar tais projetos, o primeiro edifício de escritórios completamente envidraçado foi construído apenas em 1950-52: a Casa Lever, na Park Avenue, em Nova York, projetada por Gordon Bunshaft, da Skidmore, Owings and Merrill. A construção com fachada de vidro inclui faixas horizontais de chapas planas de vidro e tímpanos de vidro verde escuro cobrindo as lajes de piso – todos inseridos em esquadrias de aço inoxidável.

Dois projetos do início da década de 1920 mostram que Mies van der Rohe pensava em outros materiais além do vidro. Ele projetou um edifício de escritórios de concreto (1922) com sete pavimentos, cada qual uma grande bandeja horizontal com balanços. A altura da borda da bandeja era determinada pela dimensão vertical dos arquivos; as janelas acima corriam como uma faixa horizontal contínua em um plano recuado em relação à borda externa do concreto. Se pensarmos no Edifício Larkin, que incorporou a mesma ideia em seus pavimentos de escritório, poderemos talvez detectar as influências das publicações de Wasmuth sobre Wright. As ideias do movimento De Stijl, bem como as plantas livres e os espaços fluidos das primeiras Casas dos Prados de Wright, também afetaram os projetos de Mies. Um dos primeiros exemplos data de 1923, quando ele projetou uma casa de campo de tijolo com paredes que se estendiam como planos verticais na paisagem raramente se interseccionando, mas definindo o espaço de modo efetivo. Parte dessa liberdade reapareceria em sua obra-prima de 1929 – o Pavilhão da Deutscher Werkbund para a Exposição Internacional de Barcelona.

O Pavilhão de Barcelona e a Casa Tugendhat

O Pavilhão de Barcelona (Figuras 15.59–15.60) se tornou um dos projetos de arquitetura mais famosos do século XX, ainda que, até pouco tempo atrás, fosse conhecido apenas por meio de fotografias, já que a edificação foi desmontada após a exposição e seus materiais vendidos em um leilão; recentemente, uma réplica do pavilhão foi construída no terreno original. É uma estrutura pequena e, ao contrário da maioria das edificações de exposição, não continha mostras. Além das mesas, bancos e cadeiras de aço inoxidável desenhados por Mies van der Rohe especificamente para o edifício, o único objeto exposto era a escultura de uma menina dançando feita por Georg Kolbe e cuidadosamente colocada dentro de um espelho d'água em uma das extremidades do pavilhão.

A influência do Pavilhão de Barcelona não se deve àquilo que ele contina, mas à edificação propriamente dita. Mies queria que ela se destacasse pela qualidade do projeto, dos materiais e do trabalho artesanal. O projeto é, ao mesmo tempo, simples e sofisticado. Erguido sobre um pódio baixo, como se tentasse se elevar acima do frenesi

15.59 Ludwig Mies van der Rohe, Pavilhão de Barcelona, Barcelona, [1929] 1986.

A edificação de Mies foi desmontada após o término da exposição em Barcelona. Recentemente, porém, foi reconstruída usando pedras vindas das pedreiras originais, para que as ideias do arquiteto fossem vivenciadas pessoalmente mais uma vez. A imagem vista aqui é da reconstrução de 1986.

15.60 Ludwig Mies van der Rohe, Planta baixa do Pavilhão de Barcelona, Barcelona.

Compare esta planta baixa com a obra inicial de Frank Lloyd Wright ou com as casas dom-ino de Le Corbusier. Todos buscavam um novo meio de expressão espacial, que foi a área de estudo mais significativa entre os modernistas do século XX.

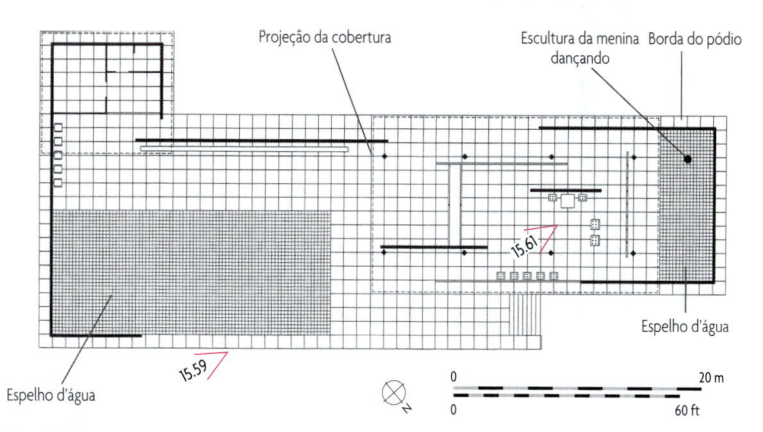

15.61 Ludwig Mies van der Rohe, Interior do Pavilhão de Barcelona, Barcelona, 1929.

Embora Mies não fosse membro do movimento De Stijl, suas concepções espaciais certamente correspondem às do movimento. Os materiais usados foram: ônix nos pisos, revestimento de mármore nas paredes internas e aço inoxidável nos pilares. Os bancos e cadeiras também foram projetados por ele.

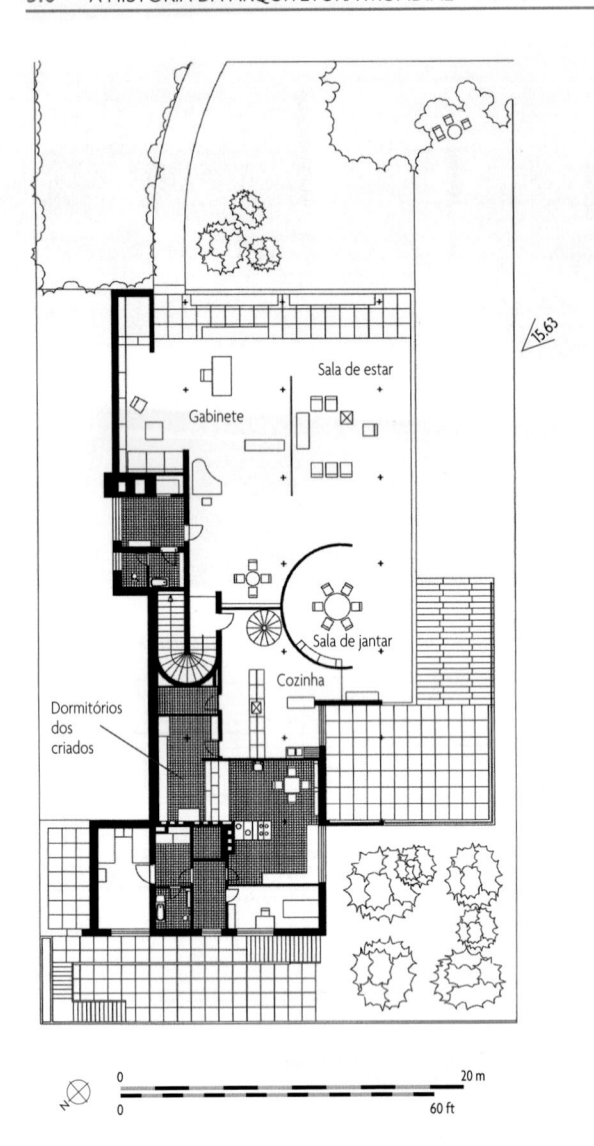

15.62 Ludwig Mies van der Rohe, Planta baixa da Casa Tugendhat, Brno, 1930.

As experiências espaciais de Mies podiam ser aplicadas ao dia a dia. Os espaços de estar ficam na parte de cima da planta baixa e apresentam subdivisões mínimas. Os espaços de serviço são muito mais compartimentados.

15.63 Ludwig Mies van der Rohe, Vista dos fundos da Casa Tugendhat, Brno, 1930.

O terraço particular nos fundos é cercado por um muro de arrimo revestido de pedra. As paredes de vidro oferecem vistas desobstruídas da paisagem natural.

do evento, o pavilhão parecia uma caixinha de joias de um pavimento. A maior parte do terreno era ocupada por um pátio, dominado, por sua vez, pelo grande espelho de água circundado por vidro preto. Oito pilares cruciformes sustentavam a laje de cobertura horizontal que parecia flutuar, independentemente das paredes verticais (Figura 15.61). As paredes não foram incorporadas à grelha de pilares nem se alinhavam com ela; dessa forma, Mies expressou deliberadamente a separação entre a estrutura e a vedação, mas manteve ambas com a mesma geometria ortogonal. Os pilares eram de aço-cromo brilhante; as paredes eram de mármore polido com emparelhamento tipo livro, em tons fortes de verde e vermelho; os pisos eram de mármore travertino; já o ônix e o vidro corado cinza contribuíam com a sensação de sofisticação e luxo. As cadeiras e os bancos usados em Barcelona eram de aço-cromo com couro de cabrito branco. Mies divide o crédito pela arquitetura de interiores com sua colaboradora, Lilly Reich, especialmente quanto à cortina de veludo vermelho-escuro da elevação principal, de vidro.

É possível identificar as influências na arquitetura do pavilhão: Schinkel no pódio e na formalidade da composição; Wright na fluidez espacial e na grande dimensão horizontal da cobertura; e o movimento De Stijl na composição quase abstrata com cheios, vazios e linhas. A integração magistral dessas diferentes influências em uma nova síntese de arquitetura foi a grande conquista de Mies van der Rohe.

Em 1930, Mies usou os conceitos do Pavilhão de Barcelona no projeto de uma casa – a Casa Tugendhat (Figura 15.62), em Brno, na República Tcheca. A mesma grelha regular com pilares cruciformes de aço-cromo sustenta a cobertura, enquanto placas de mármore polido servem de paredes, definindo os espaços internos em uma planta livre. Como o terreno é íngreme, a Casa Tugendhat tem dois pavimentos engastados em vários terraços cortados no talude do terreno; mas, graças às paredes, quase todas de vidro, a vista da paisagem adjacente predomina (Figura 15.63). No interior, as cores são suaves, limitando-se aos tons naturais dos materiais de acabamento e do piso de linóleo branco; assim, as luzes e cores variáveis do mundo externo determinam grande parte das cores encontradas na parte de dentro da casa.

Em meados da década de 1920, arquitetos progressistas de muitos países europeus trabalhavam de maneira a refletir uma nova admiração por materiais e produtos industriais, respeito por uma expressão em arquitetura racional e honesta destituída de ornamentos e interesse pela pureza das formas geométricas simples e superfícies planas. Na falta de um nome melhor, o grupo ainda é chamado de "Movimento Modernista"; um dia, porém, teremos de criar um rótulo mais descritivo (ou, talvez, mais de um) para refletir as diversas correntes de projeto de arquitetura surgidas desde 1920.

15.64 Ludwig Mies van der Rohe, Edifícios de apartamentos do Weissenhof Siedlung, Stuttgart, 1927.

Mies desenvolveu a implantação desta exposição e construiu este edifício de apartamentos na parte mais alta do terreno. Observe as janelas pré-fabricadas e os balcões com guarda-corpos tubulares similares aos que Adolf Loos usara 20 anos antes.

15.65 Le Corbusier, Unidade de Habitação do Weissenhof Siedlung, Stuttgart, 1927.

Le Corbusier compôs esta unidade de moradia usando elementos que já haviam se tornado familiares: pilares estruturais aparentes (pilotis), fachada desadornada, janelas horizontais em fita e terraço-jardim.

O WEISSENHOF SIEDLUNG E O ESTILO INTERNACIONAL

Em 1925, a Deutscher Werkbund propôs que fosse feita uma exposição em 1927 para demonstrar as últimas tendências em projeto de moradias, acessórios de interiores e técnicas de construção. A prefeitura de Stuttgart e vários fornecedores de materiais disponibilizaram os terrenos e a verba para construir 33 edificações permanentes em uma colina no subúrbio da cidade. Mies van der Rohe, então vice-presidente da Werkbund, ficou encarregado do empreendimento; ele criou o plano diretor e contribuiu com o projeto de um edifício de apartamentos. Com sua generosidade característica, convidou 16 dos principais arquitetos da Europa para participar, entregando a eles terrenos para construir casas isoladas, casas geminadas e casas em fita. As edificações permanentes ficaram conhecidas como Weissenhof Siedlung (ou Conjunto Habitacional Modelo de Weissenhof).

O conceito por trás da exposição era projetar unidades de moradia modernas e de tamanho reduzido que pudessem ser usadas como protótipos para a produção em massa. Embora os projetistas individuais tenham adotado diversas abordagens, os elementos em comum entre os projetos foram cruciais para o desenvolvimento do Modernismo. Todas as edificações foram pintadas de branco; tinham janelas "funcionais" que enfatizavam a horizontalidade; e quase todas tinham coberturas planas, algumas com terraços-jardins. O aspecto industrial foi expresso nos perfis tubulares dos guarda-corpos dos balcões, os quais eram o principal elemento decorativo no exterior. As guarnições de janela eram mínimas e não havia cornijas. Lembrando a Cité Industrielle de Garnier, Mies van der Rohe originalmente pensou em manter os veículos no perímetro, permitindo o acesso apenas de pedestres à área de moradia; no entanto, as autoridades municipais pretendiam revender as unidades como habitações individuais após a exposição e, por isso, exigiram que o condomínio fosse dividido em lotes com acesso separado. Mies conseguiu preservar a concepção basicamente escultórica da forma geral do terreno, implantando o edifício maior e mais alto – seu prédio de quatro pavimentos – na parte mais alta da colina (Figura 15.64).

O edifício de Mies incluía elementos padronizados – um núcleo com cozinha e banheiro, paredes internas pré-fabricadas e paredes externas com armários embutidos – que permitiam que cada uma das 24 unidades tivesse uma planta baixa diferente. A padronização e o planejamento racional, somados à estrutura independente de aço, proporcionaram essa flexibilidade. O terraço-jardim oferecia recursos recreativos e cada apartamento tinha um pequeno balcão. As janelas horizontais em fita promoviam a ventilação cruzada em cada unidade de habitação.

Walter Gropius construiu duas casas isoladas em seus lotes, mas elas não existem mais. Dando continuidade à abordagem estudada na Bauhaus, ele projetou com a colaboração de vários fabricantes e ambas as casas foram construídas apenas com painéis pré-fabricados. O módulo dos painéis era imediatamente visível por dentro e por fora; o interior foi equipado com produtos desenhados por Marcel Breuer e produzidos nas oficinas da escola. É interessante observar que, depois de se mudar para os Estados Unidos, em 1937, Gropius continuou interessado em moradias pré-fabricadas, mas não conseguiu atrair os fabricantes norte-americanos. Quando construiu sua própria casa em Lincoln, Massachusetts (1938), em colaboração com Breuer, Gropius optou pelos componentes de construção já disponibilizados para indústrias leves e incorporou-os talentosamente aos principais elementos da edificação.

Le Corbusier também contribuiu com dois projetos: uma habitação unifamiliar de concreto armado e uma casa geminada com estrutura independente de aço (Figura 15.65) – a concretização do conceito Citrohan. A última foi uma das edificações mais polêmicas da exposição, em parte devido às proporções incomuns do interior. O eixo de circulação principal é um corredor que se desenvolvia ao longo de toda a casa, com dimensões e janelas que remetem mais a um trem do que a uma residência, principalmente porque alguns quartos eram tão estreitos quando os vagões-dormitórios dos trens europeus. Na verdade, Le Corbusier era fascinado pelos projetos funcionais dos transatlânticos e aviões; então, é possível que os vagões ferroviários também tenham inspirado sua arquitetura.

A linha comum do projeto racional ou funcional podia ser detectada em todas as edificações do Weissenhof Siedlung; além disso, os projetos dos arquitetos alemães não tinham aparência distinta daqueles produzidos por projetistas de outros países. Essa afinidade estética e o livro *Internationale Architektur* (1925), de Walter Gropius, levaram Alfred H. Barr, do Museum of Modern Art de Nova York, a chamar a arquitetura moderna do final da década de 1920 de Estilo Internacional.

Os avanços da arquitetura europeia tiveram destaque na mostra do Museum of Modern Art (MoMA) (citada no início deste capítulo), organizada por Barr, Henry-Russell Hitchcock e Philip Johnson em 1932. Pela primeira vez, o público e os arquitetos norte-americanos tiveram contato com as novidades da Alemanha, França, Holanda e Bélgica do pós-guerra, pois obras como a Casa Schroeder, de Gerrit Rietveld, foram apresentadas com alguns dos primeiros projetos de Wright, como a Casa Winslow, e o racionalismo abstrato do De Stijl apareceu ao lado de obras de Mies, Gropius e Le Corbusier.

Segundo a definição elaborada por Barr, o Estilo Internacional era caracterizado por "ênfase no volume – espaços vedados por planos e superfícies finas em vez da sugestão de massa e solidez; regularidade em vez de simetrias ou outros tipos de equilíbrio evidente; e, finalmente, a dependência com relação à elegância intrínseca dos materiais, sua perfeição e belas proporções, em vez da aplicação de ornamentos". Mais tarde, Hitchcock revisou esse conceito de modo a incluir a articulação da estrutura no lugar do tó-

15.66 George Howe e William Lescaze, Edifício da Philadephia Savings Fund Society, Filadélfia, Pensilvânia, 1929–32.

George Howe trouxe William Lescaze da Europa para ensinar o novo Estilo Internacional aos funcionários de seu escritório. A articulação vertical mascara a sobreposição de janelas horizontais em fita e tímpanos.

15.67 Ludwig Mies van der Rohe, Crown Hall, I.I.T., Chicago, Illinois, 1956.

"Deus está nos detalhes", disse Mies. No I.I.T., ele demonstrou sua perícia no detalhamento em aço, vidro e tijolo. A estrutura independente de aço do Crown Hall está completamente exposta, incluindo as longarinas de chapa que se elevam sobre a cobertura.

pico que se referia à ornamentação. Mesmo com esse ajuste, fica claro que a definição de Barr descrevia sucintamente a arquitetura do Weissenhof Siedlung.

Comprovando a força do classicismo das Beaux-Arts e da Art Déco nos Estados Unidos durante a década de 1920, apenas um punhado de edificações norte-americanas foi incluído no livro de Hitchcock e Johnson intitulado *The International Style*, que se baseou nos materiais da exposição do MoMA. A maior edificação norte-americana construída no Estilo Internacional incluída na obra foi o Edifício da Philadelphia Savings Fund Society (1929–32), de George Howe (1886–1955) e William Lescaze (1896–1969) (Figura 15.66). Toda a fachada voltada para a Market Street estava em balanço em relação à linha de pilares, permitindo que as janelas envolvessem a quina com uma faixa horizontal de modo a anunciar a liberdade dos condicionantes estruturais. Nenhuma torre tão ousada quanto esta foi construída nos Estados Unidos na década seguinte, em parte por causa da Grande Depressão e da Segunda Guerra Mundial. Os prédios menores que foram construídos de acordo com os preceitos do Estilo Internacional, ou pelo menos os imitando, eram geralmente vistos como obras baratas, porque careciam, presumivelmente, de ornamentos caros ou não passavam de imitações ruins dos originais europeus.

A OBRA TARDIA DE MIES VAN DER ROHE

Ao dar visibilidade à arquitetura moderna da Europa, a mostra do MoMA colaborou bastante para divulgar o Estilo Internacional. O impacto foi ainda maior quando os principais arquitetos da Alemanha, fugindo da intolerância nazista com relação às suas obras (chamadas de "árabes" por Hitler), emigraram para o outro lado do Atlântico. Walter Gropius chegou aos Estados Unidos em 1937, após um período de prática profissional na Inglaterra, e passou a coordenar o Departamento de Arquitetura da Graduate School of Design na Harvard University; Marcel Breuer, aluno e depois professor da Bauhaus, também lecionou sob a direção de Gropius em Harvard; e Mies van der Rohe chegou a Chicago em 1938 para assumir como diretor da Escola de Arquitetura do Armour Institute of Technology (que logo seria fundido com o Lewis Institute e se tornaria o I.I.T. – Illinois Institute of Technology).

O planejamento e a construção no I.I.T.

Em 20 anos no I.I.T., Mies teve a oportunidade de planejar o novo campus, projetar muitas de suas edificações e influenciar o ensino de arquitetura de toda uma geração de estudantes. O currículo elaborado por ele enfatizava a clareza, a racionalidade, a ordem intelectual e a disciplina; também progredia em termos de construção, indo da madeira ao aço e passando por pedra, tijolo e concreto. Depois de entenderem os materiais, os alunos estudavam problemas de projeto. Os mais altos padrões de representação gráfica e precisão eram cobrados em todos os níveis; a essência da arquitetura, por sua vez, reduzia-se a "pele e ossos" – os painéis de tímpano de vidro ou alvenaria de tijolo (a pele) inseridos na estrutura independente (os ossos).

O plano diretor criado por Mies para o I.I.T. reflete a ordem e a racionalidade do currículo. Uma grelha quadrada subdivide o terreno retangular e todas as edificações foram concebidas como volumes retangulares que seguem tal modulação, criando uma série contínua de pátios internos e passarelas externas interconectados. Mies observou que o aço era o principal material de construção industrial dos Estados Unidos (a mão de obra exigida pelas fôrmas geralmente fazia com que o concreto saísse mais caro); por isso, se dedicou a projetar as mais puras e elegantes expressões do aço até então. No campus do I.I.T., ele projetou o Crown Hall (1956) (Figura 15.67) para acomodar a School of Architecture. É um edifício de um pavimento elevado sobre um subsolo alto. Quatro altas longarinas de chapa amarram a edificação, o que sustenta a cobertura e evita o uso de pilares no interior. Com exceção das escadas e toaletes, que são fixos, as possíveis localizações das paredes internas não são afetadas pelas vedações externas. Assim como em outros projetos, Mies projetava pensando em flexibilidade e mudança, de modo que, no futuro, outros usos imprevisíveis pudessem ser acomodados facilmente no interior do edifício.

Em seu escritório, Mies van der Rohe fez diversos outros projetos. Em um belo terreno no centro de Chicago, voltado para o Lago Michigan, ele construiu um par de torres de apartamentos conhecido pelo endereço – 860 Lake Shore Drive (1949–51) – a primeira edificação residencial alta de

15.68 Ludwig Mies van der Rohe, 860 Lake Shore Drive, Chicago, Illinois, 1949–51.

Observe que Mies projetou as persianas para que ficassem totalmente abertas, totalmente fechadas ou fechadas pela metade, mas não em outras posições. Sua mentalidade redutivista impossibilitou a acomodação de preferências individuais.

vidro e aço dos Estados Unidos (Figura 15.68). Os 26 pavimentos de altura concretizam o conceito que ele propôs pela primeira vez nos esquemas das torres de vidro de 1919–21, pois, neste intervalo, a tecnologia chegara ao nível necessário para se construir uma torre de vidro. Os edifícios da 860 Lake Shore Drive foram estruturados com aço; o revestimento de alvenaria faz com que sejam à prova de fogo. Para expressar o material estrutural real, Mies apenas soldou aço não estrutural adicional ao exterior da estrutura. Já para ressaltar a verticalidade dos prédios, perfis I mais finos sobem continuamente pela edificação como se fossem montantes de janela. Esse aço externo não desempenha nenhuma função estrutural, evidentemente, mas Mies decidiu utilizá-lo para que os edifícios "tivessem o aspecto certo".

Já em 1946, Mies projetava uma casa toda de vidro para o Dr. Edith Farnsworth, a ser localizada em um terreno perto do Rio Fox, em Plano, Illinois. O projeto e a construção levaram seis anos – período durante o qual Philip Johnson construiu uma casa de vidro para si próprio (1949) em New Canaan, Connecticut. A Casa Farnsworth (1950–52), elevada sobre o solo porque o Rio Fox alagava o terreno ocasionalmente, é uma simples estrutura branca na paisagem – a expressão mais elegante da arquitetura "de pele e ossos" que se poderia imaginar (Figura 15.69). É possível cobrir as paredes de vidro com cortinas brancas quando se deseja privacidade, embora o jogo dé luz que se reflete no vidro e a proximidade do entorno natural visto pelas paredes sejam mais eficientes sem o uso de cortinas. Assim, ela expressa um ideal de arqui-

15.69 Ludwig Mies van der Rohe, Casa Farnsworth, Plano, Illinois, 1950–52.

Apesar das queixas sobre o redutivismo de Mies, os resultados formais são elegantes e quase atemporais. Na verdade, a Casa Farnsworth pode ser lida como um templo clássico, com estilóbato, ou base, deslocado para frente, criando uma sequência de chegada.

15.70 Ludwig Mies van der Rohe, Edifício Seagram, Cidade de Nova York, 1958.

Não existe arranha-céu miesiano mais ilustre do que este. Ao contrário do Crown Hall e da Casa Farnsworth, mas de modo similar ao 860 Lake Shore Drive, o código de edificações local exigiu que a estrutura de aço deste edifício alto fosse coberta com material à prova de fogo. Portanto, a trama de aço exibida no exterior não tem função estrutural.

tetura em vez de um modelo para a vida familiar diária; também leva os conceitos da Casa Tugendhat a uma conclusão lógica, perdendo, no processo, certo grau de praticidade.

Mies van der Rohe desenvolveu uma abordagem totalmente racional à arquitetura, projetando espaços "universais" fechados em vedações retangulares – a forma geométrica mais fácil de usar. Desde o início, projetava pensando em modificações posteriores e reciclagens de uso; para isso, fazia estudos incansáveis dos exteriores com o objetivo de criar um caráter elegante e atemporal. Mies usava um dentre uma seleção de diversos sistemas com estrutura independente de aço dependendo do vão estrutural máximo necessário. Para vãos pequenos, usava pilares e vigas comuns, como na Casa Farnsworth, na 860 Lake Shore Drive e no Edifício Seagram (1958), localizado em Nova York (Figura 15.70); em vãos moderados, utilizava longarinas de chapa, como fez no Crown Hall; vãos maiores apresentavam uma treliça espacial de aço, como é o caso da Nationalgalerie, em Berlim (concluída em 1968).

A OBRA TARDIA DE FRANK LLOYD WRIGHT

A discussão anterior sobre a obra de Wright foi encerrada com o projeto do Hotel Imperial. Embora sua atuação como projetista na década de 1920 tenha sofrido em função de problemas pessoais, ele conseguiu trabalhar um pouco, especialmente na Califórnia. Lá, construiu uma série das chamadas casas de "blocos têxteis", que não eram de tecido, mas blocos de concreto padronizados feitos de acordo com seus próprios desenhos, assentados com juntas a prumo e armados com barras de aço. Uma dessas casas, construída em Pasadena para Alice Millard (1923), ilustra o grupo. O uso de blocos de concreto impunha uma geometria ortogonal ao projeto, ainda que Wright, como de costume, tenha criado uma planta livre e contínua com balcões e terraços conectando a casa ao terreno do lado de uma colina. Os padrões especiais dos blocos de cada casa contribuem com uma textura geral ao exterior e reforçam a sensação de integridade superficial em termos tanto estruturais quanto artísticos. Assim como no Templo Unitário e no Hotel Imperial, podemos detectar a influência da arte maia na volumetria e nos detalhes ornamentais.

No final da década, a vida particular caótica de Wright começou a se endireitar. Ele ainda era assolado pela imprensa e perseguido pelos credores (sua casa em Spring Green, Wisconsin – Taliesin East – quase foi leiloada por falta de pagamento de impostos); porém, sua terceira esposa, Olgivanna Lazovich, mostrou-se uma influência estabilizadora. Para livrá-lo das pressões financeiras, um grupo de amigos leais pagou as dívidas de Wright e quitou as prestações hipotecárias de Taliesin, contando com seus lucros futuros para pagar o investimento. Em 1932, Wright formou a Taliesin Fellowship para moças e rapazes que quisessem trabalhar sob sua tutela, cobrando deles uma taxa pela experiência. Acabou surgindo uma escola de arquitetura extremamente pessoal, que refletia o desdém de Wright pelas armadilhas formais dos estabelecimentos de ensino convencionais. Em Taliesin, os alunos, chamados de aprendizes, participavam de todos os aspectos de sua vida pessoal e profissional: ajudavam com as tarefas da fazenda e da cozinha, frequentemente ampliavam a casa, atuavam em musicais ou peças teatrais e até ajudavam Wright em seu ateliê de projeto. Encorajado por Olgivanna, Wright também começou a escrever; a primeira edição de sua *Autobiography* data de 1932.

Broadacre City

Na época em que Wright voltava a ser um arquiteto produtivo, a economia nacional despencou com a Grande Depressão. Havia pouco trabalho para todos; por isso, Wright e seus aprendizes voltaram sua atenção para um projeto utópico que o primeiro batizou de Broadacre City. Esse projeto urbano ilustrava muitos de seus ideais sobre a maneira apropriada de se morar nos Estados Unidos. A casa unifamiliar, implantada em um terreno de aproximadamente 4.500 m², era a unidade de moradia básica. O centro da cidade era bastante pequeno e disperso, pois Wright previu que a eficiência da comunicação e a alta velocidade do transporte praticamente eliminariam a necessidade dos congestionamentos associados à vida e aos negócios urbanos. (A indústria pesada parece ter sido convenientemente ignorada.) Em alguns aspectos, Broadacre City se inspirou no século XIX e nas pequenas cidades predominantemente agrárias que caracterizavam grande parte dos Estados Unidos na época. As pequenas cidades autossuficientes organizadas em torno de equipamentos culturais e de lazer invocam visões românticas de um passado que, provavelmente, nunca existiu. Em outros aspectos, o projeto de Wright era mais prudente, pois parecia incorporar posturas norte-americanas duradouras: a desconfiança de grandes assentamentos, o amor pela terra e pelo ar livre e a oportunidade de se expressar individualmente. O crescimento suburbano fenomenal ao redor das cidades norte-americanas depois de 1945 reflete, em parte, a interpretação popular de conceitos existentes em Broadacre City.

Todas as edificações posteriores de Wright foram projetadas para se encaixarem em um contexto como o de Broadacre City. No caso das habitações, Wright desenvolveu a Casa Usoniana como um ideal, construindo muitos exemplos reais em todo o país entre meados da década de 1930 e final da década de 1950. As Casas Usonianas diferem das Casas dos Prados em vários aspectos. Eram geralmente menores, refletindo o tamanho reduzido da família norte-americana e o orçamento da classe média, e foram projetadas para famílias sem empregados. Os projetos ofereciam acesso fácil por automóvel; as atividades internas podiam ser supervisionadas facilmente a partir da cozinha, identificada como posto de trabalho principal da dona de cada. O interior se abre para espaços externos afastados da rua, sejam na lateral ou nos fundos. Wright era especialista em implantação e, em geral, conseguia localizar a casa de modo que ela parecesse se elevar naturalmente (ou organicamente, em suas palavras) da terra.

Conforme mencionado, algumas edificações de Wright foram incluídas na mostra de arquitetura moderna realizada no MoMA em 1932, mas não fizeram parte do livro que ilustrava o Estilo Internacional. Wright fazia comentários sarcásticos sobre os principais internacionalistas e seus projetos, observando – com sua característica falta de humildade – para Henry-Russell Hitchcock: "Eu não apenas pretendo ser o realmente o maior arquiteto que já viveu, mas o maior arquiteto que viverá. Sim, pretendo ser o maior arquiteto de todos os tempos". No entanto, pelos padrões do Estilo Internacional, a obra de Wright na década de 1920 estava sobrecarregada de detalhes mínimos e ornamentação excessiva. A exposição realizada em Nova York em 1932 deve tê-lo influenciado até certo ponto, visto que, a partir dali, começou a projetar com muito menos ornamentos, produzindo várias obras-primas na década de 1930.

A Casa da Cascata

Edgar Kaufmann Jr., filho de um rico proprietário de uma loja de departamentos de Pittsburgh, estava entre os jovens que foram para Taliesin se tornar aprendizes de Wright. Quando soube que seu pai pretendia construir uma casa de férias nas montanhas do oeste da Pensilvânia, o jovem Edgar convenceu-o a contratar Wright como arquiteto. O resultado foi a Casa da Cascata (1935–37), talvez a casa mais famosa do mundo que não foi construída para a realeza (Figuras 15.71–15.72). (Hoje, a Casa da Cascata está aberta ao público sob a curadoria da Western Pennsylvania Conservancy.) Wright aproveitou a principal característica natural do terreno – um afloramento rochoso onde um pequeno córrego cai sobre uma série de platôs – e implantou a casa ao lado do riacho, deixando que os terraços de concreto armado se projetassem radicalmente por cima dele. Para ver a cascata, é preciso ir ao exterior, sob a casa, onde a água e a edificação podem ser vistas juntas na imagem clássica pretendida por Wright; antes da construção, ele chegou a fazer um desenho em perspectiva deste ponto específico para avaliar o efeito.

A pedra extraída do próprio sítio foi assentada em fiadas horizontais irregulares de modo a formar os quatro grandes pilares que sustentam a sala de estar, o volume da lareira e as demais paredes portantes. Os terraços – que formam os elementos dominantes e mais espetaculares da casa – se projetam em duas direções e são reforçados por vigas de borda invertidas, que servem de guarda-corpos. Grandes chapas de vidro flutuam entre pisos revestidos de ardósia e tetos rebocados, minimizando a distinção entre o interior e o exterior. O tratamento plano das superfícies e a fragmentação abstrata dos volumes encontrados na Casa da Cascata sugerem a influência dos modernistas europeus. Segundo o historiador da arquitetura Lewis Mumford, na Casa da Cascata, Wright "criou uma composição multidimensional dinâmica que fez com que as edificações de Le Corbusier parecessem composições planas de papelão". Aos 68 anos, Wright apenas iniciava seu segundo grande período de criatividade.

O Guggenheim Museum e Taliesin West

Wright passou então a explorar as possibilidades das formas circulares, especialmente aquelas que envolviam rampas contínuas. O projeto do observatório acima da Sugar Loaf Mountain, em Maryland (1925), pode ter chamado sua atenção para a ideia, pois o conceito reapareceu na V.C. Morris Gift Shop (1949), em São Francisco, e em um estacionamento proposto para Pittsburgh. A ideia alcançou seu desenvolvimento máximo no Guggenheim Museum (1957–59), na Cidade de Nova York (Figuras 15.73–15.74), onde uma rampa de 400 metros envolve um pátio interno de esculturas de seis pavimentos. O Guggenheim possui um grande acervo de arte do século XX e já se sugeriu que, ao projetar um museu com piso continuamente inclinado e paredes curvas voltadas para dentro, Wright expressou seu desdém pela arte moderna. O projeto certamente restringe as possibilidades de exposição; além disso, nenhum artista consegue competir sozinho com a forte experiência espacial tridimensional que Wright criou no interior.

À medida que envelhecia, Wright dava preferência ao clima quente do sudoeste desértico em relação aos invernos frios e tempestuosos de Wisconsin; por essa razão, a Fellowship mudou-se para o sul para evitar o frio, voltando

15.71 (acima) Frank Lloyd Wright, Casa de Edgar Kaufmann, "Casa da Cascata," Ohiopyle, Pensilvânia, 1935–37.

Um córrego passa por baixo da casa e as paredes de pedra estratificadas parecem nascer da paisagem na medida em que sustentam os terraços em balanço. Parte da genialidade de Wright foi colocar a casa praticamente sobre a cascata, em vez de implantá-la em uma área adjacente com vista para a água.

15.72 (abaixo) Frank Lloyd Wright, Planta baixa da Casa da Cascata, Ohiopyle, Pensilvânia, 1935–37.

Wright havia decidido "quebrar a caixa" quando trabalhava em Oak Park, 40 anos antes. Nesta planta baixa, os espaços de serviço são mais compartimentados e estão nos fundos, enquanto os espaços de estar, na frente, se fundem espetacularmente com a paisagem. Compare com a planta baixa da Casa Tugendhat, de Mies.

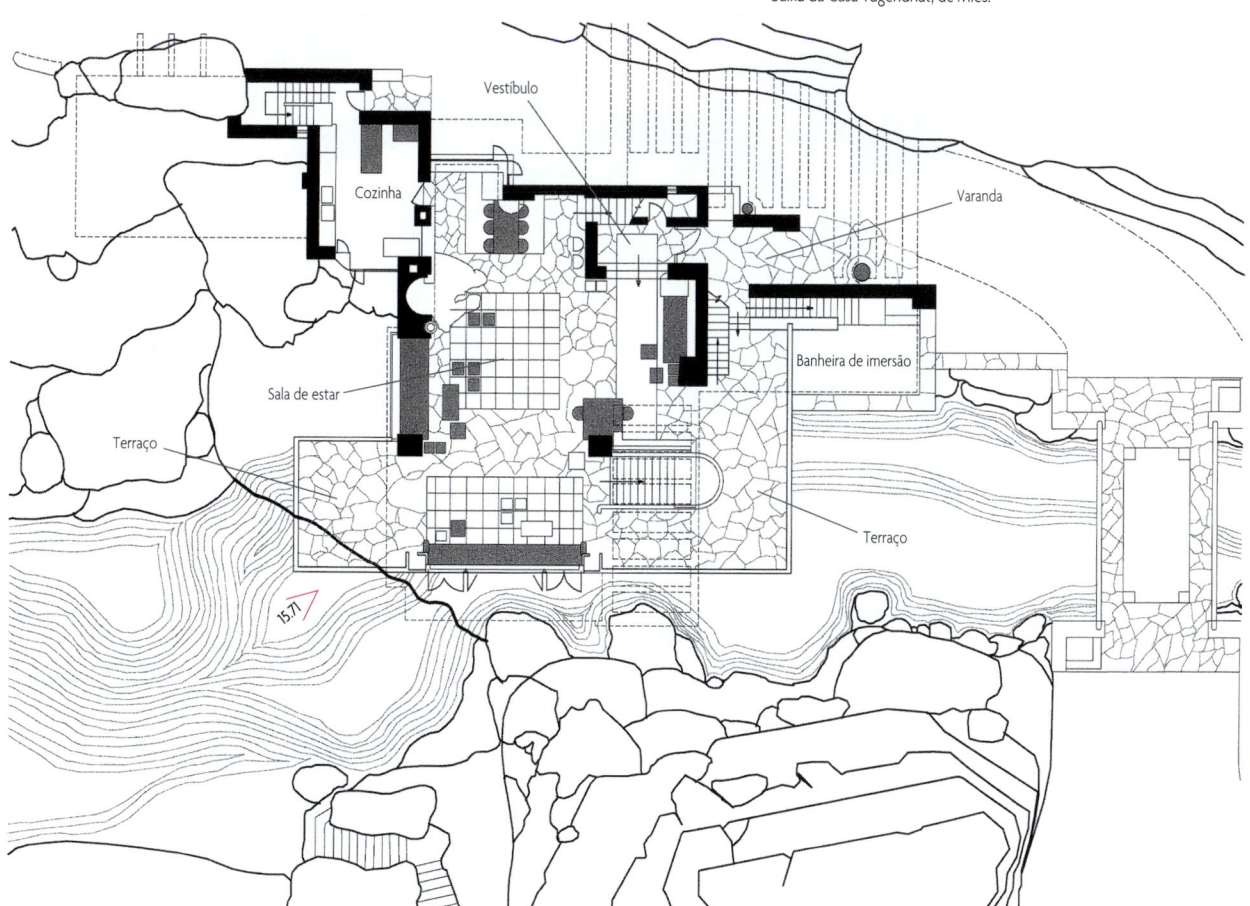

15.73 (acima) Frank Lloyd Wright, **Guggenheim Museum, Cidade de Nova York, 1957–59.**

O Guggenheim é considerado um dos grandes edifícios do século XX. Os visitantes podem pegar o elevador até o topo e então descer pela rampa em espiral; entre os problemas para os amantes das artes estão a pouca distância para a visualização das obras e a inclinação constante.

15.74 Frank Lloyd Wright, **Interior do Guggenheim Museum, Cidade de Nova York, 1957–59.**

Esta vista mostra claramente o fascínio de Wright pela geometria; as obras de arte expostas dentro da edificação eram secundárias. Essas geometrias circulares (bem como triangulares e poligonais) dominaram a obra de Wright na terceira fase de sua longa carreira.

a Wisconsin apenas na primavera. Perto de Phoenix, Arizona, Wright começou a construir Taliesin West (a partir de 1938), acampamento disperso localizado em um deserto inóspito com o objetivo de substituir o acampamento de Ocotillo, feito de madeira e lona e datado de 1927. Para isso, usou materiais tirados do próprio local. Ele combinou adobe e pedras do deserto, vigas de sequoia e painéis de lona para criar um interior sombreado que amenizasse o calor e o ofuscamento do sol.

Os protegidos de Wright

Os austríacos Richard Schindler (1887-1953) e Richard Neutra (1892-1970) conheciam Adolf Loos. Os dois imigraram para os Estados Unidos onde se conheceram no estúdio de Frank Lloyd Wright antes de se mudarem para Los Angeles. Esbanjando intuição espacial e não se importando com os detalhes e o trabalho artesanal, Schindler produziu a famosíssima Casa de Praia Lovell, em Newport Beach (1926), para Richard e Leah Lovell. Um exemplo mais esclarecedor da obra de Schindler, no entanto, é sua própria casa na Kings Road (1921-22), que afirmava ser a primeira residência modernista dos Estados Unidos. Construída de modo rústico usando painéis de concreto adelgaçados, no sistema *tilt-up*, com faixas de vidro entre eles e paredes internas móveis rematadas com madeira, ela apresenta relações extraordinárias entre os espaços internos e externos e a paisagem com várias plataformas de vegetação nativa.

Neutra, que, além de projetista talentoso, era um ótimo técnico, levava os detalhes muito a sério. Nenhum de seus projetos é mais admirado que a construção de montantes de aço chamada de "Casa de Saúde" (1927-29), projetada para os mesmos Lovell, para quem Schindler construiu a casa junto ao mar. Ele também projetou a extraordinária Casa no Deserto (1946), em Palm Springs, para o mesmo Edgar Kaufmann, para quem Wright havia criado a Casa da Cascata. Os dois projetos de Neutra são racionais e estão fortemente conectados à paisagem – no caso da casa do deserto, em um nível subliminar. Sua própria residência (construída em 1932, incendiada em 1963 e então reconstruída por seu filho Dion) talvez tenha sido mais interessante em termos de transferência das intenções modernistas para os Estados Unidos. A chamada Casa de Pesquisa V.D.L. (Figura 15.75) foi relativamente barata, tinha proporções refinadas e belas vistas dos cômodos da fachada principal, dos terraços e do solário de cobertura para um majestoso reservatório; nos fundos, havia um átrio. Apesar do tamanho modesto, era cheia de inovações, que iam de uma variedade de materiais obtidos junto a fornecedores locais de materiais de construção até espelhos posicionados de modo a ampliar o espaço aparente, como no Rococó do século XVII.

15.75 Richard Neutra, Casa de Pesquisa V.D.L., Los Angeles, 1932 (queimada e reconstruída em 1963).

Esta não é a edificação construída por Neutra, mas uma réplica quase exata reconstruída por seu filho Dion depois que um incêndio destruiu o original. O lote faz parte de um conjunto de terrenos que inclui outros projetos de Neutra e está voltado para um reservatório de água panorâmico.

A OBRA TARDIA DE LE CORBUSIER

No mesmo período em que Wright projetou suas obras tardias para se encaixarem em Broadacre City, Le Corbusier concebeu suas obras tardias como elementos de uma cidade ideal que chamava de La Ville Radieuse (A Cidade Radiosa). Sua primeira oportunidade para construir um edifício de apartamentos veio depois da Segunda Guerra Mundial, quando o prefeito de Marselha o convidou para construir a primeira Unité d'Habitation (Unidade de Habitação) (1946–52) (Figuras 15.76–15.77). Alguns críticos consideram a Unité uma obra-prima em função de suas formas extremamente escultóricas e da abordagem inovadora aos problemas de se viver em um apartamento. O edifício da Unité foi implantado em um parque com jardins e elevado sobre pilotis. Os apartamentos foram projetados de maneira criativa, para ter fachadas nas laterais leste e oeste da edificação, possibilitando a ventilação cruzada – uma compensação apropriada para as plantas baixas longas e estreitas. Os balcões com **brises** geram espaços de estar externos em ambos os lados. Em virtude do projeto dos apartamentos, o elevador só para a cada três pavimentos. Originalmente, a edificação apresentava um pavimento intermediário de pé-direito duplo com lojas e serviços (armazém, salão de beleza, serviços de conserto, etc.); os pavimentos de cobertura eram ocupados por muitos equipamentos de lazer e saúde: ginásio, pista de corrida, cinema, academia de ginástica, creche e solário, entre outros. O concreto usado em toda a obra é vigoroso. Os padrões resultantes das fôrmas de madeira podem ser vistos como ornamentos superficiais disciplinados pelo processo de fabricação. Le Corbusier criou as proporções do edifício usando um sistema que chamava de "modular" e era baseado na altura de uma pessoa mediana repetidamente subdividida usando a Seção Áurea (aproximadamente 5:8). O imaginário naval caracteriza as chaminés de ventilação da cobertura, as caixas do elevador e os equipamentos de lazer, pois, ali, Le Corbusier pôde exercitar seu repertório formal com muita liberdade. Acima de tudo, o conceito de luz natural, ar e espaço aberto verde para todos os 1.600 condôminos orientou o projeto.

Os críticos de Le Corbusier têm ressaltado que o projeto é essencialmente antiurbano, dando as costas aos padrões de arquitetura e ao traçado de Marselha. Até a existência das lojas (que foram um fracasso financeiro) foi criticada, uma vez que significavam que os condôminos não teriam necessidade de participar da vida comercial da cidade; a ida ao

15.76 Le Corbusier, Unidade de Habitação, Marselha, 1946–52.
Não estão visíveis aqui os pilotis que sustentam este prédio de concreto armado. As paredes externas são dotadas de brises que modulam a luz que entra nos apartamentos. Os defletores verticais contínuos na metade do prédio, em direção aos fundos, protegem a desastrosa "rua comercial" que deveria atender a todas as necessidades dos condôminos.

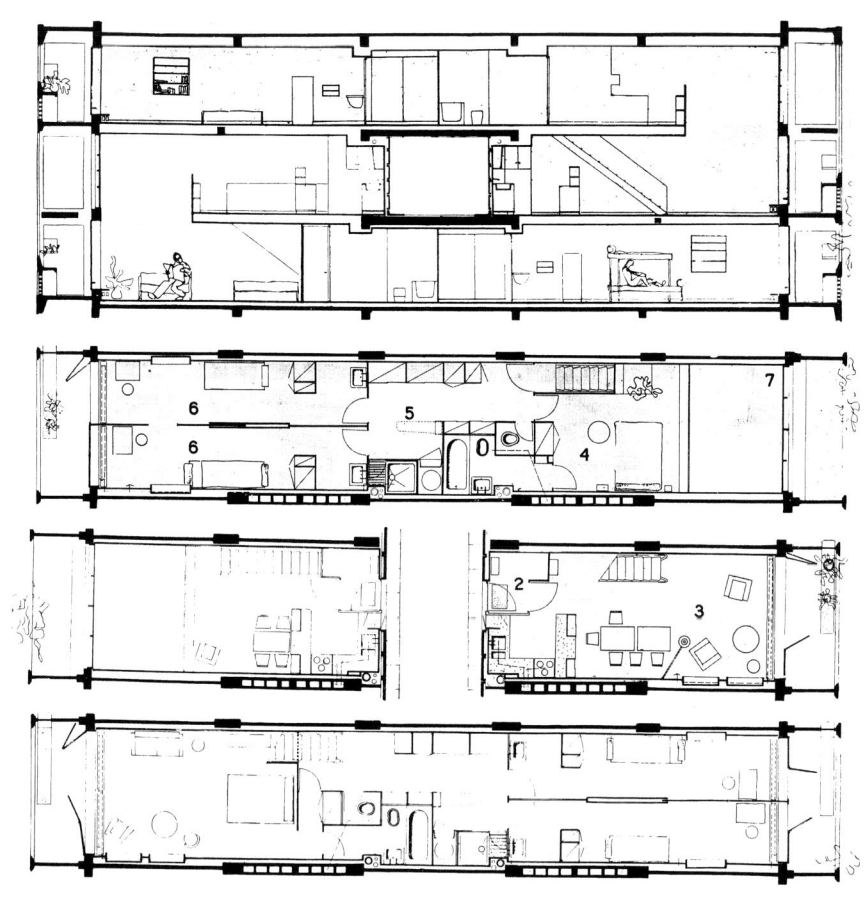

15.77 Le Corbusier, Corte e plantas baixas da Unidade de Habitação, Marselha, 1946–52.

Os apartamentos são evidentemente muito estreitos, especialmente quando divididos em dormitórios lineares. O corte mostra que cada unidade tem uma sala de estar com pé-direito duplo e mezanino.

mercado, atividade diária na França, é uma ótima oportunidade para socialização. Contudo, em vez de ser uma afronta a Marselha, a Unité deve ser vista como um projeto em harmonia com a cidade idealizada por Le Corbusier, um mundo bastante diferente de qualquer contexto urbano existente.

Ronchamp e Sainte-Marie-de-la-Tourette

No leste da França, não muito longe da fronteira com a Suíça, Le Corbusier projetou a capela para peregrinos de Notre-Dame-du-Haut, em Ronchamp, perto de Belfort (1951–55) (Figuras 15.78–15.79), para substituir uma igreja destruída pelo fogo da artilharia durante a Segunda Guerra Mundial. Nesta pequena edificação, pôde dar expressão máxima às possibilidades escultóricas da forma de arquitetura. O racionalismo das obras anteriores foi posto de lado – nada de sistema proporcional, nada de cinco pontos, nada de pilotis! – e surgiu um projeto radical e extremamente simbólico. Nem mesmo a estrutura é racional: a estrutura de metal assume o aspecto de alvenaria portante. As paredes têm reboco texturizado pintado de branco e a cobertura é uma grande vela ondulada de concreto moldado *in loco* que se estende até a parede leste, onde oferece proteção ao púlpito externo. Multidões assistem às missas no exterior, sentadas no gramado; o interior oferece assentos para apenas 50 pessoas, embora haja lugar para mais, em pé. A espetacular parede sul tem uma espessura exagerada e diversas janelas chanfradas com vidros pintados à mão. Vistas do

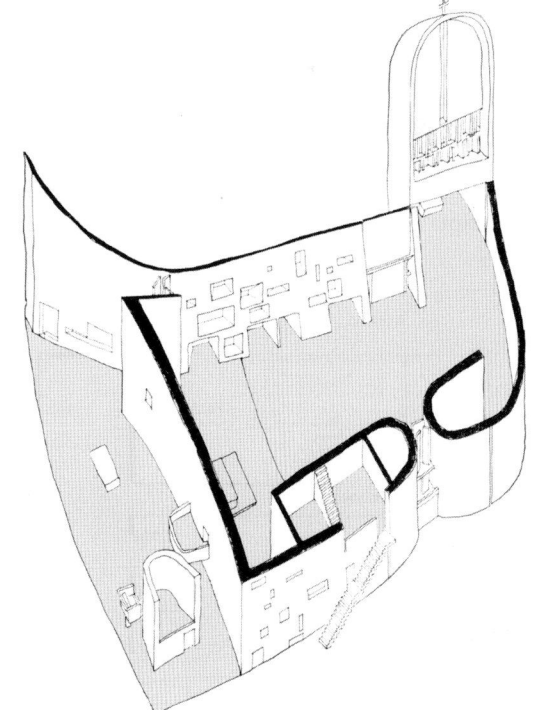

15.78 Le Corbusier, Corte axonométrico de Notre-Dame-du-Haut, Ronchamp, 1951–55.

Construída como um local de peregrinação para os fiéis, Ronchamp (perto de Belfort, na França) se tornou também uma Meca para arquitetos e estudantes de arquitetura. A torre ilumina o altar abaixo. As missas podem ser rezadas no interior ou no exterior, usando-se o púlpito de concreto à esquerda.

15.79 Le Corbusier, Notre-Dame-du-Haut, Ronchamp, 1951–55.

A capela foi construída com tijolos rebocados. As aberturas de janela aleatórias na parede leste à esquerda contêm vidros decorados com pinturas de Le Corbusier. A entrada principal fica entre esta parede e a torre; há uma entrada secundária nos fundos, entre as duas torres menores.

exterior, elas parecem uma série irregular de pequenas aberturas; do interior, porém, a parede se transforma em uma brilhante escultura de luz, movendo-se por conta própria como as janelas da Catedral de Chartres. Uma faixa muito fina de vidro incolor fica entre as paredes e a cobertura, que parece flutuar. As capelas de meditação sob as torres são iluminadas pelo alto por clerestórios elevados que ficam nas paredes atrás dos fiéis. A luz vinda de uma fonte oculta que se espalha suavemente sobre o reboco vermelho e áspero transmite uma sensação de solidão inerente à humanidade.

No sudoeste de Lyon fica a pequena cidade de Eveux-sur-l'Arbresle, em cujo subúrbio Le Corbusier foi contratado para projetar um monastério Dominicano – Sainte-Marie-de-la-Tourette (1956–60) (Figuras 15.80–15.81). Ali, fez uma releitura moderna do programa de necessidades de um monastério medieval. A igreja – um simples volume retangular com capelas secundárias acessórias na cripta – está localizada no lado noroeste de um pátio interno, o qual é cruzado por passarelas cobertas que conectam a igreja às outras partes do monastério. Os cômodos restantes do monastério foram distribuídos em três alas: o refeitório, no pavimento da igreja; a biblioteca, salas de estudo e oratório, no segundo pavimento; e dois pavimentos com as celas dos monges, nos níveis superiores.

A edificação inteira é de concreto. Le Corbusier voltou a usar pilotis e os "traços reguladores" de seu sistema de proporções, ainda que a liberdade escultórica encontrada em Ronchamp também esteja presente aqui. Com um toque de mestre, manipulou a luz em dezenas de maneiras diferentes de modo a enriquecer a experiências das formas basicamente simples do interior da edificação; para isso, levou em consideração o movimento do sol a cada dia e a cada estação. Os montantes de janela variam de acordo com um ritmo harmônico; coletores captam a luz e a direcionam através de perfis cônicos coloridos para que foquemos os altares da cripta; longas faixas horizontais fornecem iluminação homogênea aos corredores nos pavimentos de dormitórios; cada cela tem uma parede de vidro virtual que permite ver, sobre os brises do balcão, o horizonte distante; e a cobertura piramidal truncada com claraboia confere um brilho etéreo ao oratório.

Chandigarh

Apesar dos inúmeros projetos urbanísticos feitos no papel, Le Corbusier foi chamado apenas uma vez para projetar uma cidade de verdade. Em 1951, o governo da Índia convidou-o para trabalhar no projeto de Chandigarh, a nova capital do Estado de Punjab, no norte do país (Figuras 15.82–15.83). Le Corbusier criou o plano diretor, enquanto o projeto dos setores individuais e da maioria das edificações foi feito por terceiros. Todavia, Le Corbusier projetou os edifícios simbólicos do governo, que posicionou no

15.80 Le Corbusier, Planta baixa de Sainte-Marie-de-la-Tourette, Eveux-sur-l'Arbresle, 1956–60.

Aqui, Le Corbusier transformou a planta baixa do monastério tradicional. Rampas e uma pequena capela aparecem no claustro interno tradicional, mas as funções deste foram transferidas para a cobertura. Esse arranjo nunca foi aceito pelos monges, que decidiram meditar nos bosques próximos.

15.81 Le Corbusier, Sainte-Marie-de-la-Tourette, Eveux-sur-l'Arbresle, 1956–60.

As celas dos monges se elevam sobre os pilotis na fachada sul (hemisfério norte). Os dormitórios têm brises como os usados na Unidade de Habitação (Figura 15.76).

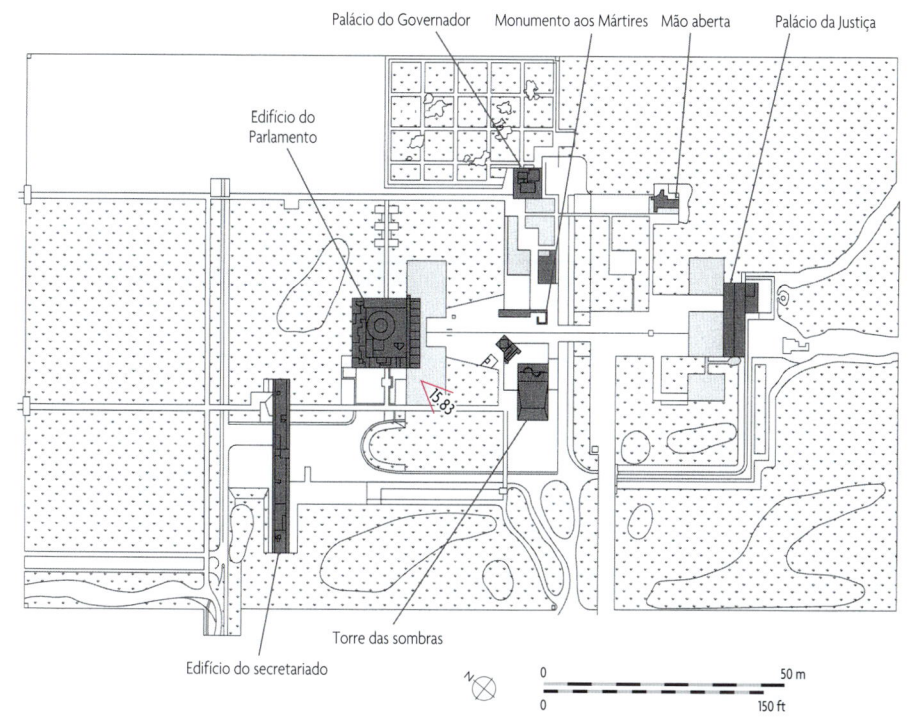

15.82 Le Corbusier, Planta baixa de Chandigarh, Punjab, 1951-59.

Este plano diretor ilustra a preferência de Le Corbusier por edifícios grandes bem afastados entre si dentro de uma paisagem com jardins.

15.83 Le Corbusier, Edifício do Parlamento, Chandigarh, Punjab, 1951-59.

Aqui, Le Corbusier continuou a explorar maneiras de manipular a luz do sol. A edificação de concreto moldado *in loco* foi esculpida ao longo de uma lateral e, na outra, dividida em uma grelha de brises. Um de seus objetivos era, sem dúvida, o controle climático, mas ele também buscou celebrar o Estado, associando-o ao sol.

terreno mais alto no cume do conjunto, tendo as majestosas bases do Himalaia mais além, de um modo que lembra a Acrópole de Atenas. Ele agrupou quatro edifícios importantes em torno de uma grande praça cerimonial: o palácio do governador (não construído), o Edifício do Secretariado (1951-57), o Edifício do Parlamento (1956-59) e o Palácio da Justiça (1951-56). Todas essas edificações mesclam a disciplina racional – tão evidente em suas primeiras obras – com a liberdade escultórica de seus projetos posteriores. O Edifício do Parlamento, por exemplo, tem planta baixa quase quadrada com fileiras sobrepostas de escritórios em duas laterais. A câmara legislativa é circular, localizada na base de um hiperboloide truncado (uma curva hiperbólica com rotação no eixo central) dotado de lanternins no topo para filtrar o forte sol indiano. O controle da luz era de grande importância, pois as sombras amenizam as altas temperaturas. Os brises foram projetados para introduzir luz solar indireta e emoldurar vistas. O concreto – material preferido por Le Corbusier – era bastante adequado para o contexto da Índia. Requer muita mão de obra – abundante no país –, mas sua produção é barata. Sua massa também ameniza os extremos climáticos.

A CONTINUAÇÃO DA ARQUITETURA TRADICIONAL

O nível de originalidade entre os tradicionalistas variava consideravelmente. O inglês Edwin Lutyens nasceu em 1869 (faleceu em 1944), no mesmo ano em que Frank Lloyd Wright veio ao mundo. Embora sua obra fosse consistentemente eclética, suas interpretações eram criativas, talentosas e até mesmo ambíguas e idiossincráticas. Lutyens organizava suas plantas baixas por meio de uma profusão de eixos entrelaçados que frequentemente se estendiam até os jardins criados por Gertrude Jekyll, colaboradora de longa data; podemos

15.84 Edwin Lutyens, Interior da Casa Heathcote, Ilkley, Yorkshire, 1906.

Esta imagem de um interior de Lutyens, tipicamente complicado e até surpreendente, inclui dois motivos serlianos cujos arcos definem o eixo transversal principal do salão (com uma *enfilade* paralela). O entrecolúnio variável dos pares de coluna de mármore verde a cada lado reforça o ordenamento espacial complexo do cômodo.

15.85 Biblioteca Pública de Estocolmo, 1918–27.

Asplund produziu uma forma de classicismo um pouco abstrata e fria, mas extremamente acessível. Aqui, justapôs um portal colossal e emoldurado com uma fachada plana e um cilindro elevado que anuncia a localização do salão do acervo literário no interior.

afirmar com segurança que ele não teria conquistado tudo o que conquistou sem sua contribuição. Geralmente trabalhando para os novos ricos, Lutyens manipulava as casas dentro dos contextos, fazendo-as parecerem maiores do que realmente eram. No interior, adorava romper eixos marcados, transformando as *enfilades* de um cômodo no eixo central de outro (e vice-versa) e criando camadas de espaço ao manipular a aparente espessura das paredes e inserir linhas de colunas cuidadosamente distribuídas (Figura 15.84–Heathcote, Ilkley, Yorkshire, 1906). No exterior, adotou a honesta expressão dos materiais defendida pelos adeptos das Artes e Ofícios, desenvolvendo uma habilidade de criar composições pitorescas ao estudar cuidadosamente as edificações vernaculares do interior da Inglaterra. Embora tenha decaído em meados do século XX, sua reputação se recuperou abruptamente na década de 1970, quando o mercado editorial o resgatou em função de suas tendências "maneiristas"; em 1978, uma retrospectiva de sua obra chegou a ser realizada no Museum of Modern Art da Cidade de Nova York.

Eric Gunnar Asplund (1885–1940) e colegas da mesma opinião trouxeram o Modernismo às luzes da ribalta na Suécia com a Exposição de Estocolmo, em 1930; aparentemente, Asplund havia rejeitado o classicismo duas décadas antes, quando ele, Sigurd Lewerentz e quatro outros estudantes abandonaram os estudos na Academia Real de Arte para ingressar na recém-inaugurada Escola Klara, focada em ateliês de projeto. No entanto, esses eventos são atípicos, pois, embora algumas poucas obras de Asplund – com destaque para a Loja de Departamentos Bredenberg, em Estocolmo (1933–35) – apresentem características extremamente modernistas, a maioria não faz o mesmo.

Buscando produzir uma arquitetura que expressasse sua época e, ao mesmo tempo, tivesse a autoridade graciosa do classicismo e a autenticidade do vernacular regional preferida pelos românticos nacionais (ou realistas) contemporâneos, Asplund, como os melhores arquitetos, produziu obras originais. Duas de suas obras – a Biblioteca Pública de Estocolmo (1918–27) (Figura 15.85) e o Cemitério do Bosque – ilustram sua visão pessoal.

A planta baixa da biblioteca apresenta clareza extrema: um círculo dentro de um quadrado aberto em uma das laterais. Em três dimensões, o círculo se eleva como um cilindro contendo o salão do acervo literário; já as laterais do quadrado acomodam os espaços de apoio. Asplund eliminou a cúpula do projeto anterior e tudo o mais que parecesse supérfluo, chegando a um tipo de destilação à essência que só pode ser comparado à Barreira de Pedágio de la Villette, de Claude-Nicholas Ledoux. De maneira que sugere a entrada no mausoléu de algum deus nórdico mítico, o acesso ao salão de empréstimos central circular se dá por colossais pórticos com molduras; mais além, uma nuvem de luz dentro do tambor elevado ilumina os três níveis de prateleiras. O efeito é ríspido e claro, como uma noite sem nuvens do inverno sueco.

Em 1915, trabalhando com seu antigo colega Sigurd Lewerentz, Asplund venceu o concurso para projetar o Cemitério do Bosque, que levou 25 anos para ser construído. Parte de uma ampla iniciativa para a reforma de cemitérios na Su-

15.86 Eric Gunnar Asplund, Cemitério do Bosque, a partir de 1915.

À esquerda, ao lado do caminho pavimentado, há um muro de pedra que acompanha os visitantes até o topo da colina e o crematório-columbário-capela. Asplund e Leverentz reciclaram esta paisagem nobre e serena a partir da devastação de uma pedreira de brita, de certo modo, criando uma metáfora para o ciclo do nascimento, morte e renascimento.

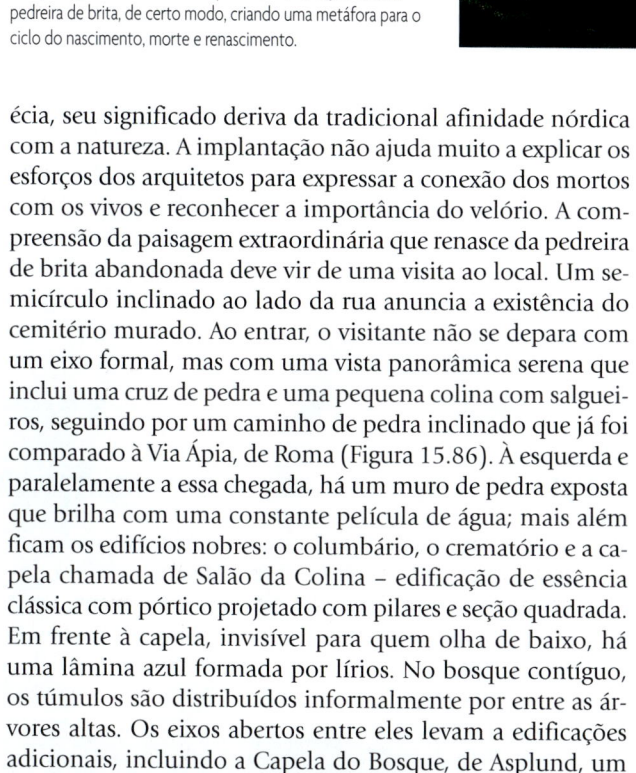

écia, seu significado deriva da tradicional afinidade nórdica com a natureza. A implantação não ajuda muito a explicar os esforços dos arquitetos para expressar a conexão dos mortos com os vivos e reconhecer a importância do velório. A compreensão da paisagem extraordinária que renasce da pedreira de brita abandonada deve vir de uma visita ao local. Um semicírculo inclinado ao lado da rua anuncia a existência do cemitério murado. Ao entrar, o visitante não se depara com um eixo formal, mas com uma vista panorâmica serena que inclui uma cruz de pedra e uma pequena colina com salgueiros, seguindo por um caminho de pedra inclinado que já foi comparado à Via Ápia, de Roma (Figura 15.86). À esquerda e paralelamente a essa chegada, há um muro de pedra exposta que brilha com uma constante película de água; mais além ficam os edifícios nobres: o columbário, o crematório e a capela chamada de Salão da Colina – edificação de essência clássica com pórtico projetado com pilares e seção quadrada. Em frente à capela, invisível para quem olha de baixo, há uma lâmina azul formada por lírios. No bosque contíguo, os túmulos são distribuídos informalmente por entre as árvores altas. Os eixos abertos entre eles levam a edificações adicionais, incluindo a Capela do Bosque, de Asplund, um pavilhão com colunata e cúpula hemisférica, à moda de Laugier, coberto por um telhado piramidal. Asplund tratou o cemitério infantil como um jardim rebaixado, com fileiras de cruzes delicadas cercadas por pinheiros. O conjunto como um todo fala de humildade, humanidade e espiritualidade.

CONCLUSÕES SOBRE AS IDEIAS DE ARQUITETURA

Quem procura a segurança aparente de um caminho histórico convenientemente único e inevitável recebeu de bom grado a apresentação do Modernismo europeu feita neste capítulo, que é produto de investigações energéticas, frenéticas e até mesmo desesperadas e resultou em uma miscelânea ingênua de sensibilidades de projeto de arquitetura. No entanto, o triunfo será relativamente breve, pois, no próximo capítulo, estará à beira de uma crise.

As motivações modernistas eram geralmente nobres, frequentemente heróicas e, muitas vezes, talvez, utópicas. Após o cataclisma da Primeira Guerra Mundial, muitos arquitetos europeus passaram a ver o projeto de edificações como um possível instrumento de transformação social. Em economias caóticas que precisavam desesperadamente de habitação, eles escolheram como preocupações principais a utilidade, a eficiência e a mecanização relacionada à indústria da construção, mas enriqueceram o pragmatismo com as concepções espaciais avançadas então em voga nas artes visuais. Esses modernistas emergentes acreditavam estar lutando contra as forças obstrucionistas do tradicionalismo burguês. Armados com argumentos racionais e preparados para falar e escrever polemicamente, eles decidiram vencer a batalha na vanguarda, isto é, na mídia da arquitetura, e – esperavam – nos corações e mentes do povo. Isso, porém, nunca aconteceu.

Não faltaram novas ideais: Adolf Loos e seu ataque contra a ornamentação "decadente" e o desenvolvimento do *Raumplan*; Frank Lloyd Wright e a decisão de inventar uma tipologia doméstica norte-americana única (o que fez com as casas no Estilo dos Prados), além de inovações técnicas como o condicionamento de ar central no Edifício Larkin e o concreto moldado *in loco* no Templo Unitário; e a experiência alemã, na qual Peter Behrens e outros com ideias similares fundaram a Deustcher Werkbund, tentando elevar a qualidade geral dos produtos manufaturados, e Walter Gropius desenvolveu um novo sistema de ensino de arquitetura na Bauhaus – primeiro em Weimar, depois em Dessau, até a escola ser fechada pelos nazistas. Some a essa fértil mistura as propostas radicais – desenhadas com frequência, mas construídas com frequência menor– de dinamismo feitas pelos futuristas italianos, de modulações de espaço infinito pelos projetistas do De Stijl e de composições radicais de materiais pelos construtivistas russos. No final, o espaço se tornou a especialidade do Modernismo. Isso pode ser visto de modo consistente, embora em interpretações distintas, nas obras do triunvirato de "mestres" modernos: Le Corbusier, Walter Gropius e Ludwig Mies van der Rohe (com Frank Lloyd Wright como um constante concorrente ou rival norte-americano).

Além de todos esses acontecimentos, ocorreram avanços concorrentes na tecnologia da construção – especialmente o uso do aço e do concreto armado – e surgiram novas visões da cidade como local de indústrias e sistemas de transporte modernos, bem como de saúde física e emocional e, inclusive, ideais utópicos. Como se isso não bastasse, lembre-se de que a maioria das obras construídas no período não seguia as prescrições modernistas; as formas alternativas do Expressionismo holandês e alemão, as formas híbridas da Art Déco e as formas latentes do ecletismo contínuo dominavam em termos de número total de edificações construídas. E, como se isso não fosse suficiente, a situação ficou ainda mais complexa e indefinida no final do século XX e depois, como veremos no capítulo final.

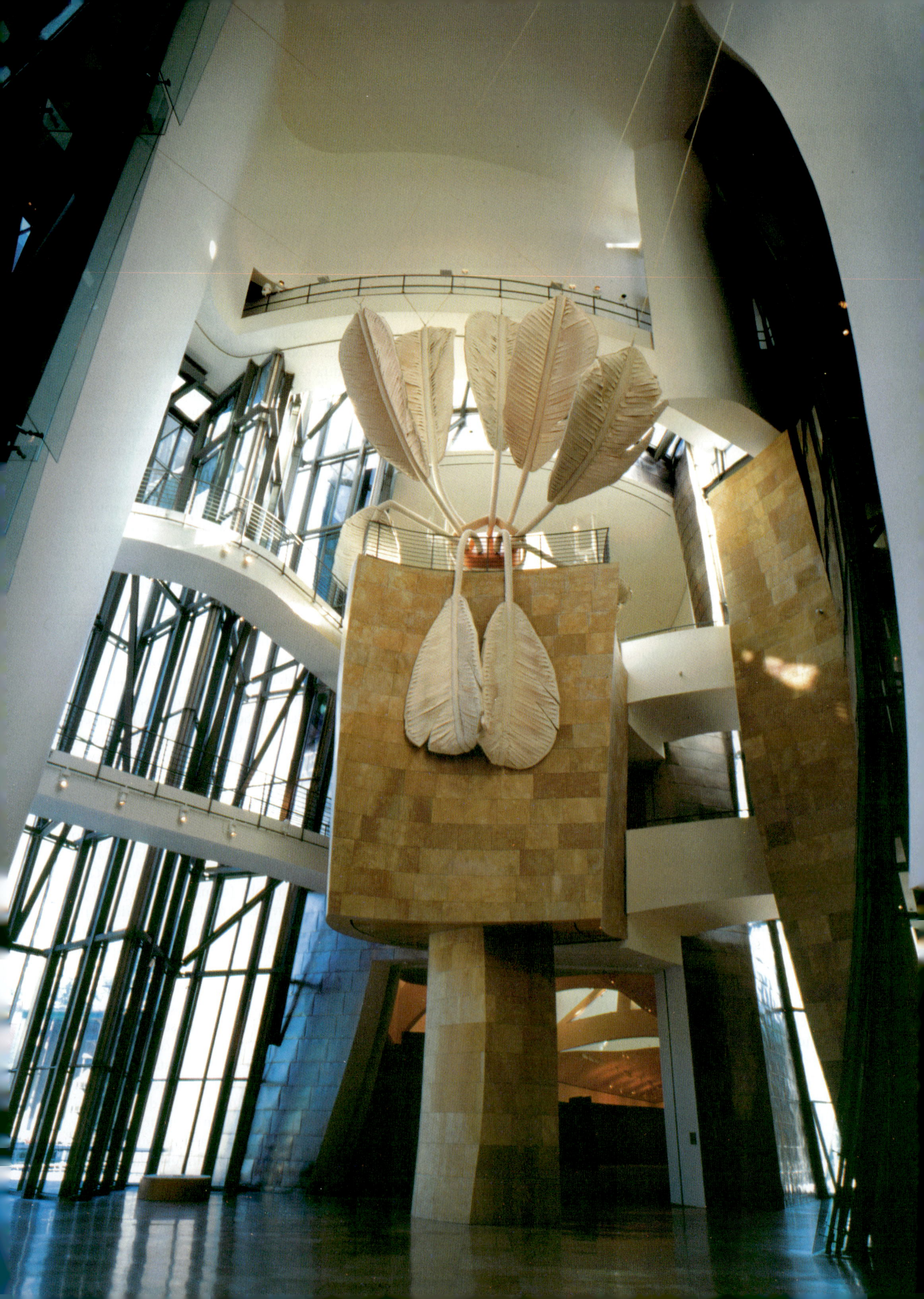

CAPÍTULO 16

OS MODERNISMOS DE MEADOS E DO FIM DO SÉCULO XX E ALÉM

Este capítulo final ainda trata do Modernismo, mas também aborda as respostas a favor e contra ele e acompanha a arquitetura no início do século XXI. Em função da pouca distância histórica, é mais um relato de eventos correntes do que uma história propriamente dita, pois o cânone ainda não foi definido com firmeza. Existem categorizações para a arquitetura contemporânea discutida neste capítulo, mas devem ser vistas como conveniências momentâneas, uma vez que estarão sujeitas à revisão, assim como os méritos de alguns indivíduos e edificações.

Em 1928, uma organização conhecida pelo acrônimo CIAM (Congresso Internacional de Arquitetura Moderna) começou a promover a arquitetura moderna e a abordar questões urgentes de projeto de edificações e planejamento urbano. Le Corbusier era a figura de destaque, mas a maioria dos astros modernistas, incluindo Walter Gropius e o jovem Alvar Aalto, cuja obra será discutida neste capítulo, participou do CIAM. Depois da Segunda Guerra Mundial, a organização tentou reformular suas metas, mas logo ficou claro que a nova geração de projetistas via a doutrina modernista como uma camisa de força. Em 1953, durante uma reunião realizada no sul da França, um grupo mal organizado que se chamava de Team-X (o "X" representava o número romano dez) ficou encarregado de planejar a próxima conferência – o que seus membros fizeram e resultou no término dos CIAMs.

O Team-X incluía o casal Peter (1923-2003) e Alison (1928-93) Smithson e Ralph Erskine (1914-2005), ingleses, e o holandês Aldo Van Eyck (1918-1999). Eles pensavam de maneira diferente dos modernistas convencionais, especialmente por serem menos obcecados com o racionalismo puro, mais voltados para os problemas do pós-guerra e mais interessados nas questões dos contextos regional e local.

A obra dos Smith, chamada de Brutalismo, certamente se inspirou em Le Corbusier e é mais bem ilustrada pelos longos conjuntos habitacionais de concreto com múltiplos pavimentos. Construído apenas em 1972, o Robin Hood Gardens, em Londres, tem aparência externa dura e ousada (ou brutal), mas foi criado para ser uma resposta simpática à vida urbana da classe trabalhadora inglesa moderna e incluía "ruas-deques", ou grandes passarelas elevadas, que deveriam servir de mecanismos de socialização e também como símbolos urbanos.

Posteriormente, Ralph Erskine produziu uma solução própria para a moradia urbana dos trabalhadores, desenvolvendo um processo de projeto inclusivo para o longo Conjunto Habitacional Byker Wall (Figura 16.1), em Newcastle-upon-Tyne (1969-75), que envolveu muito diálogo com os futuros usuários. Uma fachada alta do bloco de habitação ondulado está voltada para uma autoestrada ao norte e, por essa razão, tem o aspecto de uma fortaleza; já a fachada oposta é uma mistura de balcões com pitorescos guarda-corpos de madeira coloridos e alvenaria.

Aldo Van Eyck se aproximou ainda mais do intuitivo e do espiritual, como no Orfanato de Amsterdã (1957-60), onde organizou o espaço de modo a estimular a imaginação e o lazer e buscou conferir significados e valores profundos às suas formas. Em vez do espírito da época, Van Eyck desejava expressar algo intrínseco e atemporal.

A obra desses quatro projetistas sugere parte da diversidade que surgiu em meados do século. Para examinar essas condições com mais cuidado, consideraremos as carreiras de Alvar Aalto, Eero Saarinen e Louis Kahn.

ALVAR AALTO

Alvar Aalto (1898-1976) era originário da Finlândia e passou a maior parte de sua carreira lá. Estudou arquitetura no Instituto Politécnico de Helsinki; na época, os arquitetos finlandeses tentavam desenvolver uma identidade regional,

Frank Gehry, átrio do Museu Guggenheim de Bilbao, Bilbao, 1997.
Com suas paredes, vidros, gradis e estrutura de ferro se retorcendo à medida que sobem, o átrio transmite uma sensação estimulante de espaço dinâmico. O uso da edificação manifesta algo antes impossível: entrar e mover-se em uma escultura de forma livre do tamanho de um edifício.

Cronologia

desenvolvimento da arquitetura pós-moderna	década de 1960
Guerra do Vietnã	1965-73
Robert Venturi publica *Complexidade e Contradição em Arquitetura*	1966
assassinato de Martin Luther King	1968
astronautas da Apollo pisam na lua	1969
primeira celebração do Dia da Terra	1970
criação da Internet	cerca de 1981
introdução do microcomputador	1982
queda do Muro de Berlim	1989
dissolução da União Soviética	1991
ataques dos terroristas da Al Qaeda destroem o World Trade Center	2001
início da guerra no Iraque	2003

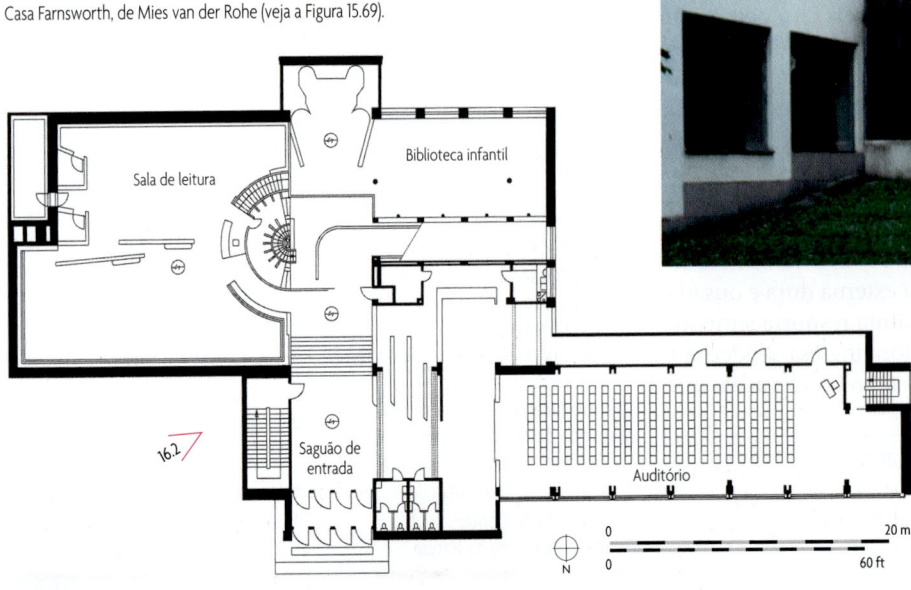

experimentando uma versão nórdica do Neoclassicismo e um Romantismo nacionalista associado a mitos ufanistas, que respeitava as tradições locais de construção. Aalto desenvolveu – de modo aparentemente independente – uma abordagem funcional muito parecida com a dos arquitetos da Deutscher Werkbund do mesmo período, mas com tons de Classicismo e Romantismo. Viajou para a Itália em 1924 e, mesmo depois de voltar para o norte, nunca perdeu o entusiasmo pela arquitetura italiana tradicional, especialmente das cidades de colinas. Em 1927, ganhou o concurso para projetar a biblioteca municipal de Viipuri (atual Vyborg, Rússia) (Figuras 16.2–16.3); as características extremamente modernistas do projeto levaram as forças conservadoras locais a atrasar a construção até 1930–35. Sua forma cuidadosamente proporcionada pode ser descrita como Classicismo desadornado, porém, esse redutivismo aparente é acentuado pela sensibilidade poética com relação aos materiais e à ocupação. O edifício inclui, por exemplo, um audi-

16.1 Ralph Erskine, Conjunto Habitacional Byker Wall, Newcastle-upon-Tyne, 1969–75.

As preocupações dos membros do Team-X ("X" significava o número romano 10) no período do pós-guerra incluíam a resposta sensível ao contexto ou às condições específicas do terreno. Ao projetar este conjunto habitacional, Ralph Erskine tentou levar a contextualização mais além, respondendo diretamente às sugestões dos muitos usuários finais.

16.2 Alvar Aalto, Biblioteca Municipal, Viipuri, 1930–35.

No início da carreira, Aalto foi muito influenciado pelo Modernismo europeu. Mesmo naquela época, porém, sua obra tinha momentos de lirismo, como esta escada que sobe elegantemente, que o separavam de grande parte dos proponentes do Estilo Internacional.

16.3 Alvar Aalto, Planta baixa do pavimento térreo da Biblioteca Municipal, Viipuri, 1930–35.

Esta configuração, com uma barra retangular deslocada em relação a outra, foi usada com bastante frequência no século XX. Dois outros exemplos notáveis incluem a Casa Robie, de Frank Lloyd Wright (veja as Figuras 15.10–15.11), e a Casa Farnsworth, de Mies van der Rohe (veja a Figura 15.69).

16.4 Alvar Aalto, Interior da Biblioteca Municipal, Viipuri, 1930–35.

Aalto manipulou consistentemente o plano do teto de maneiras criativas. Aqui, uma série de claraboias ilumina a sala de leitura principal. O teto do teatro, no retângulo adjacente, é um plano ondulado composto de tábuas encaixadas, ao mesmo tempo escultórico e acusticamente eficaz.

tório no pavimento térreo com teto de madeira ondulado e bancos de madeira vergada projetados sob encomenda. As paredes da sala de leitura, por sua vez, são banhadas pela luz indireta que entra pelas claraboias profundas isentas de ofuscamento (Figura 16.4).

O projeto de Aalto para o Sanatório de Tuberculosos (1929–33) de Paimio trouxe-lhe fama internacional, tanto pelo planejamento geral como pela atenção aos detalhes. Localizado em uma colina cercada por árvores perenes, o sanatório eleva-se de modo espetacular na paisagem (Figuras 16.5–16.6). Como Walter Gropius na Bauhaus, Aalto articulou todos os componentes. O bloco de dormitórios

16.5 Alvar Aalto, Sanatório para Tuberculosos, Paimio, 1929–33.

Esta foi a obra de Aalto que ficou mais conhecida como ícone do Estilo Internacional. As características mais marcantes são as longas janelas em fita, os tímpanos relacionados e os amplos balcões para os convalescentes.

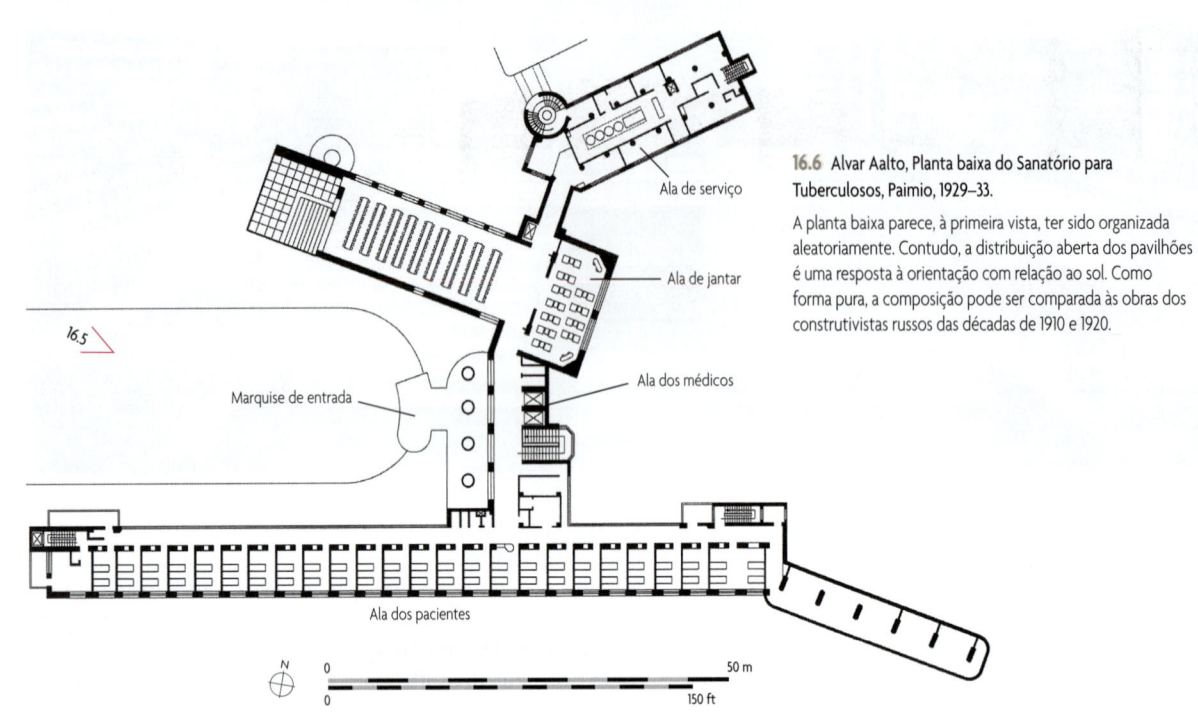

16.6 Alvar Aalto, Planta baixa do Sanatório para Tuberculosos, Paimio, 1929–33.

A planta baixa parece, à primeira vista, ter sido organizada aleatoriamente. Contudo, a distribuição aberta dos pavilhões é uma resposta à orientação com relação ao sol. Como forma pura, a composição pode ser comparada às obras dos construtivistas russos das décadas de 1910 e 1920.

Ala de serviço
Ala de jantar
Ala dos médicos
Marquise de entrada
Ala dos pacientes

16.7 Alvar Aalto, Fábrica de Celulose, Sunila, 1936–39.

Esta composição mostra Aalto se afastando do regimento do Estilo Internacional e indo na direção de volumetrias mais românticas e do uso de formas onduladas como grandes elementos do exterior. O arquiteto estava muito impressionado com as silhuetas irregulares das cidades de colina da Itália e integrou tais experiências aos seus próprios projetos.

16.8 Alvar Aalto, Edifício Baker House, M. I. T., Cambridge, Massachusetts, 1947–49.

O único projeto de Aalto feito para os Estados Unidos está voltado para o rio Charles. Aqui, ele usou a planta baixa ondulada para que o rio pudesse ser visto a partir dos dormitórios. Colocou os espaços de apoio nos cômodos ortogonais dos fundos. O bloco baixo, à esquerda, acomoda o refeitório e o salão.

para pacientes voltado para o sul – uma ala comprida e fina de seis pavimentos – domina o conjunto, conectando-se por meio da entrada e da ala dos médicos aos recintos de uso público, cozinha, edificações de serviço, garagem e casa da caldeira. Para se adequar à topografia e ao percurso aparente do sol, essas unidades nem sempre se relacionam ortogonalmente (como na Bauhaus), o que introduz uma angularidade expressiva à implantação, remetendo às obras do Construtivismo russo.

Aalto interessou-se por desenho de móveis ao longo de toda a sua carreira. Ele utilizou o principal recurso natural da Finlândia, a madeira, de maneiras inovadoras. Por meio da experimentação, desenvolveu uma técnica para laminar e vergar finas folhas de madeira de modo a produzir chapas de compensado com a curvatura desejada. Em 1932, projetou sua primeira cadeira – uma peça contínua do assento ao espaldar, sustentada por uma estrutura de metal tubular. Os desenhos posteriores foram fabricados exclusivamente com madeira e muitos ainda estão disponíveis no mercado comercial.

Na década de 1930, o maior contrato de Aalto foi a Fábrica de Celulose Sunila (1936–39, com ampliação posterior em 1951–57), em Karhula, incluindo o projeto das moradias dos trabalhadores nas proximidades. A fábrica é cuidadosamente composta por uma multiplicidade de formas retangulares repetitivas, animadas por linhas diagonais de esteiras transportadoras e pelo volume vertical de uma chaminé (Figura 16.7).

Depois da Segunda Guerra Mundial, o estilo amadurecido de Aalto afastou-se dos volumes retangulares brancos e dos guarda-corpos lineares de perfil tubular típicos da arquitetura do Estilo Internacional. O tijolo, a madeira e o cobre se tornaram seus materiais de construção favoritos, sendo transformados em composições harmoniosas que, frequentemente, incluíam grandes paredes curvas, telhados com uma água e iluminação natural criativa. Ao trabalhar como professor no M. I. T., no final da década de 1940, ele projetou o Edifício Baker House (1947–49), um dormitório universitário (Figura 16.8). Localizado em um terreno paralelo ao rio Charles, o edifício de tijolo de sete pavimentos tem volume voltado para o rio e organizado em uma curva sinuosa, permitindo vistas oblíquas do rio a partir dos dormitórios. Sempre que possível, Aalto colocava os cômodos de serviço e uso comum nos fundos de cada pavimento, com refeitório e salão em um bloco baixo na frente.

16.9 Alvar Aalto, Plantas baixas do pavimento térreo e segundo da Prefeitura de Säynätsalo, 1951–52.

A planta baixa do partido de Aalto também sugere o tipo de projeto espontâneo encontrado nas cidades de colina italianas. Um dos lados do pátio interno quase quadrado foi deslocado apenas o suficiente para criar um caminho levemente flexionado através do complexo. Uma escada é ortogonal, enquanto a outra desce em cascata com pisos cobertos de grama, como mostra a Figura 16.10.

16.10 Alvar Aalto, Prefeitura, Säynätsalo, 1951–52.

O complexo de Aalto exibe escalas múltiplas. Ele sobe dois pavimentos no exterior, mas apenas um pavimento junto ao pátio interno, sobre o qual fica a torre da câmara municipal. Esta imagem sugere que Aalto ainda era influenciado pelas viagens à Itália de quase 30 anos antes.

Um programa de necessidades mais ambicioso foi criado para o projeto de uma "Prefeitura" em Säynätsalo (1951–52), concebida como um conjunto de edificações em torno de um pátio interno gramado (Figuras 16.9–16.10). Na verdade, a obra representa todo o centro cívico desta pequena comunidade, abrigando os escritórios da prefeitura, a câmara municipal, a biblioteca pública e lojas de varejo. Dentro do leiaute basicamente ortogonal, o volume de tijolos da câmara municipal domina o conjunto, sendo que o perfil inclinado do telhado reflete a graciosa tesoura em leque de madeira encontrada no interior. A Prefeitura é acessada por duas escadas, uma de tijolo e a outra com grama. A escala do edifício – que parece apropriadamente monumental visto de fora – fica quase diminuta no pátio interno. Ali e em toda a sua obra, Aalto conferiu uma abordagem humanista à arquitetura que, possivelmente, jamais foi igualada no século XX; tal abordagem se deve ao seu temperamento e ao local singular onde viveu e trabalhou.

EERO SAARINEN E SEU ESCRITÓRIO

As obras de Eero Saarinen (1910–1961) são ecléticas, refletindo uma variedade de fontes maior que as de Aalto. No entanto, uma das constantes de sua carreira foi a postura incansável, curiosa e criativa com relação aos novos materiais e tecnologias. Como Aalto, Saarinen tinha origem finlandesa; seu pai, Eliel, também arquiteto, criou o requintado campus da Cranbrook Academy, nos arredores de Detroit, Estado do Michigan, depois de mudar-se com a família para os Estados Unidos na década de 1920. Após estudar escultura em Paris e concluir seus estudos de arquitetura em Yale, em 1934, Eero trabalhou com o pai até 1950.

No General Motors Technical Center (1948–56), em Warren, Michigan, Saarinen adotou uma abordagem aparentemente miesiana, implantando volumes retangulares modulares com paredes de aço e vidro em um parque com ares de campus universitário; a temática ortogonal é interrompida apenas por um auditório circular e uma torre com caixa d'água esférica de metal que confere verticalidade à composição de resto horizontal, com objetos aparentemente produzidos em massa. Uma observação mais atenta, porém, revela que as peles dos objetos redutivistas mostram uma sensualidade ausente na obra de Mies; pode-se ver a mão do artista plástico atenuando o trabalho técnico.

No Terminal da Trans World Airlines (TWA) (1956–62), no Aeroporto Kennedy, Cidade de Nova York, Saarinen abandonou a estética ortogonal da General Motors, favorecendo uma forma escultórica fluida que remete ao voo (Figura 16.11). Deixando de lado o metal para usar a liquidez do concreto, ele criou abóbadas com finas cascas sustentadas

16.11 Eero Saarinen, Terminal da TWA, Aeroporto Internacional Kennedy, Cidade de Nova York, 1956–62.

Saarinen morreu com pouco mais de 50 anos, sem estabelecer uma direção única para seus projetos de arquitetura. Aqui, explorou o potencial do concreto moldado *in loco* para criar formas expressivas e espaços dinâmicos.

por pilares de concreto moldado *in loco* com forma livre. A cobertura ondulante do terminal lembra um grande pássaro pousando; também já foi comparada com as caudas dos automóveis produzidos pela Chevrolet em 1959 (que Saarinen talvez tenha visto, ainda em desenvolvimento, no General Motors Technical Center). No interior, o espaço dinâmico é, ao mesmo tempo, monumental e intimista. A maioria dos acessórios foi feita sob medida para acompanhar o espírito do edifício, pois uma mobília comum pareceria inapropriada em um espaço cujas paredes e tetos são dominados por curvas e rampas que criam movimentos no plano do piso. O projeto posterior, do Aeroporto Dulles (1958–62), na periferia de Washington, D.C., foi inspirado nos croquis preliminares de Erich Mendelsohn, arquiteto do Expressionismo alemão. Pilones de concreto inclinados para fora se elevam no exterior de modo a sustentar a cobertura de cabos de aço revestida de painéis de concreto, gerando um vão livre no interior. Ainda que o efeito do edifício na paisagem seja nobre, o interior é decepcionante: as inúmeras paredes internas ortogonais e o dreno central do telhado que viola o teto intocado negam as geometrias curvas da vedação da edificação. Em 1997, a firma Skidmore, Owings and Merrill dobrou a extensão do terminal replicando o perfil de pilones e os cabos em catenária usados por Saarinen.

O arquiteto Charles Eames (1907–1978) e a escultora e pintora Ray Eames (1912–1988) criaram o protótipo de todas as cadeiras de plástico reforçadas com fibra de vidro usadas em aeroportos do mundo inteiro e bastante conhecidas pelos viajantes. Os dois projetistas se conheceram na Cranbrook Academy, nos arredores de Detroit, na época em que Eero Saarinen era diretor. Posteriormente, Charles entrou para o escritório de Saarinen, onde experiências com novos materiais de construção e tecnologias eram fundamentais para o processo de projeto. Como parte de um concurso para promover o Modernismo e a industrialização na arquitetura, o casal Eames, que inicialmente trabalhava com Saarinen, produziu uma Casa de Estudo de Caso usando aço estrutural leve e peças padronizadas pré-fabricadas. Construído em 1945-49, o projeto se tornou a residência do casal em Pacific Palisades, na Califórnia. A casa tem espaço interno unificado e fortes relações entre o interior e o exterior, duas características típicas do Modernismo, mas também o intimismo aconchegante – obtido pelo uso generoso de móveis, tecidos, plantas e outros acessórios – mais característico da arquitetura tradicional bem projetada. Como suas ideias de arquitetura não caíram no gosto popular, Charles e Ray Eames dedicaram sua atenção ao projeto de móveis e exposições e ao cinema.

LOUIS I. KAHN

A obra de Louis I. Kahn (1901–1974) representa a fusão de fontes aparentemente contraditórias. Em 1905, Kahn imigrou para a Filadélfia vindo da pequena ilha russa de Saarama, no Mar Báltico. Ele estudou arquitetura, influenciado pelas Beaux-Arts, na University of Pennsylvania, onde adquiriu o conceito de espaços servidos e de serviço que afetaria praticamente todas as suas edificações. Além disso, aprendeu a criar composições simétricas com organização hierárquica e a produzir monumentalismo inclusive em circunstâncias cotidianas. Dessa forma, ele pôde transformar o comum no incomum, e o incomum, em algo transcendental. Ao dar nova vida a uma tradição de projeto praticamente inerte, Kahn alcançou a atemporalidade, enquanto os demais recorriam ao historicismo.

Kahn buscou inspiração nas formas vernaculares medievais das cidades de colina italianas ao projetar o Edifício Richards Medical Research (1957–61), na University of Pennsylvania (Figura 16.12). A planta baixa da edificação é um modelo de racionalidade. Os laboratórios médicos são espaços quadrados com paredes de vidro e planta livre sobrepostos em torres. Pares de pilares distribuídos de cada lado sustentam a grelha estrutural de cada pavimento, enquanto dutos, instalações mecânicas, elevadores e escadas foram inseridos em volumes de tijolo discretos. Ao unir o planejamento funcional objetivo com a volumetria pitoresca, Kahn criou uma das composições de arquitetura mais influentes da década de 1960. Os puristas reclamam que uma das torres de serviço é falsa, tendo sido incluída em

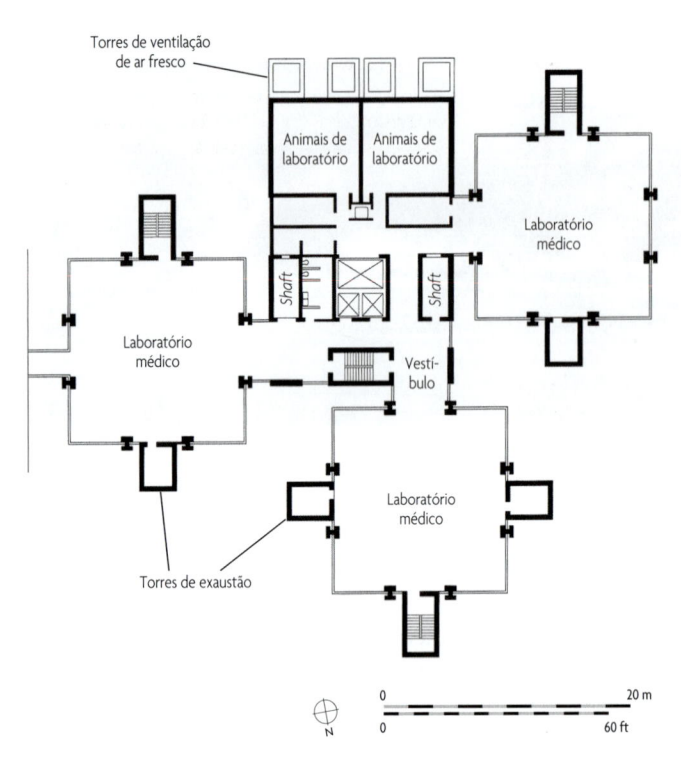

16.12 Louis Kahn, Planta baixa do Edifício Richards Medical Research, University of Pennsylvania, Filadélfia, 1957–61.

Esta planta baixa ilustra a concepção de Kahn dos espaços de serviço e servidos. Os laboratórios médicos são servidos pelas caixas de escada e torres de exaustão e *shafts*. Todas as torres funcionais se tornam elementos nesta composição pitoresca.

16.13 Louis Kahn, Praça do Salk Institute for Biological Sciences, La Jolla, Califórnia, 1959–65.

Tão poeta – ou mesmo místico – quanto arquiteto, Louis Kahn tentava expressar o eterno, e não o transitório. Aqui em La Jolla, na Califórnia, enquadrou o plano da terra, um canal de água axial e um pedaço do céu entre torres de concreto ritmicamente recuadas.

função do efeito artístico e não da necessidade funcional; já os cientistas que usaram o edifício descobriram que os laboratórios eram menos flexíveis do que o projetista pretendia e foram forçados a instalar brises para evitar o ofuscamento e os ganhos térmicos solares.

Kahn absorveu alguns princípios modernistas, especialmente da obra de Le Corbusier; também viajou pela Europa, onde os templos gregos, sistemas de construção da Roma Antiga, paisagens urbanas vernaculares e as obras de Brunelleschi o marcaram profundamente. Além disso, as geometrias simples do Neoclassicismo influenciaram suas concepções de arquitetura. Kahn admirava o trabalho de Boullée e Ledoux, considerando-os tão importantes para a arquitetura quanto Johann Sebastian Bach fora para a música. Entre os muitos textos poéticos de Kahn, encontramos o seguinte: "O espírito com desejo de expressar / pode fazer o grande sol parecer pequeno. / O Sol é / Assim é o Universo. / Precisamos de Bach / Bach é / Assim é a música. / Precisamos de Boullée / Boullé é / Precisamos de Ledoux / Ledoux é / Assim é a arquitetura". Inspirando-se em tais visões poéticas e no extremo apreço pela construção racional, especialmente as grandes abóbadas da Roma Antiga, Kahn reuniu formas estruturais como o arco e a abóbada com um aspecto místico, quase sublime, e transformou-as em metáforas para a condição humana.

É provável que a edificação do século XX mais admirada por arquitetos, e consequentemente transformada em local de peregrinação, seja o Salk Institute for Biological Sciences (1959–65), situado em La Jolla, Califórnia. Tratou-se de uma situação única para Kahn, pois seu cliente, Jonas Salk, tinha uma visão tão profunda quanto a sua; assim, o projeto começou com um partido dividido entre laboratórios, de um lado, e, do outro, uma área de socialização. O resultado foi uma composição um pouco parecida com o campus da University of Virginia (veja a Figura 14.16), projetado por Thomas Jefferson: o gramado se tornou uma praça com piso seco colocada entre as faces de concreto diagonais das torres de laboratórios – todas formalizadas por um corpo de água linear estreito que levava ao oceano e ao horizonte (Figura 16.13). O cenário não está tão conectado a outras edificações modernas; na verdade, dialoga com ambientes de rituais atemporais, apenas substituindo os sacerdotes da antiguidade por cientistas.

A influência do Neoclassicismo em geral – e de Piranesi em particular – se manifesta nos projetos de Kahn para a Assembleia Nacional de Bangladesh em Dacca (1962–74). O edifício é composto por formas geométricas ideais, círculos e quadrados, que se expressam como prismas; a sobreposição de espaços remete às edificações da Vila de Adriano; já os interiores são tão majestosos e austeros quanto as imagens encontradas nas gravuras intituladas *Carceri*, de Piranesi. Um tratamento similar é encontrado no interior da biblioteca da Philips Exeter Academy (1967–72), em Exeter, New Hampshire, onde o prédio praticamente quadrado é dominado por um volume cúbico no centro (Figura 16.14). Recortes circulares enormes permitem visualizar as estantes da biblioteca nos pisos adjacentes de maneira que também remete às gravuras de prisões imaginárias feitas por Piranesi. Postos de estudo individuais cercam as estantes em todos os pavimentos, enquanto as janelas contra as quais se

16.14 Louis Kahn, Interior da biblioteca, Philips Exeter Academy, Andover, New Hampshire, 1967–72.

Kahn admirava a arquitetura do Império Romano e, aqui, buscou capturar tanto o monumentalismo do período como as ricas sobreposições vistas em complexos como a Vila de Adriano.

encaixam conferem uma articulação regular ao exterior de tijolo, que, por sua vez, é tratado como as edificações das tecelagens do século XIX encontradas na cidade próxima de Manchester, Estado de New Hampshire.

Kahn teve muito êxito ao projetar o Kimbell Art Museum, em Fort Worth, Texas (1966–72). Na implantação, o pátio é acessado por um bosque com espelhos de água em ambos os lados. Ele escolheu como unidade espacial e estrutural aparentes abóbadas de berço que, na verdade, são coberturas formadas por pares de balanços que se encontram em uma claraboia contínua (Figuras 16.15–16.16). Kahn distribuiu 16 dessas unidades lado a lado em três fileiras (Figura 16.17), combinando muitas delas espacialmente ao substituir as paredes portantes por vigas longitudinais. Os materiais escolhidos incluem concreto moldado *in loco*, travertino, carvalho e aço inoxidável – todos banhados em luz natural e, em grande parte, refletidos por defletores abaixo das claraboias, dando uma luminescência consistente aos interiores. Os espaços lembram a Roma Antiga pelo monumentalismo, pela austeridade e pelos acabamentos refinados. Porém, a escala e a noção geral de humanismo fazem com que tais espaços sejam neutros o bastante para servir de galerias adequadas, e flexíveis o bastante para promover uma experiência espacial rica.

Ao contrário de seus contemporâneos, Kahn chegou ao auge profissional tarde em sua carreira, revelando-se como uma voz original na arquitetura norte-americana apenas no final da década de 1950. Suas edificações refletem princípios da École des Beaux-Arts, dogmas do Modernismo e respeito por valores históricos, o que resulta em uma sín-

16.15 Louis Kahn, Kimbell Art Museum, Fort Worth, Texas, 1966–72.

Com a aparência quase de sepulcros, as unidades com coberturas que parecem ser abóbadas de berço abrigam as galerias do museu. Kahn abriu-as quando foi preciso, como na passagem externa, ou pórtico, no primeiro plano.

16.16 Louis Kahn, Interior do Kimbell Art Museum, Fort Worth, Texas, 1966-72.

As unidades modulares de Kahn não são abóbadas de berço verdadeiras, pois o ápice de cada intradorso é um vazio no qual foi inserida uma claraboia com defletores. Na verdade, o sistema estrutural é composto por lajes curvas "em borboleta" repetitivas e com balanços duplos.

16.17 Louis Kahn, Planta baixa do Kimbell Art Museum, Fort Worth, Texas, 1966-72.

É difícil imaginar a riqueza espacial dos interiores de Kahn quando olhamos para a geometria simples da planta baixa. Esta riqueza é acentuada pela elegância dos materiais de construção: concreto cinza-prateado, travertino, madeira com acabamento natural e aço inoxidável.

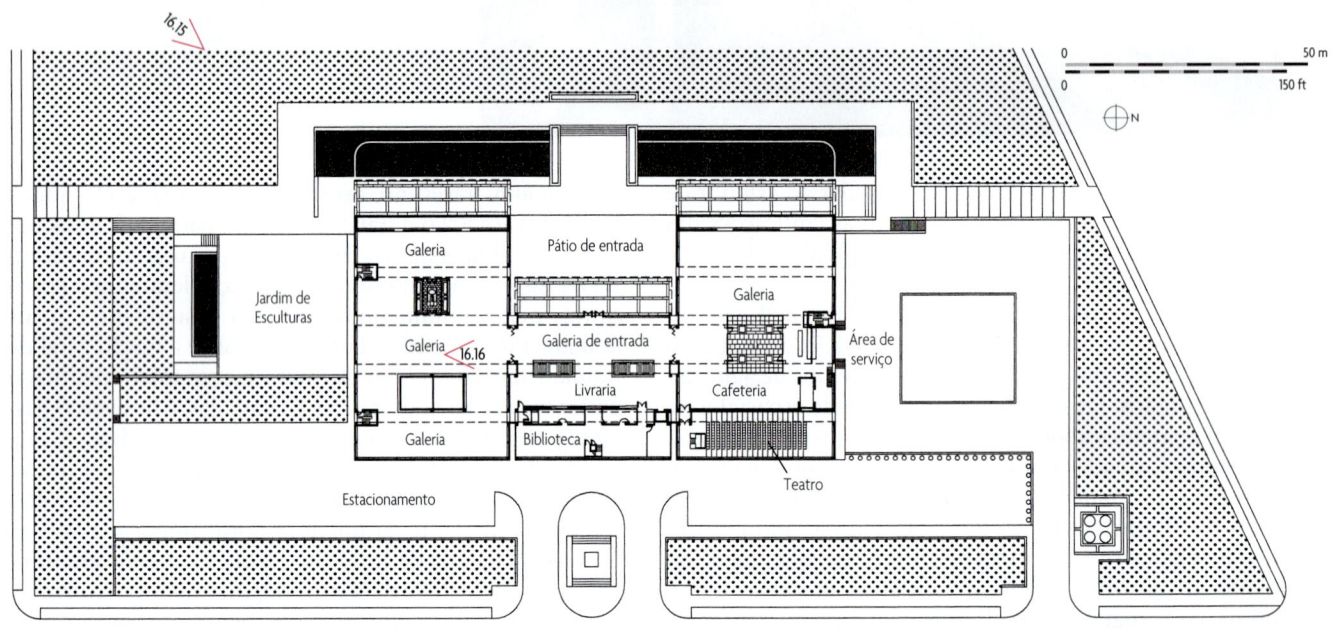

tese extremamente original. Tanto suas obras como seus ensinamentos na University of Pennsylvania encorajaram uma geração de jovens arquitetos a explorar alternativas às ortodoxias do Estilo Internacional. Sua preferência por articular os cômodos individuais na planta baixa, em vez de utilizar as características de fluxo espacial, como em grande parte da arquitetura moderna, vincula-o a eras anteriores, embora seu uso de materiais como o concreto aparente seja absolutamente moderno. Analisando o conjunto de sua obra, podemos até afirmar que ele foi o arquiteto mais original do século XX. Seu filho produziu e dirigiu um filme sobre a vida do pai, intitulado *My Architect* (Meu Arquiteto) (2003), que esclarece muitos aspectos da vida de Kahn e cria um tipo de universo paralelo à sua obra.

Se quiséssemos reduzir a uma única característica a ampla gama de interesses de arquitetura de Aalto, Saarinen e Kahn, poderíamos chegar a técnicas de construção para Aalto, forma para Saarinen e circunstâncias para Kahn. Aalto sempre teve certas predileções pelo Modernismo, mas equilibrava-as com sua sensibilidade nórdica em relação às condições do terreno. Eero Saarinen abordava a arquitetura por meio da tecnologia, o que às vezes envolvia os sistemas estruturais, mas sempre incluía os materiais de construção e as maneiras de montá-los. Louis Kahn preocupava-se evidentemente com os materiais, em especial os pesados, como tijolo e concreto, mas sua preocupação era movida por uma busca individual e espiritual pela forma de arquitetura transcendente. As três categorias representadas por estes projetistas não correspondem exatamente aos conceitos vitruvianos de *firmitas* (estrutura e materiais ou estabilidade), *utilitas* (utilidade ou funcionalidade) e *venustas* (beleza), conforme discutidos na introdução desta obra, mas estão próximas o bastante; por essa razão, serão úteis para organizar a discussão que se segue, começando com o interlúdio chamado de Pós-Modernismo.

A CONTRAPROPOSTA RADICAL DE ROBERT VENTURI AO MODERNISMO

Como vimos anteriormente, o monólito do Modernismo começou a apresentar pequenas fissuras depois da Segunda Guerra Mundial. Membros do Team-X analisaram o campo da arquitetura e descobriram que o terreno estava mudando. Alguns arquitetos, como Aalto, Saarinen e Kahn, buscaram direções novas, quando não iconoclastas. Para outros, no entanto, o desprezado ecletismo combatido com tamanha veemência pelos modernistas 30 ou 40 anos antes começou a parecer menos importante – ao ver de alguns, chegava a oferecer uma diversidade muito bem-vinda. Se acrescentarmos a essa mistura uma preocupação cada vez maior com o meio ambiente, veremos que as condições favoreciam uma mudança radical, embora transitória.

A década de 1960 testemunhou a emergência do Pós-Modernismo, um modo de pensar em arquitetura que ignora a abordagem dos projetistas do Estilo Internacional. Como muitos movimentos de projeto do início do século XX, o Pós-Modernismo começou com um tratado, publicado em 1966 sob o título *Complexidade e Contradição em Arquitetura* e celebrado por Vincent Scully como "o texto mais importante sobre o fazer arquitetura desde *Por Uma Arquitetura*, lançado por Le Corbusier em 1923". O autor, Robert Venturi (nascido em 1925), aluno de Louis Kahn, defendia uma arquitetura multivalente e subjetiva. Usando um estilo que refletia a fraseologia de manifestos anteriores, ele observou:

> Os arquitetos não podem mais se dar ao luxo de serem intimidados pela linguagem puritanamente moralista da arquitetura moderna ortodoxa. Gosto de elementos que são híbridos em vez de "puros", um meio-termo de "limpos", distorcidos de "objetivos", ambíguos de "articulados", perversos e ao mesmo tempo impessoais, tediosos e ao mesmo tempo "interessantes", convencionais de "projetados", amoldáveis de excludentes, redundantes de simples, residuais e ao mesmo tempo inovadores, inconsistentes e equivocados de diretos e claros. Sou a favor da vitalidade desorganizada sobre a unidade óbvia. Incluo a falsa conclusão e proclamo a dualidade.

O livro exaltava as ambiguidades, inconsistências e idiossincrasias de Palladio, Michelangelo, Nicholas Hawksmoor, John Soane, Edwin Lutyens, Alvar Aalto e Le Corbusier; também glorificava a arquitetura maneirista e barroca em geral. Venturi também associava a atmosfera, os efeitos luminosos e a teatralidade dos cassinos de Las Vegas com a arte da Contrarreforma. Ao celebrar os aspectos "feios e ordinários" das edificações do século XX, que podem ser vistos em empreendimentos lineares ao longo de avenidas, placas de neon e *outdoors*, Venturi descartou o caráter ordenadamente puro e imaculado do Modernismo em favor de obras populistas plurais, frequentemente anônimas e eminentemente práticas – chamadas, por alguns detratores, de Nova Banalidade. Venturi transformou espirituosamente a máxima miesiana, que passou de "menos é mais" (*less is more*) para "menos é um tédio" (*less is a bore*). As raízes dessa mudança no pensamento de arquitetura podem ser encontradas na diversidade cultural manifesta nos movimentos políticos e sociais do período; na atenção cada vez maior à arquitetura vernacular, derivada, em parte, da mostra "Arquitetura Sem Arquitetos", organizada por Bernard Rudofsky no MoMA, em 1964; no Brutalismo britânico; e na obra singular de Louis Kahn, mentor de Venturi.

Venturi havia construído muito pouco antes de publicar *Complexidade e Contradição em Arquitetura*, ainda que tivesse ficado muito bem colocado em concursos de arquitetura. Sua maior obra executada foi a Guild House (1960–63) (Figura 16.18), edifício de 91 apartamentos para idosos situado na cidade da Filadélfia no qual usou elementos de construção comuns de maneiras pragmáticas, porém não conven-

16.18 Robert Venturi e John K. Rauch, Guild House, Filadélfia, Pensilvânia, 1960–63.

Os arquitetos celebraram os lugares comuns neste conjunto habitacional para idosos. Da sinalização mundana à falsa antena de televisão anodizada a ouro e janelas com esquadrias de alumínio, o edifício se apresenta como um produto assumido da cultura de massa.

cionais. As janelas de guilhotina eram de tamanho exagerado; uma antena de televisão falsa anodizada com ouro e instalada na cobertura demarcava o eixo central da fachada simétrica; uma única coluna de granito polido indicava a entrada e contrastava com os tijolos esmaltados brancos ao redor da porta, ressaltando o caráter institucional da edificação. Os interiores foram cuidadosamente projetados tendo em mente o bem-estar dos inquilinos. A maioria dos apartamentos foi orientada para o sul (hemisfério norte) e era voltada para as atividades da rua, enquanto os corredores foram deslocados para evitar o tédio das longas travessias.

Talvez ainda mais famosa seja a casa que Venturi fez para sua mãe, Vanna, em 1962, em Chestnut Hill, Pensilvânia (Figura 16.19). Nesta moradia modesta, ele combinou a simplicidade da forma externa com a complexidade do leiaute interno, e símbolos e elementos convencionais com arranjos contraditórios. Por exemplo: a localização do recesso central onde fica a porta é óbvia, mas a porta propriamente dita, com duas folhas, está escondida e é demasiadamente imponente para o vestíbulo apertado ao qual dá acesso. A escada que leva ao segundo pavimento foi colocada atrás do volume da chaminé e compete com ele por espaço; ela se alarga à medida que sobe e, então, se estreita abruptamente, transformando-se em uma passagem mínima ao redor da caixa de fogo. A lareira e seu console são muito grandes para o tamanho da sala de estar; a mobília original tinha origens mistas, evitando o modernismo inspirado na Bauhaus. No exterior, a casa apresenta uma grande empena voltada para a rua, de maneira similar às casas do Estilo Shingle; porém, a cor verde-escura e o acabamento com reboco não têm qualquer semelhança com tais edificações.

Trabalhando com sua esposa, Denise Scott-Brown (nascida em 1931), Venturi continuou a apresentar propostas controversas. Em 1986–91, seu escritório projetou uma ampliação, conhecida como Ala Sainsbury, para a National Gallery de Londres. A edificação foi construída em um terreno complicado na Trafalgar Square, perto da igreja de Saint-Martin-in-the-Fields, construída por James Gibbs (veja a Figura 12.56). A obra é extremamente erudita, um tanto modesta e muito mais complexa internamente do que sugere sua fachada principal. Ela se projeta no lado leste do museu preexistente, voltada para a Pall Mall East, e reconhece o edifício do museu projetado em 1830 por William Wilkins, profissional extremamente competente, por meio de uma série de pilastras coríntias sobrepostas; a seguir, outras pilastras e uma coluna anexa mais afastada; um parapeito e uma balaustrada/parapeito relacionados; várias aberturas, algumas falsas e outras com remates; uma moldura descontínua; e uma grelha com janelas mais modernas – todos vistos pelos caluniadores como se fossem parte de uma reforma ruim. Por outro lado, até os críticos têm de admitir que o programa funcional do complexo e suas exigências de circulação e visualização no interior foram manipulados com muita inteligência, refletindo quantidades generosas de pragmatismo e criatividade. No final, muitos concluíram que a fachada apresenta o mesmo dilema da arte moderna: é propositalmente contida e loucamente hermética e, portanto, impede o público de assimilá-la.

AS INSPIRAÇÕES INTELECTUAIS DO PÓS-MODERNISMO

A compreensão das várias ideias que levaram ao Pós-Modernismo na arquitetura e do significado do Pós-Modernismo na sociedade de maneira geral (sendo esses dois fenômenos bastante diferentes) exige uma breve análise dos métodos de investigação do século XX nas áreas das ciências tanto humanas como exatas. Na virada do século, as ciências humanas ainda adotavam exclusivamente a abordagem hermética, isto é, a interpretação dos textos a partir do ponto de vista de seus autores; aqueles que eram contra tal método afirmavam que os autores eram "privilegiados" ou enfatizados demais. Na mesma época, a investigação científica baseava-se no positivismo, afirmando que a ciência podia responder a todas as perguntas sobre o mundo estabelecendo os fatos e as relações entre eles. Uma alternativa a essas duas abordagens foi proposta pelo filósofo Edmund Husserl (1859–1938). Baseando-se na investigação sistemática da consciência humana, ele criou a Feno-

16.19 Robert Venturi, Casa Vanna Venturi, Chestnut Hill, Pensilvânia, 1962.

Robert Venturi construiu esta casa para sua mãe. A modesta edificação é rica em alusões à arquitetura do passado, desde a moldura semelhante a um arco acima da entrada até a volumetria em forma de frontão partido do bloco inteiro.

menologia, que, além de criticar os esforços humanistas e científicos, tentava combiná-los. Em meados do século XX, época em que a Fenomenologia perdia terreno em outros campos, alguns pensadores da arquitetura – desiludidos com aqueles que consideravam ser os resultados desumanos dos princípios do Estilo Internacional – se voltaram a ela para tentar colocar ênfase nas pessoas, nos valores, nas crenças e motivações, bem como privilegiar a subjetividade sobre a objetividade.

No início do século XX, porém, a física quântica e a linguagem roubaram a cena nas ciências exatas e humanas, respectivamente. Os físicos descobriram todo um mundo novo de partículas subatômicas que não se comportavam de acordo com as leis da mecânica descobertas por Newton. Embora as teorias de Einstein referentes à Relatividade Geral e Especial sejam os resultados mais conhecidos, o que mais nos interessa são as incertezas que esses cientistas descobriram e que, aliás, Einstein nunca aceitou. O Princípio da Incerteza, de Werner Heisenberg, diz que é impossível saber simultaneamente tanto a posição como a velocidade de uma partícula subatômica. Parecia que as verdades definitivas sobre o mundo natural eram incompreensíveis e, com isso, uma sensação de apreensão começou a tomar conta não apenas das ciências exatas, mas também das humanas. Já nas ciências humanas, o filósofo Ludwig Wittgenstein (1889–1951) afirmou que a linguagem tem limites e, portanto, que a tarefa da filosofia é "nos fazer ver o que não pode ser dito por meio da exibição clara da lógica das proposições". Na década de 1920 e início da de 1930, os chamados positivistas lógicos de Viena sugeriram que a filosofia dedicasse sua atenção ao porquê do funcionamento da ciência, descartando totalmente a estética como campo de investigação. Wittgenstein respondeu com a ideia da análise linguística, por meio da qual poderíamos enxergar a clareza mediante a crítica da linguagem e também estabelecer meios acurados para analisar informações.

A análise linguística oferecia uma alternativa para aqueles que achavam que o empirismo da ciência era inadequado para seus fins e que a Fenomenologia era demasiadamente mística; a forma de análise linguística conhecida como Estruturalismo amadureceu depois da Primeira Guerra Mundial e chegou ao auge da influência em meados da década de 1960. Criado por pessoas como o linguista Ferdinand de Saussure (1857–1913) e o filósofo e antropólogo Claude Lévi-Strauss 1908, o Estruturalismo via o mundo em termos de estruturas, ou seja, partes, e as relações entre essas partes dentro de um sistema; seu objetivo era descobrir os princípios universais que governam a mente humana.

A semiótica era a linha de pensamento estruturalista mais seguida por arquitetos e críticos e teóricos da arquitetura. Para os semióticos, a tentativa hermenêutica de recuperar as intenções do autor era impossível. Eles recorriam ao texto, e não ao autor, em busca de significado, especificamente na forma de signos e símbolos inseridos. As edificações, afirmavam, também apresentavam camadas de significados e assumiam significados que nunca foram pretendidos por seus projetistas.

No final da década de 1960, o Estruturalismo deu lugar ao Pós-Estruturalismo, cujos fundadores incluem Jacques Derrida (1930–2004) e Michel Foucault (1926–84). O grupo pouco organizado afirmava que nenhum sistema filosófico poderia organizar e explicar o conhecimento humano e que não havia padrões absolutos em nenhum campo de investigação – um tipo de princípio da incerteza literário. Para abordar o relativismo que criaram, os pós-estruturalistas focaram-se no texto como discurso. Os discursos, segundo eles, continham seus próprios critérios de julgamento, ao passo que os signos e símbolos, a seu ver, apontavam apenas para outros signos e símbolos. Seria possível desconstruir um texto de modo que ele se abrisse em uma rede infinita de incertezas. Cada texto podia ser interpretado de inúmeras maneiras por inúmeras pessoas; as interpretações eram relativas.

Com este embasamento intelectual em mente, podemos agora voltar a discutir a prática da arquitetura Pós-Moderna. O termo "Pós-Modernismo" foi criado para identificar as novas direções seguidas pela arquitetura após o Modernismo. Não descrevia quais eram essas direções – apenas aquilo que elas não eram. Depois de ser introduzido no contexto da arquitetura, ele assumiu um contrassignificado na cultura de maneira geral, sugerindo uma fragmentação pós-estruturalista e uma desconfiança em relação a qualquer tentativa de construir sistemas de pensamento sobre bases firmes. Uma vertente da arquitetura pós-modernista está conectada ao Estruturalismo, mais especificamente à semiótica. Autores como Geoffrey Broadbent e, especialmente, Charles Jencks, interessaram-se pela arquitetura como linguagem e escreveram sobre os signos e símbolos como um meio de ler as edificações de projetistas como Philip Johnson, Charles Moore e, em especial, Michael Graves. Jencks apresentou essa proposta no livro *The Language of Post-Modern Architecture* (1977). Nele, fala da "codificação dupla": criar formas que têm significado tanto para a elite, como fizeram os modernistas, em sua opinião, como para o homem comum – a tal mensagem vernacular. Jencks apropriou-se dos termos "univalente" e "multivalente" para descrever os esforços dos pós-modernistas para ir além do redutivismo modernista. Univalente, em seu léxico, é "uma arquitetura criada em torno de um (ou uns) valor simplificado". Multivalente significa camadas de valores, incluindo historicismos, revivescimentos, vernáculos, contextualizações e questões ecológicas, entre outras. A fonte dessa codificação foi um tipo de ecletismo extremamente consciente – e, diriam alguns, pedante e esotérico – com um alto grau de relatividade, uma vez que, segundo Jencks, "todos os revivescimentos são possíveis e cada um depende de um argumento sobre sua *plausibilidade*, pois certamente não são comprovadamente necessários".

PHILIP JOHNSON

Philip Johnson (1906–2000) foi o arquiteto do século XX que mais recebeu atenção em função de seu historicismo, trabalhou por mais tempo (ou viveu por mais tempo)

16.20 Philip Johnson, Casa Boissonas, New Canaan, Connecticut, 1956.

No final da década de 1950, Johnson começou a se afastar das tendências miesianas de suas obras anteriores. Seus experimentos incluem esta casa, que foi influenciada pelos projetos de residências de Louis Kahn.

16.21 Philip Johnson e John Burgee, Sede da American Telephone and Telegraph, Nova York, 1984.

Com este edifício e as referências aos estilos de arquitetura do passado, Philip Johnson rompeu completamente com a tradição miesiana. Na verdade, seu cliente foi enfático ao dizer que a empresa não queria outra caixa de vidro.

ou teve uma carreira mais diversificada ou controversa. Johnson foi atormentado, por exemplo, por acusações de ter simpatizado com o nazismo. Aos 26 anos, depois de formar-se em filosofia em Harvard, ele coescreveu o livro *The International Style: Architecture Since 1922* (discutido no capítulo anterior) para acompanhar a mostra do Estilo Internacional realizada no MoMA em 1932. Embora tenha tido um sucesso moderado na época, a mostra acabou ganhando ares de mito, antecipando o personagem que Johnson criaria para si mesmo no final do século. Em 1938, ele entrou para a Harvard Graduate School of Design, então dirigida por Walter Gropius, e, depois de formado, abriu seu próprio escritório; o resultado mais notável obtido foi sua própria casa miesiana em New Canaan, Connecticut, citada no capítulo anterior. No entanto, no final da década de 1950, se afastou de suas fortes tendências miesianas, do Estilo Internacional, e produziu uma série de projetos que beberam em várias fontes, como a Casa Boissonas, em New Canaan (1956) (Figura 16.20), que deve muito a alguns projetos de casas de Louis Kahn. O Museum for Pre-Columbian Art, construído em Dumbarton Oaks, Washington, D.C., em 1963, era excessivamente iconoclasta, com cômodos definidos por enormes colunas de mármore e cobertos por cúpulas. Contudo, somente 21 anos mais tarde, em 1984, Johnson colocou-se no centro do palco Pós-Modernista com a sede da American Telephone and Telegraph, em Nova York (Figura 16.21), projetada com John Burgee. Na base, há um gigantesco motivo serliano, que já foi comparado por alguns à fachada da Capela Pazzi, de Brunelleschi; já no coroamento, há um frontão partido, por sua vez comparado a um relógio de carrilhão ou uma cômoda alta do século XVIII. Johnson recebeu elogios não muito consistentes da crítica. Em vez de sua habilidade como projetista, muitas vezes parece que sua fama deve-se à sua esperteza ao chamar a atenção da crítica e à sua grande influência em contratações e na seleção de participantes de exposições.

CHARLES MOORE

Charles Moore (1925-1993) encarou o Pós-Modernismo com uma jocosidade gentil, porém muito bem pensada, tornando suas edificações imediatamente acessíveis ao público e também aos profissionais. Moore gostava de alusões históricas, mas com grandes doses de extravagância. Os críticos veem sua obra como superficial e efêmera; os admiradores a chamam de interessante e irônica. Em 1963-65, época em que era sócio da firma Moore, Lyndon, Turnbull, and Whitaker (MLTW), foi o projetista encarregado de projetar o Sea Ranch I (Figura 16.22), conjunto de 10 condomínios contíguos no litoral norte de São Francisco, Califórnia. No exterior, o complexo combina a volumetria da Vila Carré, de Aalto, localizada perto de Paris, com as superfícies de parede de madeira de sequoia debastada que fazem parte do vernacular da região da Bay Area, produzindo um comentário sereno e precoce sobre o regionalismo e a edificação em harmonia visual com o meio ambiente. No interior, cada unidade cúbica foi organizada em torno de uma edícula – quatro colunas sustentando uma cobertura – o que produz espaços informais, aconchegantes e, ao mesmo tempo, complexos.

A Piazza d'Italia (Figura 16.23), de Moore, situada em Nova Orleans (1975-79), feita em colaboração com a firma Perez Associates, consiste em um pano de fundo cenográfico, exuberante, por vezes irreverente, contornado com neon e loucamente neoclássico, para o mapa topográfico da Itália inserido em um espelho d'água demarcado por anéis concêntricos de pisos de mármore. Além de uma obra de arquitetura, o todo é um espetáculo; seus muitos detalhes, como o retrato do rosto de Moore em aço inoxidável na bica de água, similar às máscaras das fontes da Vila d'Este, perto de Roma, exibe a inteligência que se tornou sua marca registrada pessoal e profissio-

16.22 Charles Moore *et alii*, Condomínio Sea Ranch, norte de São Francisco, Califórnia, 1963–65.

Os conjuntos habitacionais de Moore são exemplos do projeto contextual moderno. A volumetria irregular reflete a topografia e os ventos inconstantes; o revestimento de sequoia, por sua vez, parece quase uma camuflagem.

16.23 Charles Moore, Piazza d'Italia, Nova Orleans, Louisiana, 1975–79.

A obra de Moore assumiu um aspecto quase carnavalesco com projetos como este, uma fonte com pano de fundo para um espaço de uso público criado em Nova Orleans. Aqui, a linguagem clássica se tornou um meio para demonstrar inteligência e jocosidade, como nas composições maneiristas da Itália do século XVI.

nal. O complexo também parece ser uma sátira não intencional ao governo italiano, visto que suas luminárias e fontes raramente funcionam. A presença acadêmica de Moore em Yale, na U.C.L.A. e na University of Texas em Austin, bem como seus ensinamentos e palestras incansáveis em outros locais, influenciaram inúmeros alunos a partir da década de 1960.

MICHAEL GRAVES

Michael Graves (nascido em 1934) foi o arquiteto pós-modernista mais admirado pelos semióticos. Graves descrevia sua obra como "figurativa", tendo elementos figurativos originados de "fontes clássicas e antropomórficas". Seus primeiros projetos, principalmente ampliações de casas em Princeton, Estado de Nova Jersey, foram neo-corbusianos, mas logo começou a explorar novos terrenos. A Ponte e Centro Cultural Fargo-Moorhead (1977) (Figura 16.24), nunca construída, contém estúdios de televisão e um salão de concerto em uma das margens e, na outra, um museu de história – todos conectados por um museu de arte que iria de Fargo, Dakota do Norte, a Moorhead, Minnesota, sobre o rio Red. No nível conceitual, o imaginário da ponte se refere principalmente ao projeto de Ledoux para a Casa do Inspetor, na foz do rio Loue (veja a Figura 13.12); contudo, detalhes, como as chaves de arcos, foram transformados em janelas e drenos de

16.24 Michael Graves, Elevação da parte central da Ponte e Centro Cultural Fargo-Moorhead, 1977.

Os projetos e o estilo de desenho de Graves se tornaram influentes antes mesmo de ele começar a construir muitas edificações. Aqui, criou sua versão da Casa do Inspetor na Foz do Rio Loüe, de Claude-Nicolas Ledoux, datada do século XVIII (veja a Figura 13.12).

cobertura por meio de uma manipulação inteligente da linguagem clássica. Os belos desenhos da ponte, feitos a lápis colorido por Graves, exibem um lirismo que se tornou uma constante em sua obra. O Edifício Portland, construído em Portland, Oregon (1980), é igualmente famoso como elevação desenhada. É rico em menções à linguagem clássica, incluindo os templos na cobertura (nunca construídos), a chave de arco gigantesca sob eles, o par de pilastras estriadas de ordem indeterminada e o estilóbato escalonado no nível da rua (Figura 16.25). Graves também foi um dos responsáveis por reintroduzir as cores na arquitetura do século XX: neste caso, vemos base verde, "pilares" de terracota e paredes bege perfuradas por janelas quadradas. Os hotéis Swan e Dolphin (1987), na Disney World, em Orlando, Flórida, demonstram sua capacidade de projetar em todas as escalas, desde edifícios até louças. Primeiramente, desenvolveu um plano diretor para a área e, então, projetou os hotéis que seriam distribuídos ao redor de um lago em forma crescente. O volume do Hotel Swan parece relativamente insignificante entre a esplanada de chegada coberta com lonas, palmeiras, esculturas colossais de cisnes e conchas e até a pintura da própria edificação, que apresenta ondas e parece estar camuflada. No interior, o visitante encontra mais tendas, uma fonte e pinturas murais; Graves desenhou os carpetes, luminárias, papéis de parede e, inclusive, os jogos americanos e pratos. Seu estilo parece se encaixar perfeitamente no ambiente artificialmente controlado do parque. O Hotel Dolphin apresenta um conjunto igualmente diversificado de apêndices, além de uma fachada triangular "à maneira de Boullée" (Figura 16.26) e salão com rotunda coberta com lona, que tem ares de Império Napoleônico. Somente um pedante ou modernista inflexível deixaria de apreciar o local; no entanto, podemos questionar se ele tem a mesma permanência dos grandes *resorts* do final do século XIX e início do século XX, como o Belleview-Biltmore, em Belleair, também na Flórida, ou o Grand Hotel, em Mackinac Island, no Michigan.

16.25 Michael Graves, Edifício Portland, Portland, Oregon, 1980.

Em composições como esta, virou quase que uma brincadeira contar os elementos semiclássicos. Alguns apêndices desta edificação presentes no projeto publicado por Graves, como uma figura voadora e a aldeia na cobertura, nunca foram construídos.

16.26 Michael Graves, Dolphin Hotel, Disney World, Orlando, Flórida, 1987.

Aqui, Graves trouxe Boullée para um ambiente de parque temático. Embora os apartamentos sejam modestos, o contexto projetado com água, passarelas, cabanas e esplanada ladeada por palmeiras anima o conjunto.

A DESCONSTRUÇÃO

O Pós-Modernismo também incluiu obras descritas como desconstrutivistas. O livro *Desconstructivist Architecture* (1988), que acompanhou a mostra realizada no MoMA, em Nova York, afirma que, embora a terminologia seja a mesma, o Desconstrutivismo na arquitetura é muito diferente dos esforços pós-estruturalistas literários direcionados à desconstrução de textos escritos de modo a localizar seus significados ocultos:

> O arquiteto desconstrutivista não é, portanto, aquele que desmonta as edificações, mas aquele que localiza os dilemas inerentes aos seus interiores. O arquiteto desconstrutivista coloca as formas puras da tradição da arquitetura no divã e identifica os sintomas de uma impureza reprimida. A impureza é trazida à superfície por meio de uma combinação de persuasão suave e tortura violenta: a forma é interrogada.

A mostra do MoMA, organizada por Philip Johnson, arquiteto sensível a perspicaz, gerou controvérsias antes mesmo de ser inaugurada e recebeu críticas constantes posteriores em função das extravagâncias do significado e da relevância da Desconstrução.

Alguns projetistas, especialmente Bernard Tschumi (nascido em 1944) e Peter Eisenman (nascido em 1932), afirmam que suas edificações são, de fato, derridianas; Tschumi diz que seu Parc de la Villette, em Paris (1982–85) (Figura 16.28), explora as disjunções na cultura, enfa-

16.27 Robert Stern, Casa Lang, Washington, Connecticut, 1973–74.
Esta casa de campo tem uma fachada à maneira de loja do faroeste norte-americano, na qual foram aplicadas molduras parecidas com glacê de bolo. São os primeiros passos de Stern na chamada alusão clássica.

ROBERT A. M. STERN

A obra de Graves combina bem com os atributos do Pós-Modernismo definidos pelo arquiteto e historiador de arquitetura Robert A. M. Stern (nascido em 1939): a contextualização, a insinuação e a ornamentação. A contextualização se refere às conexões entre o edifício e seu entorno, o que levava os arquitetos pós-modernistas a tentar relacionar suas edificações com os padrões estabelecidos, geometrias e possibilidades de crescimento futuro, em vez de conceber cada projeto como um objeto isolado na paisagem, como – na opinião de muitos – faziam os modernistas. Como arquiteto, Stern muitas vezes buscou fontes na Nova Inglaterra, produzindo, por exemplo, muitas moradias convincentes no Estilo Neoshingle. Menos convincente, embora muito divulgada na época da construção, é a Casa Lang (1973–74) (Figura 16.27), em Connecticut, com **molduras** aplicadas de motivação clássica que, de tão finas, parecem ter sido feitas a lápis, quase como rolotês nas mangas de um traje. O Newport Bay Club Hotel, situado no Disneyland Resort de Paris (1988–92), foi inspirado com êxito em *resorts* clássicos, como o Grand Hotel de Michigan, já citado. Stern escreveu exaustivamente sobre o Classicismo, chamando-o de "ponto de apoio no qual o discurso da arquitetura se equilibra", e construiu utilizando diversos estilos tradicionais.

16.28 Bernard Tschumi, *Folie*, Parc de la Villette, Paris, 1982–85.
O Parc de la Villette foi criado como centro cultural ao ar livre com espaço para oficinas, academia de ginástica, equipamentos de banho, parques infantis, exposições, concertos e muito mais. Cada *folie* é um objeto neutro e indiferente na paisagem, onde podem ser realizadas as atividades designadas.

16.29 Peter Eisenman, Casa III, Lakeville, Connecticut, 1969–71.

Na década de 1960, Peter Eisenman explorou as possibilidades abstratas das grelhas rotadas. Os espaços se tornavam um efeito causado pela manipulação de elementos selecionados de acordo com um conjunto de regras.

tizando a fragmentação e a dissociação em vez da unidade e da síntese tradicionais. Frank Gehry, por outro lado, parecia gostar de "desmontar", começando com o projeto de sua própria casa em Los Angeles (veja a Figura 16.32); atualmente, possui uma próspera firma de arquitetura impulsionada, em grande parte, pela tecnologia do computador que permite que os construtores entendam suas geometrias irregulares e frequentemente interseccionadas. Charles Jencks resume sua visão do Desconstrutivismo da seguinte maneira, descrevendo-o como um movimento principalmente iconoclasta:

> *A desconstrução... sempre depende, em termos de significado, daquilo que foi construído anteriormente. Ela sempre defende a ortodoxia que "subverte", a norma que quebra, o pressuposto e a ideologia que abala. No instante em que perde sua função crítica, ou se torna um poder dominante por si só (algo que acontece com muitas escolas), transforma-se em um tédio tirânico. O mesmo se aplica à arquitetura desconstrutivista: ela funciona melhor como uma exceção dentro de uma norma fortemente definida.*

Há quem veja esses argumentos como castelos eruditos feitos no ar por projetistas profissionais que invejam a profundidade intelectual presente nas ciências humanas. Outros apoiam essas ideias, afirmando que fazem uma crítica séria e necessária da cultura do consumismo irrefreável e da hiper-realidade impulsionada pela mídia.

Peter Eisenman

A obra de Peter Eisenman certamente se encaixa na descrição de Jencks. Ele é um arquiteto que se reinventou mais vezes que Philip Johnson e, como este, demonstrou ter talento para a autopromoção. Sua carreira foi movida pela extração quase maníaca de ideias do meio cultural então corrente e de campos tão diversificados como as investigações linguísticas de Foucault e as geometrias potenciais criadas pelos fractais; além disso, Eisenman cultivou a imagem de provocador e homem de intelecto entre mentes menores. Alguns criticam sua obra por considerá-la falsa e oportunista, ao passo que outros a descrevem como extremamente investigativa e tragicamente séria. Eisenman tornou-se famoso com a série de casas – em sua maioria não construídas – que projetou no final da década de 1960 e início da década de 1970 (Figura 16.29). Embora respondam a programas de necessidades complexos baseados em questões tanto individuais quanto sociais, são experimentos radicalmente formalistas que usam geometrias colidentes e interconectadas e parecem ser apenas autorreferências; Eisenman as via como investigações linguístico-arquitetônicas em termos de gramática básica e sintaxe espacial. Em seu Biocentrum, em Frankfurt am Main, Alemanha (1987), "o DNA é usado como um modelo de sequência lógica com possibilidades infinitas de expansão, mudança e flexibilidade". A colisão de geometrias permanece, mas é sobreposta pela metáfora biológica – certamente mais aparente para o projetista que para o transeunte casual.

Coop Himmelblau

A firma Coop Himmelblau (Himmelblau significa "céu azul") foi fundada em 1968 pelo austríaco Wolf Dieter Prix (nascido em 1942) e pelo polonês Helmut Swiczinsky (nascido em 1944). Extremamente urbanista e consciente de suas responsabilidades na esfera pública, sua arquitetura tem sempre passado de discussões intensas diretamente para o croqui conceitual, que, quando completo, apresenta poucas mudanças com relação à ideia original. Esse foi o caso da reforma da cobertura de um escritório de advocacia que, na época, funcionava em um edifício de dois pavimentos, indistinto, localizado em Viena. Prix e Swiczinsky romperam o telhado e anexaram a ele um conjunto de planos predominantemente transparentes que resultaram em um tipo de polígono com forma livre, talvez sugerindo o voo de um falcão (pois a edificação está voltada para a Falkstrasse, ou Rua do Falcão). Ainda que os críticos que escreviam sobre a Desconstrução tenham incluído este projeto em suas discussões, os arquitetos apenas seguiram a trajetória de sua obra. É inevitável a comparação do aspecto fraturado da reforma com a fachada da joalheria vienense de Hans Hollein (descrita a seguir).

Zaha Hadid

Zaha Hadid (nascida em 1950), arquiteta, iraquiana e, até pouco tempo atrás, criadora de projetos fantásticos nunca construídos e talvez impossíveis de construir, que existiam apenas como camadas translúcidas de desenhos de computador e pareciam desmontados (e, por isso, para alguns, desconstrutivistas), se tornou uma estrela da arquitetura internacional e está sobrecarregada com projetos reais. A Estação de Combate a Incêndio de Vitra (1993) e a Rampa para Prática de Esqui Bergisel, localizada em Innsbruck, na Áustria, comprovam sua originalidade. Seu primeiro projeto construído – a estação de combate a incêndio de Wiel am Rhein, na Alemanha – é uma construção de concreto e metal similar a um projétil que rasga o espaço figurativamente, ao mesmo tempo escultura e arquitetura. Embora tenha sido desativada em virtude de mudanças nos distritos de combate a incêndio da cidade, a estação foi transformada em espaço de exposição para as cadeiras da fábrica de móveis Vitra, reconhecendo sua organização espacial aberta e marcante, parecida com um museu.

A Rampa para Prática de Esqui de Bergisel (Figura 16.30) tem um pilar de concreto quadrado encimado por um coroamento de metal e vidro em balanço, similar a um

16.30 Zaha Hadid, Rampa para Prática de Esqui de Bergisel, Innsbruck, Áustria, 2002.

Nesta época em que as mulheres ganham cada vez mais destaque no cenário da arquitetura internacional, ninguém é mais famosa que a iraquiana Zaha Hadid. Ao projetar a rampa de esqui, ela pôde explorar seu interesse pela velocidade, a mudança e os ângulos relacionados dos volumes.

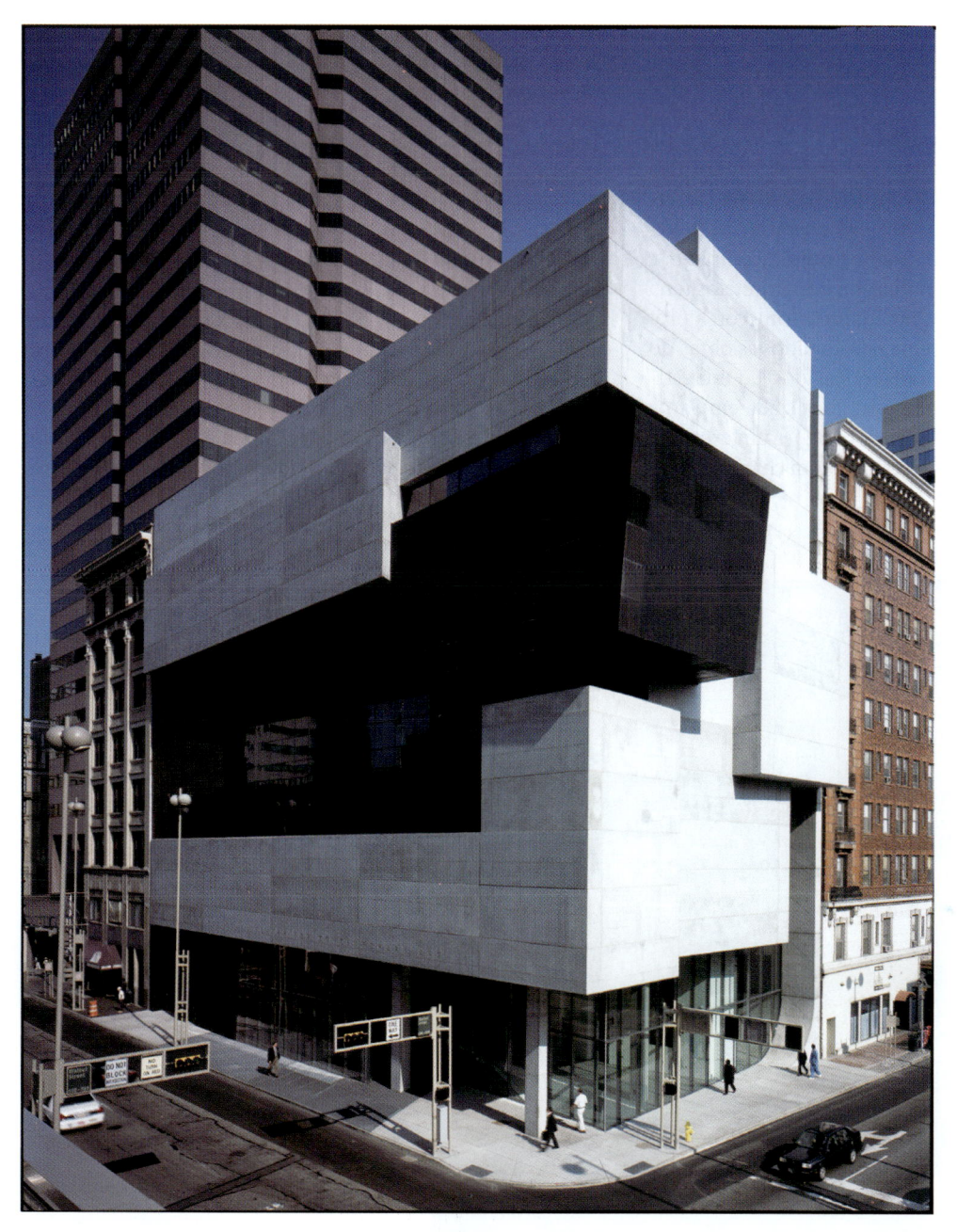

16.31 Zaha Hadid, Rosenthal Center for Contemporary Arts, Cincinnati, 2003.
No exterior deste edifício situado no centro de Cincinnati, Hadid fez um gesto marcante, embora relativamente convencional, na esquina. No interior, porém, continuou sua intensa pesquisa com a natureza do espaço dinâmico.

capacete, que acomoda um café, os atletas que esperam por sua vez e aqueles que querem observar os Alpes Tiroleses em Innsbruck. Desenvolvendo-se no espaço como uma escultura futurista e transformando-se de curva fechada em longa reta, a rampa de metal se desenrola figurativamente antes de descer pelo terreno acidentado.

O Rosenthal Center for Contemporary Arts (Figura 16.31), projetado por Hadid para o centro de Cincinnati (2003), recebeu algumas críticas por ser muito comportado em relação à sua obra anterior; outras pessoas, porém, o trataram como uma obra-prima não apenas pela boa inserção no contexto urbano, mas também por elevar os padrões urbanistas desta cidade frequentemente ignorada do meio-oeste norte-americano. No entanto, isso não significa que as geometrias angulares e os meios radicais de circulação vertical apreciados por Hadid estejam ausentes. No espaço de exposição concebido para acomodar apenas mostras temporárias, as paredes são altíssimas, a luz penetra de maneira exuberante, as escadas e rampas saltam e os pisos se curvam. Se considerarmos o espaço como a essência da arquitetura moderna, podemos afirmar que este museu é uma edificação moderna clássica.

Frank Gehry

Frank Gehry (nascido em 1929) realmente tem conseguido construir uma série de projetos que pareciam destinados a não passar de maquetes ou desenhos conceituais. Ele foi e ainda é extremamente influenciado por artistas, muitos dos quais são seus amigos íntimos. No início da carreira, percebeu – como muitos outros arquitetos – que geralmente preferia as edificações em um estado de construção incompleto, e não como produtos acabados. A maioria dos arquitetos teria posto essa ideia de lado; Gehry, no entanto, começou a projetar novos edifícios evidentemente relacionados às obras do Construtivismo russo, que parecem congelados em um estado de transformação. Sua própria casa, localizada em Santa Monica, Califórnia (1977-78) (Figura 16.32), é um exemplo bastante divulgado. As paredes revestidas com chapas de metal corrugado e madeira não pintada, todas brotando de um bangalô aparentemente confuso datado do início do século XX, fazem com que a composição se pareça bastante com um canteiro de obras e, ao mesmo tempo, um prédio ocupado. Mais tarde, Gehry começou a explodir as edificações, dividindo-as em volumes distintos que para muitos refletem a fragmentação da sociedade moderna. A Casa de Hóspedes Winton, em Wayzata, Minnesota (1983-86) (Figura 16.33), fica adjacente a uma casa principal projetada por Philip Johnson em 1952. De maneira um pouco esdrúxula, mas poderosa, Gehry distribuiu um conjunto de formas bastante escultóricas – uma, em forma de abóbada, outra, uma caixa com telhado com uma água, as demais, caixas com coberturas planas – ao redor de uma pirâmide central truncada. Seu objetivo, segundo ele, era criar uma edificação com "um pouco de humor, mistério e fantasia". O Edifício da Team

16.32 Frank Gehry, Casa Gehry, Santa Monica, Califórnia, 1977-78.

Frank Gehry começou discretamente, fazendo ampliações no seu próprio bangalô que parecem um meio-termo entre a escultura e o resíduo industrial. Como aconteceu com Peter Eisenman, Gehry acabou precisando do computador para construir as estruturas fantásticas que no início eram apenas devaneios.

16.33 Frank Gehry, Casa de Hóspedes Winton, Wayzata, Minnesota, 1983-86. Maquete.

Gehry sempre se interessou tanto pela escultura como pela arquitetura. Aqui, volumes simples e bem definidos colidem uns com os outros. Os materiais de revestimento incluem pedra, compensado finlandês e cobre.

16.34 Frank Gehry, Edifício da Team Disneyland Administration, perspectiva eletrônica, Los Angeles, Califórnia, 1996.

Sem a tecnologia da computação, seria impossível construir estas formas distorcidas. No interior, as plantas baixas de Gehry exibem uma organização muito mais convencional.

Disneyland Administration, em Anaheim, Califórnia (1996), tem organização similar a do Edifício Baker House, de Aalto. Vista da rodovia, sua fachada plana coberta com chapas de metal parece ser bastante convencional, tendo a regularidade interrompida apenas pelos leves deslocamentos na sobreposição das janelas e no esquema de cores malhadas. Nos fundos (Figura 16.34), todavia, a volumetria do edifício se torna curvilínea, torcida e até mesmo delirante à medida que as paredes em tom amarelo-canário se curvam e se inclinam para frente e para trás; as marquises são igualmente desfiguradas, como se resultassem de um recente evento sísmico. No interior, o mesmo inconvencionalismo extremamente escultórico se mantém na escada principal, que tem curvas compostas, e no auditório, cujas paredes são formadas por chapas de compensado sobrepostas que respondem às exigências acústicas. Outra obra de Gehry é ainda mais agressiva em termos urbanísticos: o edifício de escritórios Nationale Nederlander, situado em Praga, na República Tcheca, e conhecido localmente como "Fred e Ginger" (1997) (Figura 16.35). Ali, dentro de um contexto histórico, ele adotou o movimento como tema principal para criar um edifício de esquina que se contorce e se projeta no espaço com uma energia que expressa a abertura do leste europeu após a dissolução da União Soviética. Os condicionantes econômicos exigiram um pavimento a mais em relação aos prédios vizinhos, mas acomodados dentro da mesma altura total. Para resolver o conflito, Gehry rebaixou e camuflou o pavimento térreo usando camadas ondulantes de argamassa de cimento que parecem escamas de peixe, além de usar janelas ainda mais deslocadas. A torre de entrada, feita de pilares de concreto cobertos com uma pele de vidro, parece dançar, como se fizesse parte de uma coreografia urbana com os prédios vizinhos e o espaço – daí o apelido "Fred (Astaire) e Ginger (Rogers)". Apesar de peculiar, o resultado é surpreendentemente contextual, reconhecendo as torres medievais e fachadas e cúpulas barrocas do entorno próximo.

O Museu Guggenheim de Bilbao (inaugurado em 1997), em Bilbao, na Espanha (página 526 e Figuras 16.36–16.37), despertou um tipo de interesse popular e da crítica que foi igualado por pouquíssimas outras construções no século XX. O animado prédio de Gehry substituiu prédios portuários em um terreno adjacente ao rio Nervión, em uma dura cidade industrial. "Pétalas dobradas" de titânio, anexadas a uma estrutura de aço, brotam do volume de quatro pavimen-

16.35 Frank Gehry, Nationale Nederlander (Fred e Ginger), Praga, 1997.

Fora de seu contexto, este edifício pode parecer chocante. Contudo, ele se encaixa muito bem entre seus vizinhos. As empenas curvas, torres pontiagudas e fachadas ricamente texturizadas do entorno imediato transmitem a mesma energia e exuberância urbana da intervenção de Gehry.

16.36 Frank Gehry, Museu Guggenheim de Bilbao, Bilbao, 1997.

Este foi o edifício recente que mais chamou a atenção da imprensa e atraiu peregrinos da arquitetura. Os visitantes adoram tocar a pele brilhante de titânio.

16.37 Frank Gehry, Museu Guggenheim de Bilbao em seu contexto urbano, Bilbao, 1997.

O efeito das superfícies de titânio dobradas e esculpidas no final da Calle de Iparragguirre é surpreendente. O jogo de luz nas facetas do metal faz com que o aspecto da edificação mude radicalmente de acordo com a posição do sol e as condições atmosféricas.

tos. O museu age como um espelho que reflete e absorve a cidade, refletindo e absorvendo a si mesmo. Emitindo uma luminescência metálica, ele plaina e reluz no final de vistas urbanas edificadas (Figura 16.37). Os visitantes vêm a Bilbao em multidões, mais para ver o edifício do que seu conteúdo: querem estar dentro dele, ao redor dele e querem tocá-lo. Na complexa planta baixa do primeiro pavimento, onde os únicos espaços ortogonais abrigam instalações mecânicas, plataforma de carga e descarga, depósito e cômodos de exibição/preparação, um átrio central em forma de torre se conecta a um auditório e às galerias – uma delas um trapézio, outra em L, e, a maior, um espaço gigantesco longo e estreito parecido com um barco, que passa sob a Puente de la Salve, a principal avenida que cruza Bilbao, à medida que se estende para leste além de um jardim de água com forma orgânica. No segundo e terceiro pavimentos, a planta baixa se torna mais regular, incluindo uma série de galerias quadradas distribuídas em fila. O espaço dentro do átrio (página 526) é enorme, com metade da altura do Guggenheim de Wright, e apresenta faces de aço arqueadas, paredes angulares revestidas de pedra e volumes ondulantes que o cortam para permitir a entrada de luz; trata-se da realização de um sonho espacial barroco que só foi possível devido às tecnologias modernas da construção e da computação.

Rem Koolhaas

Quando publicou *Nova York Delirante*, em 1978, o arquiteto holandês Rem Koolhaas (nascido em 1944) se estabeleceu como um pensador do urbanismo, com uma visão extremamente original, intelectualizada e vanguardista do cenário da arquitetura. Os interessados no Rockefeller Center, na delineação influente de Hugh Ferris e na "Grande Maçã" (Nova York) vista por Le Corbusier, bem como em estudos de casos de edifícios raramente incluídos nas histórias padronizadas da arquitetura – como o Waldorf-Astoria Hotel, o New York Athletic Club e a Coney Island inteira – acharão este livro inspirador e interessante. Os projetos imaginários do próprio Koolhaas para a cidade, como o Hotel Sphinx (Figura 16.38), mostram que, na época, ele se preocupava pouco com a construção, mas estava fascinado pela cultura moderna; tais condições não chegaram a mudar significativamente.

Em Roterdã, fundou o Escritório de Arquitetura Metropolitana (*Office of Metropolitan Architecture*, OMA), no qual atua mais como filósofo e visionário do que como um projetista tradicional. Chamados de obras modernistas por uns e desconstrutivistas por outros, muitos de seus projetos existem apenas no papel; somente agora, com a construção de um número suficiente de edificações, podemos avaliar o estilo de Koolhaas apropriadamente.

Em 1992, Koolhaas concluiu o KunstHal (Salão das Artes) em Roterdã, tirando partido de um terreno íngreme localizado entre um dique de basalto e o novo Parque do Museu. A elevação sul tem um perfil horizontal relativamente baixo, um pouco conectado ao Movimento De Stijl da cidade durante e após a Primeira Guerra Mundial; já a

16.38 Rem Koolhaas, Representação gráfica do Hotel Sphinx, publicada em *Delirious New York* (1978).

Koolhaas trouxe uma perspectiva europeia erudita ao estudo do mais reinventado de todos os locais: a Cidade de Nova York. Ele levou mais de um quarto de século para transformar suas visões urbanas publicadas em realidades radicais construídas.

16.39 Rem Koolhaas, Biblioteca Central de Seattle, Washington, 2004.

Não é difícil conectar o inventor do Hotel Sphinx com o criador da Biblioteca Central de Seattle; contudo, é difícil imaginar uma edificação com balanços mais radicais – com exceção do edifício do CCTV, também de Koolhaas (Figura 16.80). Algumas pessoas questionam se sua preocupação com as montagens de materiais e sistemas é compatível com sua queda pela conceitualização.

elevação leste mostra com ousadia um auditório por trás de enormes vidraças. Os interiores da edificação devem algo às investigações espaciais de Le Corbusier, cortados por uma rua norte-sul que corre tangencialmente ao auditório. Os materiais, com mais frequência, deixam a elegância de lado em favor de translucências teimosas na forma de pisos de grelha de metal e chapas de plástico corrugado.

Aberta ao público em 2004, a Biblioteca Central de Seattle ocupa uma quadra urbana inteira (Figura 16.39). No exterior, é um prisma reflexivo com vidraças em um exoesqueleto em grelha de diamante, visto, preferencialmente, por trás da névoa da cidade. O enorme volume interno – em parte átrio de hotel e em parte estação espacial – com pisos em balanço conectados por uma rampa gigantesca ou "Espiral de Livros", busca ser a sala de estar de Seattle, uma verdadeira esfera pública e, ao mesmo tempo, uma esfera tecnológica, em que livros em papel e o mundo digital vivem tranquilamente lado a lado.

A PERMANÊNCIA DA TRADIÇÃO CLÁSSICA

A discussão da arquitetura clássica – seja da Grécia e Roma antigas ou suas releituras posteriores da Itália do século XV à Inglaterra Iluminista e América do Norte do século XVIII – ocupou grande parte deste livro. A popularidade das composições clássicas entre os projetistas mais inteligentes e inovadores e o público em geral comprova a expressividade, a flexibilidade e as sutilezas da linguagem clássica. Mas ela pode ou deve prosperar em um mundo moderno ou pós-moderno? Alguns arquitetos, como os apresentados a seguir, afirmam que sim.

Allan Greenberg

Allan Greenberg (nascido em 1934) foi quem adotou o Classicismo de maneira mais completa e convicta no século XX. Segundo ele, o Classicismo é moderno porque expressa "valores humanos eternos" e está "enraizado na fisiologia e na psicologia do ser humano". Mesmo aqueles que discordam de sua filosofia – e são muitos – têm de admitir que seus detalhes e projetos são sofisticados e suas composições, apesar de não serem originais, são elegantes e confiantes. A Treaty Room Suite, criada por ele para o Departamento de Estado dos Estados Unidos, foi inserida no edifício do Departamento de Estado (1941, 1958) que fica ao norte do National Mall, nos arredores dos memoriais ao Presidente Lincoln e ao Vietnã, em Washington, D.C. Com planta baixa em T, ela consiste em um saguão de elevador com colunas dóricas aos pares e teto com caixotões na forma de abóbada abatida, que leva à sala do tratado elíptica com antecâmaras em cada lado. A elipse contém colunas coríntias aos pares, sustentadas por um entablamento completo que fica sobre um padrão de piso inspirado no piso do Monte Capitólio de Michelangelo, em Roma.

Andres Duany e Elizabeth Plater-Zyberk

Em 1981, Andres Duany e Elizabeth Plater-Zyberk produziram o Seaside (Figura 16.40), bairro residencial litorâneo situado no Panhandle, na Flórida. O instrumento de controle usado foi o padrão de projeto, chamado por eles de "Plano Diretor Tradicional para o Desenvolvimento de Bairros", com ênfase no "tradicional". Com este projeto, eles estabeleceram uma filosofia de projeto que ficou conhecida como Novo

16.40 Andres Duany e Elizabeth Plater-Zyberk, loteamento residencial litorâneo Seaside, Flórida, 1981.

Buscando atender aos pedidos do investidor Robert Davis, Andres Duany e Elizabeth Plater-Zyberk criaram uma arquitetura baseada em tradições de construção locais ao planejar a pequena cidade batizada de Seaside. Para tal, estabeleceram diretrizes de projeto detalhadas, mas não impuseram um estilo de arquitetura específico. Alguns críticos, no entanto, consideram esta unidade artificial e divorciada da realidade.

Urbanismo (o que ironicamente significava o urbanismo extraído de padrões históricos) e os associou a projetistas como Allan Greenberg, Robert A. M. Stern (discutido antes e novamente mais a frente) e Léon Krier (apresentado a seguir). Duany e Plater-Zyberk tornaram-se alvos da controvérsia urbanista, visto que as opiniões acerca de suas propostas de projeto divergiam consideravelmente. Alguns os acusaram de praticar a engenharia social em função da natureza prescritiva de suas diretrizes. Outros descreveram seus conjuntos de arquitetura como Disneylândias para se morar, isto é, aldeias nostálgicas e artificiais para pessoas abastadas. É fato que os dois pontos de vista têm algo de verdadeiro; porém, algumas pessoas dirão que o Modernismo produziu ambientes urbanos ruins e muito feios e, desde que Jane Jacobs lançou *Morte e Vida das Grandes Cidades Americanas*, em 1961, fazendo uma crítica cruel do Modernismo e da renovação urbana criada por ele, ficou difícil ignorar a existência de um problema. Duany e Plater-Zyberk propuseram uma solução para esse dilema e projetaram mais de 200 loteamentos até o momento.

Celebration, Flórida

Além de Seaside, o Novo Urbanismo foi muito divulgado em projetos de bairros como Kentlands, Maryland, e Laguna West, na Califórnia. Entretanto, o projeto mais impressionante é, sem dúvida, a nova cidade construída pela Walt Disney Company: Celebration, perto da Disney World. Planejada por Robert A. M. Stern e Jaquelin Robertson, ela inclui, além de moradias em bairros compactos, um centro urbano voltado para um lago. Os estilos das casas são estritamente tradicionais, seguindo os chamados padrões clássico, vitoriano, revivescimento colonial, litorâneo, mediterrâneo e francês – todos controlados por um código de projeto rigoroso. Muitos arquitetos norte-americanos discutidos neste capítulo (Philip Johnson, Robert Venturi e Denise Scott-Brown, Charles Moore, etc.) trabalharam ali e, embora pareça improvável, o racionalista italiano Aldo Rossi (1931– 1997) foi contratado pela Disney Development Company para criar um complexo de escritórios e projetar as edificações iniciais. Porém, carecendo do contexto urbano tantas vezes retrabalhado da Itália, seus edifícios se confundem com as estruturas padronizadas e frequentemente banais, cobertas com *dryvit* (reboco sintético), tão comuns na paisagem norte-americana.

Aldo Rossi

As edificações italianas de Rossi abandonam toda e qualquer noção de construção em favor do universalismo platônico da forma. Considerado moderno por deixar de lado os ornamentos, Rossi abordava a arquitetura por meio de desenhos distintos que evocam uma sensação de mistério, atemporalidade e também fantasia. O projeto que venceu o concurso para o Cemitério de San Cataldo, em Modena (Figura 16.41), no qual trabalhou de 1971 a 1984, consiste em um grande lote retangular cercado por uma arcada com telhado de duas águas que tem aberturas quadradas repetitivas nas partes mais altas, que lembram frisos. Ao longo do eixo central do cemitério, percorrendo a dimensão menor do retângulo, há primeiro um santuário na forma de cubo com grelha ininterrupta de janelas nas quatro fachadas – todas sobre um columbário (depositório das cinzas dos corpos cremados) subterrâneo; a seguir, uma série de ossuários (depositórios dos ossos dos mortos) planos que formam um triângulo tanto na planta baixa como no corte; e, finalmente, um cone truncado sobre o túmulo comunitário dos sem-teto e indigentes. A escola elementar projetada por Rossi em 1972–76 em Fagnano Olona, perto de Varese, apresenta um pouco da sensação enigmática de solidão do cemitério, mas, ainda assim, parece ser um contexto adequado para educar os jovens. Rossi também se destacou pela análise do urbanismo feita no livro *A Arquitetura da Cidade* (1966).

Léon Krier

Léon Krier nasceu em Luxemburgo em 1946. Ele tem defendido o abandono da dispersão urbana movida pelo consumismo e dominada pelos automóveis, da cidade "descartável, adaptável e encaixável" sugerida pelos metabolistas (discutidos a seguir) e da cidade modernista zoneada, pro-

16.41 Aldo Rossi, Representação gráfica do Cemitério de San Cataldo, Modena, 1971–84.

Por trabalhar em um país onde as ruínas dos passados romano e renascentista são encontradas em abundância, não é de surpreender que os arquitetos italianos continuem a respeitar e reinterpretar o Classicismo. Aldo Rossi, por exemplo, não buscou a moda na arquitetura, mas um mundo de formas arquetípicas que tentam transmitir verdades maiores.

16.42 Luís Barragán (1902–88), El Bebedero (bebedouro e fonte), Las Arboledas, Cidade do México, 1959–62.

A água é um bem precioso em lugares áridos, como em grande parte do México, e está associada à vida, ao renascimento e à renovação; isso significa que, embora tenha sido concebido como um "bebedouro", este espelho de água e o jardim que o cerca tornaram-se uma paisagem introspectiva de reflexão e contemplação. Compare este cenário com obras islâmicas ou mouriscas, como o Pátio dos Mirtos na Alhambra, Espanha (veja a Figura 7.37).

movida por pessoas como Le Corbusier, em favor de uma cidade que seja um "documento de inteligência, memória e prazer". Em 1988, nos 160 hectares de terra pertencentes ao Ducado da Cornualha, o Príncipe Charles (arquiteto amador ou protetor da paisagem construída, dependendo do crítico que for consultado) escolheu Krier para projetar a nova cidade-modelo de Poundbury, no sul do condado inglês de Dorset. O objetivo era criar uma aldeia socialmente inclusiva e sustentável para cinco mil habitantes; a arquitetura deveria seguir os modelos tradicionais de Dorset e apresentar uma escala que promovesse as caminhadas. Inaugurada no ano 2000, ela tem estradas suavemente curvas e sinuosas, bem como pátios e praças que promovem a interação comunitária. O Código de Edificações de Poundbury assegura a continuidade dos materiais e das formas tradicionais e de uma escala apropriadamente urbana.

O REGIONALISMO MODERNO

Alguns arquitetos modernos seguiram o caminho aberto pelos integrantes do Team-X e buscaram desenvolver uma linguagem contemporânea por meio da resposta a condições mais localizadas. Esse esforço pode ser interpretado, em parte, como uma reação à homogeneização cultural gerada pela facilidade de comunicação, viagens mais constantes e mais rápidas e à onipresença da mídia de massa. Os projetistas regionais mais talentosos se baseiam em valores locais, tradições de construção e linguagens formais, permanecendo sensíveis às condições do terreno e, ao mesmo tempo, enriquecendo suas propostas de projeto com o fermento dos princípios modernos de composição, novas tecnologias e consciência social ampla.

Luís Barragán

Luís Barragán (1902–1988), de Guadalajara, México, tinha uma visão poética do projeto contextualizado que incorporava materiais de construção mexicanos tradicionais e usava a água de maneira bastante positiva, assemelhando-se às obras mouriscas na Alhambra, Espanha (veja a Figura 7.37). As várias casas com paredes de lava que projetou para seu próprio loteamento, chamado de El Pedregal (1945–50), foram compostas por planos tanto brancos quanto intensamente coloridos que proporcionam privacidade, enquadram o céu com frequência e unem o espaço interno com a paisagem. Apesar dos resultados modernos, a obra de Barragán é extraordinariamente atemporal e extremamente pessoal. A simplicidade focada do El Bebedero

16.43 Mario Botta, Casa 1973, Monte San Giorgio, Suíça, 1973.

Construir em um contexto tão espetacular é um desafio para qualquer projetista, especialmente no caso de edificações tão pequenas. Botta respondeu inserindo no terreno íngreme a geometria elementar de um cubo, acessado por uma delicada passarela em esqueleto.

16.44 Álvaro Siza, Centro Galego de Arte Contemporânea, Santiago de Compostela, Espanha, 1985–92.

Primeiramente, Siza relacionou o edifício com a estrada; em seguida, uniu o convento, o claustro e a igreja antigos com o novo museu por meio de paisagens compartilhadas, incluindo os jardins monásticos. Além da junção de espaço cuidadosa entre as duas estruturas, há um corredor e um pátio interno dentro do museu e entre as galerias.

(1959–62), em Las Arboledas (Figura 16.42), produz um nível de tranquilidade poucas vezes igualado.

Mario Botta

Remetendo ao racionalismo de Aldo Rossi, Mario Botta (nascido em 1943) tem produzido um conjunto de trabalhos no qual as casas se destacam. Mostramos aqui um de seus primeiros sucessos (Figura 16.43), a Casa 1973 (na verdade, uma vila no sentido mais tradicional), localizada em Monte San Giorgio, na região do Ticino, Suíça. Uma verdadeira "máquina no jardim", é um cubo pesado de alvenaria acessado por uma penetrante passarela de perfis de aço leves que fica em um pico nevado nos Alpes Suíços. Apresenta geometria de volumes simples e detalhamento rico.

Álvaro Siza

O arquiteto português Álvaro Siza (nascido em 1933) criou um projeto para o Centro Galego de Arte Contemporânea (1985–92), situado em Santiago de Compostela, Espanha, que incorpora a fusão modernista de espaço – dominante desde sua introdução na arquitetura do início do século XX por artistas cubistas, futuristas e construtivistas – e a invenção do *Raumplan* por Adolf Loos. No entanto, como objeto tangível, o Centro reflete sua inserção particular em uma cidade cuja rica tradição de ponto de peregrinação remonta à Idade Média. O museu se localiza em um terreno logo abaixo de um monastério barroco do século XVII (Figura 16.44), que Siza permitiu ser vislumbrado em pontos específicos da edificação. Ainda que tenha composto os volumes simples e abstratos aos pares, interseccionando-os, ressaltando suas composições e deixando uma faixa de circulação entre eles, ele também conferiu materialidade ao todo; para isso, usou um granito local aplicado em um padrão malhado que se relaciona harmoniosamente com as paredes de alvenaria cobertas de líquen do entorno. A afinidade com o contexto é ressaltada pelo cuidado de Siza ao preservar, restaurar e complementar os vestígios dos jardins do monastério.

Ele também projetou várias edificações para a cidade portuária portuguesa de Leça da Palmiera. No litoral onde prados à beira da água se transformam em formações rochosas escarpadas, Siza construiu com concreto, estuque, tábuas e peças pesadas de madeira, bem como telhas de terracota. O contraste entre as superfícies planas brancas e frias e os acabamentos quentes do interior assemelha-se às casas projetadas por Alvar Aalto na década de 1930; já a implantação orgânica do arquiteto português aproxima-se da de Charles Moore, no Sea Ranch (veja a Figura 16.22), ou da obra de Frank Lloyd Wright.

Samuel Mockbee e o Rural Studio

Samuel Mockbee (1944–2001) levou sua arquitetura, tanto conceitual quanto geograficamente, a um local jamais escolhido por alguém – ou talvez nem mesmo considerado por alguém. Imaginando edificações em desenhos e pinturas reveladores, ele tirou seu escritório de arquitetura da Cidade de Jackson, no Mississippi, e levou-o para um "fim de mundo", isto é, o Condado de Hale, no centro-oeste do Alabama. Ali, criou, a partir de suas experiências com o ensino coletivo, o chamado "Rural Studio", conferiu a ele consciência social, reuniu ao seu redor estudantes de arquitetura da Auburn University e orientou-os na produção de um pequeno universo de edifícios autênticos e até nobres, usando, com frequência, materiais de construção incomuns, inclusive reciclados. Por incrível que pareça, acabou ficando famoso.

O Condado de Hale foi fundado décadas atrás, quando Walker Evans tirou fotografias do local que evocavam o patos da época da Grande Depressão e James Agee escreveu uma prosa compreensiva, mas reprovadora, sobre as condições em que viviam os pobres meeiros, tanto negros como brancos. Desde então, a extrema pobreza do local foi mitigada apenas marginalmente. É difícil imaginar um local menos provável para um arquiteto em busca de clientes; porém, reunindo patrocínio universitário, assistência dos serviços sociais do Estado e contribuições particulares e de fundações, ensinando e inspirando seus alunos e usando seu próprio talento para transformar a vida em arte, Mockbee conseguiu fazer o impossível.

As tipologias de edificação e os métodos de construção do Rural Studio incluem uma residência com paredes de fardos de feno; um edifício estudantil construído com papelão corrugado comprimido e parcialmente revestido de placas de automóvel velhas; um campo de beisebol, um parque infantil, um centro infantil e um clube para meninos e meninas; a lista continua com construções ao mesmo tempo anônimas e extremamente pessoais – todas projetadas e executadas pelos privilegiados sem serem condescendentes. A questão da autoria individual, isto é, das construções de Mockbee *versus* as de seus alunos, foi pouco discutida, o que parece apropriado se considerarmos que ele aparentemente não apenas aceitava como também estimulava a criatividade de todos à sua volta.

O Centro Comunitário Mason's Bend (2000), em New Bern, e a Capela Yancey (1995), em Sawyerville, ilustram essas condições. Como os demais edifícios de Samuel Mockbee, suas plantas baixas são pouco importantes, assim raramente aparecem nas publicações das obras do Rural Studio.

O centro comunitário (Figura 16.45), construído por quatro alunos de pós-graduação, tem paredes feitas de taipa de pilão e telhado de estanho facetado com pára-brisas de automóveis Chevrolet Caprice. Parece um sítio arqueológico escavado com uma nova marquise protetora ou algo saído das mentes de Wolf Prix e Helmut Swiczinsky, da Coop Himmelblau e transportado da Áustria para o Black Belt, interior do Alabama, onde a população é predominantemente negra.

A capela, construída por três estudantes, está situada em um penhasco e tem telhado em forma de sela inspirado nas coberturas de celeiros em ruínas do entorno; as paredes são compostas principalmente por pneus doados recheados de terra e de barras de reforço, enrolados com tela de arame, assentados como alvenaria e cobertos com reboco. Depois de cruzar uma manjedoura de gado preexistente transformada em instalação de arte pela alteração do contexto, os visitantes passam por um pequeno cânion

16.45 Samuel Mockbee, Centro Comunitário Mason's Bend, New Bern, Alabama, 2000.

Em 2001, quando Samuel Mockbee morreu aos 57 anos de idade, o mundo perdeu um de seus artistas-arquitetos mais originais. Um bom exemplo são as paredes desta edificação, feitas de pára-brisas de automóveis instalados como se fossem telhas chatas.

de pneus antes de entrar na capela longitudinal que é coberta por um telhado com estrutura de madeira, um pouco parecido com as estruturas de capelas criadas por Faye Jones, arquiteta do Arkansas. Sobre o piso de ardósia reciclada, com um estreito canal de água que corre ao longo de uma das laterais, a luz entra por uma claraboia contínua; já na extremidade, depois do altar feito de ferro velho, o espaço se insere na paisagem, como um píer que adentra o mar tranquilo. O edifício inteiro custou 15 mil dólares.

O MODERNISMO NO JAPÃO

A arquitetura japonesa tradicional foi apresentada no Capítulo 4. A observação cuidadosa das imagens reproduzidas nele evidencia duas de suas limitações: o predomínio das construções de madeira e a escassez de edifícios grandes. Embora tais condições tenham mudado um pouco até o final da Segunda Guerra Mundial, os arquitetos japoneses sabiam que tinham um desafio a enfrentar: como conciliar os valores e princípios japoneses tradicionais com as realidades política, econômica e tecnológica modernas.

Kenzo Tange

Kenzo Tange (1913–2005) se destacou cedo com o projeto vencedor do concurso para o Centro da Paz de Hiroshima, em 1949. Trabalhando mais frequentemente com o concreto armado (em um país assolado por terremotos) e demonstrando preferências iniciais evidentes pela obra de Le Corbusier, ele desenvolveu, na época em que projetou a Prefeitura de Kurashiki (1957–60), um estilo pessoal que expressava continuidade e inovação e também propunha a reconstrução comunitária do país conforme linhas democráticas. A Catedral de Santa Maria e o Complexo de Esportes Olímpicos (Figura 16.46), em Tóquio – o último construído para a Olimpíada de 1964 – são estruturas suspensas nas quais Tange conseguiu definir sequências de entrada e movimentação, bem como criar espaços elevadíssimos por meio de respostas lógicas às leis da física; ao mesmo tempo, porém, respeitou a linguagem de arquitetura formal e tradicional do país. Mais tarde, explorou um tipo de arquitetura mecanicista capaz de crescer e mudar. Um grupo de jovens arquitetos japoneses, que se referia a si mesmo como os "metabolistas", deu continuidade a essa linha de investigação e propôs vastos esquemas utópicos que dependiam de tecnologias transcendentes, como componentes padronizados em larga escala encaixados em enormes infraestruturas organizacionais.

Fumihiko Maki

Aluno de Tange e até certo ponto um racionalista, Fumihiko Maki (nascido em 1928) adotou a escala do indivíduo, a modernidade japonesa carregada com conotações históricas e a nobre incompletude fraturada da visão de mundo contemporânea. Assim como o Cemitério do Bosque, de Asplund e Lewerentz, em Estocolmo (veja a Figura 15.86), seu Crematório Kaze-no-Oka (Colina dos Ventos) se er-

16.46 Kenzo Tange, Complexo de Esportes Olímpicos, Tóquio, 1964.

O aspecto de dragão deste edifício é criado pelas paredes de concreto armado com aço e pela cobertura sustentada por cabos de aço. A planta baixa é uma espiral; os visitantes se deslocam ao longo do perímetro da geometria dinâmica e curvilínea.

16.47 Arata Isozaki, Clube Campestre Fujima, Oita, Japão, 1974.

Ainda que tenham virado moda na década de 1980, coberturas abobadadas, como esta, eram bastante originais – até exóticas – no Japão da década de 1970. O fato de que Isozaki colocou Andrea Palladio entre as fontes do projeto é testemunho da "aldeia global" em que vivemos.

16.48 Tadao Ando, Museu da Madeira, Mikata-gun, Hyogo, Japão, 1994.

Vista de cima, esta composição marcante de círculo, linha e quadrado aninhada na floresta parece mais um monastério que um museu. Os japoneses têm uma longa tradição de trabalho de alta qualidade em madeira, como mostra o Capítulo 4.

gue no solo graciosamente no terreno próximo à cidade de Nakatsu, no sul do Japão. No local, havia um cemitério e alguns montes funerários antigos. Entre eles, Maki acrescentou sua edificação que contínua área de recepção com escritórios, o crematório e um salão para velório e cerimônias fúnebres. O salão é um octógono de tijolo inclinado situado em frente à estrutura geral e adjacente a um acesso coberto para veículos e um pátio de entrada; o vestíbulo de entrada atrás dele, por sua vez, tem planta baixa triangular gerada pela abertura conceitual da parede principal do crematório. O pátio tranquilo com espelho de água e altos muros de concreto ao redor funciona como um núcleo sereno para o crematório e os espaços contíguos.

Arata Isozaki

Arata Isozaki (nascido em 1931) trabalhou para Tange entre 1963 e 1973, conheceu o Metabolismo, mas não adotou novas tecnologias radicais, e, no decorrer de sua carreira, buscou uma interpretação própria – algumas vezes muito pessoal, em outras, irônica – do Modernismo. A Prefeitura de Kamioka (1976–78) parece uma espaçonave alienígena que pousou nesta remota cidadezinha do centro-norte do Japão. O Clube Campestre Fujima de Oita (1974) tem uma elevação com acesso coberto para veículos que alude à Vila Poiana, de Palladio, e uma cobertura de cobre com a forma que se tornaria quase sua assinatura: a abóbada de berço (Figura 16.47). No Museum of Contemporary Art de Los Angeles (1981–86), Isozaki decidiu repetir a abóbada de berço, adicionar pirâmides e usar a Seção Áurea como meio, segundo ele, para expressar a integração das culturas oriental e ocidental na Costa Oeste dos Estados Unidos. Continuam presentes as referências a Palladio e os detalhes extremamente sofisticados.

Tadao Ando

Tadao Ando (nascido em 1941) é autodidata: nunca estudou arquitetura em uma escola nem fez qualquer estágio. Por meio de um longo processo de investigação externa e introspecção pessoal, se tornou um dos compositores de arquitetura mais bem-sucedidos de sua geração. Considere, por exemplo, o Museu da Madeira (1994), na floresta Mikata-gun, ao noroeste de Osaka. Ali, um longo caminho de madeira quase vertebral através da floresta virgem conecta o cone oco truncado, que acomoda um salão de exposição e tem faces internas e externas cobertas com tábuas horizontais sobrepostas, a um cubo rotado de concreto anexado a um anteparo em forma de portão (Figura 16.48). A construção de madeira pesada no interior do salão resgata as tradicionais práticas de carpintaria do Japão.

Ando aplicou o mesmo tipo de geometria elementar ao projeto Awaji-Yumebutai (Ilha Awaji), oeste de Osaka (1999). Como Asplund e Lewerentz no Cemitério do Bosque, ele recebeu um terreno que fora afetado pela intervenção interior – no caso, pela remoção de toda a superfície de terra para ser usada como aterro em outro local. Ando reaproveitou o terreno para construir um hotel e um centro de conferências que se parece muito mais com um monastério moderno; também adicionou um "Jardim de 100 Degraus" – uma grelha de terraços murados preenchidos com "tanques" exuberantes de plantas com flores.

O Modern Art Museum de Fort Worth, inaugurado em 2002, fica 100 metros ao nordeste do Kimbell Art Museum, de Louis Kahn (veja as Figuras 16.15–16.17), e relativamente próximo da Nasher Sculpture Gallery, de Renzo Piano (discutido a seguir), em Dallas. Embora a edificação acabada não deixe evidente, os croquis conceituais de Ando sugerem que ele usou o corte do edifício do Kimbell como ponto de partida para o processo de projeto. Acabou produzindo uma série de pavilhões lado a lado, mas o paralelismo se torna insignificante quando visto ao vivo; ademais, a área entre este edifício e o de Kahn não reconhece formalmente nenhuma das duas edificações. O museu de Ando funciona melhor quando se volta para o grande espelho de água em L no lado nordeste. No interior do prédio, há vários momentos gratificantes, incluindo as longas caixas de escada de concreto cobertas por nervuras curvas em forma de refletores e dotadas de iluminação zenital. Sem dúvida, é mais impressionante quando visto à noite, quando o núcleo de paredes de concreto se assemelha a uma cela e o esqueleto de metal envidraçado adjacente sugere as colunas perípteras de um antigo templo grego.

O FORMALISMO NOS ESTADOS UNIDOS

Le Corbusier escreveu que "a arquitetura é o jogo sábio, correto e magnífico dos volumes reunidos sob a luz". Embora certamente tenham resultado de uma ampla variedade de preocupações e sejam relativamente diversificadas, as obras descritas nesta próxima seção exibem uma preocupação constante com os "volumes reunidos sob a luz" ou, em outras palavras, a forma. Alguns arquitetos, como Richard Meier, chegaram a ser chamados de "formalistas", o que significa que se preocupavam com a forma por si só. A maioria dos arquitetos, porém, transformou a forma em expressão externa das circunstâncias e valores sociais internos.

A Prefeitura de Boston

A Prefeitura de Boston (Figura 16.49) foi o edifício com maior impacto no cenário da arquitetura norte-americana

16.49 Gerhard Michael Kallmann, Noel Michael McKinnell e Frank Knowles, Prefeitura de Boston vista do outro lado da praça, Boston, 1968.

Este edifício já é antigo o bastante para ser relacionado pelo Registro Nacional de Sítios Históricos (*National Registry of Historic Places*). Ele talvez precise de tal proteção, pois uma grande parte do público permanece cética quanto à arquitetura moderna, chegando ao ponto de, atualmente, defender a demolição da Prefeitura.

no final da década de 1960. O projeto que venceu o concurso realizado em 1962 foi apresentado por Gerhard Michael Kallmann (nascido em 1915) e Noel Michael McKinnell (nascido em 1935) com Frank Knowles – os dois primeiros, na época, professor e aluno, respectivamente, da Columbia University. Um pouco chocante hoje em dia em função de sua postura agressiva contra o Faneuil Hall, datado do século XVIII, que parece se curvar de medo, a edificação apresenta uma composição de fachada imediatamente legível. Tripartite, como uma coluna ou sonata clássica que absorve os pedestres no nível inferior predominantemente transparente, ela abriga os representantes e órgãos governamentais em uma faixa intermediária de protuberâncias escultóricas e fixa os trabalhadores em cubículos de escritório repetitivos definidos por lâminas verticais que, coletivamente, produzem uma cornija de remate.

O Memorial aos Veteranos do Vietnã

Podemos afirmar com certeza que nenhum outro objeto construído no século XX recebeu maior condenação inicial e maior aprovação final que o Memorial aos Veteranos do

16.50 Maya Lin, Memorial aos Veteranos do Vietnã, Washington, D.C., 1982.

Nenhuma fotografia consegue transmitir a experiência emocional de se chegar à extremidade oeste do National Mall à sombra do Lincoln Memorial, descer pela rampa escavada na terra e ser confrontado por esta construção extraordinária. O material da parede é granito preto extremamente polido.

Vietnã, de Maya Lin (1982), localizado em Washington, D.C. Hoje, mais de duas décadas após a construção e três depois do fim da Guerra do Vietnã, ele se tornou um símbolo – de fato, um instrumento – de reconciliação nacional. Lin (nascida em 1959), estudante de paisagismo na época do concurso para o memorial, deixou mais do que visíveis os nomes dos norte-americanos que morreram ou desapareceram no Vietnã entre 1959 e 1975, como pediam as normas explicitadas no programa da competição; na verdade, transformou-os na própria essência da proposta vencedora. Ao escavar uma passarela no solo e erguer um muro de arrimo revestido de granito negro com os nomes inscritos no topo, ela criou, simultaneamente, um sepulcro e um porto seguro, provando que um contexto abstrato pode servir para a catarse nacional. Quem já foi à extremidade oeste do National Mall, subiu pela rampa íngreme, passou, observou, aproximou-se e tocou ou, talvez, se ajoelhou diante desta desconcertante construção plana e simples, pode confirmar como o monumento é nobre e comovente. Como corolário, os inúmeros objetos, na verdade, oferendas – como flores inseridas nas juntas entre os painéis de pedra, um coração cor de violeta abandonado ou uniformes completos de enfermeiras passados e dobrados – deixadas no local por visitantes são coletados todas as noites pelo National Park Service; algumas delas estão expostas no National Museum of American History.

O United States Holocaust Memorial Museum

O arquiteto I. M. Pei (nascido em 1917), sócio-diretor da firma Pei Cobb Freed, construiu inúmeras edificações, incluindo a Ala Leste da National Gallery, em Washington, D.C., e a ampliação subterrânea do Louvre, em Paris, que é anunciada na superfície por uma pirâmide de vidro. Sua firma projetou e construiu o United States Holocaust Memorial Museum, localizado ao sul do National Mall, no Capitólio, tendo James Ingo Freed (193–2005) como sócio-responsável. O museu foi inaugurado em 1993. A intenção de Freed era incorporar a fria deliberação e a eficiência perturbadora envolvidas na execução da "solução final". A fachada principal do museu exibe um tipo de Neoclassicismo espartano, com o qual Freed queria transmitir uma "premonição de perda". Um bloco hexagonal nos fundos do terreno acomoda um teatro e o Salão da Lembrança. Passando da entrada, o grande Salão do Testemunho, em forma de saguão (Figura 16.51), circundado

16.51 Pei Cobb Freed, Interior do Salão do Testemunho, United States Holocaust Memorial Museum, Washington, D.C., 1993.

Chamado de Salão do Testemunho, este espaço funciona como saguão do edifício. É um ponto de embarque para uma das experiências museológicas mais intensas do mundo.

por espaços de exibição e um centro de aprendizado, é uma mistura de aço, tijolo e vidro com aspecto industrial, pensada para lembrar os visitantes do conluio entusiasta da indústria alemã com o regime nazista. Algumas pessoas criticaram o espaço por ser demasiadamente amplo e apresentar detalhes

16.52 Kevin Roche e John Dinkeloo, Edifício da Ford Foundation, Nova York, 1963-68.

Várias medidas voltadas para a melhoria do espaço urbano foram adotadas durante a década de 1960. Aqui, Roche e Dinkeloo criaram um enorme átrio semelhante a um jardim botânico dentro de um dos edifícios mais caros da época.

16.53 Leste de Manhattan ao longo da 56th Street, 1984.

Da esquerda para a direita, vemos a Torre Trump, de Der Scutt, Swanke, Hayden and Connell; o Edifício da AT&T (atual Sony Plaza), de Johnson/Burgee; e o Citicorp, de Hugh Stubbins Associates. Esta floresta de arranha-céus se apóia na rocha viva sob a Ilha de Manhattan.

elegantes. Na verdade, lembrar um evento tão grotesco quanto o holocausto judeu de maneira comovente e, ao mesmo tempo, usar formas familiares, era um desafio de projeto intimidante. Talvez seja possível comparar didaticamente o edifício com o Memorial aos Veteranos do Vietnã, o Museu Judaico, de Daniel Libeskind, e o desafiador Memorial aos Judeus Assassinados na Europa (2005), de Peter Eisenman; os dois últimos estão localizados em Berlim e todos são muito mais abstratos em suas composições formais.

Os edifícios altos da cidade de Nova York

O Edifício da Ford Foundation (1963-68) (Figura 16.52), projetado por Kevin Roche (nascido em 1922) e John Dinkeloo (1918-81), sucessores da firma fundada por Eero Saarinen, reflete a enorme confiança sócio-liberal do início da década de 1960. Implantados entre as ruas 42 e 43, em um terreno quase quadrado de um quarteirão de Manhattan, perto do edifício das Nações Unidas, os escritórios da Ford Foundation emolduraram uma caixa de vidro de 11 pavimentos que ocupa aproximadamente metade da área total do terreno. Terraços adicionais com vegetação situados no terceiro, quarto e quinto pavimentos levam a natureza para cima do pavimento de entrada; os espaços de escritório, por sua vez, têm vistas para o pátio interno ou janelas voltadas para a rua. Os principais materiais usados no edifício – aço Cor-Ten, granito, bronze e vidro – criam um pano de fundo escuro e neutro para a iluminação natural e a vegetação que caracterizam o interior. A riqueza e a elegância são aspectos dominantes nesta edificação, que custou quatro vezes mais que o Kimbell Art Museum projetado por Kahn.

Apesar de sua extravagância ou, talvez, por causa dela, a sede da Ford Foundation se tornou uma das edificações mais influentes das últimas décadas do século XX. Além de oferecer um belo ambiente de trabalho para os funcionários da fundação, também criou um caminho para pedestres através do lado maior de uma das quadras de 60 × 120 metros de Manhattan; o conceito da passarela coberta, aliás, foi adotado pelo Escritório de Desenvolvimento Urbano como uma solução para preservar o acesso para pedestres dentro de Nova York. Incentivos de zoneamento encorajam os empreendedores a incluir passarelas de uso público nos pavimentos térreos dos novos arranha-céus. Essa ideia não era novidade. A magnífica nave central do Palácio de Cristal inspirou muitos edifícios com arcada comercial e cobertura de vidro na Europa e nos Estados Unidos, sendo o exemplo mais conhecido a Galeria Vittorio Emanuele (1865-77), em Milão, Itália, projetada por Giuseppe Mengoni (1829-1877) para conectar a Piazza del Duomo a La Scala, casa de ópera que fica a uma quadra de distância.

Os principais edifícios de Nova York beneficiados por tais incentivos de zoneamento incluem o Edifício Citicorp (1974-77), implantado na Lexington Avenue entre as ruas 53 e 54. Hugh Stubbins, o arquiteto, projetou um pódio com seis pavimentos para o prédio e o reservou para lojas varejistas que abriam para um átrio central; então, colocou

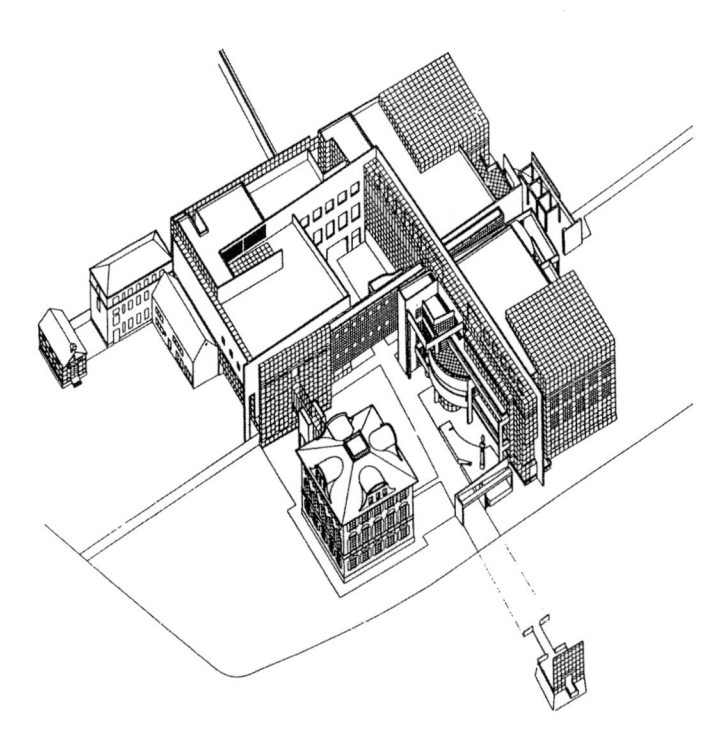

16.54 Richard Meier, Perspectiva axonométrica do Museum für Kunsthandwerk, Frankfurt, 1980–83.

Meier graduou-se na Cornell University na época em que seus ateliês de projeto eram dominados pelas manipulações de composição celebradas no livro *Collage City*, de Colin Rowe e Fred Koetter. A visualização ideal deste edifício parece ser em uma perspectiva axonométrica aérea, como esta.

Richard Meier

Richard Meier (nascido em 1934) deu continuidade à tradição do início do Modernismo. Embora fique evidente que sua arquitetura deve muito às casas projetadas por Le Corbusier na década de 1920, como, por exemplo, no uso da volumetria cúbica amenizada por curvas suaves, Meier também afirma ter sido influenciado pelas camadas espaciais e pelos jogos de luz dos interiores barrocos e de obras como o Guggenheim Museum, de Frank Lloyd Wright. As características abstratas dessas e outras fontes incluem sistemas colunares de grelhas de modulação com pele claramente expressa fechando o espaço volumétrico; elementos planos que cortam a edificação e penetram uns nos outros; e exteriores com painéis brancos impecáveis similares à obra tardia de Hoffman e Wagner.

Os resultados dessa abordagem podem ser vistos no projeto feito por Meier para o Museum für Kunsthandwerk (Museu de Artes Decorativas) de Frankfurt, Alemanha, que venceu um concurso fechado em 1980 e foi concluído em 1983 (Figura 16.54). Ainda que, nominalmente, seja a ampliação de uma antiga vila que continha o museu preexistente, o edifício de Meier é quase 10 vezes maior que o original; sua forma em L está totalmente separada dele, exceto pelo conector fechado com vidro que fica no segundo pavimento. A posição da vila e o ângulo da avenida da fachada principal paralela ao rio Main inspiraram Meier a usar dois sistemas de grelhas sobrepostas colocadas a um ângulo de 3,5 graus uma em relação a outra. Embora esse desalinhamento mínimo seja imperceptível na realidade (a menos que o frequentador do museu costume notar leves desalinhamentos em materiais de construção geralmente ortogonais), as duas grelhas ficam evidentes nos desenhos da planta baixa; além disso, a interação entre elas evidentemente levou Meier a criar cômodos com formas que, do contrário, pareceriam arbitrárias. Linhas reguladoras à Le Corbusier foram sobrepostas aos estudos de elevação para mostrar que a vila e a nova edificação têm proporções similares; um módulo derivado do edifício mais antigo está relacionado aos quadrantes básicos da ampliação. Painéis revestem o exterior e se alinham com

a torre de escritórios de 59 pavimentos sobre uma praça rebaixada no final da Lexington Avenue. O IBM Center, concebido por Edward Larrabee Barnes (1984), e a Torre Trump, projetada por Der Scutt com a firma Swanke, Hayden and Connell (1984), ambos mostrados na Figura 16.53, oferecem amenidades em seus pavimentos térreos com arcos fechados que contêm assentos informais, serviços de alimentação, exposições de arte, vegetação ornamental e belas butiques.

16.55 Richard Meier, High Museum, Atlanta, Geórgia, 1981–84.

Este museu de arte foi implantado ao longo da Peachtree Street. A rampa no primeiro plano leva os visitantes ao enorme vestíbulo e, em seguida, à rotunda de três pavimentos acessada por outra rampa com giro de 180° que dá acesso aos pavimentos das galerias.

16.56 Antoine Predock, American Heritage Center & Art Museum, University of Wyoming, Laramie, Wyoming, 1993.

Projetar uma edificação para a paisagem inóspita e frequentemente hostil do Estado de Wyoming inclui desafios bastante específicos. Todas as características da forma deste edifício, desde o cone inclinado até o bloco baixo sem janelas, sugerem a proteção contra o clima.

as esquadrias quadradas das enormes janelas. A circulação interna é organizada por um sistema de rampas com giro de 180° que conectam os corredores axiais em todos os pavimentos, enquanto as exposições são montadas em galerias criadas por muretas colocadas no interior dos vãos estruturais, estabelecendo uma escala doméstica apropriada para as coleções do museu. Apesar das geometrias em colisão encontradas na planta baixa do edifício, os espaços se misturam graciosamente, e a iluminação diurna abundante que reflete nas superfícies brancas e reluzentes é muito bem-vinda em Frankfurt, onde o céu está geralmente encoberto.

Meier empregou um vocabulário similar no High Museum (1981–84), situado em Atlanta, Geórgia (Figura 16.55). Ele desconectou a rampa contínua do Guggenheim Museum e transformou-a na rota de circulação dominante em torno da circunferência do átrio na forma de um quarto de cilindro fechado com vidro; a partir dali, distribuiu galerias ortogonais mais convencionais com iluminação artificial. Enquanto no museu de Frankfurt a rampa é imediatamente adjacente aos expositores das galerias, a separação, no museu de Atlanta, isola as obras de arte da característica mais interessante da arquitetura do edifício. As exigências da maioria dos curadores quanto à exposição das telas são parcialmente responsáveis por essa decisão. A luz do sol direta deteriora rapidamente os pigmentos; por essa razão, as obras de arte devem ser mantidas sob iluminação controlada.

O bilionário Getty Museum (1984–97), situado no oeste de Los Angeles, se espalha na forma e na escala de uma cidade de colina modernista. Nas paredes externas, Meier misturou seus típicos painéis esmaltados modulares com a pedra igualmente modular, porém texturizada. O jardim circular criado por Robert Irwin remete ao Espaço da Ilha da Vila de Adriano.

Antoine Predock

Antoine Predock (nascido em 1936) tem criado um conjunto de obras com aspecto decididamente espiritual-alienígena; dessas, a que mais se destaca é o American Heritage Center & University Art Museum de Laramie, Wyoming (Figura 16.56), local onde os ventos costumam derrubar semirreboques e as temperaturas às vezes despencam para abaixo de zero. Somente com esse contexto em mente fica evidente a adequação do edifício de Predock. Visto do estacionamento, um cone truncado se eleva e evoca múltiplas associações: uma tenda de índio, os picos das montanhas ao redor, uma nave espacial. A planta baixa interna é oval, contém área de recepção e uma miríade de outros espaços pequenos e está conectada a um longo bloco ortogonal que acomoda as galerias, uma biblioteca e os escritórios. Quando vivenciado do interior e da base, com as montanhas no horizonte vistas pelas enormes janelas panorâmicas, o edifício evoca uma sensação de tempo geológico; já a pele do cone, feita de cobre patinado preto, perfurada por aberturas que se alinham com os pontos cardeais e certos fenômenos astronômicos, chega a transmitir uma sensação de tempo cósmico.

Steven Holl

Steven Holl (nascido em 1947) estabeleceu-se como um mestre contemporâneo da manipulação da luz natural. Isso fica mais aparente na Chapel of Saint Ignatius (1997), em Seattle, descrita por ele (com base em um desenho conceitual inicial) como uma "caixa de pedra que contém sete garrafas de luz". A caixa de pedra é uma montagem complexa de painéis de concreto monocromáticos; as garrafas são lanternins com estrutura de tubos de aço localizadas na cobertura que direcionam a luz do sol através de lentes de vidro, onde banham os espaços de culto em uma atmosfera de cor brilhante extremamente peculiar (os efeitos são imitados pela iluminação artificial à noite). Os visitantes, inclusive os que não são religiosos, dizem que o resultado é de uma espiritualidade envolvente. O santuário principal é surpreendentemente formal para uma

16.57 Steven Holl, Dormitório Simmons Hall, M. I. T., Cambridge, Massachusetts, 2002.

Este bloco colossal com enormes cortes e uma grelha de janelas aparentemente infinita parece um dormitório criado para a era digital. No interior, nos saguões com forma orgânica, Holl aproveitou para demonstrar suas habilidades no uso da iluminação natural.

era de informalidade religiosa, com direcionalidade na nave central e assentos fixos – ambas as condições, porém, foram solicitadas pelos estudantes usuários. Holl contratou artesãos locais de Seattle para fazerem acessórios como as luminárias pendentes de vidro soprado e o livro de orações folhado a ouro e revestido com camadas de cera de abelha.

No campus do M.I.T., onde Alvar Aalto construiu um famoso dormitório em 1947–49 (veja a Figura 16.8), geralmente tem faltado obras exemplares. Ali, Holl decidiu repetir o tema da muralha escolhido por Aalto, mas com ênfases diferentes e em um edifício extremamente grande. A gigantesca face íngreme de tamanho variável (Figura 16.57) do dormitório Simmons Hall (2002) tem fachada modulada com uma grelha protetora e revestimento de alumínio anodizado; atrás dela, as condições de iluminação, recortes no volume e sobreposições de cor resultam em um nível de energia adequado à vida do estudante moderno. Como as centenas de janelas são todas de abrir, suas posições escolhidas individualmente geram uma aparência animada e muito dinâmica, além de um ambiente habitado não hermético. No interior, as fileiras de cômodos ortogonais foram literalmente escavadas em saguões com escadas de forma orgânica; a meta era promover interações espontâneas entre os usuários. É preciso fazer uma avaliação posterior à ocupação para determinar se tal teoria funciona melhor na prática do que a rua comercial inserida por Le Corbusier na Unidade de Habitação de Marselha (veja a Figura 15.76).

Morphosis

A firma Morphosis (que significa "modo de formação"), situada em Los Angeles, começou tendo como sócios Thom Mayne e (até 1991) Michael Rotundi; também estava intimamente conectada ao Southern California Institute of Architecture, do qual ambos foram fundadores. O conjunto de suas obras iniciais, muitas das quais nunca foram construídas, é surpreendente pelo emprego ousado de maquetes eletrônicas; expressão marcante dos elementos estruturais; transparências e translucências; e desintegração relacionada dos tradicionais sistemas de vedação externa – como uma colisão entre Futurismo, De Stijl e Construtivismo pensada para o urbanismo deslocado do sul da Califórnia, onde cada edifício tem de lutar para sobreviver.

Na Escola de Ensino Médio Diamond Ranch, em Los Angeles, Mayne não permitiu que o orçamento limitado o impedisse de fazer o tipo de experimentação espacial pelo qual ficou conhecido. Usando metal corrugado para fazer as paredes, criou um pavilhão estudantil linear central ladeado por volumes angulares inclinados e às vezes em balanço. Um volume com espinha de circulação secundária alterna salas de aula e pátios internos, culminando em um teatro/ginásio externo. Em frente a esta montagem agressiva, mais salas de aula foram colocadas sobre um estacionamento e alternam-se com marcantes rampas adjacentes a grandes pátios. O projeto foi elogiado pela natureza cívica do interior e pela integração externa com a dispersão urbana da rodovia ao redor do terreno extremamente íngreme. O recém-concluído San Francisco Federal Building (2005) indica que a firma passou a projetar edifícios mais convencionais, mas sem abandonar suas tendências vanguardistas.

Tod Williams e Billie Tsien

Há uma intensidade quase enervante na obra de Tod Williams (nascido em 1943) e Billie Tsien (nascido em 1949). Como o terreno do Neurosciences Institute de La Jolla, na Califórnia (1995), fica a pouco mais de um quilômetro do Salt Institute de Louis Kahn (veja a Figura 16.13), os arquitetos se sentiram obrigados a "confrontá-lo", sem, no entanto, "imitá-lo". Descrita como um "monastério para a ciência", a edificação acomoda um pequeno número de professores-visitantes dentro de um ambiente concebido para promover a constante interação e troca de ideias (Figura 16.58).

Williams e Tsien se dedicaram a transformar qualquer experiência, por menor que fosse, em momentos potencialmente significativos. Mandaram escavar o topo da colina de modo a obter espaço para um claustro moderno definido pelo edifício em U que acomoda o Centro de Teoria e os laboratórios. Na extremidade aberta do U, eles praticamente negaram a visão das montanhas ao longe ao inserir um auditório que se eleva a partir de um talude baixo; então, fizeram uma rampa com giro de 180° que se transforma em um belvedere. Os materiais de construção escolhidos contribuem para a sensação de atemporalidade: calcário com fósseis incrustados, vidro e concreto jateados

16.58 Tod Williams e Billie Tsien, Neurosciences Institute, La Jolla, Califórnia, 1995.

Por ser tão discreto e sereno em sua implantação, este edifício com ares de monastério se torna quase impossível de fotografar. Nesta vista, do Centro de Teoria ao auditório, a referência ao Salk Institute, de Louis Kahn (veja a Figura 16.13), situado perto dali, é evidente. No entanto, Williams e Tsien restringiram as vistas das montanhas (e não do oceano) e colocaram seu tanque (em vez de espelho de água) em ângulo (e não no eixo principal), enfatizando a abóbada celeste como elemento emoldurado e criando uma metáfora para as atividades complexas e sutis do cérebro humano e sua capacidade de criação estudadas no local.

com areia, madeira de sequoia e aço inoxidável. Considerando que o cliente, Dr. Gerald Edelman, defende um desenvolvimento sutil, darwiniano e ambientalmente interativo do cérebro humano, parece adequado que Williams e Tsien tenham tentado reconhecer tal teoria na arquitetura, ao criar um ambiente de incidentes e encontros pontuais aleatórios que podem ser vivenciados em inúmeras sequências e combinações, resultando em uma experiência única e cumulativa para cada participante.

O Museum of American Folk Art (2001) encontra-se a oeste da entrada do Museum of Modern Art, na 53rd Street, em Nova York. Quase ameaçador, tem painéis de bronze brancos suspensos como escudos gigantescos no exterior e oito pavimentos que se elevam como cânions estreitos no interior. É difícil imaginar uma melhor combinação entre arquitetos e conteúdo de museu, que aqui oscilam entre as polaridades da realidade brutal, às vezes perturbadora, e o saudosismo romântico. Também é difícil imaginar a aparência do projeto executivo, pois a extrema complexidade dos detalhes é tão estontenante quanto a manipulação do espaço interno. Os materiais escolhidos sugerem o mesmo tipo de indestrutibilidade visto no exterior, incluindo a madeira com aspecto férreo de toras autoclavadas de conífera norte-americana, concreto com acabamento apicotado, aço laminado a frio e calcário italiano patinado. Os arquitetos compararam a experiência rica e diversificada de quem anda pela edificação com o 13 Lincoln's Inn Fields de John Soane (veja as Figuras 14.7–14.8); essa comparação é válida, uma vez que os dois edifícios contêm espaços altos com iluminação zenital e tiram partido das obsessões de seus projetistas.

Mack Scogin e Merrill Elam

Difíceis de caracterizar – em parte restaurantes *drive-in* da década de 1950, em parte construtivismos russos, em parte instalações de arte e, também, um pouco (às vezes por necessidade econômica) casas de ferragens de bairro – as primeiras obras dos arquitetos de Atlanta Mack Scogin (nascido em 1943) e Merrill Elam (nascido em 1943) falam com a voz da autenticidade no idioma da originalidade. Suas inspirações ecléticas pareciam não ter limite, seja a Vila Giulia maneirista de Roma ou uma churrasqueira improvisada em alguma cidadezinha longínqua do sul; e, no mercado imobiliário talvez desanimador, eles preservaram, de certa maneira, a capacidade de se encantar com o processo da construção.

Muito antes de o computador possibilitar a fácil definição de geometrias irregulares e, consequentemente, enfatizar os sistemas de vedação das edificações, Scogin e Elam tiraram a seleção dos materiais de revestimento externo da esfera do familiar e levaram-na para o exótico admirável. A Branch Library, no Condado de Clayton (1989), nos arredores de Atlanta, parece um hangar aeroportuário em miniatura envolvido no revestimento malhado de um caderno de capa dura gigante (feito, na verdade, com chapas de metal corrugado pintadas em camuflagem). Quando a edificação foi inaugurada, o número de associados à biblioteca aumentou consideravelmente.

No ano 2000, concluíram o projeto do Knowlton Hall, que acomoda a faculdade de arquitetura da The Ohio State University; o edifício foi inaugurado em 2004. As primeiras plantas baixas pareciam colagens de planos trapezoidais sobrepostos, com linhas respondendo às rotas de circulação de pedestres do campus (uma análise mais específica do

16.59 Mack Scogin e Merrill Elam, Wang Campus Center, Wellesley College, Wellesley, Massachusetts, 2006.

Como uma espécie de metáfora para as organizações estudantis improvisadas e diversificadas do Wellesley College, este edifício se move para cima, para dentro e para fora, se inclina e se retorce. Para apreciar a diversidade dos espaços internos, é preciso visitar a edificação.

terreno do Museu Judaico de Daniel Libeskind é descrito a seguir). Em função dos condicionantes orçamentários e das preocupações com a orientação interna, o segundo esquema foi completamente ortogonal, com os espaços para ateliês e escritórios dos professores distribuídos nos dois lados de um "sistema de planos [de circulação] inclinados" (similar ao museu projetado por Álvaro Siza em Santiago de Compostela, veja a Figura 16.44). Finalmente, os arquitetos conferiram dinamismo à planta baixa modulada – expondo-a ao conjunto original de padrões de tráfego de pedestres – e também nuance – expandindo-a até os limites do terreno com formato irregular. Da mesma maneira, o revestimento do edifício ficou tão agressivo quanto as linhas de força geradas pelo terreno. Grandes superfícies extremamente texturizadas de telhas chatas de mármore (com padrões inspirados nas práticas de cantaria, mas, considerando-se o léxico de inspirações sulistas dos arquitetos, talvez semelhantes a um tatu de alvenaria) criam uma cortina que flutua em frente às vidraças. Os pátios internos com jardins, transparentes e parecidos com cânions; a enorme e quase intimidante entrada escavada na quina; e os espaços internos nos quais as intenções de arquitetura parecem não ter fim, resultam em um edifício extremamente envolvente.

No Wellesley College, sudoeste de Boston, Scogin e Elam tiraram as luvas da arquitetura, por assim dizer, ao projetar o Wang Campus Center (Figura 16.59). Os edifícios Wellesley se espalham por uma paisagem quase selvagem que desce até um lago. O Campus Center, com volumes recortados, parece um tanto geológico, talhado com força e então depositado no local durante o último período glacial. Há muito tempo o Wellesley se orgulha de sua diversidade – bem antes que a palavra se tornasse politicamente correta – e de ensinar os alunos a pensar por conta própria, o que significa que a instituição certa encontrou os arquitetos certos.

O Campus Center fica no coração do campus e tem um terreno com divisas semelhante a um crustáceo com 10 patas da Nova Inglaterra que, com as garras estendidas, se espalha pela paisagem. O programa de necessidades pedia espaços para oferecer suporte às variadas organizações estudantis do Wellesley, além de livraria, bar, café e um grande salão para eventos diversos. Consequentemente, a planta baixa incrivelmente angular contém apenas um número limitado de cômodos identificáveis, sendo composta, na verdade, por "espaços sem donos" e conjuntos de armários com chave que convidam os alunos a reunir o que precisam e se apropriar dos espaços à vontade.

Vivenciado em três dimensões, o prédio se transforma em uma escultura habitada – não como as de Frank Gehry, em que a forma externa exuberante às vezes dá lugar a um planejamento interno convencional, mas com uma pluralidade espacial adequada ao programa e à instituição. Para fins de comparação, podemos citar a obra de Hans Scharoun, as casas dos prados em forma de pássaro de Herbert Greene e as inverossímeis investigações fluido-espaciais de Friedrich Kiesler em sua "casa infinita". Também é possível comparar o edifício às edificações que crescem com o tempo nas ruelas de Boston ou na zona rural da Geórgia. Apesar de toda essa energia contextual e histórica, o Wang Campus Center é artisticamente composto sem ser ornamentado demais e, com suas camadas "geológicas" de revestimento com telhas chatas de cobre, dialoga coerentemente com as casas multifamiliares de tijolos romanos da década de 1970. É outro produto das mentes de Mack Scogin e Merrill Elam, que não poderia ter sido concebido sem a arte moderna, o computador e a determinação daqueles que gostam de um desafio.

Daniel Libeskind

Daniel Libeskind nasceu na Polônia em 1946, mas estudou arquitetura na Inglaterra e nos Estados Unidos. Embora já tenha sido rotulado como construtivista, talvez ele seja mais bem descrito como alguém que se empenha para expressar ideias e conseguir usar a arquitetura como meio de comunicação. Seus métodos de trabalho envolvem tipografia e colagem. Em circunstâncias urbanas, explorou a natureza de muitas camadas da cidade, como no projeto que venceu o concurso da Orla da Cidade de Berlim (1987). Ele criou a planta baixa do Museu Judaico, também em Berlim, usando determinantes que variam de leituras e conexões geográficas dos endereços dos berlinenses judeus mais notáveis a uma leitura atenta de textos da ópera inacabada de Arnold Schoenberg, intitulada *Moisés e Aarão*, e *Rua de Mão Única*, do crítico de arte Walter Benjamin. É evidente que conectar a realidade física do edifício à tamanha miríade de inspirações (alguns diriam, misteriosas) requer perseverança, senão clarividência, da parte do observador. Os defensores dizem que somente por tais meios sutis é possível abordar, ou mesmo entender, um evento tão trágico quanto o Holocausto – e que foi exatamente isso o que Libeskind fez. Seu edifício é uma longa caixa de concreto em zigue-zague coberta com pele metálica, na qual foram deixadas aberturas angulares em diversas formas e padrões. O interior de concreto moldado *in loco* tem o aspecto de um labirinto tridimensional, que mais parece uma casa ilusionista ou o cenário de uma peça de Kafka do que um museu convencional.

Libeskind venceu o concurso internacional do World Trade Center depois que as torres de Minoru Yamasaki (veja a Figura 14.20) foram tragicamente destruídas pelos atentados de 2001. As circunstâncias intensamente políticas e emocionais que cercam esta obra, bem como as muitas jurisdições e interesses econômicos concorrentes sobre o terreno que fica na base de Manhattan, resultaram na coautoria com David C. Childs e em revisões significativas da proposta, incluindo a "Torre da Liberdade" angular, facetada e pontiaguda com a altura de 541 metros (ou 1.776 pés, número do ano da independência nacional), projetada por Libeskind. Torres adicionais estão sendo projetadas por Fumihiko Maki (mencionado neste capítulo) e Richard Rogers e Norman Foster (ambos apresentados a seguir). Jean Nouvel (outro que será apresentado) também foi contratado para o projeto de uma torre, mas essa construção ainda está sendo questionada. Frank Gehry (já discutido neste capítulo) está projetando o centro de artes dramáticas associado, enquanto Santiago Calatrava (apresentado a seguir) ficou responsável pela estação de metrô no local.

O DIA Center

Entre todos os museus dos Estados Unidos, nenhum ocupa um local mais inesperado que o DIA Center for the Arts – nem assume uma postura mais iconoclástica em relação ao arquiteto como elemento do projeto ou do museu como monumento de arquitetura. No DIA, localizado na pequena Beacon, Nova York, no rio Hudson ao norte de Nova York, o artista Robert Irwin (nascido em 1928) e as firmas de arquitetura OpenOffice e de engenharia Arup (apresentada a seguir, com Norman Foster) transformaram uma gráfica da década de 1920 em amplas galerias para a arte europeia e norte-americana posterior à Segunda Guerra Mundial. Os profissionais tinham uma incumbência irônica: tornar suas contribuições – principalmente os sistemas de climatização, segurança contra incêndio e segurança dos usuários – invisíveis, o que conseguiram. Irwin também permitiu que a edificação original tivesse voz, adicionando apenas uma discreta entrada parecida com um templo e jardins adjacentes próximos ao rio; além disso, fez algumas poucas modificações nas aberturas de janela e pés-direitos. Com quase 28 mil m² de espaço interno, em sua maioria iluminados por linhas de *sheds* e clerestórios altos, o museu é muito espaçoso e recebe iluminação natural uniforme. Por causa de sua localização remota e de seus enormes pavimentos, o visitante pode descansar em sofás no meio das gigantescas galerias e ver algumas das obras de arte mais famosas do século XX quase que isoladamente. Também em função de seu tamanho, o DIA pode acomodar permanentemente obras muito grandes que, do contrário, seriam relegadas ao armazenamento. As obras de Andy Warhol exibidas no museu ocupariam sozinhas toda a área de exposição de muitas outras edificações.

O Museum of Modern Art

O Museum of Modern Art (MoMA) de Nova York talvez seja o mais famoso defensor institucional do Modernismo no mundo. Ele já foi citado diversas vezes neste livro, como, por exemplo, na mostra do Estilo Internacional realizada em 1932. Suas instalações, localizadas ao sul do Central Park, foram projetadas, com o passar do tempo, por diferentes arquitetos modernos, desde Edward Durrell Stone (1902-1978) até Philip Johnson. Recentemente, Yoshio Taniguchi (nascido em 1937) foi convidado para aumentar significativamente o tamanho do museu e manter, ao mesmo tempo, sua atmosfera de modernidade serena. A maioria dos críticos afirma que ele teve sucesso, embora as enormes superfícies de paredes de gesso cartonado pareçam ter levado ao limite o uso desse material na arquitetura. Quando visitarem qualquer outro dos muitos museus descritos neste capítulo, a maioria projetada como símbolos proeminentes de novidade e mudança em suas respectivas cidades, os leitores poderão compará-lo ao MoMA, no qual a confiança relativa à estatura e à imagem institucional tornou o monumentalismo desnecessário.

Elizabeth Diller e Ricardo Scofidio

Desde o início do século XX, o desenvolvimento da arquitetura moderna tem estado vinculado à pintura moderna. Embora a pintura tenha dado lugar a muitas outras mídias no mundo da arte, as conexões entre a arte e a arquitetura ficaram ainda mais fortes – e isso fica muito evidente nas obras de Elizabeth Diller (nascida em 1954) e Ricardo Scofidio (nascido em 1954). Quem examinou suas várias instalações no Whitney Museum of American Art, em 2003, deve ter ficado impressionado pelo uso de imagens em movimento, sistemas robóticos, materiais translúcidos, montagens sofisticadas e tecnologias aplicadas, bem como pela exploração de uma variedade de temas artísticos.

A aplicação de suas ideias sobre a arte na arquitetura fica evidente no restaurante Brasserie (2000), localizado no interior da base do Edifício Seagram, projetado por Mies van der Rohe em Nova York. Necessariamente hermético por estar em um subsolo, ele exigiu a criação de um ambiente artificial. Diller e Scofidio introduziram uma parede com contraluz composta por garrafas aparentemente flutuantes atrás do bar; sobre ela, faixas de monitores de vídeo exibem imagens dos clientes que entram. Um teto de metal perfurado se torna uma parede e, então, os assentos dentro de um espaço que parece brilhar com luz própria. O Edifício Blur (na verdade, uma grande instalação de arte), projetado pelos artistas-arquitetos no Lago Neuchâtel em Yverdon-les-Bains, Suíça (2002), levou a transparência e a luminosidade um passo além e a uma escala muito maior, pois é uma estrutura leve de metal da qual uma névoa fina de água é jorrada, criando um ambiente localizado como uma nuvem que desceu a terra.

O Conjunto Habitacional Slither (2000), criado pela dupla para a Cidade de Kitagata, Japão, aplica a translu-

16.60 Jørn Utzon, Casa de Ópera de Sydney, Sydney, 1957.
Tendo o centro de Sydney como pano de fundo, as coberturas em forma de vela de navio da Casa de Ópera se elevam sobre plataformas escalonadas em uma península de piso seco. Este foi o edifício moderno mais bem-sucedido como símbolo da arquitetura de um país.

cência ao problema da habitação popular urbana. Nele, 15 torres modulares foram distribuídas com pequenos ângulos entre si, o que criou um arco gentil na planta baixa e permitiu que os painéis de metal perfurado da fachada se sobrepusessem nas quinas. Como no Brasserie, os detalhes dos corrimãos, brises horizontais e painéis corrediços internos de plástico durável aparentam ser uma extensão lógica das experiências com montagens feitas nas instalações de arte. Resta ver se conseguirão traduzir com sucesso a escala e as intenções de sua arte em tipologias de edificação maiores, mais complexas e mais diversificadas.

O FORMALISMO EM OUTROS LOCAIS

Como nos Estados Unidos, arquitetos modernos em todo o mundo têm explorado o potencial expressivo das formas da arquitetura. À medida que a construção de alvenaria totalmente submetida à compressão deu lugar ao concreto combinado com armadura de aço e à estrutura independente de aço, grande parte daquilo que era impossível de construir no século XIX se tornou possível. Contudo, os arquitetos apresentados na seção a seguir subordinaram a expressão estrutural à expressão da superfície e do fechamento espacial.

Jørn Utzon

Em 1957, quando venceu o concurso para projetar a Casa de Ópera de Sydney (Austrália) (Figura 16.60), o dinamarquês Jørn Utzon se tornou imediatamente um dos arquitetos mais famosos do planeta. No entanto, os enormes problemas com a construção e o estouro de orçamento relacionado estigmatizaram-no no cenário internacional, muito embora a edificação completa – com suas "ondulantes" cascas parabólicas de concreto com armadura ativa pós-tracionada, que lembram velas de navio e foram implantadas sobre plataformas de inspiração pré-colombiana – tenha praticamente se transformado no símbolo da Austrália. Utzon não deveria ser conhecido, porém, somente como o gênio criativo de uma única ideia de construção, como revela a análise de seu conjunto de obras muito maior. Especialmente bem-sucedida é a Igreja Bagsvaerg (1976), com planta baixa ortogonal disciplinada, teto de concreto com casca fina ondulada, detalhes de alvenaria refinados e luminosidade nórdica. Utzon, atualmente com mais de 80 anos, continua trabalhando, tendo projetado o Centro Cultural Dunker (2002) em Helsingbord, Suécia; recentemente, chamou a atenção da mídia por toda uma vida de sucesso na arquitetura.

Arthur Erickson

O arquiteto canadense Arthur Erickson (nascido em 1924) tentou ir além do Modernismo ideológico ao transformar as edificações em experiências sensoriais, espaços afáveis e partes de paisagens maiores. O Museum of Anthropology localizado em Vancouver, na Colúmbia Britânica (1972), é abstrato e, ainda assim, contextual. Espalhando-se sobre plataformas de armamentos da Segunda Guerra Mundial, ele está voltado para um lago raso, a costa de maré e, finalmente, para uma montanha glacial; essa implantação, segundo Erickson, foi parcialmente inspirada nas aldeias dos índios Haida. Grande parte da edificação fica abaixo do nível do solo, o que significa que, embora as galerias sejam adequadamente amplas para celebrar a coleção de enormes talhas do museu, incluindo totens gigantescos, seu espetacular perfil recuado não prejudica o entorno.

Hans Hollein

O austríaco Hans Hollein executou a pequena Joalheria Schullin vienense em 1972–74. Questionando tanto o Clas-

16.61 Justus Dahinden, Santuário dos Peregrinos de Mityana, Uganda, 1983.

Conceitualmente, este edifício podia ter sido um hemisfério cujas seções atualmente desconectadas revelam os elementos internos. Feito de concreto, também pode ser interpretado como pertencente à antiga tradição africana de construção de adobe (veja, por exemplo, as Figuras 10.56 e 10.57).

sicismo como o Modernismo, a fachada de pedra do edifício, com detalhes de ouro estrategicamente colocados que sugerem um rico veio no interior da terra, apresenta o mesmo tipo de astúcia defendido por Robert Venturi. Dentro, porém, Hollein integrou meticulosamente sistemas estruturais e mecânicos, expositores, materiais superficiais e iluminação de maneira que lembra a *Gesamtkunstwerk*, ou obra de arte completa, do colega austríaco Joseph Hoffman (1870–1956) no período anterior à Primeira Guerra Mundial.

Cesar Pelli

O argentino Cesar Pelli (nascido em 1926) mostrou ser particularmente adepto da criação de perfis radicais para edifícios altos, incluindo as gigantescas Torres Petronas em Kuala Lumpur, Malásia (1998). Conhecido por visitar terrenos longínquos e então esboçar múltiplas ideias em cartões durante o voo de volta, Pelli respondeu ao patrimônio da arquitetura da Malásia adotando um complexo padrão de formas abstratas em um país predominantemente islâmico, onde esse meio de articulação é tradicional. As rigorosas manipulações geométricas se estenderam à planta baixa de cada torre, que inclui quadrados intertravados formando uma estrela de oito pontas. As duas edificações de concreto armado se elevam como templos conectados telescópicos com superfícies facetadas. Uma impressionante passarela aérea apoiada em mãos francesas, situada a mais de 40 pavimentos acima do solo, anuncia a chegada da tecnologia avançada e do Modernismo que a acompanha à península malaia.

Justus Dahinden

Os arquitetos que trabalham na África têm tido um desafio maior que os do Japão na necessidade de dar continuidade às tradições históricas ao mesmo tempo em que abordam questões modernas. Um dos resultados mais bem-sucedidos desses esforços foi o Santuário dos Peregrinos de Mityana (1983), localizado em Uganda, ao norte do Lago Vitória, e projetado pelo arquiteto suíço Justus Dahinden (nascido em 1925). O uso de concreto corado moldado *in loco* é uma releitura da antiga tradição africana de construir com adobe, assim como os volumes relativamente pouco articulados, mas impressionantes, da edificação (Figura 16.61). O complexo programa de necessidades incluía um salão paroquial, um presbitério e um convento carmelita, além de uma escola e um centro social. Como a igreja é dedicada a três mártires africanos, Dahinden ergueu três altos segmentos esféricos, cada um baseado sobre uma planta baixa de quadrante de círculo, para acomodar uma capela, um confessionário e um batistério. O espaço para culto central é coberto por um volume horizontal com janela em fita e claraboia acima do altar. Seria difícil imaginar este edifício preciso e racional, porém levemente misterioso, senão na África. Embora extremamente adequado ao seu contexto, ele reflete as influências ecléticas do arquiteto, que incluem os metabolistas japoneses, o expressionista alemão Rudolf Steiner e os edifícios religiosos da tribo africana Bantu.

Herman Hertzberger

Herman Hertzberger nasceu nos Países Baixos em 1932. Seu Teatro Chassé, em Breda, é dominado por uma cobertura ondulada que esconde duas altas torres de urdimento. Em uma lateral, uma área de uso comum inclui um *foyer* e um café; já em seu interior, uma grelha de colunas irregular delimita o espaço enquanto sustenta o telhado. As pontes, amplas passarelas e balcões do segundo pavimento dão energia ao espaço interno, promovem a interação social espontânea – uma das maiores preocupações de Hertzberger com relação à sociedade que considera cada vez mais fragmentada e consumista – e transformam a sequência de entrada do edifício em uma versão atual da procissão (*promenade architecturale*) usada com muita eficiência por projetistas da École des Beaux-Arts, como Charles Garnier na Ópera de Paris.

Christian de Portzamparc

Christian de Portzamparc nasceu em 1944 em Casablanca e se formou na École des Beaux-Arts em 1969, mais ou menos na época de sua dissolução. Sua Cidade da Música (1984–90), em Paris, ocupa um terreno na extremidade sul do Parc de la Villette, de Bernard Tschumi (veja a Figura 16.28). Neste centro de ensino e prática de música e dança (com a segunda etapa de construção sendo concluída atualmente), a distri-

16.62 Jacques Herzog e Pierre de Meuron, Laban Center for Movement and Dance, Deptford, Inglaterra, 2002.

Visto à luz do dia, este edifício é refletivo e se reflete na água em primeiro plano. À noite, é translúcido e suavemente policromático. O campanário à esquerda pertence à Igreja de São Paulo, construída no início do século XVIII.

buição em U das múltiplas edificações conectadas foi feita ao redor de um pátio interno com jardins e piso seco parcialmente rebaixado; o resultado foi um aspecto de bairro. Cada fachada da Cidade da Música aborda conscientemente seu contexto de modo peculiar, o que expressa o desejo do arquiteto de criar um pluralismo urbano adequado ao contexto.

Herzog e de Meuron

Deixando de lado todas as formas de representação, os arquitetos suíços (Jacques) Herzog e (Pierre) de Meuron (ambos nascidos em 1950) buscam causar um "impacto imediato e visceral" com suas edificações, o que significa que têm prestado atenção especial aos sistemas de vedação. O Conjunto Habitacional Rue de Suisse, em Paris (2000), é uma longa caixa de concreto fixa em três laterais por treliças horizontais que sustentam uma grelha diagonal de cordas, que, por sua vez, funciona como treliça. Na quarta lateral, grandes painéis de madeira ondulantes e de enrolar protegem os balcões.

Herzog e de Meuron projetaram o Laban Center for Movement and Dance (2002) para um terreno em Deptford, grande centro naval londrino criado no início do século XVI cujas glórias do passado haviam desaparecido quase que totalmente. O edifício é adjacente a um córrego insignificante, que vai até o Tâmisa, e está cercado por um loteamento urbano medíocre (Figura 16.62). Neste contexto com pouca personalidade, os arquitetos inseriram uma espécie de galpão reluzente revestido por painéis de plástico duráveis – alguns pintados, nas faces internas, em tons pastéis de verde, magenta e azul turquesa. A planta baixa da edificação é trapezoidal; a base mais curta foi deformada até virar um arco côncavo suave cuja tipologia responde ao edifício mais impressionante da área: a Igreja de São Paulo (1712–30), de Thomas Archer, situada na Deptford High Street, com torre circular que se eleva a partir de um pórtico semicircular. No núcleo do centro há um auditório sem janela e, ao seu redor, corredores iluminados por claraboias e com larguras que mudam constantemente; também se encontram espelhos de água no pavimento térreo. O aspecto espacial do interior varia do mecanicismo corporativo ao etéreo New Age. As formas de bailarinos surgem como aparições em movimento para aqueles que observam o edifício à noite; já as janelas cuidadosamente distribuídas oferecem aos usuários conexões intermitentes com o entorno.

Como objeto dentro da cidade, a Loja Prada de Tóquio, também de Herzog e de Meuron, equivale ao projeto do arranha-céu de vidro feito por Mies van der Rohe em 1922, porém transformado em um cristal facetado com painéis de vidro em forma de diamante, côncavos, convexos e planos. À noite, vistos da rua, as caixas de elevador e os *shafts* de aço verticais sobem como troncos de árvore; seus galhos são os tubos horizontais usados como provadores – todos homogeneizados pela aplicação de tinta acrílica em tons de bege-claro. Contígua à torre angular encontra-se uma praça, uma verdadeira raridade dentro do urbanismo denso da capital japonesa.

Raphael Moneo

Raphael Moneo (nascido em 1937) trabalhou durante um tempo para Jørn Utzon antes de voltar para a Espanha, sua pátria. Em 1986, finalizou o Museu Nacional de Arte Romana em Mérida, usando um volume que funde formas e métodos de construção antigos e modernos. Construído por meio do uso de paredes e arcos de alvenaria portantes que sustentam os pisos de concreto armado, ele repousa diretamente sobre as ruínas arqueológicas de uma cidade fundada pelo Imperador Augusto. No exterior, Moneo utilizou grandes áreas de arcos de descarga com tijolos romanos, porém, mais como articulações de parede do que como um meio para transferir cargas. No interior, as aberturas em arco distribuídas em fileira são travadas pelas lajes de piso; a enorme escala é interrompida apenas por corrimãos de aço lineares. O efeito final é similar ao obtido nas Termas de Diocleciano, em Roma, onde espaços internos abobadados e amplos acomodam antiguidades romanas (e uma igreja; veja a Figura 5.25) em um contexto que é contido e, ao mesmo tempo, rico em experiências visuais.

A Catedral de Nossa Senhora dos Anjos, igreja católico-romana projetada por Moneo, foi inaugurada em Los Angeles em 2002. Foi recebida com muitas críticas, demonstrando como o público permanece cético com relação ao

16.63 Raphael Moneo, Interior da Catedral de Nossa Senhora dos Anjos, Los Angeles, Califórnia, 2002.

Embora esta pareça ser a vista tradicional a partir do nártex, o acesso a esta igreja se dá, na verdade, pelo altar ao fundo e à direita desta vista. Tapeçarias foram penduradas nas paredes laterais.

programa modernista atual. Até representantes da mídia de arquitetura encontraram momentos estranhos e a consideraram inconsistentemente bem-sucedida ao transformar a catedral tradicional em um monumento moderno – uma ordem alta. Quanto aos sucessos, suas paredes externas, com padrões de telhas chatas amarelo-castanhas, feitas de concreto moldado *in loco* com fôrmas e cura cuidadosa, dão as boas-vindas ao forte sol do sul da Califórnia; além disso, estão muito bem inseridas próximas a uma rodovia rebaixada, porém movimentada, e perto do Disney Concert Hall, edificação extremamente agressiva e refletiva projetada por Frank Gehry. A planta baixa da nave parece uma Ronchamp (veja a Figura 15.78) muito maior e mais simétrica, mas está envolvida por um deambulatório com orientação invertida em forma de U. Essa configuração se fez necessária como resultado de uma decisão não usual, mas extremamente bem-sucedida, do arquiteto, que optou por colocar a entrada dos fiéis na extremidade leste, ao lado do coro e disfarçada por ele; a seguir, os fiéis passam por um amplo corredor com piso de pedra calcária, ao longo das capelas à direita e de um alto muro de concreto externo à esquerda, chegam a um retábulo (painel de altar decorativo) barroco importado e dobram à direita para entrar na nave ou seguir até o corredor oposto. No interior da nave (Figura 16.63), o teto de madeira sugere o casco suspenso de um navio; os clerestórios colocados de cada lado sob ele e mais embaixo representam "paroquianos do dia a dia" em tapeçarias bastante realistas que apresentam uma inegável sobriedade, embora alguns as tenham criticado por serem quase *kitsch*. Construída em uma zona sujeita a terremotos, a edificação inteira foi erguida sobre isolantes de borracha e aço introduzidos, com outras medidas, para amortecer os efeitos de um evento sísmico forte.

O Foreign Office Architects

Em 1995, o escritório Foreign Office Architects (FOA), de Londres, venceu o concurso para projetar o Terminal Portuário Internacional de Yokohama, inaugurado em 2002. Os sócios Farshid Moussavi (nascido em 1965), do Irã, e Alejandro Zaero-Polo (nascido em 1963), da Espanha, tinham pouco mais de 30 anos de idade e nunca tinham construído nada grande – muito menos enorme. Desenvolvendo uma planta baixa com mais de 430 × 60 metros, eles conceberam o terminal de Yokohama como uma ampliação da cidade, com estacionamento no pavimento inferior e cobertura ondulante que se transforma em uma nova paisagem com esplanada ampla e ondulada intercalada com gramados e teatro ao ar livre. Os espaços fluidos no interior oferecem rotas múltiplas através de três níveis internos que se tornam espetaculares em função do teto com chapas de aço plissadas aparentes dispostas ao longo do eixo transversal do prédio; acima delas, há um sistema oculto de longarinas de aço. O edifício completo só pode ser comparado a um navio atracado; na verdade, pelo seu tamanho, o processo de construção foi similar à montagem de uma embarcação.

OS ARQUITETOS EUROPEUS E A TECNOLOGIA

Ainda que tenham afetado edificações em todo o mundo, os avanços na tecnologia tiveram efeitos mais radicais entre os europeus, cujas obras incluem desde tecnologias de nível artesanal exigidas pelo trabalho de Carlo Scarpa até a exuberante eloquência tecnológica de Renzo Piano e a engenharia-arte de alta tecnologia de Santiago Calatrava ou Nicholas Grimshaw. Comuns a todos, porém, são a expressividade transcendente e a celebração ostensiva do processo de edificação.

Carlo Scarpa

Durante a década de 1940, o arquiteto veneziano Carlo Scarpa (1902–1978) abraçou o Modernismo europeu em geral e o Racionalismo italiano em particular. Todavia, a busca muito pessoal pela expressão por meio dos materiais e sua montagem o distanciou das ideologias com as quais se identificou inicialmente. O incompleto Cemitério da Família Brion (iniciado em 1969), na aldeia de San Vito, perto de Veneza, inclui pavilhão, sacristia, capela, os túmulos da família Brion e espelhos de água. Fica adjacente ao cemitério da aldeia e está cercado pelas planícies do Vêneto, que se estendem até as montanhas distantes. A construção de Scarpa é executada principalmente em concreto e apresenta, predominantemente, motivos geométricos um tanto enigmáticos, como círculos sobrepostos e planos recuados múltiplos que se apresentam como declarações extremamente pessoais e também expressões do mistério inerente à condição humana. Scarpa supervisionava o canteiro de obras cuidadosa e pessoalmente enquanto tentava transformar as centenas de desenhos delicados feitos à lápis de cor em uma realidade física, mas poética.

James Stirling

Na década de 1960, o arquiteto britânico James Stirling (1926-1992) usou a temática da montagem industrial em seus projetos para os Edifícios da Engenharia da Leicester University (1964) e da Faculdade de História da Cambridge University (1968), ambos surpreendentes em função do uso escultórico bem evidenciado de materiais de construção convencionais. Janelas pré-fabricadas de estufa com esquadrias de alumínio foram inseridas nas paredes de tijolos industriais da torre de escritórios do Edifício da Engenharia e também usadas para envolver completamente as paredes e teto da ala de laboratórios anexa, onde os *sheds* foram tratados como volumes prismáticos ao terminarem na borda da edificação. No Edifício da Faculdade de História (Figura 16.64), que contém uma biblioteca nos pavimentos inferiores e escritórios para os professores no bloco em L que se eleva nas duas laterais, foram usados sistemas de envidraçamento industrial para cobrir a biblioteca e vedar as longas paredes externas dos escritórios. Uma gigantesca cascata de vidro oferece luz em abundância (bem como ganhos solares indesejáveis no verão devido ao efeito estufa) aos alunos que estudam na biblioteca em forma de leque.

A Staatsgalerie (Figuras 16.65–16.66), em Stuttgart, Alemanha (1977–83), mostra que Stirling passou para o Pós-Modernismo e além na metade da carreira. Ela deve muito ao Altesmuseum de Schinkel, em Berlin (veja a Figura 14.4), contém uma diversidade de alusões históricas e responde ao terreno de maneira que fica entre a busca de um *genius loci* (ou caráter peculiar de um local) e a desconstrução literal. O edifício contém galerias em U ao redor de uma rotunda central aberta à maneira de Schinkel. Stirling transformou a rotunda em um jardim de esculturas e parte de uma passarela pública criada para homenagear um caminho de pedestres anterior que atravessava o terreno. Quanto às alusões, que vão de frontões gregos ou romanos a cornijas egípcias com **caveto** e alvenaria em pedra deslocada como a usada pelo maneirista Giulio Romano, Stirling disse estar "exausto com a falta de limites espaciais e a flexibilidade chata, sem graça, indecisa e sem personalidade da arquitetura atual", o que indicava que havia dado início à sua fase de alta tecnologia. No lado aberto do U, na planta baixa, montou uma profusão escultórica de rampas, plataformas e saguão em curva sinuosa. Os muros foram distribuídos como fiadas estriadas de pedra variegada, assemelhando-se a uma ruína clássica escavada.

16.64 James Stirling, Edifício da Faculdade de História, Cambridge University, Cambridge, Inglaterra, 1968.

O uso de elementos estruturais marcantes e aparentes pode ser comparado às explorações feitas pelo Construtivismo russo no início do século XX. Os escritórios ocupam a torre e há uma biblioteca por trás da cascata de vidro.

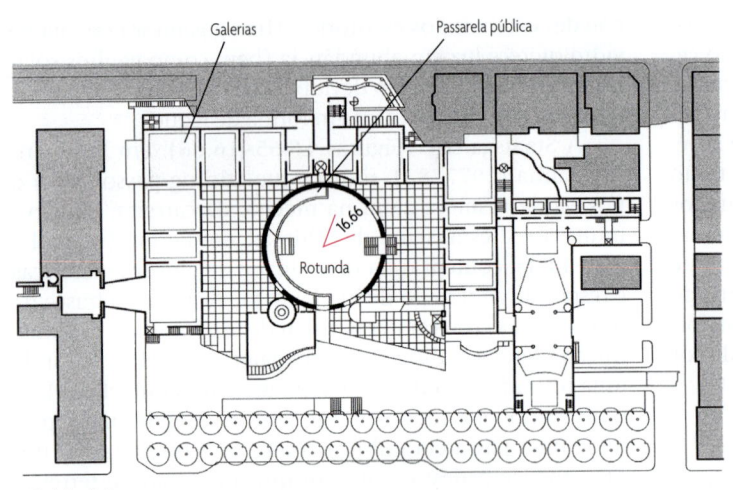

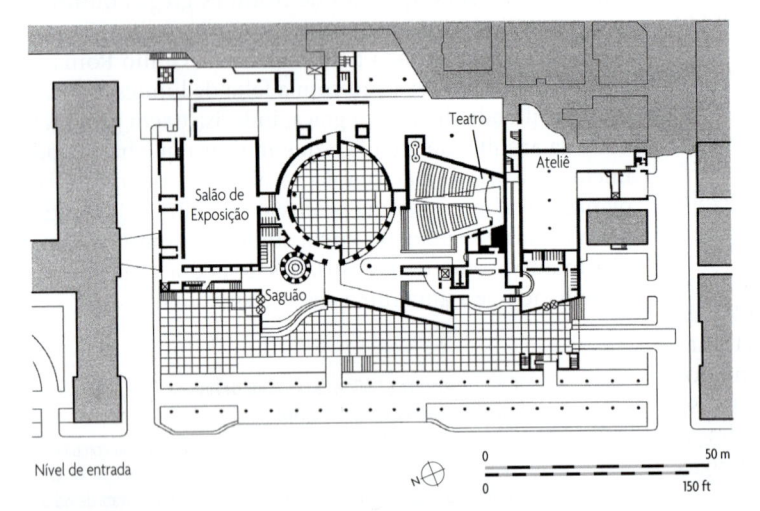

Galerias
Passarela pública
Rotunda
16.66
Nível da galeria

Salão de Exposição
Teatro
Ateliê
Saguão
Nível de entrada

0 50 m
0 150 ft
N

16.65 James Stirling, Plantas baixas da Staatsgalerie, Stuttgart, 1977–83.

Nesta etapa de sua carreira, Stirling tinha deixado de lado a tecnologia radical e adotado um historicismo quase de ruínas escavadas combinado às manipulações espaciais derivadas dos modernistas europeus.

16.66 (abaixo) James Stirling, Rotunda da Staatsgalerie, Stuttgart, 1977–83.

Stirling apresenta este espaço quase como uma ruína. Em outros lugares, deixou blocos de pedra espalhados no chão, como se tivessem sido deslocados com o passar do tempo.

Renzo Piano

É difícil determinar o que mais impressiona no arquiteto italiano, filho de empreiteiro, Renzo Piano (nascido em 1937): se o alcance geográfico de sua firma ou a qualidade sempre extraordinária de seu trabalho. Embora as inovações tecnológicas pareçam, ao menos superficialmente, ser seu principal interesse, os benefícios da tecnologia – que se refletem em espaços fluidos, sensação de proteção e qualidade da mão de obra – são os verdadeiros responsáveis por dar força ao processo de investigação projetual. O mesmo se aplica à contextualização, uma vez que os benefícios ambientais derivam naturalmente de suas preocupações com a qualidade da iluminação e a proximidade dos habitantes com o mundo natural. Em 1998, durante o discurso feito na cerimônia de recebimento do Pritzker Prize, ele se comparou a Robinson Crusoe, "um explorador capaz de sobreviver em terras estrangeiras", e se descreveu como alguém que "ignora as fronteiras entre as disciplinas" e "corre riscos e comete erros".

Com Richard Rogers, Piano projetou o Centro Pompidou (1976), na área de Beaubourg, em Paris (Figura 16.67), perto do antigo terreno do mercado Les Halles. Os principais elementos de arquitetura se encontram no exterior da edificação, na qual a trama branca da estrutura de aço com contraventamento diagonal, dutos de distribuição de ar azuis-claros, tubos de exaustão vermelhos e escadas rolantes externas que serpenteiam na fachada principal envolvem um volume retangular de vidro com múltiplos pavimentos. As galerias contidas no interior são simplórias se comparadas ao exterior, pois a mecânica exuberante do edifício fica curiosamente fora de contexto neste bairro do século XIX.

Em 1982, Piano projetou o Menil Collection Museum, em Houston, Texas, como uma caixa horizontalizada articulada pela luz. Ele envolveu uma série de refletores de concreto armado, modulados pela luz, com seções transversais na forma de apóstrofes, ao redor de um núcleo de galerias do tipo cela. No interior, pendurou versões estendidas dos refletores em uma série de vigas-treliça de aço; em seguida, distribuiu uma grelha de pilares tubulares de seção quadrada entre eles e o piso de madeira preta. Os moduladores de luz criam um efeito ondulante rítmico, similar ao dos *sheds* do DIA Center, em Beacon, mas em uma escala muito menor; na verdade, são precursores do tipo de teto usado por Piano no Nasher Sculpture Center, discutido a seguir.

Piano fez parte do grupo internacional de arquitetos (que incluiu seu ex-sócio Richard Rogers, Arata Isozaki e Raphael Moneo, todos citados anteriormente) que participou da reconstrução dos arredores da Potsdamer Platz, uma área de Berlim arrasada e abandonada ao final da Segunda Guerra Mundial. Naquela que fora uma terra de ninguém por meio século, Piano colocou um tanque triangular vindo do Landwehrkanal até o sul e respondeu à Biblioteca do Estado expressionista de Hans Scharoun (1967–72; concluída em 1978) no oeste. Entre a biblioteca, suas novas torres de escritórios "B1" e "Debis" e a nova Marlene Dietrich Platz, Piano implantou um cassino e teatro revestido por alumínio anodizado; a edificação dialoga com a obra de Scharoun e é coroada com uma série de coberturas metálicas suspensas.

16.67 Renzo Piano e Richard Rogers, Centro Pompidou, Paris, 1976.

Os órgãos internos da edificação (esqueleto estrutural, instalações mecânicas, tubulações, etc.), quase sempre escondidos ou desconsiderados, foram transformados na principal expressão de arquitetura. O local rapidamente se tornou um dos mais visitados em Paris.

16.68 Renzo Piano, Centro Cultural Jean-Marie Tjibaou, Nouméa, Nova Caledônia, 1991.

Mais semelhantes a uma escultura delicada ou parte da flora local do que com um edifício, estas edificações altas e incomuns anunciam as galerias convencionais abaixo. Os elementos verticais que lembram dedos são feitos de madeira laminada.

16.69 Renzo Piano, Interior do Nasher Sculpture Center, Dallas, Texas, 2003.

No início deste capítulo, Eero Saarinen foi apresentado como um arquiteto que ainda buscava um "estilo" quando morreu em 1961, aos 51 anos de idade. Os edifícios de Renzo Piano são tão diversificados quanto os de Saarinen, mas nem um pouco imaturos. Piano também compartilha a intensa preocupação de Saarinen por materiais de construção inovadores. Esta vista mostra uma das galerias e o pátio posterior.

Trata-se de um projeto perfeitamente bem inserido em uma cidade bastante fragmentada.

Piano é o único arquiteto deste livro que projetou um navio de cruzeiro: o Regal Princess (1987–91). Dotada de formas dinâmicas de modo a atualizar o estilo Moderno do projetista industrial Raymond Loewy (1893–1996) da década de 1930, a embarcação começa na forma de um golfinho que também poderia ter sido um pássaro, visto que o casco do navio é expressivamente aerodinâmico. Como nas edificações, Piano tentou criar um navio modesto e humano – neste caso, conectando os passageiros sempre que possível às vistas, aos sons, aos odores e às sensações do mar.

Nenhum arquiteto vivo projetou algo mais lírico que o Centro Cultural Jean-Marie Tjibaou, em Nouméa, Nova Caledônia (Figura 16.68). Ele distribuiu uma série de estruturas altas, perfuradas e em forma de vela ao longo de uma faixa de floresta entre uma lagoa e o oceano; suas formas se baseiam em cabanas locais, mas se elevam na direção do céu de maneira impressionante, como se fossem pontas de dedos. As "cabanas" foram construídas com camadas duplas de montantes de madeira laminada sobre bases com dobradiças, são estabilizadas por um contraventamento de cabos e montantes e parcialmente cobertas por tábuas de madeira. Ao lado, há galerias e espaços de apoio mais convencionais, alguns deles subterrâneos, que compartilham o alto nível de detalhamento e mão de obra de outras obras do arquiteto. Tecnologicamente inovador e, ao mesmo tempo, arraigado nas tradições locais de construção, o conjunto é impressionante quando visto a distância e cativa aqueles que entram para ver os artefatos.

Em 2003, Piano finalizou o Nasher Sculpture Center em um terreno no centro de Dallas, Texas. A coleção de obras de arte do século XX fica acomodada no interior e em um tranquilo pátio posterior, que inclui uma instalação a céu aberto de James Turrel. Fazendo uma referência ao Kimbell Art Museum, projetado por Louis Kahn na cidade próxima de Fort Worth (veja as Figuras 16.15–16.17), Piano criou cinco longos pavilhões estreitos e paralelos; no entanto, as semelhanças param aí. As paredes laterais dos pavilhões apresentam um suntuoso mármore travertino nas faces internas, enquanto as paredes das extremidades menores são completamente envidraçadas (Figura 16.69). Acima, barras de aço inoxidável sustentam nervuras de aço levemente arqueadas que, por sua vez, sustentam vidro com baixo conteúdo de ferro (e, portanto, extremamente transparente) sobre uma malha de alumínio; o padrão complexo de orifícios oblíquos desenvolvido pela firma de engenharia Arup permite a admissão de luz natural abundante, mas indireta. No subsolo, Piano colocou as obras sensíveis à luz, as salas de pesquisa e conservação, um auditório e os escritórios.

16.70 Santiago Calatrava, Ampliação do Milwaukee Art Museum, Milwaukee, Wisconsin, 2001.

Ainda que pudesse facilmente ser uma escultura, esta cobertura é um anteparo solar cinético. Eero Saarinen, citado na legenda anterior, projetou o museu original ao qual Calatrava fez esta ampliação peculiar.

Santiago Calatrava

Nascido na Espanha em 1951, Calatrava é arquiteto, engenheiro e, talvez, escultor. Explorando novas tecnologias, especialmente aquelas capazes de produzir longos vãos e balanços espetaculares, ele tem seguido um caminho similar ao de seu conterrâneo Antonio Gaudí um século antes, ao unir lógica estrutural e referências metafóricas às formas encontradas na natureza para produzir edificações. A Estação Ferroviária Stadelhofen (1990), em Zurique, Suíça, utiliza passarelas e ampliações de cobertura de modo radical acima de uma arcada orgânica, abobadada e subterrânea. Como na Capela Güell e no viaduto do Parque Güell de Gaudí (veja a Figura 14.52), as paredes e a cobertura da estação se transformam em um todo orgânico que se eleva como o tronco e os galhos de uma árvore.

Em 2001, Calatrava concluiu a ampliação, principalmente de concreto, do Milwaukee Art Museum. Assemelha-se a uma ave prestes a voar; seu elemento mais proeminente é o conjunto cinético de brises ou dispositivos para controle solar, que ameniza o ambiente na área de recepção envidraçada do museu (Figura 16.70). Sob essa concepção fantástica, as galerias horizontalizadas correm na direção norte-sul, aparentemente extrudadas a partir da base dos brises, até chegar à War Memorial Art Gallery construída na década de 1960 por Eero Saarinen. Finalmente, uma passarela de pedestres sustentada por um mastro inclinado e cabos segue para o leste, na direção do centro da cidade.

Jean Nouvel

Na Roma Antiga, Némausus era o nome da atual Nîmes. Ali, em 1994, Jean Nouvel (nascido em 1949) terminou sua Némausus – dois blocos habitacionais paralelos com extremidades arredondadas feitos com materiais relativamente baratos geralmente associados à construção industrial. Rejeitando o historicismo, bem como a vertente do Modernismo típica de Le Corbusier, Nouvel buscou – por meio da tecnologia e de uma leitura cuidadosa da cultura contemporânea – produzir edifícios que tivessem, sem dúvida, o espírito de sua época. Em Nîmes, decidiu construir usando concreto bruto, chapas de alumínio corrugado e paredes internas de vidro comercial, além de alumínio perfurado nos guarda-corpos das sacadas contínuas, que funcionam como uma versão metálica dos brises de Le Corbusier. O estacionamento adjacente, arborizado com plátanos, foi rebaixado para deixar o nível do solo livre como um mar conceitual, através do qual o volume do Némausus, similar a um navio, parece oscilar. Apesar da sensibilidade romântica, as formas de Nouvel se destacam de maneira positiva entre as construções e depósitos industriais do entorno.

Norman Foster

O inglês Sir Norman Foster (nascido em 1935) conheceu Richard Rogers em Yale e posteriormente associou-se a ele,

16.71 Norman Foster, Hong Kong Bank, Hong Kong, 1986.

Como um inseto, este banco de grande altura possui um exoesqueleto. Suas longas laterais se abrem para a paisagem urbana, enquanto as funções mecânicas e de serviço fecham as elevações curtas do leste e oeste.

antes de fundar a firma Foster Associates com sua esposa, Wendy Cheesman Foster. Admirador de R. Buckminster Fuller (discutido a seguir), a quem atribui as primeiras orientações tanto nas inovações em construção como naquilo que hoje é conhecido como projeto sustentável, ele explorou as potencialidades das tecnologias dos séculos XX e, atualmente, XXI, mas sem deixar de se preocupar com o meio ambiente.

Ao projetar a sede internacional do Hong Kong Bank (1986) (Figura 16.71), Foster respondeu a um terreno que tem vistas magníficas do porto de Hong Kong (ao norte) e do Victoria Peak (ao sul) criando um prisma retangular de 47 pavimentos; suas longas laterais foram orientadas para tais vistas, enquanto as instalações mecânicas e os espaços de serviço fecham as elevações menores do leste e oeste. As áreas mais públicas foram acomodadas do terceiro ao 12º pavimento, agrupadas em volta de um átrio central iluminado por espelhos anexados a um "coletor solar" voltado para o sul (um aparato ajustável com espelhos para acompanhar o percurso aparente do sol) pendurado do lado de fora do edifício. Exceto pelas casas de máquinas, estrutura e área dos elevadores, o pavimento térreo é inteiramente devotado a uma praça aberta a partir da qual escadas rolantes aos pares sobem através de um teto de vidro até chegar ao átrio acima. Os detalhes da construção dão personalidade ao exterior; oito treliças de aço verticais formam as "pernas" a partir das quais os pisos são suspensos em cinco módulos com alturas que diminuem gradualmente. O interior sem pilares foi obtido por meio do sistema estrutural que age como cinco pontes sobrepostas sus-

16.72 Norman Foster, Interior do Reichstag, Berlim, 1993.

Ao redor do perímetro desta rotunda, as pessoas sobem e descem pela rampa circunferencial. Abaixo fica a câmara legislativa; acima, o cone invertido que reflete a luz para baixo e canaliza o calor para o alto.

pensas das treliças horizontais. Cada treliça horizontal ocupa um pavimento com pé-direito duplo que contém salas de reunião, áreas de recreação e serviços de alimentação; todas têm terraços externos que servem de área de refúgio em caso de incêndio. Os pavimentos com treliças dividem o prédio em faixas de zoneamento que abrigam unidades funcionais relacionadas do banco; os pisos de cada zona são conectados por escadas rolantes em vez de elevadores, estabelecendo uma continuidade espacial. Os recuos dos pavimentos superiores obedecem aos códigos de edificação, enquanto o pavimento de cobertura, no topo, oferece espaço aos executivos do banco, já que a cobertura funciona como um heliporto.

Em 1993, Foster venceu um concurso para reformar o centenário Reichstag alemão, deixado em ruínas após um misterioso incêndio ocorrido em 1933, enquanto os nazistas lutavam pelo poder, e afetado ainda mais quando os exércitos aliados e russos invadiram Berlim em 1945. Situado perto do Muro de Berlim, foi praticamente ignorado até a reunificação das Alemanhas Oriental e Ocidental em 1989. Trabalhando com os resquícios da edificação datada do século XIX, Foster adicionou uma cúpula transparente e uma rampa externa em espiral sobre a câmara legislativa, além de um cone facetado interno que reflete a luz para baixo e canaliza o ar aquecido para cima como uma chaminé. O simbolismo da fênix surgindo das cinzas literais é evidente (Figura 16.72).

Próxima à Tower Bridge, muito vertical, a Prefeitura de Londres se curva de maneira curiosa em direção ao sul como se anunciasse que os paradigmas outrora questionáveis deixaram de sê-lo. Concebida como uma solução simultânea aos problemas de forma e desempenho, esta edificação oval deformada, mas elegante, tem área de superfície mínima (em relação ao volume interno) exposta ao sol direto; inclui brises horizontais no lado para o qual pende; e incorpora vidros triplos e janelas de abrir. No lado norte, camadas de triângulos de vidro que lembram um bolo de casamento abrem a Assembleia para o público que fica no exterior. A circulação vertical ocorre por uma escada em espiral que gera uma rotunda dinâmica para esta câmara e só pode ser comparada, em função da funcionalidade e beleza combinadas, à estrutura de um argonauta com várias câmaras.

A Prefeitura está entre os muitos projetos citados neste capítulo para os quais a firma atualmente conhecida como Arup Associates prestou serviços de engenharia. Em uma era em que a maior parte dos custos de um projeto cobre apenas as "instalações", é inegável a importância dos engenheiros determinados a produzir *venustas* (beleza) além de *firmitas* (estabilidade), ainda por cima de maneira criativa. A Arup Associates talvez seja a melhor firma do mundo em seu ramo de atuação, com projetos discutidos neste capítulo que remontam à Casa de Ópera de Sydney. Fundada em 1946 pelo engenheiro dinamarquês Sir Ove Arup (1895–1988), a empresa enfatiza a cooperação entre engenheiros e arquitetos em um ambiente extremamente criativo e receptivo a novas ideias, ressaltando, também, a amplitude e a profundidade do conhecimento.

Nicholas Grimshaw

O Waterloo International Terminal (1994) de Londres, projetado por Sir Nicholas Grimshaw (nascido em 1939), recebe trens saídos do Túnel do Canal da Mancha. Ele se sobressai em termos tanto de imagem urbana como de complexidade da construção. Descendente dos galpões ferroviários de ferro e vidro do século XIX, o edifício possui uma planta baixa ondulante com 400 metros de comprimento que se encaixa na Estação de Waterloo preexistente. A construção de Grimshaw tem um exoesqueleto de treliças de berço tridimensionais com juntas de pino, assemelhando-se a um inseto gigante – talvez uma centopeia, em função da planta baixa; foi envidraçada na lateral oeste e revestida, na maior parte, com painéis corrugados de aço inoxidável no leste. Foi necessário muito

16.73 R. Buckminster Fuller, Cúpula geodésica, Pavilhão dos Estados Unidos, Exposição Internacional de Montreal de 1967.

Na década de 1960, Buck Fuller viajou por todo o mundo, usando relógios com três fusos horários diferentes (um para onde estava, outro para onde estivera e o último para onde ia a seguir) e dando palestras para qualquer aluno que se mostrasse disposto a escutar. Suas apresentações de várias horas incluíam descrições detalhadas de suas cúpulas geodésicas ilustradas à mão livre.

tempo para solucionar os problemas de dilatação, contração e deslocamento associados às mudanças de temperatura, movimentação dos trens e cargas de vento.

As Pontes Ljburg, de Grimshaw, foram inauguradas em Amsterdã em 2001. Começando como a cauda de uma baleia que se ergue sobre a linha da água, seus pilones dão lugar a arcos de aço ondulados triplos, contraventados lateralmente por grupos triangulares de mastros que sustentam os cabos; esses, por sua vez, sustentam o tabuleiro abaixo. Grimshaw permitiu que a racionalidade extrema da engenharia produzisse uma graça estrutural dinâmica que não era vista desde as pontes de Robert Maillart. Como na Ponte do Brooklyn (veja a Figura 14.27), o tabuleiro acomoda veículos motorizados, bicicletas e pedestres ao longo de vias protegidas e separadas.

O PROJETO SUSTENTÁVEL

O tema do projeto sustentável, que se refere à arquitetura com o menor impacto negativo possível no meio ambiente – idealmente, nulo – é complicado e frequentemente paradoxal. Não envolve apenas os efeitos da edificação em seu terreno durante e após a construção, mas as repercussões da extração e do processamento dos materiais de construção e do fornecimento da energia necessária para sua operação, entre outros fatores. Os arquitetos – alguns mais que outros – sempre se preocuparam com questões ambientais, mas a escala de tais preocupações, incluindo as fontes de energia minguantes, o aquecimento global, a destruição generalizada dos habitats, a extinção de espécies e o aumento da população, têm trazido essas questões para o primeiro plano. As respostas culturais e governamentais em geral ainda são esporádicas e incompletas (e mais vigorosas na Europa do que nos Estados Unidos); já as respostas da arquitetura só podem ser descritas como imaturas. Parece evidente, no entanto, que a degradação do meio ambiente se tornará uma das questões mais importantes – senão a mais importante – a ser respondida pelas gerações futuras.

R. Buckminster Fuller

R. Buckminster Fuller (1895-1983) só pode ser classificado como inclassificável. Com influências extremamente divergentes, como conexões familiares com os transcendentalistas da Nova Inglaterra e experiências marítimas na engenharia aplicada, ele se tornou, para alguns, um sábio visionário das tecnologias avançadas e um dos primeiros defensores da conservação dos recursos globais; para outros, porém, não passava de um exibicionista. De qualquer forma, cruzou o céu da arquitetura como um meteoro fazendo uma trajetória oblíqua com previsões de escala cósmica e estratégias de projeto universais. Ao menos conceitualmente, sua Casa Dymaxion – uma unidade de habitação de baixo custo suspensa por um mastro central que devia ser levada ao terreno por grandes gruas – foi uma "máquina de morar" muito mais adequada para a produção em massa do que tudo o que fora oferecido pelos arquitetos modernistas europeus. Suas edificações construídas foram, na maioria, **cúpulas geodésicas**, ou cúpulas feitas com barras retas e leves, submetidas principalmente à tração. A mais conhecida dentre elas foi construída em 1967 para a Exposição Internacional de Montreal, ou Expo '67 (Figura 16.73).

MVRDV

Um edifício que fala de modo áspero sobre sustentabilidade, embora sugira poucas soluções para os problemas relacionados, foi projetado pela firma holandesa MVRDV para servir de pavilhão do país na Expo 2000, realizada em Hanover, na Alemanha. Concebido por arquitetos oriundos de um local onde a terra sempre foi muito valorizada – pois é escassa e grande parte do solo disponível foi tirado do mar por diques – o pavilhão é similar a um bolo com camadas de lajes de piso díspares, cada uma delas representando uma condição da terra: o subterrâneo, os campos abertos, a artificialidade mecânica, a floresta e, no topo, o céu, onde cataventos geram eletricidade.

Glenn Murcutt

O arquiteto australiano Glenn Murcutt (nascido em 1936) tem seguido uma linha de investigação que enfatiza tanto o formalismo como a adaptação ao ambiente. Entre suas primeiras influências encontram-se Mies van der Rohe, especialmente na Casa Farnsworth, e os californianos Richard Neutra e Craig Ellwood, dois arquitetos que, como Mies, produziram elegantes estruturas arquitravadas. Em termos de respeito pelo terreno, Murcutt foi influenciado pela chamada Escola de Sydney de projetistas, com atuação na Austrália no final da década de 1950 e início da década de 1960. Interessou-se por estruturas leves e permeáveis, tirando partido das experiências com um pai que o apresentou aos edifícios agrícolas de madeira e metal corrugado australianos e

16.74 Glenn Murcutt, Interior da Casa Douglas Murcutt, Sydney, 1969–72.

Este é um ensaio sutil sobre os espaços interno e externo e a transição entre eles. A estrutura é similar a da Casa Farnsworth, com finos tubulares de seção retangular sustentando uma cobertura que flutua.

16.75 Glenn Murcutt, Local History Museum and Tourist Office, Kempsey, New South Wales, 1976, 1979–82, 1986–88.

Murcutt se baseou no vernacular local para muitas de suas formas, mas reinterpretou-as com materiais e métodos de construção modernos. Os exaustores na cobertura transformam-se em elementos formais importantes.

o sensibilizou para as questões construtivas. Murcutt tende a projetar prédios compridos e estreitos, com suas longas laterais voltadas para o norte e o sul de modo a garantir uma ventilação adequada e responder ao percurso aparente do sol. Ele estende as seções transversais, mas confere a elas perfis complexos que respondem ao sol e ao vento, bem como à habitação humana. A seguir, detalha tais peles para que aceitem brises e muros com elementos vazados que atenuam as forças climáticas e articulam suas superfícies. Após entrar em contato com o arquiteto mexicano Luís Barragán, Murcutt transformou os espelhos de água em elementos significativos em muitos de seus projetos.

A Casa Douglas Murcutt, em Sydney (1969–72) (Figura 16.74), é parecida com a Casa Farnsworth, mas está diretamente apoiada no solo e se mistura com a natureza por meio do pátio interno que apresenta vegetação nativa. A Casa Ball-Eastway (1980–83), localizada no noroeste de Sydney, consiste em um pavilhão com estrutura minimalista de perfis tubulares de aço e apresenta impactos ambientais mínimos. Implantada em uma floresta de acácias, eucaliptos e banksias, possui seção transversal abobadada com paredes quase completamente cobertas por brises e por um sistema de drenagem pluvial que parecem esculturas. Em Kempsey, New South Wales, Murcutt projetou o Local History Museum and Tourist Office (1976, 1979–82 e 1986–88) (Figura 16.75) que é, ao mesmo tempo, sutil e eficiente ao responder às forças do meio ambiente. Ele colocou paredes de tijolo não portantes sobre uma base

16.76 Glenn Murcutt, Interior do Local History Museum and Tourist Office, Kempsey, New South Wales, 1976, 1979–82, 1986–88.

Os elementos de controle ambiental são partes significativas do interior de todos os projetos de Murcutt. As venezianas controlam a luz e reforçam a escala humana. Abaixo delas, os postigos podem ser abertos para ventilação.

16.77 Glenn Murcutt, Casa Magney, Bingi Point, New South Wales, 1982–84.

Sob a laje de piso desta casa, Murcutt colocou cisternas para coletar a água da chuva. A forma aparentemente excêntrica da cobertura responde, na verdade, à trajetória do sol e aos ventos dominantes.

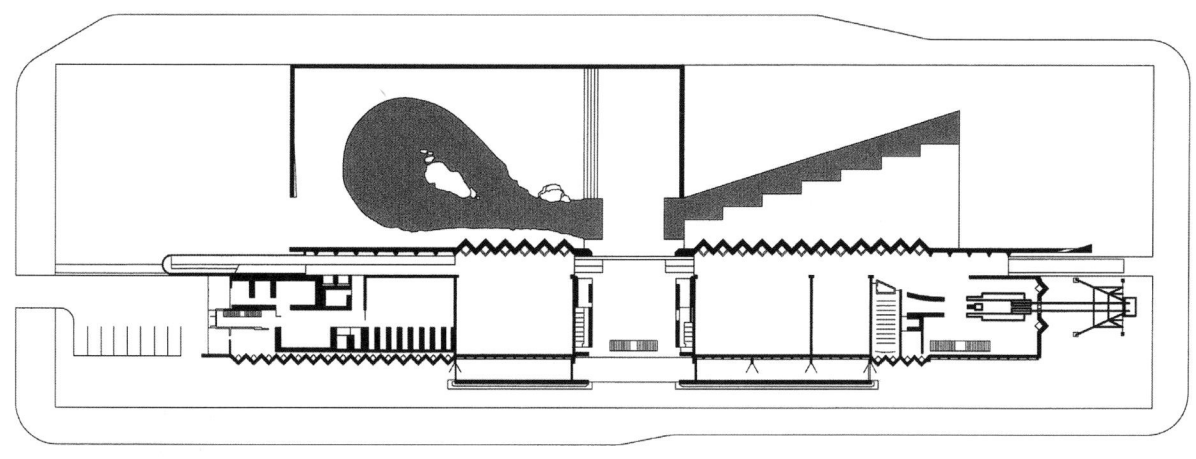

16.78 Glenn Murcutt, Planta do Minerals and Mining Museum, Broken Hill, New South Wales, 1987–89.

Muitas das plantas de Murcutt são longas e estreitas, como esta, para aproveitar a orientação e a ventilação cruzada. A pele da edificação, separada da malha estrutural, parece estar viva, em função de sua sensibilidade ao contexto.

16.79 Glenn Murcutt, Casa Simpson-Lee, Mount Wilson, New South Wales, 1989–94.

Este projeto combina uma elegância mecanicista e espartana com uma resposta sincera, mas prática, ao controle climático passivo. O resultado é quase uma escultura.

também de tijolo, isolou-as e então as cobriu com painéis de liga de zinco; a cobertura de telhas metálicas corrugadas é sustentada por uma estrutura de aço de perfis tubulares separada. A ventilação ocorre na união dos sistemas (Figura 16.76) e é reforçada e animada por lanternins. As texturas ricas das paredes e do teto, bem como a iluminação que proporcionam, contradizem as origens objetivas da construção. A Casa Magney, em Bingi Point, New South Wales (1982–84) (Figura 16.77), é uma caixa miesiana desconstruída. Cobertura assimétrica "em borboleta", vedações de metal, brises e sistema de tubos de queda pluvial que levam a cisternas subterrâneas unem-se em um organismo metálico calibrado para o ambiente inóspito e sua função – ser uma casa de férias para clientes que muito visitaram e admiravam o local.

Como metáfora para as edificações de mineração da Austrália, o jamais construído Minerals and Mining Museum de Broken Hill, New South Wales (1987–89) (Figura

16.78), exagera tanto a estrutura como as vedações, gerando algo similar às obras dos desconstrutivistas, embora talvez mais fácil de explicar. Paredes de taipa de pilão dotadas de coletores de vento com inspiração egípcia mantêm o espaço interno dez graus centígrados mais frios do que o exterior sem usar condicionamento mecânico de ar. Finalmente, a Casa Simpson-Lee, em Mount Wilson, New South Wales (1989–94) (Figura 16.79), possui um equilíbrio dinâmico que resulta da distribuição de cada elemento – pavilhões com estrutura independente, passarela linear e espelho de água – em uma espécie de equilíbrio ambiental. A circulação ao longo da passarela, passando pelo estúdio e junto ao espelho de água e aos dormitórios, foi calculada para que os usuários experimentassem uma sensação de retraimento gradual ao entrar em um ambiente particular com características quase monásticas.

The Center for Maximum Potential Building Systems

O projeto verdadeiramente sustentável permanece distante da prática de arquitetura convencional, sendo encontrado, de fato, em oásis de pensamento futurista, como é o caso do The Center for Maximum Potential Building Systems [O Centro para Instalações Prediais com Potencial Máximo], situado em Austin, Texas. Administrado pelo arquiteto Pliny Fiske e por Gail D. A. Vittori, o programa de projeto de edificação, planejamento e desenvolvimento de políticas de gestão tem como meta criar ambientes que se mantenham em harmonia com eles mesmos ao longo de seus ciclos de vida completos. As preocupações do Centro incluem fontes de energia renováveis, conservação e coleta de água pluvial *in loco*, tratamento e reciclagem de águas servidas, reciclagem de materiais e equilíbrio da química atmosférica. Eles aceitam métodos de construção contemporâneos, mas tentam mesclá-los com técnicas tradicionais de eficácia comprovada para agradar os moradores da região. Os projetos de arquitetura imediatos do Centro buscam promover um programa de construção sustentável muito mais amplo e que possa ser institucionalizado como política governamental.

OS ARQUITETOS QUE TRABALHAM NA CHINA

O primeiro requisito para qualquer firma de arquitetura é "pôr mãos à obra". Como, atualmente, a maioria das obras é feita na China, os arquitetos estão migrando em bandos para esse gigante emergente na economia global. Até o momento, nenhum projeto chinês se destacou mais que o edifício projetado por Rem Koolhaas e seu Office of Metropolitan Architects para a CCTV, rede de televisão chinesa com audiência composta por mais de um bilhão de pessoas (Figura 16.80). Considerando que Koolhaas tem construído altos castelos imaginários no ar desde que publicou *Nova York Delirante* em 1978, não é surpresa encontrá-lo ainda encantado com edifícios que parecem desafiar a gravidade e que sejam grandes o bastante (neste caso, com 230 metros de altura e 400 mil m²) para se transformarem em cidades em si. A conexão entre seu projeto e a escultura moderna (difícil não pensar na obra de David Smith [1906–65]) é evidente, assim como a necessidade de que a onipresente firma Arup tornasse estruturalmente viável a configuração da estrutura não ortodoxa do arquiteto. Sua forma irregular sugere que algo como o John Hancock Center, edifício de 100 pavimentos contraventado externamente por uma grelha de aço em forma de diamante (*diagrid*), localizado em Chicago, foi dobrado – uma, duas, cinco vezes – e então teve a base e o topo reconectados, produzindo, entre outras coisas, o maior balanço do mundo. A sede da CCTV é, possivelmente, a tentativa chinesa mais extrema – mas, decididamente, não a única – de usar uma arquitetura radical para anunciar o otimismo do país às vésperas dos Jogos Olímpicos de 2008, a serem realizados em Pequim.

Entre os arquitetos discutidos neste capítulo e que agora trabalham na China, Steven Holl projetou oito torres de apartamentos conectadas com fachadas algo similares ao seu Edifício Simmons Hall, no M.I.T. (veja a Figura 16.57); Zaha Hadid propôs uma nova casa de ópera que, de tão aerodinâmica, poderia ser confundida com um bombardeiro Stealth de próxima geração; e projetistas menos conhecidos seguiram o mesmo caminho. Em 2005, a recém-formada firma Plexus r + d, de Atlanta, composta por Jordan Williams e Erik Lewitt, venceu um concurso para projetar o Parque de Ciências Biológicas Zhongguanchun de Pequim. Usando os elegantes desenhos produzidos por computador que são, há muito tempo, a especialidade dos estudantes de arquitetura da China, os dois representaram suas ideias de modo convincente e, segundo eles, fizeram boas estimativas para melhor controlar os custos da obra.

CONCLUSÕES SOBRE AS IDEIAS DE ARQUITETURA

A maior parte das edificações discutidas neste capítulo final está, ao menos parcialmente, ao alcance do público, incluindo os muitos museus, e tal ênfase foi dada na própria arquitetura. Ler sobre arquitetura e, ao mesmo tempo, estudar desenhos e fotografias é uma boa maneira de aprender um pouco sobre o assunto; porém, essa atividade tem limites. A arquitetura precisa ser percorrida, tocada e usada: ela precisa ser vivenciada – e é isso que os autores esperam que aconteça.

A principal conclusão a ser tirada deste capítulo é que não há uma única grande vertente no projeto de edificações no início do século XXI. O Pós-Modernismo chegou e se foi; o Desconstrutivismo, por sua vez, revelou-se mais um rótulo que uma direção. Como na cultura em geral, e para melhor ou pior, o pluralismo descreve muito bem a situação atual. Há novas forças em cena, sendo o computador, talvez, a mais evidente. Os programas de desenho eletrônicos e a Internet facilitaram bastante a colaboração entre arquitetos, firmas de arquitetura e diferentes escritórios. Várias pessoas, inclusive os engenheiros, já podem ter acesso aos desenhos simultaneamente – e esses podem ser alterados fácil e universalmente, independentemente da distância geográfica. Ademais, a capacidade que o computador tem de desenhar polígonos e curvaturas rapidamente, além de apresentar os resultados tridimensionais em uma forma que se aproxima do realismo das fotografias, tornou

16.80 Rem Koolhaas, Sede da CCTV, Pequim.

Esta edificação em espiral, com 230 metros de altura, precisa de todo o contraventamento em X possível por causa do seu balanço inacreditável. Atualmente, o autor holandês de *Nova York Delirante* (livro escrito durante seus estudos de arquitetura na Architectural Association School de Londres) está tentando construir esta torre, que será o prédio mais alto da China.

as formas complexas mais fáceis de projetar, mais passíveis de construir e muito mais atraentes e, acompanhando as novas tecnologias da construção, encorajou muitas pesquisas com novos sistemas de vedação, isto é, paredes externas, ou peles, de edifícios.

Para concluir, é evidente que os problemas relacionados à degradação ambiental e ao exaurimento das fontes de energia alterarão radicalmente o dia a dia em todo o planeta – muito antes do que se imagina. A famosa imagem do terceiro planeta depois do Sol – o belo orbe azul finito e frágil ou, como dizia R. Buckminster Fuller, a "espaçonave Terra" – visto do espaço está sendo saqueado a uma velocidade alarmante. Este livro está repleto de exemplos de culturas que degradaram seus meio ambientes de diferentes maneiras, algumas delas, como os maias pré-colombianos, até torná-los inabitáveis; essa catástrofe, no entanto, foi apenas regional. O problema agora é global e exigirá soluções globais, das quais a arquitetura deve fazer parte.

GLOSSÁRIO

Ábaco Pedra assentada diretamente sobre o capitel de uma coluna clássica.

Abadia Monastério administrado por um abade.

Abertura falsa Elemento emoldurado (como uma janela) aplicado a uma parede, mas que não apresenta uma abertura até o outro lado.

Abóbada Teto ou cobertura em arco formado com pedras ou tijolos.

Abóbada de arestas Abóbada formada por duas abóbadas de berço que se cruzam.

Abóbada de berço Abóbada semicircular cobrindo um espaço retangular.

Abóbada de claustro Abóbada com nervuras apoiada sobre uma base quadrada ou retangular. Também chamada abóbada em arco de claustro ou abóbada de barrete de clérigo.

Abóbada de mucarna Tipo de abóbada islâmica com superfície fragmentada em muitos segmentos côncavos. As abóbadas de mucarna podem ser de alvenaria ou formadas com elementos suspensos.

Abóbada de pendentes Abóbada com elementos decorativos suspensos em suas nervuras.

Abóbada de seis painéis Abóbada sobre dois vãos estruturais dividida em seis partes por nervuras diagonais e uma nervura transversal.

Abóbada em arco de claustro Abóbada com superfícies nervuradas que se eleva de uma base quadrada ou octogonal. Também chamada abóbada de claustro ou abóbada de barrete de clérigo.

Abóbada em leque Nos prédios do Gótico Perpendicular inglês, as abóbadas com nervuras que tinham a mesma curvatura e irradiavam (ou saíam em leque) da nascente.

Abóbada nervurada Abóbada cujas nervuras inferiores geralmente sustentam os painéis.

Abóbada quadripartida Abóbada sobre um vão estrutural dividida por nervuras diagonais em quatro partes.

Abside A terminação da nave central de uma basílica ou o coro de uma igreja em forma de basílica.

Acanto Planta utilizada como modelo para a decoração de capitéis coríntios e compósitos.

Acrópole A tradução literal é "cidade alta". Nas cidades-estado gregas, a acrópole era o local onde ficavam os templos e santuários religiosos mais importantes.

Acrotério Ornamento vertical colocado na cumeeira e nos beirais de telhados de duas águas de edificações gregas clássicas.

Adobe Bloco de alvenaria feito como argila ou terra argilosa seco ao sol.

Aduela Bloco de alvenaria em forma de cunha usado para formar um arco.

Afresco Pintura executada diretamente sobre uma superfície de parede aplicando-se pigmentos na argamassa úmida.

Ágora Nas cidades-estado gregas, termo empregado para a área dos mercados e dos prédios da administração da cidade.

Alameda Percurso de jardim linear definido por árvores em ambos os lados.

Alvenaria ciclópica Paredes ou muros feitos de pedras muito grandes e com desbaste mínimo.

Anfiteatro Arena com arquibancadas dispostas em torno de uma área circular ou oval.

Anicônica Ornamentação que sugere por meio de simbolismo, em vez de empregar representações literais.

Anta Um engrossamento do tipo pilastra na borda da parede ou na ombreira de uma abertura, respondendo a um pilar adjacente.

Apadana Salão de audiência dos palácios persas.

Aparelho alterado Quinas de alvenaria angulares orientadas alternadamente no sentido horizontal e vertical.

Aqueduto Uma tubulação para o transporte de água por gravidade. O termo também costuma ser empregado para a estrutura com arcos construída para sustentar a tubulação através dos vales.

Arcada Série de arcos apoiados em colunas ou pilares.

Arco Elemento curvo que vence o vão de uma abertura e transfere as cargas estruturais acima dele. Na maioria das vezes os arcos são compostos de elementos de alvenaria em forma de cunha denominados aduelas. O perfil de um arco pode ser semicircular (arco pleno ou de meio ponto), apontado ou quase plano (dito abatido).

Arco apontado Arco com dois centros e ápice pontiagudo.

Arco de triunfo Na arquitetura romana, a estrutura em forma de portal com uma ou duas aberturas arqueadas construída para comemorar o retorno de um exército vitorioso.

Arco transversal Arco que cruza um grande salão ou uma nave central.

Arco verdadeiro Arco curvo, muitas vezes semicircular (dito pleno ou de meio ponto) composto de blocos de pedra ou tijolos individuais (aduelas).

Arcobotante Na arquitetura gótica, a combinação de um contraforte externo a um arco esbelto, o qual se fixa à parede logo abaixo da nascente de uma abóbada, para resistir ao seu empuxo lateral.

Aresta Interseção de duas superfícies.

Arquitrave Na arquitetura clássica, a porção inferior de um entablamento.

Ateliê Estúdio ou local de trabalho de um arquiteto.

Ático Pavimento construído acima da cornija de uma edificação, às vezes usado para esconder o telhado.

Átrio Espaço central de uma casa romana, descoberto e com a função de receber luz e ar fresco. Nas igrejas paleocristãs, o átrio era um grande pátio interno circundado por galerias cobertas que precediam a entrada da igreja.

Balanço Uma viga engastada em uma extremidade e não apoiada na outra.

Balcão Plataforma em balanço que avança em relação a uma parede, geralmente protegida por uma grade ou balaustrada.

Balcão envidraçado Uma janela de sacada (*bay window*) da arquitetura medieval inglesa.

Baldaquim Cobertura elaborada construída sobre um altar.

Balestreiro Em edificações medievais, galeria de pedra em balanço em uma muralha de defesa, com aberturas no piso para se lançar materiais sobre os atacantes.

Bandas lombardas Detalhes decorativos em uma parede compostos de arcos e pilastras protuberantes.

Bandeira Abertura sobre uma porta, para iluminação ou ventilação.

Barracão Edificação similar à casa de tábuas, com cobertura plana ou telhado de duas águas, estrutura arquitravada e vedações de tábuas.

Base Parte inferior de uma coluna ou um pilar, geralmente mais espessa do que a parte que se apoia sobre ela, para distribuir as cargas nas fundações.

Basílica A tradução literal é "salão do rei". Na arquitetura romana clássica, um pavilhão utilizado para a administração pública. O termo em geral se refere a uma edificação retangular que tem uma seção central com telhado mais alto (a nave central, se for uma igreja) ladeada por naves laterais mais baixas. Uma projeção semicircular, a abside, geralmente era implantada em uma ou nas duas extremidades menores. Os primeiros cristãos adaptaram a forma da basílica para o projeto de suas igrejas, substituindo uma abside pela entrada principal e criando um eixo processional ao longo da edificação. O altar era colocado na abside oposta à entrada.

Bastide Uma cidade nova medieval fundada tanto para a defesa como para o desenvolvimento econômico de uma região pouco ocupada.

Batistério Prédio geralmente octogonal empregado para o batismo de cristãos.

Bazaar O mercado coberto das cidades islâmicas.

Beiral A borda de um plano de cobertura que se projeta em relação à parede externa de uma edificação.

Belvedere Espaço ou estrutura que se eleva de modo a oferecer uma bela vista ou a receber brisas.

Bienséance Relaciona-se à adequação e à forma correta de uma edificação em relação ao seu propósito, de acordo com a teoria da arquitetura francesa do século XVIII.

Bochki Empenas com curvas invertidas, típicas da arquitetura russa.

Boiserie Painéis internos de madeira enriquecidos por talhas, dourações, pinturas ou marchetaria.

Bouleterion Na arquitetura grega clássica, o prédio utilizado para as reuniões do Senado ou da Câmara Municipal.

Brise Elemento externo a uma edificação para proteger as janelas dos raios solares.

Caixotões Recuos em um forro definindo um padrão geométrico.

Caldarium Os compartimentos muito quentes dos banhos públicos ou termas romanas.

Campanário Torre de sinos construída na quina do telhado de uma igreja ou como parte mais estreita da empena da fachada principal.

Campanile Na Itália, o nome dado a um campanário independente.

Caneluras Sulcos verticais do fuste de uma coluna clássica.

Cantaria Pedra afeiçoada assentada de modo que suas juntas fiquem visíveis.

Capitel Terminação de uma coluna na arquitetura clássica, geralmente com entalhes decorativos.

Caravançará Acomodação para mercadores viajantes, geralmente construída em torno de um grande pátio e dotada de estábulos para animais, depósitos fechados para mercadorias e estalagem para viajantes.

Cardo Em cidades romanas e etruscas, a principal avenida norte-sul.

Cariátide Coluna esculpida na forma de uma mulher de pé.

Carolíngio Termo aplicado a edificações construídas sob a influência do imperador Carlos Magno, que reinou entre 792 e 814.

Cártula Moldura bastante decorada suspensa sobre portas.

Casa de tábuas Edificação similar a um barracão, com estrutura arquitravada com cobertura e vedações laterais de tábuas de madeira rachadas manualmente.

Casa do Capítulo Sala de reunião de um monastério, geralmente localizada junto ao claustro, onde os monges e o abade se reuniam diariamente para a leitura da regra que regulava a vida monástica.

Casa semissubterrânea Edificação parcialmente abaixo do nível do solo, dotada de apenas um cômodo com estrutura de madeira e coberta de terra ou fibras vegetais.

Castrum Guarnição ou acampamento militar romano (pl. *castra*).

Catedral Igreja que serve de sede para um bispo. (O assento do bispo é chamado de cátedra.)

Caveto Moldura côncava, geralmente um quadrante de um círculo, muitas vezes usada em cornijas.

Cela Sala de culto no centro de um templo.

Cenotáfio Monumento construído em memória de alguém que não está enterrado no local.

Chaitya Na Índia, memorial tradicional de vila construído sobre o túmulo de uma pessoa ilustre. A edificação construída em torno de tal memorial e que permite seu circungiro é conhecida como salão *chaitya*.

Charrette Período de trabalho intensivo para o término de um projeto de arquitetura. O termo deriva da carreta (*charrette*) que circulava por Paris para a coleta dos projetos dos estudantes de arquitetura da École des Beaux-Arts.

Château Palavra francesa que significa castelo. Na França renascentista, o termo geralmente é empregado a qualquer mansão rural, ainda que não tenha fins de defesa. O plural de *château* é *châteaux*.

Chatra Elemento em forma de guarda-chuva triplo colocado no alto de uma estupa, simbolizando a árvore *bodhi* sob a qual Buda chegou à iluminação.

Chave Aduela central de um arco.

Chigi Na arquitetura do Xintoísmo, protuberâncias verticais de tábuas nas empenas de um santuário, formando um X.

Cimbre Andaimes ou fôrmas necessários para sustentar uma abóbada ou um arco de alvenaria durante sua construção.

Cimento O elemento aglomerante do concreto. Cimentos naturais ocorrem em áreas que no passado apresentaram atividade vulcânica, como Puteoli, na Itália, de onde os romanos extraíam os depósitos que chamavam de pozolana. Cimentos artificiais são fabricados desde 1824, quando Joseph Aspdin descobriu um processo de queima de calcário, argila e areia sob temperatura muito alta e posterior moagem.

Claustro Em um monastério, o passeio coberto que circunda um pátio quadrangular que conecta os espaços de moradia dos monges à igreja.

Clerestório Janelas na parte mais alta de uma parede, geralmente logo abaixo do telhado.

Cogulho Protusão decorativa em forma de botão de flor nas quinas de elementos de pedra góticos, especialmente em flechas e torres.

Coluna Na arquitetura clássica, o elemento estrutural vertical que consistia de base, fuste e capitel.

Colunas *in antis* Colunas no plano de uma parede, muitas vezes entre antas.

Colunas perípteras Colunas dispostas em todos os lados de uma edificação.

Colunata Série linear de colunas com entablamento.

Compósita Ordem romana que combinava as características das ordens jônica e coríntia.

Concreto Material de construção plástico que consiste de areia, água, cimento e agregado e que endurece e adquire a consistência de uma pedra.

Concreto armado Concreto com arame ou barras de aço em seu interior. A combinação do concreto com o aço tira partido da resistência à compressão do primeiro e a resistência à tração do segundo.

Conexão rígida Conexão entre dois elementos estruturais (geralmente uma viga e um pilar) que é capaz de resistir a momentos fletores.

Contraforte Reforço de alvenaria aplicado a uma parede ou a um muro.

Convenance Palavra francesa da teoria da arquitetura francesa do século XVIII que significa conveniência e se refere à adequação e à forma correta de uma edificação em relação ao seu propósito.

Coquille Forma orgânica similar a uma concha marítima.

Coríntia Ordem da arquitetura clássica que apresenta capitéis com folhas de acanto sobre um fuste com caneluras.

Cornija Elemento no topo de um entablamento que se projeta em relação ao plano da parede externa. De modo mais genérico, o termo também é empregado para qualquer moldura projetada no topo de uma edificação.

Coro Extremidade leste de uma igreja em basílica, de onde se cantavam os cânticos dos sacramentos.

Corps-de-logis Bloco principal e independente de um complexo de edificações francesas.

Cortile Na arquitetura italiana, o termo se refere a um pátio interno cercado por galerias.

Cripta Nível de subsolo de uma igreja, originariamente empregado para enterros.

Croqui Esboço preliminar ou solução de projeto desenhada rapidamente que expressa a ideia geradora de um projeto usada no método ensinado na École des Beaux-Arts.

Cruz no quadrado Sinônimo de planta baixa em quincunx.

Cruzeiro Em uma basílica, o espaço no qual o transepto, a nave central e o coro se interceptam.

Cúpula Abóbada gerada por um arco que gira em torno de um eixo, resultando em planta baixa circular ou poligonal. Também chamada de domo ou zimbório.

Cúpula Cobertura contínua e curva sobre uma planta baixa circular ou poligonal, geralmente de seção semicircular ou elíptica.

Cúpula geodésica Estrutura em grelha que assume a forma de uma cúpula e é composta apenas por pequenos elementos lineares, geralmente submetidos à tração.

Deambulatório Corredor curvo por trás do coro de uma igreja, geralmente utilizado para conectar as absidíolas (capelas radiais).

Decumanus Nas cidades etruscas e romanas, a principal avenida leste-oeste.

Dentículo Elemento de uma cornija composta de blocos retangulares compostos distribuídos em uma fileira, como se fossem dentes, razão pela qual apresentam esse nome.

Domos Espaço principal em um mégaron.

Dórica Ordem grega que não tem base, mas apresenta um fuste com caneluras e um equino sustentando o ábaco. Já as colunas dóricas romanas tinham base.

Ecletismo Seleção de elementos de arquitetura de uma variedade de estilos.

Eixo Linha que marca o movimento de um elemento significativo e, portanto, divide uma composição em duas partes iguais.

Élève Aluno novato na École des Beaux-Arts.

Emparelhamento tipo livro Lâminas de madeira dispostas lado a lado de modo que suas fibras fiquem simétricas em relação às juntas.

Empena Extremidade do frontão de um templo clássico. De maneira mais genérica, o termo também designa o espaço triangular na extremidade de uma cobertura com duas águas. Também chamado de oitão.

En suite Uma série de cômodos dispostos lado a lado.

Encaixe Pivô ou abertura retangular preparado para receber uma espiga, geralmente em uma construção de madeira

Enfilade Alinhamento de uma série de portas em cômodos adjacentes.

Entablamento Na arquitetura clássica, os elementos horizontais que se apoiam em colunas e que consistem (de baixo para cima) em arquitrave, friso e cornija.

Êntase A leve curvatura para fora de uma coluna, a qual então afina em direção ao topo do fuste.

Enxaimel Sistema de construção de paredes com elementos de madeira pesada que suportam a carga estrutural e são vedadas com outros materiais.

Equino A moldura curva em forma de almofada que, com o ábaco, forma o capitel de uma coluna da ordem dórica.

Escada imperial Escada com lanço central que leva a um patamar e então se divide em dois lanços laterais.

Esfinge Criatura mitológica com corpo de leão e cabeça de homem.

Espiga Protuberância de madeira (o "macho") preparada para a inserção no encaixe (a "fêmea").

Estela Laje vertical, geralmente com imagens ou inscrições.

Estereotomia Arte de cortar pedras em formas complexas.

Estilóbato Base, geralmente com degraus, sobre a qual se apoia um templo com colunas.

Estrutura em balão Sistema estrutural em madeira composto de montantes ininterruptos da placa de soleira à placa de topo, mesmo que a edificação tenha vários pavimentos.

Estufa Prédio usado para proteger arbustos e árvores ornamentais em climas frios.

Estupa Na arquitetura budista, o monte de terra e pedras erguido sobre as relíquias do Buda ou, por extensão, sobre os restos de uma pessoa sagrada.

Êxedra Nicho semicircular frequentemente empregado como assento de honra ou local de instalação para uma estátua.

Fachada A elevação externa de uma edificação.

Fácia Faixas horizontais na arquitrave das ordens jônica e coríntia. O termo também é genericamente empregado para se referir às tábuas que fecham os beirais de um telhado.

Faiança Cerâmica vitrificada que consiste principalmente de quartzo e areia (sem argila), geralmente de cor verde azulada e pequenas variações superficiais.

Falsa abóbada Construção que não apresenta uma verdadeira ação de arco e é feita avançando-se aos poucos as fiadas opostas para dentro, até que se encontrem no topo.

Falso arco Elemento de alvenaria que se projeta levemente em relação a uma parede e que serve como suporte.

Feng shui Arte chinesa de se adaptar um projeto ao seu terreno e contexto, de modo a promover a harmonia dos princípios taoístas.

Filete Face vertical plana entre as caneluras de um fuste de coluna.

Fonte lustral Tanque ou piscina rasa utilizada para purificações rituais.

Foro Nas cidades romanas, o espaço ao ar livre perto do centro, usado para o comércio e as atividades cívicas.

Fosso Largo dique que circundava um castelo ou uma cidade, às vezes cheio de água, construído para defesa.

Frigidarium Banhos de água fria de uma terma romana.

Friso Elemento horizontal acima da arquitrave e abaixo da cornija de um entablamento.

Frontão Empena de um templo emoldurada por cornijas.

Frontispício Moldura de porta elaborada na fachada principal de uma edificação.

Fulgê Acabamento de parede feito com reboco texturizado com pedrisco.

Fuste Elemento vertical que fica entre a base e o capitel de uma coluna clássica

Galeria Passagem sobre a nave lateral de uma igreja medieval.

Galeria longa Corredor largo e longo em casas renascentistas inglesas e francesas usado como espaço de estar.

Galileia Pórtico ou capela na extremidade oeste das igrejas medievais.

Garbhagriha "Câmara em forma de útero" ou sala do altar no núcleo de um templo hindu.

Gárgula Biqueira decorativa para condução de águas pluviais, geralmente entalhada de modo a lembrar um animal fantástico.

Gopura Na arquitetura hindu, um portal monumental erguido no eixo de um templo.

Gótico Flamejante Estilo Gótico francês dos séculos XIII e XIV caracterizado por linhas radiais.

Gótico Primitivo Primeira fase do Gótico inglês, mais ou menos equivalente ao Gótico Pleno francês.

Grande salão Principal espaço de estar em um palácio veneziano, geralmente estendendo-se de lado a lado de uma casa.

Ha-ha Vala usada para controlar o movimento do gado, mas não visível em uma paisagem planejada.

Hammerbeam Viga em balanço com mísulas empregada como apoio para uma estrutura de telhado de madeira com tesouras.

Haram Palavra árabe que significa, ao pé da letra, "privado" ou "sagrado". Empregada para descrever o santuário de uma mesquita e os aposentos de uma casa islâmica.

Harmika Muro vazado com planta quadrada no alto de uma estupa.

Hemiciclo Nicho ou cômodo semicircular.

Hôtel Edifício de apartamentos residenciais urbanos na França.

Huaca Antigo artefato, animal ou terreno peruano sagrado habitado por um deus ou espírito.

Iconostase Painel nas igrejas bizantinas que divide a nave central do coro e que é usado como apoio para imagens sagradas (ícones).

Igreja-salão Igreja em forma de basílica na qual a nave central e as naves laterais têm a mesma altura.

Impluvium Nas casas romanas, o tanque raso que coletava a água da chuva drenada pela cobertura do átrio.

Ínsula Edifício de apartamentos romano.

Intercolúnio Espaço entre colunas. Também chamado entrecolúnio.

Iwan Câmara com telhado ou abóbada aberta de um lado, geralmente voltada para o pátio interno de uma mesquita.

Jian Módulo usado na arquitetura de madeira chinesa, especialmente em casas, equivalendo a aproximadamente 3,5 por 6,0 metros.

Jônica A ordem clássica que apresenta volutas nos capitéis; seus fustes costumam ter caneluras.

Katsuogi Pequenos elementos horizontais colocados no alto de um templo xintoísta; provavelmente foram utilizados inicialmente para segurar a cobertura de sapé.

Ki Estrutura abobadada de pau a pique construída pelas tribos indígenas do sudoeste norte-americano.

Kiva Espaço para reuniões ou rituais na cultura do Pueblo Ancestral, geralmente circular e parcialmente subterrânea.

Kodo Na arquitetura japonesa budista, o nome dado ao salão principal de um templo.

Külliye Palavra turca que significa uma mesquita e suas edificações relacionadas, geralmente incluindo equipamentos de ensino, assistência social e hospitalar e espaços comerciais.

Labirinto Edificação com caminhos confusos ou tortuosos.

Lanterna Torre com janelas que se eleva sobre uma cobertura ou sobre o óculo de uma cúpula.

Lierne Nervura complementar não estrutural e decorativa adicionada a uma abóbada gótica.

Linga Pedra vertical nos templos tradicionais da Índia, que simboliza o elemento masculino.

Linguagem clássica da arquitetura Gramática da arquitetura que se baseia nas ordens clássicas da Grécia e da Roma antigas.

Lintel Qualquer elemento horizontal que vence um vão. Também chamado de dintel.

Loggia Galeria aberta, geralmente elevada sobre o solo e coberta.

Luneta Projeção semicircular ou em forma de meia-lua de uma abertura de janela em um teto abobadado.

Madrasa Escola islâmica de Teologia, Direito e Literatura.

Mandala Diagrama geométrico baseado em um quadrado subdividido que é empregado para gerar as proporções dos projetos de templos hindus.

Mandorla Moldura em forma de amêndoa em torno da imagem de um santo, utilizada para indicar divindade.

Maqsura Nas primeiras mesquitas, área em frente ao mihrab reservada para oficiais, que às vezes recebia uma ornamentação extra (abóbada ou cúpula especial) ou anteparo especial, para segurança.

Marché Movimento ao longo de um percurso de arquitetura bem definido.

Marchetaria Mosaico de madeira.

Martyrium Edifício associado a um mártir cristão. O plural é *martyria*.

Masjid Mesquita de um bairro ou distrito.

Mastaba Monumento funerário egípcio com cobertura plana e laterais inclinadas construído sobre uma câmara funerária.

Mausoléu Túmulo elaborado. O nome originou do túmulo do Rei Mausolo.

Medalhão Pequeno painel ou abertura circular.

Megálitos Grandes pedras ou matacões usados na arquitetura pré-histórica.

Mégaron Na arquitetura micênica, recinto retangular em cujo centro havia uma fogueira e quatro colunas que sustentavam um telhado com átrio. O termo também é genericamente aplicado para se referir a casas com um único cômodo na região do Mar Egeu.

Mesquita Local de culto islâmico.

Métopa Elemento do friso dórico que era usado alternado com os tríglifos. As métopas tinham baixos-relevos.

Mihrab Nicho na *qibla*, indicando a direção de Meca.

Minarete Na arquitetura islâmica, a torre associada a uma mesquita, da qual os fiéis eram convocados para rezar.

Minbar Em uma mesquita, o púlpito do qual o imã conduz as orações.

Minka Casas de madeira tradicionais do Japão, típicas das comunidades rurais.

Mísula Suporte geralmente curvo e decorado que sustenta uma cornija ou um elemento projetado. Também chamada de consolo.

Mísula composta Complexo apoio interconectado típico da arquitetura chinesa, permitindo grandes beirais nos telhados.

Modilhão Sinônimo de consolo, às vezes usado em uma série de mísulas ornamentais que sustentam uma cornija.

Moldura aplicada Moldura que se estende horizontalmente sobre uma cobertura e depois continua na vertical por uma pequena distância, descendo de cada lado.

Monastério Instituição religiosa que oferece moradia e local de trabalho para monges.

Mosaico Decoração de piso, parede ou teto composta de pequenas peças de vidro ou pedra coloridas, formando desenhos.

Motivo serliano Abertura com arco central e vãos arquitravados em ambos os lados.

Motivo serliano Abertura com arco central e vãos arquitravados nas duas laterais.

Motte-and-bailey Castelo medieval com um morro (*motte*) e um pátio circular (*bailey*) definido por um fosso e uma muralha.

Mútulo Bloco sobre o sofito de uma cornija dórica, geralmente decorado com elementos cônicos cilíndricos ou truncados.

Naos Santuário de um templo grego. Também chamado de cela.

Nártex Pórtico ou câmara de entrada antes da nave central de uma igreja.

Nave central Grande espaço central de uma igreja em forma de basílica.

Nave lateral Em uma igreja em forma de basílica, a porção lateral que se desenvolve paralela à nave central, geralmente separada por colunas ou pilares.

Nervura Moldura saliente aplicada à aresta de uma abóbada ou cúpula.

Nervura diagonal Nervura que cruza um vão diagonalmente de uma imposta de pilar ou coluna a outra.

Nicho Um recuo na parede.

Nymphaeum Cômodo ou edificação para relaxamento com uma fonte ou um chafariz.

Obelisco Monólito de pedra com planta baixa quadrada e laterais inclinadas que se afunilam em direção ao topo piramidal.

Óculo Abertura circular no topo de uma cúpula.

Opistódomo Recinto fechado nos fundos de um templo grego, geralmente usado para a guarda do tesouro.

Opus incertum Muro ou parede da Roma Antiga construído de pedras de formato irregular que serviam de fôrma para um núcleo de concreto-massa.

Opus listatum Muro ou parede da Roma Antiga construído de pedras e tijolos em fiadas alternadas.

Opus quadratum Muro ou parede da Roma Antiga construído de pedras de cantaria.

Opus reticulatum Muro ou parede da Roma Antiga construído de pedras de formato piramidal, cujas pontas ficavam para dentro e bases quadradas eram assentadas de modo a formar uma grelha diagonal.

Opus testaceum Muro ou parede da Roma Antiga construído de pedras de tijolos que serviam de fôrma para um núcleo de concreto-massa.

Ordem toscana Ordem clássica baseada na arquitetura etrusca, caracterizada por colunas sem caneluras e capitéis bastante simples.

Ordens Os sistemas de arquitetura arquitravados desenvolvidos pelos gregos e aproveitados pelos romanos. As ordens gregas – dórica, jônica e coríntia – diferem um pouco das romanas. Os romanos também criaram as ordens toscana e compósita.

Ordens sobrepostas Sucessão vertical de colunatas clássicas.

Ordonnance Termo francês que significa a relação correta das partes entre si e com o todo oriundo da teoria da arquitetura francesa do século XVIII.

Orquestra Em um teatro grego, piso circular usado para danças.

Óvalo e dardo Ornamentos em forma de ovo que se alternam com outros em forma de dardos.

Pagoda Torre de seção variável com vários níveis de telhado construída por budistas especialmente na China e no Japão. A palavra deriva do sânscrito *dagoba*, que significa estupa.

Palazzo Tipo de palácio. No Renascimento italiano, bloco quadrado com pátio central (cortile) e pavimento principal (piano nobile) no segundo nível.

Palestra Edifício romano usado para exercícios físicos; ginásio esportivo.

Parede-cortina Nos castelos medievais, era a porção de um muro de defesa entre duas torres. Nas construções atuais, significa uma superfície de vedação externa suspensa em uma estrutura de aço.

Parterre Conjunto geométrico e ornamental de canteiros de flores planos.

Pavilhão Bloco proeminente na composição de uma fachada, geralmente no centro ou nas extremidades e geralmente avançando em relação ao conjunto, elevado e coroado com uma cobertura distinta.

Pavimento em balanço Pequeno balanço na estrutura de madeira que sustenta o segundo pavimento de um prédio, mais comum nas casas de madeira do período medieval.

Pedra angular Pedra ou bloco usado para dar peso ou proeminência visual a uma quina externa.

Pendente Triângulo esférico que transforma um vão quadrado em circular, para sustentar uma cúpula.

Pensionnaires Estudantes de arquitetura franceses que passavam um longo período de estudos em Roma.

Perfil I Elemento estrutural, geralmente de aço, com seção transversal em I; suas partes horizontais são chamadas de mesas ou abas; a parte vertical é a alma.

Período Decorado Fase do Gótico inglês que segue ao Gótico Primitivo, às vezes dividida em Período Geométrico e Período Curvilíneo (posterior). Suas características incluem rendilhados elaborados, liernes e tiercerões.

Período Perpendicular Última fase do Gótico inglês, caracterizada por fortes rendilhados em painel e abóbadas de leque.

Peristilo Pátio ou jardim colunado.

Piano nobile Principal pavimento de estar de uma casa, geralmente no segundo piso em relação ao solo.

Piazza Espaço aberto rodeado por edificações (praça); na arquitetura norte-americana do século XIX, o termo às vezes é empregado para se referir ao alpendre de uma casa.

Pietra serena Pedra de cor cinza muito empregada em detalhes de arquitetura da Florença renascentista.

Pilar Elemento estrutural de seção transversal quadrada ou retangular que sustenta um arco ou um lintel.

Pilar de corrimão Pilar central de uma escada circular ou de lanço reto.

Pilar-parede Parede transversal com pilastras usada para definir espaços e maior estabilidade lateral das abóbadas das naves centrais de igrejas do Barroco alemão. Também chamado de *Wandpfeiler*.

Pilastra Pilar adossado a uma parede ou muro, às vezes articulado como uma ordem.

Pilone Entrada monumental de um templo egípcio, com muros inclinados e abertura central.

Piloti Colunas independentes (não adossadas a uma parede) que sustentam um segundo pavimento. O termo foi popularizado por Le Corbusier.

Planta baixa em cruz grega Planta baixa na forma de uma cruz com dois braços iguais.

Platibanda Mureta no perímetro de uma cobertura.

Policromia Uso decorativo de pedras coloridas, especialmente comum na arquitetura medieval.

Polis Cidade-estado da Grécia antiga.

Pomochi Série de balanços sobrepostos usada na arquitetura de madeira da Rússia.

Porte-cochère Marquise ou abrigo para veículos ou carruagens.

Pozolana Cinza vulcânica que contém silício e alumínio e endurece como cimento ao ser moída fina e misturada com calcário e água.

Précis Programa de necessidades, breve ou resumido, de uma edificação descrevendo os elementos essenciais a serem incluídos em um projeto e apresentado pela École des Beaux-Arts no início de um concurso de projeto de arquitetura.

Prodomos Veja *pronaos*.

Project rendu Solução de projeto totalmente desenhada ou bastante desenvolvida e bem detalhada apresentada na École des Beaux-Arts.

Pronaos O vestíbulo ou a antecâmara da sala principal (*naos*) de um templo grego.

Proscênio A área imediatamente em frente ao *skene* de um teatro grego antigo.

Próstilo Colunata em frente a uma edificação.

Pueblo Casa comunitária ou grupo de casas de adobe e pedra.

Qasr Palavra árabe que significa castelo.

Qibla Direção da cidade de Meca, indicada em uma mesquita pelo *mihrab*; por extensão, a parede na qual o *mihrab* é colocado.

Quadrifólio Padrão com quatro lóbulos (ou folhas) muito comum na arquitetura gótica.

Querubim Representação de uma criança rechonchuda e nua, muitas vezes alada, usada em pinturas ou esculturas.

Quincunx Cinco objetos distribuídos sobre um quadrado, com um no centro. As igrejas bizantinas com planta baixa em quincunx geralmente têm cinco cúpulas, sendo uma no centro e quatro nas quinas.

Ramada Edificação arquitravada de planta baixa retangular, com cobertura plana de sapé ou outra fibra vegetal.

Ratha Carruagem ou biga. Na arquitetura hindu, a tipologia de edificação em pedra esculpida ou construída de modo a lembrar uma carruagem.

Rendilhado As divisões de pedra (montantes e travessas) das janelas góticas.

Rocaille Ornamento do século XVIII em forma de voluta inspirado em rochas ou conchas marítimas desgastadas pela ação da água.

Rusticação Alvenaria de pedra rústica com juntas aparentes.

Sahn Pátio interno de uma mesquita.

Salão hipostilo Grande salão composto de muitas colunas bastante próximas entre si, as quais sustentam a cobertura.

Semicúpula Superfície que corresponde a um quarto de esfera e geralmente cobre uma abside.

Serdab Nos monumentos funerários egípcios, uma câmara acima do nível do solo na qual eram colocadas as oferendas ao defunto.

Shatyor Telhados em forma de barraca usados em igrejas russas.

Shikhara Cobertura alta e curva, geralmente de perfil parabólico, que se eleva como uma montanha artificial sobre a *garbhagriha* de um templo hindu.

Sipapu Depressão do tamanho de um punho usada nos *kivas* do Pueblo Ancestral, talvez como um portal para o mundo dos espíritos.

Skene Edificação que cria o pano de fundo de um teatro clássico.

Stoa Na arquitetura grega clássica, edificação alongada com uma ou mais colunatas. As *stoas* eram usadas para comércio, reuniões e exibições.

Suq Rua no mercado islâmico.

Tablinium Nas casas com átrio da Roma antiga, uma área de recepção, geralmente no eixo da entrada.

Tabuleiro Plano vertical, geralmente ornamentado, usado nas pirâmides pré-colombianas, similar ao friso da arquitetura grega clássica.

Talude Plano vertical inclinado usado nas pirâmides pré-colombianas.

Tambor Volume cilíndrico que sustenta uma cúpula.

Tatame Colchonetes de palha de arroz com aproximadamente 90,0 × 180,0 centímetros usados como módulo para as dimensões dos cômodos das casas japonesas tradicionais.

Telhado esconso Cobertura construída com quatro águas.

Tepidarium Recinto com água morna nas termas ou banhos romanos.

Termas Banhos públicos romanos, geralmente com piscinas de água quente, morna e fria.

Terracota Argila cozida, mas não vitrificada, muito usada em ornamentos.

Tholos Cúpula que cobre uma edificação de planta baixa circular, ou, o que é mais comum, a própria edificação circular cupulada.

Tiercerão Nas abóbadas góticas, nervura secundária que se estende do suporte à coroa de uma abóbada.

Tímpano Painel, geralmente semicircular, sobre o lintel e sob o arco de uma porta. Também se refere ao triângulo central de um frontão.

Tokonoma Nas casas japonesas, alcova no vestíbulo da casa, onde os objetos valiosos são expostos.

Tora Tronco longo, geralmente rústico, mas sem casca, usado para construção.

Torana Portal de entrada elaborado de um templo budista.

Torii Elaborado portal de entrada arquitravado nos templos budistas do Japão.

Toro Moldura convexa e quase semicircular frequentemente usada na base de uma coluna clássica.

Torre de menagem A torre central protegida de um castelo medieval.

Totem Nome popular para as grandes toras de cedro com representações talhadas pelos índios do noroeste dos Estados Unidos.

Transepto Os braços norte e sul de uma igreja com planta baixa em basílica.

Trapeira Janela que se projeta em um telhado.

Treliça Estrutura independente composta por elementos relativamente curtos, em geral formando triângulos, usada para formar uma ponte ou uma cobertura.

Triclinium Sala de jantar em casas e palácios da Roma Antiga.

Trifólio Padrão com três lóbulos (ou folhas), comum na arquitetura gótica.

Trifório Nas igrejas góticas, a passagem estreita sob o clerestório, correspondendo ao espaço sob o telhado de uma água da nave lateral.

Tríglifo Bloco estriado assentado entre as métopas de um friso dórico.

Trílito Duas pedras verticais sustentando um lintel também de pedra (arquitrave de pedra).

Trompa Elemento em forma de seção de arco usado para transformar um vão quadrado em um octógono na nascente de uma cúpula.

Tubulão Uma caixa ou câmara estanque ao ar empregada para se trabalhar no leito de um rio.

Vão Módulo estrutural de uma edificação definido pela repetição de um elemento como uma coluna ou um pilar.

Verdika Muro vazado que circunda uma estupa.

Vestíbulo Antecâmara de um espaço principal.

Viga Elemento horizontal que transfere cargas estruturais a suportes verticais.

Viga de transição Viga pesada que distribui (transfere) as cargas da estrutura acima a suportes que não estão no mesmo prumo.

Vihara Monastério budista.

Vila O termo romano (*villa*) significava fazenda. Por extensão, o termo passou a ser empregado no Renascimento e nos períodos posteriores para se referir a uma casa de campo, geralmente de grandes dimensões.

Villa rustica Casa de fazenda romana que incluía aposentos para os membros da família, escravos e empregados, bem como depósitos e outros cômodos.

Voluta Elemento decorativo em espiral encontrado em capitéis jônicos, coríntios e compósitos.

Wandpfeiler Veja pilar-parede.

Westwerk O nártex, as capelas e as torres colocadas na extremidade de entrada de igrejas carolíngeas e posteriores.

Yoni Círculos concêntricos em torno da *linga*, representando o princípio feminino na arquitetura tradicional da Índia.

Zigurate Pirâmide primitiva utilizada na Mesopotâmia como plataforma para uma edificação religiosa.

BIBLIOGRAFIA

Capítulo 1

Arnold, Dieter. *Building in Egypt: Pharaonic Stone Masonry.* New York: Oxford University Press, 1991. Um resumo do que a arqueologia descobriu sobre os métodos usados na alvenaria de pedra monumental do Egito Antigo, da extração nas pedreiras ao transporte e à execução.

Arnold, Dieter. *The Encyclopedia of Ancient Egyptian Architecture.* Princeton: Princeton University Press, 2003. Use como livro de consulta.

Bourdier, Jean-Paul and Trinh T. Minh-Ha. *Drawn From African Dwellings.* Bloomington, IN, 1996. Cobre uma grande variedade de tipologias de habitação e é muito bem ilustrado.

Burenhult, G. (ed.) *Old World Civilizations: The Rise of Cities and States.* New York: Harper Collins, 1994. Um panorama ilustrado da história e dos artefatos do mundo antigo.

Denyer, Susan. *African Traditional Architecture.* New York: Africana Publishing Company, 1978. Uma introdução geral à arquitetura vernacular da África.

Duly, Colin. *The Houses of Mankind.* London: Thames and Hudson, 1979. Inclui uma seção sobre a África.

Fagan, Brian M. *The Seventy Great Mysteries of the Ancient World.* London: Thames and Hudson, 2001. Para qualquer um curioso sobre as perguntas não respondidas sobre civilizações e povos antigos, é uma delícia. Resumos das informações que hoje dispomos são apresentados de maneira objetiva por especialistas internacionais.

Guidoni, Enrico. *Primitive Architecture*, trans. Robert Erich Wolf. *History of World Architecture* series. New York: Harry N. Abrams, 1978. Uma análise internacional com uma discussão substancial da arquitetura tradicional da África.

Gurney, Oliver Robert. *The Hittites.* London: Folio Society, 1999.

Hawkes, Jacquetta. *The Atlas of Early Man.* New York: St. Martin's Press, 1993. Nesta obra, a evolução da humanidade é apresentada em períodos de tempo bem marcados e por meio de textos, mapas e desenhos.

Hawkins, Gerald. S. *Stonehenge Decoded.* Garden City: Doubleday, 1965. Este é o estudo pioneiro que demonstrou como Stonehenge era usado.

Isler, Martin. *Sticks, Stones and Shadows: Building the Egyptian Pyramids.* Norman, OK: University of Oklahoma Press, 2001. Isler analisa as questões práticas associadas ao corte, ao transporte e ao posicionamento de pedras muito grandes, propondo a ideia de que talvez tenham sido usadas escadas em vez de rampas para a construção das grandes pirâmides. Compare este livro com o estudo de Arnold.

Lerner, Mark. *The Complete Pyramids.* New York: Thames and Hudson, 1997. Um texto bem ilustrado e conciso sobre todos os aspectos das pirâmides, da religião à construção.

Lloyd, Seton, Hans Wolfgang Müller, and Roland Martin. *Ancient Architecture: Mesopotamia, Egypt, Crete, Greece.* New York: Abrams, 1973. Um texto enxuto, mas com boas ilustrações, especialmente de reconstruções de edificações que hoje estão em ruínas.

Mellaart, James. Catal Hüyük: A Neolithic Town in Anatolia. New York: McGraw-Hill, 1967. Mellaart liderou as escavações de Catal Hüyük, e este livro apresenta o que ele encontrou no sítio arqueológico.

Nnanmdi, Elleh. *African Architecture: Evolution and Transformation.* New York: McGraw-Hill, 1997. Uma análise relativamente completa que inclui diversas tipologias de edificação.

Oliver, Paul. *Shelter in Africa.* New York: Praeger Publishers, 1971. Muito útil, mas a cobertura é de locais específicos, cuja escolha ficou sujeita aos interesses pessoais dos contribuintes.

Renfrew, Colin. *Before Civilization.* Harmondsworth, England: Penguin, 1973.

Rudofsky, Bernard. *Architecture Without Architects.* New York: Doubleday, 1964. Discutido no texto.

Smith, Earl Baldwin. *Egyptian Architecture as Cultural Expression.* Watkins Glen: American Life Foundation, 1968. Seu texto é um pouco ultrapassado, mas as ilustrações a traço são muito boas.

Smith, W.S. *The Art and Architecture of Ancient Egypt.* New Haven, CT: Yale University Press, 1998.

Soffer, Olga. *The Upper Paleolithic of the Central Russian Plain.* Orlando, FL: Academic Press, 1985. Uma das poucas fontes em inglês sobre os assentamentos pré-históricos da Ucrânia.

Wilkinson, Richard H. *The Complete Temples of Ancient Egypt.* New York: Thames and Hudson, 2000. Cobre não somente os templos em si, mas também os insere no contexto da história, religião e sociedade. Ilustrações excelentes.

Capítulo 2

Camp, John M. *The Athenian Agora: Excavations in the Heart of Classical Athens.* New York: Thames and Hudson, 1998. Uma documentação clara do desenvolvimento da Ágora, dos seus primórdios ao período romano, com base nos estudos feitos pela American School of Classical Studies de Atenas, com plantas baixas e vistas da reconstrução de edifícios que já não existem.

Coulton, J.J. *Ancient Greek Architects at Work.* Ithaca, NY: Cornell University Press, 1977.

Hoepfner, Wolfram and Ernst-Ludwig Schwandner. *Haus und Stadt im klassischen Griechland.* Munich: Deutscher Kunstverlag, 1994. Embora seja em alemão, esta obra é valiosa por suas muitas ilustrações. É o livro mais recente a relatar os estudos de campo feitos nas cidades-estado clássicas.

Lawrence, Arnold Walter. *Greek Architecture.* New Haven, CT: Yale University Press, 1996. Livro que fazia parte da série da Pelican sobre a história da arte, cujos títulos geralmente eram excelentes.

Marinatos, Nanno. *Minoan Religion: Ritual, Image, and Symbol.* Columbia, SC: University of South Carolina Press, 1993. Estudo excelente sobre as práticas religiosas minóicas, com uma pesquisa impecável e apresentação clara.

Rhodes, Robin Francis. *Architecture and Meaning on the Athenian Acropolis.* Cambridge, England: Cambridge University Press, 1995. Uma análise cativante das referências culturais incorporadas à arquitetura da Acrópole de Atenas.

Robertson, Donald Struan. *Greek and Roman Architecture.* Cambridge, England: Cambridge University Press, 1969. Sucinto, mas completo.

Scully, Vincent. *The Earth, the Temple, and the Gods.* New Haven, CT: Yale University Press, 1979. Estudos um tanto intuitivos sobre as relações específicas entre os templos gregos e suas implantações.

Tzonis, Alexander and Phoebe Giannisi. *Classical Greek Architecture: The Construction of the Modern.* Flammarion, 2004. Um estudo completo no qual os autores tentam lançar nova luz sobre as percepções já um pouco "rançosas" de edificações muito estudadas.

Wycherley, Richard Ernest. *How the Greeks Built Cities.* New York: Norton, 1976.

Capítulo 3

Deva, Krishna. *KHajuraho.* New Delhi: Archaeological Survey of India, 2002. Um relato bem ilustrado sobre os templos de KHajuraho, colocando os monumentos em uma perspectiva cultural e histórica.

Grover, Satish. *Buddhist and Hindu Architecture in India.* New Delhi: CBS Publishers and Distributors, 2003. Um texto genérico, escrito para os estudantes de arquitetura da Índia. Diagramas bons e explanações claras da cultura e dos termos.

Huntington, Susan L. *The Art of Ancient India: Buddhist, Hindu, Jain.* New York: Weatherhill, 1985. Texto sucinto sobre arte e arquitetura.

Johnson, Gordon, general editor. *The New Cambridge History of India: Architecture and Art of the Deccan Sultanates.* Cambridge: Cambridge University Press, 1999. Um projeto gigantesco que pretende chegar a mais de 30 volumes. Os títulos já publicados incluem *Architecture of Mughal India,* de Catherine Asher, e *Architecture and Art of Southern India,* de George Mitchell. Sua cobertura chega aos dias atuais e inclui questões sociais e econômicas, além da arquitetura.

Michell, George. *The Hindu Temple: An Introduction to Its Meaning and Forms.* Chicago, IL: University of Chicago Press, 1988. Um volume escrito com clareza, oferecendo o pano de fundo religioso e cultural necessário para a compreensão dos projetos de templos hindus.

Michell, George and Mark Zebrowski. *The New Cambridge History of India: Architecture and Art of the Deccan Sultanates.* Cambridge: Cambridge University Press, 1999.

Miksic, John. *Borobudur: Golden Tales of the Buddhas.* London: Bamboo Publishing, 1990. Ilustrações belíssimas e uma longa narrativa da arquitetura e da iconografia do monumento.

Rowland, Benjamin. *Art and Architecture of India: Buddhist, Hindu, Jain.* Harmondsworth, England: Penguin, 1953. Um dos diversos volumes excelentes da série Pelican History of Art.

Stierlin, Henri. *Hindu India: From KHajuraho to the Temple City of Madurai.* Cologne: Taschen, 1998. Parte de um projeto que terá 40 volumes sobre a arquitetura do mundo, este livro contém muitas ilustrações a cores que complementam o texto.

Tadgell, Christopher. *The History of Architecture in India: From the Dawn of Civilization to the End of the Raj.* London: Architecture Design and Technology Press, 1990. Seu texto é mais complexo do que a média; tem boas ilustrações.

Capítulo 4

Boyd, Andrew. *Chinese Architecture and Town Planning, 1500 BC–AD 1911.* Chicago, IL: University of Chicago Press, 1962. Este volume é mais antigo do que a média, mas ainda vale a pena uma leitura atenta de seu texto. Como "um livro muito pequeno sobre um tema muito grande", consegue ser extraordinariamente bom.

Bussagli, Mario. *Oriental Architecture.* History of World Architecture series. New York: Harry N. Abrams, 1973. Outro volume da série History of World Architecture. Este livro cobre não somente China, Japão e Índia, mas também Sri Lanka, Vietnã, Camboja, Tailândia, Tibete e Coreia, entre muitos outros países.

Chinese Academy of Architecture. *Ancient Chinese Architecture.* Hong Kong: Joint Publishing Company and Beijing: China Building Industry Press, 1982. Um livro notável, pois demonstra como a escrita da história também pode ser uma declaração política. Entre muitas coisas, diz aos leitores que "[a] Grande Muralha é uma obra de arte da China Antiga. Ela manifesta o espírito forte, determinado e resoluto do povo chinês, bem como a sabedoria da classe trabalhadora."

Chinese Academy of Sciences, Institute of the History of Natural Sciences. *History and Development of Ancient Chinese Architecture.* Beijing: Science Press, 1986. Um livro gigantesco que trata o tema com um texto conciso, ilustrações claras e comentários políticos mínimos. Inclui uma cobertura separada das minorias étnicas da China.

Frankfort, Henri, Michael Roaf and Donald Matthews. *The Art and Architecture of the Ancient Orient.* New Haven, CT: Yale University Press, 1996.

Isozaki, Arata. *Katsura Villa: Space and Form.* New York: Rizzoli, 1987. Um texto profundo com muitas fotografias belas.

Jinghua, Ru and Peng Hualiang. *Palace Architecture.* Ancient Chinese Architecture. Vienna: Springer-Verlag, 1998. Um dos volumes da extensa série *Ancient Chinese Architecture.* Muito bem ilustrado.

Kawashima, Chugi. *Minka: Traditional Houses of Rural Japan.* Tokyo: Kodansha International, 1986. Um estudo escrito de maneira clara e com belíssimas ilustrações da grande variedade de *minka,* dando atenção particular às técnicas de construção e características de projeto.

Liu, Laurence G. *Chinese Architecture.* New York: Rizzoli, 1989. Um relato bem escrito complementado com fotografias e plantas muito elucidativas.

Nishi, Kazuo and Kazuo Hozumi. *What Is Japanese Architecture?* Tokyo: Kodansha International, 1985. Um texto conciso ilustrado com desenhos a traço que mostram as características básicas das edificações tradicionais do Japão.

Qijun, Wang. *Vernacular Dwellings.* Ancient Chinese Architecture. Vienna: Springer-Verlag, 2000. Mais um volume da série *Ancient Chinese Architecture.*

Suzuki, Kakichi. *Early Buddhist Architecture in Japan.* New York: Kodansha International, 1980.

Tange, Kenzo and Noboru Kawazoe. *Ise: Prototype of Japanese Architecture.* Cambridge, MA: M.I.T. Press, 1965. Apresenta belas fotografias tiradas por Yoshio Watanabe após a reconstrução de 1953 dos templos e oferece vistas que normalmente não são possíveis. Ensaios à parte escritos por Tange e Kawazoe cobrem o contexto cultural e da arquitetura.

Xinian, Fu, Guo Daiheng, Liu Xujie, et al., Nancy S. Steinhardt, ed. *Chinese Architecture.* The Culture and Civilization of China series. New Haven and Beijing: Yale University Press and New World Press, 2002. A melhor análise geral disponível sobre a arquitetura da China.

Zhu, Jianfei. *Chinese Spatial Strategies: Imperial Beijing.* London: RoutledgeCurzon, 2004. Estudo especializado baseado em uma dissertação, este livro explica o planejamento chinês em termos da vida, dos rituais e da autoridade na corte, entre outros aspectos.

Capítulo 5

Grant, Michael. *Cities of Vesuvius.* Harmondsworth, England: Penguin, 1976.

MacDonald, William L. *The Architecture of the Roman Empire.* New Haven, CT: Yale University Press, 1982.

——— *The Pantheon: Design, Meaning, and Progeny.* Cambridge, MA: Harvard University Press, 1976.

——— and John A. Pinto. *Hadrian's Villa and Its Legacy.* New Haven, CT: Yale University Press, 1995. Um relato muito bom de ler sobre as vilas e seu lugar na história da arquitetura.

Packer, James E. *The Forum of Trajan in Rome: A Study of the Monuments.* Berkeley, CA: University of California Press, 1997. Um estudo monumental em três volumes deste foro, incluindo desenhos de restaurações com base em escavações.

Richardson, Lawrence. *Pompeii: An Architectural History.* Baltimore, MD: Johns Hopkins University Press, 1988.

Sear, Frank. *Roman Architecture.* Ithaca, NY: Cornell University Press, 1992. Com um texto útil e boas ilustrações, este livro inclui uma cobertura substancial das obras romanas fora da Itália, na África, no Oriente Médio e na Europa.

Taylor, Rabun. *Roman Builders: A Study in Architectural Process*. Cambridge: Cambridge University Press, 2003. Um estudo detalhado que leva o leitor sequencialmente ao longo do processo de construção dos romanos, usando edificações selecionadas, como o Coliseu e o Panteon. Apresenta muitas especulações sobre o uso de gruas pelos romanos.

Vitruvius, M. *The Ten Books on Architecture*. New York: Dover, 1960. Tradução inglesa do único tratado de arquitetura completo que restou da antiguidade.

Ward-Perkins, John B. *Roman Imperial Architecture*. Harmondsworth, England: Penguin, 1981.

Capítulo 6

Brumfield, William Craft. *A History of Russian Architecture*. Cambridge, England: Cambridge University Press, 1993. Texto e fotografias que cobrem todos os aspectos da arquitetura russa, incluindo as igrejas analisadas aqui.

Krautheimer, Richard. *Early Christian and Byzantine Architecture*. Harmondsworth: Penguin, 1986. Um dos volumes da série Pelican History of Art, geralmente excelentes.

——— *Rome: Profile of a City, 312–1308*. Princeton, NJ: Princeton University Press, 1980. Um relato fascinante de Roma e do Período Paleocristão até a Idade Média.

Lowden, John. *Early Christian and Byzantine Art*. London: Phaidon Press, 1997. Um livro lúcido e belamente ilustrado que cobre monumentos selecionados em detalhes, inserindo-os bem em seus contextos históricos.

Mainstone, Rowland J. *Hagia Sophia: Architecture, Structure, and Liturgy of Justinian's Great Church*. New York: Thames and Hudson, 2001. Um exame detalhado desta obra-prima das igrejas. Texto claro e ilustrações abundantes.

Opolovnikov, Alexander and Yelena Opolovnikova. *The Wooden Architecture of Russia: Houses, Fortifications, Churches*. New York: Abrams, 1989. A melhor fonte disponível em língua inglesa sobre as edificações de madeira da Rússia, em número muito superior ao dos prédios de alvenaria.

Capítulo 7

Aftullah, Kuran. *Sinan: The Grand Old Master of Ottoman Architecture*. Istanbul and Washington, D.C: Institute of Turkish Studies and ADA Press, 1987. Um estudo completo sobre o arquiteto que usou Santa Sofia como fonte para inspiração das mesquitas com cúpula, de Istambul.

Armstrong, Karen. *Islam, A Short History*. New York: The Modern Library, 2002. Um relato sucinto e de leitura muito agradável sobre a situação atual do Islamismo no mundo.

Dazhang, Sun. *Ancient Chinese Architecture: Islamic Buildings*. New York: Springer-Verlag, 2003. Um belo livro que cobre obras islâmicas não tratadas neste capítulo.

Esposito, John L., ed. *The Oxford History of Islam*. Oxford: Oxford University Press, 1999. Uma fonte de consulta segura.

Grabar, Oleg. *The Alhambra*. Cambridge, MA: Harvard University Press, 1978. Ainda que tenha mais de 30 anos e suas imagens sejam em preto-e-branco, este livro insere a Alhambra em seu contexto mais amplo.

Hillenbrand, Robert. *Islamic Architecture*. New York: Columbia University Press, 1994. Um estudo abrangente por categorias: mesquitas, minaretes, mausoléus, caravançarás e palácios.

Hoag, John D. *Islamic Architecture*. New York: Harry N. Abrams, 1977. Cobertura completa e bem ilustrada do norte da África, da Espanha, do Oriente Médio, do Egito, da Turquia e da Índia.

Jairazbhoy, R.A. *An Outline of Islamic Architecture*. New York: Asia Publishing House, 1972.

Kostoff, Spiro. *A History of Architecture: Settings and Rituals*. New York: Oxford University Press, 1995. Veja as páginas 454–68, sobre Istambul.

Mitchell, George, ed. *Architecture of the Islamic World and Its History and Social Meaning*. New York: William Morrow, 1978. Essa análise das tipologias de edificação inclui seções sobre trabalho artesanal, métodos de construção, decoração e habitação tradicional.

Petersen, Andrew. *Dictionary of Islamic Architecture*. New York: Routledge, 1999. Com poucas ilustrações, mas muito útil como complemento às histórias narrativas.

Stierllin, Henri. *Islam*, vol. 1: *Early Architecture From Baghdad to Corboda*, Cologne: Taschen, 1996. Um volume da série *World Architecture*, da Taschen. Cobre a arquitetura islâmica de seu surgimento até o século XIII.

Yeomans, Richard. *The Story of Islamic Architecture*. New York: New York University Press, 1999. Formato grande, com ilustrações abundantes em cores.

Capítulo 8

Braunfels, Wolfgang. *Monasteries of Western Europe: The Architecture of the Orders*. Princeton, NJ: University Press, 1980. Explicação clara do monasticismo ocidental e de suas manifestações na arquitetura.

Calkins, Robert. *Medieval Architecture in Western Europe*. New York: Oxford University Press, 1998. Guia completo e de leitura agradável sobre a arquitetura, de 330 a 1500.

Conant, Kenneth John. *Carolingian and Romanesque Architecture, 800–1200*. New Haven, CT: Yale University Press, 1978. Guia básico do período; originariamente fazia parte da excelente série Pelican History of Art.

——— *Cluny: Les églises et la maison du chef d'ordre*. Macon: Imprimerie Protat Freres, 1968. O zênite de toda uma vida de estudos. Embora o texto seja em francês, as ilustrações abundantes são de compreensão universal.

Horn, Walter, and Ernest Born. *The Plan of St. Gall*. Berkeley, CA: University of California Press, 1979. Modelo de pesquisa e erudição, esta bela obra em três volumes acompanha o impacto das edificações da antiguidade na arquitetura carolíngia e a influência da planta baixa da Abadia de Saint Gall em prédios posteriores.

Kinder, Terryl N. *Cistercian Europe: Architecture of Contemplation*. Grand Rapids, MI: Cistertian Publications, 2002. Estudo especializado sobre uma das principais organizações monásticas da Idade Média. Ilustrações esplêndidas.

Kubach, Hans Erich. *Romanesque Architecture*. New York: Abrams, 1975. Uma longa análise da arquitetura românica.

Male, Emile. *Religious Art in France: The Twelfth Century*. Princeton, NJ: Princeton University Press, 1978. Um dos primeiros guias para a compreensão da mentalidade medieval e do simbolismo religioso na escultura românica.

Shaver-Crandell, Annie and Paula Gerson. *The Pilgrim's Guide to Santiago de Compostela: A Gazetteer*. London: Harvey Miller, 1995. Inclui uma tradução do "Guia do Peregrino", do século XII, e um guia alfabético dos locais, mostrando como eram para os viajantes contemporâneos.

Stalley, Roger. *Early Medieval Architecture*. New York: Oxford University Press, 1999. Texto lúcido, boas fotografias. Muito recomendado.

Capítulo 9

Beresford, Maurice and John Hurst. *Wharram Percy: Deserted Medieval Village*. New Haven, CT: Yale University Press, 1991. Para qualquer um interessado nas edificações comuns do Período Medieval, esta obra serve como uma introdução de fácil leitura para a história da arquitetura não monumental, a qual é bastante complexa e imprecisa.

Bony, Jean. *French Gothic Architecture of the Twelfth and Thirteenth Centuries*. Berkeley, CA: University of California Press, 1983. Notável por sua cobertura completa das igrejas da França, além de ter fotografias elucidativas e muitas plantas baixas.

Coldstream, Nicola. *Medieval Craftsmen: Masons and Sculptors*. London: British Museum Press, 1991. Um resumo conciso dos construtores e das técnicas de construção do Período Medieval.

Erlande-Brandenburg, Alain. *Cathedrals and Castles: Building in the Middle Ages.* New York: Harry N. Abrams, 1995. Um relato bem ilustrado de todo o processo de edificação medieval, incluindo a tradução de documentos históricos selecionados relacionados aos canteiros de obras e às questões da construção.

James, John. *Chartres: The Masons Who Built a Legend.* London: Routledge and Kegan Paul, 1982. Os estudos minuciosos de James sobre a vedação externa de Chartres levaram-no a concluir que oito equipes de mestres-pedreiros trabalharam simultaneamente em diferentes partes da catedral. Sua tese não é universalmente aceita, mas seu livro é bastante instigante.

Mark, Robert. *Experiments in Gothic Structure.* Cambridge, MA: M.I.T. Press, 1982. O autor analisa os problemas de engenharia impostos às edificações góticas por meio da análise de maquetes com luz polarizada.

Taylor, Arnold. *The Welsh Castles of Edward I.* London: Hambledon Press, 1986. Este livro é relato conciso de fontes documentais de 17 castelos do País de Gales e demonstra o que as edificações remanescentes nos contam sobre o processo de construção de castelos.

White, John. *Art and Architecture in Italy, 1250 to 1400.* New Haven, CT: Yale University Press, 1993. Originariamente parte da excelente série da Pelican sobre a história da arte, este volume é especialmente interessante por seu resumo ampliado dos debates travados sobre o projeto da Catedral de Milão.

Wilson, Christopher. *The Gothic Cathedral: The Architecture of the Great Church, 1130–1530.* New York: Thames and Hudson, 1992. Discute as catedrais e grandes igrejas de toda a Europa, inclusive exemplos menos conhecidos.

Capítulo 10

Andrews, G.F. *Maya Cities: Placemaking and Urbanization.* Norman, OK: University of Oklahoma Press, 1975. Contém uma seção introdutória sobre os componentes urbanos, seguida de uma análise por cidade.

Broda, Johanna, David Carrasco, and Eduardo Matos Moctezuma. *The Great Temple of Tenochtitlán: Center and Periphery in the Aztec World.* Berkeley: University of California Press, 1987. Estes ensaios feitos por especialistas de diferentes disciplinas oferecem interpretações diversas sobre o principal templo asteca.

Driver, H.E. *Indians of North-America,* 2nd revised edition. Chicago, IL: University of Chicago Press, 1969. Uma discussão abrangente das diferentes culturas da Índia.

Gasparini, G. and L. Margolis. *Inca Architecture.* Bloomington, IN: Indiana University Press, 1980. Um bom ponto de partida para o estudo dos incas. Imagens abundantes acompanham o texto.

Heyden, D. and P. Gendrop. *Pre-Columbian Architecture of Meso-America.* New York: Abrams, 1975. Parte da série da Abrams sobre a arquitetura ocidental. Cobre o México e a América Central e é cheio de fotografias em preto-e-branco e desenhos.

Kosok, P. *Life, Land and Water in Ancient Peru.* New York: Long Island University Press, 1965. Este livro enfatiza como os incas manipularam o terreno, especialmente em seus sistemas de irrigação extraordinários. Inclui material sobre a cultura, além da arquitetura.

Miller, Mary E. *Maya Art and Architecture.* New York: Thames and Hudson, 1996. Cobre escultura, pintura, mural, cerâmica e pequenos objetos, além de arquitetura.

Moctezuma, Eduardo Matos and Felipe Solis Olguin, eds. *Aztecs.* London: Royal Academy Books, 2003. Catálogo de exposição com ilustrações belíssimas que se concentra na arte da realeza.

Morgan, W.N. *Ancient Architecture of the Southwest.* Austin, TX: University of Texas Press, 1994. Cobre sítios de índios dos Estados Unidos nos estados do Utah, Colorado, Arizona e Novo México. Tem mapas e alguns desenhos, mas não fotografias.

Moseley, Michael. *The Incas and Their Ancestors: the Archaeology of Peru.* London: Thames and Hudson, 1992. Análise abrangente que insere a arquitetura em um contexto cultural mais abrangente.

Nabokov, P. and R. Easton. *Native American Architecture.* New York: Oxford, 1989. Uma excelente análise, como fotografias e desenhos abundantes. Se você procura uma introdução às edificações dos índios norte-americanos, este deve ser seu primeiro livro.

Robertson, D. *Pre-Columbian Architecture.* New York: Braziller, 1963. Uma análise breve, mas muito útil, das práticas de edificação, do México ao Peru.

Vários editores. *Handbook of North American Indians.* 17 vols. Washington, D.C.: Smithsonian Institution, beginning 1978. Oferece informações profundas sobre as culturas dos índios norte-americanos. Já foram lançados os volumes 4–11, 15 e 17.

von Hagen, Adriana and Craig Morris. *The Cities of the Ancient Andes.* London: Thames and Hudson, 1998. Análise completa e bem ilustrada das culturas inca e pré-inca.

Capítulo 11

Ackerman, J.S. *Palladio.* New York: Penguin, 1986. Um relato muito bom de ler, escrito pelo maior especialista em Palladio dos Estados Unidos.

——— *The Architecture of Michelangelo.* Baltimore: Penguin, 1971. Um relato extremamente bem ilustrado dos projetos de edificação de Michelangelo.

Alberti, L.B. *On the Art of Building in Ten Books.* Cambridge, MA: M.I.T. Press, 1988. O tratado de Alberti, do século XV, que expressa suas ideias e teorias de arquitetura.

Bruschi, Arnaldo. *Bramante.* London: Thames and Hudson: 1977. Um estudo bem focado, fácil de entender e bem ilustrado. Os desenhos a traço são particularmente úteis.

Burckhardt, J. *The Architecture of the Italian Renaissance.* London: John Murray, 1985. Um texto clássico publicado pela primeira vez em 1860. Muitas de suas informações já estão ultrapassadas, mas uma comparação com as obras posteriores nos oferece insaites sobre a mudança de posturas em relação ao período.

Heydenreich, L.H. and W. Lotz. *Architecture in Italy, 1400 to 1600.* Harmondsworth, England: Penguin, 1974. Outro volume sobre a útil e primorosa série *History of Art,* da Pelican.

Howard, Deborah and Sarah Quill. *The Architectural History of Venice.* New Haven, CT: Yale University Press, 2002. Um relato bom de ler sobre as grandes tendências de arquitetura em uma cidade que fazia parte da tradição ocidental, bem como da oriental.

Murray, P. *Renaissance Architecture.* New York: Abrams, 1971. Peter Murray oferece a melhor análise geral dos prédios do Renascimento. O texto é acessível a estudantes universitários e é acompanhado por ilustrações abundantes.

Norberg-Schulz, C. *Intentions in Architecture.* Cambridge, MA: M.I.T. Press, 1965. A história da arquitetura escrita do ponto de vista existencial.

Palladio, A. *The Four Books of Architecture.* New York: Dover, 1965. O extremamente influente tratado de Palladio, que inclui ilustrações de sua próprias obras.

Saalman, H. *Filippo Brunelleschi: The Buildings.* University Park, PA: Pennsylvania State University Press, 1993. Saalman escreveu muito sobre Brunelleschi ao longo de sua carreira, o que resultou nesta narrativa extremamente completa.

Serlio, S. *The Five Books of Architecture.* New York: Dover, 1982. O primeiro tratado renascentista a conter um número significativo de ilustrações.

Shepherd, J.C. and Geoffrey Alan Jellicoe. *Italian Gardens of the Renaissance.* New York: Princeton Architectural Press, 1993. Os belos cortes e plantas baixas por si só fazem valer a pena folhear esta obra.

Summerson, J. *Inigo Jones.* Harmondsworth, England: Penguin, 1966. A bibliografia existente sobre Jones é quase toda igual e sem graça, o que se deve ao desconhecimento de sua vida. O texto de Summerson é o mais agradável de ler.

Wittkower, R. *Architectural principles in the Age of Humanism.* London: Academy, 1988. Teorias das proporções, de Alberti a Palladio. Teve forte influência na arquitetura do século XX.

Capítulo 12

Blunt, A. *Art and Architecture in France, 1500–1700*. New Haven, CT: Yale University Press, 1999. Sir Anthony Blunt é famoso como historiador da arquitetura, diretor do Courtauld Institute of Art e espião comunista. Mais um volume que originariamente pertencia à série *History of Art*, da Pelican.

——— *Borromini*. Harmondsworth, England: Penguin, 1979. Um bom início para um artista sobre o qual não temos quase nada traduzido do italiano.

Braham, A. *François Mansart*. London: Zwemmer, 1973. Ainda que a separação desta obra de Braham em um volume com texto e outro com ilustrações torne seu manuseio um pouco inconveniente, eles são bem fundamentados e bem escritos.

Hibbard, H. *Bernini*. Harmondsworth, England: Penguin, 1965. Texto conciso, mas útil.

Meek, H. A. *Guarino Guarini and His Architecture*. New Haven, CT: Yale University Press, 1988. Um estudo relativamente breve, mas objetivo deste arquiteto-engenheiro.

Norberg-Schulz, C. *Baroque Architecture*. New York: Abrams, 1971.

——— C. *Late Baroque and Rococo Architecture*. New York: Abrams, 1971. Estes volumes cobrem todos os aspectos da arquitetura barroca da Europa inteira. Ambos oferecem o melhor ponto de partida para os alunos universitários estudarem o assunto.

Pommer, R. *Eighteenth-Century Architecture in Piedmont*. New York: New York University Press, 1967. Pommer trata Guarini, Vittone e Juvarra no desenvolvimento da arquitetura do Barroco Tardio italiano.

Portoghesi, P. *Rome of Borromini; Architecture as Language*. New York: Braziller, 1967. Portoghesi não é a fonte de mais fácil leitura sobre Borromini, mas as ilustrações, especialmente aquelas feitas pelo próprio Borromini, são espetaculares.

Summerson, J. *Architecture in Britain 1530–1830*. New Haven, CT: Yale University Press, 1993. Sir John Summerson era um escritor especialmente talentoso. Vale a pena dedicar algum tempo à leitura de qualquer um de seus livros, artigos e ensaios. Esta obra originariamente fazia parte da série *History of Art*, da Pelican.

Walton, G. *Louis XIV's Versailles*. Chicago, IL: University of Chicago Press, 1986. Assim como há monografias sobre arquitetos específicos, há obras dedicadas a edificações específicas. Escrita para não especialistas, esta obra tenta explicar por que Versalhes assumiu a forma que tem.

Wittkower, Rudolf, Joseph Connors and Jennifer Montagu. *Art and Architcture in Italy, 1600–1750*. New Haven, CT: Yale University Press, 1999. Outro volume que originariamente fazia parte da extensa série *History of Art*, da Pelican. Wittkower foi um dos mais eminentes eruditos europeus a emigrar para os Estados Unidos em função dos eventos que levaram à Segunda Guerra Mundial.

Capítulo 13

Bergdoll, Barry. *European Architecture, 1750–1890. Oxford History of Art*. Oxford: Oxford University Press, 2000. Um volume da série *Oxford History of Art*. Redação clara e boas ilustrações. Talvez seja o melhor estudo atual sobre o período.

Braham, A. *The Architecture of the French Enlightenment*. Berkeley, CA: University of California Press, 1980. A fonte mais completa e atualizada do Neoclassicismo francês do século XVIII.

Honour, H. *Neo-Classicism*. Harmondsworth, England: Penguin, 1977. Honour enfatiza a pintura e a escultura, mas inclui a arquitetura no que ele desejava ser um estudo de "todas as manifestações do estilo Neoclássico".

Kalnein, W.G. and M. Levy. *Art and Architecture in Eighteenth-Century France*. Harmondsworth, England: Penguin, 1972. O esforço da Penguin em tratar o século XVIII oferece doses consideráveis de pintura, escultura e arquitetura.

Kaufmann, E. *Architecture in the Age of Reason: Baroque and Post-Baroque in England, Italy, and France*. New York: Dover, 1968. Kaufmann foi o primeiro estudioso a escrever de maneira abrangente sobre o período. Outros autores o superaram em muitas áreas, mas ainda vale a pena estudar seu livro.

Capítulo 14

Benton, Charlotte, Tim Benton, and Ghislaine Wood, eds. *Art Deco, 1910–1939*. London: V&A Publications, 2003. Uma série de ensaios reunidos para acompanhar uma exibição feita no Victoria and Albert Museum, de Londres.

Clark, K. *The Gothic Revival: An Essay in the History of Taste*. London: J. Murray, 1962.

Condit, Carl. *American Building Art—The Nineteenth Century*. New York: Oxford University Press, 1960. Uma análise do desenvolvimento das estruturas de madeira, ferro e concreto, bem como da construção de pontes de ferro.

——— *The Chicago School of Architecture: A History of Commercial and Public Building in the Chicago Area, 1875–1925*. Chicago, IL: University of Chicago Press, 1990s. Um bom início para entender o desenvolvimento do arranha-céu da Escola de Chicago.

Drexler, A. (ed.). *The Architecutre of the École des Beaux-Arts*. Cambridge, MA: M.I.T. Press, 1977. Publicado para coincidir com uma exibição feita no Museum of Modern Art da Cidade de Nova York, este volume inclui uma série de ensaios e reproduções de muitas ilustrações feitas pelos alunos da École.

Greenhalgh, Paul, ed. *Art Nouveau, 1890–1914*. London: V&A Publications, 2000. Uma série de ensaios reunidos para acompanhar uma exibição feita no Victoria and Albert Museum, de Londres.

Hitchcock, H.R. *Architecture: Nineteenth and Twentieth Centuries*. New Haven, CT: Yale University Press, 1987. Um estudo enciclopédico, com longas descrições e curtas análises. Muitas fotografias. Originariamente, era um dos volumes da série *History of Art* da Pelican.

Middleton, R. and D. Watkin. *Neoclassicism and 19th-Century Architecture*. London: Faber, 1987. O melhor ponto de partida para um estudo do Neoclassicismo em toda a Europa.

Scully, V. *The Shingle Style and the Stick Style*. New Haven, CT: Yale University Press, 1971. Escrito como a dissertação de doutorado de Scully, este volume energético esclarece bastante os complexos avanços da arquitetura norte-americana do final do século XIX. Cobre principalmente edifícios habitacionais.

Stanton, P. *Pugin*. New York: Viking, 1971. Algumas pessoas traçam as origens do Modernismo ao tipo de busca apaixonada pela verdade – ou ao menos à honestidade – promovida pelo historicista gótico Augustus Welby Northmore Pugin.

Twombly, R. *Louis Sullivan: His Life and Work*. New York: Viking, 1986. Uma das muitas monografias sobre o homem que Frank Lloyd Wright chamava de seu mestre.

Woods, Mary N. *From Craft to Profession: The Practice of Architecture in Nineteenth-Century America*. Berkeley: University of California Press, 1999. Uma discussão sobre a profissão de arquiteto nos Estados Unidos, da época de Benjamin Henry Latrobe (final do século XVIII) até o presente.

Capítulo 15

Banham, R. *Theory and Design in the First Machine Age*. New York: Praeger, 1967. Um dos primeiros textos revisionistas do Modernismo, desafiando os argumentos de estudiosos como Pevsner e Giedion.

Benevolo, L. *History of Modern Architecture*. Cambridge, MA: M.I.T. Press, 1971. Uma história abrangente escrita por um autor que enfatiza o planejamento urbano e a evolução urbana.

Boesiger, W. (ed.). *Le Corbusier and Pierre Jeanneret: Oeuvre Complète*. Zurich: Girsberger, 1935–65. Estes volumes oferecem um panorama de toda a obra de um dos principais modernistas europeus.

Collins, P. *Changing Ideals in Modern Architecture, 1750–1950*. Montreal: McGill-Queens University Press, 1998. Um livro sobre as ideias que influenciaram a arquitetura moderna, porém com pouquíssimas ilustrações.

Colquhoun, Alan. *Modern Architecture. Oxford History of Art*. Oxford: Oxford University Press, 2002. Outro volume da série *Oxford History of Art*. Cobre o período da Art Nouveau até a década de 1960.

Doordan, Dennis P. *Twentieth-Century Architecture*. Upper Saddle River, NJ and New York: Prentice Hall and Harry N. Abrams, 2002. Um apanhado conciso, bem ilustrado e fácil de ler.

Frampton, K. *Modern Architecture: A Critical History*. London: Thames and Hudson, 2003. Uma análise profunda e completa, mas um pouco pesada para quem estiver começando a estudar o período.

Giedion, S. *Space, Time, and Architecture*. Cambridge, MA: Harvard University Press, 1980. Um clássico dos textos polêmicos que se propõe a examinar as raízes do Modernismo. Giedeon era amigo íntimo de muitos dos grandes talentos da arquitetura de meados do século XX e foi um defensor apaixonado do Modernismo europeu.

Gropius, Walter. *The New Architecture and the Bauhaus*. London: Faber and Faber, 1965. Neste livro publicado pela primeira vez em 1937, Gropius relaciona as experiências radicais com o ensino de projeto feito na Bauhaus com a "nova arquitetura" que então estava sendo produzida na Europa.

Hayden, Delores. *Building Suburbia: Green Fields and Urban Growth 1820–2000*. New York: Pantheon Books, 2003. Uma crítica à dispersão urbana que tem acompanhado a desintegração da cidade moderna dos Estados Unidos.

Hitchcock, H.R. *In the Nature of Materials: The Buildings of Frank Lloyd Wright, 1887–1941*. New York: Duell, Sloan, and Pierce, 1942. A bibliografia sobre Wright é quase infinita. Este livro, de um estudioso que escreveu sobre uma enorme variedade de temas relacionados à história da arquitetura, acompanhou uma exibição sobre Wright feita no Museum of Modern Art, em 1940.

——— and P. Johnson. *The International Style: Architecture Since 1922*. New York: Norton, 1932. Este livreto acompanhou a exibição sobre o Modernismo europeu e norte-americano montada no Museum of Modern Art da Cidade de Nova York. Também há disponível uma edição de 1995.

Jordy, W.H. *American Buildings and Their Architects: The Impact of European Modernism in the Mid-Twentieth Century*. Garden City, NY: Anchor Press/Doubleday, 1976. Uma interpretação do autor, boa de ler, sobre o Modernismo nos Estados Unidos, que faz um estudo cuidadoso de seis edificações seminais.

Le Corbusier. *Towards a New Architecture*. New York: Praeger, 1972. As ideias de Le Corbusier sobre arquitetura, publicadas pela primeira vez em 1923.

Le Corbusier, Pierre Jeanneret, Willy Boesiger, Oscar Stonorov and Max Bill. *Oeuvre Complète*. Zurich: Editions d'Architecture Erienbach, 1946–1970 (8 vols). Uma publicação de Le Corbusier sobre sua obra, mostrando seu estilo de desenho.

Paperny, Vladimir. *Architecture in the Age of Stalin: Culture Two*, trans. by John Hill and Roann Barris. Cambridge: Cambridge University Press, 2002. Embora não seja ideal para o iniciante, este texto explora a arquitetura em um contexto que há muito tempo vem sendo ignorado.

Pevsner, Nicholas. *Pioneers of Modern Design: From William Morris to Walter Gropius*. Harmondsworth, England: Penguin, 1975. Quando este livro foi publicado pela primeira vez, em 1936, Pevsner era um dos primeiros a buscar as fontes do Modernismo europeu. Embora ele posteriormente tenha admitido que deveria ter sido mais inclusivo, seu pequeno livro esclarece muitos dos princípios tão caros para os modernistas.

Schulze, F. *Mies van der Rohe: A Critical Biography*. Chicago, IL: University of Chicago Press, 1985. Um estudo completo, mas com ilustrações limitadas.

Sharp, D. *Modern Architecture and Expressionism*. New York: Braziller, 1966. A primeira obra a focar uma grande parte da produção em arquitetura do século XX que não era tão "racional", e portanto, destoava dos dogmas fundamentais do Modernismo.

Tafuri, M. and F. Dal Co. *Modern Architecture*. New York: Rizzoli, 1986. O modernismo interpretado pela perspectiva marxista.

Wingler, Hans Maria and Joseph Stein. *The Bauhaus: Weimar, Dessau, Berlin, Chicago*. Cambridge, MA: M.I.T. Press, 1983. Uma história da Bauhaus em suas várias manifestações. Formato grande e ilustrações abundantes.

Wright, F.L. *Modern Architecture*. Princeton, NJ: Princeton University Press, 1931. Algumas das ideias de Wright sobre a arquitetura e sua resposta à polêmica de Le Corbusier.

Nota: Veja também as monografias sobre arquitetos individuais.

Capítulo 16

Curtis, William J.R. *Modern Architecture Since 1900*. London: Phaidon, 1996. Uma análise excelente e de leitura muito agradável da arquitetura mundial, ilustrada com muitas imagens a cores. Edição brasileira publicada pela Artmed Editora como *Arquitetura Moderna Desde 1900*.

Drexler, A. (ed.). *Five Architects: Eisenman, Graves, Gwathmey, Hejduk, Meier*. New York: Oxford University Press, 1975. Esta publicação com poucas páginas busca promover a carreira dos cinco arquitetos e dá a falsa impressão de que suas obras são similares.

Jencks, C. *Modern Movements in Architecture*. New York: Penguin, 1985. Charles Jencks explora o desaparecimento do Modernismo e o pluralismo que, segundo o autor, estava então tomando seu lugar.

——— *Late-Modern Architecture*. London: Academy Editions, 1991. O primeiro esforço feito por Jencks (quando publicado pela primeira vez em 1980) para reunir suas ideias sobre o "fim" do Modernismo.

——— *The New Paradigm in Architecture: The Language of Post-Modern Architecture*. New Haven, CT: Yale University Press, 2002. Um dos muitos volumes escritos pelo sacerdote máximo do Pós-Modernismo. Assim como Sigfried Giedion fez pelo Modernismo, Jencks tem sido um promotor incansável do Pós-Modernismo, assim como seu repórter e analista.

Klotz, H. *The History of Post-Modern Architecture*. Cambridge, MA: M.I.T. Press, 1988. O mais completo estudo das várias vertentes de arquitetura que têm sido reunidas na categoria do Pós-Moderno.

The Phaidon Atlas of Contemporary World Architecture. New York: Phaidon Press, 2004. Este gigante inclui entradas sobre mais de mil edificações projetadas por mais de 500 arquitetos praticantes do mundo inteiro.

Venturi, R. *Complexity and Contradiction in Architecture*. New York: Museum of Modern Art, 1990. A obra iconoclástica de Robert Venturi (publicada pela primeira vez em 1966) anunciava o desabamento das estruturas do Modernismo.

Wigley, M. and P. Johnson. *Deconstructivist Architecture*. Boston, MA: Little, Brown, 1988. Publicado pelo Museum Modern Art de Nova York para acompanhar uma exibição com o mesmo nome.

As monografias sobre arquitetos individuais são por demais numerosas para serem listadas aqui, mas há muitos volumes que valem a pena e que são bem ilustrados. Outras fontes essenciais são as revistas de arquitetura, como *Architectural Record* (dos Estados Unidos) and *The Architectural Review* (do Reino Unido), bem como muitas outras revistas publicadas em vários países e em vários idiomas. As revistas geralmente são o primeiro lugar no qual as edificações são publicadas após sua execução, e muitas vezes são as únicas fontes de plantas baixas, elevações, cortes e mesmo plantas de situação ou localização.

CRÉDITO DAS ILUSTRAÇÕES

Os autores e Laurence King Publishing Ltd agradeçem às fontes de fotografias por as terem fornecido e dado permissão para sua reprodução. Foi feito todo o esforço possível para se contatar os detentores dos direitos autorais, mas caso sejam identificados erros ou omissões, Laurence King Publishing Ltd. terá o prazer de inserir os créditos apropriados nas tiragens subsequentes desta publicação.

0.01, 0.03, 0.04, 0.06, 0.07, 0.09, 0.10 Marian Moffett; 0.02 Ronald Scott, 0.05 R. Bruce Moffett; 1.00, 1.17 Robert Harding World Imagery; 1.04, 1.07 Marian Moffett; 1.05 Jason Hawkes/Corbis; 1.08 Kimbell Art Museum/Corbis; 1.09 Cortesia do The Oriental Institute of The University of Chicago; 1.13 Hirmer Fotoarchiv; 1.18 R. Bruce Moffett; 1.19 Michael Fazio; 1.21 © Paul M.R. Maeyaert; 1.24 Fotografia de Spectrum/HIP/Scala, Florença; 1.26 Raiford Scott; 1.29 Ancient Art & Architecture Collection; 1.33 Charles & Josette Lenars/Corbis; 1.34 C. Murray Smart, Jr; 2.00 Robert Harding World Imagery; 2.02 Rachel McCann; 2.03 akg-images/Herbert Kraft; 2.04, 2.33 Ancient Art & Architecture Collection; 2.05, 2.13, 2.14 Marian Moffett; 2.08, 2.34 Craig & Marie Mauzy, Atenas; 2.10 The Art Archive/Gianni Dagli Orti; 2.11, 2.30 Hirmer Fotoarchiv; 2.20 J William Rudd; 2.21 Kenneth Moffett; 2.23, 2.24, 2.39 Michael Fazio; 2.25 Sonia Halliday Photographs; 2.27 British Museum, Londres; 2.29 Alison Frantz Archive, American School, Atenas; 2.37 J. Allan Cash Ltd, Londres; 2.41 BPK, Berlim; 3.00, 3.04, 3.06, 3.19 A.F. Kersting; 3.02, 3.21 Robert Harding World Imagery; 3.07, 3.14 Lawrence Wodehouse; 3.10 akg-images/Paul Almasy; 3.12, 3.13 Dinodia; 3.16, 3.17 Ancient Art & Architecture Collection; 3.18 akg-images/Jean-Louis Nou; 3.23 Bob Krist/Corbis; 3.24 Gerald Anderson; 4.00 Liu Liqun/Corbis; 4.02, 4.24, 4.26, 4.30, 4.37 Gerald Anderson; 4.03, 4.04 Orientphoto; 4.07, 4.08, 4.10 Chinapix; 4.15 Robert Harding World Imagery; 4.16, 4.19 Robert Craig; 4.20 Kin Cheung/Reuters/Corbis; 4.22, 4.25, 4.36 Embaixada do Japão; 4.23 Ancient Art & Architecture Collection; 4.28 Cortesia de Jingu Administration Office; 4.31 akg-images; 4.33 Lawrence Wodehouse; 4.34 Robert Holmes/Corbis; 5.00 © Paul M.R. Maeyaert; 5.03, 5.31 Alinari; 5.05 Ancient Art & Architecture Collection; 5.08, 5.10, 5.16, 5.18, 5.19, 5.29, 5.34, 5.38 © Vincenzo Pirozzi, Roma; 5.13, Photo Scala, Florença – cortesia de Ministero Beni e Att. Culturali; 5.15, 5.17 Fototeca Unione; 5.20 © Christie's Images/The Bridgeman Art Library; 5.23 akg-images; 5.28 Lawrence Wodehouse; 5.32, 5.33 Robert Harding World Imagery; 6.00, 6.23, 6.28 akg-images /Erich Lessing; 6.01, 6.02 6.05 6.06, 6.10, 6.11, 6.26, 6.29, 6.30 Marian Moffett; 6.07 Lawrence Wodehouse; 6.08 © Vincenzo Pirozzi, Roma; 6.09 Mary Evans Picture Library; 6.12 Turkish Tourist Office; 6.14 Kenneth Moffett; 6.16 The Art Archive; 6.17, 6.20 A.F. Kersting; 6.18 Alinari; 6.22 Marvin Trachtenberg, Nova York; 7.00, 07.16, 7.19, 7.35 Robert Harding World Imagery; 7.01 Kazuyoshi Nomachi/Corbis; 7.02, 7.09, 7.20, 7.31 A.F. Kersting; 7.04 Gyori Antoine/Corbis Sygma; 7.05 Zainal Abd Halim/ Reuters/Corbis; 7.08 Charles & Josette Lenars/Corbis; 7.10, 7.11, 7.12 Lawrence Wodehouse; 7.15, 7.17 R. Bruce Moffett; 7.21, 7.24 Sonia Halliday Photographs; 7.23 Vanni / Art Resource, NY; 7.26 Foto Marburg; 7.29 Nevada Wier/Corbis; 7.30 Ludovic/Maisant/Corbis; 7.37, 7.38 © Paul M. R. Maeyaert; 7.39 Spectrum Colour Library; 7.40 Adam Woolfitt/Corbis; 8.00, 8.02, 8.07, 8.17, 8.20, 8.46, 8.47, 8.48, 8.49, 8.51, 8.52 © Paul M.R. Maeyaert; 8.03 Ancient Art & Architecture Collection; 8.10, 8.12 akg-images/Erich Lessing; 8.04, 8.15, 8.31, 8.32, 8.33, 8.34, 8.38, 8.39, 8.40, 8.44, 8.53, 8.56 Marian Moffett; 8.05 Michael Fazio; 8.13 J. Allan Cash, Londres; 8.19, 8.25, 8.57 A.F. Kersting; 8.21, 8.54 Bildarchiv Foto Marburg; 8.22 © Studio Fotografico Quattrone; 8.23 © Massimo Listri/Corbis; 8.26, 8.27 Giancarlo Costa; 8.29 Serge Chirol; 8.41, 8.42 Robert Craig; 9.00, 9.04, 9.05, 9.18, 9.25 © Paul M.R. Maeyaert; 9.02, 9.07, 9.22, 9.27, 9.29, 9.30, 9.32, 9.33, 9.36 A.F. Kersting; 9.06, 9.10, 9.17, 9.28, 9.34, 9.38, 9.39, 9.49, 9.51, 9.59, 9.63 Marian Moffett; 9.09 Art Resource; 9.11 Musée de Notre Dame de Paris; 9.12, 9.20, 9.31 Angelo Hornak; 9.16 James Austin; 9.21 Sonia Halliday Photographs; 9.41 Alinari; 9.42 Bridgeman Art Library/Giraudon; 9.48 Corbis; 9.53, 9.55 Kenneth Moffett; 9.57 Francesco Venturi/Corbis; 9.61 akg-images; 9.62 Cameraphoto Arte, Veneza; 10.00 A.F. Kersting; 10.02, 10.03, 10.04, 10.11 Smithsonian Institution; 10.05, 10.12, 10.17, 10.18, 10.19, 10.21, 10.22, 10.23, 10.24, 10.25, 10.26, 10.30, 10.39 Michael Fazio; 10.06 Wolfgang Kaehler/Corbis; 10.10 Jamen Berk; 10.15, 10.36 Tony Morrison/South American Pictures; 10.27, 10.28 Ronald Scott; 10.29 Justin Kerr, Nova York; 10.32 Alamy/Robert Fried; 10.35 Kathy Jarvis/South American Pictures; 10.37 Hulton-Deutsch Collection/Corbis; 10.38 Charles & Josette Lenars/Corbis; 10.40 Jack Dabaghian/Reuters/Corbis; 10.41 EP.0.0.820, collection MRAC Tervuren; fotografia de C. Zagourski, / © DACS 2007; 10.42 Scheufler Collection/Corbis; 10.43 Dave G.Houser/Corbis; 10.44 Bettmann/Corbis; 10.46 Robert Harding World Imagery/Alamy; 10.48 musée du quai Branly/Scala, Florença; 10.49 Copyright: Frobenius Institute, Frankfurt am Main; 10.50 Yann Arthus-Bertrand/Corbis; 10.51 David Wall/Alamy; 10.52, 10.55 Robert Harding World Imagery; 10.54 Brian A. Vikander/Corbis; 10.56 Gavin Hellier/JAI/Corbis; 10.57 Michel Gounot/Godong/Corbis; 11.00 akg-images/Erich Lessing; 11.02, 11.09, 11.37 © Studio Fotografico Quattrone, Florença; 11.03, 11.06, 11.25, 11.34, 11.57, 11.69 A.F. Kersting; 11.11, 11.13, 11.14, 11.42, 11.47 Alinari; 11.15, 11.72 Lawrence Wodehouse; 11.16 R. Lieberman and Laurence King Publishing Archives; 11.19 James Austin; 11.22, 11.50, 11.54 Marian Moffett; 11.27, 11.40, 11.62 © Vincenzo Pirrozzi, Roma; 11.32, 11.35, 11.46, 11.51, 11.55, 11.73 Michael Fazio; 11.43 James Morris, Londres; 11.48 Ancient Art & Architecture Collection; 11.58, 11.59 Cameraphoto Arte, Veneza; 11.63, 11.64, 11.66, 11.67 Paul M.R. Maeyaert; 11.65 Spectrum Colour Library; 11.71 Country Life Picture Library; 11.75 RCHM; 11.77 Robert Harding World Imagery; 12.00, 12.26, 12.28, 12.34 Paul M.R. Maeyaert; 12.01, 12.12, 12.13, 12.15, 12.17, 12.18, 12.19, 12.21 © Vincenzo Pirozzi, Roma; 12.04 Photo Spectrum/HIP/Scala, Florença; 12.08, 12.31 Michael Fazio; 12.10 Araldo De Luca, Roma; 12.20 Peter Kent; 12.22 akg-images; 12.25 akg-images/Erich Lessing; 12.29 akgimages/Stefan Drechsel; 12.30, 12.33, 12.45, 12.50, 12.52, 12.55 A.F. Kersting; 12.36, 12.40 Pamela Scott; 12.41 Coleção Particular; 12.42 Roger-Viollet; 12.43 J. William Rudd; 12.48 Angelo Hornak; 12.51 RCHM; 13.00, 13.02 A.F. Kersting; 13.04 Lawrence Wodehouse; 13.05 Coleção Particular; 13.09 Peter Kent; 13.15, 13.16 Pamela Scott; 13.19, 13.21 Roger-Viollet; 13.24 Ronald Scott; 14.00, 14.31, 14.49, 14.60, 14.61 Paul M.R. Maeyaert; 14.01 akgimages/Erich Lessing; 14.02 akg-images, Londres/Dieter E Hoppe; 14.03 akgimages; 14.06, 14.07 Cortesia do John Soane Museum; 14.08, 14.29, 14.34 A.F. Kersting; 14.09, 14.10 Propriedade do Basilica of the Assumption Historic Trust, Inc; 14.11 The Library of Virginia; 14.13, 14.35, 14.52, 14.56, 14.62 Marian Moffett; 14.14, 14.15, 14.41, 14.53 Michael Fazio; 14.19 Lawrence Wodehouse; 14.20 Leo Sorel; 14.22, 14.25, 14.65 J. William Rudd; 14.23, 14.38, 14.64 Chicago Historical Society; 14.24 New York Historical Society; 14.27 Getty Images; 14.28 Science & Society Picture Library; 14.32, 14.33 James Austin; 14.37 Library of Congress; 14.43, 14.44, 14.58 RCHM; 14.47 Bastin & Evrard/© DACS 2007; 14.48 Bastin & Evrard; 14.50 © Inigo Bujedo Aguirre, Londres; 14.51, 14.72 R. Lieberman and Laurence King Publishing Archives; 14.54 Glasgow School of Art; 14.59 Bildarchiv Foto Marburg; 14.67, 14.68, 14.69, 14.71 Esto/Wayne Andrews; 14.73 Wayne Andrews; 15.00, 15.70, 15.71 Esto; 15.05 Pamela Scott; 15.07, 15.29, 15.44, 15.48, 15.64, 15.75 Michael Fazio; 15.08, 15.09, 15.11, 15.12a, 15.12b, 15.12c, 15.14, 15.72, 15.74 © ARS, NY and DACS, Londres 2007; 15.10, 15.42, 15.45 15.56, 15.65, 15.79 Marian Moffett; 15.13 Wayne Andrews; 15.16 Cortesia de AEG; 15.20, 15.60, 15.62 © DACS 2007; 15.21 Musée des Arts Décoratifs; 15.22 Canadian Center for Architecture, Montreal; 15.23 akg-images /Stefan Drechsel; 15.24 Cortesia de Beurs van Berlage, fotografia de Jan Derwig, Amsterdã; 15.25 Jeff Elder; 15.26 Netherlands Architecture Institute; 15.27, 15.28 Bildarchiv Foto Marburg; 15.30, 15.58, 15.63, 15.67, 15.73 J. William Rudd; 15.31 BPK; 15.32 Plansammlung Technische Universitätsbibliothek, Berlim; 15.33, 15.35 Peter Mauss/Esto; 15.34 Ezra Stoller/Esto; 15.36 Cortesia de The Rockefeller Group; 15.37, 15.41 Peter Aaron/Esto; 15.38 Museum of the City of New York; 15.39 Robert Craig; 15.40 Cortesia de The Coca Cola Company; 15.46 Cortesia de Centraal Museum, Utrecht; 15.47 Paul M.R. Maeyaert; 15.49, 15.50, 15.51, 15.52, 15.54, 15.77, 15.78, 15.80, 15.82 © FLC/ADAGP, Paris and DACS, Londres 2007; 15.54 Peter Kent; 15.55 Reproduzida com a gentil permissão do National Museum of Ireland; 15.57 RMN/©ADAGP, Paris e DACS, Londres 2007; 15.59 akg-images/Erich Lessing; 15.61 akgimages/Erich Lessing/© DACS 2007; 15.66 G.E. Kidder Smith, Nova York; 15.68 Chicago Historical Society; 15.69 Lawrence Wodehouse; 15.76 Anderson & Low, Londres; 15.81 RIBA; 15.83 Mark DeKay; 15.84 Country Life Picture Library; 15.85 ©F.R. Yerbury/ Architectural Association; 15.86 Världsarvet Skogskyrkogården, Kyrkogårdsförvaltningen Stockholms stad; 16.00 © FMGB Guggenheim Bilbao Museo/ Erika Barahona Ede; 16.01 Colin Dixon/arcaid.co.uk; 16.02, 16.04, 16.05, 16.07 Cortesia do Alvar Aalto Museum; 16.08 fotografia de Donna Coveney, MIT; 16.10 Kenneth Moffett; 16.11, 16.15, 16.52, 16.55 J. William Rudd; 16.13 Peter Aprahamian/Corbis; 16.14 Steve Rosenthal; 16.16 Kimbell Art Museum, Fort Worth, Texas; 16.18 Robert Craig; 16.19, 16.28 Marian Moffett; 16.20, 16.22 Ezra Stoller; 16.21 Peter Mauss/Esto; 16.23, 16.32, 16.26, 16.66 Michael Fazio; 16.24, 16.41 DIGITAL IMAGE © 2007, The Museum of Modern Art/Scala, Florença; 16.27 Ed Stocklein; 16.29 Eisenman Architects; 16.30, 16.68 Architekturphoto/arcaid.co.uk; 16.31, 16.69 John Edward Linden/arcaid.co.uk; 16.35 Frank Gehry; 16.34, 16.45, 16.53, 16.56, 16.59 © Timothy Hursley; 16.36 The Solomon R. Guggenheim Foundation, Nova York, fotografia de David Heald; 16.37 Richard Bryant/arcaid.co,.uk; 16.38 Imagem cortesia de Office for Metropolitan Architecture (OMA) 1975/© DACS 2007; 16.39 Floto + Warner/arcaid.co.uk; 16.40, 16.58 Michael Moran; 16.42 © 2007 Barragan Foundation/DACS 2007; 16.43 Mario Botta; 16.44 Centro Galego de Arte Contemporánea; 16.46 Angelo Hornak/Corbis; 16.47 Arata Isozaki & Associates/Yasuhiro Ishimoto; 16.48 Tadao Ando & Associates/Mitsuo Matsuoka; 16.49, 16.70 Joseph Sohm/Visions of America/Corbis; 16.50 akgimages; 16.51 Kelley Mooney Photography/Corbis; 16.57 ©Andy Ryan; 16.60 James Marshall/Corbis; 16.61 Professor Dr Justus Dahinden; 16.62 ©Dennis Gilbert/ VIEW; 16.63 Art on File/Corbis; 16.64 John Donat; 16.67 A.F. Kersting; 16.71 Ian Lambot; 16.72 Rudi Meisel/Architects: Norman Foster + Partners; 16.73 Tibor Bognar/Corbis; 16.74, 16.75, 16.76, 16.77 Max Dupain;16.79 Anthony Browell; 16.80 Office for Metropolitan Architecture (OMA).

ÍNDICE

Os números de página em negrito referem-se às ilustrações.

Aachen (Alemanha)
    Capela Palatina 198-200, 230
    Palácio de Carlos Magno 198
Aalto, Alvar 527-532, **528-532**, 536, 537
Abadia de Fontenay (França) **226**, 227, **227**
abambars (cisternas urbanas) 195
abóbadas 22, 23, **260**
    com pendentes 418
    de seis painéis 237
    em arco de claustro 257
    em leque 246, 247
    de mucarnas 174, 192, **194**, 195
    quadripartidas 240
    romanas 128
abóbadas de arestas 209, 233, **260**
    bizantinas 166
    românicas 209, 210, 214, 221
abóbadas de berço **260**
    barrocas 377
    basílicas e igrejas bizantinas 160, 163, 164, 166
    carolíngias 198
    descontínuas 218
    romanas 129, 130, 130, 141, 150-151
    românicas 197, 209, 216
abóbadas de claustro 198
abóbadas nervuradas
    góticas 233, 235
    normandas 229-230
    românicas 214
abóbadas nervuradas divididas em seis partes 237
absides 141, 154
acanto, folhas 75
aço 22, 436-437, 439, 443, 479
Acrópole
    Atenas 67, 68, 70-73, 78
    Tepe Gawra, Suméria 36
    Tikal, Guatemala 283, 284
Adam, Robert 403-406, **405**, 419
Adler, Dankmar 464, **464**, 465, **465**, **466**, 468, 469, 475, 476, **476**
adobe, edificações 277, 289
    África 295, 296, 298, 302
    China 112
Adriano, imperador 25, 138
aduelas 23, **23**
Aeroporto Dulles, Washington D.C. (Saarinen), 533
Aeroportos (Eero Saarinen) 532-533, **533**
Afeganistão 85
África 294-303
    casas com pátio interno 296, 300
    casas com torre 295, 296
    celerios 297-298
    edificações em adobe 295, 296, 298, 302
    palácios 300-301
Ágora de Atenas 78, **78**

Agra (Índia), Taj Mahal 188-189, **189**
Aihole (Índia), Templo Ladkhan 92, **92**, 98
Ajanta (Índia), templos-caverna 88
Akbar, imperador Mughal 183
Akbar al-Isfahani, Ali 182
Akhenaton (Amenophis IV), faraó 52
Akhetaten (Tell-el-Amarna) (Egito) 52-53, **53**
Akkadians 36-37
Albers, Josef 505
Alberti, Leon Battista 312-317, 356
    cidade ideal 315-317
    escritos 312-313
    igrejas 313-314
    Palazzo Rucellai, Florença 313
    San Francesco, Rimini 25, 313-314
    San Sebastiano, Mântua 314, 315
    Sant'Andrea, Mântua 314, 315, 356
    Santa Maria Novella, Florença 314
Alemanha
    Arquitetura Gótica 255, 269
    Arquitetura Românica (Otoniana) 210, 230
    Barroco 377, 383
    casa-galpão medieval 261
    Deutscher Werkbund 482-483, 488, 504, 511, 525
    Jugendstil 450, 457
    Movimento Artes e Ofícios 445, 449
    Neoclassicismo 422-425
    veja também Bauhaus
Alen, William Van **492**, 492-493
Aleutas, Alaska 275
Alexandre, o Grande 40, 41, 74, 85
Alfeld-an-der-Leine (Alemanha), Fábrica de Fôrmas de Sapatos Fagus (Gropius e Meyer) 504, **504**
Alhambra, Granada (Espanha) **192**, 192-195, **193**, **194**
alonquin, tribo 273
Alto Renascimento 322, 324, 356
alvenaria ciclópica
    inca 293, 293
    micênica 59
Amenophis IV *veja* Akhenaton
América Pré-Colombiana 271-294, 302-303
American Heritage Center, University of Wyoming (Predock) 564, **564**
Amsterdã (Países Baixos)
    Associação Habitacional Eigen Haard (de Klerk) 486, 488
    Bolsa de Valores (Berlage) 486, 487
    Henrietta Ronnerplein (de Klerk) 486
    Libung Bridges (Grimshaw) 580
    Orfanato (Van Eyck) 527
    projeto da Associação Habitacional de Dageraad (de Klerk) 486, 488
Anasazi *veja* Pueblo Ancestral
Anatólia, Catal Hüyük, assentamento pré-histórico 30, **30**

Ancy-le-Franc (França), *château* (Serlio) 348
Ando, Tadao **559**, 559-560
anfiteatros, Romanos 132, **144**, 144-145, **145**
Angkor Wat (Camboja) 98, 99
Anglouléme, Catedral de Saint Pierre **224**
Antêmio de Trales 160, 163
Antoine, Jacques-Denis 412, **413**, 419
Apolodoro de Damasco 135
aquedutos romanos 128-129
Aquitânia (França), igrejas românicas 222-223
arapaho, tribo 272
Arco de Augusto, Perugia 126, **127**
Arco de Constantino, Roma 136, **136**
arcobotantes 258
    góticos 233-234, 237, 238, 240, 243, 250, 257
    romanos 135
arcos 22, **23**, **260**
    abaulados **260**
    bandas lombardas 214, 231
    carolíngeos, arcos em ferradura 201, 202
    cimbramento ou cambota 23
    de diafragma 212
    em ferradura 23, 178, **201**, 202, **260**
    falso 23, 214, 231, **260**
    góticos 233, 234
    islâmicos 24, 178, 183
    plenos ou de meio ponto 23, 208-209, 221, 310
    românicos 218-221, 223, 230
    romanos 23, 126-128, 135-136, 310
    trompa 260
    Tudor **260**
    verdadeiro 92, 128
arcos apontados 23, **260**
    góticos 233, 234
    normandos 230
    românicos 218-221, 223, 230
arcos de triunfo 132, 133, 135-136
aresta 67
Arianos 85
Arles (França), Saint Trophîme 225, **225**
Arnolfo di Cambio 307
arquitetos 21, 25
    e engenharia civil 415
    ensino 414-415, 419, 433, 468-469 (*veja também* Bauhaus)
    Renascimento 305-306
arquitetura anglo-saxã 204-206, 228, 230
arquitetura barroca 359-397, 399
    América colonial 397
    Europa Central 377-381
    França 383-389, 397
    Inglaterra 389-397
    Itália 359-375, 396-397
arquitetura bizantina 184
    basílicas 159-163
    igrejas com planta baixa centralizada 163-166
    igrejas na Rússia 166-171

arquitetura carolíngia 198
   arcos em ferradura 202
   construção em alvenaria 198-202
   monastérios 202-204
   westwerk (cabeceira ocidental) 198-200
arquitetura cristã *veja* arquitetura paleocristã
arquitetura desconstrutivista, 544-553, 584
arquitetura gótica
   Alemanha 255, 269
   elementos básicos 233-234
   França 346, 347
   Gótico Inglês 269, 350; (Período Decorado) 246, 250-251, 253, 269; (Primitivo) 246, 269; (Perpendicular) 246, 247, 269, 350
   Gótico Pleno (ou Gótico Clássico) 240-246
   Gótico Primitivo 234-239
   Itália 257-259, 269, 305, 307
   República Tcheca 256
   Veneziano 268, 269, 341
arquitetura islâmica 173-195
   abambars (cisternas urbanas) 195
   Alhambra, palácio e jardim 192-195
   arcos 24, 178, 183
   bazaars (mercados públicos) 190, 191
   casas 190, **190**
   cúpulas 24, 173, 178, 181, 183, 185, 187-189, 195
   Espanha 173, 192-195, 197
   ornamentos 174, 181-182, 195
   palácio 192-195
   planejamento urbano 190-191
   projeto de jardins 189, 192, 344
   templos 174-176
   veja também mesquitas
arquitetura *khmer* 97
arquitetura medieval 197
   castelos 262-263, 269
   cidades 264-268
   construção 259-260
   geometria 260
   habitação 260-262, 269
arquitetura normanda 228-230, 231
arquitetura otoniana 210, 230
arquitetura paleocristã 153-154
   basílicas 154-155, 212
   martyria 155
   mausoléus 155-159
arquitetura renascentista 305-357
   Alto Renascimento 322, 324, 356
   cúpulas 307, 308, 322, 328, 333-334
   França 346-350, 357
   Inglaterra 350-356
   Itália 316, 317-356
   jardins e paisagismo 344
   ordens da arquitetura 66
   planejamento urbano 312, 349-350
arquitetura romana 127-128, 141-143
   abóbadas 128, 138-140
   abóbadas de berço 129-130, 141, 150-151
   anfiteatros 132, 144-145
   aquedutos 128-129
   arcobotantes 135
   arcos 23, 126-128, 135-136, 310
   arcos de triunfo 132, 133, 135-136
   basílicas 132, 140-141, 171
   casas 145-150
   castra (campos militares) 125, 133
   forros 131-135
   ínsula (edifícios de apartamento) 148, 151
   materiais de construção 130, 137, 141, 148, 150, 132
   palácios urbanos 149
   planejamento urbano 125, 131-136, 151, 361-362, 370-372, 396
   pontes 24
   teatros 143-144
   técnicas de construção 128-131
   templos 138-140
   termas (thermae) 141-143
arquitetura românica
   Aquitânia e Provença 222-225
   igrejas das rotas de peregrinos 214-217
   Pré-Românico 208-209
   Sacro Império Romano 210-214
   técnicas de estruturas 208-209
   veja também Monastério de Cluny; Vézelay, Sainte Madeleine
arquitetura viking 204-207, 230
   e monastérios 202, 228
   ornamentos no Estilo Animal 204, 207
   veja também Noruega, igrejas de tabuado de madeira
arquitetura zen budista 121-123
arquitrave *veja* poste e lintel
arquitraves, China 104
arranha-céus
   Art Déco 492-495
   primeiros 442-444, 465-467, 469
Art Déco 492-495, 513, 525
Art Nouveau 449-457, 465, 469
Artaxerxes 40
artífices assalariados 259
Arup Associates 568, 579, 584
Asam, Cosmas Damian 381
Asam, Egid Quirin 381
ashanti (asante), povo (Gana) 295-296, **296**
Asoka, imperador indiano 85, 87
Aspdin, Joseph 444
Asplund, Eric Gunnar **524**, 524-525, **525**
Assembleia Nacional de Bangladesh, Dacca (Kahn) 534
assentamentos pré-históricos 30-34
Assíria e Assírios 38
Associação Habitacional De Dageraad, Amsterdã (de Klerk) 486, **488**
Associação Habitacional Eigen Haard, Amsterdã (de Klerk) 486, **488**
Astecas 288-289, 303
Átalo de Pérgamo **80**
Atenas 67, 74, 131
   Acrópole 67, **68**, 70-73, **72**, 72-73, 78
   Ágora 78, 79
   Antigo Partenon 67
   bouleterion 78
   Erecteion 66, 72-74, 76
   Metroon 78
   Monumento Corágico de Lisícrates 75-76
   Partenon 66-70, 73, 81
   Procissão Panateniense 71
   Propileu 70, 72, 74
   Stoa de Átalo 78
   Stoa Real 78
   Teatro de Dionísio 77
   Templo de Atenas Nike 68, 70, 73
   Templo de Atenas Polias 72-74
   Templo Hephaisteion 78
   Via Panateniense 78
Atlanta, Geórgia, High Museum (Meier) 563-564, **564**
átrios 126
   basílicas paleocristãs 154
   romanos 145-146
Atwood, Charles B. 434
Austin, Henry 421
Autun (França), Saint Lazare 222, **222**
axonométricas 27, **27**

Babilônia e babilônios 38, 137
bacia do rio Mississippi, tribos 273-275
Bacon, Edmund 363
Badger, Daniel 443
Bagdá (Iraque)
   casas islâmicas **190**
   National Museum 35
Bagnaia (Itália), Vila Lante (Vignola) 344, **345**
Bagsvaerg (Dinamarca), igreja (Utzon) 569
balanço, construção 22, 23, **23**, 25
balcões envidraçados 447
baldaquim 75, 363-365
Baltimore, Mass., Catedral Católico-Romana (Latrobe) 426-427, **427**, 468
Bamiyan (Afeganistão), Buda Colossal 90, **90**
bancos 425, **425**, **457**, 457-458, **458**, 468, **578**, 578-579
bandas lombardas 210, **214**
Banham, Reyner 472
Bank of England (Soane), Londres 425, **425**, 468
Banpo (China), casas neolíticas 101, **102**
barabaras, Aleutas 275
Barbaro, Daniele e Marcantonio 337
Barcelona (Espanha)
   Capela da Colònia Güell (Gaudí) 453
   Casa Milá (Gaudí) 453
   Igreja da Sagrada Família (Gaudí) 452, 453
   Parc Güell (Gaudí) 453-454
   Pavilhão de Barcelona (Mies van der Rohe) 508-510
Barma (arquiteto) 170
Barnes, Edward Larrabee 562
Barozzi da Vignola, Giacomo *veja* Vignola, Giacomo Barozzi da
Barr, Alfred, Jr. 472
Barr, Alfred 512
barracões, tribos do noroeste dos Estados Unidos 276, **276**
Barragán, Luis 555, **555**, 581
Barry, Charles 430, **431**
Basílica de São Pedro *veja* Roma
basílicas
   bizantinas 159-163
   paleocristãs 154-155, 212
   Palladio 336
   romanas 132, 140-141, 171
   românicas 210
Bassai, Templo de Apolo Epicuro **65**, **74**, 75
bastides **265**, 265-266, **266**, 269
Bath (Inglaterra) 143
batistérios cristãos 153, 155
Baudot, Anatole de 445
Bauhaus 449, 475, 504-508, 512, 525
   edifícios de Dessau (Gropius) 507, **507**
Bavária, Igreja de Die Wies (Zimmerman) 379-380, **380**, 397
Bayer, Herbert 505
bazaar, o mercado público islâmico 190, 191, **191**
Beacon, Nova York, DIA Center for the Arts (Irwin, Open Office, Arup) 568
Beardsley, Aubrey 450
Beauvais (França), Catedral de Saint Pierre **241**, 269, 432
Behrens, Peter 449, 457, 472, 475, 483, **483**, 500, 504, 525
beirais 23
Belém, Igreja da Natividade 155, **156**
Belper (Inglaterra), West Mill (Strutt) 416, **416**
Beneditinos 202 *veja também* Saint Gall
Beni Hasan (Egito), túmulos escavados na rocha 48, **48**
Benin, arquitetura
   casas de varas de madeira 295
   palácios da tribo abomey 301

Berlage, H.P. 486, **487**, 497
Berlim (Alemanha)
    Altesmuseum (Schinkel) 423, 424
    Fábrica de Turbinas da AEG (Behrens) 483, **483**
    Memorial aos Judeus Assassinados na Europa (Eisenman) 562
    Museu Judaico (Libeskind) 561–562, 567
    Nationalgalerie 515
    Neue Wache (Schinkel) 422
    Potsdamer Platz, reconstrução 575
    Reichstag (Foster) 579, **579**
    Schauspielhaus (Schinkel) 422–423
Bernardo de Clairvaux, Santo 225, 227, 257
Bernini, Gianlorenzo 363, 374, 383, 390, 397
    Basílica de São Pedro, Roma 363–365
    Piazza del Popolo, Roma 372, **372**
    Piazza Navona, Roma 370–371
    Praça de São Pedro, Roma 365
    Sant'Andrea al Quirinale, Roma 366, **396**
    Santa Maria dei Miracoli, Roma 372
    Santa Maria in Montesanto, Roma 372
Bessemer, Henry 437
Bhagavad Gita 85
Bhitargaon (Índia), templo vishnu **92**, 92–93
Bhubaneshwar (Índia), templos 93, **93**, 98
Biblioteca da Phillips Exeter Academy, New Hampshire, (L.I. Kahn) 534, **535**
Biblioteca de Celso, Éfeso **22**
Bibliothèque Nationale, Paris (Labrouste) 441–442, **442**, 469
Bibliothèque Ste. Geneviève, Paris (Labrouste) 25, 440, **441**, 469
Bilbao, Guggenheim Museum (Gehry) **527**, 549–551, **550**, **551**
Biltmore, Asheville, North Carolina (Hunt) 433
Bingi Point (Austrália), Casa Magney (Murcutt) **582**, 583
Bizâncio ou Istambul (Constantinopla), Turquia
    Igreja dos Santos Apóstolos 164
    Mesquita de Shezade (Sinan) 184, **185**
    Mesquita de Süleyman, o Magnífico (Sinan) 185–188
    Santa Irene 159–160
    Santa Sofia (Antêmio e Isidoro) 160–163, 171, 184, 234
    São Sérgio e São Baco 161, 163, 164
    veja também Constantinopla
Blackfoot, tribo 272
Blenheim Palace (Vanbrugh), Oxfordshire (Inglaterra) 394, **395**, 399
    terreno (Brown) **417**, 418
Blois, *château* (França) 346, 346–347
Blondel, J.F. 406, 410, 415, 419
Blur Building, Yverdon-les-Bains (Suíça) (Diller e Scofidio) 568
Boffrand, Germain 399
Bogardus, James 443
boiserie 399
Bolívia 289, 292
Bolsa de Valores, Amsterdã (Berlage) 486, **487**
Borgonha (França) 197
Borgund (Noruega), igreja de tabuado de madeira **206**, 207, **207**
Born, Ernest 202, 204
Borobudur (Java), estupa 99
Borromeo, Charles 377
Borromini, Francesco 366
    Piazza Navona, Roma 370, 370
    San Carlo alle Quattro Fontane, Roma 367–368, **396**
    Sant'Ivo della Sapienza (Roma) 368–370
    Santa Agnese, Roma 370–371
bosque 344
Bossi, Antonio 382

Boston, Massachusetts
    Biblioteca Pública (McKim, Mead e White) 25, 313–314, 435, **436**
    Brattle Square Church (Richardson) 460
    Prefeitura de Boston (Kallman, McKinnell e Knowles) 560
    Trinity Church (Richardson) 459–460
Botammariba, tribo (Togo) 295, **296**
Botta, Mario 556, **556**
bouleterion, Atenas 78
Boullée, Etienne-Louis **407**, 407–408, 417, 419
Bourges (França), Catedral de Saint Etienne **241**, 242–243, **243**, 244, 258, 269
Boyle, Richard *veja* Burlington, terceiro Conde
Bramante, Donato 318–324, 346
    Basílica de São Pedro, Roma 322
    Casa de Rafael, Roma 324
    Pátio do Belvedere, Roma 323–324, 344, 356
    Santa Maria delle Grazie, Milão 319
    Santa Maria junto a São Sátiro, Milão 250, 319
    Tempietto, Roma 321–322, 356
Breakers, The, Newport, Rhode Island (Hunt) **433**, 433
Breakwater, The, Miami Beach, Flórida (Skislewicz) 496
Breda (Países Baixos), Teatro Chassé (Hertzberger) 570
Bremerhaven (Alemanha), casa-galpão medieval **261**
Breuer, Marcel 505, 507, 512, 513
Brighton (Inglaterra), Pavilhão Real (Nash) 421
Brno (República Tcheca), Casa Tugendhat (Mies van der Rohe) 510, **510**
Broadacre City (Wright) 515–516
Broadbent, Geoffrey 539
Broadleys, Cumbria (Inglaterra) (Voysey) 448, **449**
Broken Hill, New South Wales, Minerals and Mining Museum (Murcutt) **583**, 583–584
Brown, Joseph 395–396
Brown, Lancelot (Capability) **417**, 418
Brunelleschi, Filippo 306–312, 356
    Capela Pazzi, Santa Croce, Florença 305, 310, 311, 356
    cúpula da Catedral de Florença 25, 140, 307, 308, 356
    Espírito Santo, Florença 309–310
    Ospedale degli Innocenti (Hospital dos Inocentes), Florença 308–309
    San Lorenzo, Florença 309–311
    Santa Maria degli Angeli, Florença 310, 311
Brutalismo 527
Bruxelas (Bélgica)
    Casa Tassel (Horta) 450, 451
    Hotel Van Eetvelde (Horta) 451
Bryant, William Cullen 434
Buda (Sidarta Gautama) 86
Budismo 86, 91
    Budismo da Terra Pura 116
    China 86, 101–102
    Índia 85, 86
    Sri Lanka 86
Buffalo, Nova York
    Edifício Guaranty (Adler e Sullivan) 465, 466, 469
    Edifício Larkin (Wright) 480–482, 525
Buildwas, Shropshire (Inglaterra), ponte (Telford) 416
Bukhara (Uzbequistão), Mausoléu de Ismail, o Samânida 188, **188**
Bullant, Jean **348**, 349
Bunshaft, Gordon 508
Burgee, John 540
Burke, Edmund 417

Burkina Faso, Mesquita de Bobo-Dioulasso 302, **302**
Burlington, Richard Boyle, terceiro conde 400, **401**
Burne-Jones, Edward 460
Burnham, Daniel H. 443, 444, **444**
Burton, Decimus 439, **439**

cabanas pré-históricas 30
cabeceira ocidental (*westwerk*) carolíngia 198–200
cabos 24
Cadeira Vermelha e Azul (Rietveld) 498, **498**
Cades Cove, Tennessee, celeiro **23**
Caen (França), Igreja da Abadia de Saint Etienne 228, **228**
Cahokia, Illinois 275
Caixa d'Água de, Posen (Poelzig) 491, **491**
Calatrava, Santiago 568, 577, **577**
caldarium 143
Calícrates 67, 73
Califórnia (norte), tribos 276–277
cambotas (arcos) 23
Cambridge, Cambridgeshire (Inglaterra)
    Capela do King's College 248, 254–255, 269, 351
    Capela do Pembroke College (Wren) 390
    Edifício da Faculdade de História (Stirling) 573
Cambridge, Mass. (Estados Unidos), Casa Stoughton (Richardson) 462, **463**, 469
    veja também Escola de Arquitetura do M.I.T.
Camden Society 431
campanários 200, 431
campanários ou torres de sino 200, **213**, 214
Campbell, Colen 400, **400**
Canigou *veja* Saint Martin de Canigou
Cânion Chaco (Novo México) **277**
    Pueblo Bonito 278, **278**
cantaria 130
Capela Palatina, Aachen 198–200, 230
Capela Yancey, Sawyerville (Mockbee) 557
capitéis românicos **219**, 220, **220**, 222
Capitólio do Estado da Virginia (Jefferson) 427–428, **428**
Capitólio dos Estados Unidos
    Latrobe 421, 426
    Walter (cúpula) 25
Caral, Peru 289
caravançarás 185
Carcassonne (França) **264**, 264–265, **265**, 269, 432
cardo 125, 133
cargas 22
cargas acidentais 22
cargas de vento 22
cargas mortas 22
cargas sísmicas 22
cariátides **72**, 73–74
Carleton, Ken 274
Carlos Magno, Sacro Imperador Romano 198, 230
Carlos Martel 173
Carnac (Egito), Grande Templo de Amon **51**, 51
    salão hipostilo 29
Carnac (França), túmulo megalítico **30**, 31
Casa Boissonas (Johnson), New Canaan 540, **540**
Casa Burlington, Londres 400
Casa Charnley, Chicago (Adler e Sullivan) 476
Casa Chatsworth (Inglaterra), Conservatório (Burton e Paxton) 439
Casa Chiswick, Londres (Lord Burlington) 400, **401**
Casa da Colina, Helensburgh (Mackintosh) 454–456, **456**

Casa da Rainha, Greenwich (Jones) **353**, 353–355, **354**
Casa de Banquete (Inigo Jones), Londres **354**, 355
Casa de Hóspedes Winton, Wayzata (Gehry) 548, **548**
Casa de Pesquisa V.D.L., Los Angeles (Neutra) 519, **519**
Casa de Praia Lovell, Newport Beach, CA. (Schindler) 519
Casa do Inspector (Ledoux) 408, **408**
Casa do Profeta, Medina 176, **176**
Casa Dom-ino (Le Corbusier) 500, **500**
Casa Dymaxion (Fuller) 580
Casa Farnsworth, planta baixa (Mies van der Rohe) **514**, 514–515
Casa Heathcote, Ilkley, Yorks. (Inglaterra) (Lutyens) 524, **524**
Casa John Graves, Madison 26
Casa Kaufmann, "Casa da Cascata", Ohiopyle (Wright) 478, 516, **517**
Casa Lang, Washington, Connecticut (Stern) 544, **544**
Casa Lever, Park Avenue, Nova York (Bunshaft) 508
Casa Moller, Viena (Loos) **474**, 475
Casa na Kings Road, West Hollywood, Calif. (Schindler) 519
Casa Ogden, Fairfield, Connecticut 27
Casa Robie, Chicago (Wright) 478–479, **479**
Casa Samuel Daggett, Connecticut 26
Casa Schroeder, Utrecht (Rietveld) 498, **498**, **499**, 512
Casa Simpson-Lee (Murcutt), Mount Wilson **583**, 584
Casa Steiner, Viena (Loos) 473–474, **474**
Casa Stoughton, Cambridge (Mass.) (Richardson) 462, **463**, 469
Casa Tassel, Bruxelas (Horta) **450**, 451
Casa Tugendhat, Brno (Mies van der Rohe) 510, **510**
Casa Vermelha (Webb), Bexleyheath **446**, 446
Casa Ward Willits, Highland Park (Wright) 478, **478**
Casa Watts Sherman, Newport, Rhode Island (Richardson) 462, **463**, 469
Casa Winslow, River Forest, Illinois (Wright) 477, **477**, 512
Casa Yoshimura, perto de Osaka (Japão) **118**
casas
    Benin 295
    China 104–105, 110–113
    etruscas 126
    índios norte-americanos 273, 276–278
    islâmicas 190
    Japão 118–120
    Medievais 260–262, 269
    Micenas 63
    Mohenjo-Daro 83
    neolíticas 101, 102
    romanas 145–150
casas Citrohan (Le Corbusier) 501, **501**
casas com pátio
    África 296, 300
    China 113
    Marrocos 300
    Mesopotâmia 37
    Renascimento 317
casas com torre
    adobe africano 295, 296
    medievais 262
casas de blocos-têxteis (Wright) 515
casas de campo, Inglaterra
    barrocas 392–394, 397
    elisabetanas 351–353
    Lutyens 524

    neoclássicas 405
    neopalladianas 400–402
casas de chá, Japão 121–123, **122**, **123**
casas de tábuas, tribos do noroeste dos Estados Unidos 276
casas de terra, tribos das grandes planícies 273
casas do Capítulo 251
casas do tipo "saleiro" (Nova Inglaterra) 26, **26**, 27
Casas dos prados (Wright) 476–479, 525
casas dos prados ou campinas, Tribos das Planícies 273
casas semisubterrâneas, índios americanos 276–278, **277**
casas tulou, China 113, **113**
casas usonianas 516
Casas Villard, Nova York (McKim, Mead e White) **435**, 435–436
casas-galpão
    Iroqueses 273
    medievais 260, 261
Castelo da Garça Branca, Himeji (Japão) **120**, 120–121
Castelo de Mereworth, Kent (Campbell) 400, **400**
Castelo de Nymphenburg (Alemanha), pavilhão (Cuvillés) 399
castelos
    Japão, madeira 120, 120–121
    medievais 262–263, 269
castelos sobre morros com pátio circular 262–263, **263**
Castle Howard, Yorkshire (Inglaterra) (Vanbrugh) 394, **394**
castra (campos militares romanos) 125, 133
catacumbas, Roma 153
Catal Hüyük (Anatólia), assentamento pré-histórico 30, **30**
catedrais 155
    Gótico Pleno (ou Gótico Clássico) 240–244
    Gótico Primitivo 236–239
    normandas 228–230
Catedral de Amiens (França) 432
Catedral de Canterbury, Kent (Inglaterra) 228, 246–247, **248**
Catedral de Ely (Inglaterra) **253**, 253–254, **254**
Catedral de Lincoln, Lincolnshire (Inglaterra) 228, **248**, **252**, 252–253, 269
Catedral de Reims (França) 432
Catedral de São Paulo *veja* Londres
Catedral de Sens (França) 233, **247**
Catedral de Speyer (Alemanha) 210, **210**, **211**
Catedral de Winchester, Hampshire (Inglaterra) 228
Cawston, Norfolk (Inglaterra), Igreja de Saint Agnes 249, **249**
Cécrope, rei de Atenas 73
celas 70, 75
Celebration, Flórida (Stern e Robertson) 554
celeiros, África **297**, 297–298
Cemitério do Bosque (Suécia) (Asplund) 524–525, **525**
cemitérios e crematórios
    Cemitério de San Cataldo, Modena (Rossi) 554, **554**
    Cemitério do Bosque, Suécia (Asplund) 524–525
    Crematório Kaze-no-Oka, Nakatsu (Maki) 558–559
    portões de cemitério, New Haven (Austin) 421
Center for Maximum Potential Building Systems 584
Centro Cultural Jean-Marie Tjibaou, Nouméa (Piano) **576**, 576

Centro de Convenções Awaji-Yumebutai, Japão (Ando) 560
Centro Galego de Arte Contemporânea, Santiago de Compostela (Siza) 556, **556**
Centro Pompidou, Paris (Piano e Rogers) 575, **575**
Cerro Blanco (Peru), pirâmides de terra **291**, 291–292
César Augusto 128, 133–134
Chambers, William 403, 406, **406**, 419
Chambord (França), *château* (Cortona) 347, 347–348
Chan Chan (Peru) 292, **293**
Chandigarh (Índia) (Le Corbusier) 522–523, **523**
Chandragupta 40, 85
Chang'an (moderna Xian) (China) 107–108, **108**
charette 415
Charleston, Santa Carolina, Saint Michael's (Harrison) 396
Charlottenhof, Potsdam (Schinkel) **424**, 425
Charlottesville, Virgínia
    Monticello (Jefferson) **428**, 428–429
    University of Virginia (Jefferson) 140, 429–430
Chartres (França), Catedral de Notre-Dame **233**, **240**, 240–242, **241**, **242**, 243–244, 260, 269
châteaux
    barroco 385–386
    Renascimento 346–348, 357
chatra 86
Chaux (Ledoux) **407**, 408, **408**
chaves de arco 128
Chavín de Huántar (Peru) 290–291, **291**
Chelles, Jean de 238
Chenonceau (França), *château* (Orme e Bullant) 348, **348**, 349
Chestnut Hill, Penn., Casa Vanna Venturi (Venturi) 538, **538**
Cheyenne, tribo 272
Chicago, Illinois
    860 Lake Shore Drive (Mies van der Rohe) 514
    Atacado Marshall Fields (Richardson) 461–464, 469
    Casa Charnley (Adler e Sullivan) 476
    Casa Glessner (Richardson) 461–462, 469
    Casa Robie (Wright) 478–479
    Crown Hall, I.I.T. (Mies van der Rohe) 513, 515
    Edifício Auditorium (Adler e Sullivan) 464, 465, 469
    Edifício Home Insurance (Jenney) 443, 469
    Edifício Monadnock (Burnham e Root) 444, 469
    Edifício Rand McNally (Burnham e Root) 443–444
    Edifício Reliance (Burnham e Root) 444, 469
    Feira Mundial de Chicago, 1893 (Hunt) 433–434
    Loja de Departamentos Carson Pirie Scott (Sullivan) 467, 468
Chichén-Itzá (México) 287, 302–303
    Caracol 287, **287**
chickees, índios norte-americanos 275
Childs, David C. 567–568
China 24, 101, 173
    arquitetos trabalhando na 584
    arte helenística 103
    budismo 86, 101–102
    casas 104–105, 110–113
    casas neolíticas em Banpo 101, 102
    edifícios de tijolo 103, 112
    esquemas de cores 106
    Grande Muralha 101–102
    jian (módulo) 104
    monastérios/templos 103–107
    pagodas 102–104

planejamento urbano 107-110
principios de arquitetura 104-106
projeto de jardins 101, 111-113
templos-caverna 103
torres de vigia 104
chinook, tribo 276
chippewa, tribo 273
choctaws, tribo 274, 303
Chorleywood (Inglaterra), O Pomar (Voysey) 448
CIAM (Congressos Internacionais de Arquitetura Moderna) 527
Cidade do México, El Bebedero (Barragán) 555, **555**
cidadelas 292
cidades ideais
    Alberti 315-317
    Le Corbusier 520-521
    Ledoux 408
    Sant'Elia 484
    Wright 515-516
cidades medievais 264-268
cimento Portland 444
Cincinnati, Rosenthal Center for Contemporary Arts (Hadid) 547, **547**
Cité dans L'Espace (Kiesler) 497, **498**
Città Nuova, La (Sant'Elia) 484, **484**
Civilização Minóica 56-59, 81
civilizações "hidráulicas" 41
claustros 204
Clemente VII (Giulio de Medici), Papa 325, 328
Clérisseau, Charles-Louis 402
Cloaca Maxima, esgoto etrusco/romano 126, 128, 133
Clube dos Trabalhadores de Rusakov, Moscou (Melnikov) 486, **486**
Cluny (França), casa medieval 262
Cnossos, Palácio do Rei Minos 56, 56-59, **57**, **58**
coberturas
    chinesas 103-105
    coberturas shikhara 92-93
    com duas águas, índios norte-americanos 275
    construção de treliças espaciais 24
    estrutura "escondida", Japão 121
    shatyor (telhados em forma de tenda) 168-170
    telhado de madeira com mísulas (hammerbeam) 249, 254, 351
    trusses 24
coberturas com peles de animais
    cabanas pré-históricas 30
    tupik, subártico 276
coberturas de sapé 64, 85, 101, 119, 295, **296**
coberturas *shikhara*, Índia 92-93
Cockerell, Samuel Pepys 421
Coducci, Mauro 341
Colbert, Jean-Baptiste 414-415
Coleshill, Berks. (Inglaterra) (Pratt) 392, **393**, 397
Coliseu *veja* Roma
Colônia (Alemanha), Pavilhão de Vidro (Taut) 488, **489**
colonos norte-americanos, casas dos primeiros colonos 26, **26**, **27**
colunas de Asoka 85, 87
colunelos 216, 231, 233
comanche, tribo 272
Complexo de Esportes Olímpicos, Tóquio (Tange) 558, **558**
complexo de templos de Jinci, Taiyuan (China) 106, **107**
compressão de materiais estruturais 22
concreto 22
    armado 445, 469-500, 525
    concreto armado 445
    construção de concreto e madeira 444-445

romano 130, 137, 140
    Wright e o uso do concreto 482
Condado de Clayton, Branch Library (Scogin e Elam) 566
Confúcio e Confucionismo 101, 106, 107, 404
Conjunto Habitacional Byker Wall, Newcastle-upon-Tyne (Erskine) 527, **528**
Conjunto habitacional Hoek van Holland, Roterdã (Oud) 497, **497**
Connecticut, casas coloniais 26, **26**, **27**
Conques (França), Saint Foy **216**, 216-217, **217**, 231
Constantino, imperador romano 153-155, 164
Constantinopla (Bizâncio ou Istambul), Turquia 153, 173, 184, 197
    veja também Bizâncio ou Istambul
construção com toras de madeira
    Navajo 278, **278**
    Rússia, horizontal 167, 169
    veja também igrejas de tabuado de madeira escandinavas
construções megalíticas
    Stonehenge 32-34
    túmulos 30-33
construções tracionadas 22, 24
Construtivismo 483-486, 525
Coop Himmelblau 546
Copán (Honduras) **281**, 284, 284-285, 302
cor
    China 106
    templos gregos 74
Córdoba (Espanha), Grande Mesquita **177**, 178, **179**
Coreia 114
cortes 26, **26**
Cortona, Domenico da **346**, 347
Cortona, Pietro da **371**, 371-372
Cos, Santuário de Asclépio 76, **76**
Cracóvia (Polônia) 266, **266**, **267**
Cranbrook Academy, Detroit (Eliel Saarinen) 532
creek, tribo norte-americana 275
Crematório Kaze-no-Oka, Nakatsu (Maki) 558-559
Creta 55, 56
    veja também Cnossos; Civilização Minóica
crow, tribo 272
Crown Hall, I.I.T., Chicago (Mies van der Rohe) 513, **513**, 515
Cubismo 483-484, 492, 497
Cuipers, P.J.H. 486
cultura Adena 273-275
Cúpula da Rocha, Jerusalém 174-176, **175**
cúpulas 23, 260
    barrocas 366, 369, 370, 375-377, 388, -371
    bizantinas 159-166
    carolíngias 200
    "cúpulas em forma de abóbora" 163, **163**
    bulbosas 170
    geodésicas 580, **580**
    igrejas russas 167, 170
    islâmicas 24, 173, 178, 181, 183, 185, 187, 188, 189, 195
    neoclássicas 405
    Renascimento 307, 308, 322, 328, 333-334
    romanas 128, 138-140
    românicas 222, 223
Cuvillés, Françoise 399
Cuzco (Peru) 293, **293**

Dacca (Índia), Assembleia Nacional de Bangladesh (Kahn) 534
Dahinden, Justus 570, **570**
Dahshur (Egito), pirâmides 44, 45

Dallas, Texas, Nasher Sculpture Center (Piano) 576, **576**
Damasco (Síria), Grande Mesquita 177, **177**
Daniell, Thomas 404
Darby, Abraham 416
Darby III, Abraham 416
Dário 39, 67
Darmstadt (Alemanha) 457
    Torre do Casamento (Hochzeitsturm) (Olbrich) 459
De Stijl 472, 475, 497, 508, 512, 525
deambulatórios 214-215, 218
decumanus 125, 133
Deir-el-Bahari (Egito)
    templo mortuário da rainha-faraó Hatshepsut 49-51, 53
    túmulo e templo de Mentuhotep 48, **48**
Delhi (Índia), túmulo de Humayun 188
Dengfeng (China), Pagode Songyue 103
dentículos 66
Dermée, Paul 500-501
Derrah, Robert 495, **496**
Derrida, Jacques 539
Desconstrutivismo na arquitetura 544-553, 584
desenhos de arquitetura 25-27
desenhos em perspectiva 26-27, **27**
Dessau (Alemanha), Edifício da Bauhaus (Gropius) 507, **507**
Detroit, Michigan, Cranbrook Academy (Eliel Saarinen) 532
Deutscher Werkbund 482-483, 488, 504, 511, 525
DIA Center for the Arts, Beacon, Nova York (Irwin, OpenOffice, Arup) 568
Dientzenhofer, Christoph 379, **379**, 397
Dientzenhofer, irmãos 379
Dientzenhofer, Kilian Ignaz 379
Diller, Elizabeth 568
Dinastia Atálida 80
Dinastia Nasrid 192
Dinkeloo, John 562, **562**
Disney World, Hotéis Swan e Dolphin, Orlando, Flórida (Graves) 543, **543**
Djenne (Mali), Grande Mesquita **301**, 301-302
Djoser, faraó 43
Doesburg, Theo Van 497, 506
Dogon, povo (Mali), vilas 298, **299**
Dominicanos 257
Donatello 306, 312
Dóricos 64
Dormitório Simmons Hall, Escola de Arquitetura do M.I.T. (Holl) 565, **565**
Dornach (Suíça), edifícios Goetheanum (Steiner) 488-489, **489**
Duany, Andres **553**, 553-554
Duban, Félix 415
Dumbarton Oaks, Washington D.C., Museum for Pre-Columbian Art (Johnson) 540
Dunker Cultural Center, Helsingborg (Utzon) 569
Durham (Inglaterra), Catedral de Saint Cuthbert 228-230, **229**, **230**, 231, 269
Dur-Sharrukin (Khorsabad) (Assíria) 38

Eads, James B. 437
Eames, Charles e Ray 533
Eanna, Suméria, templos 36
Ecletismo 418, 468
École des Beaux-Arts 414-415, 419, 432-434, 459, 465, 468-469, 472, 513
Edifício Baker House, Escola de Arquitetura do M.I.T. (Aalto) 531, **531**
Edifício Chrysler, Nova York (Van Alen) 466, **492**, 492-493
Edifício da Ford Foundation, Nova York (Roche e Dinkeloo) 562, **562**

Edifício do Jornal Pravda, Moscou (Vesnin) 485, **485**
Edifício Empire State, Nova York (Shreve, Lamb e Harmon) 466, 495, **495**
Edifício Guaranty, Buffalo, Nova York (Adler e Sullivan) 465, **466**, 469
Edifício Halladie, São Francisco (Polk) 466
Edifício Home Insurance, Chicago (Jenney) 443, **443**, 469
Edifício Larkin, Buffalo (Wright) **480**, 480–482, 525
Edifício Portland, Portland, Oregon (Graves) 542–543, **543**
Edifício Rand McNally, Chicago (Burnham e Root) 443–444
Edifício Reliance, Chicago (Burnham e Root) 444, **444**, 469
Edifício Richards Medical Research, University of Pennsylvania (L.I. Kahn) 533–534, **534**
Edifício Seagram, Nova York (Mies van der Rohe) 466, 515, **515**, 568
Edifício Wainwright, Saint Louis (Adler e Sullivan) 465, **465**, 469
Edifício Woolworth, Nova York (Gilbert) 492
edifícios "à prova de fogo" 416, 443, 514
Edirne, Mesquita de Selimiye (Sinan) 187, **187**
Eesteren, Cor Van 497
Éfeso (Grécia)
    Biblioteca de Celso 22
    Templo de Artemis 64
Egito 34, 40–53
    Islamismo 173
    materiais de construção 137
    veja também salões hipostilos; templos egípcios; obeliscos; pirâmides; túmulos
Eiffel, Gustave **421**, 442, **442**, 469
Einsiedeln, igreja da abadia de (C. e J. Moosbrugger) 381
Einstein, Albert 539
Eisenman, Peter 545, **545**, 562
El Pedregal, casas com paredes de lava (Barragán) 555
Elam, Merrill 566–567
Elementarismo 498
elevações 26, **26**, **27**
Elgin, Lord 70
Elisabete I, Rainha 351
Enfant, Pierre L' 363
entablamento 65
entasis 67, 69
enxaimel, construção **261**, 261–262, 269
Epidauro (Grécia)
    Santuário de Asclépio, tholos 75, 75
    teatro 77–78
eremitas 202
Erickson, Arthur 569
Eridu, Suméria, templo 36
Er-Mané, Carnac (França), túmulo megalítico **30**, 31
Erskine, Ralph 527
escadas
    barrocas 359, 382
    renascentistas 323, 324, 330
escadas imperiais 382
Escola de Arquitetura do M.I.T., Cambs. Mass. 433
    Dormitório Simmons Hall (Holl) 565
    Edifício Baker House (Aalto) 531
Escola de Chicago 444
Esfinge, Gisé **46**, 47, **47**
esquimós *veja* inuits
Estados Unidos da América
    Art Déco 492–495, 513
    casas do tipo "saleiro" (Nova Inglaterra) 26, 27
    ensino universitário de arquitetura 433
    estilo norte-americano 459–469
    ferrovias 438
    índios americanos 271–278, 303
    influências africanas 295
    influências barrocas 397
    influências inglesas 392, 395–397
    Movimento Artes e Ofícios 445, 447
    Movimento Eclesiológico 431–432
    Neoclassicismo 426–430, 468
Este, família 344–345
estelas 283, **284**, 292
estereotomia 222, 231
Estilo Animal, ornamentos 204, 207
Estilo Chinesice 421
Estilo Egípico (historicismo) 402, 421
Estilo Gothick 418
Estilo Grande Buda, Japão 116
Estilo Hindu 421
Estilo Historicismo Grego 459
Estilo Internacional 516
Estilo Mourisco 421
estilo norte-americano 459–468
Estilo Pitoresco 417, 418
Estilo Rainha Ana 447, **448**
Estilo Rococó 399, 418
Estilo Shingle 447, 462
Estilo Vitoriano 421
estilóbato 69
Estocolmo (Suécia)
    Biblioteca Pública de Estocolmo (Asplund) 524, 524
    Loja de Departamentos Bredenberg (Asplund) 524
estrutura em balão 445, **445**, 469
estrutura em plataforma 445
estruturalismo 539
estufas 439, **439**
estupas, Índia **86**, 86–88
Etiópia, igrejas 301, **301**
Etruscos 125–127, 131
Eusébio de Cesareia 158, **158**
Evans, Sir Arthur 56
Evelyn, Sir John 389
Eveux-sur-l'Arbresle (França), Sainte-Marie-de-la-Tourette (Le Corbusier) 522, **522**
êxedra 143
Exeter, New Hampshire, Biblioteca da Phillips Exeter Academy (L.I. Kahn) 534, **535**
Exposition des Arts Décoratifs, Paris 485, **485**, 497, **498**
Expressionismo 486–491, 525
Expressionismo Alemão 486–491, 525
Expressionismo Holandês (Wendingen) 486, 497, 525
Eyck, Aldo Van 527

Fábrica de Engarrafamento da Coca-Cola, Los Angeles (Derrah) 495, **496**
Fábrica de Fôrmas de Sapatos Fagus, Alfeld-an-der-Leine (Gropius e Meyer) 504, **504**
Fábrica de Turbinas da AEG, Berlim (Behrens) 483, **483**
Fagnano Olona, escola de ensino fundamental (Rossi) 554
Fairfield, Connecticut, Casa Ogden **27**
Fajda Butte, Cânion Chaco (Novo México) 278
Fali, tribo (Camarão) 297, **297**
falsos arcos 22, **22**, 23, **260**
    egípcios 44
    maias 22, 284
    micênicos 62
    românicos 214, 231
    Tirinto 63, 64
família Gonzaga 314, 327

Fasil Ghebbi (Etiópia) 300
Fatehpur Sikri (Índia), mesquita da sexta feira **182**, 183, **183**
Feira Mundial de Chicago, Chicago, 1893 433–434, **434**
feng shui 106
fenomenologia 539
ferro 22, 469
    construção em ferro e vidro 439–440, 451
    ferro batido ou forjado 416
    ferro fundido 416, 440, 443
    pontes 416–417
    Revolução Industrial 439
    Torre Eiffel 442
ferro batido ou forjado 416
ferro e vidro, construção 439–440, 451
ferro fundido 416, 440, **443**
ferrovias 438
feudalismo 197
Fídias escultor 70
Fiesole (Itália), Vila Medici (Michelozzo) 344, **344**
Filadélfia, Penn.
    Bank of Pennsylvania (Latrobe) 426
    Bolsa de Valores da Filadélfia (Strickland) 76
    Edifício da Philadephia Savings Fund Society (Howe e Lescaze) 512, 513
    Edifício Richards Medical Research, University of Pennsylvania (Kahn) 533–534
    Guild House (Venturi e Rauch) 537–538
    replanejamento de Bacon 363
    São Tiago, o Menor 431
Filipe da Macedônia 74
Fillmore, Lavius 396
Fischer von Erlach, Johann Bernhard 377, **378**, 397
Fiske, Pliny 584
Florença (Itália) 133, 305
    Biblioteca Laurenciana (Michelangelo) 328–329
    Capela Pazzi, Santa Croce (Brunelleschi) 310, 311, 356
    Catedral, cúpula (Brunelleschi) 25, 307, 308, 356
    Espírito Santo (Brunelleschi) 309–310
    Ospedale degli Innocenti (Hospital dos Inocentes) (Brunelleschi) 308–309
    Palazzo Rucellai (Alberti) 313
    San Lorenzo: (Brunelleschi) 309–311; (Michelangelo) 309, 328–330
    San Miniato al Monte 212–213
    Santa Maria degli Angeli (Brunelleschi) 310, 311
    Santa Maria Novella 257, 257–258; (Alberti) 314, **314**; (afresco de Masaccio) 306, 307, 356
    Uffizi (Vasari) 326–327
folhas de acanto, 75
follies 418
Fontana, Domenico 363, 370, 396
Fontenay, abadia (França) **226**, 227, **227**
fontes lustrais, Cnossos 59
Foreign Office Architects (FOA) 572
foros romanos **131**, 131–135, **132**, 133–135, **134**
Fort Worth, Texas
    Kimbell Art Museum (Kahn) 35, 535, 536
    Modern Art Museum (Ando) 560
Fossanova, monastério (Itália) 228
fossos 262, 264
Foster, Norman 568, 577–579, **578**, **579**
Foucault, Michel 539
Fouilhoux **494**
França 173, 197
    arquitetos e a apologia do estado 410–411
    arquitetura barroca 383–389, 397
    arquitetura gótica 346, 347

Historicismo Gótico 432-433
l'art moderne (Art Déco) 492
Neoclassicismo 407-410, 412-414, 442
pensionnaires 412-414, 419
Renascimento 346-350, 357
veja também châteaux
Franciscanos 257, 258
Francisco I da França 346, **346**, 347, 349
Frankfurt (Alemanha)
 Biocentrum (Eisenman) 545
 Museum für Kunsthandwerk (Meier) 563-564
Freed, James Ingo 561
frigidarium 143
Frith, W.P., *The Railway Station* (gravura) 438, **438**
Fujima Country Club, Oita (Japão) (Isozaki) 559
fulani, povo (Burkina Faso) 294, **295**
fulgê 454
Fuller, R. Buckminster 580, **580**, 585
Futurismo 472, 483-484, 525

Gabriel, Ange-Jacques 411, **411**
galerias 305
Garches (França), Vila Stein (Le Corbusier) 501, **501**
Garnier, Tony 475
Gaudí, Antonio 452, **453**, 453-454, **454**, 469
gedi (Quênia) 300, **300**
Gehry, Frank **527**, 545, **548**, 548-551, **549-551**, 568
General Motors Technical Center, Warren (Saarinen) 532
Genghis Khan 90
geometria
 descritiva 415
 medieval 260
 Neoclássica 407
 Renascimento 306
Germigny-des-Prés (França), Oratório 200-202, **201**, 230
Getty Museum, Los Angeles (Meier) 564
Ghiberti, Lorenzo 306, 312
Giacomo della Porta 334, 360, **360**, **361**, 368
Gibbons, Grinling 390-392
Gibbs, James 395, **396**, 397, 419
Giedion, Sigfried 451, 472
Gilbert, Cass 492
Giovanni da Udine 325
Gisé (Egito)
 pirâmide de Khufu (Quéops) 44-47
 pirâmide de Menkaure (Miquerino) 44-46
 pirâmide e templo mortuário de Khafre (Quéfren) 44-47
 pirâmides 44-47, 49
Giulio Romano 324, **327**, 327-328
Glasgow (Escócia)
 School of Art (Mackintosh) 454, 455
 Scotland Street School (Mackintosh) 454
Goetheanum, Dornach (Steiner) 488-489, **489**
Gondoin, Jacques 412-414, **414**, 419
Gonzaga, família 314, 327
Gótico Inglês 269, 350
 Período Decorado 246, 250-251, 253, 269
 Perpendicular 246, 247, 269, 350
 Primitivo 246, 269
Gótico Perpendicular 246, 247, 269, 350
Goujou, Jean 349
Grande Muralha da China **101**, 101-102
Grande Zimbábue 300
Graves, Michael 539, 542-543, **543**
Gray, Eileen 504
 casa em Roquebrune 503, 504
Grécia 55
 culturas do Mar Egeu 55-64
 Período Arcaico 64-67

Período Clássico 67-74
Período Helenístico 74-81
Greeley, Horace 434
Greenberg, Allan 553, **553**
Greensted (Inglaterra), igreja anglo-saxã 206
Greyfriars, Surrey (Inglaterra) (Voysey) 448
Griffith, Walter Burley 480
Grimshaw, Nicholas 579-580
Gropius, Walter 472, 475, 483, 504-508, 525, 527, 540
 casa em Lincoln, Mass. 512
 Edifício da Bauhaus, Dessau 507, 507
 Fábrica de Fôrmas de Sapatos Fagus, Alfeld-an-der-Leine 504
 Weissenhof Siedlung 512
Guarini, Guarino 178, 375, **375**, 397
Guggenheim Museum, Bilbao (Gehry) **527**, 549-551, **550**, **551**
Guggenheim Museum, Nova York (Wright) 516, 518
Guidoni, Enrico 297
Guild House, Filadélfia (Venturi e Rauch) **537**, 537-538
Guilherme, o Conquistador 228, 231, 263
Guilherme, o Inglês 247
Guilherme de Sens 246-247
Guimard, Hector 451, **451**, 469
Gunzo (arquiteto) 218
gutis, os 37

Hadfield, George 426
Hadid, Zaha **546**, 546-547, **547**, 584
Hagley Park, Worcs. (Inglaterra), ruína falsa (Miller) 418
ha-has (valas) 418
haida, tribo 276
Hallet, Stephen 426
Hamurábi, rei 38
haram (salão para culto coberto) 173, 185, 187, 195
Harappa, cultura 83-85
Hardwick Hall, Derbyshire (Smythson) **352**, 353
harmika 86
Harmon, Arthur 495, **495**
Harrison, Peter 396
Harrison, Wallace K. 494
Harvard University, Sever Hall e Austin Hall (Richardson) 461
Hatshepsut, rainha-faraó 50, 51
Haussmann, Barão Eugène Georges 363
Hawkins, Gerald 33-34
Hawksmoor, Nicholas 394-395, **395**, 397
Heisenberg, Werner 539
Helsingborg (Suécia), Centro Cultural Dunker (Utzon) 570
Hennebique, François 445
Henrique IV, rei da França 349
Henrique VIII, rei da Inglaterra 249, 254, 350, 351
Herculano (Itália) 402, 405, 419
Hertzberger, Herman 570
Herzog, Jacques **521**, 570-571
Hesse, Ernst Ludwig, Grão-Duque de 457, 458
Hézelon 218
Hidatsa, casas de terra da tribo, 273
High Museum, Atlanta, Geórgia (Meier) 563-564, **564**
Highland Park, Illinois, Casa Ward Willits (Wright) 478, **478**
Hildesheim (Alemanha), Saint Michael 210, **211**
Himeji (Japão), Castelo da Garça Branca **120**, 120-121
Hinduísmo na Índia 85, 86
Hipódamo de Mileto 79-80
Historic American Buildings Survey 26, **27**

Historicismo Gótico 430-433, 459
Hitchcock, Henry-Russell 472, 512, 516
hititas 38
Hofmeister **494**
hogans, navajo 278, **278**
hohokam, tribo 277
Holkham Hall, Norfolk (Inglaterra) 402, **402**
Holl, Steven 564-565, **565**, 584
Hollein, Hans 569
Holocaust Memorial Museum, Washington D.C. (Pei Cobb Freed) **561**, 561-562
Homero 56
Hong Kong Bank (Foster) **578**, 578-579
Hood, Raymond **493**, **494**, 495
Hooke, Robert 389
hopi, tribo 278
Horjuyi, complexo de templos, perto de Nara (Japão) **114**, 115, **115**
Horn, Walter 202, 204
Horta, Victor **450**, 450-451, **451**, 469
Hosios Loukas (Grécia), igrejas do monastério **161**, 166, **166**
Hôtel Amelot, Paris (Boffrand) 399
Hotel Sphinx (Koolhas) (representação gráfica) 552, **552**
Houston, Texas, Menil Collection Museum (Piano) 575
Howe, George **512**, 513
Hsüan-tsang 90
Huaca de los Reyes (Peru) 290, **290**
Hubbard, Elbert 447
Humanismo 305-306
Humayun, túmulo de, Delhi 188
Huni, faraó 44
Hunt, Richard Morris **433**, 433-434, **434**, 469
hupa, tribo 276
Hurley, William 254
Husserl, Edmund 538-539
Hyksos, civilização 49

IBM Center, Nova York (Barnes) 562, **562**
iconostase (anteparao) 170
Ictino 67, 75
idgabs 173
iglus, Inuit 276, **276**
igrejas de lã 249
igrejas de tabuado de madeira escandinavas 204-207, **205**, **206**, **207**
igrejas moçárabes 202
igrejas-salão 255-256, 258
Ilkley, Yorkshire (Inglaterra), Casa Heathcote (Lutyens) 524, **524**
Illinois Institute of Technology (I.I.T.) 513
 Crown Hall (Mies van der Rohe) 513, **513**, 515
Iluminismo 399, 419
Imhotep 43, **43**
impluvium 146
incas 292-294, 303
Índia 85-95, 173
 Budismo 85, 86
 câmaras mortuárias com cúpula 188-189
 coberturas shikhara 92-93
 construção em alvenaria de pedra 85, 87, 88, 91-92, 95
 estupas 86-88
 Hinduísmo 85, 86
 mesquitas 182, 183
 monastérios budistas 86, 89
 salões chaitya 86, 88
 templos budistas 86-91
 templos hindus 91-95, 98
 templos-caverna 88-91
índios americanos 271-278, **272**, 303
Indonésia 173

influências flamengas 351
Inglaterra
   arquitetura anglo-saxã 204–206, 228, 230
   Art Déco 492
   Barroco 389–396
   Historicismo Gótico 430
   Movimento Artes e Ofícios 445–448
   Movimento Eclesiológico 431
   Neoclassicismo 404–406, 425–426
   Neopalladianos 400–402
   Renascimento 350–356
   veja também casas de campo
Innsbruck, Áustria, Rampa para Prática de Esqui Bergisel (Hadid) **546**, 546–547
Inocente X, Papa 374
ínsula (edifícios de apartamentos), romanos 148, **148**, 151
inuits (esquimós) 275–276
Irã 173, 195 *veja também* Persépolis
Iraque 173
Irlanda
   monasticismo 202
   túmulos megalíticos 30–33
Iroqueses, casas-galpão 273
Irwin, Robert 564, 568
Isfahan 191
   bazaar 191
   Maidan-i-Shah (praça pública) 190
   Masjid-i-shah (Mesquita do Xá) (Mesquita do Xá) 180–182, 191
   mesquita da sexta feira 173, 180–182
   Mesquita do Xeque Lutfullah 191
   planejamento urbano 191
Isidoro de Mileto 160, 163
Isozaki, Arata 559, **559**, 575
Itália
   arquitetura barroca 359–375, 396–397
   arquitetura gótica 257–259, 269, 305, 307
   casas medievais 262, 269
   futurismo 483–484, 525
   igrejas românicas 210–214
   Renascimento 316–356
   veja também Etruscos
iwans 180

Jacobs, Jane 554
Jahan, Shah 188, 189
Jainismo 85–86
Japão 114
   arquitetura zen budista 121–123
   casas 118–120
   casas de chá 121–123
   castelos 120–121
   Estilo Grande Buda 116
   Modernismo 558–560
   monastérios/templos budistas 114–116, 121
   pagodas 115
   planejamento urbano 123
   tatame 119
   templos xintoístas 117–118
Japonesismo 421
Jefferson, Thomas 140, 421–422, 426–430, **428**, **429**, 459, 468
Jekyll, Gertrude 524
Jencks, Charles 539, 544, 545
Jenney, William Le Baron 443, **443**
Jericó (Israel), assentamento pré-histórico 30
Jerusalém
   Cúpula da Rocha 174–176
   peregrinações 214
Jesuítas 359, 366, 396, 404
Ji Cheng 111
jian (unidade modular), China 104

Johnson, Philip 472, 512, 539–541, **540**, 544, 548, 554, 568
Jones, Faye 557
Jones, Inigo 353, 357, 400, 419
   Casa da Rainha, Greenwich 353–355
   Casa de banquete, Whitehall, Londres 354, 355
   Catedral de São Paulo, Londres 356
   Covent Garden, Londres 355–356
Jônicos 64, 67
Jugendstil 450, 457
Júlio II, Papa 322, 356, 361, 362
Júlio III, Papa 344
Justiniano, imperador 159, 164

Kabah (México), arco **22**
Kahn, Ely Jacques **471**, 493–495
Kahn, Louis I. 533–536, **534–536**, 537
Kallmann, Gerhard Michael 560, **560**
Kamioka, prefeitura, Japão (Isozaki) 559
Kandinsky, Wassily 505, **505**
Kao Gong Ji 107, 123
Karli (Índia), templo-caverna **89**, 89–91
Karok, tribo 276
Kelly, William 437
Kempsey (Austrália), History Museum and Tourist Office (Murcutt) 581–583, **582**
Kent, William 400, 402, **402**, 417
Kentlands, Maryland 554
Kew Gardens, Londres, Casa das Palmeiras (Burton e Turner) 439, **439**
Khafre (Quéfrem), pirâmide e templo mortuário **44**, 45, **45**, 46, 46–47, **47**
Khajuraho (Índia)
   Templo de Kandariya Mahadeva 83, 94, 98
   Templo de Lakshmana 93–94, 98
Khan, 'Abd al-Karim Ma'mur 189
Khan, Makramat 189
Khorsabad (Assíria), palácio e zigurate 38, **39**
Khufu (Quéops), pirâmide **44**, **45**, 45–46, **46**, 47
ki, tribo do sudoeste norte-americano 277
Kickapoo, tribo 273
Kiesler, Friedrich 497, **498**
Kiev (Rússia) 170
   Santa Sofia 170
Kimbell Art Museum, Fort Worth, Texas (Kahn) 35, 535, **535**, **536**
Kiowa-Apache, tribo 273
Kitagata (Japão), Conjunto Habitacional Slither (Diller e Scofidio) 568
kivas 278
Kizhi (Rússia)
   Igreja da Ressurreição de Lázaro 167, 168
   Igreja da Transfiguração 168–170
Klee, Paul 505
Klerk, Michael de 486
Knowles, Frank 560, **560**
Knowlton Hall, Ohio State University (Scogin e Merrill) 566–567
Knoxville, Tennessee, ponte ferroviária **24**
Koolhaas, Rem **552**, 552–553, 584
Kramer, Piet 486
Krier, Léon 554–555
Kuala Lumpur, Torres Petronas (Pelli) 569–570
kuba, tribo (Zaire) 294, **295**
Kutná Hora (Boêmia) Saint Barbara 256, **256**

La Jolla, Califórnia
   Neurosciences Institute (Williams e Tsien) 565–566
   Salk Institute for Medical Sciences (L.I Kahn) 534, **534**
La Venta, Tabasco (México) 279, **279**
Laban Center for Movement and Dance, Deptford (Herzog e de Meuron) 571, **571**

labirintos 56, 57
Labrouste, Henri 25, 440–442, **441**, **442**, 469
LaFarge, John 434, 460
Laguna West, Flórida 554
Lahawri, Ahmad 189
Lakeville, Connecticut, Casa III (Eisenman) 545, **545**
Lakota Sioux, tribo 271
Lamb, William 495, **495**
Langhans, Carl Gotthard 422
Lao Tsé 101
Laon (França), Catedral de Notre-Dame **235**, 236–237, **237**, 241
Laramie, Wyoming, American Heritage Center (Predock) 564, **564**
Latrobe, Benjamin Henry 414, 421, 426–427, **427**, 430, 468
Laugier, Marc-Antoine 410, 419
Laurana, Luciano 317
Le Corbusier 472, 475, 483, 492, 500–504, 520–523, 525, 527, 560
   Casa Citrohan 501
   Casa Dom-ino 500
   Chandigarh, Índia 522–523
   "Cinco Pontos" 503
   La Ville Radieuse (A Cidade Radiosa) 520–521
   Modulor 520
   Notre-Dame-du-Haut, Ronchamp 521–522
   Sainte-Marie-de-la-Tourette 522
   Unidade de Habitação, Marselha 520–521
   Vila Savoye, Poissy 501–503
   Vila Stein, Garches 501
   Weissenhof Siedlung, conjunto habitacional modelo 511, 512
Le Nôtre, André 386–387, **387**
Le Raincy (França), Notre Dame (Perret) **499**, 500
Le Vau, Louis 383, **384**, 386, 397
Leão X, Papa 369
Lebrun, Charles 383, **384**, 388, 397
Leça da Palmeira (Portugal), edificações projetadas por Álvaro Siza 557
Ledoux, Claude-Nicolas 407, **407**, **408**, 408–410, **409**, 419
Lemercier, Jacques 349, **349**, *383*
Leonardo da Vinci 318, 319
   Homem Vitruviano 306, **306**
Leoni, Giacomo 400
Leptis Magna, Hunting Baths 143
Lescaze, William **512**, 513
Lescot, Pierre 349, **349**
Lévi-Strauss, Claude 539
Lewerentz, Sigurd 524
Lewitt, Erik 584
Leyswood, Sussex (Inglaterra) (Shaw) 447, **447**
Libeskind, Daniel 561–562, 567–568
Lido, vila (Loos) 475, **475**
liernes 246
Liga Délia 67, 74
Ligorio, Pirro 344–345, 345, **345**, 368
Limoges (França), Saint Martial 215
Lin, Maya 560–561, **561**
lintéis 23
Lisícrates, monumento 75–76, **76**
Lissitzky, El 497
Lombardo, Martino e Tullio 341
Londres (Inglaterra)
   Abadia de Westminster 350
   Adelphi scheme (Adam) 404–405
   Bank of Inglaterra (Soane) 425, 425, 468
   Casa Burlington 400
   Casa Chiswick 400, 401
   Casa da Rainha, Greenwich (Jones) 353–355
   Casa das Palmeiras, Kew Gardens (Burton e Turner) 439

Casa de Banquete, Whitehall (Jones) 354, 355
Casa Somerset (Chambers) 406
Casa Williams-Wynn (Adam) 405
Catedral de São Paulo: (Jones) 356; (Wren) 25, 390–392, 397
Christ Church, Spitalfields (Hawksmoor) 394–395
Covent Garden (Jones) 355–356
Laban Center for Movement and Dance, Deptford (Herzog e de Meuron) 571
New Zealand Chambers (Shaw) 447, 448
Palácio de Cristal (Paxton) 439–440, 469, 562
Parlamento do Reino Unido (Barry e Pugin) 430, 431
Prefeitura (Foster) 579
replanejamento urbano de Wren 389, 390
Robin Hood Gardens (P. e A. Smithson) 527
Sainsbury Wing, National Gallery (Venturi e Scott-Brown) 538
Saint Dunstan-in-the-East (Wren) 390
Saint Martin-in-the-Fields (Gibbs) 395–397
Saint Mary-le-Bow (Wren) 390
Saint Stephen Walbrook (Wren) 389, 390
Salão Westminster 254
Soane's Museum, Lincoln's Inn Fields 426, 468, 566
Torre de Londres (Torre Branca) 263
Waterloo International Terminal (Grimshaw) 579
Loos, Adolf 450, 472–475, **474**, 492, 525
Lorsch (Alemanha), portal da abadia 200, **200**
Los Angeles, Califórnia
Casa de Pesquisa V.D.L. (Neutra) 519
Casa de Praia Lovell (Neutra) 519
Casa Gehry, Santa Monica (Gehry) 545, 548
Catedral de Nossa Senhora dos Anjos (Moneo) 571–572
Edifício da Team Disneyland Administration (Gehry) 548–549
edifícios Art Déco 495, 496
Escola de Ensino Médio Diamond Ranch (Mayne) 565
Fábrica de Engarrafamento da Coca-Cola (Derrah) 495, 496
Getty Museum (Meier) 564
Museum of Contemporary Art (Isozaki) 559
Teatro Pantages (Priteca) 495, 496
Teatro Wiltern 495
Luís IX, rei da França 244, 264
Luís VII, rei da França 234, 236
Luís XII, rei da França 346
Luís XIV, rei da França 383
Luton Hoo, Bedfordshire (Inglaterra) (Adam) 405–406
Lutyens, Edwin 523–524, **524**

Machu Picchu (Peru) **271**, 294
Mackintosh, Charles Rennie 454–457, **455**, **456**, 469
Macmurdo, Arthur, *Wren's City Churches* (página-título) 450, **450**
madeira 22
China 104–105
coberturas góticas inglesas com *hammerbeams* 254
Japão 114, 120–121
veja também construção com toras de madeira
Maderno, Carlo 334, 366
Madison, John Graves House **26**
madrasas 182
Magney House, Bingi Point (Austrália) (Murcutt), **582**, 583
Mahabalipuram (Índia), templos (*rathas*) 95, **95**
Mahoney, Marion 479–480

Maia, civilização **22**, 282–287, 302, 303
Maiano, Giovanni da 350
maidu, tribo 278
Maillart, Robert 499
Maisons-sur-Seine, *château* (Mansart) 385–386, **386**
Major, Thomas 402
Maki, Fumihiko 558–559, 568
Malatesta, Sigismondo 313
Malcontenta (Itália), Vila Foscari (Palladio) 338, **339**
mandalas 91
Mandan, casas de terra 273
Maneirismo (Renascimento Tardio) 324–343, 356
jardins, projeto 344–345
Mansart, François 25, **384**, 384–386, **385**, **386**, 397, 410
Mansart, Jules-Hardouin 387–389, **388**, 410
mansões medievais 261, **261**
Mântua (Itália)
Palazzo del Te (Romano) 327–328
S. Andrea (Alberti) 314, 315, 356
S. Sebastiano (Alberti) 314, 315
maqsura 173
Mar Egeu, culturas 55–64
Marinetti, Filippo 483–484
Mark, Robert 243
mármore 66, 81, 137, 231
Marrocos
casas com pátio interno 300
kasbahs 298–300, 299
tendas 294, 295
Marselha (França), Unidade de Habitação (Le Corbusier) 520, 520–521, **521**
Marshall Field Wholesale Store, Chicago (Richardson) 461, **461**, 462–464, 469
martyria paleocristãos 155
Marzabotto (Itália) 125, **126**
Masaccio 312
Santíssima Trindade 306, 307, 356
Maser (Itália), Vila Barbaro (Palladio) **337–338**
Mashhad (Irã), Mesquita de Goharshad 24
masjids 173
Mason's Bend Community Center, New Bern, Alabama (Mockbee) 557, **557**
mastabas, Egito 41, **41**
mausoléus paleocristãos 155–159
Mayne, Thom 565
McKim, Charles Follen 434, 436, 469
McKim, Mead e White 25, 434–435
Biblioteca Pública de Boston 25, 313–314, 435, 436
Casas Villard, Nova York 435–436
Pennsylvania Station, Nova York 436
McKinnell, Noel Michael 560, **560**
Mead, William Rutherford 434, 469
Meca
Ka'ba 176, **176**
Mesquita do Profeta 174
Medes 39
Medical College of Virgínia, Richmond (Steward) 421
Medici, Cosimo de' 318
Medici, família 305, 328, 344, 356
Medina, Casa do Profeta 176, **176**
megálitos, *veja* construções megalíticas
megarons 61
micênicos 61, 63, 64
minóicos, em Cnossos 59, 81
Mehmet II, Sultão 184
Meidum (Egito), pirâmide **44**, 44–45
Meier, Richard **563**, 563–564, **564**
Meissonier, J.A. 399
Meledo (Itália), Vila Trissino (Palladio) 340, **340**

Melk, abadia (Áustria) 377–379, **379**
Melnikov, Konstantin **485**, 485–486, **486**
Memorial aos Veteranos do Vietnã, Washington D.C. (Lin) 560–561, **561**
Mendelsohn, Erich **490**, 490–491, 533
Menes, faraó 41
Mengoni, Giuseppe 562
Menil Collection Museum, Houston, Texas (Piano) 575
Menkaure (Miquerino), faraó, pirâmide em Gisé **44**, 45, **45**, 46, **46**
Mentuhotep II, túmulo e templo 48, **48**, 53
Mérida (Espanha), Museu Nacional de Arte Romana (Moneo) 571
Mesa Verde, Colorado 277, **277**, 278
Mesopotâmia (Iraque) 34–40
Mesquita de Goharshad, Mashhad (Irã) 24
Mesquita de Selimiye, Edirne (Sinan) 187, **187**
mesquitas
com colunas ou salão hipostilo 177–178, 195
com cúpulas múltiplas 184–187
concepção da 176–177
iwan 177, 180–183, 195
veja também mesquitas individuais
mestres de obras medievais 259, 260
Metabolistas 558
Métro, entradas, Paris (Guimard) 451, **451**
Meuron, Pierre de **521**, 570–571
México pré-colombiano 279–289, 302, 303
Meyer, Adolf 483, 504, **504**, 506
Meyer, Hannes 508
Mi Fu 111
Miami Beach, Flórida, edifícios Art Déco 495
The Breakwater (Skislewicz) **496**
Micenas 59–63, **60**
casas 63
palácios 60–61
Portal dos Leões 59–61
Tesouro de Atreus 61–62
túmulos (tholoi) 61–62
micênicos 56, 59
Michelangelo Buonarroti 143, 324, 328–335, 361
Basílica de São Pedro, Roma 25, 332–334
Biblioteca Laurenciana, Florença 328–329
Campidoglio (Monte Capitólio), Roma 330–331
Capela Sforza, S. Maria Maggiore, Roma 335, 356
Palazzo Farnese, Roma 332
Porta Pia, Roma 334, 335, 361
San Lorenzo, Florença 309, 328–330, 329
Michelozzo di Bartolomeo 356
Banco Mediceo, Milão 318
Vila Medici, Fiesole 344
micmac, tribo 273
Mies van der Rohe, Ludwig 120, 255, 472, 475, 483, 497, 508–510, 512–515, 525
860 Lake Shore Drive, Chicago 514
Casa Farnsworth, planta baixa 514–515
Casa Tugendhat, Brno 510
Crown Hall, I.I.T. 513, 515
Edifício Seagram, Nova York 515
Pavilhão de Barcelona 508–510
Weissenhof Siedlung, edifício de apartamentos 511–512
mihrabs 173, 178
Milão (Itália) 318, 346
Banco Mediceo (Michelozzo) 318
Catedral 244, 257–259, 269
Galeria Vittorio Emanuele (Mengoni) 562
San Ambrogio 212, 214, 231
Santa Maria delle Grazie (Bramante) 319
Mileto (Ásia Menor) 79–80
Miller, Sanderson 418

Milwaukee Art Museum (Calatrava) 577, **577**
minaretes 177, 185, 187, 189
minbars 173
Minerals and Mining Museum (Murcutt), Broken Hill (Austrália) **583**, 583-584
minka (casas populares de madeira), Japão **119**, 119-120
Miquerino *veja* Menkaure
Mirande (França), *bastide* 265, **265**
Mitla, Oaxaca (México) 282, **282**
miwok, tribo 278
mixtecas 282
Mnesicles 72
moche, civilização 291-292
Mockbee, Samuel 557, **557**
Modena, Cemitério de San Cataldo (Rossi) 554, **554**
Modernismo 447, 471-525, 527-536
    contraproposta de Venturi 537-538
    Formalismo 568-572; (Estados Unidos) 560-568
    Japão 558-560
    projeto sustentável 580-585
    regionalismos modernistas 555-557
    tecnologia 572-580
    tradição clássica 553-555
    veja também Pós-Modernismo
Moderno Aerodinâmico, Estilo 495, **496**
Moderno em Ziguezague 495
mogollan, tribo 277
Mohenjo-Daro (Vale do Indo) 83, **84**
Moholy-Nagy, László 505
Monastério de Certosa, Pávia (Itália) 346
Monastério de Citeaux (França) 228
Monastério de Cluny (França) **218**, 218-222, **219**
Monastério de Fogong, Shanxi, China **103**, 103-104, **105**, **106**
Monastério de Nanchan, Shanxi, China **104**, 105, 106
Monastério em Fossanova (Itália) 228
monastérios 197
    beneditinos *veja* Saint Gall
    carolíngios 202-204
    Cistercienses 225-228
    Le Corbusier 522
    Pré-Românicos 208-209
    românicos 208-209
monastérios budistas
    China 103-104
    Índia 86, 88
    Japão 115-116
Mondrian, Piet 497
Moneo, Raphael 571-572, **572**, 575
Mongols 166, 170
Monpazier (França), bastide 265, **265**, 266
Monte Albán (México) 281, **281**
Monte San Giorgio (Suíça), Casa 1973 (Botta) 556, **556**
Montefeltro, Federigo da 317
Monticello, Charlottesville (Jefferson) **428**, 428-429
Montreuil, Pierre de 238
Monumento à Terceira Internacional (Tatlin) 485, **485**
Monumento Corágico de Lisícrates, Atenas 75-76, **76**
Moore, Charles 539, **541**, 541-542, **542**, 554
Moosbrugger, Caspar 381
Moosbrugger, Johann 381
Morphosis 565
Morris, William **446**, 446-447, 450, 460, 469, 472

morros artificiais, índios norte-americanos 273-275, **274**, **275**, 302
mosaicos 130, 155, 159, 164, 166, 171, 202
Moscou (Rússia) 170
    Catedral de São Basílio, o Abençoado (Catedral da Intercessão no Fosso) (Barma e Posnik) 170-171
    Clube dos Trabalhadores de Rusakov (Melnikov) 486
    Edifício do Jornal Pravda (V. e A. Vesnin) 485
    Kremlin 170
motivos em taludes e tabuleiros 279, 282, **282**, 283-284, **286**, 288
motivos serlianos 336, 343
Moundville, Alabama 275, **275**
Mount Wilson (Austrália), Simpson-Lee House (Murcutt) **583**, 584
Moussavi, Farshid 572
Movimento Artes e Ofícios 445-449, 469, 475
Movimento Eclesiológico 431-432
Movimento Moderno 510
Movimento Tractariano 431
Mumford, Lewis 516
Murcutt, Glenn 580-584, **581-583**
Museu da Madeira, Osaka (Ando) **559**, 559-560
Museum for Pre-Columbian Art (Johnson), Dumbarton Oaks 540
Museum für Kunsthandwerk, Frankfurt (Meier) **563**, 563-564
Museum of American Folk Art, Nova York (Williams e Tsien) 566
Museum of Anthropology, British Columbia (Erickson) 569
Museum of Contemporary Art, Los Angeles (Isozaki) 559
Mussolini, Benito 362-363
Muthesius, Herman 449, 469, 472, 482
MVRDV 580

Nakatsu (Japão), Crematório Kaze-no-Oka (Maki) 558-559
Nanih Waiya, morro artificial sagrado, Mississippi 274, **274**
Napoleão 402, 415
Narmer, faraó 41
Nash, John 421
Nasher Sculpture Center, Dallas (Piano) 576, **576**
Nashville, Tennessee
    Capitólio do Estado do Tennessee (Strickland) 76
    First Presbyterian Church (Strickland) 421
Naskapi, the 273
Nasrid, dinastia 192
Natchez, tribo 275
National Farmers' Bank, Owatonna (Sullivan) 468
Navajo, nação indígena 278, 303
naves 154
nazca, índios 292
Neoclassicismo 399-400, 403, 417, 419, 421-422, 439, 468
    Alemanha 422-425
    Estados Unidos 426-430
    França 407-410, 412-414, 442
    Inglaterra 404-406, 425-426
Neopalladianismo 400-402, 418, 419
Neoplasticismo 497
Neumann, Johann Balthasar **359**, 381, 381-383, **382**, 397
Neurosciences Institute, La Jolla (Williams e Tsien) 565-566, **566**
Neutra, Richard 519, **519**
New Bern, Alabama, Mason's Bend Community Center (Mockbee) 557, **557**

New Canaan, Connecticut, Casa Boissonas (Johnson) 540, **540**
New Haven, portões do cemitério (Austin) 421
New Orleans, Louisiana, Piazza d'Italia (Moore) 541-542, **542**
Newcastle-upon-Tyne (Inglaterra). Conjunto Habitacional Byker Wall (Erskine) 527, **528**
Newgrange, Co. Meath (Irlanda), galeria funerária **31**, 31-33, 53
Newport, Rhode Island
    Casa Watts Sherman (Richardson) 462, 463, 469
    The Breakers (Hunt) 433
Newport Bay Club Hotel, Disneyland Resort (França) (Stern) 544
Newport Beach, Calif., Lowell Beach House (Schindler) 519
Newton, Sir Isaac, cenotáfio (Boullée) **407**, 407-408
nez perce, índios 276
Nicolau V, Papa 322, 361
Nîmes (França)
    Némausus (Nouvel) 577
    Pont du Gard, aqueduto 125, 129
    Templo de Diana 130
Nínive (Kuyunjik) 38
Nördlingen (Alemanha), Igreja de São Jorge 255, **255**, **256**
Noruega, igrejas de tabuado de madeira 204-207, **205-207**
Nouméa, Nova Caledônia, Centro Cultural Jean-Marie Tjibaou (Piano) 576, **576**
Nouvel, Jean 568, 577
Nova York, cidade
    Casa Lever, Park Avenue (Bunshaft) 508
    Casas Villard (McKim, Mead e White) 435-436
    Edifício Chrysler (Van Alen) 466, 492-493
    Edifício Citicorp (Stubbins) 562
    Edifício Daily News (Hood) 493, 495
    Edifício Empire State (Shreve, Lamb e Harmon) 466, 495
    Edifício Ford Foundation (Roche e Dinkeloo) 562
    Edifício Seagram (Mies van der Rohe) 466, 515, 568; Brasserie (Diller e Scofidio) 568
    Edifício Woolworth (Gilbert) 492
    Guggenheim Museum (Wright) 516, 518
    IBM Center (Barnes) 562
    Metropolitan Museum of Art 433
    Museum of American Folk Art (Williams e Tsien) 566
    Museum of Modern Art (MoMA) 568
    Number Two Park Avenue (E.J. Kahn) 471, 493-495
    Pennsylvania Station (McKim, Mead e White) 436
    Ponte do Brooklyn (Roebling) 437, **437**
    Radio City Music Hall (Harrison) 494, 495
    Rockefeller Center 494, 495
    Sede da American Telephone and Telegraph (Johnson e Burgee) 540-541
    Terminal de TWA, Kennedy Airport (Saarinen) 532-533
    Torre Trump (Der Scutt et al.) 562
    Trinity Church (Upjohn) 432, **432**
    World Trade Center, concurso do projeto 567-568
Novgorod (Rússia), Igreja da Natividade da Virgem **168**, 169
Novo Urbanismo 553-554

Oak Park, Illinois
    Casa Gale (Wright) 478
    Templo Unitário (Wright) 480-482, 525

obeliscos
    Egito 41, 53
    Obelisco do Vaticano 363, 370, 372, 373
Ohio State University, Knowlton Hall (Scogin e Merrill) 566–567
Ohiopyle, Penn., Casa da Cascata (Kaufmann House) (Wright) 478, 516, **517**
Olbrich, Joseph Maria 457–459, **459**, 469
olhos-de-boi 205
Olímpia, Templo de Hera 64, 65, **65**
Olmecas, civilização 275, 279, 302
    cabeças de pedra 279
Olmsted, Frederick Law 433, 434
OpenOffice 568
opus incertum 129, 130
opus listatum 131
opus quadratum 129
opus reticulatum 130
opus testaceum 130
Ordem Cisterciense, monastérios 257, 260, 269
Ordem Coríntia 65, **66**
    Barroco 366, 395
    Grécia 65, 74–76
    Modernismo 553
    Palladio, maneirista 340, 341
    Roma 138, 145, 310
    românica 212, 225
Ordem Dórica 65
    grega 65–67, 69, 74–75, 78
    maneirista 327, 336
    modernista 553
Ordem Jônica 65, **66**
    barroca 366
    Grega 65–66, 72–75, 78
    maneirista 336
    neopalladiana 400
    Romanos 144, 145
Ordem Toscana 126, 412
ordens da arquitetura **65**, 65–66, **66**, 125–126
Orme, Philibert de l' **348**, 348–349
Osaka (Japão), Museu da Madeira (Ando) **559**, 559–560
Ostia, ínsula 148, **148**
Oud, J.J.P. 497, **497**
Owatonna, Minnesota, National Farmers' Bank (Sullivan) 468
Oxford (Inglaterra), Sheldonian Theater (Wren) 389–390

Paestum (Itália) 79, **80**, 402, 410
    Templo de Hera 65–67
Pagoda Longhua, Xangai 103
Pagoda Songyue, Dengfeng 103
pagodas
    China 102–104
    Japão 115
Paimio (Finlândia), Sanatório de Tuberculosos (Aalto) **529**, 529–531
paisagismo romântico **417**, 417–418
Países Baixos *veja* De Stijl; Expressionismo Holandês
Palácio de Cristal, Londres (Paxton) 439–440, **440**, 469, 562
Palácio de Hampton Court (Inglaterra) 351
palácios
    África 300–301
    Assíria 38, 39
    barrocos 381–383
    carolíngios 198
    islâmicos 192–195
    Khorsabad 38, 39
    maias 286
    micênicos 60–61
    minóicos 56–59
    Persépolis 39–40
    romanos urbanos 149
    Teotihuacán (México) 281
Palenque (México) 285, **285**, 302
Palladio, Andrea 324, 335–341, 356–357, 396, 419
    basílica em Vicenza 336
    e o Renascimento Inglês 353
    I quattro libri dell'architettura 335–336
    igrejas em Veneza 340–341
    Palazzo Chiericati, Vicenza 336, 337, 354
    Palazzo Valmarana, Vicenza 336
    projetos de vilas no Vêneto 337–340
    San Giorgio Maggiore, Veneza 340–341
    Teatro Olímpico, Vicenza 341
    Vila Barbaro, Maser 337–338
    Vila Foscari, Malcontenta 338, 339
    Vila Rotonda (Vila Americo-Capra), Vicenza 338–340
    Vila Trissino, Meledo 340
    veja também Neopalladianismo
Panini, Giovanni Paolo, *O Interior do Panteon* **140**
Pantages Theater, Los Angeles (Priteca) 495, **496**
Panteon, Roma 25, 138–140, **139**, **140**, 151
papago, tribo 277
paredes-cortina 466
Paris (França)
    Arco do Triunfo 135–136
    barreiras de pedágio (Ledoux) 408–410, 419
    Barrière de la Villette (Ledoux) 409–410
    Bibliothèque Nationale (Labrouste) 441–442, 469
    Bibliothèque Ste. Geneviève (Labrouste) 25, 441, 469
    Castel Béranger (Guimard) 451
    Catedral de Notre-Dame 237–239, 269, 432
    Centro Pompidou (Piano e Rogers) 575
    Cité de la Musique (Portzamparc) 570
    Comédie-Française (Peyre e Wailly) 412
    Edifício de Apartamentos da Rue Franklin, 44 (Perret) 500
    entradas do metrô (Guimard) 451
    Escola de Medicina e Cirurgia (Gondoin) 412–414
    Exposition des Arts Décoratifs 485, 497, 498
    Habitacional Rue de Suisse (Herzog e de Meuron) 570–571
    Hôtel Amelot (Boffrand) 399
    Hôtel de Monnaies (Casa da Moeda Real) (Antoine) 412, 413
    Hôtel de Thelluson (Ledoux) 408, 409
    Louvre: (Bernini) 383; (Lemercier) 349, 383; (Lescot) 349; (Pei) 561; (Perrault, Lebrun e Le Vau) 383–384, 397
    Panthéon (Ste.-Geneviève) (Soufflot) 410–411, 415
    Parc de la Villette, Folie (Tschumi) 544–545
    Place Royale (Place des Vosges) 350
    Saint Louis-des-Invalides (J.-H. Mansart) 388–389
    Sainte Marie de la Visitation (Mansart) 384
    Sainte-Chapelle 244–246, 269, 432
    Saint-Jean de Montmarte (Baudot) 445
    Soviet Pavilion, Exposition des Arts Décoratifs (Melnikov) 485
    termas romanas, Cluny Museum 143
    Torre Eiffel (Eiffel) 421, 442
    Val-de-Grâce (Mansart) 25, 384–385
Parler, Johann 256
Partenon, Atenas **66**, 67–70, **68**, **69**, 73, 81
Pasadena, Casa para Alice Millard (Wright) 515
Pasti, Matteo de' 314

Paul, Bruno 449, 508
Paulo III, Papa 330, 333, 361
Pávia (Itália), Monastério de Certosa 346
Pavilhão da Fênix, Uji (Japão) 116, **116**
Pavilhão de Vidro, Colônia (Taut) 488, **489**
pavilhões com templos budistas, China 106
Paxton, Joseph 439–440, **440**, 469
pedra (alvenaria) 22, 23, 230
    Bolívia Pré-Colombiana 292
    Camboja 97
    carolíngia 198–202
    Egito 47
    Grécia 64, 66–67, 81
    Índia 85, 87, 88, 91–92, 95
    Rússia 170
pedreiros ou canteiros 197
Pedro, o Grande, Rússia 171
Pei, I.M. 111, 561
Pelli, Cesar 569–570
pendentes 163, 216, 222
Pennsylvania Station, Nova York (McKim, Mead e White) 436, **436**
penobscot, índios 273
pensionnaires (França) 412–414, 419
Pequim (China) 108–110, **109**, **112**, 123
    Fragrant Hills Hotel (Pei) 111
    Parque de Ciências Biológicas Zhongguanchun (Plexus r + d) 584
    Pavilhão da Harmonia Suprema 109–110
    Sede da CCTV (Koolhas) 584, 585
peregrinação, igrejas das rotas 214–217, 383
perfis I 443
Pérgamo 80
    Grande Altar de Zeus 80–81, **81**
Périgueux (França), Saint Front 222–223, **223**
Período arcaico 64–67
Período clássico *veja* Grécia
Período Helenístico
    e arquitetura romana 129, 150
    e China 103
    grego 74–78, 79–81
Período Neolítico, Banpo, casas 101, **102**
Período Neosumério 37
peristilo 146
Perrault, Claude 383, 384, **384**, 397
Perret, Auguste 475, **499**, 499–500, **500**
Persépolis, Pérsia (Irã) 39–40
Pérsia/Império Persa 39–40, 67, 79
perspectiva linear 306, 319
perspectivas axonométricas 27, **27**
Peru 289, 290–292, 302, 303
Perugia (Itália), "Arco de Augusto" 126, **127**
Peruzzi, Baldassare 333
Pevsner, Nikolaus 447, 472
Peyre, Marie-Joseph 403, **412**, 412, 419
Piano, Renzo **575**, 575–576, **576**
Piazza d'Italia, New Orleans (Moore) 541–542, **542**
Pienza (Itália) 316, **316**
pilones, Egito 51–52, **52**
Pima, tribo 277
Pio II, Papa 316
Pio IV, Papa 361
pirâmides
    astecas 288
    bolivianas 292
    egípcias 41, 43–46, 49, 53
    Khmer 97
    maias 283–288
    olmecas 279, 280
    peruanas 289–291
    toltecas 287, 288
    zapotecas 281–282

Piranesi, Giovanni Battista 403, **403**, 404, **404**, 417, 419, 425
Pisa (Itália), Catedral e Campanário (Torre Pendente) **212**, 212-214, **213**
Pitágoras 55, 305
Pittsburgh, Penn., Seventh Street Bridge **25**
planejamento urbano
  asteca 288
  Atenas 78
  China 107-110
  etrusco 125
  Harapa 83
  helenístico 79-81
  islâmico 190-191
  italiano medieval 266-268
  Japão 123
  Le Corbusier 522-523
  medieval 264-268
  Novo Urbanismo 553-554
  Polônia 266
  Poundbury, Dorset 555
  Renascimento 312, 349-350
  romano 125, 131-136, 151, 361-362, 370-372, 396
  sistemas em grelha 107-108, 131, 151, 265-266
  veja também cidades ideais
Plano, Illinois, Casa Farnsworth (Mies van der Rohe) **514**, 514-515
Planta Baixa da Abadia de Saint Gall (manuscrito) *veja* Saint Gall
planta livre, 499
plantas baixas de arquitetura 25-26, **26**
plantas baixas em cruz grega
  bizantinas 163-165, 171
  carolíngias 200
  igrejas românicas 222
  túmulos islâmicos 188
plantas baixas em *quincunx*, igrejas bizantinas 164-166, 171
Platão 55, 305
Plater-Zyberk, Elizabeth **553**, 553-554
Platz, Gustav 472
Plexus r + d 584
Plínio, o Jovem 323
Plínio, o Velho 137
poços de luz **57**, **58**
Poelzig, Hans 449, 491, **491**
Poissy (França), Vila Savoye (Le Corbusier) 501-503, **502**
Policleto 75, 77
Polk, W.J. 466
Polônia, planejamento urbano 266
Pomar, o, Chorleywood, Herts. (Voysey) 448
Pompeia (Itália) **131**, 131-133, **132**, 402, 405, 419
  anfiteatro 132, 144
  arco de triunfo 132, 136
  basílica 132-133, **140-141**
  casas 145-149
  foro 132-133
  ruas 147-148
  templos 132, 133
  termas 131, 143
Ponte de Coalbrookdale (Darby III e Pritchard), Shropshire (Inglaterra) 416
Ponte do Brooklyn, Nova York (Roebling) 437, **437**
Ponte e Centro Cultural Fargo-Moorhead (Graves) 542, **542**
Ponte Eads, Saint Louis 437
Ponte Salginatobel, Suíça (Maillart) 499

Ponte Tavanasa (Maillart) 499
Pontelli, Baccio 317-318
pontes
  concreto 499
  ferro e aço 416-417, 437, 442
  Graves 542
  Grimshaw 580
  pós-modernistas (Graves) 542
  romanas 24
  suspensas 24, **25**
  treliças 24
Porta, Giacomo della *veja* Giacomo della Porta
Portzamparc, Christian de 570
Posen (Alemanha), caixa d'água (Poelzig) 491, **491**
Pós-Estruturalismo 539
Pós-Modernismo 472, 537, 538-553, 584
Posnik (arquiteto) 170
poste e lintel (poste e dintel ou arquitrave) 22, **22**
  casas semisubterrâneas 273
  Catal Hüyük 30
  hogans 278
  Japão 114
Potsdam (Alemanha), Torre Einstein (Mendelsohn) **490**, 490-491
Potsdamer Platz, Berlim, reconstrução 575
Poundbury, Dorset (Krier) 555
Poverty Point, Louisiana 275
pozolana 130, 137
Praeneste (Palestrina), Santuário de Fortuna Primigenia 129, **129**
Praga (República Tcheca)
  Casa Müller (Loos) 475
  edifício de escritórios Nationale Nederlander (Gehry) 549, 550
  São Nicolau na Cidade Menor 379, 379
Prandtauer, Jacob 377-379, **378**, **379**
Predock, Antoine 564, **564**
pré-fabricação 440
Pritchard, Thomas 416
Priteca, B. Marcus 496
Prix, Wolf Dieter 546
Procópio de Cesareia 161
projeções ortográficas 25-26, 405
projeto de jardins
  China 101, 111-113
  islâmicos 189, 192, 344
  Jardim de pedras zen 123
  Maneirismo 344-345
  Renascimento 344
  românticos ingleses 417-418
projeto sustentável 580-585
proporções, sistema grego 55, 81
proporções numéricas 305-306, 310
Provença (França) 231
  monastério de Sénanque 228
  Saint Gilles-du-Gard 223-225
Providence, Rhode Island, igreja batista (Brown) 395-396
Ptolomeus 74
Pueblo Ancestral (Anasazi) 277-278
Pueblo Bonito, Cânion Chaco (Novo México) 278, **278**
pueblos 278
Pugin, A.W.N. 430, 431, **431**, 445
  Contrasts 430, 430, 468
Putún, cultura 287

qasr, celeiros protegidos 298, **298**
qiblas 173, 195
quadras de bolas 279, 281, **281**, 282, 284
quadrifólios 246

Quéfren *veja* Khafre
Quéops *veja* Khufu
querubins 343, 366
Quinault, tribo 276
Quioto (Japão), Vila Imperial Katsura **121**, 121-123, **122**, **123**

Rabirius 149
Radio City Music Hall, Nova York (Harrison) **494**, 495
Rafael 324, 332
  Casa de Rafael, Roma (Bramante) 324
  Vila Madama, Roma 325-326, 344
Rainaldi, Carlo 370, **371**, 372, **372**
Ramada, tribos do sudoeste dos Estados Unidos 277
Rampa para Prática de Esqui Bergisel, Innsbruck, Áustria (Hadid) **546**, 546-547
Ramsés II 51
rancherías 277
Ransome, Ernest 445
rathas (templos) 95, **95**
Rauch, John K. **537**
Ravena (Itália)
  Batistério dos Ortodoxos ou Neoniano 155, 157
  San Apollinare in Classe 159, 160
  San Apollinare Nuovo **154**, 155
  San Vitale 161, 163, 164, 230
  Túmulo de Teodorico 25
Reich, Lilly 510
Reinhard 494
Reino de Chimor 292
Rejsek, Matej 256
rendilhados de janelas de igrejas góticas (em placa e em barra) 234, 241, **247**
República Tcheca (Boêmia) 379, 383
Revel (França), bastide 265, **265**
Revett, Nicholas 402
Revolução Industrial 399, 415-417, 419, 468
Richardson, Henry Hobson 459-462, **460**, **461**, **462**, 469, 475
Richmond, Virgínia
  Capitólio do Estado da Virgínia (Jefferson) 427-428, 428
  fachada de ferro fundido 443
  Medical College of Virginia (Steward) 421
Ried, Benedikt 256
Rietveld, Gerrit 497-498, **498**, 499
Rimini (Itália), S. Francesco (Alberti) 25, 313-314, **314**
River Forest, Illinois, Casa Winslow (Wright) 477, **477**, 512
Robbia, Luca della 312
Robertson, Jaquelin 554
Roche, Kevin 562, **562**
Rockefeller Center, Nova York **494**, 495
Rodes, rua **23**
Roebling, John Augustus 437, **437**
Roebling, Washington Augustus 437
Rogers, Richard 568, 575, **575**
Roma (Itália) 126-128, 131, 197, 214
  Arco de Constantino 136
  Arco de Sétimo Severo 136
  Basílica de Constantino 151
  Basílica de São Pedro, Antiga 155, 156
  Basílica de São Pedro 322, 362-364; (Bernini) 363-365; (Bramante) 322; (Giacomo della Porta) 334, 364; (Maderno) 334, 364; (Michelangelo) 25, 332-334, 356, 364; (Antonio da Sangallo, o Jovem) 333; (Vignola) 364
  Basílica Nova 141

Basílica Ulpia 135, 141
Campidoglio (Monte Capitólio) (Michelangelo) 330-331
Capela Sforza, Santa Maria Maggiore (Michelangelo) 335, 356
Casa de Rafael (Bramante) 324
Castelo de Sant'Angelo 361
catacumbas 153
Coliseu 127, 145, 150-151
Coluna de Trajano 135
Domus Aurea de Nero 405
Foro de Augusto 135
Foro de Trajano (Apolodoro de Damasco) 135, 151
Forum Romanum 133, 134
Il Gesù (Igreja de Jesus) (Vignola e Giacomo della Porta) 359-361, 377, 396
Mercados de Trajano 135, 136, 151
obelisco 363, 370, 372, 373
Obelisco do Vaticano 363, 370, 372, 373
Palácio de Domiciano (Rabirius) 149
Palazzo Farnese (Michelangelo e Antonio da Sangallo, o Jovem) 332
Panteon 25, 138-140, 151
Pátio do Belvedere (Bramante) 323-324, 344, 356
Piazza del Popolo 362, 372, 373
Piazza di Spagna (Francesco de Sanctis) 372, 373
Piazza Navona (Bernini e Borromini) 370-372, 374
Porta Pia (Michelangelo) 334, 335
Praça de São Pedro (Bernini) 365
replanejamento barroco 361-362, 370-372, 396
Saint John Lateran 155
San Carlo alle Quattro Fontane (Borromini) 367-368, 396
San'Ivo della Sapienza (Borromini) 368-370
Sant'Andrea al Quirinale (Bernini) 366, 396
Santa Agnese (Borromini e Rainaldi) 370-371
Santa Costanza (Mausoléu de Constança) 156-159
Santa Maria degli Angeli (Michelangelo) 143
Santa Maria dei Miracoli (Rainaldi e Bernini) 372
Santa Maria della Pace (Cortona) 371-372
Santa Maria in Montesanto (Rainaldi e Bernini) 372
Santa Maria Maggiore, Capela Sforza (Michelangelo) 335
São Bernardo 143
Teatro de Marcelo 144
Tempietto (Bramante) 321-322, 356
Templo de Fortuna Virilis 138
Templo de Vesta 138
Termas de Diocleciano 142, 143
Vila Giulia 344
Vila Madama (Rafael) 325-326, 344
Romanos 144, 145
Romantismo 403, 417-418, 439, 468
Ronchamp (França), Notre-Dame-du-Haut (Le Corbusier) 520-522, **521**, **522**
Root, John Welborn 443, 444, **444**
Roquebrune (França), Eileen Gray's home **503**, 504
Rosenthal Center for Contemporary Arts, Cincinnati (Hadid) 547, **547**
rosetas 235, 238
Rossellino, Bernardo **316**, 322
Rossi, Aldo 554, **554**

Roterdã (Países Baixos)
 Conjunto habitacional Hoek van Holland (Oud) 497
 KunstHal (Koolhas) 552-553
Rotundi, Michael 565
Roycrofters Workshop 447
Rudofsky, Bernard 29, 271, 297, 537
Rural Studio, the 557
Rurik 166, 204
Ruskin, John 434, 445-447, 469, 471
Rússia
 assentamentos pré-históricos 30
 construção com toras de madeira horizontais 167, 169
 construtivismo 483-486, 525
 igrejas bizantinas 166-171
 shatyor (telhados em forma de tenda) 168-170

S. Gimignano (Itália), casas com torre 262, **262**, 269
Saarinen, Eero 532-533, **533**, 536, 537, 577
Saarinen, Eliel 532
Sabines, colinas 126
sahns 177, 183, 185, 195
Sainsbury, Ala da National Gallery, Londres (Venturi e Scott-Brown) 538
Saint Denis, Igreja da Abadia (França) 234-236, **235**, **236**, 432
Saint Gall, monastério (Planta Baixa da Abadia de Saint Gall) 202-204, **203**, **204**, 227, 230, 260
Saint Gilles-du-Gard, Provença (França) 223-225, **224**
Saint Louis, Missouri
 Edifício Wainwright (Adler e Sullivan) 465, 465, 469
 Ponte Eads 437
Saint Luke's, Isle of Wight County, Virgínia 268
Saint Martin de Canigou, monastério 208, **208**, **209**
Saint Martin de Tours (França) 215
Saint Savin-sur-Gartempe, igreja-salão 255
Sainte-Marie-de-la-Tourette, Eveux-sur-l'Arbresle (Le Corbusier) 522, **522**
Saint-Gaudens, Augustus 460
salina (Ledoux) **407**, 408
Salisbury, Wilts. (Inglaterra), catedral **248**, **250**, 250-251, **251**, 269
Salk Institute for Medical Sciences, La Jolla, Calif. (L.I Kahn) 534, **534**
salões *chaitya*, Índia 86, 88
salões hipostilos
 egípcios 29, 39, 51
 Nashville (Strickland) 421
 Persépolis 39
Samarkand (Uzbequistão)
 Gur-i-Amir 188
 Mesquita de Bibi Khanum 180
Samarra (Iraque), Grande Mesquita de al-Mutawakkil 177-178, **178**
sambladuras de encaixe 33
Sanchi (Índia)
 Grande Estupa 87-89
 templos 88, 91
Sanctis, Francesco de 372, **373**
Sangallo, Giuliano da 332
Sangallo, o Jovem, Antonio da 332, 333
Sanmichele, Michele 343
Sansovino, Jacopo **342**, 343, **343**
Sant'Elia, Antonio 484, **484**
Santa Monica, Califórnia *veja* Los Angeles
Santa Sofia, Constantinopla (Antêmio e Isidoro) 160-163, **161**, **162**, 171, 184, 234

Santiago de Compostela (Espanha)
 catedral 214-215, 217, 231
 Centro Galego de Arte Contemporânea (Siza) 556, **556**
Santuário de Asclépio em Epidauro, *veja* Epidauro
Santuário dos Peregrinos de Mityana, Uganda (Dahinden) 570, **570**
Santuário Ise, Uji-Yamada (Japão) **117**, 117-118, 123
São Francisco, Califórnia
 Edifício Halladie (Polk) 466
 San Francisco Federal Building (Morphosis) 565
 Sea Ranch I (Moore) 541
 V.C. Morris Gift Shop (Wright) 516
Saqqara (Egito), complexo funerário e pirâmide de Djoser **43**, 43-44, **44**
Saqsaywaman, Fortaleza de (Cuzco) 293, **293**
Saussure, Ferdinand 539
Sawyerville, Alabama, Yancey Chapel (Mockbee) 557
Säynätsalo (Finlândia), prefeitura (Aalto) 531-532, **532**
Scamozzi, Vincenzo 341, **341**, 343, 351
Scharoun, Hans 575
Scheerbart, Paul 486
Schindler, Richard 519
Schinkel, Karl Friedrich **422**, 422-425, **423**, **424**, 468, 475, 508
Schliemann, Heinrich 59
Scofidio, Ricardo 568
Scogin, Mack 566-567
Scott-Brown, Denise 538, 554
Sea Ranch I, São Francisco (Moore) 541, **541**
Seaside, Flórida 553, 553-554
Seattle, Washington D.C.
 Chapel of Saint Ignatius (Holl) 564
 Biblioteca Central de Seattle (Koolhas) **552**, 553
Sechin Alto (Peru) 290, **290**
Sede da American Telephone and Telegraph, Nova York (Johnson e Burgee) **540**, 540-541
Sede da CCTV (Koolhas), Pequim (China) 584, **585**
segundo pavimento projetado (de uma edificação) 23
selêucidas 74
semióticos 539
Semper, Gottfried 486
Senmut 50
Serlio, Sebastiano 336, 348, 351, 357
Sezession de Viena 457-469
Sezincote, Glos. (Inglaterra) (Cockerell) 421
Sforza, família 346
Sforza, Francesco 318
Shanxi, província (China)
 Monastério de Fogong 103-106
 Monastério de Nanchan 104-106
shatyor (telhados em forma de tenda) **168**, 169, 170
Shaw, Richard Norman 447, **447**, 448, 469
Shepseskaf, faraó 46
Shreve, Richmond 495, **495**
Shrewsbury, Shropshire (Inglaterra), flax mill 416
Siena (Itália) 266-268, **267**
 Palazzo Pubblico (Prefeitura) 267, 268
Silsbee, Joseph Lyman 475
Simone da Orsenigo 258
Sinan, Koca 184-185
 Mesquita de Selimiye, Edirne 187
 Mesquita de Shezade, Bizâncio ou Istambul 184, 185

Mesquita de Solimão, o Magnífico, Bizâncio ou Istambul 185-188
sipapus 278
Síria e sírios 173
sistemas estruturais, classificação 22-25
Sixto IV, Papa 361
Sixto V, Papa 324, 361-363, 372, 396
Siza, Álvaro **556**, 556-557
Skidmore, Owings, e Merrill 533
Skislewicz, Anton **496**
Slither Housing, Kitagata (Diller e Scofidio) 568
Smeaton, John 444
Smithson, Peter e Alison 527
Smythson, Robert 351, **351**, 353
Sneferu, faraó 44
Soane, Sir John 421-422, **425**, 425-426, **426**, 468, 566
Solimão, o Magnífico, mesquita e túmulo, Istambul (Sinan) 185-187, **186**
Soufflot, Jacques-Gabriel **410**, 410-411, 419
Specchi, Alessandro 372
Steiner, Rudolf 488-489, **489**
Stern, Robert A.M. 544, **544**, 554
Steward, Thomas S. 421
"Stile Floreale" 450
"Stile Liberty" 450
Stirling, James 573, **573**, **574**
stoas 76, 129
Stone, Edward Durrell 568
Stonehenge, Wilts. (Inglaterra) **32**, **33**, 33-34
Stornoloco, Gabrielle 258
Strawberry Hill, Twickenham (Walpole) 399, 418, **418**
Street, George Edmund 447
Strickland, William 76, 421
Strutt, William 416, **416**
Stuart, James 402
Stubbins, Hugh 562, **562**
Sturgis, Russell 434
Stuttgart (Alemanha)
　　Staatsgalerie (Stirling) 573, 574
　　Weissenhof Siedlung 511-512
sudoeste dos Estados Unidos, índios 277-278
Suger, Abbot 240, 246, 268
Sullivan, Louis Henri 434, 462-469, 473, 475, 476
　　Casa Charnley, Chicago 476, **476**
　　Edifício do Auditório, Chicago 464, 465, 469
　　Edifício Guaranty, Buffalo 465, 466, 469
　　Loja de Departamentos Carson Pirie Scott, Chicago 467, **468**
　　National Farmer's Bank, Owatonna 468
sumérios 34-36
Sunila (Finlândia), Fábrica de Celulose (Aalto) **530**, **531**
Suryavarman II, rei do Camboja 97
Suzhou (China), jardim **112**, 113, **113**
Swahili, tribo (Quênia) 300
Swiczinsky, Helmut 546
Sydney (Austrália)
　　Casa Ball-Eastaway (Murcutt) 581
　　Casa de Ópera (Utzon) 569
　　Casa Douglas Murcutt (Murcutt) 581

t'Hoff, Rob van 497
tablinum 146
Taihu, rochas 111, **111**
Taj Mahal, Agra (Índia) 188-189, **189**
Talenti, Francesco 307
Talibãs 90
Taliesin Fellowship 515-518
Tange, Kenzo 558, **558**

Taniguchi, Yoshio 568
Tanjore (Índia), Brihadeshvara Temple 95, **96**, 98
Taoísmo 101, 106, 112
tatames, Japão 119
Tatlin, Vladimir, *Monumento à Terceira Internacional* 485, **485**
Taut, Bruno 488, **489**
Team-X 527, 537, 555
Teatro Chassé, Breda (Hertzberger) 570
Teatro Olímpico (Palladio e Scamozzi), Vicenza 341, **341**
teatros 570
　　Art Déco 494, 495
　　gregos 77-78
　　modernistas 570
　　neo-clássicos franceses 412, **412**
　　romanos 143-144
tecelagens 416, **416**, 439
tecelagens 439
　　tecelagens inglesas 416
teepees **272**, 272-273, 303
Telford, Thomas 416
telhado de madeira com mísulas (*hammerbeam*) 249, 254, **254**, 351
Templo de Ártemis, Éfeso 64
Templo de Atenas Nike *veja* Atenas
Templo de Atenas Polias *veja* Atenas
Templo de Edfu, Egito **52**
Templo de Lakshmana, Khajuraho (Índia) **93**, 93-94, **94**, 98
templo Ladkhan, Aihole (Índia) 92, **92**, 98
Templo Unitário, Oak Park (Wright) 480, **481**, 481-482, 525
templo Vishnu, Bhitargaon 92, *92-93*
templos
　　budistas na Índia 86-91
　　budistas, Japão 114-116, 121
　　Canterbury, São Tomás Becket 247
　　chineses 103, 106, 107
　　egípcios, templos mortuários e vales 48, **48**, 50-52
　　etruscos 125-126
　　gregos 56, 65-70, 72-75, 78, 81
　　hindus 91-95, 97, **97**, 98, **98**, 99
　　islâmicos 174-176
　　jainistas 86
　　romanos 138-140
　　Santuário dos Peregrinos de Mityana, Uganda (Dahinden) 570
　　sumérios 36, 37
　　xintoísmo 117-118
templos escavados na rocha, Índia 91
templos-caverna
　　China 103
　　Índia 88-91
　　veja também templos escavados nas rochas
tendas marroquinas 294, **295**
Tennessee State Capitol, Nashville (Strickland) 421
Tenochtitlán (México) 288, **288**, 289
tensões dos materiais estruturais 22
Teodorico, rei 155
Teotihuacán (México) 279-281, **280**, **281**, 302
Tepe Gawra, Suméria (Iraque), templo 36, **36**
tepidarium 143
Termas de Diocleciano, Roma **142**, 143
termas ou banhos públicos (*thermae*), romanos 141-143
Terminal da Trans World Airlines, Aeroporto Internacional Kennedy, Nova York (Saarinen) 532-533, **533**
tholoi 75, 78

Thomas of Hoo 247
Thoreau, Henry David 434
Thornton, William 426, 430
Thutmose I, faraó 50, 51
Thutmose II, faraó 50
Thutmose III, faraó 50, 51
Tiepolo, Giovanni Battista 382, 397
tiercerões 246
tijolo 22
　　bizantino 163
　　China 103, 112
　　sumério 36
　　Wright 479
Tijou, Jean, mestre em metalurgia 390, 392
Tikal (Guatemala) **283**, 283-284, **284**, 302
Tikar, tribo (Camarões) 295, **296**
tillamook, tribo de índios norte-americanos 276
Timgad (Algéria), cidade romana 133, **133**
tímpanos 216, **217**, 221-222, 222, **222**, 235, 242
Timur, o Aleijado 180, 183
Tirinto **60**, **63**, 63-64, **64**
Tivoli (Itália)
　　Templo da Sibila 138
　　Vila d'Este, jardins (Ligorio) 344-345
　　Vila de Adriano 149-150
Tiwanaku (Bolívia) 292, 303
Todaiji, Nara (Japão), monastério 115-116, **116**
Todi (Itália), S. Fortunato 258
togunas, Dogon 298, **299**
tokonoma 123
Tolowa, tribo 276
Toltecas 287-288
Tóquio (Japão)
　　Complexo de Esportes Olímpicos (Tange) 558
　　Imperial Hotel (Wright) 482
　　Loja Prada (Herzog e de Meuron) 571
toranas (portões de entrada) 88, **88**
Torre Einstein, Potsdam (Mendelsohn) **490**, 490-491
torres
　　carolíngias 198-200
　　otonianas 230
　　românicas 218
torres de vigia, China 104
Torres Petronas, Kuala Lumpur (Pelli) 569-570
Torrigiani, Pietro 350
totens 276
Toulouse (França), Saint Sernin **215**, 215-217, 231
Tournus (França), Saint Philibert, igreja do monastério 214-215
Tours (França), Saint Martin 215
Trajano, imperador 133
transepto 155, 171
travertino, mármore 145
treliças 22-24, **24**, 25
treliças espaciais 22, 24
treliças Warren 24, **24**
tribos árticas 275-276
tribos das Grandes Planícies ou dos Grandes Lagos 271-273
tribos indígenas do nordeste dos Estados Unidos 273
tribos indígenas do noroeste dos Estados Unidos 276-277
triclinium (sala de jantar) 146
Trier (Alemanha) 133
trifólio 246
trilitos 33
trompas 166, 216, **260**
Tschumi, Bernard **544**, 544-545
Tsien, Billie 565-566, **566**

ÍNDICE 615

Tula (México), pirâmide e templo 287, 287-288, 303
túmulos
  egípcios: (mastaba) 41; (escavados na rocha) 48-50, 48, 49-50
  islâmicos 188-189
  maias 285
  megalíticos 30-33
  micênicos (tholoi) 61-62
  Teodorico, Ravena 25
Tuni, Badi' al-Zaman 182
tupiks, região subártica 276
Turim (Itália)
  Cappella della Santissima Sindone (Guarini) 375
  San Lorenzo (Guarini) 375, 376, 397
Turner, Richard 439, **439**

Ucrânia, cabanas pré-históricas 30
Uffizi, Florença (Vasari) **326**, 326-327
Uganda, palácio dos chefes tribais (*kabakas*) 300-301
Uji-Yamada (Japão), Santuário Ise **117**, 117-118, 123
Unidade de Habitação, Marselha (Le Corbusier) **520**, 520-521, **521**
University of Pennsylvania, Edifício Richards Medical Research (Kahn) 533-534, **534**
University of Virgínia, Charlottesville (Jefferson) 140, **429**, 429-430
University of Wyoming, American Heritage Center (Predock) 564, **564**
Upjohn, Richard 431-432, **432**
Uppark, Sussex (Talman) 392-394, **393**, 397
Ur, Mesopotâmia (Iraque) 37, **37**, **38**
Urbano VIII, Papa 369
Urbino (Itália) **317**, 317-318
Urnes (Noruega)
  igreja de tabuado de madeira 204-207
  portal entalhado 206, **207**
Uruk, Suméria, Templo Branco 36, **36**
Utrecht (Países Baixos), Casas Schroeder (Rietveld) **498**, 498, 499, 512
Utzon, Jorn 569, **569**
Uxmal (México) 286
  Nunnery 286
  Palácio do Governador 286

Valadier, Giuseppe 372, **373**
Vale do Indo 83-85
Van de Velde, Henri 488
Vanbrugh, Sir John 394, **394**, **395**, 397
Vasari, Giorgio 324, 333
  Uffizi, Florença **326**, 326-327
Vaux, Calvert 434
Vedas, os 85
Vêneto, projetos de vila de Palladio 337-340
Veneza (Itália)
  arquitetura gótica 268, 269, 341
  Biblioteca de São Marcos (Sansovino e Scamozzi) 342, 343
  Ca' d'Oro 268
  La Zecca (Sansovino), casa da moeda 343
  Palácio do Dodge 268
  Palazzo Grimani (Sanmichele) 343
  Palazzo Vendramini-Calergi (Coducci) 341
  Palladio in 341-343
  Praça de São Marcos 341, 342
  San Giorgio Maggiore (Palladio) 340-341
  São Marcos 153, 161, 164, 165, 222, 223
  Scuola di San Marco 341

Venturi, Robert 472, **537**, 537-538, **538**, 554
verdika (muro vazado) 87, 88
Versalhes (França)
  château 386-388, 399
  Petit Trianon (Gabriel) 411
Vesnin, Viktor e Alexandr 485, **485**
Vespasiano 135
Vézelay (França), Sainte Madeleine **197**, **221**, 221-222, 432
  capitel Moinho Místico 220
Viaduto Garabit (Eiffel) 442, **442**
Vicenza (Itália)
  basílica (Palladio) 336
  Palazzo Valmarana (Palladio) 336
  Teatro Olímpico (Palladio e Scamozzi) 341
  Vila Rotonda (Vila Americo-Capra) (Palladio) 338-340
Viena (Áustria)
  Caixa Econômica dos Correios de Viena (Wagner) 457-458
  Casa Moller (Loos) 474, 475
  Casa Steiner (Loos) 473-474
  estações do sistema de metrô de Viena (Stadtbahn) (Wagner) 457
  Joalheria Schullin (Hollein) 569
  Karlskirche 377, 378, 397
  Salão da Sezession (Olbrich) 458, 459
Vierzehnheiligen (Alemanha), igreja (Neumann) **382**, 383, 397, 399
vigas 22
Vignola, Giacomo Barozzi da 344, 351, **360**, 360-361, **361**
viharas (monastérios) 86, 88
Viipuri (Vyborg), Biblioteca Municipal (Aalto) **528**, 528-529, **529**
Vila Barbaro, Maser (Palladio) 337-338, **338**
Vila d'Este, Tivoli, jardins (Ligorio) 344-345, **345**
Vila de Adriano, Tivoli 149-150, **150**
Vila Foscari, Malcontenta (Palladio) 338, **339**
Vila Giulia, Roma 344
Vila Imperial Katsura, Quioto **121**, 121-123, **122**, 123
Vila Lante, Bagnaia (Vignola) 344, **345**
Vila Madama, Roma (Rafael) 325-326, **326**, 344
Vila Medici (Michelozzo), Fiesole 344, **344**
Vila Rotonda, Vicenza (Palladio) 338-340, **339**
Vila Savoye, Poissy (Le Corbusier) 501-503, **502**
Vila Stein, Garches (Le Corbusier) 501, **501**
Vila Trissino, Meledo (Palladio) 340, **340**
vilas romanas 148, 148-150, **150**
Villard de Honnecourt 237
  cadernos 259-260
Villefranche-de-Rouergue (França), bastide 265, **265**
Viollet-le-Duc, Eugène-Emmanuel 238, **432**, 432-433, 445, 450, 468
Virgem Maria 236, 240
visigodos 264
vitrais 235, 242, 244-246
Vitrúvio (Marcus Vitruvius Pollio) 21, 65, 66, 73, 130, 400
  Os Dez Livros da Arquitetura 128, 305, 312
Vittori, Gail D. A. 584
volutas de capitéis jônicos 66
Voysey, Charles Francis Annesley 448, **449**, 469
Vries, Hans Vredman de 351, 353

Wade e Purdy 443
Wagner, Otto **457**, 457-458, **458**, 469
Wailly, Charles de 403, 412, **412**, 419
Walpole, Horace **399**, 418
Walter, Thomas U. 25

wandpfeilers (pilares-parede) 377, 381
Wang Campus Center, Wellesley College (Scogin e Merrill) 567, **567**
Warren, Michigan, General Motors Technical Center (Saarinen) 532
Washington, Connecticut, Casa Lang (Stern) 544, **544**
Washington D.C.
  Holocaust Memorial Museum (Pei Cobb Freed) 561-562
  Memorial aos Veteranos do Vietnã (Lin) 560-561
  Treaty Room Suite, Edifício do Departamento de Estado (Greenberg) 553
Wasmuth, Ernst 482, 497
Wastell, John 247, 254
Wayzata, Minnesota, Casa de Hóspedes Winton (Gehry) 548, **548**
Webb, Philip 446, **446**
Weissenhof Siedlung, Stuttgart **511**, 511-512
Wellesley College, Mass., Wang Campus Center (Scogin e Merrill) 567, **567**
Wendigen (Expressionismo Holandês) 486, 497, 525
westwerk (cabeceira ocidental) carolíngia 198-200
Whistler, James MacNeill 450
White, Stanford 434-435, 469
Wiel am Rhein (Alemanha), corpo de bombeiros (Hadid) 546
wigwams 273, **273**
wikiups 273
Williams, Jordan 584
Williams, Tod 565-566, **566**
Windyhill, Kilmacolm, Escócia (Mackintosh) 454
winnebago, tribo 273
Wittgenstein, Ludwig 539
Wittkower, Rudolf 314
Wollaton Hall, Notts. (Inglaterra) (Smythson) 351, 351-353, **352**
Wolsey, Cardinal Thomas 350-351
Wood, Robert 402
World Trade Center, Nova York, concurso de projeto 567-568
Wren, Christopher 389, 397
  Capela do Pembroke College, Cambridge 390
  Catedral de São Paulo, Londres 25, 390-392, 397
  replanejamento de Londres 389, 390
  Saint Dunstan-in-the-East, Londres 390
  Saint Mary-le-Bow, Londres 390
  Saint Stephen Walbrook, Londres 389, 390
  Sheldonian Theater, Oxford 389-390
Wright, Frank Lloyd 111, 120, 447, 469, 472, 475-482, 497, 515-519, 525
  Broadacre City 515-516
  Casa da Cascata (Casa Kaufmann), Ohiopyle 478, 516, 517
  Casa Gale, Oak Park, Illinois 478
  Casa Robie, Chicago, Illinios 478-479
  Casa Ward Willits, Highland Park, Illinois 478
  Casa Winslow, River Forest, Illinois 477, 512
  casas de blocos-têxteis 515
  Casas dos Prados 476-479, 525
  casas usonianas 516
  Edifício Larkin, Buffalo 480-481, 525
  Guggenheim Museum, Nova York 516, 518
  Imperial Hotel, Tokyo 482
  primeiros edifícios públicos 480-482
  Taliesin West 519
  Templo Unitário, Oak Park 480-482, 525
  V.C. Morris Gift Shop, São Francisco 516

Würzburg Residenz (Neumann) **359**, **381**, 381–383, 397, 399

Xangai (China), Pagode Longhua 103
Xerxes 67
Xintoísmo 114
　templos 117–118
Xuanzang 90

Yakima, the 276
yin e *yang* 101, 112

Yingzao-fashi 105–108, 123
Yokohama (Japão), Terminal Portuário Internacional (FOA) 572
Yungang (China), templos-caverna 103
yurok, tribo 276
Yverdon-les-Bains (Suíça), Edifício Blur (Diller e Scofidio) 568

Zaero-Polo, Alejandro 572
zapotecas 281–282
Zeitgeist 472

zigurates
　Egito 53
　Khorsabad 38, 39
　Mesopotâmia 37, 37
Zimmerman, Dominikus 379–380, **380**, 397
Zimmerman, Johann Baptist 380, 397, 399
zuni, tribo 278
Zurique (Suíça), Estação Ferroviária Stadelhofen (Calatrava) 577